甘肃省"十三五"规划重大专题研究报告

GANSUSHENG SHISANWU GUIHUA ZHONGDA ZHUANTI YANJIU BAOGAO

甘肃省发展和改革委员会　编

十三五

兰州大学出版社
LANZHOU UNIVERSITY PRESS

图书在版编目（CIP）数据

甘肃省“十三五”规划重大专题研究报告 / 甘肃省发展和改革委员会编. -- 兰州 : 兰州大学出版社, 2017.6
ISBN 978-7-311-05165-5

Ⅰ. ①甘… Ⅱ. ①甘… Ⅲ. ①区域经济发展—研究报告—甘肃—2016-2020 Ⅳ. ①F127.42

中国版本图书馆CIP数据核字(2017)第148403号

策划编辑 施援平 王曦莹
责任编辑 王曦莹 施援平
封面设计 王曦莹

书　　名 甘肃省“十三五”规划重大专题研究报告
作　　者 甘肃省发展和改革委员会 编
出版发行 兰州大学出版社 （地址:兰州市天水南路222号 730000）
电　　话 0931-8912613(总编办公室) 0931-8617156(营销中心)
　　　　 0931-8914298(读者服务部)
网　　址 http://www.onbook.com.cn
电子信箱 press@lzu.edu.cn
印　　刷 虎彩印艺股份有限公司
开　　本 787 mm×1092 mm 1/16
印　　张 42.75
字　　数 953千
版　　次 2017年7月第1版
印　　次 2017年7月第1次印刷
书　　号 ISBN 978-7-311-05165-5
定　　价 100.00元

出版说明

进入新世纪后，随着西部大开发战略的深入实施，我省基础条件不断改善，发展能力和综合实力不断提升，发展后劲和发展潜力不断增强，经济发展连续跨上新台阶。2015年，全省地区生产总值达到6790亿元，三次产业比重为14.1∶36.7∶49.2，战略性新兴产业增加值占生产总值比重达到12.1%，科技对经济增长的贡献率达到50.3%，是我省历史上经济总量扩张最快、城乡面貌变化最大、人民群众得到实惠最多的时期。

“十三五”时期是落实“四个全面”战略布局的关键期，是推进全省转型发展、加快扶贫攻坚、与全国一道全面建成小康社会的决胜期。为准确把握国内外环境变化，进一步深化省情认识，主动适应把握引领经济发展新常态，推动全省经济转型发展，建设经济发展、山川秀美、民族团结、社会和谐的幸福美好新甘肃，努力到2020年我省与全国一道全面建成小康社会。从2014年5月开始，甘肃省发展和改革委员会组织国家发改委宏观经济研究院、中国（海南）改革发展研究院、兰州大学、兰州理工大学、甘肃省社会科学院、甘肃省经济研究院等省内外科研单位和大专院校开展了全省“十三五”规划重大专题研究工作，形成了全省“十三五”发展基本思路、重大战略和任务、经济体制改革、基本公共服务、科技创新、重点产业布局优化、现代农业发展、经济发展指标等8方面的研究报告，为全省“十三五”规划编制工作提供了有益借鉴和参考。

为发挥智库作用，进一步推动全省经济社会发展重大问题研究，甘肃省发展和改革委员会将上述8项研究报告和全省“十二五”规划纲要实施情况总结评估报告，以及《兰州—白银经济区发展规划》《酒泉—嘉峪关区域经济一体化发展规划》《金昌—武威区域经济一体化发展规划》《关中—天水经济区发展规划》《陕甘宁革命老区振兴规划》5项规划的实施评估报告一并整理和汇编成册，供各方面参考。需要说明的是，本书对各研究报告仅作简单编辑，尽量保持了报告的原貌，各项报告的观点仅代表课题组的意见，不代表本书编者意见，也不代表社会共识，不足之处请广大读者批评指正。

在此，对参与全省“十三五”规划重大专题研究工作的有关单位和专家，以及兰州大学出版社对本书出版给予的帮助表示衷心的感谢！

甘肃省发展和改革委员会

2017年5月

目　录

附录

《甘肃省国民经济和社会发展第十二个五年规划纲要》实施情况总结评估报告(代序)

甘肃省发展和改革委员会

"十二五"时期是我省推进经济社会转型跨越发展和加快全面小康社会建设的关键时期。2011年1月省十一届人大四次会议审议通过《甘肃省国民经济和社会发展第十二个五年规划纲要》,围绕落实省第十二次党代会精神,2012年8月省十一届人大常委会28次会议审议通过《甘肃省国民经济和社会发展第十二个五年规划纲要(修订稿)》(以下简称《规划纲要》)。

按照国家和省政府部署,从今年6月起,省发展改革委组织开展全省"十二五"规划实施情况总结评估工作,向省直有关部门、各市州发展改革委印发《关于组织开展全省"十二五"规划纲要实施情况总结评估工作的通知》(甘发改规划〔2015〕647号),结合部门和市州评估工作,形成本报告。

一、《规划纲要》实施总体情况

"十二五"以来,在省委、省政府的正确领导下,全省上下认真贯彻党的十八大和习近平总书记系列重要讲话精神,深入落实省第十二次党代会决策部署,牢牢把握发展大势,抢抓机遇、构建平台,全面实施"3341"项目工程、"1236"扶贫攻坚行动、"联村联户"和多级突破等十大重点行动,全省经济保持较快增长,人民生活显著改善。

《规划纲要》实施以来,主要指标和重大任务完成较好,为"十三五"发展奠定了坚实基础。经济发展、结构优化、资源环境、社会发展、人民生活和改革开放6大类29项主要指标中,达到或超过预期目标的有21项指标。受国内外发展环境影响,地区生产总值、人均地区生产总值、城乡居民收入、社会消费品零售总额、研究与开发支出占生产总值比重、外贸进出口总额、外商直接投资等8项指标与预期目标尚有差距(详见附表1)。

（一）综合实力显著增强

预计2015年完成地区生产总值6790亿元左右，年均增长10.5%；人均生产总值由16172元增至26100元，年均增长10.2%；地方财政收入由353.6亿元增至740亿元，年均增长15.91%，高于经济增长水平；投资快速增长，固定资产投资总额由2982.6亿元增至8700亿元，年均增长23.88%。

（二）结构调整步伐加快

三次产业结构由2010年的14.5∶46.8∶38.7调整为2014年的13.2∶42.8∶44.0，预计2015年结构进一步优化。预计战略性新兴产业占生产总值的比重由2010年的5.87%提高到2015年的12%以上。非公经济加快发展，占生产总值比重达到45.8%，比2010年提高2.2个百分点。

（三）社会发展取得新进展

预计九年义务教育巩固率、高中阶段教育毛入学率分别由2010年的80.5%、70%提高到2015年的93%、91%，分别提高12.5个和21个百分点；城镇参加基本养老保险人数由2010年的242.5万人增至2015年的300万人；城乡三项基本医疗保险参保率达到97%以上，均高于《规划纲要》预期目标进度。共开工建设城镇保障性安居工程79.82万套，超过预期19.31万套。

（四）可持续发展能力得到提升

人口得到较好控制，预计2015年末全省常住人口2600万人，年均自然增长率低于7‰，实现了控制在7.3‰以内的目标。节能减排进展顺利，单位地区生产总值能耗下降到1.1吨标准煤/万元左右，累计下降20%左右，达到《规划纲要》确定的目标要求；化学需氧量、二氧化硫、氨氮、氮氧化物等排放量均完成国家下达减排任务。预计非化石能源占一次能源消费比重由2010年的15.5%提高到2015年的19%左右，超过《规划纲要》确定的5年达到18%的目标。预计森林蓄积净增量可完成5年净增683万立方米的目标任务。

（五）人民生活继续改善

城乡居民收入保持较快增长，城镇居民人均可支配收入和农村居民人均纯收入分别达到22676元和6367元，年均增长11.4%和13.2%，高于经济增长水平。预计城乡居民收入比由2010年的3.85下降到2015年的3.56。物价得到较好控制，居民消费价格指数控制在4%以内。

二、重大战略性工程和重大任务实施情况

为了支撑和保证《规划纲要》确定的目标任务顺利完成，省委、省政府坚持项目带动战略，全面部署实施“3341”项目工程，加快推进兰州新区和循环经济示范区、华夏文

明传承创新区、国家生态安全屏障综合试验区三大平台建设。着力推进基础设施和对外开放平台、生态安全、产业基地建设等“十大战略工程”，新开工建设一批重大能源、交通、生态、水利等基础设施项目，产业转型升级和结构调整步伐加快；加快实施改善民生和推进就业、社会保障、扶贫攻坚等“十大惠民工程”，公共服务保障水平明显提高，人民生活显著改善。《规划纲要》确定的各项主要任务全面推进，成效显著（见附表2）。

（一）区域经济竞相发展的格局初步形成

围绕贯彻落实中央关于推进形成主体功能区的重大战略决策，深入实施我省区域发展战略，省政府批准实施《甘肃省主体功能区规划》，提出构建我省“一横两纵六区”工业化城市化发展、“一带三区”农业发展、“三屏四区”生态安全三大格局的战略设想，为优化空间开发结构、促进区域协调发展提供了科学依据。以突出区域首位产业和特色优势产业发展为重点，深入开展多级突破行动，打造特色鲜明的重点产业和区域经济增长极。一是兰白核心经济区。国务院批复建设兰州新区，核心区80平方公里的水、电、路等基础设施基本到位，中川至马家坪铁路当年开工当年建成，兰州至中川机场快速铁路投入运营，兰秦快速路水阜至忠和段建成通车，新区城市骨架初步形成。产业集聚效应逐步显现，新引进绿地集团、正威集团等500强企业，中国铁建、敬业农业等17个项目建成投产，四联光电、海默科技等项目加快建设，兰石集团、青岛啤酒等企业出城入园搬迁改造项目顺利完成。兰州新区综合保税区获批设立，并实现正式封关运营。《兰白经济区承接产业转移示范区实施方案》和兰白科技创新改革试验区获国家批复。二是河西经济区。河西新能源和有色金属新材料基地加快建设，酒嘉和金武快速通道建设、“一区多园”产业园区联合共建、旅游精品线路共同开发等方面合作，为推进区域经济一体化发展积累了经验。我省首个海关特殊监管区武威保税物流中心封关运营，为向西开放打开了新的进出口通道。三是东部经济区。以实施《关中—天水经济区规划》《陕甘宁革命老区振兴规划》为重点，加强东部四市合作，推进陇东能源化工基地和天水装备制造业基地建设，天水长城电工电器产业园建成投产。四是支持“两州两市”发展。落实中央支持藏区发展的政策，争取国家出台支持临夏州加快小康社会建设若干意见，省政府出台支持甘南、临夏、陇南、定西加快发展的意见、支持临夏州加快建设小康社会进程若干意见的实施方案和促进陕甘宁革命老区振兴规划项目政策加快落实的实施方案（2015—2020年），“两州两市”主要经济指标稳步提高。五是开发区建设步伐加快。酒泉、张掖经济技术开发区升级为国家级开发区，全省国家级开发区达到7家。金昌经济技术开发区成为全国重要的有色金属新材料生产加工基地，被列为首批全国循环化改造示范试点园区、全国工业固废综合利用示范基地和国家有色金属新材料战略性新兴产业区域集聚发展试点园区。平庆两地4个开发区成为煤电化冶、石油（天然气）化工、煤电化冶材三个千亿级循环经济产业链的主要产业平台。陇西经济开发区成为西北地区规模最大的综合性中药材产业基地和交易集散地。

（二）产业结构调整和转型升级步伐加快

全面实施省政府关于推进工业跨越发展的指导意见，加快传统产业改造提升步伐，延伸产业链条，壮大产业基地，培育产业集群。坚持以发展循环经济为抓手，以市场需求为导向，以调整产品结构为重点，深入实施“六个一百”企业技术创新培育工程，累计建成11条循环经济产业链，新培育循环经济示范企业24户。庆阳石化600万吨升级改造项目完成可研、环评、土地预审和征地拆迁等工作。推进传统支柱产业延伸产业链，电解铝液直接加工转化率达60%以上，铜加工转化率达50%以上。积极化解过剩产能，全面完成国家下达的各年度淘汰落后产能任务。

战略性新兴产业不断壮大。依托资源和产业优势，积极培育和发展新能源、先进装备制造、新材料、新医药、生物产业、信息技术等战略性新兴产业。2014年，全省战略性新兴产业实现增加值697.2亿元，占全省生产总值的比重提高到10.2%。酒泉千万千瓦级风电基地一期516万千瓦全面建成，二期第二批500万千瓦项目即将启动，全省并网风电装机容量达到1142万千瓦，位居全国第二；以酒泉、嘉峪关为中心的河西地区光伏发电装机容量达到581万千瓦，继续位居全国第一。清洁能源总装机容量占全省统调总装机容量的59%。金昌市战略性新兴产业区域集聚发展试点实施方案和兰州生物产业基地获国家批准。电子信息产业快速发展，成为全省增长最快的行业之一，年均增速超过30%。

服务业发展步伐加快。深化酒泉国家服务业综合改革试点，重点实施一批物流园区和城市综合体建设项目，全省“一主五副、两大重要节点”的物流业发展格局逐步形成。甘肃华夏文明传承创新区获国务院批复建设，文化旅游融合发展，2014年全省共接待国内外游客12660.2万人次，实现旅游收入779.6亿元。金融业快速发展，多层次资本市场基本形成。2014年全省贷款余额突破万亿元大关，存贷款增速均位居全国第二。新型服务业态加快发展，服务业比重由2010年的38.7%提高到2014年的44%。

循环经济示范区建设取得显著成效。能源资源产出率、水资源产出率等主要指标达到规划目标。循环经济七大基地、16条产业链、35个省级以上开发区、100户示范企业和72类重点项目等载体建设初具规模，实施900多个循环经济重点项目。新上产业项目按照循环经济理念规划布局，省上设立循环经济产业投资基金，重点支持石化、有色、冶金、建材等行业循环化技术改造。金昌、白银公司被列为全国循环经济发展典型模式，天水高新农业模式、节水型工农业复合定西模式、煤炭资源综合利用窑街煤电模式、城市餐厨垃圾资源再生利用兰州模式，为推进我省循环经济发展发挥了重要示范作用。

（三）发展特色农业和促进农民增收取得新的突破

坚持发挥区域比较优势，加快农业结构和布局调整，强化农业基础，发展特色农业，着力提高农业综合生产能力。全省粮食生产实现十一连丰，2014年粮食总产达到1100万吨以上，单产和总产双双刷新历史纪录。“四个一千万亩工程”建设目标基本实现，全省已形成1500万亩全膜双垄沟播、1100万亩农田节水灌溉、1000万亩马铃薯脱毒种薯和1000万亩优质林果业。农业生产结构不断优化，特色优势作物面积持续扩大，马铃薯、中药材、玉米制种、啤酒大麦等产业规模保持全国领先。2014年，全省共创建粮油高产万亩示范片270个，面积414万亩，总产277万吨；蔬菜面积760.3万亩，产量1705.2万吨；园林水果面积685.4万亩，产量425.2万吨；中药材面积383.7万亩，产量99.4万吨；西甜瓜、花卉、茶叶等特色经济作物均呈现出稳步增长的发展态势。畜牧业快速发展，草食畜牧业增加值占到了畜牧业增加值的55%，规模化养殖比重达到41%，50个牛羊产业大县存出栏占到全省的70%以上。农业产业化经营深入推进，积极培育新型农业经营主体，家庭农场发展到3627个，农民合作社发展到4.3万个。全省农业龙头企业达2377家，其中国家重点龙头企业27家，省级重点龙头企业365家。全省龙头企业固定资产总值463.61亿元，年销售收入665.59亿元，创造就业27.78万个。

深入实施促农增收“六大行动”，着力发展劳务经济，农民就地就近就业规模明显增加。预计5年累计输转城乡富余劳动力2650万人次，超额完成全省“十二五”规划2200万人次以上的目标，累计创劳务收入3510亿元以上，有力促进了农民收入的持续增长。扎实开展“联村联户、为民富民”行动，预计“十二五”期间可解决910.2万农村人口饮水安全问题，较规划目标增加260.2万人。前4年累计对生活在缺乏基本生存条件地区的92191户459932名贫困群众实施了易地扶贫搬迁。完成整村推进扶贫工程2857个。10个县区实现整体脱贫，3874个行政村摘掉了贫困帽子，五年减少贫困人口530万人，贫困发生率下降到20.1%。新建保障性住房79.82万套，改造农村危房96.4万户。城乡居民收入持续增长，预计2015年全省城镇居民人均可支配收入达到22676元，农民人均纯收入达到6367元，年均分别增长11.4%和13.2%。

（四）交通、水利等基础设施建设力度进一步加大

截至2014年底，全省公路总里程达到13.8万公里，其中高速公路3300公里，二级公路7492公里，农村公路12.07万公里，公路网密度达到32.43公里每百平方公里。县县通二级公路和乡镇通油路目标基本实现，全省70%的建制村通了沥青（水泥）路。永登至古浪、瓜州至星星峡、成县至武都、瓜州至敦煌、临夏至合作等高速公路建成通车，结束了甘南藏区没有高速公路的历史，全省所有市州和48个县区通了高速公路。兰州北编组站建成，兰新高铁、兰州至中川机场快速铁路投入运营，宝兰客专、兰渝、敦格、西平、天平第二双线等铁路加快建设，干塘至武威南铁路增建二线、兰州至临夏至合作、包兰铁路银川至兰州扩能改造、银川至西安等铁路项目进展顺利。兰州城市轨道交通1号线一期工程建设顺利推进。兰州中川机场二期扩建工程、中川机场综合交通枢纽工程、庆阳机场扩建工程建成投入运营，金昌机场、张掖机场、夏河机场建成通航，陇南成州机场建设工程等重大民航建设项目积极推进，兰州中川机场三期扩建工程优化方案基本完成。兰州中川机场开通至新加坡、迪拜、第比利斯等多条国际航线。重点水利工程建设取得新突破，引洮供水一期工程建成通水运行，古浪黄花滩水利骨干工程发挥效益，靖远双永供水主体工程建成，会宁北部供水、引洮入潭、引洮济合、积石山引水、石门河引水、南阳山片移民供水、引大入秦渠道除险加固等项目快速推进，引洮供水二期、黄河干流甘肃段防洪治理、天水城区供水和兰州新区石门沟2号、3号水库开工建设。引哈济党、民勤红崖山水库加高扩建、白龙江引水、马莲河水库、青走道水库5个新建项目，大中型灌区续建配套节水改造和田间高效节水灌溉2个续建项目，

以及配合国家实施的南水北调西线一期、黑河黄藏寺水利枢纽、黄河黑山峡河段开发治理3个项目等重大水利项目列入国家172项节水供水重大水利工程范围。

（五）生态文明建设扎实推进

国务院批复《甘肃省加快转型发展建设国家生态安全屏障综合试验区总体方案》，国家循环经济示范区建设目标基本实现。祁连山、"两江一水"、渭河源区等重大生态保护与综合治理规划获得国家批准。贯彻落实中共中央、国务院《关于加快推进生态文明建设的意见》制订我省实施方案。石羊河流域重点治理工程提前完成，甘南黄河重要水源补给生态功能区生态保护与建设、敦煌水资源合理利用与综合保护、石羊河流域防沙治沙及生态恢复、兰州大气污染综合治理、农村环境连片整治等重大生态环保工程取得显著成效。陇南、甘南、张掖3个市州及天祝、渭源、永靖3个县列入国家生态文明示范工程试点。河西走廊国家级高效节水灌溉、中东南部地区特色农业节水和全省抗旱规划项目、重点山洪沟道治理项目启动实施。天然林保护工程、三北防护林体系建设工程稳步推进，启动实施新一轮退耕还林还草工程，张掖黑河湿地等5个自然保护区晋升为国家级自然保护区。2014年全省地表水水质按功能区达标断面（含水库）59个；14个市州所在地城市空气质量达到二级标准的有8个；声环境质量保持稳定。兰州市被列为全国大气污染防治试点城市，空气质量明显好转。循环经济产业链、资源循环利用体系、科技支撑等机制初步形成，预计万元生产总值能耗5年下降20%，二氧化碳排放量5年下降16%以上，能源产出率、水资源产出率等12项约束性指标实现规划目标。

（六）科技和文化、教育、卫生等社会领域发展成效显著

围绕产业转型升级，支持企业创新平台和公共创新平台建设，加快实施重大科技专项。2014年，我省拥有国家级工程技术研究中心5家，省级工程技术研究中心146家，国家级重点实验室8家，部级、省部共建重点实验室31家，省级重点实验室（含培育基地）86家。2014年，全省省级以上科技成果459项，其中国际领先和先进项目成果26项，国内领先和先进项目成果66项；授予发明专利权812件；全年共签订技术合同3367项，技术合同成交金额115.23亿元。

推进甘肃华夏文明传承创新区建设。文化遗产保护传承工作深入推进，"丝绸之路：长安—天山廊道路网"联合申遗获得成功，甘肃5处遗产列入世界遗产名录；58处文物保护单位晋级第七批全国重点文物保护单位，全省国家级文保单位增至131处。嘉峪关文化遗产、拉卜楞寺文物保护等工程进展顺利，凉州区长城保护维修二期工程、永泰城址加固工程等保护项目启动实施。天水市两个村入选中国历史文化名村，填补了我省空白。以敦煌和张掖两座国家级历史文化名城、哈达铺国家级历史文化名镇、南梁省级历史文化名镇为试点，加快建立名城名镇名村"保护更新示范区"。7个项目进入第四批国家级非遗代表性项目，全省国家级非遗项目增至68项。1家文化企业入选第二批国家级非物质文化遗产生产性保护示范基地，2名非物质文化遗产传承人获第三届"薪传奖"。艺术创作繁荣发展，电影《甘南情歌》、陇剧《西峡长歌》、歌曲《老百姓的爱》入选全国精神文明建设"五个一工程"奖，短篇小说《我的帐篷里有平安》获得

第六届鲁迅文学奖，数字电影《锁麟囊》、秦剧《麦积圣歌》、话剧《天下第一桥》获华表奖等国家级大奖。加强古(典)籍整理出版工作，出版了《甘肃青海四川民间古藏文苯教文献》，李克强总理2014年6月出访英国时将其作为国礼赠予牛津大学博德利图书馆。文化产业加快发展，全省文化法人单位数达到10088家，从业人员达到18.99万人，总资产达到539.78亿元，2014年实现文化产业增加值132.91亿元，连续3年保持25%以上增速。

促进教育公平取得新成绩。着力扩大学前教育资源，全省学前教育三年毛入园率达到75%，实现贫困地区乡镇幼儿园全覆盖；着力推进义务教育均衡发展，全面改善贫困地区义务教育薄弱学校基本办学条件，九年义务教育巩固率达到93%；着力调整高等教育布局结构和专业结构，平凉医专升格甘肃医学院、甘肃中医学院更名甘肃中医药大学、兰州商学院更名兰州财经大学，张掖医专并入河西学院，定西师专并入甘肃中医学院；着力促进教育公平和教育扶贫，在58个贫困县录取农村考生12.78万人，农村义务教育学生营养改善计划惠及201万名学生，农村义务教育家庭经济困难寄宿生生活补助政策使77.1万名农村学生受益；着力提升教育经费保障水平，小学公用经费标准提高到600元，初中提高到800元，农村义务教育阶段冬季取暖费标准提高到生均160元，甘南等12个高寒阴湿地区按照两倍标准拨付，营养改善计划标准提高到4元，义务教育食堂覆盖率达到65%。

公共卫生建设进一步加强，卫生计生改革稳步推进。省级以及14个市州和53个县(市、区)相继完成了卫生计生机构改革任务。1123个县乡(65个县站、1058个乡所)服务站所加挂健康教育所牌子。重特大疾病报销病种扩大到50种，比全国多28种。2014年底大病保险在全省全面推行。41个县被列为国家县级公立医院综合改革试点县，建立破除“以药养医”补偿机制，试点地区平均门诊和住院人均费用逐步下降，群众医疗负担明显下降。基本药物制度实施进展顺利。药品网上集中采购工作有序推进，乡村和社区基本药物全部实行零差价销售，在庆阳市探索开展带量采购和药款支付方式改革，进一步降低药品虚高价格。分级诊疗和医师多点执业稳步推进。稳妥有序实施“单独两孩”政策，截至2015年4月底，全省共受理单独夫妇再生育申请6304对，审批批准6183对。城乡三项基本医疗保险参保率达到97%以上，城镇职工和居民医保政策范围内住院医疗费用报销比例分别提高到80%和70%。

城乡居民就业和社会保障服务设施不断完善，全省市州级人力资源市场基本建成。城镇登记失业率控制在4%以下。全省城镇新增就业人数累计达到192.1万人，超额完成全省“十二五”规划城镇新增就业累计130万人的任务目标。城镇登记失业率自2011年起均保持在低于4%的规划任务目标范围内。全省高校应届毕业生就业率稳定在85%以上。出台调整最低工资标准、提高城乡低保补助标准和企业退休人员基本养老金标准等多项政策，城市低保人均补助水平提高到298元/月，农村低保人均补助水平提高到116元/月。城乡低保和农村五保补助资金全部实现社会化发放。

(七)重点领域改革和开放型经济取得新的进展

认真贯彻落实中央全面深化改革精神，深入推进重点领域改革。省市县乡四级政府机构改革、国有企业政策性破产和厂办大集体改革、集体林权制度主体改革任务全面完成，城乡发展一体化改革加快推进。行政审批制度改革、国资国企改革、促进非公经济发展和扩大开放等取得新进展，非公经济比重超过45.8%。整合组建省卫生计生委、省新闻出版广电局，对省发展改革委、省交通运输厅、省农牧厅、省商务厅四部门的"三定"方案做了调整优化。省级政府部门取消、调整和下放行政审批事项2000余项，对保留的事项减要件、减程序、减环节、压缩审批时限，平均办结时限缩短三分之一左右。成立公共资源交易局，将采矿探矿权、工程建设、土地使用权等公共资源交易活动全部纳入统一的公共资源交易平台进行交易。进一步完善省市两级公共资源交易体制机制，增强了招投标领域的透明度。推进工商登记制度改革，2014年全省新增市场主体19.27万户，总量达到111.2万户，其中新增私营企业4.41万户，新增户数比上年增长90%。

投融资体制改革取得重大突破。组建省国有资产投资集团、省公路航空旅游投资集团等5家投融资公司，设立甘肃银行，引进光大、民生等全国性股份制银行。全面公开财政预决算、部门预决算和"三公"经费预决算，全省"三公"经费支出下降30%。实施"营改增"试点政策，减轻市场主体税负17.3亿元，减负面达到97%。实施煤炭资源税从价计征改革。制定普惠金融发展规划，实现金融服务乡镇全覆盖，行政村覆盖率达到16.83%。2014年实现直接融资603.32亿元。

新型城镇化加快推进。金昌市纳入国家新型城镇化综合试点，肃州区、临洮县纳入国家中小城市综合改革试点，金昌市双湾镇、嘉峪关市峪泉镇纳入国家新型城镇化建制镇示范试点，在17个县（市）和30个镇（乡）开展省级新型城镇化试点，开展民勤、榆中、永昌县城深化基础设施投融资体制改革试点。出台户籍制度改革实施意见，合理确定大中小城市及建制镇落户条件。全面实施城乡统一的居民养老保险制度，在1市4县区开展医疗保险城乡统筹试点。全面启动城乡居民大病保险工作。出台政策措施，保障进城务工人员随迁子女平等接受义务教育。2014年全省城镇人口1079.84万人，城镇化率41.68%。

农村改革继续深化。扎实开展土地经营权确权登记试点、土地承包经营权入股试点等各项农村改革，3个整县推进、28个整乡推进、55个整村推进试点任务全面完成。稳步推进"农业三项补贴"政策调整改革。农村宅基地和集体建设用地使用权确权登记发证工作有序推进，积极推进农村土地流转。启动4个县草地农业发展试点工作，在农牧互补、草畜良性互动和农业结构调整方面取得初步成效，集体林权改革不断深入，泾川县全国集体林业综合改革试验示范区建设全面启动。庆阳市国有林场改革试点基本完成。制定《甘肃省落实林业生态红线方案》。

社会事业领域改革统筹推进。促进教育公平，义务教育就近入学、职业院校分类招考、高校考试招生等改革稳步推进。在41个试点县深入推进公立医院综合改革，国家中医药综合改革试点示范省建设稳步推进，有效缓解了人民群众就医难就医贵的问题。顺利实施"单独两孩"政策。完善社会救助办法，在5个县区开展"救急难"试点。

对外开放成效明显。招商引资规模进一步扩大，向西开放进入新阶段，出台丝绸之路经济带甘肃段建设总体方案。中川机场和敦煌机场口岸对外开放，开通兰州至迪拜、第比利斯、新加坡3条国际航班和中欧货运班列"天马号"（武威至阿拉木图）、"兰州号"（兰州至阿拉木图）。"丝绸之路（敦煌）国际文化博览会"列入国家"一带一路"建设战略规划，成功举办"亚洲合作对话丝绸之路务实合作论坛"、"中国—中亚合作对话会"、"兰洽会"、"敦煌行·丝绸之路国际旅游节"、"中国·嘉峪关国际短片电影展"、"国际文化博览会"等节会，与意大利、伊朗、吉尔吉斯斯坦等国家的4个州及城市建立了友好关系，扩大了甘肃影响，形成了合作共识。举办环青海湖国际公路自行车甘肃段比赛、兰州国际马拉松赛等活动。2014年与丝绸之路沿线国家达成经贸合作项目合同及协议83个，贸易额占全省进出口总额的比重提高到23%。

（八）灾后恢复重建各项工作顺利推进

根据国务院要求和省委、省政府部署，加快推进我省灾后恢复重建工作。2011年全部完成"5·12"地震灾后恢复重建工作，实现"三年任务两年完成"的目标要求。舟曲"8·8"泥石流灾后恢复重建任务全部完成；成县"8·12"暴洪灾害灾后恢复重建任务总体完成，建成灾后恢复重建项目58个。东乡县城特大滑坡地质灾害、岷县漳县6.6级地震抗震救灾和岷县"5·10"特大冰雹山洪泥石流灾害灾后恢复重建工作按期完成。

三、《规划纲要》实施存在的主要问题

（一）部分预期性指标未达到规划目标进度

主要是受国内外发展环境重大变化影响，有8项预期性指标预计无法完成。

——城镇居民可支配收入和农民人均纯收入。"十二五"前4年城乡居民收入年均分别增长12.07%、13.76%，预计"十二五"年均分别增长11.4%、13.2%，与《规划纲要》确定的年均增长15%的目标有一定差距。

——地区生产总值和人均生产总值。预计2015年全省地区生产总值完成6790亿元左右，"十二五"年均增长10.5%；人均生产总值26100元，年均增长10.2%，低于《规划纲要》确定的年均分别增长12%的目标。

——社会消费品零售总额。预计2015年全省社会消费品零售总额达到2900亿元，"十二五"期间年均增长15%左右，低于《规划纲要》确定的年均增长17.5%的预期指标（主要是受国内经济下行影响，消费需求有所放缓，汽车、家电等传统消费趋于饱和，健康养老、绿色消费、信息消费等新兴消费尚未形成规模，政府性消费消退、网上消费的分流、收入水平较低等因素，共同导致消费增速放缓）。

——研究与开发支出占生产总值比重。"十二五"我省研究与开发支出占生产总值比重始终保持在1.1%左右，与《规划纲要》确定的达到1.5%的预期指标存在差距。

——外贸进出口总额和外商直接投资。"十二五"全省外贸进出口总额预计达到81亿美元，年均增长2%，外商直接投资达到1.1亿美元，年均下降4%，与《规划纲要》确定的年均增长9%和10%的预期目标有较大差距。

（二）转型升级任务艰巨

"十二五"以来，全省实施战略性新兴产业发展总体攻坚战，战略性新兴产业快速发展，预计2015年全省战略性新兴产业增加值占地区生产总值比重由2010年的5.87%

提高到12%以上，但战略性新兴产业尚处于培育发展阶段，规模较小，传统重化工业和大企业仍占据经济主导地位。2014年，全省规模以上工业增加值中，按企业性质分，国有及国有控股占74.6%；按轻重工业分，重工业占84.1%；按企业规模分，大型企业占64.5%；石化、有色、冶金等七大支柱工业就业人员、总产值、增加值、利润总额、利税总额分别占全省的81.64%、88.05%、87.98%、77.31%和89.67%。同时，科技成果转化能力弱，创新人才缺乏，研发支出占生产总值比重比全国水平低1个百分点以上，非公经济发展水平低，占比比全国水平低15个百分点左右，创新驱动、结构调整、转型升级的任务十分艰巨。

（三）经济发展的稳定性协调性有待加强

我省城乡居民收入总体偏低，文化娱乐、交通通信等新兴消费需求增长低于全国平均水平，2013年以来，受房地产下滑、工程开工不足等影响传导，钢铁、水泥、柴油等批发企业销售大幅下降，限额以上批零销售额增速持续走低。在全球经济持续低迷、国际市场需求波动，以及产能过剩和产品价格下跌的大背景下，全省外贸出口连续下降，石化、有色、冶金等企业原材料进口大幅减少。与此同时，“十二五”前四年，投资对全省经济增长的年均贡献率达71.8%，资本要素和投资仍是推动经济增长的主要动力。增强经济发展的稳定性、协调性，构建消费、投资、出口协调拉动经济增长新格局的任务亟须推进。

（四）基础设施和资源环境瓶颈制约依然突出

“十二五”期间，我省着力实施基础设施、生态安全等“十大战略性工程”，预计交通、水利建设总投资规模超过4250亿元，是新开和建成项目最多、投资强度最大的五年，重大生态工程建设成效显著，但基础设施和资源环境瓶颈制约依然突出。2014年，全省公路网密度32.43公里/百平方公里，比全国水平低约14公里/百平方公里，铁路路网规模小、布局结构不完善；水土流失、土地沙化、草原退化等生态环境问题仍很严重，全省水土流失面积28.13万平方公里，土地沙化面积11.92万平方公里，分别占全省面积的66%和28%左右，单位地区生产总值能耗是全国水平的1.6倍左右，大气污染、水环境污染等问题亟待解决。

（五）保障和改善民生任务繁重

我省区域间城乡间发展不平衡，特别是“两州两市”等少数民族地区、革命老区自然条件严酷、经济发展水平低、基础设施建设滞后、公共服务保障能力弱。“十二五”时期全省城乡居民收入增长较快，但仍处于全国末位。由于历史和自然原因，全省贫困人口多、贫困程度深，2014年全省有贫困人口417万人，贫困发生率20.1%，贫困人口数量居全国第7位，贫困发生率居全国第2位，扶贫攻坚任务艰巨。

四、推进《规划纲要》顺利收官的措施

今后几个月,要继续坚持稳中求进工作总基调,进一步贯彻好国家“稳增长、调结构、促改革、惠民生”宏观调控政策,落实好省委省政府促进全省经济稳定增长的重大举措,注重分类施策,狠抓已出台政策的落实,加快已部署政策的出台,增强信心、稳定预期,着力解决好经济运行中的突出矛盾,努力推进《规划纲要》目标任务实施落实,为实现“十二五”圆满收官、“十三五”良好开局奠定基础。

(一)促进产业转型升级

一是加快战略性新兴产业发展。全力支持战略性新兴产业和高新技术产业链上核心骨干企业上下延伸、建链补链、全产业链培育发展,制订并实施“5551”优势新兴产业链培育行动计划,着力打造新能源、新材料、智能制造、生物医药、信息技术“五大新兴产业集群”,培育发展50户骨干企业,形成50条百亿元产业链。二是促进制造业转型升级。实施“中国制造2025”甘肃行动纲要,提高制造业创新能力,促进石油钻采和炼化设备、数控机床等向成套和高端产品发展。抓好风电设备的研发、制造和集成,支持省内企业提高风光电设备研发和制造能力,把新能源装备制造业培育成新的支柱产业。积极引进战略投资者,加强配套服务体系建设,加快发展轨道交通装备制造业。三是推进文化旅游产业发展。推广旅游+文化、体育、休闲等深度融合新模式,促进旅游与文化、商业的融合发展。四是加大困难行业和重点企业帮扶力度。完善煤炭行业脱困政策,有针对性地对钢铁、有色、建材等困难行业采取济困调整措施。实施好直购电交易,加强工作协调和电力调度,提高实际交易电量,带动煤—电—冶产业链正常运行,力保酒钢、连铝、兰铝等企业正常生产。

(二)发挥投资关键作用

一是抓好重点领域投资。加快推进“6873”交通项目、“6363”水利项目建设,大力实施易地扶贫搬迁、农村饮水安全、危房改造等精准扶贫项目,推进以市州、县、乡三级“两供两处一廊一市一场”为主的城乡基础设施规划建设,完善社区服务设施,培育形成新的投资增长点。二是加快项目建设进度。紧盯166个省列重大项目落地,加大督查通报和考核问责力度,倒排工期、挂图作战,全力以赴完成年度投资计划。建立专项建设基金项目工作台账,快速推进前两批专项建设项目商业银行放贷、原料采购进场等环节工作,发挥投贷结合、债贷组合效应,确保重点项目尽快落地实施。三是加大向上争取力度。按照国家“11+6+3+1”重大工程建设布局,紧密对接新出台的城市地下综合管廊建设、电动汽车充电基础设施和城市停车场建设等政策,加大项目储备谋划和汇报衔接力度,争取更多项目列入国家投资计划。继续做好后续批次专项建设基金项目的争取和落实工作。四是发挥财政资金的撬动作用。加强对PPP项目运营的指导,细化明确项目招投标、项目移交等具体操作环节的规定,降低社会资本的交易成本和运作难度,吸引社会资本投资。五是提高精准招商水平。以兰州新区和各类园区为平台,围绕优势产业补链延链大力引进工业项目,改善工业投资下降状况。同时,针对国

家投资统计方法改革和项目标准提高的新要求，提前研究项目捆绑式上报办法的科学性、可行性；高度重视项目属地化注册的政策要求，加强衔接做好属地化企业的培育工作。

（三）积极扩大消费需求

一是稳定住房消费。全面落实我省促进房地产持续健康稳定发展的意见，放宽使用住房公积金租房提取办理条件，督促金融机构执行好二套房贷款优惠政策。积极推进住房保障方式转型，提高货币化安置比例，引导和支持老旧居住小区更新改造。二是鼓励绿色消费。落实国家新能源汽车支持政策，鼓励社会资本投资建设经营性集中式充电站，并研究给予一定建设投资补贴，鼓励公交、环卫等公共服务领域采购新能源汽车。三是扩大信息消费。认真贯彻国务院关于推进“互联网+”行动指导意见，大力推进互联网+创业创新、现代农业、益民服务、高效物流等11个具体行动，建立区域互联网数据中心和商用云计算中心基地，设立兰州新区大数据中心，加快西北云计算中心、物联网产业园、天水和敦煌软件产业园等园区建设。探索推广苏宁云商模式，支持网上购物等新型消费业态发展。

（四）改进和创新金融服务

一是落实差别化的信贷政策。防止信贷投放“一刀切”，行业管理部门协调金融机构研究提出优质企业清单，对产能过剩行业中有订单、有效益、产品技术含量高的企业给予扶持。研究设立应急转贷专项资金，为主营业务稳定、信誉良好但面临资金链断裂的企业提供保障。二是降低企业转贷成本。协调银行在风险可控的前提下，开展“循环贷”业务，实行“一次审批，分次提款，循环使用”；鼓励金融机构开展基于风险评估的续贷业务，对达到标准的企业直接进行滚动融资，优化审贷程序，缩短审贷时间，切实减少企业高息“过桥”环节。三是积极发展政策性担保。发挥金融信贷杠杆作用，通过增资扩股，进一步扩大各级政府出资设立或参股的担保机构规模，提高担保贷款额度，增强企业融资能力。完善企业担保风险补偿机制，在全省各级建立中小企业贷款（担保）风险补偿资金，发挥好风险补偿金对银行小微贷款的撬动效应。四是支持企业多渠道融资。加强政银合作，建立定期项目推介机制，促进银企有效对接。支持符合条件的企业在银行间市场发行融资产品，推进企业股改和对接多层次资本市场，支持企业债券融资，优化企业融资结构。五是加强中小企业服务平台建设。加快中小微企业孵化基地建设，整合优化中小企业综合服务平台功能，将全省各类中小企业公共服务平台线上服务功能进行归并整合，并与政府政务网连接。

（五）培育新的外贸增长点

一是大力发展加工贸易。加快发展跨境电子商务，积极组织机电产品、石油钻机和洋葱、马铃薯、苹果、高原夏菜、中药材等大宗农产品出口。发挥武威保税物流中心和兰州新区综合保税区的集货能力，吸引更多省外企业注册外向企业报关出口。二是提高贸易便利化水平。加快电子口岸平台建设，推进跨区域通关合作，降低通关成本。提升兰州中川机场国际航空口岸综合服务能力，开通国际货运业务，引进义乌企业开辟中亚航空快运业务，打造中亚中转出口货物基地。六是推动国际产能合作。推进白俄罗斯PVC管材生产线项目、哈萨克斯坦30万吨铜冶炼项目、吉尔吉斯斯坦水泥生产项目等实施。加强对企业“走出去”的政策信息引导，建立公共服务平台。

（六）着力保障改善民生

一是加强就业和社会保障工作。营造大众创业、万众创新的发展环境，以大众创业、万众创新驱动产业升级，促进就业增收。制订并实施陇原创业创新千亿元产业行动计划，推进创业创新支撑平台、创业创新示范园、大学科技创新园和农村创业富民、信息惠民新业态培育发展等5大专项行动。利用“互联网+”积极发展众创、众包、众扶、众筹“四众”新兴商业模式，加快双创数字平台建设，促进生产与需求对接、传统产业与新兴产业融合。做好高校毕业生、化解过剩产能失业人员、农民工等困难群体就业工作，保质保量完成就业目标。建立健全社会救助工作协调机制，鼓励支持社会力量参与，做好城乡群众最低生活保障工作，保障困难群体基本生活。二是做好民生兜底工作。按照年初省政府“10项27件实事”的任务分解安排，落实责任，抓紧实施，确保按期完成。做好市场供应和价格稳定工作，抓好“菜篮子”生产供应，加强市场秩序和价格监管。三是推进精准扶贫精准脱贫。全力做好“1+17”精准扶贫方案的落实，确保各项扶持补贴资金足额发放到位，加快革命老区、少数民族地区、贫困地区发展。整合涉农资金，实施道路硬化、村庄绿化、街院净化、用能清洁化、农产品无公害化、用水洁净自来化、社会服务便利化、信息网络入户化、村民言行文明化、村内管理民主化的“十化生态文明小康村”建设工程。四是努力增加农村居民收入。积极稳妥推进土地流转，探索推进农民以土地承包经营权、农业设施等资源资产参股到种养大户、专业合作社、龙头企业或其他农业项目的有效办法，增加农民财产性收入。继续扶持蔬菜、中药材、马铃薯、苹果等特色优势产业标准化生产、品牌化经营，增加农民种植业收入。加大农村劳动力技能培训和就近输转力度，增加农民工资性收入。

课题组成员：曹天民　李明海　陈军　陈亮　孙倩

附表1 《规划纲要》主要指标完成情况表

<table>
<tr><th colspan="2" rowspan="2">主要指标</th><th colspan="2">“十二五”规划预期目标</th><th>2015年</th><th>“十二五”累计或年均增长</th><th rowspan="2">指标完成情况</th><th rowspan="2">指标属性</th></tr>
<tr><th>预期</th><th>累计或年均增长(%)</th><th>预计</th><th>(%)</th></tr>
<tr><td colspan="2">地区生产总值(亿元)</td><td>8700</td><td>>12</td><td>6790左右</td><td>10.5</td><td>未完成</td><td rowspan="17">预期性</td></tr>
<tr><td colspan="2">人均生产总值(元)</td><td>31600</td><td>12</td><td>26100</td><td>10.2</td><td>未完成</td></tr>
<tr><td colspan="2">全社会固定资产投资(亿元)</td><td>>8400</td><td>>20</td><td>8700</td><td>23.88</td><td>完成</td></tr>
<tr><td colspan="2">地方财政收入(亿元)</td><td>750</td><td>>15</td><td>740</td><td>15.91</td><td>完成</td></tr>
<tr><td colspan="2">城镇化率(%)</td><td>>40</td><td>[5]</td><td>43</td><td>[6.88]</td><td>完成</td></tr>
<tr><td colspan="2">高中阶段教育毛入学率(%)</td><td>>85</td><td>[15]</td><td>91</td><td>[21]</td><td>完成</td></tr>
<tr><td colspan="2">高等教育毛入学率(%)</td><td>>30</td><td>[8]</td><td>32</td><td>[10]</td><td>完成</td></tr>
<tr><td colspan="2">研究与开发支出占生产总值比重(%)</td><td>1.5</td><td>[0.4]</td><td>1.1</td><td>[0.09]</td><td>未完成</td></tr>
<tr><td colspan="2">农业灌溉用水有效利用系数(%)</td><td>0.54</td><td>[0.03]</td><td>0.54</td><td>[0.03]</td><td>完成</td></tr>
<tr><td colspan="2">城镇登记失业率(%)</td><td><4</td><td>—</td><td><4</td><td>—</td><td>完成</td></tr>
<tr><td colspan="2">城镇新增就业人数(万人)</td><td>—</td><td>[130]</td><td>40</td><td>[192.1]</td><td>完成</td></tr>
<tr><td colspan="2">全社会消费品零售总额(亿元)</td><td>3100</td><td>17.5</td><td>2900</td><td>15</td><td>未完成</td></tr>
<tr><td colspan="2">居民消费价格指数(%)</td><td>—</td><td><4</td><td>—</td><td><4</td><td>完成</td></tr>
<tr><td colspan="2">城镇居民人均可支配收入(元)</td><td>26000</td><td>15</td><td>22676</td><td>11.4</td><td>未完成</td></tr>
<tr><td colspan="2">农村居民人均纯收入(元)</td><td>6800</td><td>15</td><td>6367</td><td>13.2</td><td>未完成</td></tr>
<tr><td colspan="2">外贸进出口总额(亿美元)</td><td>120</td><td>9</td><td>81</td><td>2</td><td>未完成</td></tr>
<tr><td colspan="2">外商直接投资(亿美元)</td><td>2.2</td><td>10</td><td>1.1</td><td>-4</td><td>未完成</td></tr>
<tr><td colspan="2">全省常住人口数(万人)</td><td><2753</td><td>7.3‰</td><td>2600</td><td><7‰</td><td>完成</td><td rowspan="17">约束性</td></tr>
<tr><td colspan="2">九年义务教育巩固率(%)</td><td>90</td><td>[9.5]</td><td>93</td><td>[12.5]</td><td>完成</td></tr>
<tr><td colspan="2">耕地保有量(万亩)</td><td>6979</td><td>[-10]</td><td>6979</td><td>[-10]</td><td>完成</td></tr>
<tr><td colspan="2">单位工业增加值用水量(立方米/万元)</td><td>69</td><td>[-30]</td><td>64</td><td>[-34]</td><td>完成</td></tr>
<tr><td colspan="2">非化石能源占一次能源消费比重(%)</td><td>18</td><td>[2.5]</td><td>19左右</td><td>[3.5]</td><td>完成</td></tr>
<tr><td colspan="2">单位生产总值能耗(吨标煤/万元)</td><td>1.221</td><td>[-15]</td><td>1.1</td><td>[-20]</td><td>完成</td></tr>
<tr><td colspan="2">单位生产总值二氧化碳排放量降低(吨/万元)</td><td colspan="2">2015年比2010年降低16%</td><td colspan="2">2015年比2010年降低16%</td><td>完成</td></tr>
<tr><td rowspan="4">主要污染物排放(%)</td><td>化学需氧量(万吨)</td><td>37.6</td><td>[-6.4]</td><td>37.6</td><td>[-6.4]</td><td>完成</td></tr>
<tr><td>二氧化硫(万吨)</td><td>63.4</td><td>[2.0]</td><td>63.4</td><td>[2.0]</td><td>完成</td></tr>
<tr><td>氨氮(万吨)</td><td>3.94</td><td>[-8.9]</td><td>3.94</td><td>[-8.9]</td><td>完成</td></tr>
<tr><td>氮氧化物(万吨)</td><td>40.7</td><td>[-3.1]</td><td>40.7</td><td>[-3.1]</td><td>完成</td></tr>
<tr><td rowspan="2">森林增长</td><td>森林覆盖率(%)</td><td>16</td><td>[1.9]</td><td>—</td><td>—</td><td>完成</td></tr>
<tr><td>森林蓄积量(万立方米)</td><td colspan="2">净增683万立方米</td><td colspan="2">—</td><td>完成</td></tr>
<tr><td colspan="2">城镇参加基本养老保险人数(万人)</td><td>309.5</td><td>[67]</td><td>300</td><td>[67]</td><td>完成</td></tr>
<tr><td colspan="2">城乡三项基本医疗保险参保率(%)</td><td>>95</td><td>—</td><td>>97</td><td>—</td><td>完成</td></tr>
<tr><td colspan="2">城镇保障性安居工程建设(万套)</td><td>8</td><td>[60.51]</td><td>15.78</td><td>[79.82]</td><td>完成</td></tr>
</table>

注：1. “>”为达到以上，“<”为控制在以内，“[ ]”内为5年累计数；

2. 人口年均增长为人口年均自然增长率；

3. 城乡三项基本医疗保险指城镇职工和城镇居民基本医疗保险、新型农村合作医疗。

附表2 “双十工程”建设进展简况

十大战略工程	
1. 基础设施和对外开放平台建设工程	全省公路总里程达到13.8万公里，其中高速公路3300公里，二级公路7492公里，农村公路12.07万公里，2014年公路网密度达到32.43公里/百平方公里。县县通二级公路和乡镇实现通油路目标基本实现。全省70%的建制村通了沥青(水泥)路。金昌机场、张掖机场和夏河机场建成通航。兰州中川机场先后开通至新加坡、迪拜、第比利斯等多条国际航线。兰州新区获国务院正式批复建设，核心区道路、供水、供电、供气体系等基本形成。白银工业集中区完成土地开发82.44平方公里，配套基础设施加快建设。兰州新区综合保税区、武威保税物流中心封关运营。
2. 生态安全建设工程	国务院批复《甘肃省加快转型发展建设国家生态安全屏障综合试验区总体方案》，甘南黄河重要水源补给生态功能区生态保护与建设、敦煌水资源合理利用与综合保护和石羊河流域防沙治沙及生态恢复等重大生态项目稳步实施。祁连山、“两江一水”、渭河源区等重大生态保护与综合治理规划获得国家批准。河西走廊国家级高效节水灌溉、中东南部地区特色农业节水和全省抗旱规划项目、重点山洪沟道治理项目启动实施。敦煌党河流域重点治理稳步推进，黑河流域近期治理成效得到进一步巩固。陇南、甘南、张掖3个市州及天祝、渭源、永靖3个县列入国家生态文明示范工程试点。甘南州、定西市列入国家生态文明先行示范区，临夏州和康县、环县、民勤县列入国家生态保护与建设示范区。
3. 陇东国家大型能源基地建设工程	国家批复《陇东能源基地开发规划》《灵台煤田矿区总体规划》，陇东地区形成约3000万吨/年的煤炭产能，建成投运火电装机容量达到420万千瓦，核准在建和已开展前期矿井规模约2500万吨，马福川矿井、新庄矿井等在建产能2100万吨。庆阳石化600万吨炼油改扩建工程加快推进。华煤集团60万吨甲醇制20万吨聚丙烯科技示范项目和甘肃华信煤业公司45万吨/年、甘肃新周煤业公司60万吨/年、崇信周寨煤业公司60万吨/年改扩建项目建成投产。
4. 兰州国家战略性石化基地建设工程	兰州石化形成1050万吨原油加工、70万吨乙烯、400万吨原油储备能力。兰州石化300万吨/年柴油加氢精制装置建成试生产，年产26万吨碳资源综合利用项目正在开展。玉门航空液压油等特种油品生产基地建设进展顺利。兰州石化整体搬迁兰州新区工作有序推进。
5. 千万千瓦级新能源基地建设工程	酒泉千万千瓦级风电基地一期516万千瓦全面建成，二期第一批300万千瓦项目、民勤百万千瓦风电基地项目建设进展顺利，第二批500万千瓦项目即将启动，全省并网风电装机容量达到1142万千瓦，位居全国第二；以酒泉、嘉峪关为中心的河西地区光伏发电装机容量达到581万千瓦，继续位居全国第一。清洁能源总装机占全省统调总装机容量的59%。酒泉至湖南±800千伏特高压直流外送工程正式开工。
6. 有色冶金新材料基地建设工程	全省十种有色金属产能达到360.53万吨(其中铜90万吨，铝225万吨，铅1.99万吨，锌27.35万吨，镍16.13万吨)，实现营业收入4714.65亿元。国家批准《甘肃省金昌市有色金属新材料区域战略性新兴产业集聚发展实施方案》，有色金属新材料等创新创业示范园加快建设。酒钢循环经济和结构调整项目开工建设，榆钢支持灾后恢复重建项目建成投产，钢铁生产能力突破1000万吨。酒钢公司3000万吨/年煤炭分质利用项目一期一阶段150万吨工程开工建设。金川集团年产6万吨电解镍扩能改造项目投产，白银公司铜冶炼技术改造等项目进展顺利。

7. 先进装备制造业基地建设工程	以大型石油钻采和炼化设备、大型数控机床、新能源装备制造业等为主的先进装备制造业加快发展，兰州、天水、金昌、酒嘉等装备制造产业集聚区不断发展壮大。兰州新区装备制造基地进展顺利，40余家企业入驻兰州新区装备制造业园区。天水星火、华天微电子、长城开关三大产业园区加快建设。
8. 新医药和生物产业基地建设工程	国家正式批准兰州生物产业基地，生物制药、现代中(藏)药、生物育种等技术水平居全国领先地位，陇神戎发年产100亿粒现代中药生产线扩能改造、兰州重离子医用加速器产业化及应用示范基地、甘肃太保维血宁颗粒中药产业化等重点项目建设加快推进。甘肃独一味公司参芪五味子颗粒新药等技术研发及产业化项目基本建成，实施兰州生物制品研究所生物相似药研究开发等一批重点项目。
9. 农业综合工程能力和加工基地建设工程	全省粮食生产实现十一连丰，2014年粮食总产达到1100万吨以上。"四个一千万亩工程"建设目标基本实现。特色优势作物面积达到3200万亩以上，马铃薯、中药材、玉米制种、啤酒大麦等产业规模保持全国领先。引洮供水一期工程建成通水试运行，引洮二期开工建设；古浪黄花滩水利骨干工程开始发挥效益；靖远双永供水主体工程建成；会宁北部供水、引洮入渭、引洮济合、积石山引水、石门河引水、南阳山片移民供水、引大入秦渠道除险加固等项目加快推进。
10. 特色文化旅游基地建设工程	甘肃华夏文明传承创新区获国务院批复，"1313工程"全面启动实施。"丝绸之路：长安—天山廊道路网"联合申遗获得成功，甘肃5处遗产列入世界遗产名录，全省国家级文保单位增至131处，国家级非遗项目增加至68项；天水市两个村入选中国历史文化名村，填补我省空白。文化产业加快发展，2014年实现文化产业增加值132.91亿元，连续3年保持25%以上增速。
十大惠民工程	
1. 就业促进工程	全省城镇新增就业人数累计达到192.1万人，超额完成全省"十二五"规划中城镇新增就业累计130万人的任务目标。城镇登记失业率自2011年起均保持在低于4%的规划任务目标范围内。预计累计输转城乡富余劳动力2650万人次。
2. 社会保障工程	实现城乡居民社会养老保险制度全覆盖，城乡三项医疗保险参保(合)率达到97%以上。全省城市、农村低保月人均补助水平分别提高到298元、116元；农村五保供养省级补助标准提高到2510元，市、县配套资金每人每年不低于600元，提标后全省农村五保供养年人均标准最低为3110元；社区日间照料服务设施覆盖到了45%的城市社区和21.8%的建制村。城乡居民基本养老保险基础养老金达到每人每月85元，城镇居民基本医疗保险补助标准提高到年人均380元。
3. 安居保障工程	累计新建保障性住房和棚户区改造住房79.82万套，改造农村危房96.4万户。
4. 教育助学工程	新建、改扩建城乡幼儿园3627所，全面完成中小学2008标准D级危房改造。农村义务教育学生营养改善计划惠及201万名学生，农村义务教育家庭经济困难寄宿生生活补助政策使77.1万名农村学生受益；着力提升教育经费保障水平，小学公用经费标准提高到600元，初中提高到800元，农村义务教育阶段冬季取暖费标准提高到生均160元，甘南等12个高寒阴湿地区按照两倍标准拨付，营养改善计划标准提高到4元，义务教育食堂覆盖率达到65%。

5. 医疗卫生工程	实施重大疾病防控机构、县级医院、乡镇卫生院改扩建工程，完成9009个标准化村卫生室建设，建成覆盖1500家医疗机构的远程医疗会诊网络。重特大疾病报销病种扩大到50种，全面推行大病保险，41个县被列为国家县级公立医院综合改革试点县。基本药物制度实施进展顺利。药品网上集中采购工作有序推进，乡村和社区基本药物全部实行零差价销售，分级诊疗和医师多点执业稳步推进。稳妥有序实施“单独两孩”政策。城乡三项基本医疗保险参保率达到97%以上，城镇职工和居民医保政策范围内住院医疗费用报销比例分别提高到80%和70%。
6. 文化体育工程	完善公共文化服务设施，市州图书馆、文化馆、博物馆、青少年文化宫等项目建设深入推进，“乡村舞台”和农家书屋建设任务全面完成，全省建成9000个行政村“乡村舞台”，覆盖率达到56.17%。县级城市数字影院和中央、省市县广播电视节目无线数字化实现全覆盖，广播电视“户户通”工程建设任务全面完成。
7. 农村基础设施建设工程	预计“十二五”期间解决910.2万农村人口饮水安全问题，较规划目标增加260.2万人，贫困地区自来水入户率达到75%，农村环境连片整治试点工作进展顺利，创建国家级生态乡镇71个，新增397个省级生态乡镇、462个省级生态村。
8. 整村推进扶贫工程	完成整村推进扶贫工程2857个，10个县区实现整体脱贫，3874个行政村摘掉了贫困帽子，五年减少贫困人口530万人，贫困发生率下降到20.1%。前四年累计对生活在缺乏基本生存条件地区的92191户459932名贫困群众实施了易地扶贫搬迁。
9. 便民服务网点建设工程	全省连锁化农家店实现县区、乡镇全覆盖，农村商品配送能力显著增强，县乡村三级配送体系进一步完善，日用工业品统一配送率提高到80%以上。兰州市被列入国家农超对接试点城市。
10. 社会平安工程	建设食品安全风险监测、安全检测、有害污染物检测等项目，食品药品等安全监管能力有效提升。建设天水、白银、武威、平凉、临夏、定西等市州应急避难场所。嘉峪关列为全国社会管理创新试点城市。

1 甘肃省国民经济和社会发展“十三五”规划基本思路研究

甘肃省发展和改革委员会

“十三五”时期(2016—2020年)是深入贯彻党的十八大、十八届三中和四中全会决策部署,落实“四个全面”战略布局的关键期,是我省推进转型发展、加快扶贫攻坚,与全国一道全面建成小康社会的决战期。深入分析和准确把握国内外发展环境的重大变化,深刻认识新常态下我省经济社会发展的趋势特点,继续实施好省第十二次党代会以来提出的发展改革任务,明确提出“十三五”时期我省经济社会发展的战略导向、发展目标、主要任务和重大措施,对科学编制和制定好全省“十三五”规划具有十分重要的意义。

1.1 关于“十三五”发展的基础和环境

“十三五”规划是全面建成小康社会的收官规划,是全面深化改革要取得决定性成果的五年,坚持从我省的基本省情出发,全面总结“十二五”规划实施情况,认真分析国内外发展环境的新变化和新特点,准确把握我省经济社会发展面临的新情况、新趋势和新要求,是编制好“十三五”规划的基础和前提。

1.1.1 “十二五”发展奠定的基础

“十二五”以来,全省上下认真贯彻省第十二次党代会精神,牢牢把握“一项重大使命”,始终坚持“八个发展取向”,深入实施“十大重点行动”,经济社会进入快速发展的轨道,特别是经济、文化、生态三大战略平台获批建设,“3341”项目工程全面实施,“1236”扶贫攻坚行动和精准扶贫精准脱贫加快推进,有力促进了全省经济社会发展,为“十三五”全面建成小康社会打下了坚实的基础。

——综合经济发展水平进一步提高。预计“十二五”全省地区生产总值年均增长10.5%,2015年全省地区生产总值达到6790亿元左右,人均生产总值超过4000美元

(26165元),迈上中等偏上收入台阶。全社会固定资产投资年均增长23.7%,增速位居全国前列,预计五年累计完成投资3.2万亿元。农业和农村经济稳定发展,全省粮食总产量稳定在1000万吨以上,粮食生产实现“十二连丰”。

——交通水利等基础设施建设力度加大。着力实施基础设施和开放平台等“十大战略性工程”,预计“十二五”全省公路通车里程达到14万公里,其中高速公路通车里程达到3600公里,实现所有市州高速公路连接,所有县城通二级以上公路、所有乡镇通沥青(水泥)路。兰新铁路第二双线、西平、天平铁路以及兰州北编组站、兰州西客站等重大铁路项目建成投运。全省通航机场达到8个,民航旅客吞吐量突破900万人次/年。引洮一期、积石山引水、靖远双永供水等工程建成通水,引洮二期开工建设。预计“十二五”期间全省交通、水利建设总投资规模超过4250亿元,是我省新开和建成项目最多、投资强度最大的五年。

——结构调整和转型升级步伐加快。战略性新兴产业快速发展,预计2015年战略性新兴产业增加值占生产总值比重由2010年的6%提高到12%以上,酒泉千万千瓦级风电基地一期建成,酒泉至湖南±800千伏特高压直流输电工程开工建设,全省风电、光电装机超过1250万千瓦和600万千瓦,生物产业年均增长20%以上,文化产业年均增长26%左右。特色农产品种植面积达到2960万亩,畜牧业快速发展壮大,农牧互补、草畜良性互动和农业结构调整方面取得初步成效。2014年三次产业比重达到13.2∶42.8∶44,第三产业比重超过第二产业。科技创新能力持续增强,科技进步贡献率由2010年的45%提高到2015年的50%。城镇化进程加快推进,预计2015年城镇化率达到43%左右,年均提高1.4个百分点,高于规划预期目标。

——改善民生为重点的社会建设取得重大进展。开展“联村联户、为民富民”行动,实施“1236”扶贫攻坚行动计划和“1+17”精准扶贫精准脱贫意见方案,大力推进“十大惠民工程”建设,预计五年全省减少贫困人口525万人,新建保障性住房80万套,改造农村危房95万户。学前教育资源快速增长,“两基”攻坚目标全面实现,预计“十二五”末,学前教育三年毛入学率、九年义务教育巩固率、高中阶段教育毛入学率和高等教育毛入学率分别达到72%、93%、92%和32%。城镇居民基本医疗保险制度全面实施,实现新型农村社会养老制度县域全覆盖,预计2015年城乡3项基本医疗保险参保率达到97%。城乡就业保持稳定,预计五年新增就业人口196万人,超过规划130万人的预期目标。农村居民收入增幅高于城镇居民收入增长,预计2015年全省城镇居民人均可支配收入达到23767元,农民人均纯收入达到6936元,年均分别增长11.5%和13.1%。

——生态文明建设扎实推进。国务院批复《甘肃省加快转型发展建设国家生态安全屏障综合试验区总体方案》,国家循环经济示范区建设目标基本实现。《祁连山生态保护与建设综合治理规划》《“两江一水”区域综合治理规划》《甘肃定西渭河源区生态保护与综合治理规划》等重大生态规划获得国家批准。石羊河流域重点治理工程提前完成,甘南黄河重要水源补给生态功能区生态保护与建设、敦煌水资源合理利用与综合保护、石羊河流域防沙治沙及生态恢复、兰州大气污染综合治理、农村环境连片整治等重大生态环保工程取得显著成效。三北防护林、巩固退耕还林成果、退牧还草、自然保护区建设、天然林保护等生态建设工程加快实施,全省森林覆盖率达到11.86%。循环经济产业链、资源循环利用体系、科技支撑等机制初步形成，预计万元生产总值能耗、万元生产总值二氧化碳排放五年下降20%以上，能源产出率、水资源产出率等12项约束性指标达到规划预期目标。

——*重要领域改革和开放型经济迈出新的步伐*。认真落实中央全面深化改革精神，健全工作机构，完善工作机制，建立全面深化改革领导小组，制定《中共甘肃省委关于贯彻落实〈中共中央关于全面深化改革若干重大问题的决定〉的意见》《中共甘肃省委十二届六次全委会重要改革举措实施规划（2014—2020年）》。重点领域改革深入推进，省市县乡四级政府机构改革、国有企业政策性破产和厂办大集体改革、集体林权制度主体改革任务全面完成，城乡发展一体化改革加快推进。行政审批制度改革、国资国企改革、促进非公经济发展和扩大开放等取得新进展，非公经济比重超过45%。投融资体制改革取得重大突破，组建省国有资产投资集团、省公路航空旅游投资集团等5家投融资公司，设立甘肃银行，引进光大、民生等全国性股份制银行。招商引资规模进一步扩大，向西开放进入新阶段，兰州新区、国家级和省级开发区建设步伐加快，兰州新区综合保税区获批建设，中川机场和敦煌机场口岸对外开放，武威保税物流中心封关运营。

回顾“十二五”发展，面对国际金融危机冲击、国内产能过剩和经济下行压力不断加大的严峻形势，在省委、省政府的坚强领导下，全省认真贯彻中央一系列重大战略决策，积极应对自然灾害影响和各种风险挑战，有针对性地采取措施促进经济稳定增长，虽然增速指标低于预期1个百分点左右，但规划确定的其他预期目标和主要任务基本完成。取得这样的成绩来之不易，并积累了弥足珍贵的经验。一是坚持不断深化省情认识，发展的思路更加清晰。省第十二次党代会依据国家对我省的战略定位以及所处的发展阶段和发展任务，明确提出我省最大矛盾是发展不足、最大机遇是政策叠加、最大希望是开放开发、最大责任是富民安民，坚持“八个发展取向”，实施“十大重点行动”，着力构建经济、文化、生态三大战略平台，推进转型跨越发展，努力实现与全国道进入全面小康社会的目标。我们必须把国家战略与甘肃实际结合起来，准确把握我省经济社会发展的阶段性特征，把转方式调结构促发展放在重要位置，坚持解放思想、实事求是、与时俱进、创新发展、长期奋斗的思路，深入推进和实施省第十二次党代会确定的重大发展战略，努力走出一条具有甘肃特色的科学发展之路。二是坚持抢抓机遇谋发展，发展的路径更加明确。坚持把甘肃放在全国发展的大格局中，围绕国家确定的我省“五大战略定位”，深入实施“3341”项目工程，以交通、信息、城镇化等重大基础设施项目建设带动发展，以加速推进战略性新兴产业、特色优势产业、富民多元产业、区域首位产业发展优化产业结构，推动全省加快发展。三是坚持统筹兼顾和重点突破，区域特色化发展的格局正在形成。以实施区域发展战略和推进形成主体功能区为导向，发挥区域比较优势，坚持把加快经济发展与生态建设相结合，把促进区域特色化发展与培育新的增长极相结合，把推进新型城镇化发展、加快新农村建设和扶贫攻坚相结合，破解制约我省经济社会发展的瓶颈。四是坚持把改善民生作为根本任务，富民强省的发展目标更加坚定。树立“发展为先、民生至上”的理念，经济建设与社会发展同步推进，深入开展“联村联户、为民富民”行动，实施“1236”扶贫攻坚行动，以实施“十大惠民工程”为抓手，不断加大投入力度，逐步提升基本公共服务能力，全省民生保障标准和水平持续提高，人民生活日益改善，福祉不断增进。五是坚持改革开放促发展，发展的动力和活力不断增强。抢抓国家“一带一路”建设机遇，围绕推进甘肃与中西亚、中东欧等丝绸之路沿线国家的交流合作，发挥地理区位、历史文化、资源能源和产业基础等多种优势，东向引进与西向合作结合，发挥自身优势与利用外部资源结合，激活内力与改革创新结合，推进全方位对外开放，全面拓展发展空间，努力增强发展的动力与活力。“十二五”时期全省经济社会发展取得的重大成就和广泛共识，为我省“十三五”乃至今后更长时期的持续发展奠定了坚实基础，实践中积累的宝贵经验要继续坚持和创新发展。

在总结“十二五”发展成绩和经验的同时，我们要清醒地看到，面对经济下行压力增大、转型升级任务紧迫的新形势，短期困难和长期矛盾相互交织，面临着新的挑战。突出地表现在：一是经济结构不合理。长期以来，我省国有经济比重基本都在60%以上，依赖重化工业和少数大企业带动经济增长的特征较为明显，非公经济和中小企业发展水平低。2014年全省规模以上工业增加值中，按企业性质分，国有及国有控股占73.5%；按轻重工业分，重工业占83.6%；按企业规模分，大型企业占63.2%。2014年，石化、有色、冶金等七大支柱工业就业人员、总产值、增加值、利润总额、利税总额分别占全省的80.46%、88.91%、87.5%、78.91%和88.1%。全省经济增长依靠传统重化工业和大企业的格局仍未改变，新的增长点和增长极尚未真正形成。二是区域间城乡间发展不平衡。中部兰白地区和河西地区经济社会发展水平相对较高，兰白地区生产总值占全省的三分之一以上，河西的嘉峪关、酒泉、金昌三市人均生产总值在全省位居前三位，“两州两市”发展滞后，城市化工业化地区与少数民族地区、革命老区发展差距继续扩大，特别是我省地处秦巴山区、六盘山区、藏区等集中连片扶贫地区，自然条件严酷、经济发展水平低、基础设施建设滞后、公共服务保障能力弱，缩小地区间发展差距和扶贫攻坚的任务尤为艰巨。城乡二元结构特征明显，2014年全省城乡收入比为3.67∶1，高于全国2.92∶1的水平。三是交通等基础设施瓶颈制约仍然突出。西部大开发以来，在国家支持下我省交通等基础设施条件有了明显改善，但与全国水平和自身发展的需要相比仍有较大差距。2014年全省公路网密度32.43公里/百平方公里，比全国水平低约14公里/百平方公里，铁路路网规模小、布局结构不完善。水利基础设施薄弱，支撑农业发展的条件较差。四是资源环境约束增强。水土流失、土地沙化、草原退化等生态环境问题依然突出，全省水土流失面积28.13万平方公里，土地沙化面积11.92万平方公里，分别占全省面积的66%和28%左右，单位地区生产总值能耗是全国水平的1.7倍，大气污染、水环境污染等问题亟待解决。五是科技创新和人才支撑能力弱。我省科教和基础研究资源相对丰富，科技实力在全国处于中等水平，但科技成果转化水平较低、创新能力不强。近年来全省研发支出不断增加，但占生产总值的比重仍处于较低水平，研发支出占全省生产总值比重仅为1.1%左右，低于全国2.1%的水平1个百分点以上。科技创新基础人才缺乏，人才流失与人才引进困难并存，普通劳动者整体素质较低，职业技能欠缺。六是对外开放水平比较低。我省深处内陆，对外经济合作水平低，外商外资规模小，2014年全省货物进出口总额86.5亿美元，约占全国的0.2%，实际利用外资额4.6亿美元，约占全国的0.4%。这些矛盾和问题事关我省长远发展，必须高度重视，在“十三五”时期着力研究解决，促进全省经济社会持续健康发展。

1.1.2 "十三五"发展面临的环境

与"十二五"相比,"十三五"时期发展的外部环境正在继续发生重大变化。从国际环境看,受国际金融危机的影响,后金融危机的持续时间拉长,世界经济仍处于深度调整和缓慢复苏之中,新技术和信息技术的广泛运用特别是与传统产业的深度融合与创新,全球经济增长格局逐步深刻变化,分工格局正在重塑。国际和区域经贸规则主导权争夺更加激烈,新的区域经济合作倡议和机制不断推出,全球化和区域经济一体化的路径及动力正在发生变化,我国外部环境的不稳定性和不确定性明显增加,应对外部风险和挑战的难度加大。

从国内环境看,经过30多年的高速增长,我国在中高端领域受到发达经济体越来越大的竞争压力,在低端技术领域则面临要素成本更低的新兴经济体的追赶竞争,对我国劳动密集型产业发展形成挤压,传统要素优势正在减弱,资源环境约束加剧,面临着经济增长换档期、结构调整阵痛期、前期刺激政策消化期"三期"叠加的严峻挑战。我国劳动年龄人口比重和数量连续下降,劳动力成本持续上升,2014年,劳动年龄人口占全部人口的比重自2010年以来连续5年下降,劳动年龄人口数量自2012年以来连续3年下降;2010—2014年农民工月均工资年均增长15.1%。能源资源约束增强、环境要求不断提高,2014年我国经济总量占世界的比重为13.3%,但一次能源消耗总量占世界的23%,石油对外依存度接近60%。在全球经济增长疲弱和贸易保护主义加剧的双重作用下,改革开放以来保持快速增长的出口压力不断加大,2015年上半年出口仅增长0.9%。"三期"叠加影响不断深化,经济下行压力较大,产能过剩、需求不振问题突出,2015年上半年工业生产者出厂价格指数同比下降4.6%,连续40个月同比下降。

同时,我国经济发展正在进入新常态,经济正在向形态更高级、分工更复杂、结构更合理的阶段演进,经济转向中高速增长,经济结构迈向中高端水平,增长动力转向更多依靠国内消费需求拉动,转向要素高效集约使用的创新驱动。区域经济发展进入多极化新阶段,继续实施西部开发、东北振兴、中部崛起、东部率先的区域发展总体战略和主体功能区战略,突出"丝绸之路经济带"和"21世纪海上丝绸之路"建设和京津冀协同发展及长江经济带建设,以中心城市和城市群为支撑的多极化新格局正在形成。从近两年我国发展实际来看,新常态下经济增长的支撑因素正在发生深刻变化,2012年我国服务业增加值占比达到45.5%,首次超过第二产业,2013年、2014年分别上升至46.9%和48.2%,2015年上半年进一步上升为49.5%,产业结构由工业主导向服务业主导转型趋势明显。新产业、新业态、新产品不断涌现,以"互联网+"为代表的新业态高速增长。需求结构也在向宏观调控的预期方向发展,投资、出口增速换挡,消费对经济增长的贡献率上升,2015年上半年,最终消费支出拉动GDP增长4.2个百分点,贡献率为60.0%,比上年同期提高5.7个百分点;资本形成总额拉动GDP增长2.5个百分点,贡献率为35.7%,下降16.2个百分点;货物和服务净出口拉动GDP增长0.3个百分点,贡献率为4.3%,而上年同期为-6.2%,"三驾马车"的动力结构优化、协调性增强。

分区域看,东部地区科技创新产业发达,服务业、制造业竞争力不断增强,仍有较大的增长空间,由于转型升级起步早、步伐快,东部沿海地区产业结构优化态势突出,2015年上半年上海、江苏、浙江、山东、广东五省市第三产业增速均超过8.4%的全国平均水平，以新兴产业发展为代表的产业转型步伐加快。中部地区产业结构较为多元化，培育发展新兴产业的条件好，又处于贯穿南北的京广铁路通道上，依托地缘优势的产业承接能力进一步提升，先进制造业和高新技术产业的快速成长成为带动区域发展的支撑力量，经济增速高于全国平均水平。西部地区产业结构单一，基础原材料工业占比大，产业链条短，深加工和技术创新能力不足，对外开放水平低，近两年受市场需求不足影响，投资大幅下滑，经济面临较大下行压力，地区发展分化明显，重庆、贵州异军突起，2015年上半年经济增长分别达到11%和10.7%，我省周边青海、新疆分别增长8.5%和8.2%，陕西、宁夏分别增长7.3%、7.4%，资源型传统产业转型面临严峻挑战。从我省情况看，2013年以来，受国内外环境变化影响，我省投资增速逐步下降、消费拉动乏力、进出口支撑不足，"三驾马车"动力减弱，经济面临较大下行压力。在产能过剩、需求不足、大宗原材料产品价格下跌等因素综合作用下，全省工业企业经营困难，利润大幅下滑，传统优势产业发展受到制约，战略性新兴产业、现代服务业等新的经济增长点尚未形成有效支撑。2015年上半年，全省地区生产总值增长8%；固定资产投资增长5.59%，比2014年同期低近18个百分点；消费增速持续回落，社会消费品零售总额增长8.6%，低于全国水平1.8个百分点；城镇居民和农民人均可支配收入分别为11243元和2984.9元，分别增长9.3%和11.6%，虽然增速较高，但绝对数位居全国后位。总体来看，我省经济正处于新常态下速度降挡、结构重塑、动力转换的衔接调整期，较长时期内仍将面临较大的经济下行压力。

综合国内外环境，"十三五"将是我国全面推进转型发展的重要时期，工业化、城镇化、市场化、国际化进程加快，发展潜力、发展空间和回旋余地较大，仍处在成长上升阶段和发展的重要战略机遇期。对我省而言，机遇叠加和较快发展的基本态势没有根本改变，但转型升级的挑战更加突出和紧迫，面临既要保持稳定增长又要加快结构调整，既要补齐发展短板又要推动转型升级，既要抓好精准扶贫又要促进整体发展，既要做强优势产业又要培育新兴产业等突出矛盾。我们必须准确把握国内外环境变化对我省经济社会发展带来的影响，主动适应经济发展新常态，抢抓和落实"一带一路"建设等重大机遇，努力实现速度与质量、基础与结构、改造与提升、扶贫与小康的协同共进，推进我省经济转型发展，努力赶上全国发展步伐。

1.1.3 "十三五"发展的趋势特征

经过改革开放特别是实施西部大开发战略十多年来的发展，我省的基础条件不断改善，发展能力和综合实力不断提升，发展后劲和发展潜力不断增强，政策叠加效应不断显现，我们既有加快发展的现实条件，也有推动转型发展的必要支撑。"十三五"乃至今后一个时期，我省经济社会发展将处于"改革开放、强基固本、转型增长、创新驱动、人才支撑、富民强省"的重要历史阶段，呈现以下重要特征：

——全面小康加快推进，扶贫攻坚任务繁重。"十三五"是我国全面建成小康社会的决战期和目标实现期。习近平总书记2013年视察我省时指示要加快建设经济发展、山川秀美、民族团结、社会和谐的幸福美好新甘肃，努力与全国一道全面建成小康社会，为我们明确了奋斗的方向和目标。我省2013年小康指数为68.57%，滞后于全国发展水平。全省城乡居民收入分别为全国水平的70.8%和58%，处于全国后位。2014年全省还有417万贫困人口，占全省总人口的近六分之一，扶贫攻坚的任务十分艰巨。全省人民对加快发展和进一步提高生活水平，努力赶上全国发展步伐的期盼日益强烈。"十三五"时期必须把发展作为第一要务，补好扶贫开发这块"短板"，以保障和改善民生为出发点和落脚点，打赢扶贫开发攻坚战，努力与全国一道全面建成小康社会。

——转型升级步伐加快，稳定增长任务艰巨。"十三五"时期我国经济社会发展进入新阶段，转型升级成为发展的战略导向，创新驱动成为发展的主要动力。由于我省所处的发展阶段和产业结构特性，主要依靠要素驱动和投资驱动的格局还没有改变。农业基础脆弱、生产方式落后，基础设施瓶颈制约矛盾仍然突出，先进制造业和生产性服务业发展滞后，战略性新兴产业总体处于起步阶段，特别是以能源资源型传统产业为主的重型工业结构特征明显，产业链条短，面对国内外需求结构变化和产能过剩的严峻形势，依靠规模扩张已不可持续。未来5年，以制造服务化和服务知识化为重点的我国产业升级步伐将进一步加快，对我省产业转型带来严峻挑战，形成"倒逼"趋势。2015年以来，国内新的消费模式、消费热点加快发展，线上线下互动成为新趋势，网上商品零售额增长远高于社会消费品零售总额增长，第三产业、消费需求逐步成为主体；东部沿海等调整转型起步较早的地区新兴产业发展迅速，高技术制造业增加值明显高出整体工业水平，成为区域经济发展的新动力。我省与全国工业化水平相比大概相差12年左右，20世纪90年代省内家电轻纺等轻工业没有及时调整适应消费升级换代的需求，在产业转型升级中遭到淘汰，如果"十三五"我省在转型创新上没有重大突破，在优化产业结构发展现代服务业特别是生产性服务业上没有跟上步伐，我省将失去未来5—10年的发展机遇。"十三五"我们面临着加快发展赶上全国发展水平，加快结构调整促进转型发展的双重任务，必须要准确把握国家转型发展的战略导向，加快转变经济发展方式、调整优化经济结构、培育新的增长动力、提高经济发展质量，促进经济持续、较快、稳定增长。

——新型城镇化进程加快，服务保障压力增大。加快推进新型城镇化是党中央做出的重大战略部署，2014年我省城镇化率达到41.68%，进入城镇化加速发展阶段，但发展质量不高，城镇结构体系和布局不尽合理，城市集聚产业人口水平低，基本公共服务基础条件落后，供给总量不足，发展水平指数位居全国末位。预计"十三五"时期全省城镇化率年均保持1个百分点以上增速，2020年超过50%。新型城镇化进程加快推进，农民工市民化和农业人口向城市转移，将进一步带动城镇基础设施投资和消费需求增长，成为经济发展的重要动力，同时也对城镇就业、教育、医疗、养老等基本公共服务提出了更多的需求。我省既面临缩小城乡间、地区间公共服务发展差距的任务，更面临着进一步提高政府公共服务供给保障能力的任务，协调城乡经济社会发展的难度加大。我们要以人的城镇化为核心，统筹城乡发展，建立与经济社会发展水平相适应的基本公共服务保障体系，让发展成果更多、更公平、更实在地惠及广大人民群众。

——区域特色发展的格局正在形成，多层面竞争更趋激烈。西部大开发以来，以发挥各地区比较优势和跨地区联合的我省区域特色经济加快发展，国家在继续实施区域发展总体战略的同时，明确提出实施"一带一路"、京津冀协同发展、长江经济带三大战略，我国区域发展进入新的优化整合期，为我省进一步开展跨省跨国区域合作创造了更加广阔的空间。同时，我省周边成渝经济区、关中经济区、乌昌经济区等一体化发展步伐的不断加快，现代交通支撑的大跨度区域和国际合作加快发展，区域间竞争日趋激烈，但省内区域合作还未有明显突破，跨省区的区域合作的影响力较小。"十三五"时期，我们要坚持差异化定位和协同化发展，进一步突出以中心城市和城市组团为支撑的我省区域特色化发展路子，支持以兰白为核心的"大兰州"经济区率先发展，推进河西地区组团联盟加快发展，促进陇东南地区整合协同发展，增强区域聚合力，扩大与周边区域的联合，不断拓展新的发展空间，着力培育带动全省经济发展的重要增长极。

——*全面深化改革整体推进，转型发展与改革开放深度融合。*全面深化改革是我国当前和今后一个时期的重大战略部署，十八届三中全会明确提出到2020年在重要领域和关键环节改革上取得决定性成果，形成系统完备、科学规范、运行有效的制度体系。"十三五"既是我国实现中长期改革发展战略目标的重要历史关节点，也是我省承上启下的重要历史转型发展期和经济体制改革的攻坚期。全面对外开放和"丝绸之路经济带"上升为国家战略，将甘肃推到了对外开放的前沿，转型与改革开放的直接融合，使我省发展面临前所未有的挑战。非公经济发展不足，市场化程度低，对外开放水平不高，是制约我省发展的突出问题和转型升级的关键所在，也意味着我们加快改革开放，促进转型升级的空间巨大。我们必须抓住这一历史机遇，坚持以开放促改革、以改革促发展，以更加积极的姿态融入国际国内产业竞争，不断开创对外开放合作新局面、培育新优势，引领和促进经济社会持续健康发展。

1.2 关于指导方针和主要目标

我省省情和所处的发展阶段，决定了全省发展任务的复杂性、长期性和艰巨性。"十三五"时期，我们必须全面贯彻中央决策部署，以发展理念转变引领发展方式转变，以发展方式转变推动发展质量和效益提升，把增进人民福祉、促进人的全面发展作为出发点和落脚点，坚持以经济建设为中心，着力保持经济稳定增长，加快结构调整转型升级，深化对外开放，推动实现更高质量、更有效率、更加公平、更可持续的发展；坚持全面深化改革，不断完善体制机制，加快法治经济和法治社会建设，为发展提供持续动力。积极适应新常态，把中央要求和省情结合起来，尊重发展规律与省情特点，进一步推进实施省第十二次党代会以来的重大决策，着眼于与全国一道全面建成小康社会，牢牢把握建设幸福美好新甘肃的重大使命，抢抓发展机遇，破解发展难题，突出战略导向，更加注重开放开发、更加注重转型转移、更加注重创新创业、更加注重民族民生、更加注重安全安定，为我省经济社会"十四五"和更长远发展奠定坚实的基础。

1.2.1 指导方针

高举中国特色社会主义伟大旗帜，全面贯彻党的十八大和十八届三中、四中、五中全会精神，以邓小平理论、"三个代表"重要思想、科学发展观为指导，深入贯彻习近平总书记系列重要讲话和视察我省时做出的"八个着力"指示精神，牢固树立创新发展、协调发展、绿色发展、开放发展、共享发展理念，突出全面建成小康社会、全面深化改革、全面依法治国、全面从严治党"四个全面"战略布局，遵循经济规律实现科学发展，遵循自然规律实现可持续发展，遵循社会规律实现包容性发展，围绕与全国一道全面建成小康社会总目标，以人民期盼为奋斗方向，以富民强省为历史重任，坚持发展第一要务，以全面科学发展为主题，以创新驱动提质增效为主线，抢抓国家建设“一带一路”、深入实施西部大开发战略、加快推进扶贫开发等重大机遇，深入推进“3341”项目工程、“1236”扶贫攻坚行动和“1+17”精准扶贫精准脱贫意见方案，着力改善民生，发挥比较优势和后发优势，打好传统产业改造提升、战略新兴产业培育壮大、精准扶贫精准脱贫攻坚战，努力实现速度与质量、基础与结构、改造与提升、扶贫与小康的协同共进，全面推进经济、政治、文化、社会、生态文明和党的建设，建设经济发展、山川秀美、民族团结、社会和谐的幸福美好新甘肃，努力到2020年与全国一道全面建成小康社会。

推进“十三五”全省经济社会转型发展，必须针对发展中的突出矛盾和问题，进一步理清发展思路，突出发展战略导向。

一是突出改革开放，增强发展动力。全面深化改革，创新体制机制，营造良好发展环境；加快“丝绸之路经济带”甘肃段建设，推进基础设施互联互通，扩大向西开放；承接产业转移，推进向东合作。

二是突出创新驱动，推动转型升级。以创新驱动为着力点，积极推进科技创新，改造提升传统优势产业，加快培育发展战略性新兴产业、现代服务业和文化产业，促进结构调整，推动转型升级。

三是突出多极突破，带动协调发展。深入实施主体功能区和西部大开发战略，加快新型城镇化发展，着力推进重点区域加快发展和发挥辐射带动作用，以中心城市为支撑，推动中小城市和小城镇协调发展，促进产业、人口集聚。

四是突出生态文明，促进可持续发展。建设国家生态安全屏障综合试验区，积极探索生态补偿机制，大力发展循环经济，推进生态文明省建设，探索内陆欠发达地区生态建设与转型发展相结合的新路子。

五是突出保障民生，共享改革发展成果。以改善民生为根本出发点，推进基本公共服务均等化，实施好扶贫攻坚和“双联”行动，全面提高劳动者素质和技能，增强全民就业创业能力，鼓励创业，促进就业，提高城乡收入水平。

1.2.2 发展目标

依据上述指导方针和战略导向，从发展速度和质量并重，更加突出优化结构、提升质量、提高效益，着力培育新的经济增长点和提高人民生活水平等方面考虑，提出“十三五”主要预期指标。

1.2.2.1 关于“十三五”增速

综合考虑“十三五”发展环境、发展基础、主要任务和潜在增长因素，“十三五”我省经济年均增速初步按8%左右谋划，高于国家的增长目标。

一是与实现全面小康目标衔接看，党的十八大确定2020年实现全面建成小康社会目标，国内生产总值和城乡居民人均收入比2010年翻一番。据此，我省地区生产总值比2010年翻一番，2020年应达到8242亿元（2010年为4120.75亿元），2010年至2020年全省生产总值年均增长7.2%就可实现这一目标。“十三五”全省保持8%左右的增速，2020年地区生产总值将达到1万亿元以上（2010年不变价），可实现翻一番的目标，人均生产总值预期将达到37000元(2010年不变价);按照城乡居民收入翻一番的要求,2020年我省城镇居民人均可支配收入、农村居民人均纯收入应分别达到26378元和6850元(2010年分别为13189元和3425元)。"十三五"保持居民收入增长与经济增长同步,城乡居民收入年均增速分别按7%、9%考虑,2020年全省城乡居民收入将分别达到33000元和10000元(2010年不变价),可实现翻一番目标。

2020年全国国内生产总值和城乡居民收入翻一番,国内人均生产总值、城镇居民人均可支配收入、农村居民人均纯收入预期将分别达到57000元、38219元和11838元(2010年不变价)。由于我省实现总体小康目标比全国晚7年,经济发展和城乡居民收入基数远低于全国平均水平,"十三五"期间,我省经济年均增长8%左右,城乡居民收入年均分别增长7%和9%,与全国平均水平比,2020年全省人均生产总值、城镇居民人均可支配收入和农村居民人均纯收入将分别为全国水平的65%、86.3%和84.5%。

二是从增长潜力分析看,我省刚迈入工业化中期阶段,经济增长的主要动力为制造业、能源等产业,加上西部大开发和"丝绸之路经济带"建设的机遇,"十三五"时期仍将处于较快发展阶段。参照国家和省内有关研究机构对我省"十三五"潜在增长率测算结果,综合考虑一、二、三次产业增长能力和投资、消费、进出口对经济增长的拉动作用,我省"十三五"年均增长8%左右是有基础条件的。

三是从我省发展趋势看,依据经济增长周期性分析,西部大开发以来,我省经济增长的稳定性逐步提高。"十三五"全省经济保持8%左右的增速,既考虑与"十二五"增长态势的衔接(预计年均增长10.5%),也考虑与我国经济下行压力增大以及新常态下中高速增长的衔接。随着国家宏观政策调整,继续实施积极的财政政策和稳健的货币政策,预计"十三五"时期我国经济增长将呈现前低后高的态势。考虑未来五年发展环境的不确定因素,以及为我省产业结构调整和转型升级留有一定空间,"十三五"我省经济发展按年均8%左右增速来谋划,既是一个积极的目标,也是一个通过努力可以达到的目标。

1.2.2.2 "十三五"主要预期指标

结合我省实际,围绕经济发展和结构调整、科技和教育、资源环境、人民生活、对外开放等方面初步提出5大类47项指标。

——经济发展和结构调整预期目标。综合经济实力显著增强,地区生产总值年均增长8%左右,2020年全省经济总量预期达到1万亿元以上,人均生产总值预期达到3.7万元以上(6000美元),年均增长8%。着力优化投资结构,逐步提高投资效益,固定资产投资年均增长10%以上。社会消费品零售总额达到4700亿元左右,年均增长10%左右。产业结构不断优化,经济发展质量明显提高,2020年,战略性新兴产业增加值占全省生产总值的比重达到16%;服务业增加值占全省生产总值的比重超过50%,非公经济比重达到50%以上。新型城镇化进程稳步推进,2020年全省城镇化率达到50%以上。

——科技和教育预期目标。科技创新能力不断增强,2020年,研究与开发支出占生产总值比重力争达到2%,每万人发明专利拥有量提高到3.5件。教育结构更趋合理,学前教育三年毛入园率、九年义务教育巩固率、高中阶段毛入学率、高等教育毛入学率分别达到85%、95%、95%、40%，平均受教育年限提高到10.5年，农民工随迁子女接受义务教育比例达到95%以上。

——资源环境预期目标。国家生态安全屏障综合试验区建设取得明显进展，生态环境质量逐步改善，2020年全省耕地保有量6969万亩，森林蓄积量达到2.62亿立方米以上。节能减排成效显著，单位地区生产总值能耗、主要污染物排放总量和单位地区生产总值二氧化碳排放量控制在国家下达的指标内，非化石能源占一次能源消费比重达到20%以上；农业灌溉水有效利用系数达到0.57。

——人民生活预期目标。城乡居民收入保持较快增长，2020年分别达到33000元、10000元，年均增长7%、9%左右，基尼系数小于0.4。五年城镇新增就业人数140万人，城镇登记失业率控制在4%以内。社会保障体系覆盖城乡居民，"十二五"末城乡三项基本医疗保险参保率稳定在95%以上，人均预期寿命提高到74岁，人口自然增长率小于7.5‰，常住人口控制在2700万人以内。五年减少贫困人口317万人，消除绝对贫困，所有贫困县脱贫。

——对外开放预期目标。对外开放取得新进展，2020年进出口总额力争达到120亿美元，外商直接投资年均增长8%。

表1.2-1　甘肃省"十三五"国民经济和社会发展主要指标

指　　标	2015年（预计）	2020年（预期）	年均增长（%）
经济发展和结构调整（11项）			
地区生产总值（亿元）	6790左右	>10000	8左右
人均生产总值（元）	28430	>37000	8左右
服务业增加值比重（%）	>49	>50	[>0.8]
战略性新兴产业增加值比重（%）	>12	16	[4]
全社会消费品零售总额（亿元）	2700	4700	10左右
非公经济比重（%）	>45	>50	[5]
城镇化率（%）	43左右	>50	[7]
全社会劳动生产率（元/人）	44460	>60000	>6
固定资产投资（亿元）	8700	17000	
固定资产投资增速（%）	13左右		>10
公共财政预算收入（亿元）	744	1100	8左右
科技和教育（8项）			
研究与开发支出占生产总值比重（%）	1.1左右	2	[0.9]
每万人发明专利拥有量（件）	1.59	3.5	[1.91]
专利所有权转让及许可数（件）	230	280	[50]
九年义务教育巩固率（%）	90	95	[5]
平均受教育年限（年）	8.5	10.5	[2]
高中阶段毛入学率（%）	92	95	[3]
高等教育毛入学率（%）	32	40	[8]

续表 1.2-1

指　　标	2015年 （预计）	2020年 （预期）	年均增长 （%）
农民工随迁子女接受义务教育比例（%）		≥95	
资源环境（13项）			
耕地保有量（万亩）	6979	6969	[-10]
单位生产总值用水量（立方米/万元）	171	156.4	[-14.6]
单位工业增加值用水量（立方米/万元）	62.6	58.8	[-3.8]
农业灌溉用水有效利用系数（%）	0.54	0.57	[0.03]
非化石能源占一次能源消费比重（%）	22	>20	[-2]
单位生产总值能耗（吨标煤/万元）	17.69	完成国家下达的目标任务	
单位生产总值二氧化碳排放量（吨/万元）	16		
化学需氧量排放量（万吨）	37.60		
二氧化硫排放量（万吨）	63.40		
氨氮排放量（万吨）	3.94		
氮氧化物排放量（万吨）	40.70		
地级以上城市空气质量达到国家标准比例（%）			
森林蓄积量（亿立方米）		2.62	
人民生活（13项）			
城镇居民人均可支配收入（元）	23767	33000	7左右
农村居民人均纯收入（元）	6936	10000	9左右
居民消费价格指数	<103	<103	
城镇登记失业率（%）	<4	<4	
城镇新增就业人数（万人）	[192]		[140]
城镇基本养老保险覆盖人数（万人）	[309.5]		[410]
城乡三项基本医疗保险参保率（%）	>97	>95	
城镇保障性安居住房工程建设（万套）	[60.51]		[100]
人均预期寿命（岁）	73	74	[1]
全省常住人口数（万人）	2592	2700	<7.5‰
万人拥有病床数（张）	55.3	83.1	[27.8]
万人拥有医生数（人）	18	22	[4]
五年减少贫困人口数（万人）	[525]		[317]
对外开放（2项）			
外贸进出口总额（亿美元）	81	120	8
外商直接投资年均增长（%）			10

注："[ ]"内为五年累计数；全省常住人口数一栏年均增长为人口自然增长率。

1.2.3 着力实施"1136"战略工程

为牵引和支撑经济社会持续健康发展，充分发挥特色优势和后发优势，以战略平台和重大举措为抓手，着力打造转型升级大环境、向西开放大门户、物流集散大枢纽、清洁能源大基地、文明传承大平台、生态安全大屏障"六大支撑"，实施好"1136"战略工程，即围绕与全国一道全面建成小康社会总目标，抢抓"一带一路"建设大机遇，建设经济、文化、生态三大战略平台，实施扶贫攻坚、基础设施、科技创新、产业转型升级、农业现代化、改善民生六大工程。

专栏1-1 "1136"战略工程

（一）与全国一道全面建成小康社会总目标

到2020年，缩小与全国发展差距，经济持续健康发展，依法治省全面落实，公民文明素质和社会文明程度明显提高，文化产业成为支柱性产业，绝对贫困基本消除，基本公共服务均等化水平明显提升，人民生活水平进一步提高，生态环境显著改善，资源节约型、环境友好型、防灾减灾型、气候适应型社会建设取得重大进展。

（二）丝绸之路经济带一大机遇

按照国家赋予我省"构建向西开放的重要门户及次区域合作战略基地"的定位，围绕发挥甘肃综合经济文化优势和向西开放纵深保障支撑作用，深入实施"13685"战略，以"丝绸之路经济带"重要节点城市为依托，发挥产业园区、经贸物流园区和保税物流园区集聚科技、金融、人才要素平台作用，深化经贸、产业、能源合作，加快推进兰州、嘉峪关、敦煌三大国际空港和兰州、天水、武威三大国际陆港建设，全面构建节点+桥头+源头、铁陆航多式联运的"丝绸之路经济带"黄金经济走廊。

（三）三大战略平台

着力推进以兰州新区和循环经济示范区为重点的经济战略平台建设，以华夏文明传承创新区为重点的文化战略平台建设，以国家生态安全屏障综合试验区为重点的生态战略平台建设。

1. 经济战略平台。突出兰州新区西部重要增长极、国家重要产业基地、向西开放重要战略平台、承接产业转移示范区等战略定位，依托产业基础和科技、人才优势，集聚发展关联配套产业，推进产业转型升级；拓展经贸、文化交流，提升承接东部沿海产业转移能力，建设面向中西亚的重要开放基地。继续着力发展循环经济，提高能源资源利用效率，推进绿色发展、循环发展、低碳发展。

2. 文化战略平台。推进实施"1313"工程，围绕"一带"（丝绸之路文化发展带），建设"三区"（以始祖文化为核心的陇东南文化历史区、以敦煌文化为核心的河西走廊文化生态区和以黄河文化为核心的兰州都市圈文化产业区），打造"十三板块"（文物保护、大遗址保护、非物质文化遗产保护传承、历史文化名城名镇名村保护利用、民族文化传承、古籍整理出版、红色文化弘扬、城乡文化一体化发展、文化与旅游深度融合、文化产业发展、文化品牌打造、文化人才队伍建设、节庆赛事会展举办），实现文化资源大省向文化大省的跨越。

3. 生态战略平台。以河西内陆河地区、中部沿黄地区、甘南高原地区、南部秦巴山地区、陇东陇中黄土高原地区五大片区生态综合治理为重点，由分散治理向集中治理、由单一措施向综合措施转变，推进《祁连山生态保护与建设综合治理规划》《敦煌水资源合理利用与生态保护综合规划》《石羊河流域防沙治沙及生态恢复规划》《甘南黄河重要水源补给生态功能区生态保护与建设规划》《甘肃"两江一水"区域综合治理规划》《渭河源区生态保护与综合治理规划》等重大生态规划实施，推动祁连山生态补偿示范区建设，完善和创新生态建设转移支付机制，建立健全生态补偿机制和资源有偿使用制度，建设国家生态安全屏障综合试验区。

(四)六大工程

实施扶贫攻坚、基础设施、科技创新、产业转型升级、农业现代化、改善民生六大工程。

1. 扶贫攻坚工程。一是深入推进"1236"扶贫攻坚行动，扎实落实全省"1+17"精准扶贫精准脱贫意见方案。以58个集中连片特困县和17个"插花型"贫困县，特别是其中的民族地区和革命老区为重点，坚持扶贫攻坚与"联村联户、为民富民"融合联动，区域发展带动扶贫开发，扶贫开发促进区域发展，实现消除绝对贫困，贫困县全部脱贫。二是开展"5213"生态文明小康村建设。在贫困村实现脱贫基础上，实施农村基础设施、特色富民产业、社会事业发展、生态环境、社会保障体系、基层政权等六大领域建设，打造道路硬化、村庄绿化、街院净化、用能清洁化、农产品无公害化、用水洁净自来化、社会服务便利化、信息网络入户化、村民言行文明化、村内管理民主化的"十化生态文明小康村"，到2020年建成13000个生态文明小康村，占全省行政村的80%以上。

2. 基础设施工程。一是开展"6873"交通突破行动。进一步完善综合交通运输网络，优化网络布局，强化城际间交通联系，统筹规划建设公路、铁路、航空等配套支撑的交通运输网络，构建"一横六纵"综合运输大通道，实现全省对内对外公路畅通、铁路连通、航路广通。二是实施"6363"水利保障行动。加快引洮供水二期、兰州水源地工程建设，启动黄河干流甘肃段防洪治理工程建设，积极推进引哈济党、白龙江引水、引大济西、甘肃中部生态移民扶贫开发供水工程前期工作，争取国家开展南水北调西线前期工作。三是强化城乡基础设施建设。加快城镇"两供两处一轨一廊一市一场"(供水、供热(气)，污水处理，垃圾处理，轨道交通，综合管廊，农副产品综合市场，城市停车场)基础设施规划建设，加强农村水电路建设。四是推进能源基础设施建设。争取建设国家石油储备基地三期工程，打造国家能源战略储备基地。加快建设酒泉至湖南正负800千伏特高压直流输电工程，推进陇东电力外送通道建设。五是加强信息基础设施建设。加快宽带网络升级改造，推进兰州新区大数据产业园区建设，支持白银、金昌云计算数据中心建设。六是完善城乡社区基础设施。加强社区诊所、服务站、超市等服务设施建设，开展村邮站建设。七是加强生态环境保护工程建设。加强重点流域及小流域综合治理，加强自然生态系统保护，实施重大生态修复工程，加大兰州市等重点城市大气、水污染治理力度，加强污染减排、工业污染防治、城镇环境综合整治、农业农村环境污染防治、固体废物处理和利用等环保工程建设。

3. 科技创新工程。加快兰白科技创新改革试验区建设，实施创新型企业培育、创新人才聚集、创新平台建设、创新生态建设、兰白一体化和产城一体化等五大工程建设。加强重大科技问题研究，推进关键核心技术攻关。加快省级能源装备、微电子、中药现代制药、农产品干燥装备等工程研究院建设。实施企业技术创新培育工程，推进国家级创新平台创新能力建设，开展省级创新平台建设，支持中小微企业创新工程建设，建立以企业为主体的技术创新体系。编制和启动实施以大众创业、万众创新+科技孵化＋大学生创业园+新兴业态为主的“两创示范园区”创业建设规划，实施“陇原创业创新千亿元行动计划”。

4. 产业转型升级工程。一是壮大战略性新兴产业。以新材料、新能源、生物产业等8大领域为重点，实施战略性新兴产业发展总体攻坚战，制定“5551”优势产业链培育专项规划，围绕产业链核心优势企业和延伸产业链，选择八大领域的生物医药、电子信息、互联网+11、节能环保、新材料等5大类优势产业，做大做强50户骨干企业，打造50条百亿元产业链。2020年，力争全省战略性新兴产业增加值比重达到16%。二是改造提升传统产业。支持能源、石化、冶金有色、建材和轻纺、农产品加工等产业转型升级，提升核心竞争力。推进石化产业改造升级，建设国家重要的战略性石化基地和石油储备基地，加快冶金有色、建材等产业产品结构调整，引进和培育发展轻工纺织行业。三是发展现代服务业。以金融、科技、信息、商务等为重点，打造“大兰州”现代服务业核心增长极，建设酒嘉、天水、金武、平庆、甘临等服务业集聚区。依托开发区(工业集中区)和产业基地，以现代物流、研发设计、检验检测认证等为重点，大力培育发展生产性服务业。以商贸、餐饮等为重点，实施传统服务业改造提升工程，大力发展家政、健康、养老、休闲娱乐等新兴服务业态，以兰州、天水、平凉等为重点，制定养老床位和健康产业专项规划，2020年健康服务业总规模力争达到2000亿元以上。

5. 农业现代化工程。深入推进“365”现代农业发展行动计划，着力实施“十百千万”工程，提升现代农业发展水平，实施高标准农田建设、农业设施设备提升、农业科技创新、农业增产增效、农业产业化提升、新型农民职业培训、农业经营体制创新等重大工程，加快国家玉米制种基地建设，壮大以草食畜牧业为主的循环高效农业和以优质林果、设施蔬菜为主的特色高效农业，提升马铃薯、中药材、现代种业、酿酒原料和木本油料等特色优势产业，积极发展小杂粮、百合、甜高粱等特色农产品，突出绿色生态特色，推进种养加、产供销、贸工农为一体的农业全产业链发展，促进产业化发展、标准化生产、品牌化经营，建设国家重要的绿色生态农产品生产和加工基地。提高粮食单产和综合保障能力。发挥我省中药材资源丰富优势，围绕中药材生产标准化、中药加工制造现代化、中药仓储交易信息化、中医药产业多元化规范化国际化发展，加快建设国家中医药产业发展综合试验区。

6. 改善民生工程。全力推进“水电路气房”和“教卫文就保”十大民生工程建设，建立与经济社会发展水平相适应的基本公共服务保障体系，让发展成果更多、更公平、更实在惠及广大人民群众。一是统筹发展各级各类教育，促进教育公平，加快现代职业教育体系工程建设；二是按照全覆盖、保基本、多层次、可持续方针，全面建成覆盖城乡居民的社会保障体系；三是完善基本医疗卫生制度，加强医疗卫生服务体系建设，加大卫生人才培养力度，提升服务能力和水平，保障群众健康；四是加强博物馆、图书馆、文化馆以及乡村舞台等文化体育设施建设；五是推进县(乡镇)养老及助残康复服务机构、社区老年人日间照料中心、居家养老服务平台和公共就业信息服务平台建设；六是加大城市棚户区、城镇旧城区和农村危房改造力度，推进"城中村"和城乡接合部社区化建设。七是健全完善立体化社会治安防控体系，创新社会治理方式，促进"平安甘肃"建设。加强防灾减灾体系建设。

1.3 关于重大任务和战略举措

为实现"十三五"经济社会发展目标，瞄准关系全局和长远发展的重点领域，以进一步实施落实好省第十二次党代会确定的重大发展战略和任务为着力点，采取得力措施加以推进。

1.3.1 以扶贫攻坚引领民生改善，努力与全国一道全面建成小康社会

全面建成小康社会，最艰巨最繁重的任务在农村，特别是在贫困地区，要把扶贫攻坚切实摆在重要位置，坚持城乡一体化与精准扶贫相融合、区域开发与到村到户扶持相结合，集中力量打好扶贫攻坚战，加快民族地区和革命老区发展步伐。

1.3.1.1 扎实推进精准扶贫精准脱贫

把精准扶贫、精准脱贫作为主攻方向，以58个片区县为主战场，兼顾17个"插花型"贫困县，以增加贫困群众收入为核心，深化拓展"1236"扶贫攻坚行动，加快实施"1+17"精准扶贫精准脱贫意见方案，建立精准扶贫大数据库，推动扶贫政策向特困片带聚集、扶贫资金向贫困村贫困户聚焦、帮扶力量向贫困对象聚合，确保扶贫对象人均可支配收入增幅高于全省平均水平，2017年全省减贫300万人以上，贫困地区农村居民人均可支配收入达到7000元以上，2020年稳定实现"两不愁、三保障"，消除绝对贫困，所有贫困县实现脱贫。

完善基础设施。以贫困村的路、水、电、房等基础设施短板建设为重点，实施建制村通畅、"美丽乡村"示范村道路建设、农村路网改善"三大工程"，2017年全省所有建制村通沥青(水泥)路，实现农村客运网络全覆盖。建立农村饮水安全工程体系，2017年完成饮水安全不稳定的1107个贫困村供水工程改造提升，实现26万户群众通水入户。加快农网升级改造，2016年实现贫困村户户通照明电、自然村通动力电。做好危房改造，2017年完成42万户农村贫困户危房改造，2020年前完成63万贫困户危房改造，基本消除农村危房。推进易地搬迁，2017年完成62.4万群众易地搬迁任务，2020年对符合条件和有搬迁意愿的群众实现应搬尽搬。支持贫困地区生态环境建设，重点生态工程建设对贫困县倾斜，加强国土综合治理和地质灾害隐患治理，开展贫困地区国家级生态乡镇创建工作，推进贫困村村容村貌整治。

壮大富民产业。发展具有比较优势的特色农牧业，加快"一县一业"产业对接和

“一村一品”产业培育，2017年主要农产品标准化覆盖率达到80%，“三品一标”农产品覆盖90%以上贫困村；发展特色农产品加工业，“农产品产地初加工惠民工程”重点向贫困地区倾斜，引进培育整合一批精深加工企业，2017年贫困县农产品加工业总产值比2014年增长40%，2020年实现翻番；加强贫困地区职业技能培训，推动劳动力由农民工向产业工人、由自发型向组织型、由短期型向长期型“三个转变”，健全完善职业培训、就业服务、劳动维权“三位一体”工作机制，2017年实现新增“两后生”和贫困地区有需求的劳动力全部得到培训，2020年每个贫困家庭至少有1人取得职业资格证书、掌握1门致富技能，实现技能提升培训全覆盖；发展现代服务业，加快贫困地区现代物流体系建设，大力发展农超对接、直供直销、连锁经营等新型流通业态，推进旅游扶贫试点，释放第三产业促农增收潜力；开展电商扶贫试点，将互联网和信息基础设施建设与扶贫紧密结合起来，2017年全省贫困村宽带信息网络全覆盖，2020年实现县有农村电子商务服务中心，乡有电子商务服务站，村有电子商务服务点，贫困户能通过电子商务销售自产产品、购买生产生活资料“三有一能”目标；发展新型经营主体，推动农民专业合作社规范化建设，提高贫困群众生产组织化程度，2017年每个贫困村至少建立1个产业合作组织和1个资金互助协会，每个具有劳动力的贫困户至少加入1个合作组织，每个贫困县有一批上规模、上档次、辐射带动能力强的扶贫龙头企业。

发展社会事业。推进教育扶贫，2017年贫困村适龄儿童学前三年入园率达到70%，2020年实现有需求的贫困村幼儿园全覆盖；改善贫困乡村义务教育学校办学条件，2017年贫困地区农村学校设施设备满足基本教学和生活需要，2020年全面完成“改薄”任务，贫困地区农村学校办学条件均达到义务教育办学标准；扩大贫困家庭学生进入职业院校覆盖面，到2017年，每年有约8万名贫困家庭中职学生和约4.6万名贫困家庭高职（专科）学生接受免费职业教育，到2020年，实现贫困县（市、区）中等职业学校贫困家庭毕业生接受专科层次职业教育比例不低于40%。加强卫生扶贫，加快贫困地区标准化村卫生室建设，强化乡村医生培养培训，提高贫困人口新农合住院费用报销比例和大病保险报销比例，2017年前实现贫困村标准化村卫生室全覆盖，2020年建立引导医疗卫生人员到贫困地区工作的政策机制，平均每个乡镇卫生院配备全科医生达到5名。做好社会救助，完善农村低保补差发放办法，一、二类低保户保障水平达到贫困线以上，逐步提高医疗救助水平，加快贫困县养老福利机构、乡镇敬老院和社区（村）老年人日间照料中心建设，2020年实现养老机构、日间照料中心贫困村全覆盖。开展文化、科技扶贫，2017年，贫困乡镇综合文化站、贫困村综合性文化中心全覆盖，每个贫困村至少有1名科技特派员、培育2至3个农业科技示范户，每个贫困县建成2至3个农业科技示范基地；贫困县农业科技进步贡献率和科技成果转化率2017年均达到55%，2020年分别达到57%和60%以上。

改革创新扶贫机制和方式。引导贫困户以土地承包经营权、生产工具、农业设施等资源资产参股到种养大户、专业合作社、龙头企业或其他农业项目；探索财政扶贫资金、社会帮扶资金等折股量化到贫困户，投入专业合作社、龙头企业，按股分红、负盈不负亏。鼓励贫困人口通过搬迁、务工、就业、创业等形式在城镇落户，采取积分制等措施促进有技能的农村劳动力在大城市优先落户。融合双联行动，选派干部组成驻村帮扶工作队，整合双联干部、到村任职（挂职）干部、大学生村官和乡镇包村干部，强化扶贫攻坚力量，完善和落实双联组长单位与县（市、区）定期会商、协同攻坚制度，在片区县乡镇设立扶贫与“双联”合一工作站。按照省级“管总量不管结构、管任务不管项目、管监督不管实施”的原则，由省整合涉农资金切块下达到县（市、区）按规划整合使用，重点用于特困片带和贫困村、贫困户。创新投入方式，省级和片区县按当年地方财政收入增量的20%以上、市级按10%以上、插花县按15%以上增列专项扶贫预算。强化金融支持，实施“精准扶贫专项贷款工程”，探索农村土地承包经营权、林权、宅基地使用权、日光温室、大型农机具等抵押担保贷款办法，推广扶贫小额贷款保险，开展扶贫小额贷款保证保险试点。

1.3.1.2　统筹社会力量参与扶贫开发

坚持政府引导、多元主体、群众参与，广泛动员组织各方面力量参与扶贫开发。做好中央和国家机关定点扶贫，协调中央和国家机关定点扶贫单位制定帮扶工作规划，以整村推进、产业化扶贫、易地扶贫搬迁等为抓手，协同推进定点扶贫县经济、社会、文化、生态等建设。深化拓展东西扶贫协作，争取天津市、厦门市进一步加大对我省贫困地区的财政援助、部门帮扶和人才支持力度，推进北京丰台、广东深圳等友好城市与我省贫困地区的合作开发，完善省内外经济强县结对帮扶贫困县机制。鼓励企业、行业协会等参与扶贫开发，深化“民企陇上行”行动，组织“百强民企、百家商会进甘肃”活动，支持企业到贫困地区投资兴业、捐资助贫，推动国家行业协会加大产业帮扶力度。引进发达地区企事业单位和社会组织与我省贫困村结对帮扶，推广“甘闽合作贫困村创业致富带头人”培训模式。支持社会团体、基金会、民办非企业单位等各类社会组织参与扶贫开发，加强国际减贫交流合作。建立健全社会力量参与扶贫开发的激励政策和机制，强化组织动员，落实工作责任，加强协调服务和监督评估。

1.3.1.3　建设生态文明小康村

在贫困村实现脱贫基础上，进一步补好扶贫开发“短板”，制定生态文明小康村建设专项规划，开展农村基础设施、特色富民产业、社会事业、生态环境、社会保障体系、基层政权六大领域建设，打造道路硬化、村庄绿化、街院净化、用能清洁化、农产品无公害化、用水洁净自来化、社会服务便利化、信息网络入户化、村民言行文明化、村内管理民主化的“十化生态文明小康村”，让老百姓对小康生活有更强更好的感受和获得感。2020年生态文明小康村占全省行政村的80%以上。

1.3.1.4　支持民族地区和革命老区发展

深入实施《陕甘宁革命老区振兴规划》和国家支持临夏州加快建设小康社会进程若干意见，落实藏区“十三五”发展规划和我省支持定西、陇南等地区发展的意见，进一步加大支持力度，努力推动民族地区和革命老区建设共同繁荣发展示范区、生态文明示范区、国家重要能源化工基地、国家重点红色旅游区、现代旱作农业示范区、基本公共服务均等化试点区。着力改善民生，推进社会事业发展，以社会保险、社会福利、社会救济为基础，以基本养老、基本医疗、最低生活保障制度为重点，以慈善事业、商业保险为补充，建设投资多元化、制度规范化、服务社会化的社会保障体系。强化农牧业生产基础条件，构建功能配套、安全高效的现代化基础设施体系，提升民族地区和革命老区发展保障能力。大力发展劳务经济，努力提高民族地区和革命老区群众劳动技能，拓宽就业增收渠道。积极培育壮大特色优势产业，加快发展民族民俗旅游、红色旅游，不断提高中藏药、乳制品、畜产品、小杂粮及能源矿产等特色资源的精深开发利用水平，做大产业规模，构建以现代农业为基础、新型工业为支撑、现代服务业为突破的特色产业体系。推动民族地区和革命老区与周边地区、省份加强合作，协同发展。

1.3.1.5 强化考核保障

把扶贫开发成效作为考核贫困县(市、区)党委、政府和领导干部的主要内容，完善扶贫工作考核评价体系，开展综合评价。制定减贫验收办法，明确贫困户脱贫验收标准、贫困村减贫标准和贫困县“摘帽”标准，实行由户到村、由村到乡、由乡到县的脱贫成效评估机制，探索建立第三方独立评估制度。建立扶贫资金竞争性分配机制，资金分配与贫困发生率、减贫人口、扶贫绩效和项目建设、资金使用效果挂钩，完善减贫“摘帽”激励政策，健全惩戒约束机制，加强经济责任审计。强化组织领导，严格责任落实，实行党政一把手扶贫责任制，加强督促检查，开展综合性督查、集中考核和综合评估。加强村级组织和贫困县扶贫机构、贫困乡镇扶贫工作站建设，推进双联单位基层党组织与联系村党组织互促共建，夯实基层基础。实施千名干部挂职精准扶贫行动，大学生村官优先向贫困村配备，建立农业、教育、科技、卫生等领域专业技术人员对口帮扶常态化机制，积极引进金融和科技人才到贫困地区服务，加大贫困地区人才培养交流力度。

1.3.2 抢抓“一带一路”战略机遇，发展培育壮大外向型经济

抢抓“一带一路”战略机遇，按照“向西开放的重要门户及次区域合作战略基地”定位，围绕国家“六廊六路”和“多国多港”建设，努力将“丝绸之路经济带”甘肃段打造成为向西开放纵深支撑战略平台、丝绸之路综合交通枢纽和黄金通道、经贸物流合作区域中心、产业集聚和合作示范基地、人文交流合作桥梁和纽带。

1.3.2.1 着力实施“13685战略”

发挥我省地缘区位独特、矿产能源富集、文化底蕴深厚、支持政策叠加等优势，以重要节点城市为依托，发挥产业园区、经贸物流园区和保税物流园区平台作用，加快兰州、嘉峪关、敦煌三大国际空港和兰州、天水、武威三大国际陆港建设，推进落实节点+桥头+源头、铁陆航多式联运的“丝绸之路经济带甘肃黄金段”一大构想；着力构建兰州新区、丝绸之路(敦煌)国际文化博览会、兰洽会等经济、文化、经贸三大交流合作平台；建设面向新亚欧大陆桥、中蒙俄、中国—中亚—西亚、中国—中南半岛、中巴、孟中印缅经济走廊的六大经贸合作和人文交流对外窗口和基地；提升大兰州经济区、天水丝路驿站城为主的陇东南经济区、甘州凉州丝路驿站城为主的金武张经济区、嘉峪关丝路关城为主的酒嘉经济区、敦煌国际文化旅游名城及兰州、武威、天水八大节点(五大经济区+三大节点城市)的支撑能力；推进基础设施互联互通、经贸交流和产业对接合作、人文交流合作、生态安全屏障、金融创新支持五大重点工程建设。

1.3.2.2 进一步扩大向西开放

以兰州新区、丝绸之路(敦煌)国际文化博览会、兰洽会为重点，加强与中西亚、中

东欧等的经济、文化、经贸合作交流,促进贸易畅通、资金融通、民心相通。

——*以兰州新区为重点,加强经济合作*。加快兰州新区建设,打造"丝绸之路经济带"重要增长极。发挥兰州新区国家政策支持优势,加快企业出城入园和产业集聚,加大招商引资力度,积极承接东中部产业转移,着力推进兰白承接产业转移示范区、兰州新区科技创新城、兰州新区市州产业园等建设。加强与中西亚国家在资源开发、装备制造、新能源、特色农产品加工等产业的对接合作,争取国家支持,依托兰州新区综合保税区,设立面向中西亚的自由贸易区,建设连通中原、东部沿海向西开放的生产加工贸易基地。加快兰州新区职教园区建设,积极与中西亚国家开展劳务合作和承接服务外包,推进信息、技术、呼叫中心等基础性服务外包,拓展物流、金融服务外包,构建面向中西亚的人力资源合作和服务贸易基地。

——*以敦煌为重点,推进文化合作*。依托敦煌国际文化旅游名城、丝绸之路(敦煌)国际文化博览会、敦煌行·丝绸之路国际旅游节等,加强国际文化合作,促进文化交流和文化产业发展,彰显敦煌文化国际影响力。加强与丝绸之路沿线国家文化合作交流,积极发展对外文化贸易,培育外向型文化市场体系。进一步突出敦煌文化、始祖文化、黄河文化、民族文化等人文资源优势,争取举办高峰论坛和国际文化博览会暨国际文化产业大会等活动。支持文化企业与中西亚、中东欧合作,带动甘肃优秀文化走出去。依托兰州大学、西北民族大学、西北师范大学等高校,建设中西亚国家研究中心、阿拉伯语教育基地等文化教育平台,加强与丝绸之路沿线国家在敦煌学、古丝绸之路、中西亚研究方面的科研合作和学术交流。强化我省与丝绸之路沿线国家的旅游合作,推动建立"丝绸之路旅游国际合作联盟",支持互设旅游代办机构或办事处。

——*以"兰洽会"为重点,深化经贸合作*。积极提升"兰洽会"质量和水平,举办高端论坛、企业家论坛、专题峰会等活动,邀请丝绸之路沿线国家参加,加强民间交流合作,扩大经贸往来,拓展"兰洽会"影响力,努力使其成为具有国际影响的向西开放重要战略平台。发挥好亚洲合作论坛等载体作用,提升合作层次,拓宽发展空间。争取国家丝绸之路基金在兰州新区设立办事处,争取中西亚国家在兰州设立领事机构。探索设立能源矿产资源项下的自由贸易区,开展能源矿产资源等进口,推进成套设备、特色农产品、民族用品等出口,发展劳务输出等服务贸易。落实国家发改委和我省《关于建立推进国际产能和装备制造合作部省协同机制的合作框架协议》,坚持政府组织、搭建平台、共办园区、企业参与,制定全省国际产能合作专项规划,设立甘肃国际产能合作股权投资基金,加强对"丝绸之路经济带"沿线国家法律政策、投资贸易、营商环境等方面的研究分析,为我省企业稳步有序走出去开展国际产能和装备制造合作提供便利服务、创造有利条件、提升保障水平。支持我省企业以EPC(工程总承包)方式承揽中西亚铁路、公路、机场、桥梁、水电等工程或"以工程换资源",不断拓宽我省与中西亚国家技术劳务合作渠道,构建均衡增长、利益融合的经贸开放大市场。

1.3.2.3 建立多层次的开放合作机制

利用上海合作组织、中国—中亚合作对话会、中阿合作论坛等多双边机制,加强多层面的交流合作。发挥我省与沿线国家相关省州的友城关系,以及在白俄罗斯、伊朗、吉尔吉斯斯坦、印度尼西亚等国和新疆霍尔果斯口岸设立的商务代表处,在中西亚、中东欧等国家设立的境外投资企业和引进来的外商投资企业的桥梁纽带和平台作用，依托我国在重点国别建立的产业园区和境外经贸合作区，积极建设面向新亚欧大陆桥、中蒙俄、中国—中亚—西亚、中国—中南半岛、中巴、孟中印缅六大经济走廊的六大经贸产业合作和人文交流窗口，进一步推动政府和民间交流，促进经贸合作。健全完善我省与周边省区合作机制，借助新疆喀什、霍尔果斯经济开发区优惠政策，加强甘肃特色商品展示展销馆的运营，加快建成霍尔果斯口岸甘肃绿色清真食品展示窗口和喀什出口通道，使其成为我省产品"走西口"的延伸基地。进一步落实我省与内蒙古、陕西、湖南、安徽、广东、新疆、贵州等省区的战略合作协议，探索在我省共同建立外贸出口生产加工基地，共同开拓中西亚和中东欧市场。支持兰州新区、国家级开发区及省内大型企业加强与丝绸之路沿线国家的对口合作，探索共同建立开发区或长期合作机制，提升我省向西开放水平。争取国家政策支持，建立"丝绸之路经济带"基础设施银行并落户甘肃。

1.3.3 实施创新驱动，推动转型升级和培育新兴产业

发挥比较优势和后发优势，着力推进创新驱动，推动存量优化升级，引领增量高端发展。以战略性新兴产业为引领，带动传统优势产业改造提升；以现代农业为方向，建设国家重要的绿色生态农产品生产和加工基地；以服务产业转型升级和适应消费需求为目标，大力发展现代服务业。

1.3.3.1 加快创新体系建设

坚持把创新作为驱动经济社会发展的根本力量，着力推动大众创业、万众创新，激发全社会创新活力和创造潜能，提升劳动、信息、知识、技术、管理、资本的效率和效益，增强科技进步对经济发展的贡献度。进一步强化企业创新主体地位，鼓励企业、高等院校和科研院所深化合作，建立以企业为主体、产学研紧密结合的技术创新管理体制和运行机制。加大政府投入力度，支持基础研究，实施重大科技专项，集中科研力量突出重点领域研究，建设创新基地，引导社会资本支持科技成果转化，探索人才、资金、技术、管理等各类要素自由流动、高效配置的创新发展体制机制。加快创新平台和服务体系建设，强化公共科技平台功能，促进资源整合和共享，支持大中型企业、高新技术企业、民营科技企业以及技术创新基础好、成长性突出的中小企业建立研发中心，2020年，建成一批国家工程（技术）研究中心、国家工程（重点）实验室和国家地方联合工程研究中心（工程实验室），分别组建100家省级工程（技术）研究中心（工程实验室）、企业技术中心、省级工业设计中心，建成10家以企业为核心的产业技术创新战略联盟和10个创新型产业集群。以深化科技体制改革为主线，以提高区域创新能力为核心，着力营造良好创新环境，实施"3510"行动，加快兰白科技创新改革试验区建设，发挥兰州科技大市场辐射带动作用，突出兰州、白银特色及优势，整合创新资源，推动产业优化升级，申报建设国家自主创新示范区。

以大众创业万众创新驱动产业升级，推进以大众创业、万众创新+科技孵化（依托园区和企业两大平台）+大学生创业园+农村青年创业园+新兴业态为主的"两创示范园区"建设，设立双创基金，制定陇原创业创新千亿元产业专项规划，重点实施创业创

新支撑平台、创业创新示范园区、大学科技创新园、农村青年创业富民和信息惠民新业态培育发展5大工程，建设创业创新公共服务、技术创新、区域创新、就业服务4大平台，依托技术服务机构和园区建设50个市场化、集成化、专业化、网络化的开放式创客服务平台，建设20个创业创新示范基地和园区及5个大学科技创新园区。

1.3.3.2　打好战略性新兴产业发展攻坚战

以新材料、新能源、生物产业、信息技术、先进装备制造、节能环保、新型煤化工、现代服务业等8大领域为重点，实施战略性新兴产业发展总体攻坚战，前两年打基础、建基地、扩规模，后三年抓支柱、提质量、增比重，分阶段、分步骤推进战略性新兴产业快速健康发展。进一步整合政策资金支持骨干企业发展，推动其进入国内同行业优势企业并上市融资，积极培育发展潜力较大的科技型中小企业。依托优势大型企业，以金昌新材料高新技术产业基地等为重点，建设国家重要的有色冶金新材料产业和研发基地。加快酒泉千万千瓦级风电基地二期等项目建设，创建国家新能源综合示范区，加强水电、核能、地热能、生物质能等的开发利用。着力建设兰州国家级生物产业基地，推进定西国家中药原料生产供应保障基地建设，提升中药标准化水平，积极培育发展中医保健旅游、中医药医疗器械、中医药服务贸易等新兴产业。统筹信息基础设施网络建设、信息技术开发和信息资源深度开发应用，抓住国家实施“互联网+”行动计划的机遇，推动信息技术与传统产业融合创新发展，积极发展大数据、云计算、物联网等技术和相关产业，探索整合数据资源建设兰州新区大数据中心和电子商务基地。以兰州、天水先进装备制造基地为重点，推动传统装备制造业转型升级，发展产业集群，提升竞争优势和系统集成能力。加快发展资源循环利用产业、节能环保服务产业，推进节能环保产业园建设。推动煤炭深度转化和综合利用，促进煤化工与石油化工技术耦合协同发展，建设河西煤炭分质利用基地和陇东煤炭清洁转化基地。依托陇南水资源和陇东煤炭资源，优势互补，探索区域合作高效开发转化煤炭资源。立足支撑战略性新兴产业发展和促进传统产业转型升级，加快发展以现代物流、研发设计、检验检测认证等生产性服务业为重点的现代服务业。

制定“5551”优势产业链培育专项规划，围绕产业链核心优势企业和延伸产业链，选择战略性新兴产业发展总体攻坚战，以新材料、新能源、生物产业、信息技术、先进装备制造、节能环保、新型煤化工、现代服务业8大领域中的生物医药、电子信息、互联网+11、节能环保、新材料等5大类优势产业，培育发展50户技术先进、行业领先、竞争优势明显的骨干企业，打造镍钴合金材料、稀土功能材料、高效节能环保、智能装备制造等50条百亿元产业链，带动上下游中小企业配套合作发展，形成产业集群。2020年，力争全省战略性新兴产业增加值占全省生产总值的比重达到16%。

1.3.3.3　改造提升传统产业

石化、有色冶金、建材、能源等传统产业是我省经济发展的重要支撑，也是转型升级的重点和难点所在。坚持工业化信息化融合发展，积极推进传统产业优化调整和改造升级，提升技术水平，提高产业配套能力，提升核心竞争力，推动传统产业从半成品向产成品转化，从产业链中低端向中高端迈进，从短链向全链循环发展。围绕建设国家重要的战略性石化产业基地，巩固和扩大石油化工产业优势，积极推进兰州石化搬迁改造、庆阳石化600万吨改扩建等重点工程,延伸发展精细化工、化工新材料等下游产业,大力发展特种橡胶、工程塑料、聚氨酯、碳纤维、特种涂料、化工助剂等化工新材料,打造新型化工材料产业链。围绕建设有色冶金新材料基地,以有色金属精深加工为方向,加快发展铜镍合金及精深加工产品,打造镍铜钴压延产品精深加工、粉体材料、高纯金属、动力电池材料及金属盐化工产业链;积极提升铜材就地转化水平,大力发展铜板带材、挤压材、铜铝合金等深加工产业链;加快"电—铝—深加工一体化"发展,推进轨道交通用铝、建筑铝型材、汽车轮毂、铝制换热器等高附加值产品生产,延伸铝产业链条;发挥我省稀土工业技术优势,积极发展稀土功能新材料;以产品结构调整为重点,推动钢铁产品由普钢向优质钢、普碳钢向合金钢发展,支持优质合金钢、系列不锈钢、建筑结构钢等新品种生产,打造优质、高档、系列钢铁产业链;围绕钢铁品种结构调整,积极发展特种铁合金、微合金钢炉料、优质碳素制品、超高功率石墨电极、石墨质高炉炭块等高端产品,打造有竞争力的冶金辅料产业链。推进建材行业资源综合利用和节能减排,大力发展节能、节材、轻量化、高品质产品生产。发挥河西毗邻新疆、内蒙古产煤区优势,以煤炭分质利用为重点,探索油煤共炼新技术,推动煤炭深度转化和综合利用,建设河西煤炭分质利用基地,依托陇东煤炭资源和石油化工产业基础,实施大型油煤共炼项目,促进煤化工与石油化工产业相互耦合和协同发展,建设陇东煤炭清洁转化基地,打造新型煤化工产业链。发挥我省综合能源优势,围绕综合能源示范基地和电力外送大省建设,提升能源资源综合利用水平,扩大能源输送、转化、储备能力,构建安全、稳定、经济、清洁的现代能源产业体系。鼓励上下游企业、高耗能企业以及发电企业以多种方式联合,优势互补,提高整体竞争力,推动煤电联营,进一步扩大大用户直购电交易范围和规模,积极开展风光电等新能源直购交易试点,支持发展先进高载能产业,促进电力就地消纳。支持各地结合实际,打造特色优势产业和区域首位产业,大力发展特色农产品加工、皮革皮具加工制造等富民多元产业,抓住产业转移的机遇,积极发展轻纺等消费品工业,引进知名企业,发展优势产品,供应本地和周边区域市场。引导国有资本从产能过剩行业向战略性新兴产业和公共事务领域转移,提升有效供给,创造有效需求。支持重点企业跨地区、跨行业进行兼并、联合重组,引导产能向优势企业集中。支持老工业基地转型升级和资源枯竭城市改造传统产业,培育多元产业体系,进一步推进找矿突破战略行动,实现找矿重大突破。

落实"中国制造2025",制订我省智能制造发展战略,促进工业互联网、云计算、大数据在企业研发设计、生产制造、经营管理、销售服务等全流程和全产业链的综合集成应用,加快机械、轻工、纺织、食品、电子等行业生产设备的智能化改造,积极推动智能产品研发和产业化发展。推动国防科技工业军民融合深度发展,落实好军民融合深度发展专项行动,支持军工企业开展跨行业合作,建立军民两用技术中心、重点实验室和中试基地等,加快核能开发利用,建设中核甘肃核技术产业园,积极发展核产业。

发挥我省中药材资源丰富优势,围绕中药材生产标准化、中药加工制造现代化、中药仓储交易信息化、中医药产业多元化规范化国际化发展,加快建设国家中医药产业发展综合试验区。推进中药材种植"订单式"生产和上下游一体化经营,培育发展具有较强竞争力的骨干企业和中小型中医药科技企业,构建完整的种植、加工、储藏、交易、研发、检测产业体系。积极延伸产业链,加快中藏药制药和保健品产业发展,提高产品附加值和市场占有率。依托"丝绸之路经济带"建设,推进中医药国际合作,推动中医药产品国际注册认证及推广应用。

1.3.3.4 建设国家重要的绿色生态农产品生产加工基地

按照稳粮增收、优化结构、提质增效、创新驱动的要求,进一步落实强农惠农政策,完善农业补贴办法和农产品价格形成机制,不断改善农业生产条件,夯实发展基础,加快农业现代化进程。拓展农业多种功能,培育一、二、三产业融合发展新产业。围绕转变农业发展方式、促进农民增收、保障粮食安全和提高农业综合生产能力,重点发展旱作农业、高效节水农业、设施农业、特色农业,实施高标准农田建设、农业设施设备提升、农业科技创新、农业增产增效、农业产业化提升、新型农民职业培训、农业经营体制创新等重大工程,提高粮食单产和综合保障能力,粮食生产能力稳定在1100万吨以上。深入推进"365"现代农业发展行动计划,着力实施"十百千万"工程,培育提升10个以上大型上市农业产业化龙头企业,创建100个左右现代农业示范区(园),建设1000个左右优势特色产业基地,扶持10000个左右示范性家庭农场和农民专业合作社。加快国家玉米制种基地建设,落实马铃薯主粮化战略。"十三五"实现全省农业增加值年均增长5%左右,2020年高标准农田面积达到1520万亩,农业科技进步贡献率达到57%,实现主要农产品有效供给、农民持续增收、农业农村经济可持续发展。

发挥我省光热资源丰富、土壤无污染等独特优势,突出绿色生态特色,壮大以草食畜牧业为主的循环高效农业和以优质林果、设施蔬菜为主的特色高效农业,提升马铃薯、中药材、现代种业、酿酒原料和木本油料等特色优势产业,积极发展小杂粮、百合、甜高粱等特色农产品,推进畜禽养殖加工一体化。进一步壮大农村合作经济,支持种养加、产供销、贸工农为一体的农业全产业链发展,加快培育经营规模适度、农机农艺融合、生产标准规范、产出效益明显、管理科学有方、带动能力较强的农业市场化经营主体,促进产业化发展、标准化生产、品牌化经营。加强高原夏菜、乳制品、肉制品等我省特色优势农产品绿色、有机、无公害产品认证,围绕面向中西亚、中东等阿盟国家出口绿色清真产品,深入落实我省与马来西亚清真产业产品互认协议,培育一批在国际国内市场有竞争力的绿色品牌,建设国家重要的绿色生态农产品生产和加工基地。积极发展城郊农业,保障城镇农产品供应。2020年实现全省特色优势产业面积占农作物播种面积的60%左右,各级示范社达到10000家以上,入社农户达到总农户数的60%以上。

加强现代农业服务体系建设。按照农业产前、产中、产后服务需求,加快构建和完善科技推广、信息服务、质量检测、农产品销售等农业产业化服务体系。加强以农业科研院所、农业企业为主体的农业科技创新体系建设,加快新品种、新技术、新产品、新模式的研发和推广,强化农业科技公益服务体系,加强乡镇农技队伍建设,改善工作条件,完善服务内容,提高服务能力,实现公益性农业科技服务全覆盖。推进农业信息服务体系建设,构建覆盖市场供求、农业技术、法律政策等内容的农业综合信息服务平台。加强农业标准化和农产品质量安全工作,构建省市县三级种子信息服务体系,建设国家玉米制种基地(甘肃)质量检测中心,健全省市县乡四级监管体系,落实农产品生产、收购、储运、加工、销售各环节的质量安全监管责任。支持农村经营性服务组织发展，引导农村专业化服务组织开展病虫害统防统治、农机作业、农资供应、农产品流通等服务。强化农产品流通服务体系建设，加强农产品品牌创建，加快建设区域性专业市场、专业市场和产地集散市场配套的农产品流通骨干网络，支持公益性农产品批发市场建设试点和重点县乡农贸市场建设，完善农产品冷链体系，推进物流配送、果蔬冷鲜库、中药材仓储设施建设，鼓励发展农社对接、农超对接、直销直供、电商网购等现代新型流通业态。

1.3.3.5　大力发展服务业

适应经济结构和消费结构优化升级的新要求，推进服务业加快发展。发挥大中城市人才、技术、信息、资金等要素集聚的优势，建设“大兰州”现代服务业核心增长极，打造酒嘉、天水、金武、平庆、甘临等服务业集聚区。把生产性服务业作为支撑和引领我省产业转型升级的重要抓手，依托开发区（工业集中区）和产业基地，大力发展现代物流、研发设计、管理咨询、检验检测认证、服务外包、会展等生产性服务业，促进现代服务业与制造业融合互动发展；积极发展农村生产性服务业，着力构建以科技推广、质量检测、农产品销售等为主体的现代农业服务体系。支持传统物流业转型升级，推动物产集团、供销社等龙头物流企业做大做强，加快形成上有专业生产厂家、中连专业运输团队、下接专业市场的现代物流商贸战略联盟。依托兰洽会、丝绸之路（敦煌）国际文化博览会、敦煌行·丝绸之路国际旅游节、中阿穆斯林民俗文化艺术论坛暨临夏与马来西亚吉兰丹州、伊朗库姆市清真食品和民族用品展销会、永靖黄河龙舟赛等平台，大力发展会展和节会经济。

改造提升以生活性服务业为重点的传统服务业，大力发展商贸、电子商务、社区和物业、家政、健康、养老、餐饮、休闲娱乐等服务业，拓展服务领域，丰富服务供给，促进消费需求释放。制定养老床位和健康产业专项规划，建设天水、张掖全国综合养老示范基地和以平凉为重点的陇东南中医药养生保健旅游创新区，2020年，养老服务设施覆盖全省所有城市社区、90%以上乡镇和60%以上农村社区。发挥我省餐饮服务业地域、民族等特色鲜明的优势，研究制定统一的行业规范和质量服务标准，强化品牌建设，推动我省餐饮服务业发展壮大，打造甘肃新名片。创新服务业发展模式，选择经济基础好、服务业优势明显、发展特色鲜明的县市区开展省级服务业综合改革试点，发挥示范带动作用，促进全省服务业综合改革全面推进。

1.3.3.6　推动产业集聚和军民融合发展

抓住国家支持中西部地区提升产业承接转移能力的机遇，充分发挥我省国家级开发区和省级开发区平台作用，依托现有产业基础，提升产业配套能力，促进产业链延伸，培育发展新能源、新材料、建材、医药等优势产业集群，继续推进各类园区循环化改造。发挥我省资源丰富、要素成本低等优势，积极承接劳动密集、能源矿产开发加工、农产品加工、装备制造、现代服务、高技术、加工贸易等产业转移，引导转移产业向开发区集中，推动重点产业在承接中发展，壮大产业规模，加快结构调整，培育发展新优势，构建现代产业体系。依据全省主体功能区规划，引导限制开发区内不符合主体功能定位的产业向重点开发区域转移，共建开发园区和发展“飞地经济”，促进产业向国家级和省级开发区以及工业集中区集聚，加快兰白承接产业转移示范区建设，改造提升县区工业集中区，支持符合主体功能定位的适宜产业集聚集约发展，提升发展水平和层次。推动军民融合发展，实现军地共建共享共赢、经济建设和国防建设融合发展。深入推进质量强省战略，提高产业发展质量水平。

1.3.4 统筹区域发展与新型城镇化，培育经济增长极

深入实施区域发展战略和主体功能区战略，坚持差异化定位和协同化发展，以区域性中心城市为支撑，加快推进中小城市建设，大力发展县域经济。

1.3.4.1 优化国土空间开发格局

深入实施国家和全省主体功能区规划，突出主体功能区定位和发展方向，加强空间管制，规范开发秩序，提高开发效率，健全国土空间开发、资源节约利用、生态环境保护体制机制，着力构建我省国土空间开发"三大战略格局"，逐步形成主体功能定位清晰、城乡和区域协调发展、人与自然和谐相处的空间开发新格局。加强对城镇、农业、生态等各类主体功能区的空间管制，实施最严格的源头保护制度。落实市县主体功能定位，改革创新市县规划体制，推动经济社会发展、城乡、土地利用、生态环境保护等规划"多规合一"，合理划定城镇、农业、生态三类空间比例，一张蓝图干到底。城镇空间占比要按照重点开发区域、农产品主产区和重点生态功能区依次递减，农产品主产区市县的农业空间占比高于50%，重点生态功能区市县的生态空间占比高于50%。探索建立不同类型主体功能区的产业准入和土地利用等负面清单，完善基础设施建设等配套政策和投入机制。到2020年，城市空间、农村居民点分别控制在1940、4260平方公里以内，耕地保有量6969万亩，基本农田5725万亩。

1.3.4.2 以中心城市为重点促进区域联动发展

建设"大兰州"经济区。发挥兰白核心区、省会城市辐射带动作用，发挥定西、临夏水土资源和环境容量保障支撑作用，统筹兰白、定临、"大兰州"经济区综合交通枢纽、产业、人口、生态等布局，完善"大兰州"城际间交通等基础设施，提升城市服务功能和改善人居环境，优化兰州老城区和白银主城区空间开发结构，加快兰州新区建设，推进兰州、白银国家级开发区发展，积极承接产业转移，促进产城融合发展，提升定西马铃薯、中药材等特色优势资源深加工水平，壮大临夏清真产业规模，整合资源、优势互补、联动发展，着力打造"大兰州、大窗口、大商贸、大枢纽、大产业"，建设"区域性金融中心、总部中心、铁陆航多式联运中心、东西方文化和民族文化交流人才培训中心、国际消费中心"，增强和提升"大兰州"聚集、支撑、辐射、引领作用，使其成为向东承接产业转移、向西扩大开放合作的重要平台和内陆开放型经济战略高地，我国版图中轴线以西最大城市群，在更高层次上参与国际合作和区域竞争。

加快河西走廊经济区组团联盟发展。立足河西走廊资源禀赋和区位条件，强化交通枢纽和经济通道功能，优化整合城市资源等各类要素，培育支柱产业集群，加强联合协作和优势互补，推动组团联盟发展，形成引领区域经济发展的重要引擎。推动酒嘉一体化组团发展，突出新能源、装备制造、冶金、文化旅游区域首位产业，建设承接中东部产业转移和外来资源落地加工基地，打造支撑西陇海兰新经济带区域性中心城市、对外开放陆路口岸和国际空港、全国重要的新能源基地、电力外送基地。加快张掖经

济区建设,突出特色农畜产品加工、文化旅游首位产业,建设丝绸之路西部国家创新型城市、国家现代农业试验示范区和大型制种基地、河西走廊经济区重要枢纽和生态文明先行区。促进金武城乡融合和组团发展,突出有色金属及深加工、化工、食品、新能源区域首位产业,建设资源共享、产业融合、城乡统筹、生态共建的创新发展示范区,打造国家重要的有色金属新材料基地、新能源基地和绿色生态农产品生产加工出口基地。加快敦煌国际文化旅游名城建设,重点发展文化旅游主导产业,努力建设国家级文化产业示范园区、旅游综合改革试验区、生态文明和绿色循环示范区、新能源示范城市、丝绸之路经济带重要节点城市,打造中国与丝绸之路沿线国家开展文化交流合作的重要平台、中华文化走出去的重要窗口。

促进陇东南经济区整合协同发展。以完善交通基础设施为先导,以资源为纽带,优化产业布局和分工协作,加快陕甘宁革命老区、关中—天水经济区建设,强化与成渝经济区合作,培育全省重要的新型工业化城镇化地区和支撑经济发展的重要增长极。增强天水带动区域发展的支撑作用,突出装备制造和电子电工电器、文化旅游、特色林果区域首位产业,打造西部先进装备制造基地、绿色生态农产品生产加工基地,建设中国历史文化旅游名城、宜居宜业宜游城市。强化平庆组团整合协同发展,突出煤电化、绿色生态农产品生产加工区域首位产业,推动石油化工、煤化工、煤电冶一体化发展,打造国家重要的能源化工基地、区域性交通枢纽与物流集散中心、绿色生态农产品加工和出口基地、红色文化旅游胜地、旅游养生基地,支撑全省发展和参与区域竞争的新型工业化城镇化地区。提升陇南经济发展水平,突出绿色生态农产品生产加工区域首位产业,建设区域性交通枢纽、商贸物流中心和绿色生态农产品生产加工基地、有色金属资源开发加工基地。

创新区域经济一体化体制机制,以突破区域行政分割、打破区域市场壁垒为重点,明确差异化定位,实现协同化发展,推进产业布局、基础设施、社会事业等统一规划建设,强化协调机制和联席会议等制度。建立和完善跨区域的合作发展机制,扩大与陕西、宁夏、青海、新疆、内蒙古、成渝等周边毗邻城市和经济区的区际合作,积极承接中东部地区产业转移和外来资源落地加工,扩大对外开放,促进区域融合联动发展。加强兰州、白银、定西、临夏与西宁、海东、格尔木的经济联系,推进兰西经济区建设,发挥交通通道作用,促进兰州与银川的经济合作。强化东部四市与陕西西安、宝鸡等的对接,力争在协作平台、产业发展、基础设施、流域协同治理等方面取得突破,加快融入关中—天水经济区。依托《陕甘宁革命老区振兴规划》,推进庆阳、平凉与宁夏吴忠、固原、中卫和陕西延安、榆林、铜川等在能源资源、特色农产品、红色旅游方面的合作。推动酒泉、嘉峪关与新疆哈密、吐鲁番共建资源型经济合作区。发挥陇南连接丝绸之路经济带和长江经济带地缘优势,探索建设兰成渝经济带。以交通、旅游、扶贫、生态为重点,统筹推进甘、青、川藏区区域发展,辐射带动周边及整个藏区发展。

1.3.4.3　加快以人为核心的新型城镇化进程

以人的城镇化为核心,以推进农业转移人口落户、棚户区和城中村改造、就近城镇化"三个1亿人"为抓手,引导人口合理流动,有序推进农业转移人口市民化。推进大中小城市和小城镇协调发展,加快中心城市建设,整合城市资源要素,优化城市空间布局，完善基础设施，提升城市功能，增强人口和产业集聚能力，实施“一融双新”工程，促进农民工融入城镇，积极培育新生中小城市，加快建设新型城市，构建“一群两带多组团”城镇化格局。按照群落式布局、节点式推进、特色化发展的思路，突出自然生态、民族人文、历史文化、优势产业、城镇风貌等特色，建设一批各具特色的小城镇。坚持城镇发展与培育产业、促进就业、集聚人口相结合，推进产城融合发展，增强城镇综合承载能力，强化大中城市的高端服务、现代商贸、科技研发、信息中介等功能，积极发展专业化、社会化、市场化的生产生活型服务业，鼓励引导中小城市和小城镇发展与资源环境承载力相适应的资源加工型产业、劳动密集型产业、生态文化旅游产业和面向城乡一体化发展的服务业，提升中小城市及工业园区产业转移承接能力，推动兰州新区和国家级省级开发区由单一生产功能向城市综合功能转型，建设一批产城融合示范区，着力构建大中小城市相互促进、分工协作、优势互补、特色鲜明的产业发展格局。以重点领域关键环节体制机制改革创新为突破，加快推进新型城镇化试点示范，激发城镇化发展的活力和潜力，努力探索具有甘肃特色的新型城镇化发展道路。2020年，全省城镇化率达到50%以上。

1.3.4.4　发展壮大县域经济

发挥中小城市在促进县域经济发展中的重要支撑作用，因地制宜、分类指导、多元推进以县城为主的中小城市建设，发展各具特色的中小城市。加快敦煌国际文化旅游名城建设，支持玉门资源枯竭型城市转型发展，完善合作具有民族特色的区域性城市功能，推进临夏市与临夏县的同城化发展，提升武都的区域性交通枢纽地位和城市服务功能。结合我省实际，支持经济发展快、区域地位重要、人口吸纳能力强的县按照城市架构规划建设，推进“撤县建市”“撤县建区”，打造一批县级小城市。力争到2020年，全省县级市和市辖区比例达到30%以上。

把发展小城镇同调整县域产业布局、壮大县域经济以及完善农村市场体系、发展农村服务业结合起来，促进县域二、三产业发展，着力培育首位产业、富民产业和特色支柱产业，提升县域经济的地位和发展能力。加快发展县域服务业，挖掘县域信息消费、文化消费、生活消费等服务业潜力，发挥现代服务经济对县域经济的拉动作用。按照人口集中、产业集聚、用地集约的要求，实行点状开发，抓好大中城市周边和重要交通沿线等各类特色镇培育发展，加强历史文化名城、名镇、名村和古镇、民族特色村镇保护与建设。积极推行政府与社会资本合作的县域投融资模式，加快城镇“两供两处一轨一廊一市一场”（供水、供热（气），污水处理、垃圾处理，轨道交通，综合管廊，农副产品综合市场，城市停车场）基础设施规划建设，尽快培育形成投资消费新的增长点。增加对县一般性转移支付，促进财力与事权匹配，强化县域发展资金保障。

1.3.4.5　推进城乡一体化发展

完善统筹城乡发展的体制机制，加快形成以工促农、以城带乡、工农互惠、城乡一体融合发展的新格局。优化城乡公共资源配置，推动公共资源配置向乡村延伸，合理调整城乡教育布局，促进教育均衡发展，建立健全农村医疗服务网络，完善农村社会保障体制，逐步建立统一的城乡居民基本养老保险制度，加快农村公共文化和体育服务体系建设。继续实施农村危房改造和村庄整治，积极推进改善农村人居环境行动计划,实施好千村美丽万村整洁工程,强化基础设施配套完善农村公路网,发展农村客运,实施新一轮农村电网改造升级工程,着力推进农村饮水安全工程,不断提高新农村建设水平。

1.3.5 建设华夏文明传承创新区,推进文化大省建设

以构建社会主义核心价值体系为中心,以华夏文明传承创新区建设为支撑,以深化文化体制改革为动力,以建设文化大省为目标,坚持保护祖业、发展产业、推动事业"三业"并举,深入实施"1313"工程和重大文化产业项目,加快现代公共文化服务体系建设。

1.3.5.1 加强社会主义核心价值体系建设

大力培育和践行社会主义核心价值观,发挥榜样作用,强化教育引导,在全社会形成统一指导思想、共同理想信念、强大精神力量、基本道德规范和向上向善的力量。汲取中华优秀传统文化精髓,弘扬以爱国主义为核心的民族精神和以改革创新为核心的时代精神。开展中国梦主题文艺创作、出版和文化活动,实施哲学社会科学创新工程。加强爱国主义教育基地建设,推进公民道德建设工程,促进农村精神文明建设,实施"24字人知人晓工程",开展"德润陇原"道德实践等群众性精神文明创建活动。推进诚信建设制度化,形成奖励诚信、约束失信的工作机制和社会氛围。

1.3.5.2 深入实施重大文化工程

以建设丝绸之路文化发展带为主线,统筹推进三区、十三板块建设。加快兰州都市现代文化产业区建设,重点发展文化创意、广播影视、出版发行、节庆会展、文化演艺等文化业态,提升示范带动能力。加快敦煌国际文化旅游名城建设,推动河西走廊文化生态保护区、陇东南文化历史区等建设。做好甘南临夏民族民俗文化、宗教历史文化,庆阳红色文化等的传承发展。实施先秦文化保护工程,推进莫高窟、拉卜楞寺文物、大地湾遗址等重大遗产保护工程。加大非物质文化遗产保护传承,建设省级非物质文化遗产生产性保护示范基地。深入贯彻中央文艺座谈会精神,繁荣文艺精品创作,实施好"五个一""十个一"文化品牌打造工程,积极开展重大革命和历史题材等文化精品创作。加快实施文化遗产"历史再现"、文溯阁《四库全书》影印出版、少数民族文化活态传承、红色文化影像印记等工程,推进甘肃文化传媒学院建设。

1.3.5.3 推进文化和旅游深度融合发展

依托我省丰厚的文化旅游资源,深入实施大景区建设工程,培育打造文化旅游特色产品,促进文化与旅游深度融合。加快旅游基础设施建设,实施旅游发展环境优化、大景区建设、旅游发展空间拓展、旅游名城名镇名村名街建设、旅游扶贫和品牌提升6大工程,推进敦煌国际文化旅游名城、河西走廊文化生态保护区、陇东南文化历史区、兰州都市现代文化产业区、临夏和甘南国家级民族民俗文化产业园区等建设,推动兰州、酒泉、天水、张掖、武威、平凉、嘉峪关7个中国优秀旅游城市建设,打造精品丝路线、黄河风情线、华夏寻根线、民族风情线、中医药养生线、红色旅游线等主题品牌线路,提升旅游的可进入性、可驻足性、可消费性、可回头性、可美食性、可休闲性、可游览性、可

娱乐性。加强天水、庆阳、平凉、陇南与陕西、四川等周边省份的旅游跨区域合作。积极推进旅游综合改革，以大景区为重点探索景区管理体制改革，开展敦煌旅游综合改革试点，争取在旅游管理体制、运营机制、发展模式等方面取得新突破。2020年，打造1座国际文化旅游名城，建设20个年接待游客300万人次以上的大景区和50个旅游名城名镇，使文化旅游产业成为重要的战略性支柱产业和富民产业。

1.3.5.4 构建现代公共文化服务体系

坚持以群众基本文化需求为导向，推动基本公共文化服务标准化、均等化建设，构建覆盖城乡、结构合理、功能健全、实用高效的公共文化服务体系。加强文化基础设施建设，完善公共文化设施和服务网络，推进基础公共文化设施和资源整合。以“乡村舞台”和“社区文化活动中心”为抓手，建设村镇、社区综合性文化服务中心，实施好文化信息资源共享、乡镇综合文化站、广播电视村村通、农家书屋、农村电影放映五大农村文化惠民工程，“十三五”期间实现全省行政村“乡村舞台”全覆盖。抓好金昌、张掖国家公共文化服务体系示范区建设。创新公共文化服务运行机制和服务方式，建立健全政府购买公共文化服务机制，促进公共文化服务社会化。

1.3.5.5 深化文化体制机制改革

积极稳妥推进文化事业单位分类改革，推动省广电总台、甘肃日报社、读者集团等国有文化单位深化内部改革，探索国有文化企业去行政化改革。加快推动文化企业公司制改造，培育合格市场主体，做大做强省属文化企业。鼓励文化企业加强对外合作，引进社会投资，发展混合所有制。解决国有文艺院团改革遗留问题，拓宽融资渠道，加快国有文艺院团“一院一场”建设。发挥市场在文化资源配置中的决定作用，培育多层次文化产品和要素市场，加快文化资源流动，构建统一开放、竞争有序的现代文化市场体系。推进传统媒体和新兴媒体融合发展，探索重大节庆活动市场化运作。

1.3.6 加快推进生态文明建设，提升可持续发展能力

深入贯彻中共中央、国务院《关于加快推进生态文明建设的意见》，以国家生态安全屏障综合试验区建设为重点，进一步提高循环经济发展水平，着力转变资源利用方式，不断改善生态环境质量，建设生态文明省。

1.3.6.1 建设国家生态安全屏障综合试验区

贯彻落实《甘肃省加快转型发展建设国家生态安全屏障综合试验区总体方案》，对河西内陆河、中部沿黄、甘南高原、南部秦巴山、陇东陇中黄土高原等五大片区实施分区域综合治理，加大自然生态系统和环境保护力度，抓好《祁连山生态保护与建设综合治理规划》等重大生态规划实施，推进重点流域及小流域综合治理，实施重大生态修复工程，加强以大气、水、土壤为重点的污染防治，协调推进生态建设和经济发展，建设国家生态安全屏障综合试验区。到2020年，重要河流水功能区水质达标率大于80%，城市建成区绿地率达到30%，地级以上城市空气质量达到国家二级标准比例达到55%，森林蓄积量不低于2.6亿立方米，森林覆盖率达到12.58%，草原综合植被覆盖度达到53%，湿地面积稳定在2535万亩以上。可治理的沙化土地治理率达到33%，水土流失

治理面积达到8.71万平方公里。

1.3.6.2 促进资源节约循环高效使用

以国务院印发的《循环经济发展战略及近期行动计划》为指导,深入推进循环经济示范区建设,进一步提升循环经济发展水平,促进能源资源节约和循环高效利用。抓好循环经济示范城市(县),循环化改造示范试点园区等国家"十百千"示范创建,加快省内示范工程、示范市县和示范企业(园区)创建工作,发挥典型示范引领作用。严格执行节能评估审查制度,继续抓好工业、建筑、交通领域节能管理,不断加强农业、商务、公共机构领域节能工作。推进兰州市节能减排财政政策综合示范、工业绿色转型发展试点和环境审计试点城市建设。加快城镇生活污水、生活垃圾处理设施建设。加强资源节约,节约集约利用水、土地、矿产等资源,推动利用方式根本转变。加强用水需求管理,以水定需、量水而行,促进人口、经济等与水资源相均衡,着力建设节水型社会,推进张掖、陇南、敦煌水生态文明城市建设试点。按照严控增量、盘活存量、优化结构、提高效率的原则,加强土地利用的规划管控、市场调节、标准控制和考核监管,严格土地用途管制,完善耕地保护和节约用地制度,落实耕地占补平衡,推广应用节地技术和模式,做好我省低丘缓坡荒滩等未利用地开发利用试点工作,努力破解耕地保护和建设用地矛盾。发展绿色矿业,加快推进绿色矿山建设,以能源、金属、非金属矿产资源为重点,加强低品位、难选冶、共伴生矿产的综合利用,继续推进国家金川铜镍多金属矿和窑街煤炭资源综合利用示范基地建设,促进矿产资源高效利用。"十三五",资源产出率年均提高1.74个百分点,单位地区生产总值用水量和单位工业增加值用水量年均分别下降2.35和1.74个百分点。到2020年,非化石能源占一次能源消费比重达到20%以上,可再生能源电力装机占电力总装机比例达到60%,城镇绿色建筑占新建建筑比重达到30%以上。

1.3.6.3 加强防灾减灾体系建设

坚持以人为本、尊重科学,政府主导、全社会共同参与,综合统筹、协调推进,预防为主、综合减灾,提高防灾能力,降低灾害风险,减少灾害损失,增强救灾能力,保障人民生命财产安全和经济社会可持续发展。加强自然灾害监测预警、风险调查、工程防御、宣传教育等预防工作,提高气象、地质、地震灾害防御能力,建立灾害性天气防范快速反应机制,提高区域和城乡基层应对冰雹、暴雨等气候灾害的能力,实现从短期响应能力为主的减灾模式转向长期降低脆弱性的防灾模式。着力推进自然灾害综合风险调查、风险管理信息化、应急救助指挥系统、救灾物资储备、综合减灾示范社区和避难场所等防灾减灾重大工程项目建设。在兰州、陇南、甘南、临夏等灾害多发地区建立健全专业预警预报、群测群防和应急处置指挥体系,增强灾害性天气监测预警预报能力。做好滑坡、泥石流等地质灾害防治,完善灾害调查评价、监测预警、综合防治和应急体系,全面实施《甘肃省地质灾害综合防治体系建设方案(2014—2018)》,力争"十三五"末基本消除威胁城镇的大型、特大型地质灾害隐患。健全防灾减灾救灾机制,落实统一指挥、综合协调、分类管理、分级负责、属地管理为主的自然灾害应急管理体制,完善救灾准备、应急救助、灾后救助、恢复重建相衔接的自然灾害救助制度,建立方便快捷的储备、调运、接受、发放、回收相衔接的救灾物资应急调度体系,健全以抢险、搜救、救护、救助、捐赠为基本内容的救灾应急社会动员机制，完善保险应对自然灾害的风险分散和损失补偿机制。

1.3.6.4 积极应对气候变化

坚持当前与长远兼顾、减缓与适应并重，多措并举，开展示范试点工程建设，有效控制温室气体排放，逐步增强适应气候变化能力。制订实施全省工业应对气候变化行动计划，通过技术改进、工艺革新等方式，控制工业领域排放。石油天然气行业推广放空天然气和油田伴生气回收利用、油气密闭集输综合节能等技术。煤炭行业推行高效、绿色开采技术，加快煤层气抽采利用。水泥行业加快推广纯低温余热发电和水泥窑协同处置废弃物技术。大型发电企业供电二氧化碳排放达到国家平均水平。积极推进金昌低碳城市试点，开展兰州国家级区域工业绿色转型试点、嘉峪关国家级低碳工业园区试点，推动可再生能源建筑一体化应用和农村太阳能暖房建设。积极发展城市公共交通，完善城市步行和自行车交通系统，大力推广新能源汽车，加快兰州市新能源汽车试点建设，2020年兰州、天水城市公交出行分担比率达到35%以上。积极适应气候变化，加大生态资本投资，提高农业、林业及生态脆弱地区适应能力，加快造林步伐，强化重点地区草原退化防治和高寒湿地保护与修复。编制省级温室气体清单报告，落实重点企(事)业单位温室气体排放报告工作制度。

1.3.6.5 健全生态文明制度体系

按照国家关于健全生态文明制度体系的要求，在完善生态保护补偿机制、建立自然资源资产产权制度和用途管制制度、强化生态环境监管制度建设、严守资源环境生态红线、推行市场化机制等方面，推动重点领域、关键环节制度建设和机制创新。加大财政、价格、税收、投融资等政策扶持力度。做好生态文明先行示范区等试点工作，积极探索创新，形成符合各地实际的可复制、可推广的经验成果和有效模式，加大推广力度。加强能源、矿产资源、水、大气、森林、草原、湿地和水土流失、沙化土地、土壤环境、地质环境、温室气体等统计监测核算能力建设，建立生态文明综合评价体系。健全政绩考核和责任追究制度，建立体现生态文明要求的目标体系、考核办法、奖惩机制，根据不同类型区域主体功能定位进一步完善差别化的考核制度，强化法律监督、行政监察，加大对生态环境违法违规行为的查处力度。提高全民生态文明意识，倡导绿色消费、绿色生活方式，推进形成生态文明建设的良好社会风尚。

1.3.7 强化基础设施建设，消除瓶颈制约

进一步优化基础设施布局，强化交通、水利、能源、信息等基础设施建设，提升对经济社会发展的支撑保障能力。

1.3.7.1 着力构建综合交通运输体系

按照面向中西亚、服务中东部的定位，突出支撑大通道、做好大枢纽、完善区域路网的建设思路，实施“6873”交通突破行动，强化区域综合交通枢纽建设，进一步完善路网结构，全面构建铁陆航多式联运，提升承东启西、互联互通的综合交通能力。力争到2020年，全省高速公路通车总里程超过7300公里，县县通高速、乡镇通国省道、村村通

沥青(水泥)路,铁路运营里程超过7200公里,实现市州铁路和机场全覆盖。

推进综合交通枢纽建设。提升我省战略通道作用,优化枢纽布局,全面提升兰州国家级综合交通枢纽地位,统筹谋划大兰州经济区发展,优化整合交通枢纽及物流布局,促进兰白、定临功能互补和联动发展。积极打造酒嘉综合交通枢纽,加快天水、武威、张掖、平(凉)庆(阳)等重要运输枢纽建设,逐步完善其他交通运输枢纽,增强沿线节点城市交通支撑保障能力和水平。

完善交通路网。统筹规划建设公路、铁路、航空等配套支撑的交通运输网络,构建布局合理、功能完善、覆盖广泛、安全可靠的"一横六纵"综合运输大通道。力争到2020年,全省新增公路通车里程60000公里以上,高速公路通车总里程超过7300公里,骨干公路网全部建成,普通国道二级及以上比重和普通省道三级及以上比重双双达到80%以上,实现县县通高速、乡镇通国省道、村村通沥青(水泥)路,重点旅游景区道路与干线公路实现联网;建成铁路3400公里,铁路运营里程超过7200公里,市州铁路覆盖率达到100%,县区铁路覆盖率达到69%,贯穿全境的高速铁路基本建成;推进通用机场建设,拓展以中川机场为枢纽的覆盖全省的民用航空运输网络,全省民用机场达到12个,实现市州民航全覆盖、县级城市单元覆盖率达到85%。

1.3.7.2 加快水利基础设施建设

贯彻"节水优先、空间均衡、系统治理、两手发力"治水方针,实施"6363"水利保障行动,自2015年至2020年,6年时间内,投资3000亿元,构建区域协调的水资源配置体系、保障有力的区域供水体系、安全可靠的农村供水体系、增产增效的农田水利体系、防控有效的防洪减灾体系、人水和谐的水生态保护体系"6大体系",努力实现供水安全、防洪安全、水生态安全"3大目标"。构建水资源配置体系,破解黄河流域水资源短缺问题,提高长江及内陆河流域水资源保障能力,建设引洮供水二期工程、马莲河水库等大型跨区域、跨流域引调水工程及重点水库工程,新增水资源配置能力5.4亿立方米以上。构建区域供水体系,按照大中小互补,蓄引提并举,挖潜改造与新建配套结合,加快实施天水城区供水、兰州市水源地、引黄济临等工程,推进武威杂木河毛藏寺水库、庆阳小盘河水库等105座中小型水库改扩建工程,县级以上城市和工业区供水保证率达到95%以上。构建农村供水体系,实施农村饮水巩固提升工程,推进城镇供水管网向农村延伸,进一步健全农村供水网络,提高自来水普及率、水质达标率、供水保证率,农村自来水普及率达到90%以上。构建农田水利体系,发展高效节水灌溉,建设河西走廊国家级高效节水灌溉示范区、陇中陇东南特色农业节水灌溉示范区。推进末级渠系建设、田间工程配套和高标准梯田建设,高效节水灌溉面积达到1000万亩,梯田面积达到3500万亩。构建防洪减灾体系,加快防洪工程建设,建设黄河干流防洪治理工程,完成白龙江、渭河、黑河等22条江河主要支流和内陆河重点河段防洪治理以及176条中小河流、68条山洪沟道重点治理,全省重点江河、中小河流重要河段、重点城市防洪能力达到国家设防标准。构建水生态保护体系,推进重点流域综合治理和重点区域水土流失治理,加强水源涵养和生态修复,全面完成石羊河流域、黑河流域、渭河源、两江一水、祁连山生态等综合治理和保护工程,重要江河湖泊水功能区水质达标率提高到82%以上,新增水土流失治理面积2万平方公里。从根本上扭转水利建设明显滞后的局面,为经济社会发展提供水利支撑保障。

1.3.7.3 推进能源战略通道建设

依据国家中亚、中俄能源通道建设规划境内布局,配合做好西气东输四线、五线及煤制气管道、成品油管道和原油管道等项目前期及建设工作,加快省内天然气支线管道建设。依托能源战略通道,争取建设国家石油储备基地三期工程,支持玉门、兰州、庆阳等开展石油储备库和天然气调峰储气设施建设,打造国家能源战略储备基地。加快建设酒泉至湖南正负800千伏特高压直流输电工程,推进陇东电力外送通道建设。围绕提升我省作为西北电网电力电量交换枢纽的桥梁和纽带作用,强化750千伏主网架建设,推进与周边省区电网750千伏联网运行,优化330千伏及以下电网网架,提高电网整体配送能力。

1.3.7.4 加强信息基础设施建设

深入实施"宽带中国"战略,积极创建"宽带中国"示范城市,结合云计算发展布局优化网络结构和互联网网间互联架构,加快宽带网络升级改造,提升互联互通质量,降低宽带租费水平。加快新一代移动通信网络建设,推进"三网融合"试点,积极总结试点经验并逐步向全省推开。统筹布局云计算数据中心建设。认真落实我省与阿里巴巴集团战略合作框架协议,引进国内先进云计算技术,着力打造高科技、低成本、绿色节能的云计算数据中心。支持兰州新区、白银、金昌云计算数据中心建成运行。充分利用能源充足、气候适宜的区位优势,积极争取国家数据中心在我省规划布局。推进兰州新区大数据产业园区、西北中小企业云服务平台、三维数字社会服务管理平台、北斗卫星导航综合服务平台、云计算软件研发应用中心平台、现代物流与信息技术服务平台、信息安全智能管理与虚拟防护平台、敦煌软件及动漫产业园等一批产业集聚区和设施建设。2020年,全省固定互联网宽带接入用户数量突破500万户,通信运营企业固定宽带接入能力超过800万户,4G基站达到2.6万个,互联网省际出口带宽满足云计算应用需求。

1.3.7.5 完善城乡社区基础设施

以社区公共服务和商业服务设施为重点,实施便利消费进社区、便民服务进家庭"双进"工程建设。加强社区诊所、社区服务站和服务中心、菜篮子和米袋子民生工程、家政服务网络、活动室、图书室、健身设施等公共服务设施建设,积极发展社区超市、便利店、社区购物中心等商业服务设施,提升社区基础设施水平和功能,带动居民消费。坚持有效整合、分类建设、逐步推进、便利群众,结合村卫生室、农家书屋、文化活动中心等公共服务项目建设,开展村邮站建设,提供函件、报刊、普通包裹投递和受理等基本服务功能,逐步发展其他邮政业务代办受理、票务代售、账户转付、小额存取等助农金融服务、公用事业费用代收代缴等扩展服务功能。

1.3.8 加强公共服务体系建设,着力改善民生和促进社会发展

进一步扩大公共服务覆盖面,改善公共服务质量,健全社会公共服务体系,提升基本公共服务均等化水平。积极创新社会治理体制,改进社会治理方式,健全公共安全

体系,增强人民福祉。

1.3.8.1　加快基层公共服务体系建设

以促进改革发展成果惠及全体人民为出发点,进一步加大公共财政对就业、社会保障、教育、医疗卫生等基本公共服务的投入力度,不断保障和改善民生。优化基本公共服务布局,推动基本公共服务资源向农村、贫困地区和困难群体进一步倾斜,着力提高基本公共服务标准化、均等化、法制化发展水平,努力缩小城乡、区域和不同群体之间基本公共服务差距,构建覆盖城乡、结构合理、功能健全的公共服务体系。建立健全基本公共服务均等化监测评价制度。

1.3.8.2　推进教育协调公平发展

继续扩大学前教育资源,实施第二期学前教育三年行动计划,实现全省有需求的行政村幼儿园基本全覆盖。推进义务教育均衡发展,全面实施素质教育,完成中小学标准化建设任务,建立健全流动机制,实现校际间师资力量均衡配置。进一步推进高等教育发展,继续实施"中西部高校基础能力建设工程"、"高等学校本科教学质量与教学改革工程",鼓励高校创新办学模式和人才培养模式,建立适应经济社会发展的专业结构体系。加强民族教育、特殊教育,发展继续教育。加大教育扶贫力度,教育经费、建设项目等优先向贫困地区特别是民族地区和革命老区倾斜配置,大力推进贫困地区教育信息化建设,2020年,全省贫困地区学前教育、义务教育和高中阶段教育总体达到全省平均水平。加强教师队伍建设,提高教师地位和待遇。以农民工为重点,强化劳动者技能和素质教育。鼓励社会力量兴办教育,重点支持社会资本参与学前教育、中等职业教育和高等教育办学。

坚持政府推动、市场引导,加快发展现代职业教育,形成定位清晰、科学合理的职业教育层次结构。巩固提高中等职业教育发展水平,全面实施免费中职教育,加快示范性中职学校和综合性共享型实训基地建设,加强国家、省级示范性中等职业学校建设;创新发展高等职业教育,密切产学研合作,深化产教融合,鼓励专科层次高等职业院校特色办学,引导省内部分普通本科高等学校向应用技术类型高等学校转型,构建从中职教育到专业学位研究生教育贯通的现代职业教育体系。引导支持社会力量兴办职业教育,探索发展股份制、混合所有制职业院校,鼓励多元主体组建职业教育集团,激发职业教育办学活力。以打破部门、条块管理壁垒为抓手,以促进教育链和产业链有机融合为重点,探索组建覆盖全产业链的职业教育集团。立足就业市场需求,加强我省职业院校与东部沿海地区企业和职业院校合作,建立跨区域职业教育联盟,推进订单式职业教育发展。围绕"一带一路"国际产能合作,探索职业院校与"走出去"企业联合建立国际化人才培养基地。加快兰州新区职教园区建设,强化专业设置与产业需求对接,促进产教融合、校企合作,努力将兰州新区职教园区打造成为全省乃至西部地区职业教育集聚发展和技能型人才培养的重要基地,促进以产兴城、以城聚人、以人兴产的良性发展。

1.3.8.3　提高群众健康卫生保障水平

完善医疗卫生服务模式,构建与国民经济和社会发展水平相适应、与居民健康需求相匹配，体系完整、分工明确、功能互补、密切协作的整合型医疗卫生服务体系。加强公共卫生服务，稳步扩展服务内容，加强重大传染病、地方病防治，提升卫生应急保障能力，推动区域公共卫生服务资源整合。巩固完善基本药物制度，加强乡镇卫生院、社区卫生服务机构和村卫生室标准化建设，提高服务能力。完善合理分级诊疗模式，健全网络化城乡基层医疗卫生服务运行机制，促进优质医疗资源纵向流动，逐步实现基层首诊、分级诊疗、双向转诊、急慢分治。加快推动公立医院改革，破除以药补医机制，理顺医药价格，建立科学补偿机制。加强儿童医院等专科医院、中医院、县级精神专科医院、县级妇幼保健计划生育服务机构、疾病预防控制机构、国产医疗设备应用示范基地等薄弱环节建设，全面提升县级医院综合能力。坚持中西药并重，积极发展中医药和民族医药，进一步加快国家中医药发展综合改革试点示范省建设。推进医疗领域有序开放，鼓励社会办医，构建以非营利性医疗机构为主体，营利性医疗机构为补充的社会办医体系。推动城乡居民健康素养提升，推进医养融合发展。实施全民健身国家战略，加快城乡体育设施建设，逐步实现公共体育设施免费或低收费开放。

1.3.8.4　强化社会保障体系建设

坚持就业优先，努力扩大就业规模，提高就业质量，改善就业结构。完善就业政策措施，健全就业失业登记制度、就业困难人员实名制动态管理和分类帮扶制度等。加强就业援助体系建设，开展就业指导和就业帮扶，做好公益性岗位托底安置工作，保障零就业家庭等就业困难人员就业。实施全民创业行动，加强创业示范园区、创业孵化基地、大学生科技园和就业服务平台等建设，健全覆盖城乡的公共就业创业服务体系，落实完善城乡劳动者平等就业、同工同酬制度。建立健全“农业转移劳动力就业服务、农业转移劳动力培训、农业转移劳动力输转市场化、农业转移劳动力回乡创业服务、农业转移劳动力输转评估”等五大体系，引导和扶持农业劳动力转移就业。完善统筹基金与个人账户相结合的养老保险制度，建立统筹城乡、覆盖全部职业人群的统一的职工养老保险制度体系。认真落实国家机关事业单位养老保险改革政策，完善城乡居民基本养老保险制度和被征地农民养老保险政策，建立养老金正常调整机制。健全全民医保体系，推进城乡居民基本医疗保险制度整合。健全重特大疾病保障制度，推行城乡居民大病保险，建立完善疾病应急救助制度。加强社会救助与社会福利、社会保险、扶贫开发等制度之间的衔接配套、系统配置，进一步完善各类专项救助为补充的新型社会救助体系，健全最低生活保障、特困人员供养、护理及医疗救助、临时救助与物价上涨挂钩的联动机制，保障困难群众基本生活。加快提高城乡居民收入水平，努力形成居民收入增长和经济发展同步，劳动报酬增长和劳动生产率提高同步的收入增长长效机制。积极应对人口老龄化，加快建立社会养老服务体系和发展老年服务产业。实施残疾人基本生活兜底保障工程和就业创业扶贫工程，保障残疾人医疗、养老、住房、就业等基本需求，建立和完善残疾人生活补贴和护理补贴制度。实施关爱助残服务工程，加快城乡无障碍环境建设。

1.3.8.5　建设公共安全体系

坚持系统治理、依法治理、综合治理、源头治理，有效防控各类安全风险，有力应对社会安定面临的各种挑战。强化监管能力建设，严格食品药品安全、安全生产、劳动保障等重点领域的监管。加强社会治安专职群防群治队伍建设,提高素质,增强工作实效,充分发挥其在看楼护院、治安巡防、应急处突等方面的作用。进一步加强流动人口专职协管员队伍建设和流动人口服务管理工作。全面推行基层网格化服务管理,以社区(村)为单位,科学合理划分网格,配备专兼职服务管理力量,切实承担基础信息采集、矛盾纠纷排查调处、安全隐患排查、公共服务代办、基层平安创建和政策法规宣传等任务。健全规范基层综合服务管理平台建设。推进立体化社会治安防控体系建设,加强社会面治安防控网、重点行业和重点人员治安防控网、乡镇(街道)和村(社区)治安防控网、机关企事业单位内部安全防控网、信息网络社会治安防控网等"五张网"建设。

1.4 关于强化制度保障

按照中央和省委、省政府的部署和要求,牢固树立改革思维和法治思维,坚定不移地推进重点领域改革和全面推进法治建设,更好地激发市场主体活力,规范社会主体行为。发挥党的坚强领导核心作用,加强和改善党的领导,提高党领导发展的能力和水平,为经济社会发展提供坚强保障。

1.4.1 全面深化重点领域改革

按照国家要求和我省实际,加快推进产权、要素市场、财税、投融资、人力资源、社会治理等基础性制度改革创新,发挥市场在资源配置中的决定性作用,更好发挥政府作用,有效发挥社会力量作用。

——*发展非公经济*。坚持"法无禁止即可入",积极营造有利于非公经济发展的政策环境、市场环境、服务环境和制度环境,促进非公经济加快发展,成为稳增长、促转型的主导力量。支持社会资本进入特许经营领域,吸引非公经济参与基础设施项目建设、市政公用事业建设和运营,进入能源开发、矿产资源开发、社会事业、现代服务业、战略性新兴产业、文化和旅游产业等领域。建立健全现代产权制度,依法保护非公经济合法权益,保证非公经济平等使用生产要素、公平参与市场竞争、同等受到法律保护。健全面向中小企业的贷款、担保和风险投资体系,拓宽非公经济融资渠道。

——*深化国资国企改革*。全面贯彻落实省委、省政府《关于进一步深化国资国企改革促进企业发展的意见》,加快推进省公航旅集团、省机场集团、省国投集团、酒钢集团、八冶集团5户企业分类改革试点工作,形成可复制、可推广的成功经验;围绕推进公司制股份制改革、完善法人治理结构、建立长效激励约束机制,积极推进"一企一策"改革,增强企业生产经营活力,提高国有资本运营效率。继续优化调整国有经济布局,鼓励非公资本、支持集体资本、有效吸收外资参与国企改革,发展混合所有制经济,促进国有资本放大功能、保值增值。加快国有企业整合重组和改制上市,提高国资国企市场化、资本化、证券化水平。调整优化监管方式,依法落实出资人权利。加强和改进企业国有资产监督、改革和完善国有资产管理体制,实现省级经营性国有资产监管全覆盖。

——*健全市场体系*。围绕市场在资源配置中起决定性作用和更好发挥政府作用,积极稳妥推进市场化改革，消除束缚市场主体创业创新活力的体制障碍，建立统一规范竞争有序的现代市场体系，促进各类生产要素自由流动。按照国家部署建立负面清单管理制度，完善统一的市场准入办法，建立公开透明、诚信守法的市场规则，清理和废除妨碍统一市场形成和公平竞争的各种规定，构建公平的市场准入环境。推进政府配置资源方式创新，分类建立健全资源配置的管理体制，减少政府对资源的直接配置。完善主要由市场决定价格的机制，规范政府定价行为，推进水、电力、药品等重点领域价格形成机制改革，探索输配电价改革，推进居民水、气阶梯价格制度改革，完善排污收费、污水收费处理政策。创新公共服务供给模式，推广政府购买服务，构建多层次、多方式的公共服务供给体系。

——加快财税体制改革。改进预算管理制度，推进预决算公开，完善政府预算体系，加大政府性基金预算与一般公共预算的统筹力度，改进预算控制方式，建立跨年度预算平衡机制，实行中期财政规划管理，优化财政支出结构，完善转移支付制度，建立财政转移支付同农业转移人口市民化挂钩机制，财政性建设资金对城市基础设施补贴数额与城市吸纳农业转移人口落户数量挂钩机制。规范专项转移支付管理，盘活财政存量资金，健全预算绩效管理机制，建立综合财务报告制度，规范政府债务管理。深化税收制度改革，按照国家要求完善和规范增值税、消费税制度，全面推进“营改增”改革。进一步完善省直管县和县乡财政管理体制，研究建立省以下财政事权和支出责任相适应的制度。推进收入分配制度改革，完善初次分配机制，健全再分配调节机制，规范收入分配秩序，逐步形成合理有序的收入分配格局。

——深化投融资体制改革。推进地方金融机构管理体制改革，理顺金融国资管理机制，整合地方金融资源，优化资源配置，增强地方金融机构综合实力，做强做优地方金融企业。全面推进普惠金融，积极发展村镇银行等农村金融组织和小额信贷，加快发展农村产业发展互助社和中小微企业融资担保公司，着力提升金融服务“三农”和中小微企业的能力和水平。加快设立地方法人保险机构、金融资产交易中心等要素市场主体和新兴金融业态，支持设立民营银行，继续引进银行、证券公司和各类中介机构来我省设立分支机构和区域性总部，推进产权交易市场、股权交易市场建设，构建业态齐全、组织多元、服务高效、风险可控的金融市场体系。鼓励金融机构依托互联网技术开展互联网金融平台创新、产品创新和服务创新。通过股权众筹融资中介机构平台，以互联网形式进行公开小额股权融资，支持小微企业发展。建立健全地方金融监管体制，完善金融风险防范预警和评价体系，积极稳妥化解风险隐患。争取设立西部内陆地区金融综合改革试验区。创新地方金融机构用人机制，提升我省金融行业整体经营管理能力和业务创新水平。大力发展资本市场，支持符合条件的企业上市融资和发行债券，积极发展各类投资基金和产业基金，吸引养老基金、社保基金参与股权投资。推动政府和社会资本合作模式（PPP），创新政府投资安排方式，财政资金与社会资本共同发起设立创业投资基金、入股参与创业投资基金，放大财政资金杠杆效应和引导作用，发挥政府投资“四两拨千斤”的作用。

——推进农业农村改革。积极稳妥推进土地流转，建立健全土地流转交易市场及县乡村三级土地流转服务网络。推进农村集体产权制度改革，完成农村土地承包经营权确权颁证工作，开展赋予农民对集体资产股份权能改革试点。探索农民土地承包经营权、林权、宅基地使用权、集体收益分配权等抵押担保贷款的有效办法。制定土地承包经营权入股发展农业产业化经营的政策，鼓励承包经营权在公开市场上向专业大户、家庭农场、农民合作社、农业企业流转，发展多种形式规模经营。推进农民以土地承包经营权、农业设施等资源资产参股到种养大户、专业合作社、龙头企业或其他农业项目，让农民取得流转、务工、分红三个收益，增加农民财产性收入。鼓励和引导工商资本到农村发展适合企业化经营的现代种养业，向农业输入现代生产要素和经营模式。进一步完善集体林权制度改革配套政策，支持发展林业合作社、民营林场等新型林业经营主体，大力发展林下经济，按照国家部署全面推进国有林场改革。稳步推进水权制度和农业综合水价改革，抓好疏勒河流域和民勤县等5个县（区）全国农业水价综合改革试点，开展凉州区、白银区、武都区农田水利设施产权制度改革，创新运行管理模式，推进水务一体化改革。加快供销社和农垦改革，探索在农场、林场等土地充足的国有部门开展易地搬迁安置试点工作。

——完善科技体制。深化科技计划管理改革，建立主要由市场决定技术创新项目和经费分配、研发方向和路线选择、成果评价和传导扩散的新机制。推进科研基础设施和专利基础信息资源向社会开放，强化政府对重大科技攻关项目的组织协调功能，提高政府创新资源配置的综合效用。构建支持科技创新政策体系，健全政府采购和税收优惠政策，加强知识产权保护，引导和促进科技成果转化。强化科技同经济对接、创新成果同产业对接、创新项目同现实生产力对接、研发人员创新劳动同其利益收入对接，推进科研成果使用、处置、收益和科技人员股权激励改革试点，完善科技成果转移转化服务体系，建立健全有利于创新成果产业化和科技人员创新创业的体制机制。着力营造鼓励大胆探索、包容失败的宽松氛围，使创业创新成为全社会共同的价值追求。

——构建人才支撑体系。坚持人才优先发展，深入实施人才强省战略，着力破除束缚人才发展的体制机制障碍，构建支撑全省经济社会发展的人才体系。以服务优势产业发展和重点项目建设为主线，以盘活用好现有人才为重点，以引进使用高层次人才为突破，进一步完善人才培养使用、开发引才、评价激励、服务保障等机制，优化人才成长环境，畅通人才流动通道，形成人才高效配置、自由流动的制度环境。加大创新性人才培养力度，实施高层次人才创新创业行动计划，鼓励科研院所、高等院校与企业间人才双向交流和兼职，支持优秀人才兼职开展创新创业活动，允许职务成果参与利益分配，建设创新人才培养示范基地和工程创新实训基地。加强专业技能人才培养，引导支持社会力量兴办职业教育，探索发展股份制、混合所有制职业院校，开展多元投资主体共建职业教育集团改革试点。围绕经济社会发展重点领域，大力引进各类急需紧缺实用人才，在土地、融资、税收、贷款、资金等方面研究制定有利于人才引进的优惠政策；在岗位安排、职级确定、职称评聘、薪酬待遇等方面对引进的特需奇缺人才实行“一事一议、一人一策，特事特办，特岗特薪”；创新服务保障模式，在科研平台共享、配偶安置、子女入学、出国签证、住房购置、医疗保健、保险办理、文体活动等方面给予引进人才优惠待遇和便利服务，建立以人为本、事业留人、柔性流动的人才引进使用机制。

——创新社会治理体制。树立以人为本、服务为先理念，完善治理结构，创新治理方式，提升管理水平，推进治理体系与治理能力现代化。进一步加强和创新社会管理，加强党委领导，发挥政府主导作用，鼓励和支持社会各方面参与，建设立体化社会治安防控体系，提升社会矛盾预防化解能力，推进平安甘肃建设，实现政府治理和社会自我调节、居民自治良性互动，形成政府、市场、社会等多元主体在社会治理中协同协作、相辅相成的新局面。建立政社分开、权责明确、依法自治的现代社会组织体制，有效推动社会组织依法、有序承接和履行政府转移职能，逐步扩大由社会组织提供公共服务和解决事项的领域和范围。深入推进基层民主建设，健全基层选举、议事、公开、问责等机制和居民、村民民主监督机制以及村民自治等制度，完善民情恳谈、社区听证、社区论证、社区评议等对话机制。总结推广兰州等城市"民情流水线""三维数字"社会管理系统等新型管理服务模式。

1.4.2 全面推进法治建设

按照党的十八届四中全会关于全面推进依法治国的战略部署，坚持依法治省，深入推进依法执政和依法行政，强化法治政府和法治社会建设，切实维护宪法法律权威，健全完善地方法规体系，保证司法公正，实现社会公平正义。

——*加强地方法治建设*。加快完善体现权力公平、机会公平、规则公平的地方法规制度体系。加强市场法规制度建设，制定完善发展规划、投资管理、土地管理、能源和矿产资源、财政税收、金融等法规，依法加强和改善宏观调控、市场监管，反对垄断，促进合理竞争。加快法治政府建设，健全依法决策机制，建立政府法律专家咨询委员会制度，深化行政执法体制改革，全面落实行政执法责任制，严格规范执法行为，加强监督制度建设，强化对行政权力的制约与监督。

——*深化行政体制改革*。围绕发挥市场在资源配置中决定性作用和更好发挥政府作用，大力转变政府职能，进一步简政放权，积极创新行政管理方式，减少政府对微观事务的管理，建设服务型政府。优化政府机构设置、职能配置和工作流程，完善决策权、执行权、监督权相互制约相互协调的行政运行机制，推进政府向提供优质公共服务方向转型。加强政府机构绩效管理，增强政府公信力和执行力。创新机构编制管理，推进机构编制管理科学化、规范化、法制化。积极稳妥推进事业单位分类改革，建立功能明确、运行高效、治理完善、监管有力的事业单位管理体制和运行机制。不断优化营商环境，激发市场主体活力。按照省政府部门行政权力清单、省政府部门责任清单、省级财政专项资金管理清单和政务服务网"三张清单一张网"，进一步规范政府部门职责权限，推行产业准入负面清单管理。着力培育市场主体，深化"宽进严管"措施，加快"三证合一、一照一码"推广实施，逐步推行全流程、全业务、无纸化网上商事登记，促进社会创业。全部下放企业投资项目省级备案权，由市州属地化管理，实行投资项目在线审批，建立网上审批监管平台。进一步明确政府定价的项目清单和权限，大幅缩减政府定价范围，下放价格管理权限。

——*推进法治社会建设*。建设社会主义法治文化，深入开展法治宣传教育，推动全社会树立法治意识，形成守法光荣、违法可耻的社会氛围。充分发挥社会组织、人民团体在社会治理和法治社会建设中的积极作用。推进覆盖城乡居民的公共法律服务体系建设，完善法律援助制度，健全司法救助体系和依法维权、化解纠纷机制。健全信用监管体制，完善信用服务市场，推进社会信用体系建设。

1.4.3 营造全面深化改革的良好氛围

“十三五”时期,必须深入贯彻落实党的十八大、十八届三中全会关于全面深化改革的战略部署,深入实施我省全面深化改革总体方案。统筹好各领域的改革目标和任务,确保各领域改革任务明确、路线清晰、步骤合理,大力推进各项改革,确保在重要领域和关键环节改革取得决定性成果。建立健全各项工作制度,强化责任意识,形成科学高效、协调统一、运行畅通的工作机制。加强改革宣传和舆论引导,及时发布改革信息、解答改革难题、宣传改革经验、回应社会关切,正确引导社会预期,消除模糊认识和片面理解,凝聚各方共识,营造全面深化改革的浓厚氛围和良好环境。

1.4.4 加强规划的统筹衔接

认真谋划对全省经济社会发展和转型升级带动性强的重大项目、重大工程、重大政策,积极争取我省重大项目工程纳入国家“十三五”规划。认真做好省级重点专项规划和市县规划编制工作,强化对总体规划的支撑,加强国民经济和社会发展规划与城市规划、土地利用规划、环境保护规划等的衔接配合,在总体要求、空间配置、时序安排等方面协调一致,确保规划的整体性和协调性。

课题组成员:曹天民　李明海　陈军　陈亮　孙倩

2　甘肃省"十三五"时期发展总体思路战略导向和主要任务研究

兰州大学经济学院课题组

"十三五"时期是甘肃深入落实科学发展观、推进发展方式实质性转变的攻坚时期，也是甘肃全面深化改革、全方位扩大开放的关键时期，更是甘肃加快经济社会转型跨越发展、努力与全国一道全面建成小康社会的冲刺时期。展望"十三五"，甘肃的发展基础和阶段特征与"十二五"相比有了明显改变，所处的国际国内发展环境也深刻变化。全面分析和认识这些变化，并据此提炼"十三五"发展的总体思路、战略导向和主要任务，对于编制好甘肃"十三五"发展规划纲要具有重要意义。

2.1　甘肃省经济社会发展阶段的基本判断

判断甘肃省当前所处的经济社会发展阶段，是制定未来5年或更长一段时期发展目标的历史起点、初始条件和制定发展战略的省情基础。

2.1.1　甘肃省"十二五"规划完成情况评估

2.1.1.1　甘肃省"十二五"规划完成情况

从全省"十二五"规划目标实现情况看，2011—2013年各项指标完成状况较好，但从2014年开始伴随全国经济发展速度的放缓，各项指标完成速度也有所降低。

第一，综合经济实力方面。全省经济持续较快增长，发展质量和效益进一步提高。地区生产总值由2010年的4120亿元增加到2015年的6790亿元，年均增长10.55%，略小于12%的规划目标。人均生产总值由2010年的16113元增加到2015年的26165元，年均增长10.2%，同样慢于规划预计增速。地方财政收入2015年达到743.9亿元，年均增长16.04%，超过规划目标。

第二，经济结构方面。产业结构呈现出明显的优化趋势。实现了三次产业结构由"二三一"向"三二一"的调整升级。2014年，全省第三产业比重10年来首次超过第二产业，2015年三次产业结构比例进一步调整为14.1:36.7:49.2。其中文化产业实现增加值157.09亿元，占生产总值的比重为2.3%；战略性新兴产业实现增加值821.6亿元，占生产总值的比重为12.1%，2015年全省非公有制企业工业实现增加值378.8亿元，占规模以上工业增加值的比重为22.8%。城镇化水平进一步提高，农村剩余劳动力向城镇加快转移，2015年全省城镇化率为43.2%，超过规划预期目标3个百分点。全社会固定资产投资实现年均23.7%的快速增长，2015年达到8626.6亿元，对经济增长起到较强的拉动作用。创新能力得到提高，研究与开发支出占生产总值比重保持在1.1%左右。

第三，社会民生建设方面。文教卫体等公共服务体系更加健全，居民文明素质进一步提高，2015年全省高中阶段教育毛入学率达到92%、高等教育毛入学率达到32%，都超过规划预期目标。覆盖城乡居民的社会保障体系日益健全，人民生活质量和水平不断提高，2015年全省新型农村合作医疗农民参合率达98.3%，全年新型农村合作医疗基金支出总额为81.06亿元，累计受益4270.58万人次。城乡居民收入水平稳步提高，全省城镇居民人均可支配收入、农村居民人均纯收入分别由2010年的13062元和3308元增加到2015年的23767元和6936元，年均分别增长11.5%和13.1%。

表2.1-1 甘肃"十二五"指标完成进展情况

指标	2010年	2011年	2012年	2013年	2014年	2015年	规划年均增长(%)	实际年均增长(%)
地区生产总值(亿元)	4121	5020	5650	6268	6835	6790	>12	10.55
人均生产总值(元)	16113	19595	21978	24668	26524	26165	12	10.2
第一产业(亿元)	599	678	780	879	901	955	5.8	—
第二产业(亿元)	1985	2377	2600	2821	2925	2495	14.5	—
工业增加值(亿元)	1603	1924	2070	2225	2263.2	1778	16	—
第三产业(亿元)	1537	1963	2270	2567	3009	3341	14	—
全社会固定资产投资(亿元)	3158	3966	5145	6407	7760	8627	20	23.7
地方财政收入(亿元)	353.6	450.1	520.4	606.5	672 .2	743.9	>15	16.04
城镇化率(%)	35.1	37.2	38.8	40.2	41.7	43.2	[5]	7.07
高中阶段教育毛入学率(%)	71	75	80	85	90	92	[15]	[22]
高等教育毛入学率(%)	22	23	24	26.3	28	32	[8]	[10]
R&D支出占生产总值比重(%)	1.1	—	—	1.4	—	1.1	[0.4]	—
全社会消费品零售总额(亿元)	1394	1648	1906	2139.8	2410.4	2907.2	17.5	15.2
居民消费价格指数(%)	4	5.9	2.7	3.2	2.1	<4	—	—
城镇居民人均可支配收入(元)	13062	14969	17237	19044	20804	23767	12	11.5
农村居民人均纯收入(元)	3308	3870	4495	5093	5736	6936	12	13.1
外贸进出口总额(亿美元)	72	88	89.05	102.81	86.5	81	9	2
外商直接投资(亿美元)	1.35	0.7	0.6	—	1	1.1	10	-4

资料来源：《甘肃年鉴(2011—2016)》。

第四，改革开放方面。兰州新区建设全面推进，固定资产投资达到324亿元，增长38%；重点领域和关键环节改革实现新突破。对外开放水平进一步提高，国际交流、国内合作日益密切，2015年外贸进出口总值为81亿美元，年均增长2%，与规划预期目标存在较大差距。

2.1.1.2 甘肃省"十二五"规划评估

甘肃省"十二五"规划提出，以推进科学发展为主题，以加快经济发展方式转变为主线，以显著提高各族人民生活水平和质量为目的，推动全省经济社会跨越式发展。"十二五"期间，已基本实现了经济平稳较快发展、结构调整取得明显进展、科技教育水平明显提升、资源节约环境保护成效显著、人民生活持续改善、社会建设明显加强、改革开放不断深化。体现在：第一，"两个同步"目标超额实现，城乡居民收入差距开始缩小；第二，民生指标大幅度改善；第三，创新驱动战略顺利实施，创新能力大幅增强；第四，固定资产投资保持较快增长。

但是也必须清醒地看到，制约甘肃发展的长期性深层次矛盾依然存在，经济发展方式尚未得到根本性的转变，科学发展的基础还不牢固。体现在：第一，产业结构调整难度增大；第二，节能降耗压力还比较大；第三，群众生活水平和质量还不够高；第四，省际差距明显；第五，改革的任务依然艰巨。

综合"十二五"期间甘肃省各项指标完成情况，规划的中期进展情况表明：总体上，"十二五"规划前三年，经济发展方面多数指标实际完成情况将高于规划目标，多数指标在前期完成较好，后期受国际国内经济环境影响有所回落，资源环境方面的完成情况落后于目标，其他方面则基本达到目标。在"十一五"时期以来甘肃经济增长方式转变进一步加快，进一步迈入科学发展轨道，但是成效尚未巩固，存在反复和逆转的可能。这就需要进一步打造甘肃经济升级版，以实现经济发展方式的根本性转变，将国民经济与社会发展基本纳入科学发展的轨道。

2.1.2 甘肃省经济社会发展阶段的基本判断

2.1.2.1 人均生产总值已跨越上中等收入经济体的低线

世界银行通过考察人均国民收入和其他关于贫困发生率、婴儿死亡率等福利指标之间的关系，从1987年开始人为划定一系列人均国民收入（GNI）门槛线，作为衡量一个国家经济能力的分类标准：高收入（6000美元以上）经济体、上中等收入（6000～1941美元）经济体、下中等收入（1940～481美元）经济体和低收入（480美元及以下）经济体，以此来识别受援国或贷款国的经济能力并确定援助或贷款条件。在1987年的固定基数上，根据美国、英国、日本和欧元区平均通胀率对国别收入水平分组标准进行逐年动态调整。

2015年全国、江苏、甘肃人均生产总值分别为7903.96美元、13163.25美元、4200.92美元，参照世界银行对国别收入的分组标准，中国属于世界上中等收入组，江苏属于高收入组，甘肃刚跨过上中等收入组的门槛。横向比较，甘肃人均生产总值仅为全国的53.1%、江苏的31.9%，差距明显。

表 2.1-2　世界银行国民收入分组标准

经济发展水平:人均GNI(美元)	低收入	下中等收入	上中等收入	高收入
2010年	≤1005	1006～3975	3976～12275	≥12276
2013年	≤1045	1046～4125	4126～12745	≥12746
2015年	≤1025	1026～4035	4036～12475	≥12476

资料来源:世界银行网站。

2.1.2.2　经济发展已处于效率驱动阶段

参照“世界经济论坛”2011—2012年的《全球竞争力报告》,人均生产总值低于2000美元为要素驱动阶段;人均生产总值介于2000～2999美元时,处于要素驱动向效率驱动转型的过渡阶段;人均生产总值介于3000～8999美元时,处于效率驱动阶段,人均生产总值介于9000～17000美元时,处于效率驱动向创新驱动转型的过渡阶段;人均生产总值大于17000美元时,处于创新驱动阶段。2015年甘肃人均生产总值达到4200.92美元,已摆脱经济发展主要依靠要素投入驱动的阶段,进入经济增长主要依靠各类要素使用效率提升驱动的阶段。

2.1.2.3　已进入工业化和城镇化中期,但工业化略滞后于城镇化

2.1.2.3.1　甘肃省工业化水平

表 2.1-3　地区工业化评价指标体系

基本指标		前工业化阶段	工业化实现阶段			后工业化阶段
			工业化初期	工业化中期	工业化后期	
人均GDP(美元)(经济发展水平)	(1)1964年	100～200	200～400	400～800	800～1500	1500以上
	(2)1996年	620～1240	1240～2480	2480～4960	4960～9300	9300以上
	(3)2000年	660～1320	1320～2640	2640～5280	5280～9910	9910以上
	(4)2005年	820～1650	1650～3300	3300～6600	6600～12370	12370以上
	(5)2010年	870～1750	1750～3450	3450～6990	6990～13110	13110以上
	(6)2013年	930～1860	1860～3720	3720～7440	7440～13950	13950以上
	(7)2015年	956～1916	1916～3832	3832～7663	9663～14369	14369以上
三次产业产值结构(产业结构)		A > I	A > 20%, A < I	A < 20%, I > S	A < 10%, I > S	A < 10%, I < S
制造业增加值/总商品增加值(工业结构)		20%以下	20%～40%	40%～50%	50%～60%	60%以上
人口城镇化率		30%以下	30%～50%	50%～60%	60%～75%	75%以上
第一产业就业占比(就业结构)		60%以上	45%～60%	30%～45%	10%～30%	10%以下

注:2000、2005、2010、2013、2015年的人均GDP(美元)为利用一定的换算因子与1996年的人均GDP换算得到。

资料来源:陈佳贵,黄群慧,钟宏武. 中国地区工业化进程的综合评价和特征分析[J]. 经济研究,2006,(6)。

工业化进程既反映了一个区域工业发展的程度和水平，也反映了一个区域生产方式和生产结构的现代化状态，更反映了一个区域伴随着工业化水平的提高，由工业化所带动的经济结构的转变和经济社会发展水平的提升，是经常使用的判断一个区域经济社会发展阶段的主要参考指标。我们以陈佳(2006)提出的"钱纳里"标准为参考，从人均GDP指标、三次产业产值结构、制造业增加值占比、人口城镇化率、三次产业就业比等5个方面对甘肃的工业化进程进行评估发现，甘肃已进入工业化中期的第一阶段，正稳步向工业化的中期第二阶段过渡。

表2.1-4 甘肃省2011—2015年工业化指标评测值

指标/年份	人均GDP(当年美元)		三次产业产值比(%)			制造业增加值占比(%)	人口城镇化率(%)	三次产业就业比(%)		
	人均GDP(元)	汇率评价法(美元/元)	一	二	三			一	二	三
2011年	19595	3034	14	46	40	50	37	61	15	23
2012年	21978	3482	14	45	41	47	39	60	16	24
2013年	24668	3992	13	43	43	46	40	59	16	25
2014年	26427	4302	13	43	44	51	42	58	16	26
2015年	26165	4201	14	37	49	43	43	57	16	27

注：1. 表中数据都进行了取整。

2. 制造业增加值占比=(工业增加值-采选业增加值-电力燃气及水的生产和供应业增加值)÷(第一产业增加值+第二产业增加值)。

资料来源：《甘肃年鉴(2011—2015)》，甘肃省统计信息网。

2.1.2.3.2 甘肃省城镇化水平

美国地理学家R·诺瑟姆对城镇化发展规律进行了经验性总结，将其发展轨迹概括成一条稍被拉长的S形曲线，划分为初期低速增长阶段(城镇化率小于30%)、中期高速增长阶段(城镇化率介于30%～70%之间)与后期成熟阶段(城镇化率达到70%以上)三个阶段。

甘肃2015年末全省常住人口为2599.55万人，其中乡村人口为1476.80万人，城镇人口为1122.75万人，城镇化率(城镇人口÷常住人口)为43.2%，"十二五"期间累计提高7.1个百分点，已步入城镇化加速发展的中期阶段。

2.1.2.3.3 甘肃省工业化与城镇化水平协调性

甘肃2015年人均生产总值4200.92美元，全年完成全部工业增加值285.48亿美元，占生产总值的26.2%，从这两个指标看已处于工业化的中期阶段并且正在向中期阶段过渡，参照钱纳里的统计经验值，城镇化率应该超过30%，达到40%左右。但甘肃省2015年实际的城镇化率有43.19%，对应于工业化中期阶段。因此，按照"钱纳里标准"，甘肃省的工业化水平低于城镇化水平，工业化进程相对滞后。

另外，应用IU比(工业劳动力占总劳动力的比重与城镇化率的比值)、NU比(非农产业劳动力占总劳动力的比重与城镇化率的比值)的0.5和1.2国际标准值法也可判断城镇化与工业化的协调水平。甘肃省2013年IU比为0.4、NU比为1.0，前者略小于0.5，后者稍低于1.2，说明甘肃省的工业化水平略滞后于城镇化水平。

2.1.2.4 甘肃省社会发展水平相对落后

根据联合国开发计划署（缩写UNDP）制定的《2013年中国人类发展报告》中提供的数据，甘肃的人类发展指数为0.632，属于中等偏下水平，这意味着未来5年或更长时期甘肃的人类发展目标就是从中等偏下水平进入中等偏上水平（0.7～0.8之间），未来20年的目标是从中等偏上水平向高水平过渡（0.8左右）。

按照最新扶贫标准，截至2015年甘肃尚有317万贫困人口，贫困发生率为15%，贫困人口多、贫困面积广、贫困程度深是甘肃最大的省情，脱贫攻坚是甘肃最紧迫的任务。

综上所述，甘肃省的综合经济发展水平已经由低收入经济体转变为下中等收入经济体，并正在向上中等经济体大步迈进。但是，与全国发展水平相比，甘肃省仍处于一个较低的发展阶段，省际差距较大。就社会发展水平而言，基本上消除了绝对贫困，但仍属于比较贫困的省份，这意味着"富民"将成为未来甘肃发展的最重要目标之一，而要实现这一目标关键是"减贫"。

2.2 甘肃省情的再认识

甘肃省土地总面积为42.58万平方公里，占全国土地总面积的4.4%，主要省域位于全国版图的西北，是黄河、长江的重要水源涵养区。2015年末全省常住人口为2599.55万人，农村人口占总人口比重为56.81%，是经济欠发达省份。无论是从自然区划、交通区位、生态角度，还是从政治、民族角度来看，甘肃省都具有不可替代的重要作用。

2.2.1 经济整体发展水平

2.2.1.1 经济总量相对较小

虽然历年来甘肃保持较快增长，但在全国经济总体格局中所占分量并不高，没有超过2%，投资、消费、财政收入等指标占全国的比重不足1%，总量小的特征长期没有改变。与江苏省相比，甘肃的地区生产总值从1978年约为江苏的26%，下降到2015年的不足10%，大致相当于江苏省1997年的水平，落后江苏18年，且差距仍在拉大。与此同时，甘肃与西部、西北省区相比也存在一定差距。

表2.2-1 甘肃与全国、江苏生产总值比值 （单位：亿元、%）

年份	全国	江苏	甘肃	甘肃/全国	甘肃/江苏
2011	473104	49110.27	5020.37	1.1	10.2
2012	519322.1	54058.22	5650.2	1.1	10.5
2013	568845	59161.8	6268	1.1	10.6
2014	636462.7	65088.32	6835.27	1.1	10.5
2015	685506.0	70446.4	6790.32	1.0	9.7

资料来源：《中国统计年鉴（2011—2015）》，中国统计信息网。

2.2.1.2 人均水平较低

2015年，甘肃人均生产总值、城镇居民人均可支配收入、农民人均纯收入分别为全国平均水平的52.8%、76.2%、60.7%，都处于各省区的垫底位置。动态看，甘肃人均生产总值分别由1978年相当于全国的91%、东部的76%、中部的112%、西部的136%下降到2015年全国的56.79%、东部的39.23%、中部的70.37%、西部的70.12%。这已经形成了一个巨大的落差，突显了当前甘肃人均经济水平低的现实。

2.2.1.3 经济竞争力较弱

根据《中国省域经济综合竞争力发展报告》提供的评价体系和数据，2011—2013年甘肃在全国省域经济综合竞争力排名中均位列第30位，2014年上升至第29位。这充分反映了甘肃省的经济发展综合水平低下，在全国范围内对资源的吸引力、对市场的争夺力和对周边地区发展的辐射力和带动力不足。

2.2.2 区域经济结构

2.2.2.1 产业结构效益不明显

“十二五”期间，甘肃第一产业增加值占比基本稳定在14%左右，第二产业增加值占比逐步下降，第三产业增加值占比逐步上升，并在2014年超过第二产业增加值占比，2015年进一步达到49.2%，完成了由“二三一”结构向“三二一”结构的转变，呈现三次产业结构逐步优化的趋势。但是与全国和江苏比较，甘肃第一产业增加值占比仍然较大，具有较明显农业省份特征。

就三次产业就业结构而言，甘肃产业结构与就业结构长期以来偏离程度较大，产业结构效益没有得到大的改善。特别是第一产业和第二产业的就业偏离度过大，表明在农业和重化工业领域存在较多的剩余劳动力，亟待通过发展劳动密集型的加工业和服务业来吸纳。

表2.2-2 2011—2015年全国、江苏、甘肃三次产业构成

年份	一产比重			二产比重			三产比重		
	全国	江苏	甘肃	全国	江苏	甘肃	全国	江苏	甘肃
2011年	10.0%	6.2%	13.6%	46.6%	51.3%	46.1%	43.4%	42.4%	40.4%
2012年	10.1%	6.3%	13.8%	45.3%	50.2%	44.9%	44.6%	43.5%	41.3%
2013年	10.0%	6.2%	13.3%	43.9%	49.2%	43.4%	46.1%	44.7%	43.3%
2014年	9.2%	5.6%	13.2%	42.7%	47.7%	42.8%	48.1%	46.7%	44.0%
2015年	9.0%	5.7%	14.1%	40.5%	45.7%	36.7%	50.5%	48.6%	49.2%

资料来源：1. 中国统计信息网。

2. 2015年国民经济和社会发展统计公报。

2.2.2.2 空间经济差异显著

从经济活动的空间分布看，甘肃总体发展水平低，省内各市州发展存在显著差异。空间不均衡的特征主要表现在4个方面。

第一，经济要素在不同空间点之间配置状况没有显著变化，整个省域呈现“单极核”经济结构。省会兰州始终是全省经济的重心所在，地区综合评价指标排在全省倒数第1、2位的临夏和甘南两个民族自治州人均生产总值分别相当于排名第1位的兰州市的16.36%和30.95%。除省会兰州外，经济较发达地区均集中在资源型城市，较落后地区均是典型的农业地区。

表2.2-3　2014年甘肃各市州GDP和人均GDP排名情况

2014年GDP排名	地级市	2013年GDP（亿元）	2014年GDP（亿元）	人均GDP（元）	人均GDP（美元）	人均GDP排名
11	嘉峪关	239.3	260	110403.4	17972.81	1
3	酒泉	642.7	634	57204.73	9312.48	2
1	兰州	1776.83	1905.2	52317.66	8516.91	3
12	金昌	250.5	244.5	52310.65	8515.77	4
2	庆阳	616.5	669	30098.53	4899.81	5
7	张掖	336.86	356.5	29450.64	4794.33	6
4	白银	460	497.6	29062.03	4731.07	7
6	武威	381.18	404.2	22329.02	3634.99	8
8	平凉	341.92	343	16437.44	2675.89	9
14	甘南	108.89	113	16193.75	2636.22	10
5	天水	480	496.9	15137.85	2464.32	11
10	陇南	249.5	262.5	10193.38	1659.4	12
9	定西	252.22	273	9853.11	1604.01	13
13	临夏	167.32	167.3	8558.86	1393.32	14
	全省	6268	6835.27	26427	4302.1	

资料来源：《甘肃发展年鉴（2014—2015年）》。

第二，甘肃经济发展的空间格局与重化工业的空间分布之间存在较大关系。一方面，一些拥有大型重化工业的地区以及区域内矿产资产开发利用程度较高的地区，如兰州、嘉峪关、酒泉、金昌、白银、庆阳等，工业化水平和综合经济实力明显高于其他地区。另一方面，一些矿产资源较丰富的地区，如陇南、平凉、张掖等，由于缺少具有较强带动能力的资源开发和综合利用大型龙头企业，资源优势还没有充分转化为经济优势。

第三，各市州工业化、城镇化进程处于不同阶段。兰州、嘉峪关已进入工业化和城镇化的后期发展阶段，金昌、酒泉则进入工业化后期和城镇化的中后期阶段。最滞后的陇南、临夏还处于前工业化阶段和城镇化初期。

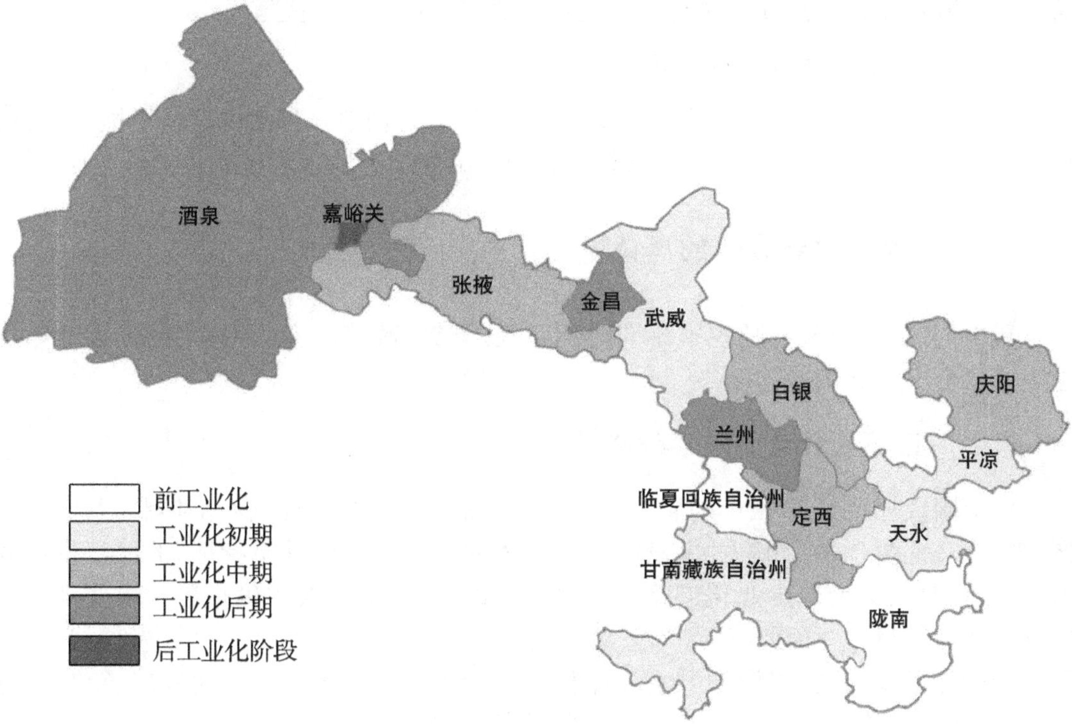

图2.2-1　2015年甘肃省工业化空间分布图

第四,各市州居民收入和城乡居民收入比也存在较大差异。甘肃是全国城乡发展差距较大的地区之一,城乡二元矛盾突出,城乡居民之间和各市州之间都存在较大的收入分配差距与基本公共服务差距。

2.2.3　主要问题与制约因素

2.2.3.1　经济整体水平有待提升

无论是经济总量、人均水平还是经济结构,甘肃与全国特别是东部省份都存在较大差距,亟须加快发展,提升经济综合实力。

2.2.3.2　社会民生建设有待加强

甘肃在城市科学发展总水平排名中为全国第28位,处于全国"社会发展低水平地区"的范畴。根据《中国人类发展报告》,甘肃处于各省区人类发展指数平均线以下,排位较靠后。因此,甘肃必须进一步加强社会民生建设,推进改革发展共享。

2.2.3.3　科技创新能力不足

科技创新主体稀缺、科技创新投入不足、科技管理体制改革缓慢、科技创新环境不够优化等因素导致甘肃科技创新能力不足。技术进步对经济增长的贡献还相对较低,不能适应落实创新驱动发展战略的需要。

2.2.3.4　"三农"问题还比较突出

作为农业大省,农业效益低、农民持续增收难度大、农村贫困人口多、贫困程度深、局部地区城乡差距大，是现阶段甘肃"三农"领域存在的突出问题。

2.2.3.5 制约科学发展的因素多

当前，甘肃还存在很多制约科学发展的因素，主要表现在自然生态环境脆弱、县域基础设施建设薄弱、以体制机制创新为核心的供给侧结构性改革进展较慢等方面。

2.3 甘肃省发展战略的再认识

新中国成立以来，伴随国家不同时期路线、方针、政策的变化，甘肃的发展战略也经历了一个不断演化的过程。

2.3.1 改革开放前的发展战略

新中国成立至1978年十一届三中全会召开的30年中，在计划经济体制背景下，受国家宏观战略导向的影响，甘肃没能提出具体的、明显具有"甘肃特征"的经济发展战略，但围绕甘肃如何走工业化道路开展过多次讨论，也曾多次明确指出甘肃经济建设的方针及奋斗目标。因此，从这个意义上说，甘肃实际上选择了一种经济发展战略，即服务于国家总体战略，以资源开发和原材料初加工为主的重化工业化发展道路，以经济体量扩张和高速增长为特征实现经济的外延式增长。

2.3.1.1 战略回顾

从"一五"计划到"五五"计划，在国家宏观战略的统一指导下，甘肃经济发展战略的主导思想是优先发展重化工业，把甘肃建设成为部门齐全、工农业协调发展的强大战略后方。

通过"一五"至"五五"的推动，甘肃经济得到迅猛发展，奠定了工业化基础，省会兰州成为国家重要的能源化工基地和交通枢纽。

2.3.1.2 战略再认识

新中国成立后的前30年，甘肃战略总体实施的是在"公平优先"政策目标指导下的向内陆地区倾斜的地区间均衡发展战略。这一发展战略的实施，有助于缩小甘肃与沿海的发展差距，同时，也有助于国防建设，把甘肃建设成为一个部门齐全、工农业协调发展的强大的战略后方。但是，这种扭曲公平原则的经济发展战略存在着根本上的缺陷：

一是这种发展战略没有把区域经济的平衡发展建立在生产力发展的客观规律上；二是这种发展战略过分强调区域平衡；三是这种发展战略缺乏实践操作标准；四是这种发展战略带有极强的行政和垄断色彩。

2.3.2 改革开放后的发展战略

伴随1978年以后的经济体制转轨，人们认识到过分强调区域经济平衡发展而采取的生产力空间配置的西移，以牺牲投资效益为代价来推动区域间的生产力布局调整，虽然在一定程度上可以缩小或控制区域间的差距，但却压低了产业结构层次，整体上延缓了经济发展速度。因而在整个20世纪80年代，在"先富带后富"思想的指导下，寻求更快发展速度的非均衡发展战略在我国生产力布局和区域经济发展战略中占了支配性的地位。

2.3.2.1 战略回顾

改革开放之后，从产业发展战略到区域发展战略，从均衡发展战略到非均衡协调发展战略，甘肃经济发展战略经历了一个不断探索并趋向成熟的过程。

“六五”时期：“敞开大门，开发致富”战略。

“七五”时期：“一岸两翼”战略。

“八五”时期：“抓两头、带中间”的三大块发展战略。

“九五”时期：“再造河西”战略、“敞开大门、东进西出、实施大经贸”战略。

“十五”时期：“工业强省战略”。

“十一五”时期：“中心带动，两翼齐飞，组团发展，整体推进”的区域发展战略、“四抓三支撑”战略。

“十二五”时期：“富民兴陇，转型跨越发展”战略、“大力发展文化产业”战略。

2.3.2.2 战略再认识

改革开放以来，甘肃经济发展战略经历了从突出发展农业到重点发展工业再到发展现代服务业，从重视农村发展到重视城市发展，从重视局部地区或区域的发展到突出整体协调发展的变革趋势。这些发展战略的实施，一定程度地解决了当时经济发展中存在的主要问题，推动了甘肃经济跨越式发展；但是受各种因素制约以及没有基于环境变化做相应调整，也未能完全实现预期效果。第一，以产业发展作为战略重点。第二，甘肃经济发展战略由非均衡发展到非均衡协调发展。第三，多头并进，战略重点不突出。四是战略体系不完整不持续。

2.3.3 甘肃省在全国发展中的战略定位

国家层面对甘肃发展的战略定位是：连接欧亚大陆桥的战略通道和沟通西南、西北的交通枢纽，西北乃至全国的重要生态安全屏障，全国重要的新能源基地、有色冶金新材料基地和特色农产品生产与加工基地，中华民族重要的文化资源宝库，促进各民族共同团结奋斗、共同繁荣发展的示范区。

2.4 甘肃省“十三五”发展的阶段特征与环境条件

“十三五”时期，甘肃经济社会发展的现实基础、阶段特征、外部环境等都发生了深刻变化，对此必须全面把握，清醒认识。

2.4.1 “十三五”发展的阶段特征

2.4.1.1 努力与全国一道全面建成小康社会的冲刺阶段

到2020年，实现全面建成小康社会是全国既定的战略目标。但就目前的监测结果看，甘肃全面建成小康社会总体实现度与全国平均进程还存在一定差距，特别是社会和谐、经济发展、文化教育等三类指标的实现度比较低。因此，甘肃必须利用“十三五”

时期的5年时间，努力缩小与全国建设小康社会进程的差距，完成与全国一道全面建成小康社会的最后冲刺。

2.4.1.2 经济增长动力转换和经济发展方式转变的实质性突破阶段

2015年，甘肃已进入上中等经济体的行列和经济增长主要靠要素配置效率提升驱动的阶段，将逐步向高收入经济体和创新驱动增长阶段过渡。"十三五"时期，甘肃必须在提升要素质量和要素配置效率上取得实质性突破，在培育创新主体和增强创新能力上取得实质性突破，在推进遵循经济规律的科学发展、遵循社会规律的包容性发展、遵循自然规律的可持续发展上取得实质性突破。

2.4.1.3 新型工业化与城镇化、信息化、农业现代化协同推进的加速阶段

尽管甘肃已进入城镇化和工业化加速发展的中期阶段，信息化和农业现代化也取得巨大成就，但是工业化、城镇化、信息化与农业现代化之间发展不同步、不联动的问题仍然存在。"十三五"时期，甘肃必须着力推进工业化、城镇化、农业现代化在时间上同步演进、空间上产城一体、产业上三产结合，加快形成工业化、城镇化、信息化、农业现代化相互支撑、协调联动、同步发展的良性格局。

2.4.1.4 全面深化改革和全方位扩大开放的攻坚阶段

"十二五"以来，甘肃在改革开放方面已取得重大进展，但是体制机制不够灵活，制度改革和创新步伐缓慢，对内对外开放水平低的问题仍很突出。"十三五"时期，甘肃必须把改革开放作为推动发展的根本动力，攻坚克难，推动改革向深水区挺进、开放向全方位拓展；坚持扩大开放与深化改革相结合，用改革思维谋划全面扩大开放，用开放理念解决好改革中出现的各种矛盾和问题。

2.4.2 "十三五"发展的外部环境

2.4.2.1 国际环境

世界经济增长格局正在变化。世界经济发展进入后危机时期，复苏势头不够明朗。美国、日本、欧盟等发达经济体有望再次扮演全球经济增长的引擎，拉动世界经济进入新的弱增长周期。中国、俄罗斯、巴西等新兴经济体的经济增速会有所放缓，对全球经济增长的带动力也会减弱。

国际产业转移继续向纵深发展。全球化进程在发达经济体的"再工业化"、贸易保护主义和经济民族主义的干扰下曲折前行，商品和生产要素继续在全球范围寻求优化配置，国际分工模式不断向产业内部产品分工和要素分工延伸，价值链上每个环节都力求配置到最具竞争优势的区位。

全球投资贸易规则正在酝酿变化。WTO谈判取得积极进展，双边和多边经济合作蓬勃发展，各类自由贸易协定大量涌现。美国加快推进"跨太平洋伙伴关系协议"和"跨大西洋贸易与投资伙伴关系协定"的合作谈判，力图形成新的国际经贸规则以取代WTO规则。未来贸易规则和格局的变化可能使中国面临被边缘化的危机和"二次入世"的危险。

能源资源版图悄然变化。页岩气、页岩油的开发推动美国实现能源自立并降低了

对中东地区的原油依赖，致使部分中东的油气资源走向欧洲市场，挤压俄罗斯的市场份额。传统资源大国力图扩大资源出口带动本国经济发展，一些资源富集的发展中国家也希望尽快把资源优势转化为经济和发展优势。在全球范围内配置能源资源具有更大的回旋余地。

地缘政治环境也在变化。亚太地区不确定、不稳定因素增多。朝鲜半岛局势更趋复杂，日本、菲律宾等国不断挑起与我国的争端，西亚、北非地区陷入长期动荡，乌克兰局势对俄罗斯与美国和欧盟的地缘政治关系产生重大影响，中亚国家成为国际格局中新的地缘战略空间。

新技术革命苗头正在显现。大数据、信息技术和制造业加快融合，能源、材料、生物等领域的技术创新空前活跃，绿色低碳产业加速从实验室走向产业化。后发国家依靠国际产业转移实现发展的时机已经过去，各国之间竞争性的、站在同一起跑线上平行发展创新的时代正在来临，后发国家再次面临被甩后的挑战。

2.4.2.2 国内环境

中国经济发展呈现新常态。随着增长速度换挡期、结构调整阵痛期、前期刺激政策消化期“三期”叠加，中国经济进入新常态，经济增长从过去的高速转换为7%左右的中高速，经济发展由要素和投资驱动转向效率提升和创新驱动、由速度规模型转向质量效益型。速度下台阶与效率上台阶、数量扩张放缓与质量提升加快、劳动增加率减弱与全要素生产率提高，将成为我国经济发展的主体特征。第三产业的主体地位不断夯实，现代服务业、高新技术产业和战略性新兴产业加快发展，城乡居民收入保持快于GDP的增速，消费崛起趋势进一步强化，国内消费需求将成为拉动经济增长的主体力量。

经济社会政策更加着力于推进平衡协调可持续发展。国家将更加强化区间调控的基本思路，不搞大水漫灌式的非常态刺激政策，确保经济在合理区间平稳运行。更加注重全面深化改革和全方位扩大开放，充分发挥市场配置资源的决定性作用，大力推进大众创业、万众创新。更加注重实行有扶有控、有保有压的产业政策，着力化解过剩产能、淘汰落后产能，培育壮大新产品、新业态、新经济。更加注重改善民生，加大公共物品和公共服务供给，加强社会保障，改善收入分配，聚力精准扶贫脱贫，促进包容共享发展。更加注重增加消费，扩大内需，促进消费结构升级，培育新的经济增长点。更加注重城乡和区域协调发展，促进城乡一体化和区域梯度开发，同步推进新型工业化、信息化、城镇化和农业现代化。更加注重生态文明建设，强化节能减排和节约降耗，加快发展节能环保产业和循环经济，推进绿色低碳循环发展。

经济增长极加速向中西部地区演进。东部地区以劳动密集型加工业为代表的传统产业将加快向中西部地区转移，中西部地区有望保持快于东部地区的较高增速。国家将继续优先推进西部大开发，大力促进中部地区崛起，深入实施建设丝绸之路经济带、21世纪海上丝绸之路和长江经济带等重大战略部属，由东向西、由沿海向内地、沿大江大河和陆路交通干线推进梯度开放，加快发展跨区域大交通大流通，推进中西部地区有序承接产业转移，促使区域开发格局由目前的“沿海一竖”转变为“π”型结构，形成沿海、沿边、沿江流域同时开放开发，东、中、西部地区一体化系统发展的新局面。

互联网经济正在改造传统产业和城市形态。大数据、云计算、物联网以及电子商务、社交网络、互联网金融等信息领域的新产品、新服务、新业态大量涌现，不断改变着传统商业模式，不断催生大批与互联网经济相关的新兴产业，推动城市产业结构调整升级。空间距离和要素集聚效应对城市发展的影响因互联网经济的快速发展而削弱，城市和产业空间布局因互联网经济的影响而趋于分散化。

2.4.3 国际国内环境变化对甘肃发展的影响

2.4.3.1 国际环境变化的影响

首先，伴随世界经济的温和复苏，能源原材料等国际大宗商品价格也会出现回升，这将有利于石化、有色、冶金、电力、煤炭等甘肃支柱产业经济效益的提升，推动全省经济保持较快增长；但也可能诱使甘肃放缓调整以能源和原材料等重化工业为主导的工业结构的步伐。其次，国际分工模式向产业内产品分工和要素分工的深化，有利于甘肃发挥要素和资源优势吸引国际产业转移，嵌入全球价值链体系；但也要避免甘肃被长期锁定在向全球价值链提供廉价要素、能源和原材料的低端层次。第三，全球投资贸易规则的变化，有利于甘肃与其他省区站在一条相对平等的起跑线上吸引国际投资、参与国际贸，世界能源资源版图的变化有利于甘肃的资源加工型企业在国外谋划布局新的后备资源接续基地，而全球地缘政治的变化也有利于甘肃打造面向中亚的陆路能源战略大通道；但这些也对甘肃全面深化改革和全方位扩大开放的勇气、智慧和能力提出了挑战。第四，世界新技术革命的兴起，有利于甘肃应用新技术改造传统产业，有利于甘肃发展新能源、新材料、生物医药、绿色环保等新兴产业，但也对甘肃引进、消化、吸收新技术的能力、自主创新的能力以及科技成果产业化的能力提出了挑战。

2.4.3.2 国内环境变化的影响

从国内形势看，我国发展仍处于重要战略机遇期，伴随经济发展进入新常态，为打造中国经济升级版，推动经济保持中高速增长、迈向中高端水平，国家实施的一系列战略部署和政策措施，将有利于甘肃推进产业结构调整升级，发展壮大现代服务业和战略性新兴产业，提升经济发展质量和效益；有利于甘肃扩大基础设施和公共服务供给，促进社会治理体系和治理能力现代化，提升改革发展成果共享水平；有利于甘肃增加城乡居民收入，扩大消费需求，增强消费对经济增长的拉动力；有利于甘肃发挥后发优势和区位优势，全方位扩大开放特别是向西开放，提高参与国内外分工的层次和水平；有利于甘肃落实主体功能区划，促进循环经济发展，加快建设国家生态安全屏障综合试验区和循环经济示范区；有利于甘肃加快发展“互联网+”，推动信息化与新型工业化、城镇化、农业现代化深度融合。但是，甘肃也面临更大的化解过剩产能和淘汰落后产能压力，面临更艰巨的改善社会民生和保护生态环境的任务，面临更激烈的区域竞争格局和更紧迫的改革创新使命。

2.5 甘肃省“十三五”发展的总体思路与发展目标

“十三五”时期，甘肃必须紧扣与全国一道全面建成小康社会这一战略目标，更准确、更深刻地认识发展的基础条件、阶段特征和环境变化，更科学、更切实地把握科学发展、转型发展、创新发展、富民兴省的总体趋势，认真贯彻落实党和国家战略部署，进一步解放思想、务实进取，抢占发展先机，破解发展难题，扩大发展成果，以改革创新举措实现经济社会发展新突破。

2.5.1 总体思路

坚持以邓小平理论、“三个代表”重要思想和科学发展观为指导，深入贯彻落实党的十八大和十八届三中、四中、五中全会精神，全面把握和适应经济发展新常态，牢固树立创新、绿色、协调、开放、共享的发展理念，以又好又快发展为主题，以转型升级、提质增效为主线，以改革创新为动力，以努力实现与全国一道全面建成小康社会为目标，紧紧围绕打造工业强省、文化大省、生态文明省和各民族共同团结奋斗、共同繁荣发展的示范区，统筹协调经济、社会、政治、文化、生态文明建设和党的建设，同步推进新型工业化、信息化、城镇化与农业现代化，进一步加强基础设施支撑和公共服务保障，更加注重生态环境保护和社会治理，加快调整产业结构，大力促进创新创业，不断改善民生福祉，坚决打赢精准扶贫精准脱贫攻坚战，凝心聚力、锐意进取，努力建设经济繁荣、山川秀美、民族团结、社会和谐、民生幸福的新甘肃。

“十三五”发展，甘肃必须坚持把推动又好又快发展作为富民兴省的第一要务，更加注重遵循经济规律的科学发展，更加注重遵循自然规律的可持续发展，更加注重遵循社会规律的包容性发展，努力与全国一道全面建成小康社会；必须坚持把经济建设作为富民兴省的中心环节，以项目建设为龙头，以培育壮大现代产业体系为支撑，以强化投融资为保障，既要推进经济提质增效升级，又要保持经济较快增长；必须坚持把转变经济发展方式作为富民兴省的基本途径，加快推进产业转型升级，深入实施科教兴省和人才强省战略，着力推进经济发展由要素和投资驱动向效率提升和创新驱动转变；必须坚持把深化改革和扩大开放作为富民兴省的强大动力，积极抢抓改革先机，全面拓展对内对外开放，充分激活社会创造力和市场活力，以扩大开放释放改革红利；必须坚持把重点突破、整体推进作为富民强省的主要方略，立足发挥比较优势，推动重点行业、重点领域、重点地区率先发展，带动共同发展；必须坚持把促进社会和谐稳定作为富民兴省的重要保障，大力发展社会民生事业，着力促进社会治理体系和治理能力现代化，为改革发展创造良好的社会环境。

2.5.2 战略导向

2.5.2.1 以提质增效为核心的产业转型升级战略

立足产业基础和特色比较优势，以市场为导向，以企业为主体，以科技进步为支撑，以提高产业发展质量和效益为核心，加快调整产业结构，着力推进传统农业向现代农业转型升级、高投入高消耗高排放的能源和原材料初加工产业向资源精深加工和循环利用的资源节约型环境友好型产业转型升级、以传统重化工业为主导向战略性新兴产业和现代服务业为主导转型升级,实现特色比较优势向经济发展优势的转变。

2.5.2.2 以新型城镇化为支撑的区域非均衡协调发展战略

着力推动新型工业化和城镇化良性互动,城镇化与农业现代化相互协调,加快形成以兰州—白银、酒泉—嘉峪关、张掖(甘州—临泽)、金昌—武威、天水—成徽(成县、徽县)、平凉—庆阳为主体的组团式工业化城市化格局,促进产城融合、城乡一体发展。以兰州新区建设为重点,促进兰白一体化发展,增强兰白核心经济区对全省发展的中心带动能力;以河西新能源基地和有色金属新材料基地建设为重点,支持嘉峪关、酒泉、金昌等城镇化、工业化水平比较高的地区加快发展,率先全面建成小康社会,辐射带动张掖、武威发展;以建设平庆能源化工基地和天水先进装备制造业基地为重点,工业化带动城镇化,在陇东南地区打造新的经济增长极;推进以甘南、临夏、定西、陇南为重点的扶贫开发攻坚,着力加快农业产业化和特色优势资源的开发利用,切实缩小与其他地区在基础设施和公共服务方面的差距,不断提升贫困地区自我发展能力。

2.5.2.3 以体制机制创新为引领的"全面创新"驱动战略

用好创新金钥匙,牢固树立以体制机制创新为引领、以科技创新为核心的"全面创新"理念,在制度变革中释放创新发展潜能,以制度创新推动科技创新,以结构改革促进结构调整,以"全面创新"驱动"全面发展"。以理顺政府和市场的关系为中心,加快政府权力结构改革,加大简政放权力度,充分发挥市场配置资源的决定性作用。加快制度创新步伐,着力破除一切阻碍发展的体制机制障碍,积极营造公平开放透明的市场环境,大力推进大众创业、万众创新。深化科技体制改革,优化科技创新环境,培育科技创新主体,提高科技创新能力,促进科技成果转化。鼓励和支持组织管理创新、商业模式创新,改善资源配置效率。

2.5.2.4 以拓展向西开放为重点的开放带动战略

全面扩大对内对外开放,着力启动民间投资,积极参与区域分工协作,有序承接产业转移,不断提升开放发展的质量和水平。以打造丝绸之路经济带甘肃黄金段为目标,重点拓展向西开放,加强与中亚、西亚国家的资源合作、产业协作、经贸往来、文化交流,引进来与走出去相结合,构建跨境产业链,推动资源型产业、现代农业、畜牧业等优势产业向国外转移和扩张发展,打造国家向西开放的重要门户和次区域合作的战略基地,构筑开放型经济新优势。以全面深化改革促进全方位扩大开放,以全方位开放带动又好又快发展,以开放发展倒逼改革深化,形成改革、开放、发展互促共进的生动局面。

2.5.2.5 以生态安全屏障建设为抓手的生态文明战略

围绕建设国家生态安全屏障综合试验区,树立绿色低碳循环发展理念,提高生态文明建设水平,提升可持续发展能力,真正使碧水青山、蓝天绿地成为保障又好又快发展的金山银山。全面贯彻落实主体功能区规划,加快建立生态功能区、资源有偿使用制度和生态补偿机制，以推进“三屏四区”生态安全工程①和节水治沙为重点，加强生态修复和保护。以节能减排、节约降耗和污染防治为重点，加强环境保护设施建设和环境保护政策创新，推进重点地区、重点流域、重点行业、重点类型的环境综合治理，促进经济社会与人口资源环境协调发展。

2.5.2.6　以改善民生福祉为导向的社会治理现代化战略

以更好地改善民生福祉、促进公平正义为导向，加强社会保障，加快收入分配体制改革，推进基本公共服务均等化，加强社会主义民主法治建设，创新社会治理体制，不断提高社会治理体系和治理能力现代化、科学化水平，确保整个社会既充满活力又和谐有序。

2.5.3　发展目标

在保证到2020年与全国一道全面建成小康社会的同时，努力实现以下目标。

2.5.3.1　经济保持稳步增长

2.5.3.1.1　全省经济能够实现年均8%左右的增长

“十二五”时期，甘肃经济年均增长10.5%以上。根据《甘肃省城镇体系规划(2013—2030)》，到2020年全省常住人口会达到2660万人。综合考虑甘肃省经济基础、发展条件与环境机遇等各方面因素，“十三五”期间甘肃经济年均增速保持8%左右是可行的。以2015年为基期，到2020年甘肃经济总量将达到10069.6亿元，人均生产总值将超过37800元，人均生产总值增速保持在7%～8%。

2.5.3.1.2　固定资产投资力争保持年均20%以上的增长

2011—2015年，甘肃全社会固定资产投资年均增长23.7%。“十三五”期间，伴随新型城镇化进程，甘肃需继续加大城乡基础设施、社会公用设施和公共服务的供给，加之传统产业改造升级和新兴产业加快发展释放的需求，全社会固定资产年增长率应保持在20%以上，预计2020年达到21465.7亿元。

2.5.3.2　经济结构进一步优化

2.5.3.2.1　三次产业将呈现明显的“三二一”结构比例

2014年，甘肃第三产业比重达到44%，首次超过第二产业，2015年三次产业结构比例进一步调整为14.1∶36.7∶49.2。“十三五”时期，伴随产业结构调整力度加大、步伐加快及城镇化发展和消费升级，第三产业比重会持续上升，到2020年达到50%以上，预计三次产业结构比例会调整为9∶39∶52。与此同时，生产性服务也将加快发展，结合《甘肃省人民政府关于加快生产性服务业发展的意见》(甘政发〔2012〕32号)提出的目标，2020年生产性服务业增加值占服务业的比重达到50%左右。

①“三屏四区”生态安全工程：即构建以甘南黄河重要水源补给生态功能区为重点的黄河上游生态安全屏障、以“两江一水”流域水土保持与生物多样性保护区为重点的长江上游生态安全屏障、以祁连山冰川与水源涵养生态保护区为重点的内陆河生态安全屏障，加快敦煌生态环境和文化遗产保护区、石羊河下游生态保护治理区、黄土高原丘陵沟壑水土流失防治区、北山荒漠自然保护区建设。

2.5.3.2.2　非公有制经济占比应有显著提升

"十二五"时期，甘肃非公有制经济增加值占国民生产总值的比重由2010年的34.7%提高到2015年的45.8%，对拉动全省经济增长发挥了重要作用。根据《关于推动非公有制经济跨越发展的意见》(省委发〔2012〕19号)提出的目标，甘肃非公经济占比年均提高2.3个百分点，以此推算，2020年非公有制经济比重将达到57%左右。

2.5.3.2.3　创新驱动发展能力明显改善

"十二五"期间，甘肃科技进步贡献率由2010年的42.5%上升到2015年的50.3%，R&D经费支出占生产总值的比重在2015年达到1.1%，结合全省现阶段科技创新发展的良好势头和传统工业转型升级的战略需求，2020年全省科技进步对经济增长的贡献率将达到55%以上，R&D投入强度将上升到2%以上，R&D经费支出也将超过200亿元。

2.5.3.3　社会民生事业加快发展

2.5.3.3.1　城镇化水平明显提高

2015年，甘肃省城镇化率为43.19%。根据《甘肃省城镇体系规划(2013—2030)》，2020年全省常住人口达到2660万人，常住人口城镇化率达到50%左右。若以2015年为基期，"十三五"期间城镇化率要提升6.81个百分点，年均提高1.36个百分点。

2.5.3.3.2　城乡居民收入大幅增加

"十二五"期间，甘肃城镇居民人均可支配收入和农村居民人均纯收入年均增长都超过11%。结合全国城乡居民平均收入水平，综合考虑各方因素，"十三五"期间，城乡居民收入年增长率设为12%左右，城镇居民人均可支配收入年增长率为8%左右，农村居民人均纯收入年均增长11%。

2.5.3.3.3　教育加快发展

加快构建充满活力、富有效率、更加开放、有利于科学发展的教育体制机制，扩大优质教育资源供给，实现更高水平的普及教育，形成惠及全民的公平教育体系。到2020年，基本普及学前教育，义务教育巩固率达到95%，普及高中阶段教育，进入西部教育强省行列。

2.5.3.3.4　社会保障体系进一步健全

基本建立覆盖城乡、功能完善、设施齐备、结构合理的公共服务体系和社会保障体系，基本建立城乡统一的居民养老和医疗保障制度，基本养老保险参保率达到97%，建立与经济发展相适应的最低生活保障增长机制，以扶老、助残、救孤、济困为重点，逐步拓展社会福利保障范围。

2.5.3.3.5　人民健康水平不断提高

加大公共卫生投入力度，优化卫生资源配置，鼓励城市卫生资源向农村辐射，扩大农村和基层公共卫生资源比重，加强妇幼卫生保健工作，加大民族地区和贫困地区卫生基础设施建设，积极发展社区卫生服务。到2020年，全省孕产妇死亡率控制在0.25‰以下，婴儿和5岁以下儿童死亡率分别控制在10‰和13‰以下，人均预期寿命提高到74岁。

2.5.3.4　形成开放型经济新格局

2015年，甘肃省对外贸易进出口总值81亿美元。“十三五”期间，随着“向西开放”和“一带一路”战略的深入实施，甘肃对外贸易有望实现较快增长，若与经济增长同步保持8%左右的年均增速，2020年对外贸易总额将接近120亿美元，基本形成开放型经济新格局。

2.5.3.5　生态文明建设上台阶

加强生态环境保护，加大节能减排力度，努力构筑黄河上游、长江上游、河西内陆河和黄土高原四大生态安全屏障，力争到2020年全省各类生态系统得到有效保护、森林覆盖率达到12.58%以上、单位生产总值能耗达到小康监测指标。按纳入PM2.5、一氧化氮、臭氧三项指标的环境评价新标准，全省空气质量优良天数占到全年总天数的80%以上。

表2.5-1　甘肃省“十三五”规划主要指标预测

指　标	指标属性	2015年（实际）	2020年（预期）	年均增长（%）
地区生产总值（亿元）	预期性	6790.32	＞10069	8
人均生产总值（元）	预期性	26524	＞37800	7
人口总量（万人）	预期性	2599.6	＞2660	0.46
三次产业结构	预期性	14.1:36.7:49.2	9:39:52	—
第三产业比重（%）	预期性	49.2	52	[2.8]
生产性服务业占服务业比重（%）	预期性	44	50	[6]
文化产业增加值占生产总值比重（%）	预期性	2.3	5	[2.7]
全社会固定资产投资（亿元）	预期性	8626.60	＞21465	20
非公经济比重（%）		45.8	57	2.3
R&D经费支出占生产总值比重（%）	预期性	1.1	2	[0.9]
常住人口城镇化率（%）	预期性	43.2	＞50	[＞6.8]
城镇居民可支配收入（元）	预期性	23767	34938	8
农村居民人均纯收入（元）	预期性	6936	11722	11
高中阶段教育毛入学率（%）	预期性	90	95	1.2
外贸进出口总额（亿美元）	预期性	81	120	8
单位生产总值能耗降低（%）	约束性	—	—	-8.9

注：“＞”为达到以上，“＜”为控制在以内，“[]”内为5年累计数。

2.6 甘肃省“十三五”发展的战略重点与主要任务

根据“十三五”时期的发展思路、战略导向和发展任务，甘肃需要紧紧围绕以下战略重点，明确主要任务和政策取向。

2.6.1 与全国一道全面建成小康社会

2.6.1.1 坚决打赢精准扶贫精准脱贫攻坚战

纵深推进“精准扶贫”和“双联”行动，全面落实“1+17”精准扶贫政策措施，着力推动扶贫政策向贫困片区聚集、扶贫资金向贫困村贫困户聚焦、帮扶力量向贫困对象聚合，坚决打赢精准扶贫精准脱贫攻坚战。

2.6.1.1.1 依托特色资源发展富民产业

培育发展地域性特色优势产业，延长产业链条，提升产品附加值。做大做强劳务经济，积极发展民营经济，着力活跃县域经济，深入拓展富民产业发展空间。促进特色优势产业与新兴产业、劳动密集型产业融合发展，逐步提升富民产业发展层次。协同推进政策倾斜、资金扶持与技术帮扶，持续优化富民产业发展环境，努力形成产业强县与富民增收同步实现的良好局面。建立扶贫专项资金稳定增长机制，重点扶持贫困地区的马铃薯、中药材、蔬菜、果品、制种、酿酒等特色优势产业发展，促进贫困地区农民增收。

2.6.1.1.2 积极构建农村金融扶贫新格局

充分发挥财政扶贫资金的杠杆作用，撬动金融资源更多地流向扶贫领域，构建多元化金融扶贫新格局。以甘肃银行、兰州银行、农村信用社等地方法人金融机构为主力，积极引导商业银行、政策性银行和开发性金融等向广大贫困地区和贫困农户延伸金融服务，扩大信贷投入。充分把握国家放宽西部地区金融机构准入的优惠政策，适当降低农村金融市场的准入门槛，积极引入和发展面向农村市场的村镇银行、资金互助社、小额贷款公司等新型金融机构，有效弥补传统涉农金融机构的服务短板，加快形成竞争性、多样性和高效率的农村普惠金融市场，为贫困农户脱贫致富提供更有效的金融服务。

2.6.1.1.3 强化基础设施建设与公共服务

优先安排贫困地区农村饮水安全工程建设。与易地扶贫搬迁规划相衔接，加大农村电网升级改造力度。加大对农村公路改造的支持，加快村级公路畅通，结合村镇行政区划调整和易地扶贫搬迁等工作，加大对贫困地区农村公路建设支持力度。加强安全防护设施建设和中小危桥改造，提高农村公路服务水平和防灾抗灾能力。结合集中连片特殊困难区域发展与脱贫攻坚规划，进一步争取国家提高对甘肃农村公路改造工程的补助标准。

进一步推进公共卫生服务均等化，完善政府购买服务机制，健全公共卫生服务保障政策。健全贫困地区基层卫生计生服务体系，加强妇幼保健机构建设，加大对重大疾病的防控。制订贫困地区危房改造计划，提高农村危房改造政府补助标准，实施差异化扶持政策。加大对贫困地区农村社会保障的投入，进一步提高农村低保补助标准，促进全省财政扶贫与社会保障综合配套、有效衔接。

加强贫困地区公共文化服务体系建设，加快推进公共数字文化建设。统筹有线电视、地面数字电视、直播卫星等多种方式，提高电视覆盖率。利用村级组织活动场所等现有设施，大力开展群众性文化活动。推进贫困地区行政村接通符合国家标准的互联网，提高贫困地区行政村的信息化水平，努力消除“数字鸿沟”。

2.6.1.1.4 着力提高贫困地区人口素质

增加贫困地区教育投入，推动公共教育资源向贫困地区农村倾斜，实施校舍安全工程和学校标准化建设，全面改善贫困地区农村办学条件，提高教育发展水平。以改革农村教师补充机制为重点，加强教师队伍建设，促进义务教育均衡发展，确保贫困农民的孩子不仅上得了学、读得起书，还能享受城市较高的教育质量。深入实施面向贫困地区定向招生专项计划、支援中西部地区招生协作计划等优惠政策，增加贫困地区学生接受优质高等教育的机会。强化职业技能培训，加强对贫困地区农村青年和贫困农户富余劳动力的就业服务和职业技能培训，切实提高农村困难群众的就业能力。

2.6.1.1.5 加强精准扶贫规划与管理

按照县为单位、规模控制、分级负责、精准识别、分批帮扶、动态管理原则，制订工作方案，找准扶贫对象，对每个贫困村、贫困户建档立卡；摸清致贫原因，逐村逐户制定帮扶规划和差别化措施，集中力量帮扶。要重点抓好国定贫困村和少数民族地区的整村推进工作，以及重点县扶贫对象的识别造册和帮扶工作。

加强帮扶指导，完善驻村工作机制，确保每个实施整村推进的贫困村都有驻村工作队，每个贫困户都有帮扶责任人。驻村工作队要协助基层组织贯彻落实党在农村的各项政策，积极参与扶贫开发各项工作，把人、钱、项目组织起来，管理好、使用好、落实好，帮助贫困村、贫困户脱贫致富。

构建扶贫绩效考评机制，完善扶贫脱贫绩效奖惩制度。建立“逢提必下”的干部选拔任用机制，对一定年龄段和一定级别需提拔使用的干部，必须有在连片特困县扶贫攻坚工作的经历。完善对口援助机制，引导省内条件好的县区及企业加大对贫困县、乡、村的对口帮扶力度。按照原定扶持政策不变、扶持力度不减，并给予相应奖励的政策，鼓励提前脱贫“摘帽”。

2.6.1.1.6 加强扶贫资金规范化管理

要进一步加强扶贫资金的管理，明确并强化各级政府的主体责任，有针对性地制定和完善制度，防止资金沉淀和滋生腐败。加大对扶贫资金的专项审计，严厉惩戒贪污侵占挪用扶贫资金等违法违规行为，确保扶贫资金充分惠及扶贫对象。增加扶贫资金使用的透明性，加强扶贫资金使用的社会监督，探索引入扶贫资金使用绩效第三方评估。

2.6.1.2 着力推进公共服务均等化

加大公共服务投入，创新公共服务供给体系，破除城乡二元体制限制，统筹各类公共服务资源向农村和贫困地区倾斜，不断提升城乡和区域公共服务均等化水平。

2.6.1.2.1 增强公共服务供给能力

做大经济“蛋糕”,增加财政收入,增强政府投资发展公共服务的能力。完善公共财政体制,探索建立科学合理的省级财政转移支付制度,实现基本公共服务财政供给均等化。吸引和鼓励各类慈善组织、基金会等民间组织和民间资金以多种方式参与提供公共服务。

2.6.1.2.2 扫除城乡公共服务均等化的制度障碍

进一步弱化以至最终取消城乡二元户籍制度,继续深化社会管理体制改革,使之完全适应城乡统筹发展与基本公共服务均等化的要求。深化财政体制改革,建立规范的转移支付制度,借助中央政府的财力,在公共服务供给方面保证城乡、地区之间有大致相等的财力支撑。重塑涉及城乡居民公共服务的职能部门的组织架构,在合理分工、集中监管的条件下真正推行城乡一体的大部门制。注重系统规划和制度间的协调匹配性,建立健全对公共服务运行的监管机制,形成制度合力,有效实现公共服务均等化战略。

2.6.1.2.3 推动公共服务供给主体多元化和供给方式多样化

在坚持政府主导的前提下,更加重视发挥社会参与机制与市场机制的功能作用,进一步完善公共服务购买政策,积极倡导民间资本和社会力量参与提供城乡公共服务,形成政府主导、多方参与的公共服务供给体系。

2.6.2 构建现代产业体系

加快调整和优化产业结构,推动传统优势产业改造升级和特色农业现代化发展,促进战略性新兴产业跨越发展,引导产业合理集聚、集群发展,构建具有区域特色和竞争力的现代产业体系。

2.6.2.1 推动农业现代化

2.6.2.1.1 夯实现代农业发展基础

统筹规划土地整理复垦开发、农业综合开发等各类建设资金,推进农村土地向集中连片规模化农业生产流转,加快土地整治,实行田、水、路、林综合治理,大规模开展中低产田改造,提高高标准农田比重。开展鼓励农民增施有机肥、种植绿肥、秸秆还田奖补试点。大力开展保护性耕作,加快实施旱作农业示范工程。

2.6.2.1.2 构建现代农业产业技术支撑体系

围绕粮食安全和农业主导产业等重点领域,健全农业科技投入稳定增长机制,加快推进农业信息化,大力培育现代种业、农业生物等高科技农业企业。加快种子工程和畜禽良种工程建设,加大新品种、新技术引进和推广力度,优化农产品品种品质结构。围绕人口健康、食品药品安全保障、社会公共安全、生态环境保护等重大民生科技问题开展技术创新,切实增强社会管理科技含量。优化农业科技服务,完善科技特派员制度。

2.6.2.1.3 提升发展特色优势农业

强化农产品品质、品种、品牌建设,打造一批地域特色鲜明的绿色生态农产品生产加工基地。发展壮大粮食生产、草食畜牧业、设施蔬菜、优质林果业,提升马铃薯、中药材、现代制种、酿酒原料和木本油料等特色优势产业。积极发展具有区域特色优势的小杂粮、百合、甜高粱、油橄榄、花椒、核桃以及牛羊肉、乳制品等特色农畜产品和药材产业，加大对品质好、产量高、优良乡土农畜品种的扩繁，推进畜禽养殖加工一体化。支持种养加、产供销、贸工农为一体的农业全产业链发展，积极培育具有市场竞争力的绿色品牌，不断提高农业质量效益。

2.6.2.2　促进工业转型升级

2.6.2.2.1　加快推进传统产业转型升级

把握产业变革方向，积极应用先进适用技术改造提升传统产业，推动煤电化冶循环发展、新能源与现代高载能耦合技术发展，加快石油化工、有色冶金、装备制造、煤炭电力、农产品加工等传统优势产业优化升级。强化传统优势产业的基础和支撑作用，盘活存量、优化结构、改革重组，增强产业分工协作和配套能力，推动传统优势产业从半成品向产成品转化，从粗放低效向优质高效提升，从产业链中低端向中高端迈进，从短链向全链循环发展，改变以原材料、初加工为主的产品结构，推动产业集群式发展，重塑传统产业竞争新优势。

2.6.2.2.2　培育壮大战略性新兴产业

以新能源、新材料、生物医药、先进装备制造和智能制造、信息技术、节能环保、新型煤化工等领域为重点，着力推进战略性新型产业加快发展，加强优势产业链培育，提高创新能力，培育骨干企业，聚焦创新经济新业态，引领产业高端化规模化集群化发展。要把培育发展战略性新兴产业和传统产业的改造升级结合起来，促进传统产业与新兴产业之间的结合、渗透、融合、协调发展。

2.6.2.2.3　有序承接产业转移

加快兰白承接产业转移示范区建设，发挥国家级省级开发区平台作用，积极承接能源资源开发、农产品加工、装备制造、现代服务、高技术、加工贸易等产业转移，提升产业配套、孵化、培育能力，促进产业集群化发展。发展“飞地经济”，积极探索与东部省份合作共建产业园区的可行路径。严把产业准入门槛，加强对承接转移产业的环境监测，防止国家明令淘汰的落后产能和不符合国家产业政策的项目转入省内，避免低水平重复建设。依据区域资源禀赋和资源环境承载能力，优化产业布局，促进产业向国家级省级开发区以及工业集中区集聚，改造提升县区工业集中区，支持符合主体功能定位的适宜产业集聚集约发展。

2.6.2.3　提高服务业发展水平

2.6.2.3.1　加快发展文化旅游产业

全力推进华夏文明传承创新示范区和丝绸之路经济带甘肃大景区建设，发挥丰富的历史、人文、民族、自然等资源优势，促进文化体育旅游产业深度融合发展。着力打造精品旅游线路，推动自然观光旅游、文化体育旅游、生态旅游、森林旅游、乡村农业旅游等业态有效结合，积极发展“互联网+旅游”。突出河西丝绸之路、陇东南祭祖圣地及养生保健、陇中黄河风情民族特色旅游三大品牌，打造华夏寻根线、中医药养生线、红色旅游线等主题线路，建设华夏祖脉旅游圈等国内外知名旅游目的地。提升兰州、酒泉、天水、张掖、武威、平凉、嘉峪关等中国优秀旅游城市发展水平，加快建设敦煌国际文化旅游名城、河西走廊文化生态保护区、陇东南文化历史区、兰州都市现代文化产业区，推动临夏国家级民族民俗文化产业园、庆阳农耕和民俗文化产业园等发展，壮大伏羲文化旅游产业，支持区域文化旅游联盟发展。着力提升旅游景区交通、食宿、购物、娱乐等配套设施建设和服务水平，积极开发特色旅游商品和纪念品，提升旅游综合服务能力和效益。

2.6.2.3.2　着力发展现代服务业

发展现代物流业。优化现代物流发展布局，推进以兰白为核心的大兰州区域物流中心建设，提升酒嘉、金武、天水、平庆区域性物流枢纽地位，建设张掖、陇南、定西、临夏、甘南重要物流节点，构建“一中心四枢纽五节点”现代物流发展格局。加快物流企业、物流设施、物流园区发展建设，着力构建以现代交通体系为主的物流运输平台、以现代通信和网络技术为主的物流信息平台、以规模仓储和自动化管理为主的物流储存配送平台，逐步建立以功能性物流中心和多层次配送中心相衔接的覆盖城乡的现代物流体系。

发展金融服务业。加强金融基础设施，拓展金融服务业态，鼓励金融产品创新，完善现代金融机构体系。积极引进国内外金融机构在省内设立分支机构，加快发展银行、保险、证券、资产管理、金融租赁、金融资产交易中心等地方法人金融机构，引导大型商业银行向广大县域和农村下沉金融服务。支持政策性、开发性金融机构加快发展，推进农村信用社改革，有序发展村镇银行、合作金融、资金互助社、小额贷款公司等普惠性农村金融机构，加快发展中小微企业融资担保公司。

发展信息服务业。加强信息基础设施建设，积极推进“三网”融合，发展互联网、物联网。重点支持邮电通讯信息服务、计算机应用服务和与工农业生产、公共生活相关的信息咨询等普及性业务，鼓励发展增值信息服务、专项信息服务等新兴业态。加快培育面向广大乡村、各行各业和中小企业的第三方信息服务。大力推进社区信息化，实施电子社区试点工程，构建统一的社区服务信息网络。

发展现代商务业。积极发展商务会展和节会经济，大力培育会展业主体和品牌展会，鼓励举办具有产业和地方特色的常设性会展。培育壮大法律、审计、会计、税务、评估、咨询、公证、仲裁等中介服务业，有序发展人事代理、人才推荐、人员培训、劳务派遣等人力资源服务，促进广告、设计、服务外包等新兴服务业发展。

发展养老及保健养生服务业。立足中医药文化与健康养生资源优势，促进中医药产业、中医文化、保健养生深度融合，推进以中藏医药为特色的养老及保健养生服务业发展。以国家养老健康试点示范区建设为重点，支持各地因地制宜建设健康养老基地。统筹居家和机构养老、城市和农村养老，推进养老服务和医疗卫生、旅游等融合发展。

2.6.2.3.3　推动传统服务业提质增效升级

围绕满足人民群众多层次多样化需求，丰富服务内容、创新服务方式，改造提升家政服务、餐饮住宿、批发零售等传统服务业，引导消费向智能、绿色、健康、安全转变，积极培育“互联网+”传统服务业新业态新模式，为扩大消费需求、拉动经济增长提供有力支撑和持续动力。

2.6.3 全面推进新型城镇化进程

以人的城镇化为核心,以产业融合发展为动力,着力转变城镇化发展方式,全面提升城镇化质量,合理引导人口流动,加快发展以人为本、集约高效、绿色低碳的新型城镇化,推动形成以工促农、以城带乡、城乡互动发展的新格局。

2.6.3.1 完善城镇空间体系结构

按照"分区推进、东聚西散、南部扶持、齐头并进"的原则,进一步完善城镇空间体系结构。"分区推进"就是基于东西差异较大的实际,将全省划分为黄土高原区、陇南山区、甘南高原区和河西荒漠绿洲区4个不同的发展区域,有针对性采取不同的发展重点小城镇的策略;"东聚西散"就是基于陇东地区大农村、小城市的特点,大力发展小城镇;河西地区则应以发展县域及以上城市为主,把发展小城镇作为城市与乡村联系的补充;"南部扶持"即在陇南、甘南等山大沟深、交通不便的地区,重点发展小城镇,使其成为连接城市与乡村的纽带;"齐头并进"就是在中部大中城市,坚持城市建设与小城镇同步推进的原则,同时大力发展周边的卫星镇。

2.6.3.2 选择合理的发展模式

尊重人口众多、地域狭长、发展不尽平衡的客观现实,切实提高城镇用地集约化程度,严格按照主体功能区定位推进城镇化,根据土地、水和生态环境承载能力,促进城镇空间布局合理均衡,优化城镇规模结构,多在节点城镇上下功夫。要全力加快兰州新区建设,促进兰白一体化发展,把兰白城市圈建设成为引领全省发展增长极。其他市州要根据自身特点,建设规模适度宜居城市。要花大力气打造形式多样、各具特色的诸如生态观光型、民族民俗型、资源矿业型、沿路集贸型小城镇,带动新型城镇化的实现。

2.6.3.3 合理规划人口布局

充分发挥教育在人口转移中的作用,加大人力资本的投资力度,以提高待转移人口的迁移能动性和可能性。通过职业教育,加强对青年技工和农民工的培训,提高人才的竞争力,保证劳动年龄内的人口能充分就业。继续巩固"普九"教育成果,设立专项基金资助贫困地区学习成绩优异的孩子完成高等教育。鼓励一部分有条件的人口向省外的优化开发区和重点开发区迁移。落实主体功能区规划,将旱山区、高寒阴湿山区、林缘区等农业效益低下、不利生态保护的农业人口,就地就近移民进入城镇。把大、中城市郊区或边缘的农业人口纳入城市,提高其融入城市的能力和收入,使其成为真正的市民。

2.6.3.4 加快特色小城镇发展

在农副产品资源丰富的地方,大力推进农业产业化经营,发展特色产业型或加工主导型小城镇。在中心城市郊区,建立一批农业科技试验基地,形成高新技术示范区,发展科技主导型小城镇。地处交通干线、市场发达的地方,在商品集聚效应和商品市场辐射力上下功夫,兴办专业市场,发展商贸流通型小城镇。具有名胜古迹和自然景观资源的地方,加强旅游基础设施建设,完善旅游配套服务功能,发展旅游开发型小城镇。

2.6.4 建设丝绸之路经济带黄金段

坚定不移地把扩大向西开放作为发展外向型经济的重要战略取向，深度融入国家“一带一路”总体布局，不断拓展开发深度和开放层次，加快建设“丝绸之路经济带甘肃黄金段”。

2.6.4.1 推进丝绸之路经济带上产业对接合作工程

发挥石油化工、有色冶金、装备制造等产业技术优势，以及铜冶炼、电解铝、钢铁、水泥等行业产能相对富余优势，推动向产能不足、投资环境宽松、连接通道顺畅的地区和国家转移。扩大特色农业和绿色清真产品、中医(藏)药和医疗保健品、轻工纺织出口，加大铜精矿、铁矿砂、镍矿等资源型产品进口，建设面向中西亚、南亚、中东欧国家市场的生产加工区。鼓励省内研究、规划设计、勘探、机电设备、建设投资企业，以多种方式积极组建全产业链协同联合体，提高产能整体输出能力。办好丝绸之路(敦煌)国际文化博览会，推动旅游资源的整合开发，加强与中亚国家的文化交流，带动旅游产业跨境发展。引导企业利用电子商务开展跨境贸易，培育多语言跨境电子商务应用平台，积极与中西亚国家开展电子商务合作。加快完善电子口岸，提升跨境电子商务通关服务水平，建立甘肃向西开放项目及贸易数据库，扶持一批本土电子商务企业，打造甘肃向西开放的“网上丝绸之路”。

2.6.4.2 围绕道路联通加强交通基础设施建设

加快推进“丝绸之路经济带”交通关键通道、重要节点和重点工程规划建设，加快建设“一横六纵”综合运输通道建设。依托正在建设的兰州南北高速公路绕城环线，整合现有道路运输场站，推进兰州国家级公路运输枢纽建设，强化兰州作为新亚欧大陆桥经济走廊主要节点作用。积极推动酒泉—额济纳旗、马鬃山口岸—桥湾铁路建设，改造提升嘉峪关—策克铁路，尽快打通兰新铁路和临哈铁路南北连接线，逐步实现京新高速、临哈铁路、兰新铁路二线等的互联互通。结合嘉峪关—策克、酒泉镜铁山—青海木里、敦煌—青海若羌三条铁路建设，完善酒泉—嘉峪关地区公路网络，加快建设酒嘉国家级公路运输枢纽建设，努力把酒嘉打造成丝绸之路经济带上贯通三大国际大通道的新交通枢纽。加快推进通用航空、航空物流、空港新城等关联产业发展。巩固现有兰州中川机场国际航线，开辟兰州直飞中西亚、中东和欧洲等地区重要城市的国际航线。完善敦煌机场基础设施，争取敦煌机场口岸尽早对外开放。力争嘉峪关机场列入“十三五”国家口岸发展规划。争取马鬃山陆路口岸早日复通。

2.6.4.3 提升贸易便利化水平以实现贸易畅通

以兰州新区综合保税区为依托，做好面向中、西亚国家的招商引资工作。积极申报设立敦煌保税物流中心。协调推动电子口岸建设。抓住外交部将马鬃山口岸复关问题列入中蒙双方口岸会晤议题的机遇，争取早日复关。发挥武威综合保税物流中心作用，确保“天马号”中欧国际货运班列的常态化运行，增强货物运输、换装和通关能力。加快推进空港国际物流园建设。深化区域通关改革，与外省关区共同构建“大通关”服务体系。培育外贸综合服务企业，支持外贸综合服务企业为中小民营企业出口提供保险、外汇、退税、融资、法律等服务。强化对我省鲜活农产品向西出口运输的保障措施，切实降低农产品出口的流通成本。

2.6.5 着力建设三大战略平台

聚集政策、区域、资源、产业、市场等各方面优势，进一步推进以兰州新区和循环经济示范区建设为重点的经济战略平台、以华夏文明保护传承和创新发展示范区建设为重点的文化战略平台、以国家生态屏障建设保护与补偿试验区建设为重点的生态战略平台上台阶上水平，更好支撑全省经济社会发展。

2.6.5.1 重点建设经济战略平台

2.6.5.1.1 培育兰州新区经济增长极

首先，核心区建设上取得重大突破。立足“发展战略性新兴产业、高新技术产业和循环经济的聚集区、沟通西部地区的重要交通枢纽和物流中心、国家经济转型和承接东中部装备制造业转移的先导区”的战略定位，围绕全国重要新能源基地、有色冶金新材料基地和特色农产品生产加工基地建设，积极推进老城区工业“出城入园”，有效承接东中部产业转移，重点打造汽车制造产业集群、新能源和新材料产业集群、石油钻采炼化装备产业集群、高端建筑装备产业集群、高端装备产业集群等五大百亿级产业集群，加快提高新区产业的集中度和竞争力。

其次，在发挥区位优势上取得重大突破。充分发挥兰州新区的区位优势，通过产业承接与战略性新兴产业的发展，增强兰白经济区的核心竞争力和辐射作用，建设成为西陇海兰新经济带重要支点。深化区域经济合作，形成兰州—西宁地区与关中—天水经济区、呼(和浩特)包(头)银(川)榆(林)经济区协调发展的新格局，拓展向西开放的广度和深度，加强与中亚西亚及中东国家的经贸合作、科技文化交流。

第三，在体制机制创新上取得重大突破。加快行政管理体制、经济管理体制、科技管理体制和投融资体制等方面的改革创新，建设好兰州新区综合保税区，积极申报兰州新区自由贸易区，充分释放改革红利，促进兰州新区繁荣发展。

2.6.5.1.2 建设循环经济示范区

全面落实《甘肃省循环经济总体规划》，以循环经济示范区项目建设为牵引，着力打造钢铁、有色、石油化工、煤电化工、清洁能源、建材产业、农副产品加工和装备制造业等循环经济产业链，构建企业循环式生产、产业循环式组合、园区循环化改造的工业经济发展新模式。立足特色优势农业基地建设，加快推进废旧农膜、农作物秸秆、禽畜养殖粪便回收处理及循环利用，配套集成节地、节水、节种、节肥、节药、节能等技术，打造生态农业循环经济链条，提高农业综合效益。加强城乡生活垃圾分类回收和再生资源回收衔接，建立覆盖城乡的垃圾分类回收体系，推进再生资源和餐厨废弃物回收利用。推进服务主体绿色化、服务过程清洁化，促进服务业与其他产业融合发展。开展绿色建筑和绿色交通创建活动，倡导绿色消费，推进绿色能源示范县建设，建设循环型社会。

2.6.5.2　同步建设文化战略平台

2.6.5.2.1　推动文化产业跨越式发展

做大做强文化旅游、文化创意、演艺娱乐、广告会展、工艺美术、数字内容、影视制作、出版发行、印刷复制、动漫游戏、体育健身、休闲养生、移动媒体等重点文化产业。做大做强临洮"太石水城"，敦煌文化艺术生态硅谷，酒泉市大型文化旅游城市综合体——西航"龙行天下"酒泉航天文化旅游城，丝绸之路读者小镇等。打造10家年产值超5亿元的文化产业园区。做大做强十大年销售收入超亿元的龙头文化产业集团，培育百家年销售收入超1000万元的大型文化企业、千家年销售收入超100万元的中型文化企业、万家年销售收入超10万元的小型文化企业、微型文化企业。做大做强文化产权交易所、文艺演出院线、出版物发行网络、电影院线、"三网"融合等文化产品和服务市场。加快实施文化产业项目"走出去"战略，加大文化产品输出和产品贸易。

2.6.5.2.2　推动文化旅游融合发展

坚持保护与开发并重，大力营销以敦煌、麦积山为代表性的石窟文化艺术，以伏羲、王母、大地湾为代表性的人类文化艺术，以崆峒山、贵清山为代表性的道教、原始风景文化艺术，以大佛寺、白塔寺为代表性的古文化艺术，以临夏、甘南为代表性的少数民族、藏传文化艺术等，形成山水文化旅游、宗教文化旅游、养生文化旅游、少数民族文化旅游、红色文化旅游、西北边关文化旅游、黄河流域奇石文化旅游等文化旅游精品，积极发展集文化游、特色游、休闲游、生态游于一体的立体农村旅游，促进文化与旅游融合发展。做好地方戏曲、地方特色工艺品、地方特色传统服饰制作工艺等非物质文化的挖掘、保护、传承和开发工作。

2.6.5.3　着力建设生态战略平台

坚持走"生态立省"的绿色低碳发展道路，突出绿色富省、绿色惠民，落实主体功能区战略，创新资源节约型和环境友好型社会建设路径，构建科学合理的经济社会发展格局和生态安全格局，不断提高生态文明建设水平和经济社会可持续发展能力。坚持科学规划，实施河西内陆河、中部沿黄、甘南高原、南部秦巴山、陇东陇中黄土高原等五大片区分区域综合治理，建立重点区域、流域生态综合治理机制，实现由分散治理向集中治理、单一措施向综合措施转变。实施山水林田湖生态保护和修复工程，加强荒漠化和水土流失治理，提升自然生态系统稳定性和生态服务功能。开展国土绿化行动，推进天然林保护、退耕还林还草、三北防护林、自然保护区及野生动植物保护等重点工程建设，全面禁止天然林商业性采伐。推进河西走廊阻沙固沙林带工程建设和发展沙产业。加强自然湿地的抢救性保护，开展湿地恢复与综合治理。加大重点生态功能区野生动植物保护力度，继续开展沙化土地封禁保护区建设试点。健全生态补偿制度，进一步提高对草原生态和森林的补偿标准，更好地开展湿地和沙化耕地的退耕生态建设补偿。

2.6.6　巩固甘肃省维护全国稳定的地位

高度重视甘肃在全国维护民族和谐稳定和边疆安全稳定中的重要地位，坚持和发展民族区域自治制度，积极促进民族团结、宗教和顺、社会稳定，为全省经济社会发展提供良好的社会环境，为国家安定团结做出应有的贡献。

2.6.6.1 巩固提升各民族共同的国家认同

坚持和发展民族区域自治制度，依法保护少数民族权益。在广大干部群众中深入开展马克思主义民族理论和党的民族政策学习与教育活动，牢固树立民族团结的理念。加强党的宗教理论和宗教政策教育，全面贯彻党的宗教信仰自由政策，依法管理宗教事务，巩固和发展党同宗教界的统一战线，努力维护宗教和顺。妥善处理民族宗教冲突，促进各民族和谐交往交流交融，严厉打击各种破坏民族团结、宗教和顺的非法活动。

2.6.6.2 提升社会治理现代化水平

完善党委领导、政府主导、社会协同、公众参与、法治保障的社会治理体制，推进社会治理社会化、法治化、精细化。发挥政府主导作用，创新社会治理方式，坚持系统治理、依法治理、综合治理、源头治理，实现政府治理和社会自我调节、居民自治良性互动。推进政社分开，激发社会组织活力，鼓励和支持社会组织依法、有序承接和履行政府转移职能，参与社会治理和提供社会服务。强化基层自治作用，加强基层社区建设，完善基层治理结构，推进实现县域网格化管理全覆盖及县、乡、村三级综合服务管理平台全覆盖。完善社会矛盾纠纷排查、研判、预警、防范、化解工作机制，健全调解、仲裁、行政裁决、行政复议、诉讼等有机衔接、相互协调的社会矛盾纠纷综合化解机制，健全畅通有序的诉求表达、心理干预、矛盾调处、权益保障机制。建立重大事项社会稳定风险评估机制，推动社会稳定风险评估制度化、规范化，有效预防社会矛盾。

课题组成员：高新才　潘永昕　李菁

3 深化经济体制改革重大问题研究
——以转型升级为目标

中国(海南)改革发展研究院课题组

3.1 前言

"十三五"是我国经济转型升级、形成经济增长新常态的关键五年,也是我国实现中长期改革发展战略目标的历史关节点。实现"两个百年"奋斗目标,即在中国共产党成立一百年时全面建成小康社会,在新中国成立一百年时建成富强民主文明和谐的社会主义现代化国家,在很大程度上取决于"十三五"经济转型升级的实质性进展。

从世界经济形势看,全球经济正进入经济转型升级的新时代,欧美发达国家的再工业化和新一轮工业革命正在加快推进,新兴经济体在经济下行压力下将经济转型升级作为实现可持续增长的重要目标。正是在这个背景下,2014年APEC北京峰会决定启动和推进亚太自由贸易区进程,形成《亚太经合组织推动实现亚太自由贸易区路线图》,以寻求各国经济转型升级的新动力。

从国内经济形势看,我国正处于经济转型升级与经济新常态形成的关节点。正如2015年中央经济工作会议指出的"我国经济正在向形态更高级、分工更复杂、结构更合理的阶段演化,经济发展进入新常态,正从高速增长转向中高速增长,经济发展方式正从规模速度型粗放增长转向质量效率型集约增长,经济结构正从增量扩能为主转向调整存量、做优增量并存的深度调整,经济发展动力正从传统增长点转向新的增长点"。认识新常态,适应新常态,引领新常态,关键在于加快经济转型升级,形成创新驱动的新格局。

"十三五"是甘肃承上启下的重要历史转型发展期和经济体制改革的攻坚期,面对经济下行的巨大压力,能否通过经济转型升级加快发展,并奠定未来10年可持续发展的坚实基础,关键在于通过改革形成后发优势,探索欠发达地区经济转型升级与创新驱动的有效路径。

本章节是甘肃省发改委委托中改院开展的甘肃"十三五"规划前期重大课题研究

之一，也是中改院探索西部欠发达地区通过改革创新实现可持续发展的研究课题。本报告以问题为导向，以经济转型升级为目标，以处理好政府与市场关系为主线，对甘肃“十三五”经济体制改革的战略性问题进行前期研究。从增长、转型与改革直接融合、以经济转型升级为目标、以处理好政府与市场关系为主线深化市场化改革、以建设丝绸之路经济带战略枢纽为重点形成开放型经济新格局、以简政放权为重点形成良好的市场发展大环境、以进一步解放思想为重点形成全面改革的大氛围等六个方面提出深化经济体制改革的特定背景、基本目标、重点任务和行动建议。报告的主要特点是：

(1)实现落实中央改革决策与地方实际的有机结合。从甘肃经济转型升级的现实需求出发落实中共十八届三中全会《决定》对经济体制改革的战略部署。在体现全国具有共性的改革的同时，更加突出甘肃的自身特点，有针对性地提出重点领域的改革思路。

(2)实现发展与改革的有机结合。立足甘肃作为欠发达地区需要加快发展的基本省情，重点破解制约甘肃中长期发展的体制机制性矛盾，形成具体的改革行动方案。

(3)实现解决短期问题和中长期问题的有机结合。针对当前经济下行压力增大的现实矛盾，把握到2020年的中期发展趋势，解决短期问题，把创新驱动摆在突出位置，以形成长期可持续发展能力。

(4)实现改革战略性、前瞻性与可操作性的有机结合。客观分析我国全面深化改革的大趋势，在提出甘肃“十三五”经济体制改革总体思路的同时，尽可能提出具有可操作性的政策建议。

(5)实现借鉴国内外改革创新先进经验与把握甘肃自身特点的有机结合。服务于甘肃转型升级与经济体制改革的现实需求，尽可能吸收国际、国内的最新探索和研究成果，为甘肃新阶段的改革开放提供有益借鉴和参考。

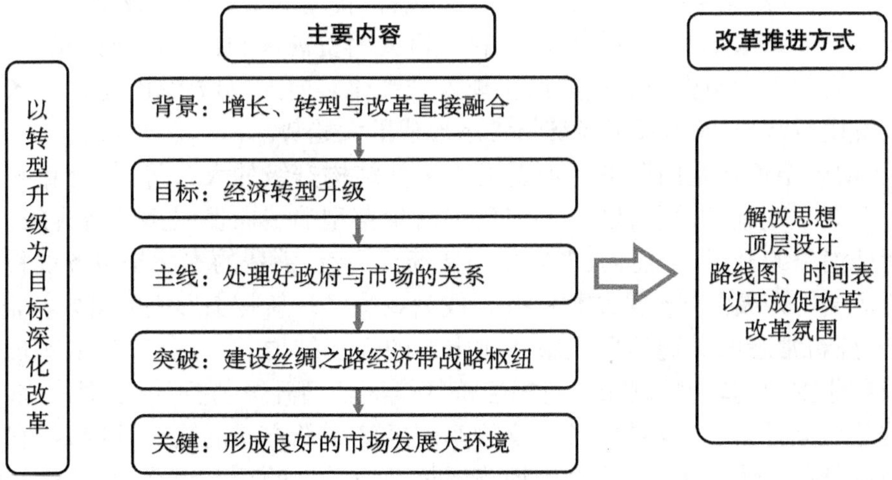

图3.1-1　本报告研究思路图

3.2 增长、转型与改革直接融合
——深化经济体制改革的特定背景

"十三五"是我国经济新常态形成的关键时期,经济新常态的形成对经济体制改革提出新的要求。"十二五"时期,甘肃经济体制改革取得重要进展,但改革不到位的矛盾仍然比较突出。"十三五"甘肃将处在发展的关键时期,增长、转型与改革直接融合:

(1)经济增长的压力加大,缩小与全国的差距面临着诸多困难;

(2)经济转型的压力加大,经济转型到了窗口期,经济增长方式不可持续的矛盾日益凸显;

(3)深化改革的压力加大,增长、转型的压力,归根到底在于改革的压力。只有以改革形成后发优势,甘肃才有可能实现创新驱动,逐步缩小与全国的差距,走出一条短期与中长期兼顾的可持续发展新路子。

3.2.1 经济新常态与我国"十三五"经济体制改革的大趋势

加快经济转型升级,形成经济新常态,成为我国"十三五"经济体制改革面临的重大挑战。新阶段的经济体制改革重在形成服务业市场开放的新格局,并在以结构性改革推进结构性转型上取得新突破。

3.2.1.1 经济新常态与经济转型升级的大趋势

(1)从中国制造走向中国智造成为工业转型的大趋势。未来5至10年,新一轮科技革命与我国经济转型升级历史性交汇,能源互联网革命、制造业数字化革命、制造业服务化革命成为我国工业转型升级面临的时代特征。能不能到2020年初步完成从工业2.0向3.0的升级,并奠定工业4.0的重要基础,成为我国"十三五"工业转型升级的重大挑战。

(2)从规模城镇化走向人口城镇化成为城镇化转型的大趋势。城镇化仍是我国发展的最大红利。我国新型城镇化将成为释放巨大消费需求和投资需求的重要载体,承担着扩大内需的重大历史使命。如何从规模城镇化转向人口城镇化,走出一条以人为核心的城镇化新路子,成为我国经济新常态形成的大趋势。

(3)从物质型消费走向服务型消费成为消费结构升级的大趋势。当前,我国消费结构转型升级呈现新的阶段性特征,消费正由生存型消费向发展型消费升级,由传统消费向新型消费的升级,个性化、多样化消费渐成主流,消费的本质是服务的特征十分明显。消费结构升级引领经济结构服务化成为我国经济新常态形成的重要特征。

(4)经济新常态的关键是形成服务业主导的经济结构。"十三五"基本实现由工业主导向服务业主导的转型,意味着我国经济的全面转型升级:它不仅是形成7%左右经济增速的前提条件,而且也是形成质量效率型经济增长方式的决定性因素;它不仅是经济结构调整的重大任务,而且也是经济增长动力转换的现实出路;它不仅是经济新常态的主要标志,而且也是走向经济新常态时代的战略选择。

专栏3.2-1 服务业主导适应、引领经济新常态时代

1. 形成中速增长的新常态。我国仍是一个发展大国和一个经济转型大国，经济增长新常态取决于保持一定的经济增长速度，取决于尽快形成服务业主导的经济结构。在国内工业产能呈现全面过剩的条件下，工业增加值占比逐年下降。"十三五"时期经济增速能否在目前6%~7%稳定下来，年均增速在6.5%左右，在相当大程度上取决于服务业发展潜力的释放，并形成新的经济增长点。近几年，我国服务业每增长一个百分点，可以带动GDP增长约0.4个百分点。如果2015—2020年期间服务业增加值年均增长达10%，就可带动经济增长约4个百分点左右，为中速增长的新常态奠定重要基础。

2. 形成新增就业不断扩大的新常态。当前的经济增速下行并未导致大面积的失业，重要原因在于服务业的较快增长，而且逐步成为扩大就业的主渠道。目前，发达国家服务业就业比重大多在70%~80%，而我国只有38.5%，服务业发展的潜力很大，服务业吸纳的就业潜力更大。如果城镇化在未来继续保持较快速度，到2020年，服务业就业的占比有可能达到50%左右，由此将增加约1.2亿个左右的就业岗位。从近两年的情况看，服务业增加值每增长1个百分点能创造约100万个新的就业岗位。2015—2020年期间服务业增加值按年均10%增长测算，每年新增就业将达到1000万人左右。也就是说，只有形成服务业主导的经济结构，才能形成新增就业不断扩大的新常态。

3. 形成全社会创新创业的新常态。"十三五"时期，我国能否在"中国制造"向"中国智造"的转型上取得重要突破，主要取决于生产性服务业能否快速发展。进入工业化中后期，生产性服务业直接融入制造业转型升级的全过程。例如：技术升级与服务需求直接融合，技术升级如果不能反映服务需求变化就很难产生内在动力，就很难有好的市场前景；企业竞争力与服务质量直接关联，企业的竞争力主要取决于服务环节是否专业化、精细化。为此，服务业主导的经济转型不仅是形成新一轮创新创业潮的主要推动力，而且将为创新创业开辟巨大的市场空间，由此成为创新驱动的重要条件。

4. 形成利益结构和社会结构优化的新常态。到2020年，我国能否实现中等收入群体倍增，即由目前的3亿人左右，扩大到6亿人左右，使中等收入群体占比提高到40%左右，形成橄榄型社会利益结构的新格局，关系到能否走上公平可持续发展道路和实现国家的长治久安。从国际经验看，服务业快速发展将带来中产阶层规模的不断扩大。以美国为例，随着经济结构由工业主导向服务业主导转型，白领阶层的规模从20世纪40年代的1000万左右上升到20世纪70年代的5000万，30年间扩大了5倍。1980年白领阶层已占全部劳动力的50%以上。到2020年，随着服务业主导地位的确立，服务业就业的人口将不少于4亿，由此将带动中等收入群体的倍增。

5. 形成绿色发展的新常态。从国际经验看，发达国家在由中等收入阶段迈向高收入阶段的重要历史时期，之所以能够系统地解决生态环境问题，重要的原因在于经济结构大都经历了一个由工业主导向服务业主导的结构变迁，由此大大减轻了资源环境的压力。当前，向雾霾宣战，建设美丽中国，最重要的挑战是经济发展对工业尤其是重化工业的严重依赖。通过提高服务业比重，可以有效地摆脱经济增长对重化工业的路径依赖，以形成绿色发展的新常态。

资料来源：迟福林．转型抉择[M]．北京：中国经济出版社，2015。

3.2.1.2 服务业市场开放成为经济体制改革的战略重点

(1)市场化改革重心由工业领域转向服务业领域。改革开放36年来,起先于工业领域的市场开放极大地激发了市场活力,在推动我国成为全球第一制造业大国中扮演了重要角色。"十三五"服务业的市场开放将推动形成全民创业、万众创业的大环境,为服务业领域发展带来强劲的动力。

(2)服务业由放宽准入走向市场开放。当前,我国服务业发展缺乏的不是资本,而是市场开放。进入新世纪以来,尤其是"十二五"以来,我国服务业领域经历了一个从放宽准入到市场开放的过程。总的判断是:服务业市场开放取得重要的阶段性成果,但远不到位,尤其是与我国走向服务业大国的实际进程不相适应,与广大社会成员全面快速增长的服务需求不相适应,"十三五"加快服务业市场开放仍面临诸多挑战。

(3)服务业市场开放带来巨大的改革红利。在我国走向服务业大国的历史进程中,市场化改革的主要红利将来源于服务业市场开放。"十三五"能否在经济转型升级上取得决定性成果,调动全社会的力量把服务业"蛋糕"做大,在很大程度上取决于服务业市场的开放进程。

3.2.1.3 以结构性改革为重点推进结构性转型

新阶段经济体制改革的纵深推进,有赖于结构性改革的实质性突破。近两年以简政放权为重点的政府改革,在理顺政府与市场关系、激发市场活力上取得明显成效,并成为2014年实现7.4%增长的重要因素。总的判断是:"十三五"时期,以结构性改革破解结构性矛盾到了关节点。从实际看,经济增长正在发生趋势性的重大变化,服务业正在取代传统工业成为稳增长、转方式、调结构的重中之重。问题在于,多年来形成的某些政策与体制安排从总体上看是同传统大工业发展相适应的。实现从工业主导向服务业主导的转型升级,面临着多方面的结构性矛盾。例如:服务业与工业公平税负、公平资源配置的大格局尚未形成;作为服务业主体的中小微企业融资仍比较难;现代服务业发展缺乏相应的专业技术人才等。就是说,服务业发展面临的矛盾和问题是综合性的、结构性的,不是单纯哪一项改革单独推进所能够奏效的。"十三五"以结构性改革为重点推进结构性转型,不仅对缓解短期经济下行的压力有重大作用,而且对经济转型升级有决定性影响。

3.2.2 "十二五"甘肃经济体制改革的重要进展

"十二五"是甘肃发展转型的重要时期。面对国际金融危机之后国际国内市场波动、省内经济下行压力增大的严峻形势,围绕破解稳增长、调结构的体制性障碍,甘肃在加快市场化改革、创新城乡一体化体制机制、加快对外开放步伐、深化行政体制改革等方面均取得积极进展。

3.2.2.1 市场化改革在多个领域深入推进

(1)资源性价格改革取得重要进展。积极推动电、水、油、气等价格改革,推进电力用户与发电企业直接交易试点。按照国家统一安排,对电解铝企业用电实行阶梯电价政策,适时对居民用气、用水实行阶梯价格;完善水资源费征收标准;将甘肃电价分为居民生活用电价格、大工业用电价格、农业生产用电价格、一般工商业用电价格、趸售用电价格五大类，实行居民生活用电阶梯电价，建成电力市场平台；将原来分散设立的6个部门采购平台和省机械设备成套局进行整合，成立省公共资源交易局，加强了公共资源交易有形市场建设。

(2)国有企业改革取得重要进展。以解决历史遗留问题和推进国有资本优化重组为重点，完成酒钢集团对东兴铝业的整合重组，甘肃汇能公司和甘肃节能公司划转甘肃电投，靖煤集团与金川公司联合开发环县沙井子煤矿等工作；政策性破产工作顺利完成，列入国家政策性破产计划的144户企业全部破产终结；省属非工业困难企业改制和职工安置工作基本完成，共完成和启动实施了省机械集团、物产集团、医药集团和省供销社、省农牧厅等单位所属111户流通子企业的改制和职工安置工作；国有企业厂办大集体改革进展顺利，已完成和基本完成改革的有73户，涉及职工1.87万人；积极实施"引强入甘"，把引进中央企业、行业优势企业参与省属企业重组作为工作重点，快速提升省属企业的产业规模、发展能力和技术水平。截至2013年底，甘肃全省75%以上的企业实现了产权多元化，12户企业成功上市；2014年省委、省政府《关于进一步深化国资国企改革促进企业发展的意见》的出台，使国资国企改革进入快车道。

(3)优化非公经济发展政策与体制环境取得重要进展。组织实施非公经济发展"十大工程"，出台《甘肃省促进中小企业发展条例》《甘肃省人民政府关于促进小型微型企业发展的指导意见》《关于加快推进民营企业研发机构建设的实施意见》《甘肃省中小企业公共服务示范平台认定和管理暂行办法》等50多项促进民间投资、支持非公经济发展的政策措施，多管齐下让非公经济"轻装上阵"。2013年，全省中小微企业实现工业增加值604亿元，较上年增长24.42%，高于大型企业增加值增速18.12个百分点；全省近6万户中小微企业解决就业75万人。

3.2.2.2 以统筹城乡发展为重点的农村改革取得积极进展

(1)农村集体土地所有权确权登记颁证工作加快推进。全省14个市(州)、80个县(市、区)成立了农村土地流转服务中心，1053个乡(镇)成立了土地流转服务站，11563个村成立了土地流转服务点，初步形成了县(市、区)有服务中心、乡(镇)有服务站、村有服务点的土地流转服务体系。截至2014年6月底，全省土地流转面积达到868万亩，流转率达18.1%。

(2)全面推进集体林权制度综合配套改革。实现林权流转203.93万亩，成立县级林业综合管理服务中心43个，68个县建立了由政府主导和农民参与相结合的双重管护制度；组建农民林业专业合作社1185个，建立林业协会228个，合作林场9个；庆阳市国有林场改革方案已获国家批准，中央财政于2012年拨付甘肃国有林场改革试点补助9224万元。

(3)加快户籍制度改革，推进城乡基本公共服务均等化。全面推进统筹城乡综合配套改革试点工作，兰州、金昌、嘉峪关等市改革户籍制度，建立了城乡基本统一的社会保障制度；社会保障体系建设、教育体制改革、医药卫生体制改革进程加快；小城镇发展改革试点工作取得新进展，临洮县洮阳镇等6个镇被列为国家级发展改革试点镇，全省试点镇总数达到53个。

(4)以发展普惠式金融为重点,农村金融改革取得明显成效。开展了农村金融服务创新综合实验县创建工作。目前,全省已成立村镇银行13家,挂牌开业小额贷款公司312家。

(5)水利改革试点工作正式启动。甘肃作为全国加快水利改革4个试点省之一,水利工程建设和管理改革、健全基层水利服务体系、深化水价改革3项主要试点任务均取得新突破。

3.2.2.3 打造开放型经济战略平台,对外开放取得明显成效

(1)依托兰州新区加快对外开放步伐。兰州航空口岸打造对外开放国际大通道。2010年9月,国务院批复同意兰州航空口岸扩大对外国籍飞机开放;2013年12月,兰州中川机场顺利通过国家验收,正式提升为兰州中川国际机场。兰州航空口岸已开通兰州至韩国首尔、韩国济州岛、泰国曼谷、沙特麦加等7条国际航线。2013年出入境旅客达到95059人次,同比增长179.26%。根据国家口岸办2013年度全国口岸运行情况通报,兰州航空口岸在19个沿边地区航空口岸中排名第9位。兰州新区获国务院正式批准后,开始争取设立综合保税区,白银争取设立无水港等海关特殊监管区域。

(2)兰洽会成为提升开放型经济水平的重要战略平台。2011年,商务部把兰洽会列为重点扶持项目。2012年,甘肃成功举办了第18届兰洽会、天水伏羲文化旅游节、丝绸之路旅游节等重大节会,其中,兰洽会签约合同项目总额达4610亿元。2013年第19届兰洽会暨"民企陇上行"活动签约合同项目1093个,签约金额达6129亿元。

(3)实现对内开放与对外开放的有机结合。优化外贸促进体系,完善进出口激励导向机制,加快外贸发展方式转变。支持金川公司、白银公司、酒钢公司等进出口骨干企业实施"走出去"战略,建立境外原料基地;创新外资利用方式,提升利用外资质量和水平。甘肃已与内蒙古、新疆、广东等省区签署了战略合作框架协议,与天津、新疆、连云港、青岛等口岸签订跨区域合作协议,实现了口岸与内陆的联动与延伸;增设金昌海关和出入境检验检疫局,积极推进天水海关筹建事宜。

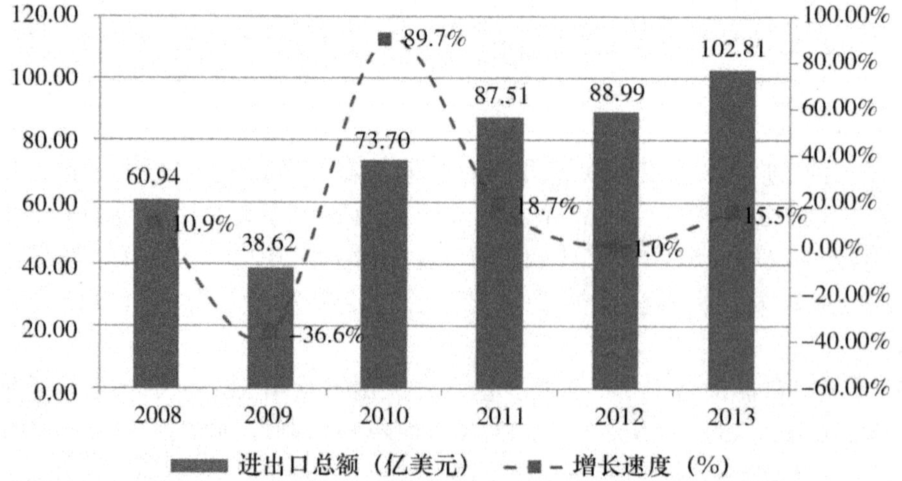

图3.2-1 2008—2013年甘肃省对外贸易总额与增长速度

数据来源:《2013年甘肃省国民经济和社会发展统计公报》。

3.2.2.4　以简政放权为重点的行政管理体制改革取得重要进展

“十二五”时期，尤其是十八大以来，甘肃坚持“能减即减、应减必减、能放必放、重心下移”的原则，对省级行政审批事项进行了5轮清理，共取消、调整和下放行政审批事项410项，承接国务院下放行政审批事项94项，中央在甘肃单位取消、调整和下放行政审批事项100项；行政许可类项目审批时限压缩到20个工作日内，办结时限缩短30%以上；省管行政事业性收费项目由37个部门124项减少到24个部门60项；免征了12个部门的22项行政事业性收费，省级政府对有关部门部分证照类、管理类的行政事业性收费也实行了减免。

3.2.3　经济体制改革滞后的矛盾比较突出

甘肃作为经济欠发达地区，由于多种因素影响，经济体制改革不到位的矛盾比较突出。从总体情况看，经济体制改革的进程仍不适应经济转型升级与创新驱动的现实需求。

3.2.3.1　以政府为主导、以国有资本为主体、以重化工业为载体的增长模式尚未实质性改变

从实际情况看，甘肃政府职能转变尚未到位，经济增长模式带有政府主导、国有资本主导、重化工业主导的突出特征。例如，金昌、嘉峪关等城市仍主要靠一个大型国有企业带动经济发展。2012年，甘肃国有经济占全社会固定资产投资的比重高达43.94%，高出全国平均水平18.26个百分点。

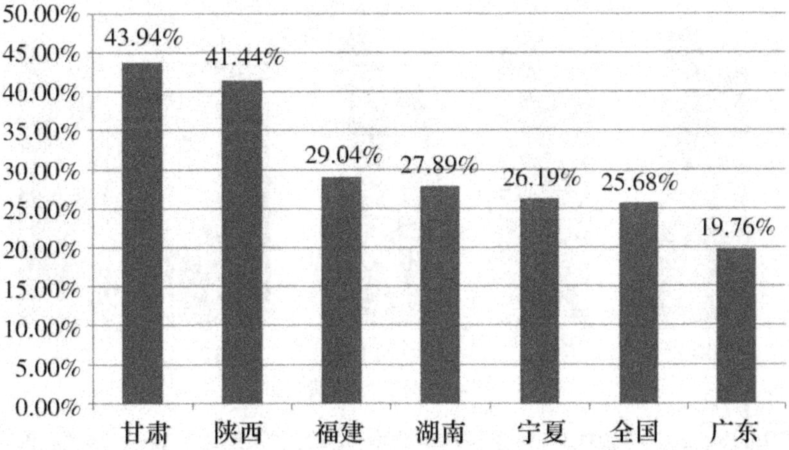

图3.2-2　2012年甘肃与部分省份国有经济占全社会固定资产投资比重

数据来源：《中国统计年鉴—2014》。

3.2.3.2　非公经济发展水平仍然滞后

尽管近年来支持非公经济发展的各项政策密集出台，民营经济市场准入“公章旅行”等情况有所改观，但政策落实不到位、办事程序繁琐等问题仍然存在。当前，非公经济总量小、发展慢成为甘肃市场活力不足与经济发展水平难以提高的突出矛盾。2013年，甘肃非公经济生产总值仅为2538.5亿元，而四川与陕西分别达到15689.88亿

元和8376.22亿元,分别是甘肃的6.18倍和3.30倍;在非公经济占地区总产值的比重方面,四川与陕西分别为59.8%和52.2%,甘肃仅为40.5%,甘肃与全国平均水平(60%)仍有近20个百分点的差距。

表3.2-1 "十二五"以来甘肃、四川、陕西非公经济占GDP比重

省份 / 年份	2011年	2012年	2013年
甘肃	38.5%	38.9%	40.5%
四川	57.8%	59.0%	59.8%
陕西	50.5%	51.2%	52.2%

数据来源:中改院课题组根据资料整理。

3.2.3.3 城乡二元体制的矛盾比较突出

城乡二元的土地制度、户籍制度、基本公共服务制度尚未根本打破,城乡之间较大的差距制约了甘肃城镇化发展水平的提高。"十二五"时期,虽然甘肃城乡差距与全国同步缩小,但仍高于全国平均水平。2013年,甘肃城乡人均收入差距为3.71:1,全国平均为3.03:1。2013年,全国城镇化率达53.73%,而甘肃的城镇化率只有40.13%,与全国平均水平相差13.6个百分点,在全国31个省(市区)中,甘肃的城镇化率仅高于贵州和西藏。

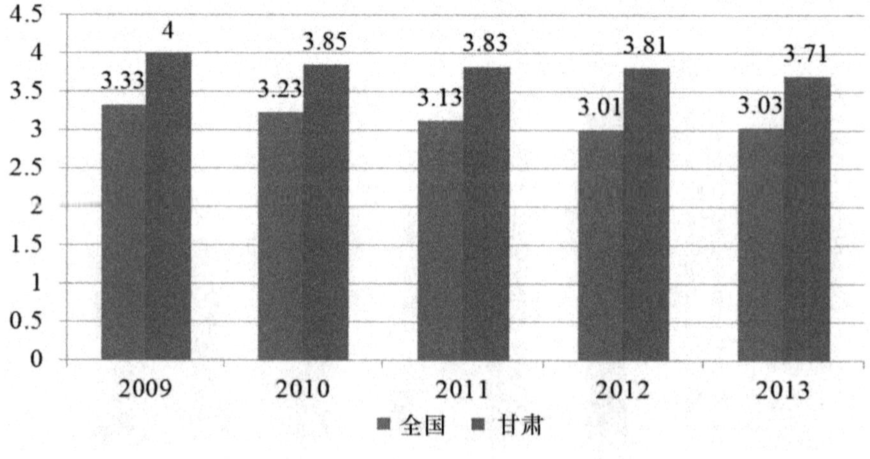

图3.2-3 2009—2013年甘肃省与全国城乡居民收入差距比较 (单位:倍)

数据来源:《中国统计摘要—2014》。

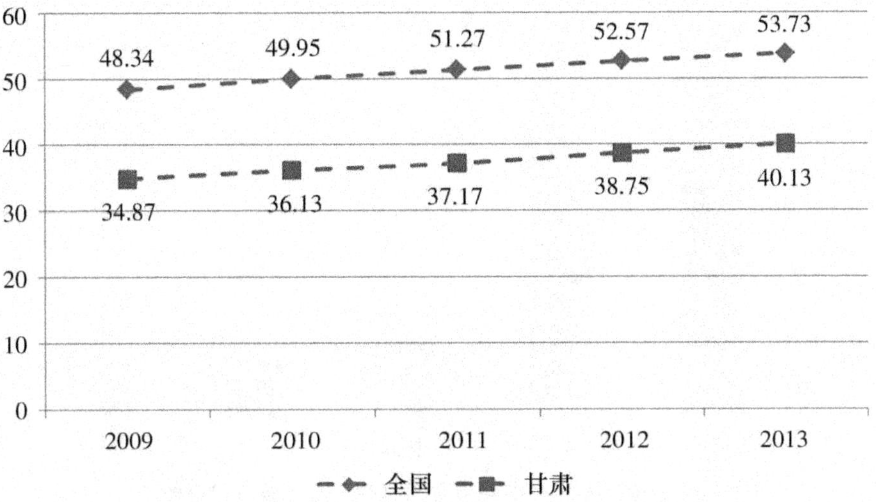

图3.2-4　2009—2013年甘肃省与全国城镇化率比较　（单位:%）

数据来源:《中国统计摘要—2014》。

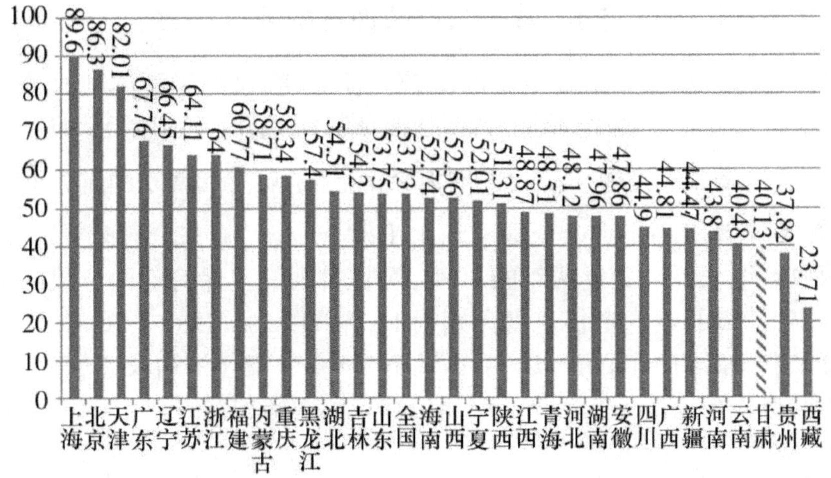

图3.2-5　2013年甘肃省城镇化率与全国其他省份比较　（单位:%）

数据来源:《中国统计摘要—2014》。

3.2.3.4　对外开放水平不高

“十二五”以来,甘肃对外贸易由2011年的87.3亿美元增长至2013年的102.3亿美元,扣除物价因素影响,年均增长率仅为5.52%。虽然2013年对外贸易总额首次突破100亿美元大关,达到历史最高水平,但受自然环境、基础设施、经济发展水平等因素制约,甘肃对外开放的整体水平还不高。2013年,全国平均外贸依存度为44.6%,而甘肃仅为10%;甘肃对外贸易总额仅占全国的0.25%。

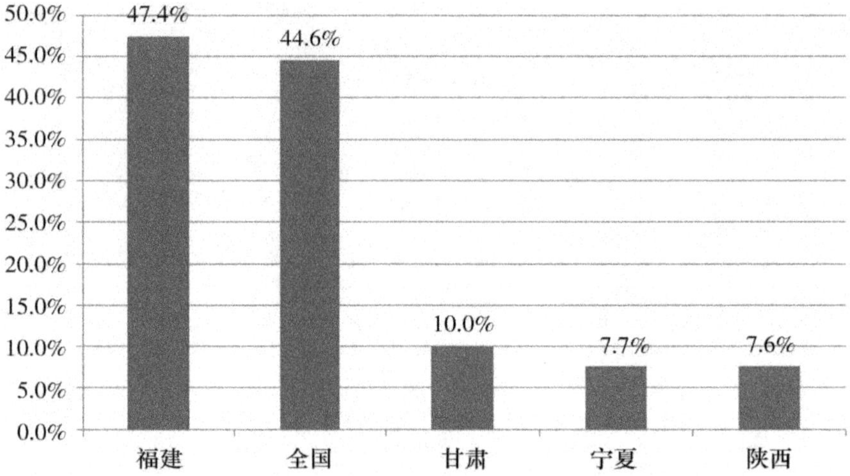

图3.2-6　2013年甘肃省外贸依存度与部分省份比较

数据来源：根据《中国统计摘要—2014》计算所得。

注：外贸依存度=进出口总额÷GDP总量，按2013年12月31日人民币汇率中间价，1美元=6.0969元。

3.2.4　“十三五”甘肃增长、转型与改革面临的巨大压力

“十三五”是甘肃承上启下的重要历史转型发展期，也是经济体制改革的攻坚期。在内外环境变化的条件下，甘肃增长、转型与改革直接融合，并面临巨大压力。

3.2.4.1　经济增长速度快于全国平均水平，但经济可持续增长的压力增大

（1）甘肃经济增长速度快于全国平均水平。“十二五”以来，全国经济增长速度从2010年的两位数增长下滑到近两年的7.7%，而甘肃则一直保持着两位数的增长速度。2010—2013年，甘肃的经济增长速度分别为11.8%、12.5%、12.6%、10.8%，近两年增幅比全国平均水平高出约3个百分点。在西北五省中，甘肃经济增长速度居中等偏下水平。2013年，甘肃经济增长速度低于陕西（11%）和新疆（11%），与青海（10.8%）持平，仅高于宁夏（9.8%）。

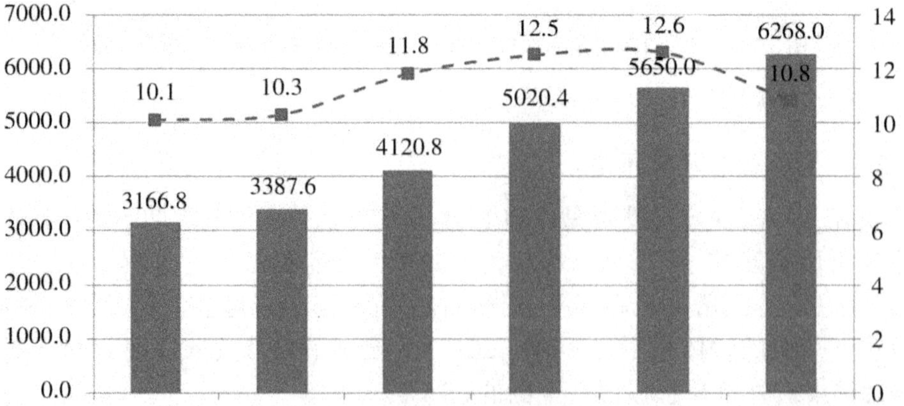

图3.2-7　2008—2013年甘肃省经济生产总值与增长速度

数据来源：《2013年甘肃省国民经济和社会发展统计公报》。

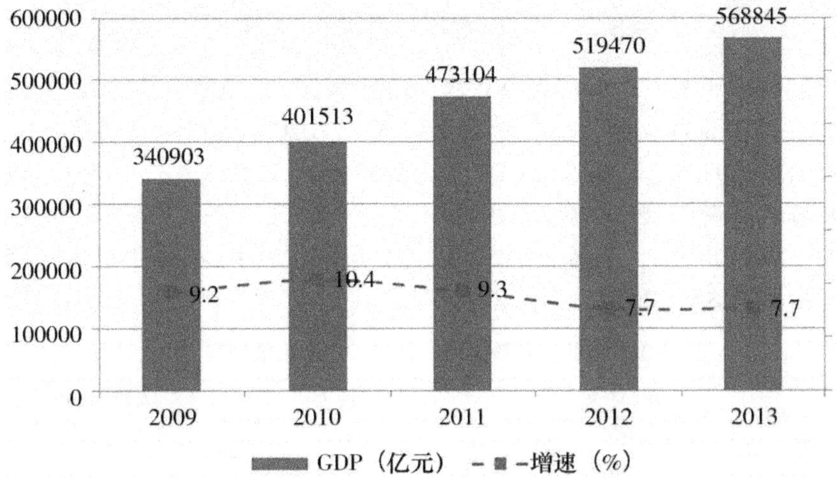

图3.2-8 2009—2013年全国经济生产总值与增长速度

数据来源:《2013年国民经济和社会发展统计公报》。

表3.2-2 西北五省GDP增速与全国比较 （单位:%）

	2009年	2010年	2011年	2012年	2013年
陕西	15.6	14.6	13.9	12.9	11.0
新疆	8.1	10.6	12.0	12.0	11.0
甘肃	10.3	11.8	12.5	12.6	10.8
青海	10.1	15.3	13.5	12.3	10.8
宁夏	11.9	13.5	12.1	11.5	9.8
全国	9.2	10.4	9.3	7.7	7.7

数据来源:根据各省国民经济和社会发展统计公报数据整理。

(2)经济增速换挡处于临界点。2008年国际金融危机以来,甘肃经济增速下滑滞后于全国。全国经济增速下滑是在2010年之后,而甘肃是在2012年之后。2013年,甘肃经济增速由2012年的12.6%下滑至10.8%,1年内下降1.8个百分点。2014年上半年,由于全球经济增长乏力以及经济增长对资源能源依赖程度的降低,我国资源能源大省均出现了经济增速大幅下滑,其中甘肃经济增速下滑至8.4%,与2013年全年增速相比下滑了2.4个百分点。本报告的判断是:与全国"十三五"经济增速进入7%左右的新常态有很大的不同,"十三五"前期仍将是甘肃经济增长速度换挡期,甘肃稳增长的压力和难度仍然较大。

(3)经济增长面临着建设全面小康社会的巨大压力。按照国家战略部署,到2020年我国将建成全面小康社会,GDP总量将在2010年的基础上翻一番。依据到2020年我国人口总量将达到14.5亿预测,从2013—2020年,我国GDP年均增长速度只需达到7.2%即可。据此,到2020年,我国人均GDP将达到55000元左右。但从甘肃来看,即使未来几年GDP年均增速达到10%,到2020年,甘肃省人均GDP将达到46000元左右,仅为全国平均水平的83.6%。本报告的测算结果是:"十三五"时期,甘肃人均GDP要达到全国平均水平,从2013—2020年,年均经济增长速度需要达到12.8%。

专栏3.2-2　2020年甘肃省GDP预测

预测说明：按照全国全面建成小康社会的要求，到2020年我国GDP总量将达到80万亿元；按照国家人口和计划生育委员会预计，2020年我国人口总量将达到14.5亿人，由此测算，2020年，我国人均GDP将达到55000元左右。

按照《甘肃省新型城镇化规划（2014—2020）》，到2020年，甘肃省人口总量将达到2650万人左右，如果"十三五"甘肃要达到全面小康水平，人均GDP达到55000元左右，GDP增速要达到12.8%。

2020年甘肃省GDP与人均GDP情况预测表

年份	GDP(亿元)	人口总量(万人)	人均GDP(元)
2013	6268	2582	24276
2014	7070	2592	27282
2015	7975	2601	30661
2016	8996	2611	34458
2017	10148	2620	38725
2018	11447	2630	43521
2019	12912	2640	48911
2020	14575	2650	55000

资料来源：中改院课题组测算。

3.2.4.2　内外环境变化条件下甘肃经济转型到了窗口期

（1）资源能源依赖型经济难以为继。当前甘肃经济增长速度快速下滑有国际国内市场周期性波动的影响，但也反映出甘肃资源能源依赖型经济的结构性矛盾。长期以来，甘肃工业增长保持着对石化、有色、冶金、煤炭、电力等传统支柱产业和重点企业的过度依赖，原材料工业占工业增加值的比重达到80%以上。2014年上半年，占全省重头的有色、冶金、煤炭行业增长速度同比分别下降了19.5、12.3、7.2个百分点，成为经济下行压力增大的突出因素。

（2）稳增长更大的压力在于经济转型。2012年以来，甘肃经济增长速度下滑的幅度高于全国平均水平，深层次的矛盾在于经济结构转型升级缓慢。从国际经验看，进入工业化中期之后，工业仍会有快速的增长，但这种增长只有伴随着经济结构由低端向高端的转型才可持续。其一般规律是：高附加值的服务业，尤其是物流、销售、研发、设计等生产性服务业开始加快发展，由此带动工业和农业的提质升级，最终使高附加值的工业和服务业比重上升，从而形成具有比较优势的产业集群，使一个国家或地区的产业在国际国内竞争中立于不败之地。

2013年，甘肃三次产业结构比例为14∶45∶41，而全国为10.0∶43.9∶46.1。尽管甘肃工业比重仅比全国高1.1个百分点，但工业内部结构不合理，主要分布在传统制造业和产能过剩领域；甘肃农业占比高于全国4个百分点；服务业占比长期徘徊在40%左右，比全国低5.1个百分点。这种经济结构在国际国内原材料产品市场需求锐减、价格低迷的新形势下更具有脆弱性，更难以经受外部市场变化的冲击。

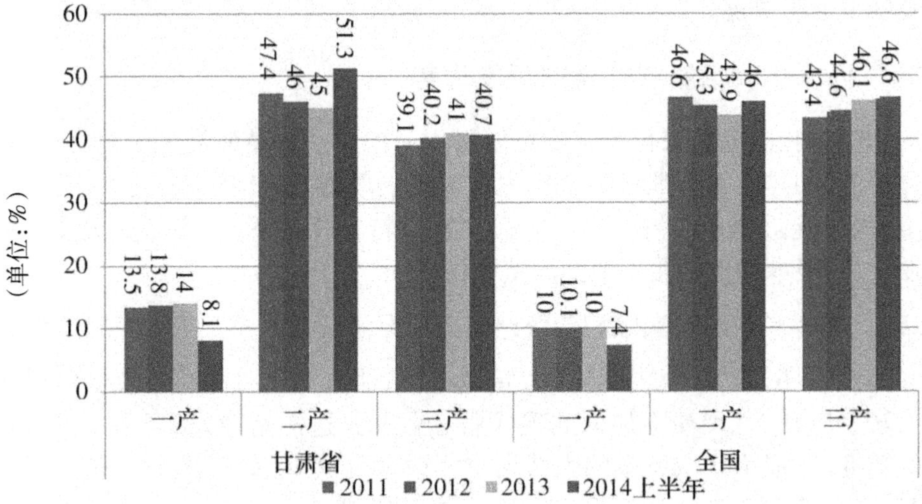

图3.2-9 "十二五"以来甘肃三次产业结构与全国比较

数据来源：根据全国和甘肃省历年统计公报整理。

(3)经济转型到了窗口期。如果说"十二五"时期甘肃还能够依靠传统资源能源依赖型工业外延式的扩张实现两位数的经济增长，"十三五"时期再靠传统模式不仅难以实现两位数的增长，还会带来更大的矛盾和风险：

第一，未来3—5年，在全球新一轮工业革命方兴未艾的条件下，国际市场对传统资源能源等原材料的依赖程度将大大减弱，由此使得甘肃以传统资源能源等原材料为主的工业面临更大的挑战；

第二，从国内形势看，经济下行的重大挑战是产能过剩，不仅在传统工业领域，而且在风光发电等新能源领域、战略性新兴产业都出现了产能过剩，如果没有工业转型升级，没有现代服务业的快速发展，要保持较快的经济增长速度就很困难；

第三，"十三五"是我国加快经济转型的重要时期，在全国产业结构逐步高端化的大背景下，如果甘肃经济转型升级没有实质性突破，就会进一步拉大与全国的差距。

本报告的判断是：未来3～5年是甘肃经济转型升级的窗口期，稳增长重在加快经济转型升级。如果能够适应内外环境变化，把握经济转型升级的主动权，尽快在经济转型升级上取得重要突破，考虑到甘肃仍处于工业化中期，经济增长速度有可能明显快于全国平均水平，并为未来10年的可持续发展奠定重要基础。

3.2.4.3 增长、转型关键取决于改革的实质性突破

政府主导、国有资本主导的经济增长方式，是甘肃经济转型升级缓慢的深层次、结构性体制矛盾：第一，政府主导、国有资本主导缺乏对市场需求的敏感性，难以按照市场需求快速实现结构调整；第二，政府主导、国有资本主导抑制市场活力，不利于非公经济发展，并难以吸引人才、资金等要素到甘肃集聚发展，由此难以形成加快经济转型升级的大环境；第三，政府主导、国有资本主导导致整个经济创新能力不足、内生动力不足，使得经济运行质量不高、经济效益低下。未来3—5年，改变政府主导、国有资本主导的经济增长方式，对甘肃加快经济转型升级、实现创新驱动具有决定性意义。这就需要以处理好政府与市场关系为主线深化经济体制改革，在形成市场决定配置资源

的体制机制上大胆突破。

3.2.5 以深化改革形成甘肃的后发优势

"十三五"是我国全面深化改革的重要历史时期。从改革发展的历史经验看,在改革大潮兴起的新时期,哪个地区能够率先在改革上取得突破,就能够更快吸引、集聚全国的资金、人才促进本地经济快速发展。在这个特定背景下,甘肃作为欠发达地区要形成后发优势,根本的出路在于把握改革先机。

3.2.5.1 依靠传统资源禀赋和传统产业实现经济赶超既不现实,也难以持续

"十三五"时期,我国经济将步入大转型时代,地方竞争将围绕打造经济升级版而展开。大转型时代,发展高附加值的现代服务业和先进制造业,实现由中国制造向中国创造的转变,正成为区域竞争的大势所趋。改革开放30多年来,甘肃依托传统资源禀赋优势,在能源和矿产资源开发等方面形成了优势产业,包括风光发电等新能源领域也形成了新优势,但应当看到,甘肃绝大多数的产业仍在传统制造业领域,距离中国创造还有较大的差距。未来3—5年,甘肃发展的内外环境和约束条件将发生深刻变化,继续通过传统工业模式和简单的外延式扩张做大经济总量,不仅难以实现赶超,还可能在新一轮区域经济竞争中失去新的发展机遇。

3.2.5.2 作为欠发达的内陆省份实现经济赶超,关键在于形成经济转型升级的后发优势

从国际国内经济发展的历史经验看,欠发达地区确实存在后发优势,尤其是在大转型的特殊时期,就新兴产业的发展而言,发达地区和欠发达地区可能处在同一起跑线上。如果欠发达地区能够充分发挥自身优势,把握经济转型升级的先机,就完全有可能形成后发优势,实现"弯道超车"。"十二五"时期甘肃依托自身的资源禀赋优势,在风光发电、节水农业、循环经济等方面出现了很多亮点,也形成了一些优势产业集群。"十三五"时期,甘肃只有巩固传统优势,努力打造现代服务业和先进制造业发展的新优势,形成创新驱动的新格局,才能使自身拥有的区位、资源、特色产业、自然景观和人文等优势转化为现实的经济竞争力,才能真正形成后发优势。

3.2.5.3 以改革实现创新驱动的潜力巨大

甘肃实施创新驱动战略,加快经济转型升级,根本的出路是改革开放,最大的红利是制度创新。甘肃市场化改革和对外开放的起点比全国很多地区低,意味着"十三五"甘肃制度创新的空间和潜力更大,意味着甘肃经济体制改革对经济转型升级的促进效应更大。比如,未来几年,甘肃非公经济比重由目前的40.5%提升到全国60%的平均水平,就能够带来巨大的增长和转型空间;再比如,与全国进入工业化中后期有所不同,甘肃正处于工业化中期,无论是工业化还是城镇化都有着更大的发展空间和发展潜力,如果相关改革到位,甘肃有望形成新型工业化与新型城镇化双轮驱动的新格局。

3.2.6 "十三五"甘肃深化改革面临难得的历史机遇

我国进入消费新时代,经济结构调整将为甘肃工业转型升级带来重要机遇。随着

建设丝绸之路经济带战略的实施,甘肃在国家沿边开放中的战略地位逐步凸显。在中央政府的大力支持下,"十三五"将是甘肃大开放、大改革的黄金机遇期。

3.2.6.1 服务业主导的经济结构调整给甘肃带来重要机遇

"十三五"时期,我国服务业主导的经济结构转型升级将步入快车道。我国正进入消费新时代,现代服务需求逐步高于传统物质需求,成为消费需求释放与升级的大趋势。例如:我国城镇居民人均医疗保健、交通通信、文教娱乐三大消费支出占人均消费比重从1985年的12.8%上升到2013年的34.1%。估计到2020年这三大支出占比有可能提高到40%～45%,成为城镇居民消费的大头。未来3—5年,由工业主导走向服务业主导,将成为我国经济转型升级不可逆转的大趋势。国内服务消费需求巨大潜力的快速释放,将为甘肃加快发展现代服务业、推动工业转型升级提供有利的市场基础和市场条件。

3.2.6.2 建设丝绸之路经济带为甘肃新时期改革开放提供了重要机遇

丝绸之路经济带上升为国家战略,将甘肃推到了对外开放的前沿,为破解甘肃作为内陆省份对外开放程度低的难题创造了难得的历史机遇。2014年APEC会议在全面启动亚太自由贸易区建设,共建开放型亚太经济格局上达成共识,有望推动丝绸之路经济带进入实质性突破的新阶段。依托在西部地区"坐中连六"的区位优势,甘肃完全有可能成为国家西部沿边大开放、大改革的战略平台,完全有条件在我国新一轮改革开放中赢得先机。

专栏3.2-3 2014年APEC会议在全面启动亚太自由贸易区达成共识

2014年亚太经合组织(APEC)达成共识呼吁推动亚太自贸区建设,共建开放型亚太经济格局。要求继续提升贸易投资便利化和自由化水平,共同构建良性互动、协调发展的开放型亚太经济格局;建议各经济体研究制定私营资本参与基础设施投资的相关政策,全面实现亚太互联互通和联动发展的宏伟蓝图;希望各经济体支持建设亚太开放创新平台,促进全球价值链发展合作,充分发掘经济增长新动力,实现平衡增长。

资料来源:中改院课题组根据资料整理。

3.2.6.3 国家对西部大开发的政策支持处于叠加期,尤其是对甘肃的支持力度逐步增大

近年来,甘肃不仅拥有国家深入推进西部大开发、新一轮扶贫开发、关中—天水经济区规划实施,以及国家支持革命老区、少数民族地区加快发展的政策机遇,还享有国家循环经济示范区等国务院为甘肃省量身定做的扶持政策;国家赋予了兰州新区、华夏文明传承创新区、国家生态安全屏障综合试验区三大综合改革战略平台。相关政策支持内容之多、力度之巨、针对性之强、含金量之高、创造性空间之大,可谓前所未有。

3.2.6.4 全面深化改革的大氛围正在形成

中共十八届三中全会之后,甘肃全省上下迅速形成了全面深化改革、推动转型发

展的共识。2013年12月,甘肃省委出台关于贯彻落实《中共中央关于全面深化改革若干重大问题的决定》的意见,对全面深化改革进行了顶层设计。2014年以来,甘肃改革进程加快的趋势十分明显,围绕丝绸之路甘肃黄金段建设,以开放促改革的氛围正在形成;以兰州新区、华夏文明传承创新区、国家生态安全屏障综合试验区为重点,各项改革并驾齐驱向纵深推进的新格局正在形成,为"十三五"经济体制改革的新突破创造了良好的开局。

3.3 以经济转型升级为目标
——深化经济体制改革的总体思路

从甘肃省情出发,把握国际国内经济转型的客观趋势和时代特征,以经济转型升级为目标落实十八届三中全会精神,到2020年建成比较完善的市场经济体制:

(1)"十三五"是甘肃经济转型升级的关键时期,深化经济体制改革需要把经济转型升级作为主要目标;

(2)把握"两高两低"(工业比重高、服务业比重低;国有经济比重高、民营经济比重低)的现实矛盾,以工业转型升级为重点,把发展现代服务业和激活社会资本摆在经济体制改革的突出位置;

(3)以体制机制创新为动力,以对外开放为抓手,形成市场决定资源配置的新格局,形成打造甘肃经济升级版的市场环境。

3.3.1 经济转型升级的现实需求

"十三五"时期,在加快丝绸之路经济带建设的特定背景下,打造甘肃经济升级版不仅要有国际视野,还要突出自身优势,在国际国内分工体系中找准角色定位,以形成新的竞争优势。

3.3.1.1 经济转型升级的关键在于工业转型升级

(1)以先进制造业为重点的工业转型成为全球经济转型的大趋势。2008年国际金融危机以来,美国与欧盟相继提出"再工业化"战略,重点发展以高科技、高附加值,在产业链中居于核心地位的先进制造业。未来3—5年,以互联网与制造业相结合、通过大数据改造传统工业和发展先进制造业为重要特征,全球将迎来第四次工业革命。无论是发达国家还是新兴经济体,都面临工业转型升级的严峻挑战。

专栏3.3-1 第四次工业革命

德国在2011年举行的"汉诺威工业博览会"上提出了"工业4.0"的大体概念。2013年4月举办的"Hannover Messe 2013"上,由产官学专家组成的德国"工业4.0工作组"发表的最终报告——《保障德国制造业的未来:关于实施"工业4.0"战略的建议》将18世纪引入机械制造设备定义为"工业1.0",将20世纪初的电气化定义为"工业2.0",将始于20世纪70年代的信息化定义为"工业3.0",而将物联网和制造业服务化定义为"工业4.0"。

资料来源:中改院课题组根据资料整理。

（2）发展战略性新兴产业、先进制造业成为我国的国家战略，也成为国内区域经济竞争的新“角力场”。中共十八大报告明确指出“要推动战略性新兴产业、先进制造业健康发展”。近年来，不仅北京、上海、广州、深圳等发达地区高度重视发展战略性新兴产业、先进制造业，而且中西部地区很多省市都明确提出了发展战略性新兴产业、先进制造业的战略目标和战略举措。可以预见，“十三五”时期，国内围绕战略性新兴产业、先进制造业发展的区域经济竞争将日益加剧。

专栏3.3-2　战略性新兴产业与先进制造业发展趋势

战略性新兴产业是指建立在重大前沿科技突破基础上，代表未来科技和产业发展新方向，体现当今世界知识经济、循环经济、低碳经济发展潮流，目前尚处于成长初期、未来发展潜力巨大，对经济社会具有全局带动和重大引领作用的产业。根据战略性新兴产业的特征，立足我国国情和科技、产业基础，现阶段重点培育和发展节能环保、新一代信息技术、生物、高端装备制造、新能源、新材料、新能源汽车等产业。

先进制造业是相对于传统制造业而言，指制造业不断吸收电子信息、计算机、机械、材料以及现代管理技术等方面的高新技术成果，并将这些先进制造技术综合应用于制造业产品的研发设计、生产制造、在线检测、营销服务和管理的全过程，实现优质、高效、低耗、清洁、灵活生产，即实现信息化、自动化、智能化、柔性化、生态化生产，取得很好经济收益和市场效果的制造业总称。主要发展趋势是：

（1）微电子、计算机、信息、生物、新材料、航空航天、环保等高新技术产业广泛应用先进制造工艺，包括先进常规工艺与装备、精密与超精密加工技术、纳米加工技术、特种加工技术、成形工艺和材料改性等先进制造技术和工艺。

（2）机械装备工业、汽车工业、造船工业、化工、轻纺等传统产业广泛采用先进制造技术，特别是用信息技术进行改造，给传统制造业带来了重大变革，生产技术不断更新，设计方法、加工工艺、加工装备、测量监控、质量保证和企业经营管理等生产全过程都渗透着高新技术，CAD、NC和柔性制造技术在制造业中已得到了广泛的应用，使其发生质的飞跃，产生了一批新的制造技术和制造生产模式。

（3）在高新技术的带动与冲击下，装备工业走向机电一体化、人机一体化、一机多能、检测集成一体化，出现机器人化机床、虚拟轴车床、高速模块化机床等新型加工机床，且数控机床走向智能化。

（4）制造技术不断向高加工化和高技术化方向发展，给制造业带来深刻的变革，未来的制造业将进入集柔性化、智能化、敏捷化、精益化、全球化和人性化于一体的崭新时代。

资料来源：中改院课题组根据资料整理。

（3）甘肃需要在发展战略性新兴产业和先进制造业上把握先机。作为西部老工业基地，工业是甘肃经济结构中的“大头”，经济转型升级需要以工业转型升级为基础。如果“十三五”时期在发展战略性新兴产业、先进制造业为重点的工业转型上取得重要突破，就能为整个经济转型升级带来全局性的变化，就有可能形成未来10年的可持续发展能力。一是能够尽快改变“两高一资”(高耗能、高排放、资源型)的经济结构;二是明显提高经济效益和经济运行质量,提高区域经济竞争力;三是通过新型工业化带动人口城镇化快速发展,逐步形成新型工业化、新型城镇化双轮驱动的经济发展新格局。

专栏3.3-3　甘肃发展战略性新兴产业与先进制造业的重点

1. 先进制造业。坚持用高新技术和先进适用技术改造传统产业,拉长产业链条,着力打造石油化工、有色冶金、煤化工、先进装备制造、农产品加工等五大产业集群,提高产业规模和集中度。

2. 战略性新兴产业。要培育壮大新兴产业。立足甘肃资源禀赋和产业基础,积极引进战略投资者,着力培育新能源、新能源装备制造、新材料、生物医药、信息技术等五大新兴产业,全力打造全国重要的新能源及新能源装备制造基地和有色冶金新材料基地。

资料来源:王三运.科学发展转型跨越民族团结富民兴陇为与全国同步进入全面小康社会而努力奋斗——在中国共产党甘肃省第十二次代表大会上的报告.2012年4月24日。

3.3.1.2　工业转型升级对现代服务业的依赖性全面增强

(1)从传统工业向现代工业转型需要以生产性服务业为依托。新一轮工业革命的突出特征是信息、研发、设计、物流、销售等生产性服务业从传统工业中分化出来做精、做专,从而引领传统制造业向高端制造业转型。目前,高端制造业水平较高的国家,生产性服务业占服务业的比重已经高达50%以上。甘肃发展战略性新兴产业、先进制造业,首先需要把生产性服务业摆在突出位置。

(2)资源性产业的转型升级依赖于生产性服务业。甘肃以石化、有色、冶炼为重点的资源性产业转型升级需要利用高新技术服务强化新产品的研发,同时需要通过销售、现代物流等服务开辟国内外市场。

(3)传统加工型企业实现转型升级关键在于发展生产性服务业。“十二五”以来,甘肃以新材料、新能源、先进装备制造、生物和信息技术为重点的5大战略性新兴产业涌现出一批优秀企业,但总的来看,相当多的企业仍分布在产业链低端的制造环节,实现中长期发展更有赖于通过生产性服务业延伸产业链,培育新的竞争优势。

(4)兰州新区需要通过生产性服务业提升新型工业化水平。兰州新区作为我国第五个国家级新区要在西北地区推动新型工业化上扮演重要角色,关键在于通过生产性服务业引领战略性新兴产业、先进制造业集聚发展。

3.3.1.3　发展现代服务业关键是激发社会资本活力和创造力

(1)市场化程度低成为制约服务业发展的突出矛盾。服务业领域的行政管制和行政垄断是制约我国服务业发展面临的普遍问题。由于甘肃传统工业领域多以国有资本为主导,生产性服务业很难从国有企业中分化出来从而提高专业化水平,难以延伸产业链，导致生产性服务业发展明显滞后。因此，能否打破服务业领域的行政管制和行政垄断，成为甘肃发展现代服务业面临的重大挑战。

专栏3.3-4　我国服务业领域的行政垄断

我国服务业领域行政垄断的矛盾十分突出。从全国看，目前民间投资在传统垄断行业和领域所占比重非常低，由此导致服务质次价高。据统计，在全社会80多个行业中，民间投资在电力、热力的生产和供应业中占13.6%，在教育中占12.3%，在卫生、社会保障和社会福利业中占11.8%，在金融业中占9.6%，在信息传输、计算机服务和软件业中占7.8%，在交通运输、仓储和邮政业中占7.5%，在水利、环境和公共设施管理业中占6.6%，在公共管理和社会组织中占5.9%。

资料来源：中改院课题组根据资料整理。

(2)激活社会资本才能真正做大服务市场。从产业发展规律看，现代服务业门类繁多，个性化、差异化程度在三次产业中最高。以社会资本为主更能够灵敏地反映市场需求，更有利于形成公平竞争的服务大市场，提高服务业发展质量。

(3)以社会资本为主才能实现服务业的创新驱动。从国际经验看，高盛、微软、苹果等都是以社会资本为主从小企业到大企业成长起来的。国内的腾讯、阿里巴巴、华为等也都是如此。只有以社会资本为主，经过市场充分竞争才能实现优胜劣汰，才会有服务业的创新发展。

3.3.2　"十三五"经济体制改革的总体思路

以经济转型升级为目标，以现代服务业为引领，以社会资本为主体，以体制机制创新为动力，以对外开放为抓手，走出一条以改革促增长、促转型的新路子，到2020年建立起比较完善的社会主义市场经济体制。

3.3.2.1　以经济转型升级为目标

把推动经济转型升级作为经济体制改革的首要目标，实现市场在资源配置中起决定性作用与经济转型升级的有机结合，加快国资国企改革，突出经济转型升级中的政府有为，打造先进制造业、战略性新兴产业蓬勃发展的制度环境和市场环境。

3.3.2.2　以现代服务业为引领

把服务业市场全面开放作为经济体制改革的战略重点，努力破除服务业领域的行政垄断，释放现代服务业发展潜力和发展空间，充分利用生产性服务业提升传统工业和传统农业，充分利用生活性服务业加快推进人口城镇化进程，形成新型工业化与新型城镇化双轮驱动的新格局。

专栏3.3-5　确立服务业主导地位是产业转型升级的基本方向

消费成为经济增长的内生动力，不仅在于它是经济发展的目的，还在于它能够引领和推动经济结构由工业主导向服务业主导的转型，从而成为稳增长、调结构的原动力。第一，稳增长主要在于通过加大服务业领域的投资，确保消费与投资两旺的势头，抵销出口持续下降可能导致的增长快速下滑；第二，调结构主要在于通过加大服务业领域的投资，实质性提高投资效益和经济运行质量；第三，惠民生主要在于通过扩大服务业领域的投资，使经济增长能够体现在城乡居民最急需的教育、医疗、文化等服务业供给水平的提高上；第四，防风险主要在于通过加大服务业领域的投资，使经济增长摆脱对房地产和传统工业投资的过度依赖，使经济沿着更加均衡、健康的方向发展。

当前，经济转型的主要矛盾在于投资消费失衡，而投资消费失衡又主要表现在服务业领域的投资不足。例如，在制造业和房地产业出现明显过剩的情况下，2010年和2011年，制造业和房地产业固定资产投资两项合计的比重分别高达54.7%和59.1%。教育、卫生、社会保障和社会福利业、文化体育和娱乐业这三大类服务消费需求增长在2005—2010年分别超过15%和32%，但这三大领域的投资比重却长期徘徊在4%左右。无论是经济增长难以反映民生需求，还是产能过剩、房地产泡沫、地方债务风险，都和投资结构与消费升级的结构不匹配直接相关。在投资与消费需求升级结构不匹配的条件下，投资收益率持续下降、经济运行系统性风险增大是难以避免的。

尽管2013年我国服务业占比达到46.1%，首次超过第二产业。但这一比例不仅低于高收入国家(平均值为68%)、中等偏上收入国家(平均值为60.4%)，而且低于中等偏下收入国家(平均值为53.5%)。国家“十二五”规划要求，5年内服务业在GDP中的占比提高4个百分点，到2015年达到47.2%。按照目前的发展速度，到2015年服务业占GDP的比例将会达到50%左右，超过原定目标3个百分点左右。考虑到服务需求的全面快速增长，以及经济转型的现实需求，建议在“十三五”规划中适度调高服务业的发展目标，将其占比提高5～8个百分点，争取2020年占GDP的比例达到60%左右。

资料来源：迟福林.在走向服务业主导中释放经济增长新动力[N].光明日报，2014-06-04。

专栏3.3-6　国家对发展生产性服务业的新要求

2014年，国务院关于《加快发展生产性服务业促进产业结构调整升级的指导意见》指出：以产业转型升级需求为导向，进一步加快生产性服务业发展，引导企业进一步打破“大而全”“小而全”的格局，分离和外包非核心业务，向价值链高端延伸，推进农业生产和工业制造现代化，加快生产制造与信息技术服务融合，促进我国产业逐步由生产制造型向生产服务型转变。文件指出，现阶段，我国生产性服务业重点发展研发设计、第三方物流、融资租赁、信息技术服务、节能环保服务、检验检测认证、电子商务、商务咨询、服务外包、售后服务、人力资源服务和品牌建设。

资料来源：中改院课题组根据资料整理。

专栏3.3-7　现代服务业对甘肃经济转型升级的引领作用

甘肃处于工业化中期，经济增长主要靠工业转型升级拉动，城镇化对经济增长的拉动作用尚不明显。通过现代服务业的发展，通过3至5年的努力，有望形成工业化与城镇化双轮驱动的新格局。

1. 以发展生产性服务业为重点改造提升传统产业。重点发展现代物流业、金融服务业、科技服务业、信息服务业、商务服务业，带动传统工业向高端制造业的转型升级；积极发展农村生产性服务业，加快构建和完善以科技、金融、信息、销售、农产品质量安全和标准为主体的农业社会化服务体系，实质性提升农业现代化水平。

2. 以发展生活性服务业加快人口城镇化水平。重点发展旅游业、商贸服务业、社区服务业、文化产业，加快推进城乡基本公共服务一体化。形成生活性服务业与人口城镇化的良性互动，通过发展生活性服务业集聚城镇人气，吸引农村转移人口城镇化，通过人口城镇化带动生活性服务业的快速发展。

资料来源：中改院课题组根据资料整理。

3.3.2.3　以社会资本为主体

社会资本应成为推动甘肃经济转型升级的主体力量，把激发社会资本活力和创造力、提高社会资本比重作为检验市场化改革成效的重要标准。在国资国企改革中重点强化非公经济参与，注重通过建立现代市场体系打破行政壁垒和行政垄断，形成有利于非公经济发展的政策与体制环境，催生一大批具有较强创新能力的非公有制企业，走出一条符合甘肃实际的混合所有制发展新路子。

3.3.2.4　以体制机制创新为动力

以处理好政府与市场关系为主线创新体制机制，立足于发挥市场在资源配置中的决定性作用和更好发挥政府作用，深化以简政放权为重点的政府改革，牵引全面改革和全方位的体制机制创新，在坚持和完善基本经济制度、加快完善现代市场体系、深化财税体制改革、健全城乡发展一体化体制机制等方面取得新突破，形成政府、市场和社会各方面积极推进经济转型升级的动力、合力与活力。

3.2.3.5　以对外开放为抓手

把握丝绸之路经济带建设的历史机遇，充分发挥“坐中连六”和战略通道的区位优势，将丝绸之路经济带甘肃段打造成为大开放、大改革的战略平台，形成以开放倒逼改革的新局面，实现提升开放型经济水平与经济体制改革的有机统一，牵引整个经济体制改革的新突破。

3.3.3　以深化改革实现经济转型升级的总体目标

工业转型升级取得重要突破，中高速经济增长态势基本形成，现代服务业加快发展的市场环境基本形成；市场化改革取得决定性成果，非公经济比重大幅提高；以人口城镇化带动城乡一体化，推动区域经济均衡发展的态势初步形成；以形成环境治理市场机制为重点，生态文明制度建设取得实质性突破；丝绸之路经济带建设取得重大突破，基本形成开放型经济的新格局；到2020年，政府与市场关系基本理顺，初步形成公共服务型政府的制度框架，建成比较完善的市场经济体制。

3.3.3.1　以体制创新实现中高速的经济增长

着眼于可持续增长能力的提高，立足于发挥市场在资源配置中的决定性作用和更好发挥政府作用，围绕处理好政府与市场关系创新体制机制，形成经济增长的内生动力，通过2至3年的努力，使经济增长速度明显高于全国，到2020年，使人均GDP不低于4.5万元，接近全国平均水平。

专栏3.3-8　甘肃省GDP增速的不同预测

1. 根据《甘肃省全面建设小康社会统计监测研究报告(2012)》：甘肃要实现2020年人均GDP达到31400元的全面小康目标，2012—2020年，人均GDP的不变价年均增速需达到10.2%以上(按人口年均增长千分之七测算)，而GDP的可比价年均增速需达到11%以上，其现价平均增速需达到16.7%左右。

2. 2010年7月，国家发改委副主任杜鹰表示：下一个10年西部地区发展上“三个台阶”的目标是使西部地区经济实力上一个大台阶。初步规划到2015年西部地区经济生产总值比2008年增一倍，也就是今后这几年，西部地区的经济增长速度都要保持在10个百分点以上，2020年基本实现小康。

3. 据国家发展和改革委员会经济研究所预测：甘肃省的经济增长主动力为农业型经济和装备制造型经济，预计“十三五”末期，二者对经济增长的贡献分别为35.4%和64.6%。其测算结果为，“十二五”末期，甘肃省人均GDP将达到5846.9国际元，经济减速的概率很低，参考典型经济体的发展经验，预计甘肃省“十三五”时期的平均经济增速为9.1%左右。

4. 据中改院课题组预测：2013年，甘肃省GDP总量为6268亿元，人口总量为2582万人，人均GDP为2.4万元。如果经济转型升级顺利的话，“十三五”甘肃省经济增长速度可能达到10%，到2020年，甘肃省GDP总量将超过1.1万亿元，按照未来几年甘肃省人口预测，到2020年，甘肃省人均GDP有望达到4.19万～4.46万元，与全国平均水平的差距将明显缩小。

表3.3-1　2020年甘肃省GDP与人均GDP预测

年份	GDP(亿元)	人口(万人)	人均GDP(万元)
2013	6268	2582	2.4
2014	6801～6864	2592	2.62～2.65
2015	7379～7515	2601	2.84～2.89
2016	8006～8229	2611	3.07～3.15
2017	8687～9011	2620	3.32～3.44
2018	9425～9867	2630	3.58～3.75
2019	10226～10804	2640	3.87～4.09
2020	11095～11831	2650	4.19～4.46

资料来源：中改院课题组根据资料整理。

3.3.3.2　产业转型升级取得重要突破，现代服务业加快发展的市场环境基本形成

到2020年，基本形成服务业市场对内对外全面开放的新格局，通过现代服务业推动先进制造业和现代农业发展取得明显成效，产业结构优化成效显著，形成具有甘肃特色和比较优势、具有国际竞争力的现代产业体系和产业集群，建成全国重要的新能源基地、矿产资源深加工基地、西北地区现代服务业基地、丝绸之路文化旅游基地。争取到2020年，服务业占GDP的比例达到50%左右，服务业就业占比达到40%以上，生产性服务业占服务业的比重达到50%左右，占GDP的比重达到25%左右。

专栏3.3-9　甘肃服务业发展预测

2013年，甘肃省服务业占GDP比重为40.7%，服务业就业比重仅为23.9%，与服务业发展水平还不相适应。2013年，甘肃省政府出台《关于加快生产性服务业发展的实施意见》，提出："到2015年，全省生产性服务业增速高于全省工业经济增速，年均达到20%以上；生产性服务业增加值在2010年的基础上翻一番，占服务业的比重达到40%左右，占GDP的比重达到15%左右。"

按照与"十二五"同样增速预测，到2020年，甘肃服务业占GDP比重有望超过50%，服务业就业占比超过40%，初步形成服务业主导的基本格局。与此同时，随着工业转型升级加快，生产性服务业将加快发展。到2020年，生产性服务业占服务业比重将达到50%以上，占GDP比重将超过20%。

资料来源：中改院课题组预测。

3.3.3.3　市场化改革取得决定性成果，非公经济比重大幅提高

以发展混合所有制为重点的国资国企改革取得重要突破，国有企业更好融入市场经济，破除行政垄断取得重要进展；实现商品（服务）、资源要素价格主要由市场供求关系决定，公共资源领域在确保公益性的前提下放开市场、引入竞争，在矿产、土地、金融、电力、运输等资源配置方面，对非公经济和其他所有制经济实行平等待遇，形成各类市场主体公平公正参与市场竞争的制度环境。到2020年，全省非公经济增加值占全省GDP的比重达到60%以上，非公经济从业人员达到800万人。

专栏3.3-10　甘肃省非公经济发展预测

据统计，"十二五"期间，甘肃省非公有制经济比重由2010年的34.7%提高到2013年的40.5%，低于全国平均水平近20个百分点。

2012年，甘肃省出台《关于推动非公有制经济跨越发展的意见》，提出："到2016年，全省非公经济增加值达到5400亿元以上，占全省国民生产总值的比重达到50 %以上，每年提高2.3个百分点；非公经济从业人员达到500万人。""十三五"期间，甘肃加快非公经济发展，仍然保持"十二五"期间的增速是有可能的。课题组预计：到2020年，甘肃省非公经济增加值占全省GDP的比重将超过60%，非公经济从业人员也将超过800万人，与全国的差距明显缩小。

资料来源：中改院课题组预测。

3.3.3.4 以人口城镇化带动城乡一体化，推动区域经济均衡发展的态势初步形成

深入落实甘肃省委、省政府《关于深入实施“1236”扶贫攻坚行动的意见》，坚持开发式扶贫，切实提高贫困人口市场参与能力，扩大市场参与机会，推动农村土地制度、城乡公共服务、户籍制度联动改革，形成农村转移人口城镇化的制度安排。到2020年，基本实现城乡基本公共服务均等化，中小城镇全面取消户籍制度，中等城市户籍制度基本放开，全面实施居住证制度，全省城镇常住人口达到1350万人以上，常住人口城镇化率达到51%。

专栏3.3-11 “1236”扶贫攻坚行动目标

所谓“1236”，是指“一个核心”，即持续增加贫困群众收入，确保贫困地区农民人均纯收入增幅高于全省平均水平以上；“两个不愁”，就是稳定实现扶贫对象不愁吃、不愁穿；“三个保障”，即保障扶贫对象义务教育、基本医疗和住房；“六大突破”，就是基础设施建设、富民产业培育、易地扶贫搬迁、金融资金支撑、公共服务保障、能力素质提升突破。主要目标是：

（1）基础设施建设。到2018年所有贫困村通沥青（水泥）路，通班车。到2016年，贫困地区自来水入户率达到80%以上；解决现有1.84万户8.3万人的无电问题，实现动力电到所有贫困村。到2020年，贫困地区自来水入户率达到95%以上；适宜地区沼气、太阳能等清洁能源得到普及。

（2）富民产业培育。到2016年，实现村有主导产业、户有增收门路、劳动者有增收技能，农民从非农产业中获取的收入超过50%。到2020年，初步建成种养加、产供销协调推进的多元富民产业体系。

（3）易地扶贫搬迁。到2017年，力争对有搬迁条件和意愿的23.7万户112万人完成搬迁，确保搬得出、稳得住、能发展、可致富。

（4）金融资金支撑。到2016年，实现金融机构对空白乡镇的全覆盖。到2020年，新增存款可贷资金85%以上用于支持当地发展，形成覆盖所有贫困村的多层多元金融服务体系。

（5）公共服务保障。到2016年，50%的建制村有标准文化活动室；农村低保、五保供养、新农保和临时救助制度进一步完善，确保所有困难群众生活标准高于国家扶贫标准；新农合参合率稳定在95%以上。到2020年，基本实现每个片区县县有图书馆、文化馆，乡镇有综合文化站，建制村有综合性村民活动中心，农村社会保障和服务水平达到或接近全省平均水平。

（6）能力素质提升。到2016年，实现新增“两后生”培训全覆盖。到2020年，实现所有劳动力技能培训全覆盖，每个贫困家庭至少有一人拿到技能资质证书。

资料来源：《中共甘肃省委甘肃省人民政府关于深入实施“1236”扶贫攻坚行动的意见》，2013年9月17日。

3.3.3.5 以形成环境治理的市场机制为重点，生态文明制度建设取得实质性突破

以构建完善的生态文明制度体系为重点加快国家生态安全屏障综合试验区建设。加快资源要素价格改革和环境成本内部化改革，率先在全国建立起资源环境市场

体系、价格体系，建立能够反映市场供求关系、资源稀缺程度和环境损害成本的资源性产品价格形成机制；在完善政府生态环境保护责任体系的同时，突出市场机制、社会机制建设，调动市场力量、社会力量建立功能完备的环保产业体系，形成生态环境治理的长效机制。到2020年，生态保护和生态补偿机制基本建立，生态环境质量明显改善，可持续发展能力明显增强，建成黄河上游、长江上游、河西内陆河和黄土高原四大生态安全屏障，全省各类生态系统得到有效保护、森林覆盖率达到16%以上，工业污染排放达到国家标准。

专栏3.3-12　甘肃省生态环境指标预测

从现实情况看，甘肃省生态环境比较脆弱，建设国家生态安全屏障综合试验区面临压力也比较大。据统计，“十二五”以来，甘肃节能减排进展顺利，单位地区生产总值能耗年均下降3.25%；非化石能源占一次能源消费比重由2010年的13.5%提高到2012年的17.4%，接近《规划纲要》确定的5年达到18%的目标；2012年，森林覆盖率达到13.42%。

结合《甘肃省加快转型发展建设国家生态安全屏障综合试验区总体方案》，到2020年，甘肃省单位GDP能耗将控制在1吨标准煤/万元以下；非化石能源占一次能源消费比重提高到30%以上；森林覆盖率达到16%以上；城市绿地率达到30%以上；城市绿地覆盖率达到35%以上；人均公共绿地面积达到10平方米左右。

资料来源：中改院课题组测算。

3.3.3.6　丝绸之路经济带建设取得重大突破，基本形成开放型经济的新格局

用改革的办法创新开放模式，对内对外开放并举，将丝绸之路经济带甘肃段建设成为联结大西北、面向中亚开放的战略枢纽，在推动中国—中亚自由贸易区建设中扮演核心角色，基本建成开放型经济新体制，到2020年，使甘肃与中西亚国家之间的进出口总额达到100亿美元；全省对外依存度达到20%以上。

专栏3.3-13　甘肃省外贸情况预测

从总的情况看，“十二五”前两年甘肃外贸进出口总额年均增长9.92%，与“十二五”规划确定的年均增长16%的预期目标有着较大的差距。“十三五”期间，甘肃如果能抓住丝绸之路经济带建设的重大机遇，加大对外开放进程。到2020年，甘肃全省外贸总额有可能超过370亿美元，年均增长超过20%；外贸依存度有望超过20%，实现倍增。

2012年甘肃省与中西亚贸易往来11.6亿美元，占甘肃全省进出口总额的13%；2013年甘肃与中西亚贸易往来15.06亿美元，增长近30%，占全省外贸总额的14.7%。“十三五”期间，甘肃如果能继续与中西亚国家保持如此的贸易增速，到2020年，甘肃与中西亚国家之间的外贸总额有可能超过100亿美元，占全省外贸总额比重将超过25%。

数据来源：中改院课题组预测。

3.3.3.7 政府与市场关系基本理顺，初步形成公共服务型政府的制度框架

到2020年，完成简政放权改革，推动政府向市场放权、向社会放权基本到位，政府直接配置资源的领域和范围大大缩小，基本完成经济增长方式由政府主导向市场主导的转变，初步建成公共服务型政府的制度框架，政府成为创造良好市场环境、提供优质公共服务的主体。

表3.3-2 甘肃省“十三五”经济体制改革主要指标预测

指 标	2013年(实际)	2020年(预期)	年均增长(%)	指标属性
地区生产总值(亿元)	6268	11095	>8.5	预期性
人均生产总值(亿元)	24296	41900	>8.1	
第三产业比重(%)	40.2	50	[10]	
第三产业就业比重(%)	29.1	40	[11]	
全社会固定资产投资(亿元)	6407	23000	>20	
地方财政收入(亿元)	606.5	1600	>15	
城镇化率(%)	40.1	51	[10]	
城镇登记失业率(%)	2.68	<4	—	
城镇居民人均可支配收入(元)	18965	41926	12	
农村居民人均纯收入(元)	5108	14436	16	
外贸进出口总额(亿美元)	102.3	370	20	
全省常住人口数(万人)	2582	2650	<0.7	
单位生产总值能耗降低(%)	—	<1	—	约束性
非化石能源占一次能源消费比重(%)	17.4	>30	1.5	
森林覆盖率(%)	13.42	16	[2.6]	

注：“[ ]”表示累计增长。

3.4 以处理好政府与市场关系为主线
——深化经济体制改革的重点任务

“十三五”甘肃深化经济体制改革需要按照国家统一部署推进全国具有共性的改革，更需要立足省情、突出重点，使经济体制改革的具体步骤能够聚焦到解决本省经济转型升级的突出问题上：

(1)以处理好政府与市场关系为主线深化市场化改革；

(2)把扩大非公经济参与空间作为深化国企改革、发展混合所有制的重点，着力营造民营经济发展的良好制度环境；

(3)加快服务业市场全面开放，充分发挥市场在推动产业结构转型升级中的决定性作用；

(4)以推进各类所有制企业平等竞争使用生产要素为重点建立现代市场体系，着力打破区域市场分割。

3.4.1 政府与市场关系面临的重大挑战

从实践看，处理好政府与市场关系，解决制约经济转型的深层次体制性矛盾与问题，是甘肃加快经济转型升级和实现创新驱动的客观要求。

3.4.1.1 国有经济主导的特点比较突出

转型升级首先要求通过处理好政府与市场关系明确国有资本定位，使国有经济能够在推动经济结构调整中发挥重大作用。问题在于，甘肃国有经济比重过高，难以适应市场需求变化，国有经济结构调整缓慢，使得整个经济结构调整缓慢。从甘肃省属国有企业的布局看，大多数分布在竞争性工业领域，这不仅不利于社会资本参与，还使得经济转型升级迫切需要的功能类、公共服务类国有企业发展严重不足。例如，作为政府投融资平台的功能类国有企业难以做大，导致全省交通道路等基础设施建设滞后；公共服务类国有企业比重过低导致人口城镇化滞后，由此使经济转型缺乏基础条件支撑。

3.4.1.2 社会资本参与程度不高

社会资本参与不足既是甘肃经济转型升级的重大挑战，也是处理好政府与市场关系的重大挑战。由于甘肃财政盘子不大，基本上还是“吃饭财政”，“十三五”时期，政府很难继续通过向国有企业大幅度追加投资发展经济，如果社会资本参与度没有实质性提高，经济转型升级会相当困难。尤其是在全国大市场逐步统一的特定背景下，社会资本在本地参与不足，就会出现资本外流现象。因此，能否创造良好的营商环境，集聚社会资本发展本地经济，归根结底取决于能否处理好政府与市场关系。

3.4.1.3 服务业市场开放不足

以经济转型升级为主线处理好政府与市场关系迫切要求释放现代服务业发展的市场潜力。当前的突出矛盾是，甘肃无论是生产性服务业还是生活性服务业，市场开放程度还比较低。从生产性服务业看，多数领域由国有大型企业垄断经营、管制经营或限制经营，社会资本进入面临“玻璃门”；从生活性服务业来看，教育、医疗、养老、文化等领域，社会资本进入还需要通过繁琐的行政审批。

3.4.1.4 区域市场壁垒仍然存在

通过城市群组团式发展优化资源配置，带动经济转型升级成为我国新时期地方经济发展集聚国内外生产要素、增强竞争优势的重要手段。甘肃在此方面的需求尤为迫切，除兰州之外，全省各地级市人口均不超过60万，如果没有区域经济一体化的发展，很难形成城市经济发展的集聚效应和扩散效应。由于地区间存在行政壁垒，一些城市如酒泉与嘉峪关、金昌与武威等，地理上相邻，但经济发展的关联度不高。

3.4.2 以处理好政府与市场关系为主线的改革思路

把握甘肃经济转型升级的大趋势，处理好政府与市场关系，把激发社会资本活力作为市场化改革的重点，带动经济体制改革的全局性突破。

3.4.2.1 把激发社会资本活力作为市场化改革的重点

激发社会资本活力牵动影响全局：①激发社会资本活力是甘肃经济转型升级的焦

点问题，也是处理好政府与市场关系的焦点问题；②就经济体制而言，甘肃与全国相比，最大的差距是社会资本参与程度，通过改革提升社会资本参与程度的潜力最大；③从我国多年来的改革实践经验看，没有社会资本参与，单纯推动国有企业的存量改革很困难；④未来2至3年在激发社会资本活力上取得新突破，就能为甘肃增长、转型和改革带来全局性的积极变化。

3.4.2.2 以扩大社会资本参与为重点发展混合所有制

把扩大社会资本参与作为分类推进国资国企改革、发展混合所有制的重点：①适应丝绸之路经济带建设对改善交通道路等基础设施需求增长的趋势，通过扩大社会资本参与做大做强功能类国有企业；②适应教育、医疗、养老、文化等公共需求全面快速增长的客观趋势，通过扩大社会资本参与提升公共服务类国有企业比重；③对于竞争类国有企业，重点发展社会资本控股的混合所有制，在推动战略性新兴产业和先进制造业发展中扮演重要角色。

3.4.2.3 服务业市场对社会资本全面开放

开放一切可以开放的服务业市场，全面实现社会资本在服务业领域的“非禁即入”，放开生活性服务业与生产性服务业对社会资本的准入限制，争取到2020年，使社会资本成为推动服务业发展的主体力量，充分释放服务业发展和创新的潜力。

3.4.2.4 以促进各类所有制企业平等竞争使用生产要素为重点建立现代市场体系

着眼于使各类所有制企业平等竞争使用土地、金融、矿产资源等生产要素，推动资源要素市场化改革，彻底打破区域市场分割的局面，建立统一、开放、竞争、有序的现代市场体系，争取通过2至3年的努力，在推动省内区域经济一体化上取得重要突破；通过3至5年的努力，在联结西北四省的区域经济一体化上扮演重要角色。

3.4.3 以激活社会资本为目标的市场化改革重点任务

围绕激发社会资本活力，以发展混合所有制为重点深化国企改革，进一步形成民营经济创新创业的制度环境，全面放开服务业市场，加快建立统一的市场体系，大幅减少政府对资源的直接配置，从制度上保障市场在资源配置中起决定性作用。

3.4.3.1 以发展混合所有制为重点深化国资国企改革

（1）以扩大非公经济参与空间为重点放大国资国企在经济转型升级中的作用。扩大功能类国有企业的非公经济参与，服务于甘肃重大基础设施加快建设的大局，将功能类国有企业重点布局在政府投融资平台上，通过鼓励非公经济参与做大做强，形成一批引领甘肃基础设施建设的旗舰企业集团；扩大公共服务类国有企业的非公经济参与，服务于甘肃人口城镇化的大局，重点加强城乡公用事业、公共服务领域的国企改革，在供水供气、公交管网、市政公用等城镇公用事业领域，以及教育、医疗、养老、文化等公共服务领域，广泛吸纳社会资本参股，形成一批公益性强、专业性强的旗舰企业集团；扩大竞争类国有企业的非公经济参与，适应于工业转型升级和丝绸之路经济带建设的大局，对金川公司、酒钢集团、兰州石化等竞争性领域的国有企业，突出主业，进军高端领域，积极引入股权投资基金参与国有企业改制、资产重组、国际并购，通过广泛吸纳国际国内资本做大做强做优；在资源开发、精深加工、特色优势产业形成一批代表甘肃经济实力、具有国际竞争力、能够面向中亚“走出去”的旗舰企业集团。

(2)以调整优化国有资本布局带动国企改革。组建全省国有资本运营公司，以管资本为主完善国有资产管理体制，提高国有资本证券化率，通过股权管理的方式，对全省国有资本进行动态管理；推动国有资本从一般竞争性领域退出，凡民营资本和外资能够经营得更好的产业领域，国有资本原则上退出，发展非公经济控股的企业；将部分竞争性领域退出的国有资本转移到功能类国有企业中去，扩大功能类国有资本比例，使功能类国有资本的增长速度明显高于国有资本扩张速度；将部分竞争性领域退出的国有资本转移到公共服务类国有企业中去，扩大公共服务类国有资本比例，使公共服务类国有资本的增长速度明显高于国有资本扩张速度。

(3)引导非公经济参与国有企业改制重组。鼓励非公有制企业通过并购、控股、参股等多种形式参与国有企业改革，鼓励各类投资主体通过出资入股、股权收购等多种形式参与国有企业改制重组或国有控股上市公司增发股票；对已经实施破产的国有企业，在妥善安置职工的前提下，引入非公经济参与国有企业改制重组，实现国有资本、集体资本和非公有资本等交叉持股、相互融合；对于一般竞争性行业，国有企业通过出让股权、兼并重组等方式大力吸引非公有制资本投资入股，支持各类国有资本投资项目吸收非国有资本参股；尽快出台员工持股相关实施细则，支持混合所有制经济实行企业员工持股，形成资本所有者和劳动者利益共同体。

(4)发展社会资本控股的混合所有制。将国有独资形式的企业严格限定在涉及国家安全的少数国有企业和国有资本投资公司、国有资本运营公司；将国有绝对控股的企业严格限定在涉及国民经济命脉的重要行业和关键领域；一般竞争性领域原则上由社会资本控股，对于国有资本不得不进入的竞争性领域，在重大关键项目孵化成功之后，国有资本逐步退出，最终实现民营经济控股；对于社会资本难以实现公益性的领域，国有资本采取相对控股；对于社会资本能够实现公益性的领域，允许社会资本控股。

(5)推进国有企业去行政化改革。加快建立有别于党政领导干部、符合市场化要求的企业领导人员选用新机制，加快企业经营者市场化选聘、职业化从业的步伐；对功能类国有企业和公共服务类国有企业，按照公益性目标决定企业领导人的任免；对竞争类国有企业，按照国有资本保值增值目标决定企业领导人的任免；建立与国有企业分类管理相适应、与选任方式相匹配的差异化薪酬分配制度；建立健全延期支付和追索扣回制度，严格经营投资损失责任追究；合理确定并严格规范国有企业管理人员薪酬水平、职务待遇、职务消费、业务消费。

(6)健全公司法人治理结构。以权责清晰、运转协调、制衡有效为目标，建立健全股东(大)会、董事会、监事会和经营管理层，健全协调运转、有效制衡的法人治理结构；对于竞争类企业，积极推进以外部董事占多数的董事会建设，强化董事会专门委员会功能，董事长为法定代表人，可兼任党委书记，与总经理分设；对于功能类和公共服务类企业，国有多元投资企业原则上董事长为法定代表人，经法定程序可兼任总经理，与党委书记分设，非多元投资企业可设1名执行董事任法定代表人兼任总经理，与党委书记分设；国资监管机构委派或推荐监事会主席和外派监事，与企业职工监事组成企业监事会，实行“外派内设”相结合的监督制度，国有独资和国有控股企业由国资监管机构外派财务总监；健全国有企业各项规章制度，包括企业投资管理、财务管理、产权管理、风险管理等专项管理制度，实现国有企业管理公开透明。

(7)实现国有资产管理体制改革的重大突破。推进国有资产资本化，改革国有资本授权经营体制；组建若干国有资本运营公司，支持有条件的国有企业改组为国有资本投资公司；在功能类和公共服务领域，国有资本可以委托专业投资控股机构来投资，以实现特定的公共目标；在一般性竞争领域，国有资本可以委托专业的社会性投资机构运作，提高国有资本投资收益；按功能类、公共服务类和竞争类三个类别对国有企业实行分类监管，功能类、公共服务类按照公益性目标监管，竞争类按照盈利目标进行监管，建立“国资监管机构—国有资本运营、投资公司—国有企业”三层架构的监管模式；到2020年，省级经营性国有资产总量力争实现翻番，省级国有资本收益上缴财政的比例达到30%。

专栏3.4-1 甘肃国资国企改革四大约束性指标

1. 国资监管体制进一步完善。2020年省级经营性资产总量实现翻番，省级国有资本收益上缴财政的比例达到30%。

2. 现代企业制度进一步健全。2017年前，国有企业全部完成公司制股份制改革，2020年国有经济中混合所有制比重达到60%左右，省级经营性国有资产的证券化率超过50%。

3. 国有经济布局结构不断优化，国有资本向优势高效企业倾斜，向重点工业园区集中。80%以上的新增国有资本投向战略新兴产业、基础设施、公共服务和外向型经济四大领域。

4. 国有企业发展质量明显提升。全力打造一批千亿元企业、千亿元产业，力争到2020年有10户左右省属企业进入中国500强。

资料来源：甘肃省委、省政府，《关于进一步深化国资国企改革促进企业发展的意见》，2014年9月。

3.4.3.2 营造民营经济创新创业的制度环境

(1)把握丝绸之路经济带建设客观趋势改善营商环境。考虑到甘肃在丝绸之路经济带建设中居于中枢地位，甘肃首先要在西北地区通过集聚社会资本和高级人才加快发展，进而使本省的营商环境能够满足与中亚投资贸易便利化的要求；通过三年左右的努力，使甘肃的营商环境在西北五省中处于领先地位，为吸引国内社会资本集聚创造良好的制度平台；通过五年左右的努力，打造国际化的营商环境，使甘肃在推动以丝绸之路经济带为重点的沿边开放中扮演重要角色。

(2)以打破行政垄断为重点拓宽民营资本投资空间。在电力、电信、石油、民航、邮政等领域破除各种形式的行政垄断，在非自然垄断环节退出一部分国有资本，给民间资本进入这些领域腾出空间；在自然垄断环节，通过BOT、TOT等多种形式鼓励社会资本参与投资；对城市公用事业，尽快健全特许经营制度，形成合理的价格形成机制；利用已有的经营性公用事业资产，以特许经营方式向社会资本、资本市场进行多元化融资，积极引导社会资本参与，有效缓解公用事业建设资金短缺的状况；在交通、能源、城建及社会公用事业等新增加的基础领域重大项目原则上以民营经济参与为主。

(3)做大中小企业发展基金。目前,甘肃和全国各省市区都设立了中小企业发展专项资金。在大幅度增加中小企业财政专项资金的同时,创新基金管理方式,吸纳社会捐赠等资金,扩大基金积累的来源;支持各种形式的私募基金参股、控股中小企业,形成相应的盈利模式,促进中小企业在完善治理结构的前提下发展壮大;充分利用以兰州新区和循环经济示范区为重点的经济战略平台、以华夏文明传承创新区为重点的文化战略平台、以国家生态安全屏障综合试验区为重点的生态战略平台,集中各类优惠政策,建立创新型企业"孵化器"。

(4)发展面向中小企业的债券市场。借鉴山东省青岛市以蓝色海洋经济、潍坊市以农业绿色经济、东营市以黄淮海高效生态经济为依托开展"区域集优债务融资"试点的经验,出台具体方案。建议通过财政专项资金设立偿债基金,围绕丝绸之路经济带特色产业发展,以一定的杠杆率为本地中小企业债务融资项目提供担保,由政府主管部门和人民银行分支机构共同遴选符合条件的地方企业,由中债信用增进投资股份有限公司提供担保,联合银行、地方担保公司和其他中介机构为企业设计切实可行的债务融资服务方案,并为之提供全产品线的金融增值服务;试点发展中小企业集合债券,出台改革试点方案,发展由一个机构作为牵头人、若干家企业一起申请发行债券的中小企业集合债券。

专栏3.4-2　以区域集优债务融资支持中小企业发展

中国人民银行和中国银行间市场交易商协会自2009年开始,在广东、江苏、山东首先试点了区域集优中小企业债务融资。"区域集优"债务融资模式是依托地方政府主管部门和人民银行分支机构,共同遴选符合条件的各类地方企业,由中债信用增进投资股份有限公司联合商业银行、地方担保公司和其他中介机构为企业量身定做债务融资服务方案,并提供全产品线金融增值服务的业务模式。可全面开拓中小企业直接债务融资局面。2014年以来,西安市、昆明市、南昌市等多个省市开始探索"区域集优债务融资"。

与中小企业其他债务融资工具相比,区域集优债务融资具有以下几方面的优势:首先,从地方政府的角度来看,区域集优债务融资能够促进区域产业集群,以此带动中小企业转型发展。在区域集优模式下,当地政府和主管部门参照发债基本条件,根据地方产业规划和政策,遴选区域内产业政策重点支持的中小企业以及政府融资项目,然后出具推荐意见。因此,区域集优债务融资无疑为地方政府规范和引导中小企业发展,提供重要的支撑。其次,从发债主体的角度来看,区域集优债务融资能够提升企业信用状况,降低筹资成本。在区域集优模式下,地方政府成立中小企业直接债务融资发展基金,作为中小企业直接债务融资保障和偿债风险保护,实现对区域集优债务融资的信用风险缓释,以此提升区域集优债务融资信用等级,从而降低发债成本。此外,由于建立了"统一认可的业务标准、统一行动的工作机制、统一执行的审批流程",实现了中小企业的抱团融资,规模效应和协同效应有助于降低企业筹资成本。最后,从投资者的角度来看,区域集优债务融资从总体上降低了发债企业的信用风险,流动性与安全性得到较大提升,从而有利于提升投资者福利。

资料来源:中改院课题组根据资料整理。

(5)大幅减轻中小企业财税负担。对小微企业普遍实行低税率、简税制,以减轻企业纳税负担,推动扩大就业;整合和完善相关就业税收优惠政策,将尽可能多的小微企业纳入就业税收政策覆盖范围;进一步降低小微企业的所得税税率,将目前小微企业20%的所得税税率降为10%;将个人独资企业与合伙企业纳入进来,减小不同类型企业之间税赋差距;允许小规模纳税人抵扣固定资产进项税额,拓宽增值税抵扣链条的覆盖面;将免税范围从当前的企业月销售收入2万元以上提高为5万元以上,以体现企业与个体工商户的区别,同时进一步扩大小微企业技术创新费用加计扣除比例。

(6)严格保护私有产权。建立健全归属清晰、权责明确、保护严格、流转顺畅的现代产权制度,严格禁止任何行政机构不经法律程序剥夺私有产权,从制度上确保公有制经济财产权不可侵犯,非公有制经济财产权同样不可侵犯;完善经济司法制度,确保经济司法领域的公平公正,保证各种所有制经济依法平等使用生产要素、公开公平公正参与市场竞争、同等受到法律保护;探索设立地方知识产权法院,打击各种类型的知识产权侵权行为,保护各种类型的知识产权,形成增强自主创新能力的制度支撑。

3.4.3.3 全面放开服务业市场

(1)降低准入门槛,服务业市场向社会资本全面开放。凡是法律、行政法规未明令禁止进入的服务业领域,全部向外资、社会资本开放,并实行内外资、本外地企业同等待遇;在银行、证券、保险、电信、邮政快递等行业进一步对社会资本放开市场准入。

(2)形成有利于研发、物流、销售、信息等生产性服务业发展的市场环境。以兰州新区为重点打造生产性服务业集聚的战略平台,引导生产性服务业在区域间形成合理的分工协作体系和各具特色的产业集群,实现生产性服务业的区域性集聚发展;消除对民营企业的政策歧视,给予民营企业与国有资本平等的市场经营权,积极吸引民营企业投资生产性服务业,实现生产性服务业的投资主体多元化;放开建筑设计、会计审计、商贸物流等领域内外资准入限制,积极引进内外资发展设计、研发、物流、营销等生产性服务业;积极承接信息管理、数据处理、财会核算、技术研发、工业设计等现代服务业的国际转移;支持有条件的国内企业包括民营企业"走出去",提升与国外高端生产性服务供应商的合作水平;以发展资源能源深加工领域生产性服务业为重点,形成一批产业联盟和研发中心,为传统产业高端化和延伸产业链提供技术支撑;借助高校及科研机构的人力优势及研发能力,形成政府支持、"产学研"一体化的创新体系,培育和发展科技服务中心、创业孵化器、信息服务机构、科技融资机构、科技评估中心、知识产权事务中心、技术产权交易中心、公共科技信息平台等科技创新中介服务机构。

专栏3.4-3 生产性服务业需要依托一个地区集群化发展

从国际上看,生产性服务业往往需要依托一个地区集群化发展。如硅谷的信息服务业集群、华尔街的金融业集群、印度班加罗尔的软件产业集群,以及我国北京中关村信息产业集群、北京金融街金融业集群、上海陆家嘴金融业集群等。

资料来源:中改院课题组根据资料整理。

(3)全面提升文化旅游产业的开放力度。允许外商独资和控股发展文化旅游产业,吸引国际国内知名文化旅游公司到甘肃投资,提高文化旅游业的国际化水平;通过引进战略投资者,打破地区、部门、行业和所有制限制,形成一批具有国际竞争力的文化旅游企业集团;鼓励本地有实力的文化旅游企业加强与中亚国家的合作与交流,加大对外投资,扩大甘肃文化旅游的国际影响;设立出境免税店,对境外旅客实行购物离境退税政策,在切实落实进出境游客行李物品监管的前提下,探索设立进境口岸免税店。

(4)放开教育、医疗、养老、文化市场。允许和支持国外和港澳台地区知名大学、职业教育机构以控股、独资等方式在甘肃设立分校,支持民办教育综合改革试点;允许并支持外商独资办医疗机构,将地方引进的先进医疗技术和医疗设备纳入国家颁布的《鼓励进口技术和产品目录》,享受财政、税收等优惠政策,扩大医疗保险市场开放;推动社会养老体系建设向市场开放,实现养老服务由政府直接提供向主要由民间提供转变,政府建设机构可在明晰产权的基础上实施公建民营,探索以承包、委托运营、合资合作等方式,通过公开招投标,转给社会组织或企业运营。

(5)实现工业与服务业发展政策平等。在兰州新区现代服务业聚集区、敦煌省级旅游综合改革试验区、酒泉国家服务业综合改革试点城市等地区率先探索,实现服务业在用水、用电、用气、用地、价格、税收、资金融通等方面与工业政策平等。

3.4.3.4 加快建立统一的市场体系

(1)以资源要素市场化、环境成本内部化为重点建立生态文明制度体系。加快建立油、电、水、气等要素市场化价格形成机制,积极推进电力用户与发电企业直接交易,积极推进分布式能源发展和地方局域电网建设,推进工业企业阶梯电价制度改革,推进农业水价综合改革和城市水价改革,推行阶梯水价,探索大型灌区推行超定额累进加价制度,完善天然气价格形成机制,推行城市居民阶梯气价;全力推进排污许可证管理试点工作,建立分级分类实施排污许可管理的体制机制,建立健全全省排污许可证管理数据库,推行排污许可和排污权交易,形成符合甘肃实际的排污许可证和排污权交易科学化管理模式,争取2至3年内,明确界定各类生态环境自然资源产权,实现生态环境公共资源配置市场化;各类生态环境保护工程对社会资本全面放开,完善城乡生态环境建设招投标机制,推动生态环境保护市场化、产业化,形成以社会资本为主的投融资体制。

(2)以科技要素市场化为重点创新科技体制。促进科技和金融结合,健全技术创新激励机制,促进科技成果资本化、产业化,鼓励个人以技术入股等形式,参与企业收益分配,加大股权激励比重,建立有效的激励机制,最大限度地调动中高级人才的积极性;强化知识产权运用和保护,完善知识产权保护法规体系;健全技术创新市场导向机制,发挥市场对创新、技术研发方向、路线选择、要素价格、各类要素配置的导向作用;推动“产学研”一体化,围绕战略性新兴产业和先进制造业搭建产业技术创新战略联盟;综合运用买方信贷、卖方信贷、融资租赁等金融工具,引导银行等金融机构加大对科技型中小企业的信贷支持,推广知识产权和股权质押贷款,扩大非上市股份公司代办股份转让系统试点;培育和发展创业投资,支持地方规范设立创业投资引导基金,引导民间资本参与自主创新;加快兰白科技创新试验区建设,以体制机制创新为重点建设兰州、白银国家高新技术开发区,提升先进装备制造、生物医药、新材料、新能源、节能环保等产业和现代服务业的科技创新能力,着力把兰白都市圈打造成全省科技创新核心区。

专栏3.4-4　产业技术创新战略联盟

产业技术创新战略联盟(下简称联盟)是指由企业、大学、科研机构或其他组织机构,以企业的发展需求和各方的共同利益为基础,以提升产业技术创新能力为目标,以具有法律约束力的契约为保障,形成的联合开发、优势互补、利益共享、风险共担的技术创新合作组织。它是实施国家技术创新工程的重要载体。推动产业技术创新战略联盟的构建和发展,是整合产业技术创新资源,引导创新要素向企业集聚的迫切要求,是促进产业技术集成创新,提高产业技术创新能力,提升产业核心竞争力的有效途径。

联盟的主要任务是组织企业、大学和科研机构等围绕产业技术创新的关键问题,开展技术合作,突破产业发展的核心技术,形成产业技术标准;建立公共技术平台,实现创新资源的有效分工与合理衔接,实行知识产权共享;实施技术转移,加速科技成果的商业化运用,提升产业整体竞争力;联合培养人才,加强人员的交流互动,支撑国家核心竞争力的有效提升。联盟的构建,要以国家重点产业和区域支柱产业的技术创新需求为导向,以形成产业核心竞争力为目标,以企业为主体,围绕产业技术创新链,运用市场机制集聚创新资源,实现企业、大学和科研机构等在战略层面有效结合,共同突破产业发展的技术瓶颈。

资料来源:中改院课题组根据资料整理。

(3)建立城乡统一的建设用地市场。在符合规划和用途管制的前提下,探索实行农村集体经营性建设用地与国有土地同等入市、同权同价,加快建立农村集体经营性建设用地产权流转和增值收益分配制度;按照依法、平等、自愿、有偿的原则,依托国有建设用地交易市场,建立统一的城乡土地交易市场;制定集体建设用地使用权收益分配使用管理办法,依法征收农民集体所有土地,提高农民在土地增值收益中的分配比例,因地制宜采取留地安置、补偿等多种方式,确保被征地农民长期受益;赋予农民对承包地占有、使用、收益、流转及承包经营权抵押、担保权能;允许集体建设用地通过出让、租赁、作价出资、转让等方式依法进行流转,用于工业、商业、旅游和农民住宅小区建设等;完善农村宅基地分配政策,在保障农户宅基地用益物权前提下,选择若干试点,慎重稳妥推进农民住房财产权抵押、担保、转让。

专栏3.4-5 重庆地票交易制度

2008年年底，经国务院批准，全国统筹城乡综合配套改革试验区——重庆推出全国首家农村土地交易所，探索农村集体建设用地和城市建设用地指标进行置换的“地票”交易，以解开“城市发展扩张缺乏空间，农村建设用地闲置”的疙瘩。

“地票”交易就是：将农村宅基地及附属设施用地、乡镇企业用地、农村公共设施和公共事业建设用地等建设用地复垦为耕地，产生建设用地指标，这一指标化为抽象的“地票”，然后在交易所交易，可以在全市的范围内、更有价值的地方“落地”，实现农村集体建设用地和城市建设用地指标在重庆市远距离、大范围置换，土地资源得到优化配置。

为了防止以“地票”交易之名行新一轮“圈地”之实，重庆市设计了严密科学的制度：首先，将闲置的农村宅基地及其附属设施用地、乡镇企业用地、农村公共设施和农村公益事业用地等农村建设用地进行专业复垦，经土地管理部门严格验收后，按增加的耕地面积由市土地行政主管部门向土地使用权人发给相应面积的“地票”（实际是“先补后占”）。其次，将“地票”拿到土地交易所内进行交易，购得者可纳入自己的新增建设用地计划，增加等量城镇建设用地。最后，在城市落地使用时，必须符合土地利用总体规划和城乡总体规划，办理征收转用手续，完成对农民的补偿安置。

关于“地票”交易价款的分配，如果是农民宅基地复垦的，农民可得到以下收益：农民的房屋及其附着物按当地征地拆迁补偿标准进行补偿；按复垦区县100平方米乡镇房屋市场价的20%给予农民购房补助；复垦增加的耕地仍由该农户承包耕种。如果是集体经济组织的“地票”（比如乡村公用设施或乡镇企业废弃的建设用地），则按照乡镇国有土地出让金标准给予所有权补偿，主要用于村民的社会保障；在“地票”收益中还将拨付给复垦区县一笔耕地保护基金或用于农村基础设施建设的专项基金。此外，“地票”落户区县还将获得约占“地票”交易总额10%左右的新增建设用地有偿使用费，用于改善当地农村发展条件。

截至2013年12月底，重庆农村土地交易所共交易“地票”13.15万亩，成交额267亿余元，成交均价20.2万元/亩。从重庆的实践来看，“地票”收益反哺了“三农”，增加了农民的财产性收入，有效促进农业和农村经济发展。

资料来源：中改院课题组根据资料整理。

（4）建立城乡统一的劳动力市场体系。将城乡劳动力就业纳入经济和社会发展规划，把控制城乡失业率和增加就业岗位作为政府工作的约束性指标；按照城乡一体化、劳动者平等竞争就业的原则，加强职业教育，加大城乡劳动力开发力度；加快建设以市、县（区）公共职介机构为龙头，以街道、乡镇职业介绍机构为骨干，以民办职业介绍机构和劳务经纪人为补充的，覆盖全省、布局合理、运行有序的劳动力市场服务网络；构建快捷、灵活、多层次、全方位的就业服务网络，完善职业供求信息发布制度，加强就业岗位信息采集、岗位信息发布，为用工单位和劳动者及时提供劳动力资源和有效的岗位信息。

(5)建立统一的金融市场体系。鼓励和支持国内外银行、证券、期货、保险、信托、租赁、基金及各类投资机构来甘肃设立机构、开办业务,积极推动民间资本依法设立中小型银行等金融机构;健全金融市场体系,提高直接融资比重,大力发展各类股权投资基金和产业基金,加快产权交易市场建设;扩大自然灾害保险范围;发展普惠金融,加强对贫困人口、低收入群体和小微企业的金融服务;实施金融企业上市培育工程,推进兰州银行、甘肃银行、华龙证券等本地金融企业上市。

(6)打破区域市场壁垒。加快形成企业自主经营、公平竞争,消费者自由选择、自主消费,商品和要素自由流动、平等交换的现代市场体系,着力清除市场壁垒,提高资源配置效率和公平性;实行统一的市场准入制度,探索对外商投资实行准入前国民待遇加负面清单的管理模式,将外商投资企业合同章程由审批改为备案管理;推行工商注册便利化,取消最低注册资本限制,由"先证后照"改为"先照后证";清理和废除妨碍统一市场形成和公平竞争的各种规定,制定反垄断、反不正当竞争法的实施条例,纠正各类带有垄断或地方保护色彩的优惠政策行为。

3.4.3.5 以人口城镇化为重点推进城乡一体化

(1)以人口城镇化带动城乡一体化。重点解决甘肃人口城镇化率低的突出矛盾,推进以人为本的新型城镇化,把人口城镇化作为统筹城乡发展、贫困人口脱贫的重要途径,走出一条以人口城镇化带动城乡一体化发展的新路。

(2)创新人口城镇化的体制机制。推动农村社区化改造,统筹城乡基础设施建设,加大农村公共服务设施及公共服务体系建设支持力度,推进城乡基本公共服务均等化;允许符合农村危房改造、灾后重建、易地搬迁、生态移民、游牧民定居条件的农牧民,用国家补助资金自愿在城镇购房定居;逐步把符合条件的农村转移人口转为城镇居民;加快户籍制度改革,全面放开建制镇和小城市落户限制,有序放开中等城市落户限制,合理确定大城市落户条件;逐步实现城乡社会保障一体化,建立财政转移支付同农村转移人口市民化挂钩机制;完善城乡土地增减挂钩机制,从严合理供给城市建设用地,提高城市土地利用率。

(3)围绕"1236"行动创新扶贫开发方式。深入推进双联行动,强化双联单位的扶贫职责,组织干部轮流驻村,尽力帮助贫困群众办实事、解难题;整合各类扶贫资金,支持发展草食畜、设施蔬菜、优质林果、马铃薯、中药材、乡村文化旅游等特色优势产业,实施"一县一业"产业对接和"一村一品"产业培育工程;在每个县建立1所各具特色的职业技术学校,推行免费中等职业教育,以就近就地入园入学为重点,优化教育资源配置和布局;提高财政补助标准,用好国家相关政策性金融信贷资金,优先安排产业发展急需和人口较多贫困村的道路硬化,实施小流域综合治理和淤地坝建设,加快农网升级改造和农村危房改造;积极发展村镇银行、小额贷款公司和扶贫资金互助社,加快推进双联惠农贷款、牛羊蔬菜产业贷款、妇女小额信贷、易地扶贫搬迁农户建房贷款、农耕文明贷款等工作;拓展同国家定点帮扶单位和天津、厦门等东西扶贫协作的广度和深度,建立定期沟通会商机制,从政策、项目、资金、人才等多方面争取更大支持。

(4)支持发展现代农业,推进农业产业化发展。推广"龙头企业+基地+合作社+农户"、"合作社+基地+农户"等多种模式发展合作经济,大力扶持发展规模化、专业化、现代化经营，允许财政项目资金直接投向符合条件的合作社，允许财政补助形成的资产转交合作社持有和管护，允许合作社开展信用合作；鼓励各类社会力量兴办经营性农业服务组织，引导工商资本到农村投资发展适合企业化经营的现代种养业及农畜产品加工业，向农业输入现代生产要素和经营模式；形成以公共服务为依托，合作经济组织为基础，企业为骨干，农科教综合服务示范基地为补充，公益性和经营性服务相结合，专项服务和综合服务相协调的新型农业社会化服务体系，为农业生产提供产前、产中、产后全过程综合配套服务；鼓励承包经营权在公开市场向专业大户、家庭农场、农民合作社、农业企业流转，借鉴株洲经验，因地制宜，通过农村土地租赁、承包、发展土地股份合作制等探索现代农业发展的多种模式。

专栏3.4-6　株洲天元区专业合作社首开以土地流转证抵押贷款先河

2009年，天元区共注册农业合作社10家，流转耕地4980亩，林地2040亩；"壹加玖"水果种植专业合作社位于天元区群丰镇，流转土地200亩，作为流转大户，该社在去年葡萄喜获丰收的情况下，急需扩大生产改善设施，为2010年的生产做好准备，但资金的问题却难以解决。

天元区经管办了解"壹加玖"水果种植专业合作社希望以土地流转证作为抵押向银行申请贷款这一想法后，率先向该社发放了"农村土地承包经营权流转证书"。获得流转证书后，该社立即安排人员到天元区信用联社群丰信用社申请贷款。群丰信用社对合作社现场进行了资产评估后，以优惠的利率给该社贷款290万元。

这是全市乃至全省农村信用社第一笔以土地流转证书为抵押物，给农民专业合作社发放的支农贷款。

资料来源：中改院课题组根据资料整理。

专栏3.4-7　株洲以农村土地流转为重点带动现代农业发展的多种模式

自两型社会综合改革实验以来，株洲以农村土地流转为重点带动现代农业发展，形成了规模经营的多种模式，在建设农民幸福家园上取得的新经验值得甘肃学习借鉴。

1. 松西子社区——耕地全部流转，创新"(1+3)X"农村社区治理模式，建设农业公园性社区。株洲县松西子社区由原来的松岗、西塘、子规三个村组成，面积7.85平方公里，人口5136人。探索"(1+3)X"农村社区治理模式，创新管理社区事务。按照都市农业的发展思路，使产业发展生态化。建设千亩蔬菜种植、冷藏、配送基地、生态休闲农庄、月亮湾葡萄庄园、农家乐集群、开心农场等农业生态产业项目。成立湖南松西子实业投资有限公司，居民集体拥有51%的股份，自然人拥有49%的股份，利用市场化运作方式实现资源资产化、资产资本化，对社区全部耕地和山地进行了集中流转和开发。

2. 荷塘月色——以“公司+基地+农户”模式发展生态旅游休闲产业。荷塘区仙庾镇依托景区，实行文化搭台、节会造品牌，打造荷塘月色，大力发展城郊休闲旅游业。组建“株洲荷塘月色管理委员会”专门机构统一管理，成立“株洲金荷投资有限公司”，搭建投融资平台。引进并开发旅游项目15个，其中有“千亩荷花”“千亩蔬菜”“千亩花果”“千亩农庄”等“四千”休闲农业产业基地；有投资8500万元、占地600亩的“耕食记——中国炎帝文化创意农业园”；有投资2.5亿元的五星级“荷塘月色温泉生态大酒店”；有以开心农场为特色的香草会馆等项目。实现农村就地城镇化，农民就地市民化。

3. 伏波生态城——引进城市企业资本，租赁土地经营，连片发展农村新社区。伏波生态城是由湖南伟大集团租赁土地，投资开发建设的大型城市新农村生态社区。伟大集团成立农业发展有限公司，利用租赁到的涉及2个村、610户农户约6平方公里土地（其中耕地1100亩），发展有品位的体验农业、观光农业、绿色农业、休闲农业。充分利用农业公司高效科学的管理运营，为农产品提供销售包装、存储、运输和物流等综合服务。依托项目配套建设和农业创新，解决农村富余劳动力及“农民变市民”后的就业问题。依托城市公园、社区内道路、交通、公交、水电、天然气等市政配套的全面建设与配套，实现城乡基础设施一体化、公共服务均等化。

4. 星光村——偏远贫困地区耕地流转集中经营，为园区配套产业、探索就地城镇化。炎陵县三河镇星光村面积3.56平方公里，人口1445人，2010年被确定为株洲市城乡统筹发展改革示范村。通过“公司+基地+农户”的模式，流转集中经营耕地面积1300多亩，超过了全村耕地面积的80%，实现了土地规模经营。大力发展生态农业，重点建设“一廊三基地”，即建设葡萄长廊风光带，建设无公害蔬菜、香椿、花卉基地。积极发展休闲农业，引进投资2000万元建设集“农业观光、重庆美食、农事体验、休闲度假”于一体的现代农业园，打造独具特色的“十里”生态观光农业示范区，带动周边农家乐等服务项目同步发展。发挥区位优势，积极为邻近的九龙工业园配套产业和服务，发展永丰陶瓷、江陵木业、星光电子等企业。启动建设四个集中建房安置区，引导农民就地转城、就近就业，全村70%以上农民转变为产业工人。

资料来源：中改院课题组根据资料整理。

3.4.3.6 围绕打造“三大战略平台”创新体制机制

（1）把打造“三大战略平台”作为体制机制创新的重要抓手。围绕以兰州新区开发建设和循环经济示范区建设为重点的经济战略平台、以华夏文明传承创新区建设为重点的文化战略平台、以国家生态安全屏障综合试验区建设为重点的生态战略平台，搭建改革平台，在创新体制机制上取得重大突破。

（2）把创新生产性服务业发展体制作为兰州新区开发建设的重点。在兰州新区开展生产性服务业综合改革，重点引进生产性服务业企业，在提高生产性服务业投资便利化程度、加快生产性服务业对内对外开放、建立生产性服务业为重点的高科技产业联盟上先行先试，为全省工业转型升级提供经验借鉴。

（3）国家循环经济示范区要围绕循环经济产业链创新体制机制。《甘肃省国家循环经济总体规划》是国家批准实施的第一个区域循环经济发展规划，在国家循环经济发展上扮演着先行先试的角色。与国际先进标准对接，争取在全国率先建立产业标准，吸引国际国内资本发展循环经济；实现循环经济财政支持制度化，形成政府绿色采购制度；探索建立绿色金融体系，加大对循环经济领域企业的金融支持力度；在以有色金属、新材料为主的金昌循环经济基地、以石油化工、冶金、有色为主的兰白循环经济基地、以清洁能源和冶金新材料为主的酒嘉循环经济基地先行先试，通过建立循环经济产业联盟、建立循环经济产业链多个企业风险共担机制、发展循环经济保险制度等多种渠道，降低企业运营风险。

专栏3.4-8　循环经济产业链

1. 循环经济产业链的内涵。循环经济产业链即生态产业链，是指某一区域范围内的企业，模仿自然生态系统中的生产者、消费者和分解者，以资源（原料、副产品）为纽带而形成的具有产业衔接关系的新型企业联盟。这种产业链通过“原料—产品—废物—原料”的循环过程，将上一个产业（或企业）排出的废物作为下一个产业（或企业）的原料，在具有市场、技术或资源关联的产业（或企业）之间形成链条，实现资源的综合利用，达到经济效益、社会效益和环境效益共赢的目的。

2. 循环经济产业链的类型。根据动力机制的不同，可以将循环经济产业链分为三种类型：

一是市场关联型。即遵循传统产业链运行规律而发展起来的以市场为基础，存在巨大的潜在合作利润的循环经济产业链。由于相互依赖性极强，资产专用度高，合作收益巨大而失信风险也大，这种产业链最终可能会演变成战略联盟。

二是资源关联型。就是围绕某一种自然资源而形成若干产业，以实现对资源的深加工或综合利用而形成的循环经济产业链。对资源的深加工，更多在一个大型企业或企业集团内部；对资源的综合利用，主要出现在多个企业之间。

三是生态化技术关联型。主要是通过生态化技术对副产品或废弃物进行循环再生利用或无害化处理，将不同企业联系起来的循环经济产业链。

3. 循环经济产业链的构建。构建循环经济产业链，可以通过接通产业链和延伸产业链来实现。接通产业链是指将一定地域空间范围内的产业链和孤环借助某种产业合作形式串联起来。延伸产业链则是将一条已经存在的产业链尽可能地向上游延伸或向下游拓展。产业链向上游延伸一般使得产业链进入到基础产业环节或技术研发环节，向下游拓展则进入到市场销售环节。拓展和延伸循环经济产业链，一方面可以接通断环和孤环，使得产业链上不同企业之间产生了原来所不具备的利益共享、风险共担的新机制和新途径，另一方面衍生出一系列新兴的产业链环，进而增加了产业链附加值。

资料来源：中改院课题组资料整理。

（4）华夏文明传承创新区要重点培育文化市场体系。建立健全文化资本、文化企业、文化产品市场准入和退出机制，鼓励各类市场主体公平竞争、优胜劣汰；创新投融资体制,支持符合条件的国有文化企业上市融资,吸引社会资本参与股份制改造;推动文化企业跨地区、跨行业、跨所有制兼并重组,推动文化资源和要素向优质文化企业、优势文化产业集聚;引导社会资本参与国有经营性文化单位转企改制,以技术、品牌、知识产权等生产要素作价参股,或采取投资、控股、收购、兼并、承包、租赁、托管等形式参与国有文化企业重组,参与重大文化产业项目实施和文化产业园区建设;打造综合性、专项性、区域性文化产品和服务交易平台,拓展文化产品和服务消费领域;有序发展文化产权、版权、人才、技术、信息等要素市场,建立健全文化资产评估体系和文化产权交易市场。

(5)国家生态安全屏障综合试验区要重点探索建立生态环境保护的市场机制。建立系统完整的生态文明制度体系,实行最严格的源头保护制度、损害赔偿制度、责任追究制度,完善环境治理和生态修复制度,用制度保护生态环境;探索稳定沙漠土地承包关系并保持长久不变,延长沙漠土地承包年限至70年到100年,赋予承包者对承包沙地占有、使用、收益、流转及承包经营权抵押、担保权能;出台主要污染物排污权有偿使用和交易管理办法和排污权交易工作规程等系列配套政策,通过2至3年的努力,使排污权交易覆盖到全省所有的工业企业;建立企业环境信用评价体系,包括污染排放、环境守法、公众监督和企业环境管理四大体系的指标,将企业环境信用纳入银行企业征信系统,作为金融机构对企业实施支持贷款、限制贷款和不予贷款的主要依据;争取中央支持建设全国生态环境保护和补偿试验区,探索建立流域水资源补偿和湿地生态补偿机制,扩大补偿范围,提高补偿标准,加大转移支付力度,完善森林生态效益补偿及草原生态奖补制度,为全国生态环境保护和补偿机制建设探路。

3.5 以建设丝绸之路经济带战略枢纽为重点形成开放型经济新格局
——深化经济体制改革的重大突破

把握丝绸之路经济带建设的历史性机遇,找准甘肃定位,打造甘肃大开放、大改革的战略平台:

(1)充分利用甘肃处于大西北中枢的区位优势,做中国—中亚自由贸易区建设的领跑者;

(2)率先形成联结大西北各省、面向中亚的大开放新格局;

(3)使甘肃成为大西北集聚资本、人才、创新要素的战略平台,推动经济转型升级。

3.5.1 甘肃在丝绸之路经济带建设中的突出优势

未来5～10年,我国内陆沿边开放的一个重要趋势是建设中国—中亚自由贸易区。丝绸之路经济带在大西北的建设,将为促成中国—中亚自由贸易区创造有利条件。甘肃最重要的是大西北中枢和大通道的区位优势、能源矿产资源开发的突出优势。

3.5.1.1 中国—中亚自由贸易区将成为丝绸之路经济带建设的重要方向

(1)中国—中亚合作的重要方向是建成中国—中亚自由贸易区。我国与中亚的合作,经历了从"上海五国"到"上海合作组织"的演变。1996年4月26日,中国、俄罗斯联邦、哈萨克斯坦、吉尔吉斯斯坦、塔吉克斯坦在上海成立了"上海五国"会晤机制。2001年6月14日至15日"上海五国"元首在上海举行第六次会晤,乌兹别克斯坦以完全平等的身份加入“上海五国”。上海合作组织成立之初，就提出启动贸易和投资便利化谈判进程，建设中国—中亚自由贸易区的目标。

(2)建设丝绸之路经济带使中国—中亚自由贸易区的战略地位凸显。丝绸之路经济带建设为我国大西北整体对中亚开放提供了重要契机，把中国—中亚自由贸易区作为丝绸之路经济带建设的目标具有多方面的战略意义。中亚是丝绸之路的必经之地，可以使丝绸之路经济带在促进内陆沿边开放上尽快取得成效；中亚地区油气和矿产资源丰富，相关领域投资贸易便利化对缓解我国资源能源短缺具有战略意义；有利于构建和谐的周边环境，并促进我国大西北地区繁荣稳定。

(3)建成中国—中亚自由贸易区是我国内陆沿边开放的大势所趋。2008年国际金融危机以来，双边多边自由贸易成为我国新时期对外开放的重要形式。十八届三中全会《决定》明确提出“要放宽投资准入，加快自由贸易区建设，扩大内陆沿边开放”。2014年APEC北京峰会就亚太经合组织推动亚太自贸区路线图达成共识，同意启动并全面系统地推进亚太自贸区进程。未来1至2年，中国—中亚自由贸易区建设有望全面提速。

专栏3.5-1　习近平主席在2014年APEC会议上提出“一带一路”主张

第一，以亚洲国家为重点方向，率先实现亚洲互联互通。“一带一路”源于亚洲、依托亚洲、造福亚洲，关注亚洲国家互联互通，努力扩大亚洲国家共同利益。“一带一路”是中国和亚洲邻国的共同事业，中国将周边国家作为外交政策的优先方向，践行亲、诚、惠、容的理念，愿意通过互联互通为亚洲邻国提供更多公共产品，欢迎大家搭乘中国发展的列车。

第二，以经济走廊为依托，建立亚洲互联互通的基本框架。目前，中方制定的“一带一路”规划基本成形。这包括在同各方充分沟通的基础上正在构建的陆上经济合作走廊和海上经济合作走廊。这一框架兼顾各国需求，统筹陆海两大方向，涵盖面宽，包容性强，辐射作用大。中方愿同有关国家进一步协商，完善合作蓝图，打牢合作基础。

第三，以交通基础设施为突破，实现亚洲互联互通的早期收获。丝绸之路首先得要有路，有路才能人畅其行、物畅其流。中方高度重视联通中国和巴基斯坦、孟加拉国、缅甸、老挝、柬埔寨、蒙古国、塔吉克斯坦等邻国的铁路、公路项目，将在推进“一带一路”建设中优先部署。只有让大家尽早分享到早期收获，“一带一路”才有吸引力和生命力。

第四，以建设融资平台为抓手，打破亚洲互联互通的瓶颈。亚洲各国多是发展中国家，普遍缺乏建设资金，关键是盘活存量、用好增量，将宝贵的资金用在刀刃上。我在此宣布，中国将出资400亿美元成立丝路基金，为“一带一路”沿线国家基础设施、资源开发、产业合作和金融合作等与互联互通有关的项目提供投融资支持。丝路基金是开放的，可以根据地区、行业或者项目类型设立子基金，欢迎亚洲域内外的投资者积极参与。

第五，以人文交流为纽带，夯实亚洲互联互通的社会根基。中国支持不同文明和宗教对话，鼓励加强各国文化交流和民间往来，支持丝绸之路沿线国家联合申请世界文化遗产,鼓励更多亚洲国家地方省区市建立合作关系。亚洲旅游资源丰富,出国旅游的人越来越多,应该发展丝绸之路特色旅游,让旅游合作和互联互通建设相互促进。互联互通需要大量专业人才,未来5年,中国将为周边国家提供2万个互联互通领域的培训名额,帮助周边国家培养自己的专家队伍。中国也愿派出更多留学生、专家学者到周边国家学习交流。

资料来源:《习近平在"加强互联互通伙伴关系"东道主伙伴对话会上的讲话》,2014年11月8日。

3.5.1.2 甘肃拥有大西北中枢和大通道的区位优势

(1)地处大西北中枢。尽管甘肃与中亚国家并不接壤,但甘肃在联结西北四省中处于中枢位置。从地理位置看,甘肃区位特殊,东西长1655公里、南北最宽处达530公里。地形狭长,东连陕西,通中原腹地;南抵四川,与青藏高原毗邻;西去新疆、青海,直趋中亚、西亚;北上宁夏、内蒙古,与蒙古高原接壤。

(2)拥有交通通道优势。甘肃凭借"坐中连六"的区位优势成为西北铁路网和公路网的中心,是陇海、兰新、包兰、兰青四条铁路干线的交汇点,是国道312线和国道109线的交汇点。特殊的区位优势为建设大西北交通枢纽创造了良好基础条件。

(3)拥有能源矿产资源大通道优势。甘肃是西气东输、西油东送的能源战略大通道和中国西部重要的管廊带,是中亚和新疆的油气资源进入我国内地的中转站,也是西北地区重要的石油石化生产基地,是油气产品进入川渝、中原等地区的重要集散地,在我国能源战略中具有举足轻重的地位。

3.5.1.3 甘肃拥有能源矿产资源开发的突出优势

(1)能源矿产资源丰富。据《2010年全国主要矿产资源储量通报》统计,在已查明的矿产中,甘肃省资源储量名列全国第1位的矿产有12种,居前5位的有29种,居前10位的有58种。

(2)在石油化工、新能源、新材料、有色冶金等方面形成了特色优势产业。依托甘肃丰富的矿产、煤炭、石油、天然气等传统资源,以及水电、风能、太阳能等可再生能源,甘肃在能源资源型产业的加工制造和技术研发方面形成了明显的比较优势。近年来,能源资源型产业朝着战略性新兴产业和先进制造业的方向不断拓展。例如,目前,酒泉市风电开发总规模达到1020万千瓦,光电开发总规模达到3294兆瓦,风光电并网总装机占到甘肃电力总装机的20%,成为全国首个千万千瓦级风电基地和百万千瓦级光电基地。

(3)与中亚地区贸易往来主要集中在能源矿产资源领域。2013年,甘肃与中西亚地区的贸易额达到15.06亿美元,占全省进出口总额的14.7%。其中,进口以铜、铁矿砂等资源型产品为主,出口以装备制造等为主。甘肃涌现出一批对外工程承包企业,积极参与中西亚国家的采矿、道路、石油及天然气管道、住房等项目建设,完成合同金额6.5亿美元。

3.5.2 丝绸之路经济带甘肃段发展的基本思路

以能源矿产资源项下自由贸易区建设为突破口,在联结大西北、面向中亚的自由贸易区建设中扮演重要角色,打造大西北资本、人才、技术等要素集聚的战略平台,促进甘肃全域转型发展。

3.5.2.1 以能源矿产资源项下自由贸易区建设为突破口

(1)能源矿产资源项下自由贸易区的基本概念。能源矿产资源项下自由贸易区是指我国与中亚五国在能源矿产资源方面以自愿结合的方式,就投资与贸易自由化及其相关问题达成合作协定,依据自由贸易协定,协议伙伴国之间对货物进出口给予关税减免优惠。

(2)能源矿产资源项下自由贸易区是中国—中亚自由贸易区建设的现实选择。由于多种客观因素限制,中国—中亚自由贸易区不可能一步到位,能源矿产资源项下自由贸易区符合我国的战略需求。中亚国家具有丰富的石油、天然气、矿产等自然资源,但开发能力有限,更需要与我国合作加强开发和深加工。例如,哈萨克斯坦目前可再生能源利用率不到1%,但哈萨克斯坦政府越来越重视发展绿色能源,出台了《可再生能源法案》,计划到2020年将可再生能源利用率提高到3%以上。可以预见,未来几年,甘肃与其能源合作的空间巨大。

(3)能源矿产资源项下自由贸易区既能够反映甘肃的比较优势,也能反映我国西北五省的比较优势。能源矿产资源开发和深加工是甘肃的比较优势,也是西北其他四省的比较优势,尽快启动能源矿产资源项下自由贸易区建设是与中亚合作比较务实的选择。

3.5.2.2 在联结大西北、面向中亚自由贸易区建设中扮演重要角色

以能源矿产资源项下自由贸易区为起点,联结陕西、新疆、青海、宁夏,促进大西北跨区域经济协作,推动区域经济一体化,强化大西北地区与中亚五国能源矿产资源领域的合作与交流,通过3至5年的努力,逐步扩大与中亚各国多方面的经贸合作领域,奠定中国—中亚自由贸易区的重要基础。

3.5.2.3 打造大西北资本、人才、技术等要素集聚的战略平台,推动经济转型升级

以中国—中亚能源矿产资源项下自由贸易区为依托,充分利用甘肃区位、文化旅游、科技创新、产业基础、劳动力和土地成本较低等比较优势,以产业集群、产业园区、示范基地为载体,将丝绸之路经济带甘肃段打造为大开放、大改革的战略平台,以及大西北资本、人才、技术等要素集聚的战略平台。

3.5.3 丝绸之路经济带甘肃段发展的战略目标

充分发挥甘肃区位、资源、产业、人文等优势,明确发展定位,到2020年,建成“一大战略枢纽、两大战略通道、三大开放改革试验区、四大优势产业基地、五大区域经济组团”。

3.5.3.1 建设一大战略枢纽

到2020年,以甘肃为中心,形成与陕西、宁夏、青海、新疆四省跨区域合作、整体对中亚开放的新格局,做中国—中亚自由贸易区建设的领跑者,建成联结大西北、面向中亚开放的战略枢纽。

3.5.3.2 建设两大战略通道

(1)对接中亚,沟通西北西南,连接中原和东部沿海的交通运输大通道。构筑大路

网、开辟大空港、推进大水运、拓展大通道、发展大物流，实现各种运输方式互联互通，构建连接西北的交通网络，提升面向中亚的通达能力。

(2)连接中亚的能源安全运输大通道。以西气东输、西油东送为重点，建成包括管道、铁路、公路和电网等多种运输方式的立体综合运输网络，以健全的生产和运输功能为要件，以各种能源资源的勘探开发、生产加工、集聚、流动和储备为内容的综合能源输送体系。

3.5.3.3　打造三大开放改革试验区

(1)能源矿产资源项下自由贸易区。争取在能源矿产资源领域与中亚国家开放市场，取消绝大部分货物的关税和非关税壁垒，推动能源矿产资源贸易自由化和投资便利化。通过与中亚国家开展矿产资源开发与加工、油气化工、新能源、装备制造等领域的深度合作，提高甘肃对外开放水平。

专栏3.5-2　我国建设矿产资源自由贸易区的现实需求

中国经济的高速发展增加了对矿产资源的需求，国内矿产资源供给的严重不足，迫使中国从国外大量进口矿产资源。根据WTO统计，2008年中国矿产资源进口值的世界份额已上升到8.48 %，仅次于美国和日本，居世界第三位。然而矿产资源早已成为世界各国争夺的对象，发达国家利用先进的技术、雄厚的资金和对国际事务的主导权，已控制了世界上大部分矿产资源的贸易与开发权，中国矿产资源供给安全形势不容乐观，表现为：

第一，人均矿产资源少，贫矿多，开发成本高。中国矿产资源种类比较齐全，资源总量比较丰富，但人均矿产资源拥有量在世界上处于较低水平，排第53位，仅占世界人均拥有量的58%。铁、锰、铝、铜、铅、锌、硫、磷等矿产资源贫矿多富矿少，小型矿多大型矿少，共伴生矿多单一矿种少，利用难度大，开发成本高。

第二，主要矿产资源对外依存度高。2009年，中国净进口原油1.99亿吨，对外依存度为51.3%；进口铁矿砂6.3亿吨，对外依存度上升到70%；进口天然气78亿立方米，对外依存度为8.7%；近几年，铬矿、锰矿、镍矿、钾盐对外依存度分别稳定在90%、56%、75%、80%左右。

第三，国外供给不稳定。尽管许多矿产资源对外依存度越来越高，但是国外供给却处于不稳定状态。一方面，现货交易多，长期合约少；另一方面，中国虽然是矿产资源进口大国，但议价能力低。中国进口石油价格比欧美国家每桶要贵几美元，即存在"亚洲溢价"，中国其他矿产资源进口价格也存在"亚洲溢价"现象。在国际矿产资源价格不断上涨的情况下，中国进口企业越来越难以承受，有可能被迫放弃进口。

第四，国外以安全为理由抵制中国企业对矿业的投资开发。为了保证矿产资源的稳定供给，近年来中国企业加大了对境外矿业的兼并收购力度，但是遭到一些东道国以国家经济、军事安全为由的抵制。2005年中海油竞购美国尤尼科石油公司过程中，美国参众两院一些议员认为中海油具有中国政府背景，并购对象涉及美国国家战略性资源，威胁美国国家安全。

资料来源：姜鸿，张艺影．中国维护矿产资源供给安全的自由贸易区战略[J]．经济社会体制比较，2011(1)．

(2)敦煌国际文化旅游综合改革试验区。依托敦煌独特的历史文化资源,推动文化旅游业的开放改革,着力提升文化旅游业的国际品质,突出"文化圣殿、人类敦煌"的战略定位,打造更具吸引力的敦煌国际文化旅游名城。

(3)国家生态安全屏障综合试验区。在河西内陆河地区、中部沿黄河地区、甘南高原地区、南部秦巴山地区、陇东陇中黄土高原等五大区域全面推动改革试点,在创新生态文明制度、建立生态补偿机制、探索发展循环经济新机制上先行先试,综合利用财税、投资、产业、金融、国土资源、价格、对口帮扶等政策保护生态环境,在绿色转型上取得实质性突破。

3.5.3.4 打造四大优势产业基地

(1)以能源矿产资源深加工为重点的战略性新兴产业基地。利用甘肃丰富的能源和矿产资源,重点发展镍铜钴、煤制烯烃、石油化工、煤炭等精深加工业,延伸产业链提高产业附加值,建设国家新能源基地、有色冶金新材料基地、国家石化工业基地和石油储备基地,建成辐射整个丝绸之路经济带的优势产业和战略性资源储备基地。

(2)高端装备制造业基地。做大做强以兰州为主的石化通用设备和电机制造基地,以天水为主的输配电设备、数控机床及电子电器制造基地,以酒泉、嘉峪关为主的河西新能源装备制造基地。

(3)以生产性服务业为重点的现代服务业基地。以构建省内城际现代物流配送、西北区域物流集运、国际联运通道三大体系为重点建立现代物流业基地;把握大数据改造传统产业的大趋势,发展信息服务业和科技服务业,打造产业技术创新战略联盟;推进商贸服务业现代化和国际化步伐,积极构建与制造业协调发展、与国内外市场紧密衔接、业态创新、管理先进、功能完善的商贸流通服务体系;促进金融服务业发展,将兰州打造为区域性金融中心。

(4)以华夏文明和丝路文化为特色的文化旅游产业基地。重点打造以敦煌文化为重点的生态文化旅游区、以始祖文化为重点的历史文化旅游区、以黄河文化为重点的现代文化和民族文化产业旅游区;发展文化产业,努力打造一批特色鲜明的文化产业园区和文化产品物流基地,促进文化区域合作,加快发展对外文化贸易,提升文化软实力。

3.5.3.5 形成五大区域经济组团

(1)兰(州)白(银)区域经济组团。以兰州新区和白银工业集中区建设为重点,促进兰(州)白(银)区域经济一体化,有序承接东部产业转移,提升重化工业、新材料、新能源、装备制造业、生物医药和现代服务业等产业发展水平,强化兰(州)白(银)区域经济组团在我国西部石油、化工、有色冶金工业基地的地位,重点打造以石油化工、冶金、有色为主的兰(州)白(银)循环经济基地。

(2)金(昌)武(威)区域经济组团。发挥金(昌)武(威)区域中心城市和大型企业的带动作用,合理布局镍钴生产、稀贵金属提炼加工基地和规模,促进金(昌)武(威)区域经济一体化;通过提高环保准入门槛,延伸产业链条,大力发展后续产业,形成镍钴铜精深加工、粉体材料、金属盐化工和稀贵金属新材料等产业链,打造国家重要的新材料基地；加快金昌与张掖的区域经济对接，张掖要依托循环经济工业园区、国家湿地公园、滨河新区、绿洲现代农业试验示范区和神沙窝城市沙漠公园建设，重点发展生态经济，大力开展生态经济方面的对外合作。

(3)酒(泉)嘉(峪关)区域经济组团。加快酒(泉)嘉(峪关)城市资源和各类要素整合，统一规划和优化城市空间布局，形成钢铁—石油化工一体化的综合生产能力和酒泉—嘉峪关—玉门经济聚团区；以河西新能源基地建设为契机，积极推进能源和资源加工产业融合，大力发展风电、太阳能发电、核能产业及冶金新材料产业，适度发展新能源装备制造业，建设以清洁能源和冶金新材料为主的循环经济基地。

(4)平(凉)庆(阳)区域经济组团。作为"东翼"的两大节点城市，要依托资源优势，实行大区域布局、大企业引领、大项目支撑、大园区承载的总体规划，并按照煤转电、煤电转现代高载能工业、煤油气转精细化工产品的思路，深度链式开发优势资源，拓展煤电、石油等特色产业链条，积极发展能源化工后续产业，建设陇东传统能源综合利用基地和国家级大型能源化工基地。

(5)天(水)成(县)区域经济组团。整合天(水)成(县)资源，优化结构，提升产业发展水平，形成与周边地区相互配套的产业结构；以机械制造、电工电器、电子信息为重点，打造西北重要的装备制造业基地和区域现代物流中心。

3.5.4 丝绸之路经济带甘肃段建设的重点任务

积极推进能源矿产资源项下自由贸易区建设，加快承东启西、互联互通的大通道建设、文化旅游综合改革试验区建设、国家生态安全屏障综合试验区建设，建立与中亚国家多层次的合作交流机制，建立健全甘肃与周边省区的跨区域合作机制。

3.5.4.1 积极推进能源矿产资源项下自由贸易区建设

(1)明确能源矿产资源项下经贸合作的重点。从国际经验看，自由贸易区建设可以从国与国之间最能够达成共识的领域开始。以欧盟的形成为例，最初是从煤炭和钢铁工业一体化而成立的欧洲煤钢联营开始的，以此为起点，逐步形成共同市场，最终发展成为今天的欧盟。从丝绸之路经济带甘肃段的现实看，甘肃与中亚国家在能源矿产资源上的互补性最强，合作的潜力最大。中亚国家能源矿产资源丰富，但以初级加工工业为主。目前，中亚国家对进入本国的矿业投资持积极鼓励的态度，投资环境较好。为此，建议将能源矿产资源开发、能源矿产资源设备出口、基础设施领域、技术和服务贸易作为经贸合作的重点，在探索中国—中亚自由贸易区建设上走出一条具有可操作性的新路子。

专栏3.5-3　从欧洲煤钢联营到欧盟

1950年5月9日，法国外长舒曼向政府提交了对欧洲影响深远的“舒曼计划”。舒曼指出：“煤钢生产的联营将保证欧洲联邦共同基础的建立和发展，还可以改变这一地区长期生产武器使它自己成为牺牲品这一命运”，“这样结合起来的联合生产意味着法、德之间发生战争是不可想象的，而且在物质上也不可能。”舒曼认为如果“把法德的煤钢生产置于一个共同的最高权力机构之下”，便能解决德法矛盾。

“舒曼计划”立即得到了德国的赞同和接受。德国总理阿登纳意识到德国必须考虑法国的民族感情，而且煤钢联营的建立将为德国的产品打入西欧其他国家提供可能。1951年4月18日，法、德、意、荷、比、卢六国政府在巴黎签订了为期50年的《欧洲煤钢共同体条约》，并于1952年7月25日在卢森堡正式生效。欧洲煤钢共同体设有超国家的权力机构——高级管理局，该机构集中了成员国在煤钢领域的管理权，包括制定最低价格和投资政策，规定生产限额以及征税权等。除上述六国外，英国、丹麦、爱尔兰、希腊、葡萄牙和西班牙先后加入，成为正式成员。

欧洲煤钢共同体成立以后，在推进成员国间煤钢经营一体化方面取得了重大的进展。在欧洲煤钢共同体建立的最初几年里，内部贸易增长很快，1952—1955年初，钢产量贸易增长了151%，废铁增长了357%，煤增长了40%，铁矿砂增长了37%。1956年同1952年相比，粗钢生产增长了31%，铁矿砂生产增长了22%。焦炭生产增长了15%。1957年建成欧洲煤钢共同体国家的煤炭和冶金国际化的进程，促进了各成员国经济的发展、就业人口的增长和生活水平的提高。

继欧洲煤钢共同体之后，1957年3月25日，为消除分裂欧洲的各种因素，加强各成员国经济的联合，法、德、意、荷、比、卢六国政府首脑和外长云集意大利首都罗马，在国会大厦举行欧洲经济共同体条约和欧洲原子能共同体条约的签字仪式。后来人们把这两个条约统称为“罗马条约”。该条约标志着欧洲经济共同体的正式成立。“罗马条约”涉及的内容极其广泛，其中中心内容是建立关税同盟和农业共同市场，要求逐步协调经济和社会政策，实现商品、人员、劳务和资本的自由流通。

1991年12月11日在荷兰的马斯特里赫特市通过的《欧洲联盟条约》，标志着欧洲经济与货币一体化和政治一体化进入了新的阶段。欧洲共同体以“欧洲联盟”的新称出现在世界舞台上。

资料来源：刘怡．欧洲的煤钢联营[N]．光明日报，1998-04-13。

专栏3.5-4　甘肃能源矿产资源项下经贸合作重点

1．能源矿产资源开发合作。建议以酒嘉（甘肃）和吐哈（新疆）、兰州新区为重点的自由贸易落地地区，着重开展我国与中亚地区的经济技术合作与自由贸易；鼓励石油化工和矿产资源开发的高新技术企业进入中亚市场，支持金川公司、白银公司、酒钢集团等大型企业及地勘单位参与中亚国家资源勘探开发利用，建立境外原料基地或加工基地；立足中亚地区的能源矿产资源优势，开展能源矿产资源的进口及其精深加工产品的出口贸易。

2. 能源矿产资源设备出口合作。以有色冶金、新材料、石化装备制造、新能源、集成电路封装等为重点,在自由贸易区或者中亚国家探索互利共赢的多种双向合作,"走出去"与"引进来"相结合,促进能源矿产资源的深度开发;加快出口基地建设,加强在中亚及沿线国家的生产销售合作。

3. 基础设施领域的合作。中亚基础设施和建筑业技术落后,对工程机械设备、交通运输设备、建材产品的采购需求巨大。支持甘肃骨干企业,积极承揽中亚铁路、桥梁、建筑、水电等承包工程,以工程换资源。

4. 技术合作。发挥甘肃在石油化工、有色冶金、机械电子和高端装备制造、新能源、新材料、旱作节水技术、高效设施农业、荒漠化防治等领域的技术优势,加强科技交流合作,与中亚国家联合共建研究中心、技术转移中心、农业科技园区、技术推广示范基地;大力开展诸如矿井建设和维护、成套生产设备出口安装维护和生产线建设、矿区生态环境恢复和综合治理等方面的技术服务贸易。

5. 积极发展服务贸易。支持企业转型升级,探索发展生产型服务业和工程项目总承包;立足劳动力资源和素质优势,开展各类劳务输出贸易。

资料来源:中改院课题组设计。

专栏3.5-5 FTA(自由贸易协定)内我国矿产资源获取模式

面对严峻的形势,中国可以在FTA(自由贸易协定)谈判中再做出一些让步,以获取资源国在资源供给数量、价格、合作期限、资源开采权、资源开发企业收购、入股等方面更多的承诺。

1. 中方在关税减让方面做出更多的让步。在矿产资源获取方面,FTA比普通的政府间资源合作协议更为有效。受WTO规则的约束,政府间资源合作协议中,一国不能单方面对另一国降低关税,但是在自由贸易协定中可以。FTA谈判中,中国可以在关税减让方面做出让步,以换取资源国在资源合作方面的让步。一方面,中国可以同意资源国对本国弱势产品少降关税,延长关税保护过渡期,甚至作为关税减让的例外;另一方面,中国应加大自身关税减让的力度。对于中国具有竞争优势的产品和矿产资源产品,可以承诺自协定生效之日起,对来自于资源国的同类产品实施零关税。对于中国竞争力处于劣势地位,但产业相对规模都比较大的产品,也可以承诺自协定生效之日起实施零关税。由于对方国家产业规模相对小很多,对中国同类产品的冲击有限。

2. 中方以技术和资金换取对方的资源。虽然与美国、日本等发达国家相比,中国技术不算先进,但与许多发展中国家相比,中国很多技术还是比较先进,且技术转让价格远低于发达国家。中国在FTA技术合作条款的谈判中,可以提议以中国拥有自主知识产权的先进适用技术交换谈判国的矿产资源。中国多年的经济和出口的高速增长,使中国积累了大量的外汇资金,对发展中国家很有吸引力。长期以来,中国对广大亚非拉发展中国家提供了力所能及的无偿经济技术援助,且没有附加任何政治条件。中国在FTA经济合作条款的谈判中,可以向资源国提供长期优惠贷款,扩大政府无偿经济技术援助的范围与力度,以保障中国的矿产资源供给。

3. 以资源换资源。虽然谈判对象国拥有许多丰富的矿产资源,但也缺乏部分矿产资源。例如,印度铁矿石丰富,但石油、铜精矿依赖进口。中国虽然人均资源量很低,但资源总量很大,部分资源在国际上占据较大的优势,例如,煤炭、稀土、锑矿、钨矿等。资源禀赋的非均衡性成为中国与他国在FTA谈判中开展资源互利合作的基础,两国可以互相为对方提供其急需的资源。

4. 以组合方式换取资源。为了保证资源供给的绝对安全,中国在FTA谈判中,可以把各种方式组合起来。比较可行的组合方式有三种,一是中方在关税减让方面做出更多的承诺,并且提供技术、资金援助;二是中方在关税减让方面做出更多的承诺,并且以资源换资源;三是中方在关税减让方面做出更多的让步,提供技术、资金援助,并且以资源换资源。具体采用哪一种组合,取决于中方的经济承受力、谈判对象国资源的重要性与稀缺性,以及其产品的竞争力、产业规模等。

资料来源:姜鸿,张艺影.中国维护矿产资源供给安全的自由贸易区战略[J].经济社会体制比较,2011(1).

(2)推进重点口岸建设。在丝绸之路经济带甘肃段沿线重要节点城市或区域经济组团设立若干海关特殊监管区,实行"境内关外",健全保税物流、出口加工、服务贸易、金融结算、信息服务等功能。加快兰州新区综合保税区建设,进一步争取设立面向中亚的自由贸易区;尽快建成国家批复的武威保税物流中心,实现封关运营,逐步发展为综合保税区;积极争取在酒(泉)嘉(峪关)、金(昌)武(威)、平(凉)庆(阳)、天水等有条件的地方建设保税物流中心或综合保税区;探索在金川公司、酒钢集团、白银公司等大型企业建立保税工厂模式;以兰州铁路货运中心站、兰州铁路集装箱中心站、兰州公路集装箱中心站、兰州保税物流中心为依托,建设兰州国际港务区。

专栏3.5-6　兰州新区产业发展定位

将兰州新区定位为以现代服务业为引领的西北乃至西部地区重要的先进制造业基地,突出能源矿产装备制造和技术研发;承接东部产业转移,开展终端消费商品加工出口贸易;特色优势农林牧产品及其精深加工产品贸易;清真食品和穆斯林用品加工贸易等,实施重点突破和产业转型发展。以便在进口方面面向我国国内市场充分利用中亚各国的比较优势,在出口方面面向中亚市场充分发挥甘肃的产业基础和比较优势,更好地利用国内其他地区比较优势。

资料来源:中改院课题组设计。

(3)加快建设区域物流中心。在丝绸之路经济带甘肃段沿线重要节点城市,建设面向中亚、连接西北西南地区的现代物流基地;依托兰州新区货运集散、中川机场临空物流园等配套设施,推进兰州国家级区域物流枢纽建设;依托河西地区的通道优势,建设冶金、有色、煤炭、新能源装备制造等物流基地;建设天水装备制造业、平庆石油和煤炭等物流基地;加强与周边省区的物流网络协作,构建甘川渝、兰西拉、甘宁蒙和甘陕宁等物流通道。

(4)创新自由贸易区的体制机制。对境外投资开办企业实行以备案制为主的管理方式,对境外投资一般项目实行备案制,加强境外投资事后管理和服务;实施负面清单管理,改革外商投资管理模式,对负面清单之外的领域,按照内外资一致的原则,将外商投资项目由核准制改为备案制;探索在试验区内设立国际大宗商品交易和资源配置平台,开展资源性产品、能源产品、基本工业原料的国际贸易;试点建立与之相适应的海关监管、检验检疫、退税、跨境支付、物流等支撑系统。

3.5.4.2 加快战略大通道建设

(1)加快交通运输通道建设。提升主通道综合运输能力,优化区域通道布局,进一步强化兰州的交通枢纽功能,加大铁路网、公路网、航空网建设力度,努力开拓国际、国内航线。

专栏3.5-7 加快甘肃交通基础设施建设的建议

1. 进一步强化兰州的交通枢纽地位。围绕丝绸之路经济带建设,将兰州的交通枢纽地位提升到国家战略层面,以构建“大兰州”经济区和建设面向中亚西亚、联通内地沿海的西部交通战略枢纽为目标,强化国家层面的统筹协调和系统谋划。

2. 加大铁路网建设力度。突出陇海—兰新线主通道的作用,加快兰新铁路第二双线和张掖至兰州三、四线以及兰州至宝鸡客运专线建设。加快天水至平凉铁路建设,使之与兰渝铁路相连;推进兰渝铁路、成都至兰州铁路建设;打通南北通道,推进包兰铁路扩能改造、天平铁路及南延伸段、兰州至合作等铁路建设;加强与中亚西亚国家的点对点连接和直达交通,加快建设兰州铁路集装箱中心站、兰州枢纽编组站,谋划建设新亚欧大陆桥国家列车编组站,适时开通兰州至中亚、俄罗斯、欧洲货运定期班列,增强货物运输、换装和通关能力。加快武威煤炭集疏运中心建设,及时推进嘉峪关至策克铁路改造。

3. 加快形成高速公路网。提高通县、通乡、通村的公路标准;加强国省干线改造建设,重点推进兰州、天水、平凉、张掖、酒嘉等国家级公路运输主枢纽建设,支持老少边穷地区改造提升区域干线路网;改造提升连霍高速公路,加快蒙甘青高速公路建设,为甘肃和东中部地区扩大向西开放提供快速通道。

4. 拓展国际、国内航线。抓好兰州中川机场二线扩建,积极拓展国际航线,依托兰州中川、敦煌机场国际航空港建设,加强与东航等航空公司的合作,开辟兰州、敦煌直飞阿拉木图等中亚西亚国家的航班及货运航线。

资料来源:中改院课题组设计。

(2)加快能源通道建设。做好西气东输五线、六线、七线及成品油管道、原油管道、煤制气管道和中亚油气管道的前期与建设工作;大力发展天然气管网,建设西气东输三线、四线工程,加快兰州至定西等输气管道和重点城镇天然气利用支线管道建设;加快玉门、兰州、庆阳等石油储备库和兰州(白银)天然气调峰储备库建设,争取建设国家石油储备基地三期工程,在甘肃建立国家能源战略储备基地;推动酒泉至湖南特高压直流输电工程尽快开工，争取国家批准建设陇东特高压直流外送工程，推进甘肃电力外送。

3.5.4.3 积极推进敦煌国际文化旅游综合改革试验区建设

（1）推动敦煌文化旅游业国际化。按照国际通行的文化旅游服务标准，推进莫高窟、嘉峪关、张掖丹霞、骊靬古城、崆峒山、拉卜楞寺和政古生物化石等大景区建设，推进文化旅游要素转型升级。在旅游餐饮、住宿、交通、景区、旅行社、导游、购物及应急管理等方面，加快建立与国际通行规则相衔接的旅游服务标准体系；在重点文化旅游城市的机场、火车站、汽车站以及城市重要节点设立符合国际规范的旅游咨询服务中心，在城市交通主次干道、公共服务机构、旅游景点等重点位置设置规范的多语种标识标牌，在公共场所普及国际通用的公共信息符号；加大对违法违规行为的惩处力度，建立健全旅游安全预警和应急机制，完善应急救援、公共医疗、卫生检疫防疫等安全救助体系。

（2）推动敦煌文化旅游业市场全面开放。开展双向旅游市场交流活动，力促世界旅游组织在敦煌建立培训基地，建立国际化文化旅游营销网络，主动融入世界旅游目的地分销系统；加强甘肃与国内外文化、旅游机构合作，联合开发文化旅游市场；每年在中亚、西亚国家举办一次"甘肃文化旅游周"活动，形成长效机制，宣传推介敦煌的多样文化和丰富的旅游产品。

（3）创新文化旅游管理体制。推进以景区景点门票价格为核心的旅游价格体制改革，完善旅游价格形成、运行、管理和监督机制；推进以旅行社、旅游运输企业和旅游产品企业为重点的旅游企业改革；探索改革旅游饭店、文化演艺和旅游购物等企业的经营管理体制与内部运营机制；强化文化旅游协会的行业指导、自律、维权等功能；建立健全旅游企业和从业人员资格准入与淘汰机制、导游薪酬及社保机制和旅游佣金收受机制；用市场化、法律化手段解决文化旅游行业责任赔偿方面的纠纷，加快建设社会信用体系。

（4）争取在敦煌试点博彩业。探索发展竞猜型体育彩票、大型国际赛事即开彩票；以赛马博彩为重点，积极引进国际大型品牌体育赛事活动；博彩业收入主要用于改善民生、基础设施建设和生态环境保护。

专栏3.5-8 香港赛马会将博彩和慈善相结合

成立于1884年的香港赛马会是香港一家非牟利的俱乐部组织。作为香港唯一合法的博彩机构，其主要业务为会所经营、速度马营运、六合彩彩票事务和足彩管理，后三者是主要营收来源。

1. 将博彩与慈善相结合。一直以来，香港赛马会提倡有节制博彩，在满足社会博彩需要的同时，坚守高度诚信、实行严格规范、禁止未满十八岁的人投注，且不接受信贷投注。作为香港最大的公益慈善机构，赛马会奉行非牟利经营模式，马会没有股东，没有分红，所得盈余均通过慈善捐款回馈社会，将每笔钱都会花在"刀刃"上。据统计，过去10年马会捐款超过100亿港元。2012年到2013年，马会直接回馈香港的金额更刷新纪录，达到207亿港元。马会在1993年成立慈善信托基金，专门处理马会慈善基金的拨款事宜，其中12名董事兼任基金信托人，严格审视申请，决定捐款分配。据了解，马会进行慈善活动主要基于两种模式。一是有需要的人和机构可以就拟办项目提出申请；二是马会调研社会需求，主要提出一些项目，供慈善机构选择。

2. 倾心内地慈善事业。2008年汶川大地震，马会向四川灾后重建拨款10亿港元；为全力支持北京奥运会和广州亚运会，马会拨款12亿港元打造了世界级的马术比赛场地，并提供了专业的服务和设施。据了解，在援助四川的7个项目中，为有效落实各援建项目顺利进行并实现监管，马会成立了一个包括工程、财务、审计、法律和内地事务跨部门专业小组。专业小组主要进行风险预测及监控、资金管理等全面监管工作，同时调派马会工程人员，为当地的工程监管、硬件建设以及软件培训方面提供专业意见。

3. 注重内地慈善人才培养。根据汶川地震灾后重建项目的经验，马会认识到内地慈善事业的发展不仅仅是硬件的建设，更需要软件的建设。而与其他发达国家和地区的慈善事业相比，内地目前的慈善事业还处在初创阶段，慈善领域各方面的人才还比较缺乏。因此，香港赛马会在四川建立了四川大学—香港理工大学灾后重建与管理学院，培养救灾减灾重建专业人才，而且还与民政部合作开展“中国公益慈善创新性人才”培养计划，为国家慈善事业发展培养领导人才。

资料来源：中改院课题组根据资料整理。

3.5.4.4 积极推进国家生态安全屏障综合试验区建设

（1）完善生态保护与恢复机制。实施天然林资源保护工程，加快公益林建设和培育后备森林资源；巩固退耕还林成果，加快坡耕地水土流失综合治理，加大荒山造林补植补造力度，实施祁连山生态保护与综合治理规划，对冰川、湿地、森林、草原进行抢救性保护；加快建设甘南湿地自然保护区，加强湿地保护，恢复水源涵养功能；统筹推进黄土高原地区综合治理，推进渭河源区生态保护与综合治理、推进新老矿山生态环境恢复治理。

（2）建立重点流域生态综合治理机制。实施敦煌水资源合理利用与生态保护工程，加强疏勒河中下游生态保护与修复；实施黑河流域综合治理，加强水资源统一管理和调度；加快推进张掖、陇南水生态文明城市试点建设；推进甘南黄河重要水源补给生态功能区生态保护与建设；启动实施甘肃“两江一水”流域区域综合治理规划，加强白龙江流域水土流失治理和地质灾害防治；实施黄土高原水土流失综合治理，积极推进封山禁牧和育林育草，提升水土保持生态建设的科技水平。

（3）建立健全环境污染综合防治机制。实施主要污染物排放总量和入河污染物总量双控制，严格控制高耗能、高排放行业低水平建设，坚决淘汰落后产能；积极推进以污染减排为重点的重大环境保护项目建设；推进城镇生活污水、生活垃圾、危险废物、医疗废物处置等环保基础设施建设。开展农村环境综合整治，防治农药、化肥、农膜等面源污染和规模化养殖场污染；建立区域大气污染联防联控机制，加强重点区域重金属污染防治；严格执行规划和建设项目环境影响评价制度，加强环境监测预警和节能减排统计监测，健全节能减排市场化机制和激励约束机制。

（4）大力发展循环经济。积极推进甘肃国家级循环经济示范区建设，打造以石油化工、冶金、有色为主的兰（州）白（银）循环经济基地，以煤电化工、石油化工为主的平（凉）庆（阳）循环经济基地，以有色金属新材料为主的金昌循环经济基地，以清洁能源和冶金新材料为主的酒（泉）嘉（峪关）循环经济基地，以加工制造和电子信息产业为主的天水装备制造循环经济基地，以工农业复合节水型为主的张(掖)武(威)定(西)特色农副产品加工循环经济基地，以林业、草食畜牧业和中药材等生态经济为主的甘(南)临(夏)陇(南)生态农牧业循环经济基地。

3.5.4.5 建立与中亚国家多层次的合作交流机制

(1)搭建战略合作平台。利用上海合作组织、中国—中亚合作对话会、亚洲合作对话、中阿合作论坛等多双边机制，加强与中亚地区多层面的交流合作；举办丝绸之路(敦煌)国际文化博览会、丝绸之路(敦煌)国际文化论坛、敦煌行·丝绸之路国际旅游节，举办丝绸之路沿线国家省州长论坛，打造国家文化对外开放平台和通道；努力将“兰洽会”提升为“中国丝绸之路博览会”，邀请丝绸之路沿线国家，尤其是中亚五国参加，同期组织好丝绸之路高端论坛、企业家论坛、专题峰会等活动，促进沿线国家经贸交流与战略合作；积极鼓励甘肃汽车、电站、石化、建材、农业机械、医药等行业企业参加国家有关部委在中亚国家举办的各项展洽活动；每年重点扶持、协助1至2户骨干出口企业到境外开展专项产品展销活动。

(2)建立民间交流合作机制。进一步发展完善与哈萨克斯坦、土库曼斯坦、吉尔吉斯斯坦、伊朗、白俄罗斯、俄罗斯等国家的友好省州关系，继续在沿线国家新建10对以上友好省州；争取全国友协支持举办中国—中亚合作对话会，邀请中亚国家及俄罗斯、白俄罗斯、蒙古等国参加，并在兰州设立秘书处；发挥商会、协会和贸促会等组织的积极作用，加强与沿线国家有关民间组织的联系，组织有投资意向的企业赴境外实地考察，具体对接落实合作项目。

3.5.4.6 建立健全与周边省区的跨区域合作机制

(1)加强甘肃与西北四省能源矿产资源领域的合作机制。建立西北五省省长联席会议制度，协调能源矿产资源项下自由贸易区建设的重大事项，形成大西北整体对中亚开放的跨区域协调机制。

(2)全面落实甘肃与新疆全面战略合作框架协议。加大甘肃与新疆在能源矿产资源领域的双向投资，进一步加强有色金属、石油化工、煤炭等传统产业和风电、太阳能发电及新能源装备制造领域的合作交流，推进资源开发和转化利用；做好兰新通道、三北通道、西北电网、能源通道等基础设施建设的对接；充分利用国家赋予新疆喀什、霍尔果斯经济开发区的优惠政策，建立甘肃商品洽谈展示中心，作为产品“走西口”的延伸基地；建立甘肃酒(泉)嘉(峪关)和新疆哈密资源密集型经济合作区，打造河西走廊经济交融带。

(3)加强甘肃与西北四省在文化旅游上的跨区域合作。加强文化旅游跨区域合作，共同推进河西走廊沿线文化旅游发展，实现文化旅游开放的共赢。

(4)依托关中—天水经济区加强承东启西的跨区域合作。完善跨行政区划协调机制，对接东部省份，积极承接东中部地区产业转移，共同协作提升国际化程度和对外开放水平。

3.5.5 争取中央对丝绸之路经济带甘肃段建设的政策支持

作为内陆型欠发达地区，发挥甘肃在丝绸之路经济带的战略枢纽作用，离不开国家层面的政策支持。建议中央重点支持甘肃建设能源矿产资源项下自由贸易区、文化旅游综合改革试验区、国家生态安全屏障综合试验区,加大对大通道及重大项目建设的政策扶持。

3.5.5.1 支持甘肃建设能源矿产资源项下自由贸易区

(1)支持兰州新区综合保税区设立为自由贸易区。重点与中亚国家开展石油化工、冶金、有色金属为主的贸易、投资和技术合作。

(2)支持甘肃分步建设自由贸易试验区。支持甘肃在能源矿产资源丰富、产业基础较好的沿线重要节点城市或区域经济组团设立海关特殊监管区,条件成熟时,设立为自由贸易区;实行"境内关外"政策,健全其保税物流、出口加工、服务贸易、金融结算、信息服务等功能,在此基础上,争取设立面向中亚,具有国际贸易、转口贸易、出口加工、国际物流功能的自由贸易试验园区;支持金川公司、酒钢集团、白银公司等大型企业建设保税工厂。

(3)取消关税和非关税壁垒。实施"境外入区保税、区外入区退税、区内出区征税、区内免征增值税和消费税"等贸易税收政策;对试验区内生产企业和生产性服务业企业进口所需的机器、设备等货物予以免税。

(4)实行区内进出口、投资企业资金自由融通政策。开拓人民币直接结算渠道,扩大跨境贸易人民币结算规模,简化业务流程,全面实现贸易投资货币结算便利化;支持符合条件的境内企业采用直接方式到境外发行股票并在境外上市,促进跨境融资便利化;允许境外企业参与商品期货交易;支持开展人民币跨境再保险业务,培育发展再保险市场。

(5)鼓励各类银行机构给予资源能源型进出口企业特殊政策扶持。帮助出口企业向中国进出口银行、国家开发银行等政策性银行争取优惠贷款、信用担保、授信额度等;支持在试验区内设立外资银行和中外合资银行,为进出口企业提供信贷服务;协调商业银行增加金融品种,并给予出口企业办理中长期贷款、打包贷款和抵押贷款等,对资源能源并购项目贷款全周期贴息;给予资源能源进口企业国别政策性财政补贴和陆运财政补贴;赋予自贸区最大程度的投资审批权和开放管理权限。

(6)实现通关便利化。放宽对货物、人员、交通运输工具进出的政策限制;降低"直通放行、绿色通道"制度准入门槛;支持推进海关分类通关、通关无纸化和区域通关一体化改革;实行"产地检验、口岸出单"和"口岸转检、属地报检"的检验检疫改革措施;开展关检合作"三个一"(一次申报、一次查验、一次放行)试点。

3.5.5.2 支持甘肃国家文化旅游综合改革试验区建设

(1)将甘肃纳入国家文化旅游综合改革试点范围。支持甘肃在文化旅游产品转型、管理体制、服务体系、旅游文化交流合作等方面先行先试,建议下放涉旅行业管理事项和重大文化旅游转型项目的行政审批权限。

(2)实行文化市场开放政策。鼓励社会资本进入文化产业各个领域,将敦煌作为"丝路论坛"的永久性会址,支持敦煌文化产业园升级为国家级文化产业园;鼓励多种经营主体参与对外文化贸易,支持包括个人在内的各类文化出口经营主体参与对外文化贸易活动;支持丝绸之路沿线国家文化行业协会来甘肃设立办事机构,加强文化交流合作;支持文化企业在境外进行版权登记、商标注册、国际通行的资质认证。

(3)实行旅游市场开放政策。鼓励社会资本进入旅游产业各个领域,实现旅游企业多种经济成分相互促进、协调发展;支持甘肃与丝路沿线国家互送旅游团队和出境旅游,开展双向旅游市场交流活动,力促世界旅游组织在敦煌建立培训基地;实施丝绸之路沿线国家游客来华旅游国际口岸落地签证及72小时互免签证政策,实行旅游投资免签证政策;探索实行外国人居住证制度;建立旅游绿色通道;扩大甘肃至境外主要客源地国际航线和国际航班数量。

(4)给予文化、旅游产业财政金融政策支持。设立国家文化旅游综合改革专项资金,加大对甘肃文化旅游的资金扶持力度;比照国家对西藏、新疆的优惠政策,在国家文物保护经费中单列甘肃文物保护专项经费,同时将国家每年下达给甘肃的文物保护专项经费补贴范围扩大至重要省级保护单位;鼓励和支持旅游企业、文化企业创造条件上市融资、发行企业债券,或通过资产重组、股权转让等方式融资;鼓励国际金融机构在甘肃设立分支机构,争取自主设立外币兑换窗口,实现主要国际外币的自由兑换;鼓励和引导银行通过开发信贷产品、开拓中间业务、创新担保方式、完善配套服务等形式给予对外文化贸易金融支持。

3.5.5.3 支持甘肃国家生态安全屏障综合试验区建设

(1)探索建立生态补偿机制。借鉴国内生态补偿机制的经验,加大专项转移支付力度,完善重点生态功能区转移支付制度,适当提高对生态公益林、退耕还林、黄河流域防护林体系建设等专项补助标准,支持甘肃加强生态建设和环境保护。

表3.5-1 我国七类生态补偿实施情况

生态补偿类型	补偿手段	实施省份
自然保护区生态补偿	中央财政转移支付;地方财政转移支付;专项基金;受益者保护;自组织的私人交易。	内蒙古、上海、江苏、安徽、福建、山东、湖北、广东、四川、青海、新疆11个省市自治区。
重要生态功能区生态补偿	中央、地方财政转移支付;地区间财政转移支付;专项基金;重大生态治理工程;受益者保护、破坏者补偿;自组织的私人交易。	全国
流域水资源生态补偿	中央、地方财政转移支付;地区间财政转移支付;专项基金;受益者保护、破坏者补偿;排污权交易;水权保护。	北京、河北、山西、内蒙古、辽宁、上海、江苏、安徽、福建、江西、山东、河南、湖北、湖南、广东、重庆、陕西、甘肃、宁夏19个省市自治区。
大气环境保护生态补偿	破坏者补偿;排污权交易;自组织的私人交易。	北京、天津、河北、山西、江苏、河南、湖北、湖南8个省市。
矿产资源开发区生态补偿	地方财政转移支付;破坏者补偿。	河北、山西、内蒙古、浙江、安徽、云南、陕西、新疆8个省自治区。
农业生产区生态补偿	中央财政转移支付;地方财政转移支付专项基金;重大生态治理工程。	天津、上海、江苏、安徽、山东、云南6个省市。
旅游风景开发区生态补偿	地方财政转移支付。	河北、江苏、新疆3个省自治区。

资料来源:陈尉等.我国生态补偿分类及实施案例分析[J].中国水利水电科学研究院学报,2010(1).

(2)建立能源矿产资源有偿使用制度。对新设的探矿权和采矿权,应全部通过招标、拍卖、挂牌等市场配置手段出让。企业只有通过公开的公平竞争招投标程序,才能取得矿产资源的开采权,推进矿业权的市场化配置。

(3)试点开征风光资源税。建议调整风电增值税进项税抵扣政策,降低抵扣比例;争取国家研究出台相关政策,开征风光资源税并作为地方税种,促进新能源产业与地方经济协调发展,以解决增值税改革后的地方财政税收减少问题。

(4)建立生态环境保护的市场机制。率先在甘肃探索实行碳排放交易试点,建立碳排放权配额机制,将二氧化碳排放总量控制目标配额到全省各地区和重点排放企业;建立水权转换制度和初级水权交易市场。

专栏3.5-9 加快建立森林碳汇交易和生态补偿机制

中共十八大报告把生态文明建设作为国家战略,与经济建设、政治建设、文化建设、社会建设五位一体,正式写入中共党章。森林是生态文明建设的重要组成部分,加强森林建设势在必行,刻不容缓。建立森林碳汇交易和生态补偿机制是加快森林保护与建设非常有效的方法和措施。但目前我国森林碳汇交易和生态补偿方面还存在诸多问题:

一是缺乏开展森林碳汇交易的技术支撑和政策保障。对森林碳循环、碳汇、碳汇潜力等问题研究的投入不足,缺乏森林碳汇计量、监测方法和相应的基础数据。以云南为例,目前云南还处在发展森林碳汇经济的初期阶段,缺乏对森林碳汇项目及碳交易政策的深入研究,碳汇人才供需缺口大,无法从政策上保证碳汇交易和市场化的顺利发展。

二是森林碳汇交易机制远未形成。目前森林碳汇交易已经成为全球温室气体排放交易市场的重要组成部分,但由于森林碳汇本身的特殊性,它只是一个具有巨大潜力的市场雏形,还远未具有完备市场的各种功能。我国尚缺乏成熟的碳交易制度和科学合理的碳汇补偿机制,社会上极少数企业愿意投资开展森林碳汇项目,但未形成购买森林碳汇的企业制度安排。

三是森林碳汇生态补偿机制未建立。目前森林生态效益补偿标准偏低,如云南平均每亩仅10元,国家和地方政府均未设立碳汇补偿资金,无法调动群众营造和管护公益林的积极性,不利于碳汇蓄积量增长。

针对以上问题,特建议:

第一,建立森林碳汇交易制度。探索符合国情和国际国内交易规则的森林碳汇交易模式。建立森林碳汇方法学及计量标准体系,开展森林碳汇交易试点。建议可率先在云南、贵州、四川等西部省区建立全国性碳汇交易市场试点,把西部地区碳汇交易市场打造成为全国乃至世界主要的碳汇交易中心之一,为增强其生态环保自给能力奠定市场经济基础。建立碳排放权配额机制。将二氧化碳排放总量控制目标配额到地区和重点排放企业,同时将碳汇指标纳入到碳排放额交易体系中,形成"倒逼"机制,实现碳汇交易自愿向强制转变。加大碳汇交易市场培育。加大政府引导力度,鼓励企业积极参与碳汇交易,提高参与碳汇交易的积极性,形成碳汇交易市场,增强森林碳汇,保护生态环境。加强碳汇计量监测体系建设。全面完成体系建设林业样地专项调查,建立碳汇计量监测基础数据库。

第二，建立生态补偿机制。加大转移支付力度。进一步提高和扩大对边远山区生态功能区财政转移支付标准和范围，对生态保护事业做出贡献的地区和群众给予必要的补偿，提高边远山区公共服务均等化水平，让边远山区共享改革发展成果。加大专项补偿力度。进一步扩大并提高对西部地区的生态公益林、退耕还林、重要河流流域防护林体系建设、湿地保护与恢复等专项补助标准，并及时足额兑现给保护者。创新生态补偿税收机制。在科学核算生态环境服务价值、生态环境保护成本、发展机会成本等基础上，研究制定生态补偿专项税目，按照"谁破坏、谁开发，谁付费"和"谁保护、谁获补偿，谁受益、谁补偿"的原则，制定相应的生态补偿税种，强化东、中部地区因享受到西部地区履行生态环保义务而依法付费的意识和行为。其税收受益必须体现保护者优先原则，对西部地区履行生态环保义务给予足够的税收补偿，以促进区域协调发展。

第三，强化森林资源保护管理。保护现有天然林碳库资源与生物多样性，增加森林碳汇储备。禁止不可持续的采伐，预防林火与病虫害，避免碳汇功能下降。通过集约化营林措施，提高森林固碳能力。改造地质低效天然林，缩短抚育周期，增加抚育次数，加大对中幼林抚育和加强速丰林建设，保持森林固碳能力。提高林产品循环利用效率，使用林产品代替高能耗、高碳密度化石物品和能源，间接增加森林碳汇。

资料来源：关于加快建立森林碳汇交易和生态补偿机制的提案[EB/OL]. 中国政协传媒网，2014-03-14.

3.5.5.4 支持甘肃率先全面开放服务业市场

（1）将甘肃纳入国家生产性服务业综合改革试点地区。着眼于加快推进甘肃产业转型升级，争取国家支持甘肃成为生产性服务业综合改革试点地区，力争通过5年努力，建成服务大西北、对接中亚国家的生产性服务业中心地区。

（2）全面放开生产性服务业领域市场准入。鼓励社会资本以多种方式发展研发、物流、金融、信息、电子商务等生产性服务业，允许社会资本参与应用型技术研发机构市场化改革；支持外资企业来甘肃设立生产性服务业企业、各类功能性总部和分支机构、研发中心、营运基地等；鼓励有条件的企业依托现有产品贸易优势，在境外设立分支机构，大力拓展生产性服务业发展空间，支持甘肃推进跨境电子商务通关试点建设，为符合条件的电子商务企业提供通关便利。

（3）加强对生产性服务业的政策支持。扩大生产性服务业服务产品出口退税政策范围；实行生产性服务业用电、用水、用气与工业同价；对符合条件的生产性服务业重点领域企业，可参与电力用户与发电企业直接交易试点；探索实行服务业与工业用地同价，支持鼓励工业企业利用自有工业用地兴办促进企业转型升级的自营生产性服务业，经依法批准，对提高自有工业用地容积率用于自营生产性服务业的工业企业，可按新用途办理相关手续。

表3.5-2　上海自由贸易试验区服务业扩大开放措施

一、金融服务领域	1. 银行服务(国民经济行业分类:J 金融业——6620 货币银行服务)	
	开放措施	(1)允许符合条件的外资金融机构设立外资银行,符合条件的民营资本与外资金融机构共同设立中外合资银行。在条件具备时,适时在试验区内试点设立有限牌照银行。
		(2)在完善相关管理办法,加强有效监管的前提下,允许试验区内符合条件的中资银行开办离岸业务。
	2. 专业健康医疗保险(国民经济行业分类:J 金融业——6812 健康和意外保险)	
	开放措施	试点设立外资专业健康医疗保险机构。
	3. 融资租赁(国民经济行业分类:J 金融业——6631 金融租赁服务)	
	开放措施	(1)融资租赁公司在试验区内设立的单机、单船子公司不设最低注册资本限制。
		(2)允许融资租赁公司兼营与主营业务有关的商业保理业务。
二、航运服务领域	4. 远洋货物运输(国民经济行业分类:G 交通运输、仓储和邮政业——5521 远洋货物运输)	
	开放措施	(1)放宽中外合资、中外合作国际船舶运输企业的外资股比限制,由国务院交通运输主管部门制定相关管理试行办法。
		(2)允许中资公司拥有或控股拥有的非五星旗船,先行先试外贸进出口集装箱在国内沿海港口和上海港之间的沿海捎带业务。
	5. 国际船舶管理(国民经济行业分类:G 交通运输、仓储和邮政业——5539 其他水上运输辅助服务)	
	开放措施	允许设立外商独资国际船舶管理企业。
三、商贸服务领域	6. 增值电信(国民经济行业分类:I 信息传输、软件和信息技术服务业——6319 其他电信业务,6420 互联网信息服务,6540 数据处理和存储服务,6592 呼叫中心)	
	开放措施	在保障网络信息安全的前提下,允许外资企业经营特定形式的部分增值电信业务,如涉及突破行政法规,须国务院批准同意。
	7. 游戏机、游艺机销售及服务(国民经济行业分类:F 批发和零售业——5179 其他机械及电子商品批发)	
	开放措施	允许外资企业从事游戏游艺设备的生产和销售,通过文化主管部门内容审查的游戏游艺设备可面向国内市场销售。
四、专业服务领域	8. 律师服务(国民经济行业分类:L 租赁和商务服务业——7221 律师及相关法律服务)	
	开放措施	探索密切中国律师事务所与外国(港澳台地区)律师事务所业务合作的方式和机制。
	9. 资信调查(国民经济行业分类:L 租赁和商务服务业——7295 信用服务)	
	开放措施	允许设立外商投资资信调查公司。
	10. 旅行社(国民经济行业分类:L 租赁和商务服务业——7271 旅行社服务)	
	开放措施	允许在试验区内注册的符合条件的中外合资旅行社,从事除台湾地区以外的出境旅游业务。
	11. 人才中介服务(国民经济行业分类:L 租赁和商务服务业——7262 职业中介服务)	
	开放措施	(1)允许设立中外合资人才中介机构,外方合资者可以拥有不超过70%的股权;允许港澳服务提供者设立独资人才中介机构。
		(2)外资人才中介机构最低注册资本金要求由30万美元降低至12.5万美元。
	12. 投资管理(国民经济行业分类:L 租赁和商务服务业——7211 企业总部管理)	
	开放措施	允许设立股份制外资投资性公司。
	13. 工程设计(国民经济行业分类:M 科学研究与技术服务企业——7482 工程勘察设计)	
	开放措施	对试验区内为上海市提供服务的外资工程设计(不包括工程勘察)企业,取消首次申请资质时对投资者的工程设计业绩要求。
	14. 建筑服务(国民经济行业分类:E 建筑业——47 房屋建筑业,48 土木工程建筑业,49 建筑安装业,50 建筑装饰和其他建筑业)	
	开放措施	对试验区内的外商独资建筑企业承揽上海市的中外联合建设项目时,不受建设项目的中外方投资比例限制。

续表 3.5-2

<table>
<tr><td rowspan="4">五、文化服务领域</td><td colspan="2">15. 演出经纪(国民经济行业分类:R 文化、体育和娱乐业——8941 文化娱乐经纪人)</td></tr>
<tr><td>开放措施</td><td>取消外资演出经纪机构的股比限制,允许设立外商独资演出经纪机构,为上海市提供服务。</td></tr>
<tr><td colspan="2">16. 娱乐场所(国民经济行业分类:R 文化、体育和娱乐业——8911 歌舞厅娱乐活动)</td></tr>
<tr><td>开放措施</td><td>允许设立外商独资的娱乐场所,在试验区内提供服务。</td></tr>
<tr><td rowspan="5">六、社会服务领域</td><td colspan="2">17. 教育培训、职业技能培训(国民经济行业分类:P 教育——8291 职业技能培训)</td></tr>
<tr><td rowspan="2">开放措施</td><td>(1)允许举办中外合作经营性教育培训机构。</td></tr>
<tr><td>(2)允许举办中外合作经营性职业技能培训机构。</td></tr>
<tr><td colspan="2">18. 医疗服务(国民经济行业分类:Q 卫生和社会工作——8311 综合医院,8315 专科医院,8330 门诊部〔所〕)</td></tr>
<tr><td>开放措施</td><td>允许设立外商独资医疗机构。</td></tr>
</table>

资料来源:《中国(上海)自由贸易试验区总体方案》。

3.5.5.5 加大对丝绸之路经济带甘肃段的财政投入和重大项目布局

(1)加大国家丝路资金对甘肃的支持。2014年APEC会议期间,习近平主席宣布中国出资400亿美元成立丝路基金。争取国家丝绸基金率先支持甘肃重大项目建设,以财政资金引导社会资本参与项目投资。

(2)提高甘肃省重点交通项目的补助标准。参照国家对于青海、贵州、新疆等西部省份的支持政策,提高对甘肃省的重点交通项目补助标准,按照建安费的50%予以补助。

(3)建立丝绸之路经济带基础设施银行并落户甘肃。为推进丝绸之路大通道建设提供金融支持,全面提升通道输运能力。

(4)支持兰州新区建设国家石油战略储备中心。支持兰州新区建设国家石油储备中心;从建设面向中亚的能源战略通道的发展目标和发展需求出发,增加哈萨克斯坦等中亚国家向甘肃进口的原油分配指标。

(5)支持酒(泉)嘉(峪关)建设新能源综合开发利用示范区。实行光电直供电价补贴政策;并实行清洁能源节约能耗抵扣耗能增量的办法,促进电能就地消纳。

(6)支持酒(泉)嘉(峪关)—哈密国家级清洁能源、传统能源和资源加工产业耦合创新示范区建设。支持甘肃酒(泉)嘉(峪关)地区发挥工业基础雄厚的优势,充分利用新疆哈密地区丰富的能源矿产资源,开展区域合作。

(7)支持甘肃与中亚国家创设各类产业和经济合作园区。立足甘肃的实际,加强与中亚国家的经济合作,不断拓宽与这些国家经济合作的广度和深度。

(8)国家重大产业和基础设施项目向甘肃倾斜。结合甘肃现有资源和产业优势,根据国家重大生产力布局的战略需要,适当增加一些国家级有色金属冶炼、新能源、新材料、科技教育、生态环保等领域的产业和工程项目落户甘肃。

3.6 以简政放权为重点形成良好的市场发展大环境
——深化经济体制改革的关键环节

"十三五"时期，处理好政府与市场关系，加快经济转型升级，关键是改变政府主导型经济增长方式，激发各类市场主体的活力，形成良好的市场发展大环境：

（1）无论是市场化改革的新突破，还是以丝绸之路经济带为重点的开放型经济新格局的形成，关键取决于能否营造良好的市场环境；

（2）政府要加快简政放权改革，从抓项目中解脱出来，最大限度向市场放权，成为提供优质公共服务、创造良好市场环境的主体；

（3）政府要在打破区域行政壁垒，促进区域经济一体化上有更大的作为。

3.6.1 行政体制改革的现实需求

"十三五"时期，甘肃能否在市场化改革、丝绸之路经济带为重点的对外开放上取得实质性突破，关键取决于通过行政体制改革，创造良好的市场发展大环境。

3.6.1.1 创造良好的营商环境

创造良好的营商环境是甘肃未来3至5年行政体制改革面临的首要问题。作为欠发达的内陆省份，市场化程度低、对外开放程度低，很大程度上是由于整体营商环境欠佳，国内外资本难以在本地集聚发展。以《环球时报》最新评选结果为例，西安获评2014年"丝绸之路经济带最佳营商环境城市"。就是说，如果营商环境长期得不到改善，甘肃很难在丝绸之路经济带中扮演骨干角色并实现经济转型升级的目标。

3.6.1.2 提供优质公共服务

创造市场发展大环境的关键是推进政府转型，需要改变政府主导型经济增长方式。这就需要加快推进政府向市场放权、向社会放权，把政府的主要职能转向提供优质公共服务上来。"十三五"时期，甘肃不仅需要通过政府职能转变改善各个城市的公共服务，提升城市品质，集聚城市人气，还需要加快城乡基本公共服务均等化进程，为加快人口城镇化创造条件。

3.6.1.3 打破行政壁垒，促进区域经济一体化

"十三五"时期，适应于丝绸之路经济带建设的客观趋势，甘肃需要推动省内各组团城市之间的区域经济一体化，但由于行政壁垒，省内区域经济一体化仍面临诸多挑战。比如酒泉和嘉峪关两市，地理位置和交通上已经完全融为一体，两市车程不到半小时，但在发展上，两市都要建火车站和航空口岸，由此造成重复建设和公共资源配置的低效。再比如兰（州）白（银）一体化提出多年未取得实质性突破，由于两市产业无法对接，在招商引资上还存在着竞争关系，加上兰州新区获批，兰（州）白（银）一体化进程开始变得缓慢。能否在破除行政壁垒，创新区域经济一体化体制机制上取得突破，成为甘肃行政体制改革面临的重大挑战。

3.6.2 以简政放权为重点深化行政体制改革的基本思路

"十三五"时期，甘肃推进政府转型与改革，更好发挥政府作用，要以负面清单管理

为重点，以创造良好的营商环境为目标，以全面实施企业自主登记为突破口，彻底打破区域市场间的行政壁垒。

3.6.2.1 以简政放权为重点改善营商环境

未来3至5年，逐步推广负面清单管理将成为我国新时期简政放权、创新政府经济管理方式、改善营商环境的大势所趋。考虑到丝绸之路经济带建设的现实需求，"十三五"时期，把加大简政放权力度、深化行政审批制度改革作为甘肃行政体制改革的突破口，争取在推行负面清单管理上取得领先地位。

3.6.2.2 重点推行负面清单管理

推行负面清单管理是我国行政审批制度改革的大方向。问题在于，如果市场监管改革跟不上，政府向市场放权很难避免"一放就乱"。这就需要加快推进市场监管由以行政审批为主向以法治为主的转型，当务之急是建立综合性监管机构。与此同时，要充分发挥行业协会、商会的自律作用，调动包括政府和社会各方面力量加强市场监管，为进一步的简政放权创造条件。

3.6.2.3 以优化公共资源配置为重点建设公共服务型政府

从"十二五"以来的改革实践看，推进政府职能转变、加快建设公共服务型政府更有赖于公共资源的优化配置。"十三五"时期，把推动公共资源配置市场化作为政府职能转变的重点任务之一，为各类市场主体创造公平、公正的市场环境，在创新公共服务体制、扩大公共服务供给、提升公共服务质量上取得新突破。

3.6.2.4 创新区域经济一体化的体制机制

区域市场壁垒形成的深层次原因在于行政壁垒。"十三五"时期，把打破区域行政壁垒作为行政体制改革的重大任务，在创新区域经济一体化体制机制、推动重要城市组团集聚发展、打造新的区域增长极上有所作为。

3.6.3 以简政放权为重点深化行政体制改革的重点任务

全面实施企业自主登记制度，全面推行负面清单管理，加快推进财税体制改革，推进公共资源配置市场化改革，以打破行政壁垒为重点推进区域经济一体化。

3.6.3.1 全面实施企业自主登记制度

（1）实现工商登记由"先证后照"向"先照后证"的根本性转变。据国家工商总局与相关部门清理审核，目前企业登记前置审批事项多达226项。建议：1至2年内全面推开"先照后证"，除涉及国家安全、公民生命财产安全等外，不再实行"先证后照"；将注册资本实缴登记制度转变为认缴登记制度，工商部门只需登记公司认缴的注册资本总额，无须登记实收资本，不再收取验资证明文件；推行电子营业执照和全程电子化登记管理，建立全省市场主体信用信息公示体系；行业协会商会类、科技类、公益慈善类、城乡社区服务类社会组织的成立直接向民政部门依法申请登记，不再需要业务主管单位审查同意；建立以公民身份证号码和组织机构代码为基础的统一社会信用代码等制度，以更好地落实物权法规定，保障不动产交易安全，有效保护不动产权利人的合法财产权。

专栏3.6-1 甘肃省31项工商审批实现“先照后证”

甘肃省工商局要求各工商局从国务院发文之日起严格按照《国务院关于取消和调整一批行政审批项目等事项的决定》，执行国务院确定的31项工商登记前置审批事项改为后置审批的措施，即实行“先照后证”。在工商登记时涉及的31项前置审批事项改为后置审批的项目分别是：自费出国留学中介服务机构资格认定；煤炭开采审批；废弃电器电子产品处理许可；国际海上运输业务及海运辅助业务经营审批；国际船舶管理业务经营审批；国内水路运输、水路运输业务经营审批；港口经营许可；兽药生产许可证核发；拖拉机驾驶培训学校、驾驶培训班资格认定；兽药经营许可证核发；农业机械维修技术合格证书核发；中外合资经营、中外合作经营演出经纪机构设立审批；中外合资经营、中外合作经营演出场所经营单位设立审批；港、澳投资者在内地投资设立合资、合作、独资经营的演出经纪机构审批；港、澳投资者在内地投资设立合资、合作、独资经营的演出场所经营单位审批；台湾地区投资者在内地投资设立合资、合作经营的演出经纪机构审批；台湾地区投资者在内地投资设立合资、合作经营的演出场所经营单位审批；设立内资演出经纪机构审批；设立中外合资、合作经营的娱乐场所审批；设立内资文艺表演团体审批；设立内资娱乐场所审批；设立互联网上网服务营业场所经营单位审批；公共场所卫生许可（不含公园、体育场馆、公共交通工具卫生许可）；外商投资广告企业设立分支机构审批；口岸卫生许可证核发；进出口商品检验鉴定业务的检验许可；电影发行单位设立、变更业务范围或者兼并、合并、分立审批；电影放映单位设立、变更业务范围或者兼并、合并、分立审批；旅行社经营出境旅游业务资格审批；外商投资旅行社业务许可；旅行社业务经营许可证核发。

资料来源：我省31项工商审批实现“先照后证”[N].兰州晨报，2014-09-17.

（2）全面实施企业投资项目备案制。目前，甘肃已经取消了煤炭、液化等19项核准权限，改为备案制管理。建议1至2年内，全面推行企业投资项目备案制：除需报国家核准的项目外，将全省核准权限内的项目进行分类改革，其中不涉及公共资源开发利用的项目一律取消核准，改为备案管理；简化企业投资鼓励类、允许类项目备案手续，推行网上在线备案；整合现有各级政府电子政务平台，建立全省统一的电子政务平台，实行全程电子化网上备案；建立政府各部门之间互连互通的信息系统，实现审批信息共享；在鼓励类、允许类项目立项阶段，项目备案、规划选址、用地预审、环境影响评价等手续全部改为同步“并联”办理。

（3）探索建立综合性市场监管体制。“先照后证”改革能否顺利推进，取决于事中、事后监管的有效性。为此，建议甘肃借鉴深圳、上海、杭州、安徽等地的经验，分两步建立综合性市场监管体制：第一步是在1至2年内，在市县层面推动，在市一级整合四部门食品药品安全监管职能，组建新的市食品药品监督管理局，在县一级实行市场监管领域的大部门制，将工商、质监、食品药品监管部门合并，组建市场监督管理局，在现有工商所的基础上组建乡镇（街道）市场监督管理所；第二步是在2至3年内，在省一级将工商、质监、食品药品监管部门合并，建立覆盖全省的综合性市场监管体制。

此外，还要建立大数据监管系统，实现精准打击的信息化监管模式，全面提高监管效能；将更多行业中的管理职能下放到行业协会，由行业协会承接政府下放的行业管理职能，重点强化行业自律和社会监督；加快推动现有行业协会的“政会分开”，去行政化；支持各个行业的民营企业在自愿的基础上联合建立各类行业协会。

专栏3.6-2 杭州组建市场监管局

杭州日前正式出台调整市和区县(市)的工商质监体制，并改革完善食品药品监管体制，组建市场监管局。

按照杭州市政府的意见，工商、质监机构由市以下垂直管理调整为市、区县(市)政府分级负责的管理体制，除杭州经济开发区(杭州出口加工区)、杭州西湖风景名胜区、杭州之江度假区外，将工商、质监部门所属区、县(市)分局(局)及所属单位成建制下放当地区、县(市)政府管理。

另外一个重中之重就是组建杭州市市场监督管理局。怎么调整各部门的职责——整合市工商局、市食品药品监管局、市食安办的职责，组建杭州市市场监督管理局(组建市场监管局的同时，保留市工商局、市食品药品监管局牌子)。

杭州市市场监督管理局为市政府工作部门，将对全市生产、流通、消费环节的食品安全和药品的安全性、有效性实施统一的监督管理，并承担本级政府食品安全委员会的具体工作，同时挂市食品安全委员会办公室牌子。

具体的调整包括：整合原市工商局和市食品药品监管局执法队伍，以及市质监局食品安全监督执法力量，组建杭州市市场监督管理执法支队，为杭州市市场监督管理局直属正处级机构，承担有关执法工作。另外，将市质监局承担的食品和食品添加剂生产加工环节质量安全监督管理职责划入杭州市市场监督管理局。

资料来源：杭州市场监管局新鲜出炉[N]. 钱江晚报，2014-03-22.

3.6.3.2 “十三五”全面实行负面清单管理

(1)把全面实行负面清单管理作为行政体制改革的约束性目标。考虑到丝绸之路经济带建设的现实需求，建议尽快出台实施负面清单管理的具体方案，争取“十三五”在甘肃全面实行负面清单管理。借鉴上海自由贸易试验区经验，以国际通用的投资准入制度为标杆，着眼于建立能源矿产资源项下自由贸易区，在兰州新区率先推行负面清单管理；选择经济基础相对较好的兰州、武威、金昌、张掖、嘉峪关、天水等地，梳理负面清单、准许清单、监管清单，条件成熟后在全省各地全面推开。

(2)明确各级政府的权力清单。争取“十三五”前两年，由省级政府带头，实现权力清单制度向市、县级政府普及。对行政执法权、行政事业性收费权、重大事项决策权和其他依法实施的行政权力进行清理，并对行政权力进行统一编码，建立全省统一的权力清单及其数据库，编制权力运行流程图；全面清理与权力清单不符的行政权力，包括不合理的行政审批事项、行政收费项目、表彰评估项目；对地方性法规、政府规章及规范性文件进行全面清理，纠正一些部门和地区利用部门规章和“红头文件”违法设定不合理的行政权力；实现行政权力运行公开透明，并对行政权力的运行情况进行网上实时监控，形成权责清晰、程序严密、运行公开、制约有效的行政权力运行机制。

(3)明确各级政府的责任清单。从与老百姓最直接、最现实、最关切的公共服务入手，列举问题清单、责任清单、任务清单、财政支出清单“四张清单”，明确各级政府的公共职责，加快建设公共服务型政府。

专栏3.6-3 上海出台责任清单

2014年以来，为了将落实党委的主体责任与“一岗双责”有机结合起来，上海市委专门出台《关于落实党委主体责任进一步做实党风廉政建设责任制的意见》，明确落实主体责任的四项规定动作：一是年初召开专题会议，二是逐一研究审定工作方案，三是加强日常督查，四是年末总结分析党风廉政建设各项工作任务完成情况。同时，《意见》还明确了党政领导班子成员履行“一岗双责”的三项规定动作。

在上海，各区县均已普遍出台“责任清单”，助推主体责任落地。例如，杨浦区制定了问题清单、责任清单、任务清单“三张清单”。年初，区纪委结合办信查案、巡察、审计发现的问题，按党委履行主体责任的几个方面进行分类梳理，共提出全区责任制方面存在的28个问题项目。班子成员结合问题清单和岗位实际，结合各自分管部门(单位)党风廉政建设情况和了解的群众反映强烈的突出问题，提出不少于2项的主体责任清单。区委书记陈寅说，结合责任清单，杨浦区进一步细化明确工作任务、重点项目和具体措施，通过定人、定任务、定时间，抓好责任落实。

资料来源：上海：出台“责任清单”，抓实党风廉政建设[N]. 新华每日电讯，2014-09-12.

3.6.3.3 以促进产业转型升级为目标加快财税体制改革

(1)争取国家支持甘肃率先进行消费税改革试点。合理确定中央与地方政府消费税分成比例，以消费税改革助推商贸服务业在甘肃集聚发展。降低一般消费税的税率，包括以前是奢侈品但已演变成日常生活必需品的产品；提高选择性消费税税率，包括把过度消耗资源、污染环境的产品(双高产品)纳入消费税征收范围。

(2)加快推进资源税、环境税改革。甘肃省资源丰富，拥有金昌市、白银市、武威市等10个资源型城市，加快资源税、环境税改革，争取将新增资源税、环境税划归地方政府。将资源税由现行从量计征改为从价与从量相结合的计征方法；将森林、淡水、建筑沙石等资源列入资源税征税范围，适当加大对不可再生资源开采的征收额度；资源税和探矿权、采矿权形成的收入大部分留给当地，专项用于区域生态环境治理；把工业污水、二氧化碳、二氧化硫、工业固体垃圾以及超过国家环保标准的噪音作为课税对象，确定合理税基，推进排污费、污水处理费等收费政策改革，建立更为有效的环境保护和污染减排奖惩机制。

(3)建立和完善生态补偿机制。按照“谁开发、谁保护，谁破坏、谁恢复，谁投资、谁受益，谁排污、谁付费”的原则，建立资源有偿使用制度和生态补偿机制。推进河西内陆河水量初始水权分配，建立全省用水总量控制管理制度；探索完善水权转换制度和初级水权交易市场；推进祁连山生态补偿示范区建设；积极探索黑河流域上下游间的补偿机制，引导超载人口有序转移，增强水源涵养生态功能；探索建立横向补偿和市场化补偿机制；加快完善环境污染责任保险制度，根据试点情况，逐步规定涉及石化、钢铁、煤炭等方面的企业参加环境污染责任保险，到“十三五”中期，基本形成符合甘肃实际情况的环境污染责任保险制度。

(4)争取中央政策支持，适度扩大地方政府增值税的留成比例。目前，我国地方主体税种仍是营业税，随着“营改增”全面推进，增值税分成比例面临调整的压力。一般增值税在中央与地方之间分成比例为75∶25，为了调动地方积极性，“营改增”试点地区由营业税改为增值税的收入全归地方。甘肃作为我国最贫困的地区之一，“十三五”经济转型升级面临巨大的资金投入压力。建议争取国家在一段时期内给予甘肃省一定的财税支持政策，在五年内提高地方政府增值税、所得税、消费税留成比例，比如将增值税中央与地方留成比例调整为55∶45，或将这些税收按一定比例返还给甘肃，集中用于甘肃重大基础设施建设、重点项目配套和生态环境保护。

3.6.3.4　推动公共资源配置市场化改革

(1)全面放开公共资源市场。在公共资源领域放开市场、引入竞争，推进公共资源配置信息公开，切实保障各类市场主体的知情权、参与权、选择权和监督权；适应改善民生、满足多元化的公共需求，向社会资本全面放开教育、医疗、养老服务、文化等领域的公共资源市场；与城镇化进程相适应，全面放开市政工程类，尤其是中小城镇的公共资源市场，鼓励社会资本进入；适应建设低成本政府的趋势，全面放开公车等行政机关类公共资源市场。

专栏3.6-4　厦门公共资源配置结果须在媒体公示

作为《厦门经济特区公共资源市场配置监管条例实施细则》的配套规定，《厦门市市级公共资源市场配置规则》正式颁布实施。《配置规则》进一步细化了公共资源市场配置流程，规范了配置各环节活动，将对公共资源实现“阳光交易”起到有力的保障作用。

厦门市自2005年起开始实施公共资源市场配置改革，出台了国内首部公共资源市场配置地方法规。2012年，厦门市财政局对外公布《厦门市市级公共资源市场配置暂行规则》(有效期为2年)，明确规定厦门市的公共资源如公园配套服务设施、BRT空中小商铺、公共设施的户外广告等，将通过招标、拍卖、挂牌、网络竞价、摇号等市场化手段进行配置。这不仅打破了政府垄断提供公共产品的局面，保障了厦门市民的知情权、监督权和选择权，也拓展了社会资本的投资领域。

鉴于《暂行规则》今年已到期，结合厦门市两年来公共资源市场配置的实际情况，厦门市财政局制定出台了《厦门市市级公共资源市场配置规则》，有效期为5年。新规则首次明确了公共资源项目不得入场配置的7种情形；并要求进入配置机构的公共资源项目不得随意撤回委托和变更配置活动程序。如果配置方式发生变化，要重新办理审批手续，并提供相应的书面说明材料，报财政部门备案。

按照新规则要求，今后，厦门市公共资源公开配置的项目和配置结果，都将在厦门市公共资源市场配置网或其他公众媒体公示，接受社会各界的监督。有兴趣承租公共资源的企业和个人，可以通过关注厦门市公共资源市场配置网了解相关资讯。

资料来源：厦门：公共资源配置结果须在媒体公示[N]. 厦门日报，2014-05-07.

(2)形成政府购买公共服务的新机制。从国际经验看,推广政府购买公共服务是提高公共服务供给效率的重要途径。2013年,甘肃全省政府采购规模为81.45亿元,占财政支出的3.5%,不仅低于全国平均水平(11.7%),更低于国际通行的政府采购规模占财政支出比重的30%～50%这一标准。建议:争取到2020年,甘肃省政府采购规模占财政支出比重达到20%以上,服务类采购占政府采购的比例达到30%～40%左右;明确将养老服务、残疾人服务、教育服务、公共卫生服务、城市规划与环境评估等服务纳入地方政府采购范围;探索建立公益法人制度,推动公共资源配置向社会组织放开,使社会组织作为政府购买公共服务的重要承接主体。

(3)把向公益性社会组织转型作为事业单位改革的重点之一。从甘肃"小财政、大服务"的现实出发,率先打破事业机构在公共服务领域的行政垄断,加快形成公共服务多元供给主体;尽快研究制定事业单位向公益性社会组织转型的综合性改革方案和实施办法;重点在社区服务、社会福利、慈善基金、科技文化、经济社会改革发展研究等领域,推动事业单位转变为具有公益性、独立性、专业性的社会组织;明确事业单位向公益性社会组织转型后的独立法人地位,在严格评估的前提下,将原事业单位全部或部分财产明确转为社会团体财产,实现产权上的政社分离;把公益性作为政府购买服务的主要标准,纳入《政府采购法》的范围,打破以往以所有制或以谁出资为标准、以养人为主的财政支持模式;对社会资本参与公益性社会组织的准入、权益、管理、税收等做出具体政策规定。把《政府采购法》中的"服务"从后勤类服务扩展到包括健康、养老、医疗、研究等公共服务项目,以此拓宽社会资本进入公益性社会组织的范围;尽快研究制定"免税清单",具体列举各级政府认可的公益性行为,扩大社会捐赠税收减免范围。

3.6.3.5 以打破行政壁垒为重点推进区域经济一体化

(1)以"六个统一"为重点破除区域市场的行政壁垒。在加快政府向市场放权的同时,适应丝绸之路经济带建设的现实需求,强调发展战略和发展规划上的"全省一盘棋",推动"统一规划、统一土地利用、统一基础设施、统一产业发展、统一环境保护、统一社会事业",最大限度地优化全省资源配置,加强联结西北四省、面向中亚开放的战略平台建设;重点推进酒(泉)嘉(峪关)、金(昌)武(威)、兰(州)白(银)和平(凉)庆(阳)四个区域经济一体化。

(2)推进酒(泉)嘉(峪关)经济一体化。以打造向西开放重要战略平台和打造甘肃西部重要增长极为目标,确立以行政一体化带动经济一体化的改革思路,分三步推进两市合并:第一步,建立强有力的协调机制,由主要省领导牵头,成立协调机构,协调两市经济一体化进程和行政一体化进程;第二步,推动两市部分行政职能部门的局部融合,推动经济社会一体化要求比较迫切,又比较有条件统一的部门建立紧密的协作关系;第三步,推动两市融合,争取国家支持,成立酒嘉市。

专栏3.6-5　酒(泉)嘉(峪关)行政一体化的战略意义

1. 形成甘肃对接新疆共建丝绸之路经济带的战略平台。解决自兰州以西漫长的河西走廊上,甘肃缺乏一个有实力的城市与新疆进行跨区域合作的问题。

2. 充分利用丝绸之路经济带打造甘肃西部增长极。增加酒嘉两市的向心力,通过基础设施共建共享、产业错位发展,使得两市都能够充分利用丝绸之路经济带的历史机遇发展壮大。

3. 快速推进酒嘉两市经济一体化。酒嘉两市中心城区相距仅20公里,不到半小时车程,两市在产业、土地、资源、城市功能等方面有很强的关联性和互补性,通过行政一体化可以在两市经济一体化上迅速取得突破。

资料来源:中改院课题组根据资料整理。

(3)推进金(昌)武(威)经济一体化。金昌和武威两市位于甘肃中部,处在甘肃与内蒙古交汇处。自古以来,金昌隶属武威地区,是古丝绸之路的重镇。以打造甘肃中部重要增长极为目标,借鉴广州佛山同城化、郑州开封一体化和西安咸阳一体化、长沙株洲湘潭一体化的成功经验和做法,以行政一体化带动经济一体化。尽快成立由主要省领导任组长,省直相关部门和两市市委、市政府负责同志为成员的协调领导小组,加快出台经济一体化行动方案;建立两市市长联席会议制度,落实省协调领导小组确定的事项,商议两市重大合作事项,两市共同设立专门机构,制定促进共同发展的区域政策和措施;重点推进产业一体化,打造国家重要的新材料基地。

专栏3.6-6　金(昌)武(威)经济一体化的战略重点

1. 形成甘肃对接青海和内蒙古共建丝绸之路经济带的战略平台。在促进甘肃与青海、内蒙古的跨区域合作中发挥更大作用。

2. 充分利用丝绸之路经济带实现甘肃中部崛起。推进金昌、武威基础设施共建共享、产业错位发展,扩大发展空间,围绕新材料基地建设延伸产业链,形成优势产业集群。

3. 强化两市优势互补。随着基础设施一体化,金武两地交通时间缩短至半小时,金昌市民"金昌上班,武威安家"将成为新趋势;两市产业互补性增强,据统计,金昌市有50%的农副产品和瓜果蔬菜,50%的原煤、石灰石等工业辅料,70%的建筑工人均来自武威;两市比较,武威第一产业和第三产业发达,又是河西第一人口大市,劳动力资源相对比较丰富,与以重工业为主的金昌市能形成较强的产业优势互补。

资料来源:中改院课题组设计。

(4)推进兰(州)白(银)经济一体化。借鉴乌昌模式的经验,跨行政区设置兰白党委,打破行政区划限制,率先将两市财政统一、规划统一和市场统一,通过行政一体化推进区域经济一体化。到2020年,力争把兰州都市经济圈打造成为较强竞争力的国际门户、我国西北地区现代服务业集聚区、科教中心、最具活力的经济增长极、带动丝绸之路经济带建设的“火车头”。

专栏3.6-7　兰（州）白（银）经济一体化的战略重点

1. 构建丝绸之路经济带的火车头。兰州作为我国曾经重点建设的重化工业基地，近些来发展优势正逐步丧失，在全国各省会城市和直辖市中，兰州经济实力排在倒数的位置；在甘肃省内，兰州占全省GDP比重也由过去36%下降了近10个百分点。白银曾经是兰州的一个区，如果将两市经济总量相加，兰州的经济实力在全国就能提升十几名，而且能占据全省总量的“半壁江山”。

2. 形成兰州都市经济圈辐射带动周边发展的新格局。通过与白银的融城效应和同城化，在联结宁夏共建丝绸之路经济带中扮演重要角色，强化兰州都市圈在整个丝绸之路经济带建设中的中枢地位。

3. 推动白银资源枯竭型城市转型。在拓展兰州都市经济发展空间的同时，通过发展生产性服务业为白银走出一条资源枯竭型城市成功转型路子。

资料来源：中改院课题组设计。

专栏3.6-8　乌昌模式

乌昌（乌鲁木齐市和昌吉回族自治州）地区在一体化过程中打破行政区划的限制，跨行政区域设置乌昌党委，在行政区划没有统一、不涉及两个行政区划的前提下，实现了财政统一、规划统一、市场统一。

乌鲁木齐市是新疆的首府，政治、经济、文化中心，昌吉回族自治州从东、西、北三面环抱乌鲁木齐市，经济总量在新疆排名第4位，乌昌地区GDP总量占全疆的三分之一，财政收入则占到了40%，可以说乌昌地区占尽新疆的天时、地利、人和。双方牵手更基于两区特殊的地理条件：这两个新疆的明珠近在“咫尺”，昌吉州州府昌吉市距乌鲁木齐市中心区仅35公里；昌吉州米泉市与乌鲁木齐市东山区仅“一墙之隔”，城区完全连成一片。乌昌经济一体化就是强强联合、共同发展乌昌经济。

乌昌一体化在实施当中独具特色的地方就是组建跨行政区域的乌昌党委，并坚持在乌昌党委领导下，不断推动乌昌一体化向前发展。为了更好地推进区域协调的步伐，2004年12月，新疆维吾尔自治区党委、人民政府做出了在不涉及乌鲁木齐市、昌吉州行政区划调整的前提下，首先组建中共乌鲁木齐昌吉党委，简称乌昌党委，但乌鲁木齐市委还依然存在，昌吉州党委也依然存在。乌昌党委下设乌昌党委秘书处，作为乌昌党委的日常工作机构。

在乌昌党委领导下，乌昌两地实现了财政统一、规划统一、市场统一。2006年、2007年乌鲁木齐财政局和昌吉财政局合并成立了乌昌财政局。2008年7月，又做出了把乌鲁木齐市和昌吉州的发展改革委员会、旅游局、规划局以及劳动和社会保障局、环保局等五个局全部合并的决定。同时，整个乌昌地区在通讯、交通、规划等方面实现统一。一些条管单位（工商、税务、银行、土地等）也在合并之中，为乌昌一体化打下了坚实的组织基础。

资料来源：乔中明.区域一体化的乌昌模式及启示[J].党政干部论坛，2009(8).

(5)推进平(凉)庆(阳)经济一体化。平(凉)庆(阳)组团式发展的目标是强化融城效应,共同建设陇东传统能源综合利用基地和国家级大型能源化工基地,在与中亚能源矿产自由贸易中扮演重要角色,打造甘肃发展的重要区域增长极。2014年3月,国家能源局已经正式批复《陇东能源基地开发规划》。建议借鉴长株潭城市群的成功经验,在省政府层面形成规划执行的协调机制,可以考虑在省发改委设立平(凉)庆(阳)经济一体化协调机构;以《陇东能源基地开发规划》的执行为起点,探索通过发展规划协调两市合作的新模式,制定产业一体化发展规划;协调陇东地区煤电、石油产业发展,统筹布局,促进两市合理利用资源,实现资源优化配置;加快推进平凉—西峰—黄陵铁路建设,镇原—平凉—天水高速公路建设和电力外送通道建设。

专栏3.6-9 长株潭把规划作为协调三市的重要手段

长株潭作为三个平行的地级市,共同进行城市群两型社会建设综合配套改革试验区建设,如何协调三市利益形成城市群错位发展的新格局是一个重大挑战。湖南省在协调三市发展上突出了以规划作为协调手段。除了《长株潭城市群区域规划(2008—2020)》之外,还形成了16个专项规划、18个示范区规划和87个市域规划,构建了全方位、多层次的改革建设规划体系。

在规划制定上,把省市两型办规划局作为专门协调机构;在规划实施中,逐步建立比较规范的规划运行体系;在规划落实中,注重加强规划的法制保障。

注重规划的法制保障。湖南省人大常委会通过的《长株潭城市群区域规划条例》,是全国第一部跨区域规划的地方法规;《湖南省人民代表大会常务委员会关于保障和促进长株潭城市群资源节约型和环境友好型社会建设综合配套改革试验区工作的决定》,使长株潭两型社会建设上升到地方法律层面。

坚持以规划协调各方关系。一是以规划协调三市工作。通过生态建设规划和生态绿心总体规划协调绿心建设,摆脱各市利益掣肘;探索建立三市规划局长联席会议制度,在重大项目规划上协调三市共同行动;二是以规划协调部门利益。突出表现为有效协调省级市政部门和交通部门利益关系,顺利推进三市公交对接。

资料来源:中改院课题组根据资料整理。

3.7 以进一步解放思想为重点 形成全面改革的大氛围
——深化经济体制改革的推进方式

从全国来看,“十三五”时期,我国将进入全面深化改革的攻坚期。到2020年,甘肃省经济体制改革要取得决定性成果,需要进一步解放思想,加强改革的顶层设计、协调与推动,尽快形成全社会推动改革的动力与合力:

(1)把握增长、转型、改革直接融合的客观趋势,在甘肃经济转型升级的定位上尽快形成共识;

(2)从经济转型升级的实际出发,尽快形成甘肃全面深化改革的行动方案;

(3)形成良好的改革工作机制与推进方式,并明确改革优先顺序和主攻方向。

3.7.1 转变政府发展理念,在深化改革上解放思想

以经济转型升级为目标深化经济体制改革,是内外环境深刻变化条件下的战略选择。“十三五”期间甘肃能否通过全面深化改革在经济转型升级上取得决定性成果,取决于政府能否切实转变发展理念,在深化改革上解放思想。

3.7.1.1 作为欠发达地区,经济增长速度很重要,经济转型升级更重要

甘肃作为欠发达地区,各级政府加快发展经济的意愿十分强烈,尤其是在“十三五”时期全国全面建成小康社会战略目标的最后窗口期,甘肃加快发展的压力相当大。在“十三五”全国打造经济升级版成为主潮流的特定背景下,甘肃继续维持原有结构下的增长不仅不可持续,还有可能使甘肃与全国的差距越拉越大。应当看到,“十三五”对甘肃而言,追求经济增长速度固然重要,但更重要的是通过体制创新增强内生增长动力,走出一条欠发达地区经济转型升级的新路子,形成中高速的经济增长新常态,进而形成未来10年可持续发展的能力。只有把解决短期的增长问题与中长期的可持续发展问题有机结合起来,并把经济转型升级作为主要的目标追求,甘肃才有可能走出一条欠发达地区跨越式发展的新路子。

3.7.1.2 加快改革是甘肃实现经济转型升级的根本途径

甘肃经济转型升级的主要矛盾是工业转型升级,但工业领域又带有国有经济主导的突出特征。由于市场化和对外开放程度不高,甘肃长期以来难以充分利用国内社会资本和外资发展经济,这是甘肃发展滞后、经济转型升级滞后的突出矛盾,同时也意味着通过加快改革促进经济转型升级的空间巨大。无论从甘肃加快发展还是从推进经济转型升级的角度看,改革都是最大的红利、最大的潜力、最大的动力。

3.7.1.3 加快改革是甘肃把握历史新机遇的重要前提

丝绸之路经济带建设上升为国家战略,为甘肃经济转型升级带来了历史新机遇。但同时也应看到,如果仅用传统的办法,而不是用改革的办法建设丝绸之路经济带,就难以达到预期效果。从国内区域发展的历史经验看,我国改革开放初期曾设置了不少经济特区,新时期也设置了各种类型的综合改革试验区,但真正成功的地区,都是改革力度最大的地区,没有实质性改革内容的地区则容易失去历史机遇。只有下大力气推进改革,创造良好的制度环境,才能真正集聚国内社会资本和国际资本共建丝绸之路经济带。

3.7.1.4 改革平台的搭建比项目平台的搭建更重要,用比抓项目更大的热情抓改革

受发展观念和传统政绩观的影响,甘肃各级政府在抓大项目上的热情一直很高,一些地方政府仍把传统的资源能源开采、石化等项目作为招商引资的重点,一些地方政府更愿意承接发达地区转移过来的传统产业,一些地方政府仍把低土地价格、廉价

资源作为招商引资的优势。这些做法尽管短期内可以做大经济总量，但从长远看会使甘肃发展锁定在低端产业链上；从中长期看，搭建改革平台远比搭建项目平台更重要。新时期国家已经赋予甘肃比较多的改革平台，不仅有作为国家级新区的兰州新区，还拥有丝绸之路经济带的黄金段。"十三五"时期，打破改革的惰性，把"人一之、我十之，人十之、我百之"精神用在改革上，把国家赋予甘肃的各类改革平台搭建好，对甘肃中长期发展更具有根本性的意义。

3.7.2 把握增长、转型、改革直接融合的特点深化改革

中共十八届三中全会《决定》对深化全面改革做了明确部署，甘肃省也出台了全面改革的实施意见。但从改革的实际操作层面看，只有把握增长、转型、改革直接融合的特点，才能使经济体制改革的具体步骤聚焦到对甘肃经济转型升级问题的解决上，才能使改革真正取得决定性成果。

3.7.2.1 适应增长转型大趋势的改革才是有效的改革

"十三五"是甘肃全面深化改革的重要时期，改革面宽、任务量大，而且千头万绪。从甘肃作为欠发达地区的基本省情看，增长转型才是硬道理，适应增长转型趋势的改革才是有效的改革，才能为深层次的改革打开更大空间。这就需要把握全局、突出重点，使改革的战略目标、战略重点、行动步骤、优先顺序能够与增长转型的现实需求相适应，使改革在稳增长、促转型上发挥更大的作用。在这个前提下，使经济体制改革在全面改革中发挥牵引作用。

3.7.2.2 在经济转型升级的目标选择上形成共识

"十三五"是改革的关键期，同时也是攻坚期，改革面临深刻复杂的利益关系调整。如果在经济转型升级的大目标上形不成共识，改革会更加困难。近年来，甘肃一些地方仍在强调自身还处在工业化中期，甚至是早期，仍需要重化工业量上的扩张，这些思想带有普遍性。为此，建议：省委全面深化改革领导小组进一步统一思想，推动全省各级政府在发展现代服务业尤其是生产性服务业、推动工业转型升级上取得共识，形成全省上下深化改革的合力。

3.7.2.3 围绕经济转型升级的大目标形成改革的路线图、时间表

形成"十三五"全省经济转型升级的约束性目标，围绕目标实现编排深化经济体制改革的行动方案，增强改革的时间与空间约束，明确改革窗口期（1～2年）、改革重点突破期（2～3年）、改革全面突破期（3～5年）的具体要求和具体任务。

表3.7-1 甘肃省“十三五”经济体制改革路线图和时间表

重点任务	窗口期(1～2)年	重点突破期(2～3年)	全面突破期(3～5年)
转型升级	工业转型升级取得重要进展,现代服务业加快发展的市场环境初步形成。	服务业市场向社会资本全面开放,现代服务业比重快速提升。	非公经济比重大幅提升。
以处理好政府与市场关系为主线的市场化改革	国企改革取得重要突破,引入非公经济参与国企改革。	打破行政垄断,拓宽民间资本投资空间,积极发展民营经济控股的混合所有制。	建立统一的市场体系。
以建设丝绸之路经济带为重点形成开放型经济新格局	打造三大开放改革试验区:能源矿产资源项下自由贸易区;文化旅游开放综合改革试验区;国家生态安全屏障综合试验区。	形成五大区域战略支点:酒(泉)嘉(峪关)区域经济组团;金(昌)武(威)经济带;兰(州)白(银)经济带;平(凉)庆(阳)经济带;天(水)成(县)区域经济组团。	形成联结西北四省,面向中亚开放的战略枢纽。
以简政放权为重点形成良好的市场发展大环境	全面实施企业自主登记制度;全面实施负面清单、权力清单和责任清单。	积极推进财税体制改革;推进公共资源配置市场化改革。	彻底打破行政壁垒,形成区域经济一体化的新格局。

3.7.3 把丝绸之路经济带建设作为全面深化改革的主攻方向

作为内陆欠发达地区,缺乏吸引人才和各类生产要素集聚的战略平台,是甘肃长期以来难以摆脱欠发达局面的重要原因。集中精力把丝绸之路经济带的金字招牌打响,是“十三五”甘肃经济体制改革面临的重大任务,这就需要把丝绸之路经济带建设作为全面深化改革的主攻方向。

3.7.3.1 丝绸之路经济带建设牵动甘肃改革开放全局

甘肃境内丝绸之路主干线长达1600多公里,占丝绸之路全线近四分之一,占国内丝绸之路的一半。丝绸之路经济带建设涉及甘肃全境,全省各个地区都需要在丝绸之路经济带建设中找准自身定位,并采取有针对性的改革开放举措,依托自身的比较优势对接大西北,面向中亚开放,成为甘肃的重要经济增长极。而且,丝绸之路经济带建设涉及经济、政治、社会、文化、生态等各个领域的改革,这意味着丝绸之路经济带建设牵动甘肃改革开放全局,对新阶段全面深化改革的成效具有决定性意义。为此,建议:在甘肃“十三五”全面深化改革顶层设计中突出丝绸之路经济带建设的战略目标和行动方案设计,突出丝绸之路经济带对全面深化改革的牵引作用,使经济、政治、社会、文化、生态等各个领域的改革都能够与丝绸之路经济带建设的重大任务相衔接,在丝绸之路经济带建设中扮演重要角色。

3.7.3.2 明确丝绸之路经济带建设战略枢纽的发展定位和发展目标

丝绸之路经济带上升为国家战略之后,受到国际国内各方面的关注和期待。擦亮丝绸之路经济带的“金字招牌”,关键的问题是明确甘肃的战略目标和发展定位。从现实情况看,不能简单地将甘肃定位为“大通道”或“黄金通道”,甘肃需要从更高的战略层面和更长远的发展考虑,在联结大西北、面向中亚开放的战略枢纽,尤其是在中国—中亚自由贸易区建设中发挥骨干作用。为此,建议:准确把握中国—中亚自由贸易区的发展前景,尽快明确丝绸之路经济带战略枢纽的发展定位和发展目标,进一步明确新时期甘肃对外开放的战略重点和政策导向,给国际国内投资者以良好的市场预期。

3.7.3.3 形成能源矿产资源项下自由贸易区建设的行动方案

由于我国与中亚国家存在着发展水平、文化、制度等诸多差异,内陆沿边开放很难一步到位建成中国—中亚自由贸易区。但建设能源矿产资源项下自由贸易区能够反映甘肃的比较优势,能够反映我国大西北各省的比较优势,同时也能够集中反映中亚各国的现实需求,是中国—中亚自由贸易区建设的现实选择。为此,建议:由甘肃省牵头,尽快形成能源矿产资源项下自由贸易区建设的行动方案,争取国家支持,在兰州新区、酒泉和嘉峪关、金昌等地采取特殊贸易投资便利化政策,推动甘肃与中亚五国在能源矿产资源贸易投资与合作上先行一步。

3.7.4 加强改革的顶层设计、协调与推动

“十三五”是甘肃经济转型升级的关键时期,面对丝绸之路经济带建设的新形势、新机遇、新挑战,更需要在改革的顶层设计、协调与推动上进一步解放思想、突破常规、大胆创新。

3.7.4.1 把握增长转型的突出特点,加强改革顶层设计

(1)坚持以问题为导向推进改革。“十三五”深化经济体制改革中央有明确部署,各个地方有具体方案。从改革的历史经验看,哪个地区的问题导向明确,哪个地区的改革更容易取得新突破。为此,建议:在出台“十三五”经济体制改革规划的同时,尽快出台对增长转型具有重大影响的专项改革方案,包括服务业市场全面开放、全面推行负面清单管理、建立跨区域协调机制等。

(2)做深、做精现有改革平台。甘肃目前已拥有不少国家赋予的综合改革试验平台,但这些平台从总体上看,政策的内容多,改革的内容偏少。建议:与丝绸之路经济带建设相衔接,在兰州新区、华夏文明传承创新区、国家生态安全屏障综合试验区增加实质性的改革内容,增强现有改革平台对社会资本的吸引力。

(3)重大改革开放举措要突破常规。我国新时期改革开放需要突破常规,尤其是内陆沿边开放更需要突破常规。建议:甘肃“十三五”把全面推行负面清单管理作为前期改革突破的重点,加快形成联结大西北、面向中亚开放的体制优势。

3.7.4.2 以强化改革问责为重点形成良好的改革工作机制

(1)明确改革责任主体。在全省统一部署改革的同时,明确界定各项改革的主体、对象、时间要求,将改革指标纳入全省各级官员政绩考核体系。

(2)建立改革第三方评估机制。建立全省统一的改革评估指标体系,引入与改革责任主体、改革对象相对独立的第三方评估,将社会评估组织和专家等纳入评估主体

范围，充分发挥不同评估主体的优势，形成既相互联系又相互制约的多元参与的评价体系，客观反映改革的真实情况。

（3）建立有效的改革问责机制。由省委全面深化改革领导小组牵头，制定考核办法，建立对全省各级政府与各部门的改革监督问责机制。

3.7.4.3　以克服利益固化的格局为重点形成良好的改革推进机制

（1）切实解决部门利益和地方利益对改革的掣肘。坚持重大改革方案由省委全面深化改革领导小组和专项小组出台，超越部门利益和地方利益，并对部门和地方改革执行情况进行严格督查。

（2）鼓励市县层面大胆主动的改革试点。推行地方改革试点免责机制，克服各级政府干部在推动改革中谨小慎微、怕犯错误的心态。建立改革人才的选拔与培养机制，真正挖掘有闯劲、有创新思想的改革人才，并配置到改革的关键岗位上，形成改革人才的培养机制。

（3）建立改革的社会参与机制。成立甘肃省经济体制改革专家咨询委员会，组建甘肃省深化全面改革的专家网络，研讨改革重大课题；将全省各级政府重大改革决策及时在网络上发布，实现改革决策的透明化；在职能部门之间、地方政府之间建立改革的信息共享平台；每年定期面向社会发布一批招标课题，鼓励省内外智库共同参与研究，为甘肃改革决策提供参考。

3.7.5　形成全面深化改革的大氛围

以突破利益固化的格局为重点深化改革，需要在各级政府形成共识，同时也需要社会各界理解、支持改革。这就要求政府主动营造全面深化改革的大氛围，形成全面深化改革的势能，激发有利于改革的正能量。

3.7.5.1　主动营造改革的舆论氛围

（1）把研究改革、宣传发动改革作为省委全面深化改革领导小组的一项重要职能。加大丝绸之路经济带相关改革理论研究和创新力度，对改革面临的重大疑难问题做出权威性的解释，针对改革进程中出现的新矛盾、新问题，及时回应社会对改革的种种疑问、分歧和争议，给予社会良好的改革预期。

（2）注重通过媒体宣传改革，营造改革的良好社会氛围。使媒体成为客观、真实反映改革进程的重要平台，成为约束既得利益、代表公众利益监督改革的重要平台。

（3）充分利用媒体征集改革民意。充分利用媒体在广泛反映民意促进改革上具有的独特优势，发挥媒体在客观评价改革进程、征集民间智慧促进改革上的积极作用。

3.7.5.2　凝聚各级政府、各个层面的改革共识

（1）确立民富优先的改革导向。甘肃省城乡居民收入位列全国末位，“十三五”实现全面小康的压力较大。确立藏富于民的发展理念，优先推出老百姓受益面大的改革，最大限度增强改革成果的普惠性。

（2）突出改革进程中的非公经济参与。非公经济参与既是扩大就业、扩大改革受益面的重点，也是深化市场化改革的重点。建议：优先考虑非公经济参与国有企业改

革,尽快推出一批使非公经济实质性受益的重大项目,实现改革让利于民。

(3)各级政府要在简政放权上做出表率。简政放权是社会各方面的期待,要以更大的决心和魄力推进改革,政府需要在简政放权上首先做出表率。建议:把率先于全国完成简政放权任务作为甘肃"十三五"政府改革的约束性目标,增强各方面对改革的信心和预期。

3.7.5.3　形成深化改革的社会合力

(1)对正在实施的改革方案,公布改革清单,鼓励各方参与、监督、反馈。鼓励全省社会各界加强对改革过程的监督,建立通畅的利益诉求渠道,使各方合法利益得到有效保障,尤其是避免弱势群体出现利益受损。

(2)对已经出台方案的改革,在实施之前做好有明确时间要求的试点工作。例如,国企改革要充分汲取、总结、提炼、提升基层前期试点经验,使改革能够充分反映基层诉求。

(3)对尚未形成具体行动方案的重大改革,积极引导各方参与讨论。对重大领域改革尽可能实行听证制度,让改革利益相关者能够参与改革进程,进行平等、充分的质证和辩论。

课题组成员:迟福林　方栓喜　张飞　甘露

附件:甘肃经济发展数据与其他省市比较

1. GDP与人均GDP

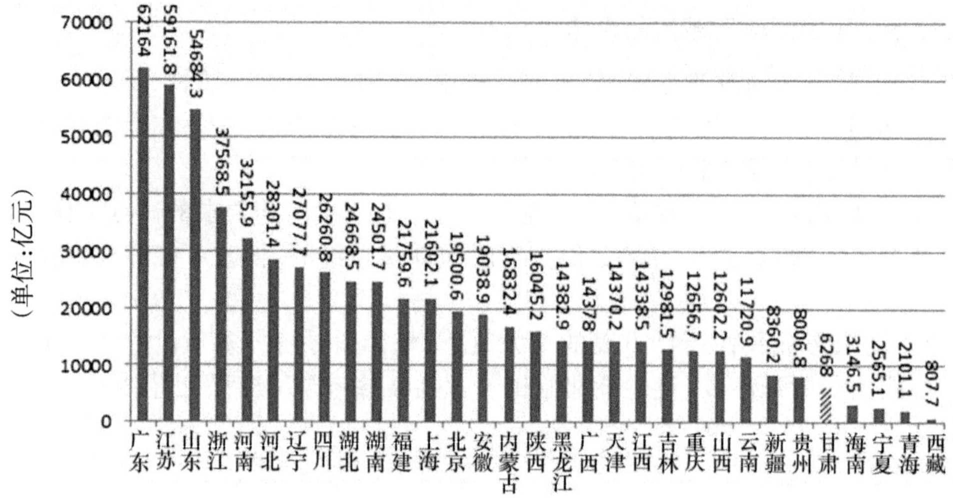

附图3-1 2013年甘肃省GDP与其他省市比较

数据来源:《中国统计摘要—2014》。

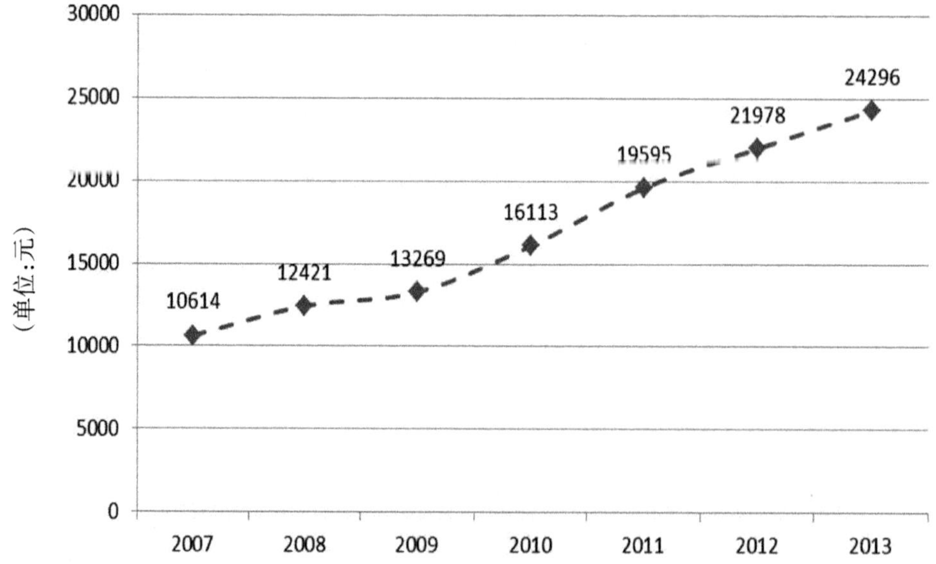

附图3-2 2007—2013年甘肃省人均GDP走势

数据来源:《中国统计摘要—2014》。

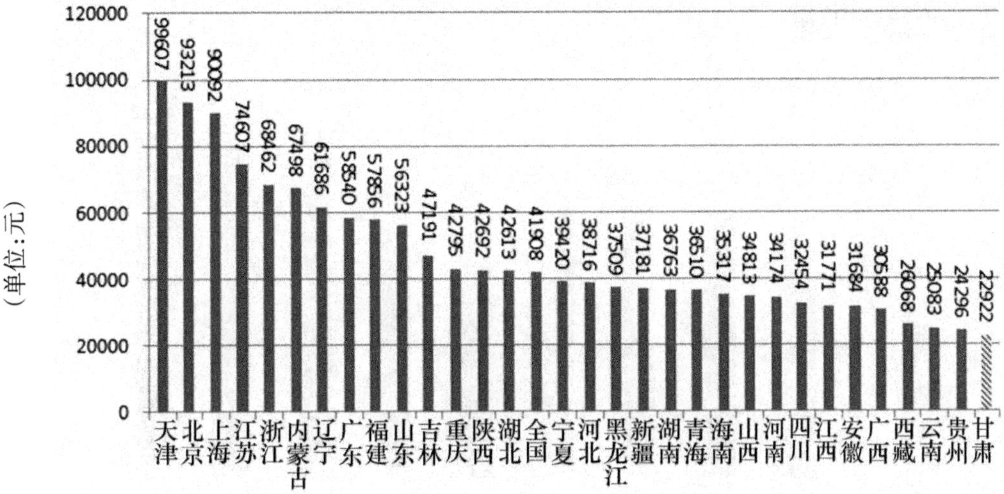

附图3-3　2013年甘肃省人均GDP与其他省市比较

数据来源:《中国统计摘要—2014》。

2. 三次产业结构

附表3-1　2013年甘肃省与全国其他省市三次产业结构比较

	第一产业(%)	第二产业(%)	第三产业(%)
全国	10.0%	43.9%	46.1%
内蒙古	9.5%	54.0%	36.5%
黑龙江	17.5%	41.1%	41.4%
上海	0.6%	37.2%	62.2%
浙江	4.8%	49.1%	46.1%
湖北	12.6%	49.3%	38.1%
广东	4.9%	47.3%	47.8%
重庆	8.0%	50.5%	41.4%
贵州	12.9%	40.5%	46.6%
云南	16.2%	42.0%	41.8%
西藏	10.7%	36.3%	53.0%
陕西	9.5%	55.5%	34.9%
甘肃	14.0%	45.0%	41.0%
青海	9.9%	57.3%	32.8%
宁夏	8.7%	49.3%	42.0%
新疆	17.6%	45.0%	37.4%

数据来源:《中国统计摘要—2014》。

3. 城镇化进程

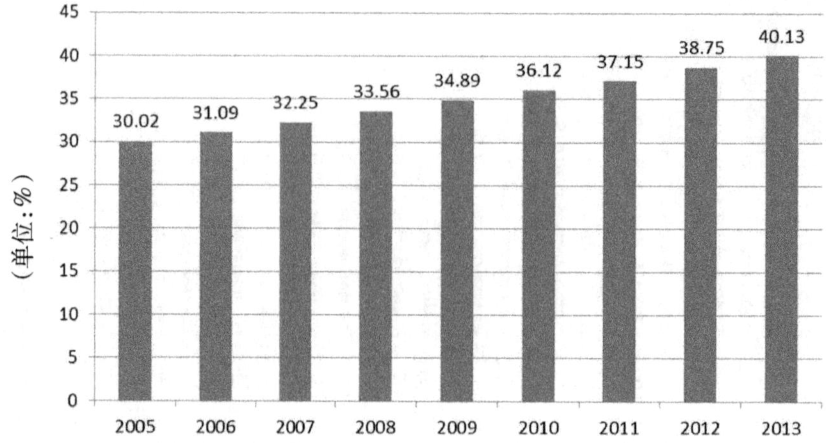

附图3-4 2005—2013年甘肃省城镇化率趋势图

数据来源:《中国统计摘要—2014》。

4. 城乡居民收入状况

附表3-2 2007—2013年甘肃省城乡居民收入及其差距

年 份	城镇(元)	农村(元)	差距(倍)
2007	10012.3	2328.9	4.30
2008	10969.4	2723.8	4.03
2009	11929.8	2980.1	4.00
2010	13188.6	3424.7	3.85
2011	14988.7	3909.4	3.83
2012	17156.9	4506.7	3.81
2013	18964.8	5107.8	3.71

数据来源:《中国统计摘要—2014》。

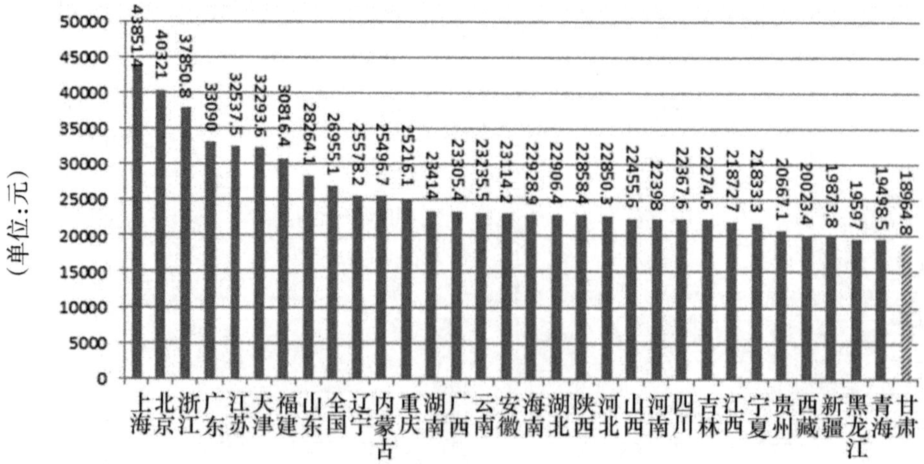

附图3-5 2013年甘肃省城镇居民收入与全国其他省份比较

数据来源:《中国统计摘要—2014》。

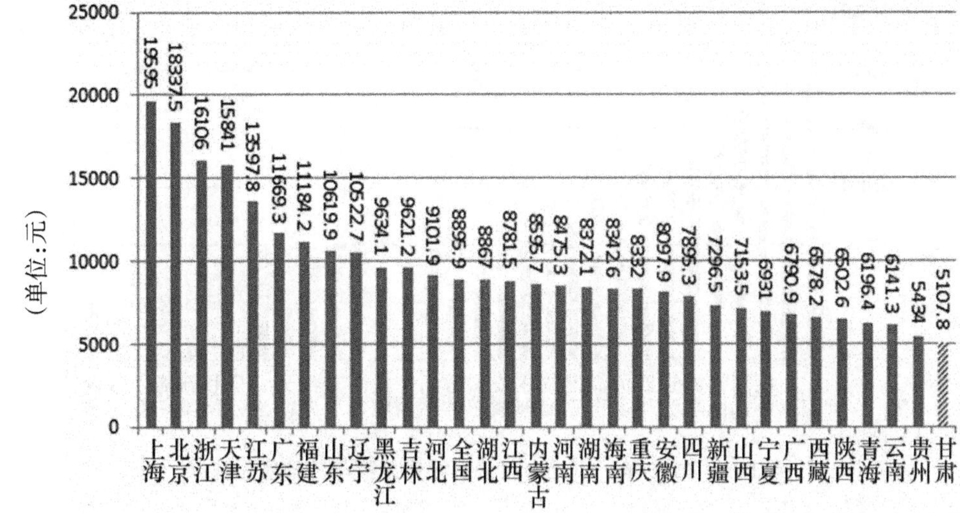

附图3-6　2013年甘肃省农村居民收入与全国其他省份比较

数据来源:《中国统计摘要—2014》。

5. 固定资产投资与社会消费品零售总额

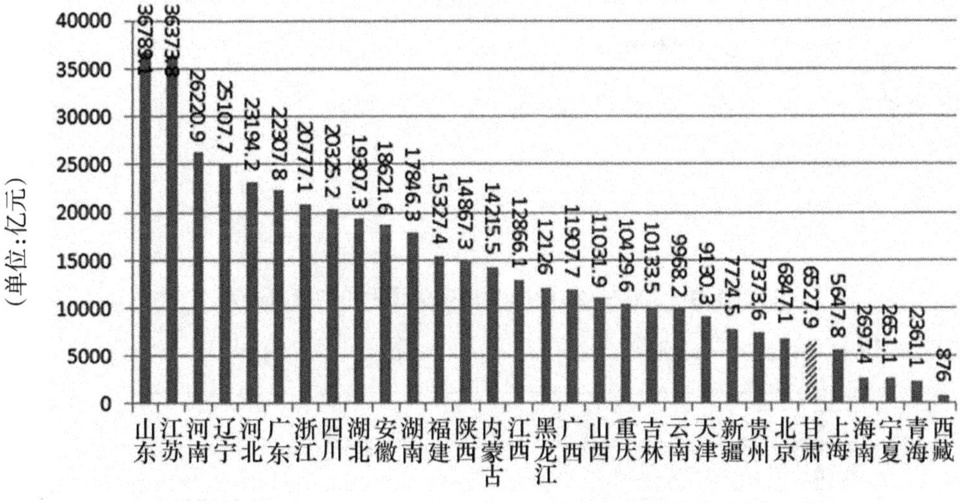

附图3-7　2013年甘肃全社会固定资产投资与其他省份比较

数据来源:《中国统计摘要—2014》。

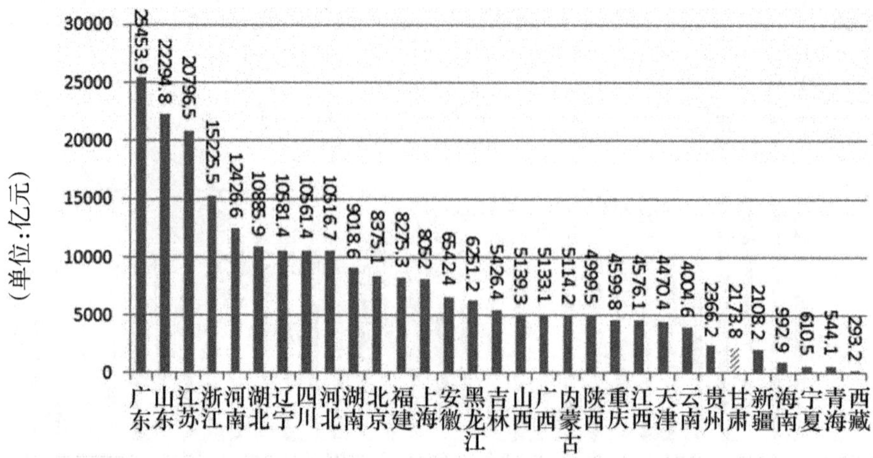

附图3-8　2013年甘肃社会消费品零售总额与其他省份比较

数据来源:《中国统计摘要—2014》。

6. 外贸进出口总额

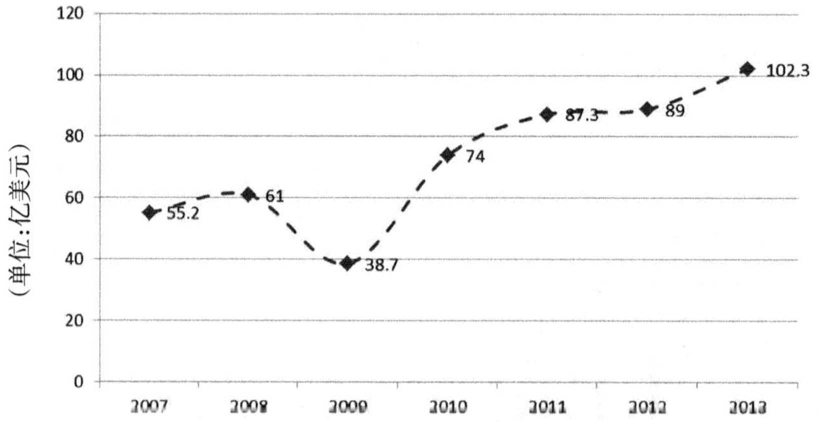

附图3-9　2007—2013年甘肃省货物进出口总额走势

数据来源:《中国统计摘要—2014》。

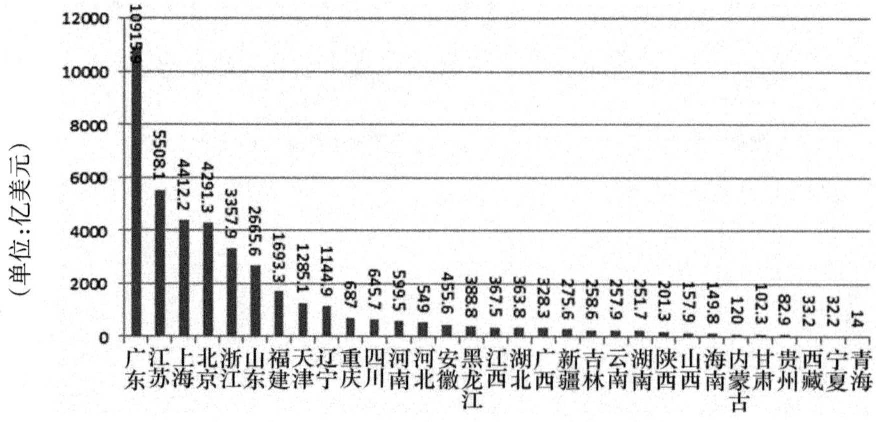

附图3-10　2013年甘肃省货物进出口总额与其他省市比较

数据来源:《中国统计摘要—2014》。

7. 甘肃省各市经济发展水平

附表3-3 2013年甘肃各地级市GDP和人均GDP排名

2013年GDP排名	地级市	2012年GDP（亿元）	2013年GDP（亿元）	2012年L常住人口(万)	人均GDP（元）	人均GDP（美元）	人均GDP排名
1	兰州	1564.41	1776.83	361.18	49195.14	7943.41	4
2	酒泉	574.6	659	110.44	59670.41	9634.83	2
3	庆阳	534.1	616.5	221.84	27790.3	4487.23	5
4	天水	413.9	480	328.25	14623	2361.14	11
5	白银	433.77	460	171.92	26756.63	4320.32	7
6	武威	320	381.18	182.16	20925.56	3378.8	8
7	平凉	325.36	341.92	208.19	16423.46	2651.85	9
8	嘉峪关	251.8	333.75	23.43	142445.6	23000.32	1
9	张掖	291.89	330	120.76	27326.93	4412.41	6
10	定西	224.12	252.22	276.92	9108.05	1470.65	13
11	金昌	243.39	250.5	46.74	53594.35	8653.74	3
12	陇南	223.4	249.5	256.95	9710.06	1567.86	12
13	临夏	148.5	171	195.47	8748.15	1412.54	14
14	甘南	96.8	108.89	69.31	15710.58	2536.75	10

数据来源：中改院课题组根据资料整理。

8. 西北地区经济指标比较

附表3-4 2013年西北地区省会城市主要经济指标比较

指 标	兰州	西安	银川	西宁	乌鲁木齐
GDP(亿元)	1776.28	4884.13	1273.49	978.53	2400
产业结构	3:46:51	5:43:52	4:54:42	4:52:44	1:39:60
常住人口(万人)	364.16	858.81	208.27	226.76	346
财政收入(亿元)	394.82	902.76	223.29	67.11	400.71
固定资产投资(亿元)	1316.86	5134.56	1149	925.44	1271.59
社会消费品零售总额(亿元)	843.87	2548.02	348.06	365.07	970.05
城镇居民人均可支配收入(元)	20767	33100	23776	19444	20780

数据来源：《甘肃省经济社会基本情况》，2014年8月。

附表3-5　2013年西北地区省会城市主要消费指标比较

指 标	兰州	西安	银川	西宁	乌鲁木齐
社会消费品零售总额(亿元)	843.87	2548.02	348.06	365.07	970.05
城镇居民人均消费支出(元)	15749	23848	16844	13607	16348
城镇居民恩格尔系数(%)	36		32.3		36.8
农民人均消费支出(元)	6186	8780	8230	7563	—
农村居民恩格尔系数(%)	38	—	29.4	—	—

数据来源:《甘肃省经济社会基本情况》,2014年8月。

附表3-6　西北四省关于丝绸之路经济带的战略定位

地区	战略定位
宁夏	充分发挥宁夏与阿拉伯国家和穆斯林地区文化相通的优势,努力打造面向阿拉伯国家同时也包括其他国家和地区对外开放平台,建设丝绸之路经济带战略支点。在中阿合作方面,宁夏提出了“123”重点任务。 “1”是构筑中阿博览会战略平台,力争把中阿博览会办成我国与阿拉伯国家及世界穆斯林地区进行经贸合作、文化交流的综合性战略平台。 “2”是建设两条纽带,即建设中阿空中丝绸之路,打造区域性国际航空物流中心;建设中阿网上丝绸之路,积极发展跨境电子商务,发展面向阿拉伯国家的服务外包业务。 “3”是建设3个关键载体,即建设中阿人文交流合作示范区;建设中阿贸易投资便利化示范区;建设中阿金融合作示范区。
陕西	确定了在“一带一路”战略中的基本定位,即打造丝绸之路经济带新起点。概括起来有四点: 1. 打造承接东部乃至全球产业转移的目的地。 2. 构建丝绸之路经济带的“三路枢纽”。一是建设“陆地丝绸之路”枢纽;二是打造“空中丝绸之路”枢纽;三是建设“信息丝绸之路”枢纽。 3. 建设丝绸之路经济带上最大的物流中转中心。 4. 打造融汇亚欧丰富多元文化的重要平台。
新疆	把新疆建设成为丝绸之路经济带的区域性交通枢纽中心、商贸物流中心、金融中心、文化科教中心和医疗服务中心,以及国家大型油气生产加工和储备基地、大型煤炭煤电煤化工基地、大型风电基地和国家能源资源陆上大通道,进一步增强新疆在“丝绸之路经济带”上的影响力和竞争力,努力当好建设丝绸之路经济带的主力军和排头兵。
青海	努力把自身打造成新丝绸之路的绿色通道、战略基地和重要节点,使丝绸之路经济带成为青海向西开放的主阵地和推动全省经济发展的新增长极。

资料来源:中改院课题组根据资料整理。

9. 中亚国家基本情况

附表3-7 部分中亚国家石油、天然气储量及产量情况

国别	石油探明储量（亿吨）	石油年产量（亿吨）	天然气探明储量（万亿立方米）	天然气年产量（亿立方米）
哈萨克斯坦	54	6746	1.8	292
乌兹别克斯坦	1	541	1.9	634
土库曼斯坦	1	952	2.9	630

资料来源：中华人民共和国驻（哈、吉、土）经济商务参赞处网站、《对外投资合作国别（地区）指南》（2011）——哈萨克斯坦、《对外投资合作国别（地区）指南》（2011）——乌兹别克斯坦、《对外投资合作国别（地区）指南》（2011）——土库曼斯坦。

附表3-8 中亚五国的支柱产业和优势产业

国家	支柱产业和优势产业
哈萨克斯坦	石油、天然气、煤炭等能源矿产资源的开发及加工；固体矿产资源的开采加工；黑色金属工业较发达，其中矿产资源的出口在哈对外贸易中占重要的地位，比重较高。
乌兹别克斯坦	棉花种植，是世界第五大产棉国，第二大棉花出口国；石油、天然气、铀矿开采；黄金等有色金属的开采和冶炼；汽车飞机制造业等。
吉尔吉斯斯坦	农业（包括种植业和畜牧业）；金属和非金属矿产的采掘和加工；电力工业；黑色金属工业较发达；煤炭资源也比较丰富，在五国中该国的轻工业发展最好，食品行业发展得不错。
塔吉克斯坦	铝锭生产和加工（原料全部靠进口，铝业在该国经济中绝对处于领军地位）；有色金属冶金工业发展较快，有色金属矿种比较多；棉花种植及加工，农业生产结构比较单一。
土库曼斯坦	石油、天然气的开采加工，其天然气工业在该国工业中所占的比重很大；棉花种植和棉纺织；电力工业。

资料来源：《对外投资合作国别（地区）指南》（2011）——中亚五国篇，中国驻中亚诸国经济商务参赞处网站。

4　基本公共服务均等化和社会发展研究

国家发改委宏观经济研究院课题组

4.1　甘肃省基本公共服务现状评价研究

4.1.1　甘肃省基本公共服务概况

4.1.1.1　甘肃省经济社会发展基本情况

4.1.1.1.1　甘肃省和其他省份经济社会发展情况比较

近年来甘肃经济快速平稳增长，经济总量在全国的占比从2009年的0.995%上升到了2013年的1.107%，但经济社会发展中依然存在着很多问题和困难，经济总量小、贫困人口多、城镇化水平低、基本公共服务供给能力弱等深层次矛盾突出。

甘肃经济总量不仅远远落后于发达地区，同西北经济大省也有较大差距。如表4.1-1所示，2013年甘肃省地区生产总值为0.63万亿元，在全国排名第27位（仅高于海南、宁夏、青海和西藏四省区，此排名和2009年相同），只有排名第1位的广东省的10%左右，甚至不足排名第15位的内蒙古的50%，在西北五省区中也不及陕西的50%，比新疆少25%左右。甘肃2013年经济增速为10.8%，从下游水平变为中上游水平，在全国排名第10位，比排名第1位的天津低1.7个百分点，在西北五省中仅高于宁夏。

2009—2013年期间，甘肃的人均GDP和城镇化率在全国排名靠末，经济发展的劣势未能得到有效扭转。如表4.1-2所示，甘肃2009年的城镇化率只有34.9%，是排名第1位的上海的一半，城镇化率在西北五省区中排名倒数第一，与全国排名第15位的宁夏相差10个百分点左右。甘肃2013年的城镇化率也只有40.1%，在西北五省中排名还是倒数第一。甘肃2013年人均GDP只有2.43万元，在全国排名第30位，只有排名第1位的天津的25%左右，同西北其他省份的差距在1万元以上。

表4.1-1　甘肃省和其他地区的GDP和经济增速

地区	2013年GDP(万亿元)		2009年GDP(万亿元)		2013年经济增速(%)		2009年经济增速(%)	
	排名	排名	排名	排名	排名	数值	排名	数值
甘肃	27	0.63	27	0.34	10	10.8	23	10.3
北京	13	1.95	13	1.22	31	7.7	24	10.2
天津	19	1.44	20	0.75	1	12.5	2	16.5
河北	6	2.83	6	1.72	28	8.2	26	10
山西	23	1.26	21	0.74	23	8.9	31	5.4
内蒙古	15	1.68	15	0.97	21	9	1	16.9
辽宁	7	2.71	7	1.52	24	8.7	11	13.1
吉林	21	1.3	22	0.73	26	8.3	8	13.6
黑龙江	17	1.44	16	0.86	29	8	21	11.4
上海	12	2.16	8	1.5	30	7.7	29	8.2
江苏	2	5.92	2	3.45	19	9.6	13	12.4
浙江	4	3.76	4	2.3	27	8.2	28	8.9
安徽	14	1.9	14	1.01	11	10.4	12	12.9
福建	11	2.18	12	1.22	8	11	15	12.3
江西	20	1.43	19	0.77	15	10.1	10	13.1
山东	3	5.47	3	3.39	20	9.6	16	12.2
河南	5	3.22	5	1.95	22	9	22	10.9
湖北	9	2.47	11	1.3	13	10.1	9	13.5
湖南	10	2.45	10	1.31	14	10.1	6	13.7
广东	1	6.22	1	3.95	25	8.5	27	9.7
广西	18	1.44	18	0.78	12	10.2	5	13.9
海南	28	0.31	28	0.17	17	9.9	19	11.7
重庆	22	1.27	23	0.65	3	12.3	3	14.9
四川	8	2.63	9	1.42	16	10	4	14.5
贵州	26	0.8	26	0.39	2	12.5	20	11.4
云南	24	1.17	24	0.62	5	12.1	17	12.1
西藏	31	0.08	31	0.04	4	12.1	14	12.4
陕西	16	1.6	17	0.82	6	11	7	13.6
甘肃	27	0.63	27	0.34	10	10.8	25	10.1
青海	30	0.21	30	0.11	9	10.8	18	11.9
宁夏	29	0.26	29	0.14	18	9.8	30	8.1
新疆	25	0.84	25	0.43	7	11	23	10.3

来源:《中国统计年鉴—2014》。

表4.1-2　甘肃省和其他地区的人均GDP和城镇化率

地区	2013人均GDP(万元)		2009人均GDP(万元)		2013城镇化率(%)		2009城镇化率(%)	
	排名	排名	排名	排名	排名	数值	排名	数值
甘肃	30	2.43	30	1.33	29	40.1	28	34.9
北京	2	9.32	2	6.69	2	86.3	2	85.0
天津	1	9.96	3	6.26	3	82.0	3	78.0
河北	16	3.87	12	2.46	21	48.1	18	43.7
山西	22	3.48	18	2.15	16	52.6	17	46.0
内蒙古	6	6.75	6	3.97	9	58.7	10	53.4
辽宁	7	6.17	9	3.51	5	66.5	5	60.4
吉林	11	4.72	11	2.66	13	54.2	11	53.3
黑龙江	17	3.75	15	2.24	11	57.4	8	55.5
上海	3	9.01	1	6.92	1	89.6	1	88.6
江苏	4	7.46	4	4.43	6	64.1	7	55.6
浙江	5	6.85	5	4.38	7	64.0	6	57.9
安徽	26	3.17	26	1.64	23	47.9	22	42.1
福建	9	5.79	10	3.34	8	60.8	9	55.1
江西	25	3.18	25	1.73	19	48.9	21	43.2
山东	10	5.63	8	3.59	14	53.8	14	48.3
河南	23	3.42	19	2.06	27	43.8	27	37.7
湖北	14	4.26	14	2.27	12	54.5	16	46.0
湖南	19	3.68	20	2.04	22	48.0	20	43.2
广东	8	5.85	7	3.94	4	67.8	4	63.4
广西	27	3.06	27	1.6	25	44.8	25	39.2
海南	21	3.53	23	1.93	15	52.7	13	49.1
重庆	12	4.28	13	2.29	10	58.3	12	51.6
四川	24	3.25	24	1.73	24	44.9	26	38.7
贵州	31	2.29	31	1.1	30	37.8	30	29.9
云南	29	2.51	29	1.35	28	40.5	29	34.0
西藏	28	2.61	28	1.53	31	23.7	31	22.3
陕西	13	4.27	16	2.19	18	51.3	19	43.5
甘肃	30	2.43	30	1.33	29	40.1	23	41.9
青海	20	3.65	22	1.95	20	48.5	15	46.1
宁夏	15	3.94	17	2.18	17	52.0	24	39.9
新疆	18	3.72	21	1.99	26	44.5	28	34.9

来源:《中国统计年鉴—2014》。

经济发展的结构性问题依然突出。2013年甘肃省第一产业的比重依然较高,第三产业的占比仅从2009年的40.24%上升到2013年的41.77%(见图4.1-1),三次产业联动发展能力较弱。

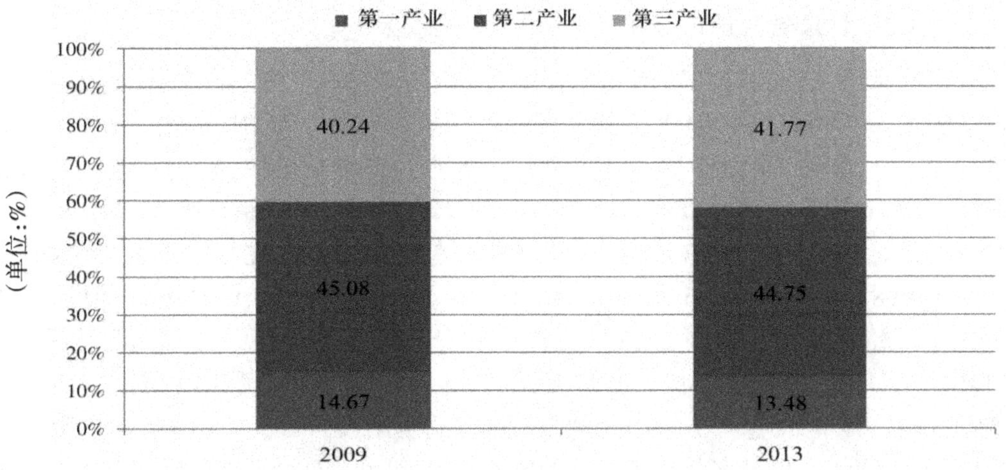

图4.1-1 2009年和2013年甘肃省产业结构

数据来源:《甘肃发展年鉴—2014》。

尽管城乡居民收入实现了较快增长,但甘肃居民的可支配收入和消费支出远远落后于全国其他地区,与全国平均水平的差距有所扩大。2013年,甘肃城镇居民人均可支配收入为18964.78元,全国城镇居民平均可支配收入达到26955元,比甘肃高7990元,而2012年全国城镇居民平均可支配收入比甘肃高7408元,差距进一步扩大。与城镇居民比,农村居民收入水平增速相对较快,2013年甘肃农村居民人均纯收入达5107.8元,同比增长13.3%。如图4.1-2所示,2013年甘肃省全体居民的可支配收入为10954.4元,在全国排名第30位,仅高于西藏。甘肃全体居民的可支配收入,只有排名第1位的上海的25%左右,与排名第15位的吉林相差接近5000元,甘肃2013年全体居民的人均消费支出为8943.4元,在全国排名第28位,不足排名第1位的上海的30%。

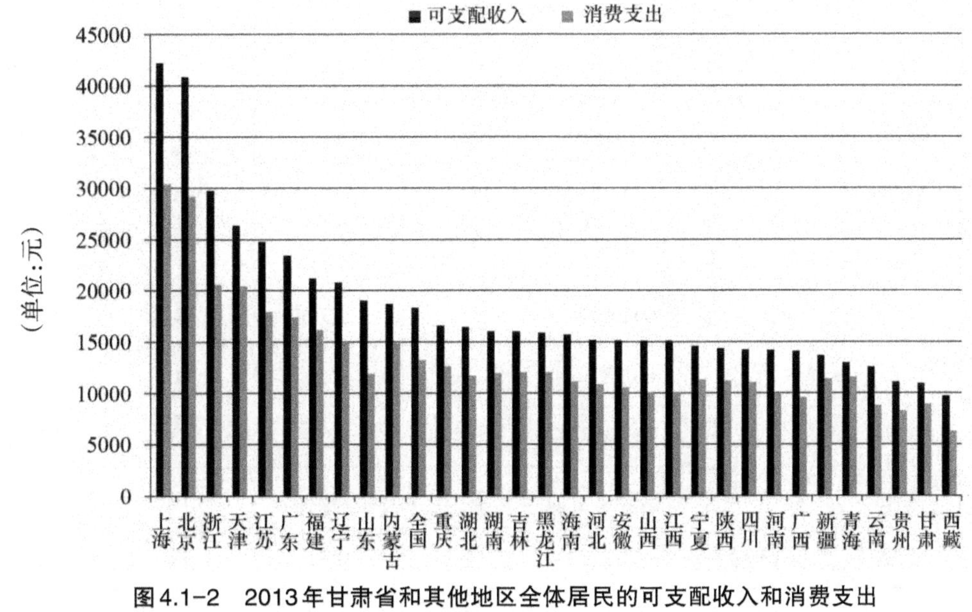

图4.1-2 2013年甘肃省和其他地区全体居民的可支配收入和消费支出

数据来源:《中国统计年鉴—2014》。

4.1.1.1.2 甘肃省各地市经济社会发展情况比较

由于自然条件、资源禀赋、市场化程度及区域发展政策等差异，甘肃各地市经济发展差距较大。兰州经济总量在甘肃全省的占比最高，酒泉、庆阳、白银、天水所占的份额相对较大。2009—2013年期间甘肃大部分地市经济增长较快，省内各地区人均GDP的增幅可观，省内各地区城镇化率无明显增长，地区之间的城镇化水平差距明显。如表4.1-3所示，2009年至2013年期间，兰州和甘南GDP分别排在甘肃省的首位和末位，兰州由925.98亿元增至1776.28亿元，甘南从57.65亿元增至108.89亿元，但仍不及兰州的10%。嘉峪关2009年与2013年人均GDP分别为7.59万元、9.61万元，均排名第1位，2013年相比于2009年增长了1.98万元，2009年超出排名倒数第1位的定西7.14万元，高出排名第2位的金昌3.5万元，超出第7位的庆阳6.39万元，2013年高出紧随其后的酒泉3.82万元，高出排名倒数第1位的临夏8.75万元。嘉峪关2013年与2009年城镇化率分别为93.39%、90.32%，均排名第1位，2013年相比于2009年增长了3个百分点左右，排名最低的临夏的城镇化率从2009年的12.85%增长至2013年的28.01%。2009—2013年期间，甘肃14个地区平均经济增速也存在较大差距。如图4.1-3所示，庆阳和酒泉的平均增速超过了15%，而甘南、陇南、定西和天水的平均增速则不足12%。

表4.1-3 2013年和2009年甘肃省各地区的基本情况

年份	地区	GDP(亿元)		人均GDP(万元)		城镇化率(%)	
		排名	数值	排名	数值	排名	数值
2013	兰州	1	1776.28	4	4.88	2	79.71
	嘉峪关	12	226.22	1	9.61	1	93.39
	金昌	10	252.04	3	5.38	3	65.58
	白银	4	463.31	7	2.71	5	43.23
	天水	5	454.34	11	1.38	8	32.42
	武威	6	379.69	8	2.1	9	32.34
	张掖	8	335.97	5	2.78	6	38.71
	平凉	7	341.08	9	1.63	7	33.04
	酒泉	2	641.94	2	5.79	4	53.64
	庆阳	3	605.37	6	2.72	10	29.59
	定西	9	252.22	13	0.91	13	27.16
	陇南	11	249.5	12	0.97	14	24.69
	临夏	13	167.32	14	0.84	11	28.01
	甘南	14	108.89	10	1.56	12	27.39

续表4.1-3

年份	地区	GDP(亿元)		人均GDP(万元)		城镇化率(%)	
		排名	数值	排名	数值	排名	数值
2009	兰州	1	925.98	4	2.79	2	61.33
	嘉峪关	10	160.05	1	7.59	1	90.32
	金昌	7	194.75	2	4.09	4	57.66
	白银	4	265.33	5	1.51	5	35.51
	天水	5	260	11	0.76	9	28.8
	武威	8	192.79	8	1.01	7	34.11
	张掖	9	192.08	6	1.49	6	35.5
	平凉	6	195.66	9	0.89	8	31.42
	酒泉	2	321.05	3	3.15	3	58.02
	庆阳	3	302.22	7	1.2	10	27.16
	定西	12	131.94	14	0.45	13	13.84
	陇南	11	142.34	12	0.54	11	20.78
	临夏	13	93.17	13	0.48	14	12.85
	甘南	14	57.65	10	0.85	12	17.98
	兰州	1	925.98	4	2.79	2	61.33
	嘉峪关	10	160.05	1	7.59	1	90.32
	金昌	7	194.75	2	4.09	4	57.66

数据来源:《甘肃发展年鉴—2014》。

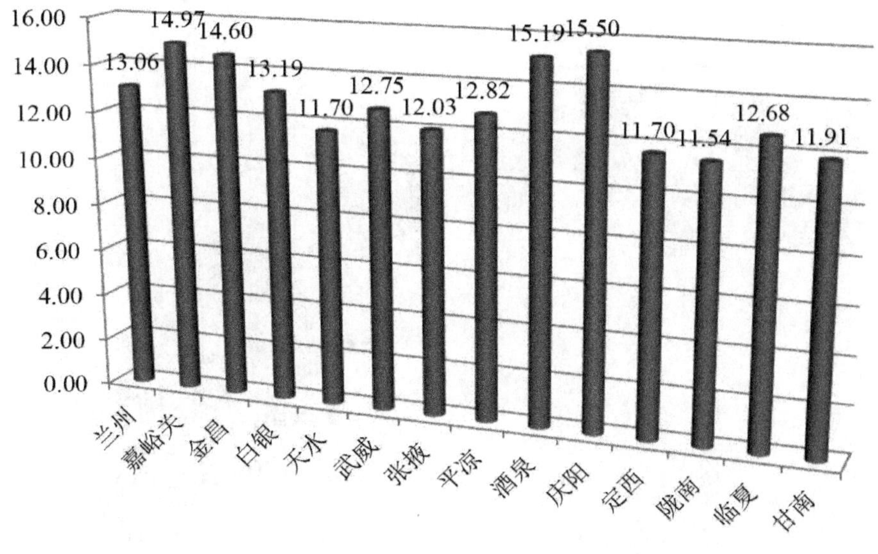

图4.1-3　2009—2013年甘肃各地区的平均经济增速　(单位:%)

数据来源:《中国统计年鉴—2014》。

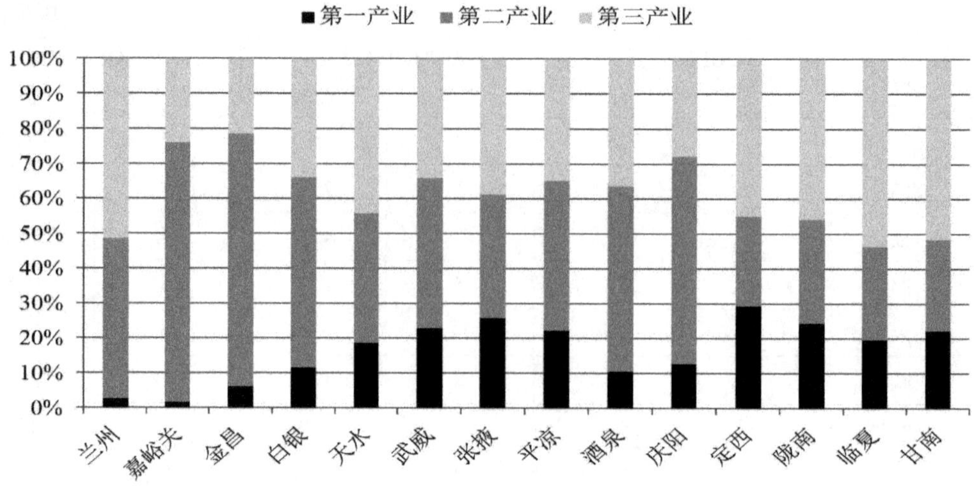

图4.1-4　2013年甘肃省各地区的产业结构

数据来源:《中国统计年鉴—2014》。

除了发达的兰州和落后的临夏、甘南、陇南等市州外,甘肃其他地区第一、二产业所占比重相对较高,服务业普遍不够发达,各地居民收入差距也较大。如图4.1-4所示,嘉峪关的第一产业仅占1.64%,临夏、兰州以及甘南第三产业所占比重达到了50%以上;嘉峪关和金昌第二产业所占比重超过了70%,定西仅有25.6%;金昌、嘉峪关的第二、三产业发展不平衡,第三产业发展滞后,而甘南、临夏、定西、陇南占全省经济份额较小,总体发展水平低,主要依靠服务业的发展支撑经济增长。甘南、临夏、定西、陇南4个地市(州)的工业化水平与城市化水平较低,是甘肃省经济社会发展水平最低的区域,也是全国的重点贫困地区。如图4.1-5所示,2013年甘肃省城镇人均可支配收入,

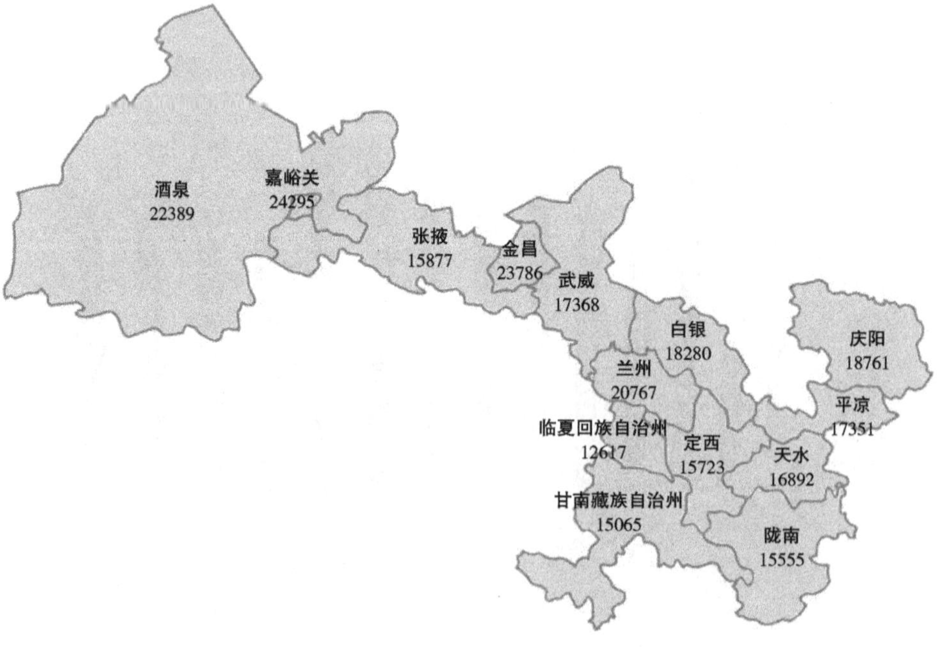

图4.1-5　2013年甘肃省各地区城镇人均可支配收入

数据来源:《甘肃发展年鉴—2014》。

嘉峪关以24295元高居首位，与排名第2位的金昌相差509元，排在末位的甘南大约是嘉峪关的60%，排名第7位的武威比嘉峪关少6927元。

专栏4.1-1　甘肃经济社会发展的基本特征和问题

甘肃省现设有5个省辖市，7个地区，2个民族自治州，共14个地市(州)。全省地域辽阔，自然资源丰富，地处祖国大西北、内地与西部多民族地区的结合部，是我国重要的能源、原材料工业基地，战略地位比较特殊，甘肃经济发展对保持国民经济健康发展、促进民族团结、巩固祖国边疆、保证国家长治久安具有特别重要的意义和作用。甘肃又是典型的经济欠发达省份，新中国成立以来，在国家的大力支持下，甘肃取得的成就有目共睹，但不容回避的是，改革开放以来甘肃与全国乃至东部沿海省区的经济发展差距明显拉大，人民日益增长的物质文化需要与落后的社会生产之间的矛盾较为突出。近几年，随着西部大开发战略的实施，甘肃省凭借丰富的自然资源，已经成为全国重要的有色金属工业基地，西部地区最大的石化基地，西北最大的钢铁基地。虽然拥有传统工业发展的条件，但是甘肃省经济发展仍然缓慢。

近年来，甘肃经济有了一定程度的增长，三次产业结构也在不断发展变化，但产业结构刚性强，调整缓慢，创新能力弱，存在严重失调。在三次产业结构中，大体符合产业结构的演进规律，形成了“二三一”结构，第一产业贡献率基本稳定，第二产业贡献率增长缓慢，第三产业贡献率较低，发展滞后，处于较低层次：随着人均收入水平的不断提高，劳动力首先由第一产业向第二产业转移，进而向第三产业转移。与国际一般水平相比，甘肃省产业结构存在偏差，主要体现为第一产业产值比重偏大，第三产业产值比重较小。第一产业从业人员人均产值明显低于全国平均水平，仅约为全国的二分之一。劳动效率不高，第一产业资源配置不合理。2000年以来，甘肃省第二产业增长率总体高于全国平均水平，但第二产业就业人口比重低于全国平均水平，第二产业对农村剩余劳动力吸纳作用有限。第三产业增长速度2005—2008年间低于全国水平，其余年份均高于全国水平，与GDP增速与全国比较完全吻合，这表明，第三产业是制约甘肃经济发展的主要瓶颈。因此，大力发展第三产业是甘肃经济发展的重点，传统产业仍是发展动力不足，发展速度相对较慢。甘肃省第二产业增长速度高于全国平均水平，第二产业是支撑经济。

在甘肃全省的7大支柱产业中，主要是以原材料加工业为主的重工业结构，产品附加值较高，对经济发展的贡献也较大，国有及大中型企业发展速度相对较慢。小型企业增长速度快于大中型企业，股份制企业增长速度快于国有企业及集体企业。轻重工业比例失调，轻工业占工业总产值的比重明显低于重工业，但轻工业增长速度高于重工业。工艺品制造业、金属制品业、电气机械制造业、橡胶制品业等制造业发展较快。

经济增长呈现出由高速增长向中高速增长转化的趋势。全省得益于西部大开发等政策机遇叠加效应的持续释放，特别是近几年国家一系列扶持政策和措施，经济、文化、生态等三大战略平台相继实施，东中部产业加速向西部转移，甘肃省经济从2003年起连续11年保持了两位数的高速增长，但从2013年开始，与全国一样，经济增速呈现出放缓迹象。产业结构则呈现出由重化工业为主向多极支撑转化的趋势。甘肃省以能源原材料加工等重化工业为主的产业结构是历史形成的。近年来,甘肃省加强政策引导,利用市场倒逼机制,加大转方式调结构力度,多元产业支撑的经济结构加快形成。战略性新兴产业势头良好。文化旅游正在成长为支柱性产业。三次产业比例进一步优化,重化工业占工业的比重开始逐步下降。

4.1.1.2 甘肃省基本公共服务情况及问题

改革开放特别是实施西部大开发战略以来,甘肃经济社会发展取得很大成就。但是,由于自然、地理、历史等原因,甘肃经济社会发展还面临许多困难和问题,基本公共服务水平与全国发达地区的差距仍然较大,在基础教育、医疗卫生、社会保障、社会服务和文化事业等关键性公共服务领域依然存在一系列深层次问题。甘肃的基本公共服务既有服务水平不高和能力不足的问题,也存在省内各地市之间发展不均衡的问题,因此提高公共服务水平和均等化水平是甘肃公共服务努力的大方向。

4.1.1.2.1 公共教育

从甘肃教育资源的分布情况来看,各类学校分布分散、点多面广,城市和农村、县城和乡镇存在着办学条件差异大,学生享受的教育资源很难公平。虽然义务教育经费已纳入公共财政体系得到保障,但是甘肃省大多数县都是财政补贴县,农村学校教育投入主要依靠国家和省级财政,大部分经费用于维持学校的正常运转,而用于改善办学条件和提高教学质量的投入非常有限。

(1)基础教育结构性失衡。学前教育发展不足,中等职业教育发展滞后。一方面,幼儿园数量少,办学条件差,师资力量紧缺,办学质量差,农村的问题更为突出,是基础教育发展中的短板。另一方面,基础教育阶段教学不均衡,农村学校教育教学方法陈旧,严重制约了教育质量的提高。

(2)教师队伍建设滞后。甘肃农村中小学教师学历层次偏低,教育教学观念更新滞后,优秀教师流失严重,在少数民族和偏远地区十分突出。由于城市和农村学校在工资待遇、生活条件、发展机会等方面的差别较大,农村学校很难留住优秀教师和年轻教师,有些偏远地区的学校甚至存在"教师荒"。

(3)教育资源利用不平衡。农村教育资源利用率较低,城镇教育资源承载力不足。受地形地貌和历史沿革的影响,甘肃省农村中小学虽然数量较多,但很多学校规模小、办学效益较差。随着经济社会的快速发展和城镇化水平的不断提高,人民群众对优质教育的需求日益增加,农村学生向城镇流动的趋势加快,进一步加剧了农村学校生源不足的问题。特别是在地理位置偏远的学校,由于生源减少很快,个别学校几乎成为"空壳",教育资源利用不足、闲置的问题十分突出。随着城镇的扩容和城镇义务教育免费政策的实施,农村学生大量涌入城镇学校,城镇教育承载力不足、资源紧缺的问题日渐突出,城市学校超额严重,"大班额"现象屡见不鲜。

4.1.1.2.2 医疗卫生

甘肃省公立医院的卫生资源数量逐年在增加,质量也不断提高,但是卫生资源增长仍然不能满足人民日益增长的医疗需求，同国家的标准相差甚远。受自然环境、人文历史、经济政治的影响，甘肃居民的收入与发达地区差距大，导致医疗卫生方面也存在较大的差距。一方面，人口老龄化加剧了卫生资源的消耗，慢性病的发病率和死亡率上升导致巨额的医疗负担。财政收入增长乏力，卫生资源总体投入不足，政府性债务和财政赤字较重。另一方面，资源配置不合理，存在资源浪费与不足并存，也造成了卫生服务不适应疾病模式变化和人民群众的卫生服务需求。

(1)疾病流行模式发生转变，疾病防控形势依然严峻。随着工业化、城市化和老龄化的发展，社会转型加速，生活方式迅速变化，疾病传播速度加快，疾病负担日趋加重。重大传染病、重点地方病、职业病和慢性非传染性疾病防治任务艰巨。气候和生态环境变化对健康构成新的威胁。新发传染病、输入性疾病以及突发公共卫生事件防控形势不容乐观。

(2)卫生资源配置不平衡，卫生人力资源发展滞后。城乡之间、区域之间卫生事业发展不协调。优质卫生资源多数集中在城市，城市卫生资源多数集中在大型医院。民族地区和经济欠发达地区卫生事业发展滞后。卫生人力资源总量不足与结构不合理并存。各医学学科领军人才缺乏，人才队伍建设环境有待进一步改善。医学教育资源不足，人才短缺成为制约卫生事业发展的瓶颈。

(3)中医药事业发展面临诸多困难，中医药特色优势发挥不够。部分地方和部门对中医药工作认识不到位，没有真正做到“中西医并重”。中医药文化和中药材大省的优势还没有完全发挥，“简、便、验、廉”的中医药特色优势没有用足用活。中医药事业总体投入不足，基础薄弱，发展相对缓慢。服务体系还不完善，科教兴业意识不强。优秀临床人才和管理人才缺乏，技术人才队伍素质亟待提高。中医药科研工作相对薄弱。

(4)弱势群体的就医难度依然较大。农村中低收入家庭慢性病的患病率较高，主要患病人群为长期从事农业劳动的中、老年人，且以关节炎和非关节炎引起的慢性疼痛者居多。农民对新型农村合作的相关政策不够了解，农村受访家庭对可以报销的药品目录这类涉及技术层面的问题知晓率低且理解不一。农村中低收入家庭的医疗负担较重，多数家庭难于应付高额的药品开支。广大流动人口的医疗保障是长期困扰他们的现实问题。城市中很多劳动群体的户籍往往不在工作地，而现有医疗保障采取的则是定点医院报销制度，且以户籍所在地的定点医院为准，而现行医疗制度设计中并未对这部分群体给予充分的考虑，为及时就诊带来诸多不便，也增加了他们的额外开支。

(5)医患纠纷突出。由于患者及家属医疗知识缺乏、期望值过高等因素，推动医患矛盾不断升级。信访案例中，有关农村与社区卫生、公共卫生等领域问题也较为突出，主要涉及乡村医生的待遇问题、社区与乡镇卫生院的疫苗接种问题等。此外，医疗纠纷发生后，医疗机构的应急处置能力还显薄弱。产妇及新生儿分娩的医疗安全问题比去年同期有所增长，尤其是三级以下医院此类问题投诉较多。有关民营医疗机构的虚假广告和过度收费问题投诉增长较快。

4.1.1.2.3　社会保障

(1)养老保险。总体上来看，甘肃企业职工基本养老保险工作，还面临着以下问题:一是“双轨制”和“待遇差”的问题。企业与机关事业单位养老制度“双轨”运行,由此引发的“待遇差”也比较突出,引发了诸多矛盾和问题,社会反响强烈,在一定时期和特定人群里,形成社会不稳定的因素;二是养老保险政策相对滞后。企业职工和城乡居民养老保险制度之间转移接续政策出台比较急迫,难以适应城乡劳动力流动和各类群体的权益保障要求;三是养老保险机制没有完全建立起来。养老保险机制性、固定化的制度需要日渐凸显出来,这已成为影响养老保险事业长远发展的重要问题之一。

(2)失业保险。近年来,虽说甘肃失业保险失业调控工作成效显著,并在全国率先出台了《甘肃省失业预警应急预案》,先行指导各市州积极探索开展失业预测预警工作,给全国带了个好头。但是,我们也需清醒地认识到,失业保险工作中仍面临亟待解决的问题,如失业保险的扩面征缴工作难度进一步加大,失业保险信息化建设明显滞后,失业保险基金大量结余与失业保险功能作用发挥不充分等矛盾日益突出。

(3)医疗改革。一是医改方面的问题。在当前经济社会发展的新阶段,人民群众健康需求呈现多层次、多元化特点,人口老龄化的步伐加速,给基金带来巨大的支付压力,给医疗保险体系发展目标提出了新要求。在这种形势下,甘肃医疗改革暴露出一些问题,譬如顶层设计和统筹规划不够系统,管理体制不够顺畅,公共服务体系不够健全等。二是医保制度体系方面的问题。甘肃虽然建立了覆盖所有人群的医疗保险制度体系,但与养老保险相比,还有相当大的扩面空间,特别是困难企业仍无力参保;制度框架虽说已全面建立,但经办管理业务基础不实、不细,管理不规范问题突出;基金的征缴率较低,主要反映在职工医保缴费基数比养老保险缴费基数低,部分市州欠费严重;市级统筹全面推行,但落实情况不容乐观。三是医保付费方面的问题。直接结算工作虽能顺利推进,但结算方式单一,个别市州、个别项目尚未落实;住院费用报销水平不断提高,但与全国仍有差距,参保人员实际负担仍然较重;基金整体结余,但剔除一次性财政补助和封闭运行的行业后,个别市州基金支出存在风险;管理手段落后,基础薄弱,统计数据质量不高。

(4)社会保险。由于城乡居民养老保险的复杂性,加上推进速度快,甘肃的试点工作在基础管理、体制机制、保障措施、巩固提高、规范服务、有序运行等方面都还存在一定的困难和问题。目前,我国现行社会养老保障制度涉及城镇职工养老保险、城乡居民养老保险,另外还建立了相衔接的被征地农民养老保险和村干部养老保险,这些不同时期分别建立起来的养老保险制度,加上农民工在城乡之间的流动,各项制度衔接问题非常突出。甘肃农村人口流动和变迁较大,这造成了应参保人数的难以准确落实,无保障和重复享受情况并存,难以实现真正的人人享有。城乡居民社会养老保险作为解决城乡居民养老的重要制度保障,为城乡居民的养老破解了后顾之忧,但与城镇职工养老保险制度相比,其养老待遇差距较大,长期低标准运行,就会削弱其政策吸引力。

(5)工伤保险。一是基金压力比较大。在企业“老工伤”人员全部纳入统筹管理和新《条例》实施后大幅度提高工伤保险待遇的情况下,工伤保险基金抗风险能力减弱,或将入不敷出,有的市已经出现基金缺口。二是参保扩面难度大。主要是部分低风险企业不愿参保、困难企业难以参保、破产重组企业不及时参保和许多民营企业不愿为农民及灵活就业人员办理参保手续。三是新老工伤人员的待遇平衡问题亟待研究。

需要建立既与甘肃经济发展水平相适应,与养老金水平相协调,又能够体现因工伤残人员特殊的待遇调整机制。

4.1.1.2.4 社会服务

(1)基本养老服务。在基本养老服务方面,甘肃省近几年来GDP稳步增加为养老机构的兴办提供了坚实地物质基础,使得居民参加机构养老有了资金保证,但养老机构依然存在一些问题:

首先,养老机构的规模偏小、数量偏少。按照国际"每千名老人占有养老床位50张"计算,2013年底甘肃省每千名老人拥有床位12.42张,床位缺口远远不能适应机构养老的发展需要。除国办养老机构(福利性养老机构)的规模尚可外,民办养老机构(营利性养老机构)总体上规模偏小、护理条件较差、发展较慢,一般仅有几十张床位,形成不了规模效益。而养老产业是一项长效、微利的产业,必须形成规模才有效益。

其次,设施发展不足,政策扶持不利。高龄老人和空巢、失能老人不断增加,老年人养老和医疗保障、社会化养老服务的需求日益增长,但甘肃省扩大城乡养老保障任务较重,一些地方应对人口老龄化的基础仍比较薄弱。社区和村一级老年福利服务设施明显不足,各类现有养老机构的床位数加上在建养老机构的床位数,与全省老年人的需求还有一定差距。部分养老机构无障碍设施还不够完善和未完全达标。对民办养老机构的扶持政策不完善,没有明确的、可操作性的扶持措施。尤其是创办养老服务机构征地难度很大,租房又没有理想的位置,难以达到老年人建筑设计规范及交通便利、环境良好等要求。农村敬老院建成后,管理成本高,后续运作和配套扶持措施跟不上,难以维持正常运转,导致集中供养率难以大幅度提高。

第三,养老服务人员的总体素质不高,专业护理服务不够。现有养老服务人员当中的多数工作人员只是局限于料理老年人的日常家务。养老服务除了要照顾老年人的生活之外,还需要大量的懂得老年人心理并掌握一定医学知识的专业护理服务人员。目前全省养老机构中普遍缺乏专业的养老护理员,养老机构中的医疗室及医生的配备也十分匮乏,有的养老机构的医疗配置则处于空白。伴随老年人日益增长的多层次、多样化的养老服务需求的增加,机构养老的专业化程度明显不足,后备力量也相对匮乏,严重制约了养老机构的专业医疗照顾和护理服务的提供。

第四,养老机构服务功能结构单一,难以满足老年人的护理需求。甘肃省养老机构服务功能结构单一,护理型养老机构偏少,老年人的康复护理需求得不到满足。大多数养老机构都无法提供对于老年人来说需求量最大的护理服务,即使有一些机构提供护理服务,也多是一些简单的、非专业的服务。

第五,机构养老服务存在供需失衡的问题。养老机构提供的服务难以全面满足老人对机构养老服务的需求,比如在服务收费、服务的专业化水平、精神慰藉服务等方面。尤其存在老人的福利性诉求与养老机构收费偏高之间的矛盾,老年人对机构养老的巨大需求与机构入住率不高的矛盾等。

(2)社会救助。在社会救助方面,甘肃省的地方社会救助体系框架已基本建立。现行地方社会救助制度安排在现有各方面条件制约下,还是发挥了一定的积极功能,作为最低层次的一种社会保障制度,多年来为许多贫困者和家庭供给了基本的生存物质资料,并在一定程度上顾及适当的发展权考量,为社会稳定和持续发展做出了一定的贡献。但是，由于甘肃省是经济欠发达又灾害频发的省份，农村贫困人口很多，这些现状决定了甘肃省的地方社会救助体系建设比经济发达地区有更多的困难。

第一，居民最低生活保障制度。低保救助水平低，目前甘肃省各地最低生活保障标准的确定，基本决定于政府支出的低保资金总额，只能量入为出。为了达到广覆盖的目标，低保金的标准都比较低，有的甚至无法满足贫困人口的日常生活，农村低保“应保未保”现象仍然存在。农村低保所需资金几乎全部由地方财政负担，在经济基础薄弱的地区，在以省、市、县三级分担救助资金的框架下，一些基层乡镇在承担自己分担的那部分比例时仍有相当大的资金缺口，使相当一部分符合条件的农村特困群众不能纳入低保的范围，“应保未保”的现象仍然存在。从事具体救助事务性工作的人员严重不足，是限制低保工作有效开展的重要因素。随着城乡低保制度的发展，尤其是农村低保工作的全面铺开，基层社会救助工作愈加繁重，原有的基层组织机构已经显得很不适应。没有考虑到救助对象家庭规模和家庭成员类型的不同而导致的需求差异，简单采取了平均施助的做法，事实上没有做到按需救助和分类救助，从而造成了救助不公。没有充分考虑收入略高于低保标准的贫困边缘人群的客观需求，低保救助存在标准、对象的确定有随意性和不准确的问题。家庭生活状况差的，其低保的补助标准不一定高，家庭生活状况相对好的，其低保补助标准不一定低；符合条件的领取不到，而不符合条件的却占夺救助资源。

第二，农村五保供养制度。供养经费拨付渠道没有理顺，大部分地方的农村五保供养经费仍未实现社会化发放，五保供养经费与村组办公经费、人员经费混在一起捆绑下拨，资金数量不明确，基层操作不方便。由于敬老院环境条件差、设施不完备、运行成本高、供养经费严重不足等原因，五保户不愿入院，造成了资源闲置。

第三，专项救助制度。目前各项专项救助的覆盖面还很窄，各种专项救助几乎都是围绕最低生活保障制度展开的，通常只有生活标准在最低保障线以下的家庭才能享受医疗、教育、住房、法律等专项救助。

第四，流浪乞讨人员救助。对救助对象的甄别核实难度大，流浪乞讨人员成分复杂，情况各异，前来求助的人员多数没有身份证和证实其困难的凭证，目前只能通过询问来了解受助人员的有关情况，对求助人员甄别和核实工作有很大难度，容易造成重复求助以及借以倒卖乘车凭证、索要现金等方式骗取救助资源的骗助问题，影响救助工作的公信力。职业乞讨的行为不易控制，有些职业乞讨人员习惯了这种不劳而获的收入方式，不愿意进救助站。救助站管理人员对其行为也无法律强制力，强讨恶要等行为也对城市交通、城市管理、社会稳定等方面带来了不利影响。

第五，灾害救助。政府各部门之间缺乏在应急方面的组织协调机制，对紧急事件反应较迟钝，快速处理能力不强。灾害救助管理体制还不能适应市场经济体制下的政府社会管理和公共服务要求，救助能力不能满足公众在面对自然灾害时需要政府提供的社会安全和社会保障。对预防灾害的宣传力度不够，社会对自然灾害的发生警觉性较差，公众缺乏自救、互救意识和能力。

4.1.1.2.5　文化事业

甘肃省是一个经济欠发达的内陆省份，甘肃的公共文化服务事业水平整体处于不平衡、偏低的状态。虽然近几年在国家文化建设政策的引导下，甘肃省的公共文化服务体系建设稳步推进，文化基础设施得到了进一步加强，文化产品和文化服务呈现出多样性发展态势，并取得了一些成绩。但是，甘肃公共文化服务领域仍然存在许多问题。主要表现在以下几个方面：

第一，优秀文化产品偏少，无法满足公众增长的文化需求。当前，甘肃由于公共文化资源短缺，可提供的文化产品数量单一，因此难以满足公众日益增长的文化需求。尤其是创新性文化产品太少，文化精品和名品缺乏，高层次的文化产品和服务价格偏高，高层次文化消费需求难以满足。如甘肃的优秀作品大多只在获奖前后、节庆之日与省会城市的观众见面，或在北京、上海等大城市的文化市场上演出，或出国演出，而在甘肃省内其他城市和基层的演出却很少。特别是在偏远的农村地区，精品剧目很少巡演。而甘肃广大的基层观众很渴望观看这些本省的优秀剧目。一些市、县级专业院团和非专业戏剧团体送往基层演出的剧目仍然是“老戏老演、老演老戏”，高层次文化产品缺乏。尽管如此，在基层演出时白天观众也有五、六千人，夜晚则多达上万人。由此看出甘肃基层有比较广泛的演出需求，但目前的公共文化产品未能满足他们所应该享受的文化权益。

第二，文化资源配置不平衡，基层投入严重不足。在公共文化资源短缺的同时，甘肃还存在文化资源分配严重不均衡的状况，社会不同群体难以共同享有文化成果。其中较为突出的问题是农村公共文化基础设施落后，各地县对基层文化建设的投入严重不足。首先，在建设初期，由于文化设施建设项目主要由地方财政提供配套资金，但由于地方财政困难，从一开始就不能很好的落实，先天不足严重影响了文化项目的建设。如有的县乡镇文化站除了文化专干、一间办公室和一块牌子之外，基本上是有名无实，成为“挂牌文化站”。许多地县文化站因为没有阵地，缺少图书、活动器材等设施，文化活动基本上呈现自发、散乱、无序的状态，名存实亡。在农村，由于集体经济逐渐退出，公共文化服务供给主体处于缺位状态，大部分村没有文化室，一些村虽然依托村委会办公用房挂了村文化室的牌子，但活动基本没有开展。其次，因地方财政对文化事业投入的资金有限，使得很多基层公共文化机构日常运转困难，缺乏长期服务能力。如一些地方的公共文化设施“建而不用”或“挪作他用”，文化阵地利用率低下；一些县区文化馆、图书馆多年来只有人员经费，没有拨付过活动经费和购书经费；市、县电影公司均为自收自支单位，运转十分困难，有的甚至处于瘫痪状态；一些市县级的剧团因经费不足无法解决服装、设备破烂不堪的现状，人员流失严重而难以维系；很多地县区的广电设备严重老化，有线电视网络超期服役，存在安全隐患。

第三，缺少专业文化人才，结构性矛盾突出。完善的公共文化服务体系需要高素质的专业文化人才，但在实际工作中，甘肃省文化人才流失严重，文化队伍中专业人才缺乏，整体素质偏低，结构性矛盾突出。首先，由于编制少、待遇低、晋升机会少等问题，无法吸引和留住专业人才，人员流失严重，直接影响到了文化队伍的稳定性。街道（乡镇）文化站、社区（村）文化室没有编制，人员身兼数职、流动频繁。其次，文化部门人员结构不合理，专业人才少，非专业人员比例大，文化单位缺少文化人。很多乡镇文化馆、图书馆的工作人员，缺乏相应的专业技能，大部分的地县文化专干名不符实、专干不专的问题相当突出。再次，基层文化队伍的整体专业素质较低，难以满足公众的文化服务的要求。文艺高精人才普遍缺乏，民间艺人多为口传身授，后继乏人的状况突出。

第四，广播影视无论从事业发展的规模和水平上看，还是从事业发展的社会效益和整体形象上看，都低于全国发展的平均水平，与东部和沿海发达省份相比有着明显差距。甘肃广播影视公共服务面临发展不足和发展失衡的问题。发展失衡表现在三个方面：一是城乡发展失衡。在城市，广播影视基础设施已达到较高水平，主要任务是改善和加强内容服务，提高服务水平；而在农村，投入少，基础设施落后，主要任务是扩大覆盖、消除"盲村"，达到普及的目标。二是地区发展失衡。比如酒泉市、敦煌市等一些市州农村地区广播影视发展迅速，已经接近和超过部分城市发展水平，而其他农村地区还有相当数量的农牧民听不到广播、看不到电影和电视。三是市场服务与公共服务失衡。近年来，为促进产业发展，广播影视运营机构普遍采取企业经营模式，在广告创收导向下，重市场服务，轻公共服务，公共服务数量不足，质量不高，节目泛娱乐化、低俗化、去农村化现象严重。这三大失衡阻碍着农村广播影视公共服务的发展。

4.1.2 甘肃与其他省份基本服务发展的比较

从我国的现实情况出发，基本公共服务的内容主要包括：一是基本民生性服务，如就业服务、社会救助、养老保障等；二是公共事业性服务，如公共教育、公共卫生、公共文化、科学技术、人口控制等；三是公益基础性服务，如公共设施、生态维护、环境保护等；四是公共安全性服务，如社会治安、生产安全、消费安全、国防安全等。我国政府提出了基本公共服务均等化的目标，但在操作层面必须明确界定基本公共服务的内容。从现实看，可以运用基础性、广泛性、迫切性和可行性4个标准来界定。所谓基础性，是指那些对人类发展有着重要影响的公共服务，它们的缺失将严重影响人类发展。所谓广泛性，是指那些影响到全社会每一个家庭和个人的公共服务供给。所谓迫切性，是指事关全社会最直接、最现实、最迫切利益的公共服务。所谓可行性，是指公共服务的提供要与一定的经济发展水平和公共财政能力相适应。从上述标准判断，并考虑到均等化的视角，公共教育、医疗卫生、社会保障、社会服务和文化事业，是广大城乡居民最关心、最迫切的公共服务，是建立社会安全网、保障全体社会成员基本生存权和发展权必须提供的公共服务，应成为现阶段甘肃基本公共服务的主要研究内容。

4.1.2.1 公共教育

已有的研究表明，2009年甘肃公共教育发展指数为0.593（满分为1），在全国排名倒数第4位（见图4.1–6），教育发展水平较高的是上海、北京、浙江等经济发达省市，较低的是贵州、云南、西藏等经济欠发达省份，可见，总体上教育发展水平与经济发展水平有着密切的关系。但是，经济发达的广东省，由于教育公平水平排全国倒数第1位，因此教育投入水平也比较低，教育发展水平排在全国倒数第6位，远远低于其经济发展水平，说明经济发展并不必然带来教育的相应发展。

专栏4.1-2　教育发展指数的计算方法

教育机会指数=0.25×(学前教育毛入学率指数+义务教育毛入学率指数+高中阶段教育毛入学率指数+高等教育毛入学率指数)

教育投入指数=0.125×(小学生均教育事业费指数+初中生均教育事业费指数+高中生均教育事业费指数＋大学生均教育事业费指数＋小学师资指数＋初中师资指数＋高中师资指数＋大学师资指数)

教育公平指数=0.125×(小学专任教师学历城乡差异指数＋初中专任教师学历城乡差异指数＋小学生均教育事业费城乡差异指数＋初中生均教育事业费城乡差异指数)＋0.25×(县际小学生均教育事业费基尼指数+县际初中生均教育事业费基尼指数)

教育发展指数=40%×教育机会指数＋30%×教育投入指数+30%×教育公平指数

资料来源:王善迈,袁连生,田志磊,张雪. 我国各省份教育发展水平比较分析[J]. 教育研究,2013(6),4-11.

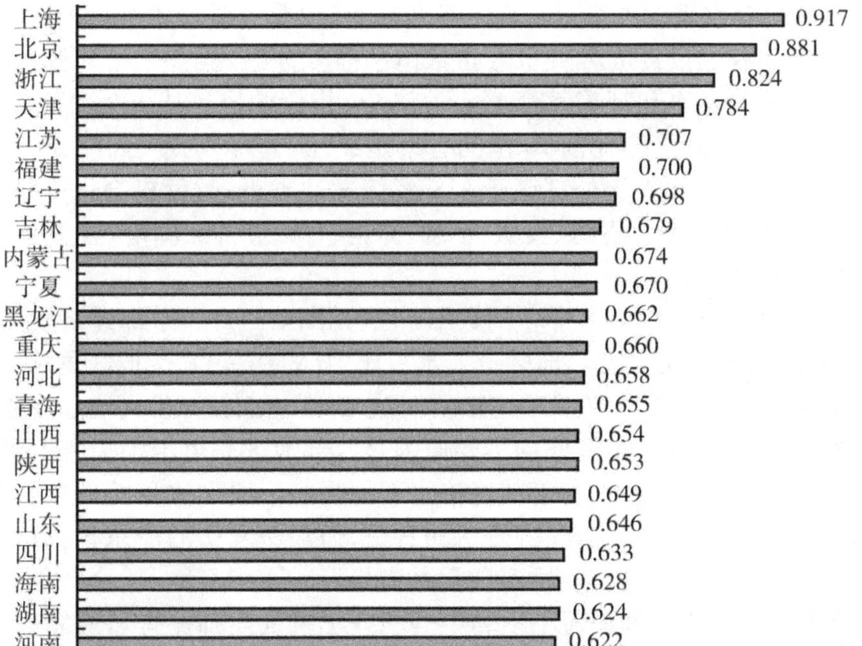

图4.1-6　2009年各省份教育发展指数及排名

资料来源:王善迈,袁连生,田志磊,张雪. 我国各省份教育发展水平比较分析[J]. 教育研究,2013(6),4-11.

甘肃省教育处于低水平均衡的发展阶段。从全国各省份的教育发展情况来看，均衡发展型的特点是教育发展指数各方面没有明显的“短板”。属于这一类型的省市共12个：上海、北京、浙江、黑龙江、陕西、四川、海南、广西、新疆、安徽、甘肃、贵州。均衡发展型又可以进一步分为三类：高水平均衡、中等水平均衡和低水平均衡。其中，上海、北京、浙江属于高水平均衡；黑龙江、陕西、四川、海南、广西属于中等水平均衡；新疆、安徽、甘肃、贵州则属于低水平均衡。非均衡发展型的特点是教育发展指数与其二级指标的排名有较大差异，教育机会、教育投入、教育公平3个方面非均衡发展。属于这一类型的省份共有19个：天津、江苏、福建、辽宁、吉林、内蒙古、宁夏、重庆、河北、青海、山西、江西、山东、湖南、河南、湖北、广东、西藏、云南。这一类型又可细分为三类：教育机会相对薄弱型、教育投入相对薄弱型及教育公平相对薄弱型。属于教育机会相对薄弱型的省市有吉林、内蒙古、宁夏、青海、西藏、云南；属于教育投入相对薄弱型的省份有河北、山西、江西、湖南、河南；属于教育公平相对薄弱型的省市有广东、天津、江苏、福建、辽宁、重庆、山东、湖北。

甘肃教育机会水平发展指数在全国排名倒数第3位。教育机会水平由教育机会指数的大小决定。我们设计的教育机会指数由学前教育毛入学率、义务教育毛入学率、高中阶段教育毛入学率和高等教育毛入学率4个指标构成。从2009年各省份教育机会指数看，教育机会水平排在前10位的省市是浙江、上海、北京、天津、辽宁、江苏、福建、重庆、山东、广东，除重庆外都属于东部经济发达省市；教育机会水平排在后10位的省份是西藏、云南、贵州、青海、安徽、新疆、海南、甘肃、广西、湖南，其中有7个属于西部经济欠发达省份。

甘肃教育投入指数在全国排名倒数第4位（见图4.1-7）。东部经济发达地区教育投入水平较高，西部经济欠发达地区投入水平比中部经济较发达地区更高。东部经济发达地区教育投入与经济水平关系比较密切，中西部地区教育投入与经济水平的关系似乎不是很密切。造成上述现象的主要原因是西部地区获得了中央政府更多的财政转移支付经费，教育投入水平高于其经济水平。另一个引人注目的现象是北京、上海的教育投入水平远远高于其他经济发达的省份，但经济发达的广东省，教育投入水平还不如吉林、辽宁、内蒙古等经济力量较弱的省份。

在师资配置方面，甘肃普通小学和中等职业学校的生师比排名较靠前，领先于西北五省，而初中、普通高中以及普通高校的生师比远落后于发达地区，在西北五省中也处于落后地位。如表4.1-4所示，2013年甘肃省普通小学和中等职业学习的生师比排名分别为第5位和第10位，数据分别为13.30和18.09，普通小学高于排名第1位的黑龙江2.2，低于全国平均水平3.46个，少于西北五省中排名第24位的宁夏4.40；中等职业学校高于吉林7.44，低于全国平均水平4.88，少于宁夏17.89。2013年甘肃省初中生师比排名第15位，数值为12.28，高于排名第1位的黑龙江2.36，低于全国平均值0.48，在西北五省中高于排名第8位的陕西1.4。2013年甘肃省普通高中生师比排名21位，数值为15.70，高于排名第1位的北京6.70，高于全国平均水平0.75，在西北五省中仅低于陕西和宁夏，高于排名第6位的新疆2.08。2013年甘肃省普通高校的生师比排名全国第27位，数值为18.38，高于全国平均水平0.58，比排名第1位的青海低3.52，在西北五省中排名最后一位。

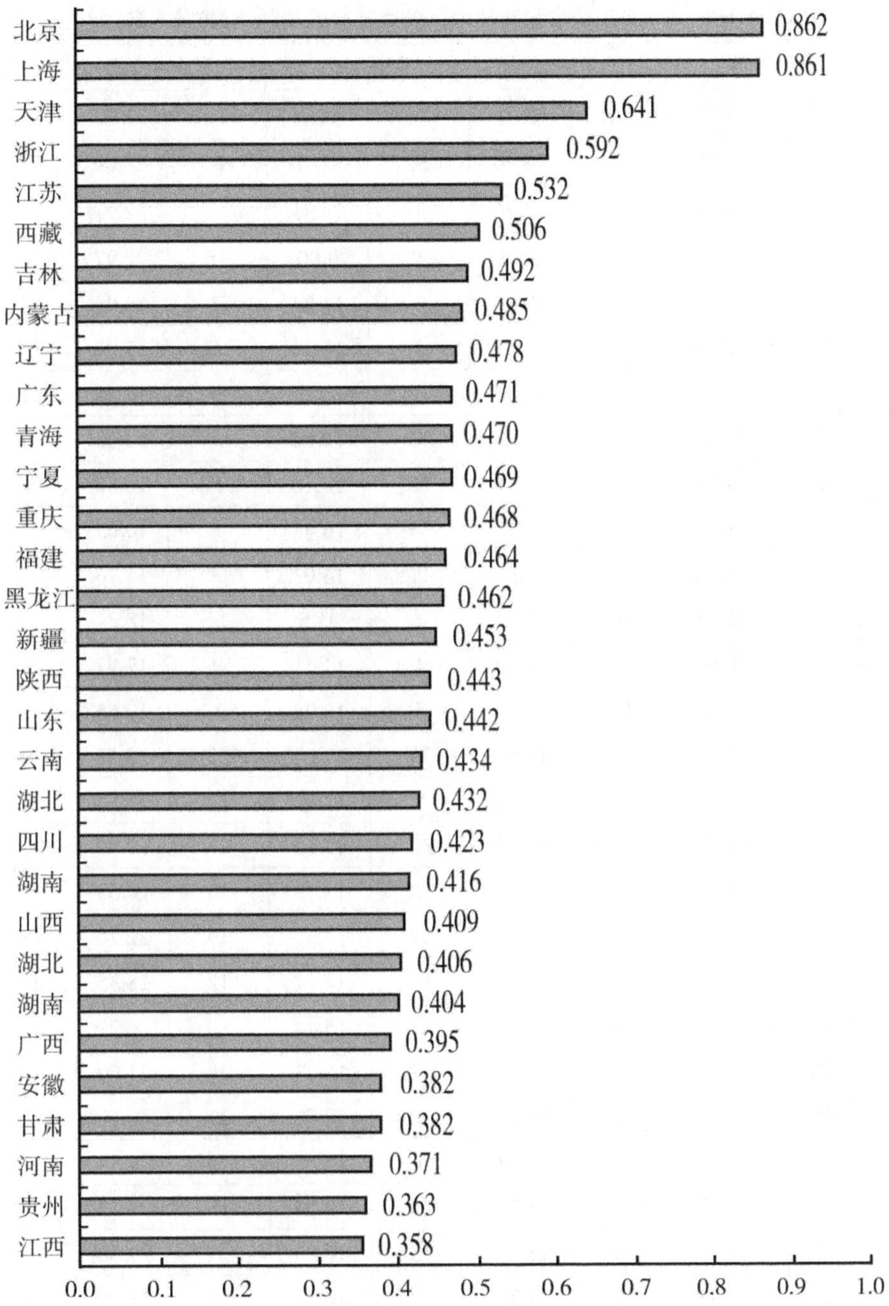

图4.1-7 2009年各省份教育投入指数及排名

数据来源：王善迈，袁连生，田志磊，张雪．我国各省份教育发展水平比较分析[J]．教育研究，2013(6)，4-11．

表4.1-4　2013年甘肃和其他地区各类学校的生师比(教师人数=1)

地区	普通小学		初中		普通高中		中等职业学校		普通高校	
	排名	数值	排名	数值	排名	数值	排名	数值	排名	数值
甘肃	5	13.30	15	12.28	21	15.70	10	18.09	27	18.38
全国		16.76		12.76		14.95		22.97		17.53
北京	9	14.36	3	9.75	1	9.00	16	22.97	3	15.58
天津	10	14.42	4	10.04	3	11.24	2	14.04	9	17.29
河北	19	17.13	18	12.67	8	13.28	6	17.02	15	17.54
山西	4	12.72	10	11.00	13	14.16	7	17.18	19	17.73
内蒙古	3	11.85	11	11.12	16	14.94	4	16.63	21	17.87
辽宁	8	14.33	6	10.64	12	14.10	5	16.86	8	17.28
吉林	2	11.83	2	9.65	23	16.47	1	10.65	13	17.33
黑龙江	1	11.28	1	9.60	11	14.03	3	15.96	5	16.19
上海	13	15.92	14	12.11	2	9.45	11	18.34	7	17.14
江苏	17	16.86	5	10.50	4	11.41	9	17.97	2	15.48
浙江	29	19.05	16	12.58	7	12.92	8	17.65	6	17.02
安徽	20	17.18	17	12.63	26	17.00	22	28.49	29	18.78
福建	16	16.82	12	11.43	5	12.72	27	30.55	12	17.31
江西	30	19.70	26	14.44	30	17.62	24	29.70	20	17.74
山东	14	16.16	13	12.08	15	14.33	13	20.53	11	17.31
河南	28	19.01	24	13.75	27	17.51	14	22.70	18	17.70
湖北	15	16.70	9	10.94	14	14.17	12	18.35	22	17.96
湖南	27	19.00	19	12.68	18	15.44	20	26.20	28	18.57
广东	26	18.47	27	14.63	17	15.23	28	31.00	30	19.09
广西	31	19.77	30	16.68	28	17.52	31	40.19	17	17.69
海南	11	14.67	23	13.73	20	15.65	25	29.78	31	19.10
重庆	22	17.27	21	13.36	29	17.54	18	24.43	16	17.60
四川	21	17.21	22	13.41	25	16.85	23	29.66	26	18.33
贵州	25	18.43	31	18.23	31	18.25	29	33.19	24	18.15
云南	18	17.03	29	15.38	19	15.60	17	23.37	25	18.19
西藏	12	15.65	25	13.92	10	13.72	21	26.83	4	15.69
陕西	7	13.96	8	10.88	22	15.79	19	24.76	23	18.07
甘肃	5	13.30	15	12.28	21	15.70	10	18.09	27	18.38
青海	23	17.60	20	13.34	9	13.64	26	30.30	1	15.13
宁夏	24	17.70	28	14.68	24	16.51	30	35.98	10	17.30
新疆	6	13.48	7	10.67	6	12.78	15	22.86	14	17.35

数据来源:《中国统计年鉴—2014》。

4.1.2.2 医疗卫生

甘肃目前仍然属于医疗卫生落后地区。已有研究表明,甘肃医疗卫生服务面临医疗人才匮乏、技术落后等问题,医疗效果有待提升。目前全国按照医疗卫生发展水平可划分为4类地区。第一类地区包括北京和上海,医疗卫生状况良好,需继续保持优势。第二类地区包括宁夏、青海、陕西、内蒙古、河北、吉林、黑龙江、辽宁、天津,医疗卫生综合状况较好,排名中间靠前,只需分别在细节上改进。第三类地区包括河南、山东、广西、安徽、重庆、湖南、海南、四川、湖北、江西、广东、浙江、江苏、福建、贵州,以中部及沿海地区为主,排名中间靠后,政府需加大对医疗卫生事业的投入。第四类地区包括山西、云南、甘肃、新疆、西藏,医疗人才匮乏,技术落后,需首先提高医疗水平。

从医疗卫生资源人均配置水平来看,甘肃在全国处于中间水平。根据7个卫生事业的代表性指标,把31个省市进行聚类分析,聚成5类,结果显示北京的人均配置水平最高,天津、山西、内蒙古、辽宁、吉林、浙江、新疆等7个省市的人均配置水平较高,河北、黑龙江、江苏、安徽、福建、江西、山东、河南、湖北、湖南、广东、广西、海南、重庆、四川、贵州、云南、陕西、甘肃、青海、宁夏等21个省市人均配置水平一般,上海的人均配置水平较差,西藏的人均配置水平最差。

甘肃每千人口卫生技术人员、执业(助理)医师、注册护士在全国范围均处于下游位置,与发达地区相差较大,在西北五省中也处于落后地位。如表4.1-5所示,2013年甘肃省每千人口卫生技术人员为4.33人,排名第23位,低于排名第1位的北京11.13人,低于全国平均水平0.94人,在西北五省中仅高于西藏0.99人。2013年甘肃省每千人口执业(助理)医师为1.65人,排在第23位,低于排名第1位的北京4.20人,低于全国平均水平0.39人,在西北五省中仅高于西藏0.02人。2013年甘肃省每千人口注册护士为1.50人,排名第27位,低于排名第1位的北京4.86人,低于全国平均水平0.54人,在西北五省中仅高于西藏0.74人。

2013年甘肃每千人口医疗卫生机构床位数低于发达地区,在全国处于中下水平,在西北五省中也处于落后地位;每千农业人口乡镇卫生院床位数处于中上水平,在西北五省中也处于领先地位。如表4.1-6所示,2013年甘肃每千人口医疗卫生机构床位有4.49张,排名第20位,低于排名第1位的新疆2.61张,在西北五省中仅高于西藏0.96张。2013年甘肃省每千农业人口乡镇卫生院床位数为1.18张,排名第21位,低于排名第1位的山东0.72张,在西北五省中仅高于宁夏0.48张。

表4.1-5 2013年甘肃和其他地区每千人口卫生技术人员(人)

地区	卫生技术人员			执业(助理)医师			注册护士		
	合计	城市	农村	合计	城市	农村	合计	城市	农村
甘肃	4.33	6.76	3.29	1.65	2.64	1.22	1.50	2.80	0.95
全国	5.27	9.18	3.64	2.04	3.39	1.48	2.04	4.00	1.22
北京	15.46	15.88	8.14	5.85	5.98	3.67	6.36	6.57	2.76
天津	8.05	8.67	5.28	3.18	3.29	2.69	2.95	3.30	1.36
河北	4.44	10.28	3.18	2.00	4.17	1.53	1.49	4.37	0.86
山西	5.77	10.87	3.78	2.50	4.38	1.77	2.12	4.69	1.12
内蒙古	6.01	11.74	4.08	2.52	4.59	1.82	2.12	4.91	1.19
辽宁	6.01	7.62	4.14	2.44	2.95	1.85	2.44	3.39	1.34
吉林	5.45	13.14	3.70	2.31	5.56	1.58	1.97	5.35	1.20
黑龙江	5.49	8.62	3.74	2.13	3.13	1.57	1.96	3.62	1.03
上海	10.97	11.13	7.66	4.05	4.03	4.28	4.74	4.87	2.29
江苏	5.63	8.90	3.94	2.23	3.24	1.70	2.29	3.95	1.42
浙江	7.30	10.30	5.69	2.86	3.83	2.34	2.75	4.24	1.95
安徽	3.66	6.28	2.63	1.42	2.23	1.10	1.49	2.96	0.91
福建	5.44	10.21	3.74	2.00	3.76	1.37	2.20	4.41	1.41
江西	3.94	8.13	2.95	1.46	2.79	1.14	1.62	3.86	1.09
山东	6.21	9.05	5.02	2.41	3.45	1.98	2.50	4.02	1.86
河南	4.24	9.34	3.09	1.64	3.21	1.28	1.60	4.34	0.98
湖北	5.01	7.91	3.78	1.90	2.86	1.49	2.07	3.65	1.40
湖南	4.52	9.42	3.37	1.78	3.35	1.41	1.76	4.49	1.12
广东	6.32	11.78	3.04	2.40	4.27	1.28	2.48	4.95	1.00
广西	4.44	7.56	3.35	1.54	2.62	1.16	1.75	3.32	1.19
海南	5.29	9.82	3.84	1.84	3.35	1.35	2.30	4.64	1.55
重庆	4.23	4.84	3.55	1.64	1.78	1.49	1.65	2.10	1.14
四川	4.68	7.68	3.56	1.90	2.84	1.56	1.74	3.37	1.13
贵州	3.64	7.42	2.87	1.31	2.77	1.01	1.37	3.26	0.98
云南	4.20	9.96	3.27	1.63	3.97	1.25	1.59	4.14	1.18
西藏	3.67	14.29	2.95	1.63	6.10	1.33	0.76	4.99	0.47
陕西	6.04	9.01	4.54	1.88	2.96	1.34	2.26	3.92	1.42
甘肃	4.33	6.76	3.29	1.65	2.64	1.22	1.50	2.80	0.95
青海	5.66	16.44	3.58	2.31	6.10	1.58	2.01	7.30	0.98
宁夏	5.58	9.07	3.11	2.14	3.32	1.31	2.09	3.75	0.92
新疆	6.43	12.88	5.50	2.34	4.97	1.96	2.50	5.45	2.07

数据来源:《中国统计年鉴—2014》。

表4.1-6 2013年甘肃和其他地区医疗卫生机构床位数(张)

地区	每千人口医疗卫生机构床位数			每千农业人口乡镇卫生院床位数
	合计	城市	农村	
甘肃	4.49	6.24	3.41	1.18
北京	4.92	8.15	3.47	—
天津	3.92	6.16	3.82	1.06
河北	4.14	8.72	3.04	1.20
山西	4.76	8.49	3.49	1.22
内蒙古	4.81	9.30	3.38	1.23
辽宁	5.51	6.99	4.22	1.41
吉林	4.84	13.43	3.05	1.25
黑龙江	4.93	8.43	3.08	1.08
上海	4.73	8.15	4.70	—
江苏	4.64	7.44	3.49	1.70
浙江	4.18	7.22	3.44	0.46
安徽	3.91	5.65	2.52	0.93
福建	4.14	7.21	3.26	1.22
江西	3.85	7.05	2.80	1.22
山东	5.03	7.07	4.27	1.90
河南	4.57	8.44	2.86	1.10
湖北	4.97	7.23	3.58	1.53
湖南	4.69	8.69	3.39	1.39
广东	3.55	7.71	2.28	1.26
广西	3.97	5.06	2.89	1.27
海南	3.59	6.19	2.68	0.94
重庆	4.96	4.58	4.17	1.83
四川	5.26	6.82	3.88	1.76
贵州	4.76	6.96	3.26	1.02
云南	4.48	8.90	3.87	1.25
西藏	3.53	10.32	3.00	1.21
陕西	4.92	6.85	3.58	1.21
甘肃	4.49	6.24	3.41	1.18
青海	5.11	14.02	3.45	1.30
宁夏	4.76	7.66	2.54	0.70
新疆	6.06	9.92	5.50	1.77

数据来源:《中国统计年鉴—2014》。

4.1.2.3 社会保障

社会保障作为社会稳定器和安全网,是衡量一个地区经济发展和生活水平的重要指标。已有的研究通过构建社会保障水平指标体系来测量全国各地区的社会保障水平,分析各省社会保障水平的现状。社会保障水平是一定时期内,一国或地区社会成员享受社会保障的高低程度,包括待遇水平、制度成熟水平、基金运作水平和管理水平。对社会保障水平这一理论研究较早并具有一定成就的穆怀中教授在《中国社会保障水平》一文中认为:社会保障水平是一个“质”与“量”相统一的概念。从“量”上讲,社会保障水平有“高”“低”之分,具体衡量方法是社会保障支出总额占国内生产总值的百分比。社会保障水平从“质”上讲,有“适度”“不适度”之分,具体测定标准是社会保障支出要与国家生产力发展水平以及各方面的承受力是否相适度,它应既保障公民基本经济生活又促进国民经济健康发展。2013年甘肃和其他省市社会保障的基本情况见表4.1-7。

表4.1-7　2013年甘肃和其他地区城镇职工基本养老保险情况

地区	年末参加城镇职工基本养老保险人数(万人)			基金收支情况(亿元)		
		职工	离退休	基金收入	基金支出	累计结余
甘肃	288.4	188.5	99.9	258.0	224.7	321.6
全国	32218.4	24177.3	8041.0	22680.4	18470.4	28269.2
北京	1311.3	1091.3	220.0	1181.3	734.8	1671.3
天津	520.7	352.3	168.4	466.0	426.3	318.9
河北	1194.7	859.6	335.1	891.1	833.1	813.1
山西	672.4	491.9	180.5	639.0	477.8	1124.8
内蒙古	496.5	323.8	172.7	461.4	411.3	456.0
辽宁	1729.5	1171.7	557.8	1422.2	1251.1	1226.6
吉林	655.2	406.8	248.4	462.8	448.2	421.6
黑龙江	1062.1	639.9	422.2	845.6	886.0	429.5
上海	1429.9	992.4	437.5	1563.5	1308.0	1077.0
江苏	2582.1	1987.8	594.3	1742.7	1372.4	2516.1
浙江	2375.4	1976.5	398.9	1278.0	944.9	2297.0
安徽	811.3	592.2	219.1	605.2	449.1	745.4
福建	812.8	679.6	133.2	412.3	338.7	415.9
江西	754.2	547.1	207.0	405.0	352.2	385.0
山东	2259.6	1800.4	459.2	1489.0	1270.5	1857.9
河南	1350.0	1024.4	325.6	833.8	711.3	840.0
湖北	1219.4	823.5	395.9	860.5	798.0	817.1
湖南	1091.7	762.2	329.5	733.7	622.1	797.5
广东	4183.0	3761.7	421.3	1842.5	1050.0	4673.1
广西	538.4	365.8	172.6	367.8	364.2	446.6
海南	231.5	174.4	57.1	127.3	120.0	101.4
重庆	773.1	497.8	275.4	607.2	508.0	557.3
四川	1720.3	1124.1	596.2	1392.9	1107.6	1749.7
贵州	337.3	254.7	82.6	240.2	178.5	355.2
云南	384.3	268.6	115.7	333.8	253.8	503.1
西藏	14.0	10.5	3.5	21.0	13.5	32.0
陕西	685.0	493.0	191.9	536.2	465.0	414.9
甘肃	288.4	188.5	99.9	258.0	224.7	321.6
青海	90.3	62.8	27.6	80.7	77.4	82.0
宁夏	143.8	101.8	41.9	107.6	99.8	166.3
新疆	476.3	332.5	143.8	464.8	367.0	644.8

数据来源:《中国统计年鉴—2014》。

测算结果显示,甘肃社会保障水平在全国排名第14位(见图4.1-8)。社会保障水平综合得分排名前10位的是:天津、上海、新疆、北京、吉林、辽宁、海南、黑龙江、青海、内蒙古;排名后10位的是:西藏、河北、河南、云南、山东、福建、贵州、四川、重庆、广西。通过对我国社会保障水平的具体分析,我们发现了一些存在的问题:全国各地区的社会保障水平差距较大,东西部差距大,整体的水平有待提高,社会保障体系不健全,尤其是农村地区,社会保障水平较为低下。另外,社会保障水平的统计口径不一致,这在一定程度上加大了对我国社会保障水平的测算工作及其准确性。

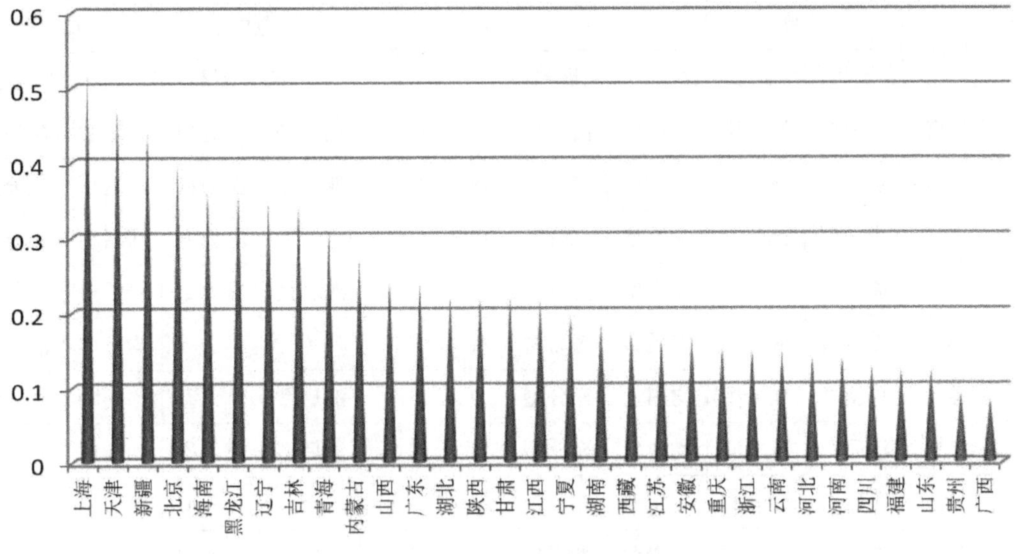

图4.1-8　2011年各省社会保障水平

数据来源:杜芳芳,李正龙,李琳琳,李超志. 我国社会保障水平现状的实证分析[J]. 劳动保障世界,2012(4),11-16.

4.1.2.4　社会服务

已有研究表明,养老服务机构的数量、床位数和从业人数反映了一个地区养老服务机构的实际发展水平,受人口因素影响的养老服务需求决定了一个地区养老服务机构发展需要达到的水平,经济发展水平则决定了它客观上能够达到的水平。从这三种水平角度出发对各地区进行聚类分析,不同聚类群所处的位置和层次是不同的。不同地区的发展状态包括了均衡型、超前型和滞后型,发展趋势包括了充分型、潜力型和制约型。

甘肃城镇养老服务目前处于均衡充分型,农村处于滞后充分型(见表4.1-8)。从宏观角度来看,对养老服务机构发展水平的评判主要包括数量和质量两个方面。由于当前我国养老服务机构发展的主要矛盾集中在数量方面,所以对一个地区养老服务发展水平的评判,主要应从数量角度入手。从数量评价指标来看,代表一个地区养老服务机构发展水平的主要指标有3个:养老机构数量、从业人数、床位数。这3个指标的数值越大,说明该地区养老服务机构发展水平越高。养老服务机构的数量反映了一个地区养老机构服务部门的个数,但并不能反映养老服务需求在量的满足的全部情况,床位数和从业人数在某种程度上能够补充衡量这种满足程度。需要说明的是,我们在这里忽略了一些质量性指标，如养老服务的便捷性、从业人员的素质、服务对象的满意度等。在本文分析中，我们选取养老服务机构数量、从业人数、床位数作为衡量一个地区养老服务发展水平的主要指标。实际发展水平与需要达到的水平进行比较，可以得到一个地区养老服务机构的发展状态类型。实际发展水平比需要达到的水平高，说明该地区发展状态属于超前型；实际发展水平比需要达到的水平低，说明该地区发展状态属于滞后型；两者相同时则属于均衡型。

表4.1-8　全国各地养老服务机构发展状态和发展趋势类型

序号	地区	城镇		农村		序号	地区	城镇		农村	
		发展状态	发展趋势	发展状态	发展趋势			发展状态	发展趋势	发展状态	发展趋势
1	北京	均衡型	潜力型	均衡型	潜力型	17	湖北	均衡型	充分型	均衡型	制约型
2	天津	超前型	潜力型	均衡型	潜力型	18	湖南	滞后型	潜力型	滞后型	充分型
3	河北	滞后型	充分型	滞后型	充分型	19	广东	滞后型	潜力型	滞后型	充分型
4	山西	滞后型	潜力型	滞后型	充分型	20	广西	滞后型	潜力型	滞后型	充分型
5	内蒙古	滞后型	潜力型	滞后型	潜力型	21	海南	/	/	均衡型	潜力型
6	辽宁	均衡型	充分型	均衡型	充分型	22	重庆	滞后型	潜力型	均衡型	充分型
7	吉林	滞后型	潜力型	均衡型	充分型	23	四川	滞后型	充分型	均衡型	制约型
8	黑龙江	滞后型	充分型	均衡型	充分型	24	贵州	均衡型	充分型	滞后型	充分型
9	上海	超前型	潜力型	均衡型	潜力型	25	云南	滞后型	潜力型	滞后型	充分型
10	江苏	超前型	制约型	均衡型	充分型	26	西藏	/	/	均衡型	充分型
11	浙江	均衡型	潜力型	超前型	充分型	27	陕西	滞后型	潜力型	均衡型	制约型
12	安徽	均衡型	充分型	均衡型	制约型	28	甘肃	均衡型	充分型	滞后型	充分型
13	福建	滞后型	潜力型	滞后型	潜力型	29	青海	均衡型	充分型	均衡型	充分型
14	江西	滞后型	潜力型	均衡型	充分型	30	宁夏	均衡型	潜力型	均衡型	充分型
15	山东	超前型	制约型	均衡型	制约型	31	新疆	均衡型	充分型	滞后型	充分型
16	河南	滞后型	充分型	均衡型	制约型						

资料来源：耿永志，2013. 聚类和比较视角下城乡养老服务机构发展研究[J]. 山东社会科学（6），25-29.

有研究表明，甘肃农村低保标准在全国排名倒数第3位（见图4.1-9）。自2007年以来，农村最低生活保障制度在中国范围内已实现制度覆盖，由于各省市财政对农村低保救助力度的强弱差异，导致了对农村低保对象的救助程度存在很大的差异性。但由于这种差异性受很多因素如价格指数等经济指标的影响，存在着不可比性。研究通过引入农村低保救助力度系数和生活救助系数剔除这种差异性，从横向和纵向的视角对中国现行农村低保制度的救助水平进行了评估。评估的结果发现，各地的农村低保标准相差较大，经济发达地区剔除经济发展水平等因素以后，保障标准仍然要高于经济相对落后的中西部农村地区(上海市除外)。

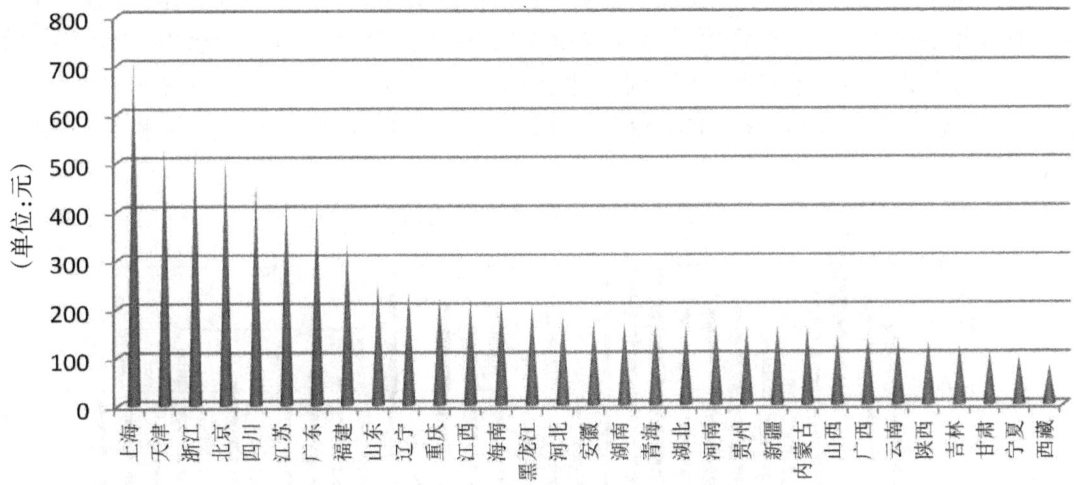

图4.1-9　2008年一季度各省农村低保名义标准

4.1.2.5　文化事业

甘肃省文化软实力在全国排名第16位(见表4.1-9)。文化软实力是综合实力的一个重要方面,其对经济发展有着不可忽略的促进作用。研究者从文化软实力的内涵出发,选取文化传统、文化活动、文化素质、文化吸引、文化体制及政策5个方面的25个评价指标,形成一个分层次的、可操作性强且适合中国国情的区域文化软实力评价指标体系,体系包括文化传统、文化活动、文化设施等多个维度。

表4.1-9　2007年各省区文化软实力总功效得分及排名

地区	文化软实力综合得分	名次	地区	文化软实力综合得分	名次	地区	文化软实力综合得分	名次
北京	86.2901	1	安徽	65.7238	21	四川	64.8997	27
天津	72.2624	4	福建	67.9741	12	贵州	65.4882	23
河北	64.5691	29	江西	65.5383	22	云南	68.4622	9
山西	68.2572	10	山东	65.1922	26	西藏	75.2419	3
内蒙古	68.9746	7	河南	63.5345	31	陕西	67.8252	14
辽宁	66.6219	18	湖北	65.4147	24	甘肃	66.8458	16
吉林	66.2363	19	湖南	64.6859	28	青海	68.4716	8
黑龙江	66.0143	20	广东	69.8471	6	宁夏	67.2811	15
上海	81.4546	2	广西	64.3680	30	新疆	68.0964	11
江苏	67.8442	13	海南	66.6886	17			
浙江	70.9072	5	重庆	65.3664	25			

资料来源:周国富,吴丹丹. 各省区文化软实力的比较研究[J]. 统计研究,2010(2),7-14.

2013年甘肃省和其他地区的广播节目、电视节目综合覆盖率在全国范围处于中下游，广播节目的覆盖率领先西北五省，电视节目覆盖率处于中游。如图4.1-10所示，2013年甘肃省广播节目覆盖率为97.69%，排名为第19位，与排名并列第1位的天津、上海和北京相差2.31个百分点，比新疆多出2.01个百分点。2013年甘肃省电视节目覆盖率为98.04%，排名第22位，与排名并列第1位的天津、上海和北京相差1.96个百分点。

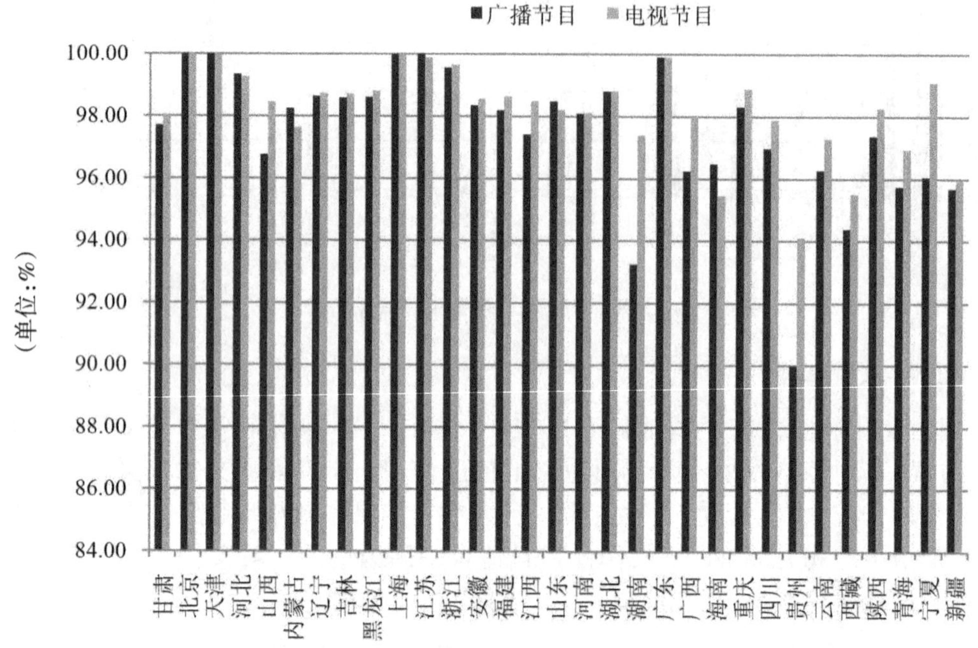

图4.1-10　2013年甘肃省和其他地区的广播节目、电视节目综合覆盖率

数据来源：《中国统计年鉴—2014》。

2013年甘肃省人均拥有公共图书馆藏量与每万人拥有公共图书馆建筑面积同发达地区有明显差距，在全国处于中下游，在西北五省中处于中游水平。如表4.1-10所示，2013年甘肃省人均拥有公共图书馆藏量0.47册，排名第16位，低于排名第1位的上海2.53册，与全国平均水平相差0.08册，分别高于西北五省中的陕西和西藏0.1册、0.15册。2013年甘肃省每万人拥有公共图书馆建筑面积74.9平方米，排名第19位，仅有排名第1位的上海的40%左右，低于全国平均水平10.2平方米，仅高于西北五省中的陕西10.8平方米。

表4.1-10 2013年甘肃省和其他地区的公共图书馆情况

地区	人均拥有公共图书馆藏量(册)	每万人拥有公共图书馆建筑面积(平方米)
甘肃	0.47	74.9
全国	0.55	85.1
北京	0.98	113.8
天津	1.00	168.1
河北	0.26	52.9
山西	0.40	108.1
内蒙古	0.53	131.5
辽宁	0.76	103.4
吉林	0.58	70.6
黑龙江	0.48	72.3
上海	3.00	171.5
江苏	0.73	112.1
浙江	0.94	135.8
安徽	0.29	58.7
福建	0.65	93.4
江西	0.44	75.9
山东	0.45	73.5
河南	0.24	56.8
湖北	0.46	88.3
湖南	0.34	56.9
广东	0.57	102.8
广西	0.45	59.6
海南	0.42	91.4
重庆	0.38	85.1
四川	0.38	59.5
贵州	0.33	59.9
云南	0.38	73.2
西藏	0.32	120.6
陕西	0.37	64.1
甘肃	0.47	74.9
青海	0.66	79.5
宁夏	0.91	163.7
新疆	0.55	90.9

数据来源:《中国统计年鉴—2014》。

4.1.3 甘肃各地市基本公共服务发展概况与比较

4.1.3.1 公共教育

近些年来，甘肃通过建立健全义务教育经费保障机制，调整中小学布局结构，实施农村义务教育薄弱学校改造计划、农村初中改造工程等一系列教育重大工程项目，农村义务教育阶段学校办学条件得到明显改善。2011年，甘肃省"两基"工作顺利通过国家验收，义务教育进入了注重内涵、提高质量、推进均衡发展的历史新阶段。但是，甘肃省作为一个西部经济欠发达的省份，经济社会发展滞后，义务教育教学条件较差，寄宿制学校宿舍、食堂等生活设施不足，村校和教学点运转比较困难，教师队伍整体素质参差不齐，学科结构不合理，辍学率相对较高，城市义务教育资源严重短缺，"大班额"问题十分突出，都是甘肃省义务教育事业发展的薄弱环节。

从甘肃教育资源的分布情况来看，各类学校分布分散、点多面广，城市和农村、县城和乡镇存在着办学条件差异大，学生享受的教育资源很难公平。虽然"以县为主"的教育管理体制和财政体制已初步建立，义务教育经费已纳入公共财政体系得到保障。但是，甘肃省大多数县都是财政补贴县，农村学校教育投入主要依靠国家和省级财政，大部分经费用于维持正常运转，用于改善办学条件和提高教学质量的投入非常有限。突出表现为学前教育发展不足，中等职业教育发展滞后。一方面，幼儿园数量少，办学条件差，师资力量紧缺，办学质量差，农村的问题更为突出，是基础教育发展中的"短板"。另一方面，教育体系中，职业教育发展速度较慢，与高中阶段教育的比例还未能达到国家大体相当的要求，结构性失衡现象突出。

1995—2013年，甘肃省普通中学教师负担学生数呈先增长，后大幅度下降态势，增势与降势较缓；普通中等专业学校教师负担学生数自1995年以来持续增长，2010年之后出现下降势头；普通高等学校教师负担学生数自1995年开始增势稳定。如图4.1-11所示，1995年普通中学教师负担学生数为21人，一直增长至2002年的26人，此后开始大幅度下降，到2013年已降至13人。1995年甘肃省普通中学教师负担学生数15人，之后有缓慢增长，至2003年为30人，之后下降至2013年的13人。1995年普通中等专业学校教师负担学生数为15人，到1999年基本稳定并有小幅度增长，之后大幅度增长到2010年的17人，2010到2013年期间出现大幅度下降，2013年有18人。1995—2013年，普通高等学校教师负担学生数一直呈大幅度增长态势，由1995年的7人增长到2013年的18人。

甘肃省学龄儿童净入学率、小学升学率以及初中升学率基本稳定，其中学龄儿童净入学率接近100%。如图4.1-12所示，2001到2013年小学升学率略低于学龄儿童升学率，最低为2001年的89.53%，最高为2008年的100%。初中升学率稳定在45%左右，最低为2001年的37.98%，最高为2013年的52%。高中升学率在2006年之前是各级学校中最低的，2006年为45%，之后增长至2013年的85%，期间均保持大幅度增势。

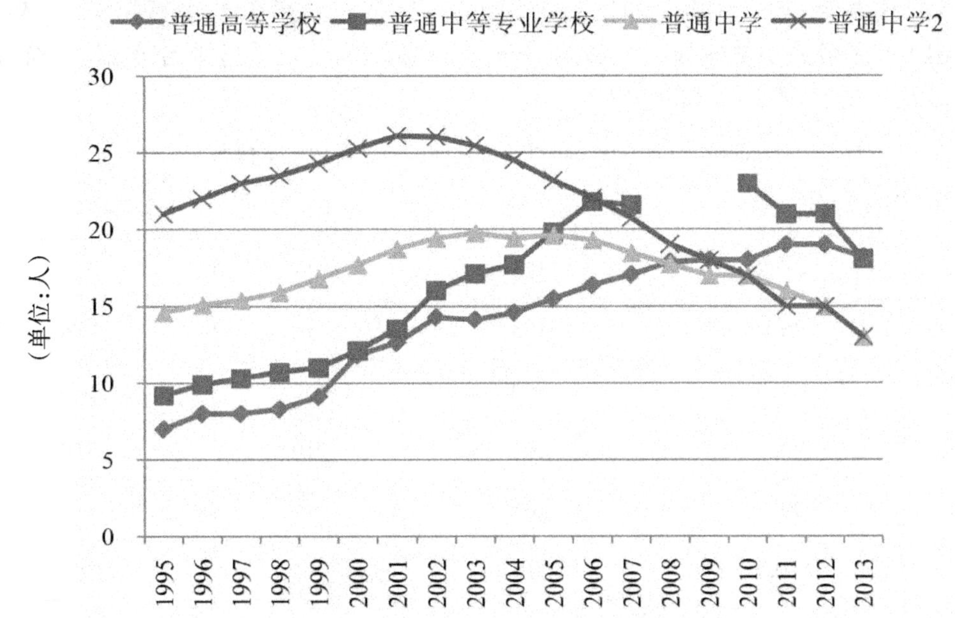

图4.1-11　甘肃省各级学校教师负担学生数

数据来源:《甘肃发展年鉴—2014》。

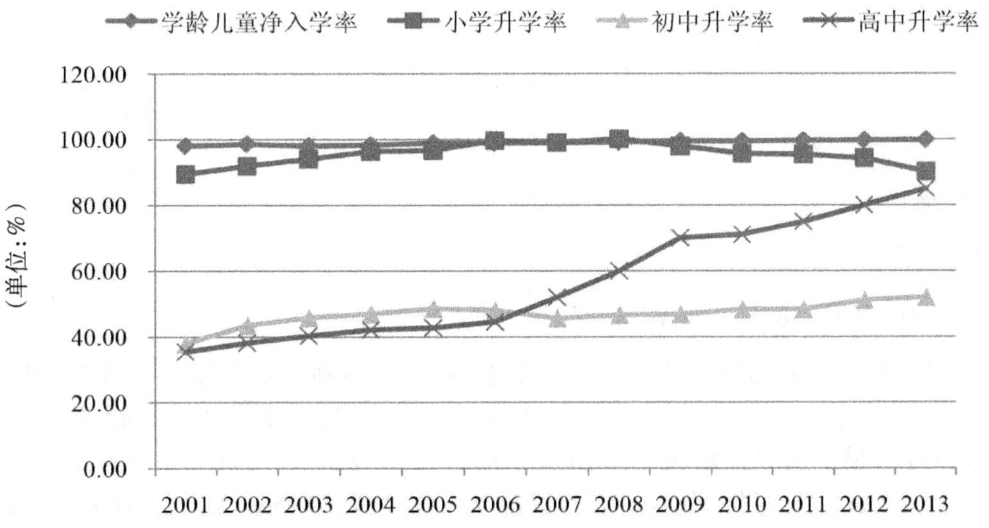

图4.1-12　甘肃省各级学校升学率

数据来源:《甘肃发展年鉴—2014》。

2013年甘肃省各地区学龄儿童入学率均在100%左右,幼儿园每校学生数与小学每校学生数存在显著差异,小学生师比基本在15左右,各地区无明显差距。如表4.1-11所示,2013年甘肃省各个地区学龄儿童入学率均在100%左右,最高的兰州市为103.7%,最低的嘉峪关为96.7%,相差7个百分点。2013年陇南市的幼儿园每校学生数为451人,高居首位,与第2位的定西相差175人,而排名最后的张掖不足其的20%。

2013年甘南与武威的小学生师比并列第1位，与其相差最大的为嘉峪关，其生师比18。2013年嘉峪关小学每校学生数为1090人，高居首位，几乎是排名第2位的金昌的1倍，排名最后的甘南不足其的20%。

表4.1-11　2013年甘肃省各地区普通小学基本情况

地区	学龄儿童入学率(%)	幼儿园每校学生数(人)	小学生师比	小学每校学生数(人)
兰州	103.7	173	14	332
嘉峪关	96.7	135	18	1090
金昌	100.0	200	16	573
白银	99.5	209	10	180
天水	99.9	204	15	189
武威	100.0	215	11	192
张掖	99.9	76	13	215
平凉	99.9	183	13	153
酒泉	100.0	109	15	335
庆阳	97.4	166	12	141
定西	100.0	276	13	152
陇南	99.4	451	14	204
临夏	98.3	175	17	216
甘南	98.7	98	11	160

数据来源：《甘肃发展年鉴—2014》。

2013年甘肃省各地区普通中学学校数差距明显，生师比基本都在13左右，平均每校学生数各个地区之间有显著差异。如表4.1-12所示，普通中学学校数最多的是定西市，为293所，最少的是嘉峪关市，为11所，两市相差282所。生师比各地区都在13左右，各个地区无明显差异。金昌的平均每校学生数最多，为1349人，与排在末位的陇南相差671人，与排名第7位的张掖相差403人。

表4.1-12　2013年甘肃省各地区普通中学基本情况

地区	普通中学学校数(所)	生师比	平均每校学生数(人)
兰州	217	13	832
嘉峪关	11	15	1348
金昌	22	14	1349
白银	147	13	1026
天水	265	14	860
武威	143	14	870
张掖	82	13	946
平凉	168	14	917
酒泉	65	14	994
庆阳	199	13	774
定西	293	13	692
陇南	233	14	678
临夏	102	14	1117
甘南	42	13	1176

数据来源:《甘肃发展年鉴—2014》。

4.1.3.2　医疗卫生

相关数据显示,随着经济水平的提高和卫生服务需求的增加,甘肃省的医疗卫生机构总数、床位数、卫生人力总数均在增加,但是研究结果显示区域之间卫生资源总量不足、地域分布不均、配置不合理等现象并存,给甘肃省区域卫生规划的有效实施带来了严峻的挑战。从我省医疗卫生资源配置的数量来看,尽管大部分地区的医疗卫生资源数量基本满足我省的配置标准,但卫生人才的建设仍将成为制约卫生事业发展的瓶颈。我省医护比例严重失衡,护士数量严重不足,这种医护失衡的现象与我国长期重医疗、轻护理的传统观念有关。

甘肃省各地市州的医疗卫生资源现状与2009年的全国平均水平相比,各地区的每千人口执业(助理)医师数量已经超过了全国平均水平;但是仅有兰州、金昌、酒泉和嘉峪关市的每千人口注册护士数高于全国水平,兰州、金昌、白银、张掖、酒泉和嘉峪关市的每千人口床位数高于全国水平,其他地市州均低于全国水平。同时,甘肃省各地市州的医护比平均达到了3.53:1,严重超过了1:2的一般标准,表明注册护士配置数量的相对不足。与甘肃省的卫生资源配置标准相比,各地区的床位数和执业(助理)医师数已基本满足了配置标准,但金昌、张掖、武威、陇南和临夏州的每千人口注册护士数仍没有达到配置标准。综合来看,甘肃省执业医师的配置现状要优于注册护士,部分地区的卫生人力资源仍然存在不足与缺失。医疗资源相对集中在经济水平较发达的地区,尤其是作为省会城市的兰州市,集聚了相对较多的卫生资源。

甘肃省医疗卫生机构每万人口执业（助理）医师、注册护士、医院卫生院床位在2011—2013年期间均呈现增长态势。如图4.1-13所示，执业（助理）医师由2011年的16.08人，增长至2013年的17.40人。2011—2013年医院卫生院床位数据分别为35.09张、38.4张、46.3张，呈现大幅度的增长。

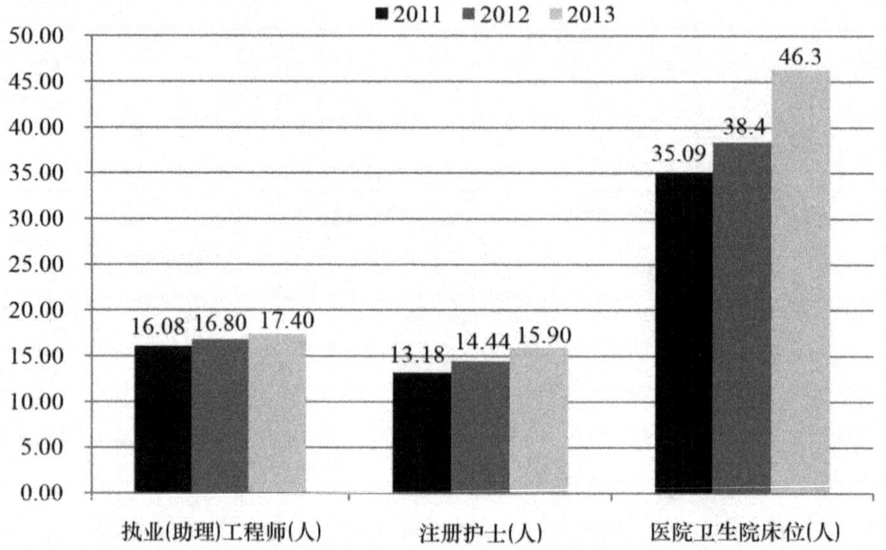

图4.1-13 甘肃省医疗卫生机构每万人口医师、护士、床位数基本情况

数据来源:《甘肃发展年鉴—2014》。

甘肃省各地区在每万人卫生技术人员数和每万人卫生机构床位数这两项关键指标上有明显差距。如图4.1-14所示，2013年嘉峪关每万人卫生技术人员数高达98.1人，兰州和金昌也超过了60人，但是庆阳、定西、陇南和临夏则不足40人。每万人卫生机构床位数也存在地区差距，但没有每万人卫生技术人员数那么大。

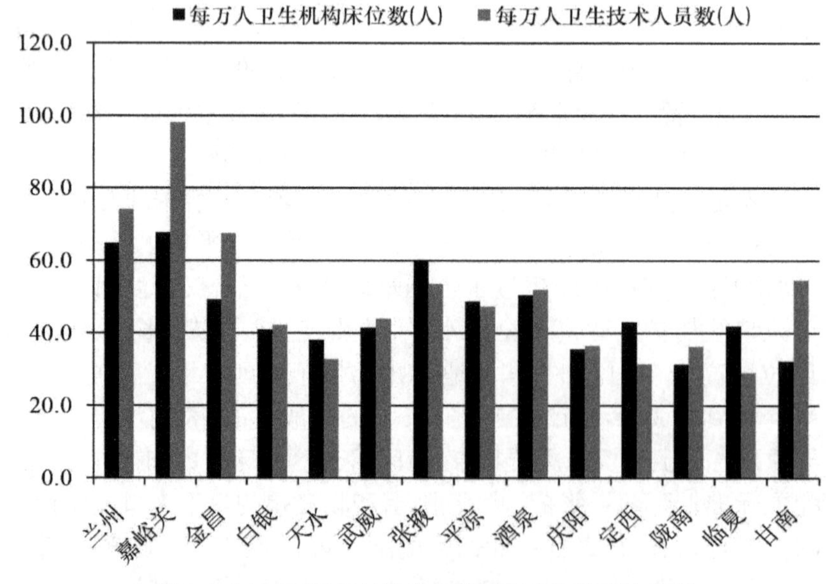

图4.1-14 2013年甘肃省各地区卫生机构基本情况

数据来源:《甘肃发展年鉴—2014》。

甘肃省卫生人才呈现以下发展趋势:区域内14个地市州的经济发展水平不平衡,导致卫生人才的流动在甘肃省省内呈现追逐经济趋势;由于人才流失严重和人才引进困难导致卫生人力资源欠缺,尤其是护士数量的不足;由于甘肃省医学院校合并重组和招生数量下降导致高水平卫生人才的数量和质量急剧下降。这三方面原因共同导致了卫生人力资源的发展不均衡:穷地愈少,富地愈多。卫生人力资源发展的不均衡进而威胁到卫生机构的存亡以及卫生政策的实施,加大了当地的医院床位数和大型设备等卫生资源数量的分布不平衡,造成卫生资源配置效率低下的恶性循环。

从医疗卫生资源分布的公平性来看,各地区医疗卫生资源分布不尽合理,经济公平性较差,人口公平性优于地理公平性。对于落后的西部地区,地域辽阔,聚居分散,政府的投入和经济的发展并不能在一定程度上提高医疗资源的可及性,缓解居民看病难、看病贵的问题,因而按照地域配置医疗卫生资源仍是政府宏观调控的重点。甘肃省卫生资源配置呈"倒三角"现象,卫生资源主要集中在大城市和大医院。全省三甲医院基本集中于兰州、嘉峪关、酒泉和张掖等经济水平较好的地区,这些地区占据了卫生资源的大部分,而其他地区卫生资源投入不足。提示政府要多关注这些区域发展不平衡的地区,以提高资源配置效率和减少区域差异,使有限的医疗卫生资源得到最大程度的利用。

4.1.3.3 社会保障

2013年甘肃各地区之间参加新农合人数、补偿受益人次、本年度筹资总额、新农合人均筹资额的差异较大。如表4.1-13所示,2013年参加新农合人数最多的天水市有287.2万人,最少的嘉峪关仅2.0万人,排名第7位的武威为146.6万人。补偿受益人次最多的是天水市为779.9万人次,排名第2位的平凉为427.2万人次,仅有天水市的50%左右,最少的嘉峪关只有5.9万人次。年度筹资总额最少的是嘉峪关市,为824.6万元,与最多的天水市相差近10000万元,与排名第7位的张掖的差距也在5000万元以上。

表4.1-13　2013年甘肃各地区新型农村合作医疗情况

地区	参加新农合人数(万人)	补偿受益人次(万人次)	本年度筹资总额(万元)	新农合人均筹资额(元)
兰州	113.0	161.2	39731.7	352
嘉峪关	2.0	5.9	824.6	412
金昌	22.6	19.4	8051.7	356
白银	123.6	410.9	42510.3	344
天水	287.2	779.9	98725.7	344
武威	146.6	357.2	51212.1	349
张掖	95.6	315.7	33221.7	348
平凉	235.7	427.2	61590.2	261
酒泉	62.6	144.7	21838.0	349
庆阳	182.0	218.5	74823.3	411
定西	217.7	269.3	80217.0	368
陇南	229.1	392.9	77439.8	338
临夏	160.8	294.2	54886.2	341
甘南	52.3	87.3	18302.4	350

数据来源:《甘肃发展年鉴—2014》。

4.1.3.4 社会服务

2013甘肃各地区民政经费、农村传统救助人数、社区服务中心数差距显著，收养性单位人均床位数各地区之间无明显差距。如表4.1-14所示，2013年甘肃各地区民政经费最多的是定西市，为157991.5万元，最少的是嘉峪关市，为7278.8万元，与定西市相比不及其的5%。2013年甘肃各地区农村传统救助人数，排在首位的是天水市，为13386人，与排名第14位的嘉峪关相差13037人，超出排名第7位的兰州市9346人。2013年天水市以收养性单位人均床位数3.3张居于首位，超出排名第7位的平凉市1.5张，排名第14位的定西市只有1.2张，与平凉市相差0.6张。

表4.1-14 2013年甘肃各地区社会事业情况

地区	民政经费（万元）	农村传统救助人数（人）	社区服务中心数（个）	收养性单位人均床位数（张）
兰州	122246.2	4040	62	2.4
嘉峪关	7278.8	349	—	2.1
金昌	15378.3	668	2	1.5
白银	85311.3	4343	97	2.9
天水	155629.7	13386	2	3.3
武威	70160.3	6990	30	1.3
张掖	57164.5	8868	50	1.8
平凉	79279.6	3953	63	1.8
酒泉	47815.9	4507	267	2.2
庆阳	112032	6323	270	1.6
定西	157991.5	1432	26	1.2
陇南	139250.2	10059	31	3.0
临夏	150355	3446	28	1.6
甘南	56262.8	2619	46	2.0

数据来源：《甘肃发展年鉴—2014》。

4.1.3.5 文化事业

2013年甘肃各地区全年广播播出时间远少于电视播出时间，各地区之间排名靠前的地区与较后的地区存在很大差异。如图4.1-16所示，2013年甘肃全年广播播出时间最长的是兰州市，为22058小时，排名第7位的定西仅有其的20%左右，排名第14位的金昌市不到其的2%。2013年甘肃全年电视播出时间，兰州市以43599小时高居首位，几乎是广播播出时间的一倍，与排名第7位的定西相差12984小时，排名最后的甘南州仅有其的20%左右。

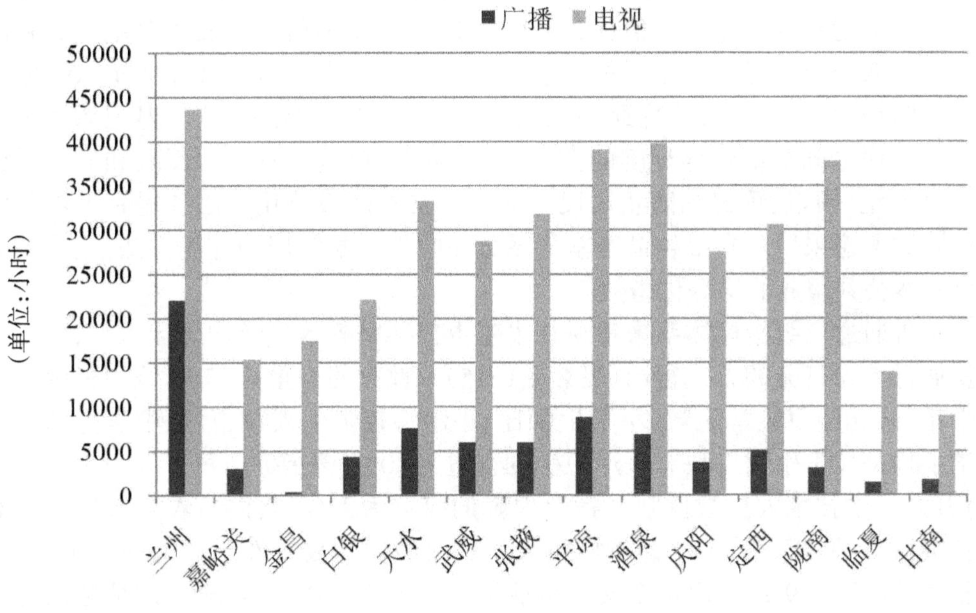

图4.1-16 2013年甘肃省各地区全年广播电视播出时间

数据来源：《甘肃发展年鉴—2014》。

4.1.4 甘肃基本公共服务均等化水平评估

鉴于本项目的研究特点和前期研究经验，同时结合甘肃省实际工作的需要，本报告用基尼系数测算了2013年甘肃基本公共服务的均等化水平。

4.1.4.1 评估样本的选取原则

制约甘肃基本公共服务均等化的影响因素非常多，因此需要构建科学且能全面兼顾各类因素的评价指标体系，以客观准确地描述、反映甘肃基本公共服务的均等化水平。在设计均等化指标体系时的总体目标是：全面、准确、科学地反映甘肃基本公共服务的发展状态，并体现区域和城乡均衡发展的均等化发展观，同时还要兼顾实际工作需要和统计数据的获取性，具体而言，指标体系的构建主要遵循以下六大原则：①兼容性原则，指标要具有兼容性，即选取的指标具有较好的不同层面的兼容性；②全面性原则，指标体系应从多个方面和角度选择反映甘肃基本公共服务的指标，以满足评价的全面性；③科学性原则，指标体系必须能够明确反映目标与指标间的支配关系，指标体系的设置应有一定的科学性，避免指标体系过大，指标层次过多，指标过细；④开放性原则，指标体系除了涵盖基本指标外，还要能跟上时代发展的要求，便于指标数据和指标项的及时动态更新；⑤数据可得性，设立指标的测算数据主要来自可公开得到的相关数据；⑥可操作性原则，所选指标的含义必须明确、易于理解，选用的指标要有可靠的数据来源，以确保数据的质量；指标体系符合实际工作的需要，便于实际部门实施及具体操作。

4.1.4.2　指标体系和评估方法

基尼系数(Gini Coefficient)为美国经济学家阿尔伯特·赫希曼于1943年提出的,定量测定收入分配差异程度。其值在0和1之间。越接近0就表明收入分配越是趋向平等,反之,收入分配越是趋向不平等。按照国际一般标准,基尼系数在0.4～0.6之间表示收入差距较大,当基尼系数达到0.6以上时,则表示收入差距很大。基尼系数由于给出了反映居民之间贫富差异程度的数量界线,可以较客观、直观地反映和监测居民之间的贫富差距,预报、预警和防止居民之间出现贫富两极分化。因此得到世界各国的广泛认同和普遍采用。本报告借鉴基尼系数在收入分配领域的应用方法,用该系数计算甘肃基本公共服务的均等化指数。

本报告通过三级指标体系来反映甘肃基本公共服务水平及均等化水平,各个指标的权重通过专家打分的方式得出(见表4.1-15)。教育的权重为27%,该指标由学龄儿童入学率、幼儿园每校学生数、小学生师比、小学每校学生人数、普通中学生师比和普通中学平均每校学生数反映。医疗卫生的权重为30%,该指标由每万人卫生机构床位数、每万人卫生技术人员数反映。社会保障的权重为23%,它由新农合人均筹资额反映。社会服务的权重为11%,该指标由人均民政经费和收养性单位人均床位数反映。文化服务的权重为9%,它由每个文化事业单位的平均工作人数、全年广播播出时间和全年电视播出时间反映。

表4.1-15　甘肃基本公共服务均等化水平指标体系

一级指标	权重	二级指标	权重	三级指标	单位	权重
教育	27	小学以下	16	学龄儿童入学率	%	4
				幼儿园每校学生数	人	4
				小学生师比		4
				小学每校学生人数	人	4
		普通中学	11	普通中学生师比		6
				普通中学平均每校学生数	%	5
医疗卫生	30	硬件设施	15	每万人卫生机构床位数	床	15
		医务人员	15	每万人卫生技术人员数	人	15
社会保障	23	新农合筹资水平	23	新农合人均筹资额	元	23
社会服务	11	经费保障	6	人均民政经费	元	6
		硬件设施	5	收养性单位人均床位数	张	5
文化服务	9	文化事业	3	每个文化事业单位的平均工作人数	人	3
		广播电视	6	全年广播播出时间	小时	3
				全年电视播出时间	小时	3

4.1.4.3 评估结果和政策启示

计算结果显示，2013年甘肃省基本公共服务的基尼系数为0.138，结合前文的分析，这说明甘肃基本公共服务处于低水平的均等化状态。如图4.1–17所示，在公共服务、教育、医疗卫生、社会保障、社会服务和文化事业这几项关键性公共服务中，社会保障的均等化程度最高，文化事业的均等化程度最低，教育的均等化程度高于医疗卫生和社会服务。各项具体指标的均等化水平见图4.1–18，幼儿园、小学和中学学生规模方面的地区差距较大，每万人技术人员数、广播播出时间等指标的均等化水平相对较低。

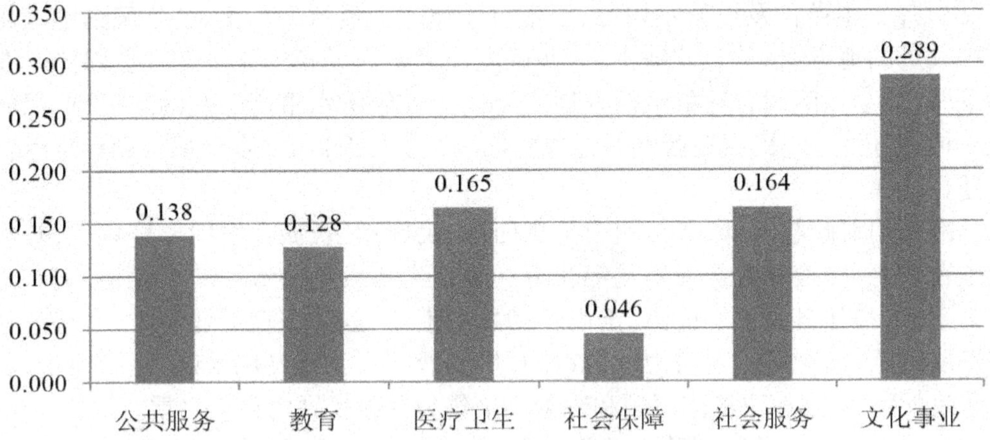

图4.1–17　2013年甘肃基本公共服务的基尼系数

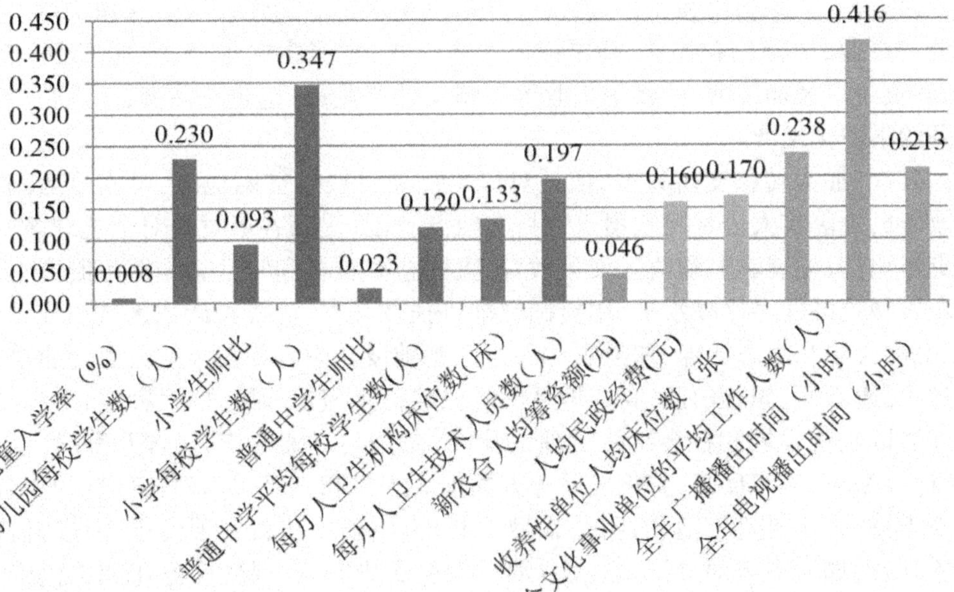

图4.1–18　2013年甘肃基本公共服务各项三级指标的基尼系数

公共财政制度不完善制约了公共服务建设。长期以来，各级政府高度重视经济建设，将更多的财政支持投向经济效益好、收益高的项目，而忽视公共服务建设，因此公共财政支出结构呈现出重经济建设、轻公共服务的现象。而城乡二元公共服务体系和财政资源分配上以城市为中心的政策体制，使公共财政对农村的投入份额长期严重不足，尤其在教育、医疗卫生和社会保障等方面远远滞后于同一地区的城镇水平：①教育设施投入与建设均等化不足，生均图书、生均教学设备、生均校舍面积是教育服务供给的体现，专任教师数量与质量是制约教育均等发展的必备条件，甘肃省有些州市在教育经费上一直欠账运行，一些山村小学专用教室、信息技术教育等的必备设施普遍短缺，农村学校没有足够的经费维修校舍，也没有专项经费及时添置实验器材、图书。②医疗卫生条件及设施不均等，卫生事业技术人员流失严重，越是偏远地区越需要医护人员的地方，越是人才缺少；一些医院没设备或设备老化。③社会保障存在非均衡发展，社会保障因各地的经济发展水平而定。经济水平高一些的地区，低保的经费较充足，偏远地区、民族地区低保经费要低于城乡接合部，城乡低保补助标准存在巨大差异。

甘肃人均财政收入低，各地州市及东西部、民族地区、城乡之间差异较大，基本公共服务在教育、医疗和社会保障均等化方面表现出比较低的水平。因此，必须努力整合要素禀赋，增强自我发展能力，走内生型发展道路；创建新型产业模式，走特色甘肃经济发展道路；加大转移支付力度，依托对口支援项目扶持贫困地区、民族地区，着力保障和改善民生；把解决贫困问题和改善民生作为甘肃发展的重中之重。

首先，整合要素禀赋，增强自我发展能力，走内生型发展道路。更新观念，提升自我发展意识，立足自身的要素禀赋，审视发展基础、条件、优势和劣势、机遇和挑战，优化发展环境，提升发展的保障能力。加强基础设施建设，完善综合交通运输体系，加强能源建设、水资源利用和保护，加快提升信息化水平。加强政策引导和扶持，培育具有优势的产业，如特色农牧业、高原特色生物产业、建筑建材业、矿产业、藏医药业、旅游业、商贸业以及加工业、民族手工业等战略支柱产业；打造企业品牌，促进生产、经营和服务的集团化发展。

其次，加大转移支付力度，依托对口支援项目扶持贫困地区、民族地区，着力保障和改善民生。扩大公共财政覆盖农村和牧区范围，提高各级财政对上述地区一般性转移支付比例；发展农村和牧区文化教育、巩固新型农村和牧区合作医疗制度，大幅度提高农村和牧区社会保障水平，用新标准推进扶贫开发；统筹民族地区城乡规划、产业聚集、劳动就业和生态涵养，加强农村和牧区基础设施建设和防灾减灾能力建设；对环境恶劣、交通不便、偏远山区、高寒地区的各民族群众应采取特殊扶持政策。设立少数民族聚居区经济发展和社会结构治理试验区，在公共基础设施、扶贫开发、教育卫生、就业、社会保障、生态环境、文化发展等方面加大中央和省级政府对该区域的财政投入与政策支持，扎实推进农业产业化、新型工业化、城镇化和教育现代化，促进科技进步和人才开发，加快对内对外开放，大力发展特色优势产业、现代服务业和文化旅游业，不断增强甘肃的自我发展能力，使各族群众生活水平明显提高，经济和社会事业全面进步。

最后，把解决贫困问题和改善民生作为甘肃发展的重中之重。要坚持以人为本，保障和改善民生，解决甘肃的贫困人口脱贫问题，只有在国家大力支持下，同时加强省级统筹，进一步加大对贫困山区、少数民族地区在政策、资金、项目、人才等方面的扶持力度，并根据省委部署，坚定不移地加大双联的力度，明确双联的任务和职责，着力在基础设施、扶贫开发、经济实力、转移支付、社会事业、人均收入等方面解决突出矛盾，才能逐步缩小甘肃各区域公共服务水平的差距。

附录:甘肃基本公共服务发展及均等化指标体系

根据《国家基本公共服务体系“十二五”规划》对于公共教育、医疗卫生、社会保障、社会服务、文化事业等基本公共服务项目的服务标准,本报告通过下述问卷评估各地各项基本公共服务的发展水平,同时为甘肃基本公共服务研究提供基础数据:

1. 公共教育

附表4.1-1　基本公共教育均等化指标

代码	指标名称	地区(年份)*
A1	幼儿园教育总经费(万元/年)	
A2	地方负担的幼儿园教育总经费(万元/年)	
A3	幼儿园毛入学率(%)	
A4	幼儿园学校数(所)	
A5	幼儿园在校学生总数(人)	
A6	民办幼儿园数(所)	
A7	民办幼儿园在校学生数(人)	
A8	幼儿园教师数(人)	
A9	幼儿园公办教师数(人)	
A10	幼儿园教师平均工资水平(元/月)	
A11	幼儿园学生平均上学距离(公里)	
A12	困难家庭幼儿的学前教育资助标准(元/人/年)	
A13	困难家庭幼儿的教育资助的地方负担比例(%)	
A14	小学教育总经费(万元/年)	
A15	地方负担的小学教育总经费(万元/年)	
A16	小学适龄儿童入学率(%)	
A17	小学学校数(所)	
A18	民办小学学校数(所)	
A29	民办小学在校学生数(人)	
A20	达到义务教育规范化标准的小学数(所)	
A21	小学在校学生总数(人)	

续附表 4.1-1

代码	指标名称	地区(年份)
A22	非户籍在校小学生数(人)	
A23	小学学生平均上学距离(公里)	
A24	小学生寄宿生总人数(人)	
A25	小学生免费寄宿生人数(人)	
A26	家庭经济困难寄宿小学生生活补助(元/人/年)	
A27	家庭经济困难寄宿小学生总数(人)	
A28	享受生活补助的家庭经济困难寄宿小学生数(人)	
A39	困难寄宿生生活补助的地方负担比例(%)	
A30	小学生营养膳食补助标准(元/人/天)	
A31	享受营养膳食补助的小学生数(人)	
A32	小学生营养膳食补助的地方负担比例(%)	
A33	小学教师数(人)	
A34	小学公办教师人数(人)	
A35	小学教师平均工资水平(元/月)	
A36	城镇和乡村小学校长交流人次(人/年)	
A37	城镇和乡村小学教师交流人次(人/年)	
A38	小学教育巩固率(%)	
A39	初中教育总经费(万元/年)	
A40	地方负担的初中教育总经费(万元/年)	
A41	初中教育毛入学率(%)	
A42	初中学校数(所)	
A43	民办初中学校数(所)	
A44	民办初中在校学生数(人)	
A45	达到义务教育规范化标准的初中数(所)	
A46	初中在校学生总数(人)	
A47	非户籍在校初中生数(人)	

续附表 4.1-1

代码	指标名称	地区(年份)
A48	初中学生平均上学距离(公里)	
A49	初中生寄宿生总人数(人)	
A50	初中生免费寄宿生人数(人)	
A51	家庭经济困难寄宿初中生生活补助(元/人/年)	
A52	家庭经济困难寄宿初中生总数(人)	
A53	享受生活补助的家庭经济困难寄宿初中生数(人)	
A54	困难寄宿生生活补助的地方负担比例(%)	
A55	初中教师数(人)	
A56	初中公办教师人数(人)	
A57	初中教师平均工资水平(元/月)	
A58	城镇和乡村初中校长交流人次(人/年)	
A59	城镇和乡村初中教师交流人次(人/年)	
A60	初中教育巩固率(%)	
A61	普通高中教育总经费(万元/年)	
A62	普通高中教育毛入学率(%)	
A63	普通高中的平均录取率(%)	
A64	普通高中学校数(所)	
A65	民办普通高中学校数(所)	
A66	民办普通高中在校学生数(人)	
A67	普通高中在校学生总数(人)	
A68	非户籍在校普通高中生数(人)	
A69	普通高中国家助学金标准(元/人/年)	
A70	家庭经济困难高中生总数(人)	
A71	享受的家庭经济困难高中生数(人)	
A72	普通高中国家助学金的地方负担比例(%)	

续附表4.1-1

代码	指标名称	地区(年份)
A73	普通高中教师数(人)	
A74	普通高中教师平均工资水平(元/月)	
A75	县城和乡镇普通高中校长交流人次(人/年)	
A76	县城和乡镇普通高中教师交流人次(人/年)	
A77	普通高中教育巩固率(%)	
A78	当年参加高考人数(人)	
A79	重点本科第一批录取人数(人)	
A80	本科第二批录取人数(人)	
A81	中等职业教育总经费(万元/年)	
A82	中等职业学校数(所)	
A83	中等职业学校教师数(人)	
A84	中等职业学校平均工资水平(元/月)	
A85	中等职业在校学生总数(人)	
A86	中等职业学校中农村学生数(人)	
A87	中等职业学校中城镇家庭困难学生数(人)	
A88	中等职业学校中涉农专业学生数(人)	
A89	中等职业学校平均的学费水平(元/人/年)	
A90	中等职业学校免学费的学生数(人)	
A91	中职学校特定学生免学费的地方负担比例(%)	
A92	中等职业教育国家助学金标准(元/人/年)	
A93	中等职业教育国家助学金资助年限(年)	
A94	中等职业教育国家助学金的地方负担比例(%)	
A95	中职学校参加实习实训的学生人数(人/年)	

注:“*”一栏所填内容为某一地区在某年份中实际达到该项水平。

2. 医疗卫生

附表4.1-2　基本医疗卫生均等化指标

代码	指标名称	乡镇*
E1	基本医疗卫生服务的总经费(万元/年)	
E2	地方负担的医疗卫生服务经费(万元/年)	
E3	居民健康档案建档数(个)	
E4	居民健康档案的总经费(万元/年)	
E5	地方负担的居民健康档案经费(万元/年)	
E6	参加健康教育的居民人次(人次/年)	
E7	参加健康教育的乡村居民人次(人次/年)	
E8	参加健康教育的城镇居民人次(人次/年)	
E9	健康教育的总经费(万元/年)	
E10	地方负担的健康教育经费(万元/年)	
E11	0~6岁儿童总数(人)	
E12	预防接种的0~6岁儿童人数(人)	
E13	预防接种的乡村儿童人数(人)	
E14	预防接种的城镇儿童人数(人)	
E15	预防接种的总经费(万元/年)	
E16	地方负担的预防接种经费(万元/年)	
E17	建立保健手册的0~6岁儿童人数(人)	
E18	儿童保健的总经费(万元/年)	
E19	地方负担的儿童保健经费(万元/年)	
E20	不满周岁的婴儿死亡率(‰)	
E21	传染病防治的总经费(万元/年)	
E22	地方负担的传染病防治经费(万元/年)	

续附表 4.1-2

代码	指标名称	乡镇
E23	孕产妇总人数(人)	
E24	医院建档管理的孕产妇人数(人)	
E25	孕产妇死亡率(1/10万)	
E26	孕产妇保健的总经费(万元/年)	
E27	地方负担的孕产妇保健经费(万元/年)	
E28	享受保健服务的65岁以上老年人数(人)	
E29	老年人保健的总经费(万元/年)	
E30	地方负担的老年人保健经费(万元/年)	
E31	医院总数(所)	
E32	二级甲等以上医院数(所)	
E33	支持医保异地结算的医院数(所)	
E34	提供免费孕前健康检查的医院数(所)	
E35	卫生技术人员(人)	
E36	执业医师(人)	
E37	注册护士(人)	
E38	医院职工平均工资(元/月)	
E39	医院床位数(位)	
E40	村(社区)卫生室数(所)	
E41	纳入基本药物制度范围的卫生室数(所)	
E42	乡村医生(包括赤脚医生)人数(人)	
E43	乡村医生的补贴标准(元/人/年)	
E44	乡村医生人均培训次数(次/年)	

注:“*”一栏所填内容为某乡镇在某年份中实际达到该项水平。

3. 社会保障

附表4.1-3　社会保险均等化指标

代码	指标名称	乡镇*
C1	社会保险服务的总经费(万元/年)	
C2	地方负担的社会保险服务经费(万元/年)	
C3	职工总数(人)	
C4	参与职工基本养老保险的职工数(人)	
C5	个体工商户总数(人)	
C6	参与职工养老保险的个体工商户数(人)	
C7	农民工总数(人)	
C8	参与职工养老保险的农民工数(人)	
C9	灵活就业人数(人)	
C10	参与职工养老保险的灵活就业人数(人)	
C11	职工养老基本养老金金额(元/人/月)	
C12	职工缴纳额占本人工资的比重(%)	
C13	用人单位缴纳额在工资总额中的比重(%)	
C14	职工养老保险支付的地方补贴总额(万元/年)	
C15	新型农村社会养老保险参保人数(人)	
C16	新农保的基础养老金金额(元/人/年)	
C17	新农保基础养老金的政府负担额(元/人/年)	
C18	新农保的个人缴费额(元/人/年)	
C19	地方政府对新农保个人缴费的补贴额(元/人/年)	
C20	城镇居民社会养老保险参保人数(人)	
C21	城镇养老的基础养老金金额(元/人/年)	

续附表 4.1-3

代码	指标名称	乡镇
C22	城镇养老基础养老金的政府负担额(元/人/年)	
C23	城镇养老的个人缴费额(元/人/年)	
C24	地方政府对城镇养老个人缴费的补贴额(元/人/年)	
C25	职工基本医疗保险的参保总人数(人)	
C26	参加职工医保的农民工人数(人)	
C27	参加职工医保的个体工商户人数(人)	
C28	参加职工医保的灵活就业人员数(人)	
C29	职工医保住院费用的基金支付比率(%)	
C30	职工医保支付的最高限额(元)	
C31	职工缴纳额占本人工资的比重(%)	
C32	用人单位缴纳额在工资总额中的比重(%)	
C33	职工医保支付的地方补贴总额(万元/年)	
C34	新型农村合作医疗的参保总人数(人)	
C35	新农合住院费用的基金支付比率(%)	
C36	新农合医保支付的最高限额(元/人/年)	
C37	新农合的个人缴纳额(元/人/年)	
C38	新农合的财政补助标准(元/人/年)	
C39	新农合支付的地方补贴总额(万元/年)	
C40	城镇居民基本医疗保险的参保总人数(人)	
C41	城镇医保住院费用的基金支付比率(%)	
C42	城镇医保支付的最高限额(元/人/年)	
C43	城镇医保的个人缴纳额(元/人/年)	
C44	城镇医保的财政补助标准(元/人/年)	

续附表 4.1-3

代码	指标名称	乡镇
C45	城镇医保支付的地方补贴总额(万元/年)	
C46	失业保险的参保人数(人)	
C47	登记失业人数(人)	
C48	领取失业金的人数(人)	
C49	失业保险金标准(元/人/月)	
C50	失业保险的个人缴纳额(元/人/月)	
C51	失业保险的单位缴纳额(元/人/月)	
C52	失业保险支付的地方补贴总额(万元/年)	
C53	工伤保险的参保人数(人)	
C54	领取工伤保险的人数(人)	
C55	工伤保险金的平均标准(元/人/月)	
C56	工伤保险的单位平均缴纳额(元/人/月)	
C57	工伤保险支付的地方补贴总额(万元/年)	
C58	生育保险的参保人数(人)	
C59	领取生育津贴的人数(人)	
C60	生育津贴的平均标准(元/人)	
C61	生育保险的单位平均缴纳额(元/人/月)	
C62	生育保险支付的地方补贴总额(万元/年)	
C63	征地补偿的平均标准(元/亩)	

注:“*”一栏所填内容为某乡镇在某年份中实际达到该项水平。

4. 社会服务

附表4.1-4　基本社会服务均等化指标

代码	指标名称	乡镇*
D1	基本社会服务的总经费(万元/年)	
D2	地方负担的基本社会服务经费(万元/年)	
D3	最低生活保障的支出总额(万元/年)	
D4	地方负担的低保支出额(万元/年)	
D5	城镇居民最低生活保障标准(元/月)	
D6	收入低于城镇低保标准的城镇居民数(人)	
D7	城镇低保领取人数(人)	
D8	农村居民最低生活保障标准(元/年)	
D9	收入低于农村低保标准的城镇居民数(人)	
D10	农村低保领取人数(人)	
D11	符合医疗救助条件的总人数(人)	
D12	实际医疗救助人数(人)	
D13	医疗救助支出总额(万元/年)	
D14	医疗救助支出的地方负担额(万元/年)	
D15	医疗救助的起付线(元)	
D16	医疗救助的救助费用比例(%)	
D17	医疗救助的封顶线(元)	
D18	流浪乞讨者救助人数(人)	
D19	流浪乞讨者救助支出总额(万元/年)	
D20	流浪未成年人救助人数(人)	
D21	流浪未成年人救助支出总额(万元/年)	
D22	孤儿总数(人)	
D23	孤儿养育总人数(人)	
D24	孤儿养育保障的总经费(万元/年)	
D25	孤儿养育支出的地方负担额(万元/年)	
D26	散居养育的孤儿人数(人)	

续附表 4.1-4

代码	指标名称	乡镇
D27	散居养育孤儿的养育标准(元/人/年)	
D28	机构养育的孤儿人数(人)	
D29	机构养育孤儿的养育标准(元/人/年)	
D30	孤儿院数(所)	
D31	孤儿院职工总数(所)	
D32	孤儿院总经费(万元)	
D33	孤儿院床位数(个)	
D34	农村五保总人数(人)	
D35	农村五保供养人数(人)	
D36	农村五保集中供养人数(人)	
D37	农村五保供养标准(元/人/年)	
D38	农村五保供养的支出总额(万元/年)	
D39	农村五保供养的地方负担额(万元/年)	
D40	殡葬单位数(个)	
D41	殡葬单位总经费(万元/年)	
D42	殡葬单位职工总数(人)	
D43	火化炉总台数(台)	
D44	火化率(%)	
D45	优待金平均标准(元/人/年)	
D46	优待金支出总额(万元/年)	
D47	地方负担的优待金额(万元/年)	
D48	抚恤金平均标准(元/人/年)	
D49	抚恤金支出总额(万元/年)	
D50	地方负担的抚恤金额(万元/年)	
D51	返回当地退役军人数(人)	
D52	当地安排工作的退役军人数(人)	
D53	退役军人安置的总费用(万元/年)	
D54	地方负担的退役军人安置费用(万元/年)	

注:"*"一栏所填内容为某乡镇在某年份中实际达到该项水平。

5. 文化事业

附表4.1-5　公共文化均等化指标

代码	指标名称	乡镇*
H1	公共文化体育的总经费(万元/年)	
H2	地方负担的文化体育经费(万元/年)	
H3	图书馆数(所)	
H4	图书馆总经费(万元/年)	
H5	地方负担的图书馆经费(万元/年)	
H6	图书馆职工人数(人)	
H7	图书馆职工平均工资(元/月)	
H8	图书馆藏书数(册)	
H9	图书馆流通人次(人次/年)	
H10	图书馆全年开放时间(月)	
H11	文化馆数(所)	
H12	文化馆总经费(万元/年)	
H13	地方负担的文化馆经费(万元/年)	
H14	文化馆职工人数(人)	
H15	文化馆职工平均工资(元/月)	
H16	文化馆的文化活动次数(册)	
H17	文化馆的活动人次(人次/年)	
H18	文化馆全年开放时间(月)	
H19	艺术表演场次(次/年)	
H20	观看艺术表演的人次(人次/年)	
H21	有阅览室的行政村数(个)	
H22	农村阅览室平均藏书(册)	
H23	农村阅览室平均报刊书(种)	
H24	农村阅览室平均音像制品数(种)	
H25	公共阅读服务的总经费(万元/年)	
H26	地方负担的公共阅读经费(万元/年)	
H27	广播节目覆盖率(%)	
H28	电视节目覆盖率(%)	
H29	农村电影平均放映次数(场/年/村)	
H30	艺术表演次数(次/年)	
H31	艺术表演观众人数(人/年)	
H32	体育馆全年开放时间(月)	

注:“*”一栏所填内容为某乡镇在某年份中实际达到该项水平。

4.2 甘肃省“十三五”基本公共服务均等化和社会发展思路与对策研究

4.2.1 重点领域的确定

4.2.1.1 基本公共服务相关概念解析

4.2.1.1.1 公共服务、基本公共服务

(1) 公共服务

公共服务,是指建立在一定社会共识基础上,一国全体公民不论种族、收入和社会地位差异如何,都应公平、普遍地享有的服务。公共服务的范围既包括通常所说的公共产品(具有非竞争性或非排他性的物品),也包括市场供应不足的产品和服务。广义的公共服务还包括制度安排、法律、产权保护、宏观社会经济政策等。公共服务可以从公共产品、政府职能、基本需求三个角度来定义。

——公共服务是指以提供服务的形式满足人们某种需要的公共物品。从这个意义上讲,公共服务与公共产品的区别在供给形态上,前者是无形的服务,后者是有形的产品。同公共产品一样,公共服务也存在正外部性,具有市场供给不足的特征,因此必须由政府供给,以弥补市场失灵。

——公共服务是指通过使用公共资源或公共权力,由政府部门提供,政府部门或其授权的事业单位以及以合同形式外包的社会组织实施,由特定区域和特定群体的公民享受的满足其基本生活需求、提升生活品质和自身素质、能力的非排他性产品和服务。公共服务作为政府职能的核心与实质,必须由政府来提供和保障,做到供给充足、公平可及。

——公共服务是满足居民和组织基本需求,建立在一定社会共识基础上,一国全体公民不论其种族、收入和地位差异如何,都应该公平、普遍享有的服务。

(2)基本公共服务

基本公共服务内涵,目前还存在不同的解读,如有人认为基本公共服务,指在市场失灵的情况下,政府通过税收、担保、补贴等方式确保社会成员人人都能享有的,与公民基本权利和基本需求相关的公共服务;有人认为是指建立在一定社会共识基础上,由政府根据经济社会发展阶段和总体水平来提供、旨在保障个人生存权和发展权所需要的最基本社会条件的公共服务。还有人认为,基本公共服务是以一定时期经济社会发展水平为基础,在社会共识的基础上,政府为维护经济社会的稳定和发展、保障公民的基本生存和发展权利、实现社会公平与正义而提供的公共产品与服务,等等。

《国家基本公共服务体系“十二五”规划》(国发〔2012〕29号)指出,“基本公共服务,指建立在一定社会共识基础上,由政府主导提供的,与经济社会发展水平和阶段相适应,旨在保障全体公民生存和发展基本需求的公共服务。”这也是本研究对基本公共服务内涵的基本认识。

基本公共服务包含三层含义:第一,基本公共服务是公共服务中最基础、最核心的部分,与人民群众最关心、最直接、最现实的切身利益密切相关;第二,基本公共服务是政府公共服务职能的“底线”,由政府负最终责任;第三,基本公共服务的范围和标准是动态的,随着经济发展水平和政府保障能力的提高,其范围应逐步扩大,标准应不断调整。

有关研究则将基本公共服务划分为四个方面：一是底线生存服务，包括公共就业服务、社会保障等；二是基本发展服务，包括教育、医疗卫生、文化体育、民政等社会事业中的公益性领域；三是基本环境服务，包括公共交通、公共通信、公用设施和环境保护等；四是基本安全服务，包括公共安全、消费安全和国防安全等。

与公共服务相比，基本公共服务的典型特征是直接与民生密切相关，在一定发展阶段上满足居民最低范围、最低层次的需求。其具体内容会随着一国经济社会发展水平以及公共财力水平、社会公共服务需求的变化而变化。

公共服务本身就是我国政府的四大职能之一，作为其基础和核心的基本公共服务，更应当由政府托底。因此，中共十六届六中全会通过的《中共中央关于构建社会主义和谐社会若干重大问题的决定》提到，基本公共服务由政府财政提供。《国家基本公共服务体系"十二五"规划》指出："享有基本公共服务属于公民的权利，提供基本公共服务是政府的职责。"

专栏4.2-1　相关概念辨析——基本公共服务、公共服务及其范围的划分

基本公共服务的概念回答的是基本公共服务与公共服务的区别，这部分研究主要在于如何对"基本"二字做出回答。大体而言，学者们倾向于从公民需求、民生以及公民权利三个方面来回答什么是基本公共服务。

"需求论"认为基本公共服务是满足人的基本需求的公共服务，而人的基本需求则从两个不同的角度被定义。一种视角以基本公共服务的消费者为出发点，将基本需求定义为人的低层次消费需求和无差异消费需求；而另一种视角则以基本公共服务的提供者为出发点，将只能由政府提供，不能假手他人的公共需求视为基本需求；第三种视角则从人道主义出发，认为基本公共服务必须以人本理论为依据，以人道主义需求为满足对象，是"从以人为本出发，依照人道和公平原则，在一定社会条件下，一个社会成员所应享有的必需的基础性公共服务"。

"民生论"对基本公共服务的解读是从"民生"二字出发，认为基本公共服务是与民生有关的公共服务，诸如"义务教育、公共卫生、基础科学研究、公益性文化事业和社会救济"等。持"民生论"观点的学者一般认为基本公共服务意味着对人的基本生存、基本尊严、基本能力和基本健康的保障。

"权利论"将基本公共服务视为一定经济社会条件下，保障人的基本权利的公共服务。有学者将人的基本权利视为基本人权，但人权更多的是一种道德概念，用人权保障来定义基本公共服务是比较含混的。因此，许多学者更进一步，提出基本公共服务是在特定社会经济条件下，保障人的基本生存权与基本发展权的服务。

基本公共服务的范围有狭义与广义两种。《国家基本公共服务体系"十二五"规划》以《中华人民共和国国民经济和社会发展第十二个五年规划纲要》为根据，界定了狭义的基本公共服务范围，"一般包括保障基本民生需求的教育、就业、社会保障、医疗卫生、计划生育、住房保障、文化体育等领域的公共服务。"认为基本公共服务"广义上还包括与人民生活环境紧密关联的交通、通信、公用设施、环境保护等领域的公共服务，以及保障安全需要的公共安全、消费安全和国防安全等领域的公共服务"。

4.2.1.1.2　均等化、基本公共服务均等化

（1）均等化

“均等”在现代汉语词典里的解释是平均、相等的意思。由此，“均等化”是一种向“平均、相等”发展的动态的过程，或实践努力的方向；也可以理解为最终的结果是实现“平均、相等”。而从经济学意义上说，无论是平均还是相等，都是大体平均、大体相等的意思，不可能绝对平均、绝对相等。

“均等化”的概念一般是和“基本公共服务”联系在一起的，仅就均等化的内涵，则是指——不分地域、城乡、人群，实现人人享有；也可以理解为，每个居民或公民，都应享有“国民待遇”，无论城乡身份、性别、种族、老幼，作为公民的基本条件都应该是一样的；均等化的指向是社会公平。

（2）基本公共服务均等化

基本公共服务均等化，指政府要为社会成员提供基本的，与经济社会发展水平相适应的，能够体现公平正义原则的大致均等的公共产品和服务，是人们生存和发展最基本的条件的均等。基本公共服务均等化也可以理解为基本公共服务的价值取向和结果状态，其含义是全体公民不论地域、民族、性别、收入及身份差异如何，都能获得与经济社会发展水平相适应、结果大致均等的基本公共服务。它所强调的核心是机会和效果均等，而不是简单的平均化和无差异化。

社会发展的基本宗旨是人人共享、普遍受益。而推进基本公共服务均等化，是实现人人共享社会发展成果的必然选择。换句话说，基本公共服务均等化是过程，共享社会发展成果是结果，人人享有社会发展成果是本质要求，它们在本质上是一致的，都是要维护社会公平。推进基本公共服务均等化，就是要逐步使人民群众在基本公共服务方面的权利得到基本实现和维护，特别是使困难群众和困难地区尽快享受到社会平均水平的基本公共服务，其实质是政府为全体社会成员提供基本而又有保障的公共产品和公共服务，将广大人民群众要求最迫切，与基本生存权和发展权关系最密切的公共服务在城乡、区域和不同社会群体之间均等配置，把差距控制在社会可承受的范围内。

基本公共服务均等化是衡量共享改革发展成果的可行标准。共享改革发展成果的目标实现与否需借助科学、合理的评判标准，但其具有难测度性，需要一个可行的衡量标准来评判它。基本公共服务均等化正是一个可行的衡量标准。一方面，基本公共服务均等化的本质是共享改革发展成果，基本公共服务均等化程度的高低直接反映了人们共享改革发展成果程度的高低；另一方面，相对于共享改革发展成果的难测度性，基本公共服务均等化的各项指标可以量化和测度。

我们还需要注意到基本公共服务范围与基本公共服务均等化范围的差别。基本公共服务体系是一个理论命题，而基本公共服务均等化体系则是一个实践性命题。有些公共服务尽管是人们不可或缺的，但并不意味着就一定存在均等化上的意义。实际上，即使是认为基本公共服务均等化包括生存、发展、环境和安全四大基本需求的学者，在研究中也很少关注诸如安全、环境等基本需求的均等化。

专栏4.2-2 相关概念辨析——基本公共服务均等化概念的提出

基本公共服务均等化的提出，源于我国对公共服务的理论研究与实践，是基于公共服务公平正义的内在要求，以我国国情为依据的公共服务供给的轻重缓急以及我国公民的现实需求而提出来的，是“我国的理论界和实践部门根据我国政府公共服务地区间、城乡间不均等的现状而提出的目标性词汇”，是具有中国特色的词汇。

尽管党中央在十六届六中全会上明确提出了要实现基本公共服务均等化，但并没有给基本公共服务均等化做出明确界定。因此，哪些公共服务属于“基本公共服务”的范畴，“基本公共服务均等化”的标准是什么，众说纷纭。一部分学者认为基本公共服务与公共服务是重合的，基本公共服务是公共服务在特定情况下的一种说法，基本公共服务均等化与公共服务均等化没有多大区别。所以，有学者的观点中出现了基本公共服务与公共服务混同的情况。如“基本公共服务均等化即每个社会成员不论种族、身份、地位、贫富，都享有大致相同的公共服务，”公共服务均等化“对社会公众而言，是指一国范围内的全体居民享有大致水平相当的基本公共服务”。

4.2.1.1.3 均等化标准、基本公共服务均等化标准

(1)均等化标准

对均等化标准目前尚难有统一的认识。可从以下方面理解：一是最低标准，即要保底；二是平均标准，即应达到中等的平均水平；三是相等的标准，即结果均等。均等的标准也不是一成不变的，是个动态的过程；可根据财力及其他情况的变化灵活掌握。

(2)基本公共服务均等化标准

对基本公共服务均等化标准的认识离不开对基本公共服务均等化的认识和理解。基本公共服务均等化的标准一般认为基本公共服务均等化包含着结果均等、机会均等、能力均等以及需求均等不同的标准。目前，对基本公共服务均等化标准的认识，仍是一个不断深化的过程。

早期文献多有提出，基本公共服务均等化意味着“水平一致”“一视同仁”，是实质意义上的、无差别的结果均等。但事实上，“结果绝对一致”标准不仅在现实意义上是不可能的，而且会忽视公民的差异性需求，从而导致公民丧失选择基本公共服务的权利。公民所享有的基本公共服务只能是“结果大致均等”，应侧重实现基本公共服务的“机会均等”，即通过制度保障公民有公平享有基本公共服务的机会均等。基本公共服务均等化的标准应当是指“全体公民享有的基本公共服务的机会和原则应该均等以及结果应该大体相等，社会在提供大体均等的基本公共服务成果的过程中尊重某些社会成员的自由选择权”。这也是目前国内对基本公共服务均等化标准的主流认识。

基本公共服务均等化标准还有个层次的问题。公共产品理论认为，公共产品是有层次的，如全球性公共产品、国家性公共产品、地方性公共产品等。由此，基本公共服务也是有层次的。从一个国家来说，建立国家标准和地方标准，或者说根据政府级次建立相应的均等化标准，是具有可行性的。

4.2.1.1.4　社会发展、社会事业与基本公共服务的关系

(1)社会发展

社会发展是以“社会”为主体的发展，它在形态上体现为社会整体的正向变迁，在内涵上体现为社会基本结构的“合理性”变化，在本质上体现为人类生产方式的不断完善。

至今，“社会发展”仍不是一个含义很确定的概念。出于对“社会”一词涵盖范围的不同理解，目前对“社会发展”大致存在广义和狭义两种解释，即我们常说的广义的社会发展和狭义的社会发展。

广义的社会发展中的“社会”概念涵盖了人类发展的各个领域。《1996—2010年中国社会全面发展战略研究报告》认为，社会发展作为一个整体的概念，涉及经济增长在内的社会结构、人民生活、科技教育、社会保障、医疗卫生、社会秩序等多个方面的内容，并把消除贫困、公平分配、大众参与、生态保护、社会稳定和可持续发展等多种社会价值作为发展目标。不难看出，这里的社会发展包括了整体社会中各个领域的综合和系统变革过程。

狭义的社会发展则是指除经济发展以外的其他社会领域的进步和各项社会事业的发展，往往是与经济发展相对应的一个概念。

当今社会，大多国内外专家学者和政府部门，是从狭义上使用“社会发展”这个概念的。我国政府层面对社会发展的表述，也大致与狭义的社会发展相对应。如1995年3月我国政府发布的《社会发展报告》指出，“经济发展和社会发展相互依存、相互促进。经济发展是社会发展的前提和基础，社会发展是经济发展的结果和目的。”1999年10月在北京举行的“社会发展国际研讨会”上，原国家计委副主任郝建秀同志将社会发展进一步具体化为各项社会事业的发展和社会工程的建设，特别是那些需要政府资金投入的部门和领域，如义务教育、基本医疗、卫生监督防疫、公共文化、历史文化遗产保护、公共安全、社会福利、社会救济以及对孤老残幼等社会脆弱群体的救助等。

(2)社会事业

在很长的一个时期里，我国一直使用“社会事业”这个提法，直至编制国家“六五”计划时才将社会事业规划改名为社会发展规划，但并没有改变社会事业的具体内容，也就是说虽名为社会发展，实则是社会事业的内涵。

不过，即使长期以来直至目前一直使用“社会事业”的提法，但对于什么是社会事业，并没有明确的界定。在政府的有关文件和统计中，社会事业通常是指科技、教育、卫生、就业、文化、社会保障、体育、人口与计划生育、社区建设、环境保护等具体工作方面；而在一些研究和实践中，社会事业往往又被等同于社会发展事业、社会公益事业、社会慈善事业、社会公用事业、社会福利事业，等等。而随着实践的发展和人们认识的深化，把社会事业等同于社会发展的状况已经改变，开始逐步用社会发展这一科学概念取代社会事业这一描述性概念。

(3)社会发展与基本公共服务

综合前面对社会发展问题的认识，社会发展包括社会事业的发展，也包括社会就业、社会保障工作的推进以及社会公正、社会秩序、社会管理、社会和谐的构建，还包括

社会结构、社会领域体制和机制的完善。

显然,社会发展涵盖的内容要远远大于基本公共服务的内容。其体现了整个人类社会的向前运动过程,包含了经济、人文、政治等一系列的社会存在的总体发展,也指社会进步中社会经济的发展,特别是社会生产力的发展。而基本公共服务则强调的是其为保障公民的基本生存和发展权利、实现社会公平与正义而提供的公共产品与服务。

现实中,常出现的是对"公共服务"与"社会事业"两个概念的混用。某种程度上说,"公共服务"与"社会事业"是两个内涵和外延都接近或重合的概念。由此,有学者建议,在我国大力提倡建立公共服务型政府和实现基本公共服务均等化的背景下,"公共服务"与"社会事业"不应并列使用,应该用"公共服务"代替"社会事业"。

鉴于对以上概念的辨析,并考虑到本研究为"十三五"时期基本公共服务规划的一项前期研究,本报告将重点围绕基本公共服务展开分析。

4.2.1.2 甘肃省基本公共服务重点领域选择的依据

4.2.1.2.1 对基本公共服务内容的认识

从广义看,即使是公共服务中最基础、最核心的基本公共服务,其范围仍是很广泛的。从我国的现实情况出发,基本公共服务的内容主要包括:一是基本民生性服务,如就业服务、社会救助、养老保障等;二是公共事业性服务,如公共教育、公共卫生、公共文化、科学技术、人口控制等;三是公益基础性服务,如公共设施、生态维护、环境保护等;四是公共安全性服务,如社会治安、生产安全、消费安全、国防安全等。

我国政府提出了基本公共服务均等化的目标,但在操作层面必须明确界定基本公共服务的内容。从现实看,可以运用基础性、广泛性、迫切性和可行性四个标准来界定。所谓基础性,是指那些对人类发展有着重要影响的公共服务,它们的缺失将严重影响人类发展。所谓广泛性,是指那些影响到全社会每一个家庭和个人的公共服务供给。所谓迫切性,是指事关广大社会最直接、最现实、最迫切利益的公共服务。所谓可行性,是指公共服务的提供要与一定的经济发展水平和公共财政能力相适应。

从上述标准判断,并考虑到均等化的视角,义务教育、公共卫生和基本医疗、基本社会保障、公共就业服务,是广大城乡居民最关心、最迫切的公共服务,是建立社会安全网、保障全体社会成员基本生存权和发展权必须提供的公共服务,应成为现阶段我国基本公共服务的主要内容。

4.2.1.2.2 甘肃省基本公共服务范围和领域划定的依据

分析研究甘肃省"十三五"时期基本公共服务均等化和社会发展的总体思路,并进一步编制甘肃省"十三五"时期基本公共服务发展规划,应在此基础上,并考虑到国家基本公共服务规划、甘肃省基本公共服务和社会发展的基础和面临的主要矛盾问题、甘肃省基本公共服务和社会发展重点领域与全国平均水平和发达省区的差距、现阶段经济发展水平和财力的保障可能性等,及"十三五"时期经济社会发展的相关要求,划定基本公共服务的范围和主要领域。

依据之一：国家基本公共服务规划。

前文论及，2012年7月，国务院发布了《国家基本公共服务体系“十二五”规划》（本节简称《规划》）[①]。就基本公共服务规划范围，《规划》表述到：根据“十二五”规划纲要，为突出体现“学有所教、劳有所得、病有所医、老有所养、住有所居”的要求，本规划的范围确定为公共教育、劳动就业服务、社会保障、基本社会服务、医疗卫生、人口计生、住房保障、公共文化等领域的基本公共服务。

“十二五”规划纲要还明确了基础设施、环境保护两个领域的基本公共服务重点任务，包括：行政村通公路和客运班车，城市建成区公共交通全覆盖；行政村通电，无电地区人口全部用上电；邮政服务做到乡乡设所、村村通邮；县县具备污水、垃圾无害化处理能力和环境监测评估能力；保障城乡饮用水水源地安全等。这些内容分别纳入综合交通运输、能源、邮政、环境保护等相关“十二五”专项规划中，不在本《规划》中予以阐述。

综合来看，《规划》通篇贯穿了“保基本、强基层、建机制”的基本思路。“保基本”体现在，《规划》从基本国情出发，尽力而为、量力而行，紧紧围绕和体现了人民群众最关心、最直接、最现实的基本利益要求，首次明确提出了基本公共服务范围和国家基本标准。“强基层”体现在，《规划》强调基层基本公共服务体系网络和能力建设，把更多的财力、物力投向基层，把更多的人才、技术引向基层，提高基本公共服务的可及性。“建机制”主要体现在，《规划》较为全面系统地提出了国家基本公共服务的各项制度性安排，着力形成基本公共服务可持续运行的长效机制，从制度上保障人人享有基本公共服务。

《规划》首次从国家层面提出了基本公共服务范围，并在后文中对范围内各领域展开了进一步分析，提出了进一步要求。这些领域的选择，反映了现阶段我国广大人民群众最基本、最核心的基本公共服务需求（“十三五”时期国家基本公共服务规划尚处在酝酿阶段，考虑到相关问题的衔接性——事实上，由于各种原因，“十二五”国家基本公共服务规划也是在“十二五”期中的2012年才出台的，“十三五”时期国家基本公共服务规划中对基本公共服务范围的划定，不应有大地调整）。这也是甘肃省“十三五”时期基本公共服务发展规划划定基本公共服务范围和领域的重要依据。

依据之二：甘肃省基本公共服务和社会发展的基础和面临并需要解决的主要矛盾问题。

近年来，甘肃省着力促进经济社会发展，各级政府把努力提升基本公共服务水平，推进基本公共服务均等化作为各项工作的重要着力点。把促进教育均衡发展、深

①《国家基本公共服务体系“十二五”规划》前，主要按国民经济和社会发展总体规划界定基本公共服务的范围。如“十一五”期间，按照国家“十一五”规划，国家提供的公共服务包括义务教育、公共卫生、社会保障、社会救助、促进就业、减少贫困、防灾减灾、公共安全、公共文化、基础科学与前沿技术以及社会公益性技术研究、国防等。而从各省市的规定，普遍规定公共服务包括义务教育、公共卫生、公共文化、社会保障、公共安全、基础设施建设等。有的省市规定有社会救助、就业服务等。《国家基本公共服务体系“十二五”规划》出台后，考虑到各方面工作的对接，各省市出台的基本公共服务规划中，对基本公共服务范围的划定，与国家基本公共服务规划的划定范围基本甚至完全是一样的。

化医药卫生改革和完善社会保障政策和制度体系等，作为公共财政的投资重点，旨在通过健全基本公共服务网络，提升贫困、边远和少数民族地区公共服务的可及性，推进公共服务均等化进程。经过多年的努力，甘肃省社会发展和基本公共服务有了长足发展。

需要看到，甘肃省基本公共服务制度框架已初步形成，但公共服务基础条件依然薄弱，农村、欠发达地区基本公共服务尚未得到充分的保障，公共服务体制机制、财力保障都还存在很大欠缺。近两年来，尤其2014年以来，主要经济指标增速明显减缓，与上年同期相比，多项指标增长速度出现负值。受此影响，人民群众最为关注的就业、养老、户籍改革、收入分配制度改革等没有得到显著改善。根据对相关数据的分析，以及我们对甘肃省14个地州市基本公共服务均等化情况的调研，甘肃省城乡在义务教育、公共卫生和基本医疗、基本社会保障、公共就业服务、公共基础设施等方面存在较大差距。再有，从甘肃省城乡居民收入情况看，近两年来，虽然全省城乡居民收入增速相对较快，但总额仍处在全国落后水平。2014年上半年，甘肃城镇居民人均可支配收入增速排在全国第5位，但总额排在全国第31位，在全国排名再次垫底；农村居民人均纯收入增速排在第8位，总额排在第29位。这些说明在促进经济社会发展的同时，必须着力解决就业、社会保障等领域的问题。另外，人口城镇化水平低，城市包容性不够，则要求对流动人口基本公共服务问题予以充分重视；民族地区公共服务可及性虽然进一步提高，但是欠缺仍然较多。由此，围绕以上领域和问题，提升全省基本公共服务水平，逐步实现全省基本公共服务均等化，将是“十三五”时期基本公共服务和社会发展的重要着力点。

专栏4.2-3　关于基本公共服务均等化范围的相关认识

基本公共服务均等化的范围，有学者以人的生存与发展所需的基本条件来划定基本公共服务均等化的范围，认为基本公共服务均等化的范围应当对应人的生存、发展、环境和安全四大基本需求。如常修泽认为基本公共服务均等化囊括了“基本民生性服务”“公共事业性服务”“公益基础性服务”以及“公共安全性服务”；陈海威也认为基本公共服务均等化的范围包括底线生存服务、公众发展服务、基本环境服务以及公共安全服务。这种理论尽管在逻辑上是充分的，但是在实践上却存在一定的问题。我们很难说类似于国防安全之类的基本公共服务有均等化的实践意义——他们对公民的保护从一开始就是均等的——同样的现象也发生在一些基础性服务和环境服务领域。由此，有学者认为基本公共服务应当是以满足人的直接需求、使人有尊严的生活为内容。在现代社会，教育、劳动、健康以及社会救济都是构成人的有尊严的生活的要素。如丁元竹就将基本公共服务均等化的内容限定在医疗卫生、义务教育、社会救济、就业服务以及养老保险。还有学者在此基础上以我国国情为依据，认为住房建设、人口计生也是基本公共服务均等化内容之一。

4.2.1.3 甘肃省基本公共服务主要领域和制度框架的构建

综合以上分析，从反映人的生存和发展的基本需求两条线索，选择甘肃省基本公共服务的重点领域。其一，反映不同发展阶段的基本公共服务需求，包括生存（计划生育服务、生育保险）、教育（基本公共教育）、就业（劳动就业服务）、养老（基本养老保险——经济供养、基本养老服务——养老照护和精神关爱）；其二，保障基本生存需要的基本公共服务需求，包括温饱（最低生活保障制度、社会救助）、居住（基本住房保障）、健康（基本医疗服务、公共卫生服务、药品供应保障、体育健身）、精神（公共文化）。这两条线索只是两条对问题的认识思路，并不是截然分开的，而是有交叉的。如不同阶段的基本公共服务需求，就既包括了生存的基本需求，也包括了发展的基本需求。有些领域，则既是生存的需要，也是发展的需要，如劳动就业领域。而保障基本生存需要的基本公共服务需求，立足于人们生存和发展而必然需要的基本公共服务需求。

本研究划定的"十三五"时期甘肃省基本公共服务的重点领域包括：

第一，基本公共教育领域。指在教育领域提供的基础性公共服务，是主要由政府提供，与全体人民群众最关心、最直接、最现实的切身利益密切相关的公共教育服务。习近平总书记近日指出，"中国一直把教育放在优先发展的战略地位"。依据《国家基本公共服务体系"十二五"规划》，基本公共教育服务体系包括普惠性学前教育、九年义务教育和高中阶段教育。"十三五"时期，甘肃省将按照普及普惠的要求，建立以义务教育为核心、涵盖学前教育和高中阶段教育的基本公共教育服务体系，完善进城务工人员随迁子女、家庭经济困难学生和残疾学生的教育保障政策体系，基本建成服务全民的教育信息与资源共享平台。

第二，基本医疗卫生和计划生育服务领域。以"人人享有基本医疗卫生服务"为目标，建立健全甘肃省城乡医疗服务体系、公共卫生服务体系、药品供应和安全保障体系。建立甘肃省计划生育基本服务制度，为城乡居民提供计划生育、优生优育、生殖健康以及人口和计划生育信息等服务。

第三，社会保障领域。作为一种国民收入再分配形式，社会保障是通过一定的制度实现的。社会保障由社会保险、社会救助、社会福利、优抚安置等组成。其中，社会保险是社会保障的核心内容。"十三五"时期甘肃省社会保障领域主要包括社会保险、社会救济、社会福利、优抚安置及基本住房保障等内容。

第四，劳动就业服务领域。建立甘肃省劳动就业公共服务制度，为全省劳动者就业创造必要条件，加强劳动保护，改善劳动环境，保障合法权益，促进充分就业和构建和谐劳动关系。

第五，社会服务领域。建立甘肃省基本社会服务制度，主要内容包括基本养老服务、残疾人基本公共服务等。

第六，公共文化体育领域。建立甘肃省公共文化体育服务制度，主要内容包括公共文化服务体系、体育健身等。保障全省人民群众看电视、听广播、读书看报、进行公共文化鉴赏、参加大众文化活动和体育健身等权益。

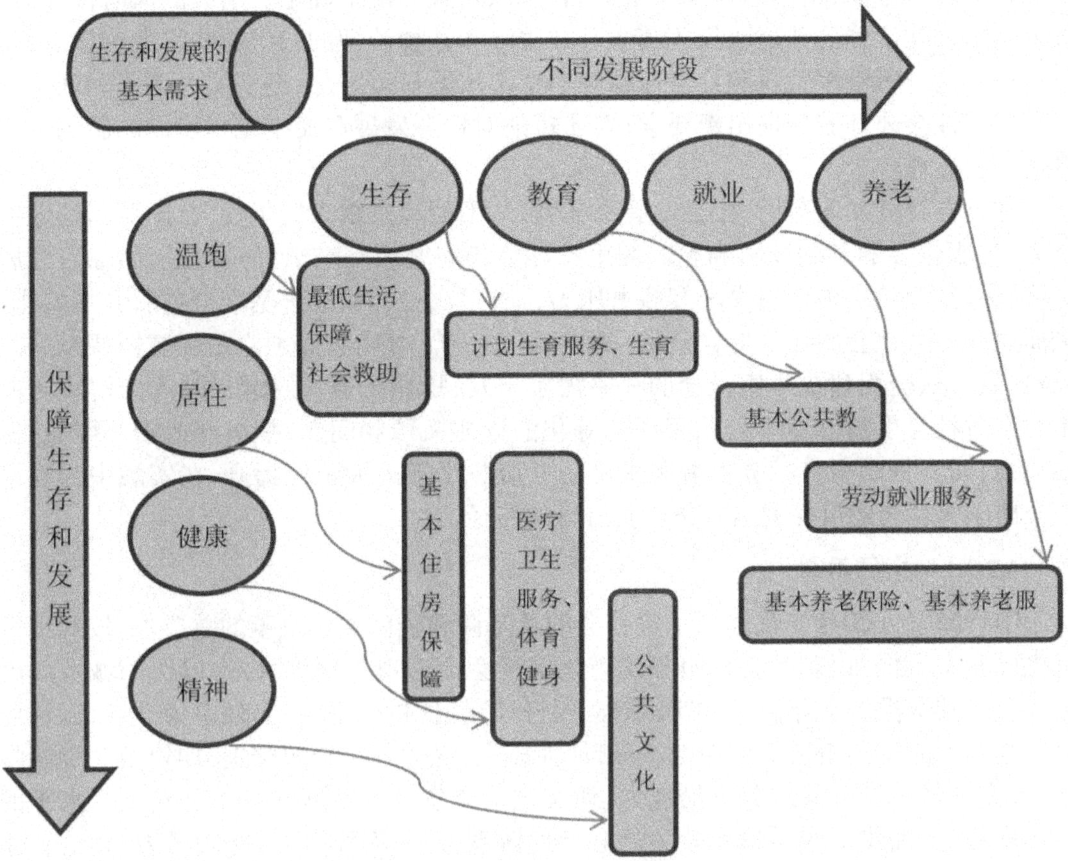

图4.2-1　甘肃省基本公共服务框架示意图

4.2.2　总体思路

进入“十三五”时期，以科学发展观为指导，以遏制区域经济发展差距扩大的趋势、缩小社会发展差距为基调的协调发展仍将是区域发展的主题，加快社会事业的发展，特别是着力提高广大落后地区社会发展水平和基本公共服务能力，是未来区域协调发展的重大战略任务。未来5～10年，我国经济社会发展的环境将产生深刻变化，甘肃省社会发展和基本公共服务均等化和社会发展既面临难得的历史机遇，也面对诸多的风险和挑战。一方面，国家全面深化改革持续推进将释放出巨大的改革红利，改革推动各项体制机制的完善和创新，消除各种制约发展的障碍，受传统体制机制影响较深的社会发展领域迎来一次大好的发展良机；国家将推动基本公共服务体系建设放在经济社会发展更加突出的位置，扩大供给、完善结构、提高水平、加强立法等多角度综合施策施力，将有利于甘肃省推动基本公共服务的均等化、标准化和法制化；西部大开发、丝绸之路经济带建设、六盘山区域扶贫开发等多项国家重大战略及其相关政策的叠加，将使得包括甘肃在内的欠发达地区有望获得国家更多地支持；甘肃省民生建设将进入新的发展阶段，即从生存型社会向生存和发展结合型社会转变、从满足基本社会需求向满足需求和提升质量相结合转变、从以经济发展为主向经济发展和社会发展并重转变，基本公共服务和社会治理领域的资金投入和各种相关政策的支持力度将进一步加大。另一方面，新常态下经济增速的放缓、宏观经济不确定性增大的风险传递，对甘肃这样长期依赖公共财政投入基本公共服务和社会治理的省份影响将尤为显著；产业结构转型升级带来就业和社会保障等不稳定风险显著增加；经济实力增强和消费结构升级对社会公共服务提出新要求；人才短缺对社会发展和民生工程建设的制约作用将进一步显现。

甘肃省经济发展落后，社会发展水平低，贫困面和贫困人口规模大，而薄弱的地方财力、欠账较多的基础设施和脆弱的生态环境等问题相互交织，使其发展面临着发展经济、保障民生、维护生态安全等多重压力，加快社会发展、推进基本公共服务均等化、全面建成小康社会的任务异常繁重。面对新的形势，甘肃省必须立足区域协调发展的战略高度，从全面建成小康社会的战略需求出发，抢抓机遇，迎接挑战，着力解决当前制约全省社会发展和基本公共服务均等化的诸多瓶颈和问题，积极营造新环境、挖掘新动力，切实推动全省社会发展和基本公共服务水平的大幅度提升，在实践中为甘肃省全面小康社会建设探索出一条切实可行的路径。

4.2.2.1 指导思想

围绕国家2020年全面建成小康社会的总基调和全面深化改革的总要求，按照民生优先的基本方向，以基本公共服务均等化和社会治理现代化为目标，以保障城乡居民生存发展基本需求为导向，以扩大规模、提升质量、促进公平、提高效率为重点，以释放改革红利和激发创新活力为动力，不断加大投入，优化各类资源配置，加快城乡资源整合，着力增强基本公共服务供给能力，切实推动全省社会发展和基本公共服务水平的大幅度提升，加快形成科学有效的社会治理体系，建成人民富裕、充满活力、和谐有序的小康社会。

4.2.2.2 基本原则

从党的十八大经济、政治、社会、生态、文化建设"五位一体"的总体战略部署的要求出发，顺应国家当前全面推行新型城镇化的基本形势，结合经济社会发展的现实基础及其存在的突出矛盾和问题，未来甘肃省社会发展和基本公共服务均等化必须正确处理经济发展和民生保障、基本公共服务建设与新型城镇化、基本公共服务率先发展与社会发展及治理能力总体提升、基本公共服务总体能力提升与区域和城乡基本公共服务均等化、基本公共服务发展与全面推进改革等方面的关系。具体而言，"十三五"时期甘肃省基本公共服务和社会发展必须遵循如下基本原则。

4.2.2.2.1 社会全面发展与基本公共服务优先相结合

从国家区域协调发展的战略高度，突出重视社会事业发展，缩小甘肃省与发达地区社会发展水平的差距。将社会建设与2020年全面建成小康社会的宏伟目标相结合，做到整体谋划，实现宏观层面的协调一致，并通过各领域、各部门的通力合作，推动社会事业的全面发展和社会治理能力的全面提升。坚持社会发展与产业结构调整、空间布局优化相结合，与新型城镇化和扶贫开发相结合，正确处理社会发展总体水平提升和城乡居民特别是老少边穷地区居民、生态移民、农民工等特殊群体基本民生保障之间的关系，以统一规划为基础，优化资源配置，实现社会发展的内部协调和结构均衡。考虑现状基础、财力支撑和观念转变等因素，从最广大人民群众的根本利益和发展愿望出发，按照保基本、广覆盖、可持续的原则，优先保障基本公共教育、劳动就业服务、社会保险、基本社会服务、基本医疗卫生、人口和计划生育、基本住房保障、公共文化体育等服务的提供，并随着经济社会发展逐步扩大范围和提高标准，保证公民享有公共服务的公平性和可及性。

4.2.2.2.2　扩大服务规模与提升服务质量相结合

坚持量力而行、尽力而为，努力增加投入，通过整体新建、利用现有设施改扩建、优化资源配置等方式，有效扩大公共服务供给规模。进一步加快贫困地区特别是偏远农村地区的生产和生活基础设施建设的步伐，加大教育、医疗和社会保障体系建设投入的力度，逐步实现基本公共服务的全覆盖。在此基础上，逐步将基本公共服务能力建设的重点转移到提升服务质量、服务水平和服务效率上来。要更加注重内涵式发展，着力推进设施建设标准化、规范化，立足加强公共服务机构专业化队伍建设和规范服务标准，切实提高服务质量和管理水平。切实把更多的财力、物力投向基层社会组织和基层社区建设与管理，把更多的社会工作人才、技术引向基层，努力加强基层公共服务机构设施和能力建设，有效扩大服务供给和保障可持续运行的关系，促进资源共建共享。

4.2.2.2.3　统筹协调城乡与区域均衡发展相结合

坚持社会事业发展的公平性，保障全体公民基本权益，促进城乡和不同地区的人民群众享有基本公共服务的平等权利与均等机会。打通城乡和区域间的行政分割障碍，加强科学规划与统筹协调，制定基本公共服务体系规划、城乡基层公共服务平台规划、城乡新型社区建设规划、扶贫开发实施方案等规划和行动纲领，通过规划的制定和实施来达成广泛共识，并提升社会发展资源的利用效率和效益。加强资源整合和制度对接，加大公共资源向农村地区、贫困落后地区、边远偏僻地区和社会弱势群体倾斜力度，实现基本公共服务制度覆盖全民。

4.2.2.2.4　政府主导作用与社会力量参与相结合

牢牢把握基本公共服务的公益性质，确立政府在关系人民群众切身利益的义务教育、基本医疗卫生、计划生育、公共文化体育、社会保障等基本公共服务方面的主体责任，强化立法、规划、投入、监管以及政策支持等职责，合理减轻居民就医、上学等方面负担，提高人民群众满意程度。努力盘活存量资源，激活增量资源，将新增资源优先安排在最需要的领域和环节。创新基本公共服务供给模式，通过建设补贴、运营补贴、财政贴息等形式鼓励和引导社会力量进入基本公共服务领域，通过购买服务、财政补助等形式鼓励社会组织参与社会治理，促进形成多元参与、公平竞争的格局，提高基本公共服务的质量和效率。同时，在非基本公共服务领域，注重通过强化竞争和管理，提高公共资源配置的效率和效益，充分发挥市场机制作用，鼓励和引导社会力量广泛参与社会事业建设。

4.2.2.2.5　硬件提升与软环境优化相结合

进一步推动硬件建设，加大农村地区基础设施建设的投入，重视通过信息化手段来提升基本公共服务和社会治理水平，实现基本公共服务和社会治理的双轮驱动。不断优化公共服务环境，提高基本公共服务效率和发展活力。以国家全面推进改革为契机，大胆创新、先行先试，加快推动社会发展与管理的体制机制改革。科学划分基本公共服务事权与支出责任，健全市、镇政府为主、统一与分级相结合的公共服务管理体制。完善财政保障机制、管理运行机制、服务供给机制和监督问责机制，对相关制度进行完善、整合和改革，形成保障基本公共服务体系有效运行的长效机制。针对当前基本公共服务人才不足、城乡和区域人力资源配置过度不均衡的实际，要在人才队伍培养与建设、资源配置和整合方面下足功夫，切实解决广大农村地区场馆、设备等硬件设施闲置和利用不充分问题。

4.2.2.3 发展思路

4.2.2.3.1 以增强基本公共服务能力为取向，提高社会发展总体水平

对于甘肃这样的西部落后地区而言，社会发展的总体水平低，基本公共服务供给能力不足，是当前社会发展需要解决的首要问题。如何着眼于广大人民群众生存和发展条件的改善，通过基础能力的建设，提高基本公共服务供给的总体能力和水平，是"十三五"时期甘肃省缩小与全国及发达省市社会发展差距的核心任务。考虑到甘肃省贫困面大、贫困人口众多，以及民生问题与经济发展水平、基础设施建设以及生态环境问题相互交织的实际，未来基本公共服务的发展要重点突出四个方面：第一，按照《国家基本公共服务体系"十二五"规划》为依据，适度扩大基本公共服务的范畴，将基础设施、环境保护、扶贫等纳入基本公共服务体系，并提出相应的重点任务、基本标准和保障工程；第二，根据国家规划适当增加基本公共服务的内容项目，如将高中阶段教育纳入义务教育范畴，为家庭经济困难学生接受高等教育提供资助，将更广泛的创业扶持纳入基本公共服务范畴等；第三，保障标准将随着基本公共服务内容增加、物价变化和城乡居民收入增加来进行调整，公共财政尤其是新增财力向民生领域倾斜，更加坚实雄厚的财力支撑使基本公共服务的保障标准可以提高，如适度提高义务教育的生均公用经费、生活补助、营养膳食补助以及高中阶段教育和学前教育的困难资助，提高基础养老金和基本医疗保险的政策范围内报销比例，提高城乡居民低保标准、基本养老服务补贴和医疗救助标准等；第四，继续扩大基本公共服务受众群体的覆盖面，如将义务教育学生营养改善计划从贫困地区农村扩大到全体农村乃至城乡全体学生，将免费中等职业教育扩大到全体学生，将职业技能培训和技能鉴定扩大到全体劳动年龄人口，将住院分娩补助扩大到城乡妇女，将独生子女政策直接扩大到两孩政策等。

4.2.2.3.2 以资源整合和共建共享为抓手，推进城乡和区域基本公共服务均等化

当前城乡基本公共服务均等化面临的主要障碍在于管理体制的分割和相关制度设计上得不公平，而各市（州）之间经济发展水平差距所导致社会发展资源分布的不均衡以及各市（州）内部的行政分割和社会机构分级管理体制则是造成基本公共服务区域差异的重要原因。这一问题对于政府财力薄弱的甘肃各地市来说尤为突出。因此，打破行政分割的限制，促进城乡和区域之间社会资源的整合与高效利用，是推动甘肃省基本公共服务均等化发展的重要途径。

一方面，要加强省、市（州）、县（区）、镇（乡）各级公共服务机构之间的合作，通过彼此之间的业务合作和人才、技术交流实现资源共享，同时带动低层级服务机构的人员

素质和业务能力提高。第一，实现各市(州)范围内教育资源的共建共享，统一实行中小学校舍安全工程，制定城乡统一的义务教育学校建设标准、教职员工工资标准和生均公用经费标准，实现优质教学资源的交流与合作。第二，实现就业和社会保障资源的共建共享，建立起互联互通的人力资源市场信息网络和网上服务平台，建立健全统一的社会保障信息平台和服务平台，逐步实现业务经办信息化和业务信息实时共享。第三，实现医疗卫生资源的共建共享，推动各级各类医疗卫生服务机构使用统一的门诊、急诊病历，全面推进医疗机构间医学检验检查结果互认，建立基本医疗保险省内异地就医结算平台，实现基本医疗保险关系省内无障碍转移。

另一方面，要整合各级各类基层公共服务资源，实现共建共享。当前各级政府、各部门都比较重视城乡基层公共服务设施建设，组织、宣传、计生、文化、体育等部门均有一些惠农政策，投入资金总量也很大，能够为农村居民提供一定程度的服务。但由于没有统一的规划设计，资源配置上缺乏统一调度和安排，造成比较严重的重复建设和资源浪费。未来要考虑服务群体规模、服务半径、常住人口规模等因素，对现有公共服务资源进行整合和布局优化。存量方面，将一些功能相近或相似的服务设施整合起来，实现资源共享，发挥综合效益。增量方面，对项目布局、建设内容和资金安排进行统筹协调，避免项目重复建设和资金分散。

4.2.2.3.3　以扶贫开发为重点，促进落后地区民生改善

民族地区贫困问题既是甘肃实现全面小康社会的瓶颈，也是制约民族地区经济跨越发展、社会和谐稳定的重要因素。因此，应当特别重视民族地区集中连片贫困问题，集中力量完成民族地区的扶贫攻坚任务，切实改变民族地区的贫困面貌。为此，要着力加强基础设施、社会事业、产业发展和生态建设，不断优化发展环境；着力培育特色优势产业，不断增强自我发展能力；着力改善农村基本生产生活条件，不断夯实农村发展基础；着力促进人力资源开发，不断提高贫困人口综合素质；着力发展社会事业，深入推进基本公共服务均等化；着力加快体制机制创新，努力形成全社会扶贫和全方位协作新格局。具体而言，扶贫开发可通过如下几种途径：

第一，扶贫与人口控制和人口健康相结合。人口增长过快、生态和资源承载压力大是集中连片持续贫困产生的基础性因素。要从根本上消除落后地区特别是民族地区的集中连片贫困问题，必须对人口过快增长的问题给予高度重视，通过计划生育利益导向政策投入，引导贫困地区家庭提高计划生育控制率，有效控制贫困地区人口的过快增长。

第二，扶贫与绿色生态屏障建设相结合。以甘南、陇南、临夏等地区为主的贫困地区多属于重要的生态区，生态安全的地位十分突出，应当抓住国家绿色生态屏障建设的机遇，积极争取中央和省财政的生态建设投入，继续通过生态移民、集中居住、就业扶持、公共服务倾斜的措施，有效改善贫困人口的生活环境和生产条件。要在尊重移民意愿的前提下，实事求是地确定移民安置方式，把移民安置与推进城镇化进程、新农村建设、保护生态环境、调整农村产业结构相结合，进一步加强生态移民搬迁工作，真正做到移民"搬得出、稳得住、逐步能致富"，让移民共同享受经济发展的成果。

第三，大力实施产业化扶贫。加大扶贫贴息贷款的投放力度，创新扶贫项目贷款贴息管理机制，完善小额信贷扶贫到户形式，进一步完善贫困村互助资金试点，推行好

做法、好经验，帮助扶贫对象参与特色产业开发。把专项产业扶贫项目、整村推进、连片开发中的产业项目以及信贷扶贫有机结合，大力发展贫困地区农村合作经济组织和专业技术协会，扶持发展龙头企业、专业协会及其他经济组织，建立带动贫困户增收的利益联结共享机制，把基地、企业、市场有效连接，形成基地带龙头、龙头促基地的新模式。重视民族文化潜力的挖掘，加大文化建设方面的投入，发展少数民族地区文化产业，拓宽增收渠道。

第四，创新扶贫开发新机制。探索扶贫攻坚瞄准机制，实行扶贫开发和农村低保两项制度衔接，加强贫困识别工作，突出重点，差别对待，创新扶贫到户机制，建立健全产业扶贫项目带动贫困户脱贫增收的利益联结机制。探索发展生态型产业与扶贫开发和生态建设相结合、相促进的机制，降低自然灾害发生的频率和程度。建立财政资金、信贷资金、社会帮扶资金对片区投入的稳定增长机制，调动地方政府和农户的投入积极性。结合土地利用制度创新、林权制度改革和旅游业等产业发展，探索通过市场机制和财政政策将片区资源环境优势转变为扶贫投入稳定来源的具体办法。

4.2.2.3.4　以“平安甘肃”建设为目标，推进社会治理创新

近年来，甘肃省社会政治大局总体保持稳定，经济呈现平稳较快增长势头，各民族人民生活水平不断提高，公共安全形势总体向好。但是，诸多影响公共安全的不稳定因素仍然存在，以危机、突发事件形式出现的公共安全事件呈现出种类繁多、频度高、反复性强、危害性增长、波及范围越来越广的发展态势。为此，以维护公共安全为基本出发点，推动社会治理能力和治理方式的不断创新，推动“平安甘肃”建设，是甘肃省未来社会发展的艰巨任务。

第一，要着力增强政府社会治理能力。政府社会治理能力建设重在防范和疏导。一方面，要建立健全科学合理的应急预案，防患于未然；另一方面，在社会矛盾激化和社会冲突爆发时，要及时掌握事实真相并第一时间向社会公开信息，将群众损失尽可能降低。未来要加快完善维护国家安全工作机制和维护社会稳定长效工作机制，防范和控制好重大安全责任事故和重大治安案件，健全对事故灾难、公共卫生事件、食品安全事件、社会安全事件的预防预警和应急处置体系。在安全生产领域，要强化重点矿山的安全生产管理和监督，有效遏制重特大安全事故。建立健全重大工程项目建设和重大政策制定的社会稳定风险评估机制，建立畅通有序的诉求表达、心理干预、矛盾调处、权益保障机制，完善矛盾纠纷排查调处工作机制，妥善处理征地拆迁、环境污染、上访、矿难、移民、失业等带来的群体性冲突事件，提高政府保障公共安全和处置突发公共事件的能力，把各种不稳定因素化解在基层和萌芽状态。加强社会治安综合治理，创新立体化社会治安防控体系。适应互联网信息传播新趋势，加强网络安全监管、风险防范和应急处置。进一步规范村级事务的民主决策、管理和监督程序，全面推行村务公开和落实村民的知情权、参与权、决策权、监督权，实现村务公开民主管理。

第二，要创新社会治理方式。加强党委领导，发挥政府主导作用，鼓励和支持社会各方面参与，建设政府治理和社会自我调节、居民自治良性互动的社会治理格局。积极开展村级综合改革试验，推进、完善村级服务中心建设。推进基层民主建设，探索镇长公推直选制度。顺应社会需求，整合社会治理资源，大力培育包括社会团体、行业组织、社会中介组织、基金组织、志愿团体等在内的各类社会组织，发挥他们在公共服务

和社会治理方面的作用。

第三，推进新型社区建设，提高社会治理与服务水平。健全区、街道、居委会三级社区服务网络，逐步建设覆盖全区的社区信息综合服务网络。继续强化社区服务职能，不断拓展社区服务领域，丰富社区服务内容，最大限度地满足人民群众日益增长的物质文化需要。全面推进农村社区建设，提高农村社区综合服务能力，促进城乡基本公共服务均等化。综合考虑城乡各类社区的现状和基础，推进统一性与多样性相结合的新型社区建设。社区职能向公共服务和社会治理回归，激发居民和社会力量参与社区管理的积极性。改革社区资源配置方式，给予社区在资源管理使用上的适度灵活性。推进社区网格化管理，有条件的社区推进智能社区建设。

4.2.2.3.5　以增强社会发展活力为导向，促进社会力量参与社会建设

深入贯彻落实《十八大关于全面深化改革若干问题决定》的有关精神，紧紧围绕更好保障和改善民生、促进社会公平正义深化社会体制改革，以转变政府职能、保证政府投入的稳定增长以基础，引导社会力量更多地参与社会事业发展，实现政府主导和市场调节的有机结合，不断增强甘肃省社会发展的活力。

第一，发挥政府投入的引导作用，保持民生财政投入的稳定增长。甘肃是国家实现全面小康目标、构建和谐社会的“短腿”，长江、黄河上游的生态屏障区，西北汉族与少数民族聚居区的结合部，丝绸之路经济带建设的重要支撑区。借国家之力，提升政策叠加的动力，争取国家宏观政策倾斜，应当继续作为助推甘肃社会发展的重要途径。与此同时，甘肃省要继续重视和增加民生及社会发展的投资，民生和社会发展支出占全面财政支出的比重应保持在70%左右，特别应当重视加大贫困地区农村和少数民族地区的社会保障、保障房建设、饮用水安全、教育、卫生等公共服务方面的支出。

第二，引导社会力量参与社会建设，促进基本公共服务的市场化、多元化发展。制定和落实相关税费优惠政策，鼓励和引导社会力量以兼并、收购、参股、合作、租赁、承包等多种形式参与公共服务和社会治理，积极探索社会事业服务、管理合同外包、特许经营等公私合作方式，拓宽社会力量进入渠道。逐步实现公共服务由政府直接提供转变为通过购买服务来间接提供，探索将一部分建设资金转变为购买服务资金，并完善购买服务资金的使用管理。通过市场机制能够有效购买的社会公共服务，原则上政府不再安排对公办机构的新增建设投入。对于社会力量参与提供的社会公共服务，政府优先购买。进一步完善政府购买社会力量提供社会公共服务的定价机制、招投标机制、购买流程和购买服务评估机制。支持民办社会事业做大做强，壮大产业集团和品牌经营，允许其通过连锁经营、特许加盟等形式壮大规模，重点培育发展一批实力雄厚、具有较强竞争力和影响力的大型社会服务企业和企业集团。

第三，完善行政服务和中介服务。明确社会力量进入公共服务和社会治理各领域的资质条件，建立健全社会力量的退出标准和程序。梳理社会力量进入公共服务和社会治理的领域和项目，制定并公布审批流程图，简化审批环节，提高审批效率。建立公共服务投资信息综合服务平台，及时向社会公开发布国家产业政策、发展建设规划、市场准入标准、国内外行业动态等信息，面向社会进行信息发布和沟通交流，避免低水平重复建设。充分发挥商会、行业协会等自律性组织的作用，积极培育和发展为社会力量提供法律、政策、咨询、财务、金融、技术、管理和市场信息等服务的中介组织。健全公共服务领域行业

协会管理,保障民办社会事业单位平等加入,维护社会力量合法权益。

4.2.3.4 主要目标

4.2.3.4.1 总目标

到2020年,基本公共服务制度趋于完善,体制机制进一步健全;基本公共服务和社会治理的基础设施更加完善,空间布局更加优化,资源配置更加合理,资源使用效率和效益显著提高,城乡居民的满意度大大提高;全社会劳动就业更为充分且劳动者实现体面就业,覆盖城乡居民的社会保障体系更加健全和完备,教育、医疗卫生、公共文化、体育等各项社会事业全面发展,基本公共服务均等化全面实现;社会治理格局更加健全成熟,全面建成小康社会的目标顺利实现。

4.2.3.4.2 分领域目标

——基本公共教育发展。全省城乡义务教育基本均衡,九年义务教育高水平普及,学前教育和特殊教育基本普及,中等职业教育与普通高中教育均衡协调发展,高等教育水平显著提高,教育资源配置更为合理,教育现代化水平进一步提升,国民受教育程度明显提高。

——基本医疗卫生和计划生育服务。覆盖城乡的医疗卫生服务体系、城乡医疗服务体系、药品供应和安全保障体系基本形成,覆盖城乡居民的基本医疗保障制度全面建立,基本药物制度初步建立,公立医院改革成效初显,基本医疗卫生服务公平性、可及性、便利性和质量水平明显提高,人人享有基本医疗卫生服务目标基本实现。不断完善计划生育服务体系,保障城乡育龄人群身心健康,促进人口长期均衡发展。

——社会保障。各项社会保险参保率明显提高,社会保障待遇水平显著提升,城乡社会保险制度有效衔接与整合,覆盖城乡居民的社会保障体系基本形成且更为完善。实现人人享有基本医疗保险的目标,提高基本医疗保障水平,建立重特大疾病保障机制,完善基本医保管理体制。建立健全工伤、失业和生育保险的制度体系。以公租房为主的住房保障体系基本建立,城市低收入住房困难家庭的住房条件得到明显改善,棚户区改造和农村危房改造成效显著,城乡居住环境大为改观。

——劳动就业服务。以农村转移劳动力、高校毕业生、城镇就业困难人员为重点对象的城乡就业公共服务能力全面提升,实现平等就业、充分就业和体面就业,劳动关系更加和谐。

——社会服务。以城乡低保和五保供养制度为基础、临时救助制度为补充、覆盖城乡居民的新型社会救助体系不断完善。以居家为基础、社区为依托、机构为支撑的社会养老服务体系基本建立,每千名老年人拥有养老机构床位数达到35张。以重度残疾人、农村残疾人和残疾儿童为重点,基本建立残疾人社会保障体系和服务体系,保障能力和服务水平显著提高。服务对象公众化、投资主体多元化、服务内容多样化的新型社会福利体系向适度普惠型转变。

——公共文化体育。主要城市城区公共文化体育基础设施建设全面完成,农村乡镇文化体育基础设施进一步完善,功能齐全、布局合理、形象独特的文化体育设施和网络体系基本建立,覆盖城乡的公共文化服务体系和全民健身服务体系基本形成。

——社会治理。党委领导、政府负责、社会协同、公众参与的社会治理格局基本形成，基层综合服务管理平台进一步健全，社会组织发展规范有序且充满活力，城乡社区建设稳步推进，重大决策社会稳定风险评估机制全面建立，“平安甘肃”建设全面推进，人民安居乐业，社会安定有序。

表4.2-1　甘肃省“十三五”基本公共服务主要指标

指标	2014年	2020年	属性
基本公共教育			
九年义务教育巩固率(%)	小学78.33；初中87.39(2013年)	95	约束性
高中阶段教育毛入学率(%)	88	90	预期性
基本医疗卫生和计划生育服务			
人均预期寿命(岁)	72.23(2010年)	77	预期性
每千人拥有病床数(张)	4.63(2013年)	1.5	约束性
每千人拥有卫生医疗技术人员数(人)	1.74(2013年)	5.5	约束性
社会保障			
城镇参加养老保险人数(万人)	279.69(2013年企业职工)		约束性
城乡居民养老保险参保率(%)	96%(2013年企业职工)	100	约束性
城乡三项基本医疗保险参保率(%)	97.94	99	约束性
城镇保障性安居工程建设(万套)	15.88		约束性
劳动就业			
城镇新增就业人数(万人)	43.5	600	预期性
城镇登记失业率(%)	2.19	4.0	预期性
社会服务			
每千名老年人拥有养老机构床位数(张)	12.42(2013年)	35	约束性
公共文化体育			
广播电视覆盖率(%)	广播97.69；电视98.04(2013年)	98	约束性
人均体育场地面积(平方米)	1.12(2015年)	1.5	约束性

注：受基础资料限制，现状部分采用不同年份的数据。

4.2.3.5　空间布局

针对甘肃省地域广阔、自然条件和经济社会发展水平地域差异显著的特点，未来基本公共服务和社会发展在空间布局上可考虑按“协调地市、统筹城乡、强化核心、分区推进”的基本思路展开。一方面，从缩小甘肃省与全国和发达省市的差距的角度出发，突出省会城市兰州市的核心地位，强化综合服务能力和水平，打造全省公共服务和社会发展高地。另一方面，要从省内基本公共服务均等化的要求出发，分中部、河西、东部和南部四大板块，走差异化发展道路，因地制宜确定各自发展方向和重点，推动区域基本公共服务的均等化发展。

4.2.3.5.1　中部板块

包括兰州市、白银市。充分发挥兰州市社会发展水平高和社会资源聚集度高的优势，围绕综合服务能力的提升，在进一步提高基本公共服务的质量和效率、提升基本民生保障能力的基础上，更好地发挥政府的引导作用，充分依托市场的主导作用，推动非基本公共服务领域的大发展，有计划、有重点地打造一批教育、医疗卫生、文化体育等高端服务设施，强化或推动全省高端人才培养基地、人力资源交流和综合性就业服务基地以及多元化特色文化展示基地等的建设，着力促进信息、法律、中介、技术等其他服务的发展，强化兰州市内社会事业发展高地职能，带动甘肃省社会发展整体水平的提升。

以“兰白”一体化为契机，以社会资源共享和基本公共服务的一体化发展为基本方向，在制度对接、人才交流、设施共建、资源共享等方面率先推动机制的改革探索，强化兰州市和白银市之间的合作与分工，不断缩小区域内的基础教育、义务教育、高等教育、医疗卫生、社会保障等方面的差距，发挥对全省的示范带动效应。

4.2.3.5.2　河西板块

包括河西的武威、金昌、张掖、酒泉、嘉峪关5地市。发挥基本公共服务和社会发展基础相对较好的优势，以城乡统筹为重要方向，打破城乡界限，建立起城乡一体化管理体制，加大农村地区投入，改善农村社会基础设施和基本公共服务状况，加快政府社会管理和公共服务职能向农村延伸，逐步把城市社区管理服务模式和公共服务内容引入农村，推进城乡公共服务一体化发展。围绕新型城镇化发展的要求，加快改革户籍制度，打破城乡二元结构制度性障碍，放宽市、县落户条件，做好抓好农民工养老保险关系转移接续工作，把进城落户农民完全纳入城镇住房和社会保障体系，真正实现有条件的农民可以有序转变为市民。

着力推动金（昌）武（威）、酒（泉）嘉（峪关）等跨行政区域基本公共服务的一体化发展。优化和共享教育资源，通过教师跨地区流动、开展以职业技术教育为重点的合作办学、打造统一的教育信息平台等，促进区域教育共同发展。加快医疗卫生体制改革，建立医疗合作服务机制、公共卫生协同机制，并通过跨区域结对帮扶、双向转诊、慢性病管理等制度推动基层医疗卫生合作发展。统筹区际人力资源开发，建设统一的劳动就业服务平台，促进人才交流和区域间劳务经济加快发展。

4.2.3.5.3　东部板块

包括天水、平凉、庆阳三市。针对社会发展相对比较落后、基本公共服务总体能力不足、区域间差距显著的实际，不断加大投入，推动教育、医疗、社保、就业等公共服务加快发展，重视对偏远农村、革命老区和少数民族聚居区生产生活条件的改善。优先重视医疗卫生服务的发展，进一步扩大市级医疗卫生机构的规模、提高综合医疗水平，重点解决县、乡（镇）级医疗卫生机构设备陈旧、人才缺乏、综合技术力量不足的问题，切实突破人民群众特别是农村居民看病难、看病贵的顽疾。进一步提高教育发展水平，重点突出学前教育和职业教育的发展，提高义务教育的巩固率，在有条件地区开展高中阶段免费教育。加大社保投入力度，不断提高新农合、养老和特殊困难人群低保的标准，并逐步扩大覆盖面，尤其是要在政策设计的合理性和稳定性上做足文章。加强就业服务，加大对回乡大学生就业和自主创业的扶持，积极开展农村转移劳动力和失业、待岗人员的劳动技能培训，推动城乡一体的劳动力市场供求信息平台建设。

4.2.3.5.4　南部板块

包括定西、陇南、临夏、甘南四地州市。以社会事业的全面加快发展为方向，以扶贫为重点，以改善贫困人口特别是少数民族人口生产生活条件、促进社会和谐稳定为目标，推动基础设施、公共服务和生态建设协同发展。以改善民生为宗旨，进一步加大城乡道路交通、供水供电、生态保护、信息等基础设施建设的投入，切实提高城市、主要城镇的综合服务和人口承载能力，不断优化农村生产生活条件。以提高全民素质为抓手，高度重视教育事业发展，加强各级各类学校基础设施建设，突出义务教育薄弱地区学校的标准化改造，提高义务教育巩固率，全面推进高中阶段免费教育；加快职业教育改革，加快中等职业教育建设，改善职业教育办学条件，扩大办学规模，提高劳动力创业就业能力。以实现增收为目的，通过依托地方特色资源的劳动密集型优势富民产业培育、依托各级工业园区和企业的公益性及见习性就业岗位开发、依托有组织劳务输出的转移就业工程实施，不断扩大就业渠道，提高就业保障水平。以基层医疗服务能力建设为重点，切实解决偏远贫困地区医疗机构资金、设备、人员等医疗卫生资源不足的问题，提高城乡和区域基本医疗卫生服务的均等化水平。重视社会保障和社会服务体系建设，提高标准和扩大覆盖面相结合，加大资金、政策投入和提高服务水平相结合，帮助贫困人口、特殊困难人口、受灾人口改善生存条件。重视民族文化遗产的保护，加强公共文化事业基础设施建设，满足群众文化生活需求，促进文化产业加快发展。

利用国家推进集中连片贫困地区发展、扶持四省藏区发展的机遇，争取国家在基本民生建设和生态保护方面的政策倾斜，通过财政资金安排和对口帮扶等手段加强省里的支持，全面取消公益性基础设施建设项目的地方资金配套。加强生态移民政策的实施力度，逐步扩大移民规模，重视移民安置和后续公共服务保障的落实，争取地区间横向生态补偿机制的建立与实施。突出重视基本公共服务和社会发展人才不足问题，加大政策支持，通过协调扩大省内外院校对民族类考生招生规模、放宽人才招聘限制、兄弟市州间的人才挂职交流等多种手段，加强基本公共服务行业队伍建设。

4.2.3　重点任务

4.2.3.1　基本公共教育发展

与全国其他省区相比，甘肃省教育基本公共服务保障能力相对较弱，这与其自身教育发展受益起点较低等有关。尤其义务教育方面，相对来讲，硬件配置有了长足发展，但整体薄弱状况并未根本扭转。“十三五”期间，全面发展各级各类教育，促进教育公平，提升全省教育发展的总体水平和质量，是甘肃省基本公共教育发展的重要任务。未来要以促进教育公平为核心，积极推进各级各类教育规范、均衡、协调发展，全面提高基础教育质量和水平，建立健全具有甘肃省特点的基本公共教育服务体系。

4.2.3.1.1　促进义务教育均衡发展

为适龄儿童、少年提供免费九年义务教育，巩固九年义务教育普及成果，全面提高义务教育质量和水平，着力推进义务教育均衡发展。合理配置公共教育资源，逐步缩小城乡、区域和校际差距。加大投入力度，开展义务教育学校标准化建设。为农村义务教育阶段寄宿生提供免费住宿，提高农村义务教育阶段家庭经济困难寄宿生生活费补助标准。将义务教育阶段的孤儿寄宿生全面纳入生活补助范围。在贫困地区实施农村义务教育学生营养改善计划。根据甘肃省特点，在经济发达县区推行“以县为主”的投入机制，贫困县区推行“省级或市级为主”的投入机制。

努力解决师资不平衡的问题。健全教师培训体系，全面提高教师队伍的整体素质。加强中小学尤其农村中小学师资队伍建设，积极探索和建立科学的农村小学教师流动机制。依照不同地区实际发展情况，解决农村教师的编制问题，特别放宽贫困地区教师编制标准。积极鼓励优秀教师和应届大学毕业生到偏远地区支教，保证农村学校开齐、开足课程。

进一步推进义务教育课程改革，遵循学生认知规律和教学规律，根据学生个性差异因材施教。创设有利于学生积极参与教学的环境，保护学生的好奇心和求知欲，鼓励学生独立思考、主动学习。

4.2.3.1.2　推动普通高中教育特色发展

以多样化、有特色、高质量为目标，深化课程改革，推进培养模式多样化，探索普高发展和创新拔尖人才培养新模式，推动普通高中特色发展。扩大优质教育资源，完善普通高中办学体制，促进办学体制多样化。鼓励和支持民办普通高中学校发展。完善普通高中家庭经济困难学生资助制度。

4.2.3.1.3　大力发展职业教育

统筹发挥好政府和市场作用，加大支持力度，通过政府购买服务等方式，更多促进社会力量参与，形成多元化的职业教育发展格局。实施分类管理，形成定位清晰、科学合理的职业教育层次结构。走校企结合、产教融合、突出实战和应用的办学路子，依托企业、贴近需求，建设和加强教学实训基地。大力发展中等职业教育，坚持以服务为宗旨、以就业为导向，学校教育与职业培训并举，完善产学合作机制，全面推行工学结合、校企合作、顶岗实习的职业教育人才培养模式。实行中等职业教育农村学生、城镇家庭经济困难学生和涉农专业学生免学费政策，逐步实行中等职业教育免费制度。打造具有鲜明职教特点、教练型的师资队伍。以“双师型”教师队伍建设为重点，制定职业院校专业教师资格标准。不断完善职业院校内部的教学质量监控与评价体系。通过招生、评价、投入等机制，引导一批学校转型发展为应用技术型高等学校。通过试点推动、示范引领等方式，引导一批普通本科学校转型发展为应用技术型高等学校。

4.2.3.1.4　提升学前教育公共服务水平

坚持公益普惠，构建覆盖城乡、布局合理、有质量的学前教育公共服务体系。优化学前教育资源配置，确保公益普惠。

扩大普惠性资源的覆盖面，提高全省学前教育公共服务水平。着力扩大农村学前教育资源，解决好连片特困地区、少数民族地区、留守儿童集中地区学前教育资源短缺问题。新增资源重点向贫困地区和困难群体倾斜，促进教育公平。着力扩大公办园和普惠性民办园的覆盖面；调整布局结构，优化幼儿园布点，根据居住区规划和居住人口规模，充分考虑农民工随迁子女接受学前教育的需求，配套建设城镇幼儿园。

建立政府主导、社会参与、公办民办并举的办园体制，为家庭经济困难儿童、孤儿和残疾儿童接受学前教育提供资助。调整投入结构，在继续扩大资源的基础上，加大对条件保障的投入力度。完善学前教育管理体制，推进学前教育普及和规范发展。改善办园条件，提升学前教育质量。提高幼儿园教职工的专业素质和实践能力，逐步使得各类幼儿园的师资、班额、园舍、玩教具配备达标。健全幼儿园动态监管机制，进一步规范办园行为。建立学前教育成本合理分担机制，健全公办园教职工编制核定和补充制度，完善工资待遇保障机制，保障幼儿园教职工权益。到2020年，学前教育毛入园率达到95%以上，乡镇（街道）公办中心幼儿园建成率100%，公办幼儿园和民办普惠性幼儿园招生覆盖率达到85%以上。学前教育教师持证上岗率达到90%以上。

表4.2-2 “十三五”时期甘肃省基本公共教育服务基本标准

服务项目	服务对象	保障标准	支出责任	覆盖水平
九年义务教育				
义务教育免费	适龄儿童、少年	免除学费、杂费以及农村寄宿生住宿费，免费向农村学生提供教科书；城乡中小学生年生均公用经费标准，普通小学不低于600元，普通初中不低于800元。	各级财政共同负担	目标人群覆盖率100%，九年义务教育巩固率达到95%。
寄宿生生活补助	农村家庭经济困难寄宿学生	年生均补助小学1000元，初中1250元。	各级财政共同负担	目标人群覆盖率100%
农村义务教育学生营养改善	贫困地区农村义务教育学生	在寄宿生生活补助基础上，集中连片特殊困难地区每生每天营养膳食补助3元（每年在校时间按200天计）。	省、市、县级共同负担，国家试点地区由中央财政负担，其他地区中央财政适当补助。	目标人群覆盖率100%
高中阶段教育				
中等职业教育免费	农村学生、城镇家庭经济困难学生和涉农专业学生	免除学费	各级财政共同负担	目标人群覆盖率100%，高中阶段教育毛入学率达到95%。
中等职业教育国家助学金	全日制在校农村学生及城市家庭经济困难学生	资助每生每年不低于1500元，资助2年。	各级财政共同负担	目标人群覆盖率100%
普通高中国家助学金	家庭经济困难学生	资助每生每年1500元	各级财政共同负担	目标人群覆盖率100%
学前教育				
学前教育资助	家庭经济困难儿童、孤儿和残疾儿童	具体资助方式和标准由市、县级财政、教育部门制定。	省、市、县按比例分担，中央财政适当补助。	目标人群覆盖率100%，学前一年毛入园率达到95%。

注：1. 保障标准，基本达到国家提出的相对标准，较“十二五”时期国家标准略高；

2. 覆盖水平，达到或超过“十二五”时期国家标准。

专栏4.2-4 重点保障工程

——农村学前教育推进工程。推进学前教育三年行动计划实施，支持国家级贫困县、革命老区县、经济条件差留守儿童多的县（市、区）新建、改扩建幼儿园，推进农村闲置中小学校舍改建幼儿园、农村小学教学点附设幼儿园。

——义务教育学校标准化建设工程。完善城乡义务教育经费保障机制，实现城乡中小学校舍、师资、设备、图书、体育场地基本达标。实施中小学校舍安全工程，提高校舍综合防灾能力，符合防灾避险要求。实施农村初中校舍改造工程，改善农村初中寄宿生住宿条件，提高供餐能力。实施城镇义务教育薄弱学校扩容改造工程，推进边远艰苦地区农村学校教师周转宿舍建设。

——职业教育基础能力建设工程。加强职业教育园区和职业教育实训基地建设，改善中等职业学校办学条件，壮大“双师型”教师队伍。

——义务教育校长和教师培训工程。实施农村义务教育学校教师特设岗位计划和中小学教师国家级培训计划，加强农村学校薄弱学科教师队伍建设。

——民族教育发展工程。重视和支持民族教育事业，加强对少数民族自治地区民族教育的支持，全面提高少数民族地区教育特别是高中阶段教育发展水平。支持少数民族学校双语教师培训工作，提高少数民族双语教学质量。加强少数民族双语幼儿园建设，扩大少数民族双语学前教育覆盖面。

——普通高中改造工程。加大投入，改善普通高中办学条件，提升办学水平和教育质量。

4.2.3.2 基本医疗卫生发展和计划生育服务

“十三五”时期，我国基本医疗卫生发展的目标仍然是“人人享有基本医疗卫生服务”。近几年来，甘肃省基本医疗卫生发展相对较快，均等化进程在全国位次有所提升。“十三五”重点领域仍主要放在公共卫生服务、医疗服务、药品供应和安全保障等方面。要按照人人享有基本医疗卫生服务的目标要求，加快建立健全公共卫生服务体系、城乡医疗服务体系、药品供应和安全保障体系，积极发挥中医药特色优势，提高基本医疗卫生服务的公平性、可及性、便利性和质量水平。同时，不断完善计划生育服务体系，保障城乡育龄人群身心健康，促进人口长期均衡发展。

4.2.3.2.1 提升公共卫生服务水平

全面实施国家基本公共卫生服务项目，逐步提高人均基本公共卫生服务经费标准。根据经济社会发展情况和主要公共卫生任务的变化，调整和增加基本公共卫生服务项目，增加服务内容。实施国民健康行动计划，根据重大疾病防治工作需要，逐步增加重大公共卫生服务项目。

重点做好食品安全、职业卫生、精神卫生、慢性病防控、重大地方病防控、卫生应急等对居民健康有重要影响的公共卫生服务。进一步健全疾病预防控制、妇幼卫生、健康教育、采供血服务体系。完善重大传染病、寄生虫病、慢性病、精神疾病、职业病和地方病服务网络。继续实施农村妇女孕前和孕早期补服叶酸、住院分娩补助、宫颈癌和乳腺癌等检查,农村孕产妇住院分娩率稳定在96%以上。落实贫困人群白内障复明、重性精神疾病免费救治等重大公共卫生专项。

完善卫生监督体系,建立食品安全标准及风险评估、监测预警、应急处置体系和饮用水卫生监督监测体系。加强县域120急救指挥和急救网络建设。加强城乡突发公共卫生事件紧急救援、监测预警、应急处理能力建设。

4.2.3.2.2 优化医疗服务资源配置

科学制定全省卫生资源配置标准,统筹卫生资源在城乡、区域之间公平配置和空间布局。合理布局改扩建和新建医疗卫生机构,促进综合性医院、专科医院、中医院和其他卫生机构资源共享,鼓励发展区域性医院管理集团。

加大基层医疗卫生服务体系建设投入力度,进一步完善县、乡、村三级服务网络,健全城市社区、新型农村社区卫生服务体系。推进基层医疗卫生机构提档升级,实现基层医疗卫生服务体系省域全覆盖。每个乡镇设置1所乡镇卫生院,每个村委会设置1个村卫生室,按照填平补齐的原则,对未达标的基层医疗卫生机构进行改扩建,使其达到建设标准。到2020年,全面建成覆盖全省居民的基层医疗卫生服务网络。

加快构建城市大医院与基层医疗卫生机构的分工协作机制,逐步建立分级诊疗、双向转诊和全科医生首诊制度。适时引进多层次、多元化中高端医疗服务,在兰州、天水、金昌、张掖、酒泉等地打造综合医疗服务区域。

提升互联网医疗服务能力。与医疗服务发达地区合作,积极开展医疗机构互联网和远程医疗服务;省内医疗服务发达地区与相对落后地市合作,共同开展远程医疗服务。在国家政策范围内,探索开展移动医疗服务。

规范医疗行为,加强医疗服务行为监督,进一步完善鼓励医疗卫生人才到基层的政策和措施。加强以全科医生为重点的基层医疗卫生队伍建设,完善鼓励医生长期在基层服务财政保障政策和机制,不断提高基层医疗卫生服务的能力和水平。县乡两级公立医疗机构与省市三级甲等医院建立合作关系,基层医疗机构从业人员定期到省市医院实习锻炼,提高业务能力,学习医疗技术。建立全省医疗信息交流服务平台,对基层患者的一些疑难病例进行网络会诊,提高基层公共医疗服务水平。

大力发展中医药事业,完善基层中医药服务网络,加强中医专科和人才建设,将符合条件的中医医疗机构优先纳入基本医疗保险定点机构范围,将符合条件的中医诊疗项目、中成药、中药饮片和医疗机构中药制剂纳入报销范围。统筹利用中西医卫生资源,加强中医(民族医)医疗服务机构能力建设,提高综合医院和专科医院中西医结合的服务能力。

以预防保健为切入点,积极推动全方位、广覆盖的全民健康管理与教育,提升居民健康生活质量。推进居民健康卡工作,逐步形成连续、动态、个性化的健康管理模式,实现居民健康卡与新农合业务互联互通。到2017年,建立起义务教育阶段学生和45岁以上居民个人健康档案;到2020年,建立起城乡全体居民个人健康档案。

4.2.3.2.3 进一步推进医疗卫生体制改革

加快推进医疗卫生机构属地化和全行业管理,推进现有医疗卫生资源整合和优化配置。推进基层医疗机构综合改革，建立完善基层医疗卫生机构、公立医疗机构补偿机制、运行机制和约束机制，完善人事分配制度、绩效考核和激励机制。

按照“政事分开、管办分开、医药分开、营利性与非营利性分开”的方向，稳步推进公立医院管理体制和运行机制改革，完善公立医院质量评价制度，加强预算收支和绩效考核管理。

推进以县、乡、村卫生资源统筹配置为重点的农村医改，通过三级医疗卫生资源功能整合，实现城乡医疗人才、设备、财力的共享，形成大院带小院、县院带乡镇卫生院、乡镇带村级医疗的发展格局。利用多种有效方式逐步改革以药补医机制。

完善社会办医政策，鼓励和引导社会资本举办各类医疗机构、参与公立医院改制重组，形成多元化办医格局。除法律法规明令禁入的领域外，医疗服务市场全部向社会资本开放。鼓励企业、慈善机构、基金会、商业保险机构等以出资新建、参与改制、托管、公办民营等多种形式投资医疗服务业。对部分一级或二级医院进行结构和功能调整，转型为市场化运作的护理院或康复医院。到2020年，全省非公立医疗机构病床数占全市病床总数的20%以上，多元化办医格局初步形成。

探索和推行家庭医生制度、全科医生制度。充分发挥医生在医疗卫生体制改革中的重要作用，以医生为核心，建立起家庭医生服务体系。在医院设置全科医生门诊，提高其疾病初诊能力。

4.2.3.2.4　完善药品供应和安全保障体系

建立完善以国家基本药物制度为基础的药品供应保障体系。政府举办的基层医疗卫生机构和村卫生室全部实施基本药物制度，集中采购、统一配送、全部配备和零差率销售基本药物，鼓励在非政府办基层医疗卫生机构实施基本药物制度，推动其他医疗机构优先使用基本药物。完善基本药物价格形成机制和调整机制，动态调整基本药物费用报销办法，逐步提高实际报销比例。鼓励提供与使用中医药。建立健全基本药物质量评价标准。完善药品检验检测体系，实行国家基本药物全品种覆盖抽检和全品种电子监管，提升对基本药物从生产到流通的监管能力。规范药品生产、流通秩序，加强药物质量监管，保障用药安全。健全药品安全应急体系，强化快速通报和快速反应机制，完善药品不良反应监测和发布制度。

4.2.3.2.5　提高计划生育服务水平

加强流动人口计划生育服务管理，建立流动人口现居住地计划生育技术服务保障机制。进一步落实计划生育技术服务项目免费制度，完善避孕药具发放等服务管理办法。实施优生促进工程和生殖健康促进计划，加大出生缺陷干预力度，建立免费孕前优生健康检查制度。

建立计划生育公益金制度。推进人口和计划生育信息化，加强人口和计划生育科技创新基地、计划生育生殖健康研发和指导服务中心建设，逐步建成省、市、县、乡四级贯通、覆盖全省、数据完备的全员人口数据库，不断完善计划生育管理服务平台。

表4.2-3 “十三五”时期甘肃省基本医疗卫生和计划生育服务基本标准

服务项目	服务对象	保障标准	支出责任	覆盖水平
基本公共卫生服务				
居民健康档案	城乡居民	为辖区内常住人口免费建立统一、规范的居民电子健康档案。	省、市、县级共同负责，中央财政适当补助。	规范化电子建档率达到80%以上。
健康教育	城乡居民	免费享有健康教育、宣传信息和健康教育、咨询服务等。	省、市、县级共同负责，中央财政适当补助。	城乡居民具备健康素养的人数达到总人数10%以上。
预防接种	0～6岁儿童和其他重点人群	免费接种国家免疫规划疫苗，在重点地区，对重点人群进行针对性接种。	省、市、县级共同负责，中央财政适当补助。	以街道（乡镇）为单位适龄儿童免疫规划疫苗接种率达到95%以上。
传染病防治	法定传染病人、疑似病人、密切接触者及相关人群	就诊的传染病病例和疑似病例及时得到发现登记、报告、处理，免费享有传染病防治知识宣传和咨询服务。	省、市、县级共同负责，中央财政适当补助。	传染病报告率和报告及时率达到100%；突发公共卫生事件相关信息报告率达到100%。
儿童保健	0～6岁儿童	免费建立保健手册，享有新生儿访视、儿童保健系统管理、体格检查、生长发育监测及评价和健康指导。	省、市、县级共同负责，中央财政适当补助。	儿童系统管理率达到90%以上。
孕产妇保健	孕产妇	免费建立保健手册，享有孕期保健、产后访视及健康指导。	省、市、县级共同负责，中央财政适当补助。	孕产妇系统管理率达到90%以上。
老年人保健	65岁及以上老年人	免费享有登记管理，健康危险因素调查、一般体格检查、中医体质辨识，疾病预防、自我保健及伤害预防、自救等健康指导。	省、市、县级共同负责，中央财政适当补助。	老年居民健康管理率达到80%。
慢性病管理	高血压、糖尿病等慢性病高危人群	免费享有登记管理、健康指导、定期随访和体格检查。	省、市、县级共同负责，中央财政适当补助。	高血压、糖尿病患者规范管理率达到50%以上。

续表 4.2-3

服务项目	服务对象	保障标准	支出责任	覆盖水平
重性精神疾病管理	重性精神疾病患者	免费享有登记管理、随访和康复指导。	省、市、县级共同负责，中央财政适当补助。	重性精神疾病患者管理率达到80%。
卫生监督协管	城乡居民	免费享有食品安全信息、学校卫生、职业卫生咨询、饮用水卫生安全巡查等服务与指导。	省、市、县级共同负责，中央财政适当补助。	目标人群覆盖率70%以上。
婚前保健	在省内办理结婚登记手续的男女双方	免费享有婚前医学检查、婚前卫生指导和婚前卫生咨询。	省、市、县级共同负责。	目标人群覆盖率65%以上。
药品供应与安全保障				
基本药物制度	城乡居民	享有零差率销售的基本药物，并全部纳入基本医疗保险报销目录，逐步提高实际报销水平。	省、市、县级政府共同负责，中央财政适当补助。	覆盖所有政府办基层医疗卫生机构和村卫生室。
药品安全保障	城乡居民	享有符合国家药品标准的药物。	中央和省、市、县级政府共同负责。	药品出厂检验合格率达到100%。
计划生育服务				
技术指导咨询	育龄人群	免费获取避孕药具，免费享有查环查孕经常性服务、术后随访服务及计划生育、优生优育、生殖健康科普、教育、咨询服务。	免费避孕药具支出由中央财政全额负担，其他服务由省、市、县级负责，中央财政适当补助。	本地目标人群覆盖率100%，流动人口目标人群覆盖率达到95%以上。
临床医疗服务	育龄夫妇	免费享有避孕和节育医学检查、计划生育手术、计划生育手术并发症和计划生育药具不良反应的诊断、治疗。	市、县级政府负责，中央和省财政适当补助。	避孕节育免费服务目标人群覆盖率100%。
再生育技术服务	符合条件的育龄夫妇	免费享有再生育相关的医学检查、输卵(精)管复通手术。	市、县级政府负责，中央和省财政适当补助。	目标人群覆盖率100%。
宣传服务	城乡居民	免费获取计划生育政策法规、优生优育、生殖健康科普知识等宣传品。	市、县级政府负责，中央和省财政适当补助。	家庭覆盖率达到90%以上。

注：1. 保障标准，基本达到国家提出的相对标准，较"十二五"时期国家标准略高；

2. 覆盖水平，达到或超过"十二五"时期国家标准。

专栏4.2-5　重点保障工程

——公共卫生体系建设工程。推进公共卫生服务体系建设。推进疾病预防控制、妇幼保健机构标准化、规范化建设。加强省、省辖市健康教育基地能力建设，完善健康素养监测体系。完善卫生监督体系，重点加强基层卫生监督体系建设，全面加强公共场所、学校卫生、放射卫生、职业卫生、饮用水卫生、医疗执法等卫生监督及其技术支撑机构的能力建设。加强省、市两级职业病防治体系建设，建立健全职业病监测、职业健康风险评估体系。

——医疗服务体系建设工程。按照国家有关建设标准和卫生资源配置标准，继续推进乡镇卫生院、社区卫生服务机构和村卫生室标准化建设。2020年全省每千人拥有医疗卫生机构床位数达到5.5张。

——基层医疗卫生人才队伍培训工程。包括农村卫生人才培养工程、县(市)医院骨干医师培养工程、全科医生培养工程。

——医药卫生信息化建设工程。加速推进基层医疗卫生信息系统建设，加强公立医院信息化建设，推广电子病历，实现与公共卫生、医疗保障、农村应急救治、食品安全风险监测、社区卫生及居民健康档案之间的信息交换与共享。所有地级市建立全市统一医务信息平台，实现医疗服务、医疗保障、健康管理等信息共享。加快推进远程医疗服务，建设远程可视医疗服务中心、高端医学诊疗中心、移动医疗服务中心和医疗信息化云数据中心，满足急重症、疑难杂症和高端医疗、养老机构等多层次的远程医疗服务需求。

——药品安全保障基础设施建设工程。改善省、市、县三级食品药品、医疗器械、检验检测机构实验室条件，重点提升检验检测、认证检查和不良反应监测等药品安全技术支撑能力。

——计划生育服务体系建设工程。改造一批县级和乡镇中心站基础设施，更新和增配必要的计划生育流动服务车和相关设备。提高信息化水平，提高县级、乡镇技术服务机构的设备装备标准。

4.2.3.3　社会保障

社会保障包括社会保险、社会救助、社会福利、优抚安置等，《国家“十二五”基本公共服务规划》将“社会保险”列为专门一篇，其他内容则列入“社会服务”部分。甘肃省“十三五”时期社会发展和基本公共服务规划，可考虑将社会保障列为专门章节，涵盖社会保险、社会救助、社会福利、优抚安置等内容。

经过多年的发展，甘肃已初步建立起一个与经济发展水平相适应、以社会保险制度为重点、资金来源多渠道、保障方式多层次、权利和义务相对应、管理和服务社会化的社会保障体系框架。相关研究表明，与其他基本公共服务领域相比，包括基本社会保险、社会救济等在内，甘肃省社会保障基本公共服务的综合保障水平表现相对较好，均等化进程在全国位次相对较高，这与其在投入保障的力度、生产供给效率较高有关，但在受益水平上仍有待提高。

未来要坚持广覆盖、保基本、多层次、可持续的方针，加快推进覆盖城乡居民的社会保险体系建设，着力完善制度，扩大覆盖范围，提高保障水平，实现应保尽保。全面建设惠及全民、覆盖城乡、制度健全、相互衔接的新型社会救助体系。以扶老、助残、救孤、济困为重点，逐步拓展社会福利保障范围，推动社会福利由补缺型向适度普惠型转变，逐步提高福利水平。加强优抚安置工作。全面建成覆盖城乡居民的社会保障体系。

4.2.3.3.1　全面实现基本养老保险全覆盖

“十三五”期间，要全面实现城乡居民社会养老保险全覆盖，建立个人缴费、政府补贴、集体补助或其他资助相结合的城乡居民社会养老保险制度。完成机关事业单位养老保险制度改革。

以非公有制经济组织从业人员、灵活就业人员、农民工为重点，扩大城镇企业职工基本养老保险覆盖面。把矿山、建筑、餐饮服务和其他中小型劳动密集型企业作为扩面征缴的重点。继续做实个人账户，做好基本养老保险关系省内外转移接续工作。全面推进新型农村社会养老保险和城镇居民社会养老保险工作。完善和落实被征地农民的社会保障政策，对符合参保条件的被征地农民实行先保后征、应保必保。

健全与经济社会发展、物价水平和工资增长相适应的企业退休人员基本养老金调整机制，稳步提高新型农村社会养老保险和城镇居民社会养老保险基础养老金水平。

4.2.3.3.2　巩固发展全民医保

扩大基本医疗保险制度覆盖范围，重点提高城镇居民、农民工、非公有制经济组织从业人员、灵活就业人员及困难企业职工参保率。将各类关闭破产企业退休人员和困难企业职工纳入基本医疗保险体系，大学生全部纳入城镇居民医疗保险制度。推进医疗保险全民登记计划，提高医疗保险参保质量。积极推进医疗保险城乡统筹，整合城乡居民医保制度管理、经办资源和信息系统。落实进城落户农民医疗保险规范接入城镇医保体系的政策措施，做好流动就业人员基本医疗保险关系转移接续。实现人人享有基本医疗保险的目标。

提高基本医疗保障水平，提高城镇居民医保和新农合政府补助标准，个人缴费水平相应提高；职工医保、城镇居民医保、新农合政策范围内住院费用支付比例均达到75%左右，缩小与实际住院费用支付比例之间的差距。城镇居民医保和新农合门诊统筹覆盖所有统筹地区，支付比例提高到50%以上。推进职工医保门诊统筹。逐步提高人均筹资标准和财政补助水平，鼓励有条件的地方实施一体化的城乡居民基本医疗保险制度。将门诊常见病、多发病纳入保障范围，逐步提高门诊费用报销比率，基层医疗卫生机构门诊费用报销比率明显高于医院。逐步提高医疗保险基金最高支付限额和政策范围内住院费用报销水平，做好三项基本医疗保险待遇水平的衔接工作。提高儿童白血病、先天性心脏病等重大疾病的医疗保障水平。

着力建设重特大疾病保障机制，探索建立重特大疾病保障机制，切实解决重特大疾病患者的因病致贫问题。利用基本医保基金为城乡居民购买商业大病保险，逐步提高大病医疗费用补偿比例，解决城乡居民因病致贫返贫问题。

完善基本医保管理体制，积极推进支付方法改革，建立异地就医结算机制，分级推进医疗保险异地就医费用结算，规范省级异地就医结算平台和管理流程，实现统筹区域内和省内医疗费用异地即时结算。

4.2.3.3.3 进一步做好工伤、失业和生育保险工作

健全预防、补偿、康复相结合的工伤保险制度，提升工伤保险保障能力和待遇水平。以建筑施工企业和服务行业为重点，推进各类用人单位参加工伤保险，基本实现城乡劳动者工伤保险全覆盖。建立定期调整机制，逐步提高工伤保险待遇水平，全面解决历史遗留老工伤问题。推进工伤保险基金省级统筹，加强工伤保险基金管理和使用工作。积极探索建立工伤保险与意外伤害保险相结合的多层次工伤保险保障体系，建立完善工伤预防、工伤补偿、工伤康复三位一体的工伤保险制度体系。利用现有医疗和康复资源，完善全省工伤康复网络，在兰州、天水、金昌、酒泉等地建立区域性康复中心，提高工伤职工重返就业岗位的比例。

完善失业保险制度，启动失业保险基金省级统筹工作，建立以保障失业人员基本生活为基础，集预防失业、促进就业为一体的失业保险制度体系。以农民工、非公有制经济组织从业人员等为重点，扩大失业保险覆盖面。推进农民工按城镇职工参保办法参加失业保险并享受与城镇职工相同失业保险待遇工作。提高失业保险待遇标准，健全失业保险金标准正常调整和与物价上涨挂钩联动机制，保障失业人员领取失业保险金期间的基本生活和医疗保险待遇。

建立覆盖城乡居民的生育保障机制，扩大生育保险覆盖范围，提高生育保险待遇水平。将城镇灵活就业人员和弱势群体纳入生育保险办法，适当提高生育保险支付标准。探索农民意外伤害保障机制。

将各类企业全部纳入工伤、失业、生育保险范围。稳步推进工伤、失业、生育保险动态监测工作。做好基金监管工作，建立基金年度报告制度，健全行政监督与社会监督相结合的监管体系，提升社会保险基金监管技术和能力，强化基金监管力度，确保基金安全和专款专用，确保各项保险待遇及时足额支付。

4.2.3.3.4 完善社会救助服务

健全以城乡最低生活保障制度为核心，以农村五保供养、医疗救助、自然灾害救助、流浪乞讨人员救助制度为主要内容，以临时救助制度为补充的社会救助体系，实现城乡社会救助全覆盖。

健全完善城乡低保制度，巩固城乡低保动态管理下的应保尽保、应退尽退局面。健全低保标准动态调整机制，建立城乡低保标准、价格临时补贴与物价上涨联动机制。建立低收入家庭经济状况核定体系，提高困难家庭收入认定的准确性和科学性。强化分类施保政策。

加强医疗救助与基本医疗保险制度的衔接，探索制定重大疾病救助办法，实行诊疗费用即时救助，降低医疗救助起付线，采取多种措施提高老年人、残疾人、未成年人和重病患者的保障水平。全额资助城乡低保对象参加城镇居民基本医疗保险和新型农村合作医疗。推行医疗救助“一站式”服务。不断完善救助场所基础设施，加强城市生活无着的流浪乞讨人员救助管理，建立流浪未成年人救助保护体系。健全临时救助制度，规范临时救助程序，建立临时救助资金多渠道筹资机制，解决因突发灾难造成的贫困群众临时性生活困难。将专项救助逐步延伸至低保边缘家庭，重点解决其医疗、教育、住房等方面的困难。

4.2.3.3.5　建立灾民救助服务体系

健全完善自然灾害救助应急指挥体系，加强救灾应急预案、灾害信息管理和救灾物资储备体系建设。建成省、市、县三级联网的救灾应急物资管理信息系统，充分发挥救灾应急物资储备网络的整体效能。完善灾民救助政策，科学制定救助标准，保障灾民基本生活。完善防灾减灾社会动员机制，加强防灾减灾知识宣传，提高全社会应对灾害能力。

4.2.3.3.6　提升社会福利工作质量

完善孤儿生活、教育、医疗、就业、住房补贴等政策，确保孤残儿童生活不低于当地居民平均生活水平。拓展孤儿安置渠道，鼓励家庭养育。推进儿童福利机构建设，配备必要的专业救治和康复设施，扩大福利机构收养能力。合理确定并落实孤儿养育标准，建立自然增长机制。认真做好“三无”(无生活来源，无劳动能力，无法定抚养义务人)精神病症患者、复退军人精神疾病患者和特困精神病人收治工作，改善精神病人福利医院设施条件，满足患者治疗康复需求。推动婚姻登记标准化和信息联网，推行婚姻登记免费。有条件的地方可向城乡基本生活困难家庭发放基本殡葬服务补贴，提供遗体运送、火化和绿色安葬等服务。加快实施免费地名公共服务。依托社区综合服务平台，为社区居民提供公益便民利民社区服务。

4.2.3.3.7　加强优抚安置工作

继续加大对优抚保障的资金投入力度，不断提高抚恤补助标准，健全完善抚恤优待补助经费自然增长机制，逐步提高各类重点优抚对象的抚恤优待标准，保障抚恤优待对象的生活不低于当地的平均生活水平。

健全重点优抚对象医疗保障体系。依法做好烈士审核报批工作。重点保护改造全省有重大影响的烈士陵园，完成市、县两级烈士陵园的改造任务，将烈士补偿和纪念设施维护费用列入财政预算，抓紧落实烈士纪念设施土地确权工作。实施残疾军人辅具改造，健全孤老优抚对象和重残退役军人集中供养制度，改善相关设施条件。加快退役士兵安置改革，完善城镇退役士兵和农村退役士兵安置制度，拓展社会化安置渠道。认真做好退役士兵职业教育和技能培训工作，落实自谋职业退役士兵各项优惠政策，维护退役士兵的合法权益。

4.2.3.3.8　推进基本住房保障制度建设

加大保障性安居工程建设力度，增加保障性住房供应，加快解决城镇居民基本住房问题和农村困难群众住房安全问题，建立健全基本住房保障制度。

廉租住房和公共租赁住房。重点发展公共租赁住房，使其逐步成为保障性住房的主体。建立完善公共租赁住房建设筹集、供应和管理制度，努力扩大保障面，并逐步实现与廉租住房统筹建设、并轨运行。保障性住房实行分散配建和集中建设相结合，集中建设保障性住房要优先安排在交通便利、基础设施齐全、公共事业完备、就业方便的区域。实行实物配租和货币补贴相结合，多渠道筹集廉租住房房源和建设资金。建立保障对象档案和信息管理系统。完善城镇最低收入和低收入家庭廉租住房申请、审核及退出机制，积极探索廉租住房租售并举。强化保障性住房建设情况监督检查。适当发展经济适用住房和限价商品住房。

棚户区改造。从改善居住条件和环境出发，有重点、有步骤地推进棚户区改造，完成省辖市集中连片棚户区改造，逐步推进零星棚户区改造，基本完成国有工矿棚户区改造，全面完成垦区、林区棚户区改造。

农村危房改造。加大对农村危房改造的支持力度，合理确定补助对象和标准，逐步解决住房最危险、经济最贫困群众的基本住房问题。加强农村危房改造补助资金管理，提高资金使用效益。落实建设基本要求，强化工程质量安全管理，完善档案管理和产权登记，推动农村基本住房安全保障制度建设。

表4.2-4 “十三五”时期甘肃省社会保障服务基本标准

服务项目	服务对象	保障标准	支出责任	覆盖水平
基本养老保险				
职工基本养老保险	职工、无雇工的个体工商户、灵活就业人员	根据个人累计缴费年限、缴费工资、当地职工平均工资、个人账户金额、城镇人口平均预期寿命等因素确定基本养老金。	用人单位缴纳一般不超过工资总额的20%，职工缴纳本人工资的8%，基金出现支付不足时由县级以上政府给予补贴。	职工参保人数315万人左右。
城乡居民社会养老保险	年满16周岁（不含在校生），不符合职工基本养老保险参保条件的城镇非从业居民；16周岁以上，未参加职工基本养老保险的农村居民。	基础养老金不低于60元，并逐步提高标准。	基础养老金由政府全额负担，个人缴费政府适当补贴，基金出现支付不足时由县级以上政府给予补贴。	制度覆盖所有目标人群，参保人数1234万人左右。
基本医疗保险				
职工基本医疗保险	职工、无雇工的个体工商户、灵活就业人员	政策范围内住院费用支付比例达到80%左右，明显缩小与实际住院费用支付比例之间的差距，最高支付限额达到当地职工年人均纯收入的8倍左右。	用人单位缴纳工资总额的6%左右，职工缴纳本人工资的2%，基金出现支付不足时由县级以上政府给予补贴。	制度覆盖所有目标人群，参保人数645万人左右。
城镇居民基本医疗保险	城镇非从业居民	政策范围内住院费用支付比例达到70%左右，明显缩小与实际住院费用支付比例之间的差距，最高支付限额达到当地城镇居民年人均纯收入的8倍左右。	个人和政府共同负担，各级财政的补助标准年人均不低于360元，基金出现支付不足时由县级以上政府给予补贴。	
新型农村合作医疗	农村居民	政策范围内住院费用支付比例达到75%左右，明显缩小与实际住院费用支付比例之间的差距，最高支付限额达到当地农村居民年人均纯收入的8倍。	个人和政府共同负担，各级财政的补助标准年人均不低于450元，个人缴费水平相应提高，基金出现支付不足时由县级以上政府给予补贴。	制度覆盖所有目标人群，参合率稳定在95%以上。

续表4.2-4

服务项目	服务对象	保障标准	支出责任	覆盖水平
失业、工伤和生育保险				
失业保险	职工	支付失业保险金、基本医疗保险费、丧葬补助金、抚恤金以及职业培训和职业介绍补贴等，失业保险金标准不低于城市居民最低生活保障标准。	用人单位和职工按规定缴费，基金出现支付不足时由统筹地区政府给予补贴。	制度覆盖所有目标人群，参保人数170万。
工伤保险	职工	基金支付治疗工伤医疗和康复、伤残、护理及工亡等待遇；用人单位支付停工留薪期的工资福利及护理待遇、5～6级伤残津贴待遇及一次性伤残就业补助金等。	个人不缴费，用人单位根据行业差别费率和行业内费率档次缴费，基金出现支付不足时由县级以上政府给予补贴。	制度覆盖所有目标人群，参保人数190万。
生育保险	职工	基金支付生育医疗费用和生育津贴，生育津贴按职工所在用人单位上年度职工月平均工资计发。	用人单位缴费，基金出现支付不足时由县级以上政府给予补贴。	制度覆盖所有目标人群，参保人数165万。
社会救助				
最低生活保障	家庭人均收入低于当地最低生活保障标准的城乡居民	保障标准按照能维持当地居民基本生活所必需的吃饭、穿衣、用水用电等所需费用，建立城乡低保标准、价格临时补贴与物价上涨联动机制，保障标准和补助水平年均增长10%以上。	市、县级政府负责，中央和省财政给予补助。	实现动态管理下的应保尽保。
自然灾害救助	因自然灾害致使基本生活困难的人员	灾后12小时内基本生活得到初步救助。	各级政府共同负责。	目标人群覆盖率100%。
医疗救助	最低生活保障家庭、五保户以及低收入重病患者、重度残疾人、低收入家庭老年人等特殊困难群体	医疗救助起付线逐年降低或取消，政策范围内住院自负费用救助比率原则上不低于50%。	市、县级政府负责，省财政给予补助，中央财政对困难地区适当补助。	目标人群覆盖率100%。
流浪乞讨者生活救助	在城市生活无着的流浪乞讨人员	免费享有临时基本食物、住处、急病救治和返乡及安置等服务。	县级以上政府负责。	目标人群覆盖率100%；城区均设有标准的救助机构。
流浪未成年人救助保护	流浪未成年人	免费享有生活照料、教育和职业培训、医疗救治、行为矫治、心理辅导、权益保护、返乡及安置等服务。	县级以上政府负责。	目标人群覆盖率100%，城区均设有标准的救助机构。

续表4.2-4

服务项目	服务对象	保障标准	支出责任	覆盖水平
社会福利				
孤儿养育保障	失去父母、查找不到生父母的未成年人	孤儿基本生活最低养育标准由各地按照不低于当地平均生活水平的原则合理确定，机构养育标准高于散居养育标准。	市、县级政府负责，中央和省财政按照一定标准给予补助。	目标人群覆盖率100%，新增孤儿养育床位4200张。
农村五保供养	无劳动能力、无生活来源又无法定赡养、抚养、扶养义务人，或者法定赡养、抚养、扶养义务人无赡养、抚养、扶养能力的老年和残疾或者未满16周岁的村民。	不得低于当地村民的平均生活水平，并根据当地村民平均生活水平的提高适时调整，由省统一确定。	市、县级政府负责，省财政给予补助，中央财政对困难地区适当补助。	目标人群覆盖率100%集中供养能力达到70%以上。
殡葬补贴	低收入家庭	有条件的地方为低收入家庭身故者遗体运送、火化以及安葬等提供补贴。	市、县级政府负责。	制度全面建立，火化率达到12.86%。
优抚安置				
优待抚恤	享受国家抚恤补助的优抚人员	不低于当地平均生活水平。	中央和地方各级政府分级负担。	目标人群覆盖率100%。
重点优抚对象集中供养	孤老和生活不能自理的抚恤优待对象	不低于当地平均生活水平。	中央和地方各级政府共同负责。	目标人群覆盖率100%。
基本住房保障				
廉租住房	城镇低收入住房困难家庭	享有实物配租的，套型建筑面积50平方米以内，租金标准由市、县级政府确定；享有租赁补贴的，租赁补贴标准由市、县政府根据当地经济发展水平、市场平均租金、家庭经济承受能力等因素确定。	市、县政府负责，省级政府给予资金支持，中央给予资金补助。	
公共租赁住房	城镇中等偏下收入住房困难家庭、新就业无房职工、城镇稳定就业的外来务工人员	单套建筑面积控制在60平方米以内，以40平方米左右的小户型为主，租金水平由市、县级政府根据市场租金水平和供应对象的支付能力等因素确定。	市、县政府负责，引导社会资金投入，省级政府给予适当资金支持，中央给予资金补助。	
棚户区改造	符合条件的棚户区居民	实物安置和货币补偿相结合，具体标准由市、县政府确定(有国家标准的，执行国家标准)。	政府给予适当补助，企业安排一定的资金，住户承担一部分住房改善费用。	改造棚户区居民住房40万户。
农村危房改造	居住在危房中的农村分散供养五保户、低保户、贫困残疾人家庭和其他贫困户	每户建筑面积一般控制在40～60平方米，户均中央补助平均不低于6000元，地方补助标准由省统一确定。	省政府负总责，中央财政安排补助资金、省财政给予资金支持、个人自筹等相结合。	改造农村危房30万户以上。

注：1. 保障标准，基本达到国家提出的相对标准，较“十二五”时期国家标准略高；

2. 覆盖水平，达到或超过“十二五”时期国家标准。

专栏4.2-6 重点保障工程

—社会保障服务中心建设工程。坚持整合资源、适度集中的原则，在现有设施的基础上，新建和改扩建一批市、县级社会保障服务设施，配置必要的设备，改善参保缴费、社会保险关系转移、待遇核发、社会保险档案管理、异地就医结算等经办服务条件。

——社会保障服务信息化建设工程。加快实施社会保障服务信息化建设工程。全面完成省、市两级数据中心建设，完善服务功能，涵盖全省城乡参保人员各项业务。加大信息资源整合力度，推进省、市(地)级建设社会保障卡中心及其支持系统。实施信息技术标准化管理，建设统一的跨地区信息交换和结算平台，支持各业务和区域协同办理。

——社会救助信息化管理工程。结合收入信息检测系统建设，通过资源整合，加强低收入家庭收入核定工作机构及能力建设，逐步建立居民家庭经济状况核对信息系统。实现省、市、县、乡镇(街道)互联互通，做到全省城乡低保工作实时在线受理、审核、审批、查询等多功能于一体，提高全省低保管理信息化水平。

——综合防灾减灾工程。重点推进防灾减灾宣传教育、救灾物资储备库改造、应急避难场所建设、农户住房保险、减灾安居工程、减灾示范社区等工程建设。完善落实灾情信息管理制度、救灾物资储备管理制度、灾民救助卡管理制度、自然灾害救助应急预案和自然灾害情况会商评估机制。加强自然灾害应急指挥与信息发布系统建设，建立政府部门、新闻媒体和社会组织协作开展的防灾减灾宣传教育机制，提高全社会防灾减灾意识和能力。

4.2.3.4 劳动就业服务

与全国其他省区相比，近几年来，甘肃省就业基本公共服务保障能力相对较弱，在就业相对受益水平上上升趋势明显。"十三五"期间，促进劳动力转移、解决结构性就业问题应是政府工作的重要着力点，应全面提升城乡就业全过程公共服务能力，以农村转移劳动力、高校毕业生、城镇就业困难人员为重点服务对象，努力创造平等就业机会，提供更完善的就业公共服务，构建和谐劳动关系。

4.2.3.4.1 加强城乡就业服务和管理

建立健全政府促进就业责任制度，完善城乡均等的公共就业服务体系。促进以高校毕业生为重点的青年就业和农村转移劳动力、城镇困难人员、退役军人就业。结合产业升级开发更多适合高校毕业生的就业岗位。政府购买基层公共管理和社会服务岗位更多用于吸纳高校毕业生就业。健全鼓励高校毕业生到基层工作的服务保障机制，提高公务员定向招录和事业单位优先招聘比例。实行激励高校毕业生自主创业政策，整合发展国家和省级高校毕业生就业创业基金。实施离校未就业高校毕业生就业促进计划，把未就业的纳入就业见习、技能培训等就业准备活动之中，对有特殊困难的实行全程就业服务。

完善并全面实施就业政策法规咨询、信息发布、职业指导、职业介绍和就业失业登记等免费服务，推进服务规范化和标准化，拓展服务功能，推进分类服务和管理。加快推行就业失业登记证实名制，尽快实现一人一证、全省通用。规范招人用人制度，消除城乡、行业、身份、性别等一切影响平等就业的制度障碍和就业歧视。完善劳动就业监测体系，健全失业监测预警制度，有效预防、调节和控制失业。完善税费减免、岗位补贴、培训补贴、社会保险补贴、技能鉴定补贴等就业援助政策。开发社区服务、养老服务、助残服务、交通协管、保洁、绿化等公益性岗位。加强公共就业服务网络建设，提高人力资源供求信息匹配度，提升就业信息服务水平。增强失业保险制度预防失业、促进就业功能，推进失业动态监测和失业预警工作，完善就业失业监测统计制度。

4.2.3.4.2　加大基本创业服务工作力度

深入推进全民创业，完善和落实小额担保贷款、财政贴息、场地安排等鼓励自主创业政策，健全创业服务体系。完善扶持创业的优惠政策，形成政府激励创业、社会支持创业、劳动者勇于创业新机制。推动大众创业、万众创新。加大对高校毕业生、返乡农民工等创业的扶持力度，加强创业培训服务体系建设，以创业带动就业。

建立创业咨询专家队伍，提高服务专业化水平。健全创业项目开发征集、市场评估和推介制度，建立统一的创业项目库，定期推介发布创业项目。加大担保基金投入，降低反担保门槛，完善风险评估机制，为创业者提供资金支持。

4.2.3.4.3　建立基本职业技能培训制度

建立健全面向全体劳动者的职业培训制度，构建劳动者终身职业培训体系。围绕全省产业结构调整和承接产业转移需要，对城乡各类有就业需求和培训愿望的劳动者就业创业等提供职业技能培训和技能鉴定服务。加大培训能力建设，加大培训市场监管和资源整合力度，引导协调各类职业院校、培训机构有序开展职业技能培训，积极推进职业技能公共实训基地建设。推动建立职业资格准入制度，完善远程职业培训平台。

4.2.3.4.4　加强劳动关系协调和劳动权益保护

全面推行劳动合同制度，着力提高小企业和农民工劳动合同签订率，扩大集体合同覆盖面。规范劳务派遣用工和企业裁员行为。全面推行劳动用工备案制度，加强对劳动用工的动态监管。健全企业薪酬调查和信息发布制度。

健全工资决定和正常增长机制，完善最低工资和工资支付保障制度，完善企业工资集体协商制度。创新劳动关系协调机制，健全协调劳动关系三方机制，发挥政府、工会和企业作用，畅通职工表达合理诉求渠道。

加大劳动保障监察执法力度，全面推进网格化管理，完善案件办理协查制度。加强劳动人事争议调解仲裁服务体系建设，规范办案程序。建立健全重大集体劳动争议应急调处机制。

表4.2-5 "十三五"时期甘肃省就业公共服务基本标准

服务项目	服务对象	保障标准	支出责任	覆盖水平
就业服务和管理	有就业需求的劳动年龄人口	免费享有就业政策法规咨询、职业供求信息、市场工资指导价位信息和职业培训信息、职业指导和职业介绍、就业和失业登记等服务。	市、县级政府负责，中央和省财政给予补助。	目标人群覆盖率达到100%。
创业服务	有创业需求的劳动年龄人口	免费享有创业咨询指导、创业培训、创业项目推介，获得创业小额担保贷款贴息。	市、县级政府负责，中央和省财政给予补助。	为75万人次提供创业培训。
就业援助	零就业家庭和符合条件的就业困难人员	免费享有公益性岗位配置和政策指导、就业困难人员和零就业家庭认定、就业岗位即时服务、就业培训等，城镇有就业需求的家庭至少有一人就业。	市、县级政府负责，中央和省财政给予补助。	帮助40万就业困难人员就业和再就业，动态消除零就业家庭。
职业技能培训和技能鉴定	失业人员、农村转移就业劳动力、残疾人、新成长劳动力	失业人员、农村转移就业劳动力、残疾人等享有职业技能培训补贴，符合条件的新成长劳动力享有6～12个月的补贴性劳动预备制培训，符合条件的人员享有职业技能鉴定补贴。	市、县级政府负责，中央和省财政给予补助。	为125万人次提供各类职业技能培训，培训后就业率不低于70%；为100万人次提供技能鉴定。
劳动关系协调	存在劳动人事关系的就业人员	免费享有劳动用工备案信息查询、劳动关系政策咨询、集体协商促进等服务。	省、市、县级政府分级负责。	企业劳动合同签订率达到98%，集体合同签订率达到90%。
劳动保障监察	存在劳动人事关系的就业人员	免费享有法律咨询和执法维权服务。	省、市、县级政府分级负责。	监察案件结案率达到95%以上。
劳动人事争议调解仲裁	存在劳动人事关系的就业人员	免费享有劳动人事争议调解和仲裁服务。	省、市、县级政府分级负责。	劳动人事争议仲裁结案率达到95%；70%以上案件在基层调解组织解决。

专栏4.2-7 重点保障工程

——省、市级人力资源市场建设工程。改扩建统一规范的省级、市州级人力资源市场，加强就业管理服务、失业保险和普惠制就业培训全过程的监督与管理。实施全省人力资源和就业信息管理服务系统开发建设项目，优化就业服务流程。

——基层人力资源社会保障公共服务平台建设。在充分利用现有资源的基础上，全面加强县、乡两级服务设施建设，基本实现全覆盖，为就业和职业技能培训、劳动关系协调、劳动保障监察和调解仲裁、人事人才、劳务输出、社保登记发放等业务提供一站式服务，形成设施完善、管理规范、流程科学的服务体系。按照资源整合、共建共享的原则，推进产业集聚区及城乡社区（新型农村社区）服务平台建设，开设人力资源和社会保障服务窗口，促进公共服务向基层延伸。

——就业失业动态监测和预警工程。建立覆盖全省的就业失业信息监测网络，完善就业失业统计和失业预警指标体系，开展就业需求预测，适时发布就业需求和失业预警信息。

注：1. 保障标准，基本达到国家提出的相对标准，较“十二五”时期国家标准略高；
2. 覆盖水平，达到或超过“十二五”时期国家标准。

4.2.3.5 社会服务

甘肃省于2005年进入老龄社会，到2013年底，全省老年人已达348万人，占常住人口的13.5%，进入了老龄化快速发展阶段；未富先老、未备先老特征明显，养老服务供需矛盾突出。从“十三五”及未来一段时期看，甘肃省老龄化将进入加速发展阶段，必须将应对老龄化提升到全省经济社会发展的战略高度。甘肃省“十三五”基本公共服务规划中，有必要将养老服务列为专门章节来予以阐述分析。

残疾人基本公共服务是我国基本公共服务领域的一个重要组成部分。国家“十二五”基本公共服务规划将残疾人基本公共服务作为专门一篇进行了论述，并提出了重点任务、保障标准和重大工程等。就甘肃省来说，现阶段残疾人口有187万，涉及650多万的家庭人口，是一个数量众多、最需要帮助的困难群体。本报告将其纳入基本社会服务章节展开论述分析。

“十三五”时期，一方面要致力于建立基本社会服务制度，为城乡居民尤其是老年人、残疾人等群体提供基本公共服务；另一方面，要积极应对人口老龄化，建立健全基本养老服务制度，鼓励和支持社会力量参与养老服务。加大政府投入，以重度残疾人、农村残疾人和残疾儿童为重点，基本建立残疾人社会保障体系和服务体系，保障能力和服务水平显著提高。

4.2.3.5.1 建立健全基本养老服务制度

完善以居家养老为基础、以社区服务为依托、以机构养老为支撑的社会养老服务体系。加大养老服务和养老设施建设投入，规划建设社区养老服务设施，按照人均用地不少于0.1平方米的标准分区分级规划设置养老服务设施，新建城区和新建居住（小）区要配建社区养老服务设施，老城区和已建成居住区要在3年内通过购置、置换、租赁等方式开辟养老服务设施。加快养老机构建设,重点提高供养型、护理型、临终关怀型等养老机构床位总量。县级以上城市至少建有1家养护型或照料型养老机构,充分发挥托底作用;健全农村五保供养机构功能,在满足农村五保对象集中供养需求的前提下向社会开放,使之逐步发展成为区域性养老服务中心。同时,按照先市州、后县区的建设思路,重点支持有条件的市州和积极性高、养老服务需求强的县市区,建设一批社会资本投入为主体、政府投入为引导的示范性养老机构。扶持建立居家养老服务网络和服务平台,积极培育发展居家养老服务企业和机构,为老年人提供便捷服务。

发展面向老年人的生活照料、康复护理、精神慰藉等多样化养老服务。规划建设省市级民政康复中心,满足失能老人、患病失能等残障人群康复需要。探索制定失独家庭养老救助办法。逐步建立和完善高龄老年人生活补贴和家庭经济困难的老年人养老服务补贴制度。将城市"三无"老人和农村五保对象统一为城乡"三无"老人,全部纳入政府供养范围,供养标准按照上年度全省城镇居民人均可支配收入的40%、农民人均纯收入的70%确定。

加强养老服务人才队伍建设,支持高校增设相关专业加快培养专门人才,建立高校毕业生从事养老工作的入职补贴,对养老机构就业的专业技术人员,执行与公立医疗机构、公办福利机构相同的职称评聘等政策。分散养老风险,提出引导保险机构开发健康保险、长期护理保险、意外伤害保险等保险产品,鼓励养老机构投保责任保险。

4.2.3.5.2　鼓励和支持社会力量参与养老服务

鼓励社会力量利用闲置的医院、学校、厂房、商业设施、农村集体用房及其他资源兴办养老机构,鼓励个人利用社区居民住宅和农村闲置房屋,兴办家庭化、个性化的托老所等养老机构。三是鼓励公益慈善组织支持养老服务。支持民营企业积极投身公益慈善事业,鼓励爱心人士和慈善组织冠名捐建各类养老机构和设施,扶持发展养老领域社会组织,加强基层老年协会建设,实施"银龄行动",扶持发展各类为老服务志愿组织等,为老年人提供服务。

4.2.3.5.3　推动示范养老基地建设

加快天水麦积、张掖甘州全国综合性养老示范基地和临夏市国家级少数民族社会福利服务示范区及庆阳市省级养老示范基地建设,探索政府搭台、企业参与、市场化运营、股份制合作的养老机构建设运营模式;发挥甘肃独特的人文和地理环境优势,加强与省外养老机构和相关组织联建联营、合作经营、交流互动,发展"候鸟式"养老服务。

4.2.3.5.4　推动医疗卫生和养老服务融合发展

推动医养融合,打造涵盖养护、医疗、保健等多领域的健康养老服务体系。完善准入机制,支持养老机构设置医疗机构,医疗机构举办养老机构,支持社会资本举办护理院、康复医院和提供临终关怀服务的医疗机构。

4.2.3.5.5　健全完善残疾人社会保障体系

优先把残疾人纳入全省城乡居民社会保障体系,不断健全完善针对残疾人特殊困难和需求的社会保障专项政策。落实并完善针对残疾人特殊困难和需求的生活补助、护理补贴、社会保险补贴、生活救助等专项社会保障政策措施。

对重度残疾人、一户多残、老残一体等困难残疾人家庭和低收入残疾人家庭给予临时救助。将符合条件的城乡贫困残疾人纳入医疗救助范围,逐步提高救助标准。开展残疾人康复救助,对贫困残疾人无法通过医疗保险和医疗救助渠道解决的康复费用予以补助。

帮助城乡残疾人普遍按照规定参加基本养老保险和基本医疗保险。落实重度及贫困残疾人参加城镇居民社会养老保险、城镇居民基本医疗保险、新型农村合作医疗个人缴费部分政府补贴政策。

扩大残疾人社会福利范围,提高福利保障水平。有条件的地方实施贫困残疾人生活补助和重度残疾人护理补贴制度。为有需求的残疾人普遍适配基本型辅助器具。组织供应各类辅助器具,开展残疾人部分辅助器具纳入慢性病报销试点。

4.2.3.5.6　完善残疾人基本服务

建立健全以省、市托养和康复服务机构为示范,县(市、区)托养康复服务机构为骨干,乡镇(街道)和社区日间照料为主体,居家托养服务为基础的残疾人托养康复服务体系。实施残疾儿童康复救助项目,建立残疾儿童康复救助制度。

完善残疾人教育体系,健全保障机制,切实保障残疾人受教育权利。完善特殊教育经费保障机制,提高特殊教育保障水平。完善残疾学生助学政策,保障残疾学生和残疾人家庭子女免费接受义务教育。深化特殊教育教学改革,提高特殊教育的针对性。鼓励和支持幼儿园、特殊教育学校、残疾儿童康复和福利机构等实施残疾儿童学前康复教育。大力发展残疾人职业教育,加快发展残疾人高中阶段教育和高等教育,逐步实施残疾学生免费高中阶段教育。加强特殊教育教师队伍建设,提高教师专业化水平。

积极实施残疾人公共就业服务体系网络化、规范化建设。完善党政机关、人民团体、事业单位和国有企业带头吸纳残疾人就业政策保障制度,制定并落实优秀残疾人运动员优先享有就业安置政策等。规范残疾人就业服务体系,各级公共就业服务机构和基层劳动就业社会保障公共服务平台免费为残疾人提供有针对性的职业介绍、职业指导等就业服务。切实维护残疾职工和福利企业权益,推动社会福利企业发展。

对符合城市廉租住房保障条件的残疾人家庭做到应保尽保,并优先安排实物配租廉租住房。建立健全以省级或省会城市托养服务机构为示范,以市、县级托养服务机构为骨干,以乡镇(街道)和社区日间照料服务为主体,以居家托养服务为基础的残疾人康复、托养服务体系。

推进残疾人群众性文化体育工作,为残疾人文化体育健身示范地区配备适合残疾人使用的文化娱乐和健身器材,公共文化体育设施对残疾人免费或优惠开放。采取多种形式支持残疾人公益性演出等文化活动。

加快推进无障碍建设与改造,开展残疾人家庭无障碍改造补贴试点。加强信息无障碍建设,推进通用产品、技术信息无障碍。

表4.2-6 “十三五”时期甘肃省基本社会服务基本标准

服务项目	服务对象	保障标准	支出责任	覆盖水平
基本养老服务				
基本养老服务补贴	家庭经济困难且生活难以自理的失能半失能65岁及以上城乡居民	有条件的市、县根据老年人身体状况和家庭收入情况评估，确定补贴标准。	市、县级政府负责。	目标人群覆盖率70%以上。
残疾人社会保障				
社会保险保费补贴	重度和贫困残疾人	参加城镇居民基本医疗保险、新型农村合作医疗、新型农村社会养老保险和城镇居民社会养老保险按规定享受政府社会保险费补贴。	中央和省、市、县地方财政共同负担。	目标人群覆盖率100%。
基本医疗保障医疗康复项目	参保残疾人	运动疗法、偏瘫肢体综合训练、脑瘫肢体综合训练、截瘫肢体综合训练、作业疗法、认知知觉功能康复训练、言语训练、吞咽功能障碍训练、日常生活能力评定等医疗康复项目纳入基本医疗保险范围。	基本医疗保险基金支出。	目标人群覆盖率100%。
生活救助	贫困残疾人	纳入城乡低保、临时救助等。	各级财政共同负担。	目标人群覆盖率100%。
残疾人基本服务				
义务教育阶段特殊教育	适龄残疾儿童、少年	在“两免一补”基础上，针对残疾学生特殊需要，进一步提高补助水平；大中城市不能到校上学的残疾儿童、少年接受送教上门服务。	各级财政共同负担。	学龄残疾儿童少年接受义务教育比率达到95%。
残疾人教育资助	家庭经济困难的残疾儿童、青少年	义务教育、学前教育和高中阶段教育寄宿生享受生活费用和特殊学习用品、教育训练补助；高中阶段教育学费、杂费、课本费免费。	同级财政承担。	义务教育和高中阶段教育资助目标人群覆盖率100%。
残疾儿童抢救性康复	0～6岁残疾儿童	对接受手术、辅具配置和康复训练等服务提供资助。	省、市、县级财政共同负担。	覆盖5万人(次)左右目标人群。
残疾人就业服务	城乡有就业愿望的残疾人	免费在公共就业服务机构和基层劳动就业社会保障公共服务平台享有职业介绍、职业指导等就业服务；对就业困难残疾人提供就业援助；免费在残疾人就业服务机构享有就业信息发布、残疾人职业培训等服务。	市州级政府负责，中央、省财政适当补助。	实现城镇残疾人新增就业20万，为60万农村贫困残疾人提供实用技术培训。
残疾人文化服务	残疾人	能够收看到有字幕和手语的电视节目，在公共图书馆得到盲文和有声读物等阅读服务。	各级财政共同负担。	各级公共图书馆设立盲人阅览室，配置盲文图书及有关阅读设备；省市两级电视台普遍开办手语节目；影视剧和电视节目加配字幕。
残疾人体育健身服务	残疾人	免费享有体育健身指导服务。	各级财政共同负担。	建立200个残疾人体育健身示范点，经常参加体育健身的残疾人比率达到20%以上。

注：1. 保障标准，基本达到国家提出的相对标准，较“十二五”时期国家标准略高；

2. 覆盖水平，达到或超过“十二五”时期国家标准。

专栏4.2-8 重点保障工程

——养老服务体系建设工程。充分利用现有资源,加快专业化的老年养护机构和社区日间照料中心建设。支持有需求的失能老年人实施家庭无障碍设施改造。培养培训具有资质的专业养老服务人员。

——残疾人康复和托养设施建设工程。建成省残疾人康复中心,建设一批市、县级残疾人康复和托养服务中心,加快完善市、县级残疾人康复和托养服务体系,为残疾人提供基本和急需的康复和托养服务,配备相应的设备和专业人员,全面开展康复医疗、功能训练、辅助器具适配、心理辅导、康复转介、残疾预防、知识普及和咨询等康复服务,增强托养服务能力。

——特殊教育学校提升工程。重点加强薄弱特殊教育学校建设,添置必要的教学、生活和康复训练设施,进一步改善特殊教育学校办学条件。

4.2.3.6 文化体育

相关研究表明,甘肃省文化基本公共服务综合保障能力在全国处于中上游水平。但近几年来,公共文化投入以及生产能力的薄弱,使其综合保障能力出现下滑。"十三五"时期,要围绕构建社会主义核心价值体系和满足城乡居民精神文化需求的要求,完善全域覆盖、设施配套、网络健全、服务普惠的公共文化体育服务体系,重点加强农村基层和欠发达地区公共文化体育基础设施建设,提升公共文化体育服务质量。

4.2.3.6.1 完善公共文化服务体系

以大型公共文化设施为主体、以乡镇(街道)、村(社区)基层文化设施为基础,完善省、市、县、乡(街道)、村(社区)五级文化设施载体和网络建设。建立以城带乡联动机制,坚持项目建设和运行管理并重,实现资源整合、共建共享。

鼓励城市对农村进行文化帮扶,鼓励文化单位面向农村提供流动服务、网点服务。扶持文化企业以连锁方式加强基层和农村文化网点建设,推动电影院线、演出院线向市县延伸,支持演艺团体深入基层和农村演出。推动文化科技卫生"三下乡"、科教文体法律卫生"四进社区"、舞台艺术送农民、高雅艺术进校园等活动制度化,充分发挥流动文化服务车、流动电影放映车作用。广泛开展社区文化、村镇文化、校园文化、家庭文化等群众性文化活动,积极开展面向进城务工人员和残疾人等群体的公益文化服务。加大文化和自然遗产、非物质文化遗产保护力度,逐步提高面向公众开放、展示的水平。完善公益性演出补贴制度。构建覆盖城乡的公共数字文化服务网络,逐步在农村地区实现文化信息资源共享工程进村入户全覆盖。完善数字图书馆服务网络,省、市、县(区)、乡镇(街道)建成公共电子阅览室,并实现向全社会公众免费开放。

4.2.3.6.2 实现广播影视城乡全覆盖

加强农村基层广播电视和无线发射台站建设,全面实现20户以下已通电自然村"盲村"广播电视覆盖,全面实现"户户通"。按照"试点先行、以点带面"的原则,探索建立以县(市)为中心、以乡镇为基础、面向农户的长效管理维护体系。加强直播卫星平台建设,在有线网络未通达、无线网络不能覆盖的农村地区开展直播卫星公共服务。

推进电影公益放映服务规范化、制度化，推进农村电影放映工程，建立农村电影数字流动放映队伍和完善数字放映设施设备，形成有效的农村电影数字化放映的监管体系。将观看爱国主义教育影片纳入中小学教育教学计划。鼓励电影企业深入城乡社区、厂矿等开展公益放映活动。

推进应急广播技术系统建设，建设完成有线电视、调频及中波广播、移动多媒体、直播卫星和地面数字化电视的应急广播技术体系和信息发布体系。实施全省城镇有线广播电视双向数字化改造和数字转换工作，广播电视进村入户与互联网协调发展。

4.2.3.6.3　提升新闻出版质量

广泛开展全民阅读活动，逐步扩大基本免费或低收费阅读服务范围。继续加强农家书屋和城乡阅报栏(屏)建设，合理规划布局建设农村和中小城市出版发行网点。实施出版工程，提高公益性出版项目的示范效应和社会影响力。推进公益性数字出版产品免费下载、阅读和使用。支持少数民族文字出版工作。增加盲人读物品种和数量。

4.2.3.6.4　建立全民健身服务体系

构建包括健身组织、健身设施、健身指导、健身活动、体质测定为主要内容的全民健身服务体系。全面实施全民健身计划，健全城乡基层全民健身组织服务体系。

大力发展文化和体育类民间社会组织，壮大社会体育指导员队伍；积极开展全民健身运动，推广广播体操、少数民族健身操、广场舞等群众健身活动；开展民族传统体育运动，丰富群众健身活动，满足群众的多元化健身需求。结合民俗节庆，打造名牌文体活动项目。推动落实国家体育锻炼标准，加强学生体质监测，定期开展国民体质监测。

加强城乡公共体育设施建设。大力推动公共体育设施向社会开放，鼓励学校、企事业单位体育设施向社会开放，健全学校等企事业单位体育设施向公众开放的管理制度。突出建设一批足球、篮球、网球、田径等公共体育场地设施，打造"公园体育""广场体育"等活动品牌。实现国民体质监测站县区全覆盖，探索建立与社区卫生服务中心相结合的市民体质监测指导站。

表4.2-7　"十三五"时期甘肃省公共文化体育基本标准

服务项目	服务对象	保障标准	支出责任	覆盖水平
公益性文化服务				
公共文化场馆开放	城乡居民	公共空间设施和基本服务项目免费，全年开放时间不少于10个月。	各级财政按比例共同负担。	除文物建筑及遗址类博物馆外，各级文化文物部门归口管理的公共文化场馆全面向社会开放。
公益性流动文化服务	城乡居民	免费享有影视放映、文艺演出、图片展览、图书销售和借阅、科技宣传为一体的流动文化服务；每个乡镇每年送4场地方戏曲；每学期中小学生观看两部爱国主义教育影片。	同级政府负责，中央、省财政适当补助。	基本建立灵活机动、方便群众的公益性流动文化服务网络，保障公益性演出场次。
公益性数字文化资源共享	城乡居民	免费享有文化信息资源共享工程、公共电子阅览室等提供数字产品和服务。	各级财政按比例共同负担。	享有文化信息资源共享工程全覆盖，县以上均建有公共电子阅览室。

续表4.2-7

服务项目	服务对象	保障标准	支出责任	覆盖水平
广播影视				
农村广播电视	农村居民为主	无偿提供中央第1套广播节目、中央第1套和第7套电视节目及本省第1套广播电视节目等4套以上广播和电视节目服务，逐步增加节目套数和提高播放质量。	中央和地方政府共同负责。	基本实现所有通电行政村和自然村村村和户户通广播电视。
农村电影放映	农村居民	行政村一村一月放映一场电影，每场财政补贴200元。	各级财政按比例共同负担。	每年放映780万场公益电影。
少数民族语言广播影视	主要少数民族地区居民	通过有线、无线或卫星等方式能够收听收看到本民族语言广播影视节目。	中央、省共同负责。	覆盖主要少数民族地区。
应急广播	城乡居民	在突发公共事件发生前后及时获得政令、信息等服务。	中央、省共同负责。	在全省范围内基本实现分层次、分类型、全方位立体覆盖。
新闻出版				
公共阅读服务	城乡居民	农村行政村建立农家书屋，图书不少于1500册，报刊20～30种，电子音像制品不少于100种（张），并及时更新；城市和乡镇主要街道、大专院校、居民小区等人流密集地点设公共阅报栏（屏），及时提供各类新闻和服务信息。	各级财政按比例共同负担。	基本实现行政村村村有农家书屋，国民综合阅读率达到90%。
民文出版译制	有文字的少数民族	可以获得本民族语言文字出版的、价格适宜的常用书刊、电子音像制品，政府给予出版物资助。	各级政府共同负责。	省内出版项目。
文化遗产展示				
文化遗产展示门票减免	未成年人、老年人、现役军人、残疾人和低收入人群	减免参观文物建筑及遗址类博物馆的门票。	各级财政分别负担。	目标人群覆盖率100%。
群众体育				
体育场馆开放	城乡居民	有条件的公办体育设施（含学校体育设施）向公众开放，免费项目或有关收费标准由地方政府制定；开放时间与当地公众的工作时间、学习时间适当错开，不少于省（区、市）规定的最低时限，全民健身日免费开放，国家法定节假日和学校寒暑假期间，应当适当延长开放时间。	同级政府负责，中央、省财政适当补助。	可供使用的公共体育场地（含学校体育场地）占全国体育场地总数的比率达到60%左右。
全民健身服务	城乡居民	免费享有健身技能指导、参加健身活动、获取科学健身知识等服务；免费提供公园、绿地等公共场所全民健身器材。	同级政府负责，中央、省财政适当补助。	经常参加体育锻炼人数比率达到50%以上。

注：1. 保障标准，基本达到国家提出的相对标准，较“十二五”时期国家标准略高；

2. 覆盖水平，达到或超过“十二五”时期国家标准。

专栏4.2-9　重点保障工程

——公共文化服务体系建设工程。推进广播电视村村通、文化信息资源共享工程、国家数字图书馆推广工程、公共电子阅览室建设、农家书屋建设等融合互通。推进地面数字电视覆盖和直播卫星广播电视公共服务建设。实现优秀健康数字文化资源的有效整合与使用。加强基层公共文化设施建设和完善设施功能，新建、改扩建一批市及市以下各基层公共文化基础设施。加快实施省辖市图书馆、群艺馆、博物馆达标改造。推进县级图书馆、文化馆达标工作。完善乡镇综合文化站(中心)。推进城市街道文化活动中心、社区文化活动室和行政村文化大院建设。

——文化和自然遗产保护传承工程。支持列入世界文化遗产名录项目、国家重大文化和自然遗产地、全国重点文物保护单位、大遗址、中国历史文化名城名镇名村保护设施建设，抓好非物质文化遗产保护和传承。健全博物馆网络体系。每个地市级城市和文物大县至少拥有一个功能健全的博物馆。加强文化典籍整理和出版，推进文化典籍资源数字化。深入挖掘民族传统节日文化内涵，广泛开展优秀传统文化教育普及活动。

——文化传播体系建设工程。完善各种公共文化传播载体和实现渠道，提升广播影视、新闻出版传输覆盖和技术创新能力，增强传播力和影响力。加强党报党刊、电台电视台和重要出版社建设，进一步完善采编、发行、播发系统，加快数字化转型，扩大有效覆盖面。建立统一联动、安全可靠的全省应急广播体系。加强广播电视无线覆盖工程建设，实施新闻出版公共服务重大工程项目，发展以数字化内容、数字化生产和数字化传输为主要特征的新型出版业态。扶持针对主要少数民族地区的广播影视和图书出版。

——体育基本公共服务建设工程。推进全民健身场地设施工程建设，重点支持县级公共体育场建设，加快建设一批面向群众、贴近基层的中小型全民健身中心和灯光球场。继续实施乡镇体育健身工程、全民健身路径工程。公共体育设施建设与广场、公园、住宅小区建设结合起来，不断扩大城乡社区配套健身设施和行政村"农民体育健身工程"覆盖范围。支持适合青少年的绿茵工程和小篮板工程等专项体育场地设施建设。扶持全民健身活动中心等全民健身工程建设，改善城乡公共体育设施条件。

专栏4.2-10　提升民族地区基本公共服务水平

——中央和省级继续制定特殊扶持政策，加大财政投入力度。甘肃民族地区受自然地理环境等因素制约，自我发展能力不足、经济基础薄弱、贫困面大且贫困程度深，应采取以投资促增长、以增长促发展的策略。中央和省级应继续制定区域性的特殊扶持政策，加大财政投入力度，强化基础设施建设，为夯实全省民族地区经济基础和民生发展提供资金保证和良好环境。

——解决基础民生问题。继续加大全省民族地区公共基础设施投资和扶贫攻坚力度，着力改善各族群众生产生活基础设施和环境，提升民族地区公共服务和社会发展保障能力。拓展民族地区群众就业渠道，增加收入，改善生活条件。加快推进民族地区城乡一体化的基本公共服务均等化进程，重点发展与各族群众生活密切相关的公共教育、医疗卫生、交通设施和基本养老等，促进民族地区民生的不断改善。

4.2.4 对策建议

4.2.4.1 综合对策措施

推进甘肃省基本公共服务均等化，缩小城乡之间、区域之间、人群之间、不同领域之间的供给差距，必须从组织保障、资金保障、体制改革、人才保障、项目建设等方面积极探索与创新，提出符合甘肃省情的对策措施。

4.2.4.1.1 夯实组织保障

（1）建立甘肃省基本公共服务均等化领导机构。设立推进甘肃省基本公共服务均等化领导小组，由分管副省长任组长，发展改革委、财政厅、经济和信息化委员会、教育厅、民政厅、人力资源和社会保障厅、住房和城乡建设厅、交通厅、农业厅、文化厅、卫生厅、人口计生委、体育局等部门负责同志为成员，领导小组办公室设在发改委。其主要职责是：制定推进甘肃省基本公共服务均等化发展的方针政策。调解甘肃省内部关系，对跨市（州）行政区的事务进行管理与协调。组织建立高层次综合协调机制，协调本地区与中央、其他省份的关系等。

（2）加强《规划》编制，细化基本公共服务实施的配套政策。在编制实施本《规划》的基础上，加快制定各领域基本公共服务的具体标准和配套政策，进一步细化基本公共服务体系建设的要求和任务。同时，加强基本公共服务和社会发展不同领域规划间的衔接。

（3）统筹协调相关部门的职能分工，强化《规划》落地实施。建立顺畅高效的联系、协调、分工协作机制。特别要加强对重点领域、重点地区的规划布局和资金投入，合理整合分散低效的职能、资金和政策。加强对《规划》实施的跟踪分析和督促检查，强化对《规划》实施的综合评价和绩效考核。建立完善《规划》实施的公众参与和民主监督机制，营造全社会关心和参与基本公共服务和社会发展的局面。

4.2.4.1.2 强化财力支撑

（1）加大对基本公共服务的财政投入。坚持以人为本，加大基本公共服务的财政资金投入；调整和优化财政支出结构，做到有保有压、有促有空；结合推进区域协调发展、实施主体功能区规划等一系列政策措施，进一步调整完善激励型财政机制，充分发挥激励导向和基本保障作用，构建以基本公共服务均等化为导向的财政投入及保障机制。

（2）着力增加农村基本公共服务投入，改善城乡财政投入失衡局面。建立健全向农村适度倾斜的基本公共服务财政投入制度，通过对财政支农资金的优化整合，根据农村公共产品性质和级次，把财政资金重点投向农村基本公共服务领域，特别是加大对农村义务教育、农村公共文化、农村医疗卫生和基本社会保障等领域。

（3）不断完善财政转移支付体系，适度均衡区域间的财力投入。加大纵向转移支付的分配优化，针对县级及以下财政困难的状况，不断加大对省以下财政转移支付的力度，逐步缩小各地区、各级政府间的财力差距，促进各地区、各级政府间的财力均衡；同时，要进一步完善甘肃省对财政困难区县的奖补政策，加大省级配套资金力度；此外，加快推进省管县财政体制管理方式改革，减少财政管理层次，提高转移支付资金效率，有效缓解县级财政困难状况。通过财政转移支付，不断提高和均衡甘肃省以及省内各地区、各级政府间的公共服务支撑能力。

(4)努力培植财源，积极争取国家资金支持。甘肃省经济基础薄弱，财力不足，基层财政更加困难，提供基本公共服务及实现均等化，除自身继续努力培植财源增加收入外，要积极争取国家支持，积极争取中央财政转移支付。认真研究执行国家西部大开发、新农村建设、基本公共服务均等化、生态补偿等政策，上报甘肃基本公共服务均等化项目，争取国家加大对甘肃的财政转移支付力度。

4.2.4.1.3　加强人才建设

树立"大人才观"，坚持把发现、培养、使用、凝聚优秀人才作为促进社会事业发展的重要任务。

(1)积极探索多元化的人才吸引政策。按照"不求所有，但求所用"原则，采取长期与短期相结合、引才与引智相结合的办法积极引进人才。针对特殊行业、领域和地区的特需人才，制定工资收入、职务职称、住房保障、家属安置等方面的激励性政策，广泛吸引国内外各类人才集聚。

(2)稳定和盘活现有人才。建立健全甘肃省内不同城市和城乡之间社会领域专业人才合理流动和配置机制，鼓励和引导各类专业人才通过轮岗、支援、交流、锻炼、挂职等多种方式到落后偏远地区、农村地区就业。

(3)加快人才培养。兼顾甘肃省社会公共服务领域的实际需要，扩大省内高校招生规模，鼓励省外高校采取定向委培等多种招生方式，促进毕业生返回甘肃就业；在社会事业建设项目中，做到实施一批项目，培养一批人才，对优秀人才及时给予支持。

4.2.4.1.4　创新供给模式

在坚持公益事业发展由政府主导的原则下，探索基本公共服务多样化供给形式，构建以政府为主导、多元化的公共服务供给体系。

(1)完善政府购买公共服务体系。积极推行政府购买、特许经营、合同委托、服务外包、土地出让协议配建等提供基本公共服务的方式，研究制定分领域、分行业具体政策，包括规范准入标准、资质认定、登记审批、招投标、服务监管、奖励惩罚及退出等操作规则和管理办法。提供基本公共服务的民办机构，在设立条件、资质认定、职业资格与职称评定、税收政策和政府购买服务等方面，与国有企事业单位享有平等待遇。

(2)制定社会资本进入基本公共服务领域的鼓励政策。取消社会资本进入基本公共服务领域的限制，尽量通过市场的渠道来提供更多的基本公共服务产品。在制定规划和配置公共服务资源时，要给非公立机构留有合理空间，特别是配置新增资源时要统筹考虑由社会资本举办服务机构和提供服务。对于公益性的基本公共服务，可由社会组织或其他社会力量来提供，政府应一视同仁，通过财政补贴、特许经营、贷款贴息、税收优惠等倾斜政策给予支持；明确社会资本进入公共服务的重点领域，特别鼓励发展民办幼儿园、职业培训机构、鼓励和引导社会资本举办医疗机构和参与公立医院改制、推动社会资本兴办养(托)老服务和残疾人康复、托养服务等。

(3)大力发展志愿服务和慈善事业。健全志愿服务管理制度和服务方式，推动志愿服务与政府公共服务优势互补、有机融合。积极发展慈善事业，完善慈善捐赠和税收减免的政策措施，充分发挥慈善在基本公共服务提供和筹资等方面的作用。

4.2.4.1.5　改革体制机制

(1)加快公共财政体制改革。从过多地投资于基础领域和竞争性行业,转向更多地用于社会管理和公共服务,加大对基本医疗、卫生防疫、义务教育、职业教育、公共文化、公共安全、社会脆弱群体救助等领域的投入力度,建立以社会公益事业为主体的公共服务型财政体制。

(2)加快投融资体制改革。出台甘肃省社会发展投融资政策和政府投资管理办法,提高政府投资决策的科学化、民主化水平,合理划分审批权限,简化、规范审批程序,规范投资资金管理,改进建设实施方式。

(3)建立有效的监督考评机制。一是转变并完善干部政绩考核体系。从以GDP为取向的政绩考核体系转向以公共服务为取向的政绩考核体系;二是加强基本公共服务一体化监管体系建设。明确甘肃省各级政府、公民和其他组织在提供和消费公共服务方面的权利、义务和责任,合理界定各级政府在公共服务领域作为服务供给者、出资者和监管者的不同职能,建立健全多层次、全方位、多主体参与的监管体系;三是建立基本公共服务综合评价制度。制定评价指标体系和评估办法,重点评估供给水平、需求满足情况和均等化实现程度等。积极引入第三方评估,强化绩效评估的独立性;四是建立一套有效的信息沟通和反馈机制,不断改善政府的基本公共服务水平。

(4)建立基本公共服务均等化的成本分担和利益共享机制。按照互惠互利、合作共赢的原则,对不同基本公共服务项目采取不同利益补偿方式。按照财力与事权对等的原则,合理划分各级政府的事权,强化省级政府在基本公共服务领域的支出责任,建立基本公共服务经费分担机制;对于受益各方的共建共享项目,要在合作项目签约之前,经充分协商,完成产权分割与利益划定;在费用摊分方面,要按照受益程度和协商投资比例,在项目签约之前制定清晰的费用摊分原则,并依照有关行业的专业标准核定摊分数额;对呈现单向流动的基本公共服务项目,要建立相应的利益补偿机制。

4.2.4.2　分领域的对策措施

4.2.4.2.1　基本公共教育领域

(1)加大财政资金和其他资金的投入力度,改善办学条件。一是把教育作为财政支出重点领域予以优先保障,充分发挥教育财政的先导作用。加大教育财政一般性和专项转移支付力度,增加政府对教育的投入,提高公共教育支出占财政支出的比重;二是重点支持“两州两市”(甘南藏族自治州、临夏回族自治州、定西市、陇南市)等贫困地区、农村地区和少数民族地区的基本公共教育发展,优化现有财政资源的配置,并尽量多采用非配套性专项补助方式或大幅度降低地方配套比例;三是多渠道筹资发展基本公共教育。充分运用财政、税收、金融和土地等优惠政策,鼓励和引导社会力量捐资助学、出资办学,扩大教育募捐集资比重。完善捐赠教育激励机制,通过制定和落实个人教育捐赠支出在所得税前全额扣除等一系列优惠措施来鼓励企业、团体或个人积极参与这一基金的筹集。拓展农村基本公共教育资金渠道形成专门用于农村基本公共教育的基金。

(2)建立片区联动机制,促进地区间、城乡间、学校间的教育合作与交流。一是积极鼓励区域内优质学校与薄弱学校合作,组建以优质学校为核心的教育集团、教学联盟,实现优质学校向薄弱学校的辐射、传播,实现优质学校与薄弱学校的设施共享、课程共享、人员共享,推进基础教育均衡发展。二是大力开展地区间、城乡间、学校间教育合作与交流。创新教师交流、教育互访、资源互通,学校合作共建等交流方式,推动优秀教师、优秀课程等教育教学资源的共享。

(3)积极吸引人才,加强教师队伍建设。特别是努力缩小城乡教师队伍的素质差距,解决农村教师队伍老化、结构性缺编等问题,建设一支高质量的农村教育师资队伍。一是创新农村教师补充机制,鼓励优秀教师和毕业生到农村中小学任教。通过提高待遇和补贴,建立农村教师岗位津贴,缩短晋级年限,加快职称评定速度,提供在职培训,改善生活条件,特别是改善农村教师的住房条件等吸引优秀毕业生和稳定教师队伍;二是实行教师定期流动制度,教师在某一学校工作时间满一定年限后,可以调职到其他学校接续任教。健全中小学教师、校长交流制度;三是优化教师队伍结构。在教师招考上注意解决学科结构不合理的问题,加强农村学校薄弱学科教师队伍建设,近期,面向乡镇以下农村学校培养小学全科教师和"一专多能"初中教师。四是实行支教和支援政策。鼓励大学生和骨干老师定期支教。积极推进城镇教师支援农村教育工作,完善城镇、经济发达地区优质学校教师对口支援农村、薄弱学校制度。

(4)健全基本公共教育均等化保障机制。一是建立与经济发展和财政能力增长相适应的基本公共教育财政支出增长机制,保证财政教育拨款增长明显高于财政经常性收入增长;二是健全监督评价机制,保证政策实施效果。第一,切实加大教育执法力度。省教育厅成立专门的规范办学行为的督察队伍,完善教育行政执法监督机制,加强对基本公共教育均衡发展的考核力度,加强政府对区域间、城乡间基本公共教育均衡发展的统筹规划、经费保障、师资力量保证和政策导向。第二,将教育均衡发展纳入政府绩效考评体系中。第三,实施教育行政问责和审计监督制度。加强对经费管理使用的监督和审议,各级人大和政府的有关部门以及新闻媒体等要起到相应的监督作用;三是加强义务教育相关法律法规建设。把基本公共教育均衡发展的方针、政策、制度、措施等用法律法规的形式固定下来,做到有章可循并坚决依法实施,是实现基本公共教育均衡发展的最有力措施之一。

4.2.4.2.2　基本医疗卫生领域

(1)建立政府主导的多元医疗卫生投入机制,优化资金支出结构。明确政府、社会与个人的投入责任,确立政府在提供公共卫生和基本医疗服务中的主导地位。公共卫生服务主要通过政府筹资,向城乡居民均等化提供。基本医疗服务由政府、社会和个人三方合理分担费用。一是完善由政府、社会、集体与个人多方负担的社会医疗保障制度。夯实城镇基本医疗保障,扩大新型农村合作医疗,逐步建立覆盖全民的社会医疗保障制度。政府采取多种形式和方式筹集卫生资金,提高资金的利用效率。引导人民群众参加商业医疗保险,提高抵御疾病风险的能力;二是明确资金支出的重点领域。加大对卫生基础设施、人才培养、重大疾病防治、公共卫生的投入。同时,增加对预防的投入,加大对疾病控制中心、妇幼保健站和专科疾病防治医院资金和设备的投入,以及相关专业技术人员的培养;三是重点支持农村和基层卫生机构建设。甘肃省农业人口众多,农村公共卫生条件差以及资金缺口大,因此必须有计划地逐年加大农村医疗卫生投入比例。

(2)积极培养、引进医学专业人才。一是中高等医学院校要针对甘肃农村卫生实际需要,调整专业设置和教学内容,并采取定向培养等方式,为农村医疗机构输送专业人才,鼓励和引导高等医学院校毕业生到农村工作,以改善和优化农村卫生人才队伍结构;二是制定薪酬、职称晋升等相关激励政策。对到艰苦边远地区和长期在乡镇及以下工作的医疗卫生人员,在工资待遇和职称晋升等方面给予政策倾斜;三是加大现有医务人员的培训力度。坚持急需、适用原则,采取继续教育和进修等形式,定期组织交流和学习,积极提高和优化现有医务人员的知识结构。鼓励农村业务好、留得住、用得上的医务人员,通过成人教育等途径,提高学历层次。加强全科医师培养,建立和完善农村和社区全科医师、护士等任职资格制度。鼓励和组织中高级卫生技术人员定期到基层提供技术指导和服务。

(3)深化医疗卫生体制改革,健全运行机制。以政府为主导,鼓励社会和个人积极参与,探索建立适合甘肃省情的基本卫生保健、医疗保险、基本药物和医院管理制度。一是改革公立医疗机构的管理机制。积极探索医疗机构属地化和全行业管理,理顺医疗卫生管理体制,坚持政事分开、管办分开、营利性和非营利性分开的办医原则。推进医疗机构内部运行机制改革和人事分配制度改革。规范内部收入分配办法,改革和完善收入分配激励机制,按照"按劳分配"原则,向优秀人才倾斜,调动医务人员积极性;二是健全基层卫生机构绩效考核和补偿机制。利用经济杠杆引导病人下沉,建立健全合理的分级诊疗机制,进一步加大上级医院支援基层医疗卫生机构工作力度,使优质医疗卫生资源下沉基层,逐步提高基层医疗机构的服务能力,形成"小病不出乡,大病不出县"的良好格局。

4.2.4.2.3 社会保障领域

按照"广覆盖、保基本、多层次、可持续"的方针,加快推进覆盖全社会的社会保障体系建设,使得城市和农村居民能够享受平等的社会保障。

(1)政府加大投入力度。一是重点安排好养老金缺口补助、做实个人账户资金、社会保险风险基金、就业再就业资金等资金项目,保障必要工作经费,支持基础设施建设,形成与社会保障工作目标任务相适应的财政资金投入机制和激励机制;二是建立健全预决算管理制度,在大力加强社会保险费征缴和支出监督、全面落实企业和个人责任的基础上,明确各级财政对社会保险基金平衡的责任。同时在完善社会保障制度等方面实行更加积极有效的财税、信贷等优惠政策,切实体现政府对社会保障的最终责任和主导作用。

(2)逐步推进以养老保险和医疗保险为核心的城乡统一的社会保障体系。一是建立城乡统一的养老保险制度。健全农村社会保障体系,探索建立与农村经济发展水平相适应,与其他保障措施相配套的农村养老保险制度,合理确定农村养老保险给付水平。促进城乡社会养老保险制度衔接,建立个人账户弹性机制,便利参保人身份转换、缴费方式转变、异地办理等。加强信息化管理,逐步建立市、区县、乡镇、村四级信息网络,促进信息资源共享。二是建立城乡统一的基本医疗保险制度。随着参保人员流动性增强和覆盖面扩大,应设计多层次、差异化参保合约组合,供参保人自由选择。并按照"可选择、可转移、可持续"的要求,探索城镇居民医保与新农合"并轨"的城乡居民医保制度。三是加强城乡社会保险经办服务。按照国家确定的社会保险经办标准,加强城乡社会保险服务一体化网点建设,通过主体建设和购买服务等方式,为城乡社会保险服务对象提供就近、便捷和标准化的服务。

(3)建立与社会保障省级统筹相适应的管理体制。一是统一社会保障行政管理机构。建立统一、高效、精干的社会保障管理系统,改变政出多门、分散管理状况。二是建立统一规范的管理制度。应包括:第一,统一基本制度,即方法、标准的统一。第二,统一管理体制,即各部门、各层级责任、权力的明晰。第三,统一技术规范,即计算机网络、操作程序等方面的统一。三是加强对社会基金的管理和监督,实现社会保障基金的保值和增值。在管理方式上,实行"收支两条线"管理。四是全面推进覆盖全省的社会保障"一卡通"建设。以社会保障卡和跨地区社会保障业务服务为抓手,构建社会保障"一卡通"异地应用平台和专网系统,建立覆盖全省的社会保障卡档案管理信息系统。

4.2.4.2.4　劳动就业服务领域

(1)健全城乡平等的劳动就业和就业服务制度。打破原有的二元就业制度和就业服务制度,为劳动者平等就业和平等享受就业服务创造制度环境。一是清理城乡劳动者差别性就业政策,健全城乡劳动者平等就业制度。在就业准入方面,实行城乡劳动者统一的就业登记和资格准入制度。在就业过程中,建立统一完善的劳动合同制度和劳动管理制度,城乡劳动者应享有同等的就业权益和就业保障,努力实现异地务工人员与城镇就业人员同工同酬;二是统一就业服务政策。建立覆盖城乡、区域均衡、全面共享、服务均等的公共就业服务体系,全面统一公共就业服务标准。以高校毕业生、农村转移劳动力、城镇就业困难人员和零就业家庭为重点服务对象,全面提升就业全过程公共服务能力,努力创造平等就业机会,积极构建和谐劳动关系。

(2)建立劳动就业综合服务平台。每个区县建劳动就业综合服务平台,开展就业和职业技能培训、劳动关系协调、劳动保障监察和调解仲裁、人事人才、劳务输出等服务,提供社会保险参保登记、缴费、待遇核发、关系转移等经办服务。并将服务向街道、乡镇延伸,大力引导劳动者技能和素质提升。

4.2.4.2.5　社会服务领域

(1)形成政府主导、多元参与的供给模式。重点加快发展公益类、慈善类等直接提供社会服务的各类社会组织,增强其自我发展的活力和承接公共服务的能力,尤其要扶持民办社会服务机构的发展,建立财政购买社会服务机制,提高社会服务的科学化、人性化水平,要深化政府职能转变,形成政府和社会力量在提供社会服务方面的合作框架。在养老服务等领域适当引入市场竞争机制,提高财政资金的使用效率,建立政府资金与社会慈善资金和市场投资资金综合利用机制。

(2)建立公众参与的社会服务绩效评估机制。重点建立服务对象的反馈机制,畅通民意表达渠道,把发展社会服务与完善基层民主政治结合起来,落实城乡居民对社会服务的建议权、监督权。建立第三方评估机制,培育专业化的评估机构。

4.2.4.2.6　文化体育领域

(1)提高财政支持力度,设立农村文化建设专项资金。一是提高资金投入总量,进一步提高财政公共文体支出;二是平衡各市州县区财政投入。省级财政根据各市州经济社会发展水平差异,对难以达到"底线均等"的市州县区实行补差,从而弥补其收支缺口;三是建立乡村公共文体服务体系建设专项资金。在现有乡村文体服务投入基础上,探索建立农村文体服务专项资金制度。同时,积极争取国家政策、资金扶持,大力实施文化信息资源共享、农村电影放映、体育健身、科技普及等工程,夯实农村公共文化服务建设基础,促进全省公共文化服务均等化、标准化发展。

(2)加强文化队伍建设,为公共文化有效服务提供人才支撑。一是统筹解决人才缺乏、队伍薄弱等突出问题。落实综合文化站、社区文化中心文化专干编制待遇,确保定编定岗、稳定队伍;二是制定文化管理聘用人员经费补助办法和标准,激发基层管理人员参与文化服务的积极性;三是制定文化管理人员选拔任用机制,切实把热心文化、热爱基层的优秀大、中专毕业生选配到基层文化工作岗位上,强化基层文化专干队伍;四是采取"集中培训"和"下乡辅导"相结合的办法,对文化管理人员、文化骨干进行培训辅导,建设一批热爱文化、业务精湛的基层文化服务队伍。

4.3 基本公共服务均等化和社会发展案例研究

在基本公共服务均等化和社会发展领域,不论国内和国外都有大量的先进经验值得总结和学习,因此本报告着重选取国内外基本公共服务均等化和社会发展水平较高、对甘肃省借鉴意义较强的案例进行研究,以期得到有助于本省发展的经验启示。

4.3.1 国内案例研究

4.3.1.1 研究对象选取

我们选取了分别位于长三角的浙江、珠三角的广东和毗邻甘肃的陕西作为国内案例的研究对象,分别基于如下考虑:

选择浙江的原因在于浙江非常重视基本公共服务均等化的发展,于2008年出台了《浙江省基本公共服务均等化行动计划(2008—2012年)》,是国内最早出台基本公共服务均等化相关规划的省份,并于2013年进一步印发了《浙江省基本公共服务体系"十二五"规划》;另外,根据《中国基本公共服务均等化进程报告》,浙江基本公共服务均等化进程在全国各省级行政区中排名第5位(前四名分别为上海、北京、天津和江苏),说明其相关举措已经取得了良好的实践效果。总之,浙江的案例对甘肃(在上述排名中排第21位)来说具有较强的学习价值。

选取广东是因为其也是推动基本公共服务均等化的先行者,于2009年发布了《广东省基本公共服务均等化规划纲要(2009—2020年)》,是全国第二个发布此类规划的省份,在推进基本公共服务均等化方面同样具有丰富的实践经验;同时根据《中国基本公共服务均等化进程报告》,广东的基本公共服务产出均等化和受益均等化相对进程皆排名在全国前列;而且广东省珠三角地区外的大片山区也处于贫穷落后的状态,地区差距方面与甘肃省情相似。因此广东的经验可以较好地为甘肃提供镜鉴。

选择陕西的原因主要有三点考虑:首先,陕西省和甘肃省在地理、经济、社会和文化等方面具有较强的相似性,因此借鉴意义较强;其次,陕西省的基本公共服务均等化进程相对靠前(陕西省基本公共服务均等化相对进程排名第14位,在西部省份排名靠前);第三,陕西省在2013年10月份发布了《陕西省基本公共服务体系规划(2013—2020年)》。因此陕西的相关经验值得学习。

4.3.1.2　浙江省推进基本公共服务均等化和社会发展实践经验

4.3.1.2.1　浙江省经济社会发展概况

浙江省地处长江三角洲南翼,陆地面积10.55万平方公里,2013年年末常住人口为5498万人。2013年,浙江省人均国内生产总值为68462元,在全国省级行政区中排名第5位;人均一般财政预算支出为8604元,排名第19位。

表4.3-1　浙江各市财政收支情况(2013年)　　单位:万元

城市	财政总收入(亿元)	地方财政预算内收入	地方财政预算内支出	一般性公共服务支出	教育支出
浙东北	4814.88	25606839	27985428	3166934	5167770
杭州市	1734.98	9452020	8557370	915881	1624445
宁波市	1651.18	7928080	9398939	1048949	1484777
嘉兴市	517.49	2823092	3033633	367746	708107
湖州市	271.66	1546646	1976149	236073	415340
绍兴市	502.15	2930721	3121077	384976	705628
舟山市	137.42	926280	1898260	213309	229473
浙西南	1672.49	9606346	14501219	1932542	3427505
温州市	565.63	3239752	4379565	614463	1163545
金华市	415.96	2424721	3222488	385732	765995
其中:义乌市	109.66	633101	616467	108180	140125
衢州市	118.21	727535	1655099	220789	336675
台州市	448.47	2477341	3290300	434685	776018
丽水市	124.22	736997	1953767	276873	385272

资料来源:《2014年浙江统计年鉴》。

浙江虽然是沿海发达省份,但实现基本公共服务均等化也并非是一个轻松的话题,依然存在着公共服务错位、公共产品短缺的矛盾。在涉及民生的基本公共服务财政总量投入不足的基础上,结构不平衡的矛盾尤为突出。因此,浙江在国内率先将基本公共服务均等化放在了政府工作的重要位置。

4.3.1.2.2　2012年前浙江省基本公共服务制度体系建设经验

浙江根据自身省情,将基本公共服务的范畴定义为社会保障、社会事业和公共设施三个维度,具体包括如表4.3-2所示的多个方面。

表4.3-2 浙江基本公共服务范围(旧)

基本公共服务	社会保障	社会就业	统筹城乡就业
		社会保险	养老、医疗、工伤、失业、生育保险
		社会救助	最低生活保障、农村五保和城镇“三无”对象集中供养、住房、医疗和教育等专项救助
		社会福利	对生活能力较弱的儿童、老人、母子家庭、残疾人、慢性精神病人等的社会服务和照顾
		社会慈善	安老、助孤、济困、赈灾等慈善事业
	社会事业	教育事业	学前教育、义务教育、中等职业教育、高中教育
		医疗事业	公共卫生、基本医疗、社区和农村医疗
		文化事业	农村文化、社区文化、群众文化、群众体育、全民健身
	公共设施	公共交通	公共交通设施及服务
		供水供电	覆盖城乡的供水供电网络
		通信网络	广播、电视、网络、邮政、电信
		污水垃圾处理	污水处理、垃圾处理

资料来源:根据《浙江省基本公共服务均等化行动计划(2008—2012年)》整理。

在2008年出台的《浙江省基本公共服务均等化行动计划(2008—2012年)》中,浙江计划到2012年基本公共服务均等化达到如下三大目标:建立健全全覆盖、保基本、多层次、可持续的社会保障体系,切实保障人民群众的基本生活;建立完善配置公平、发展均衡的社会事业体系,满足人民群众教育、医疗卫生、文化等基本公共需求;加快形成布局合理、城乡共享的公用设施体系,城乡生产生活条件进一步改善。

本着突出重点、循序渐进、公平合理、基本均衡、量力而行、积极有为和政府主导、社会参与的原则,浙江投资2170余亿元,实施了包括就业促进工程、社会保障工程、教育公平工程、全民健康工程、文体普及工程、社会福利工程、社区服务工程、惠民安居工程、公用设施工程和民工关爱工程的十大工程,并明确了各工程的目标和责任单位,具体举措如下。

(1)基本公共教育方面,实施教育公平工程。措施包括大力推进义务教育均衡发展、鼓励发展中等职业教育、全面普及高标准的高中教育、发展特殊教育的同时,重视农村教师队伍建设。

(2)基本医疗卫生方面,实施全民健康工程。措施包括着力提升公共卫生服务能力、加强城乡社区卫生基础设施建设、加强基层卫生队伍建设、加强基层计生服务,同时加强食品药品安全建设。

(3)社会保障方面,实施社会保障工程。措施包括加快社会保险全覆盖并完善社会救助体系。

(4)劳动就业服务方面,实施就业促进工程。措施包括实施积极就业政策,多渠道增加就业岗位,努力实现城乡劳动力充分、平等就业。

(5)社会服务方面,实施社会福利工程、社区服务工程、惠民安居工程和民工关爱工程。措施包括发展老年人福利事业,加强未成年人、流浪人员、精神病人等福利机构建设,深入实施残疾人共享小康工程,积极发展慈善事业;加强城乡社区建设、大力发展社区服务、继续推进"千镇连锁超市"和"万村放心店"建设、加快农村信息化建设、加强农村金融服务体系建设;完善城镇住房保障制度、实施"强塘固房"工程,改善农村住房条件;加强农民工权益保障、着力解决农民工社会保障问题、加强和改善农民工子女教育、多渠道改善农民工居住条件。

(6)文化和全民健身方面,实施文体普及工程。加快文化基础设施建设、加大文化下乡"三万工程"实施力度、实施"文化信息资源共享工程"并加快发展全民健身和群众体育。

除了以上工程和措施,公用设施工程还提出了包括加快城市公共交通向农村延伸、加快城市供水供电等设施向农村延伸、加快城市广电和通信网络向农村延伸,以及加快污水处理等设施向农村延伸在内的具体举措,加强城乡公用设施均等化的建设。

经过这些年的努力,到2012年,浙江基本公共服务制度体系已经初步形成,基本实现了"学有所教、劳有所得、病有所医、老有所养、住有所居"。

4.3.1.2.3 2012年后浙江省基本公共服务均等化推进经验

面对新形势,浙江在2012年又出台了《浙江省基本公共服务体系"十二五"规划》,规划坚持整体设计与重点推进相结合、尽力而为与量力而行相结合,以及政府主导和社会参与相结合的三项基本原则。主要目标是按照全面建成惠及全省人民小康社会的总体要求,把完善基本公共服务体系作为进一步保障和改善民生的重要制度安排和重大战略任务予以大力推进。到2015年,建立起比较健全的覆盖全省城乡居民的基本公共服务体系,力争基本实现基本公共服务均等化。包括制度体系完备、供给有效扩大、群众更加满意和发展更为均衡。

《规划》将基本公共服务重新分类为基本生活服务、基本发展服务、基本环境服务、基本安全服务,具体如表4.3-3所示。同时以国家基本标准为基础,结合浙江省实际情况,制定了"十二五"时期各项基本公共服务包括劳动就业公共服务、社会保障服务、基本住房保障服务、基本公共教育服务、基本医疗卫生服务、人口和计划生育服务、公共文化体育服务、生活基础设施服务、公共信息基础设施服务、环境保护服务、生活安全服务、生产安全服务和防灾减灾与应急管理服务的基本标准。并针对各项服务计划确定实施相应的保障工程。

表4.3-3 浙江基本公共服务范围(新)

基本公共服务	基本生活服务	劳动就业服务	就业服务、职业技能培训、劳动关系协调和劳动权益保护
		社会保障	社会保险、社会救助、社会福利、优抚安置
		基本住房保障	城镇基本住房保障、农村困难家庭危房改造
	基本发展服务	基本公共教育	九年义务教育、普惠性学前教育、高中阶段教育、特殊教育
		基本医疗卫生	公共卫生服务、医疗服务、药品供应和安全保障
		人口和计划生育	人口发展服务、计划生育服务
		公共文化体育	公益性文化、广播影视、新闻出版、群众体育
	基本环境服务	生活基础设施	公共交通、供水供电、社区服务设施、农贸市场
		公共信息基础设施	邮政通信、气象设施、地名服务
		环境保护	环境质量、环境安全、生态保护与建设
	基本安全服务	生活安全	食品安全、交通安全、社会治安、消防安全、消费安全
		生产安全	安全生产、职业危害防治、安全教育
		防灾减灾与应急管理	防灾减灾、突发事件应急管理

资料来源:根据《浙江省基本公共服务体系"十二五"规划》整理。

《规划》中均等化的内涵包括促进城乡基本公共服务均等化,要求加强城乡基本公共服务规划一体化、推进城乡基本公共服务制度衔接、促进公共资源向农村流动并且健全城乡基本公共服务均等化管理体制和工作机制;促进区域基本公共服务均等化,要求进一步落实主体功能区基本公共服务政策、着力提升欠发达地区基本公共服务水平、加强基本公共服务均等化的省级统筹职能,并且建立健全区域基本公共服务均等化协调机制;以及促进人群基本公共服务均等化,要求切实保障残疾人基本公共服务权益,加强妇女儿童、老年人等群体的基本公共服务,逐步缩小社会保障待遇的群体差别并且进一步加强流动人口的基本公共服务。同时指出要健全财力保障、服务供给、评估监督等基本公共服务发展保障机制,保障基本公共服务供给规模、质量和效率。

4.3.1.3 广东省推进基本公共服务均等化和社会发展实践经验

4.3.1.3.1 广东省经济社会发展概况

广东省地位于中国大陆南端沿海,陆地面积17.98万平方公里,2013年年末常住人口为10644万人。2013年,广东省人均国内生产总值为58540元,在全国省级行政区中排名第8位;人均一般财政预算支出为7902元,排名第23位。

表4.3-4　广东各市财政收支情况(2012年)　　单位:万元

城市名称	地方财政预算内收入	地方财政预算内支出	地方财政科学事业费支出	地方财政教育事业费支出
广州市	11023961	13436451	521165	2234976
韶关市	614765	1480357	26210	309564
深圳市	14820803	15657078	791239	2462099
珠海市	1625997	2122023	88312	438581
汕头市	963447	1729327	23952	446549
佛山市	3840803	4339550	168320	966523
江门市	1350341	1881150	54117	440191
湛江市	920866	2182446	15815	532741
茂名市	781229	1922682	10198	506828
肇庆市	1038088	1764897	38605	418212
惠州市	2008762	2740831	51031	626047
梅州市	562701	1755253	24303	384374
汕尾市	410919	879872	6822	231324
河源市	376403	1344731	11970	300538
阳江市	431221	1029023	13108	238597
清远市	868722	1720102	19610	403473
东莞市	3563245	3855844	185411	927975
中山市	2018858	2152501	109585	603403
潮州市	319337	778125	14860	196790
揭阳市	566950	1494776	16475	386506
云浮市	367613	951540	15638	211785

资料来源:《2014年广东统计年鉴》。

广东省按地理位置划分为4个区域,分别为珠三角、东翼、西翼和粤北山区。与珠三角发达的经济相比,东翼、西翼和粤北山区(简称东西北地区)也统称为欠发达地区。改革开放,珠三角与东西北地区的经济差距日益增大,对全省经济发展和社会稳定的影响已不容忽视。在此背景下,广东省基本公共服务在投入数量、公平程度等方面与科学发展的要求仍存在不小差距。主要表现为:受地区经济发展和财政收入不平衡以及财政体制因素的影响,发达地区和欠发达地区公共服务供给水平存在明显差异;城乡之间的基本公共服务水平差距明显,基本公共服务设施、基础教育、社会保障水平、医疗卫生资源配置在城乡之间存在较大差距;不同群体之间享受的基本公共服务不均衡,外来务工人员难以充分享受基本公共服务。

4.3.1.3.2　广东省基本公共服务均等化总体思路和具体举措

根据自身省情,广东省于2009年制定了《广东省基本公共服务均等化规划纲要

(2009—2020年)》,作为指导当前及今后一段时期广东省基本公共服务均等化工作的纲领性文件。

《规划纲要》指出,基本公共服务均等化是指在基本公共服务领域尽可能使居民享有同样的权利,享受水平大致相当的基本公共服务。均等化并不是强调所有居民都享有完全一致的基本公共服务,而是在承认地区、城乡、人群间存在差别的前提下,保障居民都享有一定标准之上的基本公共服务,其实质是“底线均等”。按照实现基本公共服务总体适度均衡的要求,广东计划到2020年实现区域间人均基本公共服务支出差距控制在20%以内的目标。综合考虑广东省经济社会发展水平和社会对公共服务的需求,《规划纲要》将基本公共服务的范围确定为如表4.3-5所示的两大类八项内容。

表4.3-5　广东基本公共服务范围

基本公共服务	基础服务类	公共教育	义务教育、高中阶段教育、职业教育、高等教育
		公共卫生	公共卫生服务体系、医疗服务体系、药品供应保障体系、医疗卫生机构管理体制和运行机制
		公共文化体育	公共文化服务体系、公共体育服务体系
		公共交通	城市交通体系、农村客运网络体系、一体化公共交通服务体系
	基本保障类	生活保障(含养老保险、最低生活保障、五保)	城镇职工基本养老保险制度、农村养老保障制度、社会救助体系、社会福利体系、城乡统筹的生活保障体系
		住房保障	特困农户危房改造、边远革命老区村庄整村搬迁安置、城镇基本住房保障制度体系
		就业保障	就业援助制度、创业促进就业服务体系
		医疗保障	医疗服务体系、医疗保障体系、药品供应保障体系

资料来源:根据《广东省基本公共服务均等化规划纲要(2009—2020年)》整理。

广东省在制定《广东省基本公共服务均等化规划纲要(2009—2020年)》时的基本原则是:公平优先,兼顾效率;统筹兼顾,重点突破;政府主导,多方参与;先行先试,完善制度。考虑了以下问题:一是明确规划期从2009年到2020年,分为短期、中期、长期三个阶段,制定规划时要特别注重短期的均等化目标和实施内容;二是注重事权、财权相统一的问题;三是注重研究并改革目前广东省财政体制与公共服务均等化目标不相适应的问题,特别是要把完全意义上的省管县问题提上议事日程;四是注重结合广东省区域发展严重不平衡的情况来研究横向援助机制问题;五是注重基本公共服务均等化和主体功能区的规划结合问题。

各规划期的基本目标是2009—2011年大力推进基本公共服务覆盖工作,2012—2014年重点推动城乡基本公共服务均等化普遍覆盖,2018—2020年总体实现全省基本公共服务均等化,2015—2017年基本实现地区性基本公共服务均等化。同时每个服务领域也设定了建设目标、阶段目标及实现措施。

4.3.1.3.3 广东省基本公共服务均等化体制改革经验

为了实现规划目标，除了各领域的具体举措外，广东省还在改革体制制度方面大做文章，计划实行以下措施。

（1）探索建立横向财政转移支付制度，明确责任，点对点支持，将先富帮后富的历史责任具体化为明晰、稳定的横向转移支付政策机制，与省财政纵向转移支付相补充，推动均等化的实现。按照规划思路，广东省将设定一定时期内全省基本公共服务支出的平均标准和占财力的平均比例，超出平均标准一定范围的市按一定比例转出财力，超出越多转出的力度就越大；与之相应的，低于标准的市则转入财力。

另外，广东省还在2014年11月印发了《广东省深化财税体制改革率先基本建立现代财政制度总体方案》，方案在中央确定的改进预算管理制度、深化税收制度改革和建立事权和支出责任相适应制度三项任务的基础上，将建立基本公共服务均等化的财力支撑机制和构建政府公共资源投入的公平配置机制纳入重点改革任务。这从财政制度上加强了基本公共服务均等化的财力保障。

（2）除了财政手段，实施人口迁移政策，将流动人口纳入基本公共服务均等化范围，也是缩小城乡间、区域间差距的一个重要手段。应当看到，促进人口从农村迁移到城市，从欠发达地区迁入珠三角，不仅有利于推进城镇化进程，而且有助于减轻欠发达地区推动基本公共服务均等化的财政压力，实现区域间基本公共服务水平差距缩小。建立横向财政转移支付制度和实施人口迁移政策，实际上就为目标的实现上了一道“双保险”。

（3）推进事业单位改革，创新公共服务体制，使事业单位成为公共服务供给的主体，降低提供基本公共服务的成本。对事业单位实施分类改革，逐步建立现代事业单位管理体制和运行机制。调整事业单位经费供给方式，变“以钱养人、养机构”为“以钱养事”，采取政府购买服务、合同委托、服务承包等多种方式支持事业单位发展。推进事业单位所有权与管理权的分离，建立新型事业单位法人治理结构，实现对事业单位有效地激励和约束。

（4）在坚持公益事业发展由政府主导的原则下，探索基本公共服务多样化供给形式，建立基本公共服务供给的市场机制，提高公共服务效率和质量。放宽基本公共服务投资的准入限制，通过招标采购、合约出租、特许经营、政府参股等形式，创新政府基本公共服务投资体制，将原由政府承担的部分公共职能交由市场主体行使。探索基本公共服务供给的社会参与机制，充分发挥社会组织在提供基本公共服务方面的积极作用。逐步建立政府行政承诺制度、听证制度、信息查询咨询制度，确保基本公共服务供给充分体现公众需求。

（5）通过建立以基本公共服务为重要导向的政府绩效考评体系，强化对公共部门的约束引导，提高政府提供基本公共服务的效率和水平。将基本公共服务均等化纳入政绩考核体系，建立激励约束兼顾、以基本公共服务为导向的政府绩效考评体系。引入外部考评机制，引导社会中介机构和公众对基本公共服务供给的绩效进行考评，保障公众参与的权利，形成多元化考评主体。按照导向性、整体性和客观性的原则，根据基本公共服务均等化涵盖范围及发展要求，结合整体考评和类别考评需要，设计一套完整、科学、合理的考评指标体系，全面反映和考评基本公共服务均等化的水平以及体制机制、政策实施效果。

4.3.1.3.4 惠州市基本公共服务均等化试点经验

2012年,在《规划纲要》的指导下,广东省根据第一阶段实施的工作基础,又出台了《深入推进基本公共服务均等化综合改革工作方案(2012—2014年)》,选取惠州市作为首个率先试点推进基本公共服务均等化综合改革的城市。工作方案中将基本公共服务均等化的范围进一步扩大,新纳入了公用设施、生态环保、现代服务业、社会管理和社会安全等内容。

表4.3-6 2014年惠州市基本公共服务均等化改革亮点

(部分项目服务标准对比国家和本省情况)

基本公共教育	
义务教育免费	服务标准:普通小学和初中生均公用经费分别高出国家450元、850元 覆盖巩固率:高出国家和省7个百分点
非户籍常住人口子女接受义务教育	目标人群覆盖:高出省10个百分点
中等职业教育免费	毛入学率比国家提高9个百分点
学前教育资助	毛入学率比国家提高8个百分点
劳动就业服务	
劳动合同和集体合同签单率	高出国家和省3个百分点
劳动人事争议仲裁结案率	高出国家和省8个、3个百分点
社会保险	
职工基本养老保险	覆盖水平:高出省8.5个百分点
城乡居民社会养老保险	服务标准:分别高出国家和省50、25元/人每月
基本社会服务	
城乡最低生活保障	服务标准:城镇和农村分别高出省138、232元/人每月
残疾儿童抢救性康复	服务标准:私立康复机构在训残疾儿童补助标准高出国家和省0.8万元
孤儿养育保障	服务标准:机构孤儿基本保障标准分别高出国家和省200、50元/人每月,散居孤儿基本保障标准分别高出国家和省600、500元/人每月
城镇三无人员生活补助	服务标准:高出省818元/人每月
贫困残疾人生活补贴	服务标准:高出省50元/人每月
基本医疗卫生	
基本健康档案	覆盖水平:高出国家和省15个百分点
孕产妇保健	覆盖水平:分别高出国家和省5个、1个百分点
重性精神疾病管理	覆盖水平:分别高出国家和省15个、5个百分点
独生子女父母奖励	覆盖水平:高出国家10个百分点
免费孕前优生健康检查	服务标准:每例高出国家260元,高出省215元 覆盖水平:高出国家和省10个百分点

资料来源:2014年惠州市基本公共服务均等化改革亮点[N]. 惠州日报,2014-9-5,http://e.hznews.com/paper/hzrb/20140905/A2/6/.

惠州自2012年5月启动试点，坚持顶层设计，创新机制建设，以问题为导向，初步探索出了一条具有惠州特色的基本公共服务均等化新路子，逐渐探索创新出了"五大机制"，分别是政府主导、社会参与的多元投入机制；筑网托底、强化基本的服务保障机制；问需于民、双向反馈的需求反应机制；共建共享、均衡发展的资源配置机制；服务范围、服务标准的动态调整机制。

为保证公平度，惠州在全省率先确定免费义务教育公用经费、城乡居民医保财政补贴标准等30个"底线均等"保障项目；为提升均衡性，首创"基本公共服务专项统筹资金"，建立财政横向转移支付机制。同时，建立基本公共服务资源共享机制，率先实施巡教、巡医制度，实现了教育、卫生资源在城乡、县区之间充分流动，有效促进了区域均衡发展；为强化可持续性，实施国有资产授权经营模式改革，建立经营性国有资产收益收缴机制，提高经营效益；同时，运用财政等手段，引导和撬动社会资金投入，形成了政府、市场和社会"三位一体"的多元供给机制。

在建设幸福广东测评中，惠州市连续两年居全省第一，在2012年度全省基本公共服务均等化绩效考评中，惠州市的所有指标均达到优秀等级，目标任务完成率达99.74%，居全省第一。2014年广东将江门、阳江、清远纳入均等化综合改革试点，下一步将扩大到全省范围，全面推动基本公共服务均等化。

4.3.1.4　陕西省推进基本公共服务均等化和社会发展实践经验

4.3.1.4.1　陕西省经济社会发展概况

陕西省位于中国内陆腹地，横跨黄河和长江两大流域中部，西部与甘肃接壤。陆地面积20.58万平方公里，2013年年末常住人口为3764万人。2013年，陕西省人均国内生产总值为42692元，在全国省级行政区中排名第13位；人均一般财政预算支出为9737元，排名第14位。

表4.3-7　陕西各市财政收支情况（2012年）　　单位：万元

城市名称	地方财政预算内收入	地方财政预算内支出	地方财政科学事业费支出	地方财政教育事业费支出
西安市	3969597	5974937	59301	1080419
铜川市	210000	719436	3775	164350
宝鸡市	648466	2035338	16778	539293
咸阳市	691686	2363626	12457	643765
渭南市	550567	2424077	10951	663959
延安市	1392601	2642413	21479	518799
汉中市	300868	1958365	10641	436088
榆林市	2490582	3988792	48166	965976
安康市	216591	1622823	6127	461997
商洛市	214988	1340284	6420	387352

资料来源：《2013年陕西统计年鉴》。

陕西基本公共服务领域存在着如下主要困难和问题。一是基本公共服务供给总量不足。基本公共服务供给规模和质量还难以满足人民群众日益增长的需求，就业、教育、医疗、住房、社会保障等基本公共服务能力和水平相对滞后。而是基本公共服务发展不平衡，农村、贫困地区和针对社会弱势群体的服务有待提升。二是机制体制有待进一步完善。基本公共服务发展条块化、二元化现象仍然存在，城乡区域间制度设计尚需要进一步衔接，管理条块分割，资源配置不合理，社会化、市场化程度不够，服务提供方式较为单一，市县政府财力与事权不匹配等问题仍需着力加以解决。

4.3.1.4.2　陕西省基本公共服务体系规划经验

《陕西省基本公共服务体系规划(2013—2020年)》指出了基本公共服务体系建设的以人为本，保障基本；政府主导，坚持公益；统筹城乡，强化基层；改革创新，提高效率的原则，并明确了如表4.3-8所示的陕西省基本公共服务范围。同时进一步在每项服务范围内明确了服务项目、服务对象、保障标准、支出责任和覆盖水平等方面，例如基本公共教育领域学前教育服务项目中，服务对象是适龄儿童，保障标准是学前一年免费教育，对家庭经济困难的学前一年在园幼儿补助生活费，支持城乡幼儿园建设等，支出责任由省、市、县政府负责，中央财政和适当补助，覆盖水平是目标人群覆盖率100%，学前一年毛入园率达到85%。

表4.3-8　陕西省基本公共服务范围

基本公共服务	基本公共教育	学前教育、义务教育、普通高中教育、中等职业教育
	劳动就业服务	就业服务和管理、职业技能培训、劳动关系协调和劳动权益保护
	社会保险	基本养老保险、基本医疗保险、工伤、失业和生育保险
	基本社会服务	社会救助、社会福利和社会事务、基本养老服务、优抚安置
	基本医疗卫生	公共卫生服务、医疗服务、药品供应和安全保障
	人口和计划生育	计划生育服务、计划生育奖励扶持
	基本住房保障	公共租赁住房、棚户区改造、农村危房改造、扶贫开发整体搬迁、保障性住房管理
	公共文化体育	公益性文化、广播影视、新闻出版、群众体育
	残疾人基本公共服务	残疾人社会保障、残疾人基本服务

资料来源：根据《陕西省基本公共服务体系规划(2013—2020年)》整理。

同时，在不同领域，《规划》还确定了相应的保障工程，具体整理如下：

(1)基本公共教育：学前教育推进工程、义务教育学校建设工程、普通高中教育质量提升工程、中等职业教育基础能力建设工程和中小学教师素质提升工程。

(2)基本医疗卫生：公共卫生服务体系建设工程，医疗服务体系建设工程，住院医师、全科医生培养计划，医药卫生信息化建设工程，药品食品安全保障基础设施建设工程以及实施人口和计划生育服务体系建设工程。

(3)社会保障：省、市级社会保障服务中心建设工程和社会保障卡建设工程。

(4)劳动就业服务：基层劳动就业和社会保障综合服务平台建设工程、人力资源市场建设工程、就业失业动态监测和预警工程和就业培训基地建设工程。

(5)社会服务：居民家庭经济状况核对信息系统工程、综合防灾减灾工程、孤残儿童保障服务工程、养老服务体系建设工程、社会福利和社会事务设施建设工程、城乡社区服务设施建设工程、殡葬服务设施建设工程、残疾人康复和托养服务机构建设工程以及特殊教育学校建设工程;同时,基本住房保障的政策包括确保用地供应、增加政府投入、加大金融支持和落实税费政策。

(6)文化和全民健身:公共文化服务体系建设工程,公共数字文化工程,基层文化活动器材配送工程,文化和自然遗产保护工程,非物质文化遗产保护工程,广播电视村村通、户户通工程,广播电视无线覆盖网建设,应急广播体系建设,体育惠民工程以及城乡阅报栏(屏)系统建设。

在落实不同维度的基本公共服务均等化时,陕西还提出了若干思路:城乡层面上,要加强城乡基本公共服务规划一体化,推进城乡基本公共服务制度衔接,同时加大农村基本公共服务支持力度;区域层面上,要推进落实主体功能区基本公共服务政策,加大困难地区基本公共服务支持力度并建立健全关中、陕南、陕北基本公共服务均等化协调机制;群体层面上,要切实保障残疾人基本公共服务利益,加强妇女儿童、老年人等群体的基本公共服务,逐步缩小群体间社会保障水平差距并加快建立流动人口基本公共服务制度。

落实各项均等化措施的关键是增强公共财政保障能力,对此,《规划》在明确政府间事权和支出责任、完善转移支付制度以及加大基本公共服务保障力度方面也做出了具体要求。在创新供给模式方面,要求建立多元供给机制、分类推进事业单位改革,同时鼓励社会力量参与。

4.3.1.5 国内经验借鉴和启示

从国内先进省份的基本公共服务均等化建设的经验中,我们可以总结出如下几点借鉴和启示。

4.3.1.5.1 要根据自身省情确定合理的基本公共服务领域和目标,切勿好高骛远、贪大求全

基本公共服务均等化和社会发展的基础是地区的经济水平,经济水平较高、有条件的地区往往规定基本公共服务的领域更宽。例如经济较为发达的浙江和广东与陕西相比,就额外将生态环保等公共服务纳入了本省基本公共服务的范畴。但甘肃2013年人均地区生产总值仅为24296元,在全国省级行政区中排名倒数第二,因此如果一味追求与发达省份的同质同量只能拔苗助长,适得其反,这是在已有的扶贫开发等实践中已经证实的经验。甘肃在推进基本公共服务均等化尚处于起步阶段,要在自身财力和人民需求等基础上,尽力而为与量力而行相结合,一方面与国家规划衔接,另一方面确定与自身现状相协调的基本公共服务均等化和社会发展的领域及规划水平。

4.3.1.5.2 要全面统筹兼顾区域间、城乡间和群体间多层次的均等化

基本公共服务均等化,指全体公民都能公平可及地获得大致均等的基本公共服务,而我国各地区差距、城乡差距和不同群体间的差距悬殊,要实现实质的均等化必须同时实现这三个层次的均等化。以上浙江、广东和陕西的相关实践也体现了对这三个层次的统筹兼顾。而甘肃城乡、区域和不同群体间所享受的基本公共服务差距格外突出,因此在推进基本公共服务均等化和社会发展时必须统筹兼顾,考虑全面。

4.3.1.5.3 要从机制体制改革着手，根除不利于基本公共服务均等化和社会发展的障碍

现阶段我国基本公共服务均等化和社会发展水平较低的重要原因是机制体制的不完善，阻碍了社会经济发展。广东省作为改革开放的前沿阵地，在推进基本公共服务均等化的过程中也将机制体制改革放在了最重要的位置，包括财政转移支付体制、事业单位等重点领域的改革，惠州的改革试点也取得了良好的效果。甘肃不管是财政体制还是针对各领域的服务体制都存在着需要改进之处，因此必须重视机制体制改革，从源头上保证基本公共服务均等化和社会发展的顺利进行。

4.3.1.5.4 要明确责任主体、保障工程、具体措施和监督考核机制，全方位保障均等化进程的推进

基本公共服务均等化和社会发展规划的制定是改善民生的重要环节，但是相关部门更不能忽视规划措施的落地实施。以上讨论的各地规划中最重要的共性之一就是都明确地规定了责任主体、保障工程、具体措施以及监督考核机制。责任主体是实施推进各领域均等化和社会发展的相关部门，保障工程和具体措施是规划落地的方式方法，而监督考核机制是保证规划有效实施的必要手段。因此甘肃在制定相关规划时必须明确这些环节和内容，保证责任的一一对应。

4.3.2 国际案例研究

4.3.2.1 研究对象选取

目前，世界上主要的发达国家和地区大都根据自身历史传统和现实国情，构建了各具特色的基本公共服务均等化供给模式：

一是英国的自由主义基本公共服务均等化模式。它较为强调对市场机制的利用，强调在基础教育、公共文化、社会保障等领域发挥市场机制的作用，通过政府购买服务，在基本公共服务供给领域引入竞争和激励机制。这样往往能够充分利用市场主体的专业化优势，提高公共服务的供给效率。

二是以德国和法国为代表的保守主义基本公共服务均等化模式。它强调基本公共服务责任在国家、雇主和个人之间进行合理分配和权利与义务的有机结合，致力于使国家、社会与市场三者在提供基本公共服务方面结成伙伴式合作关系。一个典型例证是，德国在社会保障的管理方面，实行由雇主与劳动者高度自治、政府加以监督的管理体制，其管理社会保障的责任主体包括有不同保险机构、基金会或部门所属地方机构；除失业保险外，社会保险机构均由劳资双方共同参与，实行自治管理，政府不插手干预，但对社会保险机构的运行进行相应地监督。

三是以斯堪的纳维亚国家（挪威、瑞典）为典型代表的社会民主主义基本公共服务均等化模式。它以公民权利为核心，以“公平”作为首要价值观念，确立了福利普遍性和保障全面性原则，对全体国民实行全面保障，国家作为直接责任主体承担着保障全民的义务和责任。在这些国家，政府是公共服务的当然责任主体，不仅承担着直接的财政责任，而且承担着实施、管理和监督公共服务的责任。同时，这些国家的公共服务项目众多，待遇标准也较高，项目设置涵盖了每个社会成员“从摇篮到坟墓”的一切福

利需求，而个人通常不需要支付或低标准支付费用。

四是以新加坡为典型代表的强制储蓄型基本公共服务均等化模式。它强调自食其力、自力更生，国家通过立法手段强制个人或家庭进行储蓄来实现自我保障，然后再进行“查漏补缺”和“兜底”，最终在全社会实现基本公共服务的均等化。以新加坡的中央公积金制度为例，最初只是一种简单的强制养老储蓄制度，后来随着社会经济的发展和收入水平的提高，逐步发展成包括养老、住房、医疗在内的综合性的社会保障制度。在中央公积金制度之外，虽然还有部分救助于福利事业，但在保障国民生活方面的作用均弱于中央公积金制度。

由于第三种模式与中国国情和甘肃省情差别较大，因此我们从其他三种模式的发达国家中分别选取英国、德国和同处东亚的日本进行分析，从中得到甘肃推进基本公共服务均等化和社会发展可以借鉴的经验。

4.3.2.2 英国推进基本公共服务均等化和社会发展实践经验

英国是君主立宪制国家，实行三权分立的政治体制，政府分为中央政府和地方政府两级。同时英国同中国一样同为单一制国家，中央政府拥有对地方政府的规范权和监督权。但中央政府与地方政府的职责划分比较清晰。中央政府主要负担国防、外交、国民健康、环保、高等教育、职业教育等，中央政府集中的收入一般要占总收入的80%左右。地方政府主要负责辖区内的公共安全、公共交通、基础教育等，所需资金大部分依靠中央政府的转移支付。

专栏4.3-1 英国社会政策与公共服务发展现状

第二次世界大战后，英国政府倡导国家福利，致力于为每一个公民乃至居民提供最基本的均等化公共服务，形成了一套完整的有关教育、医疗卫生、养老、社会保障和住房的社会政策。半个多世纪以来，英国政府公共服务投入不断加大，公共服务支出占GDP的比重逐步提高，从20世纪50年代的30%、60年代的40%左右提高到近年来的45%，2011—2012财政年度达到7018亿英镑。从中央与地方在公共服务支出方面的比例看，中央支出大致占74%，地方支出占26%。中央支出中，医疗、养老各占24%，社会福利占11%；地方支出中，教育占32%，社会福利占29%，其他39%主要用于规划、环保与垃圾处理、地方公路和图书馆等。

教育方面，英国实行中小学公立学校学生免学费，约占学生总数的93%；私立学校师资条件、教学设备较好但收费高，约占学生总数的7%。全国有110多所大学和高等教育学院，40%左右的中学毕业生能够接受高等教育。在学校管理和改革方面，英国实行中央和地方政府两级教育管理模式，政府制定教育发展规划、政策及检查评估等，但不直接介入学校具体管理。1988年《教育改革法案》规定，学校“开放入学”，允许家长自主选择学校；并通过下放财务和人事权给学校董事会，允许学校脱离地方教育局接受中央直接拨款等措施，扩大了学校的自主权。1992年《教育（学校）法案》又规定了国家服务标准及相关绩效指标。此外，英国还改革了高等教育拨款体制，更多地吸引社会资本参与，并从2000年开始允许高校增收学费，但困难家庭学生可以获得国家资助。目前，教育投入占英国公共支出的13%。

> 医疗方面,NHS机构是英国"从摇篮到坟墓"福利保障体系的标志,从1948年工党政府创立并颁布《国民医疗服务法》持续至今。1964年《卫生保健法》规定,凡英国居民均可通过全科医生注册而获得由公立医院提供的免费医疗服务。英国卫生部负责制定政策,全国各地分设的100多个地区卫生管理局和委员会负责管理实施,NHS及其分支机构负责具体执行。近年来,NHS体系每年支出1200亿英镑,占公共支出的18%左右,其中约150亿英镑用于购买相关产品与服务。2009年,英国男性平均寿命77.4岁,女性81.6岁;婴儿死亡率4.9‰。
>
> 养老及社会福利方面,英国《国民保险法》规定了一个由多种津贴和补助金构成的综合性社会保险制度。国民保险费分为四类,由雇主和雇员分别缴纳、小商人缴纳、有收入但未就业者缴纳及独立职业者缴纳构成。目前,各种津贴和补助约40多种。其中,领取缴费性津贴的条件是领取人按周缴纳保险费,且须缴足一定期限,大部分津贴属于此类。缴纳保险的公民65岁后可享受国家退休金,直至去世。两者作为国家层面提供的公共服务,其支出分别占英国公共支出的18%和16%。

英国推行基本公共服务均等化和社会发展主要有如下几点经验。

4.3.2.2.1 按照职责清晰、效率优先原则,合理划分中央政府与地方政府在提供公共服务方面的责任

在提供公共服务以及实现公共服务均等化过程中,中央政府的主要职责:一是负责研究制定全国各类公共服务的总体规划、研究制定有关的政策制度等,但不具体管理公共服务事项;二是筹措各类公共服务所需的经费,以均等化为目标,加大对地方转移支付力度,解决财政收支纵向不平衡问题。英国的预算管理也体现了中央高度集权的特点,中央财政收入占全国的70%～80%左右。中央与地方按税种划分收入,不设共享税,税收立法权在中央,但地方可以确定地方税税率。三是参与对公共服务质量和效率监管。地方政府的主要职责:一是负责研究制定本地区各类公共服务的规划、落实中央有关政策等,一般也不具体管理公共服务事项;二是负责筹措地方应该担负的公共服务经费;三是参与对本地区公共服务质量和效率的监督管理。一般来讲,地方政府在实施公共服务管理方面负有更多的责任。

4.3.2.2.2 按照不能不管、不能多管原则,在公共服务管理领域中实行了"一臂之距"管理模式

所谓"一臂之距",原指人在队列中与其前后左右的伙伴保持相同距离,后来为探寻政府在公共服务管理领域"不能不管"和"不能多管"之间的平衡,把这些做法引入公共管理,并按照"一臂之距"的形象比喻设计了英国公共服务管理模式。这一模式的核心内容是政府不直接与公共服务提供者联系,而是由独立于政府之外的非政府公共机构(Non Departmental Public Bodies,以下简称"NDPB")作为政府与公共服务提供者联系的桥梁。在提供公共服务方面,政府、NDPB和具体公共服务提供者各司其职,形成了相互衔接、相互制约、充满活力的机制。政府负责公共服务框架的规划、政策制定、制度设计(包括拨款制度设计)、筹措经费以及服务效果的监管;NDPB作为半政府组织,既与政府部门有着密切联系,但又没有直接的上下级关系,具体负责执行一项或几

项公共政策，以及按照规定的程序、拨款方式和拨款办法，具体计算和拨付财政拨款。公共服务提供者负责向公众提供满意的公共服务，并接受政府、NDPB以及社会的监督和检查。

在英国的公共服务管理领域中，成立了许多“一臂之距”管理机构，比如，教育方面有教育拨款委员会，科技方面有7个研究理事会，文化方面有艺术委员会等。这些机构的一项重要职责，就是按照规定的程序和拨款方式，具体办理政府拨款，并参与对公共服务管理的监督。英国政府并不直接管理公共服务具体事务，包括政府资金的拨款，几乎都是通过NDPB来负责测算和拨付的。这是英国公共服务管理领域的重要特色，被英国视作公共服务管理的一个法宝。

4.3.2.2.3 按照市场竞争、优胜劣汰原则，在公共服务领域普遍引入有限竞争机制，实行准市场化改革

为了提高公共服务的效率和质量，英国在公共服务领域引入了有限竞争机制，实行了准市场化改革。具体做法：一是扩大公众的投票权，使公众在享有公共服务方面有更大的选择权。尤其是在一些基本公共服务项目中，比如，基础教育、公共医疗等，赋予了公众更大的话语权，构建自下而上管理系统；公共服务机构必须根据公众的需求、偏好和预期提供更加有效更加优质的公共服务。二是建立公共服务提供者竞争制度，改变过去政府资金直接拨给公共服务提供者，而是根据提供者服务的消费者数量来确定。这样，不同的公共服务提供者为了吸引更多的消费者，得到更多的政府资金，就会想办法提供更多的服务、更好的服务。三是加强政府对公共服务效率和质量的监管。通过设定均等化目标、制定公共服务标准、评估服务效能和直接干预等措施，构成一个自上而下的管理系统。比如，英国实行的是全民免费医疗制度，所有的公立医院都要给英国公民提供免费医疗服务。因此公立医院收入的唯一来源就是政府资金。原来不管医院能够治疗多少患者，医院得到的政府资金都是相对固定的。现在他们引入有限竞争机制后，医院得到政府资金的多少与其治疗的患者成正比，医院治疗的患者越多，得到的政府资金就越多。通过引入有限竞争机制，较好促进了公共服务提供者不断提高更多的服务并努力减少服务成本、改进服务质量。

需要说明的是，他们之所以不采取完全竞争和市场化，主要是基于公共服务领域所具有的特殊性来决定。与完全市场化改革的最大不同就在于：第一，没有退出机制；第二，有严格的市场准入限制，一般很难进入。尽管按照理论可以实行完全的市场竞争，但实际情况却是很难做到。比如公共医疗领域，如果要进行完全的市场竞争，则需要建立足够多的医院可供顾客选择。而要在一个地方建立足够多的医院则是不现实的。一方面有经济方面的问题，需要考虑资金问题、成本问题、效益问题等；另一方面也有技术方面的问题，建立医院不光需要资金、大楼、设备，更需要优秀的医疗团队，需要优秀的管理团队等。从英国的实际情况看，在一定区域范围内，政府一般要设立两到三家公立医院供患者选择，并鼓励这些医院相互竞争并提供更多更好的服务。这样就既给顾客提供了相对较大的选择权，同时也解决了公共资源合理配置问题，促进了医院相互竞争、提高服务质量。

4.3.2.2.4 按照只求所用、不求所有原则，建立公共资源共享机制

由于历史文化和现实条件等原因，英国公共资源分布还不够均衡。为解决这样的

问题，尽量让不同地区和人群都能享受到优质的公共资源，提高资源使用效益，英国非常重视贯彻“只求所用，不求所有”理念，并按照这一理念设计公共资源共享制度，推进资源共享工作。比如，英国建立了主要由国立中央图书馆负责组织的全国性馆际互借制度；建立了联合信息服务委员会，实施电子图书馆计划，由中央政府投资建立5个全国性中心，促进图书馆馆藏资源共享；实施人文科学研究特藏计划，建设全国范围的带有馆藏信息的书目资源；建设覆盖所有学科的国家电子资源，以应对未来图书馆从印刷型资料为主到电子资料为主的转型，等等。

4.3.2.2.5 按照监管从细、宽严适度原则，建立公共服务质量评估监督制度

英国十分重视对公共服务质量的评估和监督，在制度设计中按照科学精细管理原则既对公共服务的总体框架进行了规范，又注重对每个过程、每个环节进行具体的制度设计。他们在设计公共服务质量评估监督制度的主要做法：一是政府部门与公共服务提供者签订公共服务协议（PSA）。该协议要确定服务机构应达到的总体目标、提供服务的数量指标、质量指标等，并要承诺完成该协议规定的各项任务。二是NDPB根据公共服务协议与公共服务提供者签订服务落实协议（SDA），提出落实公共服务协议的工作方案，把各项任务进行细化落实。三是针对公共服务的特点，建立各种符合不同公共服务的评估制度。但英国对公共服务的评估都是由NDPB或社会其他机构实施的，政府一般不介入具体的评估事务中。四是英国在对公共服务机构进行评估监督过程中，奉行了“越优秀、越自由”的理念。也就是说，只要公共服务机构按照两个协议，认真履行各自的职责，不断降低服务成本、完成服务数量、提高服务质量，在确保实现公共服务目标的条件下，服务质量越高，政府、NDPB对这些机构的监管就会越少，而且还得到的资助就更多。

尽管英国政府有比较有效的公共服务均等化制度、有比较完善的公共服务设施和机构以及很好的公共服务，但目前英国在提供公共服务方面也存在难以解决的问题，最突出的问题有：一是公共服务效率不够高。比如在医疗服务方面，尽管目前英国实现了公众可以全面享受免费的医疗服务，但其效率低下则是公民非常头疼的事情。二是公共服务项目过度竞争，在一定程度上削弱了公平。比如，每年对基础教育学校进行评估，家长可以在学区内根据学校排名自由选择入学，导致优质教育资源需求与供给的矛盾更加突出。三是评价指标的设计有待完善。由于指标设计上存在一些不合理因素，也出现了一些负面影响。比如，一是科研评估体系，在科研成果考核指标设置上，从事基础研究和承担科普工作的比重偏低，而且一些指标过于强调竞争性，导致以评估结果为依据的科研资助向少数高等院校集中，对公益类科研机构稳定支持力度不够。二是在义务教育评估指标设计上，对影响教育质量的各个环节综合考虑的还不够全面，导致学校片面追求某些影响学校排名的指标，很难真正关注学生的全面发展。

4.3.2.3 德国推进基本公共服务均等化和社会发展实践经验

德国是联邦制国家，一共有16个州。这些州享有部分自主权，尤其是在法律、教育、环境、媒体、警察和社会救助以及其他地方事务中。各级政府在管理上

具有独立性，德国宪法明确规定了各级政府的职责和支出责任。各级政府在财政方面的权限划分也有明确规定，实行财权集中，共享税与专享税并存，以共享税为主，注重横向均衡补助的分税制。德国的基本公共服务均等化包括两种：即国家层面上的均等化与区域层面上的均等化，具体经验有如下几点。

4.3.2.3.1 明确公共服务提供过程中中央与地方政府的分工

德国各级政府在公共服务方面的分工比较明确，各自负责全国性或地方性公共产品的提供，同时也进行合作。如联邦政府负责修建联邦道路，州级政府负责州级道路的修建和联邦道路的维护等。与地方政府更加注重执行相比较，联邦政府只有在基本法明确规定或者在地区间外部性严重时才承担公共服务的供给责任，其主要精力放在公共服务的立法上，通过立法来管理和调节各州和地方政府的公共服务供给责任，并通过转移支付来加以保障，从而在全国范围内保证了公共服务的均等化。与中央、州政府相比，德国地方政府在公共服务供给中扮演了主导角色。

4.3.2.3.2 通过立法促进区域经济发展的配合

德国为实现"社会公正"的理念，通过立法形式使之成为联邦及各州必须贯彻执行的依据和基础。德国《基本法》规定：国家必须保持联邦地区内的人民生活条件的一致性的目标要求。在此基础上又制定了以下一些法律：①1967年制定的《稳定法》规定，国家必须促进经济的发展和稳定，联邦政府和各州政府有义务在实施财政援助时保持总体经济的均衡发展；②《空间秩序法》重申，联邦德国的经济发展必须能够保证各地区人民享有共同生活条件或为此创造前提；③1969年的《改善区域经济结构共同任务法》（简称《共同任务法》）中，将区域经济的平衡发展定为联邦政府和州政府的共同任务，将联邦政府和州政府各自的职责范围、应有的促进措施以及有关促进的地区、原则方式等都有所具体化。1990年两德统一后出台《托管法》，并在1995年颁布实施新的《结构调整法》；④1988年制定的《结构援助法》要求，如果有关项目能够避免经济发展中的总体失衡或能够为各地区的经济实力求得平衡，联邦政府则可以对州或地方的重大项目提供经济支持。

4.3.2.3.3 独特的区域财政平衡制度

德国的区域财政平衡制度是以各州间的横向支援平衡为主、联邦政府的纵向拨款为辅的。各州间的横向平衡分为两步：第一步为增值税收入的平衡补差，即增值税中属于州级享用的部分在原则上按人口基数分配的同时，富裕州要先拿出25%（2005年前）的余额给财力薄弱的州作为补差，以使之达到州平均水平的92%。第二步是财税能力方面的平衡。首先按规定测算出各州的财政"能力值"，接着以各州人均税率乘以人口数而得出所谓"财税平衡值"。第三步则为纵向的联邦补充拨款。应该指出，财政平衡主要用于州际公共财政支出能力的平衡，即解决州预算的顺利实施。

4.3.2.3.4 有效的区域经济政策

根据《共同任务法》，为改善区域经济结构所采取的实际措施：提高促进地区的经济收入与创造就业岗位，促进就业水平，通过资金的筹措和注入等手段，以改善基础设施、保障或创造就业岗位，刺激经济发展。具体有：为企业的创建、扩建、改建和合理化改造，或为挽救、安置濒临倒闭的企业提供资金补贴，并向东部及中小企业倾斜；为改善被列入促进区域的基础设施项目所获得的补贴大多比较高；为中小企业的咨询与研究开发项目提供资金。

4.3.2.3.5 借助多方力量的减支增效

近年来，随着公共服务机构“去行政化”的趋势愈加明显，德国已经发展出较为成熟的公私合伙制模式（PPP），主要表现为在提供服务过程中尽可能引入市场因素，采取政府主导、市场化运作的方式，或将一些公共服务项目交由社会团体或私营部门等非政府机构管理，以此来提高管理效率，降低服务成本。这种通过与民营机构签署合约向公用事业领域引入民间资本，达成伙伴关系的模式可采用建设—经营—转让、租赁和特许经营模式等多种操作方式，资金来源也多种多样，包括政府推动资金、地方政府贷款、企业贷款和投资者自有资金等。除了公私合伙制模式，非营利组织在德国提供公共服务也起到了非常重要的作用。根据联邦政府近年来公布的数据，非营利组织在养老和婴幼儿护理等方面所提供的服务占服务总量的60%以上，远远超过企业和政府机构。在德国，非营利组织参与提供公共服务有深厚的历史渊源，德国法规也明确鼓励非营利机构参与公共服务。这类非营利组织多由具有广泛社会基础的宗教组织、政党组织和国际运动组织等转化而来，其参与公共服务的优势在于更容易接近服务对象和更灵活地对服务对象的需求做出反应。联邦政府则主要负责制定法律框架和对服务质量进行监管，在公共服务中起辅助作用，仅提供公共服务经费的基础部分，其他经费主要来源于地方税收和地方政府间横向的财政转移支付。同时，还有其他经费来源于捐助、基金会或者会费等。为了更好地规范公共服务，德国法规为非营利组织参与提供公共服务设定了准入条件和标准，其中包括：具备提供相关社会服务的必要能力和设施；确保资金的使用效率；拥有当地地方政府所不具备的资金或者技术资产；以及确保所提供的公共服务符合德国宪法准则。

专栏4.3-2 德国公共服务领域公私合伙制PPP已较为成熟

在公用服务行业，德国已经有较为成熟的PPP（Public Private Partnership）模式，即是公共机构与民营机构通过签署一系列合约，向公用事业领域引入民间资本，达成伙伴关系的模式。一般采取招标方式选择投资商、建设商和运营商，降低项目建设和运营等环节的成本。采取PPP模式的项目，资金主要来源是政府推动资金、国家预算资金、地方政府贷款、地方政府担保贷款、股权抵押贷款、企业贷款和投资者自有资金等。PPP合作方式可采取BOT（建设—经营—转让）、租赁、特许经营模式、基金模式、经营模式、合作模式等多种操作方式。

尽管PPP模式已经有很多成功经验，但在公私合作时仍可能遇到一些问题，例如围标又称绑标，是指在同一单投标，参与的所有公司事先约定以高于合理价钱竞投，以赚取额外利润，所得由全部公司均分。另外，还可能面临腐败导致的工程质量问题。

为了降低项目暗箱操作的概率,德国加强改进公共服务监管的一个主要趋向是引入被称为"标杆管理"的绩效评估方式。德国各城市为提高公共服务质量专门成立了一个管理联合会(KGST),负责实施"公共交互指标网络"。每一个网络都关注于一定的政策领域(例如儿童抚养、博物馆、街道清洁等)。这个机构于1949年建成,有独立的运营资金来源,因此可以独立于国家和党派机构,使得监管更为客观。许多城市或部门在众多的指标网络中互相合作,通过交换绩效数据,比较自己的表现,力图从其他市政当局或者部门那里吸收好的经验。此外,政府还采取措施,强化市民对政府公共服务的监督。

据介绍,近年来,在德国许多城市,市民在接受政府的公共服务后,通常会要求为政府的服务打分,其中包括服务咨询的质量、现场等待时间长短、政府服务机构是否醒目易找到、工作人员礼貌和友善的程度,等等。

4.3.2.4 日本推进基本公共服务均等化和社会发展实践经验

日本是典型的单一制中央集权国家,行政分为中央、都道府县和市町村三级。二战前,日本的地方政府模式借鉴德国,实行中央高度集权的行政体制,许多行政事务由中央负责,但又部分委托地方办理,这就形成了许多事务由中央和地方共同承担的局面。二战后,地方政府秘史更多地受到了美国地方政府自治精神的影响,建立了地方自治制度,改变了中央对地方的直接管理和领导体制。其《宪法》《地方自治法》和《地方财政法》等法律原则上规定了中央政府及地方政府的事权与职责范围。

财权方面,日本中央负责税收立法,而国税和地方税的划分遵循了三个原则:税源以事权为基础,即"各级政府事务所需经费原则上由本级财政负担";便于全国统一税率征收的大宗税源归中央政府,征收工作复杂的小宗税源归地方政府;将基于能力原则课征的税收划归中央政策,而基于利益原则课征的税收归地方政府。这种税收划分自然造成财政收入和支出倒挂,因此日本重点实行了政府间财政转移支付制度,在实现中央和地方以及地方之间财政平衡过程中发挥了重要作用。

在此基础上,日本推进基本公共服务均等化和社会发展的主要举措包括如下两点。

4.3.2.4.1 改变农村产业结构,加强农村公共服务供给

日本从1959年开始走农村工业化道路,并在此之后一直都采取鼓励农村工业发展的政策,来推动农村产业结构的转变。在农村工业化的过程中,国家通过财政出资,帮助农村地区改善交通、通讯等基础设施,为农村工业的发展创造良好的外部条件,这是日本政府支持农村工业化的主要政策之一。

4.3.2.4.2 完善收入再分配制度

一方面,实施均等化转移支付制度。日本的转移支付制度以平衡各地财力,保证地方各级政府履行职能,提供较为均等的公共服务为主要目的,其转移支付资金由三块内容组成:即地方交付税、国库支出金和地方让与税。具有再分配功能的有地方交付税、国库支出金两大项。日本中央政府在下放事权的过程中,对于义务教育、医疗保

健等一些重要的事权，实行中央与地方共同负责制。中央政府承担这类事务的资金是以国库支出金的形式支付的。日本的转移支付较为规范，地方交付税以《地方交付税法》为依据筹集和分配资金，国库支出金中的各类转移支付也以相关的法律，如《义务教育法》《土地改良法》等为依据。另一方面，健全和完善社会保障制度。日本政府十分重视城乡均等的社会保障制度的建立与完善。1961年日本就已经实现了“国民皆年金”的目标，国民的养老保险制度得以确立。社会保障制度中，再分配效果最为显著的是低收入者生活保障和残疾者生活保障。社会保障政策的普及程度是促进国民福利水平均等化的重要因素。日本政府也为此投入大量的资金，战后社会保障费占GDP的比重一直不断提高，20世纪70年代提高最为显著，甚至超过了10%的比例。

4.3.2.5 国外经验借鉴和启示

可见，发达国家推进基本公共服务均等化和社会发展方面有许多共性同时值得甘肃借鉴之处，我们对其总结如下：

4.3.2.5.1 顶层设计：选择合适的基本公共服务均等化模式

发达国家推进基本公共服务均等化主要有两种思路四种模式。围绕确保政府提供公共服务的能力均等，形成了“财政收入均等”和“收支均衡”两种模式；围绕确保居民享有的公共服务水平均等，形成了“公共服务标准化”和“基本公共服务最低公平”两种模式。综合来看，前一种思路在实践操作中相对简单，后一种思路更接近均等化的最终目标。

第一种为财政收入均等模式。中央政府根据各地人均税收水平进行均衡拨款，同时辅之以一定的专项补助，以确保地方政府提供公共服务的能力均等。例如德国实行收入均等化拨款政策，德国实行横向均等补助政策，对全国的州人均税收收入水平从高到低进行排序，取均值作为补助标准，对低于标准的省或地区给予补助，补助数额为低于标准的差额乘以该地区的人口。同时考虑了成本差异因素，如对汉堡等港口城市，根据人口规模，增加了一定的补助系数。

第二种为收支均衡模式。中央政府综合考虑地方的财政收入和财政支出两方面情况，决定转移支付资金的分配，以地方财政收不抵支的缺口作为拨款依据，适用于横向不均衡较为明显、地区间支出成本差异较大的国家。与前一模式相比，这一制度更为合理，但计算过程也更为复杂。例如日本的地方交付税制度，中央根据地方政府的标准收入和标准支出需求进行再分配，资金来源于中央五项税收按一定比例提成，分配方式是中央直接到基层，即国家财政直接对47个都、道、府、县和3300个左右的市、町、村进行分配。

第三种是公共服务标准化模式。中央和上级政府颁布公共服务的设备、设施和服务的标准，地方政府按照这一标准向居民提供公共服务，中央根据地方财力情况实行专项转移支付。但这一模式比较适用于地域不大、经济发展水平差异较小的国家。

第四种是公共服务最低公平模式。国家根据最低公平的原则制定各项公共服务的最低提供标准，并通过多级政府分担经费保障地方政府有提供最低标准服务的能力。同时，允许并鼓励有财政能力的地方政府提供更多的、质量更高的公共服务，但经费应当由地方政府自己承担。这一模式建立在经济统一体和内部市场的基础之上，又被称为基本公共服务最低供应模式，主要适应于地区差异较大的发展中国家。

而甘肃比较适合基本公共服务最低公平模式。当前，甘肃经济发展水平存在较大差异，城乡差距也呈扩大趋势，上述模式中前两种主要适用于解决区域差距问题，第三种模式在区域间、城乡间采用同一标准可能会超出财政承受能力，只有第四种最低公平模式比较符合甘肃实际情况。这一最低公平模式，可以充分体现基本公共服务均等化分步推进的要求，既顾及了现实财力的可能性，又为不断提高最低标准留下空间。近年来出台的一些基本公共服务政策，如农村义务教育经费保障机制、新型农村合作医疗制度等，都是按这一思路制定的。采用这一模式推进基本公共服务均等化，首先要明确基本公共服务的省级最低标准，可分两步走。第一步，确保欠发达地区、农村和弱势群体都能享受到最低标准之上的基本公共服务，解决“从无到有”问题；第二步，随着政府财力增加提高最低标准，逐步缩小城乡间、区域间的基本公共服务享有水平差距，提高公共服务的公平程度。

4.3.2.5.2　制度保障：建构基本公共服务均等化的法律体系

通过建立和健全基本公共服务法律体系来为实现基本公共服务均等化提供制度保障，不仅仅是世界各国推进基本公共服务均等化的惯例，更是现代基本公共服务发展的内在要求。

在基本公共服务方面，发达国家重视“立法先行”，将向国民提供基本公共服务确立为政府法定职责。基本公共服务均等化在各国实践中表现出来的首要规律，即是先有基本公共服务均等化的相关立法，而后才有基本公共服务均等化的具体实践，是通过构建基本公共服务法律体系来确立基本公共服务制度，并为基本公共服务均等化提供了制度保障。这一点在德国和日本等工业化国家的公共服务立法与制度建设轨迹中是显而易见的。

由于法律制定需要经过一个审慎的、公开的决策过程，而民主社会的立法者往往是民众选举出来并具有民意代言人身份的人，立法先行便表明了国家在建立基本公共服务体系时审慎而负责任的态度，同时也是充分汇集全体国民或绝大多数国民在公共服务方面的意愿的表现。

立法先行还有一层特殊意义在于，政府可以主导基本公共服务制度建设，却不能决定基本公共服务制度。这是因为政府虽然直接掌握着公共权力、控制着公共资源并负有谋取公众福利的责任，但政府始终是推进基本公共服务制度均等化的责任承担者之一，它既不可能包办所有的基本公共服务事务，也不可能单方面决定基本公共服务制度，因为企业或雇主、社会组织与个人在基本公共服务均等化中也承担着相应的责任，并享有自己的发言权甚至选择权。因此，只有通过能够广泛地代表和综合各社会阶层与利益群体的意见的立法机关，才能让基本公共服务制度更加符合各责任方的利益与责任均衡，并促使基本公共服务均等化沿着公平的、法制化的轨道正常发展。

可见，立法先行，通过建立和健全基本公共服务法律体系来为实现基本公共服务均等化提供制度保障，不仅仅是世界各国推进基本公共服务均等化的惯例，更是现代基本公共服务发展的内在要求。

甘肃省作为省级行政区可以在充分考虑民意的基础上制定适合自身省情的地方性法规和规划条例，来引导和规范基本公共服务均等化推进的进程。

4.3.2.5.3　关键环节：合理配置各级政府在公共服务均等化中的事权与财权

科学合理分配各级政府在公共服务均等化中的事权和财权，是各国政府有效履行公共服务职能的必要前提。在西方发达国家，不同层级政府之间的事权和财权分工，一般都遵循英国学者巴斯特布尔(C. F. Bastable)“财政支出三原则”来做出划分：

(1)受益原则。凡政府所提供的服务，其受益对象是全国民众的，则支出应属于中央政府；凡受益对象是地方居民的，则支出应属于地方政府。对于一些设施的收益超出了其所在的城市，如大型水库、发电站、港口等，则应将其支出责任划给更高一级的政府。

(2)行动原则。凡政府公共服务的实施在行动上必须统一规划的领域或财政活动，其支出应属于中央政府；凡政府公共活动在实施过程中必须因地制宜的，其支出应属于地方政府。从地方政府的角度看，支出职能的下放，使地方政府可以更为有效地提供基础设施，因为它们比中央政府更加了解当地的需要。

(3)技术原则。在政府活动或公共工程中，凡规模庞大且技术难度高的，其支出责任应归中央政府。否则，就应归地方政府。

目前，绝大多数国家通过实行分级财政，保障各级政府公共服务支出，但一般由中央政府承担着最终保障责任。为此，不少国家将相关重大立法权归于中央政府，财政收入的大部分由中央政府支配，体现出中央财政的主导地位，但通过中央财政直接投入和转移支付等方式使大多数公共服务支出实际用于地方。对于缩小国内地区发展差异，促进基本公共服务均等化，许多国家是通过财政均衡性转移支付的方式来实现。为此，发达国家还通过立法实现财政均衡性转移支付法制化，并据此建立相对稳定的均衡性转移支付资金来源和分配机制。

比如，德国通过宪法原则性地划分了政府间提供基本公共服务的责任。德国《基本法》规定：“为了普遍的利益必须统一进行处理的事务”由联邦政府负责，其他事务原则上由各州和地方政府负责，同时根据事务的性质和特点，确定一些事务由两级以上政府共同承担。联邦政府的主要职责在于促进公共服务立法，亦即通过立法来管理和调节各州和地方政府之间的公共服务供给责任，再依靠转移支付来给予财政保障，以使各州的财政实力相对等来均衡各州提供公共服务的能力。

4.3.2.5.4　效率保证：推行公共服务供给机制改革与创新

基本公共服务主要由政府负责，不等于由政府包揽。在基本公共服务供给方面，我们应更加重视和强调转变思路、创新制度，扩大其他主体参与，最大限度地调动各方面的积极性。20世纪60年代以来，受到社会形势变化、社会公众要求、财政压力增加等多种因素的影响，世界许多国家和地区纷纷打破政府在基本公共服务供给领域的垄断地位，创新公共服务供给机制，引进外部基本公共服务提供方，推动基本公共服务社会化和市场化，促进供给主体多元化，并提高服务质量和服务效率。

基本公共服务社会化和市场化，就是根据不同服务项目的性质和特点，以社会需求为导向，运用多种形式鼓励各种非营利组织、私人部门乃至社会公众参与兴办公益事业和提供社会服务，形成以政府为主导、各种社会主体以及市场主体共同参与的基本公共服务供给格局。许多国家以法律制度规范、政策和经费支持、政府购买服务和委托经营、建立互惠的合作伙伴等形式，给予非营利组织大力扶持，并为许多服务型市场主体提供了广阔的业务空间，通过政府、市场、社会以及公民等主体多元互动来解决基本公共服务供给问题。

此外，有考核、有评估，各项制度和政策的落实才有保证。政府的公共服务绩效管理和评估体系对基本公共服务均等化改革起到“罗盘式”的校正和指引作用。为提高公共服务效率和反映公共需求满足水平，很多国家建立了公共服务绩效评估系统，将标准化管理思想和管理技术引入基本公共服务提供，实施绩效管理。

因此，在基本公共服务供给方面，甘肃应更加重视和强调转变思路、创新制度，扩大其他主体参与，最大限度地调动各方面的积极性。

课题组成员：高国力　曹忠祥　腾飞　常兴华　魏国学　周玉龙

5 科技创新与战略性新兴产业发展研究

甘肃省发展和改革委员会
兰州大学经济学院、甘肃省科技情报研究所课题组

战略性新兴产业代表科技和产业发展方向，对经济社会全局和长远发展具有重大引领带动作用。创新驱动战略性新兴产业发展，有利于推动产业结构优化升级、促进经济发展方式转变，有利于以新供给促进新消费、高起点构建现代产业体系，对加快经济结构性改革、形成发展新动力具有十分重要的意义。

5.1 甘肃省战略性新兴产业发展现状

5.1.1 战略性新兴产业发展基础

“十二五”期间，甘肃省把培育和发展战略性新兴产业作为转型发展的重要途径，以实施战略性新兴产业总体攻坚战为重点，做强优势行业、做大骨干企业、提升创新能力、完善产业链条、促进区域聚集，战略性新兴产业保持了良好的增长势头，成为促进经济转型升级的重要支撑力量。

5.1.1.1 产业规模不断壮大

在经济下行压力不断加大的情况下，战略性新兴产业保持了较快的增长态势，产业规模不断壮大，全面完成了战略性新兴产业发展总体攻坚战确定的阶段性目标。2015年，全省战略性新兴产业实现增加值821.6亿元，年均增长15.6%，高于同期工业增速4.2个百分点。战略性新兴产业增加值占全省生产总值的比重由2010年的6.56%提升到2015年的12.1%，对经济增长的贡献率达到17.4%。

5.1.1.2 创新能力不断提升

围绕战略性新兴产业发展需求，依托骨干企业、科研院所和高等院校，积极组织实施重点领域创新能力建设和战略性新兴产业创新支撑工程专项，培育建设了一批国家重点实验室、国家地方联合工程研究中心（工程实验室），组建了一批省级创新平台，设

立了能源装备、微电子、电工电器、中药现代制药、农产品干燥装备等5个省级工程研究院，初步形成了以企业为主体、市场为导向、产学研用相结合的区域创新体系，对增强战略性新兴产业的创新能力和核心竞争力发挥了重要支撑作用。到2015年底，全省共设立国家级重点创新平台53家，较2010年底增加25家，认定各类省级创新平台605家，较2010年底增加398家。

5.1.1.3 重点领域优势突出

战略性新兴产业发展总体攻坚战确定的新材料、新能源、生物产业、信息技术、先进装备制造、节能环保、新型煤化工、现代服务业等八大领域均保持了良好的发展势头。其中，生物产业年均增长超过20%，新材料、信息技术和现代服务业成为战略性新兴产业的主导力量，新能源产业取得突破性进展，光电、风电并网装机容量分别达到610万千瓦和1252万千瓦，分别居全国第一、第二位，有色金属新材料、生物医药和先进装备制造等领域初步形成了特色鲜明、创新能力强的专业化产业集聚地，战略性新兴产业重点领域优势日渐突出。

5.1.1.4 骨干企业带动强劲

围绕电子信息产品制造、生物医药、生物育种、高性能金属材料、化工新材料、先进装备制造、新能源装备制造等优势行业，确定了38户在行业内具有明显优势地位的骨干企业。通过改革财政资金投入方式，促进企业优化股权结构提升融资能力、加大研发投入调整产品结构，组织实施战略性新兴产业骨干企业技术路线图，助推骨干企业加强技术集成、产品创新，企业规模不断扩大，盈利能力不断提升，引领和示范带动作用显著。2015年，骨干企业中有23户销售收入实现2位数增长，有9户企业增速超过30%。

5.1.1.5 聚集效应初步显现

加快推进金昌国家新材料高技术产业基地和兰州国家生物产业基地建设，金昌新材料基地已成为我国最大的镍基新材料、印花镍网、钴基新材料、铂族贵金属新材料基地；兰州生物产业基地在生物制药、现代中（藏）药、生物医学工程、生物育种、兽医生物制品等重点领域，形成了具有市场竞争力的产品群和产业链。二次电池及电池材料、太阳能热利用、生物质基材、微电子及有色金属新材料等5个省级战略性新兴产业创新创业示范园基础设施不断完善，产业链条不断延伸，聚集效益初步显现。

5.1.1.6 支持政策不断完善

围绕财税、融资、土地、人才等方面，制定出台了一系列支持战略性新兴产业发展的政策措施，建立了战略性新兴产业协调推进机制，为产业发展营造了良好环境。创新财政资金投入方式，以基金和股权投资方式支持企业发展，设立了战略性新兴产业创业投资引导基金，吸引社会资金设立了6只参股创业投资基金，基金总规模达16亿元。新设立20亿元兰白试验区技术创新驱动基金。争取国家新兴产业创业投资引导基金支持，参股设立了4只新兴产业创业投资基金，基金总规模达11亿元。积极引导金融机构加大信贷投放，2015年底，全省战略性新兴产业领域贷款余额达691.5亿元。

5.1.2 战略性新兴产业发展存在的问题

甘肃省战略性新兴产业发展总体上尚处于起步阶段,仍然面临严峻挑战和突出问题。近年来,各省区纷纷出台了加快发展战略性新兴产业的政策措施,把发展战略性新兴产业作为产业升级的重点和突破口,产业竞争将会更加激烈,市场压力将进一步加大;甘肃省产业发展长期以能源、原材料等重化工业为主,产业发展主要依赖传统产业的规模扩张,缺乏创新经验和创新思维;体制机制还不能完全适应新常态下创新驱动发展的要求,创新资源和创新要素相对较少,没有形成有效集聚;战略性新兴产业总体规模较小,难以弥补传统产业增长动力弱化形成的缺口;产业配套能力弱,尚未形成上下游关联融合发展的产业链;与全国相比,甘肃省战略性新兴产业尚处于产业链的较低层次,大多数企业缺乏自主知识产权和领先的核心技术,特别是在高精尖领域产业基础和技术薄弱;企业高层次专业技术人才和高技能人才比较缺乏,产学研用融合度还不高,科技成果没有实现有效转化。

5.2 甘肃省战略性新兴产业发展方向

5.2.1 战略性新兴产业发展原则

甘肃省战略性新兴产业的发展,必须从实际情况出发,牢固树立创新、协调、绿色、开放、共享的发展理念,以创新驱动发展战略为引领,坚持市场主导、创新驱动、重点突破、引领发展培育增长新动能,形成发展新优势。

5.2.1.1 市场主导与政府引导相结合

充分发挥市场对配置资源的决定性作用,遵循市场经济规律,使企业成为技术创新和产业发展的主体。有效发挥政府的规划引导、政策激励和组织协调作用,营造良好的市场环境,激发各类市场主体的活力。

5.2.1.2 自主创新与开放共享相结合

在强化自主创新的同时,汇聚和利用国内外创新资源,提高创新要素配置效率,推动合作创新与开放共享创新,在重点领域关键技术研发应用方面实现突破。充分利用实施“一带一路”战略的历史机遇,加强对内对外开放合作,助推战略性新兴产业加快发展。

5.2.1.3 重点突破与整体提升相结合

统筹规划,集聚要素,集中力量,率先在新材料、新能源、生物医药等优势领域和关键技术上取得突破,形成一批上接特色优势产业、下延终端消费市场,具有较高技术含量和辐射带动作用的产业链,全面提升战略性新兴产业的发展水平和竞争能力。

5.2.1.4 骨干企业引领与促进产业聚集相结合

发挥骨干企业带动作用,强化配套企业集聚,实现重点领域突破发展。依托产业基地和产业园区,以产业价值链为中心,完善产业链条,增强配套能力,推进产业集群化、集约化、规模化发展,提升战略性新兴产业的规模水平和聚集能力。

5.2.1.5 发展新兴产业与提升传统产业相结合

强化战略性新兴产业与传统产业融合发展,促进新技术、新工艺向传统产业各领域和环节渗透,推动传统产业的高端化发展,构建传统产业与战略性新兴产业协调联动发展的格局。依托科技创新催生新业态新模式,创造新供给提供新服务,培育新消费满足新需求,使新兴产业成为实施供给侧结构性改革和"补短板"的重要内容。

5.2.2 战略性新兴产业选择基准

区域战略性新兴产业的发展,在遵循上述原则的基础上,必须按照合理可行的选择基准,明确发展方向。充分借鉴国内外相关研究成果,战略新兴产业的选择基准应当包括:区域发展战略基准、市场需求基准、经济效益基准、技术创新基准、产业关联基准、资源利用和环境保护基准。

5.2.2.1 区域发展战略基准

区域战略性新兴产业的选择,首先必须在总体上符合区域发展战略,必须有利于充分发挥区域比较优势,必须符合在国家战略性新兴产业发展中的定位。区域发展战略基准体现了区域战略性新兴产业的地域性特征,具体可以用区位商、产业贡献率和产值比重等指标来衡量。

5.2.2.2 市场需求基准

市场需求是产业发展的前提条件。较大的市场需求,能够吸引更多的资金、人才和技术等生产要素进入战略性新兴产业内,并进一步加速提升创新能力。市场需求主要包括市场规模和发展潜力,具体可以用市场竞争优势指数、市场占有率和需求收入弹性等指标来衡量。

5.2.2.3 经济效益基准

良好的经济效益即是发展战略性新兴产业的基本出发点,同时也是战略性新兴产业进一步发展壮大的依托。经济效益基准可以用产业利税率、就业比重和就业密度等指标来衡量。

5.2.2.4 技术创新基准

战略性新兴产业以重大技术突破为基础,科技创新是战略性新兴产业发展的动力源泉。新技术、新工艺、新产品的研发应用,对战略性新兴产业乃至对整体经济的发展,都具有关键性的作用。技术创新基准可以用比较劳动生产率、技术研发密集度和产业技术进步率等指标来衡量。

5.2.2.5 产业关联基准

战略性新兴产业对区域经济社会长远发展所具有的引领带动作用,基于其对其他产业部门的前向、后向和旁侧关联效应。产业关联基准可以用感应度系数和影响力系数等指标来衡量。

5.2.2.6 资源环境基准

战略性新兴产业发展必须满足环境友好、资源节约的基本要求，否则，其发展将是不可持续的。能源消耗产值率和三废治理率等指标可以反映产业发展对资源利用和生态环境的影响。

5.2.3 甘肃省战略性新兴产业发展重点领域

根据战略性新兴产业选择基准，以甘肃省38个工业行业为分析对象，运用因子分析法和聚类分析法进行评价。以工业行业的综合得分及排名为基础，参照《战略性新兴产业重点产品和服务指导目录》，结合甘肃的实际情况，同时充分借鉴发达国家和国内其他地区的经验，甘肃省战略性新兴产业发展的重点领域见表5.2–1。

表5.2–1 甘肃省战略性新兴产业发展重点领域

产业类型	重点领域
新材料产业	有色金属新材料、稀土新材料、化工新材料、高性能结构材料、绿色镀膜新材料、碳素新材料领域、新型建筑材料等。
新能源产业	风力发电、太阳能发电、生物质能、核燃料及核技术应用等。
生物医药产业	现代中药、生物制药、生物医学工程、生物农业等。
信息技术产业	电子信息产品制造、软件产业、信息服务业等。
先进装备和智能制造业	新型大型装备、智能电工电器装备、现代农业装备、轨道交通装备、新能源汽车及动力电池、通用航空装备、新型专用装备等。
节能环保产业	节能领域、环保产业、资源循环利用等。
新型煤化工产业	新型煤化工技术应用、煤炭分质利用等。
现代服务业	电子商务与现代物流、研发设计与科技服务业、金融与保险服务业、文化与旅游服务业、养老与保健养生服务业等。

5.3 甘肃省战略性新兴产业发展路线

5.3.1 新材料产业

依托甘肃省原材料产业的基础和优势，以兰州石化、金川公司、白银公司、甘肃稀土公司、酒钢集团等大型企业的技术和产品为重点，加大新产品的研发和新技术新成果的转化应用，延伸拓展产业链，完善优化产业配套，加快新材料产业发展。加大新材料技术攻关和研发，加快产业化步伐，大力发展有色金属新材料、化工新材料、新型功能材料和高端结构材料等新材料，拓展新材料应用领域，把新材料产业培育成为支柱产业。

5.3.1.1 重点发展领域

5.3.1.1.1 有色金属新材料

围绕国家有色金属新材料产业基地建设，推进金昌国家有色金属新材料战略性新兴产业区域集聚发展试点，重点发展锂离子电池正极材料，镍铜钴及氧化物粉体材料，镍钴高纯金属、高性能合金、粉末冶金等镍钴新材料；开发高档电解铜箔、高强高导铜合金线材、精密铜/镍合金加工材、高性能特种铜管铜材、新型铜基电工材料等；发展高纯硫酸铜、微晶磷铜球等高端电镀材料；开发贵金属医药中间体、高纯贵金属、贵金属粉体材料以及贵金属催化剂等系列产品，形成以镍钴铜为主的有色金属新材料产业集群。

5.3.1.1.2 稀土新材料

发挥甘肃稀土公司稀土加工分离的优势，以稀土功能材料为重点，加大高端稀土功能材料产业化关键技术研发，做精、做优、做特、做细稀土加工分离产业，拓展稀土新材料应用领域，促进稀土加工分离材料向高端产品延伸。重点发展稀土研磨、贮氢、永磁、发光等稀土功能材料，实现由稀土分离产品生产向高端稀土应用材料、功能材料生产的转变，形成具有国际竞争力的稀土材料及其应用产品产业链。

5.3.1.1.3 化工新材料

发挥兰州石化、银光公司、水性科天等骨干企业在工程塑料、特种橡胶、水性树脂、水性合成革、特种涂料、氟化工、化工助剂和催化剂等方面的原料和技术优势，以兰白科技创新改革试验区为重点，优化布局化工新材料产业园，延伸发展精细化工、新型化工材料等下游产业，形成具有市场竞争优势的丁苯和丁基橡胶、水性树脂材料、聚苯硫醚、化工催化剂和助剂等产业链。

5.3.1.1.4 高性能结构材料

依托酒钢集团，以优质不锈钢、硬质合金钢、高性能碳钢为基础，积极开发建筑结构用钢、复合板材、新型不锈钢等结构性、功能性新型钢材。依托有色金属资源优势，开发高端铝合金、钛合金、镁合金，高强铝合金板材、航空铝材、轻量化轨道交通用铝合金材、汽车用铝板材等轻质高强度合金材料。依托郝氏碳炭纤维公司、蓝星碳纤维公司、康博丝特碳纤维公司等企业，发展高强型碳纤维原丝及碳纤维复合材料制品，拓展碳纤维在航天航空、军工等领域的推广应用。

5.3.1.1.5 其他新材料

绿色镀膜新材料领域，重点发展绿色镀膜新材料、新型核辐照材料，以及钕铁硼等稀土材料表面镀膜装备、宽幅带钢连续真空镀制特种功能薄膜成套装备、铜铝带材连续真空镀太阳能选择性吸收膜、太阳能聚光反射镜太阳能高温真空集热管等。碳素新材料领域，重点发展石墨烯、高温气冷堆用炭/石墨堆内构件、电解用石墨电极、超细结构等静压石墨、中粗结构石墨、太阳能用储能炭材料、光伏产业用炭/石墨材料等高性能炭/石墨材料、锂离子电池用石墨负极材料。新型建筑材料领域，重点推进建材行业资源综合利用、节能减排和产品结构调整，加快新工艺推广应用，积极发展节能、节材、轻量化、高品质新型绿色建材产品。依托兰州四联光电科技公司、润晶新材料公司培育发展LED和蓝宝石产业，推进LED封装和蓝宝石生产及应用。

5.3.1.2 重点产业链构建

5.3.1.2.1 镍钴新材料产业链

围绕金昌新材料国家高技术产业基地建设，依托金川集团公司、金昌鑫盛源金属材料公司、金昌宇恒镍网股份有限公司等骨干企业，加大有色金属压延加工技术、材料连续合成、掺杂改性技术、合金化过程控制技术等研发应用，发展电池材料、羰化冶金产品、镍/铜合金产品、贵金属系列产品、粉体材料及粉末冶金制品、电工材料、电镀材料等，推进国家有色金属新材料战略性新兴产业区域集聚发展。

5.3.1.2.2 稀土功能材料产业链

依托甘肃稀土公司等骨干企业，重点突破新型稀土材料及促进稀土平衡应用技术、高端稀土功能材料产业化应用关键技术，开发稀土永磁材料、稀土抛光粉、稀土贮氢合金粉、稀土金属、稀土发光材料、稀土催化材料等系列产品，打造由稀土分离产品向稀土功能材料延伸的产业链。

5.3.1.2.3 新型铝合金材料及深加工产业链

依托铝、铜等有色金属资源优势，开发高强高韧系列铝合金冶炼加工技术，发展新型铝合金材料及深加工产品，积极向轨道交通用铝、建筑铝型材、汽车轮毂、铝制车厢及集装箱、铝膜板、铝制换热器等终端产品延伸，打造铝合金新材料精深加工产业链。

5.3.1.2.4 高端铜材产业链

以金川公司、白银公司和正威铜业为骨干，突破铜及铜合金材加工关键技术，适应市场需求，发展大口径白铜成品管、超长冷凝管、矿物绝缘电缆护套管、白铜盘管、电力行业异型管、新型微晶铜铬电工材料、刚性接触网用铜铝接触线、柔性接触网用铜包碳纤维接触线等产品，进入船舶制造、海洋工程、海水淡化、高速列车、电气化装备制造等终端领域。进一步调整紫铜管、棒产品结构，逐步向附加值较高的异型管、无氧铜管、无氧铜棒产品过渡。

5.3.1.2.5 优质不锈钢产业链

以嘉峪关不锈钢工业园为依托，以酒钢公司、三威公司和甘肃海斯特不锈钢制品公司等骨干企业为重点，围绕工业、生活、医疗器械等领域，发掘市场潜力，开发新型双相不锈钢、无菌不锈钢、铁素体不锈钢、节镍型不锈钢和下游系列产品。支持酒钢公司通过战略合作，进入核电、军工、航天航空、船舶制造等领域。

5.3.1.2.6 丁苯和丁基橡胶产业链

围绕建设国家石化新材料产业化基地，依托兰州石化公司的资源优势，重点发展丁基橡胶、乙丙橡胶、丁腈橡胶等国内紧缺橡胶品种，积极开发和引进氟硅橡胶、丙烯酸橡胶、异戊橡胶等高性能橡胶。

5.3.1.2.7 水性树脂材料产业链

以兰州新区科天集团为龙头，以水性高分子材料创新应用为重点，围绕水性树脂、水性合成革、水性建筑涂料、水性装修材料、水性家具材料、水性高分子材料功能化、智能化产品等领域，发展水性超纤合成革、水性智能膜、水性智能化模块式多功能墙体材料，绿色水性聚氨酯及其应用等系列化的环保产品，形成水性高分子材料、水性合成革制品、环保家居、水性树脂功能化、智能化产品产业链，打造兰州新区水性科技产业园。

5.3.1.2.8 聚苯硫醚产业链

以敦煌西域特种新材股份有限公司为依托，研发硝化、光化、氢化等特种化工核心技术，芒硝尾矿资源开采工艺技术，硫化钠焙烧尾气余热利用和聚苯硫醚合成工艺等技术，开发芒硝、元明粉、硫化钠、聚苯硫醚等基本产品，打造聚苯硫醚多级产品的循环经济产业链。

5.3.1.2.9 化工催化剂和助剂产业链

依托兰州石化催化剂厂、兰州助剂厂等重点企业，围绕石油炼化、高分子材料、精细化工、合成材料等领域，重点在催化裂化、加氢、氧化、异构化、自由基聚合等关键技术和产品方面实现突破，发展石油化工催化剂、过氧化物系列引发剂等各种不同用途的高活性、高收率催化剂和助剂。

5.3.1.2.10 新型碳纤维材料产业链

以郝氏碳纤维公司、蓝星碳纤维公司、康博丝特碳纤维公司为依托，突破高性能碳纤维工程化核心技术和通用碳纤维低成本应用技术，扩大高强型碳纤维原丝生产能力，加快碳纤维下游复合材料制品研发，推动碳纤维复合材料制品在高铁、船舶、汽车和工业真空炉等高端装备制造领域的普及应用，形成碳纤维基础材料和复合材料制品相对健全的产业链条。

5.3.1.2.11 新型碳素石墨材料产业链

以方大炭素公司为依托，开展碳素前沿技术研究，加大超大高石墨电极、新型高炉炭砖、石墨阴极等新产品的研发，重点开发特种石墨、核电炭/石墨、炭/炭复合材料、锂电石墨负极材料、石墨烯、超级电容器用活性炭、氟化石墨及光伏用炭/石墨等高端产品，不断拓展碳素新材料应用领域，打造碳素新材料产业链。

5.3.1.2.12 绿色镀膜新材料产业链

以兰州大成科技公司为依托，利用真空复合镀膜集成技术，以聚光太阳能、绿色镀膜新材料、绿色镀膜技术装备、高真空获得与熔炼装备等为重点，引进聚光太阳能和绿色镀膜装备配件生产等上下游配套企业，打造“绿色镀膜装备—聚光太阳能关键件—聚光太阳能集热单元—聚光太阳能光热利用系统集成”的完整产业链。

5.3.1.2.13 新型建筑材料产业链

加快发展新型墙体材料、新型镀膜玻璃、新型防水密封材料、新型建筑装饰材料、新型保温隔热材料等新型建筑材料。推进建材行业资源综合利用、节能减排和产品结构调整，加快新工艺推广应用，积极发展节能、节材、轻量化、高品质新型绿色建材产品。

5.3.1.2.14 新型核辐照材料链

以中科院近物所及其下属的武威科近新发公司为依托，利用重离子加速器辐照、紫外线敏化、化学蚀刻后处理等技术，研发重离子微孔膜为基膜的系列精密筛分材料及产品，建设电子加速器辐照材料加工中心，利用电子加速器的辐照改性特性，实现材料的交联、固化、接枝和裂解，生产各类辐照改性材料。

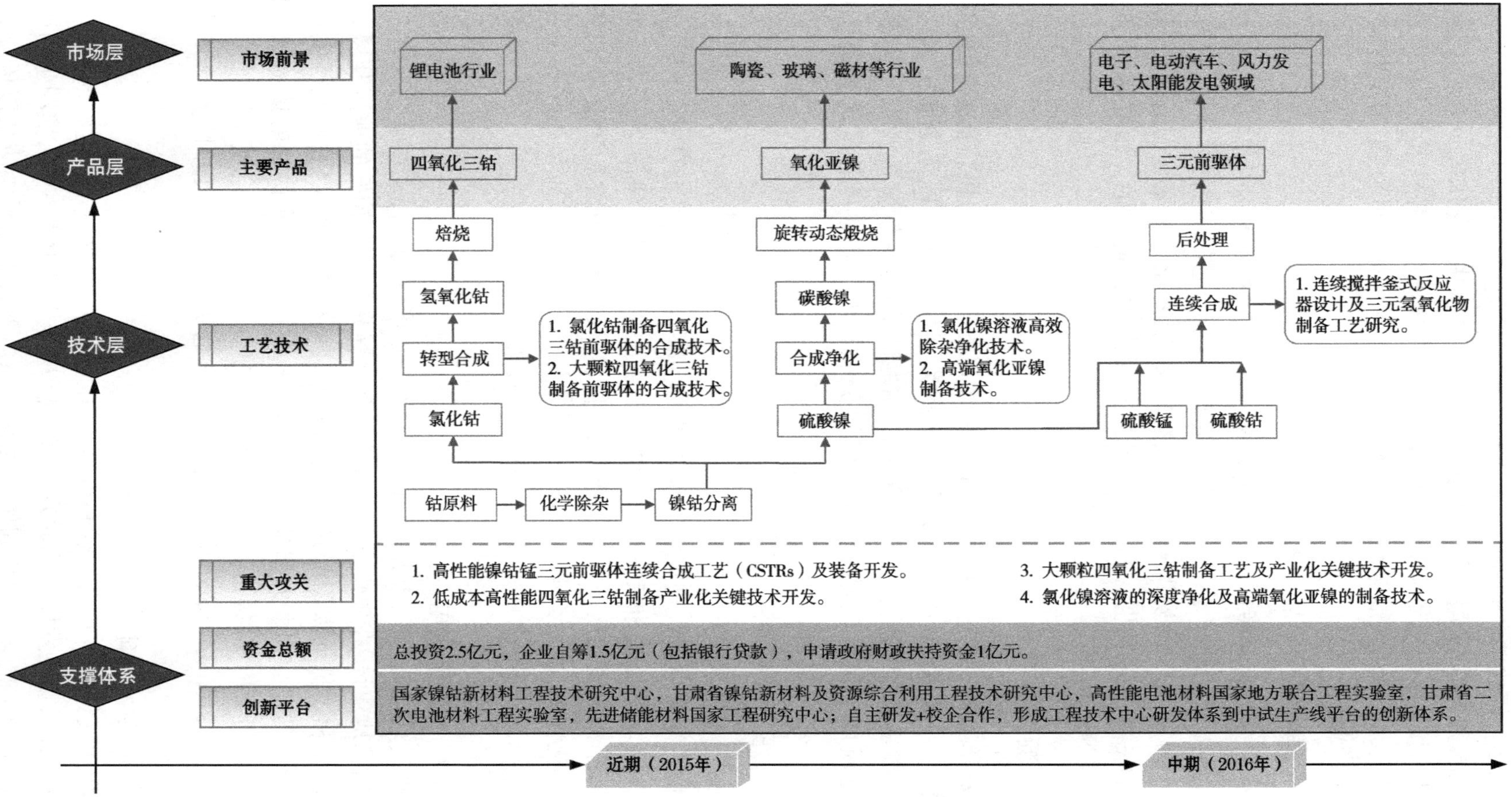

图5.3-1　兰州金川新材料科技股份有限公司技术路线图

5.3.1.2.15 氟化工产业链

利用白银氟化盐、碳酸铝等产业技术优势，以白银中天化工等企业为重点，由传统氟化工向精细氟化工、电子氟化工转变，建设无机氟化工和有机氟化工生产基地。围绕氟、锂、硅三种元素，发展氟化锂、六氟磷酸锂等高性能氟材料，形成氟材料、锂电材料等氟化工产业链。

5.3.1.3 典型企业发展技术路线

兰州金川新材料科技股份有限公司是集基础研究、产品开发、生产和销售于一体的国家级高新技术企业。公司专注于钴金属、二次电池及电池材料、磁性材料、钴资源开发及生产销售，是二次资源再生利用、进料加工、专业技术服务领域内中国最大、世界第二大的钴类产品专业生产商。创新发展重点主要集中在三元前驱体、四氧化三钴、氧化亚镍等产品领域。

5.3.2 新能源产业

依托资源禀赋，结合发展需要，坚持稳增风光电装机，强化新能源消纳和转化利用，加大电力外送，稳步开发生物质能，有序发展核应用产业，不断提升新能源开发利用水平，推进新能源装备集成化发展。开展"互联网+智慧能源"行动，发展智能电网，促进新能源就地消纳，培育新能源关联产业，实现新能源优势资源的有效转化。

5.3.2.1 重点发展领域

5.3.2.1.1 风力发电

积极推进酒泉向特大型风电基地迈进，建成白银、武威民勤、庆阳环县、定西通渭等百万千瓦级风电基地，推动平凉、天水等地分散式风场开发建设，在金昌武威地区布局建设千万千瓦级风光互补发电基地。通过大规模的风电开发和建设，促进风电技术进步和产业化发展，建设大型风机研发平台，实现大型风电技术装备成套化、集成化、规模化。"十三五"期间全省新增风电装机1247万千瓦，2020年，累计并网装机容量达到2500万千瓦。

5.3.2.1.2 太阳能发电

积极推进敦煌、金塔、肃州、嘉峪关、金川、凉州、民勤、高台等8个百万千瓦级大型光伏发电基地建设，在敦煌、金塔、玉门、金昌等光热条件较好的地区开展太阳能光热发电示范工程。推动太阳能光伏、光热发电装备研制和产业化，由光伏发电组件向发电成套设备延伸。加大太阳能建筑一体化构件、分布式光伏发电技术及太阳热能民用新产品的研发应用，提高光伏产业市场竞争力。2020年，全省太阳能并网发电总装机容量达到1100万千瓦，其中并网光伏发电990万千瓦、并网光热发电110万千瓦。

5.3.2.1.3 生物质能

以生物质气体燃料和液体燃料综合利用为重点，研发高效的生物质能转化技术，开发多联产技术，重点发展生物质发电、沼气和生物质液体燃料等，推动生物燃料产品高值利用和生物质全链条综合利用。加强生物质能技术原料供应从以传统废弃物为主向利用新型资源转化。科学开发、引进、种植与当地环境条件相适宜的能源作物，适度发展生物燃料乙醇、生物柴油和生物质直燃发电。

5.3.2.1.4　核燃料及核技术应用

依托核工业产业基础和技术优势，进一步提高核燃料转化分离生产能力，扩大核燃料生产和储备能力，建设大型商用核乏燃料后处理项目，建成中核甘肃核技术产业园，打造国家核燃料循环基地。开发低温核供热堆技术，探索核热能城市集中供热，积极推动核电装备的研制和产业化，推动民用核技术成套关键设备的产业化。

5.3.2.2　重点产业链构建

5.3.2.2.1　风力发电产业链

围绕全国千万千瓦级风电基地建设，以资源换市场，以市场换装备，构建电机、齿轮箱、叶片、发电控制系统、塔架等主要零部件和整机集成的产业体系，推进分布式风电装备的开发和应用，提高本地配套能力，完善风机制造产业链，建成全国重要的风电装备制造产业基地。

5.3.2.2.2　太阳能光伏光热产业链

围绕百万千瓦级光伏发电基地和光热发电示范工程建设，以酒泉、武威、兰州为重点，依托酒泉正泰、兰州大成等骨干企业，在引进成套技术基础上，推动太阳能光伏、光热发电装备的研制和产业化，形成从硅材料、太阳能电池与组件、光伏逆变器等部件到光伏光热电站成套设备制造的完整产业链。

5.3.2.2.3　生物质能源产业链

利用生物质能开发利用技术、生物质能转化技术、多联产技术，重点发展秸秆生物发电、生物燃料乙醇、餐厨垃圾发电等，推动生物燃料产品高值利用和生物质全链条综合利用。

5.3.2.2.4　核燃料及核技术应用产业链

围绕建设国家核燃料循环基地，以五〇四、四〇四核燃料转化分离为基础，在发展核燃料及核乏燃料后处理的同时，加大低温供热堆供热、辐照育种等民用核技术的研发和产业化应用；大力发展辐照育种，医用同位素、单粒子效应、抗辐照材料/芯片筛选评估等重离子应用相关项目，拓展核技术应用领域。

5.3.2.3　典型企业发展技术路线

甘肃金风风电设备制造有限公司主要经营大型风力发电机组及零部件的研发、生产、销售、设备安装、技术开发、咨询、服务；光伏电场开发；光伏发电设备生产、安装、检修、日常维护。创新发展重点主要在于通过集成资源、协同创新，形成以风电机组研发制造为主，风电场建设、风电场运行维护、风力发电、智能微网、新能源应用等关联产业融合发展格局。

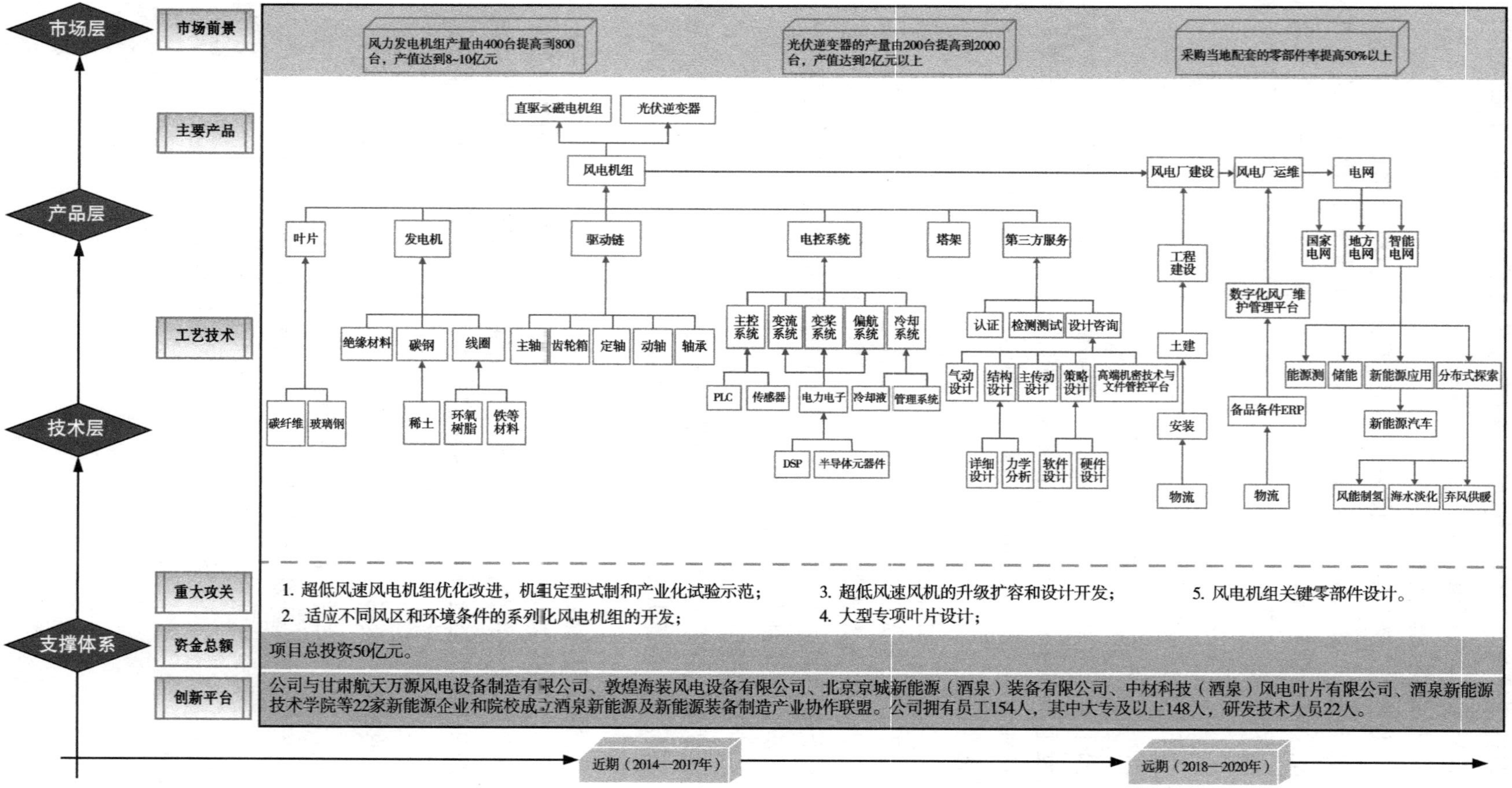

图 5.3-2　甘肃金风风电设备制造有限公司技术路线图

5.3.3 生物医药产业

围绕创建国家中医药产业发展综合试验区和兰州国家级生物产业基地建设，以道地药材基地和中医药产业园为依托，加大新药研发和中药材品种开发，推进中药材种植生产标准化、中药加工制造现代化、中药仓储交易信息化，培育一批具有重要影响力的骨干企业，发展现代中医药大品种、中药配方颗粒、保健品和提取物，不断丰富中医药品种、扩大产业规模。积极发展新型疫苗、诊断试剂、天然药物，加快重离子治疗肿瘤基地和诊疗设备产业园建设，开发高性能医疗器械，做大做强生物医药产业。

5.3.3.1 重点发展领域

5.3.3.1.1 现代中药

围绕兰州国家生物产业基地和定西国家中药原料生产供应保障基地建设，推进优势产区道地药材标准化种植，建立中药材质量追溯体系，以当归、党参、黄(红)芪、大黄等优质大宗品种和特色藏药为重点，开发新型中药制剂，推动中药新药研制、大品种二次开发、中药保健食品研发，深度开发道地及大宗药材的精深加工提取物产品，提高特色中药的核心竞争力和市场占有率，形成中药材品种繁育、标准化种植、规模化加工、品牌化经营的现代中药产业体系。依托现有藏药企业、藏医院的研发基础，挖掘民间藏医资源，加大整合提升力度，发展藏医药产业。

5.3.3.1.2 生物制药

立足产业优势，加强国际合作，加快预防用疫苗、治疗用生物制品、动物细胞大规模培养和病毒基因工程疫苗的关键技术研发，重点推进疫苗类产品、血液制品、基因工程药物、治疗用生物制品、细胞培养基的市场化和规模化，形成以疫苗、血液制品为重点，以治疗类蛋白药物为发展方向，以肉毒毒素等医疗美容类产品为补充的产业格局。依托畜牧资源优势，加大动物类生物制药原料药提取技术研发，发展生化药品。

5.3.3.1.3 生物医学工程

适应大健康发展的市场需求，研究开发预防、诊断、治疗、康复、卫生应急装备和新型生物医药材料等关键技术与核心部件，积极推进重离子治疗专用装置的产业化应用，研发新型诊断试剂盒、快速检测试剂盒、生物芯片等体外生物诊断检测新产品，发展医用形状记忆合金材料、各类新型骨科替代及修复材料等生物医学材料，开发数字医疗系统和家庭保健康复等相关产品。

5.3.3.1.4 生物农业

利用现代生物技术，重点培育一批优质农作物新品种和特色生物良种，建设规模化、标准化、机械化、智能化的育种基地和生产示范基地，推动动植物品种向高产、高抗、专用方向发展。利用生物技术发展食用菌、藻类和干酪素等系列产品。开发预防动物重大疾病的新型疫苗、动物疫病诊断试剂、安全环保型中兽药、饲料添加剂等兽医生物制品。推动动物下脚料的综合利用，加快生物农药、生物肥料及生物饲料添加剂等农用生物制品的研制。

5.3.3.2 重点产业链构建

5.3.3.2.1 道地中药材产业链

以陇南、定西、河西等中药材主产区为重点，建设道地药材标准化种植基地，发展有机、绿色中药材的种植及高端饮片加工，加大新药品种研发和二次开发，大力发展中药提取物和配方颗粒，拓展道地药材在药膳食疗、保健食品、化妆品等领域的应用，形成优质道地药材种植、规模化精深加工、品牌化市场营销、具有地域特色和市场竞争力的中药材产业链。

5.3.3.2.2 生物医药产业链

围绕兰州国家生物产业基地建设，依托兰州生物所、兰州博奥、兰州民海等骨干企业和中科院近物所等科研单位，重点解决细胞驯化、无血清培养基开发、病毒基因工程株的构建、生物反应器工程和病毒分离纯化等疫苗生产关键技术。加快伤寒结合疫苗、轮状病毒疫苗、流脑结合疫苗、肺炎结合疫苗、生物仿制药、微生物提取多糖类药物等的研发，推进预防性疫苗及治疗性疫苗、疫苗诊断试剂盒、血液血清制品、基因检测产品产业化。

5.3.3.2.3 动物疫苗产业链

以中农威特生物公司和兰州兽医研究所为重点，积极推进预防动物重大疾病的新型疫苗的研发，大力发展预防控制禽流感、口蹄疫、猪链球菌等重大动物疫病的新型免疫增强剂、诊断试剂、快速检测试剂盒。

5.3.3.2.4 新型医疗器械产业链

依托中科院近物所、西脉记忆合金公司、兰州百源基因公司的技术优势，发展新型诊断试剂和高性能钛镍记忆合金医疗器械、生物可吸收材料内固定器械、双叶型人工机械心脏瓣膜、胸心外科生物瓣膜以及医用导管、导丝、球囊及涂覆支架等，形成医疗诊治、保健康复为主的大健康产业链。

5.3.3.2.5 育种及种子加工产业链

以河西玉米制种基地、定西马铃薯育种基地和西部航天育种基地等为依托，以省农科院等科研院所为技术支撑，以“育繁推一体化”种子企业为重点，推进杂交玉米、专用型马铃薯、优质高产小麦、优质高淀粉玉米、啤酒花等良种产业化，提升种子加工水平，形成良种选育、扩繁、加工、推广一体化的制种产业链。

5.3.3.2.6 干酪素深加工产业链

以甘肃华羚集团、临夏华安生物公司为重点，利用生物工程、酶工程、发酵工程、蛋白质工程等技术，开发酪朊酸钠、酪朊酸钙、酪蛋白磷酸肽、可食性酪蛋白防水包装膜、酪蛋白静电纺丝材料等酪朊酸系列产品，拓展工业级干酪素、食用级干酪素、凝乳酶干酪素、乳酸干酪素、精制盐酸干酪素、酸水解酪蛋白等牛乳酪蛋白产品市场。

5.3.3.3 典型企业发展技术路线

兰州民海生物工程有限公司是国内生产规模最大和技术最为先进的动物血清生产商，主要从事动物血清、培养基的开发和销售，产品主要用于疫苗制造、诊断试剂的开发等生物医药行业。企业未来发展的基本目标是在生物工程材料的产业化开发方向达到国内领先水平。

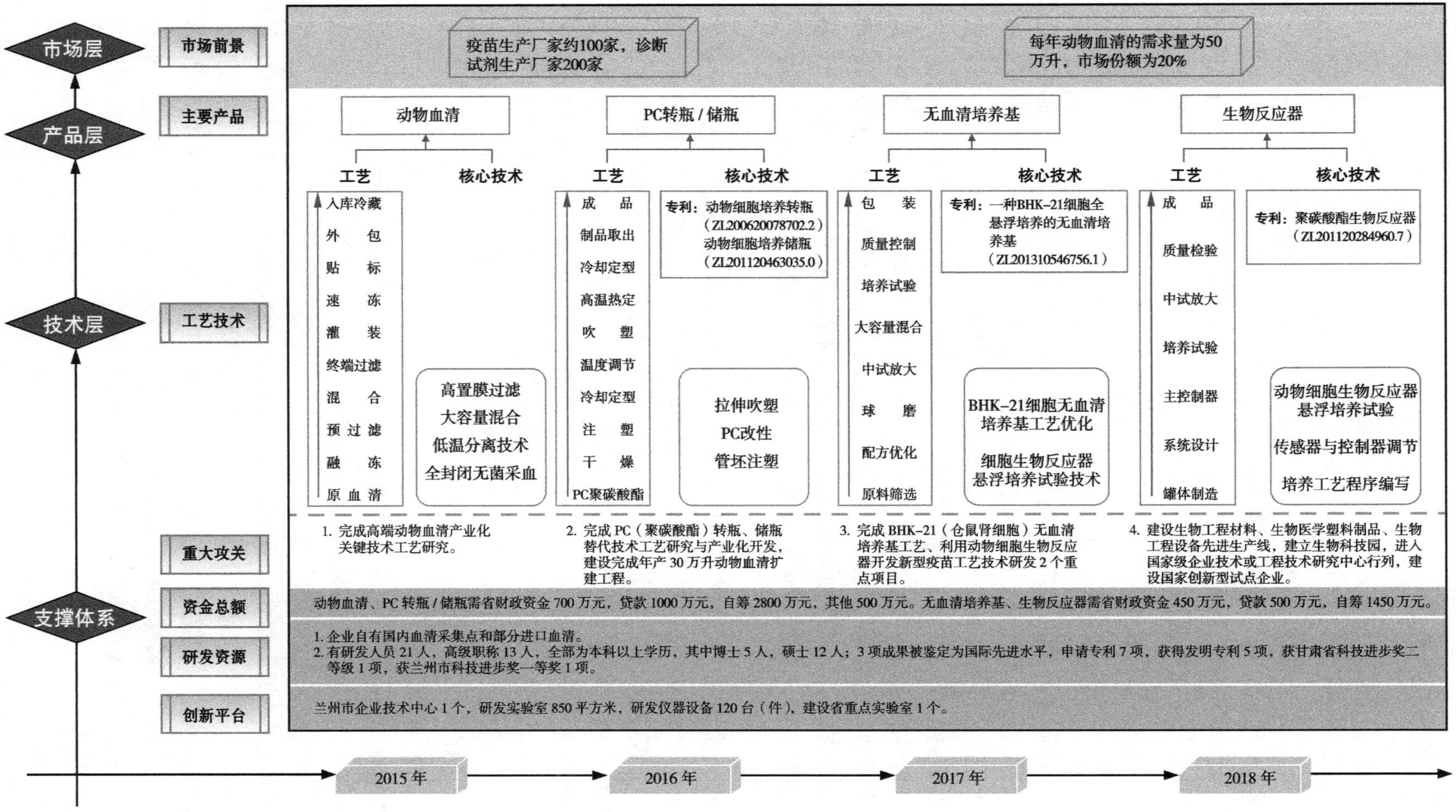

图 5.3-3　兰州民海生物工程有限公司技术路线图

5.3.4 信息技术产业

积极适应信息技术变革趋势，拓展互联网经济空间，实施“互联网+”行动，发展新一代信息技术，推进信息技术应用和产业化发展。以实施兰州新区北大众志“中国芯”项目为契机，发挥兰州、天水电子产业集聚优势，发展集成电路、电子元器件、电子信息材料、应用电子设备，打造集成电路设计中心与重点产品生产基地。加快兰州新区大数据产业和云计算中心、物联网产业园建设，支持兰州高新区和敦煌软件产业园建设，大力发展特色软件业和信息技术服务业。

5.3.4.1 重点发展领域

5.3.4.1.1 电子信息产品制造

以半导体芯片设计制造、集成电路和电子元器件封装测试、MEMS传感器的研发和制造、高端引线框架为重点，建设兰州新区北大众志“中国芯”、华天集成电路封装测试升级改造、天光碳化硅器件研发及产业化项目等重大技术研发及产业化项目，推动产品向中高端领域延伸，带动发展新型功率器件、电子电器保护器件、引线框架、封测设备、模具、封测材料等配套产业。大力推动光电子—半导体照明、电子专业设备、通用自动化控制设备、专用通信电缆、电真空器件、军民用电子装备及器件等应用电子设备的研发生产，推动甘肃省电子元器件制造向高端电子设备制造转变，提升电子信息产品制造能力。整合优势资源，促进产业集聚，打造兰州、天水电子信息产品制造的产业集群。

5.3.4.1.2 软件产业

围绕智能制造和“互联网+”应用需求，以发展具有自主知识产权的软件技术和产品为突破口，全面提升甘肃省软件产业的整体竞争实力。在产品研发设计、生产控制、生产管理、市场流通、售后服务、回收再制造、节能管理等关键环节，加快工业软件的研发和产业化应用。面向工业装备、通信网络、电力电子、交通运输、环保监测等重点领域，积极推进嵌入式软件开发平台和嵌入式操作系统的研发与产业化，提升两化融合水平。在政务服务、社会管理、教育医疗、精准扶贫等领域开发具有品牌优势的行业特色应用软件，形成一批自主知识产权产品和标准，提升优势软件企业产品水平和服务能力，带动应用软件产业发展。

5.3.4.1.3 信息服务业

围绕实施“宽带中国”战略，加快宽带光纤、新一代移动通信网、下一代互联网、数字电视网等信息基础设施建设，培育基于移动互联网、云计算、物联网等新技术、新模式、新业态的信息服务。加快兰州、嘉峪关、白银、敦煌等国家级信息消费试点，推进新型智慧城市建设。开发整合数据资源，加快推进甘肃省大数据有限公司和大数据研究院建设，在交通、旅游、工业、安监、工商等领域推进大数据创新应用，培育数据服务消费市场。积极培育数字媒体、数字创意等网络内容服务新业态，发展基于互联网的数字创意产业。结合国家物联网重大应用示范工程区域试点建设，加快推进工业、农业、交通、环保等重点领域的物联网应用示范。推进北斗导航基础设施建设，加快北斗卫星技术推广应用。

5.3.4.2 重点产业链构建

5.3.4.2.1 集成电路及配套产业链

以天水华天、兰州北大众志、天水天光、天水华洋等企业为重点，加大新一代半导体材料和元器件工艺技术研发，提升集成电路芯片设计制造、新型功率器件和集成电路封装测试能力，延伸发展集成电路专用封测设备模具、高端引线框架、半导体封装材料等配套产品，打造西部集成电路封装测试产业基地。

5.3.4.2.2 软件及服务产业链

依托甘肃万维、甘肃紫光、甘肃万桥等骨干企业，结合实施“互联网+”行动，以工业软件、行业解决方案、嵌入式软件、数字内容服务、软件服务外包等为重点，加大自主知识产权软件产品开发，促进信息技术与传统产业、现代服务业融合发展。

5.3.4.2.3 北斗应用技术及产品开发产业链

以甘肃众力厚德北斗公司和甘肃中寰卫星导航公司为依托，推动北斗导航与移动通信、地理信息、卫星遥感、移动互联网的融合发展。开发北斗应用增值服务、软硬件产品及导航定位设备，推动在智慧城市、交通运输、应急救援、防灾减灾、测绘勘探、社会服务等重点行业及领域的规模化应用。

5.3.4.2.4 大数据技术及应用产业链

以甘肃省大数据有限公司和大数据研究院为依托，发挥环境、能源等方面的优势，承接建设大数据、云计算等基础设施，开展云计算和大数据应用技术研究，推动大数据在制造业、服务业等重点领域的应用。发挥物联网技术在生产过程、交通物流、质量追溯、安全防护等方面的示范应用，形成集技术创新、产业化和市场应用于一体的物联网产业体系。

5.3.4.3 典型企业发展技术路线

天水华天微电子股份有限公司是我国最早从事集成电路和半导体元器件研发、生产的企业之一。创新发展重点主要集中在半导体封装测试、封测设备、半导体集成电路材料、传感器、军民结合产品等产品领域。

5.3.5 先进装备及智能制造业

结合“中国制造2025甘肃行动纲要”和“互联网+”协同制造行动，加快推进信息技术与制造业深度融合，着力提升石化装备、新能源装备、智能电工电器装备、高档数控机床、现代农机装备、轨道交通装备、新型专用装备、新型矿山无轨车辆等先进装备制造业的核心竞争力和设备成套能力。加快推进制造业数字化、网络化、智能化，推动智能制造在制造业领域的应用，逐步形成绿色、智能、协同制造为特征的先进和智能制造模式。

5.3.5.1 重点发展领域

5.3.5.1.1 新型大型装备

依托兰石集团研发高端智能钻采、炼化装备，重点发展15000米陆地钻机、12000～15000米浮式海洋平台钻井包产品、6000马力压裂设备，大型高压超常温加氢反应器、催化裂化装置、高压换热器、大型反应器等；依托天水星火机床、天水锻压机床，发展大型机床、高档数控金切机床、成形高档数控机床、精密高速数控机床及功能部件，力争在数控技术、智能控制等方面取得新突破，加快大型装备向智能化发展。

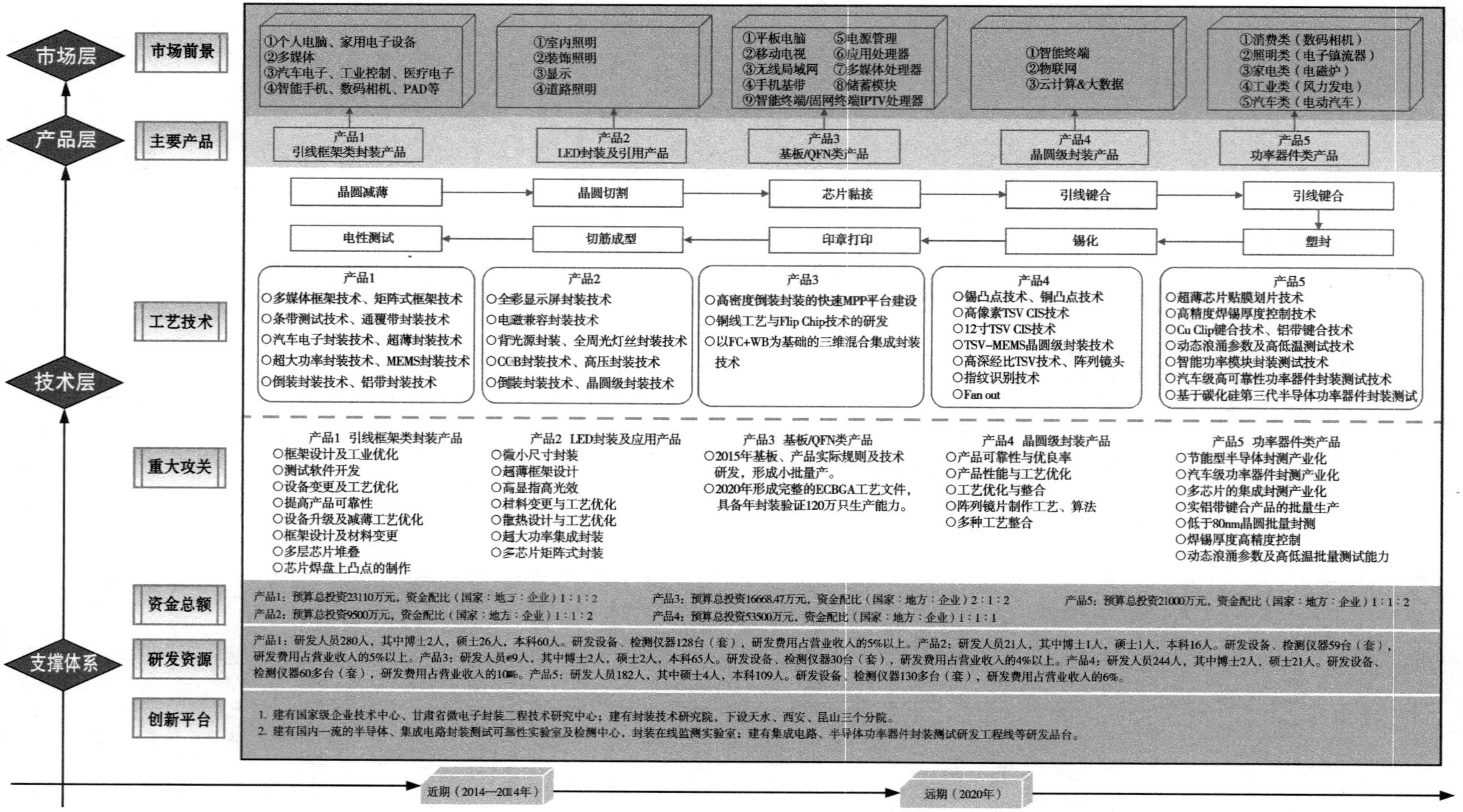

图5.3-4 天水华天微电子股份有限公司(半导体封装测试)技术路线图

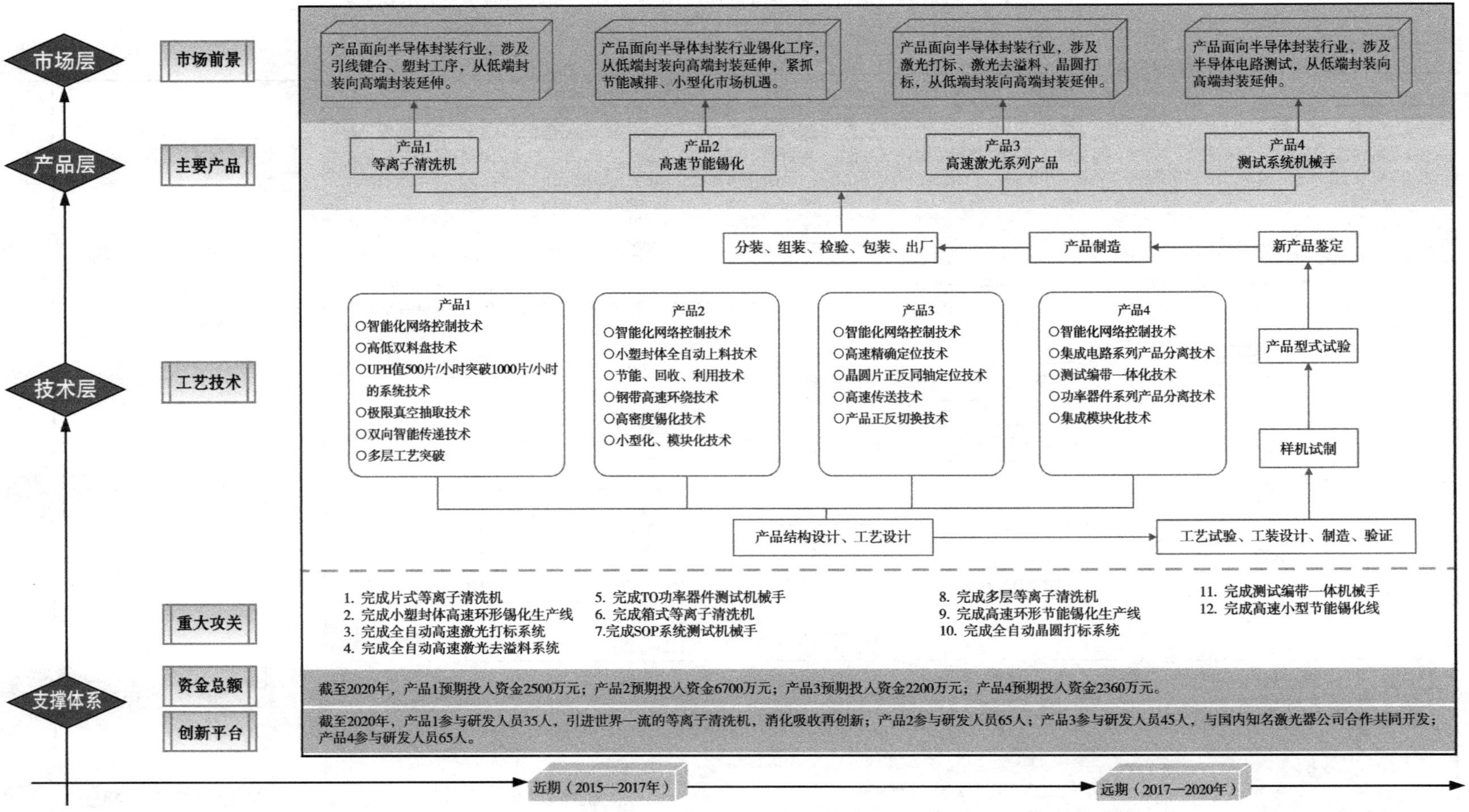

图5.3-5　天水华天微电子股份有限公司(封测设备)技术路线图

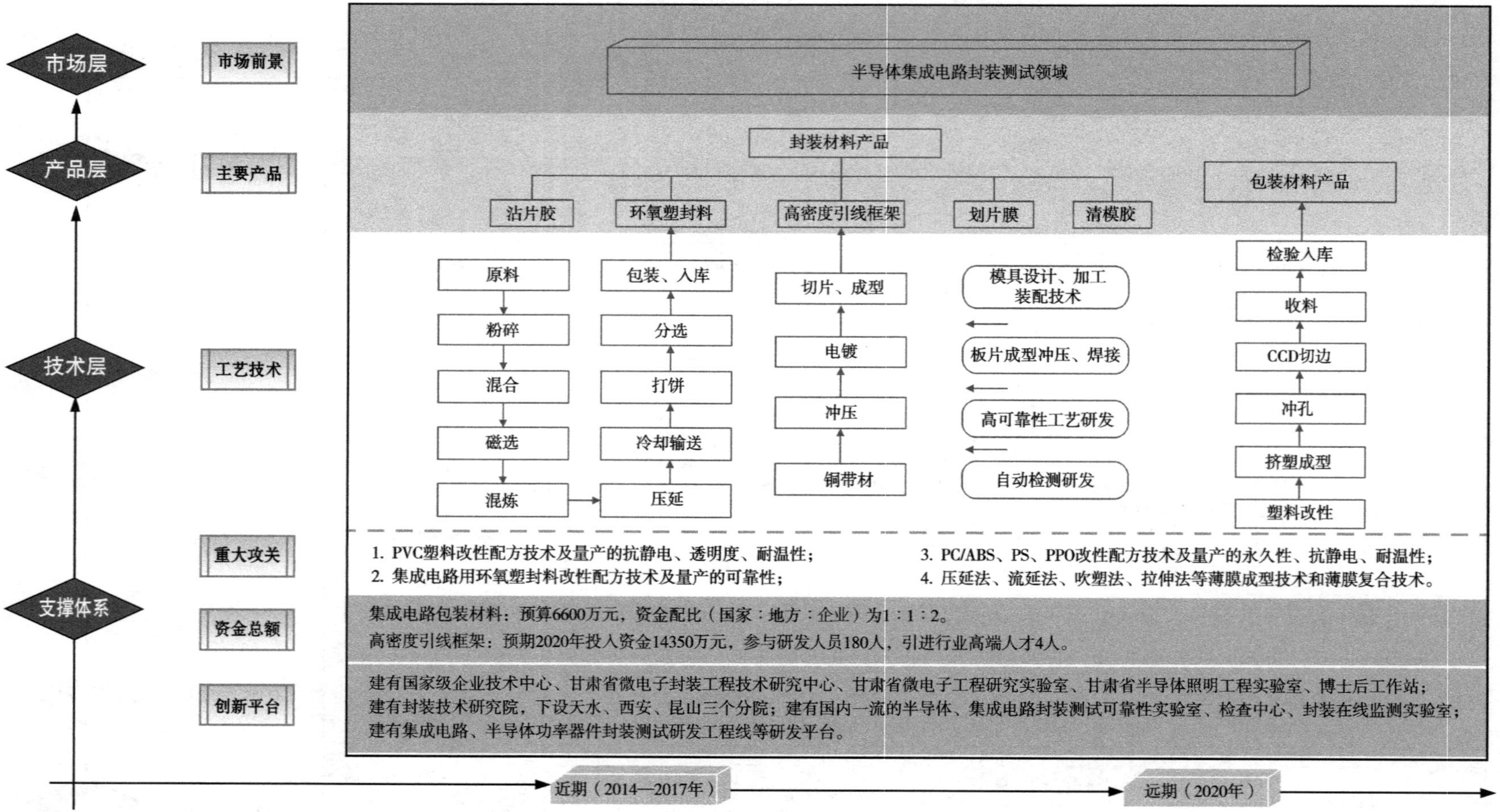

图5.3-6　天水华天微电子股份有限公司（半导体集成电路材料）技术路线图

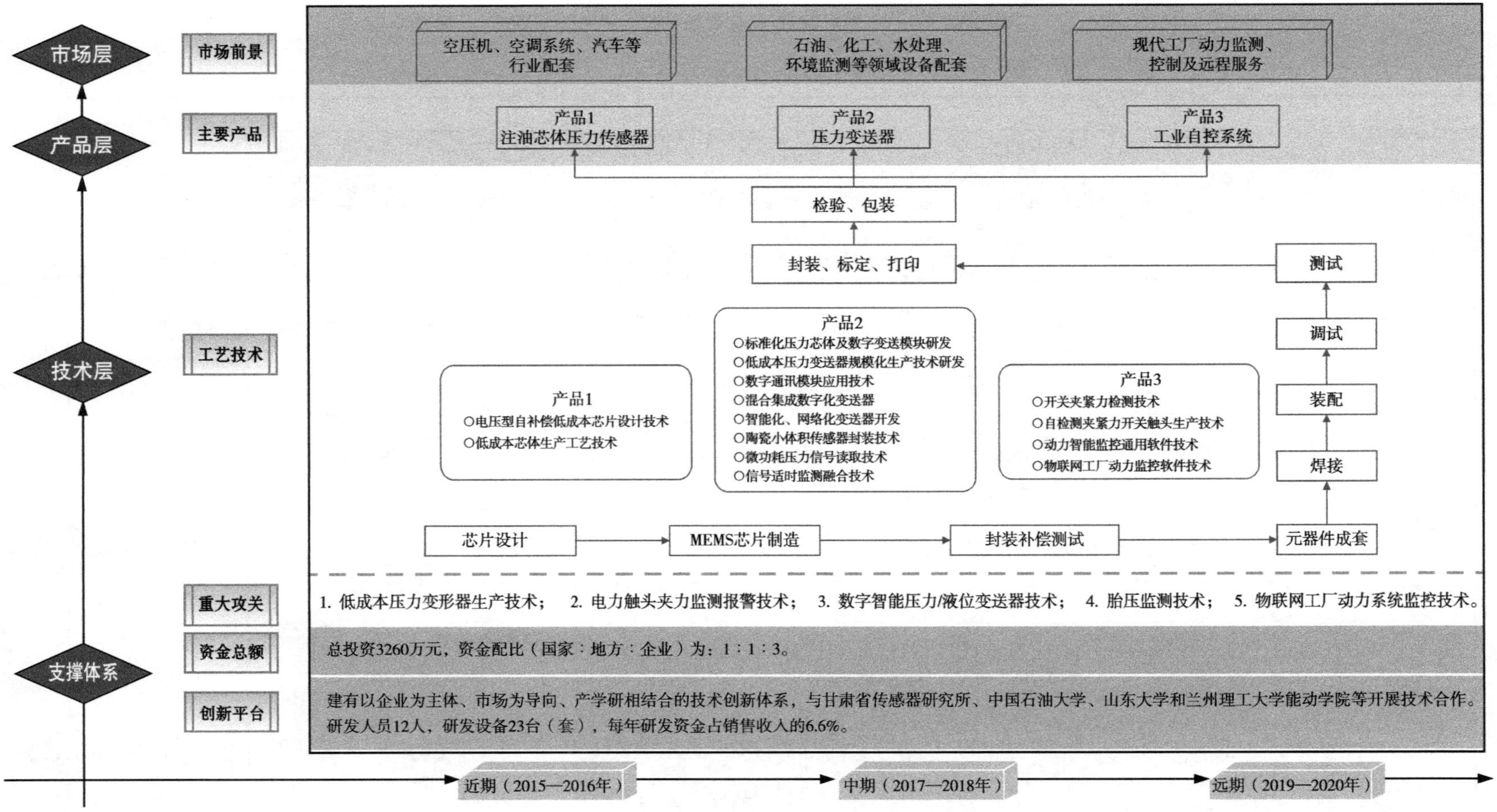

图5.3-7　天水华天微电子股份有限公司(传感器制造)技术路线图

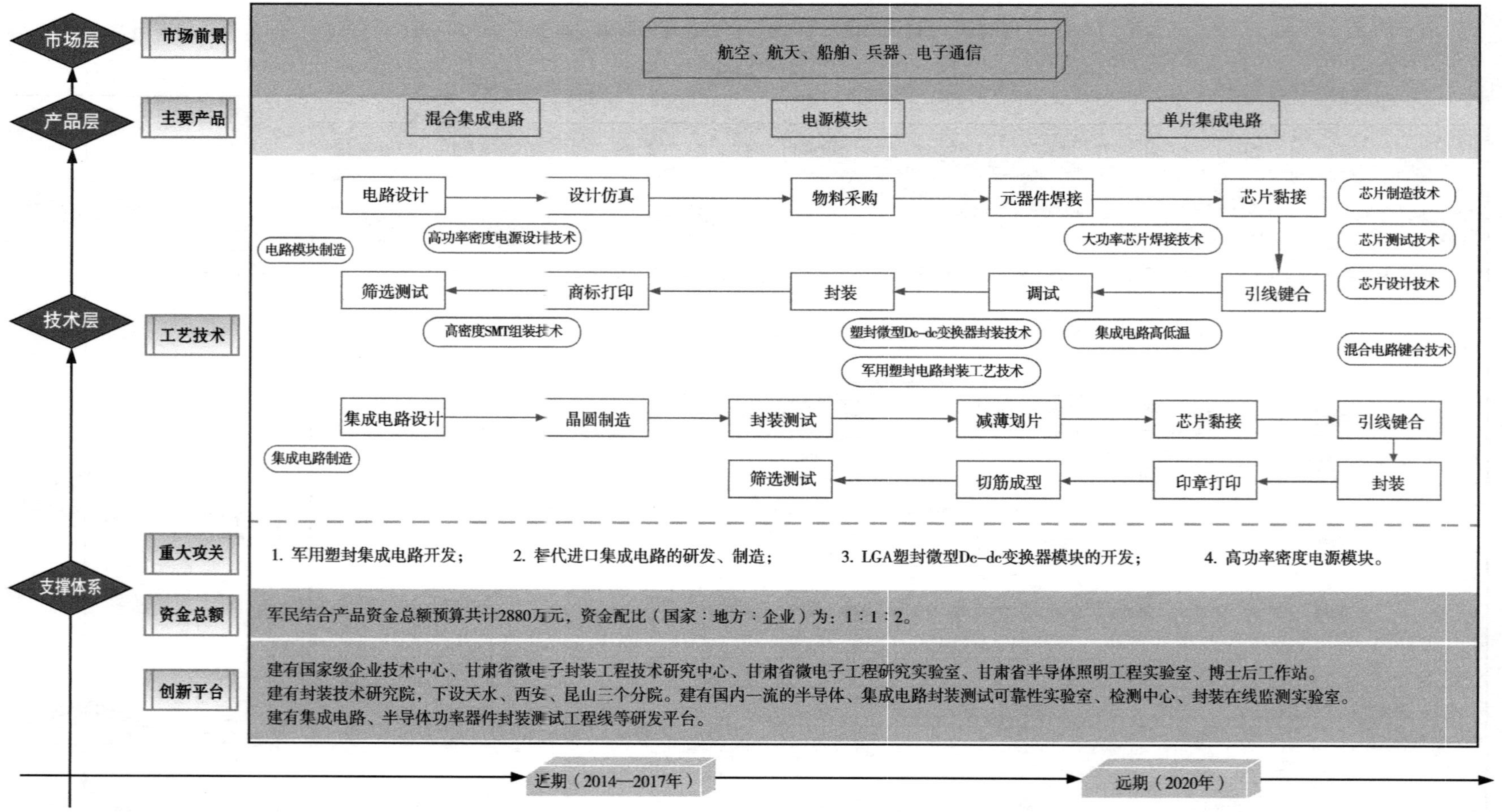

图5.3-8 天水华天微电子股份有限公司（军民结合产品）技术路线图

5.3.5.1.2　智能电工电器装备

依托长城电工集团、兰州众邦集团等骨干企业，发展新一代智能化输配电装备，拓展和提升电工电器装备发展领域和水平。加大研发和产业化力度，在252千伏气体绝缘开关设备、核电1E级开关设备、轨道交通及船用开关设备及智能低压电器、1000千伏直流大截面架空裸导线、220千伏高压交联电缆等领域实现突破。加快发展超导电缆、高导电架空导线、大功率变流器和智能化控制器、无功补偿装置、有源滤波装置、可控串联补偿器、大功率变频装置等新能源接入与控制核心器件。开发基于智能电网管理的数字变压器、数字互感器、数字电抗器、开关设备等在内的110千伏及以上智能变电站系统。开发用于智能电网的光纤复合架空导线和光纤复合低压电力电缆以及轨道交通用、核电站用环保型电线电缆。

5.3.5.1.3　现代农业装备

依托兰石兰驼、酒泉奥凯、大禹节水等骨干企业，以自主研发与引进消化相结合，大力发展面向地域特点及中亚国家市场需求的农机装备，重点发展制种装备、大型农用牵引装备、高效节水灌溉装备、农作物干燥装备、耕种和收获装备、旱作农业农机装备、农副产品加工机械及中药材加工机械等，实现农业装备的振兴和突破。

5.3.5.1.4　轨道交通装备

依托中车集团、中铁建公司、甘肃建投装备公司等大型企业，围绕铁路机车运维和城市轨道交通建设，重点发展铁路机车维修再造、轨道交通高端装备制造、盾构机装配制造、现代智能化有轨电车，建设西北地区最大的机车、客车、货车修造生产平台，打造中车西北高端轨道交通装备制造服务基地、西北区域总部基地和向西开放开发战略基地。

5.3.5.1.5　新能源汽车及动力电池

依托兰州知豆、中车集团、兰州金川科技园等骨干企业，加快发展新能源乘用车、公交车、专用汽车和低速汽车，加快突破新能源汽车储能、驱动、控制、充电、试验、检测等关键技术以及整车集成技术，发展成本低、使用寿命长、快速充电的动力锂离子电池、高容量镍氢电池，带动电池负极材料、电解液材料和隔膜材料发展，建立完备的废旧电池回收拆解、冶炼提纯体系，实现有价金属的循环利用，短期内打造百亿元电池材料产业链，向千亿元发展。完善协同配套体系，带动甘肃省铝型材和动力电池等相关产业发展，构建动力电池、汽车零部件、整车制造及充电设施一体化的产业链。

5.3.5.1.6　通用航空装备

支持通用航空整机制造、航空配套、地勤服务装备和现代航空维修等产业发展，加快培育通用航空高端装备制造产业集群。引进发达国家成熟小型航空器生产线，重点推动神龙公司无人机及轻型载人飞机、武威通用航空整机制造等项目建设，带动通用航空产业发展。配套发展自动飞行控制系统、航空电机和照明系统、民用雷达、真空高频电子管和其他关键元器件。

5.3.5.1.7　新型专用装备

加快重离子加速器医用装备产业化，推进重离子应用装备发展。依托金川公司矿业装备制造，发展冶金炉窑、有色冶金专用设备、矿山无轨设备等。围绕兰州航天军民结合产业园真空装备产业基地建设，重点发展真空获得、真空镀膜、真空炉等设备，积极拓展真空设备在生物医药、食品卫生、航空航天、核工业等领域的应用。以奥凯种子机械有限公司为龙头，利用微波技术和太阳能脱水技术发展新型干燥装备，加大干燥技术在农业、化工、矿山、冶金等行业的应用。依托海默科技的技术基础，发展核技术和非放技术海洋工程高端智能化仪表监测设备。

5.3.5.2　重点产业链构建

5.3.5.2.1　新型石化装备制造产业链

以兰州石化、兰石集团、蓝科石化等骨干企业为依托，大力发展12000～15000米超深井陆地钻机、海工钻机、低温列车钻机、新型节能型系列抽油机、车载钻机、大型高端压力容器、大型加氢反应器、大型石油炼化设备等石油钻采和炼油化工设备，加快突破复杂环境下应用高端芯片、新型传感器、智能仪器仪表、控制系统的技术瓶颈，提升石化装备的智能化水平。

5.3.5.2.2　自动控制装备制造产业链

以兰州飞行控制公司等企业为重点，加快发展自动控制系统、航空仪器、伺服控制系统等产品。结合智能制造、柔性制造及物联网，重点发展数字化、智能化、网络化自动控制设备、检验检测设备及仪器仪表和传感器，推进自动控制装备在相关领域的应用。

5.3.5.2.3　新型电工电器产业链

以长城电工等企业为依托，发展智能高中低压电器元件、高中低压开关设备、大型传动装置用高效节能调速系统、电气传动控制设备及自动化装置、大功率变流器和智能化控制器、母线槽、电工合金材料等电工电器产品和成套设备，提升产品协作配套能力，打造天水电工电器产业集群。

5.3.5.2.4　高档数控机床制造产业链

依托天水星火机床、天水锻压等企业，重点发展各类数控车床、高精度切削加工机床、车铣(铣车)复合机床、高精度数控磨床、重型锻压数控机床、制管数控专用机床等，打造数控化、精密化、重型化的西部数控机床生产基地，扶持带动一批配套企业，形成产业集群。

5.3.5.2.5　新能源汽车及动力电池产业链

以兰州知豆、兰州金川科技园等企业为依托，重点推进纯电动汽车、插电式混合动力汽车以及中混以上混合动力汽车等整车研发及产业化，打造新能源汽车生产基地。配套发展具有高比能量、高比功率、快速充放电、成本低、使用寿命长的锂离子电池正极材料、电解质等高性能动力电池材料，发展动力电池组件。

5.3.5.2.6　新型农业机械装备产业链

以兰石兰驼公司、奥凯种子机械公司、大禹节水公司为重点，加快发展多品种、定制化、智能化的农业装备，研发生产多品种田间收获及加工装备、种子清选加工装备、种子果蔬干燥装备、现代农业灌溉设备、饲草收获与加工机械、适用性耕作机械等，推动农业机械向智能化、自动化和适用化方向发展。

5.3.5.2.7　海洋工程配套装备产业链

以兰石集团、天水电气传动所为依托，开发海洋石油勘探开发平台配套设备、海洋工程高端智能化仪表监测设备等产品。加快深水海洋油气钻采装备研制,加强智能化升级及技术储备,利用核技术发展海洋工程高端智能化仪表监测设备,研发海洋钻井平台水下阀门,推进碳纤维等海洋浮力材料产业化。

5.3.5.2.8 重离子应用装备产业链

以兰州重离子医用加速器产业化及应用示范基地、武威重离子治疗示范中心建设为依托,加快推进医用重离子加速器治疗肿瘤技术临床应用,建成加速器设备加工制造运行维护中心、电子加速器研发及应用中心,建设国家级重离子技术研发产业孵化园,全面带动与重离子相关的工业、农业和第三产业的发展,打造重离子装备产业制造基地。

5.3.5.2.9 航空航天装备制造产业链

以兰州五一〇所、神龙航空科技公司、兰州飞行控制公司、兰州万里航空机电等为依托,开发自动飞行控制系统及部件、伺服控制系统、航空电作动系统、航空电机和照明系统,支持民用雷达、真空高频电子管、电子测量仪器、微波波导元器件和其他关键元器件产品,推动产品升级及批量制造能力建设。

5.3.5.2.10 真空设备制造产业链

以兰州真空设备公司、五一〇所、中科院近物所为依托,加快发展高性能真空获得类设备、高端数控真空镀膜类设备、大型智能化真空炉类设备、真空环境模拟类设备、真空冻干设备,以及生物医药、食品卫生、航空航天、核工业材料等真空专用装备,积极创建国内真空装备制造基地。

5.3.5.2.11 先进矿冶装备产业链

以酒泉集团、金川公司矿冶装备制造为依托,发展冶金及矿山设备及备件、选矿设备、铲运机、矿用卡车、固液分离设备及基础零部件等产品,支持研发矿冶领域工业机器人等一体化、智能化装备;以天水风动公司为依托,重点发展系列气动凿岩机及气动工具、中型导轨式液压凿岩机、全液压与高气压履带式露天潜孔钻车等矿山设备产品。

5.3.5.2.12 轨道交通装备制造产业链

以中车集团、中铁建公司、甘肃建投装备公司为依托,加快突破安全保障技术、轻量化技术、高速重载保质保寿技术、绿色智能节能环保技术,发展新一代绿色智能轨道交通装备系统,针对高严寒、高海拔、沙漠、冻土地区的轨道交通装备以及现代智能化有轨电车,提升隧道盾构机组装集成能力。

5.3.5.3 典型企业发展技术路线

天水电气传动研究所有限责任公司是我国电气传动及其自动化、煤炭开采、石油钻采、冶金、大中型火力发电辅机程控设备的主要研发和生产型技术创新企业。创新发展重点主要集中在石油钻机电传动控制系统、矿井提升机电控系统、加速器高精度电源、变频调速装置、新能源发电逆变器(变流器)等产品领域。

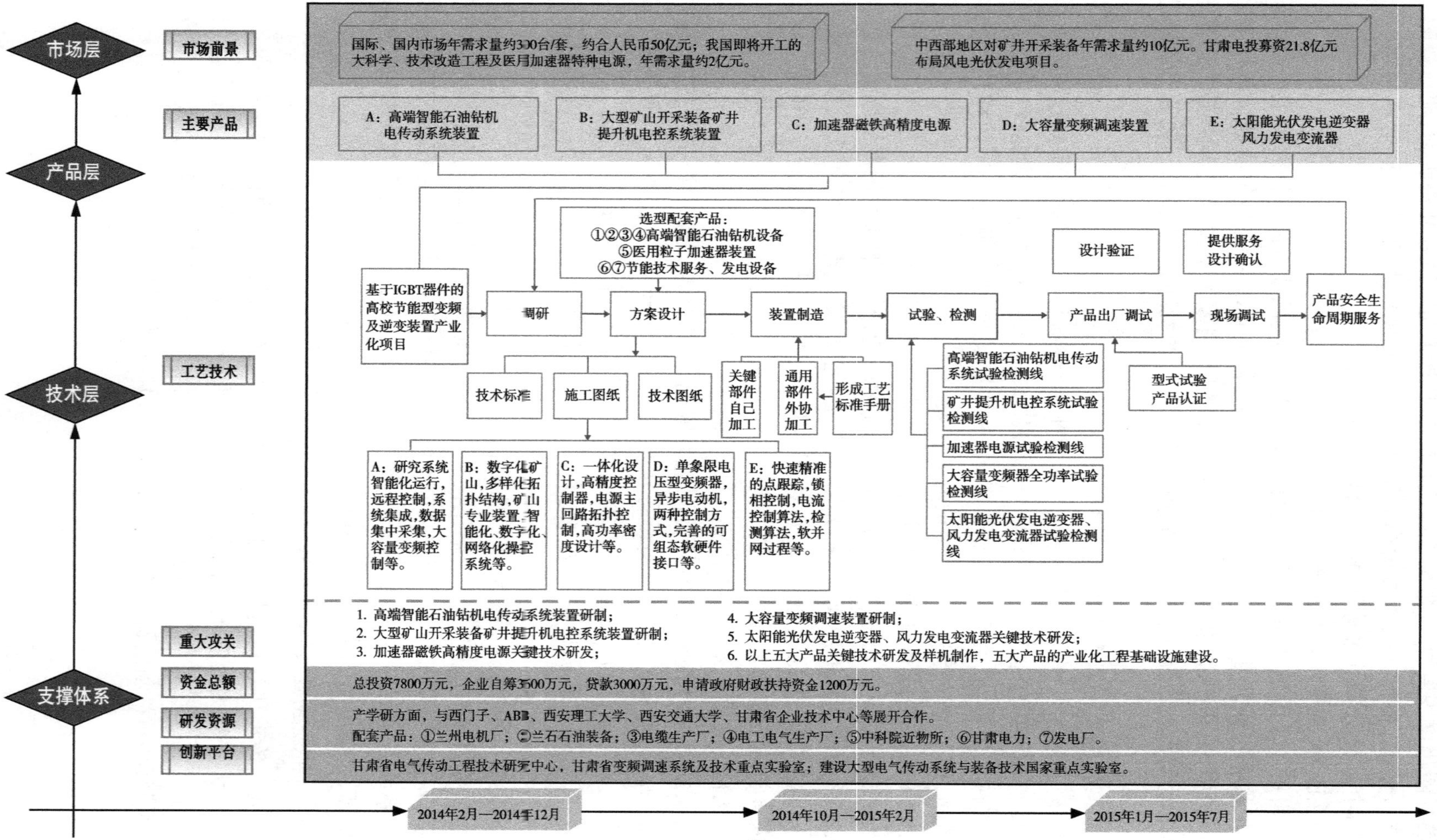

图 5.3-9　天水电气传动研究所有限责任公司技术路线图

5.3.6 节能环保产业

围绕节能、污染防治、废弃物资源综合利用等重点领域,提高自主创新和引进吸收再创新能力,在高效节能、大气治理、污水处理、资源循环利用等方面突破一批关键技术,提高集成配套和综合服务能力,重点推进能源、有色冶金、石油化工、建材等高耗能、高排放工业领域的节能减排,提高资源综合利用水平,加大环境治理力度,推进绿色建筑技术应用,构建宜居生态城市,逐步形成涵盖技术研发、装备制造、产品应用和节能环保服务的一体化产业体系,把节能环保产业培育成新的增长点。

5.3.6.1 重点发展领域

5.3.6.1.1 节能领域

重点推进高能耗行业重大节能技术与装备研发,大力发展和推广冶金工业等领域节能生产技术和工艺,提高钢铁、有色、石化、电力、建材等传统行业的工程技术节能能力,加快推进高效锅炉窑炉、高效换热节能技术及装备、水地源热泵、非晶合金系列节能电力变压器、高效节能电机、余热余压利用设备、蓄热传热设备、绿色照明等节能技术与装备的产业化生产和规模化应用。结合市场需求,积极开发新型节能建材、节能铝材料、高效照明、家电智能节电控制等节能产品。大力培育发展节能服务,支持重点用能单位采用合同能源管理方式实施节能改造,组织科研院所、节能服务公司、金融机构等相关单位组建节能服务产业联盟。

5.3.6.1.2 环保产业

加快推进大气污染防治技术和设备、重金属废水及有机工业废水处理技术和设备、垃圾无害化处置、危险废物与土壤污染治理、环境监测仪器和自动监控设备等环保技术与装备的研发生产。实施“互联网+”智慧环保行动,依托智能监测设备和移动互联网技术,加快大气、水等环境质量在线实时监测站点及网络建设,完善污染物排放在线监测系统,推动重点行业企业加大投入,促进先进环保工艺、技术和装备推广应用。大力研发膜材料和膜组件、净化用多孔陶瓷材料、水处理药剂、固废处理固化剂、抑尘剂、土壤改性剂等环保产品。积极发展生态环境修复、环境风险与损害评价、排污权交易、绿色认证、环境污染责任保险等新兴环保服务业,推进污染源和环境质量在线监测监控等设施的专业化、社会化运营,培育龙头企业,促进环保服务市场规模化和规范化发展。

5.3.6.1.3 资源循环利用

在工业领域全面构建循环型产业发展体系,促进工业结构调整和转型升级。加快推进废金属资源再生利用成套工艺及装备技术研发和推广应用,提升重金属及稀有金属回收能力。支持研发报废汽车拆解处理技术,提升报废汽车拆解回收利用的自动化、专业化水平。围绕机械制造、电工电器、电子信息产品及废旧设备回收利用,积极发展汽车零部件、数控机床、电机等再制造产业。推广应用环保型废橡胶废塑料高值化利用集成技术,提高资源再生利用水平。加快突破矿产资源综合利用技术,提高从复杂难处理金属共生矿和有色金属尾矿中提取紧缺矿产资源的综合利用水平,推进油田伴生气、石油炼制废气回收和综合利用。进一步提升利用煤矸石、粉煤灰、脱硫石膏、冶炼废渣等大宗工业固体废弃物生产建材产品的技术水平，强化固体废弃物综合利用能力。全面推广生活垃圾资源化利用技术，推进垃圾衍生燃料产品开发利用。鼓励发展薯渣、药渣生产生物有机肥、制备蛋白饲料、屠宰加工下脚料等资源综合利用产业。

5.3.6.2 重点产业链构建

5.3.6.2.1 新型节能装备产业链

依托兰石换热、兰州电机、甘肃红峰等骨干企业，加快推进高效换热节能、高效节能电机、节能变压器、燃气锅炉烟气余热利用、锅炉水处理及资源化循环利用等装备及产品的整机研发，扩大新型换热器及各类空冷器、冷凝器、预热器、蒸汽疏水阀、凝结水与乏汽回收装置等节能装备的规模化生产能力，推动高压变频、有源滤波和无功补偿装置系统等技术装备的应用和发展，推动电机节能关键技术装备研发和产业化。

5.3.6.2.2 新型环保技术与装备产业链

依托兰州锅炉制造公司、天华院、兰州电力修造、金桥水科技、甘肃科近环保技术公司、粒子束辐射工程技术研究中心等，加大新型环保技术的研发应用，加快推进高效环保煤粉锅炉成套设备、烟气脱硫脱硝、防尘除尘技术装备、高压静电除尘器、湿式静电除尘器、扬尘治理设备等技术及装备的产业化，推广应用污泥干化工艺及装备、高盐污水零排放处理装备、大气污染综合治理成套装备，推动节能环保装备及产品向中高端转变。

5.3.6.2.3 固体废弃物资源化利用产业链

以金川公司、酒钢集团、白银公司等矿山冶金企业为重点，大力发展矿产资源综合利用、冶金副产品综合利用、废渣等固废物综合利用等循环经济产业链。依托城市矿产示范基地建设，推动报废汽车、废旧电子电器、废杂金属、橡胶、塑料等典型“城市矿产”分类回收管理体系建设，加快再生资源分拣、拆解、分离、无害化处理产业化发展。

5.3.6.2.4 环保新材料产业链

开发可降解农膜等环保膜材料、优质高效曝气生物滤料、高温过滤及净化用多孔陶瓷材料、高性能碳纤维材料、生物除臭剂等，发展高分子、微生物絮凝剂、催化剂、氧化剂、水处理药剂、固废处理固化剂等环保药剂。重点支持生产煤炭储运抑尘剂、生物质环保涂料和土壤改性剂等产品。

5.3.6.3 典型企业发展技术路线

兰州兰石换热设备有限责任公司专业从事板式热交换器、板式热交换机组及成套设备研发、设计、生产、安装和服务，是国内板式热交换器行业的龙头企业。创新发展重点主要集中在核电站乏燃料池冷却系统用焊接式板式热交换器研制、大型板壳式换热器研制、核电用大型可拆卸板式热交换器研制、8MW大型公共热工测试平台等领域。

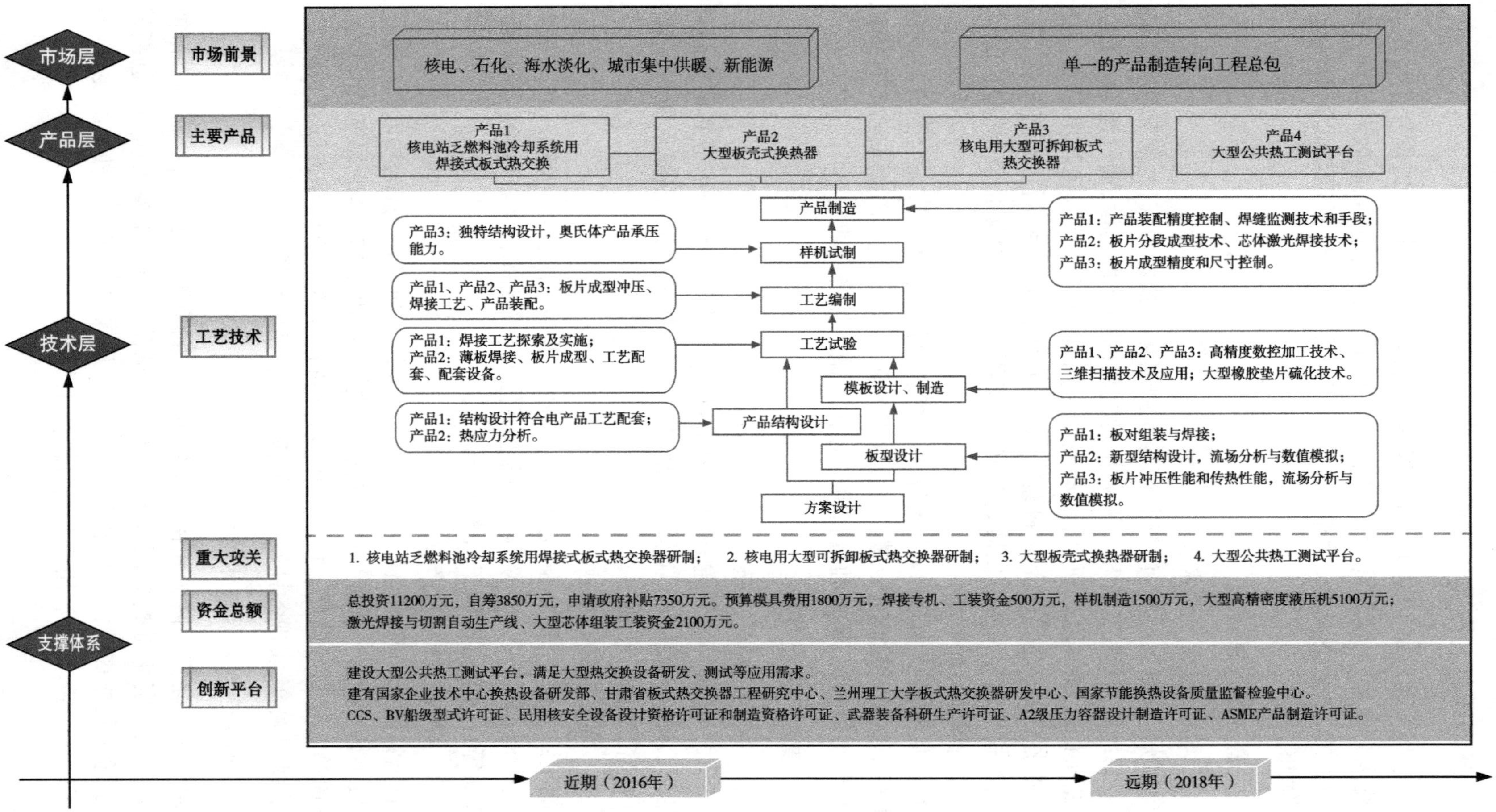

图 5.3-10　兰州兰石换热设备有限责任公司技术路线图

5.3.7 新型煤化工产业

围绕陇东煤炭清洁转化基地、河西煤炭分质利用基地建设,以煤气化技术和煤炭低温干馏技术为龙头,以清洁煤化工技术为支撑,以煤炭的清洁、高效利用和高附加值深度转化为目的,以新型煤化工和煤炭分质利用项目为载体,推动煤炭深度转化,提高煤炭利用附加值。

5.3.7.1 重点发展领域

5.3.7.1.1 新型煤化工技术应用

以煤制烯烃、煤制天然气、油煤共炼等新型煤化工技术为支撑,实施华泓汇金平凉煤炭深加工基地项目,建成华煤20万吨甲醇制聚丙烯项目建设,通过建设一批以煤气化技术为龙头的大型煤化工项目,带动发展下游深加工产品。依托庆阳石油炼化优势,利用石油化工和煤化工两条原料路线,建设大型油煤共炼项目,推进煤化工与石油化工产业间的相互耦合和协同发展,实现煤炭资源的高效、高附加值、洁净利用。

5.3.7.1.2 煤炭分质利用

以煤炭分质利用技术为核心,建设大型煤炭分质利用项目,加大副产品的高效综合利用,采用上下游一体化发展模式,通过相关新型煤化工技术的耦合,实现资源的深度加工和高附加值利用,形成独具特色的煤化工循环经济产业链。

5.3.7.2 重点产业链构建

5.3.7.2.1 煤制烯烃产业链

以华煤集团、平凉华泓汇金等企业为重点,利用先进的煤制甲醇和甲醇制烯烃技术,发展煤制乙烯、煤制丙烯、煤制乙二醇产品,开发甲醛系列、醋酸系列、二甲醚系列等合成材料和精细化工产品。

5.3.7.2.2 煤制天然气产业链

以华能集团为依托,以新型适用甲烷化技术、油煤共炼技术为核心,在发展煤制天然气产业的同时,利用油煤共炼技术,推进煤化工与石油化工耦合发展,形成天然气、柴油、石脑油等系列清洁燃料产品产业链。

5.3.7.2.3 煤炭分质利用产业链

通过酒钢集团公司与新疆广汇的合作,以煤炭分质利用为核心,以副产品的综合利用为增效手段,采用上下游一体化发展模式,通过煤干馏、焦油加氢、甲烷化、煤气化、F-T合成等各种新型煤化工技术的耦合,促进产业内的纵向延伸以及与冶金、电力等传统产业横向融合,实现各种资源的深度、合理、高效利用。

5.3.7.3 典型企业发展技术路线

甘肃宏汇能源化工有限公司由酒泉钢铁(集团)有限责任公司与新疆广汇能源股份有限公司共同出资注册成立,主要经营方向为低阶煤的分质梯级利用。创新发展重点主要在于通过集成煤干馏及转化和利用技术,从煤炭中获得多种二次能源、多种高附加值化工产品,同时充分利用工艺过程产生的能量。

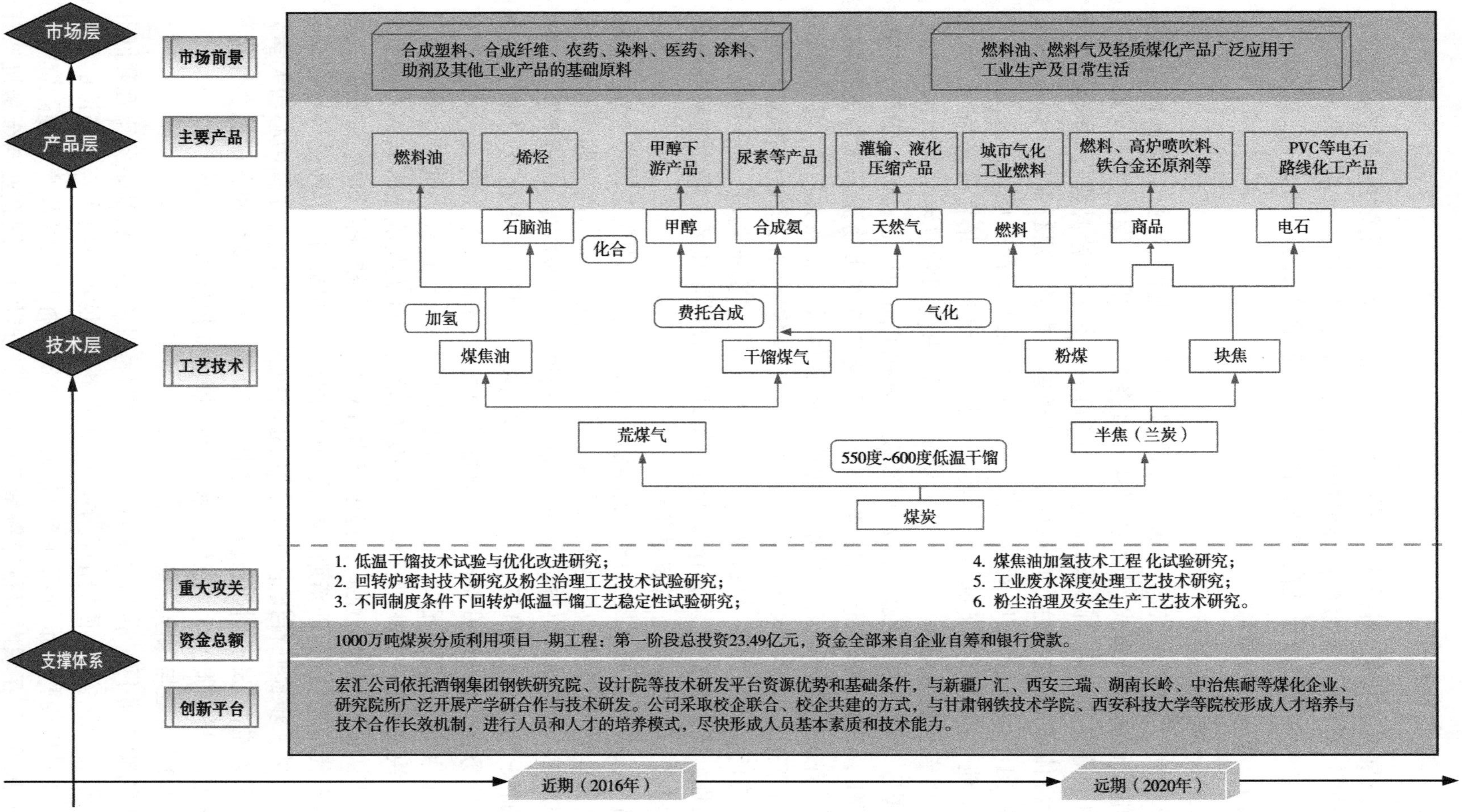

图 5.3-11　甘肃宏汇能源化工有限公司技术路线图

5.3.8 现代服务业

大力发展电商物流、科技服务、信息技术、金融保险、文化旅游、养老养生等现代服务业，推动“互联网＋”在服务业领域的应用与融合，推动生产性服务业向专业化和价值链高端延伸，生活性服务业向精细和高品质转变，把现代服务业培育成支柱产业。

5.3.8.1 重点发展领域

5.3.8.1.1 电子商务与现代物流

加快实施“互联网+”电子商务行动计划，以农村电商、行业电商和跨境电商为重点，创新电子商务发展模式，不断扩大电子商务发展空间。发挥兰州国家电子商务示范城市的示范带动作用，抓好国家电子商务进农村综合示范县建设，积极创建省级电子商务示范体系，扩大特色农产品网上销售规模。积极搭建行业电子商务平台，推动有色冶金、电子信息、生物医药等特色优势行业深化电子商务应用。以兰州惠商为龙头，加快本地化第三方电子商务交易平台和服务平台建设，培育集交易、支付、配送于一体的全程电子商务服务。优化现代物流布局，围绕国际空港、陆港、海关特殊监管区、物流园区等物流基础设施建设，形成以兰白都市圈为中心，天水、平庆、金武、酒嘉地区为枢纽，张掖、陇南、定西、临夏、甘南等区域节点城市物流园区为支撑的物流格局，建设具有国际集聚辐射能力的现代物流服务体系。加强大数据、云计算、移动互联、物联网等先进信息技术在物流领域的应用，引导传统物流企业向智能化、信息化转型。推进特色农产品物流、冷链物流、危化品物流、电子商务物流、应急物流、绿色物流等重大工程。推广智能化物流仓储装备应用，健全农村和社区末端物流服务网络。

5.3.8.1.2 研发设计与科技服务业

突出研发设计服务对提升产业创新能力的关键作用，建立支撑产业结构调整的研发设计服务体系，壮大专业研发设计服务队伍。重点支持省内高等院校和科研院所依托各类创新平台，加强科研资源整合，发展战略性新兴产业研发、咨询和技术创新等科技服务，加快兰州科技人市场、科聚网等科技创新公共服务平台建设，不断提升面向市场的研发服务能力，支撑重点产业关键技术、共性技术的研究和攻关。在省级以上开发区和工业集中区，加快建设工业设计服务中心和平台，打造一批专业研发设计企业和品牌。加快发展第三方检验检测认证服务，培育和壮大与战略性新兴产业紧密关联的检验检测认证机构和企业。支持生产力促进中心、科技咨询机构、知识产权服务机构等应用现代信息技术，创新服务模式，开展网络化、集成化、个性化科技咨询和知识产权服务。进一步提升科技企业孵化器、省科投公司、生产力促进中心和大学科技园等机构的服务能力，发展创业投资、创业辅导、市场开拓等多种业务的综合性科技成果转化服务，强化科技服务对科技创新和产业发展的支撑能力。

5.3.8.1.3 金融与保险服务业

加快实施“互联网+”普惠金融行动，支持银行、证券、保险、基金基于互联网开展业务创新，开发丰富、安全、便捷的金融产品和服务，满足不同层次实体经济的投融资需求。鼓励金融机构积极推进商标权、专利权、股权质押贷款以及产业链融资等金融创新产品，发展众筹、互联网银行等新型金融服务。推动互联网企业与金融机构开展产品、技术、服务创新，支持各类金融保险机构，发展网络银行、网络借贷、网络证券、网络保险、互联网理财产品销售、网络消费信贷等金融服务模式，提升现代化服务能力。不断提升甘肃股权交易中心“兴陇宝”投融资平台和兰州银行“e融e贷”服务能力，推动甘肃银行互联网金融平台建设，推广金畅互联网金融体验中心，完善甘肃省互联网金融服务平台。加快推进“三维易付”支付平台的推广应用，鼓励省内企业建立基于互联网金融模式的本地结算系统。

5.3.8.1.4　文化与旅游服务业

加快发展基于互联网的文化旅游服务，搭建甘肃特色文化创意产品线上平台，完善电子景区、智慧旅游建设运营，打造互联网运营模式，推动甘肃省智慧文化旅游发展。加快推进甘肃省图书馆国家公共文化数字支撑平台建设，促进数字内容和信息网络技术融合创新，支持读者甘肃数码科技公司充分利用读者集团的杂志、图书和音像制品资源优势，拓展数字影音、数字动漫、健康游戏、网络文学、数字学习等服务，全面布局从内容开发到手持阅读器生产的系统产业链，大力推动数字虚拟等技术在生产经营领域的应用。积极发展“互联网+旅游”，统筹整合网络平台信息资源，建立全省统一的甘肃智慧旅游公共信息平台。推广甘肃万维等智慧旅游大数据集成及应用平台，运用大数据技术提升旅游行业的服务和监管能力。在重点旅游景区开展智慧旅游APP、微信服务平台、景区虚拟旅游、三维实景、位置语音导览、实时视频展播等智慧旅游应用。进一步增强旅游企业、景区和重点旅游城市的旅游信息化服务能力，提升甘肃省旅游产业的整体实力和品牌知名度。

5.3.8.1.5　养老与保健养生服务业

以满足日益增长的养老服务需求为重点，以居家为基础、社区为依托、机构为补充，进一步健全功能完善、规模适度、覆盖城乡的养老服务体系，积极探索养老与保健养生产业的市场化运作模式。积极运用互联网、物联网等现代网络信息技术和服务平台，发展生活照料、家政服务、健康管理、紧急救援等适合居家老年人的便捷服务项目。积极探索政府投资、公建民营、民办公助、购买服务等多种形式的医养融合发展模式，推动以老年健康服务、文化娱乐、体育健身、休闲旅游等为主的健康养老服务全面发展。积极发展特色保健养生产业，加快陇东南国家中医药养生保健旅游创新区和综合养老示范基地建设，完善服务设施，规范服务标准，提高服务质量。

5.3.8.2　典型企业发展技术路线

甘肃陇萃堂营养保健食品有限公司是甘肃省第一家被商务部认定的“电子商务示范企业”，创新发展重点主要在于通过甘肃名优特产及特色文化产品电子商务平台、特色产品研发及产业链提升、线下体验馆、跨境电子商务等建设，构建新型营销体系，推动甘肃名优产品走出陇原，走向世界。

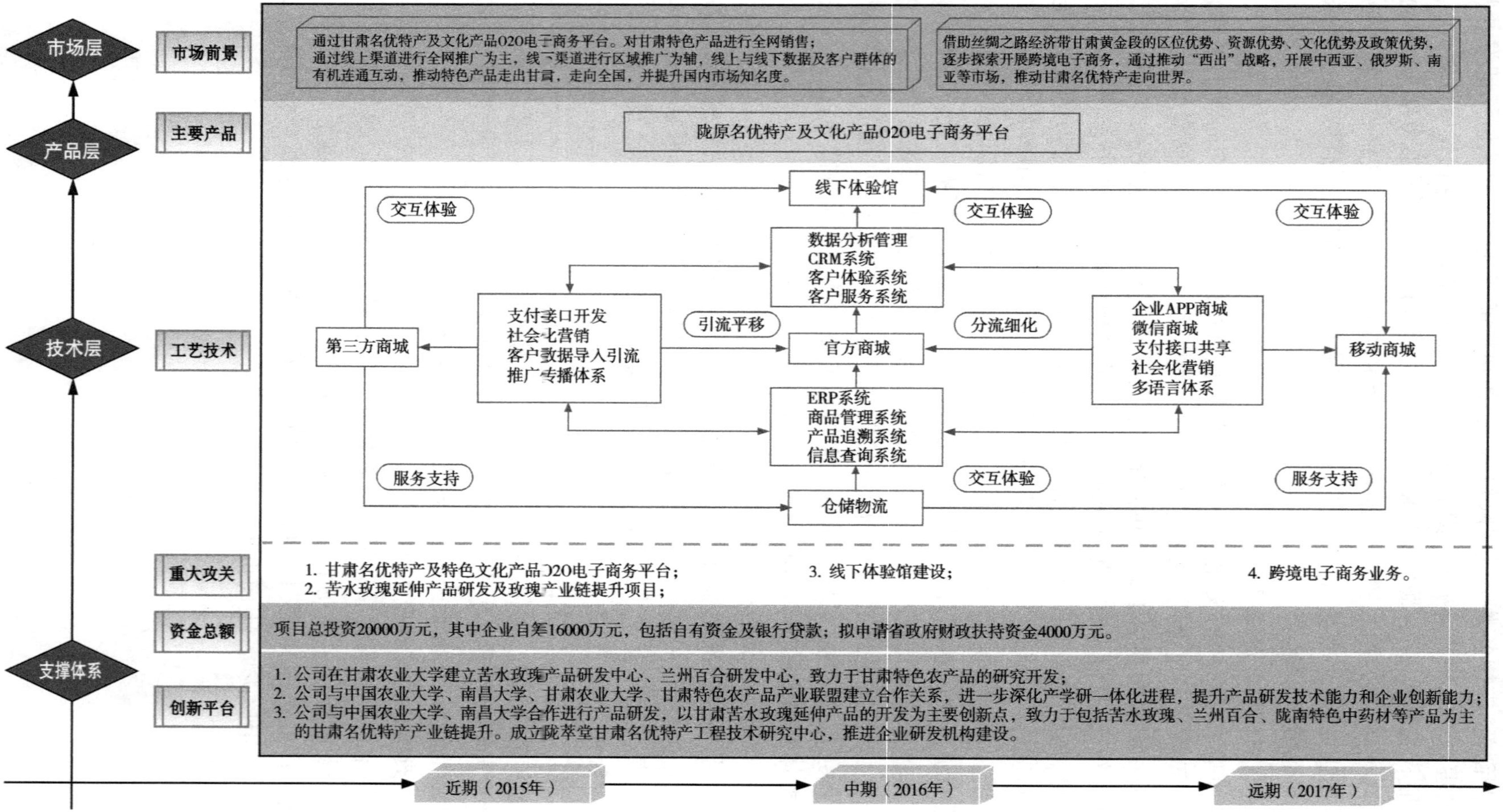

图 5.3-12　甘肃陇萃堂营养保健食品有限公司技术路线图

5.4 甘肃省战略性新兴产业发展政策

5.4.1 区域战略性新兴产业发展政策应避免的误区

区域战略性新兴产业的发展规划和扶持政策，必须立足于当地的实际情况，从战略性新兴产业的内在特点和成长规律出发，以理性、科学、务实的态度，审慎抉择。从实际情况观察，我国区域战略性新兴产业的发展规划和扶持政策的制定，存在以下具有普遍性的问题。

5.4.1.1 不考虑基础条件，盲目布局

明确战略性新兴产业的发展方向，选择战略性新兴产业的发展重点，是制定区域战略性新兴产业发展规划和扶持政策的最为关键的环节。发展方向和发展重点的选择，选对了就能实现跨越式发展，选错了就有可能贻误发展时机，甚至对区域经济社会发展造成损害。发展方向和发展重点的科学选择，源于对产业发展内在规律和发展条件的系统分析和准确把握。在我国不同区域战略性新兴产业的发展过程中，存在比较明显的产业雷同、重复投资和低水平建设现象，为战略性新兴产业的长期可持续发展埋下了隐患。区域战略性新兴产业的发展，要在落实国家方针政策的前提下，避免简单模仿、盲目布局的现象，在充分考虑当地的资源禀赋、经济发展、产业协作以及人力资源开发等的基础上，制订科学合理的发展规划，明确产业发展的主线。

5.4.1.2 不考虑科技创新条件，热衷选择高技术产业

战略性新兴产业发展最主要的驱动力是科技创新。特定区域在特定产业领域的技术研发水平达到先进水平，并实现科技创新和产业发展的深度融合，是战略性新兴产业发展的必要条件。由于战略性新兴产业和高技术产业存在很大的交集，战略性新兴产业之新一代信息技术产业、新材料产业、生物产业、新能源产业等均属于高技术产业范畴，所以，在实际操作过程中，普遍存在将战略性新兴产业等同于高技术产业的现象，战略性新兴产业相关扶持政策更多地聚焦于高新技术的研发。区域制定战略性新兴产业政策，要避免进入认为只有高技术产业才是战略性新兴产业的认识误区和不切实际地追求高技术产业的选择误区，要充分考虑到当地的科技创新条件，包括企业家才能状况、现有技术水平、经济运行机制以及相应的社会文化环境等。

5.4.1.3 脱离传统产业，发展战略性新兴产业

新兴产业的发展不能脱离传统产业凭空而出。战略性新兴产业发展提供的产品技术和服务为传统产业的转型升级提供了重要支撑，新技术的产业化应用和利用新技术改造提升传统产业，是战略性新兴产业发展的两种基本路径。新材料产业的发展离不开传统原材料工业，新能源汽车必须以传统汽车工业为依托，节能环保产业发展为传统产业提供相应的技术装备，等等。区域战略性新兴产业政策的制定，一定要避免脱离传统产业来发展战略性新兴产业的倾向，要把战略性新兴产业的发展和传统产业的改造升级结合起来。这一点对于传统产业基础雄厚的老工业基地尤其重要。

5.4.1.4 眼光短视，寄希望于短期获得显著效益

战略性新兴产业发展存在不同于一般产业的长期性、不确定性和高风险性等内在特别属性。发展战略性新兴产业的主要目的，不在于解决区域经济发展的短期问题，而是着眼于调整产业结构，转变发展方式，培养推动经济长期可持续发展的动力。从战略性新兴产业发展的现状来看，作为产业发展基础的技术研发，在许多领域仍然还处于产业化的初期阶段，真正实现产业的规模化发展需要一个较长的时期。同时，科技创新的不确定性和未来市场需求的不确定性等，也说明战略性新兴产业某些领域的发展前景仍有待观察。所以，特定区域特别是欠发达地区制定战略性新兴产业政策，必须避免通过发展战略性新兴产业推动区域经济短期腾飞的误区，必须充分考虑到发展战略性新兴产业客观上存在的不确定性和风险性因素。

5.4.1.5 忽视产业分工，片面追求产业链的大而全

延伸和拓展产业链条，是战略性新兴产业的发展壮大的必然选择。这一点是毋庸置疑的。然而，产业链条的延伸和拓展，绝不意味着特定区域、特定企业囊括特定产业链条上中下游的全部环节。幻想一家吃光榨净产业链条上的全部价值，必然导致优质资源的过度分散配置，影响区域和企业核心竞争力的提升。由于在资源禀赋、发展基础和人力资源等方面存在显著差别，不同区域、不同企业客观上存在区别于其他区域和企业的比较优势。在发展战略性新兴产业的过程中，必须避免片面追求产业链的大而全的现象，要找准在产业链中的定位，从分工协作的角度，明确产业链条延伸和拓展的具体方向，集中优质要素，提升核心竞争力。

5.4.1.6 产业合作流于形式，操作性不强

政、产、学、研、用结合，协同创新驱动，是发展战略性新兴产业的根本保障。由于在组织架构、运行机制等方面特别是在利益分配方面的差别，政、产、学、研、用主体之间的协同创新面临现实的困难。从实际情况看，我国政、产、学、研、用之间的协同常常局限于表面，缺乏实质性的内容，相关政策措施的效果亦不明显。在一定意义上，我国科技创新和战略性新兴产业的发展面临的最大约束，就是政、产、学、研、用之间的分割和断裂。区域战略性新兴产业的发展，必须避免政、产、学、研、用结合流于形式的现象，要围绕相关产业和企业的发展重点与发展需求，构建和完善以企业主体、高校和科研院所为基础、中介服务平台为支撑的产业创新联盟，采取有效措施，切实推动政、产、学、研、用之间的联动、协调和协同。

5.4.1.7 盲目跟风，忽视产业的市场容量

战略性新兴产业的发展壮大，和产业的市场容量及其扩展前景密切相关。显然，市场容量大、发展前景广阔的产业领域，政府才有必要大力扶持。从实际情况看，由于战略性新兴产业一般处于产业生命周期的萌芽阶段，技术研发和应用成熟度之间有较大差异，市场前景不明，同时特定领域技术和产品的市场容量较小，大规模投资的结果不但会导致产业内部的不良竞争，损害战略性新兴产业的可持续发展，而且由于经济资源的替代还将阻碍其他产业的发展。一些产业在短期内的过度扩张所导致的产能过剩、价格竞争现象和诱发的反倾销现象等，已经为我们敲响了警钟。区域战略性新

兴产业政策的制定，必须避免盲目跟风、一哄而上的现象，在充分的市场调研基础上，对战略性新兴产业特定领域内技术、产品和服务等进行相对准确的市场预测。

5.4.1.8 静态思维，忽视产业的生命周期

战略性新兴产业亦存在产业生命周期。一般而言，战略性新兴产业在起步阶段，主要的核心技术研发虽已取得突破，但市场份额低，产业规模小，投融资体制不健全，配套政策和产业尚不完善。政府可以通过制定产业发展战略和规划，通过直接投资和应用财税金融手段干预资源配置，推动战略性新兴产业的发展；在成长期，主要的产品开发和工艺流程已初步形成，产业发展的技术路线基本确定，市场结构和政策环境趋于完善。政府应当减少对产业直接投资的力度，通过政策调控手段支持中小企业发展，促成企业集聚，形成产业集群，壮大产业规模；在成熟期，产业链配套技术全面发展，产品创新趋于稳定，主导产品和技术相对成熟，大型企业成批进入。为了避免行业垄断，政府的调控重点应当放在反垄断和维护市场的公平竞争环境等方面。从实际情况看，我国战略性新兴产业发展过程中，政府对不同发展阶段的企业，在支持方式、渠道和强度等方面客观上存在错位的现象。必须准确判断战略性新兴产业发展的不同阶段，并针对其在技术体系、创新模式、主导设计、产业规模和市场环境等方面表现出的不同特征，采取差别化的指导和调控。

5.4.2 甘肃省战略性新兴产业发展政策选择

甘肃省发展战略性新兴产业，必须在做好顶层设计、制定科学的产业发展规划的基础上，聚焦创新区域、行业、单位、技术乃至产品，以提升创新能力为核心，以富有前瞻性和操作性的差别化、精准化政策，推动技术创新、制度创新、市场创新、金融创新和商业模式创新，引导、激励、服务和规范战略性新兴产业的发展，化解产业发展过程中存在的各种不确定性因素。

5.4.2.1 财政税收政策

大力争取中央政府的财政支持。受制于甘肃省的经济实力，战略性新兴产业的发展客观上面临着巨大的资金缺口。要结合甘肃省在全国经济社会发展中的定位，结合甘肃战略性新兴产业发展的基础条件和比较优势，结合甘肃特色产业发展和资源枯竭型城市发展等，大力争取中央政府的财政支持，弥补战略性新兴产业的发展的资金缺口。

建立稳定的财政投入逐年增长机制。战略性新兴产业普遍具有前期投入大的特点，必须进一步加大财政投入力度。针对战略性新兴产业发展的专项资金，要建立稳定的财政投入逐年增长机制；制定完善的促进战略性新兴产业发展的税收支持政策，鼓励银行等金融机构加大信贷支持，引导和鼓励社会资金投入；设立发挥多层次资本市场的融资功能。

有选择的持续性财政扶持。政府对战略性新兴产业的扶持，具有导向性，不能越俎代庖，替代创新主体的作用。但是这并不意味着撒胡椒面式的投资，并不妨碍对特定方向和主体的聚焦。通过严格的调查研究和科学论证，找准目标，以可以预期的稳定方式，对特定行业和企业长期持续性予以扶持。

明确财政扶持重点。科技创新和战略性新兴产业发展过程中,存在着市场力量无法克服的瓶颈性环节和要素,应当以直接的政府财政补贴突破之。要加大对重点项目、重点企业、重点产业园区和重点产业集群的支持力度,加大对基础科学、重大共性关键技术方面的政府直接投资力度,并通过重大科技成果奖励等方法,鼓励创新主体加大投入,不断加快科技创新速度和力度,不断突破发展瓶颈,形成持续的创新能力。

加大政府采购力度。战略性新兴产业发展初期,普遍存在市场容量较小、发展前景不确定的现象。在对战略性新兴产业发展方向和发展重点准确判定的前提下,通过加大政府采购战略性新兴产业技术、工程、产品和服务的力度,能够为新兴产业提供适度的市场保护,创造产业发展更大的市场空间和良好的市场环境,并建立相关主体对产业发展的良好预期。

5.4.2.2 投融资政策

构建新型风险投资机制。设立发展战略性新兴产业的专项资金,主要用于项目的引进和公共服务平台的建设。鼓励设立创业投资引导基金,引导社会资本进入创业投资行业,增加对战略性新兴产业的投资。建立财政与金融联动的投融资机制,降低银行贷款准入门槛,努力拓宽融资渠道,调整优化信贷结构,引导和刺激信贷资金进入战略性新兴产业发展领域。

加强投资引导和监管。从投资导向入手,加强对资金流向的引导和监管,加大财政投入对风险投资的示范引导,发展支持战略新兴产业的创业投资和资本市场,增大投机性投资的获贷难度,着力引导社会资金真正投向战略性新兴产业。

建立联合担保平台。发展战略性新兴业迫切需要通过金融创新来构建风险分担机制和别于传统产业的融资机制,实现新兴产业与金融资本之间的良性互动。要建立科技型企业融资联合担保平台,设立专门面向战略性新兴产业的担保公司,利用政府科技专项提供的政策性担保金,推动政府、担保公司和银行合作联动,基于风险和收益对称原则来设计担保融资品种与合理分摊比例,克服传统担保机制的缺陷,为战略性新兴产业企业提供低门槛、低成本的担保融资服务。

拓展融资渠道。鼓励保险公司通过投资企业股权、债权、基金、资产支持计划等多种形式,为科技型企业和战略性新兴产业发展提供资金支持。以种子期、初创期企业为主要投向,帮助企业获得创业天使投资基金支持。

健全多层次的直接融资服务体系。通过推动战略性新兴产业企业上市,带动社会资金投向战略性新兴产业中处于创业阶段的创新型企业;促进知识产权交易市场的发展,为战略性新兴产业企业提供知识产权、无形资产质押贷款融资等专业化金融服务;设立战略性新兴产业发展投资基金。

5.4.2.3 技术创新政策

建立健全协同创新机制。战略性新兴产业发展过程中的创新,关键在于企业。针对政、产、学、研、用目前存在的问题,要着力建立以需求(产品市场需求和企业技术需求)为导向、以市场为标准的战略性新兴产业协同创新机制。选择适宜的行业和企业进行试点,围绕其发展重点与发展需求,以科技创新重大专项为载体,积极探索建立通过市场需求,打通政、产、学、研、用协调和协同的渠道;特别要关注建立健全科研立项的市场评价标准体系和科研成果推广应用的长期跟踪制度；鼓励采用业主负责制、用户考核制等方式，建立健全政、产、学、研、用相结合的组织实施机制；政府采购和重大项目建设，要从协同和系统的角度进行论证和开展；协同创新机制的构建，要注重发挥政府在主体信息沟通、知识产权共享、利益关系协调等方面的作用。

做好技术发展方向预测。选择正确的技术发展方向，从源头上尽量做到不走弯路至少是少走弯路，是化解战略性新兴产业高风险的关键内容之一。要积极参与和构建技术发展方向预测的全国性、区域性和行业性互动平台，充分发挥科研机构、科研人员资源比较丰富的优势，集思广益、取长补短，合力探索正确的技术发展方向。

精心选择技术路线。根据对战略性新兴产业全球范围内的产业链形态、发达国家和国内发达地区当前的技术水平和战略部署的清醒认知，分析和评估技术风险性，确定区域战略性新兴产业技术发展路线和技术选择，并据此筹划基础研究、高端共性技术和关键技术的研发。

专注核心竞争力。战略性新兴产业价值增值环节多，发展周期长，区域特别是欠发达地区不可能囊括全部环节，无法获取产业链的全部收益，最大的可能只能是占据产业链上的一段。要鼓励企业更加专注于更具有核心竞争优势的特定环节和阶段，更加注重于融入国内乃至国际产业价值链的能力，更加注重于特定环节和阶段拥有持续的获利能力。

关注突破性创新。科技创新可以区分为渐进式创新和突破性创新。渐进式创新基于企业长期的技术和人才积累，具有内生的在现有组织架构中生发的特点。要更加关注突破性创新。突破性创新团队的运作方式必须突破现有组织架构，可以采用孵化器模式和跨职能专家团队的方式。

努力挖掘创新元素。近年来，一些政府看不见、瞧不起的领域创新成果脱颖而出，成了大气候的案例，很值得深思。在创新元素涌现和聚集的地区、行业和企业，政府要敢于打破常规，以敏锐眼光和满腔热情予以扶持。

加速再创新。现代产业体系中，多数企业可以通过引进吸收的方式获取新技术，大量企业为掌握关键技术的龙头企业配套。所以，原始创新的重点是处在行业领先或龙头位置的企业。对于绝大多数中小企业来说，要在引进吸收先进技术的基础上，通过引进、模仿、消化、吸收先进技术，聚焦二次创新，逐步提升自身创新能力。

建立技术标准体系。建立技术标准体系，为战略性新兴产业国际竞争赢得话语权掌握未来发展主动权的必然要求。要克服专业技术标准缺失、企业标准意识不强、核心产品标准大多数参照国外标准等问题，重视技术标准制度对技术创新的推动和引导作用，支持有实力的科研院所、相关企业和职能部门参与到国际和国家在战略性新兴产业领域重要标准的制定工作，争取主导权和话语权，引导和扶持企业通过自主创新形成高的技术标准，赢得国际竞争话语权。同时，要对同一产业领域中的多种技术选择和技术路线进行扶持和培育，以免错失掌控战略性新兴产业主导技术和主导设计的良机，规避政府定向重点扶持少数几个企业的风险。

保护知识产权。在战略性新兴产业领域，跨国公司正是依靠知识产权和技术标准的契合关系，以专利等知识产权为核心制定产业技术标准体系，占据新兴产业的主导地位。应加大知识产权保护力度，鼓励知识创新和技术创新。在法律法规上加大对侵犯知识产权行为的惩罚力度，保护企业、个人的创新成果和经济利益，引导社会形成尊重他人知识成果、尊重他人创造力的良好氛围。

抢占产业竞争制高点。甘肃省在战略性新兴产业的一些领域，具有比较明显的市场优势。在这些领域，要瞄准世界科学技术发展前沿和产业高端，积极发挥集中力量办大事的制度优势，有重点、有步骤地在最有基础、最有条件的领域突破核心和关键技术，提升自主创新能力，抢占产业竞争制高点，引领未来发展方向。

重新启动研发平台。在不同区域和不同行业已经设立的各类产业发展平台，本身具有相对优质的创新要素，但主要受制于制度性因素，其作用没有得到充分发挥。要采取有效措施，推动相关机构的实质性改革，挖掘发展潜力，释放发展的能量。

营造创新发展氛围。行业内部、企业内部的氛围，对创新具有潜在的巨大影响，某种程度上这种影响甚至是决定性的。企业、企业家以及其他主体内在的创新精神，在时代潮流和社会浮躁风气的影响下，很有可能被消释甚至消逝。要通过政策引导，营造创新发展的良好氛围，尤其要杜绝表面化、形式化的“创新”。

5.4.2.4　人才激励政策

凝聚高层次的创新创业人才。人才特别是高层次的创新创业人才是战略性新兴产业发展的关键。从现实看，不同行业领域的科技重大专项已经吸引了一大批活跃在科研和生产第一线的最优秀人才，并初步形成了创新型的核心团队。科技重大专项已成为凝聚、造就优秀创新创业人才的关键平台。战略性新兴产业发展过程中，要进一步发挥科技重大专项在凝聚高层次创新创业人才方面的特殊作用，通过创造更加良好的发展环境，为优秀人才成就事业和实现价值提供施展抱负的舞台，特别是为年轻人才的脱颖而出提供舞台。

特别关注外来型人才的引进。企业家在创新中具有特出地位。受多种因素的约束，本地人才容易形成思维定式，并丧失创新奋进的动力。在不断激发本地人才创新意识和创新能力的前提下，要特别注重外来型企业家和人才在甘肃创新创业；特别关注通过外来型人才的引进，疏通同区域外相关创新主体之间的沟通渠道。

注重发挥退休高级人才的作用。许多行业中，人才的成长要经过一个相对较长的时期。具有长期实践经验的退休高级人才，普遍对所在企业存在内在的深厚感情。采取各种灵活的形式，充分发挥退休高级人才的作用，是人才激励的应有之意。

着力培养敬业精神。同样的技术可以结出不同的果实，同样的设备和工艺流程可以生产出在质量和性能等方面存在重大差别的产品。这是产业发展过程中值得关注的一个现象。究其原因，关键在于人的因素。科技创新和战略性新兴产业的发展，需要长期的积累，政府和产业界需要有足够的耐心，必须专注和专业，必须脚踏实地，必须一步一步努力。要防范短期性、功利性和投机性倾向，着力引导创新主体形成愿意并且乐意长期坚持走创新发展之路的良好心态和价值取向。

5.4.2.5　市场培育政策

加速行业和企业整合。园区和基地中的行业和企业整合非常关键。作为老工业基地，甘肃省传统行业中不同企业之间的技术封锁和市场分割比较普遍，在某些行业例如装备制造业中表现尤其突出。要通过健全完善行业协会、信息平台等，破除不同行业和企业之间存在的各种有形和无形的壁垒,加速横向整合的进程。

必须将客户和合作企业纳入到创新体系和创新过程之中。政、产、学、研、用之间的分割和断裂是科技创新和战略性新兴产业发展的桎梏。从市场的角度来看,这种断裂集中体现在"政、产、学、研"和"用"之间。任何产业包括战略性新兴产业的发展归根结底要由市场来判定,必须将客户和其他合作伙伴引入创新过程。

建立长期战略性合作关系。战略性新兴产业的发展,着眼于培养推动经济长期发展的可持续动力。受各种因素的影响,甘肃创新主体与外部的合作更多局限于交易性的单次市场合作关系。要鼓励企业和其他创新主体在市场中识别寻求长期战略性合作伙伴,构建双赢和多赢的稳定的协作关系。这一点,对地方政府部门同样适用。

准确把握市场需求。要从各个层面,利用多种方式,进行充分的市场调研,对特定领域内技术、产品和服务等进行相对准确的市场预测,防范战略性新兴产业发展过程中的市场风险。

精准确定目标市场。要根据地区优势确定近期与远期主推的细分领域和目标市场,有针对性加强对应用研究和产品开发的支持,帮助企业把握先进技术率先产业化与商业化应用的机会窗口。

推动商业模式创新。战略性新兴产业发展,归根结底要通过技术和产品的商业化运用为区域经济发展增添长期的动力。在推动科技创新和制度创新的同时,要充分认识到商业模式创新的价值。从实际情况看,甘肃省战略性新兴产业发展的商业模式创新,关键在于目标市场的确定和正确处理好利益相关者之间的关系。要鼓励企业家耐得住寂寞,挡得住诱惑,拓展视野,积极探索,从长期和全局的高度,投身战略性新兴产业发展。

积极参加展会展销。鼓励企业参加国家、省、市等各级机构组织的国际性、全国性和区域性博览会、交易会、展销会等各类商贸促进活动。

构建电子商务平台。战略性新兴产业相关企业虽然普遍构建了电子商务平台,但是效果并不显著。要鼓励企业构建自己或第三方电子商务平台,积极开展网上营销,充分发挥电子商务平台的作用,并在此基础上构建行业性的统一平台。

5.4.2.6 园区建设政策

规范园区准入。从正在运行的产业园区观察,大多数园区存在规模性倾向,把目光盯在规模企业上,现有准入条件事实上把许多小微企业挡在门外。小微民营高科技企业弹性充分,活力充足,同战略性新兴产业高成长高风险的特征契合。要破除各种有形和无形的障碍,吸引和鼓励小微企业入园。

健全园区退出机制。完善的退出机制是产业园区健康发展的必要条件。退出机制不完善可以说是我国产业园区的通病。在充分考虑退出补偿的前提下,要通过自然退出和强制退出等方式,实现园区企业、项目与产品的优胜劣汰,盘活园区经济资源特别是稀缺的土地资源,不断为园区注入新鲜血液,保持园区的长久活力,推动园区的转型升级。

加大招商引资。产业集群和建立特色工业园区建设,在规划布局、土地使用、税费减免和金融支持等方面给予倾斜;加大园区招商引资的力度,增强招商意识,创新招商方式，建立多渠道、宽领域和全方位的招商网络体系；以引进优质龙头型企业为带动，促进新兴产业集聚的形成；加大建设园区和基地的硬件设施的力度，提升服务功能，增强园区对战略性新兴产业集聚的吸引力。

加强高新技术产业开发区建设。经过长期的实践探索，我国产业园区的运作机制和模式已经日趋成熟，从技术研发、技术转移、企业孵化到产业集聚、集群的一整套企业创新和产业培育体系逐步健全，园区（基地）已经成为培育高成长型企业的核心载体。要进一步发挥产业园区特别是高新技术产业开发区在战略性新兴产业发展中的作用，科学选择重点培育发展的具体产业类别，不断优化制度、政策和服务环境，加强创新要素的有效集中，延长产业链，做大做强已经具备发展优势的核心产业。

推动国家重大战略性新兴产业项目建设。加强与国家有关部门的有效沟通、协调与合作，认真谋划储备一批重大战略性新兴产业项目，积极争取国家重大战略性新兴产业项目布局和落地，有效推动新能源、节能环保、新材料、新医药、生物育种、电子信息等重大产业项目建设。

推进产业孵化。依托各类开发区，重点推进孵化器、中试基地、高新技术产业基地和一批大学科技园、科技创业园的建立，鼓励产业园区、产业集聚区与高校、科研院所共建技术研发平台，大力推动科技志愿者团队和孵化师队伍建设，整合各种创新要素，优化孵化和创业环境，强化产业孵化功能，为战略性新兴产业发展提供成长条件和发展空间。

加大定向招商。对有关重点企业、科研机构加大定向招商力度，有重点、有针对性地引进一批战略性新兴产业项目及其配套产业项目，促进国内外知名大企业集团的研发机构和生产基地进驻产业园区，围绕开发区产业定位，重点培育相关战略性新兴产业的核心企业，提高核心企业的辐射带动能力，并通过积极引进外部资本，弥合产业链空白，加快产业的集群化发展。

承接产业转移。同发达地区相比，甘肃省产业发展水平较低，同时普遍存在当地产业链不完整、主要环节位于发达地区的现象。要充分利用东部发达地区调整产业结构腾笼换鸟的机会，有针对性地承接产业转移，弥补产业链断链和缺链的现象。

做强龙头企业。龙头企业的发展是园区建设乃至是战略性新兴产业发展的关键。要营造公平竞争、有利于创新的环境和条件，切实做到不同企业平等使用生产要素和创新资源。

推动园区产业用地紧凑布局。产业园区在土地利用方面，存在资源闲置和不足两种情况。一些园区和企业的发展受土地空间的限制非常明显，但同时某些园区的开发强度不高，土地利用效率低。要根据实际情况，实施供地面积和土地价格的差别化政策，积极探索分期供地、租赁供地等方式，并实施动态监管，引导园区和企业珍惜利用土地资源，紧凑布局，集约发展。

5.4.2.7 小微企业培育政策

切实关注中小企业成长。战略性新兴产业发展过程中，客观上存在着中小企业被边缘化的问题。地方政府不能只将眼光聚集于规模较大的国有企业，而应当同样重视并加大对大量中小企业、民营企业、新办企业的政策扶持力度，制定面向各种企业的普惠性的产业政策。

大力发展科技型中小企业。科技型中小企业在战略性新兴产业发展中具有特殊的作用。要解决其受政策歧视、市场准入难和融资难等方面的发展障碍,鼓励其进入战略性新兴产业的研发和产业化环节,充分发挥其市场嗅觉灵、技术捕捉准、创新动力足、反应速度快的特点,使技术方向日益明朗化。

建立中小企业创新基金。积极组织申报国家高技术产业发展项目、中小企业创新基金等,扶持中小型科技企业发展,支持和鼓励其做大做强。

特别关注与龙头企业配套的中小型企业。在长期的发展过程中,围绕龙头企业特别是大型国有企业,已经产生了一大批发挥配套作用的中小型民营企业,对拓展延伸核心产业链发挥了显著的作用。要通过有效措施,进一步发挥其在战略性新兴产业发展中的作用。

5.4.2.8 国际合作政策

创新国际技术交流合作方式。技术引进基础上的二次创新是欠发达地区推动科技创新的基础路径。要通过多个层次、多种渠道和多种方式,推进战略性新兴产业在人才培养、技术研发、市场开拓和产业对接等领域的国际交流与合作。

发挥高等院校和科研机构的优势。高等院校和科研机构在国际合作中具有独特的优势。要通过高等院校和科研机构的学术交流等机制,构建国际性技术合作网络,在战略性新兴产业基础研究和工程化应用等方面进行广泛的交流合作,并在合作中积极吸收先进技术,加快自主创新的步伐。

充分利用丝绸之路经济带建设的机遇。国家之间的经济合作本质上是基于优势互补基础上的产业合作。甘肃省处于丝绸之路经济带的黄金段,为战略性新兴产业发展提供了特殊的机遇。要从产业发展的各个环节特别是市场环节,以具有较强市场竞争力的产业和产品,例如物流业、新能源产业等为核心,积极探索并完善同丝绸之路经济带相关国家深化合作的方式和渠道。

利用兰交会等合作交流平台。甘肃省已经建立了不同层次的合作和交流的平台,为战略性新兴产业的对外合作提供了条件。要充分利用兰交会等现有合作交流平台,通过专门性的宣传和推介,在其中注入显著的甘肃省发展战略性新兴产业的元素。

5.4.2.9 传统产业改造和提升政策

改造提升传统产业。战略性新兴产业具有特定的内涵,但在操作中和其他产业并不存在截然的界限。传统产业中包含高科技、战略性的内容,战略性新兴产业中也包含传统产业的成分。不能脱离区域传统产业而单纯强调战略性新兴产业的发展。对甘肃而言,应用高新技术改造传统产业,促使战略性新兴产业与传统产业的相生互惠发展,推动部分传统产业经过改造升级,转型成为战略性新兴产业,并在此基础上进一步形成新产业,尤其重要。

鼓励企业挖潜改造。从实际情况出发,传统企业的挖潜改造是甘肃省壮大战略性新兴产业规模的关键路径之一。要以企业信息化改造为核心,鼓励企业对现有生产设备、能源设施、老旧厂房等进行升级改造,推动传统企业在节能环保领域取得显著进展。

对资源枯竭型城市战略性新兴产业的发展要给予特别关注。作为老工业基地，经过长期的开发，甘肃省许多城市都具有资源枯竭的特征和趋势。同时，在这些城市聚集的产业和企业一定程度上也正是甘肃省在国内乃至在国外都具有较强竞争力的典型，也正是甘肃省战略性新兴产业发展的重点之一。要从资源枯竭型城市发展的内在规律出发，以资源循环利用为核心，依托相对雄厚的经济实力、技术积累和人才储备等，充分挖掘利用城市矿产，把白银、金昌等打造成为具有全国性影响的“城市矿产”示范基地，同时大力推动替代产业和接续产业的发展。

5.4.2.10 监督检查政策

健全评价体系。只有基于系统准确的统计数据和完善的评价体系，才能做出科学的决策。目前，战略性新兴产业发展统计数据存在明显的缺失和口径不一致的情况，产业发展评价体系亦不健全，对科学决策已经形成了现实的约束。构建规范、权威而又符合实际情况的评价体系，并据此有针对性地开展战略性新兴产业发展绩效评估，对推动战略性新兴产业发展，不但十分重要，而且非常紧迫。

做好项目绩效评估。科技创新与产业发展项目特别是重大项目，是政府推动战略性新兴产业发展的关键抓手之一。这些项目，不但对目标行业和企业增强核心竞争力具有重大价值，而且对引领科技创新和产业发展方向具有重要意义。在一定程度上，项目实施水平决定着科技创新与战略性新兴产业发展的总体水平。从实践看，不同项目的绩效和所发挥的作用存在很大的差异，不排除个别项目没有达到预期目标、没有发挥应当发挥的作用的现象。要引进第三方机构，从提高企业自主创新能力、促进高端人才培养、引导社会资本投入和推动战略性新兴产业发展等方面，科学评估项目绩效，客观总结经验教训，提高项目专项资金的使用效率，推动项目建设的持续发展。

5.4.3 甘肃省战略性新兴产业发展政策要点

战略性新兴产业中的不同行业领域，具有区别于其他行业的内在属性。特定行业中的重点企业，更存在明显的个性特征。因此，培育发展战略性新兴产业，必须在制定和实施上述政策的基础上，结合行业乃至企业特点，制定富有操作性的差别化、精准化政策。甘肃省推动战略性新兴产业发展的差异化政策，特别应当关注以下内容。

5.4.3.1 新材料产业

甘肃省新材料产业发展具有非常广阔的前景。目前，新材料产业及其企业大多处于初创期，产业规模小，人才和技术储备不足，普遍面临资金缺口。政策重点应当是引导创新要素大量进入产业内部，催生一批富有活力的创新型中小企业，推动技术和产业的跨越式发展。

推动传统材料工业企业技术改造和转型升级。鼓励传统原材料工业企业通过大力发展精深加工和兼并拥有高新技术的新兴企业等方式，进入新材料产业，通过拓展和延伸产业链，增加产业附加值。

支持中小企业向“专、精、特、新”方向发展。鼓励中小企业发展和提高对大企业、大项目的配套能力，打造一批新材料产业的“小巨人”企业。

解决中小企业进入新材料产业的融资问题。通过完善创业投资基金政策和风险投资政策，通过实施政府担保贷款、鼓励新兴企业在创业板上市等方式，加大对中小新材料企业的扶持力度，切实解决中小企业进入新材料产业的融资问题。

大力发展企业孵化器。企业孵化器通过提供研发、生产、经营的场地，通讯、网络与办公等方面的共享设施，系统的培训和咨询，政策、融资、法律和市场推广等方面的支持，能够降低新兴企业的风险和成本，提高企业的成活率和成功率。

聚焦目标市场。鼓励企业在充分进行市场调研、准确预测市场发展趋势的基础上，聚焦特定的目标市场，集中力量开展研发活动，满足目标市场需求并进一步创造新的市场需求。通过建立"试样市场"，促进市场需求在新兴技术研发阶段的渗透，增强科技创新的市场针对性。

5.4.3.2 新能源产业

甘肃省发展新能源产业具有得天独厚的优势。目前，新能源产业已经初步具备了发展的良好基础和广泛的国内和国际性影响力。政策重点应当是站在全国乃至全球的高度，引领产业发展潮流，引导市场主导设计，突破发展瓶颈，抢占产业制高点，打造完整的产业链，将资源优势进一步转化为产业优势。

组建科技创新和产业发展的战略联盟。依托相对雄厚的产业发展基础，通过组建并大力推动产业发展战略联盟，推动相关主体之间的交叉互补、相互支持和相互协调，整合政、产、学、研、用的集团优势，在技术研发、人才培养、设备检测、知识产权以及标准制定上取得显著进展。

打造完整的产业链。通过组织实施重大项目和示范工程，培育和造就一批具有自主创新能力、掌握重要核心技术和自主知识产权的综合型龙头企业，引导企业从单纯的制造企业向"研发—制造—服务"型企业转变，促进新技术新产品的研发、生产和推广应用，打造完整的产业链。

防范无序竞争。在集群发展的前提下，鼓励企业聚焦核心竞争力错位发展，推动相关企业的专业化分工和功能互补，避免高端产业的低端重复建设，防范产业内部无序竞争诱发的市场风险。同时积极拓展国内和国际市场空间，不断提高市场占有率。

强化配套能力建设。以风电消纳为代表的新能源产业发展中存在的问题，具有普遍性。要冷静思考，积极面对，通过产业配套能力建设，探索出具有甘肃特色的发展道路。从实际出发，在新能源产业发展集聚地适当布局高载能产业，增强当地经济实力，在政策上应当给予高度关注。

5.4.3.3 生物医药产业

甘肃省多样化的地理和气候条件，为发展生物产业奠定了良好基础。从现实看，甘肃省生物产业的发展潜力没有得到充分发挥，能量没有得到充分释放。政策重点应当是充分借鉴相关产业和其他地区的发展经验，大力推动科技创新、体制创新和商业模式创新，全面提升产业发展的层次和水平。

加强产业发展人才培养。人才培养与产业发展需求脱节，是制约生物产业发展的主要瓶颈之一。要完善生物医药产业的人才培养模式，加大高校生物医药类学科建设力度，积极培养高层次专业型和复合型人才。同时，把引进国内外高级人才作为加快发展生物医药产业的一项重要工作。

打造“科、工、贸”一体的生物产业综合类超大型企业。鼓励龙头企业做大做强，鼓励生物医药企业与高校、科研机构和国内外相关企业建立产业技术创新联盟，鼓励省内外大型企业与地方中小企业“联姻”，催生“科、工、贸”一体的综合类超大型企业，加速生物资源开发利用的步伐。

推动全产业链条的标准化生产和规模化发展。认真总结经验教训，推动产业发展的商业模式创新，探索有效的产业发展路径。要瞄准产业园区和基地中龙头企业的主打产品，推动从原料种植、精深加工到技术研发和市场销售的全产业链条的标准化生产，加强中试、放大和集成的产业工程化平台构建，不断完善农户加基地、市场带企业的产业化经营格局，推动产业的规模化发展。

准确把握市场动态。在充分市场调研的基础上，建立高效的信息发布网络和信息咨询机制，帮助产业发展相关主体适时调整生产和经营策略，化解市场风险。

加大生物医药产业项目储备。积极落实各级政府关于生物医药产业发展的系列性政策，把握产业发展的重大机遇，加大生物医药产业项目储备，全面争取生物医药产业相关项目的落地，吸引优质要素进入生物医药产业，推动产业做大做强。

5.4.3.4　信息技术产业

促进信息技术产业的持续发展，是区域战略性新兴产业发展的普遍选择。甘肃省信息技术产业发展基础相对薄弱，基本处于产业链上游，并且存在明显的短链、缺链和断链现象，政策重点应当是加强与军工企业之间的务实对接合作，培育壮大龙头企业的经营规模和经济实力，充分发挥其对产业发展的辐射带动作用，推动产业链的不断拓展和延伸。

加强与军工企业之间的务实对接合作。从军民互动和资源共享的角度，重点支持产业优势明显、科技含量高、辐射带动作用强的军民融合项目，推动军民两用技术成果转化、军民企业产品市场需求信息沟通、军民融合项目投资融资等，将军工企业在人才、技术和装备等方面的优势与民营企业在体制、机制和市场理念等方面的优势相融合，实现保军与促民的协调发展，激发产业发展的内生动力。

加强承接产业转移。从实际情况出发，立足比较优势，合理确定产业承接发展的重点。聚焦重点地区和重点基地，加强配套基础设施建设，增强综合配套能力，有选择地承接关联产业和配套产业，引导产业集聚。充分发挥现有重点产业、骨干企业的带动作用，吸引产业链条整体转移和关联产业协同转移，提升产业配套能力，防止低水平重复建设。努力深化国际合作和区域合作，鼓励企业在“走出去”和“引进来”中加快发展。

加速信息技术向其他产业的渗透。充分利用经济结构转型、信息化建设和智慧城市建设等提供的广阔市场机遇，加速信息技术向其他产业特别是向传统产业、先进装备制造业和现代服务业的渗透和融合，促进面向生产和生活的信息技术产业的全面发展。

5.4.3.5　先进装备和智能制造业

甘肃先进装备制造业的发展，依托于传统装备制造产业和企业。在创新步伐不断加快、市场竞争日益加剧的背景下，甘肃先进装备制造业的发展面临严峻挑战。针对传统企业具有相对雄厚的技术基础，但同时创新激励不足，容易出现裹足不前、低端重复建设等情况，政策重点应当是加大政府采购，引导和刺激企业加大技术研发和应用力度，促进现有技术和高新技术的融合，加速推动企业转型。

引导企业淘汰落后产能。加快高新技术及设备的引入和更新，淘汰落后产能势在必行。必须促使传统产业主动创新，为战略性新兴产业发展腾出空间，推动传统转型企业进行技术改造和升级，向产业链高端迁移。要通过建立稳定的财税政策降低企业淘汰落后产能和引入高新技术的成本，如对企业淘汰落后设备并新购高新技术装备给予一定的补贴或税收优惠。

鼓励采用先进技术和先进设备。制定的财税激励政策需要保持较高的稳定性，从而给可能享受优惠的企业明确的信号，达到吸引更多传统企业通过技术升级进入战略性新兴产业并激励创新的作用。

建立健全科技研发机构。通过自建研究机构，与高校、科研单位建立紧密合作关系，兼并拥有高新技术的创新型新生企业等多种方式，鼓励传统转型企业组建为企业技术升级提供支持的强大的研究机构。

加大政府采购中公共技术采购的比例。公共技术采购不是采购一项技术，而是对研发企业或产学研联合体提出技术创新的要求，政府对企业根据这个要求生产出的产品进行采购。通过加大公共技术采购，政府可以在高端装备制造业技术的升级发展中发挥引导作用。

5.4.3.6 节能环保产业

大力发展节能环保产业是全社会面临的普遍问题，更是资源能源大省转变经济发展方式的基本要求。甘肃省资源能源利用效率较低，环保欠账多，生态保护任务重，节能环保产业起点低，政策重点应当是，从全行业和全社会的角度，分类指导，以节能减排任务倒逼节能环保产业发展，通过节能环保技术的产业化转化和推广利用，推动企业生产方式转变。

以节能减排任务倒逼节能环保产业发展。节能环保技术研发和产业发展具有很强的外部性，产业发展的市场内在动力普遍不足。政府必须承担起在发展节能环保产业方面的责任。通过制定节能减排任务，倒逼企业特别是高耗能、高污染企业采用节能环保技术和设备，扩张节能环保产业的市场空间，是推动节能环保产业做大做强的有效途径。

分类指导。节能环保产业门类繁复，交叉性和渗透性强，同时源于技术性因素，不同行业领域存在显著的差异。必须根据不要行业的特点和发展基础，采取有针对性的政策措施，分类指导，推动科技创新和产业发展。

强化节能环保服务。通过制定重点支持的节能环保产品目录和构建节能环保公共服务平台，通过支持节能环保关键技术和设备的研发、中试、小试和工程化运用，通过在重点用能企业实行节能诊断、合同能源管理、能源管理师制度等节能服务新机制，为产业发展树立行业性、区域型乃至全国性的标杆和样板。

提高全社会的节能环保意识。节能环保产业的发展和社会节能环保意识的强化存在直接的联系，从一定程度上讲，节能环保产业的发展最终取决于全社会的节能环保意识。要利用多种方式,加大对节能减排的宣传,普及节能环保知识和方法,通过舆论引导、公众监督和典型事例教育等,倡导绿色生产和绿色消费,促使节能环保行为贯穿到全民的日常生活之中。

5.4.3.7 新型煤化工产业

对石油产品的替代是煤化工产业发展的基本方向。针对原料指向明显、产品单一、发展相对缓慢的现实,甘肃省现代煤化工产业政策重点应当是,在国家相关产业政策的指导下,制定科学的现代煤化工产业发展规划,明确产业发展定位,突破传统煤化工产业发展路径,高起点高层次推动产业园区和基地建设,推动煤炭、化工企业和其他相关产业的整合。

丰富产品种类与结构。针对产品种类单一且附加值低、产业链条短、资源利用效率较低等情况,要进一步丰富煤化工产品结构,实现煤化工产品从“单极”到“多极”的转变,提升煤化工产品的市场竞争力和企业存活力。同时,瞄准核心产业链,紧紧追踪关键产品的市场需求动态和技术研发动态,灵活调整企业发展方案及项目进度,不断拓展和延伸产业发展空间。

加强煤炭、化工企业和其他相关产业的整合。尽快制定和实施煤化工产业中长期发展规划和发展政策,推动煤、气、电、化等行业之间的资源整合和综合发展,推动煤化工与建材、材料、发电、废热利用等不同产业的工艺技术集成联产。积极创造条件,加大横向联合力度,开展国内外技术合作与交流,引进和消化吸收国内外的先进技术,突破产业发展的技术瓶颈。

以产业园区整合资源优势。立足区域资源优势、成本优势和区位优势,加快现代煤化工产业园区和基地建设,以延伸产业链条、多元发展、产业对接、促进循环为发展方向,加快淘汰落后产能,优先选择具有较强市场竞争力和较高环保效益的优势产品,积极探索区域内煤化工产业循环经济的整体性框架,健全运行机制,提升资源综合利用水平和综合管理水平。

加强环境保护。结合煤化工产业存在的主要环境问题,针对产业集聚区的具体特点,建立科学的具有可操作性的煤化工产业环境影响评价指标体系,评价煤化工产品能源利用效率和对环境的影响,并据此采取有针对性的综合治理对策,抑制产业发展的环境瓶颈,夯实现代煤化工产业发展的社会基础。

5.4.3.8 现代服务业

加快现代服务业发展是推进经济结构调整、提高经济整体素质的战略举措。甘肃省现代服务业发展相对滞后,市场化水平低,现行制度和体制不能适应服务业发展的要求,政策重点应当是通过政府强力推动,调整内部结构,优化发展环境,转变发展理念,积极培育和发展新业态,加速推进服务业市场化进程。

以现代物流为突破口。充分利用丝绸之路经济带建设的重大战略机遇,发挥黄金段的通道区位优势,不断提升兰州区域性物流中心地位,强化沿经济带物流园区建设,构建物流核心圈—物流通道—物流枢纽—物流聚集区—物流龙头企业等多层次、广覆盖的现代物流体系,推动现代物流业与区域经济发展和丝绸之路经济带建设的产业匹配和联动发展。

发展以电子商务为导向的城乡配送物流。充分利用城镇化进程加速所带来的发展空间，整合物流资源，加快传统物流业转型，促进物流业与互联网融合发展。结合物流管理软件开发、物流公共信息平台建设和冷链物流基础设施建设等，积极探索以电子商务为导向的城市和农村配送物流发展模式。

加速金融创新。努力改善金融生态环境，吸引更多的国内外金融机构来甘肃设立分支机构，积极培育兰州区域性金融中心。放手金融机构开发不同品种、不同形式的金融产品，全面提高金融服务水平和服务质量。

做好做大文化旅游产业。在进一步加强立体交通网络建设，彻底破解旅游产业发展的瓶颈的基础上，以前瞻性眼光，充分借鉴同类省份的经验，集中打造特色旅游景区和精品旅游线路，促进旅游与文化、生态、体育、养生等相关产业的深度融合，增加旅游产业的文化含量和附加值，促进旅游产业和产品升级，形成特色鲜明、效益显著的旅游文化产业带。

课题组成员：徐生云　曹子坚　杜英　王晓鸿

6 重点产业布局优化和产业基地建设研究

兰州理工大学课题组

6.1 甘肃产业发展总体状况和重点产业的布局

"十二五"以来,甘肃经济迎来了加快发展的黄金期。从2011年至2015年,甘肃经济增长速度明显高于全国平均水平;按可比价计算约高于全国2.74个百分点。从产业结构的角度看,第一产业增加值比重呈现缓慢下降的趋势,第二产业增加值比重下降趋势较为明显,而第三产业增加值比重呈现出了明显的增加趋势。这虽然整体符合配第—克拉克定理和库茨涅茨的产业结构演进的规律,但与2015年产业结构调整为10:50:40的发展目标有一定的差距。这主要受国际和国内市场需求低迷、主要工业产品价格持续走低等因素的影响。在此背景下,走活我省产业经济发展大格局,需要我们洞悉全球科技和产业发展大势,抓好我省重点产业的谋势之举和顺势之为。

6.1.1 "十二五"以来甘肃产业发展总体状况和阶段性成果

"十二五"以来,甘肃面临严峻复杂的国内外经济形势和艰巨繁重的改革发展稳定任务,在省委、省政府的领导下,牢牢把握稳中求进工作总基调和"三期叠加"的阶段性特征,扎实推进"3341"项目工程建设,在产业经济的快速增长中取得了可喜的成绩,但也存在着一些差距和不足。

6.1.1.1 总体经济发展:纵向比成绩喜人、横向比差距很大

按照"纵向看成绩,横向看差距"的思路,课题组分析了"十二五"以来,甘肃经济的总体发展状况。通过纵向比对,如表6.1-1所示,从2011年至2015年,甘肃全省GDP呈现出全面稳步增长的态势,GDP由2011年的5020.37亿元增加至2015年的6790.32亿元;GDP年均增速为10.58%,均高于全国同期增比。与"十二五"规划中提出的目标"2015年全省经济总量力争突破7500亿元,年均增长12%"相对比,可以看出,2015年

实际GDP为6790.32亿元，并未实现总量突破7500亿元的目标，年均实际增长速度为10.58%，未能实现年均增速12%的目标，这主要是受全国经济放缓的影响。

表6.1-1 2011—2015年全国GDP与甘肃GDP数值表

年份	2011	2012	2013	2014	2015	2015（“十二五”规划拟定目标）
全国GDP（亿元）	484123.5	534123	588018.8	636462.7	676708	
全国GDP增长速度（%）	9.5	7.7	7.7	7.4	6.9	
甘肃GDP（亿元）	5020.37	5650.2	6268.01	6835.27	6790.32	7500
甘肃GDP增长速度（%）	12.5	12.6	10.8	8.9	8.1	12（年均）

数据来源：2011—2014年数据来自国家统计局《统计年鉴》，2015年数据来自甘肃统计公报。

通过横向与全国平均水平的比对，如表6.1-2所示，我们能够看到：从2011年至2015年，甘肃省人口数量约占全国总人口的1.90%，而同期GDP占全国的比重约为1.05%，远低于全国平均水平。这说明我省在人均产出方面，仅相当于全国人均产出能力的55.13%。在人均GDP的增长方面，如图6.1-1所示，增长虽然较快，但明显低于全国平均水平，而且从2014年开始呈缓慢下降趋势。2015年我省实际人均GDP为26165元，与“十二五”提出的2015年人均生产总值预期达到27300元的目标相比差距较大。

表6.1-2 2011—2015年甘肃总人口、GDP占比对比表

年份	2011	2012	2013	2014	2015
全国总人口（万人）	134735	135404	136072	136782	137462
甘肃总人口（万人）	2564.19	2577.55	2582.18	2590.78	2599.55
甘肃人口占全国比	1.90%	1.90%	1.90%	1.89%	1.89%
甘肃GDP占全国比	1.04%	1.06%	1.07%	1.07%	1.00%

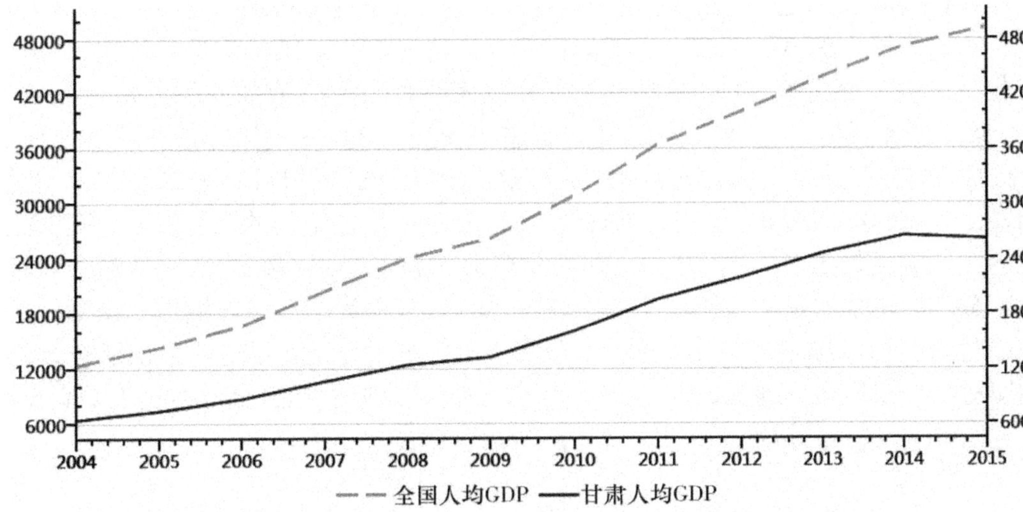

图6.1-1 2004—2015年全国与甘肃的人均GDP对比

6.1.1.2　总体产业规模：保持快速增长态势，但工业增速目标实现较难

“十二五”以来，全省着力培育新的经济增长动力，工业生产保持了快速增长态势。如表6.1-3所示，从2011年至2015年，第一产业从678.75亿元增长到954.54亿元，年均增长为5.822%，略高于全国同期4.1%的平均增速，2015年实际增加值为954.54亿元，超额完成了“十二五”增加值760亿元的目标；第二产业从2377.83亿元增长到2494.77亿元，年均增长约为11.47%，显著高于全国同期8.1%的平均增速，但并未能实现2015年第二产业增加值大于3800亿元的目标，而且差距较大；第三产业从1963.79亿元增长到3341.01亿元，年均增长约为11.03%，明显高于全国同期8.38%的平均增速，2015年超额完成了第三产业增加值大于2940亿元的目标。总体而言，我省一、二、三产业均保持了快速增长的态势，并且二、三产业均明显高于全国同期增速，但第二产业中工业增速不能达到年均增长大于16%的目标，这主要是受国际和国内市场需求低迷、主要工业产品价格持续走低等因素的影响。

表6.1-3　2010—2015年甘肃三大产业增长情况表

年份	2011	2012	2013	2014	2015	2015(“十二五”拟定目标)
第一产业(亿元)	678.75	780.50	879.37	900.8	954.54	760
第二产业(亿元)	2377.83	2600.09	2821.04	2924.86	2494.77	>3800
第三产业(亿元)	1963.79	2269.61	2567.60	3009.61	3341.01	>2940

数据来源：国家统计局与甘肃省统计局。

6.1.1.3　产业结构调整：不断优化升级，但与预期目标有一定差异

“十二五”以来，甘肃按照“强化基础、调整结构、转变方向、重点突破、加快发展”的产业发展思路，我省产业结构不断优化，发展质量不断提高。从产业结构调整趋势看，如表6.1-4所示，从2011年到2015年，第一产业增加值比重呈现缓慢下降的趋势，第二产业增加值比重下降趋势较为明显，而第三产业增加值比重呈现出了明显的增加趋势。总体趋势符合配第—克拉克定理和库茨涅茨的关于产业结构演进的规律，即由劳动密集型向资本密集型，并最终向技术或知识密集型产业转换的趋势。从节点数据看，截至2015年，第一产业增加值占生产总值的比重为14.06%，第二产业增加值比重为36.74%，第三产业增加值比重为49.2%。这与“十二五”规划目标中，2015年产业结构调整为10:50:40的发展目标有一定的差距。从具体产业结构的调整来看，我省重点产业均在此方面做出了一定的努力，如石化产业实施了兰州石化油品质量提升项目；有色冶金产业初步实现了酒钢集团的钢铁产品由以碳钢为主向以碳钢与不锈钢并重、以线棒材为主向以板带材为主的转变；金川公司实施了年产6万吨精密铜镍合金、10万吨铜材深加工等项目；连城铝厂实施了年产25万吨高精度铝合金扁锭及工业交通用铝合金原锭项目；西北铝加工厂实施了5万吨铝箔项目。

表6.1-4　2011—2015年甘肃三大产业所占生产总值的比重表

年份	2011	2012	2013	2014	2015	2015规划
第一产业比重	13.5%	13.8%	14.0%	13.2%	14.06%	10%
第二产业比重	47.4%	46.0%	45.0%	42.8%	36.74%	50%
第三产业比重	39.1%	40.2%	41.0%	44.0%	49.2%	40%

数据来源:国家统计局与甘肃省统计局。

6.1.2　本研究中重点产业的界定和遴选

通过第一节内容的分析,我们可以看出,甘肃省"十二五"产业发展的难题主要在于工业发展的不足①。为此,走活我省产业经济发展大格局,需要抓好我省重点产业的谋势之举和顺势之为。而关于重点产业的认识,从学术界的角度看,它是一个较为宽泛的概念,与之相近的概念有:主导产业、支柱产业、首位产业等概念。其共同点在于都是指对一个国家或地区经济发展产生重要贡献的产业,主要涉及GDP贡献率、关联产业的影响程度和就业机会容量等方面。但这些概念各有所侧重点,比如,主导产业主要考察对产业关联的影响,支柱产业主要反映对当地GDP的总体贡献情况、首位产业更偏向于GDP贡献率大小的衡量。在本研究中,考虑到对产业现状的认识和对未来发展趋势的判断,重点产业主要强调对当地GDP的贡献和对关联产业的带动作用,以及未来发展可能带来新的增长点的产业。既包括甘肃省的传统支柱产业和主导产业,又包括了"十二五"以来我省蓄势待发的战略性新兴产业两个层面。

6.1.2.1　重点产业确立的基本原则

基于以上认识,课题组认为甘肃省重点产业的选择应该遵循以下基本原则:

6.1.2.1.1　比较优势原则

坚持比较优势原则,就是要从实际出发,以自身优势为基础,立足于可支撑的资源基础和产业条件,发现和创造市场需求。根据自身的比较优势进行专业化生产,是市场经济的实质所在。也只有立足于本地优势,才能发展自己,形成特色,在激烈的市场竞争中占有一席之地。

6.1.2.1.2　结合地区特色原则

结合地区特色有两方面的含义:一方面是要充分挖掘甘肃地区独有特色,使之形成特色优势产品,在市场中独领风骚;另一方面是重点产业开发必须符合甘肃地区居民的文化传统,符合他们的利益,这样才能得到甘肃地区人民的鼎力支持与热情参与。因此,选择甘肃省的特色产业,必然要求该产业紧密结合不同地区的特色,满足各地区的不同利益。

6.1.2.1.3　市场导向原则

坚持市场导向原则,就是要坚持适销对路,适应国内外统一开放的市场,适应消费

①"十二五"时期,甘肃工业发展主要是受国际和国内市场需求低迷、主要工业产品价格持续走低等多方面因素的影响。

的需求，开发名优新特产品，努力占有更大的市场份额。坚持市场导向原则，就要坚持速度、规模与质量、效益并重。没有速度、规模，甘肃重点产业就形不成集聚优势，完善服务体系和发展产业化经营就没有基础，质量、效益必然没有保证，就无法占领市场。

6.1.2.1.4　可持续开发原则

甘肃生态环境异常脆弱，以往的开发行为又给脆弱的生态环境造成了严重破坏，导致开发行为难以为继，断了发展的后路。因此，我们在选择甘肃重点产业时，必须考虑到生态环境的承载能力。

6.1.2.1.5　政府引导原则

在经济发展中政府应该满足于做"小政府"，而不是做"大政府"。这意味着政府在经济发展中更多的是做好"后勤保障"工作，而不是参与到经济建设当中来。课题组认为，由于中国现在正处于转型的关键时期，甘肃还处于强势传统思维时期，地方政府在这个过程中必须担负起更为重要的作用。在甘肃重点产业的选择中，必须注重政府引导作用的发挥。

6.1.2.2　重点产业的判定

从现有的产业规模角度，通过主成分分析，可以确定甘肃省的重点产业为：有色冶金产业、石油化工产业、能源产业、食品加工产业、装备制造产业、建材工业。上述产业对占全省工业的贡献率达95%。

从战略发展的未来布局来看，"十二五"时期，我省结合未来产业的发展需要，也开始加快布局新材料、新能源、生物、信息、先进装备制造等战略性新兴产业发展。到2015年，我省战略性新兴产业实现增加值821.6亿元，比上年增长11.9%，占生产总值的比重为12.1%。

从现有规模和未来发展趋势看，我省重点产业涵盖有色冶金产业、石油化工产业、能源产业、食品加工产业、装备制造产业、建材工业等传统产业和新材料、新能源、生物医药、信息、先进装备制造等战略性新兴产业。

6.1.3　甘肃省重点产业布局现状

合理的产业布局，是促进重点产业发展，带动区域经济和提升区域竞争力的有效途径。产业布局旨在探究某一产业应布局在什么地方才能实现资源在空间上的最优配置[①]。产业布局既有空间集中和离散之分，又有空间供求协调和供求失衡之分，各个产业由于自身的技术经济要求不同，进而在布局上呈现出不同特征。结合我省实际，从产业集中度的角度出发，本研究从传统产业和战略性新兴产业两个层面阐述产业的布局现状，即从有色冶金产业、石油化工产业、能源产业、食品加工产业、装备制造产业、建材工业等传统产业和新材料、新能源、生物医药、信息、先进装备制造等战略性新兴产业中，重点阐述产业集中度相对较高、布局相对集中的产业。对于有色冶金和新材料产业，考虑到在我省有色冶金产业新材料产业在布局上有着一定的重合，本研究则把它放在战略性新兴产业层面统一阐述。对于能源产业，由于在国办发〔2010〕29号

①吴殿廷，陈启英，楼武林等：《区域发展与产业布局的耦合方法研究》，《地域研究与开发》2010年第4期。

文件和省"十二五"规划中，是分传统能源和新能源进行论述的，我们在基地研究中也分开论述。对于食品加工产业，在我省统计公报中是以食品工业出现的，而在国办发〔2010〕29号文件和省"十二五"规划中，相关联的基地是以特色农产品生产和加工基地出现的，为此，我们仍采取了统一的用语。对于建材工业，《甘肃省国民经济和社会发展第十三个五年规划纲要》中强调建材传统产业的改造提升，推进建材行业资源综合利用、节能减排和产品结构调整，加快新工艺推广应用，积极发展节能、节材、轻量化、高品质新型绿色建材产品，在基地建设上未做要求，在此不再赘述。

表6.1–5 甘肃重点产业和产业基地的关系

产业名称	相应基地	主要布局	相关表述	
			国家政策层面	省级政策层面
有色冶金产业(传统) 新材料产业(战兴)	甘肃有色金属新材料基地。	金昌、白银、嘉峪关、兰州等。	张掖钨钼生产基地、有色金属新材料产业和研发基地。	有色冶金新材料基地工程；依托金川公司镍和酒钢集团冶炼、轧制生产线优势，建设西部最大的不锈钢生产基地。
石油化工产业	甘肃石油化工基地；兰州石油储备基地。	兰州、庆阳、玉门、白银。	国办发〔2010〕29号文件：国家石油储备基地。	兰州国家战略性石化基地建设工程；兰州石化新增1000万吨炼化工程建设。
能源产业	陇东传统能源基地；甘肃煤化工基地。	庆阳、平凉。	国办发〔2010〕29号文件：陇东国家大型能源基地建设工程。	做好陇东地区、中部地区、河西地区能源后备资源和金属矿产资源勘查工作，积极开拓新的能源和原材料接续基地。
	河西新能源基地。	酒泉、敦煌、嘉峪关、武威。	千万千瓦级以上风电基地、百万千瓦级以上太阳能发电基地、风电装备生产基地、数字风机设备和太阳能光伏以及光热产品研发制造基地。	"路上三峡"建设工程；做好陇东地区、中部地区、河西地区能源后备资源和金属矿产资源勘查工作，积极开拓新的能源和原材料接续基地。
食品加工产业	张掖、武威、定西特色农副产品加工循环经济基地、定西全国重要的脱毒种薯、商品薯生产基地及精深加工基地、庆阳小杂粮特色农产品基地。	张掖、武威、定西、庆阳、陇东。	河西走廊杂交玉米等农作物制种基地、张掖、武威、定西特色农副产品加工循环经济基地、定西全国重要的脱毒种薯、商品薯生产基地及精深加工基地、庆阳小杂粮特色农产品基地。	按照构建"一带三区"为主体的农业发展战略格局，突出沿黄、河西、陇东和中部重点旱作农产品主产区等分区域特色农产品生产与加工基地建设，马铃薯及玉米淀粉深加工基地、酿酒原料及加工基地。

续表 6.1-5

产业名称	相应基地	主要布局	相关表述	
			国家政策层面	省级政策层面
建材工业	（无基地数据）	兰州	大力发展绿色建材，研究建立绿色建材认证制度，编制绿色建材产品目录，引导规范市场消费。	推进非金属材料制造业及水泥行业结构升级和产业链延伸。积极发展新型干法水泥、特种水泥及水泥制品，新型干法水泥产能达到7000万吨左右。加强建材行业资源综合利用和节能减排。
装备制造产业	甘肃装备制造业基地。	兰州、天水、酒泉、金昌。	《国务院关于加快振兴装备制造业的若干意见》。	《甘肃省振兴装备制造业行动计划》；先进装备制造业基地工程。
先进装备制造				
生物医药产业	甘肃生物医药基地。	兰州、定西、陇南、河西。	兰州生物医药产业基地、规范化中药材种植、中药饮片加工和特色中藏药生产基地。	新医药和生物产业基地工程；道地中药材种植示范基地、国家中药现代化科技产业基地、中医药临床前安全评价和新医药临床实验基地建设。
信息产业（电子信息产业）	（无基地数据）	兰州、天水。	《"十三五"国家战略性新兴产业发展规划》《"十三五"国家信息化规划》	加快发展电子信息产品制造业。培育发展光电子——半导体照明产业链，打造集成电路芯片封装制造、电真空器件制造、半导体集成电路和元器件生产等三大基地。

6.1.3.1　传统优势产业

6.1.3.1.1　石油化工产业布局特征

甘肃省石油化工产业主要布局在兰州、庆阳、玉门和白银，在地域分布上呈"一体两翼"的发展格局，即以兰州为主体，河西、陇东为两翼的发展格局。此外，国家为规避石油供应不足或中断的风险，开始在兰州建立了国家大型石油储备基地，并依托中国石油兰州石化分公司、中国石油玉门油田分公司、中国石油长庆油田分公司以及甘肃银光聚银化工有限责任公司等发展壮大。

6.1.3.1.2　传统能源产业布局特征

传统能源主要布局在陇东地区，主要以庆阳和平凉为核心区，以煤炭生产、石油化工和天然气生产为主导产业。在煤炭生产方面，主要有华能集团、甘肃能源集团、华亭煤业、甘肃万盛集团公司等龙头企业延伸煤炭开采产业链；在石油化工产业发展方面，主要由中国石油长庆油田负责石油勘查开发和原油加工，由中国石油庆阳石化公司完成石油、天然气的精细化工。

6.1.3.1.3　特色农产品生产与加工布局特征

马铃薯产业主要分布在定西、兰州、张掖、武威；草食畜产业主要分布在平凉、庆阳、陇南、临夏和甘南；酿酒原料及加工主要分布在酒泉、张掖、武威、金昌；现代制种产业主要分布在酒泉、张掖、武威和定西；苹果产业主要分布在平凉、庆阳、天水和陇南；蔬菜产业主要分布在张掖、武威、兰州和白银。

6.1.3.2　战略性新兴产业

6.1.3.1.1　新能源产业布局特征

新能源产业主要分布在河西五市，主要以酒泉为核心区，重点发展风力发电和光伏发电。其中，风力发电主要以酒泉市为核心区，玉门市、瓜州县为主战场，以酒泉市建设成为全国最重要的大型风电基地、风电装备生产基地以及数字风机设备基地为战略导向。太阳能发电主要布局在敦煌、嘉峪关、武威地区。以敦煌打造为百万千瓦级太阳能发电基地和太阳能光伏、光热产品研发制造基地为导向；嘉峪关主要进行1000兆瓦、200兆瓦光热发电、分布式能源项目；武威市重点进行光伏发电和太阳能级晶体硅材料生产。

6.1.3.1.2　有色冶金新材料产业布局特征

我省有色金属资源优势，主要分布在金昌、白银、嘉峪关、兰州、定西、陇南等地，产业布局上重点发展镍、钴、铜、铝、铅锌、稀土、钢铁、铁合金、黄金等工业。其中，金昌为我省镍、钴、铜及贵金属新材料产业的主要集聚地，以及我国最大的镍、钴金属盐类产品生产基地。白银为我国重要的有色金属工业基地，以及亚洲最大的稀土材料生产基地。嘉峪关为我省重要的钢铁产地。兰州主要发展以钢及深加工、新型铝合金材料、铝的深加工、镍钴等新材料以及人造心脏瓣膜、新型石墨碳素制品等新材料产业。定西主要以铝冶炼精深加工为主。陇南以发展有色冶金产业为主。

6.1.3.1.3　先进装备与制造产业布局特征

先进装备与制造产业基地主要包括以兰州为主的石化通用设备和电机制造基地，以天水为主的输配电设备、数控机床及电子电器制造基地和以酒泉、嘉峪关为主的河西新能源装备制造基地。其中，兰州板块主要以发挥兰石集团、兰电电机有限责任公司、兰州真空设备有限公司等龙头企业的带动作用，发展石化通用设备和电机制造产业。天水板块以星火机床、长城电工、华天微电子、风动机械、海林轴承等企业为骨干，发展输配电设备、数控机床及电子电器制造等产业。河西板块以打造全国产业规模最大、产品型号最多、配套能力最强的风电装备制造基地为导向。

6.1.3.1.4　生物医药产业布局特征

生物医药产业主要分布在兰州、定西、陇南、河西地区。兰州主要建设生物医药产业、中成药制造业和现代医药商贸物流配送网络，辐射并带动白银等周边地区的中药材种植、深加工和出口贸易及相关企业的发展。定西主要建设集研发生产、技术交流和产品展示为一体的国际化陇药行业工程技术研究中心。陇南主要以宕昌、武都为中心的大型现代化中药材及其制成品交易市场为主。河西主要以原料药和制剂深加工为主体、以现代生物制药和天然药物为辅助的产业格局。

6.1.3.1.5　电子信息产业布局特征

电子信息产业主要分布在兰州、天水和酒泉。兰州新区主要以大数据产业和云计算中心、物联网产业园建设为主；天水主要以微电子产业集聚为主，酒泉以敦煌软件产业园建设为主。

6.2 甘肃省重点产业布局的优化分析

"十三五"时期是我国承接两个百年目标且经济进入新常态的第一个五年,是全面落实"五位一体"和"四个全面"战略布局的五年,是实现向高收入国家迈进的重要五年,也是推动"四化同步"、全面建成小康社会的决定性阶段。当前,我省经济发展进入新常态,但是并没有改变我省"三期叠加"的基本判断,仍是我省大有作为的重要历史阶段。就产业发展而言,需要我们将产业结构调整和产业布局调整有机联系在一起,把改造提升传统产业和打造战略性新兴产业相结合,用改革创新的方法破解产业发展中出现的难题,引导产业结构朝着"高度化与合理化"的方向演进。

6.2.1 当前甘肃重点产业发展的新背景

6.2.1.1 外部环境

——在全球经济层面,新兴经济体增速减缓,大国经济自平衡和世界经济再平衡同步推进。

当前,美国经济形势正在好转,加息对全球大宗商品的影响正在显现,欧洲经济有所改善但衰退风险较大,而日本GDP经济增长的波动较大,经济增长预期不容乐观。而新兴经济体整体上经济增速较缓慢,未来有望温和回升。当前俄罗斯的经济复苏仍然存在着不确定性因素,印度借助美国带动,经济增长整体呈现较好趋势,而巴西经济状况较为低迷,甚至呈现出经济总体下行的风险。伴随着全球经济格局的动荡变化,主要发达国家开始重视实体经济的发展,比如,美国的产业复兴计划、德国工业4.0战略计划,日本的机器人新战略。而新兴经济体面临大国追求自身经济的自平衡,开始经济增长减缓。对于我国而言,经济减缓方面,还面临着资源价格、劳动力价格和地租的明显增加。面对复杂国际环境的挑战和全球经济发展态势的机遇,甘肃省要从战略层面统筹安排,在应对经济周期性波动与促进长期经济增长统一起来,共同为重点产业的发展创造良好的环境,积极把握国际经济新趋势带来的机遇。

——在经济政策层面,国家"一带一路"战略、"物联网+"行动,以及对我省的扶持政策有利于重点产业集群的升级驱动。

国家战略与政策的扶持是甘肃省建设重点产业基地、实现产业集群升级的重要因素。"一带一路"战略涉及65个国家,陆地面积约占全球的一半,人口约占全球的62.5%,GDP仅占全球的25%。通过表6.2-3可以看出,越南、菲律宾、哈萨克斯坦、印度尼西亚、巴基斯坦这些国家经济增长势头较好,将有利于激发市场的潜在需求,提高我省相关区域的业务对接速度和效率,实现各方资源的快速集聚,也有利于产业集群的出口,实现由以短期效益驱动到长期产业集群升级驱动的转型,实现由过去的以单边和双边为利益关系主体到多边利益共同体的转型。

国家"互联网+"行动计划,有助于我省发挥后发优势和资源比较优势,通过电子商务拓市场、促消费、带就业、稳增长的重要作用,突出创新驱动,促进我省传统产业的转型升级和新兴产业的生根发芽。配合国家“一带一路”战略，发挥我省丝绸之路经济带黄金段的地域优势、资源优势、技术优势和人才优势，通过物流产业和电子商务的发展，统筹国内国际两个市场，将有助于我省构建统一开放竞争有序的市场体系，不断提升我省在经济发展中的竞争优势。

国家《关于发展众创空间推进大众创新创业的指导意见》，有助于我省构建一批低成本、便利化、全要素、开放式的众创空间。结合实际，通过简化住所登记手续，采取一站式窗口、网上申报、多证联办等措施为创业企业工商注册提供便利，有条件的地方政府对众创空间等新型孵化机构的房租、宽带接入费用和用于创业服务的公共软件、开发工具给予适当财政补贴，鼓励众创空间为创业者提供免费高带宽互联网接入服务，将有助于我省降低创新创业门槛。综合运用政府购买服务、无偿资助、业务奖励等方式，支持中小企业公共服务平台和服务机构建设。

此外，《关于进一步支持甘肃经济社会发展的若干意见》《甘肃省循环经济总体规划》等诸如此类的政策都为甘肃重点产业和产业基地的建设提供难得的发展机遇。随着这些政策措施的逐步到位，也有助于甘肃省更好地化解甘肃工业长期形成的体制性、结构性矛盾，使内在潜力得到有效释放和迸发，为甘肃培育产业竞争力、加快重点产业发展、推进产业基地建设发展提供良好的政策环境。

——在区域经济层面，东部地区结构调整持续推进，中西部地区工业规模持续扩张。

在我国，区域经济发展不平衡，东部地区受到人口结构变动、融资成本提升及全球经济复苏的多种因素影响，工业企业被倒逼加速产业升级与调整结构，工业发展压力较大。虽然东部地区的工业增速递减，但结构调整和优化是经济增长的新动力。此外，伴随上海自由贸易区设立及其经验推广，东部沿海地区将再创新的发展机遇。中西部地区在国家政策扶持和“一带一路”战略稳步实施的大背景下，经济持续增长，固定资产投资增速高于全国平均水平。在这一区域发展的机遇中，从深层次看，我国经济发展已经度过了规模快速扩张的阶段，因而甘肃省经济发展必须摆脱传统依赖路径，实现经济结构调整，走“四化同步”的道路，通过创新促进重点产业转型升级。

——在产业发展层面，受国内外环境以及相关产业政策影响，我国装备工业和电子工业仍将快速发展，原材料和消费品行业将小幅波动下行。

在金融危机后的经济走势下，产业结构调整呈现明显的时代特征。在装备工业方面，智能制造装备、海洋工程装备、新能源汽车等新兴产业成为我国装备工业新增长点。原材料工业的生产和投资规模继续扩大。随着国内经济结构调整压力的加大，消费品工业的生产增速下滑。在电子信息制造业，产业减速明显，并于金融危机后首次出现负增长，领军者与追赶者角色正发生变化，智能硬件与跨界转型成为行业步入新常态的关键词。这些都表明了新一轮的产业转移以技术为先导、以服务为重点，呈现出领域集中化、方式主流化等特征。新型绿色产业兴起预示着未来全球产业调整发展的新方向，这将为甘肃省加快产业基地建设提供新的有利契机。

6.2.1.2 内部条件

——在资源禀赋层面，尽管我省自然资源相对丰裕，但是经过多年的大规模开发，过度依赖自然资源已不适合当前经济发展的需要。

甘肃省矿产资源丰富，煤炭、石油、天然气等资源储量充足，如表6.2-1所示，其中，煤炭储量位居全国第7位，石油储量位居全国第10位。从矿产及能源资源看，在已查明的矿产中，甘肃省资源储量名列全国第1位的矿产有12种，居前5位的有29种，居前10位的有58种。但经过多年大规模的粗放开发，我省能源消耗量远大于全国平均水平，资源紧缺问题凸显。就以煤炭、石油、天然气而言，通过表6.2-1和表6.2-2的对比，近5年，煤炭的储量明显降低，约减少了43%。而对于石油而言，虽然每年生产量呈25%的速度在增加，但由于基数大，并且有新矿藏的发现，利用率占比仅从2.77%提高到了3.65%。同样，对于天然气而言，天然气的开采利用率约在0.42%～0.67%之间。尽管我省在石油、天然气的开采方面优势依然很大，但是着眼于未来全球气候变暖和可持续发展等全球共识，这要求我们积极转变传统发展方式，保护生态环境、应对气候变化等都需要减少高能耗、高排放行业在工业中所占的比重。

表6.2-1　2010—2014年甘肃煤炭、石油、天然气储量

年份	2010	2011	2012	2013	2014
煤炭(亿吨)	58.05	23.51	34.08	32.69	32.86
石油(万吨)	16085.39	15529.15	19184.32	21150.01	21878.4
天然气(亿立方米)	191.8	191.63	224.58	241.28	256.09

数据来源：甘肃统计年鉴和甘肃省国民经济和社会发展统计公报。

表6.2-2　2011—2015年甘肃煤炭、石油、天然气生产量

年份	2011	2012	2013	2014	2015
原煤(万吨)	4700.65	—	—	4753	4399.6
原油(万吨)	502.66	629.52	710.4	772	820.1
天然气(万立方米)	8146	12792	11231	12973	12108

数据来源：甘肃统计年鉴和甘肃省国民经济和社会发展统计公报。

——在传统产业层面，国有企业过大、利润率水平低的格局尚未改变。

在企业经营层面，突出存在着两个方面的问题，一是国有企业过大，从产值层面讲，从2011年到2015年，甘肃省的重工业比重一直在83.65%与87.43%之间，而轻工业所占比重不到20%。从企业性质层面看，国有及国有控股企业的产值约占规模以上工业增加值的30.0%～31.2%，并且所占比重还有增加的趋势，如表6.2-3所示。对照2014年各产业的产出，我们这些大型国企主要分布在石化、有色、电力、冶金、食品、煤炭和装备制造业等重点支柱行业，如表6.2-4所示。这种倚重于大型国有企业的特征，使我省在扩张型经济政策的作用下会加剧产能的过剩。二是大型国有企业的整体利润水平并不高。如表6.2-5和6.2-6所示。石化产业、食品工业和装备制造业的整体利润水平较高，大致在10%～20%的利润空间，而有色、冶金产业的利润已经开始明显降低，在2013年和2015年冶金工业的利润率都已出现了负值。这种产业格局整体不适宜我省产业格局的快速提升。

表6.2-3　2011—2015年甘肃省规模以上工业增加值中各类企业工业完成额增加值

年份	2011	2012	2013	2014	2015
集体企业(亿元)	39.67	43.75	29.00	22.70	13.1
股份制企业(亿元)	1213.76	1355.82	1433.20	1335.10	1142.5
外商及港澳台投资企业(亿元)	30.60	29.42	30.60	32.20	28.4
国有及国有控股企业占比(%)	30.6%	30.2%	30.0%	31.2%	30.0%

数据来源：甘肃统计年鉴和甘肃省国民经济和社会发展统计公报。

表6.2-4　2011—2015年甘肃各行业的工业增加值

	2011	2012	2013	2014	2015
石化工业(亿元)	560.08	559.9	543.3	639.9	506.6
有色工业(亿元)	265.93	316.14	330.2	301.1	224.0
食品工业(亿元)	171.32	217.5	246.1	255.1	242.4
电力工业(亿元)	214.69	167.52	178.8	205.3	221.3
冶金工业(亿元)	210.7	191.25	193	164	73.7
机械工业(亿元)	116.98	136.61	167	146.5	96.4
煤炭工业(亿元)	125.78	166.51	150.5	109.2	82.8

数据来源：甘肃统计年鉴和甘肃省国民经济和社会发展统计公报。

表6.2-5　2010—2015年甘肃各行业的工业利润总额

	2011	2012	2013	2014	2015
石化工业(亿元)	52.83	115.31	130.8	108	8.5
有色工业(亿元)	67.7	30.4	15.9	1.5	-51.2
食品工业(亿元)	18.62	28.27	34.4	42	32.0
电力工业(亿元)	0.85	11.06	31.6	20.9	-5.7
冶金工业(亿元)	26.54	6.17	-8.2	-9.2	-109.9
机械工业(亿元)	18.84	16.51	14.7	16.2	10.8
煤炭工业(亿元)	26.52	18.79	10.3	2.9	-11.3

数据来源：甘肃统计年鉴和甘肃省国民经济和社会发展统计公报。

表6.2-6　2011—2015年甘肃各行业的工业利润率

	2011	2012	2013	2014	2015
石化工业(亿元)	9.4%	20.6%	24.1%	16.9%	1.86%
有色工业(亿元)	25.5%	9.6%	4.8%	0.5%	-23.0%
食品工业(亿元)	10.9%	13.0%	14.0%	16.5%	13.2%
电力工业(亿元)	0.4%	6.6%	17.7%	10.2%	-2.6%
冶金工业(亿元)	12.6%	3.2%	-4.2%	-5.6%	-159%
机械工业(亿元)	16.1%	12.1%	8.8%	11.1%	11.2%
煤炭工业(亿元)	21.1%	11.3%	6.8%	2.7%	-13.65%

数据来源:通过表6.2-4和6.2-5运算得到。

——*在新兴产业层面,虽然有明显优势,但整体基地实力不强,布局有待进一步优化。*

甘肃省的新兴产业在有些方面已经形成了比较优势,特别是新能源、新能源装备制造、新材料、生物医药、信息技术等五大产业都有很大的潜力可挖,市场前景广阔。我省的新兴产业基地有河西新能源基地、甘肃省有色冶金新材料产业基地、兰州生物医药产业基地。2015年,全省战略性新兴产业实现增加值821.6亿元,比上年增长11.9%,占生产总值的比重为12.1%。当前,我省战略性新兴产业正在迈入全面推进的新阶段。

——*在技术创新层面,我省科技投入明显加大,须进一步加强科技服务工作。*

科技资源是影响产业结构优化的一个重要因素,已成为支撑和引领经济发展和人类文明进步的主要动力。从发达国家的科技发展经验来看,发展科技服务业,是实现科技创新引领产业升级不可或缺的重要一环。从科研成果的角度看,截至2015年,全年全省省级以上科技成果819项,其中,基础理论成果138项,应用技术成果655项,软科学成果26项。全年获得奖励149项,比上年下降0.7%。专利申请受理14584件,比上年增长21.3%;授权专利6912件,增长35.6%;授予发明专利权1238件,增长52.5%。全年共签订技术合同4721项,增长40.2%;技术合同成交金额130.31亿元,增长13.1%。从我省科技投入的角度看,如表6.2-7所示,我省的科技推广和应用服务业的固定资产投资完成额增加较快,从2011年的4.21亿元,增加到2015年的19.75亿元,年均增长约93.8%(可变价)。在科技方面的公共支出也明显增加,可以粗略的通过近5年的数据看出。此外,我省科研与产业"两张皮"的问题还没有得到真正破解,科技贡献对经济的贡献率不足50%。可以通过表6.2-8的数据看出:一是我省高新技术的利润率有所下降;二是我省高新技术的对外开放程度并不高,如高新区企业的出口额占总收入的比重并不高,大致在0.12%～0.18%之间。这需要未来进一步加强科技转化方面的服务工作。同时,可利用我省技术后发优势,通过引进、学习发达国家和发达地区的先进技术,增加与发达国家的技术贸易,实现产业发展的后发效应。

表6.2-7　甘肃省科技服务表

年份	科技推广和应用服务业的固定资产投资完成额（亿元）	科技交流和推广服务业的营业收入（亿元）	科技交流与合作方面的地方公共财政支出（万元）	科技条件与服务方面的地方公共财政支出（万元）
2011	4.21	1.75	—	—
2012	1.39	—	183.00	10,183.00
2013	14.73	—	1,202.00	19,056.00
2014	17.59	—	—	—
2015	19.75	—	30.00	18,099.00

数据来源：wind数据库，部分数据缺失。

表6.2-8　兰州国家级技术产业高新开发区企业情况表

年份	高新区企业数(个)	高新区企业总收入(元)	高新区企业工业增加值(元)	高新区企业净利润(元)	高新区企业出口总额(元)
2010	399.00	8,607,313.00	14,083,396.00	3,908,812.00	10,418.00
2011	422.00	10,214,402.60	16,145,210.00	3,764,731.00	12,032.50
2012	466.00	13,001,949.90	—	3,671,851.00	15,032.40
2013	600.00	14,007,477.10	—	—	24,989.90
2014	506.00	15,405,924.50	—	—	18,000.10

数据来源：wind数据库，部分数据缺失。

6.2.2　布局优化原则和方法

6.2.2.1　布局优化原则

6.2.2.1.1　遵循生产力布局的基本规律

从生产力布局的角度看，可以将产业划分为两类，一类是“超重”产业布局，即随着生产运营的推进，产品的质量在增加的产业，这类产业主要布局在离市场较近的区域，如我省的生物医药产业、信息产业、食品工业、纺织产业等；另一类是“失重”产业布局，即随着生产运营，产品质量在减少的产业，如我省的有色冶金产业、新材料产业、传统能源产业、新能源产业、药材粗加工产业等。

6.2.2.1.2　根据资源环境承载力布局产业

重点产业的布局要以资源的环境承载力为基础，对于生态环境脆弱的陇东地区和河西地区，在发展煤炭开采、矿产开采和新能源产业时，要在保护环境的前提下利用高新技术提高产量。要在产业相对集中的兰白区域，逐步建立大气治理、水资源、土壤治理等环保产业，以产业化的方式推进节能减排。对于石化产业，国家遵循着“东靠西移”的战略思路，但从我省角度看，要在空间均衡的原则下，注重经济、人口和资源的协调。

6.2.2.1.3　把有共生关系的企业集中布局，发挥本土化经济和城市化经济效应

鼓励规模较大、技术水平较高的企业，按照“横向重组、纵向延伸”的思路，发挥本土化经济和城市化经济效应。所谓“横向重组”，就是要挖掘内力，借助外力，大规模引进国内外大企业特别是央企，切实推进产业关联度较高企业兼并重组，努力实现企业集群发展、集约发展。所谓“纵向延伸”，就是要以产业关联为纽带，通过加大产业整合、技术改造、自主创新，着力延伸产业链条，做大产业链规模，促使上中下游产业链之间的企业改组联合，使各产业间形成紧密的产品链和产业群。

6.2.2.2　布局优化的方法

根据优化原则，我们可以分析出：在布局优化时，应包括两个层面，其一，要着眼于整个产业的发展，其二，是着眼于产业内部，从产业链布局的角度去认识。具体而言：

一是大的布局优化，即从产业发展的宏观层面，从运输成本和生态方面，去考虑资源环境承载力和生产力的布局。一般而言，主要是基于生产力布局和资源环境承载力，以主导产业为基础建立整个产业链的布局。比如，对于甘肃的冶金产业，其主导产业是采选和冶炼，属于失重型企业，应该布局在原料产地。这就决定了甘肃的冶金产业是偏向于原料产地的。当这种主导产业的结构发生变化时，产业链也会发生新的布局调整。再以冶金产业为例，在金昌镍、铜产量减少时，金川公司的深加工工艺提高之后，其企业的布局就可以选择靠近运输线或偏向于市场。另外，一个重要的因素是资源环境承载力，这种承载力是建立在人类生存环境上的考虑，比如，将兰化企业从西固搬迁至兰州新区，就属于生存环境上的考量。

二是小的布局优化：即从产业内考虑企业联动所产生的规模效应，包括本土化经济和城市化经济两个层面。本土化经济强调“纵向联系”，即企业产业链关联后产生的技术外溢和运输便利，它的思路就是延伸产业链，结合甘肃实际，实现方式就是要强调产业链的高端化延伸。城市化经济强调“横向联系”，即主导产业链和相关产业链结合产生的新需求、新市场，它的实现方式就是要强调产业发展的一体化布局和配套发展。

6.3　甘肃省产业基地的布局优化

从近现代发达国家经济发展的经验来看，工业化是现代化进程中一个不可逾越的发展过程。在这个过程中，众多典型发展案例[①]已证明产业基地是促进工业化的重要手段和必要途径。所谓的产业基地就是由政府或民间组织、机构自发或者规划筹办的并且具有产业集群效应的经济组织。它作为一种产业与区域相耦合的经济发展模式，不仅是发达国家和地区竞争优势的主要源泉，更是欠发达区域实现跨越式发展赶超先进国家和地区的一种有效战略手段。

从世界范围来看，发达国家仍是全球经济的主要集聚区域，北美、欧盟和日本虽然人口不到全世界的1/6，却拥有全世界3/4的财富；从国家层面来看，城镇和先进省份是

①如美国加利福尼亚北部的“硅谷”、法国索菲亚·安蒂波里科技园（基地）、印度班加罗尔软件科技园（基地）、台湾新竹科技园等。

主要的集聚区域，如，开罗面积仅占埃及国土面积的0.5%，但其产值却占国内生产总值的一半以上。经济活动的空间集聚有利于发展规模经济、地方化经济和城市化经济。经济活动集聚于小城镇有利于公司规模化生产，减少生产成本，实现内部规模经济；经济活动集聚于中等城市有利于促进相似行业的公司在同一地区的集聚，延伸产业链条，提高生产效率，实现地方化经济；经济活动集聚于大城市有利于促进学习和创新，提升产业链的网络化发展，实现城市化经济的实现。

甘肃省资源丰富，省会兰州处于中国几何中心，是一个很好的产业空间集聚选择区域。国家扶持政策和我省“十二五”规划纲要提及诸多产业基地，形成政策合力并转化为政策优势需要厘清产业和产业基地之间的对应关系。在政策扶持方面，目前主要有：兰州新区为西北地区唯一的国家级新区、《国务院办公厅关于进一步支持甘肃经济社会发展的若干意见》《甘肃省循环经济总体规划》《华夏文明传承创新区建设》《甘肃省加快转型发展建设国家生态安全屏障综合试验区总体方案》，其中，国办发〔2010〕29号文件提到国家级产业基地3个，区域基地10个、产业基地13个、社会事业及民生保障基地2个。就我省而言，《甘肃省国民经济和社会发展第十二个五年规划纲要》在此基础上，又提出了23个基地。《关于加快开发开放积极承接产业转移的实施意见》提出，创建10个左右主业突出、创新能力强、有知名区域品牌、配套条件好、循环经济及产业规模和影响力居全国前列的国家级新型工业化产业示范基地。考虑到重点产业的布局与产业基地建设的部分重合问题，本研究将根据前述研究，结合我省现有产业基地布局和各地区的资源禀赋，对布局优化做如下分析。

6.3.1 传统产业基地的布局优化

6.3.1.1 甘肃石油化工基地

石油化工产业从大布局优化角度考虑，应着重考虑资源环境的承载力，要从区域环境的影响出发，解决产业的总体布局。比如，当前兰州石化从西固搬迁至兰州新区就是符合这一优化思路的。石油化工产业从小布局优化角度考虑，应在甘肃石油化工基地和兰州石油储备基地内部，即在兰州、庆阳、玉门、白银等地注重石化产业的一体化和综合配套。具体而言：

甘肃石油化工基地宜布局在兰州、庆阳、玉门和白银。从产值上讲，兰州和白银约占全省的40%，庆阳占40%，玉门占10%，总共占全省石化工业增加值的90%。基地发展要以科技创新为动力，以大型石化企业为依托，坚持国有经济为主，多种经济成分参与，投资多元化，地企共建的原则，按照大型化、一体化、集约化的循环经济发展模式，统筹协调、统一规划、整体布局、资源共享，建设经济规模大、技术水平高、聚集效益好、生态环境优、持续发展能力强的循环经济特色化工园区和产业集群，形成“炼化一体化”、上下游产业相互促进、互为补充的产业布局。

而兰州石油储备基地要以兰州新区上升为国家战略和实施国家重大石化项目为依托，以兰州市为中心，打造西部大型石油、化工原料集散地，建设国家重要的石油储备基地。

6.3.1.2 陇东传统能源基地

传统能源产业从大布局优化角度考虑,应着重考虑生产力布局基本规律和资源环境的承载力,结合我省实际,宜主要布局在庆阳、平凉。从小布局优化角度看,应在陇东传统能源基地和甘肃煤化工基地内部,即在庆阳和平凉等地注重市场导向和产业综合配套。具体而言,陇东传统能源基地应以庆阳和平凉为核心区,以煤炭生产、石油化工和天然气生产为主导产业。在石油化工产业发展方面,主要由中国石油长庆油田负责石油勘查开发和原油加工,由中国石油庆阳石化公司完成石油、天然气的精细化工。在天然气和煤层气方面,主要由长庆油田公司和川庆钻探工程公司进行开发和建设。

甘肃煤化工基地应根据甘肃省煤炭资源分布情况和煤炭特性,主要布局在陇东、兰白和河西三地区。陇东板块要以平凉市、庆阳市几大矿区为基础,构建方圆200公里的大型煤制烯烃与间接液化合成油产业基地,主要发展煤制烯烃与间接液化合成油产业,重点发展以煤制甲醇及下游产品烯烃和间接液化合成油产业。兰白板块要以兰州市、白银市、刘家峡和兰州新区为基础,构建方圆100公里的煤化工产业集群区。主要发展煤制化肥和聚氨酯材料产业。河西板块要以张掖市、武威市、金昌市和酒泉市为基础,构成方圆300公里的煤化工产业集群区。主要由天祝煤直接液化制成品油产业园区,张掖煤焦、煤制天然气产业园区和金昌煤制合成氨、纯碱、磷酸氢二铵、草酸及草酸酯产业园区组成,主要发展甲醇、二甲醚、甲醇汽油、煤制天然气和煤直接液化制成品油产业。

6.3.1.3 甘肃特色农产品生产和加工基地

特色农产品生产和加工从大布局优化角度考虑,应着重生产力布局的基本规律,在初级加工阶段,要注重生产地区,当进入深加工阶段,在一定情况下可以靠近市场所在地。从小布局优化角度考虑,应在基地内部注重产业链的延伸。具体而言:

马铃薯产业基地应布局为:以定西市、兰州市等为主的中东部高淀粉、菜用型马铃薯生产基地;以张掖市、武威市祁连山沿线等为主的食品加工专用型马铃薯生产基地;以定西高寒阴湿区和武威市、张掖市冷凉灌区为主的优质种薯生产基地。

草食畜产业基地应布局为:以平凉市、庆阳市为主的陇东产区积极推进猪、禽规模化,牛羊标准化养殖,积极发展肉蛋加工,推动加工转化升值,提升水平和层次;临夏及甘南积极发展乳制品、清真牛羊肉等畜产品精深加工,大力培育产品品牌,提高畜牧产业化水平,增强辐射带动能力。

酿酒原料产业基地应布局为:在酒泉、张掖、武威、金昌建设啤酒大麦、啤酒花生产基地,扶持加工企业提升加工工艺;在张掖、武威建设酿酒葡萄无病毒嫁接苗木繁育基地,发展有机酿酒葡萄示范基地,开展酿酒葡萄原料原产地标识注册,支持加工企业技术改造。

现代制种产业基地应布局为:着力打造以酒泉、张掖、武威为轴心的杂交玉米、瓜菜育种,以定西市为主的脱毒马铃薯种薯等国家级标准化种子基地。

苹果产业基地应布局为:在平凉、庆阳、天水、陇南等市的重点县区发展苹果产业,扩大苹果种植面积,提升果品品质,加强苹果多元化加工技术的自主创新,引进消化吸收及集成创新研究示范，大力发展脱水膨化、速冻、干装罐头、果珍果粉、果酒、果醋等多元化加工产品，打造甘肃特色优势苹果生产与加工基地。

蔬菜产业基地应布局为：在张掖、武威河西地区及兰州、白银沿黄灌区等优势产区创建国家级蔬菜标准园和标准化生产基地，扩大高原夏菜种植面积，大力发展干鲜蔬菜加工业。

6.3.1.4 甘肃装备制造业基地

特色农产品生产和加工从大布局优化角度考虑，应着重生产力布局的基本规律，突出原有技术优势的传承与发展，宜在兰州、天水、酒泉、金昌等地布局。从小布局优化角度考虑，应注重产业一体化发展，突出规模优势。兰州板块应以兰州为中心，充分发挥兰石集团、兰电电机有限责任公司、兰州真空设备有限公司等龙头企业的带动作用，发展石化通用设备和电机制造产业。天水板块应以天水为中心，以星火机床、长城电工、华天微电子、风动机械、海林轴承等企业为骨干，发展输配电设备、数控机床及电子电器制造等产业。河西板块应以酒泉、嘉峪关为中心，发展新能源装备制造产业，打造为全国产业规模最大、产品型号最多、配套能力最强的风电装备制造基地之一。

6.3.2 战略性新兴产业基地的布局优化

6.3.2.1 甘肃有色金属新材料基地

有色冶金产业从大布局优化角度考虑，应着重生产力布局的基本规律，突出资源禀赋优势，主要在金昌、白银、嘉峪关、兰州、定西、陇南等地布局，重点发展镍、钴、铜、铝、铅锌、稀土、钢铁、铁合金、黄金等工业。从小布局优化角度考虑，在甘肃有色金属新材料基地应突出产业的高端化发展，加强产品深加工，打造国家级有色金属新材料基地。具体而言：

金昌板块主要进行镍、铜、钴及贵金属新材料精深加工、有色金属精细化加工，将其打造成为我省镍、钴、铜及贵金属新材料产业的主要集聚地，以及我国最大的镍钴金属盐类产品生产基地。

白银板块主要进行铜基、铝基、锌基、铅基、稀土为基础的铜材、铝材、锌材、铅材、稀土及深加工，将其打造为我国重要的有色金属工业基地，以及亚洲最大的稀土材料生产基地。

嘉峪关板块主要进行以铁矿采选、特色钢铁、特色机械、废弃物综合利用、不锈钢和冶炼材料为主的生产加工，将其打造为我省重要的钢铁和高载能产业产地。

兰州板块主要发展以钢的深加工、新型铝合金材料、铝的深加工、镍钴等新材料以及人造心脏瓣膜、新型石墨碳素制品等新材料产业。

定西板块主要以铝冶炼精深加工为主，同时发展铜合金、铝合金等新型材料。

陇南板块依托地区铅锌、黄金、硅矿等资源优势，主要发展以铅锌、黄金、硅铁、铜采选、铁采选为主的有色冶金产业。

6.3.2.2 河西新能源基地

我省新能源产业从大布局优化角度考虑，应注重生产力布局的基本规律，要以河西五市为主,以酒泉为核心区,重点发展风力发电和光伏发电,打造全国重要的新能源基地。从小布局优化角度考虑,在河西新能源基地,即酒泉、敦煌、嘉峪关、张掖、武威等地要注重发展电力相关产业,延伸电力产业,实现综合配套发展。具体而言,风力发电基地要以酒泉市为核心区,玉门市、瓜州县为主战场,将酒泉市建设成为全国最重要的大型风电基地、风电装备生产基地以及数字风机设备基地。太阳能发电基地应主要布局在敦煌、嘉峪关、武威地区。将敦煌打造为百万千瓦级太阳能发电基地和太阳能光伏、光热产品研发制造基地;嘉峪关主要进行1000兆瓦、200兆瓦光热发电、分布式能源项目;武威市重点进行光伏发电和太阳能级晶体硅材料生产。

6.3.2.3 甘肃生物医药基地

我省生物医药产业从布局优化角度考虑,应注重生产力布局的基本规律和本土化经济,在兰州、定西、陇南、河西地区,要以陇药药源为依托,以科技为支撑,以产品为核心,构建药源研发、生产加工和市场营销一体化的甘肃生物医药基地。

兰州板块:重点发展高附加值的生物制药、现代中成药、中药饮片、中药提取物、保健食品、化学药品及制剂、医疗仪器设备等产业。建设生物医药产业、中成药制造业和现代医药商贸物流配送网络,辐射并带动白银等周边地区的中药材种植、深加工和出口贸易及相关企业的发展。

定西板块:主要打造道地药材规范化种植、中药制剂、仓储物流集聚区,发展陇西中医药循环经济产业园和中药材现货期货交易市场,建设集研发生产、技术交流和产品展示为一体的国际化陇药行业工程技术研究中心。

陇南板块:建设以文县、武都、礼县、宕昌为中心区的优质党参、红(黄)芪、大黄、当归等大宗道地药材规范化生产加工基地,以玛曲、舟曲、临潭、康乐、和政为中心区的独一味、秦艽、红景天、羌活、款冬花等道地药材规范化生产加工基地,以及以宕昌、武都为中心的大型现代化中药材及其制成品交易市场。

河西板块:重点发展生物技术医药产品、新型合成与半合成药物、现代中药和药物新制剂,形成以原料药和制剂深加工为主体、以现代生物制药和天然药物为两翼的产业格局。

6.3.2.4 甘肃电子信息产业基地

我省电子信息产业从布局优化角度考虑,应注重城市化经济的培育,要依托兰州、天水等国家级经济技术开发区,加快兰州新区大数据产业和云计算中心、物联网产业园建设,支持兰州高新区和天水、敦煌软件产业园建设。积极承接国内外产业转移,促进电子信息产业整体做大、局部做强。

6.4 产业基地建设的任务

甘肃产业基地建设必须按照国家“五位一体”“四化同步”的发展思路,在新常态下,坚持发展速度、质量与效益的有机统一,确定加快产业基地建设的主攻方向,创新工作举措,推动经济转型跨越发展。

6.4.1 改造提升传统产业

按照“横向重组、纵向延伸”的思路，改造提升传统产业，发挥本土化经济和城市化经济效应。

6.4.1.1 甘肃石油化工基地

坚持“大型、先进、深度、集约、一体化”原则，以建设大石油、大炼油、大化工为龙头，把甘肃建设为西部的高新石油化工基地。

兰州板块：推动兰州石化新增1000万吨炼化工程建设，利用西气东输二线天然气资源，推进兰州石化乙烯扩能改造，将兰州石化建设成为全国最大的合成树脂、合成橡胶基地和重要的乙烯、碳五、裂化催化剂加工生产基地。

玉门板块：发展壮大玉门特种油品生产基地，进一步提高石油加工转化能力、原油加工质量标准和附加值，建设战略性石化工业基地。

庆阳板块：进一步改造提高庆阳石化石油加工转化能力，加快实施庆阳石化300万吨/年炼油集中搬迁改造等工程，力争到2020年甘肃炼油能力达到2000万吨以上。

6.4.1.2 兰州石油储备基地

推动兰州战略石油储备库工程，建设300万立方米国家石油储备基地，做好兰州180万立方米原油商业储备库和100万立方米原油生产运行库建设，打造西部大型石油、化工原料集散地，成为国家重要的石油储备基地。

6.4.1.3 甘肃煤化工基地

鼓励发展醇醚燃料产业，稳步发展合成氨、化肥产业，积极追踪煤制烯烃、煤制油项目，做好煤化工项目的规划、储备和运营工作。

陇东板块：加快建设平凉煤化工产业基地和庆阳长庆桥煤化工园区建设。

兰白板块：建设以兰州市、白银市、刘家峡和兰州新区等周边构建方圆100公里的煤化工产业集群区，发展与石油化工匹配的传统煤制化肥，以煤基化肥产业为主，兼顾煤制烯烃、煤制油和以甲醇为原料的聚甲氧基二甲醚等为发展方向的大型现代煤化工基地。

河西板块：在张掖市、武威市、金昌市和酒泉市等方圆300公里建设煤化工产业集群区，积极开发利用新疆等外来煤炭资源，抓好张掖煤制天然气和武威煤炭集疏运中心等项目建设。

6.4.1.4 甘肃装备制造业基地

依托现有制造业基础，以兰州、天水、河西为重点，建设西部重要的装备制造业以及大型设备维修和再生产基地。

兰州板块：推进兰州石化通用设备基地建设，加快优势石油钻采、炼油化工、大型石油天然气管道加工、大型快速锻压机、汽车及零配件、高效节能电机与风力发电机组、核电装备等设备制造产业发展，提升石化通用设备制造基地和汽车及专用设备的竞争优势。

天水板块：依托天水星火机械工业园、华天电子科技产业园、长城电工电器产业园，推进天水机电设备基地建设，加快数控机床、特高压输变电、电子通信、工程机械和特种专用等电工电器产品和成套设备的发展。

河西板块：推进河西走廊新能源装备制造和研发基地建设，促进电机设备生产、原材料及元器件配套系统集成，加快风电整机及配套、太阳能光伏光热产品等先进制造产业发展。

6.4.1.5 陇东传统能源基地

围绕“建设亿吨级大型煤炭生产基地”的定位，实施陇东地区煤炭大基地、大集团战略，以煤炭勘查工作为基础，进一步优化煤炭开采产业链，继续加强煤炭资源调查和勘查力度，提高煤炭资源保障能力。

庆阳板块：重点建设煤制天然气一期20亿立方米、120万吨煤制甲醇、60万吨二甲醚、120万吨合成氨、208万吨尿素项目，煤化工生产规模达到600万吨/年以上。到2015年，实现产值228.6亿元。

平凉板块：重点实施华能集团60万吨煤基烯烃、华亭中煦公司20万吨聚丙烯、酒钢集团1000万吨兰炭及电石、泾川40亿立方米煤制天然气等重大煤化工项目。

6.4.1.6 甘肃特色农产品生产与加工基地

健全现代农业产业、生产和经营体系，发展壮大草食畜牧业、设施蔬菜、优质林果、马铃薯、中药材、现代种业、酿酒原料和木本油料等特色农业产业。建设以定西为主的全国商品薯基地及精深加工基地，发展壮大临夏、甘南特色清真肉制品和皮革精深加工产业，建设以河西为主的国家大型制种基地和优质葡萄酒生产基地，支持陇东南特色林果业贮藏、配送及加工基地建设。到2020年，全省特色优势产业面积占农作物播种面积的60%以上，农产品加工转化率达到55%，农产品质量安全监测总体合格率达到98%，无公害、绿色、有机和地理标志产品产量比重达到60%。

6.4.2 做大做强战略性新兴产业

针对我省新兴产业潜力大、实力弱和比重小的特点，按照“挖潜、做强、做大”的思路，积极发展我省战略性新兴产业。所谓“挖潜”，就是要按照“挖掘潜力、扬长避短”的思路，把握世界科技和产业发展趋势，发掘现有的和潜在的资源优势，选择新能源、新材料和生物医药作为新兴产业基地建设的主攻方向。所谓“做大”，要统筹规划产业布局、发展规模和建设时序，延伸产业链条，促进大中小企业优势互补、协调发展，形成规模化、集聚化和特色化的产业发展格局，提升产业集约化水平，所谓“做强”，就是要坚持以市场为导向，以创新为动力，突破关键技术，加快科技成果转化，增强产业核心竞争力，助推新兴产业再上新台阶，实现我省新兴产业的跨越式发展。

6.4.2.1 甘肃有色冶金新材料基地

充分发挥甘肃省基础原材料产业和能源工业比较优势，依托大中型企业和高等院校、科研院所的技术研发能力，培育发展有色金属新材料、稀土功能材料、新能源材料、新型化工材料，建设有色金属新材料产业和研发基地。

产业链结构方面，应重点发展：(1)优质不锈钢产业链；(2)镍钴合金材料产业链；

(3)高端铜材加工产业链；(4)新型铝合金材料及深加工产业链；(5)动力电池材料产业链；(6)稀贵金属及深加工产业链；(7)稀土功能材料产业链；(8)聚苯硫醚产业链；(9)化工催化剂和助剂产业链；(10)丁苯和丁基橡胶产业链；(11)聚氨酯材料产业链；(12)新型碳素石墨材料产业链；(13)新型碳纤维材料产业链；(14)新型煤化工产业链；(15)煤炭分质利用产业链。

6.4.2.2 河西新能源基地

大力发展风能、太阳能等新能源产业，加快适应新能源发展的调峰电源和输配电网建设，通过产业集群式发展，建成全国重要的千万千瓦级风电示范基地和大型太阳能发展示范基地。大力推进以酒嘉地区为核心的新能源基地建设，合理布局配套调峰电源建设，加快新能源装备制造产业升级和规模扩张，促进能源产业与资源综合利用、循环经济协调发展。

在产业链结构方面，应重点发展：一是风能发电产业链，上游主要材料生产和研发，如玻璃纤维、碳纤维、半导体材料、特种钢材、磁性材料等，同时还包括零部件制造，如齿轮箱、电机、叶片、电线电缆、电控系统、变压器、轴承、电力电子元件等。中游是风机整机和输变电等辅助设备的制造。下游主要是一些大型用电集团等。二是太阳能发电产业链，上游主要包括多晶硅制备和硅片制备。中游主要是太阳能电池的制作。下游主要是发电、输电和消费，相关电场有金塔太阳能发电场、华电光伏电站、敦煌光伏发电场等。同时，在构建风能发电、光能发电产业链的过程中，要想发挥巨大的经济效益，还需要做好电力的消纳工作。从实现的角度讲，在传输中需要做好配套电网的建设，在电力的消费中需要有固定的用电大户(即相关的高载能工程)，以及相应的信息平台的搭建。

6.4.2.3 甘肃生物医药产业基地

稳定全省中药材种植面积，基本保持在260万亩左右，加快推进生物医药加工产业发展，实现做大做强甘肃生物医药产业基地的目标。力争到2020年，使产业增加值达到250亿元，年均增长20%以上。现阶段我省生物医药产业的主要任务是适应市场需求，加强已有特色产业链分支链条的技术转化，抢占产业发展前沿。

产业链结构方面，应重点发展：(1)生物医药产业链；(2)动物疫苗产业链；(3)中藏药现代化制药产业链；(4)生物医学工程产业链；(5)生物能源产业链；(6)生物农药产业链；(7)生物环保产业链；(8)生命健康服务产业链；(9)生物农业产业链；(10)动物育种与扩繁产业链；(11)马铃薯育种及加工产业链；(12)牦牛育种扩繁及加工产业链；(13)干酪素深加工产业链。

6.4.2.4 电子信息产业基地

我省电子信息产业的新技术、新成果主要体现在集成电路封装测试、应用电子、无线电监测设备、物联网、云计算、电子基础产品等方面。未来要进一步拓展网络经济空间，实施“互联网+”行动，推进信息技术应用和产业化发展，发挥兰州、天水电子产业集聚优势，实施兰州新区北大众志“中国芯”、华天集成电路封装生产线改造等产业化项目，加快发展电子元器件、电子信息材料、应用电子设备生产和信息技术服务业。在产业链结构方面,应重点发展:(1)电子信息产品制造产业链;(2)军工电子产业链;(3)特色软件及服务产业链;(4)应用技术及产品开发产业链。

6.5 政策建议

市场条件下,价格杠杆在资源配置中起着基础性作用,但是对于发展中国家,尤其是对于我国这样的政府主导型的市场经济国家,还必须依赖体制机制创新,实现赶超。就本研究主题而言,在我国,产业政策的制定权在国家层面,极少以法律的形式出现,主要以"规划""目录""纲要"和"通知"的文件形式发布,产业政策的落实环节主要在省级层面。为此,在我省重点产业的布局优化和产业基地的建设方面,必须着眼于省级层面,着眼于产业布局、产业结构和产业组织方面。通过产业空间配置格局的体制机制创新,解决基地生产相对集中所引起的集聚效应问题;通过产业结构体制机制的创新,解决基地供给结构与市场需求的对接问题;通过产业组织的体制机制的创新,解决基地内的产业竞争与垄断问题,形成有效的、公平的市场环境。

6.5.1 适应新常态,提升重点产业的质量和效益

适应新常态,需要我们通过选择高效益的、能使资源有效使用、合理配置的产业组织形式,使供求总量的矛盾得以协调,实现产业组织合理化和高级化。面临未来经济发展动力不足、经济结构矛盾依然突出的问题,我省需要进一步发动产业发展的双引擎,改造提升传统产业引擎,打造战略性新兴产业新引擎。

在改造提升传统产业方面,要立足传统产业的比较优势,按照有序开发和总量控制并举的思路,延伸传统产业链条,实现经济效益、社会效益和生态效应共赢。

一是改造传统产业组织方式。充分利用国内外资源,按照有资源、有市场、有竞争力和可持续发展的原则,在扩大规模中实现改造提升,在产业延伸中实现产品结构优化调整。二是提升自主创新能力。加大对传统产业企业技术改造的扶持力度,鼓励企业进行技术创新,改造现有生产方式。要充分发挥好财政资金的引导作用,积极扶持现有骨干企业加大技术创新和技术引进力度,坚持走传统产业产品精深加工的路子,开发高附加值的终端产品。三是加强国际合作和政策引导。坚持开放开发、合作创新的原则,积极实施"走出去、引进来"战略,瞄准世界一流水平,引进国际知名企业和先进技术,开发高技术含量、高附加值煤化工、有色金属等传统产品,实现产业基地高水平发展。

在做大做强新兴产业方面,新兴产业是引导未来经济社会发展的重要力量。做大做强新兴产业,是甘肃省推进产业结构升级、构建现代产业体系、促进新型工业化向纵深发展的必由之路,也是培育产业核心竞争力、增强经济持续发展能力、推动我省转型跨越发展的重大举措。一是依托产业基础优势,打造战略性新兴产业。充分依托甘肃省资源和产业基础优势,紧紧围绕新材料、新能源、生物产业、信息技术和先进装备制造等5个重点领域,坚持政府推动与市场主体相结合、产业发展与市场培育相结合,全力推动战略性新兴产业加快发展,形成全省经济转型跨越发展新的增长极。二是加强产业政策引导,推进项目建设。加强战略性新兴产业规划及相关专项规划的管理,对

纳入规划的项目优先组织实施。制定战略性新兴产业指导目录，对列入目录的企业和产品，优先享受国家、省上鼓励产业发展的有关政策，并在土地审批、环境评价等方面合理简化工作程序，减少审批环节。三是加强财税政策支持，发挥政策推动效力。支持战略性新兴产业企业申报国家重大专项，争取国债资金和中央预算内补助资金，并给予地方配套。全面落实国家对战略性新兴产业企业的相关增值税、企业所得税税收优惠政策。四是完善金融服务体系，拓展资金筹措渠道。利用资本市场功能，优先支持战略性新兴产业企业在境内外上市及再融资，通过发行企业债券、公司债券、短期融资券、中期票据等拓展直接融资渠道。组织开展多层次、多形式的银政、银企对接，满足骨干企业融资需求。鼓励金融机构开展服务创新和产品开发试点。

6.5.2 工业化和信息化相结合，走符合我省实际的新型工业化道路

以信息化带动工业化、以工业化促进信息化，走新型工业化道路。健全信息网络基础设施，深化信息技术在产业基地研发设计、生产制造、经营管理和安全生产等环节的集成应用。发展面向产业基地的信息化服务平台，建设信息化和工业化相融合的咨询服务中心。推动物联网、云计算研发应用，推进信息技术在工业产品上的嵌入式应用。针对部分基地建设中存在的高能耗、高物耗和高污染，建立健全主要污染物排放监测和固体废弃物综合利用信息管理系统，完善污染治理监督管理体系。一是全面推进以信息化促进流通现代化工作。应从运营环境、企业应用、基础设施、大数据体系、公共服务支撑、追溯体系建设、信用体系构建、治理能力提升等8个方面，做好“发现”“引导”“扶持”，深化信息化在贸易领域的应用，加快商贸流通现代化。二是开展促进规范电子商务发展专项行动。要大力发展网络消费，支持发展综合性电子商务服务平台，促进传统企业应用电子商务，培育一批专精特新型电子商务企业。三是积极促进城市社区电子商务应用。探索城市社区商业新模式，应用电子商务促进便利消费进社区，便民服务进家庭。鼓励企业建设社区电子商务平台和移动客户端，整合线上线下供给渠道，实现全方位的居民生活服务供求衔接，打造社区便利、快捷的网络消费“微环境”。四是推进服务业应用电子商务创新发展。支持养老家政、健康服务、信息服务、旅游休闲等生活服务业应用电子商务开拓市场，通过线上线下互动结合，满足和带动多样化、个性化的居民服务消费需求。支持研发设计、商务咨询、服务外包、检验认证等生产性服务业深入应用电子商务，推动产业结构优化调整和转型升级。

6.5.3 开拓国内国外两个市场，打造丝绸之路经济带黄金段

充分利用我省优势，以国际市场为导向，以国内市场为依托，扬长避短，发挥优势，形成特色，打造丝绸之路黄金段。一是扩大出口优势。有针对性地确定出口优势产业，扩大出口份额，为经济发展积累资金。增强对资源型产品的深加工和精加工能力，提高出口商品的档次、质量和附加值，使资源优势转化为开拓国际市场、扩大出口的优势。二是加强能源资源的互利合作。积极引导大企业实行走出去战略。对在国外投资能源、矿产等领域的企业给予融资、税收等方面的优惠政策。三是注重培育和形成新的对外开放增长点，发挥潜在优势的作用。要充分利用我省在自然景观、人文景观和旅游资源与中亚部分国家的相似性和独特性，大力改善交通、通讯、住宅等旅游服务

设施建设,走旅游资源联合开发、共同发展的路子。四是横联纵跨,建立出口加工基地。横向联合东部发达省份,纵向联合丝绸之路经济带相关国家,利用资源优势和廉价的劳动力资源,吸引沿海发达省区的资金和技术,来我省投资建厂,形成各类出口加工基地。

6.5.4 创新"两创"服务模式,打造区域集群协作平台

在经济全球化时代,科技创新是推动转型跨越发展的支撑和引领。要紧紧围绕重点产业发展和重大项目实施,梳理出技术瓶颈,整合现有创新资源,组织科研力量联合技术攻关,形成产学研密切结合的创新战略联盟和知识产权联盟,集中突破一批制约产业发展的核心技术、关键技术和共性技术。要有序推进一批重大科技成果项目在产业基地内的工程化和产业化,加大现有企业技术改造力度,培育一批研发基础好、有自主知识产权、行业带动作用强的技术创新示范企业。要按照"传统产业现代化、新兴产业高端化、军工技术民用化、科技成果产业化"的要求,加快构建以企业为主体、以市场为导向、产学研相结合的技术创新体系。

同时,激发市场活力,支持小微企业成长壮大。高度重视企业在提振市场活跃度、增强创新能力中的主力军作用,多种渠道激发企业积极性。一是在更广范围内更大幅度地给中小企业减负。应加快落实近期国务院关于加快推进能源、交通、环保等领域价格改革的各项办法和措施,更大程度让市场定价,同时,要切实做好普遍性降费工作,进一步为企业特别是小微企业实质性减负。二是继续做好简政放权,用好民间资本。要以创新、改进市场监管办法为抓手,持续推进简政放权改革,加快投融资体制改革,推进投资主体多元化,着力消除束缚民间资本的各种隐性壁垒,让民间投资进入一些具有自然垄断性质、过去以政府资金和国企投资为主导的领域,提高资源配置效率和公平性。

6.5.5 提高综合服务配套水平,发挥我省重点产业基地的整体效力

我省在劳动力生产要素方面,技术性劳动力比重偏小,非技术性劳动力比重偏大。为此,既要发挥劳动力资源丰富的比较优势,继续大力发展劳动密集型产业,同时也要不失时机地推进产业升级,增强资本密集和技术密集型产业的竞争优势。提高综合服务配套水平。具体而言:首先,促进大中小企业专业化协作水平优势互补。鼓励大企业与中小企业通过专业分工、服务外包、订单生产等多种方式,提高企业间专业化协作配套水平。支持符合基地发展方向、配套服务能力强的中小微企业向"专、精、特、新"方向发展,提高规模化经营能力和水平。二是完善重点产业配套服务。要建立以满足基地内企业共性需求为导向,以提升公共服务能力为目标,以关键共性技术研发应用及公共设施共享为重点的运作规范、支撑力强、业绩突出、信誉良好的公共服务平台。在土地管理服务方面,要合理设置企业准入条件,严格执行各类工业用地标准,积极引进科技含量高、投资规模大、经济效益好、土地集约度高、污染程度低的项目。在信息服务方面,要建设一批面向重点产业的综合信息服务等平台,支持重点产业进行研发设计、质量认证、试验检测和电子商务等。三是推进产业园区集聚发展。要充分发挥国家级、省级开发区载体作用,培育发展主导产业,推动产业链条延伸,形成产业

集群。要按照上下游一体化、产业协作配套、区域特色鲜明的要求，推进园区产业联合布局、优势互补、集聚发展。鼓励企业兼并重组和淘汰落后产能，促进现有企业“出城入园”“腾笼换鸟”，实现新老城区错位发展。

6.5.6 促进绿色低碳发展

要在资源节约、清洁发展、废物利用和环境保护等方面取得突破，走出一条符合甘肃实际、科学发展的路子，实现生产清洁化、生活环保化和生态良性化，构建绿色低碳产业基地。企业要加强管理，提高绿色观念，在产品设计和生产过程中要考虑到资源的有效利用和环境保护，提高资源的利用率，大力推广资源的回收利用。加强有关清洁生产的宣传、教育和培训，倡导广大公众绿色消费，支持产业基地的绿色化、清洁化发展，营造一个全社会与产业基地发展息息相关的良好环境。

课题组成员：夏天东　闫磊　安蓉　张巧良　张玉春　惠树鹏

7　现代农业发展与支撑体系建设

甘肃省社会科学院课题组

7.1　甘肃省现代农业发展的背景分析

"十二五"时期,我国农业和农村发展取得了历史性的成就,出现了一些值得关注的、深刻的、意义深远的新变化,这些新变化预示着"十三五"时期正是农业转型发展的大好时机,也是农业提质增效的必然阶段。新常态之"新",意味着不同以往,过去不可持续的发展方式必须抛弃;新常态之"常",意味着相对稳定,转变发展方式条件具备。从这些新变化出发,深刻分析它们产生的原因,展望"十三五"时期我国农业和农村的发展趋势,不仅对于认识我国农业和农村发展的客观规律具有重要的理论价值,而且对于我们制定农业和农村发展政策具有重要的现实意义。

7.1.1　我国现代农业发展的新变化

近年来,农业农村发展进入了一个新的阶段,在农业农村制度安排、农产品供求、农产品成本、农产品价格、农村劳动力、农业经营方式、农业科技、农民收入等方面呈现出较为明显的阶段性特征:一是农业的综合实力显著增强,经营模式出现新的突破;二是农村生活水平与环境显著提升,农民组织程度大幅提高;三是"三农"发展面临良好政策机遇,农村发展环境得到极大改善。

7.1.2　我国现代农业发展的新常态

7.1.2.1　农业仍然是国民经济社会发展全局中的基础性保障

国家对于农业的重视是不言而喻的,"无粮不稳"是数千年中国历史给我们的警训,农业的基础地位是否牢固,关系到人民的切身利益,社会的安定和整个国民经济的稳定发展,也是关系到我国在国际竞争中能否保持独立自主地位的大问题。在经济发展的任何阶段，农业的基础地位都不能削弱，而只能加强。

7.1.2.2 现代农业发展是拉动内需和带动经济增长的关键性力量

扩大内需是保持我国经济在新常态下平稳较快发展的基本立足点。扩大内需，最大潜力在农村。现代农业发展是扩大农村需求，带动经济增长的重要途径。从发展趋势看，农村将进入新一轮的消费周期，开拓农村市场前景广阔。随着改革的深化，农民收入将继续保持稳定增长，其中相当一部分要转为现实购买力。农村对生产和生活资料的即期和远期消费需求旺盛，多数工业消费品特别是家电产品的需求正处在上升期，文化、教育、卫生、娱乐等发展性消费需求不断扩大。

7.1.2.3 与第二、三产业互动将成为现代农业发展的突出特征

没有工业化、城镇化及其与第二、三产业的互动发展，就不可能有农业的现代化，也没有农民的解放和农村的繁荣。从发展趋势看，产业链、价值链等现代产业组织方式将逐渐引入农业，促进一、二、三产业融合互动。现代农业"接二连三"，既能接入加工业的"二产"，也能连接休闲农业的"三产"，延伸现代农业的产业链条，让三产融合成为拉动我国农业农村经济发展的新的增长极。

7.1.2.4 农业发展将通过现代要素集约投入更多带动扩大就业

人口大国解决就业问题，关键要靠国内经济发展。现代农业的发展促进农业比较收益的增加、农业链条的延长，将会进一步破解返乡创业和城镇人口的就业问题。农民无须全部进城，也无须改变身份，而是在家乡通过从事农业或其他涉农产业获得安居乐业。

7.1.2.5 促进现代农业发展将成为全面深化农村改革的关键

在全面深化改革的新时期，处理政府与市场关系，农村改革的稳步推进，都需要通过现代农业发展带动。

7.2 甘肃省现代农业发展的现状、主要问题与阶段特征

7.2.1 甘肃省现代农业发展回顾与总结

7.2.1.1 农业投入和支农政策落实力度明显加大

全省财政支农力度逐年加大，农业支出总量持续稳定增长。2005—2013年，全省农业支出总量由13.66亿元增加为114.38亿元，增长了7.37倍，年均增长28.89%，占全省财政支出的比重上升1.77个百分点，比财政支出年均增速高出5.53个百分点。"十二五"前三年全省农业支出总计313.89亿元，与"十五"和"十一五"同期相比，分别增长了16.58倍和2.31倍，但年均增速大幅落后，差距明显。

表7.2-1　2005—2013年甘肃省农业支出表　　(单位:亿元、%)

年份	全省财政支出(万元)	农业支出(万元)
2005	429.35	13.66
2006	528.59	18.88
2007	675.34	31.02
2008	968.43	45.07
2009	1246.28	75.19
2010	1468.58	76.06
2011	1791.24	90.08
2012	2059.56	109.42
2013	2309.62	114.38
2005—2013年年均增速	23.35	28.89
"十五"时期年均增速	18.04	37.49
"十一五"时期年均增速	28.16	38.77
"十二五"前三年年均增速	16.36	14.81

数据来源:2006—2014年《甘肃发展年鉴》。

"十二五"期间是甘肃农业转型跨越发展的关键阶段,在各项强农惠农富农政策扎实推进的同时,积极争取出台新的扶持政策,新增国家草原生态补奖资金。制定了《甘肃省草原生态保护补助奖励资金管理实施细则》,出台了《关于加快现代农业发展的意见》《关于加快高效节水农业发展的意见》和《关于加快全省草产业发展的意见》,印发了《加快推进现代农业发展提质增效五年行动计划(2012—2016年)》和《现代农业发展工作考评奖励办法(试行)》。2013年全省落实中央和省级农业专项资金48.61亿元,比上年增长27.3%,其中农业基本建设项目资金12.14亿元,增长13.6%;农业财政专项资金36.47亿元,增长41.4%,带动市县两级财政和金融资金、社会资金积极投入现代农业建设,有力地支撑了全省农业农村经济持续较快发展。

7.2.1.2　农业结构逐步优化,产业化经营水平大幅提高

近年来,全省农业经济保持健康平稳发展的良好态势,经济实力显著增强,农业结构得到进一步调整与优化,占国民经济的比重继续下降。2006—2013年,全省第一产业增加值持续平稳增长,8年间增长了510.69亿元,年均递增5.66%;第一产业在国民经济中的比重呈逐年下降趋势,从18.84%降为13.26%,年均递减0.8百分点。同时,全省农林牧渔业总产值从593.70亿元增长为1517.74亿元,增长了1.56倍,年均增速达5.55%。

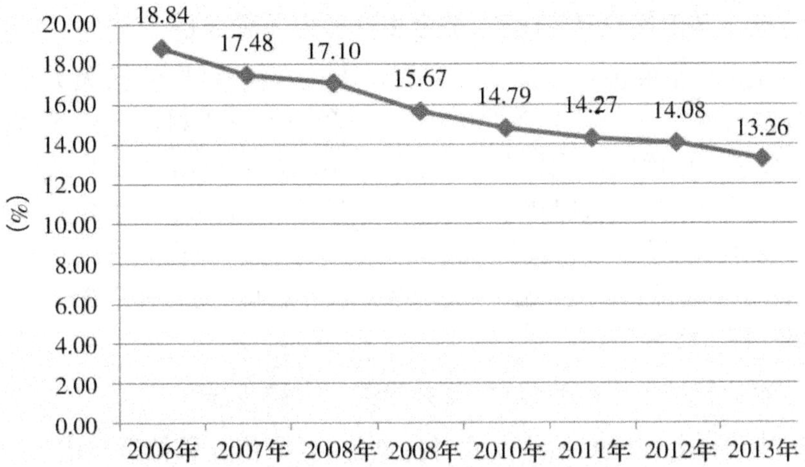

图7.2-1　2006—2013年第一产业占国民生产总值中的比重变化

7.2.1.3　农民收入水平稳步提升，城乡收入差距逐步缩小

自2010年以来，全省农民人均纯收入高速增长，年增长率保持在13%以上，农民收入持续较快增长。全省农民人均纯收入由2006年的2134元增加到2013年的5108元，增加了4559元，年均递增12.62%；其中2006—2010年，农民人均纯收入增长了1291元，年均增长11.64%；2011—2013年增长了1854元，年均增长率达14.26%。

城乡居民收入差距逐步缩小。2013年，甘肃城镇居民人均可支配收入18964.8元，农民人均纯收入5107.8元，城乡收入比为3.7∶1。全国城镇居民人均可支配收入26955元，农民人均纯收入8896元，城乡收入比为3.0∶1。城乡二元结构明显，与全国相差0.7个百分点。

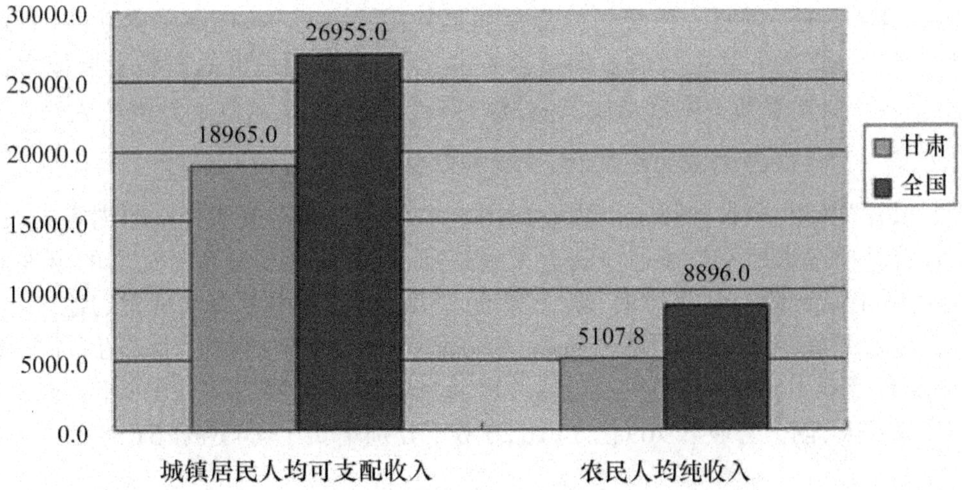

图7.2-2　2013年甘肃城农收入与全国比较　(单位:元)

7.2.1.4　农业基础条件有效改善，综合生产能力显著增强

“十二五”期间，全省进一步加大对农村民生工程的扶持力度，大力发展农业循环经济，累计落实农业基本建设资金24.19亿元。积极推进农村沼气建设，前三年，累计完成19万户农村户用沼气建设任务，新建养殖小区及联户沼气工程285个，大中型沼气工程37个，建设乡村沼气服务网点713个。累计解决了629.33万农村人口的饮水安全问题；农村自来水普及率达到68%；发展高效节水灌溉面积19.75万公顷，新增有效灌溉面积2.86万公顷；治理水土流失面积6233平方公里；新修梯田34.54万公顷；新增农村小水电装机52.55万千瓦。

7.2.1.5　农业科技推广成效显著，公共服务能力稳步提升

“十二五”期间，全省不断强化农业科技支撑，紧紧依靠科技兴农增收，科技对农业经济增长的贡献率达到50%。积极争取农业部将甘肃省认定为1000万亩国家级旱作农业示范区，我省旱作农业发展上升至国家层面。2011—2013年，累计完成全膜双垄沟播推广面积3686.9万亩，受益农户440.7万户。推广全膜覆土穴播小麦330.9万亩。累计完成高效农田节水技术推广面积2115.6万亩。建成粮棉油高产创建万亩示范片747个，实现了全省所有农业县高产创建全覆盖。

7.1.2.6　扶贫开发进程深入推进，减贫工作迎来新机遇

当前，甘肃省扶贫开发已进入攻坚阶段，扶贫难度持续加大。虽然与全国相比，我省贫困人口数量大、贫困程度深、连片特困区域多、致贫因素复杂，以及贫困地区发展基础薄弱，扶贫开发投入不足，自我发展能力弱，社会事业发展滞后，返贫压力大的问题仍较为突出，但减贫成效也有目共睹。近年来，全省上下不断创新思路及工作机制，因地制宜，通过“整村推进与片区开发相结合”、“扶贫开发与新农村建设相结合”、“劳动力技能培训与生态移民相结合”、“产业化扶贫和科技扶贫相结合”等，有效改善了贫困地区的基础设施，调整了传统粗放和低质低效的产业结构，提高了当地劳动力科技意识和文化素质，为发展现代农业创造了条件，增强了贫困地区的自我发展能力，拓展了贫困地区产业发展和贫困群众脱贫致富的渠道，扶贫开发取得了阶段性成果。

7.2.1.7　劳务经济繁荣稳定发展，规模和效益实现双增长

“十二五”期间，全省加强了以农业适用技术和劳务输出技能为主要内容的农民技术培训，农民技术水平及市场适应能力大幅提高，有效促进了剩余劳动力的合理流转，劳务经济跃上新台阶。与京津塘、珠三角、长三角、新疆等用工需求量大的地区签订用工协议，深入开展“春风行动”系列活动，举办劳务对接专场招聘。“十二五”前三年，年均输转富余劳动力530万人(次)以上，均超额完成年度计划，其中2013年输转富余劳动力539.8万人，创劳务收入709亿元，比2010年分别增长了4.43%和51.39%。

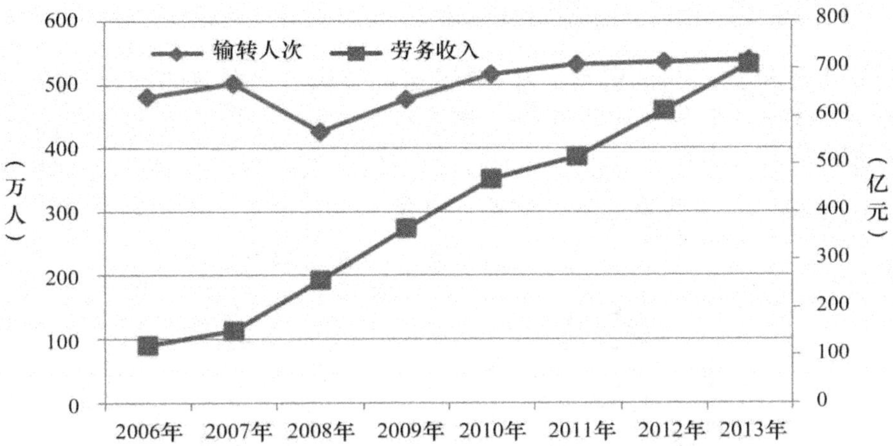

图7.2-3　2006—2013年甘肃劳务输转人次与劳务收入情况

7.2.1.8　农村社会事业跃上新台阶，人民生活得到切实改善

"十二五"期间，巩固两基成果，健全农村义务教育经费保障机制；实施了学前教育、校舍安全工程；改善农村义务教育薄弱学校办学条件，实现营养改善计划全覆盖；完善家庭经济困难学生资助政策体系；落实中等职业教育全免学费政策，设立普通高校研究生助学金。扎实推进重点文化惠民工程，完成广播电视村村通工程和西新工程；设立农村文化以奖代补资金，启动全省"千村文化"试点项目；实现博物馆、图书馆、文化馆、美术馆和乡镇综合文化站全部向社会免费开放。全省于2012年实现了城乡居民社会养老保险全覆盖。截至2013年，农村低保年人均保障标准提高到1907元，较上年增加419元，惠及417.6万人；新农合补助标准提高到年人均280元，比上年增加了40元，参合率达97.53%，比2006年提高了11.12个百分点；农村五保供养省级补助标准提高到年人均2000元。

7.2.2　甘肃省现代农业发展水平评价

7.2.2.1　构建现代农业指标体系的原则

确定指标体系时应从系统工程的角度出发，把一系列与农业现代化有关的指标有机地联系起来，既要注意指标体系的层次性，也要注意同级指标之间的互斥性和实现上一级目标时的全面性。

7.2.2.2　甘肃现代农业评价方法

甘肃省农业现代化统计监测指标体系由农业生产现代化、农业科学技术现代化、农业装备现代化、农业经营管理现代化、农业环境保护现代化5个主体指标构成，各主体指标和甘肃省农业现代化实现程度计算公式如下。主体指标计算公式为：$L_i=\sum_{i=1}^{5}Z_{ij}W_{ij}/100\ (j=1\ldots n)$，其中，$L_i$为第$i$个主体指标的实现程度，$Z_{ij}$为第$i$个主体指标中第$j$个指标的实现程度，$W_{ij}$为第$i$个主体指标中第$j$个指标的权重，$n$为各主体指标中单个指标的个数。农业现代化实现程度计算公式为：$F=\sum_{i=1}^{5}W_iL_i$，W_i为第i个主体指标的权重。

7.2.2.3 甘肃农业现代化实现程度测算

通过以上评价指标的计量和分析，参照我国现代农业发展的阶段性目标、现代农业发展战略，结合甘肃省农业发展的现状，设定农业现代化综合指数目标值：30%～60%为农业现代化起点阶段；60%～80%为初步实现农业现代化；80%～95%为基本实现农业现代化；95%以上为完全实现农业现代化。

表 7.2-2 甘肃省农业现代化综合指数计算表

主体指标	序号	群体指标	目标值	权重	2012实现值	实现程度
农业生产现代化	1	农业劳动生产率(元/人/年)	20000	20	6250	31.3
	2	土地产出率(元/亩)	7000	25	2564	36.6
	3	粮食单产(公斤/亩)	400	10	261	65.3
	4	畜牧业产值占农业产值比重(%)	35	10	17.06	48.7
	5	农产品加工产值与农业产值之比	2	5	0.07	3.5
	6	耕种收综合机械化水平(%)	65	20	37.84	58.2
	7	农业从业人员人均设施面积(亩/人)	0.5	10	0.11	22.0
主体指标权重				25		40.8
科学技术现代化	8	农业科技贡献率(%)	60	30	42	70.0
	9	良种使用率(%)	80	10	85	100.0
	10	农村信息化水平(%)	30	20	45.1	100.0
	11	万人拥有专业合作社个数(个)	5	10	1.6	32.0
	12	农业劳动力素质(初中以上人员比重)(%)	70	20	53	75.7
	13	每万名农民中农技人员数(人)	10.9	10	13	100.0
主体指标权重				20		79.3
物质装备现代化	14	单位耕地农业机械总动力(千瓦/亩)	1.2	30	0.43	35.8
	15	农业支出占财政支出比重(%)	2.4	20	6.5	100.0
	16	农村人均公路里程(公里/人)	0.05	10	0.01	20.0
	17	标准化农田比重(%)	80	10	76.8	96.0
	18	有效灌溉率(%)	80	30	32.03	40.0
主体指标权重				20		54.4
农业经营管理现代化	19	农户参加各类合作经济比重(%)	80	20	14.5	18.1
	20	畜牧业规模养殖户比重(%)	60	10	42	70.0
	21	农业(种植业)从业人员人均种植面积(亩/人)	20	20	9.54	47.7
	22	牧业从业人员人均肉产量(公斤/人)	5000	20	2509	50.2
	23	农民人均纯收入(元)	9000	10	4507	50.1
	24	从事非农产业人数占总从业人数比重(%)	85	20	38	44.7
主体指标权重				20		44.1
农业环境保护	25	单位耕地化肥施用量(千克/亩)	15	30	51	0.0
	26	治理水土流失面积比例(%)	90	10	53.3	59.2
	27	森林覆盖率(%)	25	10	13.42	53.7
	28	农业薄膜回收率(%)	80	20	70	87.5
	29	万元农业GDP用水量(立方/万元)	500	20	10	2.0
	30	农业成灾率(%)	10	10	72.4	0.0
主体指标权重				15		29.2
综合目标指数				100		50.2

经过测算,2012年甘肃农业现代化实现程度达到50.2%。农业现代化还处于初步阶段,但现在已具备了一定的社会经济条件和物质技术基础,特别是甘肃特色优势产业体系已基本形成。

7.2.2.4　甘肃现代农业发展的阶段特征及主要问题

甘肃农业发展介于传统农业和现代农业之间,属于过渡型农业。

7.2.2.4.1　农业投入产出水平较低,高质高效农业发展不足

现代农业必然是有较高投入产出水平的高质高效农业,它不仅直接关系到农业竞争力的强弱,而且直接决定了农业经济、社会和生态效益的高低。目前,甘肃省小规模分散经营方式仍占相当比重,制约了农业机械化、专业化发展和现代农业技术的推广使用,农业生产效率较低,农业发展方式还较为粗放。

7.2.2.4.2　科技对农业的贡献率低,农业科技创新驱动力弱

现代农业是融合了农业、工业、第三产业的跨部门、跨产业的产业综合体系,不仅要求科技要成为农业发展的重要引擎,更对不同产业生产技术、管理技术和经营技术的集成运用要求很高,因而科技创新对现代农业的发展至关重要,是实现农业科技化发展的关键。2012年,甘肃省农业科学技术现代化实现程度为79.3%,但农业劳动力素质、农业科技贡献率、万人拥有专业合作社个数的实现程度分别为75.7%、70%、32%。体现出农业科技现代化水平仍较低。

7.2.2.4.3　现代农业设施装备不足,农业发展条件较为落后

从测算结果来看,2012年物质装备现代化实现程度仅为54.4%,其中,单位耕地农业机械总动力、农村人均公路里程、有效灌溉率的现代化实现程度分别为35.8%、20%和40%,说明甘肃省农业基础设施和机械装备现代化水平仍较低。

7.2.2.4.4　体制机制不适宜现代农业发展,需加快深化农村经济体制改革

据测算,2012年农业经营管理现代化实现程度为44.1%,其中,参与各类专业合作经济组织的积极性不高,农户参加各类合作经济组织比重的实现程度为18.1%,大部分农民还在从事纯农业生产,从事非农产业人数占总从业人数比重不高,实现程度为44.7%,农户(种植业)从业人员人均种植面积、农民人均纯收入、牧业从业人员人均肉产量的实现程度分别为47.7%、50.1%和50.2%。而由于经营管理体制的漏洞及技术支持不足,农作物在收、储、加工过程中损失严重,导致农业生产效益低下,直接影响到农民利益。

7.2.2.4.5　农业受自然条件约束大,农业资源环境压力大

从测算表来看,农业生产环境保护现代化实现程度为29.2%,单位耕地化肥施用量和农业成灾率的农业现代化实现值分别为51千克/亩和72.4%,万元GDP用水量的实现值为10立方/万元。这3个逆指标的测算结果说明,自然灾害发生频繁、农用化肥使用过大和万元GDP用水量过大是甘肃实现农业现代化的重要制约因素。

7.2.2.4.6　农民收入区域差距大,挖掘农业内部增收潜力难度较大

2010—2012年,全国农村居民人均纯收入年平均增长6.7%,2012年,甘肃省农民人均纯收入为4507元,同比增长15%,但仍比全国平均农民人均纯收入低3410元,居全国第31位。从区域差距来看,河西地区农业较发达,农民生活向小康迈进,而陇南地

区农民生活尚处在温饱阶段。2012年农民人均纯收入兰州市为6224元、酒泉市为9645元、临夏州为3167元、陇南市为3088元,各市州农村居民人均纯收入差距非常大,并且随着农村城镇化的发展,还有进一步扩大的趋势,而这无助于改善现代农业发展空间差异大的现实。

7.3 甘肃省现代农业发展的指导思想、功能定位和战略目标

7.3.1 指导思想

以党的十八大、十八届三中和四中全会精神为指导,深入贯彻落实科学发展观和习近平总书记重要讲话精神,坚持"四化同步"和城乡发展一体化,围绕建设"幸福美好新甘肃"和与全国同步建成全面小康社会的目标,以转变农业发展方式为主线,以促进农民增收为核心,以提高农业综合生产能力、抗风险能力和市场竞争能力为主攻方向,以加快科技进步为支撑,以现代农业园区为载体,以加大投入为保障,以体制机制创新为动力,以推广先进生产模式为抓手,着力推进农业区域化布局,着力促进农业生产经营专业化、标准化、规模化、集约化、信息化,着力强化政策、科技、装备、人才和体制支撑,稳定粮食生产,保障有效供给,促进结构优化升级,提高质量安全水平,不断完善现代农业产业体系,用现代工业、流通、金融、生态理念,加快推进农业现代化建设。

7.3.2 功能定位

甘肃正处于从传统农业向现代农业转型的过渡阶段,这一阶段传统农业与现代农业并存,对于甘肃现代农业发展的功能定位,应该是多功能的,各大功能是相辅相成、缺一不可的统一体。

——*保障粮食安全和农产品供给*。保障农产品的供给,特别是保障粮食的供给,这是农业最主要的功能,是现代农业发展的首要战略任务。甘肃省粮食供需紧平衡的格局没有改变,必须在思想上始终绷紧粮食安全的弦,任何时候都不放松粮食生产;在行动上切实确保耕地面积不减、粮播面积不减、粮食总产不减;在效果上努力提高种粮农民的积极性、单位面积的粮食产量、粮食生产的比较效益。

——*为农民脱贫和发展提供机会*。农业在消除贫困、保障生存型农户生活方面作用明显。贫困问题一直是制约我省经济社会发展的重大瓶颈。加快脱贫致富步伐,是我省全面建成小康社会的最大难题,是贫困地区干部群众的迫切愿望,也是中央对甘肃工作的殷切期望。近年来,我省扶贫工作虽然取得了明显成效,但与全国相比,贫困人口数量大、贫困程度深的状况尚未根本改变,连片特困区域多、发展难度大的状况尚未根本改变,致贫因素较多、返贫压力大的状况尚未根本改变,收入差距拉大、相对贫困凸显的状况尚未根本改变,我省扶贫开发工作已到了啃硬骨头的攻坚阶段。农业不仅是贫困人口获得生活基本品的重要来源,也是其创收、脱贫和发展最现实可行的选择。

——*为农村劳动力提供就业*。一是解决"留守"问题。农民就近就地转移就业,上可管老、下可管小,安全系数高,就业成本低,就业一人、致富一家,有立竿见影的效果。同时,可以彻底解决农村留守儿童、留守妇女、留守老人问题,加强农村社会治理

具有很强的现实意义；二是提高农民素质。抓好农村劳动力就业技能培训，做到“培训一人、转移一人、就业一人、脱贫一户”。全面落实返乡农民工创业扶持政策，着力培养农村特色产业示范带头人、科技种植养殖能手、农民经纪人，让更多农民就近就地转移就业和创业，为农民就业奠定坚实的基础；三是统筹公共服务。重视农民工的就业、创业、教育、医疗等社保体系为主要内容的公共服务体系，推进基本公共服务均等化，为农民就业营造良好的环境，对于稳定农民就近就地转移就业至关重要。四是引导鼓励能人回乡创业。现代农业必须靠大量有文化有技能的劳动者，让农民在进城和留乡上都能各得其所。

——延长农业产业链并增加农民收入。改革开放以来，农民来自农业生产的收入有不断下降的态势，甘肃尤为突出。这是因为，一方面，在全省土地流转机制尚未建立起来，农业规模过小，依靠农产品产量增加收入空间有限；另一方面，由于资源和市场双重约束，在开放的国际背景下，依靠农产品价格上涨增加收入的空间也有限。因此，必须通过农业结构调整，进一步挖掘农业内部增收潜力，发展特色经济。把新型城镇化建设、农村城镇化建设和农业产业化经营结合起来，延长农业产业链条。根据不同区域农业发展的资源禀赋，实施专业化、区域化和适度规模经营，有针对性地促进农业多产业的发展，以提高农业生产对农民增收的贡献份额。

——利用资源与保护环境统一。要通过加快农业增长方式的转变，把提高资源的利用质量和效率与保护环境有机统一起来，使农业生产过程清洁化、无害化，使土地、物种等资源得到永续利用，加快构建结构合理、充满活力、环境友好型的新农业。开发新型能源作物，拓展农业发展新空间。大力发展优质、高产、高效、生态、安全农业，实现农产品的优质化、专用化。实现这个目标，在技术上，要使农业的生产过程充分体现对自然资源和生态环境的保护；在政策上，要有效控制投入品对自然资源和环境的伤害。当前最迫切、最艰巨的任务就是减少、控制高毒农药和不合理施肥对环境的负面影响。

——发展新型农业产业，使农村成为观光旅游、居住消费的新天地。休闲农业是以农业为基础、以休闲观光为目的、以服务为手段、以城市游客为目标的一种新型农业产业形态。它是农业多功能的拓展和延伸，是现代农业和农业可持续发展道路的重要组成部分；它是以农业为主题，主要面向城市居民，利用农村的田园景观、自然生态等农业资源，结合农林牧渔生产和经营、农产品的加工、农村的本土文化以及农家的生活，同时满足游客观光、度假、体验、推广、娱乐、健身等多项休闲需求，增进城市居民对农业及农村的体验，并最终提高农民收益的农业经营形态。

7.3.3 战略目标

7.3.3.1 总体目标

——特色优势产业得以壮大提升，现代农业产业体系初步构建。

——农村经济体制改革取得重要突破，现代农业发展活力得以有效激发。

——科技与人才支撑能力明显提升，农业提质增效的保障力得以提高。

——农业基础设施和装备条件显著改善，现代农业发展的瓶颈得以有效扼制。

——政策优势得到充分发挥,现代农业发展软环境得以优化。

——农业信息化、生态化和循环化水平明显提高,农业经济发展方式得以转变。

——农业社会化服务体系更加健全,现代农业发展的保障力得以持续增强。

7.3.3.2　阶段目标

7.3.3.2.1　近期目标(2015—2018年)

——农产品综合生产能力持续提高,主要农产品供给保持稳定增长。农业增加值年均增长5.5%。严守耕地保护红线,通过有机肥资源利用、中低产田改良质量提升、高标准农田质量建设三大工程,确保耕地面积、粮食种植面积、粮食总产量质量不下降,粮食综合生产能力达到1100万吨以上,粮食自给率稳定在95%以上,确保粮食自求平衡;土地适度规模经营比重达到30%以上。

——农业和农村经济结构不断优化,农业内部结构更加合理。农产品区域布局更加合理,优势农产品产业带初步建成;农村产业结构更加协调,第二、三产业快速发展;全省特色优势产业基地面积占农作物播种面积的60%左右,畜禽规模化养殖比重达到50%以上。

——农业科技自主创新和转化应用能力进一步提升。科技进步对农业增长的贡献率达到54%;每公顷农机总动力要达到6千瓦以上;有效灌溉率达50%以上;主要农作物耕种收综合机械化水平达到55%左右;主要农作物及猪、禽、奶牛良种化率达到95%以上,肉牛、肉羊良种化率达到75%以上。

——农产品质量安全水平进一步提高。农业标准化生产能力显著提升,农产品质量安全管理体系逐步健全,大力发展优质农产品生产,全面提高农产品质量,实现食用农产品无公害生产;农产品商品化和深加工程度进一步提高,农产品商品化率达到70%,初步改变农业经济效益低、农民增收困难的状况。

——农民自我发展能力进一步增强,生活质量明显提高。普及和巩固九年制农村义务教育,农村教育条件明显改善,农民平均受教育年限大于8.5年;新型农村合作医疗全部覆盖到农村居民,形成完善的县、乡、村三级农村卫生服务网络;基本实现乡镇有综合文化站、行政村有文化活动室和农家书屋;全面建立农村生活保障制度,健全农民养老保险、医疗保险以及农村社会救助体系。

——农村生产生活条件得到明显改善。农田有效灌溉率达到70%,绝大部分农村人口饮水安全问题得以解决;加快新建改建农村道路;基本实现村村通电话,乡乡能上网,农村信息化程度达到55%;积极治理农村垃圾和污染源,使农民居住环境明显改善。

——农村收入持续增加。农民人均纯收入年均增长11%以上。

7.3.3.2.2　远期目标(2018—2020年)

——农产品综合生产能力不断加强,主要农产品供给平稳较快增长。农业增加值年均增长5%。粮食供给能力继续保持平稳增长,耕地面积严守底线,粮食自给率稳定在95%以上;土地适度规模经营比重达到42%左右。

——农业和农村经济结构进一步优化,产业结构更加协调。农业内部结构以及农产品区域布局更加合理,基本建成优势农产品产业带;农村产业结构更加协调,第二、三产业快速发展；农产品加工水平、产业化经营带动能力有较大提升；全省特色优势产业基地面积占农作物播种面积的65%，畜禽规模化养殖比重达到55%。

——国家农业科技创新体系基本建立。科技进步对农业增长的贡献率大于58%；万人农业科技人员数量达到10人以上；每公顷农机总动力要达到8千瓦；有效灌溉率达70%以上；耕种收综合机械化水平达到65%，农机社会化服务能力进一步增强；主要农作物的良种化率进一步提高，粮食安全生产形势明显好转。

——农产品质量安全水平进一步提高。农业生产的标准化水平明显提高，形成完善的农产品质量安全管理体系，绿色农业生产、农产品商品化和深加工程度进一步提高，农产品商品率达到80%以上，农业经济效益低、农民增收困难的状况明显改善。

——农民自我发展能力进一步增强，人力资本明显提高。农民平均受教育年限大于9年，达到初中以上文化水平；适应市场需求的农村职业教育体系更加完善；村村有综合文化站、文化活动室和农家书屋，农村的文化基础设施建设水平明显提高，农民的文化教育水平和医疗保障水平增强了现代农业发展对人力资本的需求。

——农村生产生活条件得到明显改善。农田有效灌溉率达到75%；基本解决农村人口饮水安全问题；进一步新建改建和提升优化农村道路；加大农村通信网络覆盖面积，农村信息化程度达到60%；加大农村垃圾和污染源的治理力度，农民居住环境明显改善。

——农村社会事业得到快速发展。普及和巩固九年制农村义务教育，提高农村教学质量，农村教育水平明显提高。实现村村有综合文化站、文化活动室和农家书屋，农村的文化基础设施建设水平明显提高。全面建立农村生活保障制度，继续加大新型农村合作医疗的覆盖范围，提高农村医疗水平，形成更加完善的县、乡、村三级农村卫生服务网络；农民养老保险全面覆盖；继续完善农村社会救助体系，农村社会保障水平明显提高。

——农村收入持续增加。农民人均纯收入年均增长10%以上。

7.4 甘肃省现代农业发展的重点任务和重大工程

7.4.1 重点任务

7.4.1.1 现代农业示范区建设

高标准、高起点、高水平创建现代农业示范区。以粮棉油糖、畜禽、水产、蔬菜等大宗农产品及部分地区特色农产品生产为重点，加大示范项目建设投入力度，着力培育主导产业，创新经营体制机制，强化物质装备，培养新型农民，推广良种良法，加快农机农艺融合，大力促进农业生产经营专业化、标准化、规模化和集约化，努力打造现代农业发展的典型和样板。

7.4.1.2 优势特色产业基地建设

7.4.1.2.1 种植类基地建设标准

蔬菜生产基地。以河西走廊、沿黄灌区、泾河流域、渭河流域、“两江一水”流域等五大蔬菜生产优势区域为重点，突出发展高原夏菜、冬春淡季设施蔬菜生产。主推工厂化集约育苗、设施改造提升、标准化栽培、水肥一体化灌溉、病虫害绿色生物统防、产后商品化处理、保鲜贮藏、冷链运输与营销及尾菜无害化处理等技术。基地的工厂化集约育苗达到100%，产品无公害率达到100%。

林果生产基地。以陇东黄土高原、天水陇南山地、中部黄河流域为主，重点发展富士系、元帅系为主的鲜食苹果基地和以鲁加系列为主的加工苹果基地；以天水、河西为主，重点发展优质鲜食葡萄生产基地；以河西和中部为主，重点发展优质梨、枣生产基地；以陇南为主，重点发展核桃、花椒、油橄榄生产基地；以天水和沿黄灌区为主，重点发展鲜桃基地。主推矮砧宽行支架建园技术、雨养区果园保墒集雨水肥高效利用技术、老果园间伐改造技术、果园防雹网和防霜机应用技术、病虫生态防控技术、果园专用机械与轻简栽培、"果沼畜"生态果园和幼树早丰优质高效栽培等技术。着力提升"三品"(品种改良、品质改进、品牌创建)，使果园优质果率达85%、商品果率达95%。

中药材生产基地。重点建设以岷县、宕昌为主的优质当归基地，以渭源北部、陇西西南部为主的优质白条党参基地，以文县中北部、舟曲南部为主的优质纹党基地，以陇西、渭源中部为主的优质黄芪基地，以及瓜州、民勤、榆中等为主的甘草基地，酒泉、武威和白银等为主的枸杞基地以及民乐板蓝根基地，等等。主推道地药材种子、种苗标准化生产、低残留及生物农药病虫草防控、有机无机肥料配施、化肥喷雾施肥及全程绿色生产技术，实现道地中药材标准化生产，达到良种、种苗、技术和管理"四统一"，开展GAP认证，确保道地品质。

马铃薯生产基地。重点建设三大专用型马铃薯标准化生产基地，在高寒阴湿区建立马铃薯脱毒种薯生产基地，在定西为主的中部地区建设淀粉马铃薯标准化生产基地，在河西建设全粉加工型马铃薯生产基地，在天水、陇南及沿黄灌区建设早熟菜用型马铃薯生产基地。主推专用马铃薯脱毒原种或一级种薯、黑色全膜垄作侧播、膜下滴灌、水肥一体化灌溉、病虫害绿色统防、全程机械化作业等技术。力争脱毒原种或一级种薯利用率达到100%，机械化播、收率达到70%以上。

现代种业生产基地。在以张掖、酒泉为主的河西及沿黄灌区重点建设国家级标准化、规模化、机械化、集约化的"四化"示范基地。鼓励和引导种子生产优势基地向优势企业集中。推动土地向制种大户、农民合作社和种子企业流转，支持种子企业与制种大户、农民合作社建立长期稳定的合作关系和合理的利益分享机制。主推自主品牌玉米品种制种、垄膜沟灌、水肥一体化技术，以张掖为主的河西及沿黄灌区主要推广膜下滴灌技术。主推"企业+基地"、"企业+专业合作社+基地"发展模式。

酿酒原料生产基地。以啤酒大麦、啤酒花、酿酒葡萄为主。在河西、引大灌区建设啤酒大麦生产基地。在河西走廊的国有农垦农场建设啤酒花生产基地。在武威、张掖、嘉峪关等地建设酿酒葡萄生产基地。推广自主品牌优质良种，良种普及率达到100%。主推垄作沟灌等高效节水技术，技术普及率达到100%。

草产业基地。在陇中、陇东旱作农业区重点生产苜蓿、红三叶、猫尾草、饲用甜高粱等优良牧草，在河西灌溉农业区重点生产甘农系列、WL系列、龙威系列等优良苜蓿，在高寒阴湿区和沿黄灌区生产藜麦，主推全膜覆土、精量穴播、根瘤菌接种等综合技术，良种化率达到100%，牧草播种、刈割收获、草捆加工等实行机械化作业。

7.4.1.2.2　养殖类示范基地建设标准

畜禽养殖示范基地。按照畜禽良种化、养殖设施化、生产规范化、防疫制度化、粪污无害化的要求，畜禽养殖标准化示范场良种率达到100%，畜禽圈舍、饲养和环境控制等生产设施化水平达到80%以上，实施科学规范的畜禽饲养管理规程，配备与饲养规模相适应的畜牧兽医技术人员，近3年内无重大动物疫情和畜产品质量安全事件发生。

特色渔业养殖示范基地。园区规模集中连片面积达100亩以上；园区规划建设科学，建立统一的电、水、氧、热供给设施，配套先进适用生产装备及其他服务设施。主导品种属珍稀、特色品种或新兴产业品种，特色明显，经济效益显著，能充分体现现代渔业特色，系当地渔业优势或特色产业，具有较强的示范带动作用和辐射能力。

7.4.1.3　农村土地制度改革

一是扎实做好农村土地确权登记颁证等基础工作，更好落实中央政策赋予的农民权利；二是坚持土地综合规划和用途管制，努力构建城乡统一的建设用地市场；三是充分做好政府引导工作；四是抓紧完善土地流转服务、保障、监管等体系。

7.4.1.4　统筹城乡发展

一是要转变观念，抓好落实；二是要注意以“三化”带“三农”；三是要把统筹城乡教育作为首要工程；四是要把统筹城乡社会保障作为突破口；五是要把农村剩余劳动力的转移作为解决“三农”问题的切入点。

7.4.1.5　增加农民收入

一是全面落实农民收入倍增计划；二是着力培育新型农业经营主体；三是积极创新农村土地经营制度；四是加快建立新型农业社会化服务体系；五是要强化政策保障，突出产业规划和结构调整。

7.4.1.6　培育新型农业经营主体

一是培育充满活力、富有竞争力和创新能力的新型农业经营主体；二是发展引领有效、支撑得力、网络发展的农业生产性服务业；三是形成分工协作、优势互补、链接高效的现代农业产业组织体系；四是按照构建新型农业产业体系的要求加快制度创新和政策创新。

7.4.2　重大工程

7.4.2.1　粮食生产能力建设工程

——重大水利建设工程。“十三五”期间分步建设12项重大水利项目，引洮供水二期工程、黄河干流甘肃段防洪治理、引哈济党工程、白龙江引水工程、民勤红崖山水库加高扩建工程、马莲河水库、青走道水库、大中型灌区续建配套节水改造、田间高效节水灌溉、南水北调西线一期、黄河黑山峡河段开发治理和黑河黄藏寺水利枢纽工程。

——旱作节水农业工程。在中东部旱作农业区实施1500万亩以全膜双垄沟播技术为主的旱作农业工程。加强旱作农业技术研发和创新，实行良种良法配套，农机农艺融合，稳定提高旱作农业区粮食综合生产能力。以河西、沿黄灌区为重点，实施千万亩农田高效节水工程，推广膜下滴灌、垄膜沟灌、垄作沟灌三大高效农田节水技术1000万亩。

——高标准农田建设工程。以现代农业园区为核心，搞好统筹协调，整合农业、水利、国土、以工代赈等项目资金，全面推进高标准农田建设。继续开展田网、渠网、路网"三网"配套和耕地地力建设，积极推进机械化、规模化、标准化"三化联动"，努力实现农田排灌能力、农机作业能力、耕地生产能力"三力"提升，确保耕地持续、高效产出。建成集中连片、旱涝保收的高标准农田3000万亩，建成区域亩均粮食综合生产能力提高100公斤以上。

——种业创新工程。建设农作物良种繁育体系、种业科技创新体系和种子管理服务体系等三大工程，建成"规模化、标准化、集约化、机械化"种子生产基地300万亩，其中建成国家级杂交玉米种子示范基地100万亩以上，完成现代化种子加工中心、南繁科研和鉴定基地、省级农作物种质资源库、农作物品种改良（分）中心、常规作物育种创新基地、企业商业化育种中心、种子管理和执法能力提升、种子质量检测体系、新品种评价体系、种业信息服务等十项建设项目，进一步夯实种业发展基础。

——高产高效农田创建工程。把高产创建与培育种粮大户、发展专业合作社、推进专业化服务结合起来，逐步实现每个万亩示范片至少有1个专业合作社，有条件的地方要将示范片做大到2万～3万亩。强化机制创新，积极探索多种创建模式，示范带动全省粮食大面积均衡增产。围绕甘肃高标准农田建设及东部百万亩土地整治重大工程，采取秸秆还田、增施有机肥、种植绿肥、施用土壤改良剂等措施完成200万亩高标准农田建设任务[①]。

——农机化推进工程。努力实现大中型机械和小型机械、动力机械和配套机械、粮食作业机械与其他农产品生产机械、川塬和丘陵山区适用机械的协调持续增长。农业机械总动力达到4470万千瓦以上，小麦耕种收机械化水平达到90%以上，玉米耕种收综合机械化水平达到55%以上，马铃薯耕种收综合机械化水平达到45%以上[②]。

——重大病虫害防控工程。小麦、马铃薯、玉米种植重点县（区）要建立主要病虫害防治示范区，重点做好小麦条锈病菌源区综合治理，加强马铃薯晚疫病、玉米病害、二代黏虫等重大病虫防治，力争关键技术到位率达95%以上，综合防控效果达85%以上，危害总损失要控制在5%以内[③]。

——粮食仓储及流通体系工程。以现有粮油应急点、移动供应站、放心粮油示范店为基础，完成粮油应急加工、储运、供应网点布局，确保每个乡镇、街道至少有一个应急供应点。加快国家粮食质量检测机构新站建设，争取尽早纳入国家粮食质检体系。

---

①甘肃省人民政府办公厅关于印发《2014年全省粮食稳定增产行动方案》等3个方案。

②见《甘肃省农牧厅关于加快推进粮食生产全程机械化的意见》。

③见《甘肃省农牧厅关于切实加强马铃薯晚疫病等重大病虫害防控工作的通知》。

7.4.2.2 农村非公小微企业资助工程

——税收扶持计划。对集中连片特困区的小微企业不征或减半征收企业所得税政策，并逐步扩大范围。对符合条件的农村金融机构金融保险收入减按3%征收营业税。

——财政扶持计划。对实际货币投资达到15万元的初创微型企业，由市、县两级财政补助5万元、累计税收奖励20万元，协调银行贷款20万元。

地方财政在工业发展专项资金中安排资金，设立小微企业贷款贴息专项。原有中小企业信用担保补助专项资金增加，用于为小微企业服务的融资性担保公司进行保费补贴。

——融资扶持计划。商业银行重点加大对单户授信500万元以下小微企业的信贷支持；实行小微企业金融服务差异化监管，允许商业银行将单户授信500万元以下的小微企业贷款视同零售贷款计算风险权重，适当提高对小微企业贷款不良率的容忍度；重点支持商业银行发行小微企业金融债券。支持小微企业采取知识产权质押、仓单质押、商铺经营权质押、商业信用保险保单质押、典当等多种方式融资。

——农村企业发展计划。每个乡镇设立1至2个农村企业咨询中心和科技站，每年培训10名企业家，创造100个就业岗位，为农村提供企业发展和技术咨询，帮助解决贫困问题，增加农村就业，提高人民生活水平。

——就业扶持计划。对小微企业招用就业困难人员和登记失业的各类毕业生并签订劳动合同的，按规定给予企业社会保险补贴。对经营困难的小微企业，实行阶段性缓缴社会保险费政策，对大中专毕业生通过小额担保贷款实现成功创业，按时足额还清贷款并带动3人以上就业的，提供二次小额担保贷款扶持。

——服务扶持计划。工商部门开辟了“绿色通道”，通过“一站式”服务接受小微企业办理业务，缩减了繁琐的手续。

7.4.2.3 农产品流通与信息化工程

——农超对接工程。支持当地大型连锁零售企业建设改造与农超对接相适应的专业生鲜配送中心、产地集配中心等农产品流通设施，改造扩大鲜活农产品经营区。建设“农超对接”采购示范单位1000家，“农超对接”便民连锁店5000家，以直采直供方式流通的鲜活农产品占到城市鲜活农产品流通总量的80%以上。

——农产品批发交易市场。重点建设改造60家大型特色农畜产品交易市场、大型蔬菜果品交易市场和大型综合商品交易市场，200家区域性农产品批发市场。每年建设改造130个农村集贸市场，实现农村集贸市场覆盖到重点乡镇。重点扶持现有大中型鲜活农产品批发市场冷冻冷藏、信息管理、电子结算、检验检测、安全监控等设施建设，提升综合服务功能。引导现有大中型农产品批发市场错位经营、有序竞争，实现资源优化配置。

——农村商品零售网络建设。继续实施“万村千乡市场工程”，新建和改造提升50个县区商品配送中心，建设7000个村级商贸综合服务社。同时，加快建设以大型区域性商品配送中心为骨干、县乡配送中心为节点、农家超市为终端的商品配送体系。加大重点骨干配送企业的扶持力度，增强区域辐射带动作用，完善配送网络，扩大配送服务半径，提高商品统一配送率。100个镇村电子商务示范点①。

——农产品电商平台建设工程。平台实现统一为客户提供信息、质检、交易、结算、运输等全程电子商务服务；支持网上挂牌、网上洽谈、竞价等交易模式，涵盖交易系统、交收系统、仓储物流系统和物资银行系统等；融合物流配送服务、物流交易服务、信息服务、融资担保类金融服务等于一体。

——农业信息供求服务平台建设。积极构建农业信息服务平台，通过建立农业信息化网站，设立服务热线电话，安装开通农信通、全球眼等类似通信产品，完善信息互动与共享功能，架起农民进入市场的桥梁。让农民通过手机上网或拨打一个热线电话，足不出户即可获取和发布相关信息。

7.4.2.4　农业与农村发展金融服务工程

——农村金融体系建设。大力发展村镇银行，鼓励发展小额贷款公司，推广邮政储蓄小额质押贷款试点，鼓励设立多种所有制的农村金融机构，引导更多的民间金融进入农村金融市场，多渠道增加支农资金投入。

——农村金融产品创新。以贴息、政策性担保、保险补贴等方式，撬动金融机构积极开展农村金融创新，推出双联贷款、妇女小额贷款、牛羊蔬菜贷款和农耕文明贷款等一批有特色的金融惠农产品。每年安排100亿元专项信贷，用于扶持58个贫困县8790个贫困村。同时，扩大农民承包地、宅基地、房屋抵押贷款试点范围，适时推广农村土地承包经营权、林权和房产抵押担保贷款等信贷产品，满足农村多层次的资金需求。

——农村金融基础服务建设。培育和壮大农业担保公司，建立多层次、多形式的担保机构，鼓励民间资本或有条件的企业投资，建立联保、互保性质的担保机构，在政策上给予积极扶持。大力发展农村保险，实现强农惠农财政投入的放大效应，开发特色农业产业保险，如养鸡、生猪、蔬菜等规模产业保险，采取多种参保形式。开展产业小额贷款保证保险试点。充分挖掘农村保险市场潜力，探索建立“信贷+保险”农村金融服务新模式。

——农村信用体系建立。大力支持引导各类金融机构延伸服务网点，加快推进以农户信用等级评定、信贷额度一次性授予等为主要内容的信用体系建设。建成村级金融便民服务点，举办农村金融与农户信用相关知识的宣讲、普及活动，增强农户的金融意识和诚信意识，委托农村金融服务站实施采集农业组织和农户个人信用信息、金融服务资讯与代理业务。

7.4.2.5　农业组织创新工程

——特色专业合作社示范。重点在畜牧、粮食、蔬菜等领域实施农业科技入社示范工程，组织农业科技人员与具有一定种养规模和经营水平的大户、农业龙头企业与合作社结对服务，开展技术培训，培育科技示范户，辐射带动一般社员；通过产业引导，鼓励农民专业合作社由生产向加工、流通发展。增加农产品附加值，对年销售1000万

①见《甘肃省人民政府办公厅关于加快农村市场体系建设的实施意见》。

元以上,联结农户100户以上的农民专业合作社进行重点指导,对加工流通环节给予适当的项目支持。

——农村社会化服务。支持农民合作社、专业服务公司、专业技术协会、农民经纪人、涉农企业等经营性服务组织发展壮大,为农业生产经营提供低成本、便利化、全方位的服务,发挥经营性服务组织的生力军作用。

——农村家庭农场。农场有集体股份等资本参与建设,实行企业、集体和农民共同入股的形式来管理。家庭农场经营者应具有农村户籍(即非城镇居民);以家庭成员为主要劳动力,家庭农场收入应以农业收入为主,经营规模达到一定标准并相对稳定,从事经济作物、养殖业或种养结合的,应达到当地县级以上农业部门确定的规模标准;家庭农场经营者应接受过农业技能培训;家庭农场经营活动有比较完整的财务收支记录;对其他农户开展农业生产有示范带动作用等。

——培育壮大龙头企业。龙头企业通过兼并、重组、收购、控股等方式组建大型企业集团;创建农业产业化示范基地,促进龙头企业集群发展。在财政税收扶持方面,强调增加扶持农业产业化资金,支持龙头企业建设原料基地、节能减排、培育品牌;逐步扩大农产品加工增值税进项税额核定扣除试点行业范围;适当扩大农业品产地初加工补助项目试点范围。在完善利益联结机制方面,强调推动龙头企业与农户建立紧密型利益联结机制,采取保底收购、股份分红、利润返还等方式,让农户更多分享加工销售利益。

7.4.2.6 美丽乡村工程

——农村基础设施改造。开展以通村道路、安全饮水、农村危房改造为重点的基础设施建设,逐步实现农村街巷硬化、自来水入户、文化体育场所、太阳能路灯、乡村垃圾处理、卫生厕所和农村便利超市“七个全覆盖”,完成10万多户农村危房改造任务,建立危房改造农户信息管理系统,优先改造“最困难群众的最危险房屋”,大力改善农村基础条件,全面提升新农村建设整体水平。

——农村环境综合整治。在全省农村组织实施“清洁家园”行动,配套实施“百乡千村”农村环境整治工程,每年组织100个乡镇、1000个村实施农村环境整治工程,加快美丽乡村建设步伐。在实施乡镇逐步构建农村生活垃圾处理体系。注重加强后续管养等工作,积极探索建立农村清洁工程的长效机制。建成100个一批村容整洁乡村、乡风文明乡村和美丽乡村。

——打造特色村庄。选择交通便利和基础较好的乡镇,集中连片规划,集中财力打造,每县、市、区建设1至2个精品片区。挖掘保护传统文化。加大对历史文化名村、特色村寨和旅游名村保护发展的支持力度,建成一批美丽宜居村庄、生态村庄、特色景观旅游名村和休闲旅游乡村。

7.4.2.7 农民教育与就业工程

——农民现代化推进工程。一是继续普及真正免费的九年义务教育;二是大力推广农村职业教育;三是实现农村的公共财政职能,大力发展农村成人教育,构建农村终身教育体系;四是农村教育与精神文明建设相结合起来。

——新型职业农民培育工程。注重对现有农业从业人员的职业培训,通过法律等手段确保农民职业培训有稳定的经费来源;其次对从事农业经营者提出一定的资格要求。通过制定相关法律,规定农民必须接受职业教育,取得合格证书,才能享受国家补贴和优惠贷款,取得经营农业的资格。

——农民就业创业促进工程。加强现代化农业生产必备的能力与技术教育;高度重视和加强从事非农产业必需的能力与技术教育;科学设置培训项目。培训工作应该注重训前、训中、训后一体化管理,以确保培训质量。对农民按照农村劳动力转移技能培训有关优惠政策进行补贴,鼓励农民参与培训的积极性。

——新型农村科技培训体系工程。加快推进新型农村科技培训体系工程,积极开展农业科技培训和农业技术推广应用。抓好科技特派员工作。依托专合组织,办好千所农民科技培训学校,紧紧围绕农业增效、农民增收的目标,通过开展集中培训、办点示范、现场指导等形式,提升农业科技培训的力度和广度,不断强化对农民的科技培训,提高农民科技文化素质,提高农业科技含量。

7.4.2.8　农产品安全工程

——农产品质量安全水平提升工程。一是强化基地标准化生产;二是强化产地环境建设;三是加强农产品质检机构基础设施建设。

——农产品基地准出和市场准入工程。推行农产品生产记录档案制度,依法加强对生产过程的监管,扩大检测范围,增加监测频次,抽检合格率力争达到98%以上,确保上市农产品质量安全符合国家有关标准和规范要求。严格市场准入机制;加强农产品批发市场入市检测、索证索票、检测公示、经销台账等制度建设,全面推行农产品市场准入。

——名优品牌提升工程。重点发展无公害产品、绿色食品、有机食品和地理标志农产品品牌,坚持标准化规模生产,品牌化精深加工和市场化连锁经营的发展模式,做优做大做强一批科技含量高、产品质量优、文化特色浓、竞争能力强、综合效益好的农业高端名优产品,争创国内外驰名商标、著名商标、知名商标及地理标志保护商标,提升全省现代农业品牌化发展水平。

——农业标准化生产示范工程。实施农业标准化,生产安全、优质、绿色的特色农产品,提高商品化率是发展现代农业的现实要求。推进农业标准化,当前在于解决农产品质量安全问题,长远在于提升农业产业素质。

——农产品质量安全监管工程。一是健全农产品质量安全监管体系;二是加强农产品生产全过程监管;三是有效防控重大动物疫病;四是提升农作物病虫害防控能力。

7.4.2.9　草原保护与草地畜牧业

——草原保护与建设工程。一是坚持发展与保护并重,促进草原生态平衡和草原可持续发展;二是以科技进步和人才开发推进草原保护与建设;三是增加草原保护与建设投入;四是强化草原监督管理和监测预警工作;五是加强草原基础设施建设。

——退耕、退牧还草工程。一是加强草原生态环境保护和建设,稳步推进退牧还草和游牧民定居工程;二是实施已垦草原退耕还草;三是实施退牧还草工程。

——标准化规模养殖场(小区)建设工程。大力推进规模养殖基地建设,全面形成良种羊、牦牛和肉牛优势产业带,加快畜群周转,提高出栏率和商品率,通过推广良种、良料、良法，实现规模化养殖、标准化生产、产业化经营，提升农区畜产品供给保障能力。

——饲草料产业与基地建设工程。一是加快实施草业饲料基地建设；二是加强优质高产人工饲草基地建设；三是加快优质牧草种子繁育基地建设，推进牧草良种产业和草产品加工业发展。每年扶持饲草料龙头企业3至5家。

——草畜产品产业化、商品化工程。一是加快发展草畜产品加工龙头企业；二是提升草畜产品加工转化能力；三是积极发展草畜产品流通业。

——草畜产品的质量安全工程。一是加快实施动物疫病防控体系建设；二是推广牧业标准化生产；三是健全畜产品质量监控体系。

7.4.2.10　扶贫攻坚行动

——基础扶贫工程。一是加大贫困地区道路交通等基础设施建设，2020年100%的行政村全部通水泥（油）路，100%的行政村全部通班车，使得偏远贫困地区的区位劣势进一步弱化；二是以水利为重点，大幅增加投入，完善建设和管护机制，推进小型病险水库除险加固，搞好抗旱水源工程建设，完善农村小微型水利设施，全面加强农田水利建设，提高贫困地区农业产出效益和质量；三是推进贫困地区电网改造，加强农村饮水安全工程、医疗设施、沼气建设，继续改造农村危房，实施农村清洁工程，开展农村环境综合整治，改善生活条件，2020年100%解决饮水困难人口的饮水问题，100%的行政村有卫生站（室），提高生活质量，增加农村投资吸引力。四是提高贫困地区的科技服务能力和水平。

——产业扶贫工程。制订特色产业增收工作实施计划，大力发展草食畜牧业、设施蔬菜、优质林果、马铃薯、中药材、乡村文化旅游等特色富民多元产业。制订乡村旅游扶贫工作实施计划，大力发展生态观光、特色乡村旅游和红色文化旅游。有条件的县建设100个旅游村。

——新村扶贫和整村推进工程。以扶贫新村建设为载体，加快推进危房改造，同步提升扶贫新村公共服务和社会管理等综合配套服务水平，建设幸福美丽家园。对未实施过整村推进规划，目前仍很贫困的村；已实施整村推进但投入明显不足、尚未完成规划目标的村；基础设施薄弱、抵御风险能力脆弱、因灾害返贫的村，并同时符合以下条件的村优先作为整村推进对象。每个县整村推进50个村。

——能力扶贫工程。通过基础教育、能力培训等多种途径，提高贫困人口的科学文化素质、生态意识，普及环保知识、市场经济知识等，增强就业创业能力，打牢脱贫致富的根基。继续在农村贫困地区实行免费的九年、甚至十二年义务教育，2020年义务教育阶段入学率100%，高中教育毛入学率100%，阻断贫困代际传递链条。大力发展农村的成人教育、职业技术教育，加大贫困地区农村劳动力培训。

——生态扶贫工程。制订的生态环境保护工作实施计划，深入实施天然林保护、退耕还林、水资源保护和生物多样性保护等生态工程建设，大力发展生态农业、生态旅游和环保工业。

——科技扶贫工程。一是完善科技特派员制度；二是支持科技型特色产业发展壮大；三是加强信息服务体系建设；四是形成项目资金竞争分配机制。

——文化扶贫工程。在农村贫困地区继续实行免费义务教育的同时,更要实施公共文化扶贫。2020年,全面实现贫困地区广播电视户户通,行政村通宽带,每个乡镇至少一个综合文化站,每个村至少一个农家书屋。

7.5 甘肃省现代农业区域布局

按照"因地制宜、发挥优势,区域互补、突出特色,分类指导、梯度推进,产业带动、提高效益"的原则,根据我省各区域所处功能区、地域性差异、农业自然环境条件、农业发展基础、农业生产条件、生产方式等因素,将全省农业发展区域布局分为河西灌溉农业区,沿黄灌溉农业区,中东部旱作农业区,陇南山地农业区,甘南、祁连山等高寒牧区五大区域,见图7.5-1所示。

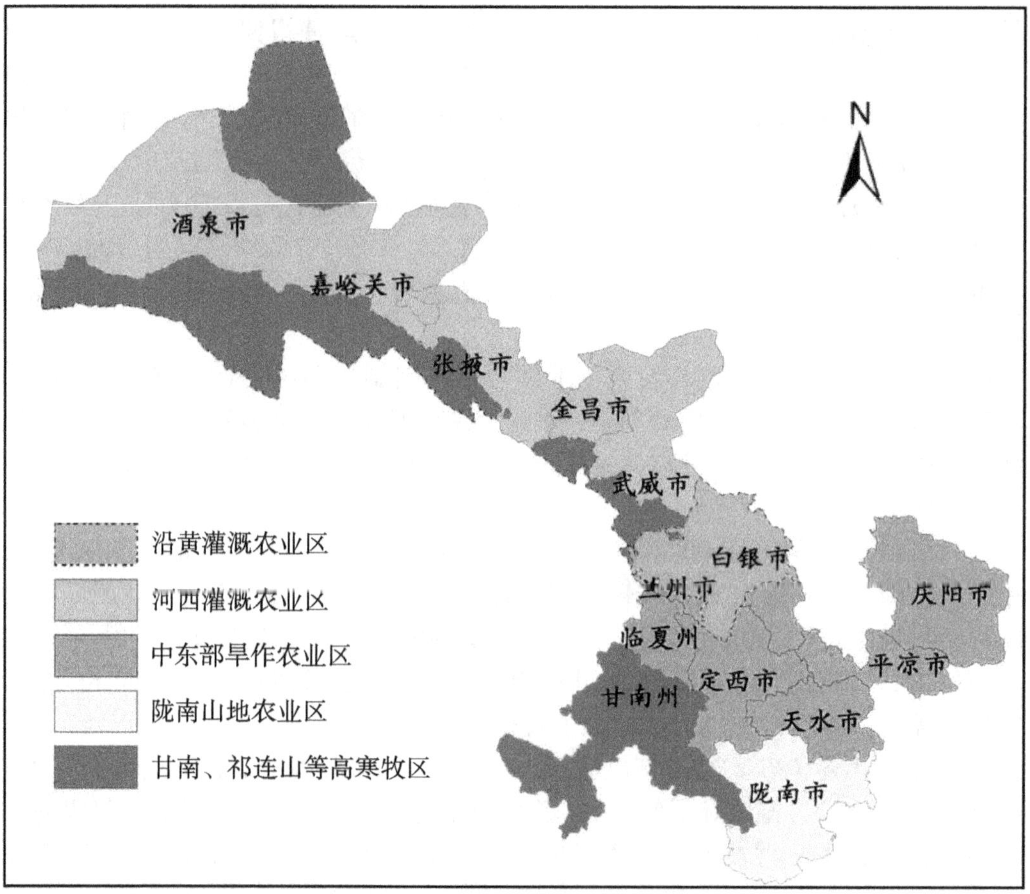

图7.5-1 甘肃省现代农业区域布局

7.5.1 河西灌溉农业区

河西灌溉农业区主要包括酒泉、嘉峪关、张掖、金昌、武威5市17个县(市、区)(除阿克塞县、肃北县、天祝县、肃南县南部区域)。该区域是我省重要农业区之一,是农业资源条件较好,农业经济发展较快、水平较高的区域,也是主要的灌溉农业区。

7.5.1.1 宏观方向

该区域主要以现代高效节水灌溉农业为主要发展方向。着力推进高效节水农业示范区、现代农业示范区、循环农业示范区建设；大力发展设施农业，推进农业标准化和械化水平，构建节水高效农业技术体系；探索资源节约型农业和绿洲循环生态农业的新路子，引领全省现代农业发展。

稳定粮食（玉米、专用春小麦、马铃薯等）生产，重点发展杂交玉米、特色瓜菜和花卉为主的现代制种产业，培育蔬菜、棉花、酿酒原料等高效种植业；着力建设国家级玉米制种、马铃薯脱毒种薯繁育、酿酒原料（啤酒大麦、啤酒花、酿酒葡萄）等基地；逐步形成农产品加工及冷链贮藏物流体系协调发展的现代农业产业体系。

大力发展草食畜产业。建设瘦肉型生猪规模养殖基地及牛、羊产业和草产业基地；形成种植、养殖、饲草（料）加工、协调发展的草食畜产业链体系。

壮大优质林果。加快现有果园改造和标准化示范园建设。

加快发展冷水鱼养殖产业。建设鲑鳟鱼、鲟鱼繁育生产加工基地，高效池塘养殖示范园区与高标准休闲渔业示范园区。

7.5.1.2 微观方向

主要以特色农业为着眼点，其特色农业优势格局主要形成如下区域：

特色种植区域：稳定粮食生产基础上，大力发展特色优势农业，形成优势农业种植区域大格局。

种子生产基地：啤酒大麦种子生产基地向永昌县、山丹县、玉门市和民乐县等优势区域集中；油菜种子生产基地向民乐县、山丹县等优势区域集中；瓜菜花卉种子生产基地向肃州区、金塔县、甘州区、高台县、凉州区等优势区域集中。此外，在其优势区域集中县（区市）大力培育农产品等加工基地。

优质林果区域：逐步形成特色优势林果区域。以甘州区、敦煌市、凉州区、临泽县、民乐县、民勤县等区域为优势的特色优质果园种植区。

特色畜牧区域：形成以玉门市、金塔县、敦煌市、甘州区、临泽县、高台县、山丹县、民乐县、凉州区、民勤县、古浪县、永昌县等特色畜牧业区域，形成草食畜协调发展的产业链。

特色渔业区域：金塔县、敦煌市、甘州区、肃州区、永昌县形成优势渔业产区。金塔县、敦煌市建设鲑鳟鱼、鲟鱼繁育生产加工基地；甘州区、肃州区建设高效池塘养殖示范园区；敦煌市建设高标准休闲渔业示范园区。

河西灌溉特色农业区域分布图见图7.5–2所示。

7.5.2 沿黄灌溉农业区

沿黄灌溉农业区主要包括兰州市的永登县、皋兰县、榆中县与白银市的白银区、平川区和景泰县、靖远县7个县（区）。该区域属“兰白经济带”部分县域，其农业基础设施相对完善、交通条件优越、人力资源丰富、产业集聚度相对较高、发展潜力巨大，且辐射和带动能力较强。

7.5.2.1　宏观方向

该区域主要以高效特色农业和生态观光农业为主要发展方向。重点推进高效节水农业示范区、现代农业示范区、循环农业示范区建设；着力发展高原夏菜、瓜果、玫瑰、奶牛和生猪为主的设施养殖等高效农业及农产品加工业基地建设；大力加快传统农业的提升改造建设，积极发展城郊农业；提高农产品的加工层次和贮运能力；不断推进农业标准化和机械化水平，率先实现"中心区域"农业跨越式发展，为甘肃现代农业发展起到示范引领作用。

7.5.2.2　微观方向

重点发展以优势特色农业区域格局和农业主导产业为主要方向。黄河沿岸农林牧形成现代农业综合发展示范区；川塬灌溉区形成农林牧生产基地；黄河河谷灌溉区形成特色观光休闲农业区；半湿润山地形成特色林农区，半干旱山地形成农林牧区。

具体来看其特色农业格局，主要形成如下区域：

特色种植区域：小麦形成以永登县、靖远县、榆中县等集中种植区域；玉米形成以榆中县、靖远县、永登县、景泰县、平川区为集中种植区域；薯类形成以榆中县、永登县、皋兰县为集中种植区域；油料形成以永登县、榆中县、景泰县为集中种植区域；蔬菜形成以榆中县、靖远县、白银区、平川区等集中种植区域。

特色畜牧区域：形成以榆中县、皋兰县、永登县、白银区、靖远县、景泰县、平川区等区域为农畜生产、加工、物流等一体化产业基地。

特色林果区域：形成以白银区、景泰县、靖远县等区域为优质园种植区，其中：白银区、靖远县、景泰县为优质苹果种植区；靖远县为优质梨种植区。

特色渔业：榆中县、永登县、靖远县区域发展鲑鳟鱼等鱼类及水产品基地。

沿黄灌溉特色农业区域分布图见图7.5-3所示。

7.5.3　中东部旱作农业区

中东部旱作农业区包括临夏州、定西市、平凉市、庆阳市、天水市所属县（区、市）以及白银市的会宁县1市5区32县。该区域土地面积大，主要以雨养农，且降水时空分布不均，是全省主要的旱作农业区，也是全省重要的粮食产区和农产品产区。

7.5.3.1　宏观方向

该区域以旱作及旱作集雨高效农业为主要发展方向，提升农业产业化水平和层次；重点发展全膜双垄沟播玉米、马铃薯等高产高效粮食作物；大力发展优质苹果、中药材、蔬菜、苜蓿草、白瓜子、黄花菜、小杂粮等地方特色优势农产品生产与加工基地；推进猪、禽、牛、羊规模化和标准化养殖；探索"梯田+水窖+地膜+调结构+科技"的旱作农业发展新路子。

7.5.3.2　微观方向

主要以特色农业为着眼点，其特色农业优势格局主要形成如下区域：

特色种植区域：小麦形成以会宁县、通渭县、环县、安定区、镇原县、静宁县、陇西县、宁县、临洮县、秦安县、庄浪县、崆峒区、庆城县、甘谷县、临夏市、康乐县、积石山县、和政县为集中种植区域；玉米形成以环县、会宁县、通渭县、陇西县、镇原县、安定区、静宁县、麦积区为集中种植区域；马铃薯形成以东乡县、永靖县、积石山县、广河县、通渭县、陇西县、临洮县、漳县、岷县、庄浪县、安定区、静宁县、崆峒区、华亭县为集中种植区；油料形成以会宁县、通渭县、陇西县、环县、静宁县、永靖县、广河县、东乡县为集中种植区域；蔬菜形成以泾川县、崇信县、灵台县、秦州区、麦积区、武山县、甘谷县、清水县、临夏市、永靖县为主的高效蔬菜种植区；中药材形成以华亭县、庄浪县、甘谷县、秦州区、麦积区、秦安县、张家川县、陇西县、岷县、渭源县、漳县、临洮县、安定区、会宁县为集中种植区；小杂粮形成以定西市、天水市以及会宁县、环县、华池县为集中种植区。

特色林果区域：形成以静宁县、泾川县、镇原县、宁县、华池县、秦州区、麦积区、秦安县、甘谷县、清水县为主的特色林果区域。

特色畜牧区域：以临洮县、渭源县、通渭县、陇西县、岷县、崆峒区、安定区、张川县、清县水、广河县、临夏市、康乐县、临夏市、积石山为主的草食畜牧业区域。

特色渔业：以临夏市、临夏县、文县、临洮县、秦州区、麦积区、秦安县、甘谷县、清水县、张家川县、武山县为主的鲑鳟鱼及特色鱼类养殖区域。

中东部旱作特色农业区域分布图见图7.5-4所示。

7.5.4　陇南山地农业区

陇南山地农业区主要包括陇南市所属的武都区、西和县、文县、两当县、礼县、康县、徽县、宕昌县、成县1区8县。该区域属亚热带气候地区，自然生态条件较好，降雨相对充沛，气候湿润，农业生物资源丰富。

7.5.4.1　宏观方向

该区域以发展特色高效农业和农业循环为主要发展方向，突出发展中药材、马铃薯、蔬菜、特色林果、茶叶、猪（禽）养殖、食用菌等特色产业（产品）。重点建设高效农业、马铃薯产业、核桃产业、苹果产业、花椒产业、油橄榄产业、“两江一水”流域高效蔬菜、中药材产业、茶叶标准园、食用菌标准化生产、林下经济发展、冷水鱼网箱养殖、猪（禽）规模养殖等示范区和基地，把示范点和基地建设与现代农业发展结合起来，逐步升级成现代农业示范区和基地；着力发展茶叶、油橄榄、蜂产品、蚕丝及食用菌等特色产品精深加工基地、马铃薯脱毒种薯繁育和贮藏窖基地，带动传统农业向现代农业转变；全力推进产品质量认证、创立品牌、拓展市场，提高综合效益。

7.5.4.2　微观方面

该区域重点以形成特色高效农业和特色产业（产品）为主要发展方向。其北部山丘形成农牧果经区；东北部徽成盆地形成农林牧经区；西北高寒阴湿山地形成农林区；西南山地形成农牧果经区；东南山地形成农业经济林区。

具体来看特色农业格局，主要形成如下区域：

特色种植区域：在稳定粮食生产基础上，积极发展马铃薯和中药材。粮食种植主要集中于礼县、武都区、西和县、成县、徽县、康县等优势区域。

特色林果区域：形成以礼县、西和县、徽县、武都区、成县为主的林果优质园种植区。

特色畜牧区域：形成以徽县、礼县、武都区、宕昌县、成县、两当县等为主的集中区域特色畜牧业；同时，建成牛、羊和猪养殖基地。

特色渔业：以武都区、文县、徽县、康县、宕昌县、西和县、礼县为主的发展鲑鳟鱼等特色鱼类及水产品基地。

陇南山地特色农业区域分布图见图7.5-5所示。

7.5.5 甘南、祁连山等高寒牧区

甘南、祁连山等高寒牧区包括甘南州所属的合作市、卓尼县、舟曲县、夏河县、碌曲县、临潭县、迭部县以及祁连山区的阿克塞县、肃北县、肃南县南部、天祝县1市10县。该区域是我国西部青藏高原地区及河西走廊重要的水源补给区和生态屏障，具有不可替代的生态功能。

7.5.5.1 宏观方向

该区域以保护生态为重点，以生态畜牧业为主要发展方向。重点以草原生态环境保护与恢复为主，持续实施退牧还草工程，完善草原生态补偿机制，发展现代生态畜牧业；着力把草原畜牧业打造成国家级可持续发展示范区，推进实行“草—畜牧—沼”循环农业发展；大力发展牦牛繁育、犏牛繁育、藏羊繁育、犏雌牛（奶牛）养殖、牦牛藏羊育肥、特色种养等特色优势产业的同时，注重开展品种选育、改良和开发；加快发展青稞、油菜、藏中药材、草业饲料、畜产品等特色农畜产品精深加工基地建设，建立快速、高效、便捷的现代流通体系。

7.5.5.2 微观区域

主要以特色农业为着眼点，其特色农业优势格局主要形成如下区域：

特色农产品区域：阿克塞县形成小麦、啤酒大麦、玉米制种优势区域；天祝县、肃北县形成洋芋种植区域；合作市、夏河县、碌曲县形成青稞优势主产区；临潭县、卓尼县、舟曲县、阿克塞县、天祝县等形成中药材优势发展区域；临潭县、卓尼县、舟曲县、肃北县、天祝县形成设施蔬菜优势主产区；舟曲县、迭部县形成特色经济林果优势生产区。

特色畜牧区域：形成以玛曲县、碌曲县为主的牦牛繁育优势区域；形成以碌曲县、夏河县、合作市、卓尼县为主的牛羊育肥区域；形成以玛曲县、碌曲县、夏河县、卓尼县为主的藏羊繁育区域；形成以碌曲县、夏河县、合作县、卓尼县、临潭县、迭部县为主的犏雌牛养殖区域；形成以卓尼县、迭部县、临潭县为主的牦牛藏羊育肥区域；形成以肃北县、天祝县为主的优质山绵羊、河西绒山羊、高山细毛羊繁育优势区域；形成以天祝县为主的白牦牛及马鹿、藏獒、银狐、鸵鸟等特种养殖区域；形成以玛曲县为主的河曲马养殖和藏獒研繁区域；形成以阿克塞县、肃北县、肃南县南部区为主的地方种养优势区域。

特色渔业：玛曲县、临潭县、舟曲县发展鲑鳟鱼等特色鱼类及水产品基地。

甘南、祁连山等高寒牧区特色农业区域分布图见图7.5-6、图7.5-7所示。

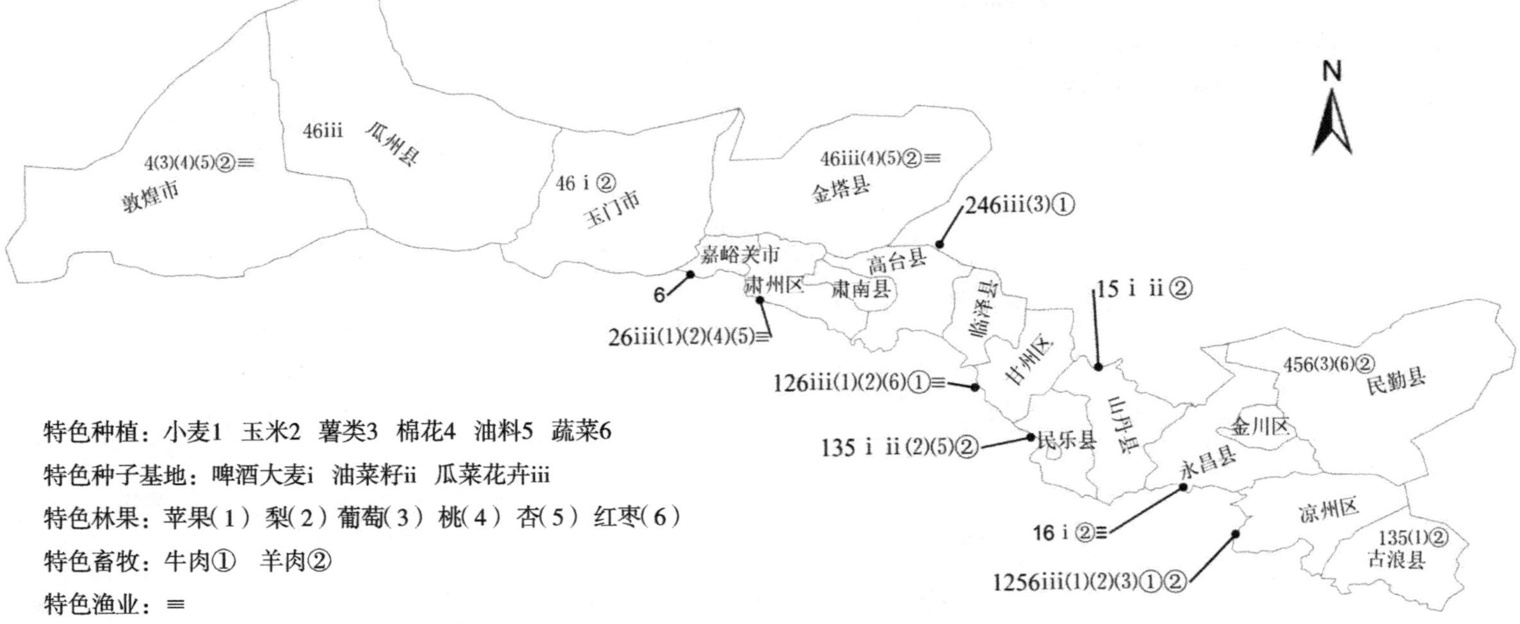

图7.5-2 河西灌溉特色农业区域分布示意图

图7.5-3 沿黄灌溉特色农业区域分布示意图

图7.5-4　中东部旱作特色农业区域分布示意图

图7.5-5 陇南山地特色农业区域分布示意图

图7.5-6　高寒牧区(甘南区域)特色农业区域分布示意图

图7.5-7　高寒牧区（祁连山区域）特色农业区域分布示意图

7.6 甘肃省现代农业支撑体系的建立和完善

7.6.1 要素供给支撑体系建设

7.6.1.1 加强农业基础设施建设

一是增加农业财政预算，不断加大公共财政对农业基础设施建设的覆盖力度；二是创新农村基础设施建设投资方式。积极探索农村基础设施建设投资主体多元化的途径，改变由政府、村集体大包大揽的做法，建立引导、鼓励各种社会力量投入农村基础设施建设的参与机制；第三要切实改善耕地质量，提高土地产出率。要加快实施综合农业开发计划，开展农村土地整治工作，实施沃土工程、旱作节水农业示范工程，防止水土流失。要大力改造中低产田，充分利用废地、荒滩和沿海滩涂，拓荒垦田。要进一步扩大测土配方施肥规模，支持农民秸秆还田、增施有机肥，建立科学耕作制度，改善土壤结构，增加土壤有机质，提高耕地质量。

7.6.1.2 增加人力资本投资，培育高素质新型农民

发展现代农业，必须培养一批有较高文化素质、掌握现代农业技术、具有一定经营管理才能的高素质新型农民。甘肃省农村人力资源开发相对不足，农村劳动力整体文化素质偏低，农民教育程度集中在小学和初中水平。要通过增加教育投入、改革教育体制，增加对农村的人力资本投资，切实提高农民的科学文化素质。首先是加强农村基础教育。加大对农村义务教育的投入力度，改善农村教育基础设施，提高农村教师待遇，吸引更多大中专毕业生从事农村教育工作；其次是建立完善的农村职业技术教育体系，加强对农民进行农业实用技术的教育培训。各地要结合当地特色农业生产需要，开展针对性强、具有实效、通俗易懂的农业实用技术和经营管理培训。

7.6.1.3 完善科技创新与推广体系建设

首先，改革和完善农业科研投入机制，加快建立以政府为主导、社会力量广泛参与的多元化农业科研投入体系，形成稳定的农业科技投入增长机制；其次，努力推动技术研发与生产实践相结合，加快促进农业科技成果转化；第三，完善农业科技推广体系。鼓励各类专业技术组织及龙头企业参与、带动农业技术推广应用，同时发挥基层组织力量，启动实施基层农技推广服务建设工程，重点建设县以下公益性农技推广机构；第四，做好农业科技进村入户工作。要进一步探索农业科技成果进村入户的有效机制和办法，建立省、市、县、乡四级农业信息网络互联中心，逐步形成以农业技术指导员为组带、以农村示范户为核心、连接周边农户的技术传播网络。

7.6.1.4 加强农业物质装备建设

首先，加快农机化科技创新。要组织力量对经济作物机械化，如饲草生产、马铃薯种植与收获、中药材挖掘、花卉园艺、果蔬产后处理及保鲜机械化进行攻关，重点突破。要建立新型农机化科技创新机制，有效促进农机科技与生产实践有机结合，加强农机科研开发与企业的结合，充分发挥市场机制的作用，逐步建立起以市场引导、政府

支持、社会力量广泛参与的多元化农机技术创新机制，推动产学研、农科教的结合。

其次，完善农机服务体系。要把农机大户作为农机专业化服务生力军，积极予以扶持、引导和发展。要鼓励和发展农机专业协会、中介服务组织，着力培育农机作业、技术服务、销售、维修、信息咨询等服务市场，积极探索和创新农机社会化服务模式。

第三，加强农机技术推广。推广区域优势农产品机械化技术，保证粮食安全；大力发展畜牧养殖、草原改良和草产业机械化技术，满足农业结构战略性调整需要；积极发展农副产品深加工机械化技术，推动农业产业化经营；发展设施农业机械化技术装备，实现集约、高效及可持续发展的现代化农业方式。

最后，优化农业机械化区域布局。依据农业区域发展特点，形成农机化发展的区域特色。河西和沿黄灌溉区要围绕高效农业和创汇农业，积极探索实现农业生产全面机械化的新途径和新模式；中东部旱作农业区要着重抓好大宗优势农产品生产和生态建设机械化，以此带动畜牧、马铃薯、林果、蔬菜、花卉、中药材等生产机械化发展，延长农机服务链；高寒阴湿地区和少数民族地区要重点发展农、畜、特产品加工机械化和运输机械化，有效改变主要依靠手工劳动的生产方式；大中城市郊区要大力发展设施农业、观光农业、无公害农畜、水产品及其副食品生产机械化，满足人民不断增长的物质文化生活需要。通过分类指导、重点突破、区域推进，在全省创建一批不同形式、不同内容、各具特色的农业机械化先行区，尽快使农业机械化发展的布局与农业和农村经济发展的需要相适应。

7.6.2 产业化支撑体系建设

7.6.2.1 大力推进优势产业生产基地建设行动

重点支持和培育优势农产品及优势产业带建设，形成合理的区域分工，做到自然适宜、经济合理、技术可行、生态平衡、可持续发展。推广良种良法等各类实用技术，将现有技术集成、组装配套和示范推广实现农产品生产的标准化、专用化、规范化、安全化，为农产品加工企业提供比较稳定的原料保障。支持发展"一村一品，一乡一业"。

7.6.2.2 加快龙头企业培育与加工能力提升

大力实施龙头企业培育行动计划，按照"扶优、扶大、扶强"的原则，着力培育壮大一批具有较强竞争力、能带动整个产业发展的标志性龙头企业。全面强化产业链建设，完善利益联结机制，壮大自身实力，增强辐射带动能力。主动适应消费结构升级的新需求，走品牌发展之路，进一步提升农产品质量安全水平。主动适应产业转型升级的新趋势，走创新发展之路，进一步增强可持续发展能力。主动适应市场竞争加剧的新形势，走集群发展之路，引导龙头企业向示范区集聚，形成一批主导产业突出、龙头企业集聚发展、产业链条完整、规模效应显著的集聚区。

7.6.2.3 落实扶持政策，加大资金投入

认真落实国家和省上扶持农业产业化经营的政策措施，拓展投融资渠道，探索完善农业龙头企业信用担保体系的措施，切实解决龙头企业在扩大生产、技术改造、收购原料等方面的资金短缺问题。引导龙头企业、合作组织、产业大户等参与土地流转，发

展集约高效农业。建立农业产业化投入稳定增长的政策机制,形成以财政投入为导向、信贷投入为依托、龙头企业和农民投入为主体、吸引外资和工商企业投入的多元化投入新机制。

7.6.2.4 支持科技创新,打造知名品牌

扶持龙头企业开展技改和技术创新,支持鼓励龙头企业组建研发机构,积极引导龙头企业开展科技创新和新产品研发,开发一批拥有自主知识产权的高新技术产品。搭建龙头企业与高等院校、科研机构协作平台,鼓励科研单位和科技人员通过技术承包、技术入股、技术转让参与农业产业化经营。加快建立以企业为主体、市场为导向、产学研紧密结合的技术创新体系。整合品牌资源,强化对优势产业、优秀企业、优质产品的宣传推介,打造区域特色品牌,提升品牌价值,提升市场竞争力。

7.6.2.5 创新利益机制,增强辐射带动能力

鼓励和引导龙头企业与基地农户建立稳定的产销合作关系和多种形式的利益联结机制。促进龙头企业通过股份制、股份合作制等形式,与农户结成更紧密的利益共同体。支持龙头企业和农民专业合作社采取订单、入股分红、利润返还等方式,建立自愿平等、利润共享、风险共担的利益机制。鼓励和提倡向"龙头企业+专业合作社+农户"方向发展。鼓励和支持龙头企业在收购农产品时,确立最低收购保护价,将部分加工、销售环节的利润返还给农户,实现企业增效、农民增收。

7.6.3 组织化支撑体系建设

7.6.3.1 创新农村组织制度

积极发展农业专业合作社和农产品行业协会等组织,提高农业的组织化程度。在坚持农户家庭经营的基础上,将专业合作社作为现代农业经营的主体加以大力培育,推动农业生产经营向规模化、专业化、集约化方向转变。通过税收优惠扶持等措施,支持建立主要由农户参加构成的农业协会组织,为农户提供金融、农资供应、产品销售、生产经营指导、农技推广、农产品加工等服务。着力构建以合作经济组织为基础、以供销合作社为骨干、多种服务主体协同发展的农业社会化服务体系。

7.6.3.2 搭建各类促进农民自觉联合的驱动平台

首先,大力培育农业产业化龙头企业,在龙头企业的引领带动下,按照社会化大生产的要求在农业产业链上进行分工合作,以此提高农民的组织化程度;其次,搞好农副产品批发市场建设,通过农村农副产品批发市场交易平台,吸引农户进入市场,驱使农民为防范市场交易风险而自觉成立维护自身利益的组织机构;第三是建立健全农业社会化服务体系,依靠农资供应、农机服务、科技推广、项目资金扶持、作物病虫害防治、农田水利设施建设、规模化养殖技术指导与疫病防治等农业社会化服务体系的完善驱使农民提高组织化程度;第四是发展"订单农业",通过合理的土地流转,建立农产品生产基地,促进农民进行生产联合。

7.6.4 市场支撑体系建设

7.6.4.1 建立健全农产品市场体系建设

要继续推进农产品批发市场升级改造，特别要加大对边远地区农产品批发市场建设支持力度，加强农产品批发市场信息、检验检测系统、仓储和运输等设施建设和改造，加快形成布局合理、功能齐全、安全卫生的农产品批发市场网络。

7.6.4.2 完善优势农产品市场服务体系

支持优势区域实施农产品批发市场升级改造工程，提升市场产品集散能力。加快建设高原夏菜、中药材等农产品的冷藏保鲜设施，完善鲜活农产品的运输配送系统，提高优势农产品的市场供应能力；鼓励引导农产品生产基地与大型超市、连锁店和社区农产品零售市场建立长期稳定的产销关系。

7.6.4.3 加大农村流通基础设施建设力度

要加大政府投入力度，将农村流通设施建设纳入农村基础设施建设范围给予支持，拓宽投资渠道，鼓励和引导社会资金投资农村流通领域；要建设农业生产资料仓储、运输等物流基础设施，配套完善信息与技术的服务体系，形成具有辐射带动功能的区域性农业生产资料物流配送中心，构建支撑农业生产资料流通的配送、信息服务和技术服务平台。

7.6.4.4 积极发展具有农村特色的现代流通方式

加快建设现代物流体系，大力发展订单农业、网上销售、直销配送等现代流通方式；要进一步清除城乡流通壁垒，降低物流运输费用，促进鲜活农产品跨地区流通，形成畅通、便捷、低成本的城乡农产品物流网络。

7.6.4.5 加快探索与发展农产品冷链物流

根据目前甘肃省优势农产品区域布局和农产品冷链物流的特点，建立多种组织形式并存的农产品冷链物流体系，包括以加工企业为核心，产供销一体化的农产品冷链物流体系；以物流配送中心为核心，发展区域内农产品短途冷链物流体系；利用第三方物流，发展跨区域的农产品长途冷链物流体系等。其次，选择重点品种、重点区域进行试点。积极推进区域特色农产品冷链物流体系建设，选择重要品种建立冷链通道试点。

7.6.5 社会化服务支撑体系建设

7.6.5.1 理顺管理体制，明确职能定位

进一步理顺基层农业公共服务机构管理体制，明确各部门职能定位。要明确基层农业公共服务机构的中心任务和服务人员的岗位职责，落实建设、运行、管理主体及责任人。明确规定基层农业服务机构是公益一类事业单位，实行全额拨款，编制内人员经费纳入县乡财政预算，并保证按时足额到位。保障基层农业公共服务机构配套设施建设、人员工资发放、技术培训开展等所需的经费；要进一步理顺乡级农业服务机构的管理体制，实行县乡双重管理。县级农业行政主管部门负责人事、经费、财产管理及业

务指导，乡镇政府主要负责基层农业公共服务中心的日常工作管理，并做好协调与监督；要制定农业公共服务机构人事管理、固定资产管理、项目管理、资金管理、运营服务等各项管理制度及工作流程，确保其规范、有序运行。

7.6.5.2 加强规范化、制度化建设

进一步加强农业专业合作社规范化、制度化建设，增强合作社发展质量和服务能力。要鼓励创建农业合作社示范社，进一步加强对合作社示范项目的支持力度；要鼓励合作社之间、合作社与农业企业之间在发展农产品冷链物流、建设农产品贮藏保鲜设施、提升农产品快速检验检测能力等方面进行联合与协作，以解决单个合作社无法解决的服务供给问题；要加强面向合作社的服务体系和服务平台建设。如引导合作社参与农业产业化区域营销网络和产销平台建设，支持合作社培训服务体系和融合担保体系建设等。

7.6.5.3 构建新型农业社会化服务体系

一是设立农业服务业发展专项资金，对创新特色明显、服务达一定规模、组织制度健全、服务绩效显著的市场化服务组织，包括农业服务示范户给予专项补贴，或以奖代补的形式鼓励种养大户面向周边农户开展市场化服务业务；二是引导龙头企业、种养大户将农业服务外包；三是鼓励各地政府通过政府订购、定向委托、招投标和发放服务消费券等方式，支持市场化服务机构和合作社、农业企业等参与发展农业服务业；四是创新金融制度，提高金融业服务农业的能力，破解发展现代农业的瓶颈问题。省政府要责成金融监管部门加强研究探索，力求实现“三个突破”，即在支持合作社开展信用合作上实现新突破，在进一步拓展农业信贷担保上实现新突破，在持续扩大政策性农业保险上实现新突破。

7.6.5.4 转变农业公共服务投入机制

切实转变政府对农业公共服务的投入机制。首先加大投资力度。要逐步提高对农业服务的投入，各级政府在财政预算内应逐年增加用于农业服务的资金。此外，通过财政拨款及划拨一定比例支农资金等办法，尽早建立农业服务专项基金；其次转变投资方向。各级财政支农资金主要用于农业的公共服务项目建设，实行普惠制。重点扶持农村服务体系建设，支持农业基础设施建设、农业信息工程、农业新技术和新品种的引进和推广以及其他公共服务项目，不再投资于一般的生产性农业项目。省财政要加大对基层农业公共服务中心建设的支持力度，在农产品质量检测、农业科技推广、农民培训等方面的经费投入要向基层农业公共服务中心倾斜；第三，明确投资主体。政府行政部门一般不直接充当投资主体。对生产性、经营性项目补助资金，可以通过国有资产运营实体参股投资；对服务性和公益性的项目，应直接通过技术推广等服务组织投资；第四，加强投资监管。政府应会同财政、审计等部门加强全程监督，并委托会计师事务所或中介组织进行监理，尽量避免过多的行政干预，做到依法科学地办事，同时广泛接受社会各界监督，增加透明度。

7.6.5.5 整合资源力量，加大扶持力度

进一步集聚服务要素和资源，拓展服务内容。推进农业、科技、商业、交通、财税、

金融等有关涉农部门资源的整合力度，引导其自觉参与农村社区服务体系建设。积极鼓励和引导基层供销社、龙头企业、经营业主等采用联建、挂牌、设立服务窗口、指定服务点等多种方式，共同参与乡镇农业公共服务中心建设和运行。总体来讲，就是要把产前生产资料供应和产后销售、加工、贮藏、运输等环节有机联结起来，把以往单项服务拓展为综合性、系列性服务。同时，政府在税费收取、信贷支持、资金扶持等方面对各类服务组织实行优惠政策，使其充分发挥作用，切实为“三农”服务。

课题组成员：王福生　王建兵　罗哲　李振东　潘从银　徐吉宏

8 甘肃省"十三五"时期主要经济指标预测

甘肃省经济研究院课题组

"十三五"时期,是我国全面深化改革和全面建成小康社会的关键时期,对我省来说,将面临前所未有的机遇和挑战,因此,客观判断和科学预测我省未来五年经济社会发展的阶段特征和大体趋势,测算主要宏观经济指标数据,对谋划"十三五"经济社会发展目标具有重要的意义。

我们对全省未来五年经济发展指标的预测研究,采用了这样的思路和步骤:从我省经济周期特点探析,再到未来五年我省经济周期的判断,根据这个判断预测未来五年GDP的变化趋势及其变化区间,进而预测出GDP未来五年的年度增长速度和绝对值;然后运用过去GDP增长周期同一、二、三产业、固定资产投资等指标之间的相关程度、比重、结构、贡献与拉动等数量关系表现出来的趋势,具体运用潜在增长率测算、灰色模型、弹性系数、全要素生产率、要素贡献与拉动等方法对相关指标进行预测,形成我们对全省未来五年主要经济指标的预测方案;最后依据周期规律,以及未来五年周期变化趋势,提出完成未来五年主要经济指标的政策建议。

8.1 指标完成情况与发展环境简要分析

《规划纲要》实施以来,全省紧紧围绕实现全面建成小康社会的总目标,基本完成了主要经济社会发展目标,为"十三五"及今后更长时期发展奠定了坚实基础。全国经济发展进入新常态,对于我省"十三五"发展,既存在有利因素,也存在不利因素,总体而言,机遇大于挑战。

8.1.1 指标完成情况分析

主要指标和重大任务完成较好,为"十三五"发展奠定了坚实基础。经济发展、结构优化、资源环境、社会发展、人民生活和改革开放6大类29项主要指标中,达到或超过预期目标的有21项指标。受国内外发展环境影响,地区生产总值、人均地区生产总值、城乡居民收入、社会消费品零售总额、研究与开发支出占生产总值比重、外贸进出口总额、外商直接投资等8项指标与预期目标尚有差距。"十二五"规划主要经济指标完成分析表明:一是经济增速减缓,综合实力增强,"十二五"期间地区生产总值年均增长10.6%;人均生产总值年均增长10.2%;地方财政收入年均增长17.91%;固定资产投资总额年均增长28.7%。二是结构调整加快,三产比重提高,三次产业结构由2011年的14.5:46.8:38.7调整为2015年的14.1:36.7:49.2,结构进一步优化。战略性新兴产业占生产总值的比重由2010年的5.87%提高到2015年的12.1%。非公经济加快发展,占生产总值比重达到45.8%,比2010年提高2.2个百分点。三是节能减排力度加大,"两型"社会建设初显成效。四是公共服务投入增加,生活条件持续改善。五是收入差距不断缩小,扶贫攻坚取得成效,城镇居民人均可支配收入和农村居民人均纯收入分别达到22676元、6367元,年均增长11.4%和13.2%,高于经济增长水平。六是体制改革持续推进,对外开放进一步扩大。

8.1.2 发展环境分析

在经济新常态下,我省的历史机遇主要表现在以下几个方面:一是重要支持政策叠加,追赶发展空间增大,随着国家新一轮西部大开发、新十年扶贫攻坚、关中—天水经济区规划的深入实施以及支持革命老区、少数民族地区加快发展等政策机遇,还有国家级循环经济示范区、国家支持甘南黄河重要水源补给生态功能区生态保护与建设、祁连山水源涵养区生态保护和综合治理等政策,为我省加快发展提供了难得的历史机遇。二是"一带一路"战略全面推进,区位优势逐步显现,丝绸之路经济带发展战略实施后,我省将从后方走到改革开放的前沿,通过向西开放、与世界对接,使我省面向国际、国内两个市场配置资源要素,在互联互通中实现互利互惠。三是国家进入新常态,转型发展机遇凸显,有利于加快我省经济结构战略性调整,有利于加大传统产业的提升改造力度,有利于加快战略性新兴产业的培育,有利于大力发展循环经济,努力建设循环经济示范省。有利于以华夏文明传承创新示范区建设为依托,发展我省文化旅游等现代服务业,进一步优化产业结构。四是一道实现全面小康,扶贫攻坚力度加大,新十年扶贫攻坚规划、实施精准扶贫意见等国家扶持政策效应将逐步显现,这将为我省贫困地区加快发展提供宝贵的机遇。五是生态屏障战略推进,政策扶持长期化,我省可利用生态文明示范区建设的机遇,加强生态建设与环境保护,争取建立生态补偿机制,加大生态建设与环境保护等项目建设的投入力度,努力建设生态文明省。六是全面深化改革推进,后续发展动力增强。

在新常态下,我省经济发展所面临的挑战将更加严峻,经济下行压力加大,节能减排任务艰巨,居民增收的难度也将明显上升。主要表现在:传统产业产能过剩,新兴产业发展不快;公共服务水平较低,小康建设压力加大;生态环境改善缓慢,节能减排压力不减;科技创新驱动不足,人力成本压力增大。

8.2 依据经济周期规律对未来经济增长趋势进行预测

经济周期是指经济发展中经济扩张和经济收缩的交替。一个经济周期是由一个扩张期和接下来的一个收缩期所构成的。经济周期按照循环的特点可以分为简单循环和增长循环两种类型。简单循环表现为经济总量上的起伏变化并用经济总量的绝对值来衡量,即经济总量上的绝对上升和绝对下降,这一般称为古典的经济周期或简单的经济周期。增长循环,表现为经济增长率的上升与下降,即:在扩张期经济增长率呈上升趋势,在收缩期经济增长率呈下降趋势,由此构成一个周期,这种周期一般称之为增长型周期。也就是说,如果经济总量变化曲线的一阶导数(经济增长率)始终为正数的话,它就是增长型循环;如果一阶导数曲线经常落在时间轴以下,出现负增长时,它就是简单循环。

8.2.1 改革开放前后我省经济周期波动特征

我省经济增长的过程及其表现出的周期规律与趋势,是我们分析"十三五"时期经济增长区间的基本依据。

8.2.1.1 改革开放前我省经济周期波动特征

一是古典型周期为主。以我省国内生产总值增长率的变化来分析,我省经济在1953—1978年经历了5次周期,其中有3次周期出现负增长率,亦即出现了绝对水平的下降,属于典型的古典型周期。二是波动幅度较大。从扩张和收缩的速度来看,经济周期的波动幅度较大,建国60年中我省最大的扩张速度和收缩速度都发生在此期间,分别是1963年的27.27%和1961年的-39.43%。我省经济剧烈起伏的特点非常明显,表明我省经济发展很不稳定。

8.2.1.2 改革开放后我省经济周期特征

1978年至今共经历了6次周期。分别为1978—1981年;1982—1987年;1988—1990年;1991—1997年;1998—2008年;2008年—2015年;该阶段我省经济周期特征与改革开放前相比有很大的变化:一是增长型周期为主。经济周期循环的类型有了较大转变,改革开放后的30多年中,除1981年出现增长率为负值(也就是经济总量绝对下降)外,其他各个周期均为标准的增长型周期,表现为经济高速增长和低速增长的交替反复。二是波动幅度趋缓。我省经济发展大幅波动的现象减少,经济周期波动的幅度趋于平缓,经济的最大扩张速度和收缩速度分别为1983年的14.86%和1981年的-8.44%,经济的不稳定性下降,表明在体制转换后的时期,经济增长的稳定性逐步提高。从这些特点,特别是第十一个周期的特征看,与全国的周期波动保持较高相关性的情况,仍然没有大的改变,这种特征对我省未来几年经济的发展,仍将产生较大的惯性作用。

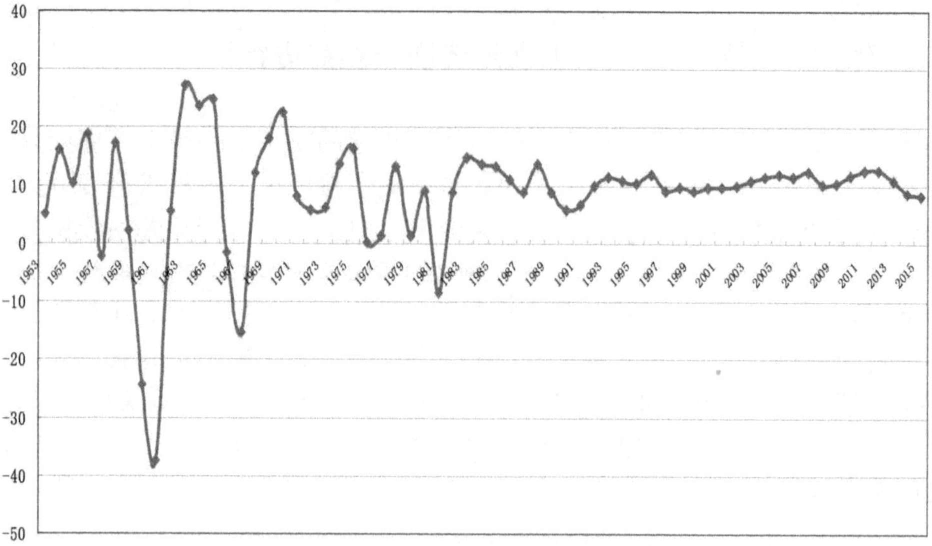

图8.2-1　1953—2015年甘肃GDP增速图

8.2.2　我省正进入工业化中期阶段

经济周期波动的轨迹，同时也是产业结构高级化的过程。在探讨经济周期变化轨迹的同时，判断我省工业化所处阶段，既是我们分析未来经济周期波动变化趋势的基础，又是我们确定未来经济增长区间的内在依据。

工业化发展水平是衡量一个国家或地区经济社会发展程度的重要标志。正确判断和合理估计我省所处的工业化阶段和未来发展进程，有助于加快产业结构战略性调整，由于采用指标和方法的不同，学术界一直存在多种不同的看法。我们在前人研究成果的基础上，从人均生产总值、产业结构、工业化率、工业内部轻重工业比重和城市化水平等指标，多角度进行综合衡量，以期得出更为科学和客观的结论。

8.2.2.1　从人均GDP判识

近年来我省经济稳步增长，人均GDP从2000年的500美元增加到2015年的4200美元，根据美国经济学家钱纳里的工业化判断标准，我省已处于工业化中期阶段。

8.2.2.2　从三次产业结构判识

由于我省经济结构的特殊原因，第二产业的比重一直高于第一产业，且第二产业与第一产业的比值由2000年的2.17上升到2015年的2.61，表明我省已经进入工业化初期阶段；2000年我省第一产业增加值比重首次低于20%，2004年第二产业比重超过第三产业，由此判断我省已进入工业化中期阶段。

8.2.2.3　从工业化率判识

工业化率是指工业增加值占全部生产总值的比重。一个国家或地区工业化率达到20%～40%时，处于工业化初期；工业化率达到40%～60%时，处于工业化中期；达到60%以上就进入工业化后期。由图8.2-2可以看出，我省工业化率从2000年以来一直维持在30%～40%之间，基本接近于40%，由此可以判定我省已处于工业化初期的高级阶段,正在向工业化中期阶段迈进。

8.2.2.4 从工业内部结构判识

世界各国的发展经验证明,随着工业化的发展,工业内部结构也将随着变化,轻工业的比例逐渐下降而重工业将起主导作用。我省一直重视发展重工业,重工业得到迅速的发展,在整个工业总产值所占比例快速增大,从2000年的75.97%增大到2015年的80.76%,从工业内部结构判定甘肃省已经达到了工业化中期的中间阶段。

8.2.2.5 从城市化水平判识

工业化发展阶段与城市化率之间有着一定的数量对比关系。工业化意味着第一产业的相对地位下降,占用劳动力相对以至绝对下降,而第二产业和第三产业的相对地位提高,所占用劳动力相对增加。一般认为,一国工业化是否完成的城市化水平指标是该国城镇人口上升到60%以上。我省城市化率从2000年的24%增长到2015年的43.2%。可以折射出甘肃工业发展速度较快,处于工业化中期阶段。

综上所述,通过对2000—2015年人均生产总值、产业结构、工业化率、工业内部轻重工业比重和城市化水平等五项指标,对甘肃工业化所处阶段的判识,同时参考其他标准进行多角度综合衡量。可以认定,甘肃已于“十二五”期间在整体上正进入工业化中期阶段。进入工业化中期阶段,经济周期波动幅度将更为趋缓,经济增长的稳定性会进一步加强,这是由于经济增长的发动机是工业使然。

8.2.3 “十三五”我省将处于转型周期窄幅增长阶段

“十三五”时期,从周期变化规律看,我省经济发展将处于第十二个周期的起始期,经济周期将呈现波动趋缓,周期时间延长,超过以往平均五年的时间,经济呈现中速增长走势,这与我省正进入工业化中期阶段相对应,随着我省区域发展战略实施效应增强,可望有比全国平均水平略高的增长速度,即在6.5%~8.5%的区间增长。

第十二个经济周期是个“转型周期”,即传统产业结构向现代产业结构全面转型的经济发展时期,由粗放型、内向型向集约型、外向型产业结构转变的新型工业化时期。总体判断,预计“十三五”时期,周期波动幅度将进一步趋缓,到第十三个五年规划末期可能会出现一个高点。“十三五”时期经济周期可能出现以下特征:

8.2.3.1 经济周期波动趋缓,经济呈现中速增长走势

这是因为:国家对甘肃省投资的比重在未来5年不会有大幅度的增加,市场机制决定作用逐渐增强,使小规模的波动增加,而大规模的振荡则不可能出现,由于国内市场越来越具有国际化特征,经济发展已由供给导向和资源约束为主转变为需求导向和市场约束为主,同时,宏观调控政策的实施,以及产业结构调整步伐的加快,均使产业间比例的变化总体上缓和经济周期。因此,未来经济周期变化,在很大可能上呈现周期时间延长,波幅趋缓的较为平稳的走势。

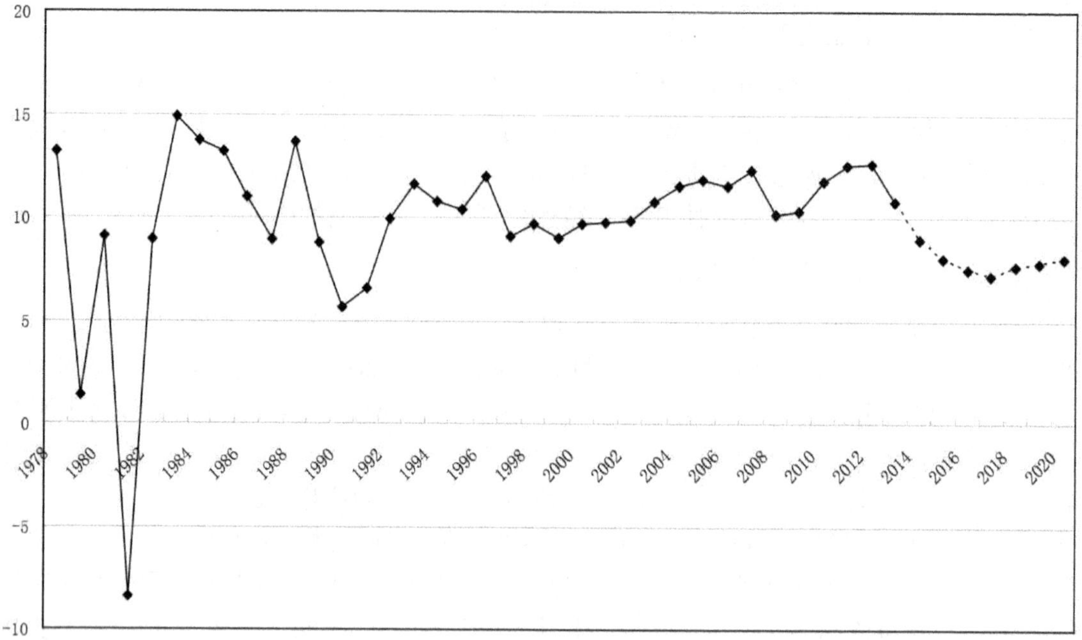

图 8.2-2　1978—2020 年甘肃 GDP 增长趋势图

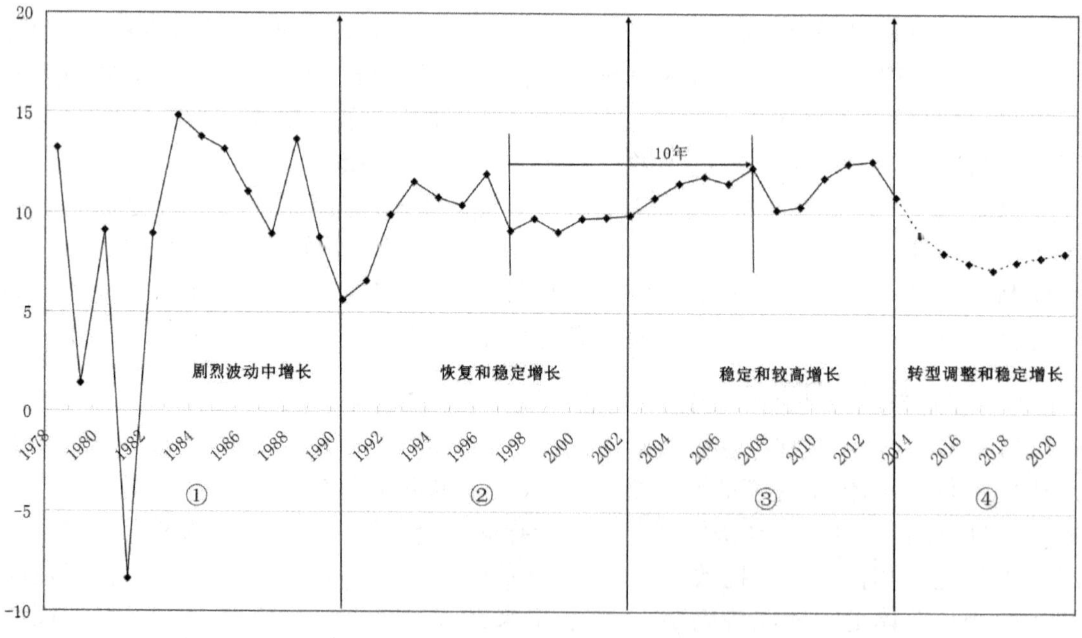

图 8.2-3　1978—2020 年甘肃 GDP 增长走势图

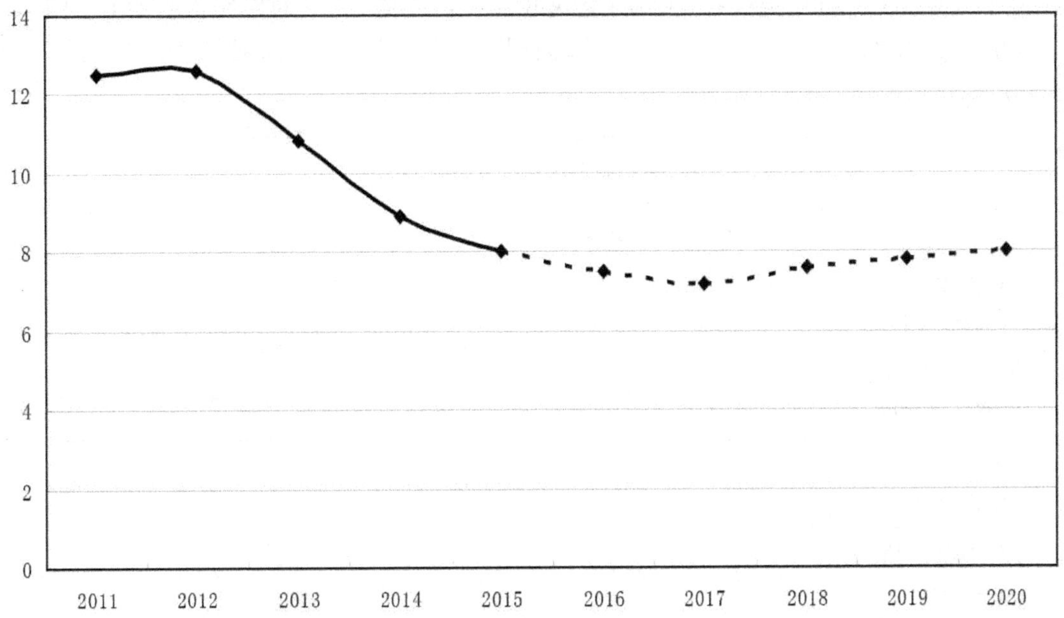

图8.2-4　2014—2020年甘肃GDP增长走势预测图

8.2.3.2　GDP增长的上下幅度在6.5%～8.5%的区间

所谓经济周期大轨迹，就是前面分析未来五年我省经济周期变化趋势可能的走势，我们把GDP增长区间界定在这个大轨迹上，目的是使我们对GDP的预测符合周期变化趋势，可望与实际经济运行轨迹差距不大。

8.2.3.3　GDP增长的潜力在8%～10%的区间

在周期大轨迹的变化范围内，"十三五"期间我省GDP增长，应在8%～10%区间内。这是因为：除了周期大轨迹的变化趋势和我省已进入工业化中期阶段决定了这一变化幅度外，还可以从我省截至目前经济增长的现实基础和需求拉动对我省经济增长的支撑、三次产业对GDP的贡献和拉动，为我省经济提供的增长潜力，GDP增长8%～10%，具有可靠的基础、较大的潜力和现实的可能。

8.2.3.3.1　三次产业对我省经济增长的贡献与拉动基础

改革开放以来按6次周期分析产业贡献与拉动。通过下图表可以看出，1978—2015年我省经历的6次经济周期中三次产业对我省经济的平均贡献率及拉动的变化情况。从贡献率来看，6次经济周期中，一产对经济的平均贡献率逐步下降保持在7.5%左右，处于稳定状态；二产对经济的平均贡献率虽有上下波动，但总体上呈下降趋势；三产对经济的平均贡献率也有上下波动，但总体上呈上升趋势。三次产业对经济的平均贡献率情况符合经济发展规律及趋势，我省第二产业对经济的贡献虽在下降，但目前我省的经济发展水平决定了二产仍是对经济贡献最大的。预测进入第12个经济周期，我省第二产业对经济的贡献将会减小，第三产业对经济的贡献会逐渐加大，高于第二产业。从拉动来看，6次经济周期中，一产对经济的拉动作用越来越小，呈现继续下降趋势；在第6个至第11个的经济周期中，二产对经济的拉动作用逐渐增强，预测进入第12个周期,一产对经济的拉动作用呈现继续下降趋势,二产对经济的拉动作用减小,且减小幅度大于三产;三产对经济的拉动作用总体呈上升状态,对经济的拉动作用大于二产。

表8.2-1 1978—2020年甘肃省7次经济周期中三产对经济的平均贡献率和拉动百分点

	一产贡献率	二产贡献率	三产贡献率	一产拉动	二产拉动	三产拉动
第6次经济周期(1978—1981)	10.69	53.86	35.46	0.37	0.33	3.12
第7次经济周期(1982—1987)	25.90	38.05	36.05	3.05	4.67	4.06
第8次经济周期(1988—1990)	16.25	45.82	37.93	1.92	5.44	4.50
第9次经济周期(1991—1997)	10.84	46.03	43.13	1.17	4.55	4.32
第10次经济周期(1998—2008)	7.63	44.31	48.06	0.81	4.73	5.02
第11次经济周期(2009—2015)	7.23	49.47	43.29	0.80	5.66	4.68
第12次经济周期(2016—2020)(预测)	8.58	33.93	57.49	0.72	2.87	4.86

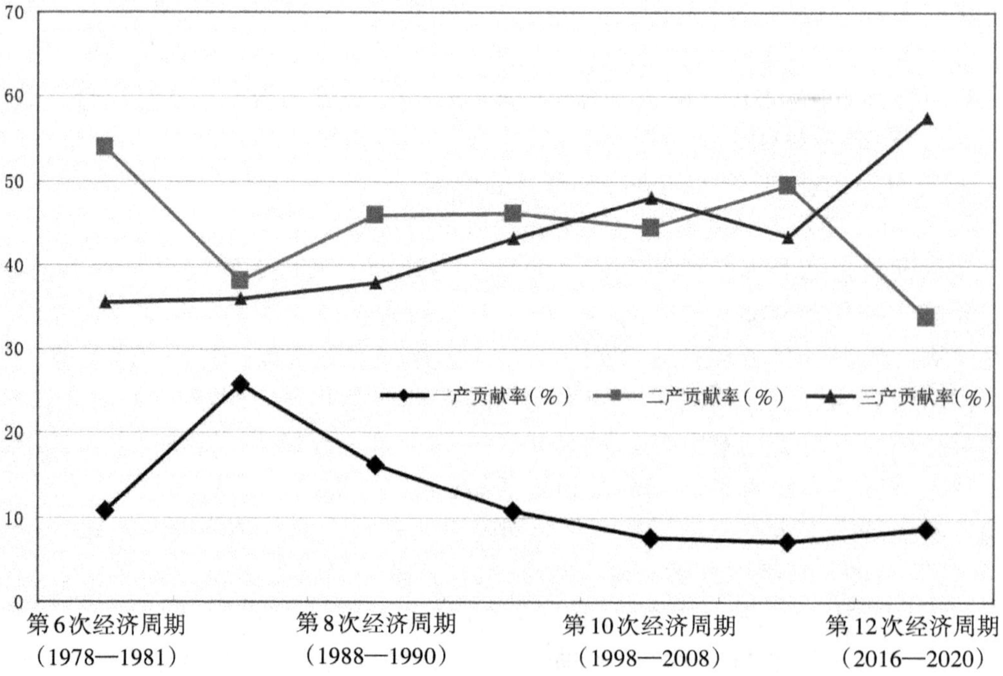

图8.2-5 1978—2020年甘肃省7次经济周期中三次产业对经济的平均贡献率

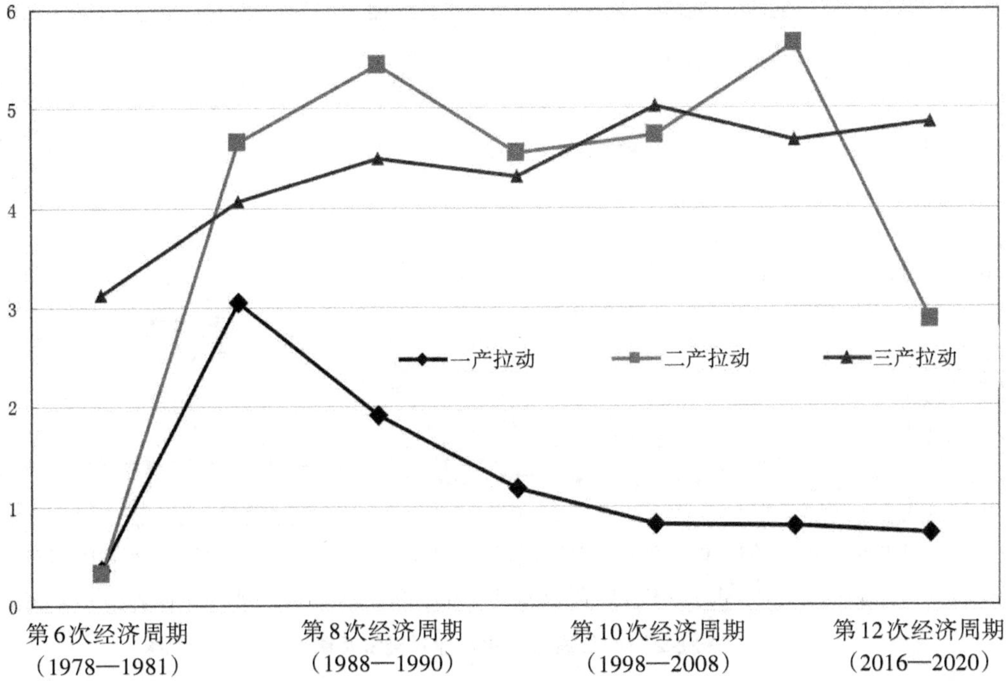

图8.2-6　1978年—2020年甘肃省7次经济周期中三次产业对经济的平均拉动百分点

改革开放以来按规划期分析产业贡献与拉动。从近几期规划看来，“十五”期间，三次产业中对GDP贡献和拉动最大的是第三产业，其次为第二产业，最小的是第一产业；变化趋势为第一产业稳中趋降、第二产业稳定上升、第三产业较为平稳。一产对经济增长的平均贡献率为10.05%，二产为42.49%，三产为47.46%；一产对经济增长的平均拉动百分点为1.06，二产为4.58，三产为5.10。

“十一五”期间，第二产业对GDP贡献最大，比“十五”期间上升，平均贡献率为52.1%；其次是第三产业，比“十五”期间下降，平均贡献率为40.9%；最小的是第一产业，平均贡献率为6.9%。一产对GDP贡献基本平稳，略有下降。“十一五”期间，第二产业对GDP拉动最大，比“十五”期间上升，平均拉动为5.9；其次是第三产业，比“十五”期间下降，平均拉动为4.5；最小的是第一产业，平均拉动为0.8。

“十二五”期间，前四年一产对经济增长的平均贡献率为7.71%，二产为47.23%，三产为45.06%；若加上2015年的预测值，整个“十二五”期间一产对经济增长的平均贡献率为7.92%，二产为47.41%，三产为44.67%。前四年一产对经济增长的平均拉动百分点为0.85，二产为5.49，三产为4.85；若加上2015年的预测值，整个“十二五”期间一产对经济增长的平均拉动百分点为0.82，二产为5.16，三产为4.57。

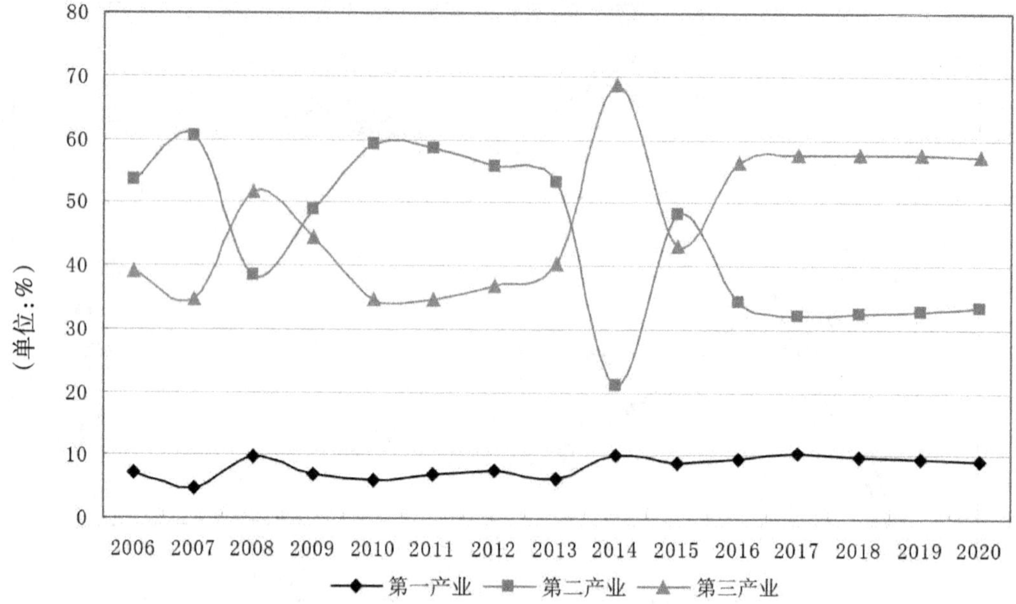

图 8.2-7 甘肃省三次产业对经济贡献率

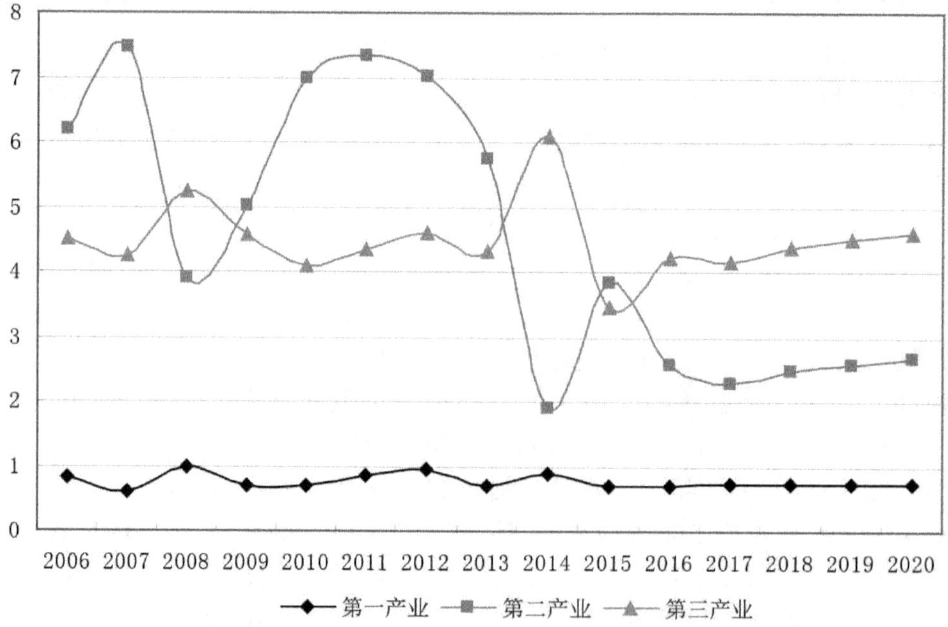

图 8.2-8 甘肃省三次产业对经济拉动百分点

8.2.3.3.2 三大需求对我省经济增长的贡献与拉动基础

改革开放以来按6次周期分析需求贡献与拉动。改革开放以来6次周期（1978—1981 年；1982—1987 年；1988—1990 年；1991—1997 年；1998—2008 年；2008 年—2015），第7次为预测周期。通过下图表可以看出，1978—2015年我省经历的6次经济周期中三大需求对我省经济的平均贡献率及拉动的变化情况。从贡献率来看，6次经济周期中，最终消费对经济的平均贡献率保持稳定状态；货物和服务净出口对经济的平均贡献率虽有上下波动，但总体上呈下降趋势；资本对经济的平均贡献率也有上下波动，但总体上呈上升趋势。具体来看，第6次经济周期（1978—1981年），最终消费、资本和货物和服务净出口对经济增长的贡献率分别为：40.5%、-14.99%和74.49%。期间，对经济增长贡献率最大的是货物和服务净出口，资本形成对经济贡献呈下降趋势。第7次经济周期（1982—1987年），最终消费、资本和货物和服务净出口对经济增长的贡献率分别为：68.14%、44.83%和-12.97%。期间，最终消费对经济增长贡献度最大，成为拉动经济增长的主力；货物和服务净出口对经济增长的贡献度呈现负拉动。第8次经济周期（1988—1990年），最终消费、资本和货物和服务净出口对经济增长的贡献率分别为：60.87%、51.76%和-12.63%。期间，消费仍然是拉动经济增长的主要动力，但是资本对经济增长的贡献呈现上升趋势。第9次经济周期（1991—1997年），最终消费、资本和货物和服务净出口对经济增长的贡献率分别为：69.36%、39.67%和-9.03%。消费仍然是拉动经济增长的主要动力。第10次经济周期（1998—2008年），最终消费、资本和货物和服务净出口对经济增长的贡献率分别为：55.86%、56.63%和-12.48%。期间，资本首次成为拉动经济增长的第一要素，投资成为拉动经济快速增长的主要动力。第11次经济周期（2009—2015年），最终消费、资本和货物和服务净出口对经济增长的贡献率分别为：60.04%、77.04%和-37.08%。这段期间，货物和净出口对经济增长负的贡献度进一步增大，投资对经济增长的贡献度进一步增大。预测第12次经济周期（2016—2020年），最终消费、资本和货物和服务净出口对经济增长的贡献率分别为：49.5%、71.2%和-20.7%。期间，消费和资本将对经济增长贡献度有所下降，货物和净出口对经济增长的贡献度将有所提高。

三大需求对经济的平均贡献率情况符合经济发展规律及趋势，目前我省的经济发展水平决定了投资仍是对经济贡献最大的。预测进入第12个经济周期，我省投资对经济的贡献将会减小，货物和服务净出口对经济的贡献会逐渐加大，但仍小于投资。

从拉动来看，6次经济周期中，货物和服务净出口对经济的拉动作用较小，呈现下降趋势；在第6个至第11个经济周期中，资本对经济的拉动作用逐渐增强，预测进入第12个周期，资本对经济的拉动作用减小，且减小幅度大于消费；货物和服务净出口对经济的拉动作用将呈上升状态，但对经济的拉动作用仍然较小。

改革开放以来按规划期分析需求贡献与拉动。“十五”期间，最终消费对经济的平均贡献率为68.9%，资本对经济的平均贡献率为59.5%，货物和服务净出口对经济的平均贡献率为-28.4%；最终消费对经济的平均拉动百分点为7.4，资本对经济的平均拉动百分点为6.3，货物和服务净出口对经济的平均拉动百分点为-2.9。

“十一五”期间，最终消费对经济的平均贡献率为62.4%，资本对经济的平均贡献率为72.3%，货物和服务净出口对经济的平均贡献率为-34.7%；最终消费对经济的平均拉动百分点为6.9，资本对经济的平均拉动百分点为7.9，货物和服务净出口对经济的平均拉动百分点为-3.6。

“十二五”期间，最终消费对经济的平均贡献率为54.1%，资本对经济的平均贡献率为69.5%，货物和服务净出口对经济的平均贡献率为-23.6%；最终消费对经济的平均拉动百分点为5.8，资本对经济的平均拉动百分点为7.3，货物和服务净出口对经济的平均拉动百分点为-2.5。

"十三五"期间，预测最终消费对经济的平均贡献率为49.5%，资本对经济的平均贡献率为70.2%，货物和服务净出口对经济的平均贡献率为-20.7%；最终消费对经济的平均拉动百分点为3.77，资本对经济的平均拉动百分点为5.42，货物和服务净出口对经济的平均拉动百分点为-1.57。

表8.2-2　2000—2020年甘肃省GDP、三大需求对GDP贡献率

年份	GDP总值（亿元）	GDP增速（%）	最终消费对GDP贡献率（%）	资本形成对GDP贡献率（%）	货物和服务净出口对GDP贡献率（%）
2000	1052.88	9.7	44.64	41.75	13.61
2001	1125.37	9.76	91.85	96.02	-87.87
2002	1232.03	9.86	63.99	59.43	-23.42
2003	1399.83	10.74	55.38	51.57	-6.95
2004	1688.49	11.51	63.81	49.97	-13.78
2005	1933.98	11.84	69.24	40.62	-9.86
2006	2277.35	11.51	43.54	50.6	5.86
2007	2703.98	12.3	53.15	54.33	-7.48
2008	3166.82	10.14	65.5	64.55	-30.05
2009	3387.56	10.29	104.17	133.5	-137.67
2010	4120.75	11.77	45.69	58.32	-4.01
2011	5020.37	12.52	56.13	58.78	-14.91
2012	5650.2	12.56	57.31	67.6	-24.91
2013	6268.01	10.8	57.45	77.33	-34.78
2014	6835.27	8.9	49.64	73.01	-22.65
2015	6790.32	8.1	49.90	70.75	-20.65
2016	7299.6	7.5	48.80	67.73	-16.53
2017	7825.2	7.2	47.87	72.82	-20.69
2018	8419.9	7.6	50.54	75.84	-26.38
2019	9076.6	7.8	50.27	70.91	-21.18
2020	9802.8	8	50.00	68.55	-18.55
"十五"期间平均值			68.9	59.5	-28.4
"十一五"期间平均值			62.4	72.3	-34.7
"十二五"期间平均值			54.1	69.5	-23.6
"十三五"期间平均值（预测）			49.5	71.2	-20.7

表8.2-3　2000—2020年甘肃省GDP、三大需求对GDP拉动百分点

年份	GDP总值（亿元）	GDP增速（%）	最终消费对GDP拉动百分点	资本形成对GDP拉动百分点	货物和服务净出口对GDP拉动百分点
2000	1052.88	9.7	4.3	4.0	1.3
2001	1125.37	9.76	9.0	9.4	-8.6
2002	1232.03	9.86	6.3	5.9	-2.3
2003	1399.83	10.74	5.9	5.5	-0.7
2004	1688.49	11.51	7.3	5.8	-1.6
2005	1933.98	11.84	8.2	4.8	-1.2
2006	2277.35	11.51	5.0	5.8	0.7
2007	2703.98	12.3	6.5	6.7	-0.9
2008	3166.82	10.14	6.6	6.5	-3.0
2009	3387.56	10.29	10.7	13.7	-14.2
2010	4120.75	11.77	5.4	6.9	-0.5
2011	5020.37	12.52	7.0	7.4	-1.9
2012	5650.2	12.56	7.2	8.5	-3.1
2013	6268.01	10.8	6.2	8.4	-3.8
2014	6835.27	8.9	4.4	6.5	-2.0
2015	6790.32	8.1	4.0	5.7	-1.7
2016	7299.6	7.5	3.66	5.08	-1.24
2017	7825.2	7.2	3.45	5.24	-1.49
2018	8419.9	7.6	3.84	5.76	-2.00
2019	9076.6	7.8	3.92	5.53	-1.65
2020	9802.8	8	4.00	5.48	-1.48
"十五"期间平均值			7.4	6.3	-2.9
"十一五"期间平均值			6.9	7.9	-3.6
"十二五"期间平均值			5.8	7.3	-2.5
"十三五"期间平均值（预测）			3.77	5.42	-1.57

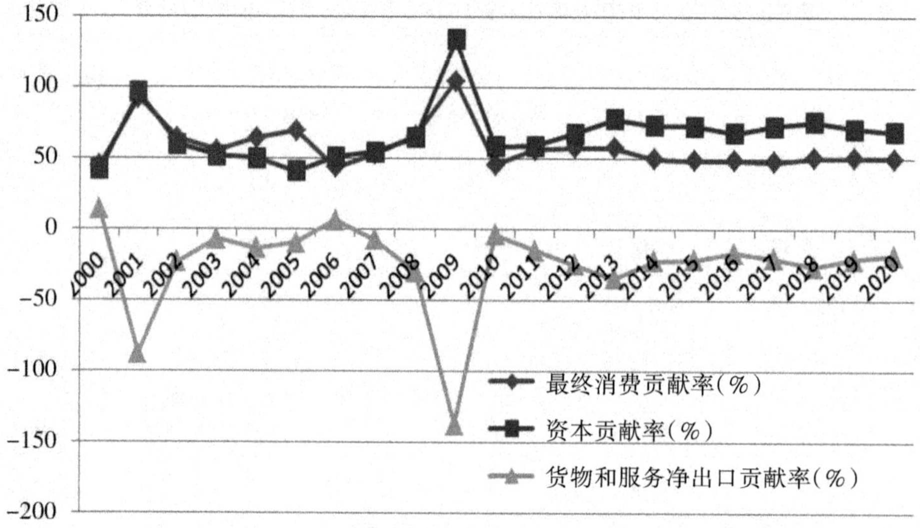

图8.2-9 生产总值支出法三大需求对经济贡献率

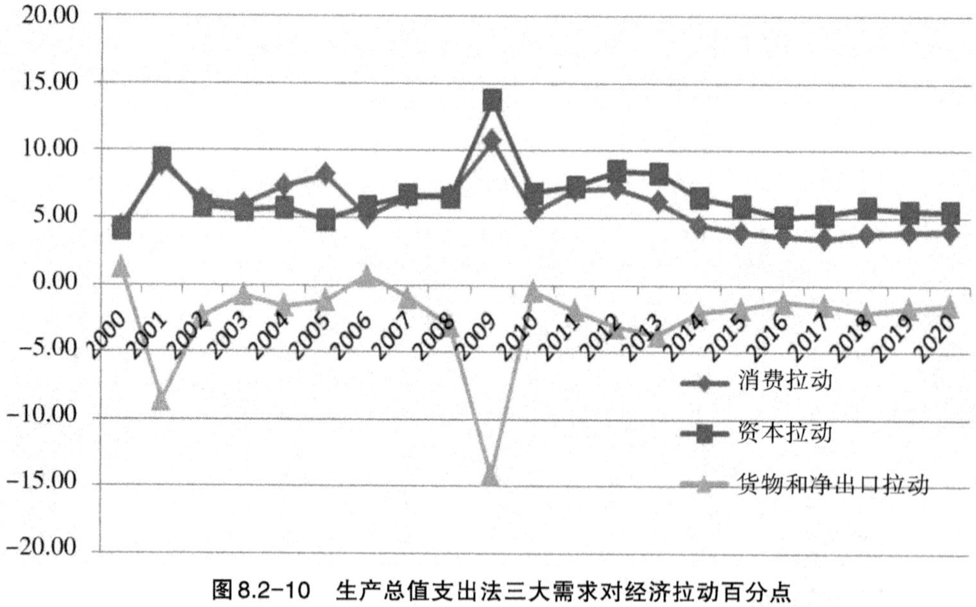

图8.2-10 生产总值支出法三大需求对经济拉动百分点

表8.2-4　1978—2020年甘肃省7次经济周期中三大需求对经济的平均贡献率和拉动百分点

	最终消费贡献率（%）	资本形成总额贡献率（%）	货物和服务净出口贡献率（%）	最终消费拉动	资本形成总额拉动	货物和服务净出口拉动
第6次经济周期（1978—1981）	40.50	−14.99	74.49	7.22	−4.71	−1.81
第7次经济周期（1982—1987）	68.14	44.83	−12.97	7.72	5.36	−1.30
第8次经济周期（1988—1990）	60.87	51.76	−12.63	5.85	4.72	−1.23
第9次经济周期（1991—1997）	69.36	39.67	−9.03	6.87	3.97	−0.81
第10次经济周期（1998—2008）	55.86	56.63	−12.48	5.92	5.91	−1.28
第11次经济周期（2009—2015）	60.04	77.04	−37.08	6.42	8.14	−3.87
第12次经济周期（2016—2020）（预测）	49.5	71.2	−20.7	3.77	5.42	−1.57

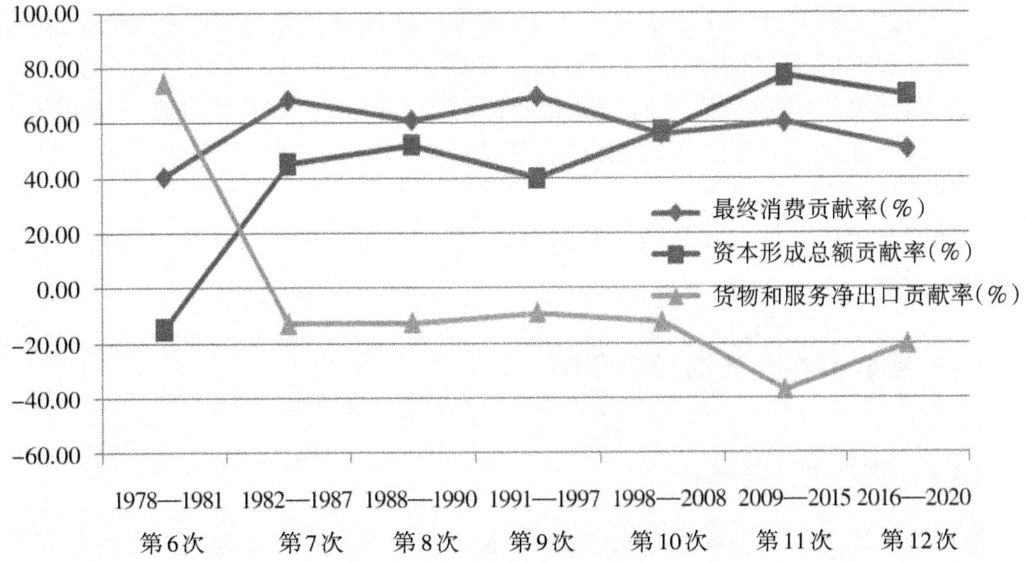

图8.2-11　1978—2020年甘肃省7次经济周期中三大需求对经济的平均贡献率

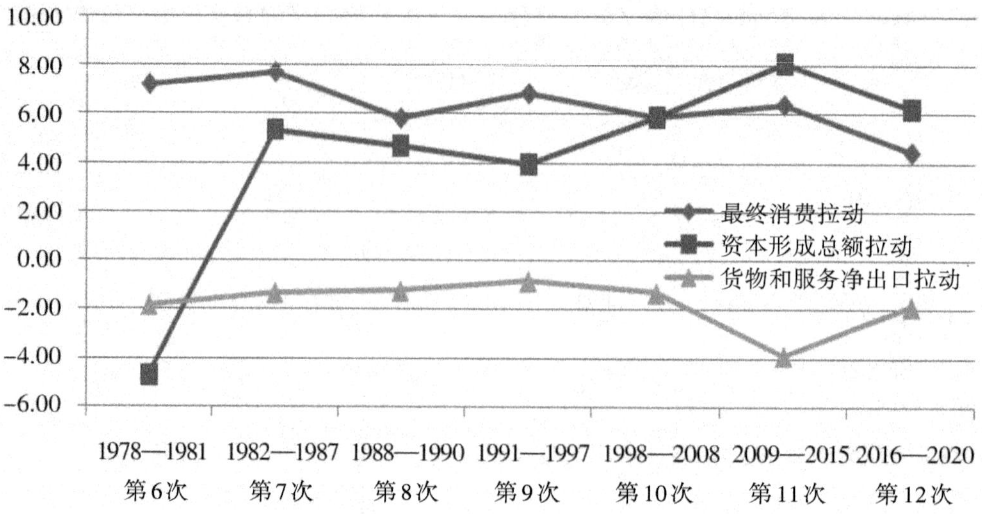

图8.2-12　1978—2020年甘肃省7次经济周期中三大需求对经济的平均拉动百分点

8.2.3.3.3　"十二五"后期经济减速，但投资拉动特征仍将延续

"十二五"时期全省地区生产总值年均增长10.4%，经济总量从2011年的5020.37亿元增加到2015年的6790.32亿元；人均生产总值年均增长7.7%，人均生产总值从2011年的19595元增加到2015年的26165元；固定资产投资年均增长28.7%，高于规划目标（20%），增速8.7个百分点；投资规模从2011年的4180.24亿元增加到2015年的8626.6亿元，五年累计投资总额高于规划目标30000亿元，超额完成规划目标任务。"十二五"后两年经济减速，但投资拉动特征仍将延续。三次产业结构由2010年的14.0∶48.7∶37.3调整到2015年的14.1∶36.7∶49.2。

综上所述，我省"十三五"时期，经济周期将呈现波动趋缓，周期时间延长，将超过以往平均五年的时间，经济呈现中速增长走势；与我省正进入工业化中期阶段相对应，"十三五"时期处于第12个周期的回升时期；第12个周期是个"转型周期"，即传统产业结构向现代产业结构全面转型的经济发展时期，由粗放型、内向型向集约型、外向型产业结构转变的新型工业化时期。"十三五"时期GDP增长的上下幅度在6.5%～8.5%的区间。随着甘肃省区域发展战略实施的带动效应的增强，可能有比全国平均水平略高的增长速度。

8.3　我省潜在经济增长率预测

8.3.1　测算方法与选择

潜在经济增长率又被称为"正常经济增长率"，是当所有资源被充分利用时的经济增长率。

测算潜在经济增长率的方法较多，且处于不断发展过程中。但整体来讲，分为消除趋势法、生产函数法和多变量结构化分解法三类。消除趋势法通过剔除经济周期波动对现实产出的影响，分解出经济增长的趋势成分。HP滤波法是趋势消除法中较为典型的计算方法。HP滤波法假设经济增长由长期趋势成分和短期波动成分组成，设时间序列 $Y=\{y_1, y_2, \cdots, y_n\}$，趋势要素为 $T=\{t_1, t_2, \cdots, t_n\}$，$n$ 为样本长度。

根据我省1978—2015年的经济增长情况，利用Eviews6.0计算潜在经济增长率。HP滤波法的运用较灵活，增大了经济周期的频率，使经济波动减弱。考虑到HP滤波法在潜在经济增长率计算中使用较多，且较为成熟，因此使用此法计算我省的潜在经济增长率。

8.3.2 2000—2015年我省潜在经济增长率测算

潜在产出是一国或地区在充分就业状态下的国内生产总值，反映了在该时期内的最大产出能力，即达到了资源的最优化配置状态。实际增长率反映了实际社会生产的状况，与潜在经济增长率之间必然会有一定差距。

表8.3-1 甘肃省历年潜在经济增长率 (单位:%)

年份	实际增长率	潜在增长率	增长缺口率	年份	实际增长率	潜在增长率	增长缺口率
1978	13.2	7.7	5.5	1997	9.1	10.1	-1.0
1979	1.4	6.0	-4.6	1998	9.7	9.8	-0.1
1980	9.1	5.1	4.0	1999	9.0	9.7	-0.7
1981	-8.4	5.2	-13.6	2000	9.7	9.7	0.0
1982	8.9	7.2	1.7	2001	9.8	9.9	-0.1
1983	14.9	9.5	5.4	2002	9.9	10.2	-0.3
1984	13.8	11.2	2.6	2003	10.7	10.7	0.0
1985	13.2	11.8	1.4	2004	11.5	11.1	0.4
1986	11.0	11.6	-0.6	2005	11.8	11.3	0.5
1987	8.9	11.1	-2.2	2006	11.5	11.5	0.0
1988	13.7	10.3	3.4	2007	12.3	11.5	0.8
1989	8.8	9.4	-0.6	2008	10.1	11.4	-1.3
1990	5.6	8.7	-3.1	2009	10.3	11.5	-1.2
1991	6.6	8.7	-2.1	2010	11.8	11.6	0.2
1992	9.9	9.2	0.7	2011	12.5	11.6	0.9
1993	11.6	9.9	1.7	2012	12.6	11.3	1.3
1994	10.8	10.3	0.5	2013	10.8	10.6	0.2
1995	10.4	10.5	-0.1	2014	8.9	9.6	-0.7
1996	12.0	10.4	1.6	2015	8.1	8.5	-0.4

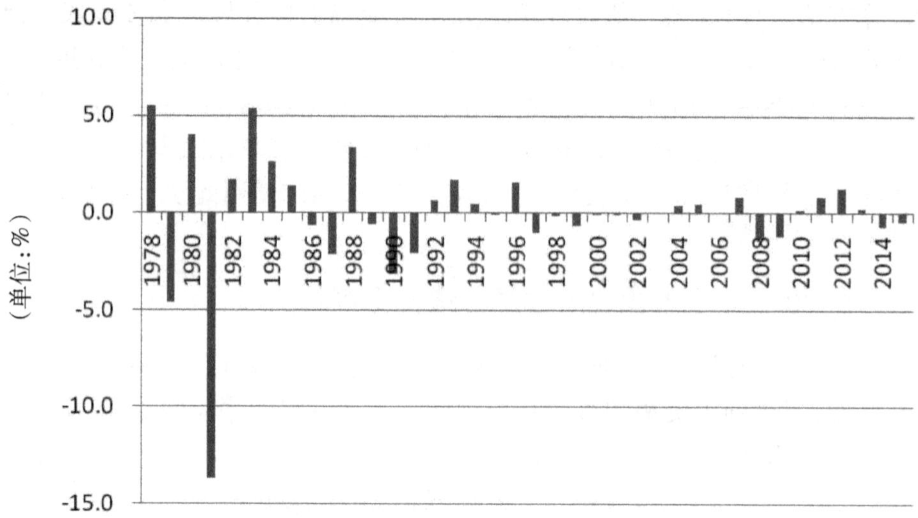

图8.3-1　甘肃省历年经济增长缺口率

增长缺口率是实际增长率与潜在增长率之间的差距。从图8.3-1可看出，我省经济增长缺口率呈逐步缩小趋势。结合图8.3-1与表8.3-2来看，从1978—2015年，我省有18个年份实际经济增长率大于潜在经济增长率，增长缺口率为正，表明社会总需求大于社会总供给；有17个年份实际经济增长率小于潜在经济增长率，增长缺口率为负，表明社会总需求小于社会总供给，社会的生产潜力没有得到充分发挥；有2个年份实际经济增长率等于潜在经济增长率，增长缺口率为零。

表8.3-2　甘肃省历年潜在产出及产出缺口

年份	实际GDP(亿元，2000年不变价）	资本存量（亿元）	潜在就业水平（万人）	趋势TFP序列	潜在产出（亿元）	产出缺口（亿元）
2000	1052.88	1619.04	1476.57	0.0577	1017.839	35.04
2001	1155.64	2033.60	1488.22	0.0582	1162.382	-6.74
2002	1269.59	2506.60	1500.65	0.0588	1316.771	-47.18
2003	1405.94	3025.39	1511.07	0.0595	1477.38	-71.44
2004	1567.76	3590.73	1520.48	0.0604	1645.531	-77.76
2005	1753.39	4266.89	1391.61	0.0612	1696.673	56.72
2006	1955.20	5038.05	1401.75	0.0618	1877.703	77.49
2007	2195.69	6060.83	1414.89	0.0620	2087.406	108.29
2008	2418.34	7384.58	1445.87	0.0617	2341.118	77.22
2009	2667.18	9458.31	1488.61	0.0610	2692.164	-24.98
2010	2981.11	12249.26	1499.82	0.0600	3044.771	-63.66
2011	3354.35	15629.38	1500.53	0.0589	3388.223	-33.88
2012	3775.65	20737.65	1490.78	0.0577	3818.936	-43.28
2013	4183.42	25951.69	1505.23	0.0564	4228.386	-44.96
2014	4555.74	32154.21	1509.22	0.05431	4576.64	-20.90
2015	4924.76	38851.55	1514.27	0.05311	4953.97	-29.21

1978—2015年,我省滤波后的经济适度增长区间为(5%,12%)。基于增长核算角度,人口年龄结构变动导致的劳动力供给变动,由政策和人口结构变动导致的储蓄率变动,由劳动力在配置格局导致的生产要素变动等会对潜在经济增长率的变化产生影响,将导致我省未来潜在经济增长率下降,但下降将是一个较为缓慢、平稳的过程。基于以上判断,预测2016—2020年甘肃省潜在增长率增长区间为(8%,10%)。

从计算结果可以看出(表8.3-2),2000—2015年我省有5个年份的产出缺口为正数,即实际产出大于潜在产出;有11个年份的产出缺口为负数,即实际产出小于潜在产出。

利用已得数据对我省未来潜在产出进行估计,同时表8.3-2的结果可以看出,2009年以后,我省产出缺口为负,即实际产出小于潜在产出。受国际、国内形势的影响,我省未来经济增速将有所减慢,但同时也说明了我省经济增长具有较大增长空间。

8.3.3 2000—2015年三大需求潜在增长率计算

对三大需求的各项指标将利用HP滤波法计算潜在增长率,而对三大产业的各项指标将利用生产函数法计算出潜在产出,并进一步计算其潜在增长率。

8.3.3.1 投资潜在增长率计算

2000—2015年,我省投资潜在增长率区间为(13%,39%),增长缺口率区间为(0,9%)。其中,"十五"期间,我省投资实际年均增长14.64%,潜在年均增长15.11%;"十一五"期间,实际年均增长29.96%,潜在年均增长30.95%;"十二五"期间,实际年均增长25.72%,潜在年均增长26.68%。

表8.3-3 甘肃省历年投资潜在增长率

年份	实际增长率(%)	潜在增长率(%)	增长缺口率(%)
2000	14.91	13.73	1.18
2001	14.52	13.64	0.88
2002	13.93	13.74	0.20
2003	13.76	14.35	-0.59
2004	15.41	15.85	-0.44
2005	15.68	18.49	-2.81
2006	17.19	22.47	-5.27
2007	27.86	27.53	0.33
2008	32.47	32.59	-0.12
2009	42.85	36.60	6.25
2010	36.24	38.49	-2.25
2011	40.16	38.19	1.97
2012	43.85	35.29	8.56
2013	27.10	29.68	-2.58
2014	21.10	22.62	-1.51
2015	11.17	14.95	-3.78

数据来源:2000—2014年投资实际增长率数据来源于《甘肃发展年鉴2015》,2015年投资实际增长率数据来源于《2015年甘肃发展公报》。

8.3.3.2 消费潜在增长率计算

2000—2015年，消费潜在增长率区间为(8%，18%)，增长缺口率区间为(0，3%)。其中，"十五"期间，我省消费实际年均增长10.64%，潜在年均增长10.95%；"十一五"期间，实际年均增长16.42%，潜在年均增长16.48%；"十二五"期间，实际年均增长13.53%，潜在年均增长13.61%。

表8.3-4 甘肃省历年消费潜在增长率

年份	实际增长率(%)	潜在增长率(%)	增长缺口率(%)
2000	9.40	8.62	0.78
2001	9.02	9.20	−0.18
2002	9.60	9.91	−0.31
2003	9.50	10.83	−1.33
2004	12.90	12.02	0.88
2005	12.87	13.30	−0.43
2006	13.38	14.66	−1.28
2007	16.15	16.00	0.15
2008	19.80	17.02	2.78
2009	15.60	17.45	−1.85
2010	17.90	17.45	0.45
2011	18.20	16.90	1.30
2012	15.70	15.75	−0.05
2013	14.00	14.14	−0.14
2014	12.60	12.23	0.37
2015	9.00	10.14	−1.14

8.3.3.3 进出口潜在增长率计算

2000—2015年，外贸进出口潜在增长率区间(12%，39%)，增长缺口率为(1%，66%)。其中，"十五"期间，我省外贸进出口实际年均增长32.93%，潜在年均增长37.22%；"十一五"期间，实际年均增长22.74%，潜在年均增长27.82%；"十二五"期间，实际年均增长7.52%，潜在年均增长7.96%。

表8.3-5　甘肃省历年进出口潜在增长率

年份	实际增长率(%)	潜在增长率(%)	增长缺口率(%)
2000	40.20	35.44	4.76
2001	36.76	35.06	1.70
2002	12.70	35.45	-22.75
2003	51.30	37.63	13.67
2004	32.85	39.00	-6.15
2005	49.24	39.15	10.09
2006	45.34	36.67	8.67
2007	43.69	31.78	11.91
2008	10.90	26.07	-15.17
2009	-36.60	23.05	-59.65
2010	89.70	23.80	65.90
2011	18.70	19.84	-1.14
2012	1.00	13.27	-12.27
2013	15.50	5.97	9.53
2014	-15.40	-2.13	-13.27
2015	-5.40	-9.56	4.16

8.3.4　2000—2015年三大产业潜在产出计算

生产函数法测算潜在产出是基于索洛增长模型，具体过程如下：先利用已有数据估算总量生产函数，再通过总量生产函数求出全要素生产率，进而使用HP滤波法得出趋势全要素生产率，同时还需估算潜在就业水平，最后利用趋势全要素生产率、潜在就业水平和资本存量测算出潜在产出。

8.3.4.1　第一产业潜在产出

2000—2015年，我省第一产业实际产出区间为(194,455)亿元，潜在产出区间为(196,455)亿元，产出缺口区间为(0,11)亿元，潜在增长率区间为(3%,6%)。其中，"十五"期间，实际产出区间为(208,264)亿元，潜在产出区间为(209,259)亿元，产出缺口区间为(0,8)亿元，潜在增长率区间为(4%,6%)；"十一五"期间，实际产出区间为(277,342)亿元，潜在产出区间为(276,349)亿元，产出缺口区间为(1,9)亿元，潜在增长率区间为(5%,6%)；"十二五"期间，实际产出区间为(361,455)亿元，潜在产出区间为(367,455)亿元，产出缺口区间为(2,11)亿元，潜在增长率区间为(5%,6%)。

表8.3-6 甘肃省第一产业潜在产出

年份	实际产出(亿元,2000年不变价)	潜在就业水平(万人)	潜在产出(亿元)	产出缺口(亿元)	潜在增长率(%)
2000	194.1	880.6233	196.20	-2.10	3.92
2001	208.66	886.2283	209.13	-0.47	4.88
2002	220.76	888.8154	222.70	-1.94	5.47
2003	234.01	890.1479	233.23	0.78	5.73
2004	249.22	890.6675	241.57	7.65	5.78
2005	263.67	886.0109	258.56	5.11	5.70
2006	277.12	886.335	275.95	1.16	5.58
2007	288.20	886.464	291.11	-2.90	5.54
2008	308.66	901.4944	308.68	-0.02	5.63
2009	323.79	923.1017	332.36	-8.58	5.69
2010	341.60	924.087	348.87	-7.27	5.78
2011	361.75	919.3303	367.50	-5.75	5.89
2012	386.35	901.3359	383.46	2.89	5.93
2013	407.99	891.7664	397.52	10.47	5.84
2014	430.84	876.1742	426.32	4.52	5.70
2015	454.11	870.7188	454.37	-0.26	5.53

8.3.4.2 第二产业潜在产出

2000—2015年,第二产业实际产出区间为(421,2336)亿元,潜在产出区间为(416,2328)亿元,产出缺口区间为(1,48)亿元,潜在增长率区间为(8%,14%)。其中,“十五”期间,实际产出区间为(464,734)亿元,潜在产出区间为(467,725)亿元,产出缺口区间为(2,13)亿元,潜在增长率区间为(10%,13%);“十一五”期间,实际产出区间为(842,1358)亿元,潜在产出区间为(823,1385)亿元,产出缺口区间为(1,48)亿元,潜在增长率区间为(13%,14%);“十二五”期间,实际产出区间为(1563,2336)亿元,潜在产出区间为(1557,2328)亿元,产出缺口区间为(4,8)亿元,潜在增长率区间为(8%,14%)。

表 8.3-7 甘肃省第二产业潜在产出

年份	实际产出(亿元,2000年不变价)	资本存量(亿元)	潜在就业水平(万人)	潜在产出(亿元)	产出缺口(亿元)	潜在增长率(%)
2000	421.65	315.34	279.8058	416.62	5.03	9.53
2001	464.24	407.35	274.718	467.41	-3.17	10.14
2002	514.37	526.50	278.3567	526.50	-12.13	10.84
2003	577.13	664.61	282.2496	587.66	-10.53	11.62
2004	649.85	829.91	284.61	652.47	-2.63	12.37
2005	733.68	1138.56	203.9912	724.51	9.17	12.98
2006	842.26	1518.60	207.305	823.51	18.75	13.36
2007	983.76	2040.54	212.2011	935.85	47.91	13.41
2008	1066.40	2772.89	218.6107	1064.80	1.59	13.19
2009	1177.30	3840.56	227.1835	1219.56	-42.26	13.29
2010	1357.43	5246.14	230.4455	1384.83	-27.40	13.58
2011	1563.76	7016.82	231.6768	1557.88	5.88	13.50
2012	1785.81	9877.62	233.3893	1790.72	-4.91	12.82
2013	1991.18	12628.76	241.1926	1983.81	7.37	11.54
2014	2174.37	15528.82	243.2610	2172.53	1.84	9.91
2015	2335.27	18187.29	245.9237	2327.72	7.55	8.15

8.3.4.3 第三产业潜在产出

2000—2015年,第三产业实际产出区间为(437,2001)亿元,潜在产出区间为(426,2025)亿元,产出缺口区间为(4,25)亿元,潜在增长率区间为(11%,12%)。其中,“十五”期间,实际产出区间为(478,718)亿元,潜在产出区间为(486,698)亿元,产出缺口区间为(0,21)亿元,潜在增长率区间为(11%,13%);“十一五”期间,实际产出区间为(792,1204)亿元,潜在产出区间为(779,1225)亿元,产出缺口区间为(4,22)亿元,潜在增长率区间为(11%,12%);“十二五”期间,实际产出区间(1342,2023)亿元,潜在产出区间为(1363,2032)亿元,产出缺口区间为(1,25)亿元,潜在增长率区间为(9%,12%)。

表 8.3-8　甘肃省第三产业潜在产出

年份	实际产出(亿元,2000年不变价)	资本存量(亿元)	潜在就业水平(万人)	潜在产出(亿元)	产出缺口(亿元)	潜在增长率(%)
2000	437.13	657.77	316.1367	426.79	10.34	11.95
2001	478.22	843.20	327.2668	486.57	-8.35	11.85
2002	524.13	1027.43	333.4523	539.63	-15.50	11.86
2003	573.40	1202.19	338.6422	587.18	-13.79	11.97
2004	636.47	1394.89	345.1614	637.21	-0.74	12.05
2005	717.94	1807.66	301.5704	697.87	20.07	11.99
2006	791.17	2247.84	308.1256	779.60	11.56	11.81
2007	870.29	2778.84	316.0668	865.98	4.31	11.67
2008	985.16	3457.07	325.7723	962.16	23.00	11.61
2009	1096.49	4428.42	338.4034	1081.95	14.53	11.47
2010	1203.94	5849.49	345.4931	1224.98	-21.03	11.37
2011	1342.40	7512.82	349.9061	1363.29	-20.90	11.35
2012	1510.20	9700.92	356.6674	1522.79	-12.59	11.24
2013	1683.87	12145.41	371.2547	1685.14	-1.27	10.89
2014	1843.84	15357.15	393.3748	1846.82	-2.98	10.36
2015	2022.68	19246.10	412.0681	2031.92	-9.24	9.82

8.3.5　2016—2020年甘肃省潜在产出预测

潜在经济增长率,是指当所有资源被充分利用时的经济增长率。中长期内,可实现的经济增长速度是由潜在经济增长率决定的,并围绕潜在增长率波动。近年来我国实际经济增长率低于潜在经济增长率,2014年和2015年我国潜在经济增长率在7.8%和7.5%左右,预计我国“十三五”时期潜在经济增长率下降但仍有可能达到7%左右。若我省“十三五”时期经济发展按年平均增长7.5%进行测算,预测2016—2020年我省潜在增长率增长区间为(7%,9%)。“十三五”潜在平均增速为7.69%,较“十二五”时期下降2.53个百分点。而其产出缺口将在24亿元～56亿元之间波动,平均产出缺口达44.8亿元,并在2020年形成波动曲线的波峰。

表8.3-9 甘肃省未来经济发展预测

年份	实际增速（%）	实际GDP（亿元，2000年不变价）	潜在增速（%）	潜在产出（亿元）	产出缺口（亿元）
2016	7.5	5294.117	8.1	5318.741	-24.624
2017	7.2	5675.293	7.7	5728.283	-52.99
2018	7.6	6106.615	7.5	6157.925	-51.31
2019	7.8	6582.931	7.6	6638.221	-55.29
2020	8.0	7109.566	7.7	7149.364	-39.798

8.3.5.1 投资未来潜在增长率预测

将2016—2020年投资实际增长率预测值作为已知值，通过HP滤波法进行测算，考虑到平滑参数λ取值为100的HP滤波器计算结果更能反映经济发展平稳阶段各指标的波动情况，因此选取λ取值为100的HP滤波器计算结果作为2016—2020年投资潜在增长率结果（下同）。2016—2020年，我省投资潜在增长率区间为（7%，19%），年平均潜在增长率为11.97%，较"十一五"时期低18.53个百分点，较"十二五"时期降低19.62个百分点。

表8.3-10 甘肃省投资增长率预测

年份	实际增长率（%）	潜在增长率（%）	增长缺口率（%）
2016	10.0	18.18	-8.18
2017	9.5	15.29	-5.79
2018	9.7	12.51	-2.81
2019	10.2	9.83	0.37
2020	11.5	7.18	4.32

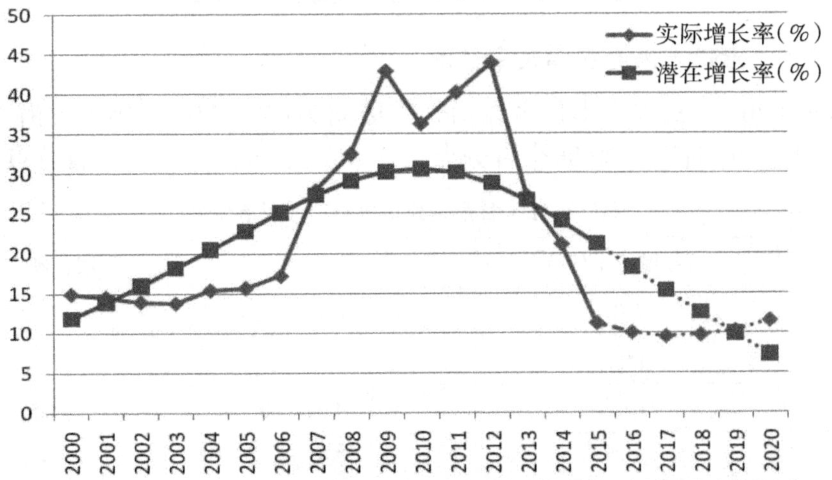

图8.3-2 甘肃省投资潜在增长率散点图

8.3.5.2 消费未来潜在增长率预测

2016—2020年，我省消费潜在增长率区间为(9%，12%)，年平均潜在增长率为10.46%，较“十一五”时期低5.92个百分点，较“十二五”时期低4.56个百分点。

表8.3-11 甘肃省消费增长率预测

年份	实际增长率(%)	潜在增长率(%)	增长缺口率(%)
2016	9.0	11.70	-2.70
2017	9.2	11.03	-1.83
2018	9.5	10.44	-0.94
2019	10.0	9.90	0.10
2020	12.0	9.39	2.61

依据发展趋势，我省未来消费实际增长率的发展将延续继续增长的趋势，同时发展趋势也趋于平缓，预计在2015年形成波谷，在2017年后逐步上升，继续维持平稳增长的趋势。

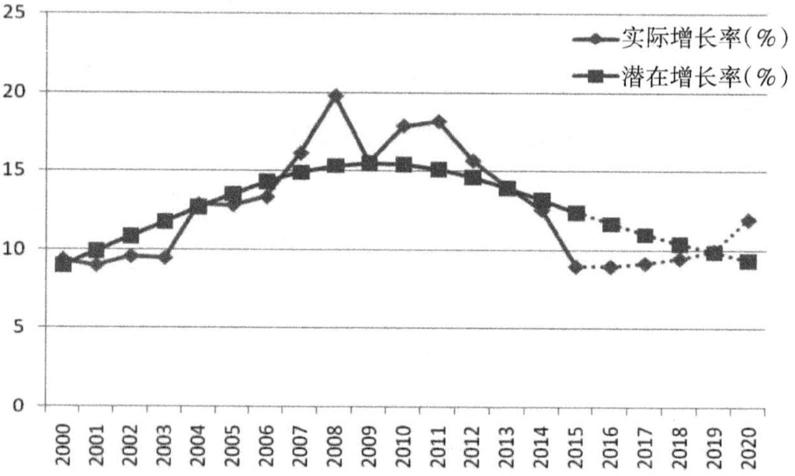

图8.3-3 甘肃省消费潜在增长率散点图

8.3.5.3 进出口未来潜在增长率预测

2016—2020年，我省进出口潜在增长率区间为(4%，11%)，年平均潜在增长率为6.57%，较“十一五”时期低20.86个百分点，较“十二五”时期低2.45个百分点。

表8.3-12 甘肃省外贸进出口增长率预测

年份	实际增长率(%)	潜在增长率(%)	增长缺口率(%)
2016	5.0	6.11	-1.11
2017	13.1	5.38	7.72
2018	10.5	4.87	5.63
2019	4.8	7.50	-2.70

2020	9.1	10.20	-1.10

依据发展趋势，未来外贸进出口实际增长率的发展仍将不具规律性，预计在2017年外贸进出口有所下降，而在2019年增速上升。

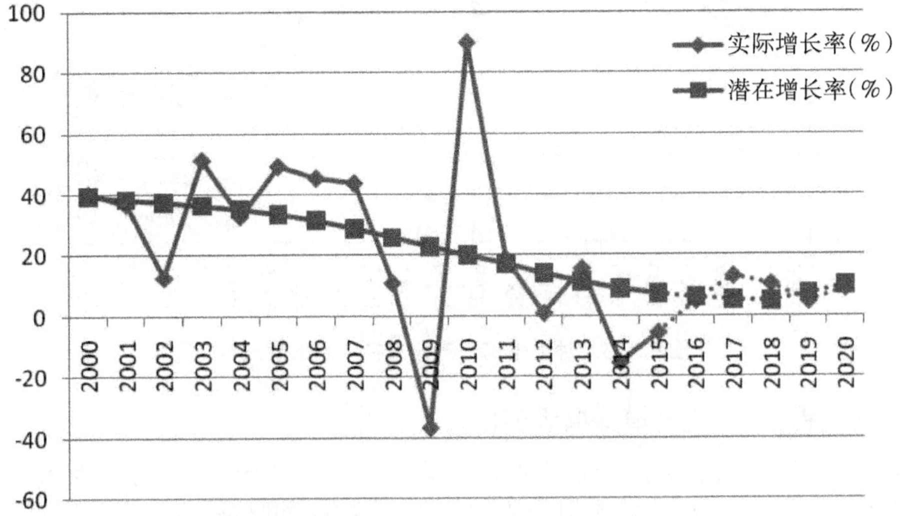

图8.3-4 甘肃省进出口潜在增长率散点图

8.3.5.4 第一产业未来潜在增长率预测

2016—2020年，我省第一产业潜在增长率区间为(5%，6%)，年平均潜在增长率为5.62%，较“十一五”时期低0.01个百分点，较“十二五”时期降低0.13个百分点。

表8.3-13 甘肃省第一产业潜在增长率预测

年份	实际增长率(%)	潜在增长率(%)	增长缺口率(%)
2016	5.0	5.57	-0.57
2017	5.4	5.54	-0.14
2018	5.5	5.50	0.00
2019	5.6	5.68	-0.08
2020	5.6	5.75	-0.15

根据我省经济发展潜在增长率的预测情况及第一产业实际增长率的发展趋势进行预测，2014年后第一产业实际增长率与潜在增长率都会平稳增长，并一同形成维持在5%～6%之间的稳定发展局面。

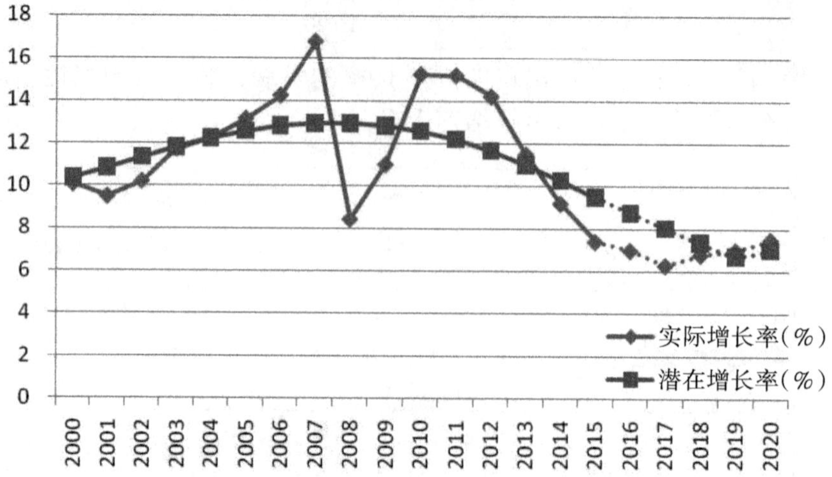

图8.3-5 甘肃省第一产业潜在增长率散点图

8.3.5.5 第二产业未来潜在增长率预测

2016—2020年，我省第二产业潜在增长率区间为(6%，9%)，年平均潜在增长率为7.52%，较"十一五"时期低5.71个百分点，较"十二五"时期降低4.18个百分点。

表8.3-14 甘肃省第二产业增长率预测

年份	实际增长率(%)	潜在增长率(%)	增长缺口率(%)
2016	7.0	8.74	-1.74
2017	6.3	8.02	-1.72
2018	6.8	7.34	-0.54
2019	7.0	6.70	0.30
2020	7.5	7.00	0.50

2014年以来，我省经济发展增速有所放缓，基于以上判断，预计我省第二产业潜在增长率平稳增长，而到2019年后开始明显上升。

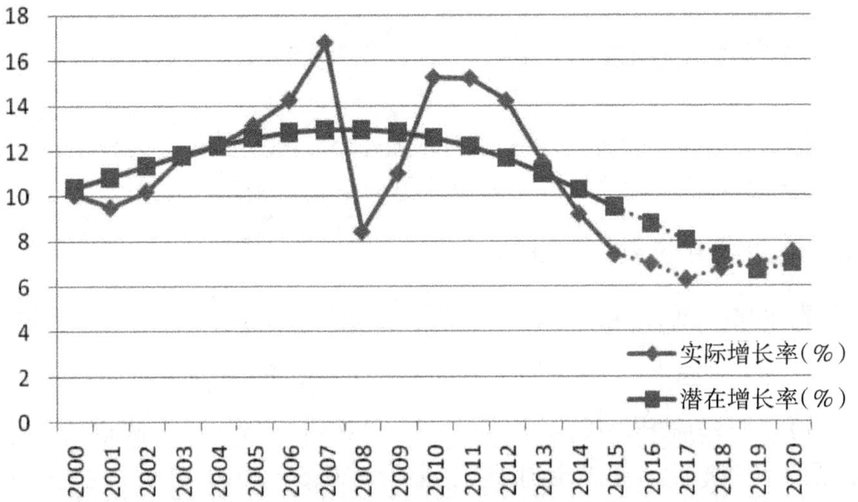

图8.3-6　甘肃省第二产业潜在增长率散点图

8.3.5.6　第三产业未来潜在增长率预测

2016—2020年，我省第三产业潜在增长率区间为(8%，10%)，年平均潜在增长率为9.12%，较“十一五”时期低2.40个百分点，较“十二五”时期降低1.57个百分点。

表8.2-19　甘肃省第三产业增长率预测

年份	实际增长率(%)	潜在增长率(%)	增长缺口率(%)
2016	8.6	9.54	−0.94
2017	8.4	9.24	−0.84
2018	8.7	8.96	−0.26
2019	8.9	8.68	0.22
2020	9.0	9.20	−0.20

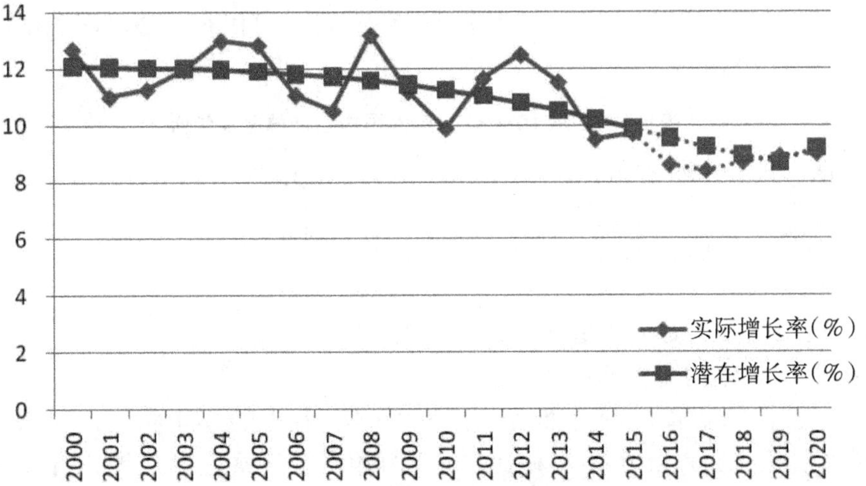

图8.3-7　甘肃省第三产业潜在增长率散点图

8.4 用灰色模型测算2016—2020年各项指标增长率

为使预测更准确，我们选择了灰色预测法，充分利用数据中的内在信息或外露信息，建立一个按时间增长逐段分析的离散模型，达到预测GDP的目的。

8.4.1 预测我省主要经济指标

利用我省2000—2015年的国内生产总值如表所示，建立GM(1,1)预测模型，即：

$$\hat{X}^{(0)}(k+1)=(1-e^{a})\left\{X^{(0)}(1)-\frac{b}{a}\right\}e^{-ak}\ (k=1,2,\cdots)$$

GM(1,1)模型实质上是采用线性化方法建立的一种指数预测模型。当系统呈指数变化时，预测精度较高。我们运用此模型预测2016—2020年的国内生产总值情况。

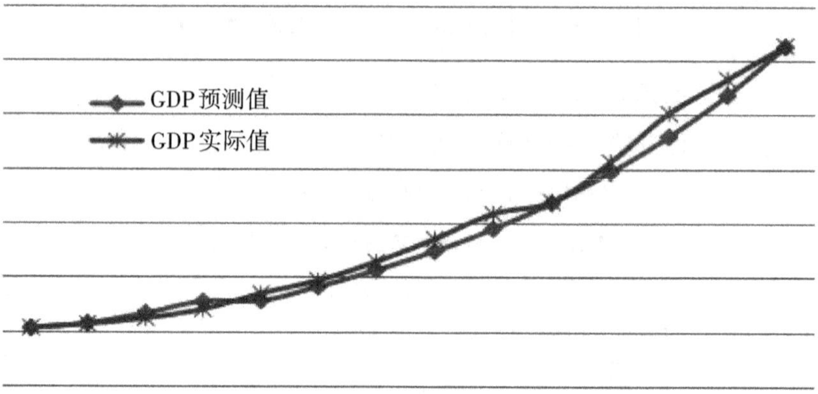

图8.4-1 2000—2015年GDP增长趋势与预测曲线图

图8.4-1中为2000—2015年GDP增长趋势图与预测曲线，从图中可以看出，曲线的增长趋势大致与GDP真实值增长的曲线相符，考虑到经济增长存在波动性与周期性，得到的预测表达式不能完全反映出经济增长规律，所以这一模型能反映一个大致的经济增长趋势。

根据已经建立的模型，将k带入预测计算表达式，可以得出2016—2020年GDP的预测值，如表8.4-1所示。

表8.4-1 2016—2020年的国内生产总值预测值 （单位：亿元）

年份	2016	2017	2018	2019	2020
GDP预测值	7299.6	7825.2	8419.9	9076.6	9802.8

据此，运用此方法对主要指标做如下预测：

(1)我省GDP年均增长速度为7.5%

“十三五”期间我省GDP持继增长，到2020年，我省的GDP将增加至9802.8亿元，年均增长速度为7.5%，与2015年相比增长了1.4倍。观察近十几年我省经济的发展，可以发现2003—2013年我省的GDP增长率一直高于10%，“十三五”期间，我省经济将处于一个稳步增长期。

(2)三次产业增长速度及结构

“十三五”期间我省三次产业的发展速度:到2020年,我省的第一产业将增长至1242.8亿元,年均增长速度为5.4%,与2015年相比可望增长1.3倍;第二产业将增至3489.1亿元,年均增长速度为7.0%,与2015年相比可望增长1.4倍;第三产业将增至5070.8亿元,年均增长速度为8.8%,与2015年相比可望增长1.5倍。三次产业结构比由2015年的14∶37∶49调整到2020年的12.7∶35.6∶51.7,经济结构进一步优化。

(3)服务业增长速度及结构

“十三五”期间我省第三产业的发展速度:到2020年,我省的交通运输、仓储和邮政业将增加至705.5亿元,年均增长速度为9.3%,与2015年相比可望增长1.5倍;批发和零售业将增加至852.6亿元,年均增长速度为9.5%,与2015年相比可望增长1.6倍;金融业将增加至623亿元,年均增长速度为15.5%,与2015年相比可望增长1.8倍;房地产业将增加至347.5亿元,年均增长速度为9.4%,与2015年相比可望增长1.5倍。新兴服务业增速将显著加快,产业结构趋于优化。

(4)三大需求增长速度

“十三五”期间我省“三驾马车”的发展速度:到2020年,全社会固定资产投资将增长至14005.9亿元,年均增长速度为10.2%,与2015年相比可望增长1.6倍;全社会消费品零售总额将增至4626.5亿元,年均增长速度为9.7%,与2015年相比可望增长1.6倍;外贸进出口总额将增至120亿美元,年均增长速度8%,与2015年相比可望增长1.5倍。“十三五”期间经济增长主要依靠资本投入的同时,消费形成需求对经济增长的拉动作用将进一步增强,随着“丝绸之路经济带”战略对我省发展外向型经济带动作用不断增强,货物及服务净出口对经济增长的拉动潜力将加速挖掘,有望以超过3%~5%的速度增长,对经济增长的贡献度将有较大幅度上升。

(5)财政收支增长速度

“十三五”期间我省财政收支状况。地方财政收支是反映一个地区综合实力和发展水平的重要指标。到2020年,我省一般预算收入将增长至1100亿元,年均增长速度为8%,与2015年相比可望增长1.47倍,其中,税收收入将增加至742.9亿元,年均增长速度为7.1%,与2015年相比可望增长1.4倍;一般预算支出将增至5813.6亿元,年均增长速度为14.2%,与2015年相比增长翻一番。“十三五”期间财政支出将加强公共服务方面的支出。

(6)节能减排指标

“十二五”期间节能规划目标是比2010年的1.437吨标准煤/万元下降15%,到2015年达到1.221吨标准煤/万元(按2010年价格计算),年均节能率4.3%。2015年万元地区生产总值能耗为1.1吨标准煤/万元。随着经济结构调整,产业转型升级,预计2020年能够完成国家下达的分解目标任务。

(7)能源消费

能源消费总量,“十二五”目标是比2010年增长51.95%,到2015年达到9000万吨标准煤,年均增长8.73%。2015年全省能源消费总量达到8975万吨标准煤,增长8.5%,2020年能源消费总量预计达到13662万吨标准煤,年均增长9.2%。

(8)居民收入

2015年居民可支配收入13343元,"十三五"期间居民人均可支配收入年均增长7.5%,到2020年居民人均可支配收入20000元,与2015年相比增长1.5倍。

城镇居民人均可支配收入,2015年,我省城镇居民人均可支配收入23767元,增长9.1%。"十三五"期间城镇居民人均可支配收入年均增长7%,到2020年城镇居民人均可支配收入33000元,与2015年相比增长1.39倍。

2015年农村居民人均纯收入6936元,增长11.2%,"十三五"期间农村居民人均纯收入年均增长12%,到2020年农村居民人均纯收入10000元,与2015年相比增长1.4倍。

(9)研究与发展投入

从产业转型升级来看,我省经济发展尚未完全转变到依靠科技进步和提高劳动者素质的轨道上来,2015年研究与发展投入占地区生产总值的比例为1.3%,2020年研究与发展投入占地区生产总值的比例预计达到2.0%。

(10)居民消费价格指数

从民生领域看,2015年我省居民消费价格指数累计同比上涨1.6%,由于推动CPI上涨和抑制CPI上涨的因素将长期并存,对"十三五"期间我省CPI走势做出总体预判,居民消费价格将继续保持温和上涨走势,不会有大的波动。

(11)就业、失业指标

"十二五"期间,我省城镇新增就业人数连续2年保持平稳较快增长,城镇登记失业率长期保持在3%左右的较低水平,2015年城镇新增就业43.7万人,随着经济发展和就业形势的好转,到2020年我省城镇累计新增就业人数达到140万人,"十三五"期间,我省城镇登记失业率为2.7%左右。

8.5 用全要素生产模型预测技术进步贡献度

8.5.1 我省全要素生产率(技术进步贡献率)测算

全要素生产率(Total Factor Productivity,也被称为总要素生产率)即总产量与全部要素投入量之比。全要素生产率的来源包括技术进步、组织创新、专业化和生产创新等。产出增长率超出要素投入增长率的部分为全要素生产率的增长率。全要素生产率的增长率常被视为科技进步的指标。全要素生产率(TFP)无法从总产量中直接计算出来,故只能采取间接的办法。国内外学者对技术进步贡献率的测算方法主要是源于总量生产函数的索洛余值法(亦称残差法)。索洛余值法最早由罗伯特·索洛(Robert Merton Solow,1957)提出,基本思路是估算出总量生产函数后,采用产出增长率扣除各投入要素增长率后的残差来测算全要素生产率增长,故也称生产函数法。在规模收益不变和希克斯中性技术假设下,全要素生产率增长就等于技术进步率。将索洛余值除以实际产出增长率即可计算出技术进步贡献率。

通过回归分析,我省全要素生产模型为:

$$\ln(Y/L)=0.985667+0.333332\ln(K/L)$$

通过计算得出我省2000—2015年全要素生产率(技术进步率),从中可以看出,我省全要素生产率从2000年开始增长,增长率呈现出递减趋势。

“十五”期间,全要素生产率平均为2.21,TFP增长率为13.1%,技术进步对经济的平均贡献为4.16%,资本对经济的平均贡献为6.63%,劳动对经济的平均贡献为-0.62%;技术进步对经济增长的贡献度为36.9%,资本对经济增长的贡献度为67.5%,劳动对经济增长的贡献度为-4.5%。

“十一五”期间,全要素生产率平均为3.9,TFP增长率为9.94%,技术进步对经济的平均贡献为1.32%,资本对经济的平均贡献为9.03%,劳动对经济的平均贡献为0.85%;技术进步对经济增长的贡献度为11.1%,资本对经济增长的贡献度为81%,劳动对经济增长的贡献度为8%。

“十二五”期间,全要素生产率平均为5.7,TFP增长率为6.57%,技术进步对经济的平均贡献为4.41%,资本对经济的平均贡献为6.71%,劳动对经济的平均贡献为0.05%;技术进步对经济增长的贡献度为39.6%,资本对经济增长的贡献度为59.8%,劳动对经济增长的贡献度为0.6%。

“十三五”期间,预测全要素生产率平均为7.25,TFP增长率为4.59%,技术进步对经济的平均贡献为6.15%,资本对经济的平均贡献为4.76%,劳动对经济的平均贡献为0.05%;技术进步对经济增长的贡献度为55.8%,资本对经济增长的贡献度为43.75%,劳动对经济增长的贡献度为0.45%。

从全要素生产率对我省经济增长的贡献度分析,2000—2015年技术进步平均贡献度为31.8%,而且贡献度的波动幅度较大。资本投入仍然是我省目前经济增长的主要推动因素,其次是技术进步,劳动的作用很小。表明这一时期,我省经济增长仍然处于稳步增长期。

8.5.2 我省全要素生产率与全国平均水平基本持平

我省“十五”期间,技术进步对甘肃经济增长贡献高于全国平均水平。技术进步对经济增长的平均贡献与全国平均水平差距为1.45%(正数为甘肃高于全国,负数为甘肃低于全国,下同),“十一五”期间,技术进步对我省经济增长贡献低于全国平均水平。我省全要素生产率与全国平均水平相比高3.84个百分点,“十二五”期间,技术进步对我省经济增长的平均贡献略高于全国平均水平。我省全要素生产率与全国平均水平相比高1.88个百分点。

8.5.3 “十三五”我省技术进步对经济的平均贡献将略高于全国平均水平

从全国技术进步对经济的平均贡献分析,全国资本增长可望达到12%,带动经济增长4.1%,对经济增长的贡献度为58.5%;劳动增长可望达到-0.5%,带动经济增长-0.33%,对经济增长的贡献度为-4.7%;技术进步增长可望达到1.23%,带动经济增长3.23%,对经济增长的贡献度为46.2%。

依据前3个五年规划期的情况,全国及我省“十五”“十一五”“十二五”期间的技术进步对经济增长的平均贡献度总体上呈现上升趋势,预测我省“十三五”期间,资本增长可望达到15.81%,带动经济增长3.3%,对经济增长的贡献度为43.75%;劳动增长可望达到0.07%，带动经济增长0.05%，对经济增长的贡献度为6.15%；技术进步带动经济增长4.15%，对经济增长的贡献度为55.8%。我省全要素生产率将高于全国平均水平5.34。

因此，我省"十三五"期间，资本投入仍然是经济增长的主要推动因素，其次是技术进步。

表8.5-1 甘肃省TFP增长率，资本投入、劳动投入、技术进步对经济增长的贡献度

	全要素生产率	TFP增长率	劳动贡献度	资本贡献度	技术进步贡献度
2001	1.72	11.11	6.9	97.4	-4.4
2002	1.91	11.12	4.5	53.7	41.8
2003	2.14	11.94	3.6	60.0	36.4
2004	2.41	12.61	3.1	81.4	15.5
2005	2.86	18.60	-40.4	45.0	95.3
2006	3.20	12.10	3.5	72.0	24.5
2007	3.59	12.28	4.4	75.5	20.1
2008	3.91	8.84	12.4	97.4	-9.7
2009	4.20	7.42	16.0	77.2	6.8
2010	4.58	9.07	3.5	82.9	13.6
2011	5.02	9.46	0.2	78.8	21.0
2012	5.47	9.04	-2.6	51.6	51.0
2013	5.76	5.37	4.7	58.8	36.5
2014	5.96	3.44	0.2	48.9	50.9
2015	6.29	5.51	0.50	53.9	45.6
2016	6.62	5.30	0.6	49.6	49.8
2017	6.94	4.83	0.4	39.5	60.1
2018	7.26	4.57	0.4	41.2	58.4
2019	7.57	4.28	0.4	43.1	56.5
2020	7.87	3.96	0.4	45.2	54.3
平均	4.76	8.54	1.38	46.69	51.93
"十五"期间	2.21	13.1	-4.5	67.5	36.9
"十一五"期间	3.90	9.94	8.0	81.0	11.1
"十二五"期间	5.70	6.57	0.6	59.8	39.6
"十三五"期间	7.25	4.59	0.45	43.73	55.81

注：2005年就业人口统计改为常住人口统计，有可能造成误差。

表8.5-2 甘肃省资本投入、劳动投入、技术进步对经济增长的贡献度

	产出增长率	劳动投入增长率	资本投入增长率	劳动贡献	资本贡献	技术进步贡献
2001	6.88	0.85	15.35	0.59	4.61	1.69
2002	9.86	0.78	12.12	0.55	3.64	5.68
2003	10.74	0.68	14.76	0.48	4.43	5.83
2004	11.51	0.64	21.43	0.45	6.43	4.64
2005	11.85	-8.49	12.20	-5.94	3.66	14.13
2006	11.51	0.72	18.95	0.50	5.69	5.32
2007	12.30	0.96	21.25	0.67	6.38	5.25
2008	10.14	2.23	22.59	1.56	6.78	1.80
2009	10.29	2.92	18.18	2.05	5.45	2.79
2010	11.77	0.73	22.32	0.51	6.69	4.56
2011	12.52	0.05	22.56	0.03	6.77	5.72
2012	12.56	-0.58	14.82	-0.40	4.45	8.52
2013	10.76	0.90	14.49	0.63	4.35	5.79
2014	8.46	0.03	11.39	0.02	3.42	5.02
2015	8.1	0.07	13.53	0.05	4.06	7.46
2016	7.5	0.07	14.07	0.05	4.22	4.23
2017	7.2	0.07	15.23	0.05	4.57	6.96
2018	7.6	0.07	15.89	0.05	4.77	6.76
2019	7.8	0.07	16.63	0.05	4.99	6.53
2020	8	0.07	17.44	0.05	5.23	6.29
“十五”期间	10.17	-1.11	15.17	-0.62	6.63	4.16
“十一五”期间	11.20	1.51	20.66	0.85	9.03	1.32
“十二五”期间	10.46	0.09	15.36	0.05	6.71	4.41
“十三五”期间	7.5	0.07	15.85	0.07	4.61	6.50

注：2005年就业人口统计改为常住人口统计，有可能造成误差。

8.6 甘肃省工业支柱产业对经济增长的支撑作用分析

8.6.1 工业支柱产业对经济发展支撑作用分析

通过对甘肃近10多年来的支柱产业数据分析，全省七大支柱产业，“十五”时期年均增长13.43%；“十一五”时期年均增长13.85%；“十二五”时期年均增长10.73%。

8.6.1.1　支柱产业所占比重分析

全省七大支柱产业增加值占GDP的比重，“十五”时期为25.99%；“十一五”时期比重为31.57%；“十二五”时期比重为28.07%。

8.6.1.2　支柱产业对GDP贡献率分析

全省七大支柱产业，“十五”时期对GDP的贡献率年平均为43.42%；“十一五”时期对GDP的贡献率年平均为28.9%；“十二五”时期（前四年）对GDP的贡献率年平均为17.70%。

表8.6-1　甘肃七大支柱产业对GDP贡献率表

年份	七大支柱对GDP贡献	石化	有色	电力	冶金	机械	食品	煤炭
2001	88.63	69.95	11.60	2.07	5.85	4.11	−1.63	−3.32
2002	21.07	0.53	0.38	5.30	0.26	4.55	7.35	2.70
2003	26.04	6.94	8.77	0.86	5.32	−0.83	6.51	−1.52
2004	40.70	17.54	8.97	1.28	5.55	3.50	3.05	0.82
2005	40.69	13.11	11.34	6.18	8.21	0.18	0.48	1.19
“十五”平均	43.42	21.61	8.21	3.14	5.04	2.30	3.15	−0.03
2006	41.53	1.46	16.79	10.46	3.01	4.08	6.19	−0.44
2007	41.89	14.74	11.06	6.87	4.01	3.37	0.70	1.14
2008	35.90	4.39	−2.40	3.01	13.55	2.40	5.71	9.25
2009	−5.44	−14.7	−6.43	3.27	−5.6	4.8	8.4	4.85
2010	30.60	21.49	−1.60	1.29	−0.19	4.55	2.79	2.27
“十一五”平均	28.90	5.47	3.48	4.98	2.95	3.84	4.76	3.41
2011	43.94	15.97	8.57	6.59	7.66	−1.40	3.40	3.15
2012	13.72	−0.03	7.97	−7.49	−3.09	2.55	7.33	6.47
2013	7.60	−2.69	2.28	1.83	0.33	3.82	4.63	−2.59
2014	5.52	16.98	−5.12	4.67	−5.16	−0.17	1.58	−7.26
2015								
“十二五”平均（前四年）	17.70	7.56	3.43	1.40	−0.06	1.20	4.23	−0.06

注：由于2015年全省GDP绝对值小于2014年，无法计算贡献率和拉动百分点。

8.6.1.3　支柱产业拉动GDP增长分析

全省七大支柱产业“十五”时期拉动GDP增长4.61个百分点；“十一五”时期拉动GDP增长3.29个百分点；“十二五”时期（前四年）拉动GDP增长2.13个百分点。

表8.6-2　甘肃七大支柱产业对GDP增长拉动百分点表

年份	七大支柱对GDP贡献	石化	有色	电力	冶金	机械	食品	煤炭
2001	8.65	6.83	1.13	0.20	0.57	0.40	−0.16	−0.32
2002	2.08	0.05	0.04	0.52	0.03	0.45	0.72	0.27
2003	2.80	0.75	0.94	0.09	0.57	−0.09	0.70	−0.16
2004	4.68	2.02	1.03	0.15	0.64	0.40	0.35	0.09
2005	4.82	1.55	1.34	0.73	0.97	0.02	0.06	0.14
“十五”平均	4.61	2.24	0.90	0.34	0.56	0.24	0.33	0.00
2006	4.78	0.17	1.93	1.20	0.35	0.47	0.71	−0.05
2007	5.15	1.81	1.36	0.85	0.49	0.41	0.09	0.14
2008	3.64	0.45	−0.24	0.30	1.37	0.24	0.58	0.94
2009	−0.56	−1.51	−0.66	0.34	−0.58	0.49	0.87	0.50
2010	3.45	2.42	−0.18	0.15	−0.02	0.51	0.31	0.26
“十一五”平均	3.29	0.67	0.44	0.57	0.32	0.43	0.51	0.36
2011	5.50	2.00	1.07	0.83	0.96	−0.18	0.43	0.39
2012	1.72	0.00	1.00	−0.94	−0.39	0.32	0.92	0.81
2013	0.82	−0.29	0.24	0.20	0.04	0.41	0.50	−0.28
2014	0.49	1.51	−0.46	0.42	−0.46	−0.02	0.14	−0.65
2015								
“十二五”平均(前四年)	2.13	0.80	0.47	0.12	0.04	0.14	0.50	0.07

注：由于2015年全省GDP绝对值小于2014年，无法计算贡献率和拉动百分点。

8.6.2　支柱产业对经济增长的支撑作用预测

8.6.2.1　支柱产业增加值及所占比重预测

根据全省七大支柱产业历年发展形势和未来发展趋势，到2020年，全省七大支柱产业增加值达到2377.93亿元(各支柱产业增加值之和)，占GDP(按年均增长7.5%，达到9802.8亿元)的比重达到24.26%，全省七大支柱产业中的石化、有色、食品工业仍将是甘肃经济发展的主要支撑。

表8.6-3 甘肃省七大支柱产业增加值预测表 (单位:亿元)

年份	七大支柱产业	石化	有色	电力	冶金	机械	食品	煤炭
2000	213.44	57.39	43.78	32.17	15.88	20.01	23.51	20.70
2001	277.69	108.10	52.19	33.67	20.12	22.99	22.33	18.29
2002	300.16	108.66	52.59	39.32	20.40	27.84	30.17	21.17
2003	343.85	120.30	67.31	40.76	29.32	26.44	41.09	18.62
2004	461.34	170.92	93.20	44.45	45.33	36.55	49.89	21.00
2005	561.22	203.10	121.05	59.61	65.48	37.00	51.06	23.92
2006	703.82	208.10	178.69	95.52	75.80	51.00	72.30	22.41
2007	882.52	271.00	225.88	124.83	92.89	65.36	75.29	27.27
2008	1048.69	291.34	214.75	138.74	155.59	76.48	101.72	70.07
2009	1036.69	258.86	200.55	145.95	143.24	87.08	120.33	80.78
2010	1261.03	416.42	188.79	155.38	141.83	120.45	140.76	97.40
2011	1656.33	560.08	265.93	214.69	210.70	107.83	171.32	125.78
2012	1742.74	559.90	316.14	167.52	191.25	123.92	217.50	166.51
2013	1789.70	543.30	330.20	178.80	193.30	147.50	246.10	150.50
2014	1821.10	639.89	301.08	205.34	163.96	146.53	255.07	109.20
2015	1447.20	506.60	224.00	221.30	73.70	96.40	242.40	82.80
2016	1592.07	534.46	264.32	237.23	82.72	111.82	273.91	87.59
2017	1754.82	563.86	311.90	254.31	92.85	129.72	309.52	92.67
2018	1938.00	594.87	368.04	272.63	104.21	150.47	349.76	98.03
2019	2144.57	627.59	434.29	292.25	116.97	174.55	395.23	103.71
2020	2377.93	662.11	512.46	313.30	131.28	202.47	446.61	109.71

8.6.2.2 支柱产业对GDP贡献率和拉动百分点预测

根据表8.6-3以及"十三五"GDP增速,预测全省七大支柱产业增加值对GDP贡献率和拉动百分点。到2020年,全省七大支柱产业增加值对GDP的贡献率达到32.13%,全省七大支柱产业增加值对GDP增长拉动百分点达到2.57%。

表8.6-4 甘肃省七大支柱产业增加值对GDP贡献率和拉动百分点预测表

产业 \ 年份	2014	2016	2017	2018	2019	2020
七大支柱产业对GDP贡献率(%)	5.52	28.45	30.96	30.80	31.46	32.13
石化工业	16.98	5.47	5.59	5.21	4.98	4.75
有色工业	−5.12	7.92	9.05	9.44	10.09	10.76
电力工业	4.67	3.13	3.25	3.08	2.99	2.90
冶金工业	−5.16	1.77	1.93	1.91	1.94	1.97
机械工业	−0.17	3.03	3.40	3.49	3.67	3.85
食品工业	1.58	6.19	6.77	6.77	6.92	7.08
煤炭工业	−7.26	0.94	0.96	0.90	0.86	0.83
支柱产业对GDP增长拉动百分点	0.49	2.13	2.23	2.34	2.45	2.57
石化工业	1.51	0.41	0.40	0.40	0.39	0.38
有色工业	−0.46	0.59	0.65	0.72	0.79	0.86
电力工业	0.42	0.23	0.23	0.23	0.23	0.23
冶金工业	−0.46	0.13	0.14	0.15	0.15	0.16
机械工业	−0.02	0.23	0.25	0.27	0.29	0.31
食品工业	0.14	0.46	0.49	0.51	0.54	0.57
煤炭工业	−0.65	0.07	0.07	0.07	0.07	0.07

8.7 我省“十三五”主要经济指标预测高、中、低方案

8.7.1 我省“十三五”时期主要指标预测依据

8.7.1.1 GDP指标预测说明

1992年下半年，我省经济走出1991年上半年的低谷，开始回升。1996年增长11.96%，成为第9个周期的高峰点。到1998年以后开始了缓慢回升，稳定增长态势一直延续到2007年，2007年可以认为是第10个周期的高点，完成了第10个周期的循环。第10个经济周期，是个“调整周期”。这期间，我省经济增长处在一个中速增长期，

实质上是工业化前期的一个结构调整期，亦即从工业化初期向工业化中期过渡阶段。从周期变化看，2008—2015年完成第11个经济周期的循环。我省“十三五”进入第12个经济周期循环中，也就是说，“十三五”我省经济将处于转型周期的窄幅增长阶段。预计“十三五”时期，我省经济周期波动幅度将进一步趋缓，到期末经济处于本次循环的上升阶段，均速可能达到8%。

我们测算，“十三五”时期，经济增长预期目标有望实现比全国高的增速，比全国可望高1～2个百分点增长（6.5%～8.5%左右）。这是因为：我省经济体量居全国末位，占比1%左右，即使是8.5%左右的增长速度，也很难缩小与全国的差距；在有质量、有效益、有市场的前提下，我省作为欠发达省份发展得快一点，是发挥后发优势发展经济的内在要求；依据我省经济增长周期规律显示的趋势，我省经济有保持中高速增长的内在倾向；三大需求和三大供给，都有支撑经济保持中高速增长的潜力，尤其我省货物及服务净出口对经济的拉动潜力尚未发挥，其增长空间将随“一带一路”战略实施逐步增大。

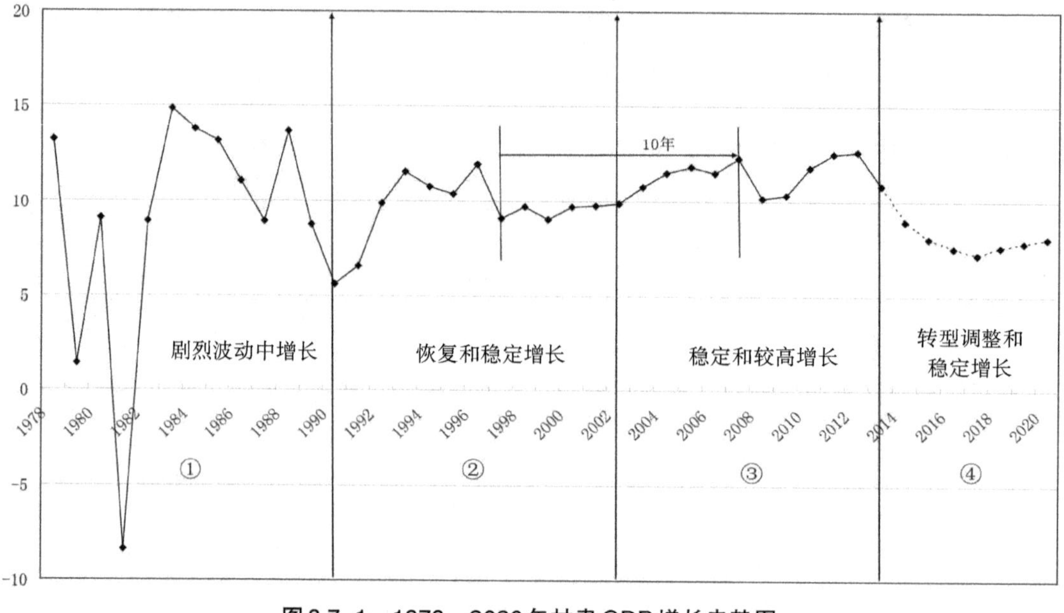

图8.7-1　1978—2020年甘肃GDP增长走势图

8.7.1.2　三产指标预测说明

一个地区由低收入水平向高收入水平发展的过程是，第一产业比重逐渐下降至一个稳定的较低比重，第二产业比重经历由低到高再回落，第三产业比重则逐渐提高并达到70%左右的过程。目前，我省第一产业已经发展至一个平稳的较低比重水平，第二产业由60%占比回落到35%左右，第三产业比重逐渐增大，已高于第二产业。我省经济发展正进入工业化中期阶段，“十二五”时期工业仍然是我省经济发展的主要支撑，到“十三五”时期，我省将逐渐达到由三大产业协同带动经济发展。

表 8.7-1 甘肃省三次产业占 GDP 比重

年份	一产比重(%)	二产比重(%)	三产比重(%)
2006	14.67	45.81	39.53
2007	14.33	47.31	38.35
2008	14.60	46.43	38.97
2009	14.67	45.08	40.24
2010	14.54	48.17	37.29
2011	13.52	47.36	39.12
2012	13.81	46.02	40.17
2013	13.48	44.75	41.77
2014	13.84	43.42	42.74
2015	14.06	36.74	49.20
2016	13.73	36.57	49.70
2017	13.50	36.26	50.24
2018	13.24	35.99	50.77
2019	12.97	35.76	51.27
2020	12.68	35.59	51.73

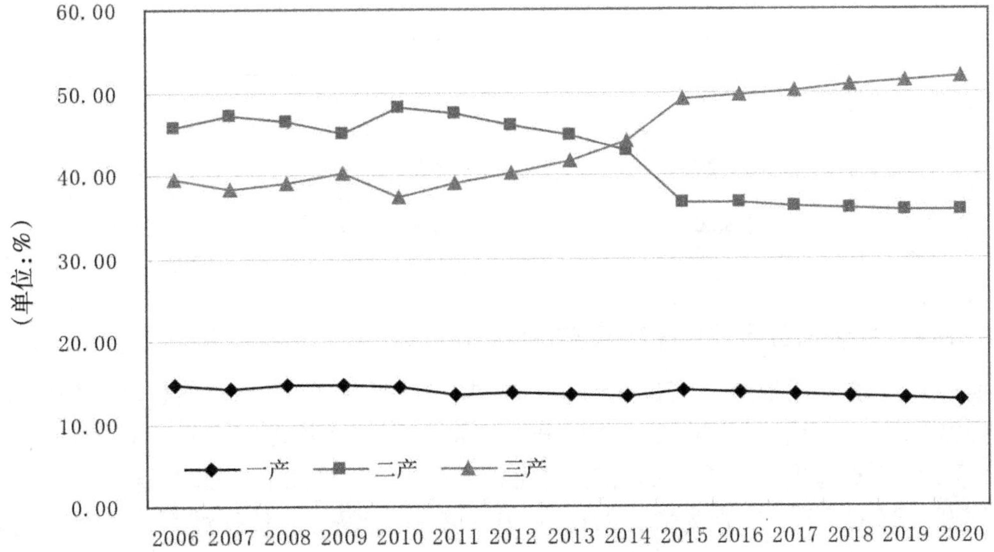

图 8.7-2 甘肃省三次产业占 GDP 比重

8.7.1.3 固定资产投资预测说明

投资弹性系数就是经济增长率与投资需求增长速度之比，反映投资增长对经济增长的弹性作用，表明投资每增长一个百分点能带动经济增长多少个百分点。从表8.7-2可以看出，投资每增长一个百分点带动我省经济增长大概0.3～0.8个百分点，在经济增速逐渐下降的情况下，投资增速保持在10%左右的水平，投资弹性系数才可保持0.75个百分点左右。所以，"十三五"期间，我省投资增速在9.5%～11.5%之间是可能的。

表8.7-2 甘肃省投资弹性系数

年份	GDP增速	投资增速	投资弹性系数
2006	11.51	17.19	0.67
2007	12.30	27.86	0.44
2008	10.14	32.47	0.31
2009	10.29	42.85	0.24
2010	11.77	36.24	0.32
2011	12.52	40.16	0.31
2012	12.56	30.20	0.42
2013	10.80	27.11	0.40
2014	8.50	21.10	0.40
2015	8.10	11.20	0.72
2016	7.50	10.00	0.75
2017	7.20	9.50	0.76
2018	7.60	9.70	0.78
2019	7.80	10.20	0.76
2020	8.00	11.50	0.70

8.7.1.4 社会消费品零售总额预测说明

消费弹性系数就是经济增长率与消费需求增长速度之比，反映消费增长对经济增长的弹性作用，表明消费每增长一个百分点能带动经济增长多少个百分点。从表8.7-3可以看出，消费每增长一个百分点带动我省经济增长大概0.5～0.9个百分点，在经济增速逐渐下降的情况下，消费增速保持在10%左右的水平，消费弹性系数才可保持0.8个百分点。所以，"十三五"期间，我省消费增速在9%～11%之间是可能的。

表8.7-3 甘肃省消费弹性系数

年份	GDP增速	消费增速	消费弹性系数
2006	11.51	13.38	0.86
2007	12.30	16.15	0.76
2008	10.14	18.8	0.54
2009	10.29	18.88	0.55
2010	11.77	18.3	0.64
2011	12.52	18.2	0.69
2012	12.56	16.0	0.79
2013	10.80	14.0	0.77
2014	8.50	12.6	0.67
2015	8.10	9.0	0.90
2016	7.50	9.0	0.83
2017	7.20	9.2	0.78
2018	7.60	9.5	0.80
2019	7.80	10.0	0.78
2020	8.00	11.0	0.73

8.7.1.5 进出口指标预测说明

外贸依存度，即进出口总额与国内生产总值之比，是开放度的评估与衡量指标。外贸依存度是反映一个地区的对外贸易活动对该地区经济发展的影响和依赖程度的经济分析指标。在这里我们运用进出口总额与生产总值之比来计算外贸依存度。从表8.7-4可以看出，我省的外贸对经济的影响程度较小，且我省外贸依存度是逐年下降的。结合国际国内经济环境，预测“十三五”期间，我省进出口总额最大能达到120亿美元，年均增长速度8%左右。

表8.7-4　甘肃省外贸依存度

	GDP(亿元)	进出口(美元)	汇率	进出口(亿元)	外贸依存度(%)
2006	2277.35	38.2450	8.000	305.9600	13.43
2007	2703.98	54.9594	7.600	417.6914	15.45
2008	3166.82	60.9355	6.9451	423.20314	13.36
2009	3387.56	38.6175	6.831	263.79614	7.79
2010	4120.75	73.6975	6.7695	498.89523	12.11
2011	5020.37	87.5059	6.4588	565.18311	11.26
2012	5650.20	88.9940	6.3125	561.77463	9.94
2013	6268.01	102.8103	6.1932	636.72475	10.16
2014	6835.27	85.0000	6.1428	522.138	7.64
2015	6790.32	79.9000	6.2284	497.700	7.33
2016	7299.60	84.0000	6.2284	591.6980	8.11
2017	7825.20	95.0000	6.2284	653.9820	8.36
2018	8419.90	105.0000	6.2284	685.1240	8.14
2019	9076.60	110.0000	6.2284	685.1240	7.55
2020	9802.80	120.0000	6.2284	747.4080	7.62

注:2015年汇率来源于凤凰网,“十三五”时期汇率统一采用2015年汇率值。

8.7.2　我省经济增长高、中、低三个预测方案

经过对我省“十三五”主要经济指标预测,形成了高、中、低三个方案,取“十三五”期间GDP均速8.5%为高方案,7.5%为中方案,6.5%为低方案。

8.7.2.1　高方案

在高方案中,“十三五”期间GDP均速为8.5%,一产均速为5.4%,二产均速为8%,三产均速为9.6%,固定资产投资均速为11.2%,社会消费品零售总额均速为10.5%,外贸均速为8.2%。“十三五”期间,我省经济增速在8.0%～8.9%之间,总体呈现上升趋势。一产增速保持平稳趋势,在5.2%～5.6%之间波动;二产增速在2020年达到最高值,高于平均增速,达到8.6%;三产平均增速高于二产,呈逐年上升趋势;投资平均增速

比“十二五”时期有所下降，可达到11.2%左右；消费增速逐渐上升，预计2020年可达到12%；外贸考虑到受国际积极因素影响，比“十二五”期间有所增长。

在高方案中，预测“十三五”期间一产对经济的平均贡献率为8.58%，二产对经济的平均贡献率为33.93%，三产对经济的平均贡献率为57.49%；一产对经济的拉动百分点为0.72，二产对经济的拉动百分点为2.87，三产对经济的拉动百分点为4.86。与“十二五”时期相比，一产对经济的贡献和拉动有所上升，二产对经济的贡献和拉动依然下降，三产对经济的拉动作用进一步显现。

8.7.2.2 中方案

在中方案中，“十三五”期间GDP均速为7.5%，一产均速为5.4%，二产均速为7.0%，三产均速为8.7%，固定资产投资均速为10.2%，社会消费品零售总额均速为9.7%，外贸均速为8.0%。“十三五”期间，我省经济增速在7.5%～8.0%之间，总体呈现上升趋势。一产增速保持平稳趋势；二产增速在7%～7.5%之间，在2020年将会达到7.5%；三产增速已高于二产；投资仍是“十三五”时期我省经济发展的主要动力，有望继续以10.2%的速度增长；消费增速在9%～11%之间，增长平稳；受国际国内经济环境影响，外贸平均增速可达到8%。

在中方案中，预测“十三五”期间一产对经济的平均贡献率为9.60%，二产对经济的平均贡献率为33.01%，三产对经济的平均贡献率为57.39%；一产对经济的拉动百分点为0.73，二产对经济的拉动百分点为2.52，三产对经济的拉动百分点为4.37。与“十二五”时期相比，一产对经济的贡献和拉动略有上升，二产对经济的贡献下降到三分之一，三产对经济的贡献则上升近60%，且有继续上升趋势。

产业拉动分析：根据2016—2020年三次产业的拉动经济增长的百分点分析，第一产业基本保持在0.70 ~ 0.85个百分点之间，波动较小，基础地位得以稳固；第二产业对经济的拉动作用减弱；第三产业对经济增长的拉动则越来越强劲，保持在4.35 ~ 4.90个百分点之间。由此看出，在“十三五”期间我省经济仍保持平稳较快增长，

产业贡献分析：根据2016—2020年三次产业对经济贡献率分析，第一产业基本在10.3%之内，上下波动较小，保持平稳状态；第二产业对经济的贡献下降到35%以内；第三产业对经济的贡献保持在55%～60%之间，对经济增长的贡献增大。由此看出，在“十三五”期间，我省经济仍保持平稳较快增长，但三产对经济的贡献进一步增大。

8.7.2.3 低方案

在低方案中，“十三五”期间GDP均速为6.5%，一产均速为5.1%，二产均速为6.5%，三产均速为6.9%，固定资产投资均速为9.6%，消费品零售总额均速为9%，外贸均速为6.4%。“十三五”期间，我省经济增速在6.0%～7.0%之间，呈现先降后升趋势。一产增速保持平稳趋势；二产增速在2018年时将降到最低点，后面2年缓慢上升，到期末估计能达到6.8%；三产增速高于二产，考虑到资金、项目及各种要素的影响，投资有所下降，估计能保持在9.6%左右，随着经济在“十三五”期末时好转，消费亦有所上升，估计能达到10%增速。因近年国际经济环境趋紧影响，我省外贸增长形势仍然比较严峻。

在低方案中，预测“十三五”期间一产对经济的平均贡献率为10.68%，二产对经济的平均贡献率为36.58%，三产对经济的平均贡献率为52.74%；一产对经济的拉动百分

点为0.70，二产对经济的拉动百分点为2.39，三产对经济的拉动百分点为3.45。与“十二五”时期相比，一产对经济的贡献和拉动保持在一个稳定状态，二产对经济的贡献下降了0.31个百分点，二产对经济的拉动下降了1.38个百分点，三产对经济的贡献和拉动有所上升。

通过对我省“十三五”时期主要经济指标的预测可以看出，未来五年，我省经济增长速度将有所下降，估计在6.5%～8.5%之间。第一产业增长速度在5.0%～5.5%之间，基本保持平稳状态；第二产业的增长速度在6.5%～8%之间，比“十二五”时期增速有所下降；第三产业的增速已经高于第二产业，在6.5%～10%之间，三产占生产总值的比重已经超过50%，对经济的拉动作用也在逐渐加强。三大需求中，估计投资增速在9.5%～11.5%之间，消费增速在9.0%～10.5%之间，外贸达到120亿美元，投资仍然是推动我省经济增长的动力。

8.8 对策建议

“十三五”时期，要切实实施创新驱动发展战略，积极培育市场化的创新机制，要紧紧结合我省三大战略平台建设，把生态修复、环境治理、生态可持续产业作为生态建设的新的增长点；把文化传承创新与旅游产业作为新的增长点；把园区循环化改造建设、兰州新区自贸园区建设、武威自贸区建设、关天经济区建设、兰白都市圈建设等作为区域经济发展的新的增长点。

8.8.1 继续加大投资力度，着力提高投资效率

要实现“十三五”期间年均增长7.5%的目标，必须继续加大投资力度，提高有效投资拉动，必须充分挖掘投资的潜在增长率，优化投资结构。“十三五”期间，必须使投资的增长率达到10%以上，只有这样，才能支撑GDP增长7.5%以上的增长。要促进投资与消费逐步共同拉动经济增长。

8.8.2 推动实施创新带动战略，加快技术进步进程

实施创新驱动发展战略，要进一步提高自主创新能力，深化科技体制改革，优化创新环境，扩大科技开放合作。把发展五个战略性新兴产业、升级转型创新发展装备制造业、加快兰州、白银等老工业基地改造创新转型发展作为产业结构优化升级的新增长点，有效提升科技进步对我省经济的支撑作用。

8.8.3 加快发展生产性服务业，带动生活性服务业发展

要以生产性服务业重点领域为突破口，推进农业生产和工业制造现代化，加快生产制造与信息技术服务融合，延长产业链，尤其是延伸生产性服务业产业链，把发展与工农业密切相关的生产性服务业，以及发展生活服务业特别是教育医疗、健康养老、文化娱乐、体育健身、电子商务等培育壮大为新的经济增长点。

8.8.4 加快转变农业发展方式，实现农业转型发展

要继续夯实农业稳定发展的基础，加强农业基础设施建设，推广先进农业生产技术，稳定粮食和主要农产品产量，持续增加农民收入。加快转变农业发展方式，注重农业技术创新、可持续的集约发展，走产出高效、产品安全、资源节约和环境友好的现代农业可持续发展道路。

8.8.5 促进区域差异化发展，培育壮大经济增长极

在我国新常态下，我省总体上要实施差异化发展战略。进一步优化区域空间布局结构，按照"打造成为向西开放的重要门户和全国次区域合作战略基地"的战略定位，以兰州新区建设为抓手，大力推进新型城镇化、工业化、信息化和农业现代化，将我省南部的部分区域纳入长江经济带，因地制宜发展优势特色产业。

8.8.6 抢抓"一带一路"战略机遇，促进我省外贸增长

依托"一带一路"战略机遇，以发展外向型经济拓展我省经济后续发展空间，以发展空间的扩展来赢得追赶先进省区的时间，加快我省经济转型升级发展的进程，加快促进货物及服务净出口的数量增长质量提升，使货物及服务净出口形成需求成为新的竞争优势和经济增长的新引擎。

8.8.7 以全面深化改革为动力，加快改善发展环境

坚持以深化改革为动力，继续推进各项改革，使改革举措有效转化成发展动力，进一步激发市场活力。推动提高国企核心竞争力，大力发展非公经济，不断提高对全省经济发展的贡献率。加快金融创新，加快推进收入分配和社会保障制度等各类配套改革，促进改善和形成经济稳定增长的体制机制环境。

课题组成员：石磊　崔跟山　靳娟　张帆　杨永　何丽　杨菲菲

附表8-1　甘肃省“十三五”主要经济指标预测(高方案)

	2015年		2016年		2017年		2018年		2019年		2020年		“十三五”年均增速
	实际值	增速(%)	预测值	增速(%)	预测值	增速(%)	预测值	增速(%)	预测值	增速(%)	预测值	增速(%)	
生产总值(亿元)	6790.32	8.1	7333.5	8.0	7934.9	8.2	8609.4	8.5	9358.4	8.7	10191.3	8.9	8.5
第一产业(亿元)	954.54	5.4	1004.2	5.2	1058.4	5.4	1116.6	5.5	1178.0	5.5	1244.0	5.6	5.4
第二产业(亿元)	2494.77	7.4	2674.4	7.2	2875.0	7.5	3105.0	8.0	3362.7	8.3	3651.9	8.6	7.9
第三产业(亿元)	3341.01	9.7	3655.0	9.4	4001.5	9.5	4387.8	9.7	4817.7	9.8	5295.4	9.9	9.6
全社会固定资产投资(亿元)	8626.6	11.2	9489.3	10.0	10485.6	10.5	11639.1	11.0	13035.7	12.0	14730.4	13.0	11.2
社会消费品零售总额(亿元)	2907.2	9.0	3168.8	9.0	3485.7	10.0	3851.7	10.5	4275.4	11.0	4788.5	12.0	10.5
外贸进出口总额(亿美元)	79.9	−5.4	84.0	5.0	100.0	19.0	110.0	10.0	120.0	9.1	125	4.2	8.2

附表8-2　甘肃省“十三五”主要经济指标预测(中方案)

	2015年		2016年		2017年		2018年		2019年		2020年		“十三五”年均增速
	实际值	增速(%)	预测值	增速(%)	预测值	增速(%)	预测值	增速(%)	预测值	增速(%)	预测值	增速(%)	
生产总值(亿元)	6790.32	8.1	7299.6	7.5	7825.2	7.2	8419.9	7.6	9076.6	7.8	9802.8	8	7.5
第一产业(亿元)	954.54	5.4	1002.3	5.0	1056.4	5.4	1114.5	5.5	1176.9	5.6	1242.8	5.6	5.4
第二产业(亿元)	2494.77	7.4	2669.4	7.0	2837.6	6.3	3030.5	6.8	3242.7	7.0	3485.9	7.5	7.0
第三产业(亿元)	3341.01	9.7	3627.9	8.6	3931.2	8.4	4274.9	8.7	4657.1	8.9	5074.1	9.0	8.7
全社会固定资产投资(亿元)	8626.6	11.2	9489.3	10.0	10390.7	9.5	11398.6	9.7	12561.3	10.2	14005.9	11.5	10.2
社会消费品零售总额(亿元)	2907.2	9.0	3168.8	9.0	3460.4	9.2	3789.1	9.5	4168.0	10.0	4626.5	11.0	9.7
外贸进出口总额(亿美元)	79.9	−5.4	84.0	5.0	95.0	13.1	105.0	10.5	110.0	4.8	120	9.1	7.9

附表 8-3 甘肃省“十三五”主要经济指标预测(低方案)

	2015年		2016年		2017年		2018年		2019年		2020年		“十三五”年均增速
	实际值	增速(%)	预测值	增速(%)	预测值	增速(%)	预测值	增速(%)	预测值	增速(%)	预测值	增速(%)	
生产总值(亿元)	6790.32	8.1	7265.6	7.0	7737.9	6.5	8217.7	6.2	8735.4	6.3	9320.6	6.7	6.5
第一产业(亿元)	954.54	5.4	1000.4	4.8	1050.4	5.0	1102.9	5.0	1161.3	5.3	1225.2	5.5	5.1
第二产业(亿元)	2494.77	7.4	2664.4	6.8	2837.6	6.5	3013.5	6.2	3203.4	6.3	3421.2	6.8	6.5
第三产业(亿元)	3341.01	9.7	3600.9	7.8	3849.9	6.9	4101.2	6.5	4370.6	6.6	4674.2	6.9	6.9
全社会固定资产投资(亿元)	8626.6	11.2	9489.3	10.0	10390.7	9.5	11325.9	9.0	12379.2	9.3	13617.1	10.0	9.6
社会消费品零售总额(亿元)	2907.2	9.0	3168.8	9.0	3441.4	8.6	3727.0	8.3	4062.4	9.0	4468.7	10.0	9.0
外贸进出口总额(亿美元)	79.9	−5.4	84.0	5.0	90.0	7.1	95.0	5.6	100.0	5.3	110	10.0	6.4

附件

——区域发展规划评估报告

1 《兰州—白银经济区发展规划》实施评估报告

甘肃省委党校经济研究所
甘肃省经济研究院课题组
（二〇一六年六月）

1.1 前言

1.1.1 评估背景

根据2010年5月2日《国务院办公厅关于进一步支持甘肃经济社会发展的若干意见》(国办发〔2010〕29号)中所提到的关于建立"兰白核心经济区"的政策要求，2011年4月22日，甘肃省人民政府办公厅印发和实施《兰州—白银经济区发展规划》(甘政办发〔2011〕112号，以下简称《规划》)。《规划》开始实施四年多时间，已接近《规划》中期目标的时限，因此，有必要对兰白经济区发展的实际情况进行调查和分析研判，对2015年发展目标的实现程度进行综合评估，以期查找《规划》实施中存在的主要问题，结合国际国内发展环境和国家宏观政策变化，就《规划》实施和调整，以及"十三五"期间的重大发展问题提出建设性意见。

依据《规划》设定的目标、任务和措施，形成对兰州—白银经济区区域合作发展的整体性评估，以经济社会发展为基础，着重对区域合作进行评估，包括发展合作、产业合作、基础设施建设合作、商贸合作、体制机制合作等，需要突出区域间的合作及其绩效。

1.1.2 评估要求

以邓小平理论、"三个代表"重要思想、科学发展观为指导，深入贯彻党的十八大和十八届三中、四中、五中全会精神，以总结经验、推进发展为落脚点，全面客观地评价《规划》提出的经济社会发展目标、空间布局、产业升级、交通运输通道布局、科技创新、生态建设、区域联动发展等重点任务实施情况和效果，针对存在问题分析找出原因，结合国内外发展形势变化，提出修正调整规划建议。为切实发挥兰白经济区的"率先、带动、辐射、示范"作用,提升甘肃在全国产业分工中的地位,为全省发展提供参考决策。

1.1.3 评估范围与时限

1.1.3.1 评估范围

评估区域主要以兰州市的城区和兰州新区为中心,以白银市城区和兰州新区为中心,以榆中县、永登县、皋兰县、靖远县、会宁县、景泰县为重要节点区域。同时,兼顾定西市、临夏回族自治州以及武威市、天祝县等辐射区域的基本发展情况。

1.1.3.12 评估时限

评估时限为"十二五"规划时期,即规划期为2011—2015年,远景展望至2020年。由于目前能够得到的资料基本是以2011—2014年的数据为主,所以,对兰白核心经济区的发展评估实际上是对这四年的评估,同时,展望到2020年的发展预期。

1.1.4 评估依据

《中共甘肃省委办公厅甘肃省人民政府办公厅关于加快推进兰州白银和酒泉嘉峪关区域经济一体化发展工作的意见》(省委办发〔2009〕54号)。

《甘肃省人民政府关于印发甘肃省国民经济和社会发展第十二个五年规划纲要的通知》(甘政发〔2011〕21号)。

2010年5月,《国务院办公厅关于进一步支持甘肃经济社会发展的若干意见》(国办发〔2010〕29号)。

2011年4月22日,《甘肃省人民政府办公厅关于印发〈兰州—白银经济区发展规划〉的通知》(甘政办发〔2011〕112号)。

2011年10月31日,《关于全省产业发展体制机制创新的意见》(甘肃省政府办公厅)。

2013年7月20日,《甘肃兰白经济区承接产业转移示范区规划》(甘政发〔2013〕55号)。

2014年5月21日,《甘肃省新型城镇化规划(2014—2020年)》(甘肃省政府办公厅)。

2014年11月24日,《科技部支持开展兰白科技创新改革试验区建设试点的复函》(国科函高〔2014〕214号)。

2015年3月,《推动共建丝绸之路经济带和21世纪海上丝绸之路的愿景与行动》(国家发展改革委、外交部、商务部)。

2015年9月,《甘肃省参与建设丝绸之路经济带和21世纪海上丝绸之路的实施方案》(甘肃省政府办公厅)。

1.1.5 评估原则

——深入实际与客观公正相结合。坚持实事求是,全面分析评价《规划》实施效果,通过实地调查,深入分析存在的问题和不足,提出有针对性的对策措施。

——全面评估与突出重点相结合。全面分析总体目标实现程度,突出约束性指标完成度分析，特别是重点突出区域合作发展和园区建设的情况，力求从不同的视角进行深入评估。

——定性评价与定量分析相结合。对《规划》实施情况进行定性描述，即对《规划》确定的目标、任务等完成和执行情况进行综合定性评估；采用量化指标，运用科学评价方法，使用《规划》统计数据，对《规划》实施情况进行定量检测分析，整体评价《规划》实施效果。

——专家领衔与多方参与相结合。加强组织协调，充分发挥专家领衔作用，广泛吸收相关专家学者、各级业务部门和公众的意见和建议，确保评估成果的科学性和客观性。

1.1.6 评估重点

根据《甘肃省人民政府办公厅关于印发〈兰州—白银经济区发展规划〉的通知》（甘政办发〔2011〕112号），兰州—白银经济区在甘肃区域经济发展中的功能定位是要充分发挥其“率先、带动、辐射、示范”的作用，从而加快形成“中心带动、两翼齐飞、组团发展、整体推进”的区域发展格局。兰白经济区要实现这样的功能定位和发展目标，需要在发展过程中率先推动经济体制改革、优化产业布局、强化自身发展能力，增强对周边的辐射带动作用以及持续协调发展的能力。这也构成了《规划》评估的重点内容，即从兰白经济区核心推动力、核心生产力、核心拉动力、核心影响力、核心保障力5个方面评估《规划》的实施情况。

（1）核心推动力。兰白经济区发展的核心是突破兰州、白银两市的行政划界和行政体制的羁绊，通过体制改革和合作机制创新合力发展；同时，随着市场经济的逐步深入，兰白经济区必须在市场经济体制框架下去进一步规划、建设和形成，突出强调合作创新与竞争发展并存的现实特征，尤其需要两市行政管理体制和经济管理体制的深入改革。

（2）核心生产力。主要指产业布局的合理化问题。一是经济区中的主要发展资源是否合理高效配置，要素市场是否建立健全，园区的土地管理能否实现“土地归一”式管理等；二是跨区域的经济区、经济带建立的基本条件和实现程度，如“兰白经济走廊”的规划与建设、兰白沿黄高效农业经济带的规划和建设。

（3）核心拉动力。兰州新区作为国家级新区，不同于原有的经济技术开发区和高新区、产业基地，管理服务更到位、市场化运行机制更健全，成为兰白经济区发展的新型力量和突破点、支撑点。兰白经济区要以兰州新区的建设为契机，着力形成并发挥兰州新区的极化效应，在评估中也要突出把握兰州新区在兰白经济发展中的核心拉力作用。

（4）核心影响力。主要指兰白经济区与周边及省内和全省其他区域发展的关系。着重分析评估发展快的地区与发展慢的地区之间辐射带动的实际效果。在兰白经济区当中，兰州市是甘肃省的省会城市，是甘肃省的政治、经济、社会、文化、科技和人才中心，承担着对全省发展的引导和辐射功能，加上白银市就构成了“中心带动”的基本力量。

（5）核心保障力。兰白经济区以及兰白核心的发展，自身需要一定的经济与物质基础，创造良好的资源保障和环境条件。因此，也需要对其资源、科技、人才、环境、政策、调控等方面的制度条件，及其他客观条件进行评估，以便对推动兰白经济区建设的保障问题提出具体建议。

1.1.7 评估方法

本次评估利用目标一致性评估方法，在统一数据统计口径的基础上，采取综合评估与专项评估相结合，定量分析与定性评价相结合的方式进行。既有扎实可靠的数据支撑，又明确提出改进工作的政策建议；充分运用相关信息数据与实地补充调研相结合，提高评估的科学性、实用性和现时性。

（1）关于《规划》目标实现程度评估。对《规划》中各项主要指标的现状采用定量评估方法，根据指标完成程度，对是否达到预期进度做出说明，并视其实施程度分析预测年份能否完成指标任务，进一步提出实现指标的措施。对难以完成的指标，根据与实际存在的偏差，结合已有的工作基础和当前形势条件，提出指标调整建议。其中，对《规划》中提到的单位生产总值能耗年均下降等指标的进展情况，要重点分析测算。

（2）关于任务完成情况评估。对《规划》主要任务的实施和完成情况进行定性评估，评估内容包括为完成任务采取的政策措施、取得的成效、存在问题和原因等。对《规划》任务配套的工程项目进度、项目建设中存在的困难和问题，以及实施成效进行评估。

（3）关于《规划》提出的相关政策措施的落实情况评估。重点评估相关政策措施出台情况、实施效果、存在问题及原因等，包括对兰白经济区体制改革方面的评估，对兰白经济地区的地方和政府作为的评估，特别是对贯彻国家经济发展重大决策制度建设，解决经济发展的结构、质量和效率的能力的方法评估。

（4）在评估结论形成和提出政策建议阶段，召开专家咨询会和当地政府、主管部门以及部分企业参加的座谈会，认真听取各方面的看法和意见，更好地体现客观公正评估需求。

1.2 评估区域概况及一体化规划要点

1.2.1 区域概况

1.2.1.1 自然条件

从地理条件看，兰州与白银相距69公里，属“半小时经济圈”，中川机场高速路、兰白高速公路、国道109线和包兰铁路连接两市。白银与兰州的交往十分密切，白银的人流、物流、资金流主要面向兰州。由于地理位置相邻，历史上两地联系十分紧密，白银市的白银区曾经行政上归兰州市管辖，兰州一直是白银的商贸基地。此外，黄河甘肃段全长480公里，分别流经甘肃临夏州、兰州市和白银市，其中流经兰州152公里，流经白银258公里。自白银市五佛乡出境入宁夏，如果从发展工业的角度看待甘肃段的黄河，上游甘南临夏—兰州段由于受生态保护及自然条件的限制，沿黄两岸空间相对狭窄、人口相对密集，不适宜发展大型工业特别是重化耗材工业；而下游的白银段地势平坦开阔、能源充裕、基础较好，是甘肃乃至西北发展大型工业的良好基地。这种由地理位置带来的经济社会的合作，具有天然的优势。

1.2.1.2 人文条件

兰州与白银行政区划曾经有合并、分开的历史。最早的白银有色金属公司就是在兰州市成立的，并于1956年迁至白银。在行政管辖方面，白银曾经被归入兰州，但也有分设为单独一个城市的历史。从产业结构看，兰州和白银有着相同的发展经历，都曾经是国家"一五"期间工业布局重镇，现在都是以有色冶金、化工和机械制造等产业为主的工业型城市。从文化习俗看，兰州与白银同源相近。

1.2.1.3 人口分布

2014年底，兰白经济区常住人口537.32万人，其中，城镇常住人口371.19万人，乡村人口166.13万人，非农人口比例为2.23∶1。兰州市全市常住人口366.49万人，其中，城镇常住人口294.44万人，乡村人口72.05万人，非农人口比例为4.09∶1；白银市全市常住人口170.83万人，其中，城镇常住人口76.75万人，乡村人口94.08万人，非农人口比例为0.82∶1。

表1.2-1 兰白经济区城乡人口数及构成（2014年末）

区域	年末常住人口（万人）	城镇人口		乡村人口		非农人口比例
		人口数（万人）	比重（%）	人口数（万人）	比重（%）	
甘肃省	2590.78	1079.84	41.68	1510.94	58.32	0.71∶1
兰白经济区	537.32	371.19	69.08	166.13	30.92	2.23∶1
兰州市	366.49	294.44	80.34	72.05	19.66	4.09∶1
白银市	170.83	76.75	44.93	94.08	55.07	0.82∶1

资料来源：《2014年甘肃省国民经济和社会发展统计公报》《2014年兰州市国民经济和社会发展统计公报》《2014年白银市国民经济和社会发展统计公报》。

1.2.1.4 地区生产总值空间分布

表1.2-2 2011-2014年兰白经济区地区生产总值

年份	甘肃省生产总值（亿元）	兰州市生产总值		白银市生产总值		兰白经济区生产总值	
		产值（亿元）	占全省的比例（%）	产值（亿元）	占全省的比例（%）	产值（亿元）	占全省的比例（%）
2011年	5020.37	1360.03	27.09	375.83	7.49	1735.86	34.58
2012年	5650.2	1563.82	27.68	433.77	7.68	1997.59	35.35
2013年	6268.01	1776.28	28.34	463.31	7.39	2239.59	35.73
2014年	6835.27	1913.50	27.99	497.58	7.28	2411.08	35.27

资料来源：《甘肃发展年鉴2012》《甘肃发展年鉴2013》《甘肃发展年鉴2014》《2014年甘肃省国民经济和社会发展统计公报》《2014年兰州市国民经济和社会发展统计公报》《2014年白银市国民经济和社会发展统计公报》。

表1.2-2提供了2011年至2014年兰白经济区GDP及其占全省份额的比重变化情况。可以看出，2011年、2012年、2013年、2014年，兰州市的GDP所占甘肃省的比重分别为27.09%、27.68%、28.34%和27.99%，说明兰州在全省经济发展过程中具有中心带动的实力和地位。而白银的GDP占全省的比重连年都在7%以上，两市GDP总和占到全省三分之一以上。所以，兰白经济区建设将在全省经济发展中发挥区域增长极的中心带动作用。

1.2.1.5 人均地区生产总值空间分布

从人均地区生产总值空间分布来看，兰州市人均地区生产总值是全省的2倍左右，2011年是1.92倍，2012年是1.96倍，2013年是2.01倍，2014年是1.98倍；白银市人均地区生产总值是略高于全省平均水平，2011年是全省的平均水平的1.12倍，2012年是1.15倍，2013年是1.11倍，2014年是1.1倍。

表1.2-3 人均收入空间分布

年份	区域	人均地区生产总值		城镇居民可支配收入(元)		农民人均纯收入(元)	
		绝对值(元)	占全省比例(%)	绝对值(元)	占全省比例(%)	绝对值(元)	占全省比例(%)
2011年	甘肃	19595	100.00	14988.68	100.00	3909.37	100.00
	兰州	37570	191.73	15952.57	106.43	5252.13	134.35
	白银	21956	112.05	15959.94	106.48	3813.48	97.55
2012年	甘肃	21978	100.00	17156.89	100.00	4506.7	100.00
	兰州	43175	196.45	18442.76	107.49	6224.32	138.11
	白银	25274	115.00	18532.68	108.02	4497.37	99.79
2013年	甘肃	24296	100.00	18964.78	100.00	5107.8	100.00
	兰州	48852	201.07	20766.76	109.50	7114.08	139.28
	白银	27004	111.15	18279.74	96.39	5140.10	100.63
2014年	甘肃	26427	100.00	20804	100.00	5736	100.00
	兰州	52378	198.20	23030	110.70	8067	140.64
	白银	29094	110.09	20052.8	96.39	5777.4	100.72

资料来源：《甘肃发展年鉴2012》《甘肃发展年鉴2013》《甘肃发展年鉴2014》《2014年甘肃省国民经济和社会发展统计公报》《2014年兰州市国民经济和社会发展统计公报》《2014年白银市国民经济和社会发展统计公报》。

1.2.2 发展演变

2010年5月《国务院办公厅关于进一步支持甘肃经济社会发展的若干意见》出台；2012年8月国务院同意设立兰州新区；2013年3月国家发改委同意设立甘肃兰白经济区承接产业转移示范区；2013年甘肃省实施“中心带动、两翼齐飞、组团发展、整体推进”区域发展战略，将兰白地区纳入“中心”地位率先发展；2013年中央城镇化工作会议提出，要根据资源环境承载能力构建科学合理的城镇化宏观布局，把城市群作为主体形态，促进大中小城市和小城镇合理分工、功能互补、协同发展。2011年甘肃省印发《兰州—白银经济区发展规划》;2010年1月兰州、白银两市签署了《兰州白银区域合作发展框架协议书》;2012年2月兰州、白银两市共同讨论,通过了《兰州白银区域合作发展行动计划(2012)》。

种种迹象表明,区域合作共建城市群(城镇群)已成为中央和地方各级政府的共识。加快兰白经济区发展是深入实施西部大开发战略的客观要求;是探索西部老工业基地转型发展新模式的重要途径;是推进城镇化进程、统筹城乡发展的迫切需要;是振兴甘肃经济的重大举措。

1.2.2.1 加强兰白合作

兰州是区域中心城市,在城市人口规模、经济总量、商业规模、交通条件、科技研发、人才方面具有很强优势。根据国务院关于《兰州市城市总体规划(2011—2020年)》的批复,甘肃省希望逐步把兰州建设成为国家向西开放的战略平台,西部区域发展的重要引擎,西北地区的科学发展示范区,历史悠久的黄河文化名城,经济繁荣、社会和谐、设施完善、生态良好的现代化城市。根据批复精神,兰州的定性是"兰州是甘肃省省会,西北地区重要的工业基地和综合交通枢纽,西部地区重要的中心城市之一,丝绸之路经济带的重要节点城市"。兰州市要在《总体规划》确定的5810平方公里城市规划区范围内,实行城乡统一规划管理。到2020年,中心城区常住人口控制在275万人以内,城市建设用地控制在250平方公里以内。特别要按照《国务院关于同意设立兰州新区的批复》要求,突出经济结构战略性调整,突出特色产业、循环经济和节能环保,突出对内对外开放,突出改革创新,推动兰州市在带动甘肃及周边地区发展、深入推进西部大开发、促进我国向西开放中发挥更大作用。兰州城市功能在升级过程中,面临着城市改造与代价和成本高企的矛盾,必然产生强烈外溢,带动工业、人口、科技教育、服务业的扩散,白银可借兰州之势,承担部分区域职能,加快发展速度。

1.2.2.2 依据各自条件,处理好与"兰州新区"的竞合关系

根据《兰州新区总体规划(2011—2030年)》,兰州新区的发展定位是:西北地区的国家级新区。功能定位为:国家重要的石油化工、能源储备基地;西部重要先进制造业和现代服务业基地;甘肃省重要的经济增长极。重点发展三大产业集群:①石化产业集群:石油储备、炼化及精细化工;②先进装备制造产业集群:包括高端专业装备制造(航空航天、军工、医疗器械),汽车及机械装备制造,新能源与节能环保装备制造;③新型生物医药制造业产业集群:包括中成药、藏药的研发与生产。兰州新区是兰州市空间跨域发展的战略支撑点,白银加强与兰州新区的联系具有必然性。从兰白区域发展看,首先要实现基础设施尤其是交通设施的共享,加强沟通与合作,构建两区之间的快速通道;其次从产业上要有所侧重创新协作。

1.2.2.3 加强省级层面协调

由于兰州和白银两市目前的发展速度、经济实力相差较大,在兰白两市共同发展上,针对双方在沟通愿望、政策制定、展开行动和利益平衡方面难以协调的现实,需要在省级层面上展开协调,主要体现在三个层面:一是产业协调,即产业转移合作,使白银成为兰州产业转移地之一;二是空间协调,即兰州、白银、兰州新区在空间上应强调分工与合作;三

是政策协调,即省上在兰白经济区政策制定层面,要综合考虑空间布局的合理性、引导性与长远发展,充分考虑兰州、白银、兰州新区各自的利益,避免行政区划的分割与弊端。

1.2.3 一体化发展规划要点

1.2.3.1 战略定位

——新一轮西部大开发的战略支撑区。发挥兰州作为西陇海兰新经济带特大城市的辐射带动作用,探索产业推动、城市带动和区域联动的发展模式,实现兰白地区发展的率先突破,促进兰(州)西(宁)经济区建设,形成西北地区新一轮大开发的新高地。

——西部传统加工制造业转型升级和承接东部产业转移示范区。依托兰白经济区和兰白产业转移示范区域的产业基础与人才技术优势,加快技术进步和体制机制创新,完善市场环境,以增量扩张带动存量调整,同时选择瞄准若干新兴产业进行重点突破,率先实现传统产业升级、新兴产业发展和承接东部产业转移的相互促进。

——我国扩大向西开放的战略平台。依托兰白经济区沟通沿海内地、联通西部边疆及中亚战略通道的地缘优势,发挥作为支持新疆、西藏发展的重要基地和枢纽作用,构建面向中亚、西亚国家深化经贸合作和科技文化交流的重要区域。

——西北地区综合交通枢纽和商贸物流中心。加快基础设施建设,统筹区内交通与区际交通,推进枢纽城市向枢纽区域拓展,改造提升商贸服务业,大力发展商贸物流、金融保险、商务服务和文化旅游等服务业,提升西北商贸物流中心地位。

——西北地区重要的科技研发和创新基地。依托兰白科技创新实验区,发挥科技人才优势,完善人才政策,构建创新体系,优化创业创新环境,健全科技成果与产业资本对接的市场机制,建立市场导向的企业与科研单位合作联盟,强化兰白经济区区域性科技研发中心功能。

——引领全省跨越式发展的核心区。加强兰白地区与其他市州的经济联系和产业联动,提升兰白地区的中心带动能力,促进与"两翼"的协同发展,成为引领全省产业转型、城乡统筹、扩大开放、实现跨越式发展的引擎和带动力量。

1.2.2.2 空间布局

依托兰州主城区、白银城区和兰州新区,培育形成功能互补、分工有序、联系紧密的"一主两副、多极发展"城镇体系架构。建设"一主两副"复合中心。"一主"是指作为全省政治、经济和文化中心的兰州主城区,要优化城市空间布局,疏解人口和产业,改善交通和城市生态环境,提升商贸、科技、教育、文化、金融、信息等现代服务业发展水平。"两副"是指兰州新区和白银城区。兰州新区在吸纳城区现有产业和人口的同时,要积极承接东部地区产业转移,大力发展物流、会展等现代服务业,建设现代化城市新区。白银城区要进一步完善城市功能,优化产业布局,加快园区经济集中发展,提高区域服务能力,加强生态建设和环境保护,营造良好发展环境。

1.2.2.3 发展目标

到2015年,兰白核心经济区生产总值达到3100亿元以上,占全省的比重提高到

40%以上，城镇化水平达到60%，研发投入占地区生产总值的比重达到2.2%以上。兰州新区、白银工业集中区建设初具规模，城市空间结构得到显著优化，区域一体化发展格局初步形成。发展方式转变和产业结构升级迈出重大步伐，初步形成具有较强竞争力的现代产业体系框架、基本覆盖城乡的公共服务体系和充满活力的要素市场体系。区域环境质量明显改善，经济社会和生态环境步入良性发展的轨道。

到2020年，基本建成以现代产业为支撑，经济发展、城市功能完善、人与自然和谐共处的一体化经济区域。兰白核心经济区生产总值占全省的比重提高到45%以上，人均GDP达到或超过全国平均水平，率先实现全面小康，成为西部地区重要的核心经济区。

1.3 《规划》实施情况评估

2010—2014年，在省委、省政府的坚强领导下，兰州、白银两市深入贯彻党的十八大和十八届三中、四中全会精神，坚持稳中求进工作总基调，着力推进稳增长、调结构、促改革、惠民生各项工作，统筹推进实施《规划》，取得了较大的成效，但在区域协作中仍然存在一些问题，需要今后进一步改进。

1.3.1 区域发展总体情况

1.3.1.1 主要规划指标实现程度

2014年，兰白核心经济区完成生产总值2411.08亿元，占全省生产总值的35.27%，完成预期目标3100亿元的77.78%；固定资产投资2039.12亿元，完成预期目标2500亿元的81.56%；全社会消费品零售总额1097.21亿元，完成预期目标1500亿元的73.15%；城镇居民人均可支配收入和农民人均纯收入分别达到21541.2元、6922.2元，完成预期目标25500元、7500元的84.48%和92.3%；核心区人口达到537.32万人，达到预期目标545万人的98.6%；城镇化率达到69.08%，高出预期目标9.08个百分点。

1.3.1.2 从西部看兰州区域经济综合实力提升情况

1.3.1.2.1 西部部分省会城市经济总量比较

凭借兰州新区的快速建设和发展、全市产业结构的进一步优化、基础设施的进一步完善以及区域经济合作的进一步深化，兰州市经济发展在国内经济需求不足、增速放缓、下行压力加大的形势下，全市经济保持了平稳较快增长。在西部部分省会城市经济总量增速中由2010年的第10名提升至2014年第5名。2010年至2014年，全市地区生产总值由1100.39亿元增至2010.94亿元，增加1.74倍，年均增长13.03%，比"十一五"时期高出2个百分点。2014年，全市实现地区生产总值1913.5亿元，增速10.4%，人均GDP达到52211.52元，年均增长11.99%；工业增加值达到594.3亿元，年均增长12.29%；公共财政预算收入达到152.33亿元，年均增长22.5%；全社会固定资产投资达到1610.7亿元，年均增长37.36%；兰州经济总量占全省比重由2011年的27%提高到2014年的29%。初步预计2015年全市地区生产总值将达到2097亿元，增长8.5%；人均GDP达到52954.5元，增长7.37%；工业增加值达到624亿元，增长7%；固定资产投资达到1949亿元，增长21%；公共财政预算收入达到167.56亿元，增长10%。

表 1.3–1　西部部分省会城市经济总量比较

城市名称	2010年			2014年		
	GDP(亿元)	增速(%)	排名(增速)	GDP(亿元)	增速(%)	排名(增速)
兰州市	1100.39	12.8	10	1913.5	10.4	5
重庆市	7925.58	17.1	2	14268.4	10.9	3
成都市	5508.3	15	3	10065.6	8.9	8
西安市	3241.49	14.5	5	5474.77	9.9	6
昆明市	2120.37	14	8	3712.99	8.1	10
呼和浩特	1865.71	13	9	2894.05	8	11
南宁市	1800.43	14.2	7	3148.3	8.5	9
乌鲁木齐	1311	12.2	11	2510	10.5	4
贵阳市	1121.82	14.3	6	2497.27	13.9	1
银川市	763.26	14.8	4	1395.67	9.5	7
西宁市	628.28	18.2	1	1077.14	13.5	2

资料来源:《2011年中国统计年鉴》及《2014年经济社会发展统计公报》(兰州市、重庆市、成都市、西安市、昆明市、呼和浩特、南宁市、乌鲁木齐、贵阳市、贵阳市、银川市、西宁市)。

1.3.1.2.2　2014年甘肃各市州经济发展排名

从2014年甘肃各市州经济发展排名(表1.3–2)中看以看出,兰州市GDP在省内排名第1,实际增速排名第2,固定资产投资排名第1,大口径财政收入第1,社会消费品总额排名第1,白银市GDP排民第4,实际增速排名第8,固定资产投资排名第9,大口径财政收入排名第5,社会消费品总额排名第6。

表 1.3–2　2014年甘肃各市州经济发展排名

甘肃省及所辖市州	GDP(亿元)		实际增速(%)		固定资产投资(亿元)		大口径财政收入(亿元)		社会消费品总额(亿元)	
	绝对值	排名	绝对值	排名	绝对值	排名	绝对值	排名	绝对值	排名
甘肃省	6835.3	—	8.9	—	7759.62	—	1234.54	—	2410.4	—
兰州市	1913.5	1	10.4	2	1610.68	1	467.48	1	944.86	1
庆阳市	668.93	2	10.2	3	1122.57	2	149.25	2	164	3
酒泉市	620.2	3	7.8	12	1003.7	3	93.64	4	156.8	4
白银市	497.58	4	8.9	8	428.44	9	52.73	5	152.35	6
天水市	496.89	5	8.9	8	537.76	5	100.18	3	224.28	2
武威市	405.97	6	9.1	6	549.76	4	36.7	12	131.7	7
张掖市	353.43	7	8	10	275.69	10	48.07	9	118.4	8
平凉市	350.53	8	8	10	537.56	6	46.28	10	152.71	5
定西市	267.94	9	9.2	5	500.59	8	38.33	11	92.4	9
陇南市	262.5	10	9.0	7	532.9	7	49.28	7	72.27	10
金昌市	244.64	11	7.8	12	247.16	12	48.47	8	64.3	11
嘉峪关市	243.1	12	10	4	125.24	14	50.86	6	42.53	13
临夏州	186.05	13	10.9	1	263.73	11	25.4	13	60.05	12
甘南州	114.92	14	6.7	14	178.22	13	16.85	14	33.42	14

资料来源:《2014年国民经济和社会发展统计年报》(兰州市、白银市、平凉市、庆阳市、酒泉市、嘉峪关市、金昌市、武威市、张掖市、天水市、陇南市、临夏市、甘南州)。

1.3.1.3 从全省看兰白经济区经济实力

从表1.3-3中可以看出兰白经济区国民生产总值位居第1,增速位居第2。2014年兰白经济区国民生产总值达2402.08亿元,呈稳定增长,受全球工业市场低迷影响,2011—2014年GDP年均增速11.44%,呈现增长逐步放缓趋势。

表1.3-3 甘肃省组团发展区域国民生产总值对比

组团式发展区域	绝对值(亿元)		排名		年均增速(%)	排名
	2011年	2014年	2011年	2014年		
兰白经济区	1735.82	2402.08	1	1	11.44	3
平庆经济区	730.54	1019.46	2	2	11.75	2
酒嘉经济区	717.04	863.3	3	3	6.38	7
金武经济区	505.6	650.47	5	5	8.76	6
张掖经济区	256.6	355	6	6	11.43	4
天水陇南经济区	555.23	759.39	4	4	11	5
民族地区经济区	210.12	300.97	7	7	12.72	1

数据来源:《2012年甘肃省发展年鉴》《2014年国民经济和社会发展统计年报》(兰州市、白银市、平凉市、庆阳市、酒泉市、嘉峪关市、金昌市、武威市、张掖市、天水市、陇南市、临夏市、甘南州)。

从表1.3-4中可以看出兰白经济区全社会固定资产投资总额位居第1位,增速第5位。《规划》实施以来,两市加大投资力度、加快投资进度,2011年兰白经济区区域投资总量为1171.94亿元,2014年达到2035.04亿元,投资总量排名第1位。但由于河西新能源基地和陇东石油化工产业基地建设投资增加,兰州市、白银市投资总额在省内所占比例有所下降。

表1.3-4 甘肃省组团发展区域固定资产投资对比

组团发展区域	绝对值(亿元)		排名		年均增速(%)	排名
	2011年	2014年	2011年	2014年		
兰白经济区	1171.94	2035.04	1	1	20.20	5
平庆经济区	807.24	1660.13	2	2	27.17	2
酒嘉经济区	604.64	1128.94	3	3	23.14	3
金武经济区	434.2	1079.5	5	4	35.47	1
张掖经济区	160	275.7	7	7	19.89	6
天水陇南经济区	582.92	1070.66	4	5	22.47	4
民族地区经济区	263.48	441.95	6	6	18.82	7

数据来源:《2012年甘肃省发展年鉴》《2014年国民经济和社会发展统计年报》(兰州市、白银市、平凉市、庆阳市、酒泉市、嘉峪关市、金昌市、武威市、张掖市、天水市、陇南市、临夏市、甘南州)。

大口径财政收入位居第1,年均增速第7(表1.3-5)。2011年兰白经济区财政收入396.1亿元,2014年达到520.21亿元,年均增速为9.51%,位居省内7个组团式发展经济区中的第1,增速第7。

表1.3-5　甘肃省组团发展区域大口径财政收入对比

组团发展区域	绝对值(亿元)		排名		年均增速(%)	排名
	2011年	2014年	2011年	2014年		
兰白经济区	396.1	520.21	1	1	9.51	7
平庆经济区	105.67	195.53	3	2	22.77	3
酒嘉经济区	92.55	144.5	4	4	16.01	5
金武经济区	48.19	86.2	5	5	21.39	4
张掖经济区	22.7	48.1	6	6	28.44	2
天水陇南经济区	107.17	149.46	2	3	11.73	6
民族地区经济区	13.97	42.25	7	7	44.61	1

数据来源:《2012年甘肃省发展年鉴》《2014年国民经济和社会发展统计年报》(兰州市、白银市、平凉市、庆阳市、酒泉市、嘉峪关市、金昌市、武威市、张掖市、天水市、陇南市、临夏市、甘南州)。

社会消费品零售额增速位居第3位,消费市场活跃(表1.3-6)。规划期内,随着新型城镇化发展和城市功能的加速疏解、城区发展环境不断优化和大型消费设施项目进驻,兰白经济区拉动内需、刺激消费均实现较快发展,2011—2014年,社会消费品零售额年均增长9.51%,位居省内7个组团式发展经济区中的第3位。

表1.3-6　甘肃省组团发展区域社会消费品总额对比

组团发展区域	绝对值(亿元)		排名		年均增速(%)	排名
	2011年	2014年	2011年	2014年		
兰白经济区	741.64	1097.21	1	1	9.51	3
平庆经济区	216.76	316.71	2	2	13.47	6
酒嘉经济区	135.2	199.33	3	4	13.81	4
金武经济区	131.74	197	4	5	14.35	2
张掖经济区	80.27	118	6	6	13.70	5
天水陇南经济区	125.55	296.55	5	3	33.18	1
民族地区经济区	64.04	93.47	7	7	13.43	7

数据来源:《2012年甘肃省发展年鉴》《2014年国民经济和社会发展统计年报》(兰州市、白银市、平凉市、庆阳市、酒泉市、嘉峪关市、金昌市、武威市、张掖市、天水市、陇南市、临夏市、甘南州)。

1.3.2　《规划》任务进展情况评估

1.3.2.1　空间结构优化布局

《规划》要求依托兰州主城区、白银城区和兰州新区,培育形成功能互补、分工有序、联系紧密的"一主两副、多极发展"城镇体系架构,建设"一主两副"复合中心。自

《规划》实施以来，兰白经济区依据国家、省主体功能区规划，借助兰州新区的规划建设，使得兰州新区、兰州主城区和白银主城区在区域空间上形成了稳固的经济社会发展“金三角”；兰州新区纳入国家战略升格为国家级新区，正在成为甘肃“中心带动”战略核心组成部分。将这样的“金三角”放在西陇海兰新经济带、兰（州）西（宁）银（川）经济带、沿黄产业带中综合考虑，注重发挥“金三角”的中心辐射带动作用，并以兰白经济区核心组团及沿线城镇作为主要节点，以经济带为轴线，极大地发挥“点轴”空间结构开发效率高、发展成本低的优势。

依据城市发展演变规律和城市发展阶段，兰州主城区经过了工业化生产的主要阶段，城市功能从工业生产逐步向生活消费职能和区域服务职能转变，在功能定位上注重提升兰州主城区的区域中心职能和生活消费的职能；白银主城区经过了资源型城市发展的“产生—发展—繁荣”的各个阶段，现在面临着资源枯竭和城市转型的问题，在城市性质上注重由原来的国家重要工矿城市逐步转变为功能齐全、发展协调的区域性城市，在功能定位上注重由原来的产业基地逐步转变为区域经济、政治、文化中心，强调生活消费功能的提升；兰州新区是国家战略与区域战略共同作用下形成的新城，发展速度快、发展规模大、企业化运行机制比较健全，在发展的初始阶段，工业生产是兰州新区发展的主要动力，产业集聚是兰州新区的基本功能定位。趁着工业生产和产业集聚发展，逐步完善城市服务功能，《规划》中将未来的兰州新区定位为生产、生活、生态功能齐全的现代化新城。

1.3.2.2　特色优势产业体系逐步形成

兰白区域合作发展步入良性阶段，产业分工日趋合理，产业互补正在加强，产业融合逐步推进，2014年，兰白经济区地区生产总值为2411.08亿元，占全省产总值的35.27%，已形成以石油化工、有色冶金、装备制造、生物医药、农产品加工等为主的较为完备的特色优势产业体系。兰州新区“飞地经济”白银产业园正在有序建设。

1.3.2.3　基础设施统筹共建共享

1.3.2.3.1　综合交通运输体系不断完善，网络化程度提高

兰州、白银两市共享交通基础设施项目积极推进。通过能力提高连接两个区域的交通“大动脉”——水秦路竣工通车，实现了白银、兰州新区与兰州市区的快速交通；景泰黄河石林景区二级公路、沿黄快速通道白银至水川连接线建成通车；开工建设干塘至武威南铁路增建二线、国道247线靖远至会宁段改造、国道312线会宁段改造、省道217线白银至景泰二级公路、白银通航机场、银东客运货运枢纽中心等工程；中川机场至白银高速公路项目纳入省“十二五”规划；景泰至中川机场高速公路项目已列入国家高速公路网规划；包兰铁路扩能改造银川至兰州客运专线方案基本确定；环县至海原至中川铁路、白银至平凉铁路、国道247线景泰至平川段、兰州至景泰黄河石林沿黄二级公路前期工作有序推进。

1.3.2.3.2　社会事业取得新的突破

群众关心的城市公交“一卡通”、医保“一卡通”和通信信息融合等社会事业取得新的突破。兰白城市公交IC卡已实现一卡通，并与上海、天津、宁波、沈阳、抚顺、南昌、三亚等34个城市实现了互联互通。通信升位并网具体方案已报工信部待批，取消两市固

定电话长途费、手机长途费和漫游费等已形成具体方案。联通公司的186号码段实现全国通用，取消了漫游费。移动公司的全球通"上网套餐"、全球通"商旅套餐"在全国范围内无漫游费，"两城一家"功能在白银、兰州两地主叫0.2元/分钟，被叫免费。同时，兰州市参合农民在白银市新农合市级定点医疗机构住院可以通过网络信息平台实现现场直报。白银市县及以下定点医疗机构全部完成了网络连接，能够实现网络信息传输、审核和结算。

1.3.2.4 产业融合发展与结构调整

1.3.2.4.1 产业结构调整取得进展，三次产业结构优化

"十二五"以来，兰州市累计实施工业项目945个，总投资1428亿元，2014年全市规模以上工业增加值达到565亿元，增速8.1%，市属工业完成增加值125.9亿元，比上年增长14.5%；全市产业结构不断调整，三次产业由2010年的3.07∶48.09∶48.84调整为2014年的2.8∶43.34∶53.86，第三产业占比历史性地突破50%，非公经济增加值由2010年的433.4亿元增加到2014年的965亿元，年均增长22.44%；全市战略性新兴产业增加值2014年达到153亿元，占生产总值的比重提升到8%。

2014年白银市全年全市实现生产总值311.18亿元，比上年增长13.9%。其中，第一产业增加值37.64亿元，同比增长6.0%；第二产业增加值171.12亿元，同比增长17.7%；第三产业增加值102.42亿元，同比增长10.1%。全年实现工业增加值204.67亿元，比上年增长10.2%，其中：规模以上工业企业完成增加值161.05亿元，增长10%。在规模以上工业中，中央企业完成增加值34.82亿元，下降0.9%；省属企业完成增加值96.21亿元，增长18%；市以下企业完成增加值30.02亿元，下降0.3%。三次产业结构比例由2010年的12.39∶55.26∶32.35调整为11.48∶50.45∶38.07，与2010年相比，第一产业下降0.91个百分点，第二产业下降4.81个百分点，第三产业提高5.72个百分点。

1.3.2.4.2 园区建设取得新的成效，产业集聚效应初步显现

目前，兰州市有国家级园区3个、省级3个。国家级园区有兰州新区、兰州高新技术产业开发区、兰州经济技术开发区。在园区建设方面，能够认真贯彻中央和省委、省政府的决策部署，深入实施"3341"项目工程，发展情况基本良好。特别是兰州新区的建设定位准、速度快、效果好。目前，兰州新区以石油化工、装备制造、新材料、生物医药、电子信息、现代物流、现代农业7大支柱产业和石化、装备制造、高新技术、现代物流、科教研发中心、行政文化中心等6大产业园区建设为核心的新区框架基本形成。兰州新区3年来的发展，2014年完成生产总值95亿元，增长33%；完成固定资产投资434.2亿元，增长44.25%；招商引资到位资金达到650亿元，全市经济发展增长极初步形成。中国铁建、正威集团等34家"500强"企业积极入驻，兰石集团、科天化工等26家企业建成投产，综合保税区10个必建工程加快建设，引进厦门优传、金合智能液压等项目24个，总投资24.6亿元。向西开放步伐不断加快，兰州至迪拜、第比利斯、新加坡3条国际航班开通运营，中川机场升级为国际客货运机场，丝绸之路经济带（兰州新区）发展高层论坛、聚焦丝绸之路·500强企业高峰论坛、亚洲合作对话丝绸之路务实合作论坛——兰州新区推介会等活动的成功举办，有力助推新区加速融入"丝绸之路经济带"建设的步伐，为下一步争取获批自由贸易园区，大力发展外向型经济，提升全方位

开放水平创造了良好条件。

白银市以培育高新技术企业为目标，着力打造了以白银高新区为龙头，银东、银西、刘川、平川、正路、会宁工业园总规划面积340平方公里的“一区六园”白银工业集中区发展空间格局。一是加快建设特色“园中园”。以高新区为重点的银东工业园，重点打造化工、新能源材料、有色金属新材料、装备制造、医药及医疗器械等产业；银西工业园重点打造仓储物流、生物制药、食品加工、汽车商贸及新型建材等产业；刘川工业园重点打造稀土新材料及有色金属加工、装备制造和工业品仓储物流等产业；平川工业园重点打造陶瓷、农产品深加工、装备制造等产业；会宁工业园重点打造农产品加工、服装加工、电器制造等产业；景泰正路工业园重点打造新型建材、现代物流、农产品加工和煤炭、新能源等产业。加快园区循环化改造。重点建设园区共享基础设施和公共服务平台，推行循环化改造和清洁生产，推进企业间废物交换利用、构建能量梯级利用。实施白银西区、平川经济开发区两个省级循环化改造工程，实施循环化改造项目35个，完成投资33.46亿元。白银高新区被列为国家首批循环化改造示范试点园区、国家知识产权试点园区。二是加快承接产业转移。抓住东中部地区产业转移重大机遇，建立了长三角、珠三角、环渤海重点区域和中国500强重点企业数据库，围绕“3+4”产业链精准招商，推动有色、化工等产业链向高技术含量、高附加值延伸，先后引进中鑫石化、东方钛业、刘化集团等一批产业链项目。2014年，白银工业集中区完成工业增加值150.4亿元，累积开发未利用土地91.69平方公里，先后引进项目534个，解决就业6.75万人，完成固定资产投资409.32亿元，实现技工贸总收入628亿元，增长31.1%，成为产城融合拓展区、承接产业转移示范区、院地合作先行区、自主创新带动区。

1.3.2.5 城镇化发展水平

由于自然区位、历史条件、国家政策、文化基础、经济水平等方面的差异，两市城镇化发展水平呈现一定程度的不平衡性。从2010年至2014年，兰州城镇化率高出全国平均水平约26个百分点，高出全省约40个百分点，高出白银约36个百分点，兰州与白银之间的城镇化率差距由2010年的36.8个百分点缩小至35.45个百分点。

表1.3-7 兰州市与白银市城镇化率对比情况 （单位：%）

	2010年	2011年	2012年	2013	2014
全国	49.68	51.27	52.6	53.73	54.77
甘肃	36.12	37.15	38.75	40.13	41.68
兰州	76.28	77.34	78.34	79.71	80.34
白银	39.48	40.5	41.54	44.93	45

数据来源：2011年、2012年、2013年、2014年《甘肃发展年鉴》及2014年全国、甘肃、兰州和白银的国民经济和社会发展统计公报。

1.3.2.6 人民生活与社会建设

1.3.2.6.1 兰州市

——民生改善方面。从2010到2014年，全市城镇化率由76.28%增到80.34%。城乡居民收入保持较快增长，城镇居民人均可支配收入和农民人均纯收入由14062元、4857元，分别增长到23030元和8067元，分别年均增长13.13%和13.52%，分别达到预期目标的90.31%和107.56%；物价得到较好控制，居民消费价格指数控制在4%以内的目标。

——社会发展方面。深入实施创新驱动发展战略，兰州获得国家科技进步城市称号，入选首批国家创新型试点城市；九年义务教育巩固率、高中阶段教育毛入学率分别提高到99%、95.2%；实施"文化兰州"十大工程及文化惠民服务工程，建成国学馆、秦腔博物馆、非遗陈列馆等一批特色文化设施；《大梦敦煌》《丝路花雨》《读者》等文化品牌效应不断扩大，兰州创意文化产业园被评为国家文化产业示范基地；城乡医疗卫生服务体系基本建成，居民平均期望寿命总体高于全国平均水平；全面推进社会保险制度完善、扩面征缴、待遇支付工作，城镇职工和城镇居民医保参保率、新型农村合作医疗参合率达到89%以上；开工建设城镇保障性安居工程69305套，完成28852套。

——可持续发展方面。人口得到较好控制，全市常住人口达到366万人，年均增长率5‰，控制在7.5‰的目标以内。单位生产总值能耗年均下降由4.8%提升到5.3%，节能减排效果明显。单位工业增加值用水由126.14立方米/万元下降到79.44立方米/万元；全市工业固废综合利用率由81.45%提高到98.5%；城市生活垃圾无害化处置率达到65%。城市绿化率达到36.2%，比2010年提高了11.18个百分点。城区优良天数达到313天。

——生态建设方面。"十二五"以来，累计投入林业建设资金6.43亿元，完成国家林业重点工程营造林37.16万亩、退耕还林工程5.85万亩、三北四期防护林体系建设工程23.4万亩，实施天然林保护工程管护面积152.43万亩。2014年，全市林业用地面积达到825.9万亩，林地面积达到320万亩，造林面积合格率达到85%以上，造林面积保存率达到100%以上。森林蓄积量657万立方米，森林覆盖率16%。人均绿地面积达到9.97平方米，绿化覆盖率31.13%，城区绿化覆盖率达到36.2%；南北两山绿化累计多渠道争取到位资金2.07亿元，完成三大类重点项目建设，两山绿化造林面积达到58万亩，成活各类树木1.5亿株。兰州新区生态环境逐步改善，累计完成造林绿化13.8万亩、城市绿化2940亩，并荣获"绿色中国·2014环保成就奖之杰出环境治理工程奖"。

1.3.2.6.2　白银市

——民生改善方面。城乡居民收入保持较快增长，城镇居民人均可支配收入和农民人均纯收入由14213元、3386元，分别增长到20052.8元和5777.4元，年均增长8.98%和14.29%，分别达到预期目标的80.21%和97.92%；物价得到较好控制，居民消费价格指数控制在4%以内的目标。

——社会发展方面。城乡三项基本医疗保险参保率达到95%以上，达到预期目标进度；九年义务教育巩固率、高中阶段教育毛入学率分别由2010年的99.98%、70%提高到2014年的100%、89%；全市参加基本养老保险人数由2010年的69738人增至2014年的81755人；2014年底全社会消费品零售总额达到152.35亿元，年均增长15.38%，达到预期目标200亿元的76.18%。

——可持续发展方面。人口得到较好控制，全市常住人口达到170.83万人，年均自然增长率5.64‰，控制在7.5‰的目标以内。万元生产总值能耗由2.033吨标煤下降到1.689吨标煤；万元工业增加值用水量由65立方米下降到45.48立方米；全市工业固废综合利用率由60%提高到73%；城市生活垃圾无害化处置率达到74.34%。每年完成人工造林30万亩以上，森林覆盖率每年净增1个百分点，达到13.93%。城市绿化率达到29.31%，比2010年提高了0.18个百分点。空气优良天数从2010年的287天增加到2014年的309天，黄河白银段水质满足二级标准要求。

1.3.2.7 小康社会建设情况

1.3.2.7.1 兰州市

根据2013年兰州市全面建成小康社会统计监测结果，兰州市在2013年完成的指标（获得100分）中，涉及经济发展的指标有第三产业增加值占GDP比重、每万人口发明专利拥有量、工业劳动生产率；涉及民主法制的有城镇人口比重基层民主参选率和每万人口拥有律师数；涉及文化建设的有有线广播电视入户、每万人口拥有"三馆一站"公用房屋建筑面积和城乡居民文化娱乐服务支出占家庭消费支出比重；涉及人民生活的有失业率、恩格尔系数、平均预期寿命、平均受教育年限、每千人口拥有执业医师数和基本社会保险覆盖率；涉及资源环境的有单位GDP水耗和单位GDP建设用地占用。

表1.3-8 2013年兰州市全面建成小康社会统计监测结果（全国统一方案）

监测指标	计量单位	目标值	2013年完成数	与目标差距	2013年分值
一、经济发展					87.81
1. 人均GDP(2010年不变价)	元	≥57000	44755	-12245	78.52
2. 第三产业增加值占GDP比重	%	≥47	51.40	4.40	100
3. 居民消费支出占GDP比重	%	≥36	28.69	-7.31	79.69
4. R&D经费支出占GDP比重	%	≥2.5	1.80	-0.70	71.88
5. 每万人口发明专利拥有量	件	≥3.5	5.66	2.16	100
6. 工业劳动生产率	万元/人	≥12	24.40	12.40	100
7. 互联网普及率	%	≥50	79.19	29.19	100
8. 城镇人口比重	%	≥60	79.71	19.71	100
9. 农业劳动生产率	万元/人	≥2	1.29	-0.71	64.29
二、民主法制					89.85
10. 基层民主参选率	%	≥95	97.00	2.00	100
11. 每万名公务人员检察机关立案人数	人	≤8	—	—	—
12. 社会安全指数	%	=100	73.36	-26.64	73.36
13. 每万人口拥有律师数	人	≥2.3	3.42	1.12	100
三、文化建设					87.48
14. 文化及相关产业增加值占GDP比重	%	≥5	2.31	-2.69	46.20
15. 人均公共文化财政支出	元	≥200	141.64	-58.36	94.42
16. 有线广播电视入户率	%	≥60	69.52	9.52	100

续表 1.3-8

监测指标	计量单位	目标值	2013年完成数	与目标差距	2013年分值
17. 每万人口拥有“三馆一站”公用房屋建筑面积	平方米	≥450	454.30	4.30	100
18. 城乡居民文化娱乐服务支出占家庭消费支出比重	%	≥6	10.48	4.48	100
四、人民生活					90.85
19. 城乡居民人均收入(2010年不变价)	元	≥25000	16111	-8889	64.44
20. 地区人均基本公共服务支出差异系数	%	≤40	—	—	—
21. 失业率	%	≤6	1.71	4.29	100
22. 恩格尔系数	%	≤40	36.30	3.70	100
23. 基尼系数	—	≤0.4	—	—	—
24. 城乡居民收入比	以农为1	≤2.8	2.92	-0.12	99.01
25. 城乡居民家庭人均住房面积达标率	%	≥60	23.78	-36.22	88.06
26. 公共交通服务指数	%	=100	93.73	-6.27	93.73
27. 平均预期寿命	岁	≥76	76.39	0.39	100
28. 平均受教育年限	年	≥10.5	11.20	0.70	100
29. 每千人口拥有执业医师数	人	≥1.95	2.94	0.99	100
30. 基本社会保险覆盖率	%	≥95	96.17	1.17	100
31. 农村自来水普及率	%	≥80	63.50	-16.50	79.38
32. 农村卫生厕所普及率	%	≥75	60.00	-15.00	80.00
五、资源环境					68.29
33. 单位GDP能耗(2010年不变价)	吨标准煤/万元	≤0.6	1.60	-1.00	37.62
34. 单位GDP水耗(2010年不变价)	立方米/万元	≤110	72.39	37.61	100
35. 单位GDP建设用地占用(2010年不变价)	公顷/亿元	≤60	43.45	16.55	100
36. 单位GDP二氧化碳排放量(2010年不变价)	吨/万元	≤2.5	—	—	—
37. 环境质量指数	%	=100	83.67	-16.33	83.67
38. 主要污染物排放强度指数	%	=100	59.95	-40.05	59.95
39. 城市生活垃圾无害化处理率	%	≥85	22.20	-62.80	26.12

1.3.2.7.2　白银市

按照全面建成小康社会统计监测指标体系，白银市各县区依据2014年各业务单位统计报表数据，估算出了各自小康实现程度分别为：会宁县小康社会实现程度为63.79%，靖远县小康社会实现程度为70.07%，景泰县小康社会实现程度为71.7%，平川区小康社会实现程度为73.6%，白银区小康社会实现程度为97.02%，白银全市农村小康社会实现程度为69.47%。

表1.3-9　2010—2013年白银市全面建成小康社会统计监测结果

指标体系	2013年	
	国家统一方案测算结果	西部方案测算结果
小康指数	66.82	71.63
一、经济发展	65.04	74.22
1. 人均GDP(2010年不变价)(元)	46.69	82.59
2. 第三产业增加值占GDP比重(%)	72.04	75.24
3. 居民消费支出占GDP比重(%)	95.05	95.05
4. R&D经费支出占GDP比重(%)	39.20	44.54
5. 每万人口发明专利拥有量(%)	19.02	22.19
6. 工业劳动生产率(万元/人)	100.00	100.00
7. 互联网普及率(%)	70.40	78.22
8. 城镇人口比重(%)	72.05	78.60
9. 农业劳动生产率(万元/人)	53.13	53.13
二、民主法制	72.11	72.11
10. 基层民主参选率(%)	98.09	98.09
11. 每万名公务人员检察机关立案人数(人)	46.82	46.82
12. 社会安全指数(%)	81.17	81.17
13. 每万人口拥有律师数(人)	29.71	29.71
三、文化建设	64.03	64.03
14. 文化及相关产业增加值占GDP比重(%)	22.00	22.00
15. 人均公共文化财政支出(元)	76.92	76.92
16. 有线广播电视入户率(%)	29.37	29.37
17. 每万人口拥有“三馆一站”公用房屋建筑面积(平方米)	100.00	100.00
18. 城乡居民文化娱乐服务支出占家庭消费支出比重(%)	100.00	100.00
四、人民生活	76.73	84.38
19. 城乡居民人均收入(2010年不变价)(元)	39.31	70.69
20. 地区人均基本公共服务支出差异系数(%)	99.45	100.00
21. 失业率(%)	100.00	100.00
22. 恩格尔系数(%)	100.00	100.00
23. 基尼系数	57.75	57.75
24. 城乡居民收入比(以农为1)	60.28	78.51

表 1.3-9

指标体系	2013年	
	国家统一方案测算结果	西部方案测算结果
25. 城乡居民家庭人均住房面积达标率(%)	73.00	73.00
26. 公共交通服务指数(%)	87.00	87.00
27. 平均预期寿命(岁)	97.75	97.75
28. 平均受教育年限(年)	85.24	85.24
29. 每千人口拥有执业医师数(人)	71.79	71.79
30. 基本社会保险覆盖率(%)	84.68	86.51
31. 农村自来水普及率(%)	86.38	92.13
32. 农村卫生厕所普及率(%)	78.59	84.20
五、资源环境	54.86	56.95
33. 单位GDP能耗(2010年不变价)(吨标准煤/万元)	35.23	38.17
34. 单位GDP水耗(2010年不变价)(立方米/万元)	55.63	58.15
35. 单位GDP建设用地占用(2010年不变价)(公顷/亿元)	43.28	46.89
36. 单位GDP二氧化碳排放量(2010年不变价)(吨/万元)	1.00	0.00
37. 环境质量指数(%)	89.68	89.68
38. 主要污染物排放强度指数(%)	25.62	25.62
39. 城市生活垃圾无害化处理率(%)	77.84	82.70

1.3.3 合作发展情况评估

1.3.3.1 完善工作体制机制

兰州和白银两市市委、市政府以及两市发改委等职能部门积极对接,形成四大合作发展机制:(1)建立定期协调议事制度,每季度至少召开一次对接会议,协调推进区域合作的重大事宜;(2)建立规划对接制度,在产业发展上防止重复建设,实现错位发展;(3)建立重大项目协调机制,协商推进相关重大项目建设事宜;(4)建立信息发布和共享平台,促进交流与协作。

1.3.3.2 明确年度合作任务

适时出台了《关于加快推进兰白都市经济圈建设的实施意见》,明确了兰白区域经济合作发展目标任务、建设重点及保障措施。2010年1月,兰州、白银两市政府正式签署《兰州白银区域合作发展框架协议》,提出在规划编制、基础设施建设、产业发展布局、文化旅游开发、重大项目建设、社会事业发展等方面进行重点合作推进,并建立两市合作发展议事协调制度、部门衔接落实制度、鼓励和支持民间及其他各方面开展多种形式交流联谊活动。同时,制定了《关于贯彻落实〈兰州—白银区域合作发展行动计划〉的分工方案》《关于推进兰州新区、兰州高新技术产业开发区、兰州经济技术开发区融合发展的实施意见》,以及《关于推进兰白经济区承接产业转移示范区建设的实施意见》,进一步明确了阶段目标,确定了工作时限,靠实了工作责任。

1.3.4 兰白存在的共性问题

从4年来《规划》的实施情况看,由于国内外经济形势的变化,我国经济发展背景由过去的“保增长、稳物价、调结构”,调整为现在的突出“改革、结构、质量、效率”,经济发展进入新常态,各地普遍调低了投资和增长预期。对兰白经济区的建设发展带来影响。《规划》原来所确定的发展目标情况的完成不是十分理想,预计到2015年底,大多数指标不能完成预期目标任务。同时,在《规划》实施过程中,兰州、白银也存在一些共性问题,需要研究和解决。

1.3.4.1 工作推进方面

根据调查和了解,在2010年6月国务院办公厅颁布29号文件的时候,兰州市和白银市热情比较高,双方多次研讨如何建设“兰白核心经济区”的问题,提出了政府沟通、政策沟通、规划沟通、战略沟通、服务沟通等思路和方法。但是,这些活动停留在会议、协议、合作框架上的比较多,付诸实践的比较少。2015年,通过兰州市与白银市多方面的衔接沟通,白银市制定了《兰白区域经济合作发展年度行动计划》,为两市联席会议做了大量的前期准备工作。但由于种种原因,两市联席会议未能按时召开,兰白区域经济一体化发展工作陷入停顿状态。

1.3.4.2 合作对接方面

一是实力对接难。据调查反映,两市深入区域合作发展,双方对接中存在一些实际困难和问题。兰州市是全省乃至整个西北地区重要城市,是我国重工业最早的布局发展的城市之一,在1953—1962年的两个五年规划中,国家在兰州市安排了近10个重点工业项目。目前,兰州市的经济总量是白银市的4倍多。这种情况下,白银市难与兰州市在综合经济实力上进行对话。

二是产业对接难。兰州是以石油化工和装备制造为主的重化工业城市,白银是以铜硫矿采掘为主的资源型城市,两者在各自的优势产业上难以形成一个可以相互衔接的产业链,尤其工业项目对接、产业链条互补等难以融合和一体化发展。另外,物流业发展呈无序竞争,现代服务业的近年发展,没有统筹布局,两市都强调大而全的物流业发展,难以发挥各自比较优势并形成整体合力,造成不必要的相互竞争和资源浪费。

三是招商引资竞争大于合作。两市一体化合作发展的现状是“两锅粥”,竞争关系大于合作关系。国家层面批复的兰白经济区承接产业转移示范区目前在兰州、白银出台的承接产业转移实施意见有一定出入,各自从国家批复的5个方面编制承接产业转移规划,缺乏统一协调、统一布局,导致两市规划衔接不一致、步调不协调,招商引资和承接产业转移项目之间的竞争大于合作。

四是科技对接难。兰州市是西北地区各类高级人才比较集中的城市,甘肃省有70多万专业技术人才,其中75%在兰州市,有中国科学院兰州分院、兰州大学等近20所高校，以及许多研发机构。白银市是个资源型工业城市，又是国家资源枯竭转型试点城市，人才流动和流失现象比较突出。兰州市科技和人才实力比白银市高得多，二者平等对话、合作对接存在困难。

1.3.4.3 体制约束方面

国内跨行政区划的一体化国家存在机制合作发展难题，关于兰白经济区的区域合作发展问题，把解决好体制问题提到重要位置。虽然两市共同签署了《框架协议》，编制了区域合作发展《规划》，制定了合作发展年度《行动计划》，但不可避免地受到行政区划和体制的限制影响，实际合作、融合起来操作乏力，推进难度很大。

1.3.4.4 统筹兰白经济区发展平台

国务院办公厅出台的《关于进一步支持甘肃经济社会发展若干意见》（国办发〔2010〕29号）里，同时提出建设兰白都市经济圈，积极推进兰州新区和白银工业集中区发展。随着兰州新区获批为第5个国家级新区，战略重点放在了兰州新区，希望通过打造兰州新区这个新的增长极，发挥兰州省会城市的辐射带动作用，来实现“中心带动”战略，无形中淡化了兰白经济区的一体化发展。同时，兰白地区应按兰白经济区、兰白承接产业提升示范区、兰白科技创新实验区等合作性发展平台及任务，需要统筹谋划、总体部署、综合决策、协调推进，形成兰白地区发展的合力，更好地发挥对全省发展的示范带头作用。

1.4 “十三五”规划的宏观政策环境

1.4.1 国家发展思路和战略调整

1.4.1.1 经济新常态

在2014年的中央经济工作会议上，中央领导多次使用了“经济新常态”和“新常态”的概念。经济新常态是对当前和今后相当时期的基本经济发展状态的高度概括。对于经济新常态问题，从现实的角度来看，主要是由持续型高速增长向中高速增长、经济结构中低端向中高端的转型，从主要追求速度向追求结构优化、质量效率和生态环保转变。经济增长预期速度的下调会对投资、税收、就业、收入和消费等的增长造成直接影响。就兰白经济区作为全省乃至西北地区发展支撑区和带动区而言，在新形势下7%～8%的宏观增速框架内，对保持中高速增长并提高经济效益提出挑战。

1.4.1.2 “一带一路”战略

2013年9月中央提出了建设“一带一路”的战略构想，2015年3月发布了《推动共建丝绸之路经济带和21世纪海上丝绸之路的愿景与行动》（以下简称《愿景与行动》），这是我国综合国力大幅提升、经济发展进入新常态、改革开放进入新阶段条件下的战略抉择，也是必须抓住的最大战略机遇。“一带一路”涉及约65个国家（含中国），总人口约44亿，经济总量约21万亿美元，分别占全球的62.5%和28.6%。2013年，我国与沿线国家贸易额1.04万亿美元，占我国对外贸易总额的四分之一。根据《愿景与行动》，“一带”是沿西北线的丝绸之路经济带，西向开放的初始阶段将主要涉及中国和中亚各国，未来将会逐步涵盖和辐射中东欧、西欧以及西亚、北非地区等更广泛的地域；“一路”是指21世纪海上丝绸之路，东向开放通过沿海港口与东南亚、印度洋、中东、非洲和地中海地区国家建立合作共赢关系。可以看出，中央提出的“一带一路”战略构想，贯穿欧亚大陆，东边连接亚太经济圈，西边进入欧洲经济圈，目的是为了建立新型的、中国式的开放新体系、新机制。通过共建“一带一路”，旨在促进经济要素有序自由流动、资源高效配置和市场深度融合，推动沿线各国实现经济政策协调，开展更大范围、更高水平、更深层次的区域合作，共同打造开放、包容、均衡、普惠的跨国区域经济合作架构。兰白经济区整体融入“一带一路”建设，对于合作构建开放型经济体系既是挑战，更是发展机遇。

1.4.1.3 中高速增长

1979年到2010年，我国经济平均增长速度为9.7%，同时期的世界经济平均增长速度为4%～5%，而西方44个发达国家只有3%左右。从全国来看，新常态下的建设就是从30多年来平均10%左右的经济增速转换为7%左右的增速状态，2004年以来甘肃省就是从十多年来平均12%左右的经济增速下降为8%左右的增速状态。2011—2014年，我国经济增长速度下降到7%～8%，同时期世界经济平均增长速度为3.5%～3.8%，而西方发达国家多数在2%～3%之间。由此可见，我国即便是保持7%左右的增速，仍然是比较高的速度，不能看作是“低速度”，或者“低迷增长”。2014年世界经济平均增速为3.3%，预计2015年达3.8%。中高速增长成为新常态，是由现阶段的潜在经济增长率决定的。我国现阶段的经济结构、技术基础和资源供给决定了潜在的经济增长率就是中高速增长率。明确中高速增长新常态的意义在于：一是不盲目追求高于潜在增长率的速度；二是使潜在增长率充分释放出来；三是既要有速度，更要有效率。

1.4.1.4 结构优化

当前，我国的结构优化正处在从增量扩能为主转向调整存量、做优增量并举的深度调整阶段，经济结构由中低端迈向中高端。这中间最关键的是产业结构调整和战略性新兴产业的培育问题。就是要从过去以工业为主转为以服务业为主的结构，从以低附加值产业为主的结构转为以高附加值产业为主的结构，从“三高”行业占比较高的结构转为“三高”产业占比较低的结构。财富分配从国富转向民富国强，从少数垄断行业富裕转向多数行业共同富裕，从少数人暴富转向多数人共同富裕。总之，经济新常态下的经济结构是现代服务业、高附加值产业、绿色低碳产业、居民收入为主导的结构。兰白经济区作为我国石油化工、装备制造等传统重工业基地，尤其需要在结构优化上下功夫，通过产业结构和空间结构的优化推进区域经济一体化进程。

1.4.1.5 质量效率

我国经济增长的资源和能源消耗水平很高。资源消耗率高，2013我国经济总量占世界的12.8%，而消耗掉的主要资源总量却达到30%以上，其中钢材31.8%、原煤39.6%、水泥48%，石油10%、氧化铝25%、木材20%等。我国的资源利用率与世界先进水平仍有较大差距，其中矿产资源总回收率为30%，国外先进水平是50%，共伴生矿产资源综合利用率为35%左右。产值能耗率比较高,我国的单位GDP煤炭消耗量,是日本的15倍,是美国的8.7倍。更为严峻的是,这个世纪,随着我国经济由短缺型向过剩型的历史性转变,特别是市场需求变化和各地政府推动的影响,使得产能过剩的问题越来越严重,致使我国的许多产业、行业和工业品出现不同程度的产能过剩。据调查统计,目前我国钢铁产业过剩40%以上,汽车、水泥、硅铁、不锈钢、电视、手机、计算机等过剩率都在30%以上,而一些战略性新兴产业和一批核心技术却发展不足,一些高端产业也是经验不足。因此,我国正处在从规模速度型粗放增长转向质量效率型集约增长的重要时期。

1.4.2 兰白经济区"十三五"前期发展的考虑

我国经济发展进入新常态、"一带一路"建设形成开放经济新体系,国家一系列关于支持兰白经济区整体发展的政策文件,这些形成了兰白经济区"十三五"期间发展的宏观政策环境和现实背景,需要在规划思路、发展目标、发展速度等重大问题上进行梳理。

1.4.2.1 关于规划思路

根据以上分析,今后,兰白经济区的建设在基本思路,或者总体思路方面一定要牢固树立全局观念、大局观念。在规划思路上明确这样几个关键问题:一是在指导思想上,要与中央保持高度一致,要将《规划》的编制与贯彻落实三中全会、四中全会、五中全会等中央全会的精神紧密结合起来,强化全面深化改革的推动作用;二是在发展规划和战略选择上,要认真贯彻落实经济新常态、"一带一路"战略等的政策要求,结合新形势,抓好新机遇,打造新动力;三是在发展定位上,既要追求较高的发展速度,更要追求较高的发展质量和长久、持续的发展动力,努力成为支撑全省发展、带动西北地区发展的新动力。四是在空间布局和发展进程上,要立足甘肃和西北地区,面向全国和"一带一路",结合新型城镇化和生态、生活、生态用地空间布局,统筹各类园区和发展平台的功能定位,突出重点,协调功能,滚动发展,提升经济区发展的综合实力、效益与带动力;五是提前考虑国务院批复"兰州新区自贸区"的可能性,以及为兰白经济区发展提供的机遇与挑战,不管兰州自贸区能否获批,现在需要提前做好功课,提前学习借鉴自贸区的运行机制,统筹考虑兰白经济区、兰州市、白银市对自贸区机制的战略响应和应对策略。立足积极研究借鉴国内外城市群和区域经济发展的成功经验,进一步深化完善兰白经济区发展的思路和举措。

1.4.2.2 关于发展的目标

关于兰白经济区发展目标问题,要充分考虑国家经济发展进入新常态的时代背景。兰白经济区发展目标预期受制于当前不利因素的影响,主要经济指标的增长幅度从务实的分层次考虑,有的指标会高于全国平均水平,有的可能只能持衡,有的继续低于全国平均水平。另外,在发展目标的设立上不仅要考虑数据目标,更为重要的是必须充分考虑质量目标。这就形成"十三五"规划目标的立体架构。主要包括:

一是到2020年,必须实现总体小康社会建设的目标,达到小康社会发展的主要指标,以2011—2014年的实际完成程度匡算2016—2020年的平均速度,今后大概平均每年的综合提高幅度要在5个百分点以上，人均GDP和城乡人民收入实现两个翻番。

二是实现全面深化改革的目标，建立完整有效的市场体系，重大体制障碍和机制转型问题基本得到解决。难度最大的改革，主要是经济区合作机制、行政管理体制、政府管理体制、国有企业体制、事业单位转型、开放经济体系、农村土地制度等。

三是提升对全省和西北地区发展的凝聚力和带动力，作为全省乃至西北的一个中心区域，在经济发展和增长速度上高于全国和全省平均水平，在战略新兴产业培育、科技创新发展上要客观实际，在民生改革和生态建设方面要走在全省和西北地区前列。

1.4.2.3 关于经济增长速度

在经济增长问题上，我省仍然是全国最不发达的地区之一，比较而言，兰白地区资源相对充足、结构调整空间比较大、科技和人才集聚、经济实例却仍然比较小的特征，保持较高发展速度完全有必要和可能。谋划区域一个时期的发展，经济建设和经济增长依然是核心问题，没有经济实力其他什么都谈不上。建议在"十三五"时期，提出"提升综合经济实力"的问题，将"提升创新能力和综合经济实力"作为发展决策的核心内涵。要尽量减少非经济因素对经济发展的影响，综合考虑多种因素，经济增长保持5年平均9%左右的速度是比较可行的，其他指标在这个速度下考虑和预测。

1.5 兰白经济区"十三五"发展的相关问题建议

1.5.1 完善发展思路

1.5.1.1 总体思路

兰白经济区发展问题属于跨区域协调一体化问题。在"十三五"期间，要抓住兰州新区升格为国家级新区、兰州新区综合保税区的获批、国家发改委印发《甘肃兰白经济区承接产业转移示范区实施方案》《科技部支持开展兰白科技创新改革试验区建设试点的复函》(国科函高〔2014〕214号)等国家支持兰白经济区发展的重大机遇，积极贯彻落实国家关于兰白经济区整体发展的战略意图，进一步优化和调整《兰州—白银经济区发展规划》的发展思路和发展战略，加快推进兰白经济区一体化进程。国家、我省都把兰白经济区视为一个整体，明确要求形成以兰州新区、兰州主城区、白银工业集中区为支撑的沿黄产业聚集带，不仅提供了新的政策支持，而且指明了兰白经济区融合发展的定位与方向。

兰白经济区加快发展的总体思路是：按照科学发展观和市场经济的体制要求，依据城市功能分工和协作原理，以规划建设西部新型城市经济群、新型城市经济联合体为目标，以全面深化改革和科技创新为动力，以大力发展民营经济和创新型企业为载体，全面扩大开发，以合理改善资源、优化产业结构、降低发展成本、提升发展质量和效率为重点，在发展高新技术产业、战略性新兴产业、现代服务业、生物医药产业集中区、丝路重要核心城市区、科技创新孵化园、特色农产品加工园区、华夏文化传承示范核心功能区、高端城市消费和旅游样板区、培育服务性经济增长极等方面取得突破性进展；以兰州新区以及国家级开发区、产业综合示范区、科技创新实验区为支撑加强经济合作，加快企业出城入园和产业集聚，积极承接东中部产业转移。以"兰洽会"为平台深化经贸合作，加大招商引资力度，提升"兰洽会"质量和水平。

1.5.1.2 兰州市

兰州市是兰白经济区中合作发展的重头。首先要解决好兰州市在国家和全省的功能定位问题，考虑区域经济深度合作发展问题。在"一带一路"建设形成的开放新体系中，兰州市定位应该为"丝绸之路经济带区域中心城市"，不是"节点城市"，而是"中心城市"。理由是：兰州市本身就是甘肃省的中心城市，一是突出兰州市的区域中心城市的功能定位，加快建设兰州区域性金融中心；二是突出兰州市对全省发展的中心带动作用，加强省内其他市州向开放性的分工合作；三是突出兰州市在丝绸之路经济带中的战略地位，加强与乌鲁木齐和西安市的战略合作，促进与周边省会城市的合作发展。

兰州市要抢抓国家"一带一路"建设机遇，积极与白银、临夏、西安、西宁、乌鲁木齐、银川、拉萨、厦门、连云港等城市开展对接合作，推进兰白经济区区域经济一体化发展。兰州市是兰白经济区的"老大哥"，要坚持与白银市定期召开联席会议，每年提出《兰州—白银区域合作发展行动计划》，制定具体工作方案，尽快编制完成《黄河上游兰州段生态修复及环境综合治理规划》；完善落实两市公交乘车实现一卡通功能，通信升级并网方案上报国家待批，取消固话、手机长途费和漫游费等已形成的具体方案，加快通信融合速度。以兰州新区为平台，协调承接发展特色产业，共建产业园区，共同抓好区域重大项目的上报工作。在交通和物流基础设施、生态环境、文化旅游、科技教育、卫生体育、人才交流等方面，继续加强兰州与白银两市的协作，修订和充实合作文件和框架协议，争取双方在产业协作、商贸流通、科技创新、文化旅游、园区建设、人才培养等领域开展广泛深入的交流合作，共同打造丝绸之路经济带的兰白支撑区。

1.5.1.3 白银市

白银市是兰白经济区建设中的"二兄弟"，需要解决好白银市在国家和全省的功能定位问题。建议探讨发挥优势，坚持"发展白银、配套兰州、协同发展"的发展思路定位原则。依托白银现有的产业基础、产业潜力和发展条件，重点建设国家重要的有色金属和新材料产业基地，西部地区大型化工及精细化工产业基地，西北地区复合型能源基地和陶瓷建材工业基地。

一是重点建设国家重要的有色金属、新材料产业基地。强化科技支撑，重点发展铜、铅、锌、铝、稀土等有色金属的采选、冶炼和加工，成为国内在规模化、一体化、深加工和可持续发展能力方面具有领先地位的有色金属工业基地；采用先进科技和循环经济模式，发展能源、金属、化工等新材料，建设成为国家级新材料产业基地。

二是重点建设西部地区大型化工及精细化工产业基地。依托优势骨干企业，以TDI制造加工为核心，深度拓展延伸产业链，形成循环型产业集群，壮大全市最有成长前景的接续替代产业，确立精细化工产业在西部地区的领先地位，建设具有区域性影响力和带动力的大型化工及精细化工产业基地。

三是重点建设西北地区复合型能源基地。以建设西部千万千瓦级复合型能源基地为目标，以煤炭规模采掘生产、煤电二次能源转化为重点，积极发展风电、光电、水电等清洁能源,建设西北地区以煤炭、火电为龙头,门类齐全、配合有力、高效利用的复合型能源基地和风光储示范工程基地。

四是重点建设西北地区新型建材产业基地。依托资源和区位优势,面向区域性市场,加速淘汰落后产能,有序扩大产业规模,做大做优水泥产业,做强做响陶瓷产业,建设西北地区以水泥和陶瓷为主的新型建材工业基地。

在城市建设过程中,选择考虑“出城入园”企业。对于那些有前途、有希望转型换代的企业推动“出城入园”和升级换代,对于缺乏市场基础的僵尸企业要推动转型升级或依法倒闭,将优质资源留给具有发展潜力的企业。

1.5.2　优化发展战略

根据调查,兰白两市在发展战略方面,存在着重点多、取向多、布局多和要素不集中、优势发挥不明显的现象,战略选择与新的形势条件结合不紧密。建议根据国内外环境和国家政策导向,对以下战略形式给予更多关注:

一是如何提升兰白经济区创新能力和综合经济实力。重点是保持一定的投资增长速度,在项目建设中更多的是要新上一批效益突出的项目,以此保证经济比较高的增长速度,做大经济总量,提高人均经济增量水平和收入水平,提高兰白经济区经济在甘肃和全国中的比重,形成推进实力、提升战略。

二是完善兰白经济区的科技创新发展能力。全球、全国推进科技创新产业科技势头,研究提出创新优势,构建市场配置资源的决定性作用机制,培育一批外向型公司的问题,提高资源配置效率。

三是如何完善兰白经济区发展的空间布局,特别要促进产业结构、城乡结构、区域结构、市场结构4大方面的优化和提高效率问题。城市重点是发展加工业和延伸产业链条,农村重点是发展农产品加工业和出口农产品,服务业重点是解决金融和国际贸易两大短腿,研究提出加速扩大开放战略。

四是如何加大兰白经济区向西开放和扩大承接产业转移的力度。建立对内、对外两大开放经济体系,做到该放开的全部放开,在市场准入和审批制度上做到“全国开放度最大、全国限制性最小”,特别是针对丝绸之路经济带的开放体系建设要有新思路和新办法。

五是如何围绕加快兰白经济区发展推进全省发展改革。兰白经济一体化推进速度慢的主要问题是行政体制障碍,一是大量发展要素的配置是按照行政布局来进行的,二是资源配置主要是通过政府和计划来完成;三是资源配置的目标主要是为了保证国家机器的运转,财政平衡比市场平衡重要得多;四是企业和产业也是按照行政格局来安排的,行政界限对资源配置的约束力还很强,造成区域治理结构和治理能力比较弱,这只有通过改革才能解决。

1.5.3　强化园区建设

整合兰州、白银相关政策和资源,发挥现有各类园区作用,加强与上海张江国家自主创新示范区合作,推进新技术研发、资源共享、成果转化,把兰白科技创新改革试验区建成我省创新驱动引擎和向西开放的重要平台。

兰白经济区内产业园区发展的总体思路包括:要适应经济新常态变化,树立新的产业园区建设理念。策划园区、规划园区、设计园区、建设园区和管理园区等,都要面对市场、面对开放、面对国际市场上的竞争者。政府导向必须有利于解决目前园区规划与建设中存在的实际问题,把尽快形成经济增长极作为园区建设的主要目标;园区建设必须坚持市场配置资源的原则,依据新常态思考园区发展;今后审批和建设产业园中应该选择“少而精”的发展战略,不要只图数量发展,而要在质量园区上把文章做好;要紧密结合国家战略、省上的重大战略决策来思考园区发展,比如,“一带一路”、西向战略、“3341”战略、“1236”战略等;五是注重个性特色优势品牌园区的培育发展问题。打造产业聚集区是实现一体化发展的有效途径。

1.5.3.1 兰州市

一是加强园区资源管理一体化,核心是土地资源管理一体化。特别是在兰州新区,土地管理中要体现“特区”特殊政策、特事特办,将兰州市区中涉及永登、皋兰管辖的土地全部划拨给兰州新区统一规划管理。通过“土地一体化”实现“管理一体化”。

二是盐场堡生产医药产业园的发展中,注重生物产业园区生产环节的“出城造园”,促进生产企业个体升级换代和园区整体改造升级;主城区依托原有研发基础,注重生物技术研发。将盐场堡规划建设成“西部生物医药科技研发中心”。

三是规划和建设清真食品加工业出口产业园区,作为兰州市的重点发展产业,定位要高。因为中亚、西亚国家的清真食品市场巨大,目前九州清真食品园区和红固清真食品园区,不能满足兰州建设西北清真食品产业基地的定位。

四是对园区进行清理整顿,对产业园区内已经划地建设招商引资项目进行核查,尤其要对那些批地未建、已建而未购买设备、已购买设备而未投产的招商引资项目,进行清理整顿,以便能够为将来引进企业留有足够的土地与发展空间,也昭示政府高水平、高效率、高效益推进兰州新区建设的决心。

五是进一步注重招商引资的质量,不能“捡到篮子里的都是菜”,注重引进资金中所能产生的技术效益、管理效益及其对其他产业和地区的引领作用;同时要通过宣传发挥典型的成功引资项目的示范引领作用,比如在兰州新区的兰石重装、科天化工、四联电子等在项目策划、建设规模、生产运营、市场营销、政企合作等方面的成功经验可为将来的企业树立形象与信心。

1.5.3.2 白银市

在白银市产业园区发展布局中,突出“一体两翼、三点扩张”的发展思路。“一体”即白银产业发展的主体和核心,主要指白银高新区;“两翼”指具有一定发展基础和前景的刘川工业园和银西产业园,将银东产业园整体纳入,或者在体制上并入白银高新区,突出发展循环经济;“三点扩张”主要指会宁县工业园、景泰正路工业园和平川中区工业园。

一是白银高新区依托中科院的技术、人才和研发优势,重点突出“高”和“新”,着力发展壮大化工及精细化工、有色金属新材料、新能源材料、铅锌冶炼、风电装备制造、生物医药及医疗器械等产业,努力建设全国循环化改造的示范园区。

二是银西工业园主要包括现有的西区经济开发区和白银中小企业创业基地,着眼城市空间扩展和长远发展，促进与白银高新技术产业开发区的功能互补，加快现有工业的整合转移。着力培育总部经济，积极发展食品、医药、商贸、物流等产业，努力提升辐射带动功能。

三是刘川工业园要充分利用交通、土地、水资源等优势，积极承接产业转移，培育发展稀土新材料、有色金属精深加工和仓储物流等产业，使之成为兰白核心经济区承接产业转移的重心地带。

四是平川工业园包括现有煤电产业板块和平川中区。在做大做强煤电产业、延伸产业链的同时，推进平川中区增容扩区，近期拓展到20平方公里，并逐步拓展到60平方公里，重点发展新能源、陶瓷和农产品加工等产业，加快建设陶瓷工业园和陶瓷商贸城，着力打造西部陶都。重点发展陶瓷、农畜产品加工、装备制造等产业。

六是景泰正路工业园要充分利用毗邻兰州新区、环境容量较大等优势，积极对接兰州新区建设，主动承接产业转移，壮大能源密集型产业；加快新能源和建材资源开发，做大做强建材、新能源等产业，建设物流基地，在为兰州新区建设提供服务中实现快速发展。

七是会宁工业园主要包括西城产业开发区、郭城工业集中区和南城草业综合开发区。充分发挥劳动力资源丰富和农业特色产业优势，依托小杂粮综合开发、饲草料加工、服装加工、PE管材生产、电器制造等多元产业基础，着力发展劳动密集型产业。

1.5.4　加快扩大开放

基于"一带一路"所形成的开放新体系、发展新环境，依托以兰州新区为重点的向西开放经济战略平台，兰白经济要积极响应和融入"一带一路"建设，培育开放性产业体系，促进开放出口。

一是培育和建立开放型经济体系，关键是找准与"一带一路"沿线国家的产业对接点。中亚五国石油、天然气、矿产资源与非矿产资源都比较丰富，石油天然气开采业、冶金和深加工等行业比较发达，工业占比也比较高，但相对而言，甘肃铁矿开采和冶炼、有色冶金矿石开采和冶炼、油气开采和石油化工、新能源装备制造、节水农业、旱作农业、清真食品加工、草坪生产、城市规划和建设等方面的技术具有优势可以向西出口，同时引进优质的发展资源。

二是坚持走出去与引进来并重的发展新战略。坚持"引进来"不动摇，这是甘肃和兰白经济区发展阶段所决定，在兰白经济的大部分区域，正处于大开发大建设的阶段，需要引进沿线发达经济体的优质资金与技术来推动自身建设。但需要注意的是，不能"捡到篮子里的都是菜"，需要注重引进资金的质量，注重引进资金中所能产生的技术效益、管理效益及其对其他产业和地区的引领作用。另一方面，要注重走出去，将甘肃、兰州、白银、兰州新区的适应性技术、资金和产品，主动积极地向沿线国家出口，拓展产品市场。

三是培育和壮大开放基地，关键是发挥兰州新区开放桥头堡的作用。兰州新区位于兰西经济区内、丝绸之路经济带交通联系带上，又是国家级新区，级别最高，发展速度最快，发展规模最大，产业外向度最高，企业化运行程度最高，同时，兰州新区综合保税区的批复和建设，更使得兰州新区最有资本充当甘肃对外开放的桥头堡。在开放新体系下，兰州新区的功能新定位中需要突出开放功能，要突出兰州新区在国家开放体系中的战略地位，承担国家向西开放的战略平台；也要突出兰州新区在甘肃向西开放中桥头堡的作用。通过突出开放战略平台的建设，来推动国家产业基地、转移产业示范区的建设，开放平台既是战略定位，也是实现其他职能的手段。

四是对于兰州而言，在发展方向上彻底由东向西转移，一方面通过招商引资、技术合作等方式积极承接东部沿海发达地区转移产业，进一步增强自身发展实力；另一方面加强向西开放的产业体系，其中亟须培育和发展的产业体系是清真食品出口产业体系。建议兰州市政府高度重视"西向战略"研究，可以考虑"兰州向西出口产业基地""兰州向西加工出口园区""兰州与中西亚技术和人才合作试验区""兰州清真食品出口加工产业基地""兰州东西文化交流平台"等的规划与建设。

五是对于白银而言，一是要科学评定白银产业和企业向西发展能力、可能的开放方向，短期内鼓励有色冶金技术、企业走出去，发挥比较优势；二是建设银西综合保税物流园，加快产业开放开发，培育和引进一批向西出口的企业，鼓励有产业优势和核心竞争力的各类企业"走出去"，开拓中西亚市场，加大境外矿产资源开发力度。三是要加强对外交流合作，打造向西开放的战略平台。根据白银市的实际情况，建议充分考虑"白银高新技术东西合作示范区""白银高新技术中西亚合作交流区""白银有色冶金东西合作开发试验基地""白银大棚创汇农业技术国家合作试验区""中国黄河石林国家旅游样板"的规划与建设问题。

1.5.5 推进农业现代化

在现代农业产业布局上，兰白两市共建"沿黄国家级高效农业经济带"。利用丰富的黄河流域水土资源，南北连接兰州老城区、皋兰县、永登县、景泰县、靖远县、平川区和白银主城区，以高原夏菜、反季节蔬菜、小杂粮等获得绿色证书的农产品为重点，建立无公害农产品生产基地，以百合、玫瑰、西甜瓜、反季节红提葡萄、红砂洋芋、枸杞、红枣等，以及瓜菜、草畜、林果、小杂粮等特色产品、特色产业为抓手，积极发展高科技设施农业、休闲观光农业。支持现代农业示范园区建设，推进农业科技创新和成果转化，发挥辐射带动作用。

在现代农业产业发展方式上，注重培育现代农业经营体系。一是以农村经营方式改革为核心，以解决"小农户"与"大市场"全面对接为目标、理顺农村双层经营中"统"与"分"的经营关系。二是以发展要素的市场流动为主要手段、以培养一大批新型职业农民为支撑，构建新型农业经营单位、农业经营实体，解决农村经营单位的法律规范和大市场经营问题。三是以大力发展公司制、农场制、商业制、外贸制的公司制农业、公司制牧场、公司制林场为基本战略导向，鼓励城市工业向农村发展、向农业发展、向农户发展，运用城市建立现代企业制度的方法来改革和创新农村经营体系。

1.5.6 现代服务业发展

加快发展现代服务业，特别是旅游、物流、信息、金融、物业、家政、餐饮等与城乡人民生活直接相关的产业和产品。特别需要注意的是，在现代社会的服务业中，最重要的行业是金融业，而在金融业方面，兰州市和白银市都发展很慢。所以，建议两市在编制“十三五”规划的时候，高度重视这个问题，要有突破性的政策和措施。建议兰州市考虑规划和建设“西北曼哈顿”，将鼓励和支持私人银行、民营银行、民营非银行金融机构作为发展重点。

加强信用体系建设，营造良好的金融生态环境。大力发展银行、保险、证券、期货、信托等金融业，着力构建多元化金融服务体系。加快金融产品创新，试点设立产业投资基金，注重发展企业贷款担保机构和消费信贷担保机构，完善风险投资服务中介体系。充分利用区域性中心城市的优势条件，有效整合金融资源，将兰州培育成为区域性金融中心。加快保险市场的培育和发展，推动保险品种和服务方式创新。

培训和中介服务业。依托高校、科研机构和大型企业，大力发展教育培训，建设服务全国的石油化工、有色冶金高技能人才培训基地。开拓发展商务会展，扶持培育工业设计、节能环保、成果转化等科技服务业。支持发展法律、财会、审计、信用评估、工程和管理咨询等中介服务。培育特色化的软件服务和信息服务企业，积极发展互联网产业，鼓励发展服务外包。

在“一带一路”建设的宏观背景下，兰白经济区旅游产业的发展需要调整思路。一是规划和建设具有国际水平、国际标准、世界影响的著名旅游区，兰州市要围绕“世界著名文化旅游城”来建设，白银市要围绕“中国黄河石林国际旅游景点”来建设；二是着重发展特色旅游，但特色旅游资源不能提的太多、太泛，要在全国乃至全世界范围内突出特色；三是整合区域内旅游资源，提炼旅游发展主线，着力打造文化旅游休闲主导功能发展带，推动旅游与文化的融合发展；四是高品质、高效率设计旅游线路，加快构建黄河风情游、红色圣地游、丝路遗迹游、森林生态游、工业文明游和乡村休闲游等6大旅游精品路线；五是深入挖掘文化遗产价值，着力打造黄河文明品牌；六是强化《丝路花雨》《大梦敦煌》等知名产品对地方旅游品牌的塑造和对地方经济的带动作用，积极开发歌舞、影视、戏剧、动漫等系列化、多元化、规模化文化产品，实现优秀文艺作品演出的地方化、常态化，推动文化创意产业与旅游产业的互动发展。

1.5.7 生态环境

一是对于兰州老城区和白银主城区而言，改善环境质量状况重在转变经济发展方式，推动“退二进三”，由工业生产向消费服务转变，从源头上减少污染物的排放。一是疏导污染型产业向城市外围转移，凭借兰州新区建设在空间上集聚；二是在转移过程中，注重技术改进和工艺更新，提高企业资源、能源利用率；三是在空间布局上，注重上下游产业、企业在空间上集聚，延长产业链，推动循环经济发展；四是大力发展高附加值、低污染的产业，如现代服务业、物流业、金融业、文化创意产业等；五是加强对新建项目的环保审批，提高环境准入门槛。六是中心城区禁止新增污染源，建议近期区域内的工业企业推行洁净煤技术，关闭小型机组，所有机组必须上高效脱硫除尘设备，控制污染物的排放量。逐步降低污染企业污染物的排放量，重点污染物排放企业进行搬迁。

二是对于生态环境建设来说，提高绿地率是改善生态环境的有效措施。一是沿交通干线两侧绿化，形成放射性林带，并沿河道沿岸，广植树木，最终形成棋盘式的林带网。二是各城市功能区之间应有生态隔离带，各开发区周围也应有防护隔离林带。三是在市区增加绿点，延长绿线，开辟绿面，并拓展绿网，建设绿楔，构成绿圈，点线面、网楔圈相结合，达到提高绿量，形成绿系的目的。搞好社区绿化，各小区建设都应达到小区绿化标准，并实施空间绿化工程。四是继续做好"三北"防护林建设、天然林保护、退耕还林等生态建设工程，加大自然保护区建设、生态公益林建设和草场治理工作力度，着力恢复森林植被，改善生态系统。五是加强水土保持和治理，继续实施好小流域综合治理、山洪灾害防治、"集雨节灌"淤地坝建设等。实施沿黄生态修复工程，争取将沿黄生态保护区和湿地自然保护区纳入黄河中上游生态修复示范区，加强重点生态保护区建设。六是积极争取国家支持引大入秦灌区和景电、兴电、靖会等高扬程灌区现代林业建设项目，建设沿黄生态、文化旅游绿色经济带。实施城乡绿化美化工程，改善城市生态环境，建设"绿色通道"。七是加强地质灾害监测预报预警，实施山体滑坡、泥石流、采煤采矿沉陷区治理等工程。八是构建兰白经济区南部水源涵养、北部防风固沙、沿黄生态修复格局，实现区域生态建设全覆盖。

三是对于环境治理来说，转变招商观念，引入资源型企业，延长产业链提高资源利用效率，从根本上减少废弃物排放。工业企业"出城入园"后，对传统的工业"三废"问题的解决和资源化利用，也不能一味地要求企业或者公司单个去做，这样成本太高。引导和培育一批专门经营工业"三废"的资源化企业，用公司做环境与企业之间的中介，促进产业集群发展，集中建设规模化的污染物处理机构。在生产企业与治污企业之间、生产企业与生产企业之间、治污企业与治污企业之间引入市场机制，由市场来调节环境指标，促进企业产业升级。其中最为普遍的一种做法就是建立健全可转让排污许可证制度。也就是说，每家企业的排污权可以当作一种商品来买卖，一是可以保证企业生产所排放的废弃物不超过总量控制；二是各个企业根据自身生产经营情况和经济技术优势自主决定环境指标的买卖情况；三是为企业技术升级获取经济利益建立一种激励机制。

1.6 保障条件和支撑能力

1.6.1 探索调整行政区划

兰白地区发展对全省至关重要，对我省乃至西北地区发展布局有重要影响，为了促进这一区域发展，2009年提出出台意见来，区域合作促进不明显，区域整体实力提升不如人意，一个重要的体制障碍就是行政区划。鉴于此，基于行政运行机制特点，建议兰州新区、兰州老城区和白银主城区合并，争取升格为副省级城市。副省级的"大兰州"，平台更大，资源更丰富，将建成开发度最大、限制性最小的区域。首先是在"大兰州"统一的行政架构内有利于兰州市与白银市的统筹规划和协调发展；其次是有利于调动全省资源推动新区建设，也有利于吸引各地人才参与新区建设；最后是有利于把兰州打造为丝绸之路经济带的战略支撑点和向西开放的战略高地。合作合力，合理布局空间，降低行政成本，建议将定西、临洮和临夏、永靖划归兰州。建议将永靖县改称刘家峡县。刘家峡声名远扬，众所周知，改名有利于旅游等工作的开展。

1.6.2 加快政府职能转变

完善市场经济体制,加快区域经济发展,一个重要的目标就是要政府转变职能,在兰白经济区,政府在工作思路上,转变以往“单打独斗”为“协同共赢”的发展模式;工作目标上,两市政府均应将两市合作发展机制、合作发展重点、合作发展目标等作为两市统一的发展的目标;考核目标上,重视经济实体对兰白经济一体化发展的贡献。

在促进区域政府合作方面,建议:一是尽快建立协调管理机构,建议省级层面成立兰州白银经济区区域合作领导小组和工作机构,统筹协调兰白区域合作发展的重大事宜,定编定员,促进兰白经济区一体化建设工作高效率运转。二是切实推进两市融合发展,从省级层面加强兰白交通、通信、医疗、教育等民生项目建设,对城际公交实行财政补贴,实现通信一体化、就医一体化及户籍一体化,切实解决制约两市融合发展的瓶颈问题。三是采取差别化的区域支持政策。将处在成长期的园区与已经建设多年的园区区别对待。

1.6.3 加强合作共赢导向

兰白经济建设不论对于兰州老城区,还是白银主城区乃至兰州新区,都将起到有力的促进作用。在国家、省政府的推动下,推进兰白经济区一体化进程必须充分考虑市场因素,也就是说,由于市场机制的作用,我们选择什么样的战略和项目,都有成本和效益的比较问题。

但是,需要注意的是,追求经济利益并不等于经济效益是唯一的目标,目标还很多,比如,投资融合、技术合作、文化交流、资源互补等,也就是有个“利益共享”机制在起作用。为此,建议兰州、白银两市政府在的利益观问题上要大度一些、开拓一些,不要斤斤计较。

要充分考虑长远和未来的利益潜力问题,逐步创造条件,实现利益从“单赢—双赢—多赢”的转变。

1.6.4 提升支撑能力

推进兰白经济区建设和一体化发展的要求,真正把事情做好,除在体制改革、开放搞活、协作联合发展方面有所突破性的进展,还要努力提高合作发展的支撑能力。

1.6.4.1 投资能力

一是在金融支持上要有新的突破,大力发展民营银行,增加外国银行在兰州或白银或兰州新区设立分支机构,增加上市公司数量。鼓励民营金融机构发展,支持设立小额贷款公司、担保机构和典当公司。推动科技金融产品和服务创新,进一步扩大信用贷款、信用保险、股权质押贷款和知识产权质押贷款的规模,完善面向科技企业和民营企业的金融服务。二是设立兰白经济区产业投资基金,重点支持石油化工、装备制造、生物医药等产业发展。支持形成以甘肃省产权交易所为主体、覆盖兰白区域的产权交易网络,为跨地区产权重组、异地并购、产权交易等活动创造条件。支持区域内大型市政、城建企业发行城市建设债券以及中期票据。

三是进一步完善投资政策。包括:对先进制造业、高技术产业、现代农业、生态林业等基地建设给予积极扶持;优先布局对全省发展具有全局带动作用的战略性新兴产业等重大建设项目;鼓励和引导民间资本进入基础产业和基础设施、市政公用事业和保障性住房建设、社会事业、金融服务、国防科技工业、生态林业建设等领域,鼓励和引导民间资本重组联合和参与国有企业改革。

1.6.4.2 人才支撑

一是发挥"博士服务团""院士专家西部行""高层次专业人才援西工程""西部之光"等人才智力工程的作用,探索建立兰白经济区高级专业人才工作站,在国内外招募一流专家入站攻坚。鼓励区外人才通过兼职、定期服务、技术开发、项目引进、科技咨询等方式服务经济区建设。

二是要高度重视高等教育与当地主导产业融合发展问题,建立健全以企业为主体、职业院校为基础、校企合作为纽带,以政府推动与社会支持、企业参与相结合的高技能人才培养体系。建设职业教育和普通教育相互沟通、职前教育和职后教育相互衔接的体系。创新与发达地区的人才培养合作机制,借力发达地区高等院校、科研院所、大型企业,培养各类专业人才。

三是加强所有在职人员的职业技能培训,提高专业技能。可以将部分人员送到国外去培训,在兰白与中亚、西亚、南亚等丝路沿线国家之间,开展科技合作、人才培育、共同培训等活动。继续扩大城乡,特别是农村、牧区的富裕劳动力的转移性就业,从制度上转型,既扶持转移性就业,也扶持转移性定居,使部分农民或者农牧民真正转化成为市民,并提高其社会的职业水准和技能。

1.6.4.3 科技支撑

把兰白科技创新改革试验区建成我省创新驱动引擎和向西开放重要平台,加快产业转型升级。围绕转变经济发展方式,坚持走特色化的产业发展道路,加快改造提升传统产业,深入推进信息化与工业化深度融合,着力培育战略性新兴产业,大力发展服务业特别是现代服务业,积极培育新业态和新商业模式。

一是加快创新平台和服务体系建设,支持大中型企业、高新技术企业、民营科技企业以及技术创新基础好、成长性突出的中小企业建立研发中心,鼓励企业、高等院校和科研院所深化合作,推进形成由企业选题、产学研协同攻关的创新模式。需要注意的是,要缩短孵化器,促进成熟技术尽快产业化走向市场;积极培育在全国有影响力的上市公司,推动上市经营和跨国经营;制定高新技术孵化平台升级规划,引进创业基地建设的特殊扶持政策。

二是加快兰白科技创新改革试验区建设,申报建设国家自主创新示范区。加强知识产权保护,积极引导和促进科技成果转化,强化科技同经济对接、创新成果同产业对接、创新项目同现实生产力对接、研发人员创新劳动同报酬对接,推进科研成果使用、处置、收益和科技人员股权激励改革试点,完善科技成果转移转化服务体系,加快科技大市场建设,建立健全有利于创新成果产业化和科技人员创新创业的体制机制。

三是大力实施兰白试验区"235"攻坚行动计划,在科技创新体制机制上取得新突破,在培育壮大战略性新兴产业上取得实质性突破;力争高新技术产业增加值占工业增加值的比重提高到35%以上,战略性新兴产业增加值占生产总值的比重提高到16%,全社会研发投入占生产总值的比重提高到2.5%;实现高新技术企业数、研发人员数、专利授权数、科技成果转化数、科技创新型产品数翻一番以上。

1.6.4.4 加强无形资产和产权知识保护

一是要充分利用新常态的机遇,注重培育具有地方特色和优势的品牌无形资产,特别是要在关键有色冶金产品、稀土材料、反光材料、新能源技术、节水装备、双垄沟播技术、畜牧业与草产业同步增长等方面继续努力。增加无形资产数量,强化知识产权保护,大力发展企业无形产品的技术。加快对已经成名的,并且有一定社会影响的传统农产品、工业品、服务产品等尽快注册登记,取得商标或者专利,政府有关方面给予"特事特办"的便利。

二是对于新开发的技术和产品也要随时随地加快注册和登记,取得合法的无形资产资格。各个县区、各个企业,以及各个产业领域,都要高度重视产业、产品和技术评价工作,从中发现和及时申报具有品牌价值的技术和产品。

三是成立一批专门管理无形资产的中介公司,特别是经营和管理农村企业、牧区企业、城镇"小微企业"无形资产的公司,为这部分经营单位专门从事无形资产的运营,以弥补这些经营单位能力不足的缺憾。

四是对于跨国公司、上市公司、大中型企业,或者规模以上工业企业等已经有了足够经营无形资产能力的单位,要重视和设有专门的科室来对企业拥有的无形资产进行运作,开发新的利润形式,创造"无形利润"。今后对规模以上企业的业绩评估要增加对无形资产经营和经营利润考核的内容。

五是政策发挥。调研中,兰白两市反映,请求比照天津滨海新区的扶持政策,请求省上协调中央财政每年给予兰州新区30亿元建设补助,对兰州新区内符合条件的基础设施项目的银行贷款,中央财政给予贴息支持;比照国家支持西藏和新疆维吾尔自治区加快发展的相关优惠政策用于兰白经济区建设,对于需要兰白两市政府配套资金的建设项目,降低资金配套比例或取消地方政府资金配套;免征返还相关税收,对我市资源型企业免征或全额返还资源税,免征或返还部分作为国家投资,继续用于资源开发与保护。

课题组成员:李含琳　刘大千　滕海峰　简富绩　丁永霞　魏奋子

2 《酒泉—嘉峪关区域经济一体化发展规划》实施评估报告

西北师范大学国土资源与城乡规划研究院课题组
（二〇一五年十一月）

2.1 前言

2.1.1 评估背景

《酒泉—嘉峪关区域经济一体化发展规划》(以下简称《规划》),是全面贯彻《国务院办公厅关于进一步支持甘肃经济社会发展的若干意见》(国办发〔2010〕29号)的要求,也是落实省委、省政府"四抓三支撑"总体工作思路和"中心带动、两翼齐飞、组团发展、整体推进"区域发展战略的重大举措。为加快丝绸之路经济带建设步伐,依据《规划》,酒嘉两市在区域经济一体化方面积极探索,坚持以《规划》为引领,以项目为抓手,以产业为支撑,加大工作力度,加快区域基础设施建设,统筹城乡发展,促进产业创新,力争完成规划目标与任务。

2015年是规划期末年,开展区域经济一体化终期评估既是摸清酒嘉区域经济社会发展底数、科学制定"十三五"规划的需要,又是主动应对发展形势变化、加强规划实施监测、健全和完善5年规划实施机制的要求。为深入了解《规划》实施以来酒泉—嘉峪关区域经济一体化发展的总体情况,客观评价实施效果,及时总结实施经验,综合判断实施过程中存在的问题及原因,进一步采取积极有力措施推进《规划》的顺利实施,根据省发改委的相关要求,编制本评估报告。

2.1.2 评估范围与时限

2.1.2.1 评估范围

以酒泉市肃州区和嘉峪关市辖区为核心区,覆盖酒嘉全部辖区。

2.1.2.2 评估时限

2011—2014年，预期到2015年规划期末。

2.1.3 主要依据

《酒泉—嘉峪关区域经济一体化发展规划》
《甘肃省"十二五"经济社会发展规划》
《甘肃省主体功能区规划》
《甘肃省新型城镇化发展规划》
《甘肃省多极突破行动协调推进工作规划》
《甘肃丝绸之路经济带建设方案》
《推动共建丝绸之路经济带和21世纪海上丝绸之路的愿景与行动》
"3341"项目工程

2.2 评估区域概况及《规划》要点

2.2.1 区域概况

2.2.2.1 自然环境与资源

酒嘉地处蒙新荒漠地带，地形平坦开阔，地势西南高、东北低。南部祁连山地是3000米～5000米的高山群，北部为广阔砾质和砂质戈壁区，海拔在1500米～2500米之间。自嘉峪关隆起带分界，以东是酒泉、金塔盆地，以西是玉门、安西、敦煌盆地。大陆性干旱气候，年均降水量86.5毫米，年均温3.9℃～9.3℃，无霜期127～158天。年太阳辐射总量为145.6千卡/平方厘米。多大风和干热风，风向以西北为主。境内有疏勒河、黑河、哈尔腾河三大内流河水系。

可开发利用土地面积广阔，居河西地区首位。矿产资源品种多，储量大。已探明矿带5个，矿种49种，钨、铬、钒、石棉储量居全国前三位，铁、黄金、菱镁、高纯硅等储量居全省前列，新探明的玉门青西油田储量1亿吨。清洁能源蕴藏量巨大。风能可开发利用面积约1万平方千米，可开发量4000万千瓦以上。太阳能资源可开发面积约5万平方千米，属国家风光热资源分布一类地区。

2.2.2.2 社会经济条件

截至2014年底，酒嘉常住人口约135.32万人，城镇化水平高出全省平均水平30.91个百分点，高于全国平均水平16.96个百分点。两市实现生产总值863.3亿元，其中酒泉市620.2亿元，嘉峪关市243.1亿元。酒嘉位于甘、新、青、蒙4省交汇处，具有承东启西、展南拓北的区位优势，交通条件便利。境内主要公路有国道312线、国家高速公路G30等，主要铁路有兰新铁路、兰新铁路第二双线（客运专线）、煤运专线嘉策铁路等。

酒嘉是我省重要的工业化地区、旅游发展的龙头区域和绿洲特色农业基地的重要组成部分。已形成以新能源和新能源装备制造业、冶金、石油化工、建材等为主的工业体系，以制种、酿酒原料、果蔬加工、畜禽、棉花等为主的特色农业和以敦煌文化、关城文化、飞天文化、大漠奇观等为代表的文化旅游产品和产业。

2.2.2 《规划》要点

2.2.2.1 战略定位

支撑西陇海兰新经济带发展的区域性中心城市。依托酒泉市肃州区和嘉峪关市，以酒嘉新区建设为重点，强化优势互补，加快基础设施和公共服务同城化建设，促进经济集聚和人口集中，构建西陇海兰新经济带兰州至乌鲁木齐城市间的区域性中心城市。

全国重要的新能源基地、重点名胜旅游基地和传统产业转型升级创新区。西北最大的冶金新材料基地、全省重要的石化基地和特色农产品生产加工基地，以及古丝绸之路名胜旅游区和游客集散中心。

全国区域性交通枢纽和物流中心以及对外开放陆路口岸。构建面向中亚、连通内地、支持周边民族地区发展的商贸物流中心以及对外开放的陆路口岸。

全省统筹城乡发展先行区。加快城乡基本公共服务均等化步伐，力争在西北地区率先实现全面建设小康社会目标。

全省生态文明建设的示范区。加强以水源涵养和节水为重点的生态建设，保护环境，探索经济社会发展与生态文明相结合的发展模式及生态补偿机制，将酒嘉建成全省和西北重要的生态安全屏障。

2.2.2.2 战略布局

《规划》以国家高速公路G30和312国道至敦瓜公路沿线为主轴，以酒嘉城镇群和敦瓜城镇群为两区，建设酒嘉城镇群核心经济区，沿交通轴线辐射敦瓜城镇群，形成“一轴两区”的空间发展布局。

《规划》将酒嘉划分为核心经济区、绿色经济区、生态保护区三类功能区。核心经济区，包括酒泉市肃州区和嘉峪关市组成的核心区，以及辐射节点城市玉门市和金塔县城区；绿色经济区，包括敦煌市、瓜州县；生态保护区，包括肃北县和阿克塞县。

2.3 《规划》实施情况评估

2.3.1 《规划》实施以来合作发展情况

2.3.1.1 合作政策、机制实施评估

《规划》实施以来，酒嘉地区已初步建立起有效的组织协调、规划引导等机制。依据《规划》要求酒嘉两市以建成区域性中心城市为目标，统筹城市发展规划、功能分区及产业布局，共同委托编制完成了《酒嘉一体化城市总体规划(2011—2030)》。分别通过修订完善城市总体规划明确城市发展方向。并编制了《嘉峪关城市新区修建性详细规划》和《酒泉市酒嘉新区(新城区二、三期)控制性详细规划》，启动了酒嘉新区开发建设。

在交通方面，取消了酒嘉两市间的公路收费站，开通了酒嘉城际公交，并为解决酒嘉两市出租车营运矛盾达成了“双方同等对待城市出租车辆”的协议，采取共同补贴的方式培育嘉峪关机场航线，极大地促进了酒嘉两市经济社会等方面的交流，加快了酒

嘉一体化的建设步伐。

在产业方面，酒嘉两市依据《规划》中确立的基本产业集群对整个区域内的工业产业结构和空间布局进行调整，明确了在酒嘉新区嘉东工业园大力发展光伏装备制造业、冶金新材料等技术产业，酒泉经济技术开发区西园重点发展风电装备制造业、节水产品等技术产业，产业分工发展的新格局开始形成。2013年8月酒嘉两市同酒钢公司携手签订了《新能源消纳框架协议》。协议的签约是全面落实省委、省政府"3341"发展战略，加快构建河西国家级新能源基地，促进新型能源与传统产业深度融合，最大限度就地消纳富余电力的务实之举，进一步推动了酒嘉经济一体化发展。

在旅游方面，2013年3月敦煌、瓜州、肃北、阿克塞四县市签署了《西四县市旅游协作框架协议》。瓜州、肃北、阿克塞三县与敦煌的旅游部门、企业之间积极开展横向合作，共同培育航线和旅游专列，共同策划培育旅游线路，开展旅游宣传，初步构建了敦煌旅游圈。2013年4月肃州区、玉门市、金塔县旅游部门签署了《肃州区旅游局、金塔县旅游局、玉门市旅游局区域旅游协作机制协议书》，促进了三地旅游业共同发展，构建了酒泉东三县(市、区)旅游经济圈，为酒嘉核心经济区旅游合作奠定了基础。2015年4月河西五市旅游联动发展联席会议召开，河西五市及酒泉卫星发射中心签订了《旅游联动发展合作协议》，确立了"丝路传奇，壮美河西"区域旅游主题形象，营造了浓郁的区域一体化联动发展氛围和环境。

在通讯方面，酒嘉两市邮政、固网和移动通信已实现同网同费，取消了长话费和移动电话漫游费，有效降低了跨市商务和生活成本。目前两市相关部门正在协商，积极创造条件，以建立电信、广播电视网、互联网三网合一的通讯机制。

在商贸流通方面，酒嘉城市功能互补，嘉峪关旅游文化资源丰富，体育休闲设施完备，极大地吸引酒泉居民积极参与其中。酒泉商业零售、酒店、餐饮、娱乐等服务设施齐全，吸引嘉峪关居民前往消费。同时酒泉充分发挥农副产品生产、储运、销售的辐射带动作用，以农副产品批发市场为龙头，鼓励企业走出去，在嘉峪关建设果品、蔬菜等农副产品市场，目前春光集团在嘉峪关建设的农副产品批发市场运行正常，为丰富充裕嘉峪关市场供应、平抑物价发挥了重要作用。酒嘉两地的民间交流频繁，要素和产品市场一体化发展势头良好。

2.3.1.2　主要合作项目进展评估

2.3.1.2.1　基础设施项目

酒泉至嘉峪关城际一级公路项目是酒嘉两市为促进区域经济发展和经济一体化建设的一项重点工程，于2011年3月开工建设，起点位于酒泉市富康路口，终点位于嘉峪关市雄关广场，全长19.95公里，工程预算投资6.23亿元，2012年8月建成通车。酒嘉城际公路的建成极大地缩短了两市间的行车时间，对促进酒嘉两市经济社会发展，完善交通条件，优化投资环境，提升城市品位，加快打造酒嘉国家级综合交通枢纽，推进区域一体化发展具有重要意义。

嘉峪关机场航线培育项目采用两市共同补贴的方式，开通了嘉峪关—兰州—成都、嘉峪关—兰州—西安等12条航线，近两年累积拨付航线补贴0.98亿元，其中由酒嘉两市共同承担0.76亿元。嘉峪关机场往返国内各重点城市航线航班的培育，为酒嘉两市经济快速发展铺筑“空中快车道”，为酒嘉经济一体化发展增添了新活力。清嘉高速公路酒泉、嘉峪关收费站改扩建工程，2012年7月开工建设，2013年2月完成项目建设。金嘉高速公路总投资0.21亿元，起于金塔县工业园四平湾桥头，终于嘉峪关飞机场，路线全长59.27公里。为争取项目资金的落实和路面设计的调整，金嘉高速公路与酒航高速公路同步实施，路基工程、桥涵工程全部完工。

此外，酒嘉绕城高速（S06）和九条岭—瓜州公路（S301）金塔至嘉峪关段，已纳入“6873”交通突破行动。S06路线全长114公里，估算投资20亿元，实施年限为2017—2018年。S301作为酒航路连接线实施，路线全长60公里，资金已纳入酒航高速公路，实施年限为2015年至2017年。

2.3.1.2.2　产业项目

酒嘉同酒钢携手签订了《新能源消纳框架协议》，就地消纳富余电力。酒钢集团公司围绕调整产业结构和转型升级，大力发展循环经济，建设了嘉北铝产业园区，实施了酒钢特色铝合金以及碳素、铝制品深加工等现代高科技载能项目。其中总投资56.07亿元的酒嘉风电基地特色铝合金节能技术改造项目一期90万吨，项目截至2014年底累计完成投资48.87亿元。总投资47.1亿元的酒钢集团酒嘉风电基地高载能特色铝合金节能技术改造电厂项目一、二期项目，累计完成投资45.07亿；总投资4.29亿元的甘肃东兴铝业酒嘉风电基地高载能特色铝合金节能技术改造一期项目累计完成投资2.34亿元，项目进入收尾阶段。

总投资0.33亿元的西部春光农副产品交易市场，目前已全部完工投入营运，推进了酒嘉商贸一体化发展。总投资22亿元的嘉峪关方特欢乐世界项目于2013年4月正式启动，年设计接待游客200万人次，2015年5月1日建成并投入营运。方特将成为一个实力强劲的国际性产业基地，进一步繁荣酒嘉旅游市场，带动酒嘉地区高端服务产业的集聚与发展，拉动酒嘉就业水平，优化产业结构，促进酒嘉旅游一体化。

此外，巨龙农网综合物流港项目总投资18.4亿元，一期工程已完成投资7.5亿元，投入营运。物流港依托河西走廊丰富的农业资源，充分发挥现有供销社的网络优势，建设多业态农产品物流园，立足酒嘉，辐射西北，形成了果品、蔬菜、乳制品、肉制品等副食品的外销经营中心，促进了酒嘉区域商贸物流一体化。酒嘉公路运输枢纽综合物流园区项目，已完成投资1.27亿元，园区水、电、供热、通信等基础设施条件配套完善，已具备企业入驻条件。酒嘉国际物流园项目已建成投运，年货物吞吐量达到85万吨，已形成运输、仓储、中转、配送、搬运、装卸、培训、物流、人流、信息流、车辆流等为一体的综合服务体系。物流园相继建成进一步促进了酒嘉物质流、信息流的传递，加强了酒嘉核心区的辐射带动能力，提升了酒嘉区域竞争力。

2.3.1.2.3　社会事业发展项目

嘉峪关市第一人民医院、嘉峪关市第二人民医院综合楼建设项目，截至2014年底，分别累计完成投资0.5亿、0.1亿元，正在积极开展前期工作。总投资1.5亿元的酒泉市医院综合楼项目，已全面开工，累计完成投资0.38亿元，完成地上三层。酒嘉两市市级综合性医院的建设进一步提升了酒嘉区域的医疗保障能力，为健全酒嘉以综合性医院为主体，各类特色性医院相结合的功能齐全、设施先进、资源共享的医疗服务体系，实现人才技术优势在两市共享奠定了基础。

嘉峪关市酒钢三中新校区建设项目总投资2.63亿元，总建筑面积9.99万平方米，已完成投资3.59亿元，一、三、四期工程已全部完工，二期综合艺术中心正在进行室内外装修。总投资1.56亿元的酒泉工贸中等专业学校新校区建设项目正在积极开展前期工作。嘉峪关加大对甘肃钢铁职业技术学院的支持力度，扩大学校规模，新校区于2012年4月建成投运。基础教育、职业教育、高等教育资源平台的不断完善，加快了酒嘉培养创新型和实用型人才的步伐，增进了两市的经济发展后劲。

2.3.1.2.4　生态环境项目

讨赖河生态治理工程总投资2.49亿元，全部完工，其中酒泉段投资2.2亿元，嘉峪关段投资0.29亿元。总投资0.85亿元的"两湖一河"园林景观工程(讨赖河生态园、飘带河景观带、明珠文化生态园)，经过4年的建设，验收合格，目前已全部投入使用。通过讨赖河生态环境治理，进一步加强了酒嘉在生态建设方面的合作，提升了酒嘉区域环境承载力。

2.3.1.3　合作发展环境评估

《规划》实施以来，酒嘉两市形成了统一的认识。经济全球化、区域经济一体化是一个重要趋势，扩大开放并在更大范围进行分工合作已成为酒嘉实现跨越式发展的重要途径。酒嘉区域经济一体化发展，是甘肃省"两翼齐飞"战略的重要组成部分，事关全省发展大局。推进酒嘉经济一体化发展，有利于促进资源优化配置，优势产业有序分工协作，城乡互动协调发展，形成与兰白、金武等经济区的相互补充、协调发展的新格局，提升酒嘉在丝绸之路经济带的地位。两市认真贯彻省委、省政府区域发展战略，从产业、土地、资源、城市功能等方面的关联性和互补性入手，通过政府各部门间的交流，企业项目的合作，报刊、电视、网络等舆论媒介的宣传等方式，以产业为支撑，以基础设施建设为抓手，加大协作力度，在城市规划同绘、交通设施同网、市场建设同体、公共服务同享等方面迈出了实质性步伐，提升了区域整体竞争力，为海内外投资者提供了生产、经营的优良环境。

2.3.2　《规划》任务进展情况评估

2.3.2.1　空间结构优化布局

区域发展轴辐射作用逐渐显现。酒嘉依托河西走廊，以连霍高速公路G30、国道G312线、敦瓜公路和安敦铁路为发展主轴，逐步形成以清洁能源、石油化工、特色农副产品加工、商贸物流和现代服务业为主的通道经济，成为人口、产业、经济活动等优先集聚地带，增强了区域的辐射带动能力，城市发展空间有序拓展和优化，区域发展轴的作用逐步显现。

酒嘉城镇群增长极初具雏形。酒嘉中心城区相距约20公里，在空间一体化上有先天优势。"十二五"期间，两市以建成区域性中心城市为目标，统筹城市发展规划，明确发展方向、功能分区及产业布局，修订完善了《酒泉市城市总体规划》和《嘉峪关市城市总体规划》。酒泉城市建设用地发展遵循"西拓新区、南进产业、东控北优、中兴主城"的方向。嘉峪关明确了"向南为主，向东为辅，完善北部，控制西部"的发展方向，两市在空间上相向融合发展，深入推进了一体化进程。核心区的建成区面积不断扩张，由2011年的110.26平方千米扩大到2014年的127.83平方千米。人口不断向核心区集聚，人口规模由2011年的66.40万人增长到2014年的67.81万人，占总人口的50.11%。两市产业融合集群程度不断提高，核心区工业园聚集了新能源及装备制造业、化工产业、冶金新材料、特色农副产品加工、食品工业、民用核技术、旅游等产业。区内资源不断整合、配置逐步优化，促进了核心区人口、产业的聚集，区域增长极作用逐步显现。

敦瓜城镇群规模不断壮大。敦煌和瓜州建成区面积2014年达22.65平方千米，比2011年扩大了1.55平方千米。截至2014年底，敦瓜人口达33.69万人，比2011年增长0.08万人。两地不断提升城市综合服务和产业集聚功能，切实改善城市环境质量，充分发挥历史文化旅游资源、太阳能、农产品、有色金属等资源优势，突出发展特色旅游、优势农业、清洁能源、商贸业，聚集了制种、棉花深加工、装备制造、有色金属深加工等产业，形成与酒嘉城镇群和发展轴相互补充的区域次中心城镇群，产业承接和人口集聚能力得到提升。

2.3.2.2 基础设施统筹共建共享

交通网络化程度不断提高。以酒嘉核心区建设为重点，优化区内交通网络布局，加快对外通道建设，构筑立体式综合交通体系。目前已完成两市路网规划，取消了两市间的公路收费站，开通了酒嘉城际公交，两市间公交、出租车相互直通。清嘉高速公路、酒嘉城际一级公路、明珠路等建成通车，以文殊镇与西峰乡、新城镇与果园乡为两弧的环状交通网络的改造升级，形成了“三横三纵一环”的路网格局，使中心城区路网相互贯通。兰新铁路第二双线(客运专线)建成运营，额哈铁路、敦格铁路顺利推进，有利推进了国家向西开放战略的实施。两市依托嘉峪关机场，加快培育相关航线，采取共同补贴的方式开通了嘉峪关到重庆、成都、上海、西安等12条航线，敦煌机场扩建，酒泉百立通用机场建设前期工作积极推进。

城市配套设施日臻完善。“十二五”期间，两市积极推进酒嘉新区建设，加大老城区改造力度，增强两市接壤区域及工业园区配套基础设施承载力，加大市政设施、环卫绿化、供水供热和物业管理的建设力度。重点实施了园区绿化、路基改造、供热排水、路灯架设、酒嘉高速风电装备专用通道等11项工程。不断加快城市建设步伐，扎实开展城中村、城乡接合部环境卫生综合整治，市容市貌进一步改善。北大河生态环境综合治理项目取得阶段性成果，已完成河道补水工程、泄洪工程、河道景观及附属配套工程等建设任务。讨赖河两岸滨河路、桥梁以及附属工程加快建设，成为酒嘉的生态景观。

邮电通讯系统一体化稳步推进。酒嘉大力加快信息化建设步伐，努力消除“数字鸿沟”，两市的邮政、固网和移动通信已实现同费同网，取消了长话费和移动电话漫游费，有效降低了跨市商务和生活成本，形成了较为完善的信息传输网络。目前，两市正积极创造条件，推进信息传输各部门的业务融合，促进电信网、广播电视网和互联网的“三网合一”。

2.3.2.3 产业融合集群发展与结构调整

新能源及新能源装备制造业稳步提升。酒嘉紧抓国家新兴产业发展战略机遇，加快建设新能源和新能源装备制造基地建设。以核心区为主的风电及绿色经济区为重点的太阳能发电，成为支撑区域经济发展的首位产业。同时，两地依托千万千瓦级新能源基地和百万千瓦级光伏产业基地，以酒泉经济技术开发区和嘉峪关嘉西光伏产业园为平台，建设了一批风电、光电配套装备制造业项目。华锐风电、金风科技、中材科技、东气集团、西部重工等国内领先风电制造企业在酒嘉建设风电装备生产基地，国家风电设备质检中心和海装风电总装维护基地建成。西部重工已建成酒嘉地区规模最大的风电塔架制造厂，龙泰、海特等风电配套生产项目建成投产，甘肃申能光伏发电装备制造项目开工建设，成为两市装备制造业发展的强劲动力，为酒嘉发展新能源及装备制造业奠定了良好基础，进一步促进了产业结构的调整升级。

资源综合利用，产业有序推动。依托区域矿产资源富集的优势，酒嘉加大各类产业园区的建设力度，布局了煤化工、光伏材料及制造、非金属采选加工及建材、黑色金属采选冶加工、有色金属采选、石油炼化及精细化工6个百亿元产业链。同时，大力改造提升冶金、石化等传统优势产业，加快以清洁能源综合利用为主的冶金新材料及石化新产品的产业集群建设。2014年酒泉新上马了万象建材粉煤灰资源综合利用、松迪煤焦化等一批高载能项目；嘉北循环经济产业园形成了以黑色、有色冶金为主的循环经济产业集群。截至2014年底，两市完成工业增加值390.09亿元，占两地GDP比重达45.2%。

特色农副产品基地加快建设。两市积极调整农业产业结构，大力建设特色农产品生产基地，初步形成了农业产业化规模经营。核心区布局建设的国家级农业示范区及高效节水示范区项目全面启动，正大新农村现代农业合作示范项目、高效节水灌溉示范项目、野麻湾高效农业示范园区有序推进，宏丰紫轩酒业公司大力发展葡萄设施农业精深加工。绿色经济区积极拓展棉花加工，大力发展制种业。生态保护区进一步提高养殖业的规模化水平，稳步推进牛羊大县的建设，逐步成为酒嘉的活畜储备基地。截至2014年底，酒嘉第一产业增加值85.7亿元，比2011年增加38%。农作物种植面积261.9万亩，粮食种植面积61.4万亩，比2011年增长了1.1%；牛存栏量15.45万头，比2011年增加了6.55%；羊存栏量393.52万只，比2011年增加了13.5%；肉类总产量7.8万吨，比2011年增加了12.07%。

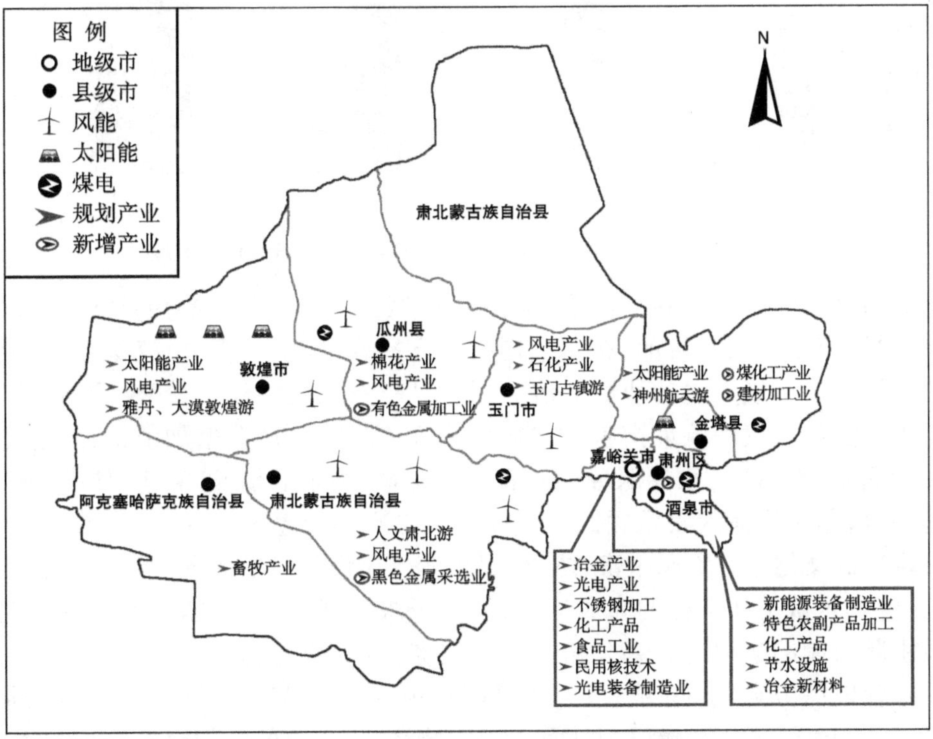

图2.3-1 酒嘉区域重点产业布局示意图

旅游一体化加快发展。酒嘉优化旅游线路、整合旅游资源、加强区域协作，积极构建大旅游格局。首先，以敦煌旅游为龙头，集丝路文化、关城文化、边塞文化、佛教文化等为一体，以敦煌莫高窟、鸣沙山·月牙泉、雅丹地质公园、七一冰川、透明梦柯冰川、长城第一墩、嘉峪关城楼、西汉酒泉胜迹等重点景区为支撑，充分发挥地缘优势，整合区域力量，加强文脉传承，为区域旅游一体化奠定基础。其次，充分发挥交通枢纽优势，开通了“敦煌号”旅游列车和曼谷直达敦煌的包机等航线，极大地改善了旅游交通条件，加大了对外推介力度，更大程度上吸引了国内外游客。再次，“敦煌行·丝绸之路国际旅游节”“张芝书法艺术节”等文化节会的举办，“敦煌国际文化博览会”列入国家“丝绸之路经济带”建设规划，对强化旅游市场营销、旅游形象宣传及丝绸之路经济带甘肃黄金段建设具有重大意义。最后，两市全面启动华夏文明传承示范区建设，丝绸之路国际会展中心、金塔航天文化产业园、瓜州汉唐文化产业开发、玉门文化产业园等各类重点文化旅游项目进展顺利。方特欢乐世界作为西北地区规模最大的第四代高科技主题公园，它的开业运营进一步增强了城市服务功能，对文化产业和经济起到拉动作用。随着区域旅游资源的整合，旅游一体化程度提高，2014年酒嘉接待游客达1834.68万人次，2011—2014年年均增速为30.25%。

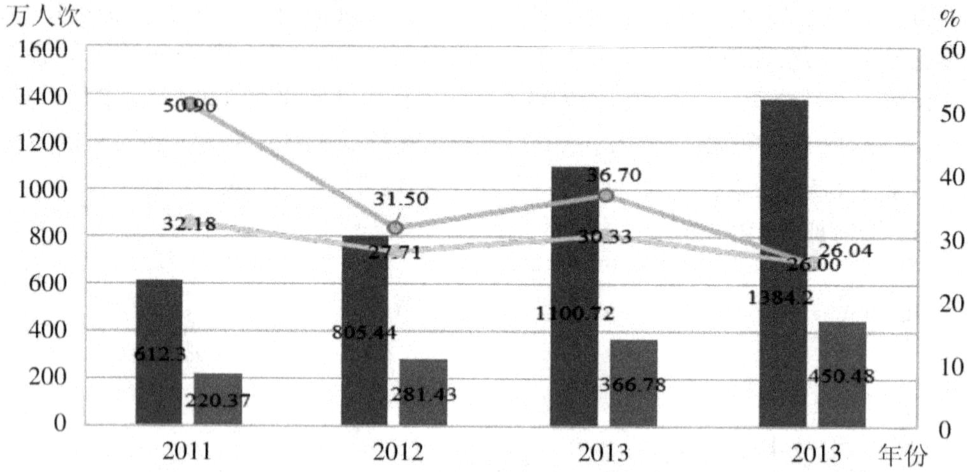

图2.3-2　2011—2014年酒嘉两地游客接待人数及增长速度

商贸物流一体化快速发展。酒嘉以建设区域性商贸物流中心为目标，加大市场体系建设，促进市场集聚。目前，在两市连接带已形成以汽车、机电、建材等消费品和生产资料储运流通市场为主的块状经济。同时，以“丝绸之路经济带”建设为契机，全面落实促进商贸物流发展政策措施。2014年酒嘉实现第三产业增加值315.4亿元，占两市GDP比重达36.53%。酒嘉服务设施互补性明显，酒泉的批发、零售、住宿、餐饮等服务设施齐全，等购物休闲娱乐餐饮为一体的东方广场的建成，吸引嘉峪关居民前往消费。嘉峪关的文化旅游资源丰富，体育、娱乐等休闲设施日益完备，吸引酒泉居民参与其中，方特欢乐城主体工程的完成运营，完善了旅游基础设施，填补了酒嘉无大规模、高科技主题公园的空白。酒嘉公路运输枢纽综合物流园、酒泉亚飞新能源物流园区、嘉峪关粮食现代物流中心建成投运，酒嘉国际物流园、酒泉巨龙现代农业物流港、嘉峪关现代国际物流园区加紧建设，对两地人流、物流、信息流的空间自由流动与输送提供了极大的便利，对未来逐步实现覆盖酒嘉、辐射西北，成为丝绸之路经济带上的重要商贸节点打下良好基础。

产业结构不断优化，工业产业发展质量显著提高。“十二五”期间，酒嘉产业发展逐渐适应新常态，产业结构和布局逐步优化，做大做强了一批资金技术密集、产业关联度高、带动性强的主导产业。两市产业综合后的结构比由2011年的13∶53∶34变为2014年的15∶46∶39，结构基础逐步改善，发展更趋合理。“十二五”期间，酒嘉第一产业占比有所增加，积极发展节水高效特色农业、设施农业等现代农业，有力带动了农业发展、农民增收，其中以棉花、制种、果蔬为主的种植业和以牛、羊、猪为主的畜牧业最为突出；第二产业比重呈下降趋势，两市逐步深化企业内部改革，不断推进工业转型，发展循环经济，走集约化的道路。同时，工业园区配套设施进一步完善，服务功能进一步增强，循环经济加快发展，新能源产业地位突出。工业产业规模和发展质量有明显的提高，2014年两市规模以上工业增加值350.64亿元，比2011年增长了8.65%；第三产业占比有所提升，两市坚持以文化带旅游，以旅游促商贸，着力促进文化旅游商贸融合发展。以现代商贸物流、旅游文化、金融保险、房地产等为代表的现代服务业蓬勃发展。

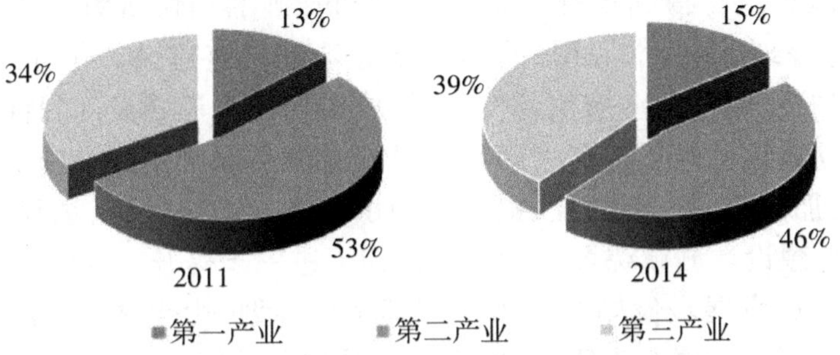

图2.3-3　2011和2014年酒嘉产业结构比重

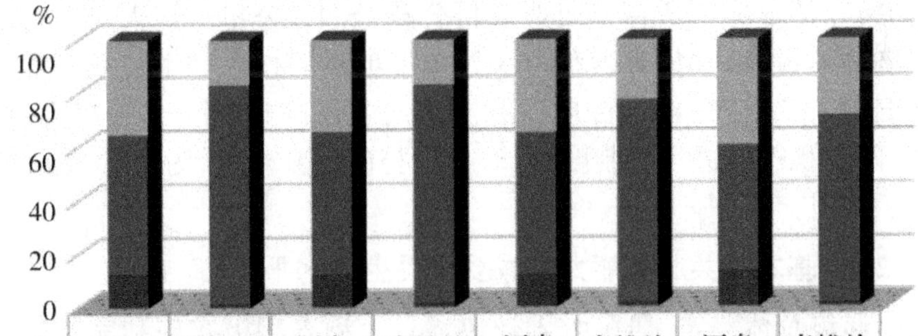

	酒泉	嘉峪关	酒泉	嘉峪关	酒泉	嘉峪关	酒泉	嘉峪关
	2011		2012		2013		2014	
三产	35.4	16.8	34.4	16.8	34.9	22.62	39.6	28.57
二产	52.3	81.9	53.5	81.8	53	75.56	47.2	69.8
一产	12.3	1.3	12.1	1.4	12.1	1.72	13.2	1.63

图2.3-4　2011—2014年酒嘉两地三次产业比重

2.3.2.4　城镇化发展水平

城镇化水平得到提升。城镇化水平逐渐提高但区域之间发展差距较大。2011—2014年酒嘉两地的城镇化率逐年上升，但增速较慢，城镇化率相差较大。酒泉的城镇化率基本与全国持平，略高于甘肃省；嘉峪关城镇化率远远高于甘肃省和全国水平。

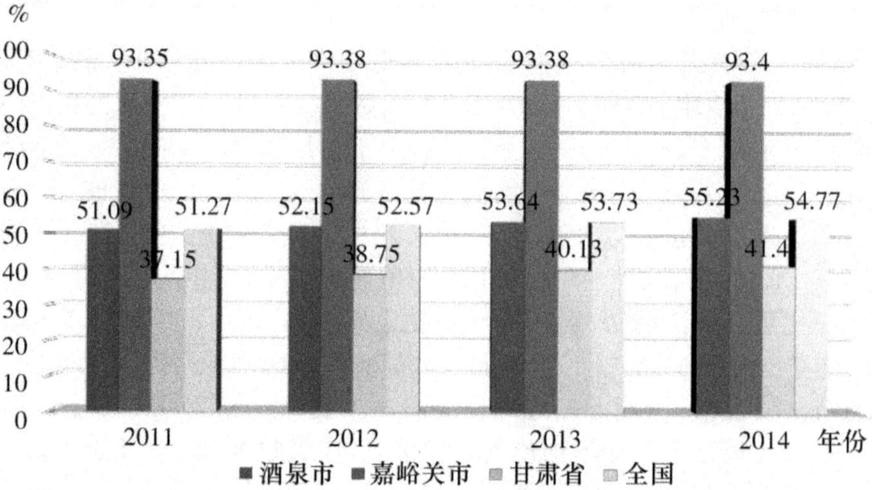

图2.3-5　2011—2014年酒嘉两市城镇化率对比

城镇综合承载能力得到提升。“十二五”期间，酒嘉加快城镇道路、供水、供气、供热、垃圾和污水处理、再生水回用、园林绿化等基础设施建设。优先发展城市公共交通，推进城市公共交通向重点城镇延伸，加快城市快速干道建设。目前，酒嘉城际快速通道和瓜敦快速通道已建成通车。两市积极推进酒嘉新区基础设施建设，支持核心区发展热电联产，加大管网改造力度，提高集中供热率。加快信息、基础设施和数字化城市管理信息系统建设。城镇综合承载能力得到了进一步提升，基础设施逐步完善。

统筹城乡协调发展步伐加快。酒嘉统筹城乡规划，优化城乡空间布局。以教育、医疗、就业、养老等社会事业为重点，促进城乡基本公共服务均等化。两市统筹安排城乡基础设施建设，加快公共基础设施向农村延伸速度，基本形成城乡一体的基础设施网络，2014年酒嘉共完成新建改造农村公路1541.7公里。加大对农村危旧房屋改造、村容环境整治、垃圾收集清运和污水处理等项目的投入。“十二五”期间酒泉累计改造农村危旧房3.43万户，新建百户以上楼居式中心村122个，建成村容村貌整治示范点183个。两市积极推进户籍制度改革，努力打破城乡壁垒，为实行城乡一元化的户籍制度奠定了基础。

2.3.2.5　基本公共服务能力与城乡居民生活水平

就业形势总体稳定，居民收入较快增长。酒嘉积极实施和完善就业政策，建立健全人力资源市场信息服务体系，大力完善城乡公共就业服务和面向全体劳动者的职业技能培训，支持劳动者自主择业，鼓励中小企业、民营企业就近就地吸纳农村富余劳动者，就业规模进一步扩大。2014年酒嘉共新增城镇就业人员4.27万人。城乡居民收入稳步提升，生活质量不断提高，物质条件进一步改善。2014年酒泉市城镇居民人均可支配收入2.47万元，比2011年增长42.7%，农村居民人均纯收入1.21万元，比2011年增长48.8%；嘉峪关城镇居民人均可支配收入为2.69万元，比2011年增长42.1%，农村居民人均纯收入1.38万元，比2011年增长48.4%。

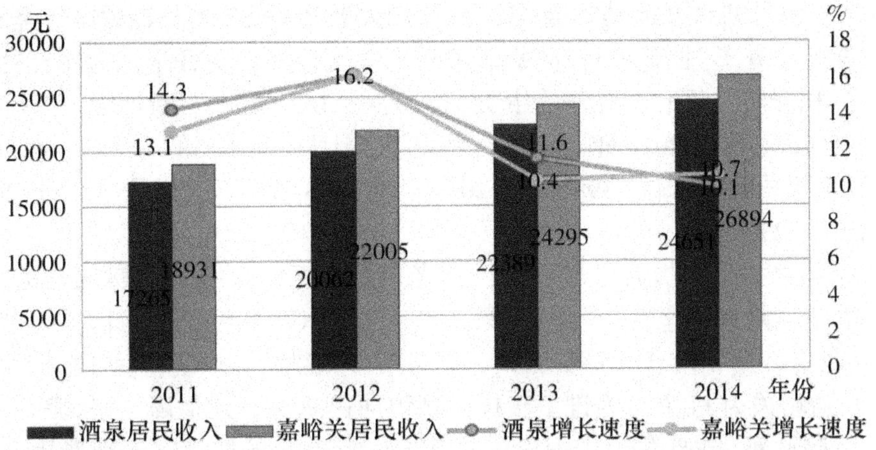

图2.3-6　2011—2014年酒嘉两市城镇居民人均可支配收入及增长速度

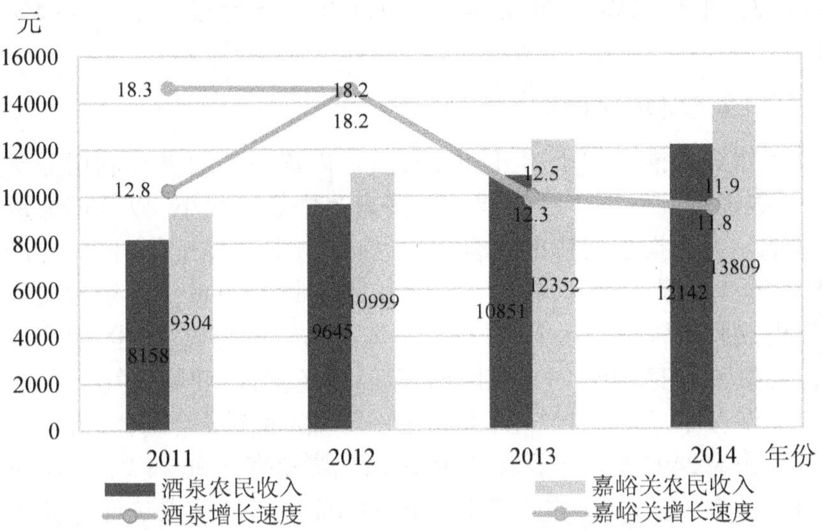

图2.3-7　2011—2014年酒嘉两市农民人均纯收入及增长速度

科教事业发展势头良好。大力发展科教事业，积极引进先进技术，优化教育资源。截至2014年底，两地技术合同成交金额达24亿元，财政投入科技经费共12577万元，比2011年增长6215万元。酒嘉共有普通高校2所，普通中等专业学校11所，职业中学2所，普通中学70所，普通小学176所，成人文化技术培训学校140所，两市2014年普通高校录取学生8421人。通过整合教育资源，切实提高教育质量和水平。两市的小学数由2011年的265所撤并为2014年的176所，义务教育段入学率达到100%。

文化事业繁荣昌盛。酒嘉是古丝绸之路黄金地段的璀璨明珠，丝路文化、边塞文化与长城文化的交汇处。截至2014年底，两市共有艺术表演团体3个，剧场、影剧院9个，文化馆9个，博物馆7个，公共图书馆9个，公共图书馆图书总藏量达76.81万册。成立了丝路文化研究会和长城文化研究会并取得阶段性成果，以丝路文化和长城文化为重点，分析华夏文明传承创新区的机遇、优势和重点，推动文化、旅游、体育及相关产业融合发展。

体育卫生事业健康发展。酒嘉进一步鼓励竞技体育，推动体育事业长足发展。截至2014年底，两市共举办运动赛会281次，参加人数达43.68万人。2014年嘉峪关市东湖生态园景区承办了“甘肃银行杯”嘉峪关铁人三项世界杯赛暨全国冠军杯赛、全国业余铁人三项积分赛。医疗卫生事业长足发展，医疗队伍建设不断加强，医疗卫生条件有了较大改善。截至2014年底，酒嘉共有医疗卫生机构1111个，比2011年增长5.71%。卫生机构共有床位7398张，比2011年增长13.41%。卫生技术人员8538人，比2011年增长7.82%。

社会保障水平不断提升。城乡居民养老保险和医疗保险基本实现全覆盖。城乡居民基本养老保险制度坚持“全覆盖、保基本、有弹性、可持续”的方针，实行个人缴费、集体补助、政府补贴相结合的筹资方式。酒泉市个人缴费除阿克塞为7个档次外，其余都为12个，嘉峪关为11个。为进一步提高城镇居民基本医疗保障水平，完善城镇居民基本医疗保险政策，酒嘉两市正探索展开基本医疗保险异地就医医疗费用结算工作。截至2014年底，两市城镇基本养老保险参保人数达18.6万人，失业保险11.91万人，工伤保险15.65万人，生育保险13.38万人，分别比2011年增长5.08%、2.94%、51.51%、48.99%。

2.3.2.6 区域生态环境保护

节能减排工作深入推进。“十二五”期间，酒嘉以资源高效循环利用为重点发展目标，着力推进低碳经济的发展。加快建设以酒嘉为中心的风电、以敦煌为重点的太阳能发电示范基地。大力推进资源的综合利用，实施节能减排工作，依托矿产资源富集的优势，加大各类产业园区建设，布局了一批市场前景好的现代高载能项目。同时实施了酒钢宏晟电热脱硫脱硝等污染减排项目，加大对工业废气、扬尘、煤炭和汽车尾气等重点污染源的整治力度，加强对嘉北区域煤场、料场监管，环境空气质量逐步改善。

环境恢复工作有序开展。“十二五”期间生态环境不断改善，截至2014年底，两地环境噪声达标区面积为249.75平方千米，建成区绿化覆盖率达36%以上。2014年核心区空气质量优良天数296天以上，占全年天数的81.1%。两市重点工业企业污染物排放稳定达标达98%以上，城镇生活污水集中处理率83%以上，城市生活垃圾无害化率95%以上，工业污水排放达标率为96%以上，讨赖河河道治理工程竣工。嘉峪关先后获得了“国家环境保护模范城市”“全国园林绿化先进城市”“国家卫生城市”的称号。

生态屏障与生态修复工作成效显著。酒嘉组织实施生态屏障行动，大力推进生态保护建设。推动以基本农田渠路林电配套的土地整理项目和高标准基本农田项目建设，有效增加了耕地总量，实现了耕地数量、质量和生态保护协调统一。大力进行植树造林和生态建设活动，截至2014年底，共完成义务植树467万株，恢复了嘉峪关城楼附近的九眼泉湖自然生态环境，推进了敦煌水资源合理利用与生态保护综合规划工程的实施，完成了讨赖河龙王滩遗址湿地保护一、二期工程、“两湖一河”生态景观工程和敦煌莫高窟保护利用工程。生态转移支付项目及修复工程的实施，增强了生态环境承载力，促进了区域生态环境系统的良性循环。

2.3.2.7 开放合作水平

开放合作步入新阶段。为抢抓“丝绸之路经济带”建设机遇，加快实施“走出去，引进来”战略，两市积极支持有实力的企业到境外投资办厂、开发资源和开展农业合作。

招商引资力度逐步加大,招商引资到位资金逐年增长。至2015年3月,酒泉市共有外商投资企业39户,总注资资本12.5亿元,总投资35亿美元,实际到位资金7.6亿美元。全市外商独资企业17户,中外合资企业22户。外商投资企业资金主要来源于美国、德国、丹麦、澳大利亚、英国、韩国、新加坡以及中国香港和台湾等9个国家和地区,主要投资风电、装备制造业、住宿餐饮、农产品加工、采矿加工业、商业服务等行业。中欧丝绸之路东方廊桥敦煌驿站项目初步达成意向性协议。目前,甘肃大禹节水股份有限公司与牙买加泛加勒比糖业公司签订了《莫尼马斯克农场水源更新工程》,正在开展前期勘探工程。玉门聚馨麦芽有限公司、甘肃大禹节水股份有限公司、酒泉市农产品流通协会正在对白俄罗斯、哈萨克斯坦等中西亚、中东欧地区进行考察及前期的磋商等工作。嘉峪关就新能源装备制造业与韩国重山集团建立了合作关系。

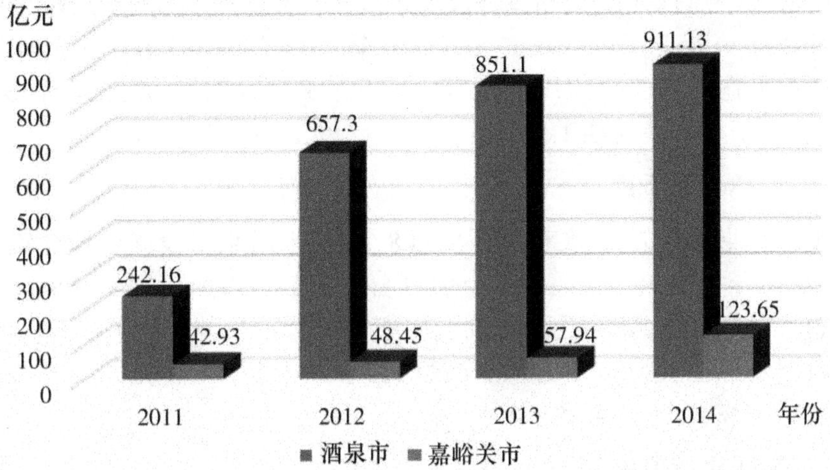

图2.3-8　2011—2014年酒嘉两市招商引资实际到位资金

酒嘉省外合作成效显著。两市正积极联合打造"酒泉—嘉峪关—敦煌—哈密"跨省区合作经济区,争取提升为新时期西部大开发的国家战略。2014年在建设丝绸之路经济带合作项目签约仪式上,分别与上海、浙江、福建、安徽等地企业签订合作项目20个,签约金额133.3亿元;与新疆特变电工达成投资意向,引进拟投资1亿元的敦煌市特变电工逆变器、SVG/直流配电柜、汇流箱加工生产。青岛飞洋集团有限公司和恩都控股集团就佛教文化及崖壁酒店建设项目初步达成合作意向。深圳市科陆电子科技股份有限公司就智能电网和储能电站项目初步达成合作意向。嘉峪关与深圳华强集团、正大集团合作项目签约,两大集团分别合作建设方特欢乐世界主题公园和正大新农村现代农业合作示范项目,两项目投资总额达32亿元。

2.3.3　重点项目实施情况评估

《规划》重点项目总体实施情况良好,取得了明显的阶段性成果。截至2014年底,酒嘉区域经济一体化发展续建、开工和预备类重点项目共195项,其中基础设施项目39项,占项目总数的20%;工业能源项目23项,占项目总数的11.79%;农林水利、文化旅游、商贸物流、城乡统筹、生态环境、社会事业发展项目分别是15、29、23、9、41、16项,分别占项目总数的7.69%、14.87%、11.79%、4.62%、21.03%、8.21%。项目已完工82项,在建77项，开展前期工作36项，开工建设率81.54%，完工率42.05%（详见附表2-2）。

2.3.3.1　基础设施项目

包括交通建设、市政设施和信息化建设工程，其中酒泉至嘉峪关城际一级公路工程、兰新铁路第二双线酒嘉段建设工程、嘉峪关南市区垃圾转运站等18个项目已全面建成；额哈铁路、柳园—敦煌—格尔木高速公路、酒嘉生态景观带建设等14项工程全面启动，建设正有序推进；敦煌机场扩建、酒额铁路、酒泉城区第二水厂迁建工程等7个项目前期工作正在积极推进。开工建设率82.05%，完工率46.15%。

2.3.3.2　工业能源项目

包括12个新能源产业项目、6个风电场升压站工程、3个冶金产业项目、2个老工业基地转型项目，其中酒嘉风电示范基地、敦煌太阳能发电示范基地等16个项目已全面建成；803厂2台30万千瓦热电联产大型煤电项目，玉门—803电厂—黄草营330千伏输电工程稳步实施；酒泉风电二期第二批500万千瓦建设项目、嘉玉双回330输变电工程等5个项目正积极开展前期工作。开工建设率78.26%，完工率69.56%。

2.3.3.3　农林水利项目

包括现代农业项目7个，水利工程项目8个，其中酒泉市设施农业建设项目，党河灌区2012、2013年节水改造工程等6个项目全面完工。肃州区国家级农业示范区、酒泉市高效节水示范项目、嘉峪关现代农业生态示范园项目等7个项目工程建设加快推进。敦煌地下水源地置换工程、肃北马鬃山调水工程2个项目正积极开展前期工作。建设开工率86.67%，完工率40%。

2.3.3.4　文化旅游项目

其中张芝文化旅游产业园、长城边关第一镇·丝路印象、丝绸之路酒文化展示中心等12个项目已全面完工。敦煌"龙行九洲"国际文化度假城、航天文化产业园、嘉峪关世界文化遗产保护与展示工程等10个项目工程全面开工建设，按计划顺利推进。丝绸之路文化旅游小镇—华夏民俗文化园、万里长城—嘉峪关国家文化和自然遗产保护设施建设等7个项目正在开展前期工作。建设开工率75.86%，完工率41.37%。

2.3.3.5　商贸物流项目

包括18个商贸项目，5个物流项目，其中酒嘉公路运输枢纽综合物流园、嘉峪关粮食现代物流中心等7个项目已全面完工，投入营运。酒嘉国际物流园、嘉峪关春光农产品批发市场、天空之城城市综合体等11个项目工程全面启动，建设正有序推进。讨赖河北岸休闲商业街工程、红叶文化城市综合体等5个项目正在开展前期工作。建设开工率78.26%，完工率30.43%。

2.3.3.6　城乡统筹项目

其中嘉峪关农村公路通畅工程和嘉峪关土地整理工程等3个项目已完工。酒泉农民安居工程、酒泉农村路网建设工程等5个项目正加快建设进程。城乡一体化安远沟新农村社区试点建设项目正在积极开展前期工作。建设开工率88.88%，完工率33.33%。

2.3.3.7 生态环境项目

包括循环经济项目27项,环境保护项目4项,生态修复项目10项,其中敦煌莫高窟保护利用工程、讨赖河龙王滩遗址湿地保护二期工程等19个项目已全面完工。再生资源产业园、酒钢集团酒嘉风电基地高载能特色铝合金节能技术改造电厂、亚行贷款酒泉市城市环境综合治理等28个项目工程全面启动。引哈济党工程、肃北中宏能源资源综合利用项目等4个项目正在积极开展前期工作。建设开工率90.24%,完工率46.34%。

2.3.3.8 社会事业发展项目

其中酒泉市移民扶贫开发建设项目、嘉峪关市酒钢三中新校区、酒泉市医院综合楼等8个项目全面开工建设,正按计划顺利推进。嘉峪关市第一人民医院、嘉峪关市第二人民医院综合楼和酒泉工贸中等专业学校新校区建设项目正在积极开展前期工作。建设开工率81.25%,完工率31.25%。

基础设施项目顺利实施优化了区域投资环境,增强了区域综合竞争力,为酒嘉区域经济一体化发展奠定了良好的基础。酒嘉国际物流园、酒嘉公路运输枢纽综合物流园等项目相继建成,有力地带动了区域现代服务业的快速发展。传统产业改造升级、新能源产业及装备制造业项目的大量投建运营促进了酒嘉区域产业结构优化调整和发展方式转变,为区域发展注入了新的活力。各类生态环保类项目顺利进展,有效提升了酒嘉区域环境承载力,改善了生态环境。根据发展形势,"十二五"期间还实施了一批未列入《规划》的新能源、新材料、循环经济及基础设施项目。由于市场变化和企业战略调整,部分规划项目未能实施。

2.3.4 区域发展总体目标实现程度

2.3.4.1 主要指标完成情况评估

《规划》共确定34个主要发展指标,其中约束性指标13个,预期性指标21个。截至2014年底,有18个指标已提前完成目标或满足规划进度要求,占指标总数的53%。约束性指标中6个已提前完成目标或满足进度要求;预期性指标中12个已提前完成目标或满足进度要求,5个指标完成目标难度比较大, 11个指标由于缺乏数据难以准确评估(详见附表2-1)。

截至2014年底,城镇污水处理率、城镇生活垃圾无害处理率、饮用水质达标率(完成率为100%)、核心区城市人口(完成率为123.6%)、风机总装能力、光伏装备产能、葡萄种植面积、羊饲养量、羊出栏量(完成率为149.2%)、猪饲养量、猪出栏量、城乡居民人均可支配收入(完成率为102.7%)、农村居民人均纯收入(完成率为180%)、互联网入户率、移动电话持有率提前达到规划目标量;农村安全供水率、农村通电率、建制村公路通达率基本实现规划目标量;生产总值(完成率为66.7%)、经济总量的全省占比、城镇化率(完成率为38.5%)、牛饲养量(完成率为38.9%)、牛出栏量(完成率为44.8%)未达到规划进度要求。

预计到2015年底,农村通电率将完成规划目标量(完成率为100%);生产总值(完成率为84.9%)、城镇化率(完成率为48.2%)、牛饲养量(完成率为48.8%)、牛出栏量(完成率为55.5%)、农村安全供水率(完成率28.6%)、建制村公路通达率(完成率81.8%)仍未能达到规划目标量。

2.3.4.2 区域经济综合实力提升情况评估

2.3.4.2.1 与"十一五"比较

纵向来看,与"十一五"末期相比,经济规模大幅度提高,GDP、大口径财政收入、社会固定资产投资分别由2010年的588.94亿元、76.99亿元、488.18亿元增加到2014年的863.3亿元、144.5亿元、1128.94亿元。经济结构进一步优化,三产比例由2010年的14.6:51.7:33.7调整为2014年的14.63:46.44:38.93。人民生活质量显著提升,人均GDP、农民纯收入、城镇居民可支配收入、人均社会消费品零售额均增长1.4倍以上。旅游收入由2010年的45.32亿元增长到2014年的149.5亿元,进出口总额占GDP比重由2010年的9.45%下降到2014年的2.88%。

表2.3-1 酒嘉"十二五"经济综合实力情况

指标		2010	2011	2012	2013	2014
经济规模	GDP(亿元)	588.94	717.04	843.6	868.97	863.3
	国内生产总值增长值(当年/去年)	1.22	1.22	1.17	1.03	0.99
	大口径财政收入(亿元)	76.99	92.55	108.74	125.74	144.5
	一般财政收入(公共财政预算收入)(亿元)	20.77	27.51	34.03	45	48.05
	社会固定资产投资(亿元)	488.18	604.64	877.35	952.3	1128.94
经济结构	第一产业比重(%)	14.6	13.1	13.1	13.5	14.63
	第二产业比重(%)	51.7	52.8	53.5	51.6	46.44
	第三产业比重(%)	33.7	34.1	33.4	34.9	38.93
开放程度	进出口额占GDP比重(%)	9.45	8.81	6.87	6.66	2.88
	旅游收入(亿元)	45.32	63.94	87.07	119.35	149.5
人民生活质量	人均GDP	44315	53755	63016	64665	63797
	农民人均纯收入(元/人)	7257	8190	9684	10895	12194
	人均社会消费品零售(元/人)	8397	10136	11769	13253	14730
	城市居民人均可支配总额	15560	17730	20597	22904	25253
	职工年平均工资(元)		41952	46145		

数据来源:《酒泉市国民经济和社会发展统计公报》(2009—2014年)、《嘉峪关市国民经济和社会发展统计公报》(2009—2014年)、《酒泉市统计年鉴》(2012年、2013年)、《嘉峪关市统计年鉴》(2011—2014年)。

表2.3-2 2014年甘肃各市州经济发展排名

2014年甘肃省各市州	GDP(亿元)		实际增速(%)		固定资产投资(亿元)		大口径财政收入(亿元)		社会消费品总额(亿元)	
	绝对值	排名	绝对值	排名	绝对值	排名	绝对值	排名	绝对值	排名
甘肃省	6835.27	—	8.9	—	7759.62	—	1234.54	—	2410.4	—
兰州市	1913.5	1	10.4	2	1610.68	1	467.48	1	944.86	1
庆阳市	668.93	2	10.2	3	1122.57	2	149.25	2	164	3
酒泉市	620.2	3	7.8	12	1003.7	3	93.64	4	156.8	4
白银市	497.58	4	8.9	8	428.44	9	52.73	5	152.35	6
天水市	496.89	5	8.9	8	537.76	5	100.18	3	224.28	2
武威市	405.97	6	9.1	6	549.76	4	36.7	12	131.7	7
张掖市	353.43	7	8	10	275.69	10	48.07	9	118.4	8
平凉市	350.53	8	8	10	537.56	6	46.28	10	152.71	5
定西市	267.94	9	9.2	5	500.59	8	38.33	11	92.4	9
陇南市	262.5	10	9.0	7	532.9	7	49.28	7	72.27	10
金昌市	244.64	11	7.8	12	247.16	12	48.47	8	64.3	11
嘉峪关市	243.1	12	10	4	125.24	14	50.86	6	42.53	13
临夏州	186.05	13	10.9	1	263.73	11	25.4	13	60.05	12
甘南州	114.92	14	6.7	14	178.22	13	16.85	14	33.42	14

数据来源:甘肃各市州国民经济和社会发展统计公报(2011年、2014年)。

2.3.4.2.2 甘肃省组团发展区域比较

GDP在甘肃省组团发展区域中位居第3,年均增速居第7,增长波动幅度较小。酒嘉地区GDP由2011年的717.04亿元增长到2014年的863.3亿元,增长稳定但呈现出逐步放缓的趋势,2011—2014年GDP年均增速仅6.38%。

表2.3-3 甘肃省组团发展区域地区生产总值对比

组团发展区域	绝对值(亿元)		排名		年均增速(%)	排名
	2011年	2014年	2011年	2014年		
兰白经济区	1735.82	2402.08	1	1	11.44	3
平庆经济区	730.54	1019.46	2	2	11.75	2
酒嘉经济区	717.04	863.3	3	3	6.38	7
金武经济区	505.6	650.47	5	5	8.76	6
张掖经济区	256.6	353.4	6	6	11.25	4
天水陇南经济区	555.23	759.39	4	4	11.00	5
民族地区经济区	210.12	300.97	7	7	12.72	1

数据来源:甘肃各市州国民经济和社会发展统计公报(2011年、2014年)。

全社会固定资产投资在甘肃省组团发展区域中位居第3，年均增速居第3，发展势能加速积聚。2011年酒嘉投资总量为604.64亿元，2014年达到1128.94亿元，在甘肃省组团发展区域中增长较快。

表2.3-4　甘肃省组团发展区域固定资产投资对比

组团发展区域	绝对值(亿元)		排名		年均增速(%)	排名
	2011年	2014年	2011年	2014年		
兰白经济区	1171.94	2035.04	1	1	20.20	5
平庆经济区	807.24	1660.13	2	2	27.17	2
酒嘉经济区	604.64	1128.94	3	3	23.14	3
金武经济区	434.2	1079.5	5	4	35.47	1
张掖经济区	160	275.7	7	7	19.89	6
天水陇南经济区	582.92	1070.66	4	5	22.47	4
民族地区经济区	263.48	441.95	6	6	18.82	7

数据来源：甘肃各市州国民经济和社会发展统计公报(2011年、2014年)。

社会消费品零售额增速在甘肃省组团发展区域中位居第4位，消费市场发展势头良好。酒嘉在消费内需拉动上实现了较快发展，2011—2014年，社会消费品零售额年均增长13.81%，在甘肃省组团发展区域中居第4位。2015年随着城市化的快速推进和人民收入水平的提高，酒嘉地区消费水平将进一步增长。

表2.3-5　甘肃省组团发展区域社会消费品总额对比

组团发展区域	绝对值(亿元)		排名		年均增速(%)	排名
	2011年	2014年	2011年	2014年		
兰白经济区	741.64	1097.21	1	1	13.95	3
平庆经济区	216.76	316.71	2	2	13.47	6
酒嘉经济区	135.2	199.33	3	4	13.81	4
金武经济区	131.74	197	4	5	14.35	2
张掖经济区	80.27	118	6	6	13.70	5
天水陇南经济区	125.55	296.55	5	3	33.18	1
民族地区经济区	64.04	93.47	7	7	0.13433232	7

数据来源：甘肃各市州国民经济和社会发展统计公报(2011年、2014年)。

大口径财政收入年均增速在甘肃省组团发展区域中位居第4位，财政实力加速壮大。财政收入总量和增速都有大幅提升，4年内的年均增速为16.01%，居甘肃省组团发展区域的第5位。

表2.3-6　甘肃省组团发展区域大口径财政收入对比

组团发展区域	绝对值(亿元)		排名		年均增速(%)	排名
	2011年	2014年	2011年	2014年		
兰白经济区	396.1	520.21	1	1	9.51	7
平庆经济区	105.67	195.53	3	2	22.77	3
酒嘉经济区	92.55	144.5	4	4	16.01	5
金武经济区	48.19	86.2	5	5	21.39	4
张掖经济区	22.7	48.1	6	6	28.44	2
天水陇南经济区	107.17	149.46	2	3	11.73	6
民族地区经济区	13.97	42.25	7	7	44.61	1

数据来源：甘肃各市州国民经济和社会发展统计公报(2011年、2014年)。

2.4　区域发展的集中度和优化度分析

2.4.1　人口、产业、城镇空间集中与集聚变化的合理性分析

2.4.1.1　人口空间集聚的合理性分析

2.4.1.1.1　总人口及人口密度分析

酒嘉地广人稀，人口分布呈现出“小集中、大分散”的格局。“十二五”期间总人口保持平稳低速增长。截至2014年底，核心经济区年末常住人口达到96.23万人，人口密度36.79人每平方千米。其中，核心区年末常住人口67.81万人，比2011年末增加1.41万人，人口密度最高，为107.28人每平方千米，中心城区人口密度为4422.59人每平方千米；辐射节点城市人口密度为6.99人每平方千米，中心城区人口密度为4463.75人每平方千米。包括工业园区在内的酒嘉核心区城镇建设用地扩展较快，由于承担特殊的产业职能，土地城镇化大于人口城镇化，为未来更多的人口和产业聚集奠定了基础。绿色经济区年末常住人口达到33.69万人，比2011年末增加0.08万人，人口密度为6.15每平方千米。生态保护区年末常住人口2.56万人，比2011年减少了0.07万人，人口密度最低，为0.26人每平方千米。三类功能分区总人口增长幅度较小，受自然环境和社会经济发展的影响，三大分区人口数量差异明显，人口密度分异较大。

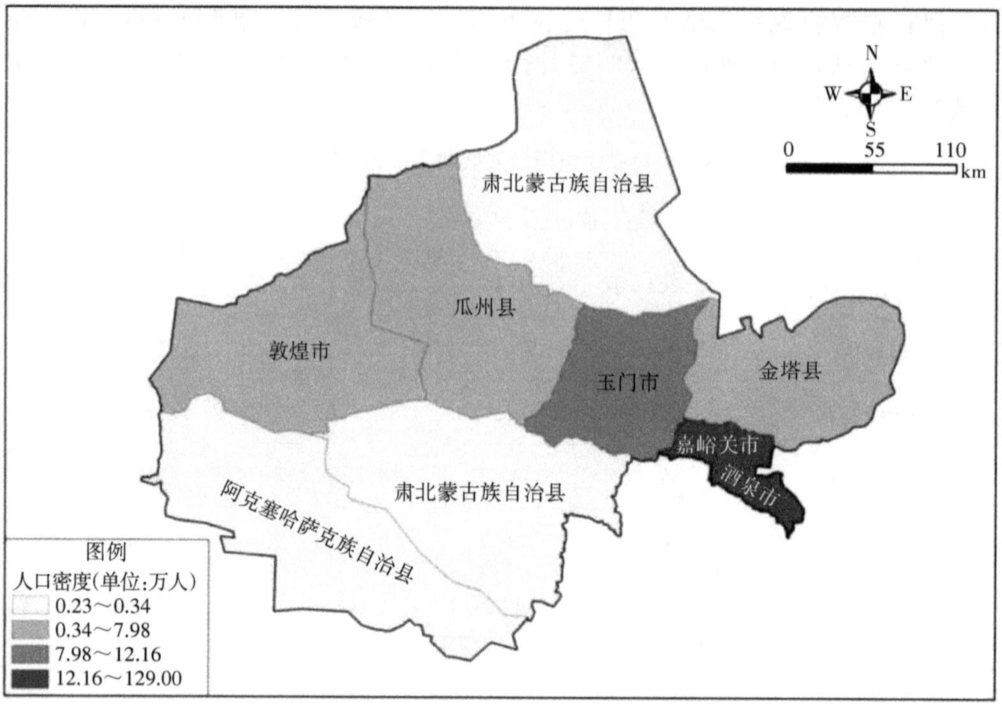

图2.4-1　酒嘉人口密度空间分布图

2.4.1.1.2　人口分布合理性分析

由人口容量法和人口潜力指数法计算得出,“十二五”期间,除敦煌市外,2011—2014年酒嘉各地的人口潜力指数均大于1,相对人口容量均大于现实人口容量,在未来发展中有更大的潜力吸纳更多的人口。敦煌市的人口潜力指数小于1,区域现实人口容量大于相对合理的人口容量,容纳人口的潜力较小。

表2.4-1　酒嘉经济人口容量、自然人口容量及人口潜力指数

指标	自然人口容量(万人)				经济人口容量(万人)				人口潜力指数			
年份	2011	2012	2013	2014	2011	2012	2013	2014	2011	2012	2013	2014
肃州	39.82	41.95	41.87	40.70	43.08	43.39	43.54	43.68	1.92	1.97	1.96	1.93
嘉峪关	1.85	2.45	3.05	3.12	23.25	23.38	23.55	24.13	1.08	1.10	1.13	1.13
玉门	15.80	12.89	12.27	13.73	16.04	16.16	16.27	16.41	1.99	1.80	1.75	1.84
金塔	16.67	17.52	19.09	19.40	14.80	14.88	14.87	14.87	2.13	2.18	2.28	2.28
核心经济区	74.15	74.81	76.28	76.95	97.24	97.86	98.23	99.23	1.76	1.76	1.78	1.78
敦煌	1.04	1.22	1.38	2.77	14.19	14.2	18.8	14.27	0.82	0.82	1.07	0.90
瓜州	7.67	6.50	7.17	6.35	12.95	14.72	14.80	14.82	1.38	1.44	1.48	1.43
绿色经济区	8.71	7.72	8.56	9.12	33.61	33.47	33.6	33.69	1.26	1.23	1.25	1.27
肃北	1.51	1.05	1.27	1.38	1.50	1.50	1.51	1.51	2.01	1.70	1.84	1.91
阿克塞	0.53	0.3	0.26	0.17	0.87	0.88	1.04	1.05	1.35	1.13	1.25	1.16
生态保护区	2.04	1.35	1.54	1.55	2.54	2.54	2.55	2.56	1.80	1.53	1.60	1.60

注:人口潜力指数<0.5表示人口潜力很小,人口潜力指数在0.5～0.8之间表示人口潜力较小,人口潜力指数在0.8～1.1之间表示人口潜力适度,人口潜力指数在1.1～2之间表示人口潜力较大,人口潜力指数>2表示人口潜力很大。

“十二五”期间，酒嘉核心经济区相对人口容量和现实人口容量持续增加，且相对人口容量大于现实人口容量，人口潜力指数不断提高，在未来有更大的发展潜力吸纳更多的人口。绿色经济区人口潜力指数维持在1.25左右，人口潜力适度。生态保护区相对人口容量和人口潜力指数先降后增且增幅较小，现实人口容量缓慢增长，人口潜力指数大于1，理论上在未来有能力吸纳更多的人口，但依据《甘肃省主体功能区划》，肃北及阿克塞属限制开发区，不宜吸纳大量人口。

2.4.1.1.3 人口集中度分析

“十二五”期间，酒嘉2011—2013年人口集中指数变化较小，2014年增长较快，人口空间分布表现出不均衡状态。核心经济区人口集聚最显著，绿色经济区人口相对集中，生态保护区人口集中水平低。总体来看，人口逐步向核心经济区、绿色经济区转移。

表2.4-2 酒嘉2011—2014年人口集中指数

年份	2011年	2012年	2013年	2014年
人口集中指数	0.52376	0.52425	0.52423	0.78154

核心经济区人口总量大、集中度高，呈现出以“酒嘉”中心城区为核心，玉门市和金塔县城区为外围的分布趋势，初步形成了支撑西陇海兰新经济带发展的区域性中心城市。绿色经济区人口不断向建成区集聚，集中度较高，人口集聚次中心初步显现。生态保护区人口基数小、密度低、集中度不高。

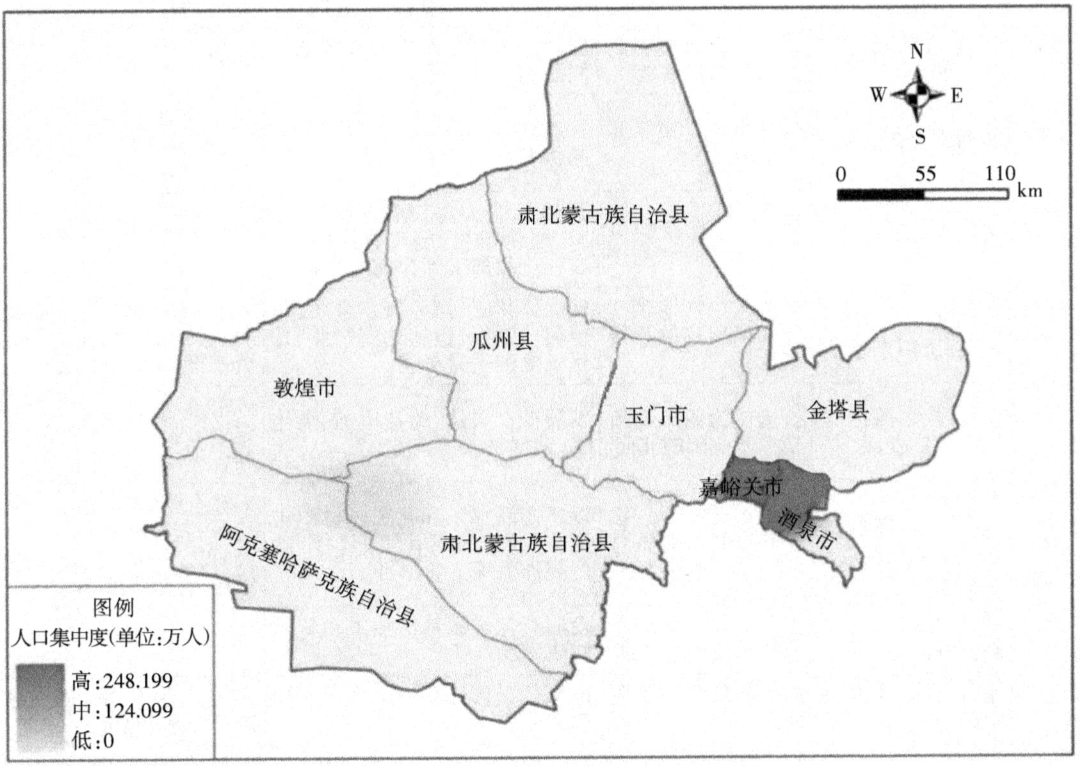

图2.4-2 酒嘉人口空间集中示意图

2.4.1.2　产业布局变化合理性分析

2.4.1.2.1　园区建设情况评估

"十二五"期间，酒嘉按照产业集群的基本原则，积极适应新常态，遵循工业向园区集中，项目向优势产业集中，龙头带动、集群发展的模式，对区内的工业产业结构和空间布局进行合理调整。加大工业园区基础设施建设力度，努力改善工业园区发展环境，使园区产业承载能力显著提高，园区聚集效应不断增强。

表2.4-3　酒嘉园区建设情况汇总表

功能分区	园区名称	定向	重点产业	建设情况
核心经济区	酒泉经济技术开发区西园	建设宜居宜业的双生态园	发展风光电新能源装备制造、现代服务、商贸物流、企业总部经济及结算经济等产业。	入驻企业167户。
	酒泉经济技术开发区南园	发展生态友好型循环经济产业园	重点发展农副产品深加工、煤电能源、生化制药、建筑建材等产业。	入驻企业170户。
	酒泉现代资源综合利用产业园(瓜州)	国家级资源综合利用示范基地	发展装备制造业、农产品加工、有色冶炼、黑色加工、硅、煤化工、石材、物流等主导产业。	入驻企业101户；累计完成固定资产投资14.5亿元。
	嘉东工业园	打造西北地区新能源装备制造基地	发展机械装备制造业、精品钢材深加工、环保建材、食品及农副产品深加工等产业链群。	入园企业141家，建成65家，续建13家，新建63家；累计完成投资219.4亿元。
	嘉北工业园	打造冶金新材料及循环经济产业园	发展冶金新材料、有色金属、精细化工、现代物流等产业。	入园企业86家，建成78家，续建8家；累计完成投资181.3亿元。
	嘉北酒钢新区铝产业园	形成一定规模铝制品加工制造基地	发展不锈钢生产加工和煤电铝制品加工制造等产业。	入园企业4家。
	嘉西光伏产业园	打造百万千瓦级光电基地	发展百万千瓦级及千万千瓦级光伏发电及输送。	入园企业14家，建成11家，新建3家，累计完成投资46.6亿元。
	玉门石化产业园	建设"五百万吨石化工业基地"	石油工业为主，机械加工、化工、建筑建材、轻工食品加工、农副产品加工等为辅的产业。	入驻企业69户；累计投入资金11.5亿元。
	酒泉循环经济产业园(玉门东镇)	打造东中部地区产业梯度转移的承接基地	发展煤化工、黑色有色金属、非金属、建材及运输物流产业、光伏发电等主导产业。	入驻企业45户，建成27户，投产10户；完成固定资产投资13.03亿元。
	金塔县北河湾循环经济产业园	打造成为酒泉高新技术产业园的北园	发展矿产采选、铸造冶炼、煤化工、建材加工等产业。	入驻企业25家；完成固定资产投资3.35亿元；入驻各类项目25个。
绿色经济区	敦煌市循环经济示范工业园区	打造光电开发、钒矿开采初选和石材加工的工业集中区	以矿产品加工和化工建材产业为主，重点发展化工、建材、矿产品加工等工业项目。	入驻企业96家，续建项目13家，新建3家；固定资产投资完成6.5亿元；园区续建、新建项目16个。
	甘肃西脉瓜州循环经济产业园	西北地区绿色环保循环经济示范基地	发展有色金属精深加工和新材料研发等产业。	—
生态保护区	肃北县马鬃山工业园	高标准新型的工业园区	以黑色金属开采初选为主的特色产业。	入驻企业10家；固定资产投资达7亿元。
	阿克塞工业园	打造国内石棉生产销售基地及清洁能源的电力输送通道	以石棉采选为主导，发展风电、光电、水电等新能源、建材非金属、金属加工、煤化工产业。	入驻企业10家，续建6家，新建3家；累计投资2亿元。

核心经济区目前布局的主要园区有：酒泉经济技术开发区西园、嘉峪关嘉东工业园等10个。核心区内产业园区分布范围广，入驻企业逐渐增加，为酒嘉经济增长注入了新活力。其中，嘉峪关市依托冶金和新能源及装备制造两个产业链，形成了以不锈钢、铝冶炼、冶金新材料及风光电及装备制造业等为重点的产业集群；酒泉市突出以装备制造、农副产品精深加工、生物化工、建筑建材、商贸物流等为主导的产业集群。园区内形成了生产规模大、产品输出率高、关联度强的产业。

绿色经济区目前布局的主要园区有：敦煌市循环经济示范工业园区、甘肃西脉瓜州循环经济产业园。重点发展以矿产品加工、化工建材、有色金属精深加工、新材料研发及农副产品深加工等为主的优势特色产业。

生态保护区目前布局的主要园区有：肃北县马鬃山工业园、阿克塞工业园。重点发展以黑色金属开采初选为主的特色产业以及石棉采选为主的绿色采掘加工业，产业集中度不断提高、产值不断增加、产业链条不断延伸。

2.4.1.2.2　优势产业选择

“十二五”期间，酒嘉依托丰富的自然资源，形成以新能源及新能源装备制造、石油化工、矿产冶金、煤炭能源化工、特色农副产品深加工、旅游为主的六大优势产业。各优势产业涉及的部门广、从业人员多。同时，两市积极改造提升传统制造业、延伸产业链、提高产品附加值、大力发展产业集群和循环经济。

表2.4-4　酒嘉优势产业及布局

优势产业	主要涉及部门	布局位置	选择理由
新能源及装备制造业	风电、光伏发电产业及供应和风电塔筒、风光电配件及以镀锌为特色的装备制造业。	风电：酒嘉中心城区、瓜州、玉门、肃北；光电：敦煌、阿克塞、金塔；核能：金塔。	风光电资源丰富；依托酒泉国家级经济技术开发区，为其发展提供技术支持。
石油化工产业	原油开采、石油炼化及精细化化学原料和化学制品制造业。	石油：玉门及敦煌七里镇；化学制品制造：嘉峪关。	石油资源丰富；西油东输战略的带动作用强。
矿产冶金产业	黑色金属、有色金属冶炼及压延加工业和非金属矿物、金属制品业。	黑色金属、有色金属冶炼：嘉峪关；非金属矿物、金属制品业：酒泉、玉门、金塔。	矿藏种类多，储量大，品位高，矿产资源富集；新工艺的保障；循环经济的支持。
煤炭能源化工产业	煤的焦化、气化、液化和煤炭分质利用等产业。	嘉峪关、金塔、玉门。	祁连山冰雪融水充足；交通运输便利，邻近区域煤炭资源丰富。
特色农副产品加工制造业	生物育种业、特色农产品精深加工业、现代化畜禽业及优质棉花产业。	生物育种：酒嘉；精深加工：玉门、金塔、敦煌；棉花生产：敦煌、瓜州、金塔。	农产品原料充足；交通发达、交通网的通达性高；劳动力资源充足。
旅游业	旅游资源开发利用、旅游产品生产销售和旅游品牌的打造。	嘉峪关：丝路及长城文化；敦煌：敦煌及丝路文化。	旅游资源独特丰富、历史文化底蕴深厚、基础设施完善。

2.4.1.2.3 产业集中与集群

根据《规划》中“五基地一中心”的优势特色产业集群定位，“十二五”期间，酒嘉依托特色园区，按照市场导向、重点培育、适度集中、功能互补的发展思路，以项目建设为支撑，提高产业集中度为主线，壮大产业集群规模、促进产业升级为目标，对区域内的工业产业结构和空间布局进行合理调整，形成了新能源、装备制造、资源综合利用、石化、食品医药、现代商贸物流、旅游业等产业集群。通过发展循环经济和拉伸产业链条，发挥优势，突出特色和主导，提升了发展水平，提高了主导产业的比重、关联度和集中度，促进了产业集群转型升级，创建培育了知名品牌，切实发挥了示范带头作用，形成合理分工、优势互补的区域产业发展新格局。

同时，酒泉市引导农机装备、医药生物、农产品加工、金属压延、生产性服务、节能环保、工艺美术、家具装饰材料、印刷包装等9个地方传统产业集群相互关联的企业延伸产业链；嘉峪关市重点持续发展冶金和新能源及装备制造业两个产业链。各产业集群密切相互间的配套协作，增强功能互补，推进融合发展，拓展产业集聚空间，产业集群规模进一步壮大，产业竞争力和抗风险能力进一步提升，产业发展的根植性进一步增强，有力促进了两市工业经济平稳健康发展。

2.4.1.3 城镇布局变化的合理性分析

2.4.1.3.1 城镇空间集聚分析

“十二五”期间，酒嘉中心城区扩张明显，建设用地空间扩张强度大幅提高。分城镇来看，嘉峪关中心城区建设用地扩张强度和速度均明显快于酒泉。近年来，随着大量工程项目的上马及基础设施建设力度的加强，嘉峪关市建设用地向城市的北部和南部扩张，主要分布于老城区、南部新城区和嘉北工业园区内。酒泉中心城区建设用地扩张较快的区域分布于老城区和经济技术开发区西园的外缘地带，其余扩张区域多分布于经济技术开发区南园、老城区周边地带。

酒嘉中心城区建设用地扩张，经历了由酒泉向南为主，嘉峪关向西为主背向式发展到酒泉向西为主、向南为辅，嘉峪关向南为主、向东为辅相向发展态势的转变。随着区域经济一体化进程的推进，2011—2014年，酒嘉中心城区建设用地扩张逐步粘合成片，2014年两市建设用地边缘最短直线距离不足5公里，两市之间的最短距离以每年1公里～2公里的速度缩小，预计未来几年内将自然融合为一体。

酒嘉各市县除金塔外，城市建设用地面积逐年增加，建成区不断扩张，土地城镇化水平不断提高。各市县因地制宜不断加强区内资源的整合，合理整治老城区，建成区面积扩张明显，增长速度较快。总体而言，酒嘉各市县城镇布局合理，城市建设用地有序扩张，利用效率不断提高。

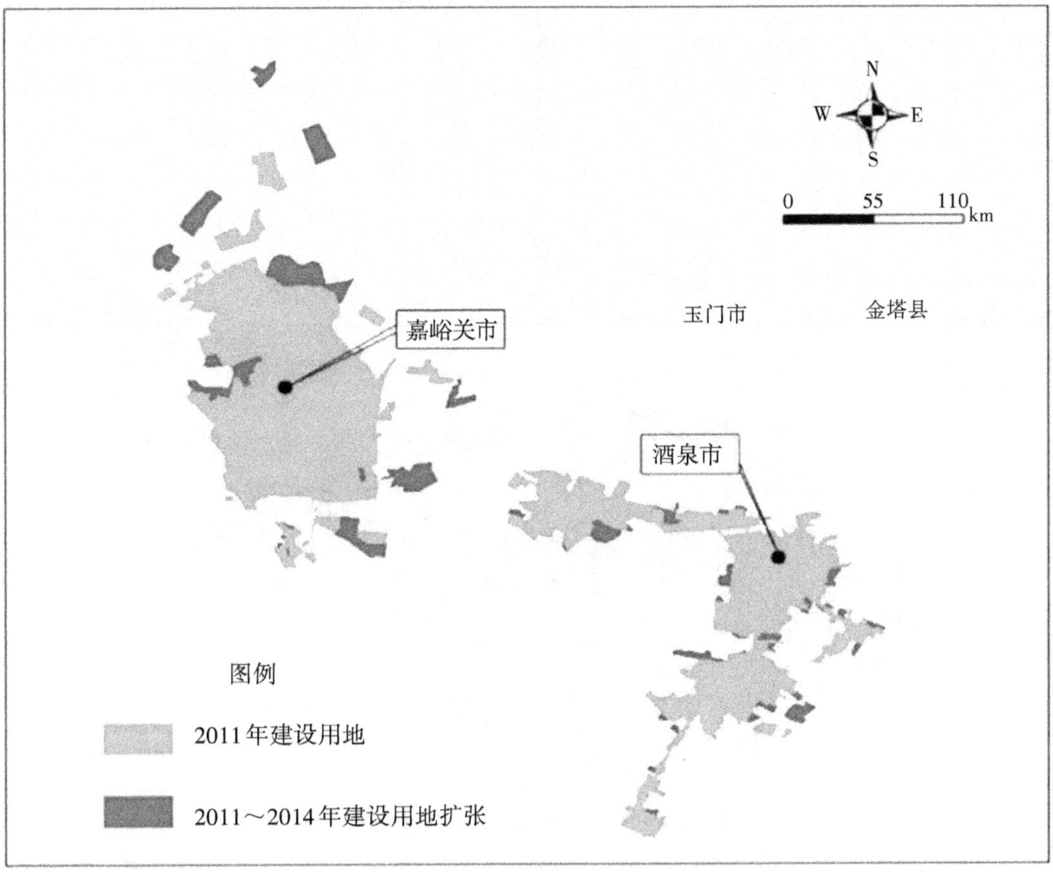

图2.4-3　酒嘉核心区城镇建设用地扩张图

2.4.1.3.2　城镇组团发展分析

通过对酒嘉中心性强度的测算，得到酒嘉“8×8”的城镇相互作用强度矩阵，采用自然断点法分为六类。依据分类结果，形成了以肃州区为核心，包括嘉峪关、金塔、玉门的东组团，及以敦煌为核心，包括瓜州、肃北、阿克塞的西组团。各城镇依托空间相互作用形成东西两个组团，在铁路、国道、公路、水系等的联系下，形成酒嘉特有的“团块—轴向”空间网络组织。

东组团以讨赖河、北大河、弱水、石油河、昌马河为水源，以酒嘉绿洲、金塔绿洲、鼎新绿洲和昌马绿洲为基础，形成了城镇密度较大，空间网络相对完善、分工相对明确的东半部城镇空间格局。西组团以疏勒河、党河为水源，以双塔绿洲、党河绿洲为基础，形成了城镇密度相对稀疏，网络结构相对松散的西半部城镇空间格局。

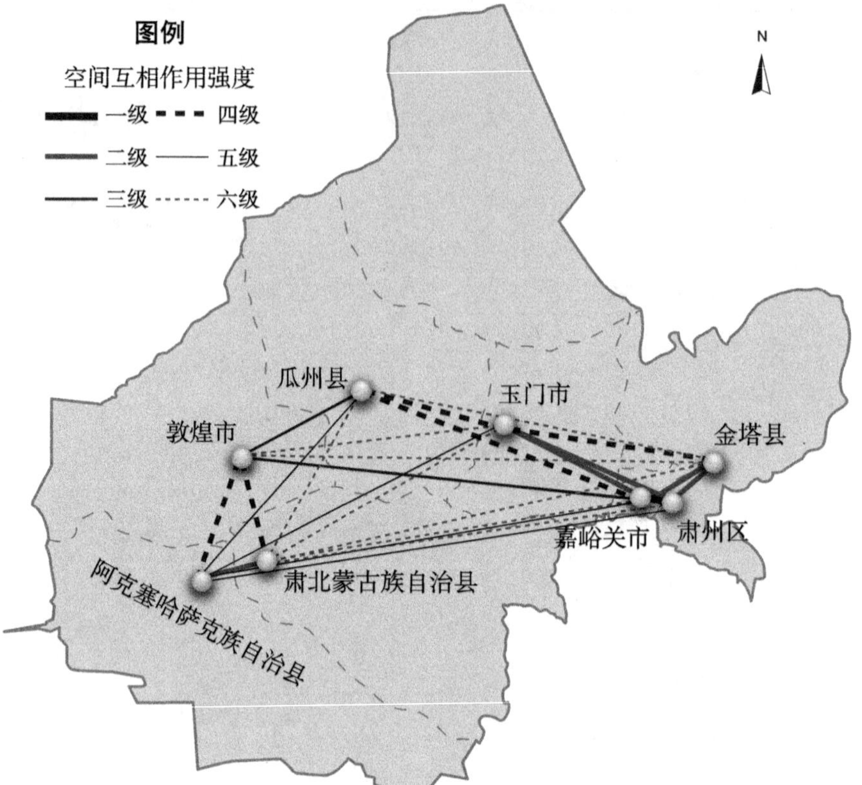

图2.4-4　酒嘉城镇空间相互作用强度图

2.4.1.4　区域增长极的培育

"十二五"期间，酒嘉从实际情况出发，差别化定位产业及区域城市的发展。其中，"一轴两区"的区域增长极初具规模，经济和城市发展速度快，人口向核心区集中。形成了集中度高、发展迅速的产业园区。同时，以连霍高速公路G30、国道G312线为主要发展轴线，带动了沿线小城镇的发展，并使其不断朝经济增长轴的方向转变。

2.4.2　区域一体化发展的定位、功能、走向推进情况评估

2.4.2.1　市场一体化

市场一体化程度用产权市场一体化来衡量。通过其商品房销售额与地区GDP的比值来判断酒嘉产权市场的整合程度(表2.4-5)。

表2.4-5　酒嘉产权市场一体化程度

指标	商品房销售额(万元)		GDP总产值(万元)		产权市场一体化	
地区	酒泉	嘉峪关	酒泉	嘉峪关	酒泉	嘉峪关
2011年	229798	189389	4815447	2355352	0.05	0.08
2012年	244607	259785	5736605	2691459	0.04	0.10
2013年	437619	284295	6419382	2262175	0.07	0.13
2014年	488000	286427	6202000	2431000	0.08	0.12

酒泉商品房销售额逐年增加，2012—2013年增长最快；嘉峪关2011—2012年增加最快，之后平稳增长。酒嘉2011—2014年产权市场一体化程度处于波动状态，整合度相对较低，但随着区内经济发展水平的提高、一体化进程的推进，产权市场一体化程度总体在上升，整合程度逐年提高。

2.4.2.2 贸易一体化

贸易一体化用区内贸易比重和贸易依存度测度。区内贸易比重反映其在酒嘉区域贸易中的地位，如果比重呈上升趋势，表明总贸易对酒嘉区内贸易的依赖程度上升。选取2011—2014年地区进口及出口贸易额以及进出口贸易总额进行测度(表2.4-6)。

表2.4-6 酒嘉区内贸易比重

指标	地区	2011年	2012年	2013年	2014年
进口贸易总额(万美元)	酒泉	186.4	469	775	656
	嘉峪关	84076	81679	81455	26739
	酒嘉	84262.4	82148	82230	27395
出口贸易总额(万美元)	酒泉	5591	6809	9935	6965
	嘉峪关	10252	3367	1315	5969
	酒嘉	15843	10176	11250	12934
区内进口贸易比重%	酒泉	0.22	0.57	0.94	2.39
	嘉峪关	99.78	99.43	99.06	97.61
区内出口贸易比重%	酒泉	35.29	66.91	88.31	53.85
	嘉峪关	64.71	33.09	11.69	46.15

在酒嘉区内贸易中，酒泉的进口贸易比重不断上升，但嘉峪关仍占据着主导地位；两市出口贸易比重波动较大，2011—2013年酒泉大幅上升，嘉峪关大幅下降，2014年酒泉呈现出下降的趋势，嘉峪关又大幅上升。随着“十二五”的推进，区内经济蓬勃发展，重点园区建设全面推进，经济持续增长，区内开放合作不断深化，多区域合作取得显著成效，标志着区内贸易一体化程度的不断加深。

贸易依存度用区内贸易额(区内出口额和区内进口额之和)在该市GDP中所占的比重进行测度，通过计算贸易依存度来判断国民经济对区内贸易的依赖程度。由于酒嘉经济发展的基本情况、区位优势、政策条件各不相同，因此其贸易依存度呈现出不平衡性、差距较大的现象(表2.4-7)。

表2.4-7 酒嘉区内贸易依存度

指标	进出口贸易总额(万元)		GDP总产值(万元)		贸易依存度	
地区	酒泉	嘉峪关	酒泉	嘉峪关	酒泉	嘉峪关
2011年	36519.74	596212.67	4815447	2355352	0.01	0.25
2012年	45946.79	536852.88	5736605	2691459	0.01	0.20
2013年	64833.87	501031.64	6419382	2262175	0.01	0.22
2014年	46659.42	200582.07	6202000	2431000	0.01	0.08

酒泉2011—2014年的贸易依存度均维持在0.01,嘉峪关的贸易依存度从2011-2012年逐年下降,2013年稍有增长,到2014年剧烈下降到0.08,这主要是受2014年国际国内经济势头走弱、市场需求降低等的影响。相对而言,嘉峪关的贸易依存度高于酒泉,"十二五"期间,酒嘉贸易依存度相对较平稳,贸易一体化程度不断提高。

2.4.3 区域经济竞争力的变化及差别定位与协调发展情况

城市综合竞争力指一个城市在一定区域范围内集散资源、提供产品和服务的能力,体现为城市创造价值的规模、速度和效率。从基础竞争力、经济竞争力、环境竞争力、开放竞争力构建22个指标体系,综合测度甘肃省7个经济区的城市竞争力水平。

2011年,甘肃省7个经济区在合作中发挥竞争优势,形成合力,促使区域资源不断整合。但各经济区综合竞争力差异较大,酒嘉经济区以0.1706的综合竞争力指数,在甘肃省组团区域中仅次于兰白经济区排名第2位。在酒嘉经济区内,受各种自然及社会经济因素的影响,嘉峪关的综合经济竞争力稍好于酒泉。

2014年,在省域范围内,7个经济区综合竞争力差异仍较大。酒嘉经济区综合竞争力指数有所上升,在甘肃省组团区域中排名稳居第2位。兰白经济区以绝对优势稳居第1位。在酒嘉经济区内,酒泉的综合经济竞争力高于嘉峪关。面对全国经济下行压力及产业结构调整,嘉峪关作为工业型城市的综合竞争水平减弱。酒泉充分发挥自身优势,综合竞争力水平较"十二五"期间显著提高。

表2.4-8 "十二五"甘肃省组团区域综合竞争力比较

年份	2011年		2014年	
综合竞争力	指数	排名	指数	排名
酒嘉经济区	0.1706	2	0.1825	2
金武经济区	0.1559	3	0.1026	4
张掖经济区	0.0166	7	0.0221	7
兰白经济区	0.3678	1	0.3842	1
平庆经济区	0.1111	4	0.1286	3
天陇经济区	0.1073	5	0.0971	5
民族经济区	0.0708	6	0.0829	6

2.5 《规划》实施的经验、问题与原因

2.5.1 成功经验与做法

2.5.1.1 坚持规划同绘,高起点建设城市

根据《规划》定位,为有效整合各类要素,优化城市空间布局,进一步推进酒嘉一体化发展,酒嘉两市共同委托编制完成《酒嘉一体化城市总体规划》;修订完善的《酒泉市

城市总体规划》和《嘉峪关市城市总体规划》，明确将酒嘉一体化发展策略列入其中，并确定了促进一体化的城市用地发展方向。编制完成了《嘉峪关城市新区修建性详细规划》《酒泉开发区总体发展规划》《丝绸之路经济带酒泉段建设方案》《酒泉市酒嘉新区（新城区二、三期）控制性详细规划》等一系列规划，始终坚持规划同绘，高起点指导酒嘉区域一体化发展。

2.5.1.2 以基础设施建设为突破口，逐步推进一体化

酒嘉区域一体化从合作共赢的方式入手，从易到难，由点及面地渐次进行。紧抓“3341”工程项目发展机遇，着力提升基础设施条件，将基础设施一体化作为酒嘉协同发展的突破口，并逐渐向生产要素、产业、民生、社会管理一体化等方面推进。酒嘉城际公路、兰新铁路第二双线、嘉峪关机场等交通设施的建设与运行，两市邮政、固网和移动通信的同费同网，对于降低运营成本，促进区域资本、劳务、商品、贸易与服务等要素市场化流动，加强酒嘉与外界的联系，发挥酒嘉核心区域的集聚和辐射带动作用，推动酒嘉一体化发展产生了重要作用。

2.5.1.3 培育产业集群优势，提升产业竞争力

酒嘉两市按照市场导向、重点培育、适度集中、功能互补的发展思路，遵循“工业向园区集中，项目向优势产业集中，龙头带动、集群发展”的模式，调整区域内的空间布局和工业产业结构，提升产业集中度，壮大产业集群规模，加大工业园区基础设施建设力度，改善工业园区发展环境，使得园区产业承载能力显著提高，园区聚集效应不断增强，新能源及新能源装备制造基地、冶金基地、石化基地、特色农副产品基地逐步完善。

依托酒嘉地区丰富的风、光资源，以核心区为主的风电和绿色经济区为重点的光电及装备制造业发展迅速。酒嘉两市改造提升传统制造业，延长产业链，提高产品附加值，大力发展产业集群和循环经济，依托矿产资源富集的优势，推进资源的综合利用。产业竞争力和抗风险能力稳步提升，产业集群规模进一步壮大。

2.5.1.4 营造良好舆论环境，推进跨市合作发展

酒嘉两市以自然资源为基础，发挥多元文化交融优势，以经济发展推动城乡居民生活水平改善，为酒嘉一体化营造合作发展舆论环境。通过电视、报纸、网络等多种媒体，积极宣传一体化发展中的重大项目、政策、措施及其对酒嘉区域发展重要性，提高了群众和外界对酒嘉在基础设施、社会事业、产业园区、生态环境、文化旅游等领域加快一体化发展的认识。

2.5.1.5 细化落实政策措施，促进一体化建设

酒嘉两市政府切实加强组织领导，明确推进区域经济一体化目标责任，在项目实施过程中健全责任分解机制，将重大交通、工业能源项目建设任务分解到部门、市县和业主单位，落实到责任人，细化工作措施，重点项目倒排时限。积极争取国家和甘肃省建设资金投入，支持民间资本、外资参与酒嘉区域经济一体化建设，扩大社会投资规模，加大民族县区转移支付力度，提高基本公共服务供给保障能力。落实促进非公经济、中小企业发展的各项政策，降低准入门槛，加快审批程序。

2.5.2 主要问题

2.5.2.1 园区产业结构趋同,同质化竞争明显

目前,酒嘉两市新能源装备制造产业迅速崛起,酒泉国家级经济技术开发区先后引进了华锐、金风、东汽、京城控股、中材科技、中航惠腾、浙江正泰等44家风光电装备制造企业入园,被省发改委和科技厅命名为“甘肃酒泉风光电装备制造业特色产业基地”,嘉东工业园同时也大力发展新能源装备制造业,虽然在“光伏”装备制造业上有一定倾斜,但总体上两市园区的装备制造业同质化竞争明显,错位发展、优势互补的产业格局有待进一步优化。

另外,煤化工产业布局相对分散,嘉峪关北循环产业园区、玉门东循环产业园区、金塔循环产业园区等的发展煤炭分质利用能力,煤化工与生态环境承载能力和区域产业配套协作能力有待进一步提升。

2.5.2.2 空间统筹发展障碍较大,优化布局仍需努力

受制于行政区划以及利益驱动,酒嘉一体化发展在空间统筹布局上仍存在较大障碍,表现在招商引资项目难以跨市域布局;园区边界相接但难以共同规划,一些跨区域线性工程,按地域分段实施,两地工作推进不一致;垃圾转运站、污水处理厂等基础设施共建共享程度低;部分物流园区低水平重复布局;城际高速铁路车站临近选址建设等。

此外,嘉峪关作为西北新型重工业城市和重要的旅游城市,在市域范围内优化空间布局回旋的余地较小,产业、园区、城市等的进一步发展已与主体功能区划定的限制开发、禁止开发以及历史文化名城保护等产生一定矛盾。但修订完善的《嘉峪关市城市总体规划》明确了“向南为主,向东为辅”的发展方向,没有突出与酒泉空间一体化的统筹发展。

2.5.2.3 要素跨区域流动不畅,公共资源共享不足

《规划》实施以来,酒嘉地区商贸流通日益活跃,但生产要素跨区域流动依然存在人为阻隔,分别在各自行政区域内配置资源,形成了独立发展的路径,阻滞了市场一体化进程。在资本流通上,金融机构跨区域收费仍然存在,两市国有商业银行未在两市间开展跨地区放贷业务。西部重工固定资产重复投资。在土地要素流通上,两市未能实现土地产权的自由流转,存在资源圈占现象。

此外,酒嘉公共服务基础设施跨区域对接和共享程度低。主要表现在:两市间缺少医保定点报销合作机制,医疗服务资源共享程度低,社会保障水平不均;公交路线营运地方保护明显;两市文化景区收费不对等,嘉峪关体育馆、图书馆等一批现代化的公共服务平台利用率低,辐射功能未充分发挥,而酒泉缺乏此类设施,居民日常的文化生活需求难以得到有效满足。

2.5.2.4 中心城市辐射作用弱,区域整体优势尚未形成

酒嘉两地面积超过甘肃省面积的40%,需要有强有力的中心城市带动整个区域的经济社会发展。兰州至乌鲁木齐区间支点城市的打造更需要酒嘉核心区壮大规模,发

挥核心城市的综合服务功能，带动较大区域发展。但目前酒嘉核心区的极化和扩散效应还不明显，对周边地区的影响带动作用较弱，影响了酒嘉及我省西翼的整体和长远发展。

除自成体系的酒钢、中核四〇四等中央、省属企业外，酒嘉市属企业产业链条短、层次低、关联度低、大多无自主知识产权，对区域经济的带动作用有限。风光电核心部件和控制系统均在内地或国外生产，而本地仅可生产叶片、塔筒等低端产品。此外，风光电场都由总部设在北京、上海等地的具备资质和实力的大型上市公司承担，风光电场建成后，除操控人员外，对当地的就业和其他产业的带动基本结束。受多种因素影响，目前风光电上网外送量下滑，产能闲置量大，就地消纳尚未取得重大突破。具有发展国际旅游目的地的资源优势尚未形成竞争优势，统一旅游品牌和大景区建设合作仍需加强。

2.5.2.5 生态环境建设矛盾突出，亟待协商解决

酒嘉地处干旱绿洲区，嘉峪关市和肃州区位于讨赖河的上下游，工业用水、农田灌溉、居民生活用水需求量大，水资源相对短缺，两市水资源利用和生态环境保护统筹协调不够，矛盾突出。嘉峪关市在“十二五”期间加快水库建设，蓄水造景，对下游酒泉市用水的统筹兼顾不够。嘉峪关拟建的煤化工产业位于酒泉的上风向，对酒泉核心城区的大气污染存在隐患，加之煤化工产业对水资源需求量大，有可能进一步加剧用水矛盾。另外，玉门东循环经济产业园煤化工产业的规模发展同样对嘉峪关市的大气和水环境构成潜在威胁。

2.5.2.6 规划重点不明确，指标设定有待优化

在《规划》编制过程中，涉及一体化的任务和重大项目不够突出，未以专栏等形式明确呈现重大项目名录，缺乏开展落实一体化任务的项目指导和约束。规划指标以预期性为主，约束性指标偏少，仅占指标总量的38.2%。指标体系不全面，缺少教育科技、资源环境以及衡量经济一体化发展水平等方面的指标。部分目标预期不够合理，提前完成的规划指标占满足规划指标进度的87.5%，如猪出栏量、葡萄种植面积等指标，在2011年就已达到目标值。

2.5.3 原因分析

2.5.3.1 缺乏省级层面组织保障

《规划》实施以来没有建立起由省级部门主导，双方共同参与的区域经济一体化联席会议制度，协调解决一体化中的重点难点问题。酒嘉两地发展各具优势，追求利益目标不同，利益分摊与责任保障不对称，一体化过程中存在的深层次矛盾单就两市政府无法得到有效解决。

2.5.3.2 区域一体化机制建设滞后

两市相应的组织协调机制建设滞后，推进《规划》实施的合力有限。现行政绩考核以行政区划为单元，以经济建设为中心，缺乏针对区域经济一体化发展的资源共享、市场同体、基础设施同网等相关考评指标和相应的激励机制，制约了酒嘉区域一体化的

快速发展。缺乏信息通报机制，区域经济一体化未能得到上级政府部门和社会的有力监督与支持。

2.5.3.3 统筹支持一体化发展力度不够

《甘肃省城镇体系规划(2013—2030)》明确定位酒嘉为省域副中心城市，向西开放门户综合发展区。酒嘉地区要承担起这一功能，必须依靠一个规模较大的中心城市，以组团发展方式，形成强大的经济文化辐射力。但是，目前酒嘉核心区城镇规模不大，核心经济区组团内部空间相互作用不强。对于酒嘉区域经济一体化发展，中央和省级政府未能在税收、财政、投资、空间整合、一体化重点项目优先立项等方面给予更多支持，单靠两市力量还难以形成省域副中心城市，承担相应功能。

2.5.3.4 《规划》编制引导性不足

《规划》编制过程中，对酒嘉传统文化、经济基础差异、国家发展战略和市场环境变化等因素考虑不够充分，部分规划目标设置偏高(低)，指标完成值与目标值之间的差距偏大，缺乏对一体化发展引导和控制的相关指标。空间规划未能结合主体功能区规划及时调整并细化，弱化行政区经济的管理手段相对不足。规划实施的配套政策薄弱。

2.5.3.5 协作共赢意识不强

酒嘉地缘联系紧密，酒泉从东、西、北三面环抱嘉峪关。嘉峪关历史上无郡县设置，一直隶属酒泉。作为现代工业旅游城市，依托酒钢和嘉峪关关城发展，现状经济基础较强，但发展迂回空间有限。自酒嘉区域经济一体化启动以来，就行政区撤并问题，争议诸多。在区域一体化发展认识和舆情中，两市均对经济一体化持欢迎态度，但限于现行行政区域管理体制、居民社会保障水平和考评机制等，两市又对深度一体化发展持观望、怀疑态度。

2.6 发展环境变化对《规划》实施的影响分析

《规划》自2011年实施以来，对酒嘉区域经济一体化发展发挥了指导性作用。同时《规划》实施过程中我省经济社会形势也发生了巨大变化。

2.6.1 《规划》对“3341”工程项目的响应

根据国家发展战略和我省实际情况，省委、省政府明确提出以“3341”项目工程建设为总抓手，以项目拉动投资、以项目调优结构、以项目改善民生，推动全省经济转型跨越发展。经过近三年的全面深入推进，以项目带动发展取得显著成绩。酒嘉在《规划》项目建设基础上，紧靠“3341”战略，结合本区域自身的产业发展优势，对重点项目进行了相应的延伸和拓展，按照“3341”的战略布局，瞄准产业方向，相关产业集中布局、集约发展，产业集聚效应凸显。

酒嘉大力提升园区建设，紧盯产业发展趋势，立足自身资源禀赋和产业基础，以新能源及装备制造业为战略性新兴产业，积极招商引资，有力促进了新能源产业快速发展，为区域经济发展注入了新活力。同时，冶金、煤化工、有色金属等现代高载能产业保持了持续向好的发展势态。两地工业能源项目，以延伸产业链为重点，做大风电装备制造业，做强光伏装备制造业，加快发展新能源配套服务业，积极促成甘肃风光电工程技术研究中心、国家风电设备质量监督检验中心酒泉实验室建成投入运营。以科技服务培育产业龙头，积极形成优势产业集群，争取成为我国西部最具潜力的新能源装备制造业基地。

在今后一段时期，项目建设和投资依然对酒嘉经济增长发挥关键作用，但同时必须认识到，过度依赖投资的经济增长，会造成产能过剩、增长缺乏后劲等问题。因此，要克服盲目投资，在投资前必须认真研究投什么、如何投和由谁投的问题。结合"新常态"发展思路，应促进有利于消费长期增长的社会基础设施建设、有利于技术进步的更新改造、有利于可持续发展的节能环保产业等方面的投资。在具体的项目策划中，要坚持有效投资，确定招商引资重点，瞄准新材料、新能源、生物产业、信息技术、先进装备制造、节能环保、新型煤化工、现代服务业八个国家产业政策鼓励的领域，提高招商引资的目的性、针对性和有效性，引"高、新、强"的投资项目落地。

2.6.2 经济发展新常态对未来的影响

我国经济经过30多年持续高速增长后进入了"新常态"阶段，新常态强调经济增速在一个合理区间由高速向中高速转变。但这不能一概而论，一些发达地区增速可能会出现低增长，而一些欠发达地区，经济基础薄弱，基数比较低，可能增速高于全国平均水平，甚至在各种条件具备时，会出现高速增长甚至超高速增长。

2.6.2.1 用"新常态"思维充分认识酒嘉地区面临的机遇

政策方面，区际结构均衡调整是新常态下重要内容，酒嘉位于西部欠发达地区，是重要生态屏障区，也是"一带一路"重要节点，具有国家多项政策叠加的支持，发展潜能将加速释放。基础设施建设方面，将出现较大规模的投资机会，有利于酒嘉加快推动铁路、公路、外送电通道、城乡人居环境改善等领域重大项目发展。消费方面，全国消费个性化、多样化，为酒嘉文化旅游、电子商务、特色食品等产业发展带来契机。产业发展方面，依托酒嘉在新能源及装备制造业中的明显优势，向产业链中高端发展，走绿色、低碳、节能环保的道路。

2.6.2.2 用"新常态"理念科学研判酒嘉地区经济合理增长区间

酒嘉经济发展速度较快，但发展阶段仍滞后于发达地区，要承担起我省"西翼"副中心和更大区域范围（兰州以西、乌鲁木齐以东）的相应功能，经济增速可高于全国平均速度。同时，要加快转型升级，使增长速度与提质增效同步，在合理区间内稳中求增，好中求快。用科技创新促进结构调整和经济增长，降低宏观经济调控和运行成本，为发挥市场调控作用和产业转型升级预留空间和时间。

2.6.2.3 用"新常态"要求谋划酒嘉地区发展的新战略、新举措

酒嘉区域经济一体化发展也是适应"新常态"的客观要求，既理性面对增速换挡，又要顺应提质增效的内在要求。发展战略应向"提质增效"转型，把精力主要用在两市

协同的结构调整、产业升级、创新驱动、环境保护、民生改善等提质增效的方面。为推进向“提质增效”战略转型，一是要加大改革和创新驱动发展，激发市场活力；二是要加快结构调整转型，培育新的经济增长点，凝聚稳增长的内生动力；三是要扩大开放加强合作，拓宽发展空间；四是要发挥特色，统筹协调，打造区域经济一体化发展的新格局新模式。

2.6.2.4 用“新常态”思路增强酒嘉地区创新驱动动力

新形势下，酒嘉面对的不再是劳动力成本低廉、资源开发无度、增长模式粗放的发展环境，而是提高经济发展质量和效益、加快完善市场经济体制的要求。因此，要以创新机制体制为着力点保障本地区科学发展，有效整合和放大区域资源优势，大力发展战略性新兴产业，加快实施企业技术创新孵化，培育一批高层次人才，开发具有自主知识产权的产品，促进科技成果资本化和产业化。

2.6.3 “一带一路”带来的新机遇

“一带一路”建设顶层规划是新常态下国家构建对外开放新格局的重大战略，“一带一路”是以运输通道为纽带，以互联互通为基础，以多元合作机制为特征，以打造命运共同体为目标的新型区域合作安排。

在融入“一带一路”过程中，酒嘉要准确定位，找准与不同区域合作的切入点，巩固传统市场，开拓新兴市场，加大向西开放力度。丝绸之路经济带沿线除个别国家外，基本都属于发展中国家，中亚西亚国家的优势集中体现在能源、有色冶金工业等方面，而在现代轻工业、现代农业和人力资源方面基础较差。酒嘉可发挥在新能源及装备制造业中较成熟的技术、人才储备及现代农业的经验，与中西亚国家互补发展，在有色冶金开采、能源工业、现代农业示范基地建设、农机制造、节水技术、现代制种、建筑建材等领域投资合作。同时，可充分发挥酒嘉在电解铝、钢铁、风光发电等行业技术成熟、产能相对富裕等优势，推动向产能不足、技术滞后、需求量大、投资环境宽松的中西亚国家转移产能。

此外，要加强与周边地区和国家文化上的合作。“丝绸之路”黄金地段在甘肃，而河西走廊地区则是黄金地段中最富文化魅力的一段。酒嘉是河西走廊重要节点，在“华夏文明传承创新区”平台支持下，要以文化创意为内核，促进传统文化产业转型升级；以敦煌文化为核心涵盖酒泉卫星发射基地、嘉峪关长城文化，打造河西走廊文化生态区，加快特色优势文化产业的发展，推动丝绸之路经济带甘肃黄金段发展。在融入“一路一带”合作发展中，除分阶段融入中亚、西亚，乃至东欧、北非的发展，更要注重加强合作意识，与沿线地区共同利用这条发展轴线，实现更大范围的一体化。

今后，要结合国家“一带一路”建设顶层设计和全省对“一带一路”的战略部署及“十三五”规划，研究制定酒嘉融入“一带一路”建设的行动方案和规划，推动建立“丝绸之路经济带”的贸易通道和平台，做好敦煌、嘉峪关航空口岸开放申报工作，建成向西向东互联互通的综合交通体系；争取马鬃山陆路口岸复关，建设马鬃山边境贸易综合区，积极推进嘉峪关国际港务区建设，衔接国家部委批准设立嘉峪关保税物流中心，加强向西开放的出口型产业基地建设，在已有电子商务平台的基础上，探索发展跨境电商，形成产业优势互补格局，搭建国际经贸交流平台，提升酒嘉地区外向型经济发展水平，加强与“一带一路”沿线城市和地区的沟通协商，完善区域合作规则，统筹发展规划。

2.7 建议

2.7.1 发挥政府引导控制作用，建立完善一体化体制机制

借鉴国内先进地区区域经济一体化保障机制，完善酒嘉一体化管理体制，增强一体化发展的可操作性。

设立省级区域一体化协调管理机构。从区域高度充分考虑各种利益关系，负责协调跨行政区划的市场体系建设，协调监督区域内的重大基础设施建设与战略资源开发，协调规划区域生态环境保护等问题；与一体化区域相关政府沟通磋商，牵头制定符合本区域长远发展利益的经济社会发展规划和空间布局规划，制定统一的市场竞争规则、监督机制、产业进退规则和相关政策措施。

建立合作协商机制。协商机制主要采用领导小组成员全体会议、专项工作协调会、市长联席会议等形式，分别在省市层面协调酒嘉一体化过程中的重大事项。组织、指导和推进一体化规划的实施，协调相关具体问题。以市长联席会议或党政联席会议的形式协调经济区内重大事项或重大议题，取得一致意见后做出决定或签订政府间的合作协议。

设立多元化政绩考核指标。建立区域一体化发展政绩考核机制，将地方政府促进区域经济一体化发展、有效消除两市分歧与矛盾方面的业绩列入考评范围。在主要领导考核指标体系中，逐步增加表征一体化发展考核指标的权重。

2.7.2 明确重点问题导向，提升规划引导与约束

以甘肃和酒嘉“十二五”规划建设为基础，以国家确定的区域功能定位为导向，制定“十三五”酒嘉区域经济一体化规划。规划中应加大约束性指标比重，强化约束性指标管理，实行能源和水资源消耗、建设用地等总量和强度双向控制。对于目标值设定，建议根据规划指标性质确定，即约束性指标目标值，自上而下按照设想需要发生的状况设立；预期性指标目标值，要在广泛征求地方政府意见的基础上，自下而上确定。“十三五”期间，除经济发展指标外，要加强民生改善、创新驱动、文化繁荣、生态文明、社会和谐等方面的指标。

另外，为优化资源空间配置，避免重复建设与恶性竞争，应制定酒嘉一体化专项规划，如重大项目、基础设施、旅游开发、产业发展与园区布局、生态保护与流域开发专项规划等，并研究制定一体化发展规划实施机制，优先支持一体化发展项目。建议由两市政府及工商代表等组建“规划协调办公室”，从区域规划编制、审查、实施等全方位扎实推进酒嘉区域一体化规划的实施。

2.7.3 推进产业结构转型升级，培育壮大城市优势职能

加强合作，配套壮大发展新能源产业，优化提升装备制造业，推进传统产业转型升级。结合酒嘉风电、光电新能源发展，配套发展火电和高载能产业，不断提升电力外送设施和技术水平，促进清洁能源供需平衡。改造更新现代煤化工、钢铁等优势产业，创新发展新材料产业，延伸产业链，配套发展资源综合利用产业，建设清洁能源示范区。加强统筹规划，落实并完善财政、金融、税收等方面的优惠政策及合作机制，紧盯"丝绸之路"沿线重点国家和重点项目，加强新能源开发、能源装备制造企业与"一带一路"沿线国家开展合作，建设新能源装备研发制造出口基地和技术推广示范基地。

立足酒嘉资源、地缘和产业等优势，积极推动酒嘉与哈密、格尔木共建资源型经济合作区。特别是与毗邻的哈密，除在传统能源上具有互补性外，发展风电、光电等新能源领域也具有协作优势，可考虑申请"酒嘉哈国家级新能源经济区"，将其打造成全国重要的新能源基地和传统产业转型升级创新区，争取进入国家区域发展战略，获得国家层面的政策支持，使酒嘉哈风光煤电联合发展，形成全国最大的风光煤电综合能源区，发挥规模经济效益，成为全省向西发展的突破口。

进一步发展壮大服务业，以文化旅游带动区域开放新格局。以敦煌文化旅游为开放开发的突破口，发挥华夏文明传承创新区国家级战略平台的集聚作用，将丝绸之路旅游与丝绸之路文明传承、沿线文化产品开发、文化产业模式创新等深度融合，以敦煌国际旅游文化名城为核心，借助丝绸之路敦煌国际文化博览会、国家级文化生态保护试验区等支撑平台，加快敦煌国家文化旅游名城建设，打造"敦煌国际文化自由贸易区"。除酒嘉两地合作开发外，还要联合张掖、金昌、武威，新疆哈密、吐鲁番甚至中、西亚沿途国家，围绕丝路、西域、边塞文化等主题，打造跨省、跨国包括古道探险游、民俗风情游、自然风光游等精品旅游线路，合力推动丝绸之路经济带国际旅游产业发展。

充分发挥旅游业跨区域发展的优势，带动交通、餐饮、住宿、文化消费等各个产业联动发展，推进文化中心、边境贸易和经济技术合作区等建设，建立文化开发利用联动机制，将酒嘉打造成国际文化旅游合作交流的战略高地。同时，结合丝绸之路经济带大商贸和"互联网+"，打造线上丝绸之路文化遗产、旅游景点展示和艺术品、旅游文化产品交易平台，积极发展重要交通节点区的现代商贸物流业，加快推进敦煌、嘉峪关国际空港物流园区建设。以敦煌、嘉峪关口岸物流基地为重点，在酒嘉打造具有强辐射集聚功能的有色冶金、新能源装备及特色农产品等现代国际物流园区和集物流、加工、贸易、通关于一体的综合产业园区。鼓励酒钢集团设立海关监管仓库或报税工厂。

2.7.4 引导园区共建及差异化发展，推动产业分工协作

酒嘉两地产业园区必须由同质竞争向差异集约化方向转变，走错位发展道路。明确产业发展定位，嘉峪关做强做精钢铁主业，建设以"冶金—循环经济—装备制造""光伏发电—电解铝—铝制品加工"为主导的多元工业体系；酒泉建设以新能源及装备制造为主，包含新材料、生物制药、信息技术和节能环保的战略性新兴产业及农产品加工业。强化两地之间的产业垂直分工和水平协作，形成分工合理、有效互补的现代产业体系。

长三角等地区一体化的成功经验表明:产业园区共建可以有效地增进各方的合作意愿,巩固双方的利益纽带,带动区域间企业交流、要素流动、技术溢出和人才培养等,形成以园区共建的“点线”合作带动生产要素、企业主体和产业链条的“网络合作”,进而形成区域间产业发展的利益共享格局。酒嘉的酒西和嘉东两个产业园区紧邻,嘉东工业园区以不锈钢深加工、新能源装备制造、化工等产业为主导,重点布局冶金下游关联产业;酒泉经济技术开发区西区以新能源装备制造、冶金新材料、化工等产业为主导,两园区产业发展存在互通性,企业可通过酒嘉一体化实现生产要素的自由流动和集聚效应提升。作为冶金新材料产业集群上游核心企业酒钢集团,可通过产业园区在空间上的一体化促进产业链延伸。两地可通过园区共建,推动产业分工协作,打造新能源装备制造业集群和冶金及新材料产业集群。

酒泉经济技术开发区已于2013年成功升级为国家级经济技术开发区,嘉东工业园区也正在积极申报国家级经济技术开发区。由于两个园区位置相邻,嘉东工业园区申报难度大,同时也会耗费大量精力,建议两园区在“园区共建”的基础上,同享国家经济技术开发区的政策,充分利用在政策、土地、资源、产业基础等方面的比较优势,与东中部省市国家级经济开发区和产业园区建立战略合作联盟,开展项目对接,承接产业转移,发展“飞地经济”,共同促进区域产业发展。

2.7.5 加快推进市场一体化,提升酒嘉城市服务带动功能

肃州区和嘉峪关市位置毗邻,就行政区合并问题,争议较多,操作困难较大。必须跳出行政体制,通过建立开放的市场体系和统一的市场规则来解决行政体制造成的发展问题,确保区域各种生产要素的自由流动。结合酒嘉实际需求,发挥核心城市的中枢作用,统筹培育区域商贸流通、产权交易、科技创新、人力资源、金融资本、信用征信、旅游文化、物流配送和信息服务九大共同市场。

依托酒泉国家服务业综合改革试点城市的政策支持和巨龙农网电子商务平台等已有电商平台,积极发展城市共同配送,推广“网订店取(送)”等服务模式,推动传统的实体商品交易市场转型升级为金融、物流和资讯相配套,商品、要素和服务更加融合的“升级版”市场。充分应用“物联网”“云计算”和“智慧城市”等新兴技术,把以高新技术改造提升传统产业与实施名牌战略有机地结合起来,促进大众创业、万众创新,重点扶持冶金新材料、食品加工、建筑建材、装备制造等优势企业。

2.7.6 强化基础设施互联互通,促进区域空间网络化发展

酒嘉一体化初期选择阻力小、效果优的交通基础设施一体化作为切入点。在已形成的酒嘉快速通道和通信网络一体化的基础上,把握两地的意向和现实需求,借助全省“6873”交通突破行动契机,两地合力打造更加完善的公路、铁路和航空立体交通网络,重点推进敦煌至格尔木、将军庙至淖毛湖至柳沟、酒泉至额济纳、敦煌客运专线等铁路及嘉策铁路电气化改造和嘉峪关、敦煌两个机场改扩建项目,完善酒嘉地区公路网络,加快建设酒嘉国家级公路运输枢纽,加快实施国家高速公路以及具有省际通道和通县功能的省级高速公路建设,加快开辟嘉峪关、敦煌至境外主要城市航线。

此外,两地可从旅游合作、品牌推广、消费者维权等增进双方利益的方面着手,从

具体的项目合作出发，通过项目合作，由易到难渐次深化区域一体化，以确保双方利益和参与一体化的积极性，逐步打破区域行政壁垒，向生产要素一体化、产业一体化、民生一体化等方面推进。

2.7.7 实施主体功能区战略，全面推进生态文明建设

酒嘉要按照区域主体功能定位，合理划定农业空间和生态空间保护红线，推进多规合一，不断优化产业结构、空间结构和用水结构，提高水资源利用效率，构建科学合理的城镇化推进格局、农业发展格局、生态安全格局，保障国家和区域生态安全，提高生态服务功能。以祁连山冰川与水源涵养生态功能区为重点，加强重点生态功能区的联合保护和统筹规划建设，共同构筑生态安全屏障；以敦煌生态环境和文化遗产保护区和肃北北部荒漠生态保护区为重点，深入推进疏勒河流域综合治理和敦煌水资源合理利用与生态保护工程，加强流域协同治理和绿洲生态建设。自然保护区、矿产资源开发区、流域水环境保护区等重要领域，搭建政府合作管理平台，积极试点建立资源有偿使用制度。重要生态功能区实行产业准入负面清单，同时强化激励性补偿，建立横向和流域生态补偿机制，引导人口和产业向重点开发区有序转移，保护绿洲边缘生态环境。

以酒嘉一系列循环经济试点和示范区建设为契机，充分利用政策支持，主动控制碳排放，加强高能耗行业能耗管控，有效控制钢铁、建材、化工等重点行业碳排放，共同建立绿色低碳循环发展产业体系，把发展低碳循环经济作为转方式、调结构、保民生、建设生态文明的重要抓手，以生产领域的节能降耗减排和生态环境保护为重点，着力深化循环经济工作机制，跳出在两市内部各自发展循环经济的局面，把酒嘉作为一个整体，构建和发展区域循环经济体系，探索酒嘉生态产业集群的培育模式。

2.7.8 实施创新驱动发展战略 建设区域创新体系

培育发展新动力，激发创新创业活力，推动大众创业、万众创新，释放新需求。发挥消费对增长的基础作用，着力扩大居民消费，引导消费朝着智能、绿色、健康、安全方向转变，以扩大服务消费为重点带动消费结构升级。促进流通信息化、标准化、集约化。发挥投资对增长的关键作用，发挥财政资金撬动功能，创新融资方式，带动更多社会资本参与投资。创新公共基础设施投融资体制，推广政府和社会资本合作模式。发挥科技创新在全面创新中的引领作用，加强基础研究，强化原始创新、集成创新和引进消化吸收再创新。鼓励科研院所、高等学校和国内外研发机构与酒嘉企业广泛开展技术合作，在酒嘉设立研发中心或分支机构。

同时，还要着力增强企业自主创新能力，鼓励企业加大研发投入，以金风科技为龙头，重点推动风电电机的创新，以大禹节水为龙头，重点发展节水技术创新和国际合作，强化骨干企业的创新带动作用。全面推进新能源、装备制造、高技术高载能产业、现代农业、水资源综合利用及生态环境治理、信息产业及现代服务业、文化旅游产业等重点领域的关键技术研究，瞄准瓶颈制约问题，制定系统性技术解决方案。

2.7.9 大力提高公共服务能力，共建共享一体化发展成果

在推进酒嘉区域一体化的过程中，要通过多种形式的关联和合作，破除因行政区分割而导致的公共服务碎片化，建立科技、教育、文化、体育、医疗卫生、社会保障、就业、社会管理等公共服务一体化的利益协调机制，注重各方利益和发展水平差异，统一区域基本公共服务最低标准，推进公共服务资源在酒嘉地区的无障碍流通，扩大公共服务范围。尽快实现异地同城结算，实现城乡公共服务制度的无缝对接，通过合理配置城乡公共服务资源，不断缩小城乡公共服务水平差距，逐步实现常住人口基本公共服务一体化，促进人民共建共享一体化发展成果，逐步实现区域基本公共服务均等化，为产业发展要素自由流动创造适宜的环境和条件。

2.7.10 适时开展行政区合并方案论证，全面消除行政区壁垒

嘉峪关是因企设市，在保障酒钢建设，促进城市发展现代化过程中发挥了巨大作用。但是，时至今日嘉峪关市的发展受空间范围、资源基础、人口规模等的限制问题逐步凸显，并且酒泉市的历史文脉、文化旅游资源、产业协作等因市级行政分割而出现破碎。国家级历史文化名城、国家级经济技术开发区、省域副中心等品牌共建共享的行政障碍很难彻底根除，适时开展“撤市并市”不但可以降低管理成本，更重要的是可加快推进资源整合共享、重塑更高水平的城市与区域形象、更好地优化配置经济布局、更快地提升城市职能与规模。为此，建议适时开展行政区合并方案论证，从制度上根本消除行政壁垒。

课题组成员：石培基　吴娜　刘云同　童华丽　周文霞　梁变变

附表 2-1 《规划》主要指标完成情况

类别	目标	规划目标			进展情况						
		2010	2015	属性	2011	2012	2013	2014	2015 预期	年均增速	评估结论
经济规模	生产总值(亿元)	588.94	1000	预期性	717.04	842.8	868.97	863.3	937.9	6.94%	未达预期
	经济总量占全省比(%)	14.36	15	预期性	14.28	14.91	13.8	12.6	12.71	−2.87%	未达预期
城市规模	城镇化率(%)	57	70	预期性	58	59	61	62	63.27	2.94%	未达预期
	核心区城市人口(万人)	46.7	50	预期性	47.85	48.56	21.99(嘉)	50.78	51.79	2.01%	提前实现
产业创新发展	国家级企业技术中心或工程技术研究中心(个)		4～6	预期性							缺数据
	煤电装机规模(万千瓦)		300	预期性							缺数据
	风机总装能力(万千瓦)		400	预期性		400(酒)	500(酒)	850(酒)	900(酒)	31.04%(酒)	提前实现
	光伏装备产能(兆瓦)		300	预期性		200(酒)	300(酒)	500(酒)	570(酒)	41.78%(酒)	提前实现
	葡萄种植面积(万亩)	2.56(嘉)	10	预期性	14.74	16.67	23.39	27.93	34.56	23.74%	提前实现
	葡萄酒产量(万吨)		2.5	预期性							缺数据
	羊饲养量(万只)	546.95	600	预期性	575.27	588.46	605.27	658.08	688.36	4.58%	提前实现
	羊出栏量(万只)	220.39	250	预期性	228.55	235.01	244.73	264.56	277.79	4.99%	提前实现
	牛饲养量(万头)	23.21	30	预期性	23.95	24.15	24.43	25.85	26.52	2.58%	未达预期
	牛出栏量(万头)	9.1	12	预期性	9.53	9.73	9.86	10.4	10.71	2.95%	未达预期
	猪饲养量(万头)	46.53	45	预期性	48.24	50.81	52.6	54.27	56.44	4.01%	提前实现
	猪出栏量(万头)	24.3	25	预期性	25.62	27.15	28.19	29.25	30.57	4.52%	提前实现

续附表2-1

类别	目标	规划目标			进展情况						
		2010	2015	属性	2011	2012	2013	2014	2015预期	年均增速	评估结论
城乡发展	城乡居民人均可支配收入(元)	15559.57	25000	预期性	17729.98	20596.95	22903.65	25253.23	28409.88	12.51%	提前实现
	农村居民人均纯收入(元)	7256.65	10000	预期性	8190.07	9683.58	10895.23	12193.6	13925.09	14.19%	提前实现
	互联网入户率(%)	37.8	20	预期性	40.8	41.2					提前实现
	移动电话持有率(%)	82	95	预期性	104	114	121	127	136	6.89%	提前实现
	农村安全供水率(%)		100	约束性	99.3	99.1	99.2	99.4	99.5	0.05%	基本实现
	农村通电率(%)		100	约束性	98.5	99.3	99.68	99.8	100	0.38%	基本实现
	建制村公路通达率(%)		100	约束性	98.9	98.9	99.2	99.5	99.8	0.23%	基本实现
	农村居民点改造率(%)		95	约束性							缺数据
	农村清洁能源使用(%)		60	预期性							缺数据
可持续发展	工业用水重复率(%)		98	约束性				60(酒)			缺数据
	资源产出率(元/吨)		1600	约束性							缺数据
	矿产资源综合利用(%)		92	约束性							缺数据
	秸秆转化利用率(%)		40	约束性							缺数据
	城市中水回用率(%)		70	约束性							缺数据
	工业废水排放达标(%)	98.1	90	约束性	92.79(酒)						缺数据
	城镇污水处理率(%)	37.2(酒)、83.12(嘉)	80	约束性	53.4(酒)、78.2(嘉)	72.7(酒)、100(嘉)	82.3(酒)、92(嘉)	84.2(酒)、96(嘉)	87.3(酒)、100(嘉)	13.08%(酒)、6.34%(嘉)	提前实现
	城镇生活垃圾无害处理率(%)	80.9(酒)、100(嘉)	85	约束性	92.6(酒)、100(嘉)	96.7(酒)、100(嘉)	98.3(酒)、100(嘉)	100(酒)、100(嘉)	100	2.59%	提前实现
	饮用水质达标率(%)	100	100	约束性	100	100	100	100	100	—	提前实现

数据来源:《酒泉市国民经济和社会发展统计公报》(2010—2014年)、《嘉峪关市国民经济和社会发展统计公报》(2010—2014年)、《酒泉市统计年鉴》(2012年、2013年)、《嘉峪关市统计年鉴》(2011—2014年)、《甘肃省国民经济和社会发展统计公报》(2010—2014年)、《酒泉市三届人大五次会议政府工作报告》。

附表2-2　酒嘉一体化重点工程项目主要进展情况(2015年3月)

		工程项目	主要进展情况
基础设施建设	公路建设工程	柳园—敦煌—格尔木高速公路建设工程	按计划顺利推进。
		酒航一级公路工程	已完成初步设计,通过市交通局内审。
		桥湾镇—马鬃山镇—马鬃山口岸二级公路改建工程	工程全面启动,建设正有序推进。
		瓜州至星星峡(甘新界)高速公路工程	2012年8月30日建成通车。
		瓜州至敦煌快速通道	完成部分路基、桥涵工程。
		省道215线改造提级项目	在建。
		嘉峪关市长城旅游公路建设工程	在建。
		国道312线绕城公路建设工程(货车专用公路)	在建。
		酒嘉快速通道建设工程	2011年3月开工建设, 2012年8月1日建成通车,具备运行条件。
		金塔至嘉峪关三级公路工程	路基工程完成。
	铁路建设	兰新铁路第二双线酒嘉段建设工程	建成通车,具备运行条件。
		敦(敦煌)格(格尔木)铁路	完成投资383736万元,路基工程完成95%,桥涵、隧道工程部分完成。
		酒(酒泉)额(额济纳旗)铁路	前期工作全面启动。
		额(额济纳)哈(哈密)铁路	铺轨工作全面展开。
	机场建设	嘉峪关机场航线培育项目	酒嘉两市共同补贴,开通了嘉峪关—兰州—成都、嘉峪关—兰州—西安等12条航线,近两年累积拨付航线补贴9862.6万元,其中由酒嘉两市共同承担7556.6万元。
		改造完善部分保障设备,逐步完善机场、海关、国际联检厅设施工程	设施完善工程顺利完工,成为B215航路的国内、国际备降机场。
		规划敦煌机场扩建项目	项目建议书已批,可研已编制完成,待省上出具出资承诺后上报国家发改委批复。
	城市道路	"三横三纵一环"的路网工程	已完成酒泉市与嘉峪关市路网规划,取消了酒嘉两市间的公路收费站,清嘉高速公路、酒嘉乘机一级公路、明珠路等建成通车,文殊镇与西峰乡、新城镇与果园乡的环状路网改造升级,嘉峪关新旧城区与肃州区规划路网相互贯通,形成了"三横三纵一环"的路网格局。
		嘉峪关开发区道路工程建设工程	已全部完工。
		酒泉新城区二期基础设施建设	续建道路除光电大道因征地拆迁影响暂未开工外,其他6条道路已完成征地范围道路的各类地下管线配套工程、路基工程、水稳铺筑、底层油铺筑、道牙安装、部分路段人行道铺装;新建市政道路工程已进入招标程序;新建管线工程已完成招标和施工进场准备;公园绿地工程完成喷灌系统安装及苗木种植等。
		酒泉新城区三期	控制性详规全面完成。
		酒钢嘉北新区基础设施建设	完成一期工程建设。
		2013年嘉峪关工业园区基础设施建设	完成年度任务。
		南市区三横六纵道路新建工程	在建。
		酒泉汉唐文化新区基础设施建设项目	已完成工程立项、地质勘查、地形图测绘、勘测定界、可研编制及审批、初步设计及概算编制已完成,正在开展施工图设计。
		酒嘉生态景观带建设工程	在建。
		酒嘉公交客运网络建设工程	取消了酒嘉两市间的公路收费站,建成酒嘉快速通道,开通了酒嘉城际公交。

续附表2-2

		工程项目	主要进展情况
基础设施建设	给排水	酒泉城区第二水厂迁建	进入初步设计审查阶段。
		嘉峪关城市南区供水工程	建设供水管道18.3公里。
		嘉峪关污水处理厂中水回用工程	建成投入使用。
		嘉峪关市第二污水处理厂	完成可研预审。
		甘肃酒泉市汉唐文化新区建设第二指挥部污水处理厂	在建。
		嘉峪关城市南区排水工程	新建污水收集管道13.8公里。
	供热燃气	肃州区热电联产城区集中供热工程	完成管网铺设19544米;新建21个换热站;已完成11个换热站。
		2013年酒嘉天然气入市工程	完成。
		西气东输管道嘉峪关段三线工程	管道敷设完毕。
	垃圾处理	酒嘉新区天然气门站新建	全面建成。
		嘉峪关南市区垃圾转运站	建成投入使用。
	信息化建设	“三网合一”工程	酒嘉两市邮政、固费和移动通信已实现同费同网,取消了长话费和移动电话漫游。
工业能源	新能源产业项目	酒嘉风电示范基地	建成。
		敦煌太阳能发电示范基地	建成。
		酒泉千万千瓦级风电基地一期工程380万千瓦建设项目	建成。
		酒泉风电二期第一批300万千瓦建设项目	建成。
		酒泉风电二期第二批500万千瓦建设项目	正在争取国家核准。
		敦煌2台10兆瓦大型光伏并网发电示范项目	建成。
		金塔10兆瓦光伏并网发电项目	建成。
		嘉峪关10兆瓦光伏并网发电等项目	建成。
		嘉西光伏产业园100兆瓦光伏发电项目	建成。
		酒泉1000兆瓦太阳能光伏发电项目	建成并网发电。
		803厂2台30万千瓦热电联产大型煤电项目	在建,累计完成投资572169万元。
		酒泉肃州电厂2台60万千瓦项目	建成。
	风电场升压站工程	敦煌、肃州区光电园区配套330千伏送出工程	开展前期工作。
		金塔、阿克塞、玉门330千伏输变电压工程	建成投运。
		玉门—803电厂—黄草营330千伏输电工程	开工建设。
		嘉玉双回330输变电工程	前期工作全面启动。
		敦煌—鱼卡—格尔木750千伏双回输变电工程	建成投运。
		酒泉—湖南正负800千伏直流输电工程	前期工作,全面启动。

续附表2-2

		工程项目	主要进展情况
工业能源	冶金产业项目	玉门油田炼油厂70万吨/年汽柴油加氢及2万吨/年制氢项目	项目已完工，中试交付。
		玉门油田炼油厂50万吨/年延迟焦化安全隐患治理改造项目	已完成建设任务。
		同民商业石油储备库项目	已获得省发改委开展前期工作的文件，并上报至国家发改委待批；目前正在委托资质单位对项目选址和水土保持方案等进行论证，工程总体设计方案、环评、安评报告已委托编制，争取年内获得省发改委核准，项目争取列入国家第三期战略石油储备基地布局。
	老工业基地转型	瓜州天富硅业工业硅生产项目	已完成建设任务。
		酒泉万象建材干法水泥生产项目	该项目为瓜州县2014年年初确定的重点建设项目之一，因矿产资源被纳入国家整装勘探区，采矿手续难以办理，加之资金短缺，产品市场行情偏低，股东之间意见不统一，今年不准备投资建设。
		肃州区国家级农业示范区	中控楼已建成，办公楼、公寓楼、餐厅等工程正在装修，石灰石均化库和堆料棚正在建设。
		酒泉市设施农业建设项目	完成农业产业园柏油路铺油罩面、水泥路2.6公里，砂石路铺筑4.5公里；完成绿化工程24公里，架设高压输电线路3.7公里，敷设完成供水管道、渠系8.5公里。
		酒泉市高效节水示范项目	日光温室完成85%的建设任务，已全部移栽种植，长势良好；钢架大棚完成80%的建设任务，已全部种植；养殖小区已全部建成。
		嘉峪关市正大新农村现代农业合作示范项目一期	已完成管沟开挖及管道安装工作，新增高效节水面积9万亩。
		嘉峪关现代农业生态示范园项目	完成饲养车间一、二的彩板设备的安装；动力中心的锅炉完成安装；外网管沟的开挖；水暖管道的安装。
		嘉峪关高效节水灌溉示范项目	园区主体建筑物墙体砌筑和挂瓦已完成。
		野麻湾高新农业示范园区建设项目	完成管道铺设80公里，完成土方20.85万立方米。
	水利工程	党河灌区2012、2013年节水改造工程	已完工。
		敦煌南湖灌区2012年节水改造工程	已完工。
		肃北党城湾灌区2012年节水改造工程	已完工。
		阿克塞红柳湾灌区2012年节水改造工程	已完工。
		水资源调度管理系统（调度管理中心）2012、2013年	已完工。
		党河河道恢复与归束工程	完成清理红柳19800米；土方开挖144828米；完成坝基清理19500米；坝体填筑16340米。
		敦煌地下水源地置换工程	正在进行前期工作。
		肃北马鬃山调水工程	正在进行前期工作。

续附表2-2

		工程项目	主要进展情况
工业能源	水利工程	敦煌"龙行九洲"国际文化度假城建设项目	17座温室大棚已建成。
		敦煌文化雕塑博览园建设项目	会展中心1#楼正在进行一层楼板砼浇筑，2#楼正在安装型钢柱，3#楼开始第二层施工；大剧院正在基础打桩；大酒店正在回填砂石做基础。
		肃州区玉酒泉产业园建设项目	已于2013年6月完工，投入运营。
		航天文化产业园项目	丝绸之路博览园二期的二层接待中心主体结构已完成，规划已编制完成；酒泉夜光杯文化旅游博览园的花卉展销大厅和景观街已完成；酒泉奇石博览园项目建成仿古式建筑，实施了道路、供水、绿化和景观等基础设施工程，修建人工湖2座，二期规划已审批；酒泉酒文化博览园建设项目的续建项目已开工建设。
		鸣沙山·月牙泉景区游客中心	建成。
		玉门赤金峡旅游景区游客中心	建成。
		嘉峪关河西游客集散服务中心	主体完工。
		张芝文化旅游产业园	建成。
		金塔沙漠森林公园项目	建成。
		阿克塞大漠狩猎园项目	建成。
		瓜州锁阳城项目	在建。
		酒泉城市博馆建设项目	完成。
		酒泉生态文化旅游观光园	建成。
		嘉峪关华强文化科技产业基地项目	建成。
		长城边关第一镇·丝路印象项目	建成。
		丝绸之路文化旅游小镇—华夏民俗文化园	正在办理环评、节能审查及社会稳定风险评估。
		嘉峪关长城保护维修工程	房车营地已开工建设，正在进行场地平整。
		嘉峪关草湖国家湿地公园	游客服务中心主体工程已完成工程量约80%；排水总管网工程正在进行现场勘查；入口道路已完成道牙石安装，约占总工程量的90%；道路绿化管线工程已基本完成排水管线铺设工作；售票中心完成总工程量35%左右，参观道路工程已完成可施工路段所有路基回填土方。
		嘉峪关美术馆	正在开展可研、环评编制。
		嘉峪关戈壁大峡谷景区	项目洽谈、商议阶段。
		七一冰川旅游景区项目	完成核准批复，待资金到位后开工建设。
		"观礼古镇"文化休闲生态旅游综合景区	已完成初步设计方案的编制，正在办理环评等相关手续。
		嘉峪关世界文化遗产保护与展示工程	防雷工程完成工程量的60%，消防系统工程完成消防水泵房主体，第一墩崖壁锚固二期工程完成脚手架整体拆除，关城(不含罗城)墙体保护及防渗排水系统工程已完工；完成了内城东二段女儿墙砌筑、海墁砌筑及草泥抹面；内城东马道安全通道拆除；东闸门墩上部雉堞砌筑；东闸门墩草泥抹面等，占总工程量50%。
		恒基美居文化产业博览园项目	步行街主体全部完工，夜光文化街8栋单体建筑主体完工，2栋主体正在施工建设。
		丝绸之路酒文化展示中心项目	完成核准批复，待资金到位后开工建设。
		万里长城—嘉峪关国家文化和自然遗产保护设施建设项目	完成核准批复，待资金到位后开工建设。
		雄关演艺园建设项目	建成。
		嘉峪关世界文化遗产监测中心建设工程	建成。
		嘉峪关广播电视台大演播室改造项目	对大演播室室内进行装修及购置设备。

续附表 2-2

		工程项目	主要进展情况
物流商贸	物流	巨龙农网综合物流园项目	一期主体工程已完成,目前装修工程全面开展。
		酒嘉国际物流园	建成运营。
		酒嘉公路运输枢纽综合物流园	已具备企业入驻条件。
		嘉峪关粮食现代物流中心项目	建成。
		嘉峪关现代国际物流园区	完成部分土建施工。
	商贸	东方明都商业广场	征地、主干道路及绿化、供排水管网、四周围栏、基础平整等工程已完工;检测维修、农产品冷库、货棚等物流设施正在建设。
		义务商贸城(敦煌)	建成投用。
		敦煌万盛家居广场	建成投用。
		玉门盛浩建材市场	建成投用。
		敦煌龙德胜农产品交易市场	建成投用。
		玉门时代购物广场	在建。
		瓜州时代商厦	在建。
		天空之城城市综合体	在建。
		富力国际城城市综合体	主体17层封顶。
		讨赖河北岸休闲商业街工程	完成规划方案,正在开展土地及地上附着物征收拆迁工作;已完成7家企业搬迁,正在与剩余最后3家商谈征收事宜。
		嘉峪关春光农产品批发市场	已完成主体建设任务。
		中天商厦项目	新的规划方案已完成,通过审批,正在办理开工手续。
		雄关供销大厦改扩建项目	已审批设计方案。
		嘉峪关国际港务区	规划已定,办理开工许可等相关前置手续。
		红叶文化城市综合体项目	已委托编制总体规划方案。
		西北汽配城	在建。
		嘉峪关西部综合交易市场	建成农副产品批发市场;工程机械租赁交易市场土建施工。
		天诚国际购物中心	建成。

续附表2-2

		工程项目	主要进展情况
物流商贸	商贸	2013年嘉峪关城乡一体化发展项目	扶持农业产业种植、养殖项目，农业龙头企业、农民专业合作组织发展；鼓励支持农村经营体制机制创新；推进农业产业升级；推广应用农业科技(完成)。
		嘉峪关农村公路通畅工程	建成通车。
		嘉峪关土地整理工程	完成土地整理。
		城乡一体化安远沟新农村社区试点建设项目	方案完善，开展前期。
		2014年农村公路通畅工程	收尾工作，计划年底投入试运营。
		酒泉农民安居工程	改造农村危旧房3.43万户，新建百户以上楼居式中心村122个。
		酒泉沼气、太阳能等清洁能源综合利用项目	建成清洁工程示范村26个，推广太阳能、沼气等清洁能源应用2595户。
		酒泉农村路网建设工程(农村客运站)	新建改造农村公路2596公里，建成村级汽车停靠站251个。
		酒泉农村环境连片整治项目	建成村容村貌整治示范点483个。
生态环境	循环经济	酒钢嘉北循环经济产业园供电系统改造项目	建成。
		嘉峪关大友企业公司大型节能现代高载能矿热炉及余热发电项目工程	建成。
		再生资源产业园项目	再生资源集散加工中心库房、围墙已结束。
		酒泉市浩海煤化有限公司煤化工及资源综合利用项目	已完成熄焦塔、焦炉烟道、145米烟囱、办公楼、综合楼、职工宿舍等设施建设；9月19日一期工程1号焦炉点火烘炉，完成年度建设任务。
		甘肃省三新硅业有限公司高纯硅精细材料项目节能环保技术改造工程	设备订购。
		甘肃汇通新能源有限公司提质煤(资源综合利用)经济循环项目	一期主要设备已安装到位，开始试生产；二期已完成场地平整、基础开挖。
		瓜州县柳沟煤基联产综合利用项目	正在建设中。
		废旧机动车回收拆解项目	完工。
		酒泉坤源物资有限公司年产30万立方米商品混凝土搅拌站及5万立方米粉煤灰加气保温砌块项目	已完工。

续附表2-2

		工程项目	主要进展情况
生态环境	循环经济	凌创粉煤灰综合利用项目	已完工。
		酒泉建新农业开发公司利用沼气年产30万立方米天然气生产项目	已完工。
		大型商用乏燃料处理基地和铀转化基地建设	正在办理前期手续。
		大禹节水能源中心建设项目	已完工。
		国电电力酒泉发电有限公司利用热泵回收乏汽余热供热工程项目	投运。
		酒泉市宜鑫市政建设有限责任公司混凝土预制品、加气混凝土砌块、道路油料加工项目	建成。
		酒泉爱华洁能环保有限公司新能源装备制造产业园复合材料废弃物环保处理项目	已完工。
		酒泉市大鼎建材有限责任公司30万立方米蒸压加气混凝土砌块项目	已完工。
		玉门宏通新能源50万吨环保洁净型煤生产项目	已完成四周围栏基础开挖、混凝土浇筑等工程；目前，主厂房地基已完成开挖，设备已订购。
		玉门新磊30万立方轻集料混凝土砌块生产线项目	已完成厂房修建、设备订购、通水、架电等工作，环评已通过评审；正在装修办公楼及办理土地出让手续。
		甘肃水木紫荆能源公司煤化工循环经济园项目	修建办公生活板房1500平方米，8台焦化炉设备基础已完成，正在进行设备安装；修建场区道路6公里；硬化场地10万平方米，完成防风墙安装；修筑围墙500米；2.16公里铁路专钱完成铁路基础施工；并完成了项目备案，环评、安评、能评已委托设计评审。
		肃北中宏能源资源综合利用项目	可研已完成，正在做环评；目前正在办理肃北县(马鬃山通畅口北、野马泉北)探矿权手续等前期工作，项目未开工建设。
		甘肃楚雄矿业有限公司煤化工循环项目	已完成设备定购，化验室、浴室、餐厅已在砌围墙，精煤走廊在建。
		瓜州县福盛新能源有限公司600万吨碳还原剂综合利用循环经济项目	办公楼、住宿楼地基工程已经完成，60万吨半焦生产线部分设备已经订购。
		淡水河谷煤基联产综合利用项目	已经完成8台焦炉的基础浇灌，平整场地200亩，搭建办公、生产厂房1500平方米，一期60万吨提质煤生产线建成投入试生产，二期地期开挖浇筑，部分设备订购。
		阿克塞恒亚公司年产120万吨新型干法水泥生产线建设项目	建成。
		酒泉万象建材干法水泥生产项目	中控楼已建成，办公楼、公寓楼、餐厅等工程正在装修，石灰石均化库和堆料棚正在建设。
		酒钢循环经济和结构调整项目	分项工程实施。

续附表2-2

		工程项目	主要进展情况
生态环境	环境保护	酒嘉风电基地特色铝合金节能技术改造项目一期90万吨工程	电解铝四区二系列电解槽已于12月10日全部启动完毕;北阳极组装车间完成联动试车。
		酒钢集团酒嘉风电基地高载能特色铝合金节能技术改造电厂项目一期工程	项目收尾。
		酒钢集团酒嘉风电基地高载能特色铝合金节能技术改造电厂项目二期工程	4#机组12月9日完成锅炉点火吹管;4#除尘器12月21日本体安装、调试完成。
		甘肃东兴铝业酒嘉风电基地高载能特色铝合金节能技术改造公辅一期工程	项目收尾。
	生态修复	嘉峪关市饮用水水源地西气(油)东输(送)管网带下游水源井迁建项目	已完成61眼水源井施工任务和输水管线穿越兰新铁路、嘉镜支线砼护函施工任务;南干渠迁建施工任务和双泉应急备用水库土方开挖部分施工任务已完成。
		讨赖河生态环境治理工程(酒泉段)	建造水面景观5.6公里,7座橡胶坝、12座跌水堰、4座泵站。
		讨赖河生态环境治理工程(嘉峪关段)	新建和改造防洪堤13公里,其中左岸防洪堤6公里,右岸防洪堤7公里,布置人行踏步24座,便民通道12座,新建穿堤过水闸涵3座。
		引哈济党工程	正在进行前期工作。
		讨赖河龙王滩遗址湿地保护一二期工程	完成。
		“两湖一河”生态景观工程	建成。
		大草滩水库除险加固工程	建成。
		敦煌莫高窟保护利用工程	建成投用。
		敦煌水资源合理利用与生态保护	水资源调度管理系统设备安装及采购、疏勒河河道恢复与归束工程(双墩子—玉门关)项目完成招投标工作,与施工单位签订合同,施工单位做好施工准备工作;2013年度党河灌区节水改造工程,9月30日发布招标公共,计划10月底开标,计划11月份完成招投标工作,签订施工合同。
		亚行贷款酒泉市城市环境综合治理项目	在建。

续附表 2-2

		工程项目	主要进展情况
社会事业发展	社会事业发展	酒泉市医院综合楼	已经完成地上三层。
		酒泉工贸中等专业学校新校区建设项目	项目单位正在完成前期手续，预计10月开工。
		酒泉市2014年新建保障性住房项目	市政府惠民实事下达我市2014年保障性住房建设任务为4666套，我市现已开工建设4666套，开工率达100%，累计完成投资约4.3亿元。至目前，有2243套已达到主体封顶，其余项目正在进行主体工程的建设，预计年底前可全面完成市政府惠民实事下达任务。
		酒泉市移民扶贫开发建设项目	种植类产业、危房改造、暖棚圈舍、日光温室、钢架拱棚等项目已全部完成建设任务。
		酒泉市2013年保障性住房项目	完工。
		嘉峪关市酒钢三中新校区建设项目	三期、四期工程均已通过竣工验收；一期全部完工，准备竣工验收；二期综合艺术中心正在进行室内外装修。
		嘉峪关社会福利三院联建及市残疾人康复托养中心项目	农村中心敬老院、社会福利院、儿童福利院全部完工，正在进行部分装修工程收尾工作。残疾人康复托养服务中心正在室内装修。
		嘉峪关市环境监测执法机构业务用房	全部竣工并交付使用。
		2014年嘉峪关保障性住房建设项目	廉租房及公租房外墙保温贴完，室内地暖铺设完成，室内垫层打完，窗户框全都安装完毕，准备停工；限价商品房2013年开工建设，小区处于建设阶段(水岸明居)；1、6号楼主体在建。
		嘉峪关市第一人民医院建设项目	完成施工图设计审查，进入工程招标阶段。
		嘉峪关市第二人民医院综合楼建设项目	暂缓实施。
		有线电视网络双向改造工程	本月完成7186户改造，累计完成50188户用户双向网络改造；本月完成有线电视光缆干线敷设143公里，累计完成光缆铺设791.85公里。
		食品药品检验监测中心实验室	在建。
		2013年嘉峪关保障住房建设	建成。
		嘉峪关国有工矿棚户区改造	建成。
		嘉峪关党校图书教学楼	建成。

3 《金昌—武威区域经济一体化发展规划》实施评估报告

西北师范大学国土资源与城乡规划研究院课题组

（二〇一五年十一月）

3.1 前言

3.1.1 评估背景

《金昌—武威区域经济一体化发展规划》(以下简称《规划》)，是贯彻落实国家深入实施西部大开发战略和省委、省政府“中心带动、两翼齐飞、组团发展、整体推进”区域发展战略的重要组成部分。《规划》依据《国务院办公厅关于进一步支持甘肃经济社会发展的若干意见》(国办发〔2010〕29号)、《甘肃省循环经济总体规划》(国函〔2009〕150号)以及《甘肃省人民政府关于印发甘肃省国民经济和社会发展第十二个五年规划纲要的通知》(甘政发〔2011〕21号)编制，是指导金武区域经济一体化发展总体性规划和编制相关专项规划的基本依据。

“十二五”是我省经济社会发展重要阶段，开展区域经济一体化“十二五”专项规划评估既是摸清金武两市经济社会发展底数，科学制定“十三五”规划的需要，也是总结规划实施经验与不足，主动应对发展形势变化，加强《规划》实施监测，健全和完善《规划》实施机制的要求。为深入了解《规划》实施以来金武地区区域发展总体情况，客观评价一体化成果，综合判断实施过程中存在的问题及原因，总结经验，结合新形势下区域一体化发展形势提出意见建议，促进“十三五”区域一体化规划制定实施。根据国家发改委和省发改委有关要求，特开展此次评估工作。

3.1.2 评估范围与时限

3.1.2.1 评估范围

以金昌市金川区和武威市凉州区为中心，民勤县、古浪县、天祝县和永昌县为节点，覆盖金武两市所辖地区。

3.1.2.2 评估时限

2011—2014年,预期到2015年末。

3.1.3 评估的主要依据

《金昌—武威区域经济一体化发展规划》
《甘肃省"十二五"经济社会发展规划》
《国家十二五规划评估报告》
《甘肃省主体功能区规划》
《甘肃省新型城镇化发展规划》
《甘肃丝绸之路经济带建设方案》
《推动共建丝绸之路经济带和21世纪海上丝绸之路的愿景和行动》
"3341"项目工程
《甘肃省多极突破行动协调推进工作规划》

3.2 评估区域概况及一体化规划要点

3.2.1 区域概况

3.2.1.1 自然条件

金武两市位于河西走廊东部,地理位置优越,自古就是"丝绸之路"经济带重镇。东接兰州、南临西宁、北靠宁夏和内蒙古、西通新疆,兰新铁路、干武铁路、连霍高速公路G30、国道G312贯穿全境。温带大陆性气候,光照充足,气候干燥,全年多西北风,昼夜、四季温差较大,霜期长,春季多大风。自然生态环境脆弱,水资源总量不足。从南至北依次形成南部祁连山山地、中部走廊平原和北部荒漠三个地貌单元,区内小气候明显。

3.2.1.2 经济社会条件

金武两地自然资源丰富,历史文化悠久,经济社会联系紧密。金昌市是我国重要的镍、钴、铂族贵金属生产及有色金属工业基地,国家新材料高技术产业基地和循环经济示范区。武威市是国家历史文化名城、全省重要农产品生产和加工基地、国家级沙产业和防沙治沙生态恢复示范区。金武经济区以金昌市金川区、武威市凉州区为核心区,永昌、民勤、天祝、古浪县为辐射区,共有6个县(区)和42个建制镇,总人口228.37万。两市同处石羊河流域绿洲盆地,具有良好的一体化发展基础。

3.2.2 一体化发展规划要点

3.2.2.1 战略定位

国家重要的有色金属新材料研发基地。依托有色金属资源和产业优势,加强新材料技术研发和集约化生产,打造有色金属和新材料产业集群,为加快老工业基地产业转型发展探索新路径。

国家重要的循环经济示范区。加快实施《甘肃省循环经济总体规划》,依托重点企业、园区和城镇,着力打造有色金属、精细化工、工业固废利用、绿色食品生产、生态环保等循环经济产业链,为全国循环经济发展提供示范。

全国内陆河流域生态文明和节水型社会建设示范区。加大祁连山水源涵养和生态保护力度,继续实施石羊河流域重点治理工程,加快建设祁连山生态补偿区、河西走廊绿色经济区等重要功能区。发展壮大绿洲经济,全面推进节水型社会建设。

城乡统筹发展的先行区。强化金昌、武威两市城市功能互补,完善城镇布局,推进社会主义新农村建设,着力实施以工促农、以城带乡,促进城乡统筹发展,率先形成城乡一体化发展的新格局。

多元文化相融发展的繁荣区。充分发挥历史文化资源集聚和民族文化交汇优势,以建设丝绸之路文化产业带为契机,打造一批具有国内外影响的历史文化旅游品牌,促进文化繁荣发展。

3.2.2.2 空间布局

《规划》构筑"一带携领、两核互补、点状集聚、重点突破"点轴式空间开发布局。"一带"指依托国道G312线、陇海兰新线以及金武高速公路和金大快速通道,构建以天祝县城、古浪县城、凉州区、永昌县城和金川区为重要节点的区域发展带。突出金武经济区经济通道作用,引导产业和人口轴线聚集,建设先进制造业和现代服务业发达、集散功能显著、城镇和人口密集、辐射带动能力强的发展轴带。"两核"指金昌市金川区和武威市凉州区,突出金昌市先进制造业和生产性服务业发展优势,强化武威市凉州区文化中心和传统服务业地位,形成"两核"互补、相向发展、协调推进的新格局,构建区域复合中心。

3.2.2.3 发展目标

按照"前五年夯实基础快发展,后五年提升水平大发展"的总体发展思路,围绕金武区域经济一体化发展重点领域,加快推进实施一批重大项目,到2015年区域经济实力显著增强,地区生产总值年均增长15%以上,占全省比重明显提高,发展能力明显增强。交通、水利、能源、市政等基础设施建设快速推进,综合交通运输网络基本形成;石羊河流域治理和祁连山生态环境保护重大工程加快实施,节水型社会建设和环境污染综合防治取得显著成效;特色优势产业和产业融合发展快速壮大,自主创新能力和区域性循环经济产业链建设不断提升;城镇体系和功能日益完善,城乡统筹协调发展;覆盖城乡居民的就业服务和社会保障体系进一步完善,城乡居民收入水平和生活质量明显提高。

到2020年,实现全面建设"经济更加发展、民主更加健全、科教更加进步、文化更加繁荣、社会更加和谐、人民生活更加殷实"的小康社会目标。

3.3 《规划》实施情况评估

3.3.1 《规划》实施以来合作发展情况

3.3.1.1 合作发展政策

《规划》实施以来，金武地区初步建立起组织协调、规划引导等机制，经济社会快速发展，经济综合实力明显提升。金昌市按照"基础设施配套化、增收机制多元化、公共服务一体化、发展理念生态化、基层民主制度化"的"五化"思路构建统筹城乡发展体制机制。武威市按照省委"四抓三支撑"总体工作思路，实施"三大战略"培育特色优势产业，以建设节水型社会为主线，突出项目建设、节水增收、工业强市、新农村建设和改善民生等重点工作，经济持续较快发展，社会事业全面进步。

金武地区初步建立起组织协调、规划引导等机制，国务院、省委、省政府及各级相关政府部门出台相关政策，为金武区域经济一体化发展提供动力和制度保障(见附表3-1)。分析金武一体化政策可以看出，14条的政策总量还比较有限，涉及发展领域细化程度有待提高；"十二五"中期政策发布较集中，前期相关政策的发布起到一定推进作用；政策类型以规划计划为主，执行强制性相对较低；从政策影响区域来看，针对金武一体化发展的政策数量不够，两市跨地区、跨部门、跨行业联合协作政策相对欠缺，合作机制尚未建立。行政区分割、地方利益保护等各种问题有待进一步解决。

表3.3-1 金武一体化合作发展政策

类型个数		影响区域			政策主题			发布时间						
政策法规	规划计划	全国	甘肃	金武	社会	经济	环境	2007	2009	2010	2011	2012	2013	2014
5	9	3	7	4	9	2	3	1	2	2	4	3	1	1

3.3.1.2 主要合作项目评估

《规划》实施过程中，金武两市强化与酒嘉、张掖区域功能组团联动发展，基础设施建设、工业产业发展、公共服务体系、教育合作等项目合作发展成效明显。

基础设施明显改善，交通路网密度大幅提升。金武高速公路使金昌、武威两市实现高速对接，有效缩短两地间行车时间，改善武金两市路网结构，完善了甘肃省高速公路网络。金民高等级公路建成通车，增强金昌与民勤交通联系，提升了现有公路等级。金(金太阳园区)大(古浪县大靖镇)快速通道建成通车，对推进两市县乡级公路连通及等级提升，打造城乡融合发展核心区，促进公共交通网络向乡村延伸，实现公共交通与公路交通有机衔接发挥重要作用。2011年8月金昌机场通航，使金昌、嘉峪关、敦煌形成甘肃西部具有三角支撑的机场群，提升了河西走廊区域综合运输体系功能。兰州至武威至金昌至张掖三、四线铁路的立项建设，将形成以金昌、武威两市为中心，辐射周边地区的铁路运输通道。(见附表3-2)

社会事业全面进步，民生问题持续改善。依托金保工程，加快建设社会保障信息系统，推进两市社会保险“一卡通”工作进程。不断完善社会保障制度体系，建立保险预防失业、促进就业和稳定就业的长效机制，进一步健全重特大疾病医疗保险和救助制度。落实了各项保障措施，企业退休人员增加基本养老金工作基本完成，城乡居民养老保险基础养老金和城镇居民基本医疗保险财政补助标准调整到位。挖掘各类教育合作机会，加强高校毕业生、城镇就业困难人员和退伍军人就业工作。

表3.3-2　公共服务项目评估表

所属领域	项目名称	实施主体	进展情况	合作内容	主要经验	对一体化的贡献
重大基础设施建设——公共服务体系和教育体系	社会保障体系建设重大工程	金昌市人民政府、武威市人民政府	建成使用中	基本养老、残疾人康复和托养体系，社会保障扩面工程，两地社会保障“一卡通”工程，社会救助工程，武威市人民医院搬迁建设工程等。	资源互补，优势互补，切实提高群众的生活水平。	优质医疗资源、社保资源共享，促进两地经济发展。
	教育卫生事业发展重大工程	金昌市人民政府、武威市人民政府	建成使用中	城乡教育均衡协调发展工程、职业教育基础能力建设工程、教育信息平台建设工程、医疗卫生能力共建工程、医疗卫生基础建设工程等。	充分挖掘两市教育共同发展结合点，实现优势互补。	促进优质教育资源共建共享；推进职业教育资源共享。
	人力资源开发重点工程	金昌市人民政府、武威市人民政府	建成使用中	金武职业技能培训工程、劳动力就业市场建设工程、创业就业工程、人才交流平台共建工程等。	将金昌公司作为学生实训基地，全面开展校企合作。	加强校企合作、校校合作，促进专业人才互补。

工业经济快速增长，循环经济发展成效明显。按照“合理布局、互利共赢、联合共建”的原则，金武两市积极沟通协调，探索两市产业园区协作发展模式，构筑共建同享新机制，把邻近金昌的武威装备制造与新能源工业园区、武威民勤红沙岗能源化工产业园作为金昌市国家经济技术开发区的产业发展集聚延伸区，通过产业延伸，促进园区之间要素流动，强化产业集聚与分工合作，发挥各自特色，打造共同优势，促进工业园区整合发展。

武威开发金太阳新能源高新技术集中区和武威新能源装备制造产业园，先后引进中节能、中国航天万源等60多家大型企业，着力发展新能源光伏发电和装备制造业，推进两园整合建设，循环经济生态产业园区规模初步形成。金昌推进园区循环化改造，中央财政下达园区循环化改造资金10760万元，其中12个项目列入国家支持范围，110万吨铜渣选矿、冶炼含铜废渣废酸资源化利用、镍阳极泥综合利用、白烟灰综合利用扩能技术改造等重点补链项目顺利推进。河西堡化工循环经济产业园初具规模，150万吨捣固焦、20万吨合成氨项目建成。金昌经济技术开发区被确定为全国循环化改造示范试点园区，永昌氟化工产业园区被列为省级循环经济试点园区。金武两市不断延伸有色金属、冶金、化工等循环经济产业链，从依赖单一资源发展向多产业共生发展转变，资源综合利用水平显著提高。

加强资源环境保护，构建生态文明示范区。“十二五”期间，金武两市按照规划“着力加强基础设施和生态建设，改善发展环境，推进生态文明和节水型社会示范区建设”

的要求，大力实施“生态立市”战略，强力推进“设施农牧业+特色林果业”主体生产模式和生态屏障行动，坚持“南护水源、中调结构、北治风沙”生态保护治理方针，突出“防污、节水、造林、治沙”为重点的生态保护与建设，建立完善“国家有投入、科技作支撑、农民有收益”的生态建设长效机制，坚持干部义务压沙制度，严格落实“五禁”规定，推进重大生态工程建设，大力发展特色林果基地和沙产业，统筹沙漠治理、工业园区绿化、通道绿化、林网建设、新型村镇和社区绿化、湿地保护与恢复，大规模开展造林绿化，建设生态屏障。

表3.3-3　产业合作与项目评估表

所属领域	项目名称	实施主体	进展情况	合作内容	主要经验	对一体化的贡献
重大基础设施建设——产业发展	优化“一区多园”的工业布局	金昌市人民政府、武威市人民政府	建成使用中	金昌新材料产业园区、河西堡化工循环经济产业园区、永昌工业园、焦家庄氟化工产业园区、武威新能源装备制造产业园、民勤县红沙岗工业集中区、甘肃武威工业园区、甘肃武威黄羊工业园区等继续建设。	加快建设金昌国家级经济技术开发区，并以此为依托，引领其他产业园区发展。	促进金武两市工业园区的融合发展，建成特色农副产品加工循环基地。
	循环经济发展重点工程项目	金昌市人民政府、武威市人民政府	建成使用中	镍铜熔渣还原铁项目、马铃薯淀粉深加工循环体系项目、煤电化循环经济建设项目、煤制甲醇转烯烃生产项目、工业固废利用项目。	加快建设循环经济重点工程项目，并以此为依托，引领其他产业园区发展。	减少了最终废弃物的排放量，提高了资源的利用率，降低了生产成本。

表3.3-4　民生生态项目评估表

所属领域	项目名称	实施主体	进展情况	合作内容	主要经验	对一体化贡献
重大基础设施建设——民生和生态项目	石羊河流域综合治理	金昌市人民政府、武威市人民政府	完成人工造林19.73万亩、封育65.8万亩。	全流域水资源统一管理，防沙治沙、生态恢复。	建立完善“国家有投入、科技作支撑、农民有收益”的生态建设长效机制。	强化生态补偿制度，激发生态保护的内生动力；完善资源有偿使用制度，依靠市场主体保护生态环境。
	祁连山区水源涵养区保护		全面禁止祁连山水源涵养区乱砍滥伐、乱垦乱牧、乱开乱采。	退耕还林，减轻人口对祁连山生态环境的压力。		
	三北五期防护林建设工程		完成工程任务85.23万亩。	人工造林、封山育林。		
	古浪县生态移民暨扶贫开发黄花滩项目		灌溉面积8.62万亩，搬迁南部山区贫困群众4万人。	水利骨干工程、改建渠道、移民安置工程。		

3.3.1.3 合作环境营造情况

《规划》实施以来，两市以自然资源为基础，发挥多元文化交融优势，以经济发展推动城乡居民生活水平改善，为金武一体化创造机遇，营造合作发展环境。对基础设施、社会事业、产业园区、生态环境和文化旅游等方面的合作内容，在新华网甘肃频道、光明网经济频道、网易新闻中心、中国甘肃网、甘肃日报、甘肃工业和信息化网、人民网、凤凰网、中国经济导报等媒体进行了反复多次报道，取得了很好的宣传效果，营造了良好的一体化氛围。

3.3.2 《规划》任务进展情况评估

3.3.1.1 空间结构优化布局

《规划》要求构筑"一带携领、两核互补、点状集聚、重点突破"点轴式空间开发布局。金昌市按照全面建成小康社会和可持续发展的需要，遵循不同主体功能区空间自然属性，积极构建"一带两轴，四区二十片"的市域城乡空间结构功能布局。武威市依据国家、省主体功能区规划，初步形成以陇海兰新经济带为主轴，武威市凉州区主城区为中心，主要交通通道连接的县城、重点建制镇和产业园区为主要节点的空间布局。金武区域中心城市发展规模壮大；次级镇区中心的城市化水平提升，区域互补性加强；基层人口向中心村有效聚集，经济社会发展水平全面提升。

3.3.1.2 基础设施统筹共建共享

3.3.1.2.1 综合交通运输体系不断完善，网络化程度提高

截至2014年底，武威市公路总里程达到12029公里，是2010年的1.34倍，金昌市公路通车总里程2676公里，是2010年的1.33倍，金武地区正在形成以国家高速公路网和普通国道为骨架，省道和地方高等级公路为干线，农村公路为支线，国道、省道与农村公路互补，连接周边、衔接顺畅、覆盖县域、布局合理的公路网结构。交通运输建设基本实现《规划》对金武空间布局要求，西北交通枢纽城市雏形基本形成，发挥经济通道作用。

表3.3-5 金武两市建成交通统筹共建项目

公路名称	全长（公里）	总投资（亿元）	通车时间	功能
金武高速公路	73.4*	31.5	2013. 11	形成1小时交通经济圈
金大快速通道	185	48.43	2014. 12	两市县乡公路连通、等级提升，打造覆盖百万人口城乡融合发展核心区。
永古高速公路	145.46	60	2011. 12	完善甘肃省高速公路网络
营双高速公路	94.65	38	2013. 12	完善甘肃省高速公路网络
S211线武威至骆驼河口段二级公路改建工程	69.4	▲	2011. 12	改善武金两市路网结构

注：加注"*"表示金武高速公路主线长73.4公里；加注"▲"表示相关数据缺失。

全长105.08公里总投资约为29.99亿元的金阿高等级公路于2012年12月开工建设，预计2015年9月通车；正在建设民勤至红沙岗一级公路70.7公里和天祝至青海互助二级公路72.5公里，实施G569线北山（蒙甘界）至仙米寺（甘青界）高速公路350公里奠基，开工建设天祝至景泰二级公路108公里。省道S212纳入全省路网结构完善和省道改造提升工程，起点位于S212线民勤县红沙岗，与在建的民勤至红沙岗一级公路相接，加强了区内公路与国省干线高速公路网的互联互通；建成金阿铁路专用线一期工程，积极谋划民勤至金昌机场公路等重点项目，着力打造金昌—武威—民勤的"1小时区域交通圈"。

武威市先后投资4.71亿元，开工建设武威综合客运枢纽中心、民勤客运站、古浪客运站、天祝客运站、武威应急保障指挥中心等6个重点客运站和一批乡镇客运站、汽车停靠点，加强路、站、运一体化配套建设，金昌客运站、永昌客运站已投资建成。全长449.33公里，总投资445.1亿元的兰州至武威至张掖三、四线铁路计划于2015年年内开工建设。武威支线机场建设正在前期积极筹备中。通过一系列高速公路和铁路重大项目实施建设，拉近金武距离，促进资源在两市之间合理配置，实现两地优势互补，金昌、武威通过连接兰州、西宁、银川、呼和浩特、嘉峪关、白银等省会城市和工业城市，承东启西、连接南北，为整个区域经济一体化奠定基础。

3.3.1.2.2　水利设施建设持续加强，水利改革逐步深化

石羊河流域重点治理加快实施。石羊河流域重点治理累计改建干支渠道1061.8公里，配套田间节水面积205.68万亩，安装地下水计量设施1.42万套。建成西营河至蔡旗断面专用输水渠、景电二期向民勤调水渠延伸工程，并已投入运行。蔡旗断面过水量、民勤盆地地下水开采量连续5年实现规划目标。

重点水利工程加快推进。抢抓加快水利改革发展机遇，全面加快重点水利工程建设。完成相关项目7项，规划实施项目2项。

古浪县生态移民暨扶贫开发黄花滩项目水利骨干工程铺设输配水管道62.48公里，建成提水泵站3座已投入运行，为干旱山区群众"下山入川"脱贫致富提供了有力保障。

杂木河向武威城区地表水供水工程建成净水厂1座、铺设输配水管道44公里，2013年9月实现向武威城区供水，改善了武威城区饮水质量。

杂木河毛藏寺水库枢纽工程2013年6月开工建设，大坝已填筑至设计高程2661.8米，填筑量119.9万立方米。

石门河调蓄饮水工程右坝段浇筑坝高28米、左坝段浇筑坝高20米，铺设供水管道29.41公里。

天祝县南阳山片下山入川生态移民小康供水工程已建成饮水枢纽及3座泵站，安装提水管道19.87公里、人饮管道8.6公里，2014年7月底通水至移民区。

金昌市投资6000多万元改善农业水利基础设施，重点工程西金干渠改扩建工程于2012年11月顺利竣工通水，满足永昌县西河、四坝灌区7.1万亩耕地灌溉需要，发挥"引硫济金"工程引水效益，缓解全市工农业用水矛盾。

民勤县先期启动了水库淤积治理试点工程，2010—2014年完成清淤650万立方米，累计完成投资1.25亿元。

红崖山水库加高扩建工程列入全国"十二五"大型水库建设规划和172项重大水利

工程项目，国家发改委于2014年12月批复工程项目建议书，估算投资4.13亿元，计划2015年开工建设。“引大济西”工程规划报告通过水利部水规总院初评。

民生水利工程建设扎实开展。小型农田水利重点县项目、区域规模化高效节水增效示范项目、河西走廊高效节水灌溉示范区项目全面推进，至2014年底，金武两市累计发展设施高效节水灌溉工程100.4万亩。组织实施农村饮水安全工程，新建续建各类供水工程160处，解决74.4万农村人口和14.3万农村学校师生饮水安全问题，农村自来水普及率达84%。金川区区水务局与凉州区相关人员贯彻落实2015年全省水利局长会议精神，组织实施大田滴灌运行管理、农民用水户协会运行、机电井智能化计量设施运行、水权管理、水资源费征收管理等热点问题交流讨论。

按照“城乡融合”发展战略要求，将水利工程建设与城镇化建设、新农村建设、“下山入川”生态移民扶贫攻坚相结合，加快核心区城镇和工业园区供水工程建设，建成武威保税物流中心、武威工业园区、新能源装备制造园区、红沙岗工业聚集区、土门工业集中区、宽沟工业园等供水工程，为工业发展提供供水保障。加快城乡居民供水工程建设，建成黄羊、杂木、金塔、西营、古浪、大靖等城乡居民集中供水工程，服务、改善和保障民生的农村水利体系初步建立。金昌市通过兴修水库、建设渠道、打井提水、平田整地、灌区配套，逐步形成集防汛、灌溉、供水、发电等为一体的多功能水利网络。

3.3.1.2.3　能源设施建设合作加强

全长为42.87公里，由330千伏双湾变至武威330千伏红沙岗变110千伏双岗线路启动正常并归调。该线路是联系金昌电网与武威电网的110千伏联络线，其中任一330千伏变电站110千伏母线全停情况下，可通过该线路实现互供，显著提高区域供电可靠性。330千伏河西堡变电站、2台330兆瓦热电联产及供输水管线投产投用。1117双岗线路启动投运。武威新建成风光电项目100.7万千瓦，累计装机规模达215万千瓦。以航天万源为龙头，联合16家企业，组建甘肃省风电装备制造全产业链联盟。2014年航天武威新能源装备制造产业园、兴业太阳能（甘肃）产业园300兆瓦光伏组件建成投产。甘电投2台350兆瓦热电联产项目开工。雷台、红沙岗330千伏输变电工程建成投运，电网建设推进。

3.3.1.2.4　区域性物流商贸市场建设

“十二五”期间，金武围绕发展大市场、大贸易、大流通的目标，推进商品市场、现代流通和对外贸易，提升金武商贸流通业一体化发展水平。

专业批发市场集聚发展。中心城区、永昌、民勤、天祝、古浪新建、改造提升各类专业批发市场，建成农机、再生资源、木材、汽车、钢材、家具、农资等11个专业批发市场。新建武威万嘉国际广场、西部国际汽贸城、建隆物资市场、西部现代农业城、金昌商会大厦、国芳万和商城、永昌万祥城等专业市场稳步推进。建设改造广场地下商业城、武威仟盛百货、红星时代广场、紫金广场等一批新型商贸设施，促进传统商业升级改造。改造完成村级商贸综合服务社19个，新建改造农贸市场4个。

农产品流通网络进一步完善。特色农业聚集乡镇加快农产品市场和农贸市场建设，改善农村市场交易环境。支持新建、改造提升武威农产品批发市场、武威昊天农产品市场、武威畜产品交易市场、民勤昌宁活畜交易市场等35个农畜产品交易市场。支持建设大宗农产品仓储设施项目，累计建成冷藏库容13万吨，发挥大宗农产品“旺通淡吐”调控平台作用。武威蔬菜运销企业在金昌主要市场和超市设立直销点，建成永昌县正安蔬菜批发市场，打造金昌菜篮子基地，促进两地农产品流通。

新型流通业态发展快速。“十二五”期间，实施万村千乡市场工程、退市还路工程、家政服务网络中心建设等项目，助推商贸流通业发展，流通组织化程度不断提高。大力培育新型业态，6家企业登录“特色中国甘肃馆”上网交易，144户企业及商户在互联网开设网店，22家中小企业特色产品应用电子商务营销。积极搭建银企融资平台，10家金融机构与207户企业签约信贷意向资金166.21亿元，为企业发放贷款86.59亿元，签约资金履约率达52.1%。

武威保税物流中心建成运营。2014年8月底，由海关总署、财政部、国家税务总局、外汇管理局等四部委联合批准设立的武威保税物流中心建成，10月正式封关运营。一期工程占地0.49平方公里，投资2.79亿元，2013年开工建设，建设内容有仓库、综合服务楼、智能化卡口、检验场地等海关监管设施。二期工程规划面积6平方公里，将在武威保税物流中心基础上，建设进出口加工基地和保税园区，开通武威到中亚、俄罗斯、欧洲的“天马号”“中欧快运”定期班列，打造武威国际现代物流园区。远期规划建设50平方公里的智慧型功能新城——甘肃国际陆港。

3.3.1.3 产业融合发展与结构调整

按照“合理布局、互利共赢、联合共建”原则，金武两市沟通协调，探索产业园区协作发展模式。金色大道沿途建成10个工业园区、1个保税物流中心、4个大型物流园区，集聚各类工业企业2000多家，其中园区入驻企业585户，集聚液体经济、食品加工、新能源、装备制造、精细化工、汽车装配、碳基材料、保税物流、现代农业、现代物流、旅游等现代产业。

产业结构调整取得进展，三次产业结构优化。金昌市一、二、三产业结构由2006年5.1:80.7:14.2转变为2014年7.1:69.3:23.6。武威市一、二、三产业结构由2006年25.4:34.9:39.7转变为2014年23.3:42.6:34.1。从三次产业构成看，2006年金昌市第二产业对地区生产总值贡献率为80.65%，工业化水平高，2006—2014年金昌市产业结构始终呈现“二、三、一”格局，武威市逐渐由“三、二、一”格局发展为“二、三、一”格局。

表3.3-6 2006—2014年金昌市生产总值及增长率

年份	地区生产总值		第一产业		第二产业		第三产业	
	产值（万元）	增速（%）	产值（万元）	增速（%）	产值（万元）	增速（%）	产值（万元）	增速（%）
2006	1526136	18.16	78596	6.32	1230829	20.94	216711	9.62
2007	1868353	22.42	79031	0.55	1576703	28.10	212619	-1.89
2008	1944259	4.06	96241	21.78	1575239	-0.09	272780	28.30
2009	1947493	0.17	102439	6.44	1556767	-1.17	288287	5.68
2010	2105134	8.09	111776	9.11	1669084	7.21	324274	12.48
2011	2323556	10.38	116011	3.79	1824012	9.28	383533	18.27
2012	2433952	4.75	133850	15.38	1844847	1.14	455255	18.70
2013	2520357	3.55	155609	16.26	1825260	-1.06	539488	18.50
2014	2445000	-2.99	170000	9.25	1700000	-6.86	575000	6.58

表3.3-7 2006—2014年武威市生产总值及增长率

年份	地区生产总值		第一产业		第二产业		第三产业	
	产值(万元)	增速(%)	产值(万元)	增速(%)	产值(万元)	增速(%)	产值(万元)	增速(%)
2006	1616223	12.53	410036	6.59	563900	18.37	642449	11.91
2007	1876502	16.10	479634	16.97	666158	18.13	730710	13.74
2008	2101088	11.97	490604	2.29	773410	16.10	837073	14.56
2009	1927902	-8.24	534973	9.04	737695	-4.62	655234	-21.72
2010	2287676	18.66	604542	13.00	915369	24.09	767765	17.17
2011	2728506	19.27	670000	10.83	1155346	26.22	903160	17.63
2012	3404992	24.79	816621	21.88	1504253	30.20	1084118	20.04
2013	3796906	11.51	869601	6.49	1636029	8.76	1291276	19.11
2014	4059700	9.50	945910	8.78	1729432	5.71	1384358	7.21

3.3.1.3.1 农业现代化稳步发展，农村经济趋势良好

两市突出河西内陆河流域灌溉农业和绿洲农业特色，农产品良种化率、优质化率及农业现代化水平进一步提高。推进“设施农牧业+特色林果业”主体生产模式和“贮藏加工+运输销售”营销模式，至2014年底，金武两市累计建成设施农牧业78.67万亩，较2010年增加64.67万亩，建成设施农牧业万亩以上乡镇25个、千亩以上日光温室连片示范基地21个；建成规模养殖场(小区)2865个，发展规模养殖户12.64万户。

2014年，两市蔬菜总产量达到225.9万吨，较2010年增加49.4万吨。蔬菜规模、产量均居全省前列，是我省重要的商品蔬菜生产供应基地和国家“西菜东运”生产基地。依托全省1000万亩马铃薯良种工程，加强新品种选育，大力推广脱毒种薯和高产栽培技术，加快加工型马铃薯生产基地建设。2014年，两市马铃薯种植面积达47.77万亩，产量达16.53万吨。

3.3.1.3.2 工业经济快速增长，循环经济发展成效明显

有色金属产业进一步提升。支持金川集团公司做大做强有色金属原料产业，科学合理利用自有资源，重视贫矿资源开发，分区域推进海外资源战略，进一步提高镍、铜、钴、钛冶炼生产能力，相继建成1.4吨选矿扩能改造、镍铜钴系统扩能降耗改造、20万吨电解铜、6万吨电解镍扩能技术改造等项目，金昌市有色金属产量达到76万吨，深化加工能力达到30万吨以上。

新材料、新能源产业加快发展。抢抓国家产业政策和发展机遇，重点引进超细金属粉末、高纯金属、金属盐类等新材料项目和深加工项目，实施30万吨钢材、250万只圆筒印花镍网、亚微米级铜粉、高纯金属材料等一批新材料项目，成为全国最大的镍盐、镍粉新材料生产和出口基地。

全力打造千万千瓦级风光电基地及装备制造产业基地，编制完成《金昌市风电开发规划》《金昌市光伏发电场规划报告》《金昌1000兆瓦并网光伏发电项目总体送出方案》，取得风光电开发指标300.5万千瓦。三峡新能源、中国风电、浙江正泰、北京恒基伟业、中广核、华能新能源、江苏振发、甘肃锦泰等重点风光电项目开工建设，西坡光伏

发电场、金武公路光伏发电场和永昌河清滩光伏发电场建设初具规模，光伏发电已并网57万千瓦，占全省总量的三分之一；风力发电并网5万千瓦，金昌艾力克300兆瓦光伏组件、330千伏上河湾变电站等配套工程同步实施。

循环经济发展势头迅猛。积极推进园区循环化改造，中央财政下达园区循环化改造资金10760万元，12个项目列入国家支持范围，110万吨铜渣选矿、冶炼含铜废渣废酸资源化利用、镍阳极泥综合利用、白烟灰综合利用扩能技术改造等重点补链项目顺利推进。河西堡化工循环经济产业园初具规模，150万吨捣固焦、20万吨合成氨建成。金昌经济技术开发区被确定为全国循环化改造示范试点园区、全省战略性新兴产业创新创业示范园；永昌氟化工产业园区被列为省级循环经济试点园区。成功举办两届全省循环经济现场会和首届中国·甘肃循环经济发展国际博览会、循环经济化工产业发展论坛和循环经济"金昌模式"研讨会。循环经济展览馆建成投用。

3.3.1.3.3　文化旅游业快速发展

建立合作机制，共同编制规划。2010年10月29日金武两市旅游局召开协调会议，达成初步合作协议，建立了两地联席会议制度，明确具体负责人和主责部门，及时沟通信息意见，处理合作交流日常工作。两市各县区旅游行政管理人员和景区、旅行社、旅游星级饭店等企业管理人员通过观摩学习，增强旅游从业人员业务能力和服务水平。2014年3月，根据省旅游局《关于做好甘肃丝绸之路大景区规划编制工作的通知》要求，金武两市旅游产业发展领导小组办公室召开《天马故里骊靬古城旅游大景区总体规划》编制协调会议，就共同编制规划进行专题研究，对重点项目谋划设计、基础设施（包括交通、通信、服务设施）规划建设和大景区管理运营模式等进行深度探讨。

加快建设区域旅游大交通。实施区域内干线公路、景区专线和景区之间连接公路的建设，着力构造旅游"大公交"。以金武高速公路、金色大道为主轴，辐射带动金武区域通景、通村道路的改造扩建，形成功能完善、四通八达的网络化交通格局；武威市充分利用金昌机场的空中平台，先后两次组织旅行社、星级饭店、旅游景区负责人到金昌机场参加通航仪式，举办旅游推介会，两市共同打造区域旅游空中航线，为两地旅游市场建设立体交通网。

加强合作，打造区域旅游产品。武威推出历史文化、民族风情、葡萄酒特色文化、沙漠生态观光、乡村绿色和休闲度假等旅游精品路线。金昌形成骊靬古城、现代工业、沙漠探险等旅游产品，着力推出"天马故乡·葡萄酒城，中国镍都、神秘骊靬"形象品牌，将其培育成国内游客青睐的旅游目的地。金昌市举办以"初夏之旅武威行"为主题的武威旅游产品金昌推介会。通过宣传视频、PPT演示等形式开展产品宣传和景区介绍，推动双方合作共赢；签订客源互送协议，落实互惠政策。

积极推进"武金阿"区域旅游合作联盟，签订《武金阿区域旅游框架性合作协议》，推进武金阿旅游区共同发展；武威、金昌、张掖、阿拉善盟四地联合策划、设计、编印旅游宣传册1万份，共同推出旅游精品线路，提升区域旅游品牌和影响力。借助河西五市旅游联盟平台，进一步加强两地在发展思路、产品开发、线路编排、宣传推介及打造无障碍旅游等方面的交流与合作，共同开拓旅游客源市场，促进区域旅游联动发展。

表3.3-8　2011—2014年金武地区旅游人数及旅游收入

	旅游接待总人数(万人)	同比增长(%)	旅游接待总收入(亿元)	同比增长(%)
2011	348.76	55.51	16.66	49.42
2012	508.46	45.79	25.02	50.18
2013	692.54	36.20	34.13	36.41
2014	858.56	23.97	43.34	26.99

3.3.1.4　经济一体化发展水平逐步提升

3.3.1.4.1　市场一体化

以2006—2014年商品零售价格指数为研究对象，在实证分析时间内，发现金武地区相对价格波动呈现“前小，中间大，后小”的波动规律。整个曲线图（图3.3-1）2006—2011年震荡较大，2011—2014年震荡较小，说明市场一体化进展明显。对相对平均价格标准差数值进行拟合，指数趋势线显现出整体变小的趋势。

表3.3-9　2006—2014年金武两市商品零售价格指数及相对平均方差数列

年份	金昌	武威	方差
2006	102.0	101.5	0.11
2007	103.0	106.4	5.78
2008	106.4	109.7	5.48
2009	101.9	101.6	0.06
2010	104.4	104.2	0.02
2011	106.2	105.3	0.40
2012	101.4	102.3	0.43
2013	101.4	102.3	0.35
2014	101.1	100.7	0.10

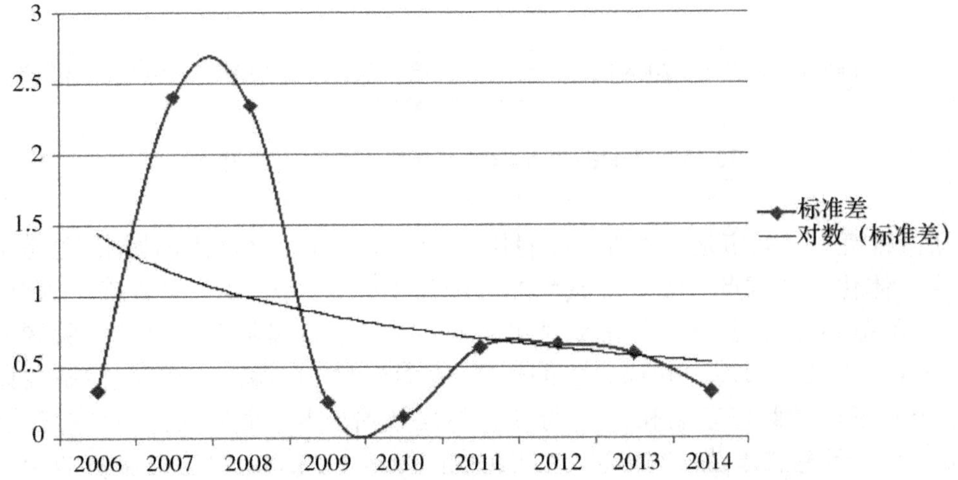

图3.3-1　2006—2014年金武地区相对平均价格标准差趋势图

3.3.1.4.2 产业发展一体化

按照互利共赢原则，武威市以靠近金昌的园区作为承接基地，接受金昌经济技术开发区有色金属和新材料项目产业转移，积极支持金昌市大中型企业参与武威市的有色金属类资源勘探与开发。通过参股、购并、协作、技术咨询、技术指导等多种方式，加强金昌经济技术开发区大型化工公司与武威化工企业的一体化联系与合作，利用金昌大中型企业的技术能力，加大对武威小、散、低型化工企业的改造提升力度。围绕国家新材料研发基地建设和产业链条延伸，发挥武威市资源条件，加快碳材料精深加工产品的研发和生产，培育企业集群，打造规模化、规范化、节能环保型的全国碳基新材料生产基地。

3.3.1.5 城镇化发展水平平稳增长

由于自然区位、历史条件、国家政策、文化基础、经济水平等方面的差异，两市城镇化发展水平呈现一定程度的不平衡性。

数量维度。截至2014年，武威市常住人口城镇化率达到34.01%，较全国低19.72个百分点，较全省低7.39个百分点，全市城镇人口达到62.2万人，城镇人口密度6374人每平方公里，城市建成区面积92.09平方公里。金昌市常住人口城镇化率达到66.92%，较全国高13.19个百分点，较全省高25.52个百分点。全市城镇人口31.46万人，城镇人口密度4433人每平方公里，城市建成区面积39.36平方公里。2010—2014年两市城镇化年平均增速分别为2%、5%，呈平稳增长态势。

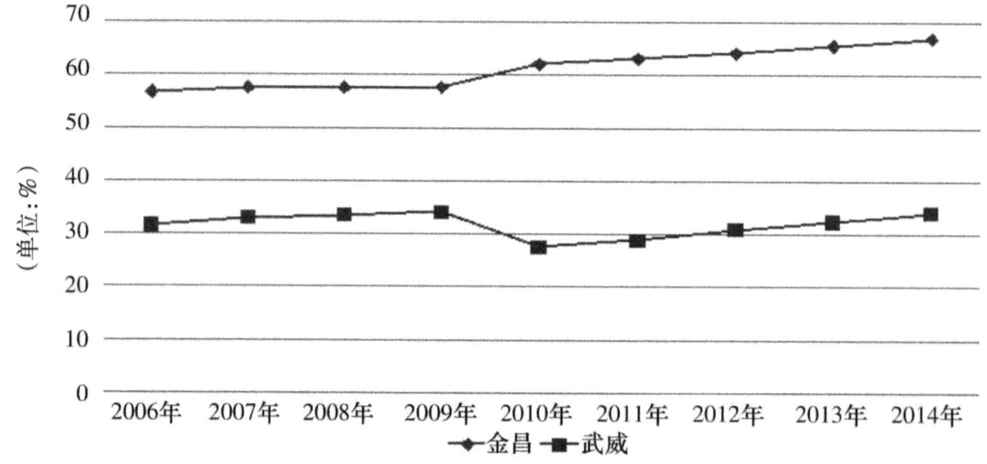

图3.3-2 2006—2014年金武两市常住人口城镇化率

质量维度。金昌市是全省唯一跻身国家新型城镇化综合试点的城市，也是全省统筹城乡一体化发展试点市和统筹城乡综合配套改革示范区，永昌县被确定为全省“多规合一”示范县，永昌县和金川区双湾镇被确定为全省新型城镇化试点。编制完成市中心城区风貌及色彩规划和综合管网规划、龙首新区和高新产业园区控制性详细规划、市公共场所林荫停车场和29个行政村村庄整治以及4个省级美丽乡村建设等规划，美丽乡村示范点建设顺利推进，市区建成区绿地率33.1%，绿化覆盖率37.4%，人均占有公园绿地19.7平方米。

武威市创新城市发展模式，加快城镇化进程。坚持以规划为龙头，高标准规划建设城市西片区，进一步完善城市规划体系。采取多元投入、市场化运作的办法，加快城市西片区、历史文化街区、文化广场人防工程、城市天然气利用、城区危旧房改造恢复等项目建设进度。加强基础设施建设，重点实施影剧院及会展中心、体育馆、博物馆和北一环西路等19条主次干道12.8公里等项目，建成城北集中供热项目，配套给排水、路灯、绿化等设施，提升城市品位和档次。

3.3.1.6　城乡居民收入与基本公共服务能力显著提升

居民收入水平提高。2006—2014年，金武两市城镇居民人均可支配收入分别增长12.3%和12.5%，农村居民人均纯收入年均增长12.3%和10.7%，均高于同期国内生产总值增速，实现区域内、区域间城乡居民收入增长与经济发展同步的目标。

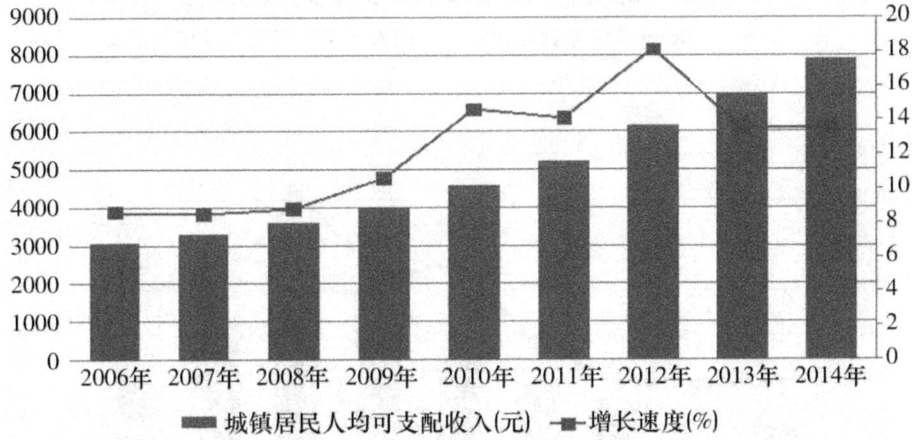

图3.3-3　2006—2014年金昌市城镇居民人均可支配收入及增长速度

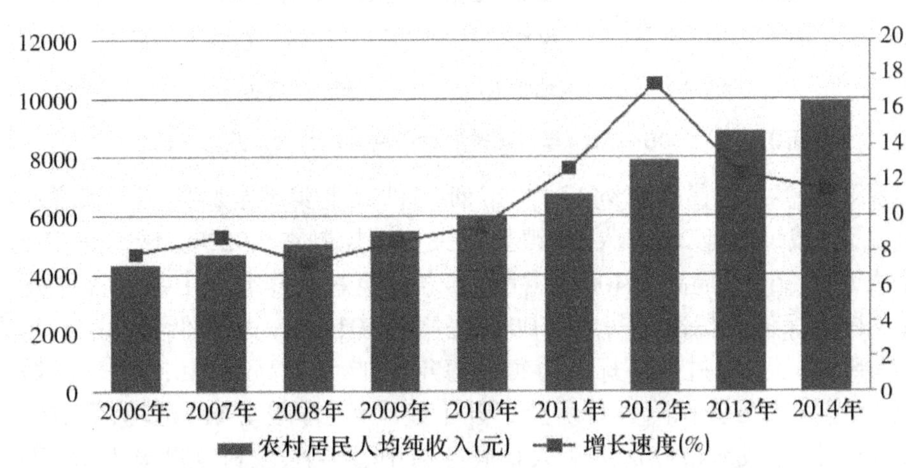

图3.3-4　2006—2014年金昌市农村居民人均纯收入及增长速度

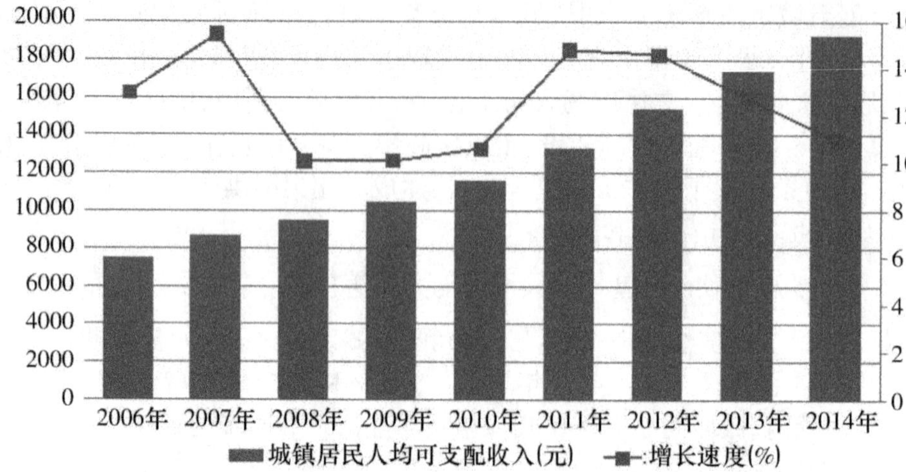

图3.3-5　2006—2014年武威市城镇居民人均可支配收入及增长速度

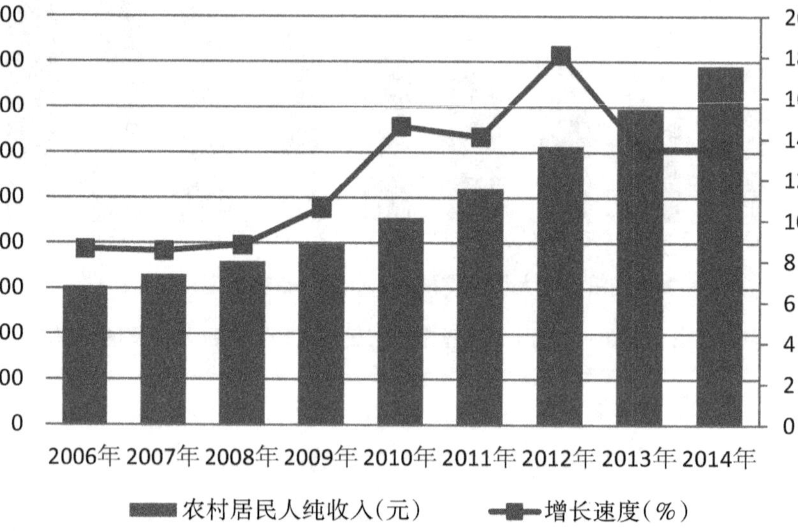

图3.3-6　2006—2014年武威市农村居民人均纯收入及增长速度

社会保障改善。金昌市省列13件、市列10件民生实事全面落实。新增小额担保贷款1.76亿元、城镇就业2.6万人，城镇登记失业率控制在2.92%。居民医疗保险筹资标准由每人每年360元提高到400元，社会养老保险基础养老金由每人每月65元提高到75元，农村五保供养标准由每年4500元提高到5010元。城市低保标准由每人每月306元提高到458元，农村低保标准由每人每年1907元提高到2193元，新增城乡低保并轨乡镇4个。13076套保障性住房全部开工建设，主体竣工11546套，完成农村危旧房改造2000户。建成城市社区老年人日间照料中心4个、农村互助老人幸福院40个。给予特困残疾人和70岁以上一级残疾人每人每月100元自主创业生活补贴，完成农村残疾人危房改造210户，帮助549名残疾人实现就业。

武威市落实省级12件27项实事和1件市级事实。全市新增城镇就业11376人、下岗失业人员再就业3886人，城镇登记失业率控制在3.5%；安置高校毕业生2156名，高校毕业生就业率达到86%。新农合参合率达到95.57%，报销比例平均达到5%以上；城镇居民基本医疗保险参保率达95.2%；完成3个社区卫生服务中心、17个乡镇卫生院和93个村卫生室的基础建设。建成城市廉租住房1744套，发放租赁补贴551户；完成农村抗震危房改造1.5万户。建成饮水安全工程34处，解决了15.14万人的饮水安全问题。新增"一池三改"沼气用户2.4万户。新扩建敬老院7所，新增集中供养人员265人，集中供养率达到19.2%。建成乡镇文化站12个、农家书屋315家；建成35平方米的全民健身中心。城市、农村低保和五保供养提标扩面全面完成，城市和农村低保标准分别提高1.3%和6.3%，低保对象分别达到5.7万人和18.67万人，共发放保障金2.2亿元；五保对象供养标准由年人均1262元提高到1662元，纳入供养的五保对象达到966人。

教育事业繁荣发展。省教育厅在2014年12月印发了《甘肃省金昌市基本实现教育现代化实验区建设实施方案》，提出金昌市到2018年在全省范围内率先基本实现教育现代化，肯定金昌市在深化教育领域综合改革、加快发展学前教育、推进义务教育均衡发展、普及高中阶段教育、构建现代职业教育体系方面积累的经验。武威市全面落实城市义务教育阶段公用经费补助，资助义务教育阶段、普通高中阶段家庭经济困难学生2万余人，办理普通高校生源地助学贷款1557.43万元。

两市促进教师跨地区交流学习，利用金昌市举办省级体育赛事和体育艺术活动的机会，组织武威市学生参加体育艺术比赛，促进两市学生学习交流。加强高中招生考试工作联系与合作，促进两市中考政策有效衔接和互认互通，推进两市中考工作公正、公平开展。加强两市学生学籍管理沟通与联系。加强教研学习交流，组织骨干教师、中小学校长和教研人员开展专题教学研究活动和高考研讨活动，促进两市教育教学质量进一步提高。

文化体育事业发展。金昌市建成农民工文化服务点21个、"乡村舞台"63个，完成"一村一场"建设项目51个、体育惠民工程6个、乡镇体育健身提升工程3个。武威市争取实施省部级以上科技项目2项、科普惠农项目27项、省级以上星火科技项目1项，申请专利6项。市书画院、乡镇文化站、农家书屋、农村儿童留守之家启动建设，16个星级旅游厕所建成投入使用；全国第三次文物普查有序开展，5项非物质文化遗产进入国家保护名录，为金武旅游一体化奠定物质基础与良好的社区环境。

3.3.1.7 区域生态环境保护扎实推进

环境保护工作力度加大。2014年武威市化学需氧量排放量46165吨，氨氮排放量2068吨，二氧化硫排放量32726吨，氮氧化物排放量16937吨，全部控制在总量目标以内。金昌市化学需氧量排放量12000吨，氨氮排放量4200吨，二氧化硫排放量96400吨，氮氧化物排放量24000吨，分别较2011年同期下降0.53%、5.9%、2.22%、2.46%，重点污染减排项目落实情况良好。

生态建设扎实推进。金武两市认真实施《石羊河流域防沙治沙及生态恢复规划》与《祁连山水源涵养区生态环境保护和综合治理规划》，以祁连山水源涵养功能恢复、石羊河流域重点治理、防沙治沙和绿洲生态建设为重点，建设以水为主体的森林保护、绿洲林网、荒漠植被复合生态系统，共同构筑生态安全屏障。2011—2014年金武两市石羊河流域防沙治沙及生态恢复项目人工造林22.58万亩、封育73.6万亩。同时,加大祁连山国家级自然保护区支持力度,全面禁止祁连山水源涵养区乱砍滥伐、乱垦乱牧、乱开乱采等行为方面取得成效。

南部水源涵养林区。以祁连山国家级自然保护区为核心,按照“核心区、缓冲区、实验区”三级保护网的发展格局分步实施,重点保护山地森林及山地森林草原,同时采取人工辅助措施全范围封护。

北部沙尘暴源区。以芨芨泉省级自然保护区为核心,重点实施北部防护林体系建设工程和全市荒漠化治理工程,采取全范围封护措施,增强沙区自我修复能力,以造林、扩大林草植被和沙生植被为中心,建立防、治、用有机结合防风治沙体系,增强风沙危害抗御能力。

中部城乡绿洲区。以城镇为中心,辐射农村,不断增加城市公共绿地、道路绿地面积,抓好生态经济林、绿色通道和村屯城镇绿化美化等生态林业工程,缩小城乡差距,实施生态小康村镇建设。

3.3.1.8　开放合作稳步推进

金武两市依托兰新铁路及连霍高速公路大通道优势,加强与兰白及其他经济区的互动发展。充分发挥地缘经济的区位优势,加强与青海、新疆、内蒙古和宁夏等周边省区重点区域的经济联系。2015年5月,阿拉善盟、张掖市、金昌市、武威市四市发改委和民勤县政府就“十三五”规划互联互通座谈会在阿拉善右旗召开,四市发改委和旗县负责人结合地方实际,就“十三五”规划对接、深化区域合作等方面进行探讨,深化地区互联互通、推动区域联动发展的对策措施,在道路交通、能源开发、节能环保、旅游开发、特色产业发展、物流、电网等诸多方面达成共识。

金武两市抢抓国家扩大向西开放、建设丝绸之路经济带重大战略机遇,依托武威保税物流中心,构建特色产业开放发展的体制机制,着力打造“丝绸之路经济带黄金节点”。首列“陇新欧”货运班列“天马号”(武威至阿拉木图)2014年底开通运行。甘肃国际陆港产业园加快建设,山东寿光天成集团1.8万吨宠物食品研发生产销售及进出口贸易一体化项目、上海红星美凯龙公司专属保税物流仓库、国际贸易总部基地等项目入驻园区。金武两市全面开展招商引资,航天万源、浙江致力、江苏振发新能源等一批大企业、大集团落户,引进美国温德克飞机、德国农业大型机械制造、美国月色美地葡萄酒堡及葡萄基地等建设项目。武威市组织出口企业参加“伊朗·中国甘肃项目推介和商品展示会”等,将农产品及工程机械、建材等工业产品出口到哈萨克斯坦等丝绸之路沿线国家。截至2014年底,武威市实现外贸进出口总额3045.9万美元。

金武两市建立重大项目申报、审批绿色通道,在项目审批核准、土地征用、拆迁安置、环境评价、电力供应、注册登记、融资等方面加强协调服务。加强市公共资源交易中心规范化建设,两市各类政府投资项目一律进入中心交易,部分民营企业建设项目也主动进入中心交易,运行以来累计交易项目2919项,交易额330.83亿元。

武威保税物流中心立足甘肃,有力促进武威及周边地区丰富的农副产品、葡萄酒、啤酒、畜牧业等产品高效便捷向中亚和欧洲出口,为酒钢集团、白银公司、金川公司等省属重点企业以及当地骨干企业搭建进出口平台,促进外向型经济发展。另一方面,武威保税物流中心将辐射和服务周边省区，为内蒙古、青海、宁夏等周边区域进出口产品和加工贸易企业提供口岸通关、通税保税等服务，建设中国西部“世界贸易陆港”。

3.3.3 规划重点项目实施情况

截至2014年底，规划的192个重点建设项目，总投资约1745.26亿元，已开工建设174项，未开工18项，开工率90.6%。目前实施续建项目110项，新建项目54项，预备项目11项。（见附表3-3）

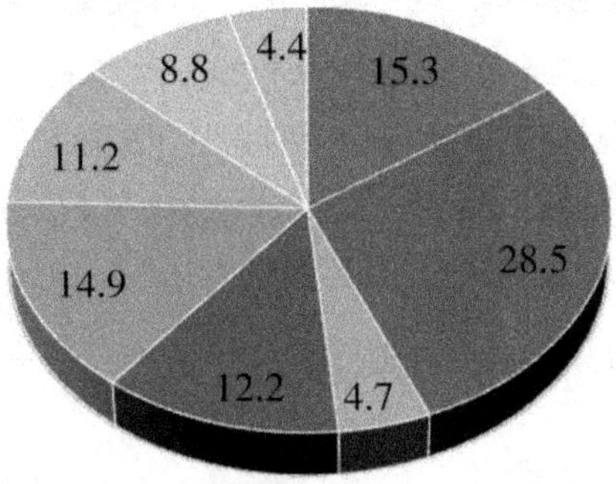

图3.3-7 金武地区各类重点项目投资比重

实施工业项目41项，投资约266.36亿元，占总投资额15.3%。利用磷石膏生产资源化产品、无机纤维生产、煤低温干馏生产线等项目，主体工程基本建成，部分设备安装调试完成，已投入运行；雷台、红沙岗、古浪三个330千伏输变电工程已建成投运；金川集团公司40万吨离子膜烧碱二期、6万吨干法乙炔等项目已具备投运条件，正在进行试生产；年产60万吨电石厂及200万吨水泥生产线项目、年产500吨麻黄碱、年产7200万片电容式触摸屏盖板玻璃生产线等项目顺利实施。32家企业45个风光电项目顺利实施，投资约496.68亿元，占总投资额的28.5%。

实施交通设施项目17项，投资约260.63亿元，占总投资额14.9%。2014年底，建成永古、营双、金武三条高速公路349公里，金色大道和天颐大道建成通车，金阿高速公路正在建设；各类二级公路建设进展顺利；金昌火车站改造项目已建成投运。

实施社会事业项目31项，投资约195.44亿元，占总投资额11.2%。武威职业技术学院建设工程和医院迁建项目主体已封顶，顺利在建；金昌市行政中心建设、文化中心建设等项目已建成投运；两市保障性住房建设项目顺利推进。

实施生态环保项目18项，投资约82.14亿元，占总投资额4.7%。金昌市完成石羊河流域重点治理项目骨干工程43.94公里，实施4个灌区节水改造，发展田间节水灌溉13万亩；武威市建设石羊河流域重点治理调度中心；金武两市完成祁连山生态保护与建设综合治理规划工程前期工作，由于未明确投资渠道，仍在争取开工建设阶段。

实施农牧水利项目20项，投资约213.78亿元，占总投资额12.2%。永昌县新增千亿斤粮食产能工程已建成投运；金昌现代畜牧循环产业园建设项目和永昌县清河现代循环农业产业园建设项目完成主干道路工程配套建设水电无害化等设施；东河灌区续建配套与节水改造项目已完成全部建设任务，改建干支渠255.38公里；天祝县石门河调蓄引水工程已完成导流明渠和一期导流围堰400米；红崖山水库加高扩建项目、民勤县高效节水灌溉示范项目、杂木河毛藏寺水库建设工程施工单位已进场施工。

实施商贸物流项目12项，投资约152.93亿元，占总投资额8.8%。武威保税物流中心项目一期工程验收，2014年10月封关运营；截至2014年底，内蒙古太西煤集团公司金昌物流中心建设项目、黄羊公铁物流联运中心、昊天农产品交易市场暨仓储物流中心和金沙物流园顺利在建；金三角市场改造项目、万和城建设项目、武威万嘉国际广场已开工建设；北京路大市场改造(紫晶广场)项目已建成投运。

实施旅游及其他项目8项，投资约77.3亿元，占总投资额4.4%。永昌县骊靬文化产业园项目、华夏骊靬影视城梵宫地基正在建设，骊靬大道景观工程正在进行楹联刻写；甘肃绿城房地产开发有限公司金昌文化街建设项目已建成投运；四川新开元置业有限公司金昌文化创意园商业风情街正在开工建设。

3.3.4 区域发展总体目标实现程度

3.3.4.1 《规划》指标实现程度

《金武区域经济一体化发展规划纲要》确定22项主要发展指标，其中实现程度大于100%且提前完成规划目标的指标有3项；实现程度小于100%大于80%，按时间进度完成相应任务量的指标有7项；实现程度小于80%，未按时间进度完成相应任务的指标有12项。据此测算了2015年各项核心指标的预期数值及规划完成情况(见附表3-4)。

经济发展目标实现程度。《规划》涉及综合经济发展指标7项。至2014年底，第一产业、第三产业增加值等指标实现程度大于80%，地区生产总值、第二产业增加值、工业增加值、固定资产投资，大口径财政收入尚未完成阶段任务量，未达到预期增速。通过2015年预期值比对，预计第一产业、第三产业增加值可提前实现规划目标；全社会固定资产投资，大口径财政收入可基本实现规划目标。

空间结构优化目标实现程度。《规划》涉及空间结构优化指标8项。至2014年底，金川区城市建成区面积和天祝县城人口2项指标按时间进度完成相应任务量，预期2015年金川区建成区人口、凉州区建成区人口、凉州区建成区面积、永昌县城人口、民勤县城人口以及古浪县城人口等6项指标均未达预期目标。

基础设施共建目标实现程度。《规划》涉及基础设施共建指标3项。截至2014年，金武地区建成11个一级区域性商业中心，较大型的综合性购物中心2个，商业文化旅游街3个，3项指标均提前完成规划目标。

生态环境保护目标实现程度。《规划》涉及生态环境保护指标9项。预期到2015年，"三北"防护林工程人工造林可提前实现规划目标，封山育林面积、化学需氧量2项指标可基本实现规划预期；二氧化硫排放量指标尚未达到预期目标；铁柜山石灰石矿区地质环境治理面积、景电与沿黄灌区工程治理项目、邓马营湖生态环境综合治理项目、古浪县生态移民项目、镍都实业有限公司项目等5项指标暂无数据。

3.3.4.2 区域经济综合实力提升情况

经济规模不断扩大。2014年金武两市国民生产总值达到650.47亿元，是"十一五"

末期的1.5倍，年均增长10.31%，经济总量不断扩大。其中武威市生产总值和实际增速在全省14个州市中排名第6位，金昌市生产总值排名第11位，实际增速排名第12位。大口径财政收入和公共预算财政收入分别达到85.2亿元、40.17亿元，年均分别增长23.65%和24.13%，财政实力迅速壮大，经济运行质量和效益明显提高。其中武威市大口径财政收入在全省14市州中排名第12位，金昌市排名第8位。全社会固定资产投资达到1079.5亿元，是2010年3.64倍，年均增长38.08%，投资规模大幅增长。

产业结构优化转型。第一、二、三产业分别年均增长11.75%、7.32%和15.28%，三次产业结构由2010年的16∶59∶25调整为2014年的17∶53∶30，四年内第三产业增长速度最快，在国民生产总值中所占比重上升5%，产业结构得到优化，服务类行业迅速崛起，工业经济的支撑作用依然显著。

开放水平快速提高。外贸进出口总额达到20.397亿美元，出口商品结构进一步优化。旅游接待总收入达43.34亿元，年均增长37.53%，通过打造文化旅游精品线路，两地旅游品牌合作初具雏形。

人民生活质量显著提升。截至2014年，金武地区人均GDP达到28281元，年均增长10.31%；农民人均纯收入达到8072元，年均增长14.28%；城市居民人均可支配收入达到21476元，年均增长11.8%；城乡居民生活水平明显得到改善。社会消费品零售总额达到197亿元，其中武威市占到131.7亿元，在全省14个市州中排名第7位，金昌市排名第11位；两市社会消费品零售总额是2010年的1.75倍，年均增长15.07%，消费市场日益活跃。

表3.3-10　金武区域经济综合实力提升情况

指标		提升情况					
		2010	2011	2012	2013	2014	年均增长
经济规模	国民生产总值(亿元)	439.28	505.60	584.94	633.22	650.47	10.31%
	国内生产总值增长率(%)	12.45	15.1	15.69	8.25	2.72	10.84%
	大口径财政收入(亿元)	36.45	48.19	63.92	66.40	85.2	23.65%
	公共预算财政收入(亿元)	16.65	21.55	27.82	34.22	40.17	24.63%
	社会固定资产投资(亿元)	296.95	434.20	705.49	886.51	1079.5	38.08%
经济结构	第一产业值(亿元)	71.63	78.98	96.09	104.99	111.7	11.75%
	第二产业值(亿元)	258.45	297.93	334.91	349.32	342.89	7.32%
	第三产业值(亿元)	109.2	128.67	153.94	178.92	195.87	15.28%
开放程度	进出口额(亿美元)	45.05	43.75	34.48	37.75	20.397	-17.97%
	旅游接待总收入(亿元)		16.66	25.02	34.13	43.34	37.53%
人民生活质量	人均GDP(元)	19099	22152	25579	27801	28281	10.31%
	农民人均纯收入(元)	4733	5371	6341	5023	8072	14.28%
	社会消费品零售额(亿元)	112.36	131.74	155.37	174.85	197	15.07%
	城市居民人均可支配总额(元)	13744	15706	18142	19577	21476	11.8%

数据来源：《甘肃省发展年鉴》(2011—2013年)，《金昌市国民经济和社会发展统计年报》(2013年、2014年)，《武威市国民经济和社会发展统计年报》(2013年、2014年)。

表3.3-11　2014年甘肃各市州经济发展排名

甘肃省及所辖市州	GDP（亿元）		实际增速（%）		固定资产投资（亿元）		大口径财政收入（亿元）		社会消费品总额（亿元）	
	绝对值	排名	绝对值	排名	绝对值	排名	绝对值	排名	绝对值	排名
甘肃省	6835.27	—	8.9	—	7759.62	—	1234.54	—	2410.4	—
兰州市	1913.5	1	10.4	2	1610.68	1	467.48	1	944.86	1
庆阳市	668.93	2	10.2	3	1122.57	2	149.25	2	164	3
酒泉市	620.2	3	7.8	12	1003.7	3	93.64	4	156.8	4
白银市	497.58	4	8.9	8	428.44	9	52.73	5	152.35	6
天水市	496.89	5	8.9	8	537.76	5	100.18	3	224.28	2
武威市	405.97	6	9.1	6	549.76	4	36.7	12	131.7	7
张掖市	353.43	7	8	10	275.69	10	48.07	9	118.4	8
平凉市	350.53	8	8	10	537.56	6	46.28	10	152.71	5
定西市	267.94	9	9.2	5	500.59	8	38.33	11	92.4	9
陇南市	262.5	10	9.0	7	532.9	7	49.28	7	72.27	10
金昌市	244.64	11	7.8	12	247.16	12	48.47	8	64.3	11
嘉峪关市	243.1	12	10	4	125.24	14	50.86	6	42.53	13
临夏州	186.05	13	10.9	1	263.73	11	25.4	13	60.05	12
甘南州	114.92	14	6.7	14	178.22	13	16.85	14	33.42	14

数据来源：2014年甘肃省各市州国民经济和社会发展统计年报。

3.3.4.3　组团式发展区域经济实力对比

国民生产总值和年均增速位居第6位，增长波动幅度较小。2014年金武地区国民生产总值达650.47亿元，呈稳定增长，受全球工业市场低迷影响，2011—2014年GDP年均增速8.76%，呈现增长逐步放缓趋势。

表3.3-12　甘肃省组团发展区域国民生产总值对比

组团式发展区域	绝对值（亿元）		排名		年均增速（%）	排名
	2011年	2014年	2011年	2014年		
兰白经济区	1735.82	2402.08	1	1	11.44	3
平庆经济区	730.54	1019.46	2	2	11.75	2
酒嘉经济区	717.04	863.3	3	3	6.38	7
金武经济区	505.6	650.47	5	5	8.76	6
张掖经济区	256.6	355	6	6	11.43	4
天水陇南经济区	555.23	759.39	4	4	11	5
民族地区经济区	210.12	300.97	7	7	12.72	1

数据来源：《2012年甘肃省发展年鉴》，《2014年国民经济和社会发展统计年报》（兰州市、白银市、平凉市、庆阳市、酒泉市、嘉峪关市、金昌市、武威市、张掖市、天水市、陇南市、临夏市、甘南州）。

全社会固定资产投资增速位居第1位，发展势能加速积聚。《规划》实施以来，两市加大投资力度、加快投资进度，2011年金武区域投资总量为434.2亿元，2014年达到1079.5亿元，投资总量排名有所提升。“十二五”期间武威新能源项目和金昌化工产业新开工项目迅速增加，以年均35.47%的固定资产投资增速，在甘肃省7个组团式发展经济区中排名第1位。

表3.3–13　甘肃省组团发展区域固定资产投资对比

组团发展区域	绝对值(亿元)		排名		年均增速(%)	排名
	2011年	2014年	2011年	2014年		
兰白经济区	1171.94	2035.04	1	1	20.20	5
平庆经济区	807.24	1660.13	2	2	27.17	2
酒嘉经济区	604.64	1128.94	3	3	23.14	3
金武经济区	434.2	1079.5	5	4	35.47	1
张掖经济区	160	275.7	7	7	19.89	6
天水陇南经济区	582.92	1070.66	4	5	22.47	4
民族地区经济区	263.48	441.95	6	6	18.82	7

数据来源:《2012年甘肃省发展年鉴》,《2014年国民经济和社会发展统计年报》(兰州市、白银市、平凉市、庆阳市、酒泉市、嘉峪关市、金昌市、武威市、张掖市、天水市、陇南市、临夏市、甘南州)。

大口径财政收入年均增速位居第4位，财政实力加速壮大。2011年金武地区财政收入48.19亿元，2014年达到86.2亿元，年均增速为21.39%，实现总量翻番，位居省内7个组团式发展经济区第4位。

表3.3–14　甘肃省组团发展区域大口径财政收入对比

组团发展区域	绝对值(亿元)		排名		年均增速(%)	排名
	2011年	2014年	2011年	2014年		
兰白经济区	396.1	520.21	1	1	9.51	7
平庆经济区	105.67	195.53	3	2	22.77	3
酒嘉经济区	92.55	144.5	4	4	16.01	5
金武经济区	48.19	86.2	5	5	21.39	4
张掖经济区	22.7	48.1	6	6	28.44	2
天水陇南经济区	107.17	149.46	2	3	11.73	6
民族地区经济区	13.97	42.25	7	7	44.61	1

数据来源:《2012年甘肃省发展年鉴》,《2014年国民经济和社会发展统计年报》(兰州市、白银市、平凉市、庆阳市、酒泉市、嘉峪关市、金昌市、武威市、张掖市、天水市、陇南市、临夏市、甘南州)。

社会消费品零售额增速位居第2位，消费市场活跃。规划期内，随着新型城镇化发展、城市功能的提升、发展环境不断优化和大型消费设施项目进驻，金武拉动内需、刺激消费均实现较快发展，2011—2014年，社会消费品零售额年均增长14.35%，位居省内7个组团式发展经济区第2位。

表3.3-15　甘肃省组团发展区域社会消费品总额对比

组团发展区域	绝对值(亿元)		排名		年均增速(%)	排名
	2011年	2014年	2011年	2014年		
兰白经济区	741.64	1097.21	1	1	13.95	3
平庆经济区	216.76	316.71	2	2	13.47	6
酒嘉经济区	135.2	199.33	3	4	13.81	4
金武经济区	131.74	197	4	5	14.35	2
张掖经济区	80.27	118	6	6	13.70	5
天水陇南经济区	125.55	296.55	5	3	33.18	1
民族地区经济区	64.04	93.47	7	7	13.43	7

数据来源：《2012年甘肃省发展年鉴》,《2014年国民经济和社会发展统计年报》(兰州市、白银市、平凉市、庆阳市、酒泉市、嘉峪关市、金昌市、武威市、张掖市、天水市、陇南市、临夏市、甘南州)。

3.4　区域发展的集中度和优化度分析

3.4.1　人口、产业、城镇布局变化合理性分析

3.4.1.1　人口及人口密度

金武人口分布呈现“小集中，大分散”的格局，人口主要集中在武威市凉州区、金昌市金川区。“十二五”期间总人口保持平稳低速增长。截至2014年底，金武经济区年末常住人口达到228.37万人。其中，核心区年末常住人口123.19万人，人口密度最高，为139.18人每平方公里，中心城区人口密度为5964.72人每平方公里。核心区城镇建设用地扩展较快，土地城镇化大于人口城镇化。

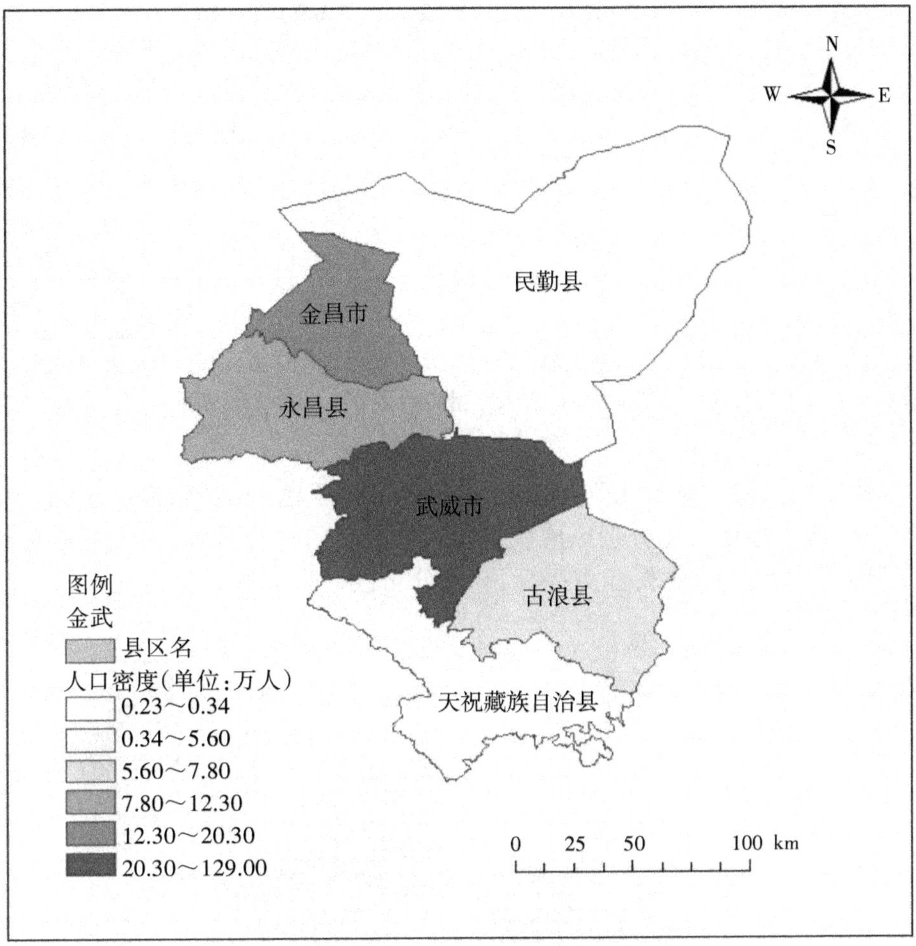

图3.4-1 金武两市人口密度空间分布图

3.4.1.2 人口空间集聚进一步合理

人口合理布局分析采用相对人口容量、人口潜力指数和人口集中指数3个指标衡量。"十二五"规划期间,金武两市相对人口容量大于现实人口容量,可吸纳更多人口,具有较大发展空间;人口集中指数较小且增长缓慢,人口分布进一步集中的潜力较大。(见表3.4-1、3.4-2)

表3.4-1 金昌市"十二五"期间人口布局变化情况

年份	现实人口(万人)	相对人口(万人)	人口潜力指数	人口集中指数
2011	46.59	54.36	1.1593	0.1752
2012	46.74	55.24	1.1818	0.1753
2013	46.86	56.19	1.1991	0.1754
2014	47.01	57.49	1.2122	0.1755

注:人口潜力指数<0.5表示人口潜力很小,人口潜力指数在0.5～0.8之间表示人口潜力较小,人口潜力指数在0.8～1.1之间表示人口潜力适度,人口潜力指数在1.1～2之间表示人口潜力较大,人口潜力指数>2表示人口潜力很大。

表3.4-2 武威市“十二五”期间人口布局变化情况

年份	实际人口(万人)	相对人口(万人)	人口潜力指数	人口集中指数
2011	181.97	206.72	1.1360	0.1792
2012	182.16	207.63	1.1398	0.1793
2013	182.02	208.51	1.1455	0.1794
2014	181.36	208.59	1.1501	0.1794

注:人口潜力指数<0.5表示人口潜力很小,人口潜力指数在0.5～0.8之间表示人口潜力较小,人口潜力指数在0.8～1.1之间表示人口潜力适度,人口潜力指数在1.1～2之间表示人口潜力较大,人口潜力指数>2表示人口潜力很大。

从空间布局来看,“十二五”期间,金武地区人口不断增加,以金川区、凉州区主城区为核心分布区,各县城又分别形成次级集聚中心。人口合理流动、向核心区集中,金川区、凉州区主城区人口集聚能力提高,空间分布进一步合理化。

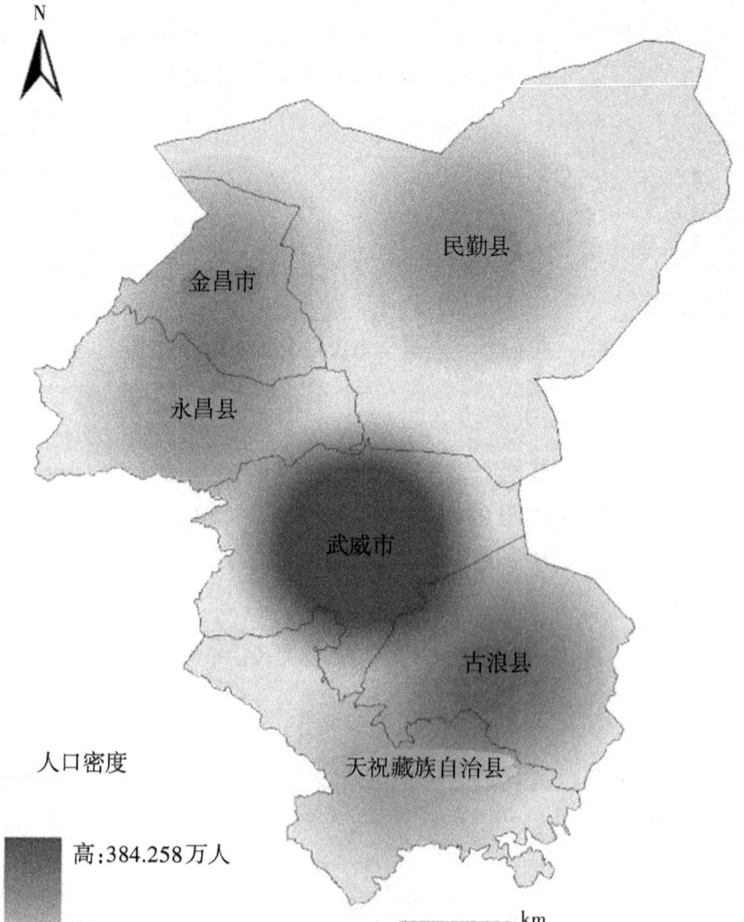

图3.4-2 金武两市人口密度分布图

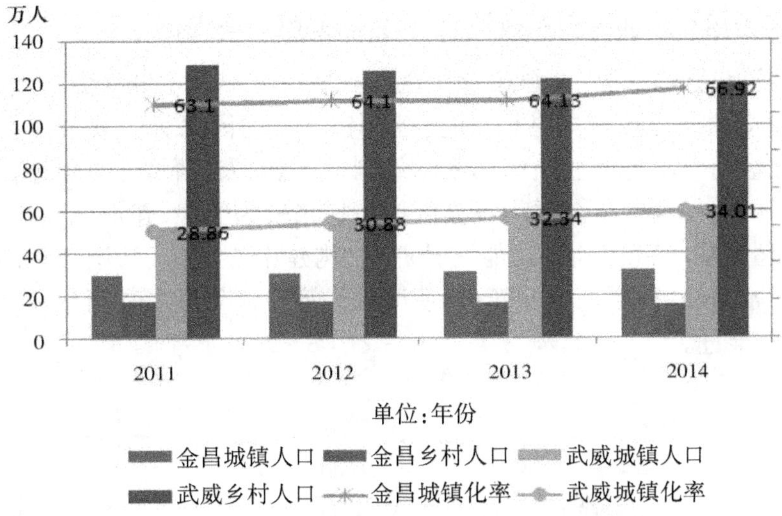

图3.4-3 金武地区城镇化率及人口变化布图

3.4.1.3 产业结构调整稳中有进,经济稳步增长

金武两市围绕产业结构调整和特色优势产业培育,努力打造金武经济圈结构合理、特色鲜明、优势明显、集约发展的新型工业体系。产业结构从第二产业为主导开始向以第三产业为增长点发展,产业结构逐步优化。金武经济区产业结构比例由2011年的16:59:25调整为2014年的18:52:30,第二产业下降近8个百分点,第三产业增加5个百分点,第三产业对地区经济拉动作用明显增强。

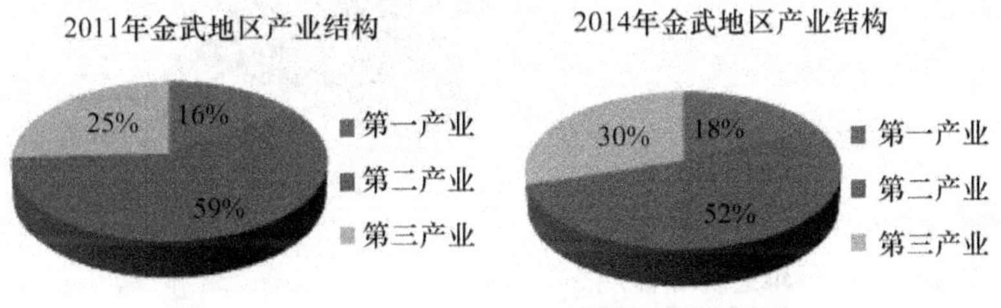

图3.4-4 “十二五”期间金武地区产业结构变化

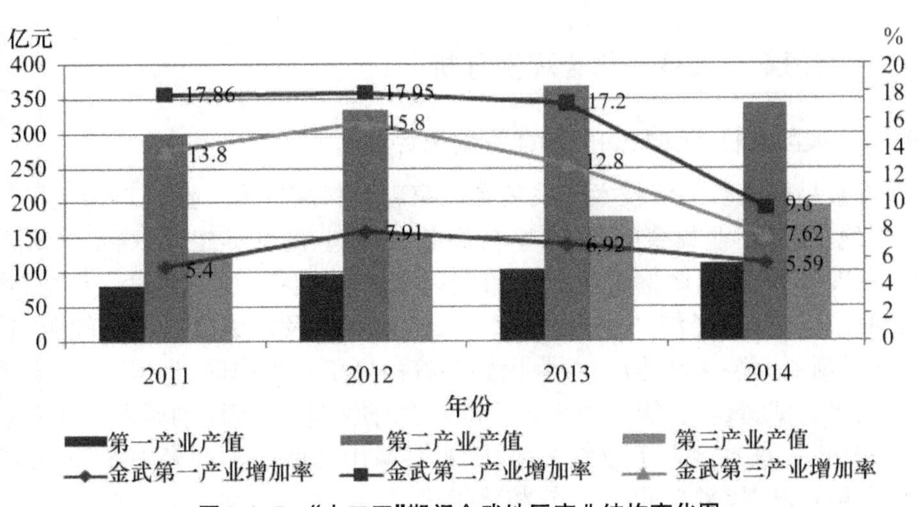

图3.4-5 “十二五”期间金武地区产业结构变化图

3.4.1.4 建设用地增加得到有效控制，城市布局趋于合理化

金武两市城市总体布局以金昌市金川区和武威市凉州区主城区为重点，大力发展主城区，以主要交通通道连接的县城、重点建制镇和产业园区为主要节点，以点串线，以线带面，优化空间布局与产业组织体系。《规划》实施以来，新增建设用地量得到有效控制，城镇空间结构得到优化。两市各县区城市扩张较为明显，建成区面积增加较快，各县区按照合理布局、特色鲜明、功能互补原则，构建中心城市、县城和建制镇在内的城镇体系，繁荣城镇经济，增加就业容量，使区域经济一体化发展和新丝绸之路经济带甘肃段建设有效推进。

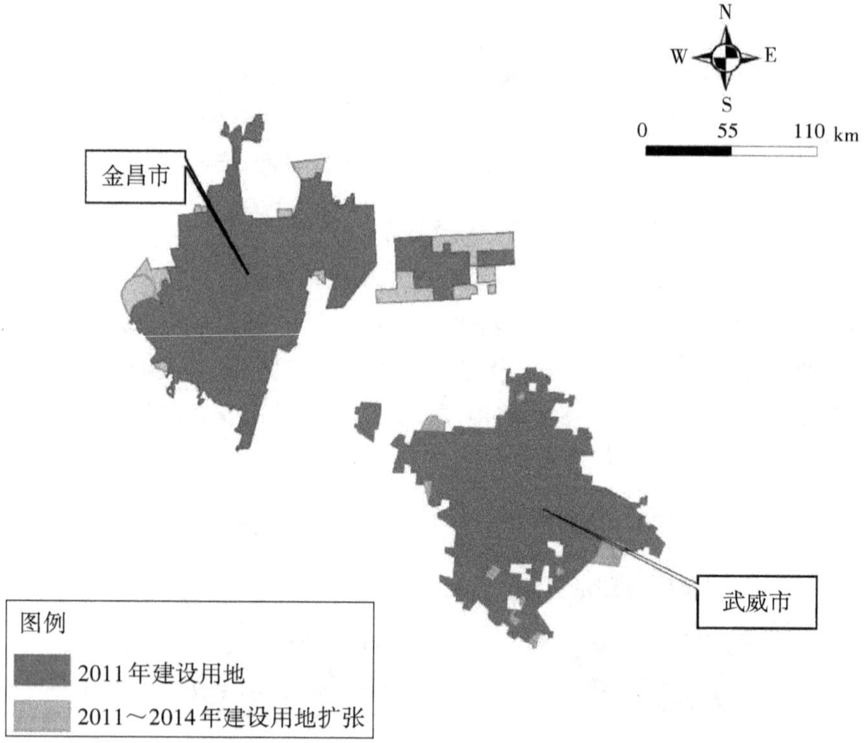

图3.4-6 金武经济区"十二五"期间城镇建设用地扩张图

3.4.2 空间集中集聚变化合理性分析

3.4.2.1 园区定位、定向、功能和建设情况评估

以建设金昌国家级经济技术开发区和国家新材料高技术产业基地为契机，按照布局集中、用地集约、产业集聚的要求，坚持高起点规划、高标准建设、高水平管理、高质量运行的发展原则，布局调整建设10个市级以上工业园区。配套建设金昌新材料产业园区、河西堡化工循环经济产业园区、永昌工业园区以及武威金太阳新能源高新技术集中区、武威新能源装备制造产业园、民勤县红沙岗工业集中区，形成"一区多园"的建设格局。突出武威、黄羊省级工业园区产业特色，进一步完善民勤城东工业集中区、古浪工业集中区、天祝县金强工业集中区、天祝县炭山岭能源工业集中区等园区的配套设施建设和整合发展，实施重点突破、整体推进。

两市产业园区结构调整始终围绕培育壮大特色优势产业为重点，立足资源优势和产业基础，加大基础投入和技术改造力度，重点做大做强以镍、钴、铂族贵金属生产及农产品生产和加工，大力发展临近金昌的武威装备制造与新能源工业园区，武威民勤红沙岗能源化工产业园为金昌市国家级经济技术开发区的产业发展集聚延伸区，加快培育壮大以循环经济产业为主的战略性新兴产业和高新技术产业，不断扩张工业总量，进一步优化园区发展质量和效益，推进园区产业又好又快发展。(见附表3–5)

3.4.2.2　区域增长极培育

《规划》提出：将金川建成金武区域先进制造业发达、宜业宜居、环境优美、服务功能完善的核心增长极；凉州区建成金武经济区商贸物流发达、文化休闲旅游特色显著、制造业加快发展的核心增长极。

经济圈构建。金武经济区为构建经济圈，建成金武高速公路、金民高等级公路，完善高速公路网，改善金武两市路网结构。金大快速通道建成通车，推进两市县乡公路连通及等级提升，打造城乡融合发展核心区，促进公共交通网络向乡村延伸，实现了公共交通与公路交通的有机衔接。兰州至武威至金昌至张掖三、四线铁路项目的筹建，将形成以金昌、武威两市为中心，辐射周边地区的铁路运输通道。"一小时经济圈"开始形成，使经济辐射带动能力增强，促进了乡村人口向城镇转移，金武经济区城市化水平进一步提高。

生产服务行业发展。金武两市现代物流业快速发展，依托金武高速公路，两市共建"金武现代物流园区"，形成集原材料供应、产品中转与加工、城市物流配送等为一体，在西部有影响的现代化物流基地。依托金昌市新材料产业基地，发展绿色循环物流，建立国内领先的再生资源回收物流系统。依托河西堡化工循环经济产业园区和古浪工业集中区，发展能源化工物流。依托金昌机场建设物流中心，发展空港物流。武威保税物流中心封关运营、太西煤金昌物流园区项目正式运营作业，使金武经济区市场交易和产品集散更为便利。

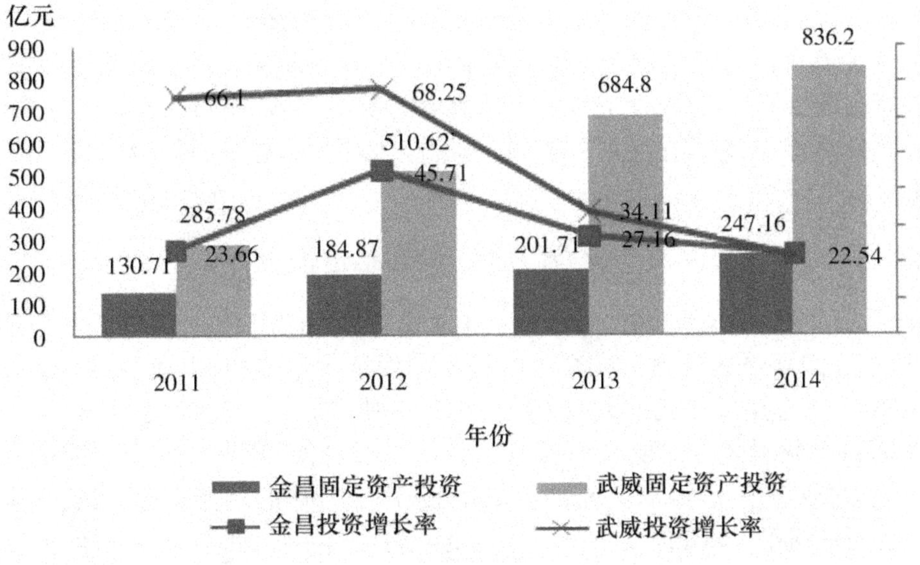

图3.4–7　金武地区固定资产投资及投资增长率变化图

文化旅游业发展势头良好。联手打造河西五凉艺术节、天马文化旅游节等重大文化艺术节庆活动,带动区域文化交流与合作。建立演艺联盟,推进联合采购,共享票务网络,共同承办全省乃至全国性、国际性重大文化活动和组织对外文化商演展览。金武经济区相继开发生态旅游、休闲度假旅游、会展旅游、都市旅游、红色旅游等新型旅游品种,把文化旅游业培育成为推进金武区域经济一体化发展的先导性支柱产业,打造"金武多元文化旅游区"。

投资项目吸引。"十二五"期间,金武两市围绕省委确定的"中心带动、两翼齐飞、组团发展、整体推进"区域发展战略,转变发展方式,加快产业转型升级,提升区域综合竞争力,全社会固定资产投资总量持续攀升,重大项目带动作用日益凸显。

金昌市2011—2014年累计完成固定资产投资额764.45亿元,年均增长率高达29%,武威市四年累计完成投资额2317.4亿元,年均增长率高达47%。金昌市2014年共实施投资项目416项,其中新开工项目212项,当年投产项目203项。武威市2014年共签约招商引资项目473项,实施招商引资项目760项,落实到位资金810亿元。项目数及年度投资额增幅均较2011年有显著提升,重大项目引领全社会固定资产投资作用明显。

资源集约利用。金武经济区积极推进园区循环化改造,完善金昌新材料产业园区、河西堡化工循环经济产业园区、永昌工业园区、焦家庄氟化工产业园区配套基础设施,强化产业集聚与分工合作,促进工业园区整合发展。加强武威金太阳新能源高新技术集中区、武威新能源装备制造产业园和民勤县红沙岗工业集中区与金昌国家级经济技术开发区的产业技术合作。积极引进国内外知名能源开发企业和研发中心落户工业园区,加强与金川公司及大型企业在能源开发方面的合作,共建风能、太阳能等新能源基地。

技术进步推动。以自主创新提升产业技术水平,加大科技投入、科技开发、科技成果转化力度,发挥技术进步对经济增长方式转变的推动作用。

金武两市加强人才培养合作,加大人才引进力度。武威职业学院与金昌公司签订校企合作协议,将金昌公司作为学生实训基地,全面开展校企合作,2014年武威职业学院20余名学生到金昌公司实习。甘肃威龙葡萄酒专修学院为金昌市培养葡萄栽培、葡萄酒营销等专业技能型人才,促进专业人才互补。武威实施"熊猫"战略,引进国内211高校高层次人才,把优秀人才集聚到重点产业、重大项目和重要岗位,发挥各类人才创新创业能力。

3.4.3 区域一体化发展的定位、功能、走向推进情况评估

金武经济区依据国家和我省主体功能区规划,在国家"一带一路"宏大经济愿景指导下,坚持把金武经济区发展放在全省乃至全国发展大格局中,以西陇海兰新经济带为主轴,以金昌市金川区和武威市凉州区主城区为中心,以主要交通通道连接的县城、重点建制镇和产业园区为主要节点,以点串线,以线带面,建设成丝绸之路的黄金通道、向西开放的战略平台、经贸物流的区域中心、产业合作的示范基地、人文交流的桥梁纽带。兰新铁路第二双线全线通车,兰州至宝鸡客运专线、张掖至兰州增建三、四线建设,为扩大向西开放提供快速通道,丝绸之路经济带金武段通达能力进一步提升。

优化空间布局与产业组织体系，构筑“一带携领、两核互补、点状集聚、重点突破”的点轴式空间开发布局。

表3.4-3 区位一体化走向推进情况

一级指标	二级指标	走向推进完成情况
基础设施	公路等级	金民高等级公路提升现有公路等级，缩短两地间行车时间。
	路网密度	金武高速公路实现高速对接，缩短两地间行车时间；武威市金大快速通道进一步优化路网结构，促进区域融合发展。
产业布局	产业一体化体制协作	武威装备制造与新能源工业园区、武威民勤红沙岗能源化工产业园作为金昌市国家经济技术开发区的产业发展集聚延伸区通过产业延伸，强化产业集聚与分工合作。
	产业一体化项目协作	充分发挥武威保税物流中心保税仓储、转口贸易等服务功能，使金川公司特色优势产品享受保税区境内关外、进口保税、出口退税、交易免税等特殊政策，推进两市进出口贸易共同发展。
基本公共服务	教育一体化	挖掘两市教育共同发展结合点，发挥优势互补，深化教育领域综合改革，加快发展学前教育，推进义务教育均衡发展，普及高中阶段教育，构建现代职业教育体系，带动金武教育一体化发展。
	社会保障一体化	依托金保工程，加快建设社会保障信息系统，推进社会保险“一卡通”工作进程。完善社会保障制度体系，建立事业保险预防失业、促进就业和稳定就业长效机制，进一步健全重特大疾病医疗保险和救助制度。
	农业产业一体化	打造金武经济区“绿洲中游高效农业产业带”“南部农林牧交错特色农业产业带”和“绿洲边缘生态农业带”三大优势农业产业带，加快建设绿洲现代农业和国家级节水高效农业示范区。
生态环境保护	生态林业一体化	三北五期防护林工程、北部生态林带建设工程、沙化土地封禁保护、防风固沙大型综合防护林和围栏封育等防沙治沙项目，探索多种措施综合治理新模式，加快防沙治沙生态示范区建设。
	生态恢复一体化	统筹石羊河流域综合治理，逐步实现两市对石羊河流域同步治理，构建流域综合治理体系，实现上下游统一调度，合理用水，依法治水。

3.4.4 区域经济竞争力的变化及差别定位与协调发展情况

城市综合竞争力是一个城市在一定区域范围内集散资源、提供产品和服务的能力，体现为城市创造价值的规模、速度和效率。但单个城市的综合竞争力无法有效反应甘肃组团发展区域综合竞争力，项目组参考城市综合竞争力测算方法，结合甘肃区域发展实际，构建甘肃组团发展区域综合竞争力测算指标体系，对各组团综合竞争力进行比较(表3.4-4)。2011年金武经济区综合竞争力指数为0.1559，省内排名第3位，2014年在全国经济形势下滑环境下，金武经济区产业结构调整任务相对较重，使组团综合竞争力指数与排名均有所下降。整体来看，金武经济区与省内先进区域相比仍存在一定差距，属于国内综合竞争力发展水平较低的地区，未来需要进一步加快提升经济总量，提高城市可持续发展能力。

表3.4-4　甘肃省组团发展区域综合竞争力比较

综合竞争力	2011年		2014年	
	指数	排名	指数	排名
酒嘉经济区	0.1706	2	0.1825	2
金武经济区	0.1559	3	0.1026	4
张掖经济区	0.0166	7	0.0221	7
兰白经济区	0.3678	1	0.3842	1
平庆经济区	0.1111	4	0.1286	3
天陇经济区	0.1073	5	0.0971	5
民族经济区	0.0708	6	0.0829	6

3.5　《规划》实施的成效与经验及问题与原因

3.5.1　成效与经验

3.5.1.1　工业布局得到优化，产业协作加强

第一，工业布局得到优化，产业协作加强。两市积极探索产业园区协作发展模式，尝试利用金昌市国家级经济技术开发区政策优势和产业优势，促进工业园区整合发展。武威市努力将临近金昌的武威装备制造与新能源工业园区、武威民勤红沙岗能源化工产业园发展为金昌市国家级经济技术开发区的产业发展集聚延伸区；金昌市将武威市金太阳新能源高新技术集中区、新能源装备制造产业园、民勤红沙岗工业集中区等三个工业园区统一纳入金昌经济技术开发区总体发展规划，进一步优化区域空间布局和产业结构。两市在积极构建“一区多园”工业布局的同时，大力推进自身园区建设，在基础设施建设、项目引进延伸、特色产业发展等方面取得较好成绩。两地在发展循环经济方面做出大量努力，园区循环化改造任务基本完成，循环经济补链项目顺利推进，建设成效明显，循环经济产业链日趋完善，《规划》中关于“联手共建国家循环经济示范区”的精神得到落实。

3.5.1.2　两市加强资源共享，提升产业融合

武威提升工业发展水平，在园区建设过程中不断学习金昌工业园区成功经验，联合金昌经济技术开发区，立足武威工业园区、武威装备制造与新能源工业园区，打造硅材料太阳能电池产业链基地。金昌市统筹考虑靠近武威周边地区农业发展，通过示范引导和扶持强化，巩固壮大特色产业规模，农产品供给突出武威农产品资源丰富的优势，加强战略性合作同时发展自身特色农业，努力建设国家级啤酒大麦标准化示范区。两市建立肉类、酒类市场监管协调机制，通过物流园区建设、配送中心、农家店等形式，共同建设河西走廊特色农产品物流市场。两市通过“推介会”、推进《金武阿区域旅游合作协议》签订、共同开发旅游宣传品和相互参观学习等形式，共同打造推出区域

旅游产品和线路，引导两地旅游企业加强交流，坚持客源互推、政策互惠、利益共享原则，推动金武两市旅游业共同发展。

3.5.1.3 交通领域广泛合作，共建基础设施

两市以区域间交通优化升级为重点，合作建设完成金武高速公路、金阿铁路一期工程，积极争取兰新铁路新增三四线工程早日开工建设。“十二五”期间完成金昌机场通航及其部分航线建设，金色大道、永古高速公路、双营高速公路、省道S211线武威至骆驼河口段二级公路改建等基础设施建设，积极开展金昌至阿拉善右旗高等级公路项目，客观上拓展了金武一体化发展空间。

武威保税物流中心建设运营，金昌海关和金昌出入口境检验检疫局设立，太西煤金昌物流中心一期项目投产投运，为建设服务甘肃、辐射西北、连接亚欧的现代化物流平台和国家向西开放的进出口产业聚集区奠定了基础，金武经济区经济通道作用加强，对形成河西经济带、打造丝绸之路新经济带黄金节点具有重要作用。

3.5.1.4 企事业单位相互联合，提升合作水平

金昌市、金川公司和武威市天祝县建立帮扶机制，自2011年以来，金昌市落实帮扶资金3200万元，金川公司落实帮扶资金530万元，实施黄草川新农村示范园等一批重点项目，天祝县基础设施建设水平得到提升，特色优势产业发展规模壮大，并确定今后联合开发矿产资源、旅游景点等项目。两市文广部门共同宣传一体化规划，互推政治、经济、文化、社会事业发展方面的专题片、纪录片和文艺作品，丰富金武两市人民文化生活，夯实金武一体化群众基础。武威职业学院和金川集团加强校企合作，通过实地考察、改进专业设置和人才培养机制、订单培养等方式加强金武教育就业方面的合作，实现社会与个人、企业与学校多赢。两市人社部门共同进行“讨薪配合工作”，为农民工进行讨薪维权。

3.5.2 问题与原因

3.5.2.1 一体化观念存在误区，共赢思维有待深化

调研发现金武两市对一体化的认识均存在误区。整体上存在以下两种倾向：有的部门在汇报交谈中，表现出金武经济一体化由于涉及行政区划分割、行政体制、法律等方面的问题，实施困难重重，并且这些问题非上级行政单位出面无法解决，由此对金武一体化产生观望、怀疑态度；另外一些工作人员提出金武经济一体化战略反映区域经济发展趋势，并已取得一些成绩，给两市经济发展带来新机遇，但目前很多条件还不具备，需要进一步研究规划，强化实施保障条件。

这两种思维模式从本质上讲，都是动态、非合作博弈的产物。在涉及当地社会经济发展水平的问题上，金武政府各自采取行动，并且都选择对自己收益最大的策略，难免将选择得失归结为局外人的原因。也正是因为一体化规划制定、实施缺乏由金武双方签订、具有约束力的协议，使得金武一体化难以避免行动重复，出现“条件不具备”问题。

虽然省上对一体化工作不断重视、推进，但在调研组调研工作过程中，明显的感受还是“共赢”思维欠缺，两市政府职能部门认识上、行动上统一不够，存在如何将“上级

热”转为“自发热”,将“形一体”发展为“神一体”的问题。

3.5.1.2 空间统筹发展障碍较大,优化布局仍需努力

政府主导型经济管理体制使金武两市政府以辖区利益最大化为出发点,上缴利税水平成为各个政府选择项目的指南针。现行绩效考核体系下,各地市经济社会发展仍以GDP增长为导向,这不仅与“新常态”下经济发展求“稳”的主导思想有出入,也不利于一体化区域产业协调发展。受制于行政区划、园区地价差异和利益驱动等,金武两地园区发展在空间统筹布局上仍存在较大障碍,招商引资项目、园区优惠政策难以跨市域布局共享。

“十二五”期间,两市在“一区多园”工业布局下迅速发展,金昌新材料产业园区、河西堡化工循环经济产业园区、永昌工业园、焦家庄氟化工产业园区、武威新能源装备制造产业园、民勤县红沙岗工业集中区、甘肃武威工业园区等园区项目快速提升,与此同时,两市园区的装备制造业同质化竞争明显等问题已经开始出现,错位发展、优势互补的产业格局有待进一步优化。

另外,金武核心区域是全省主体功能区规划中的重点开发区域,但是部分省市级园区和工业集中区在规模扩张中与生态环境保护存在着一定矛盾,需要进一步依据主体功能区规划优化国土空间开发。

3.5.1.3 一体化工作机制尚未建立,规划科学性有待提升

目前,金武两市通过召开联席会议方式推进一体化工作,但会议召开存在随机性、突击性,缺乏制度化、常态化,两市有关部门交流和对接有限。两市有关人员共同参与的协调机构、参与人员身份模糊,与两市有关部门缺乏交流对接,使区域经济一体化日常事务疏于疏通解决,产业协作、项目共建和经贸合作等方面引导有限。缺乏统一、全面的省市级工作机构和考核指标体系。

一体化实施考核工作科学性、系统性有待提升,原有《规划》中定性描述性指标较多,实质性举措、约束性指标较少,使《规划》实施推进量化考核难度加大。其中基础设施统一规划、产业布局规划不够明确。《规划》中部分一体化指标采取金昌、武威分别描述的方法,在两地一体化观念尚未深化、考核指标不明确等因素作用下,导致两地立足自身谈行政区发展。金武一体化规划框架下,缺少具体的专项规划指导重点项目实施。

3.5.1.4 制度缺陷广泛存在,区域利益协调仍需加强

第一,产权制度约束。金昌作为资源型工矿城市,发展受金川公司影响很大,可以说金川公司好,金昌就好,金川公司遇到困难,金昌就面临困难。近年来金昌市招商引资优惠政策较多,但重点招商领域招商规模仍比较有限,这与国有企业产权制度创新滞后有很大关系。实施金武经济一体化会带来更多企业并购、重组机会,需要以产权为纽带跨地区、跨行业组建大公司、大企业,加快推动金武两市融入全球化进程。

第二,市场制度不完善。金武在旅游等合作前景较好的领域,尚未实现市场规则统一,存在基础设施配套建设对接不够,品牌缺乏融合打造,区域旅游信息互动平台尚未建立,无障碍旅游区有待形成等问题。两市企业通过武威物流保税区办理的业务数量有限,物流保税区内企业生产、物流成本低的优势尚未有效发挥。工商管理、技术监

督、商品检验、行政事业性收费等方面问题突出，不同程度地存在地方保护现象。

第三，缺少地区间横向财政转移支付制度方面的利益补偿机制。金武区域经济一体化势必会涉及两市利益调整，在利益共享环节要建立公共财政的区域补偿机制，解决跨区域资源分布与资金短缺错位问题，推动地区间横向财政转移支付和生态补偿，有效地保护农用地和生态用地。截至2014年底，武威已将其土地利用总体规划中建设用地指标用完，面临6年没有建设用地指标的问题，而金昌则因为工业项目地价偏高，使招商引资存在一定难度。在条件具备的情况下，可以学习一些地区土地发展权转移的成功经验。

第四，投融资制度不完善。金武地区在信用体系共享、资本市场建设、其他专门融资手段发育等方面还比较欠缺。以武威物流保税区为例，截至目前协议引进8家国内银行落户，外资银行、商业保险机构入驻尚在磋商阶段，金融服务中心建成还需要一个过程，金融产品业务种类还需要进一步丰富。金武两市财政金融协调性不强，未形成资金合力。

第五，户籍制度、医保报销等方面尚未完全互通。金武两地在一体化重大项目“绿色通道”、重大群体性事件、食品药品安全、重大疫情、安全生产事件领域应急和防范协同处理等方面，尚未建立有效服务共享机制。

3.6 发展环境变化对《规划》实施的影响分析

金武区域经济一体化工作自2010年5月启动以来，得到省、市、县、区各级单位高度重视，从发展《规划》编制座谈会、实地调研，到《规划》编制、实施、评估等各项工作的开展，历时5年，国内外环境发生了一系列变化，其中对《规划》实施影响较大的有以下几个方面。

3.6.1 《规划》对甘肃“3341”工程项目响应

2012年10月，甘肃省决定实施“3341”项目工程建设，提出打造三大战略平台、实施三大基础建设、瞄准四大产业方向，形成与金武区域一体化紧密配合的三大类工作。

围绕实施《甘肃省循环经济总体规划》，金武两地加强各类园区循环经济项目发展合作，打造一系列以金昌国家循环经济示范区为代表的循环经济项目；以大力建设华夏文明传承创新区为依托，注重对河西走廊文化生态区、武威项目区和骊靬古城建设；加大祁连山水源涵养和生态保护力度以及继续实施石羊河流域重点治理工程，积极构建全国内陆河流域生态文明和节水型社会建设示范区。

金武一体化结合三大基础建设，做出积极努力并取得明显成绩，一批对当前一体化水平提升较大、事关长远发展的基础设施项目得到发展。两地城镇化建设水平进一步提高，城乡发展协调性增强。区域间交通进一步优化升级，金武高速公路有效地缩短两地间行车时间。两市信息交流进一步畅通，建立了商务工作部门在肉类、酒类市场监管方面的协作机制，互通信息、互相协作，加强金武区域的市场监管。

金武两地政府、企业共同努力培育壮大战略性新兴产业、特色优势产业、富民多元产业和区域首位产业，其中武威装备制造与新能源工业园区、金昌经济技术开发区等园区成为战略性新兴产业、特色优势产业的典型代表。截至2014年底,金武两地固定资产投资年均增速均保持在30%左右。

3.6.2 "经济发展新常态"对未来的影响

2014年6月,习近平同志第一次提出"新常态",随着"经济发展新常态"成为当前中国经济发展特征,金武一体化规划实施也面临新的机遇。新常态经济理念对发展质量要求更高,新常态发展方式要求经济结构更加优化,新常态下要有新的内生动力,创新驱动要求更强。新常态下社会、环境等方面保障意识要更强。

甘肃省作为西部落后地区,要用"新常态"理念科学研判经济合理增长区间。《甘肃省主体功能区规划》将金武地区划为重点开发区域,要加快中心化发展,承担我省经济发展"西翼"功能,可以考虑实施差别化对待,以高于全国平均速度的经济增速发展,缩小与中东部地区的差距。按照《甘肃省循环经济总体规划》要求,结合"新常态",金武两地要更加注重协调发展、绿色发展和可持续发展,发挥区位优势和资源优势,正视发展差距,以注重质量的思维引领发展,科学承接发达地区产业转移,实施创新驱动发展战略。充分利用国际国内两个市场、两种资源,利用政策叠加的发展红利,逐步缩小与发达地区差距,在一体化发展的同时实现跨越战略。"新常态"下,经济发展更加注重生态建设和环境保护,要把经济发展与资源开发、环境保护、生态建设结合起来,大力发展节能环保项目、高新技术产业、旅游会展、商贸物流等绿色环保产业。

3.6.3 丝绸之路经济带建设带来的新机遇

2013年9月习近平同志首次提出建设"丝绸之路经济带",2014年5月甘肃省委、省政府印发《"丝绸之路经济带"甘肃段建设总体方案》,提出构建三大战略平台,把甘肃建设成为丝绸之路的黄金通道、向西开放的战略平台、经贸物流的区域中心、产业合作的示范基地和人文交流的桥梁纽带。丝绸之路经济带提出使金武一体化的空间格局得到提升,关键在于如何有效利用国家赋予丝绸之路经济带建设的各项优惠政策。

武威、金昌地处黄金段"咽喉"地带,具备"手腕"功能,有色金属、现代农业和土地光热资源优势明显,商贸物流聚集效应凸显,文化传承和旅游资源积淀丰厚。金武在现有区位、产业条件下,应通过深化亚欧合作,促进政策沟通;打造国际物流平台,促进道路联通;聚集生产要素,促进贸易畅通;构建丝路金融中心,促进货币流通;加强文化旅游交流,促进民心相通。特别是武威保税物流中心建成、中欧国际货运班列"天马号"开通,为抢占黄金通道先机奠定了基础。金武两市企业要进一步瞄准中亚、西亚和东欧市场,带动特色产业发展,提升武威保税物流中心服务水平,增加"天马号"运营能力。

按照丝绸之路经济带建设要求沿线城市外向型、生态型、城乡融合型的定位,一体化工作要以保税物流中心为依托,尽快制定和实施总体规划以及专项规划,布局建设以保税物流中心为核心的陆港中心区,构建武威市与永昌县现代农业组团,发展特色优势产业外贸业务。加强口岸服务功能建设,依托"天马号"货运网络,形成特色优势产业生产供应链和消费供应链,带动能源合作、进出口加工、装备制造业、现代服务业集聚发展,构建以国际贸易、国际物流、金融服务及关联产业为支撑的陆港经济产业体系。提高金武地区产业发展和人口聚集能力,促进农业转移人口就地就近从业,增强陆港城镇发展后劲和综合承载能力。充分发挥两市历史文化底蕴深厚、旅游资源丰富优势，开拓思路进一步培育文化软实力，积极打造《天马故里骊靬古城旅游大景区》，依托敦煌和丝绸之路世界文化遗产，提升金武景区宣传影响水平，联合打造具有丝绸之路特色的国际精品旅游线路和旅游产品。

3.7 建议

3.7.1 深化共赢思维，加强政府合作

区域间政府合作的价值导向应该是问题导向而非区划导向。区域经济一体化有着丰富内涵和外延，是政治、经济、政策、流域公共治理等多元诉求引发的一种复杂结构重组过程。两地政府、各级单位要将一体化作为自身工作不容忽视的方面，将金武区域发展作为自身跨越发展的必然选择。提升认识观念是一体化工作首要任务，确保认识深刻才能落实行动到位。区域一体化要打破传统“行政区行政”禁锢，实现区域治理范式变革。目前，区域间政府合作多采取市长联席会议的政府合作模式。区域政府要摒弃行政区划刚性束缚，摆脱“各自为政”误区，以区域共同发展作为各方出发点和根本宗旨。

金武一体化对金昌和武威都是难得的发展机遇。双方要尽早确立“共赢”思维模式，充分利用已有优势资源，积极主动融入一体化发展，带动两市社会经济发展、惠及区域民生。要从大局观念出发看待区域经济一体化，不能再简单提出只有行政一体才能实质上推进一体化，一体化虽然不能离开蓝图，但真正实现一体化，是在两地不断洒下“同呼吸共命运”的种子，让它们生长为一棵棵盘根错节的大树，造就两地经济社会繁荣，这必然不可能一蹴而就。

3.7.2 加强组织保障，完善实施机制

金武园区产业结构趋同、同质化竞争明显、空间统筹发展障碍较大等问题从根本上来看，与一体化管理工作停留在各级地方政府有很大关系。“十三五”期间我省多地将取消GDP考核，一体化规划作为省级战略规划，省级政府应考虑将一体化考核指标纳入政绩评判体系。这对金武两地发挥自身资源优势，以市场规律为准绳，企业需求为依据，进一步统筹产业园区发展，以区域组团思维筹划内外发展思路，将市域产业发展与金武、河西、丝绸之路甘肃段发展结合，打破地区GDP追求束缚，开拓区域发展新思路将起到决定性作用。

在政府管理机制上，不能停留于政府这一单一主体，而是要形成政府主导，市场和民间等多元主体共同参与的新格局。第一，完善金武经济一体化合作协调机制。制定“行政首长联席会议制度”“政府秘书长协调制度”等促进一体化工作展开的制度；完善“行政首长联席会议章程”“行政首长联席会议议事规则”等工作。发挥上一级政府在区域管理中的作用，成立区域协调管理委员会，介入区域管理与规划制定，参与解决区域重大问题；规定其具体职能范围，赋予与其职能匹配的权力和资源，进而理顺其与国家立法机构、省政府以及其他相关职能部门关系，使之法律化、制度化。第二，引导鼓励组建跨地区、股份制、区域性集团公司，组建各地相互参股的跨地区企业集团，这既

是参与国际竞争需要，也是打破封闭、优化资源配置、增强综合竞争力的需要。研究城市与农村不同经济社会发展动力，关注国有企业、民营企业和乡镇企业空间发展规律，为两市城市空间结构融合提供支持。将民营企业、乡镇企业发展与工业园区发展结合，通过有效引导企业行为淡化行政分割。第三，鼓励建立各类半官方、跨地区民间组织，建立以当地各类专家为主体的区域发展咨询组织，为政府决策提供咨询；发挥行业组织在区域产业一体化中的积极作用。

3.7.3 政府积极助推，市场主导配置

政府与市场在区域合作中角色定位存在动态变化，二者相辅相成，其组合关系在区域一体化任何阶段都不可或缺。金武一体化是新形势下必然选择，但究其根本是政府决策行为，因此，从初级动力来讲只能是省级人民政府利用行政干预力量推动。这一特征使得金武经济一体化发展在一定阶段内，政府要发挥主要作用。甘肃作为西部落后地区，区域经济一体化基础条件薄弱，省级政府在一体化初级阶段不但不能缺位，还要承担设计确立一体化考评体系、优先审批涉及一体化发展相关项目，对一体化区域给予一定程度政策倾斜等角色。

在省级政府引导下，金武两市政府要转变思路，注重区域形象打造。可考虑将服务范围覆盖跨市的基础设施共同冠名，如"金昌机场"更名为"金武机场"，"武威物流保税中心"更名为"金武物流保税中心"等，通过区域一体化冠名，不但可提高知名度，增进两地人民感情，同时可避免重大基础设施重复建设。

确立市场主导地位，发挥政府在政策、制度、基础设施、市场规则等方面的"助推器"作用，形成"政府搭台、市场唱戏、民间共进"的格局。经济一体化发展到一定阶段，要把区域发展主导权归还给市场，政府在政策、制度、基础设施、市场规则等方面有所作为即可，形成多元化区域合作机制。调研发现目前金武地区推行一体化，是上级政府热情最高，地方政府热情降温，各级地方单位意识淡化，有一体化需求的微观实体在市场化条件下自行推进。因此，政府要进一步构建统一市场、制度、协调、激励等环境，为企业做好搭台服务工作，充分发挥企业市场化发展优势，加快推进两地各类一体化市场形成，推动地区一体化发展。

3.7.4 明确重点问题导向，提升规划引导与约束

原有《规划》中区域经济发展、空间结构优化布局、基础设施共建等方面评价指标多为预期性指标。在"十三五"规划中应以制约一体化发展的重点问题为导向，考虑增加一体化发展的约束性指标，提高《规划》执行的可操作性和《规划》实施的绩效考核。在研究确定金武经济区发展全局性、战略性方向和目标的同时，制定金武经济一体化专项规划，统筹指导两市产业发展、园区布局、城镇体系建设、水土资源利用等。完善一体化工作实施过程控制制度。

3.7.5 深化制度改革，拓展发展空间

深化产权制度、分配制度、财税制度、园区制度、投资制度、转移补偿制度、人口制度等各项改革，为两市企业发挥自身优势创造条件。充分发挥金昌海关和金昌出入境

检验检疫局服务金武两地企业的优势，促进金武两地企业与武威物流保税中心合作，为当地企业打开国际市场提供更为便捷通道。通过政策优惠等引导民营企业发展金武地区补链产业相关业务，延伸相关产业链。跨行政区构建循环产业链，深入推进循环经济园区建设。

进一步拓展金武外围发展空间，加强与不同区域之间往来与合作，提升区域经济发展外向性。加强与青海、内蒙古、新疆和宁夏等周边省区区域经济合作，积极推进跨省区合作机制建设。

自2010年1月至2015年6月，甘肃省设立境外投资企业（机构）112家，其中金武两地企业作为境内投资主体达到13家，是除兰白经济区外省内国际化走在前列的区域，要依托武威丝绸之路经济带咽喉位置的区位优势，汲取金昌国际化业务经验，将金武地区打造成周边省市进出口、加工贸易区，做好进出口检验检疫、口岸通关、退税保税等服务，抓住建设国际陆港的重大机遇，打造向西开放的国际物流平台，为提升丝绸之路经济带甘肃段国际化发展水平奠定基础。

3.7.6 推进结构转型，提升城市功能

“一路一带”愿景与行动指出，沿线各国资源禀赋各异，经济互补性较强，彼此合作潜力和空间很大。金武地区拥有丰富的新能源、新材料等新兴产业资源基础正是沿线不同国家、不同区域的合作重点。金武要推动新兴产业合作，按照优势互补、互利共赢的原则，促进与丝绸之路经济带沿线国家、地区加强在新能源、新材料等新兴产业领域的深入合作，推动建立创业投资合作机制。

“十三五”时期甘肃发展总体上将面临发展层次由传统经济向新兴产业转变，发展形象由落后状态向后发优势转变。金武两地要进一步优化产业链分工布局，推动上下游产业链和关联产业协同发展，鼓励建立研发、生产和营销体系，提升区域产业配套能力和综合竞争力。扩大服务业相互开放，推动区域服务业加快发展。探索投资合作新模式，鼓励合作建设境外经贸合作区、跨境经济合作区等各类产业园区，促进产业集群发展。大力发展“新产业、新业态、新技术、新模式”经济，提升金武城市交通枢纽、金融商贸、产业外向等职能，实现区域经济职能升级。加强集约节约用地，深化城市主要干道轴线、重要节点及交通枢纽开发强度，增强主城区集聚功能，实现土地集约、节约和高效利用，实现发展条件由基础薄弱向不断完善的转变。

3.7.7 实施主体功能区战略，加快生态文明建设

落实《甘肃省主体功能区规划》，统筹不同主体功能区发展，加强流域协同治理和城乡生态建设。加强重点生态功能区的联合保护和统筹规划建设，以祁连山冰川与水源涵养生态功能区恢复、石羊河下游生态保护区治理、防沙治沙和绿洲生态建设为重点，共同构筑生态安全屏障。不断增强提供水源涵养、水土保持、防风固沙、维护生物多样性等生态产品的能力。引导生态脆弱地区人口和产业向重点开发区有序转移，减轻生态系统压力。因地制宜发展资源环境可承载的林下产业、旅游业、服务业等特色产业。

按照“南护水源、中兴绿洲、北防风沙”的战略方针，认真实施《祁连山水源涵养区生态环境保护与综合治理规划》，不断优化产业结构和用水结构，提高水资源利用效

率，加快绿洲节水型社会建设。认真实施《石羊河流域防沙治沙及生态恢复规划》，巩固绿洲生态建设成果。

加快生态文明建设，严格禁止不符合区域主体功能定位的开发活动，促进生态修复和环境保护。充分发挥引硫济金工程效益，鼓励资源和生态补偿，实现向金昌市足额调水。探索建立跨区域生态补偿机制，逐步加大区域财政转移支付和专项投入，增强公共服务和管理能力，确保区域主体功能得以维护，从根本上解决生态保护问题。

3.7.8 转变发展方式，适应发展新常态

“十三五”时期甘肃发展总体上将面临发展速度从高速增长向中高速度转变，要素投入向创新驱动转变。自主创新推动优势产业形成与发展、推进产业结构优化升级，成为必然选择。金武地区从政府到企业要把自主创新作为区域产业结构优化升级重点，从依靠低廉劳动力、高资源投入的“比较优势”逐渐转变为以核心技术形成竞争优势。在金武两市企业参观考察时，听到最多的是专业人才欠缺和高额的员工培训费用，因此要加强人才培养、建设人才高地、形成人才聚集，为区域科学发展提供保障。全球化已经发展到“人才国际化”的新阶段，金武地区要利用自身交通区位优势，跳出“企业国际化”“资本国际化”的追随思路，实施“人才国际化”追赶战略。

要从国家政策、省内资源、互联网资源三方面着手推动区域改革创新。激发金武地区小微企业创业活力，实现大众创业、万众创新。要从为区内创业者提供更多、更为广阔的创业平台、服务平台着手，有效利用省内各类服务于创新、创业人员的公共基础资源，如“众创空间”“孵化器”等，聘请、培养相关领域创业导师为创新、创业人员提供理论和实践指导，有效利用互联网降维性及信息资源与金融资源，积极为有产业化前景的项目寻找企业战略、营销方案、资金技术等方面的支持，促进区域创新、创业发展。

3.7.9 发挥区位优势，抢抓向西开放前沿机遇

“十三五”时期甘肃总体上将面临发展区位从偏远内陆向开发前沿转变。按照国家总体战略布局，充分发挥甘肃在“一路一带”建设中的区位、资源、文化、产业及平台等优势，围绕实施打造丝绸之路黄金段构想，着力构建三大平台、六大窗口、八大节点城市，推进五大重点工程建设。推动武威物流保税中心升格为综合保税区，申报设立武威铁路一类口岸，依托“天马号”国际货运班列加快建设武威国际陆港，构建以国际贸易、国际物流、金融服务及关联产业为支撑的陆港经济产业体系。统筹口岸物流园区规划，提升武威作为向西开放的铁路枢纽、货物集散地作用。深化区域通关改革，加快“一路一带”区域通关一体化进程，与外省相关区域开展“大通关”协作，推动口岸执法部门改革，推进关检合作改革，建立完善服务体系。支持武威与土库曼斯坦、哈萨克斯坦等国开展马文化、葡萄酒文化对外交流合作。构建生态安全屏障，打造绿色丝绸之路；强化金融开放合作，加大金融政策支持，加快多层次资本市场建设，强化金融产品与服务创新。

课题组成员：石培基　吕蕊　康靖　李萍　李晓甜　赵娟　唐笑

附表3-1 金武经济区合作发展政策

序号	文件或规划	出台时间	措施内容	出台单位
1	《石羊河流域重点治理规划》	2007年12月	关于石羊河流域所存在的问题进行整改。	甘肃省水利厅、甘肃省发展和改革委员会
2	《甘肃省循环经济总体规划》	2009年12月	着力构建循环型工业体系,探索循环型农业模式,推进循环型社会建设,实施重点项目和研发推广支撑技术。	中华人民共和国国务院
3	《甘肃省区域总体发展战略》	2009年11月	中心带动、两翼齐飞、组团发展、整体推进。	甘肃省委
4	《国务院办公厅关于进一步支持甘肃经济社会发展的若干意见》	2010年5月	优化空间布局,促进区域协调发展;加强基础设施建设,消除发展瓶颈制约;加强生态建设和环境保护,构建西北地区生态安全屏障;夯实农业发展基础,加快建设社会主义新农村;加大扶贫开发力度,尽快改变贫困地区落后面貌;加快发展社会事业,着力保障和改善民生;大力推进能源基地建设,增强经济发展后劲;大力发展特色优势产业,推进产业结构优化升级;深化体制改革,提高对内对外开放水平。	中华人民共和国国务院
5	《甘肃省统筹城乡发展试验区武威城乡融合发展核心区总体规划》	2010年11月	通过新建高等级公路,形成区域经济发展的脊椎和主动脉,打破城乡和行政区界限,在优势地区聚集要素,建设城乡融合发展核心区。加速城乡空间融合、加快特色产业聚集、促进公共资源共享、统筹城乡发展、富裕群众生活,实现城乡经济社会一体化新格局,带动全市经济社会实现跨越式发展。	武威市人民政府
6	《金昌市国民经济和社会发展第十二个五年规划纲要》	2011年1月	阐明"十二五"金昌市国民经济和社会发展的目标任务、发展重点和政策取向,明确政府工作重点,引导市场主体行为,努力实现经济社会跨越式发展和人民生活水平明显提高。	金昌市人民政府
7	《武威市国民经济和社会发展第十二个五年规划纲要》	2011年6月	依据"十一五"发展现状,统筹规划了武威地区"十二五"期间主要的发展方向、发展目标,明确政府工作重点,努力提升武威量和质的科学、可观发展。	武威市人民政府

续附表3-1

序号	文件或规划	出台时间	措施内容	出台单位
8	《石羊河流域防沙治沙及生态恢复规划》	2011年7月	《规划》涉及武威、金昌和张掖三市，其确定的主要建设内容为祁连山生态保护与建设工程、民勤盆地生态建设与保护工程、配套工程和生态监测体系建设。具体建设规模为封山（沙）育林（草）7.4万公顷，人工造林3.6万公顷，工程治沙0.4万公顷。该《规划》匡算总投资4.54亿元，实施期5年。	甘肃省人民政府
9	《金昌—武威区域经济一体化发展规划》	2011年8月	着力转变发展方式，加快产业转型升级；着力推进自主创新，优化产业布局，整合园区发展，大力发展循环经济，构建产业创新型区域；着力统筹城乡发展，加速城镇化进程；着力加强基础设施和生态建设，改善发展环境，推进生态文明和节水型社会示范区建设。	甘肃省人民政府
10	《张掖武威定西特色农副产品加工循环经济基地规划》	2012年7月	发展地方特色农产品“种养殖—加工—综合利用”的循环经济产业链条，增大农业附加值；构建区域农业整合发展，投入科技，拓展市场。	甘肃省人民政府
11	《武威市项目带动实施方案》	2012年8月	利用3至5年时间，力争把武威建成全省重要的能源化工、装备制造和农产品加工基地，西北重要的综合交通枢纽和物流节点区，全国节水型社会示范区，沙漠光电生态示范区和国家级生态恢复示范区。	武威市人民政府
12	《甘肃省“3341”项目工程》	2012年10月	打造三大战略平台、实施三大基础建设、瞄准四大产业方向，确保到2016年全省固定资产投资规模超过1万亿元。	甘肃省委、省政府
13	《祁连山水源涵养区生态环境保护和综合治理规划》	2013年10月	《规划》主要建设内容包括林地保护与建设工程、草地保护与建设工程、湿地保护与建设工程、水土保持工程、冰川环境保护工程、生物多样性保护工程及科技支撑体系建设等。	甘肃省人民政府
14	《甘肃省加快转型发展建设国家生态安全屏障综合试验区总体方案》	2014年5月	积极探索内陆欠发达地区转型跨越发展、扶贫开发攻坚与生态文明建设相结合的路子，在创新生态保护建设机制、加快产业转型升级、推进扶贫开发攻坚、促进城乡协调发展、转变发展方式等方面发挥示范作用。	中华人民共和国国务院

附表3-2　金武两市基础设施合作项目

所属领域	项目名称	实施主体	进展情况	合作内容	主要经验	对一体化的贡献
重大基础设施交通	金武高速公路	甘肃省交通运输厅、金昌市人民政府、武威市人民政府	建成使用中	金昌至武威高速公路起点，途经11个镇终点与G30连霍高速公路相接。	高速公路构建区域整合发展时效型经济圈。	缩短了两地行车时间，完善甘肃省高速公路网，改善两市路网结构。
	金民高等级公路	金昌市人民政府、武威市人民政府	建成使用中	增强金昌与民勤的交通联系，并规划建设金民公路。	提升现有公路等级。	金昌、民勤有效缩短了两地间行车时间。
	金大城乡融合发展快速通道	甘肃省交通运输厅、武威市人民政府	完成主线路基	武威市金（金太阳园区）大（大靖镇）快速通道，连通金武高速公路、连霍高速公路、营双高速公路。	武威城乡融合发展核心区中心轴，贯通武威东西的交通。	优化路网结构，促进区域融合发展，方便群众生产生活。
	兰州至张掖增建三四线	铁道部、甘肃省人民政府	建设中	兰新铁路三四线起点为兰州，终点为张掖，路线全长500多公里，沿途将经过中川机场。	完善甘肃及西部地区铁路网结构。	辐射沿线兰州、武威、金昌、张掖及周边县域，完善甘肃及西部地区铁路网结构。
	金昌机场	甘肃省交通运输厅、金昌市人民政府	建成使用中	民航规划的重点建设项目之一。飞行区工程按4C级标准建设，跑道长3000米。	提升河西走廊区域综合运输体系功能，并拉动丝绸之路旅游业的发展。	改变交通封闭的制约，打破单一的交通格局，可大大提升河西走廊区域综合运输体系功能。
城区基础设施	区域型商业中心	金昌市人民政府、武威市人民政府	建成使用中	武威的一区（凉州区）、三县（民勤县、古浪县和天祝县）、一片区（西片区），以及金昌的一县（永昌县）一区（金川区）共形成7～10个区域型的商业中心。	从基础设施切身的去改变群众的生活条件，提高群众的生活水平。	为本县区的商业主导区、集聚区；推进金武经济区内物流节点、网络建设，构筑与省内其他功能组团以及周边省区对接的物流大通道。
	社区型商业中心	金昌市人民政府、武威市人民政府	建成使用中	城镇所在地的社区商业，以及设立在较大行政村的农村综合服务中心组成，以集贸市场、中小型超市或农家店为核心，促进农资和农产品销售、邮政、医疗、文娱等。		

附表3-3　重大建设项目进展情况汇总表

序号	项目名称	总投资（万元）	建设性质	完成情况
共192项，投资17452604.9万元				
一、工业项目（42项，投资2663591.9万元，投资比重15.3%）				
1	金昌万隆实业有限公司无机纤维生产项目	51400	续建	建成投运
2	金昌扬帆飞翔工贸有限公司印花镍网项目	24000	续建	一期建成，二期开工建设。
3	金昌宇恒镍网有限公司圆筒印花镍网扩建项目	14800	续建	二期建成
4	甘肃朗宸欣陇投资管理有限公司年产7200万片电容式触摸屏盖板玻璃生产线项目	63400	续建	完成年度建设内容
5	金泥集团16万吨干法乙炔项目	41453	续建	达到试生产条件
6	甘肃京天福科技发展有限责任公司利用磷石膏生产资源化产品项目	7500	续建	一期建成投产
7	韩国OCI集团30万吨煤焦油深加工	30000	新建	前期工作
8	金昌北方国能锂业有限公司（西藏城投公司）1万吨碳酸锂提纯项目	60000	新建	开工建设
9	金昌日升隆公司煤低温干馏生产线项目	21600	续建	建成投运
10	甘肃有色金属新材料创新创业示范园项目（包括质量检测中心）	28700	续建	科技孵化楼及检测中心主体完工
11	金川集团公司40万吨离子膜烧碱二期项目	81750	续建	建成试生产
12	金川集团公司30万吨PVC项目	192331	续建	建成试生产
13	金川集团公司30万吨铜材项目	67280	续建	建成投产
14	金川集团公司阳极泥综合利用项目	69000	续建	4月份开工建设，年内完成主体工程。
15	金川集团公司羰基镍原料制备项目	78951	续建	年底前完成主厂房建设及设备安装
16	金川集团公司建设产业园项目	8000	新建	完成年度建设内容
17	金川集团公司中间含铜物料综合利用项目	20000	新建	5月份开工建设，完成年度建设内容。
18	金川集团公司80万吨冶炼炉渣还原处理综合利用项目	200000	新建	前期工作
19	甘肃电投金昌发电公司铁路专用线暨煤场改造工程	31000	新建	建成投运
20	玛努尔工业（金昌）有限公司高端装备铸锻件项目	200000	新建	完成车间土建，建成一期工程。
21	永昌县年产10万吨生物降解母粒及制品加工项目	50000	新建	建成投产
22	青海物产集团20万吨多孔硝铵项目	28000	新建	开工建设
23	武威鼎昆管业有限公司鼎昆管材产业园项目	48000	新建	在建
24	西凉肥业年产150万吨高浓度复合肥一期60万吨项目	29000	续建	完成1#造粒塔及配套原料库、成品库建设，正在进行设备安装。
25	荣华公司循环经济技术改造项目	330000	续建	投入试生产

续附表3-3

序号	项目名称	总投资（万元）	建设性质	完成情况
26	山西乐百利特科技有限责任公司年产70万盏大功率LED防爆照明灯具项目	49994.9	新建	在建
27	甘肃京奥港天然矿泉饮品有限公司年产50万吨高档饮品项目	30000	续建	一期工程建成投入生产
28	武威市安琪伟业乳胶科技发展有限公司中国生殖健康产业基地	26000	续建	主体建设
29	甘肃华一家具股份有限公司华一家具建设项目	160000	续建	正在安装车间墙体，部分设备已到场，打样车间已经开始打样。
30	武威美珠服饰有限责任公司制衣中心二期工程	20000	新建	正在进行前期工作
31	华晟生物科技有限公司20万吨生物有机肥项目	19755	新建	完成综合楼及部分厂房建设，正在进行调试生产线。
32	青岛啤酒武威有限责任公司二期年产40万千升啤酒生产线项目	33000	新建	前期工作
33	民勤敬业公司年产2万吨葵花油生产线升级搬迁及3000吨葡萄籽制油加工项目	35000	续建	正在进行北大门、门房以及结算中心和附属用房的建设。
34	雅潮盆地油气勘探项目	15000	新建	在建
35	古浪鑫森公司年产40万吨颗粒石灰氮生产线项目	57377	续建	一期工程20万吨颗粒石灰氮生产线项目已建成投产；二期正在进行设备安装及调试。
36	甘肃天域年产500吨麻黄碱、5万亩甘草生态种植基地及15万吨甘草制品深加工和年产5万吨中药饮片高科技生产项目	117800	续建	完成主体工程正在进行饮片车间基础浇筑。
37	甘肃达华节水科技有限公司年产50万亩节水灌溉设备生产线项目	30000	续建	可降解地膜生产线建成投产，三栋厂房已修建完毕正在安装生产线。
38	天祝唐饮药水神泉公司年产10万吨优质天然矿泉水生产线项目	23000	新建	正在建设场地围墙、架设电网工作。
39	太西煤红沙岗二号矿井项目	76000	续建	在建
40	荣达化工年产60万吨电石厂及200万吨水泥生产线项目	145500	续建	在建
41	甘肃莘亿化工有限公司高品质碳酸钙循环一体化项目	49000	续建	完成了低温干馏炉部分管线改造，加装电补焦油器装置，加工了石灰窑车间钢架。

续附表3-3

序号	项目名称	总投资（万元）	建设性质	完成情况
二、能源电力项目（45项，投资4966837万元，投资比重28.5%）				
1	金昌恒基伟业投资发展有限公司金川区100兆瓦光伏发电项目	120000	续建	并网发电
2	金昌振新光伏发电有限公司金川区西坡200兆瓦光伏发电	220000	续建	并网发电
3	金昌迪盛新能源公司金川区100兆瓦光伏发电项目	120000	续建	并网发电
4	华能甘肃能源开发有限公司金川区100兆瓦光伏发电项目	120000	续建	并网发电
5	中科新能源股份有限公司金川区二期50兆瓦光伏发电项目	54000	续建	并网发电
6	金昌金耀发电有限公司金川区西坡50兆瓦光伏发电项目	56000	续建	并网发电
7	金昌中新能电力有限公司金川区西坡100兆瓦光伏发电项目	120000	新建	并网发电
8	金昌清能电力有限公司金川区西坡100兆瓦光伏发电项目	120000	新建	并网发电
9	海润光伏发电有限公司金川区一期20兆瓦、二期50兆瓦光伏发电项目	86000	新建	完成并网条件
10	华能新能源股份有限公司金川区金武公路三期50兆瓦光伏并网发电项目	56000	新建	完成并网条件
11	中电电气（南京）光伏有限公司金川区100兆瓦光伏并网发电项目	120000	新建	完成并网条件
12	中国水电建设集团新能源有限公司金川区西坡50兆瓦光伏并网发电项目	56000	新建	完成并网条件
13	杭州帷盛太阳能科技有限公司金川区西坡50兆瓦光伏并网发电项目	56000	新建	完成并网条件
14	北京国能风光能源科技有限公司永昌县露泉49.5兆瓦风电开发项目	48000	新建	完成风机基础浇筑等工程
15	中国风电集团协合风电投资公司永昌县西滩49.5兆瓦风力发电项目	48000	新建	完成风机基础浇筑等工程
16	金昌市热电联产（2台330兆瓦）及供输水管线项目	299128	续建	建成投运
17	海诺尔环保产业股份有限公司金昌市生活垃圾焚烧发电项目	21000	续建	建成投运
18	330千伏河西堡变电站工程	30000	续建	建成投运
19	110千伏新城子变电站及送出工程	5101	续建	建成投运
20	110千伏北海子变电站	5534	新建	建成投运
21	永昌县西大河北总干渠一、二级水电站项目	10000	新建	完成主体工程
22	润峰电力凉州区二期50兆瓦并网光伏发电项目	57319	续建	完成土建施工
23	海润二期100兆瓦光伏发电项目	100000	续建	完成电站建设

续附表3-3

序号	项目名称	总投资（万元）	建设性质	完成情况
24	中水二期50兆瓦光伏发电项目	50000	续建	未进场建设
25	中电国际凉州区三期49.5兆瓦光电项目	50000	续建	完成围栏建设
26	中电投武威2台100万千瓦火电工程	800000	预备	开展前期工作
27	民勤红沙岗百万千瓦级风电基地项目	771565	续建	在建
28	民勤县红沙岗330千伏送变电工程	33224	续建	变电站土建工程和间隔扩建已全部完工，建成投运。
29	民勤量子新能源红沙岗一期50兆瓦并网光伏发电项目	86000	续建	完成20兆瓦光伏组件安装和升压站建设；20兆瓦已并网。
30	江苏振发新能源科技有限公司红沙岗50兆瓦并网光伏发电项目	54136	续建	完成50兆瓦光伏发电场及其11公里的输出线路建设工程。
31	深能北方控股集团红沙岗49.5兆瓦光伏发电项目	54446	续建	完成现场测绘和地质勘测。
32	常州天合红沙岗二期100兆瓦光伏发电项目	100000	新建	电网接入设计已做完，待省电力公司评审。
33	航天万源红沙岗49.5兆瓦光伏发电项目	50000	新建	在建
34	江苏振发新能源公司古浪二期100兆瓦光伏发电项目	110700	续建	已并网发电
35	古浪县330千伏土门输变电工程	27720	续建	110千伏开关站建成并投入使用。
36	古浪鑫森精细化工有限公司电石炉废气回收利用发电项目	150677	续建	在建
37	甘肃鼎盛天祝松山滩49.5兆瓦风电项目	39293	续建	该项目25个基坑已全部开挖完成。
38	杂木河毛藏神树蓄能水电站建设项目	74492	续建	部分完成，在建。
39	武威北330千伏输变电工程	16382	续建	建成投运
40	武威2台350兆瓦热电联产项目	301290	续建	在建
41	武威万丰重工有限公司年产1000台塔机和风电塔筒及电力、通讯塔项目	23000	新建	主体工程建设
42	中国航天武威新能源装备制造产业园	51830	续建	风电变流器及太阳能逆变器生产线初步投入生产。
43	江苏振发新能源光伏产业园项目	150000	续建	建成投产
44	金昌艾力克光伏发电组件项目	28000	续建	建成投产
45	甘肃艾索红沙岗200台（套）风机塔筒制造项目	16000	新建	完成主体工程

续附表3-3

序号	项目名称	总投资（万元）	建设性质	完成情况
三、生态环保项目（18项，投资821354万元，投资比重4.7%）				
1	石羊河流域重点治理金昌项目	50665	续建	实施4个灌区节水改造，发展田间节水灌溉13万亩，骨干工程43.94公里。
2	石羊河流域重点治理项目（武威属区）	398526	续建	调度中心正在建设
3	祁连山生态保护与建设综合治理规划工程（武威属区）	114900	预备	《规划》已经国家发改委批复，但没有明确投资渠道，也未下达投资计划。
4	祁连山水源涵养区生态环境保护和综合治理工程	10000	新建	前期工作
5	“三北”防护林建设五期工程			
6	金昌市森林重点火险区综合治理一期工程		完工	建成
7	景电灌区沿黄灌区土地综合整治工程			
8	邓马营湖生态环境综合治理项目			
9	古浪县生态移民暨扶贫开发黄花滩项目	178609	续建	水利骨干工程已于2013年5月通水成功。
10	杨家坝河城区段防洪及生态综合治理工程			
11	铁柜山石灰石矿区地质环境治理工程			
12	武威市污水处理厂污水再生利用工程	18640	续建	已完成厂区围墙主体及铁艺围栏、混凝沉淀过滤车间和甲醇投加间主体，正在进行设备合同签订。
13	镍都实业有限公司垃圾制气项目			
14	永昌县污水处理中水利用工程	9150	续建	建成投运
15	天马湖景观治理二期工程	17995	续建	已完成泄洪槽、防冲墙、跌水堰、西岸护坡、拦砂坎、橡胶坝安装、防渗膜铺设和景观工程施工。
16	龙首新区龙首湖景观工程	12000	续建	建成投运
17	国家林业局甘肃濒危动物保护中心濒危野生动物民勤青土湖放养基地建设项目	7869	预备	前期准备
18	威瑞再生资源回收市场项目	3000	新建	投入试生产

续附表3-3

序号	项目名称	总投资（万元）	建设性质	完成情况
四、农牧水利项目（20项，投资2137756万元，投资比重12.2%）				
1	武威市杂木河毛藏寺水库建设工程	80927	续建	施工导流洞、左右岸趾板、大坝填筑工程已基本完成。
2	红崖山水库加高扩建项目	44506	续建	在建
3	东河灌区续建配套与节水改造2013年度项目	19400	续建	改建干支渠255.38公里
4	景电二期灌区工程			
5	天祝县石门河调蓄引水工程	25050	续建	已完成导流明渠和一期导流围堰400米
6	民勤县高效节水灌溉示范项目	62068	新建	施工单位已进场施工
7	金昌市城市供水改扩建项目	220391	新建	完成前期工作，净水厂开工建设。
8	永昌县城供水工程	7480	续建	建成投运
9	天祝县南阳山片下山入川生态移民小康供水工程	41450	续建	已通水成功
10	金昌现代畜牧循环产业园建设项目	46000	续建	完成主干道路5.5公里，配套建设水电无害化等设施。
11	金川区现代循环农业示范园建设项目	33500	续建	
12	武威市150万亩特色林果基地建设项目	90000	续建	已完成特色林果33.04万亩
13	武威市2014年设施农牧业建设项目	374000	新建	截止9月底，已开工建设15.3万亩。
14	金昌农垦公司天牧乳业奶牛养殖基地建设项目	46600	新建	
15	永昌县新增千亿斤粮食产能工程	48084	续建	建成投运
16	永昌县清河现代循环农业产业园建设项目	73000	续建	完成农畜产品加工园供水管网工程及主干道道路工程。
17	万头黑牛养殖基地建设项目	20000	续建	在建
18	古浪长庆现代农业产业园农业生态循环经济园项目	155300	续建	完成主体建设
19	莫高·中国葡萄酒城建设项目	500000	续建	展览及品鉴中心已建成；技术交流中心、公租房项目全部封顶，正在进行内部工程。
20	武威荣华新型农业股份有限公司奶牛养殖基地建设项目	250000	新建	在建

续附表3-3

序号	项目名称	总投资(万元)	建设性质	完成情况
五、交通设施建设项目(17项,投资约2606326万元,投资比重14.9%)				
1	金武高速公路	312600	完工	建成通车
2	营双高速公路		完工	2013年全线建成通车
3	金民高等级公路	1500		
4	永古高速公路		完工	建成通车
5	内蒙古阿拉善左旗至武威至西宁高速公路武威至民勤段	430000	预备	项目外业勘测已完成,选线、定线初步方案已形成,计划于2014年10月底完成可研的报批工作。
6	省道212金昌段公路改建项目	310000	新建	前期工作
7	金阿铁道专用线二期工程	79900	预备	项目经核准批复
8	干塘至武威南铁路增建二线	202400	新建	已累计完成路基33.67万立方米
9	武威市城乡融合发展核心区金色大道(金大快速通道)	462600	续建	2011年7月开工,已建成通车。
10	武威天颐大道建设项目	28000	续建	建成通车
11	民勤(县城)至红沙岗一级公路	169700	续建	已完成路基清表、树槽开挖、线路拆迁和通道绿化工程。
11	古浪(双塔)至凉州区(金山)二级公路项目	126000	预备	已完成道路选线,可行性研究报告编制完成。
12	天祝至天堂寺至青海互助二级公路改建工程	177626	续建	在建
13	天祝至景泰二级公路	275000	预备	已完成项目可行性研究报告,准备评审。
14	武威至仙米寺二级公路		完工	完工
15	金昌火车站改造项目		完工	建成投用
16	武威市综合客运枢纽中心	31000	续建	项目可行性研究报告已批复,完成初步设计和监理招标;初步设计已通过评审,进入设备调试阶段。
17	武威支线机场建设		预备	

续附表3-3

序号	项目名称	总投资（万元）	建设性质	完成情况
六、社会事业项目（31项，投资1954356万元，投资比重11.2%）				
1	金昌市职业技术学校迁建项目	23000	续建	建成教学楼、宿舍楼、实训楼。
2	甘肃有色冶金职业技术学院二期工程	68000	续建	建成教学楼、实训楼B楼。
3	武威职业学院一期扩建工程	80639	续建	体育馆主体已完成。图书馆主体已完工，4号实验实训楼主体已完工，教学楼在建。
4	金昌市第五中学建设项目	15400	新建	前期工作，已开工
5	武威市人民医院整体搬迁一期工程	75000	续建	完成门诊楼、医技楼、住院部楼主体封顶。
6	金昌市人民医院迁建项目	20400	续建	完成主体建设
7	金昌市第一人民医院迁建项目	23888	续建	完成主体建设
8	凉州区中医医院整体搬迁建设项目	11200	预备	正在开展可研、环评、社会稳定风险评估报告编制工作。
9	武威市人民医院整体搬迁医护技术人员公寓楼	30000	新建	正在进行公寓楼地上一层混凝土浇筑和地下车库梁板浇筑。
10	武威重离子治疗肿瘤中心暨荣华颐养园项目	168727	续建	主体工程完成
11	武威市养老中心	29700	预备	项目已备案登记，已委托编制土地利用规划调整方案，正在进行平面设计和平整场地；已到位资金2000万元。
12	金昌市博物馆（规划展览中心）项目	15000	续建	主体完工
13	金昌市传媒中心项目	22600	续建	主体完工
14	金昌市图书馆项目	10000	续建	建成投运
15	金川区文化中心建设项目	8855	续建	建成投运
16	金昌市行政中心建设项目	29000	续建	建成投用

续附表3-3

序号	项目名称	总投资（万元）	建设性质	完成情况
17	武威市博物馆	15000	续建	完成了主体工程，正在进行东楼、办公楼外墙保温填充工作。
18	武威市影剧院	19000	续建	墙体建筑抹灰，屋顶工程，地面工程，幕墙装饰预埋件及龙骨甲施工。
19	武威市图书档案馆	16000	续建	地基开挖，购置设备。
20	金昌市公安局业务技术用房建设项目	7000	续建	建成投用
21	凉州区2013年公共租赁住房项目	257280	续建	投入使用
22	民勤县2013年公共租赁住房建设项目	48840	续建	主体工程完工
23	古浪县2013年公共租赁住房建设项目	74880	续建	在建
24	天祝县2013年公租房建设项目	73200	续建	主体施工完成
25	武威市2013年皇台小区保障性安居工程建设项目	127197	续建	正在进行粉刷和安装工程施工
26	金昌市2014年保障性住房	10100	新建	完成70%主体工程
27	凉州区2014年新型农村社区建设	144000	新建	动工建设
28	凉州区2014年公租房项目	328150	新建	在建
29	民勤县2014年公共租赁住房建设项目	74000	新建	已开工建设6688套，其余1000套正在办理项目前期手续。
30	天祝县2014年保障性住房建设项目	74300	新建	棚房区改造任务300户建设任务已落实。
31	古浪县2014年公共租赁住房建设项目	54000	续建	在建
七、商贸物流项目（12项，投资1529336万元，投资比重8.8%）				
1	武威保税物流中心项目	27992	续建	一期工程验收，具备封关运营条件。
2	内蒙古太西煤集团公司金昌物流中心建设项目	130000	续建	完成铁路线及站场设施建设，一期建成，二期开工建设。
3	武威昊天农产品交易市场暨仓储物流中心	20300	新建	开工建设
4	武威市金沙物流园	32000	续建	装修工程在建

续附表3-3

序号	项目名称	总投资（万元）	建设性质	完成情况
5	黄羊公铁物流联运中心	35000	续建	已完成三条铁路铁轨铺设工程，正在进行附属设施建设及黄羊车站改造。
6	武威南煤炭集疏运中心项目	800000	续建	项目建设土地预审、项目危险性地质灾害评估等工作已完成。
7	中石化成品油配送中心	30000	续建	主体工程完成
8	金三角市场改造项目	50000	续建	完成拆迁及前期工作，开工建设。
9	兰州国芳置业有限公司金昌万和城建设项目	200000	续建	一期工程完工
10	北京路大市场改造（紫晶广场）项目	56000	续建	建成投运
11	武威万嘉国际广场	120000	续建	内外装修
12	武威五征西北汽贸城	28044	新建	在建
八、旅游及其他项目（8项，投资773048万元，投资比重4.4%）				
1	甘肃绿城房地产开发有限公司金昌文化街建设项目	16000	新建	建成投运
2	四川新开元置业有限公司金昌文化创意园商业风情街	38000	新建	开工建设
3	永昌县骊靬文化产业园项目	200000	续建	建成华夏骊靬影视城、骊靬大道罗马柱景观带等。
4	金昌华轩欢乐谷及甘肃金水湾国际青少年夏令营项目	72000	续建	完成办公区、商业区主体工程和水、电、路、绿化工程。
5	东达蒙古王集团永昌县扶贫开发基地建设项目	200000	新建	
6	永昌县易地扶贫搬迁项目	51273	新建	实施易地扶贫搬迁104户，328人。
7	甘肃省统筹城乡发展试验区武威城乡融合发展核心区基础设施建设项目	122153	预备	可研报告已批复，初步设计已编制完成。
8	德国促进贷款建设武威市城区集中供热项目	73622	新建	在建

附表3-4　主要规划指标完成情况

指 标	预期目标				进展情况						
	2010	2015	年均增长	属性	2011	2012	2013	2014	2015预期值	年均或累计完成	评估结论
经济发展											
地区生产总值(亿元)	439.28	990	>15%	预期性	505.60	584.94	633.22	650.47	717.53	10.31%	未达预期
第一产业(亿元)	71.63		5.5%	预期性	78.98	96.09	104.99	111.7	124.83	11.75%	提前实现
第二产业(亿元)	258.45		20.4%	预期性	297.93	334.91	349.32	342.89	367.99	7.32%	未达预期
其中工业增加值(亿元)	212.83	589.2	[376.37]	预期性	244.86	272	278.16	262.2	276.23	[49.37]	未达预期
第三产业(亿元)	109.2		14.5%	预期性	128.67	153.94	178.92	195.87	225.8	15.28%	提前实现
全社会固定资产投资(亿元)	296.95	>1502	[1205.05]	预期性	434.2	705.49	886.51	1079.5	1490.57	[782.55]	基本实现
大口径财政收入(亿元)	36.45	108	[71.55]	预期性	48.19	63.92	66.4	85.2	105.35	[48.75]	基本实现
空间结构优化布局											
金川区"一核"城市建成区人口(万人)	12.65	29	[16.35]	预期性		15.89		19.13	21.21	[6.48]	未达预期
金川区"一核"城市建成区面积(平方公里)	36.69	43.4	[6.71]	预期性		39.36		42.03	43.48	[5.34]	基本实现
凉州区"一核"城市建成区人口(万人)	25	48	[23]	预期性		30.8		36.6	40.26	[11.8]	未达预期
凉州区"一核"城市建成区面积(平方公里)	28.5	55	[26.5]	预期性		31		33.5	34.88	[5]	未达预期
永昌县城人口(万人)	3.97	12	[8.03]	预期性		4.19		7.37	8.6	[6.8]	未达预期
民勤县城人口(万人)	5.2	6	[0.8]	预期性		5.10		5.1	5.08	[下降0.1]	未达预期
古浪县城人口(万人)	3.44	6	[2.56]	预期性		3.44		3.44	3.44	[0]	未达预期
天祝县城人口(万人)	2.55	6	[3.45]	预期性		4.01		5.47	6.62	[2.92]	基本实现
基础设施共建											

续附表3-4

指标	预期目标				进展情况						
	2010	2015	年均增长	属性	2011	2012	2013	2014	2015预期值	年均或累计完成	评估结论
一级区域性商业中心(个)	6	7~10	[4]	预期性	7	8	10	11	13	[5]	提前实现
较大体量的综合性购物中心(个)	1	2	[1]	预期性	1	1	2	2	2	[1]	提前实现
商业文化旅游街(个)	1	2~3	[2]	预期性	1	2	2	3	4	[2]	提前实现
区域生态环境保护											
“三北”防护林建设五期封山育林/草(万亩)			[132]	约束性				任务8.6		[72.6]▲	基本实现
人工造林(万亩)			[34.2]	约束性				任务3.7		[22.69]▲	提前实现
铁柜山石灰石矿区地质环境治理面积(公顷)		180		约束性							无年度数据
景电/沿黄灌区工程治理总面积(万亩)		792.89		约束性							无年度数据
邓马营湖生态环境综合治理总规模(万亩)		96.5		约束性							无年度数据
古浪县生态移民项目改建渠道(公里)		14.06		约束性							无年度数据
镍都实业有限公司年处置生活垃圾(万吨)		13		约束性							无年度数据
主要污染物排放总量(万吨) 化学需氧量 二氧化硫排放量	 2.52 12.42	 <6.28 <13.25	 [3.76] [0.83]	约束性	 2.8 13.1	 6.21 14.07	 6.04 13.97			 [3.52]▲ [1.55]▲	基本实现 未达预期

注:①国内生产总值按可比价格计算;绝对数的预期目标按2010年价格计算,进展情况按当年价格计算。

②预期目标的[ ]内为5年累计数;进展情况的[ ]内为4年累计数,加注▲的为3年累计数,加注*的为2年累计数。

附表3-5　园区建设情况一览表

序号	园区名称		园区级别	占地面积	园区定位	园区定向	园区功能	建设情况
1	河西堡化工循环经济产业园区	煤化工产业园区	国家级	16平方公里	生态型化工产业循环经济示范区	省级循环经济示范园区，重点建设和发展焦化载能、煤化工、精细化工三大产业。	利用焦炉气、电石炉气，生产合成氨、甲醇等产品为主导，合成氨延伸产业链，下游产品在发展尿素等农用化工产品同时生产三聚氰胺；甲醇延伸产业链，利用兰炭生产电石，满足本地聚氯乙烯对电石的需求，并利用聚氯乙烯深加工生产节水管材和建筑管材、型材。	现存可开发用地面积，14.00平方公里，已入住金川集团30万吨PVC项目，金川集团精密铜材有限公司，金昌化工集团。
		硫磷化工产业园		2平方公里			主要发展合成氨延伸产业链，下游产品在发展尿素等农用化工产品同时生产三聚氰胺；结合现有的瓮福集团生产磷铵需要供应合成氨。	
2	永昌工业园区		国家级	4.8平方公里	全国循环经济试点	重点发展啤酒麦芽、优质肉羊等特色产业，加快发展轻工业、机械加工制造等产业，建成特色农畜产品精深加工、轻工业和机械加工制造为主的工业基地。	永昌工业园区积极围绕主导产业，促进产业集聚，形成了相对集中的特色经济。农副产品加工业；带动了永昌啤酒大麦种植基地的发展建设，金属冶炼及金属粉末加工业，农机具制造业，重点抓了烤箱炉及小型农机具的生产加工。	已建成面积1.56平方公里，落户企业250家，其中工业企业72家，规模以上工业企业18家，初步形成了以农副产品精深加工、金属冶炼及金属粉末加工、农机具生产加工、化工产品生产加工等为主导产业。
3	金川工业园区		国家级	51平方公里	全国性的有色金属及新材料基地	发挥产业优势，打造全国有色金属新材料产业基地；依托产业集聚，建设全国循环经济示范区。	发展镍铜钴及铂族金属新材料、金属盐类化工新材料、装备制造等产业。	入驻新川化工集团PVC电石渣综合利用制水泥，发展循环经济，宇恒镍网有限公司其生产的镍网占全国30%拥有研发中心。

续附表3-5

序号	园区名称	园区级别	占地面积	园区定位	园区定向	园区功能	建设情况
4	武威金太阳新能源高新技术集中区	省级	69平方公里	全国太阳能产业示范基地，全省最大的太阳能发电基地及全省较大规模的化工建材产业基地。	充分利用甘肃河西地区合力建设“风电走廊”，打造“陆上三峡”的机遇，以突出发展太阳能光伏发电、光热发电、光热综合利用和氟化工产业等高新技术产业。	集中区主要从太阳能和氟化工两大产业进行发展。太阳能光伏发电：围绕全省清洁能源生产基地建设。氟化工产业：当地有较为丰富的萤石资源，集中区积极加强与金川公司的战略合作，走精细化、高端化产业发展道路。	中国风电集团武威协合太阳能发电有限公司、中节能甘肃武威太阳能发电有限公司、甘肃电投辰旭凉州太阳能发电有限公司、甘肃中电武威光伏发电有限公司等18家企业入驻。
5	武威新能源装备制造产业园	省级	27.7平方公里	全省循环经济试点园区	重点发展以光伏装备、光热装备、风能装备、绿色照明装备为主的新能源装备制造业，积极发展以专用装备、交通运输装备、节能环保装备等为主的常规装备制造业，配套发展以现代物流业为主的生产性服务业和以房地产为主的消费性服务业。	新能源装备，园区重点发展光伏、光热及风能装备制造产业。重点发展绿色照明设备、交通运输装备及专用装备的制造。生产性服务业：依托园区便捷的交通区位优势，重点发展以专业物流业和综合物流业为主的现代物流业。	施建设方面，现已完成37.7公里的主干道路路基工程，完成中央大道、经三路、经四路、经五路共20公里主干道铺油罩面及配套综合管涵建设；敷设给排水管网27公里、通信光缆18公里；完成绿化面积1580亩；建成日供水2万吨供水厂、110千伏变电站；330千伏变电站正在进行主体工程建设。园区现有基础设施配套已基本能够满足入园企业的需求。

续附表3-5

序号	园区名称	园区级别	占地面积	园区定位	园区定向	园区功能	建设情况
6	民勤县红沙岗工业集中区	省级	218平方公里	资源节约型、环境友好型园区。	建成国家级循环经济产业示范区、甘肃省级重点工业园区、金武经济区核心经济增长极、区域重要的新能源产业及示范应用基地。	园区开发以丰富的煤炭、油页岩、烟硝、石墨等矿产资源和风能、太阳能优势为依托，重点培育以420万吨/年原煤生产为主的煤电化工，以百万千瓦级风电基地和百万千瓦级光伏发电基地为主的清洁能源，以水泥、电石、烧碱、PVC、钛铁选炼、硅铁生产、石墨选矿及深加工为主的化工建材。	园区已入驻企业49户，其中规模以上工业企业10户，从业人员2800多人，累计完成固定资产投资300.09亿元，煤电化工、能源发电、建材化工三大主导产业体系正在形成。
7	甘肃武威工业园区	省级	24平方公里	甘肃武威工业园区建成循环模式下的生态工业园区	全面建成基础设施建设完备、功能齐全、辐射面广、带动力强的新型工业化产业基地。	以生物化工、食品工业和清洁能源开发利用为主导，把规模扩张和结构升级相结合，发展特色产业，开发绿色产品，扩大就业，增加收入。	园区已入驻企业65户，其中规模以上企业8户(年销售收入2000万元以上)，其中核心区内入驻企业50户。
8	甘肃武威黄羊工业园区	省级	44平方公里	国家级循环化改造示范园区、国家农业产业化示范基地、全国农产品加工创业基地、全省新型工业化产业示范基地。	以金色大道建设为契机，拟将谢河工业小区、满家滩工业小区纳入黄羊工业园区，集中优势、重点发展，形成新的经济增长极。先后引进铁骑力士集团等3家国内知名品牌企业，建成国家级农业产业化重点龙头企业5家，省级重点龙头企业5家。	形成食品加工和医药两大主导产业，并积极拓展新能源、新材料、物流等延伸产业链。打造以黄羊河集团为代表的农副产品加工集聚区；以莫高葡萄酒业与红太阳酒业为代表的酒类酿造业；以铁骑力士集团与东方希望集团为代表的饲料加工业；以武威保税物流中心与黄羊公铁联运物流中心为代表的物流业。	现入驻工业企业90家，其中，规模以上企业22家。建设各类项目425项，其中工业项目310项，完成固定资产投资105.15亿元。

续附表 3-5

序号	园区名称	园区级别	占地面积	园区定位	园区定向	园区功能	建设情况
9	民勤城东工业集中区	省级	15.5平方公里	百亿元产业园区，省级循环经济试点园区。	全省重要的绿色食品加工基地，省级循环经济示范园区，全市率先发展核心区重要增长极。	以农畜产品精深加工为重点，积极打造服务于农业和城市经济发展平台，吸纳符合条件的优势企业入园发展，力争建成全市乃至全省重要的绿色食品工业和农产品加工基地，强化县城在县域经济发展中的中心地位。	民勤工业园区基础设施建设累计完成投资2.89亿元，园区入驻企业134户，其中工业企业91户。至2016年，完成基础建设投资5亿元，储备土地1万亩以上，力争使园区基础设施承载能力得到大幅提升。
10	天祝县金强工业集中区	市级	25.8平方公里	市级工业集中区	建设以冶炼、煤化工、非石油化工为重点的循环经济产业园区。	园区按照水泉上滩、打柴沟、城东、宽沟四个工业园区规划建设。按照产业集聚、布局集中、资源节约、功能集成和循环利用的思路，规划发展成为新兴碳材、特种合金为主，原材料工业、装备制造和非石油化工等为重点的循环经济产业园区。	已有110千伏变电站两座，电力、水源、交通、通讯等基础条件较好，土地资源富集、交通便捷、供水充足、电力充沛，建成面积4.5平方公里，现已入驻企业45户。
11	天祝县炭山岭能源工业集中区	市级	1.68平方公里	市级工业集中区	煤、电、化循环产业链为主的循环经济能源工业集中区。	园区主要依托区域内丰富的煤炭资源和水能资源，发展煤炭采掘—洗选—发电—建材、水电和其他矿产品开采加工。	现已入驻企业14户，其中：煤炭企业8户、水电站3户，新兴碳材企业1户、铁合金企业1户、矿产品深加工企业1户。2013年园区实现工业增加值14.2亿元，占天祝县工业增加值的66.9%，上缴税金1.79亿元，占天祝县工业企业上缴税金的72.8%。
12	古浪工业集中区	省级	25.95平方公里	省级循环经济示范园区	由平面数量型扩张向质量效益型发展转变，由传统产业向高科技产业转变。	工业集中区下辖“两园”，即：化工建材工业园和双塔生物制药食品工业园。发展装备制造、商贸物流、小商品制造，适当发展生物制药和食品加工等产业。发展精细化工和新型建材产业。	累计入驻企业30家，累计投入资金4.3亿元，完成路网45公里，供水44.5公里，排水44.5公里及供电、绿化、照明等配套设施，产业承载能力进一步提高。

4 《关中—天水经济区发展规划》实施评估报告

兰州大学资源环境学院课题组
（二〇一六年八月）

党的十八届五中全会《关于制定国民经济和社会发展第十三个五年规划的建议》中，提出了“创新、协调、绿色、开放、共享”的发展理念。这为“十三五”期间的发展指明了方向。甘肃东部四市作为欠发达的地区，在2020年与全国同步实现小康任务艰巨。《关中—天水经济区发展规划》（以下简称《规划》）实施六年多来，天水市及辐射区的社会经济面貌发生了巨大变化，但进一步的发展还面临着许多困难和一些深层次的问题。深入分析国内外宏观环境的新变化和区域自身发展的新阶段，准确把握蕴含的机遇和利好，积极应对潜在的风险和挑战，客观地评估和认识《规划》实施的效果，提出一些调整和完善的建议是必要的。

4.1 《规划》实施的目的和意义

天水、平凉、庆阳、陇南四市位于甘肃东部，下辖31个县区，总面积89190平方公里，占全省的17.5%。据第六次人口普查数据，四市常住人口1010.95万人，占全省的39.53%。过去很长一段时间，由于区位条件、水土资源及其他多种原因，东部四市一直没有进入国家重点开发的序列，基础设施相对落后，城市化水平低，缺乏有力经济增长极、点或带的支撑，仍处于经济欠发达的腹地。2008年，地区生产总值（GDP）占全省总量的24.1%。

进入新世纪前夕，国家实施西部大开发战略，通过加大基础设施建设、经济结构调整和退耕还林等生态保护工程，促进了西部的发展。但由于资源环境的承载能力和发展基础的差异，西部地区仍与发展较快的东部沿海地区存在大的差距。“十一五”期间，国家提出主体功能区战略，对国土空间实行开发强度的管制。2009年6月，经国务院同意，国家发展和改革委员会印发实施《关中—天水经济区发展规划》（发改西部〔2009〕1500号文件，以下简称《规划》）。《规划》将“关天经济区”列为国家层面的重点开发区，将天水市定位为区域次核心城市，平凉市、庆阳市、陇南市为辐射区。2010年1

月，甘肃省人民政府提出了贯彻落实《关中—天水经济区发展规划》的实施意见。这是西部大开发以来，甘肃东部四市得到的又一政策支持，给区域经济的发展赋予了新的内涵。2012年，甘肃省委、省政府根据我省加快转型发展的实际需要，安排部署了多极突破行动，并制定了《甘肃省多极突破行动协调推进工作规划》，以实现重点发展区域和优势产业的率先突破。其中，天水市作为东部地区的重点突破区域。

2013年，习近平总书记提出共建"丝绸之路经济带"和"21世纪海上丝绸之路"（以下简称"一带一路"）的重大倡议。甘肃省委、省政府抢抓机遇，于2014年提出加快推进"丝绸之路经济带"甘肃黄金段建设的目标。2015年3月，国家发改委、外交部、商务部联合发布了《推动共建丝绸之路经济带和21世纪海上丝绸之路的愿景与行动》（以下简称《愿景与行动》）。国家"一带一路"战略的实施，将甘肃由改革开放的内陆腹地转为向西开放的前沿。发展机遇的叠加必将促进甘肃后发优势效应。

在我国广袤的西部地区，重点开发潜力大的区域、培育经济增长的核心地带，对于促进西部大开发、全面建成小康社会具有重大意义。关中—天水经济区的发展基础较好、区位优势明显、文化积淀深厚，是西北地区经济和科技实力最强、人口和产业最为密集的地方。通过深化改革，重点开发，进一步增强其综合实力，在西部地区实现率先发展，建成"全国区域协调发展新的重要增长极"，推动西北地区的经济振兴，对于更好地支撑起丝绸之路经济带的建设意义重大。我省东部四市与陕西关中地区经济文化的联系紧密、产业互补性强，通过关天经济区的辐射带动，将形成分工合作、联动发展的新格局。作为关天经济区的一部分，天水市在甘肃东部地区的区位优势明显，资源环境承载能力较强，具有较好的现代工业基础，而且文化积淀深厚。关天经济区也处于丝绸之路经济带的重要区段，适应国家扩大向西开放的战略需求，能够利用国际市场拓宽发展空间。通过《规划》的实施，能够增强以装备制造业为重点的产业实力，促进人口和产业的聚集，提升城市的规模和功能，强化其经济增长极的作用，培育起一批外向型的企业，有利于加快我省东部四市的发展，并促使欠发达的西部地区更深入地参与全球经济分工。不仅显著增强关天经济区的自我发展能力，也在更广的范围、更深的层面上带动整个西北地区的发展。2020年人均国民生产总值达到5.3万元时预示着"中国梦"成为现实。

4.2　天水市及辐射区三市的概况

4.2.1　天水市的概况

天水市位于甘肃东南部，东倚六盘，南靠秦岭。市域内有山地、黄土丘陵、河谷等多种地形。渭河由西向东横贯全境，把全市分为渭南、渭北二大部分，渭河以南主要为西秦岭山地，渭河以北主要为黄土丘陵所覆盖。自古以来，天水就是陇上门户。随着铁路、公路、机场的建设，天水的交通枢纽地位日益突出，成为联结陇东、陇南和陇中地区的地理要冲。天水市气候温和，水热条件较好，适宜农业生产，也适于人居，长期以来是甘肃省内人口最为稠密的地区。

天水市行政辖区有5县2区，共46个镇和67个乡，土地总面积14325平方公里，占全省总土地面积的3.37%。2014年常住人口330.31万，占全省总人口的16.52%。平均人口密度230人每平方公里。土地垦殖率高，利用比重大。水资源较为短缺，对经济社会发展的支撑能力不强。已探明的能源、金属矿产资源较少，非金属矿产丰富具有一定的开发潜力。生物资源丰富，有利于发展林果、蔬菜、药材等特色农业。旅游文化资源富有特色，为开发利用提供了有利条件。

渭河上游地区是一个传统的农业生产区，川道地区有灌溉便利，丘陵山地则为旱作农业。天水是省内工业发展较早的地方，主要集中于秦州、麦积两个城区。“三线”建设时期国家在天水市布局了一些电子、机械制造工业，奠定了现代工业的基础。但产业规模较小，未能有效地带动起地方经济的发展。再加上市区的河谷地型，城市扩张受到地理条件的限制。秦州、麦积2区的农村和5县仍以农业生产为主。工业化、城市化的水平相对滞后。尽管近些年经济社会发展较快，但2014年人均国民生产总值仅有15043元，人口城市化水平只有35%，都处于较低水平。在一些山区，还有较多的贫困人口。因此，在关天经济区中天水市仍是发展中面临困难较多的一个地方。

天水市与渭水下游的关中地区山水相依、风俗相近，在经济上、文化上的联系较为紧密。因此，国家在主体功能区规划中，把天水和关中作为一个经济区来进行重点开发，培育西部地区的增长极。这是加快天水发展的重大战略机遇。

4.2.2 辐射区三市的概况

陇南市位于甘肃最南部，除了徽成盆地以外，大部为山地，地形复杂。气候和植被的垂直带性明显。降水较为充沛，但耕地稀少。森林覆盖率达到41%，是我国长江上游几条重要支流的主要发源地。生物多样性丰富，水能和金属矿产铅锌、黄金的蕴藏量较大，为开发利用提供了条件。随着十天高速、武罐高速的建成通车，交通对经济社会发展的制约减轻。陇南市所辖8县1区，土地面积27923平方公里。2014年共有常住人口258.71万人，城市化水平为26.65%。地形条件制约了城镇的扩张。长期以来，陇南市以农业、林业经营为主，工业的基础较为薄弱。近二十多年来，随着水能、矿产、旅游等资源的开发，农林产品的加工，药材的加工经销，非农产业得到了较快发展。特别是近几年电子商务的发展促进当地产品的外销。但总起来说明，经济社会的发展相对滞后，贫困人口较多，扶贫开发的任务繁重。

平凉市地跨六盘山两侧，主要地形为黄土丘陵、台塬。气候温和，水热条件较好。山地有一些森林分布，但面积不大。在六盘山以东的区域，除了华亭以外，在灵台、泾川等地也发现了大量的煤炭资源，为开发利用提供了条件。平凉市辖6县1区，土地面积11325平方公里。2014年共有常住人口209.3万人，城市化水平为34.45.65%。平凉市虽有一些电子、机械、采煤、发电工业，在地区经济中也占有较大的比重，但经济总量不大。多数地区从事农业生产，关山的肉牛养殖、静宁的苹果生产形成了较大规模。随着宝中铁路、天平G70高速公路的建成运行，平凉市的区位条件得到改善。能源化工基地的建设将极大地提升经济综合实力。

庆阳市东倚子午岭，主要地形为黄土塬和沟壑残塬，塬区地势相对平坦。气候温和适宜，降水在500毫米左右，但地表水不丰富。子午岭地区有森林分布，塬区和沟壑地带土地殖垦率高。农业历史久远，历史上曾有陇东粮仓之称。庆阳市辖8县1区，土地面积27119平方公里。2014年总人口222.35万人。长期以来,庆阳市以农业生产为主,工业企业和从业人员少,城市化过程明显滞后。2014年人口的城市化水平为31.54%。近些年来,随着油气煤炭资源的开发利用,能源化工产业快速发展,2014年人均GDP达到3万元以上,成为东部四市中人均经济水平最高的地区。

4.2.3 《规划》要点

关中—天水经济区面积7.98万平方公里,2007年末总人口为2842万人,《规划》在全面分析区域发展现状的基础上,讨论了发展优势、机遇和挑战。提出了经济区发展的指导思想、基本原则、战略定位和发展目标。通过重点开发建设,形成全国内陆型经济开发开放战略高地、先进制造业重要基地和华夏文明的历史文化基地。《规划》提出了2012年和2020年两个阶段的发展目标,从经济增长、社会发展和生态环境保护三个方面确定了14项具体指标。以实现经济区基础设施建设的新突破、综合经济实力的新跨越、城镇化水平的新提高、公共服务的新水平和生态文明建设的新进展。

《规划》根据资源环境承载能力,现有开发强度和发展潜力,对经济区进行功能分区,提出了城镇地区、农村地区和生态地区的空间结构,构建了由核心城市、次核心城市、三级城市、重点镇和一般镇五级组成的城镇体系。天水市被确定为次核心城市。

《规划》以培育区域核心竞争力、构建创新体系为指向,布局产业发展格局。把航空航天、装备制造、资源加工、现代服务业、文化产业和旅游产业作为发展重点,打造若干优势特色产业基地,深入推动经济区和辐射区的新兴工业化。《规划》提出加快建设现代农业示范工程,改善水利、农业技术和保护基本农田的措施,扩大农副产品的深加工业,推进农村的市场化进程,加快城乡一体化。做大产业规模、提高竞争能力、实现创新发展是《规划》的核心目标。

为加强经济区内部经济联系和扩大对内对外开放奠定坚实基础,《规划》对交通、能源、水利、信息和市政几个方面的基础设施建设进行了安排,对教育、卫生、文化体育、就业和社会保障等社会事业提出了建设要求。在改善公共服务水平的同时,全面提高经济活动的效率。

为保证经济区的可持续发展,《规划》还对经济区的生态建设和环境保护的重点进行了部署,提出了自然生态和生物多样性保护、环境污染的防治、资源节约利用的重点,提出了建设循环经济园区的试点安排。为使关天经济的开发建设取得实际成交,《规划》提出了深化改革、扩大开放的举措,强调要在充分发挥市场配置资源的基础性作用的同时,加大政策支持力度,做好规划组织实施。从财税、金融、投资、土地和环保等方面实行政策优惠。

4.3 《规划》实施以来的进展

在国家《规划》的指导下,在省上的大力支持下,天水市及辐射区三市,按照《规划》提出的指导原则、发展目标、布局要求和建设任务,进行了周密的安排部署。通过制定具体的实施办法,编制规划,落实项目,筹集建设资金,扎实推动各项工作的开展,做了大量切实有效的工作,取得了显著成效。在国内外宏观形势发生复杂变化、产生诸多不利影响的背景下，天水市及辐射区的经济社会发展和生态文明建设风生水起，成为多年来发展最快的时期。下面从《规划》的主要指标、项目建设和民生改善几个方面简要概述取得的主要成效。

4.3.1 主要成效

4.3.1.1 综合经济实力显著增强

在国内经济下行压力加大、经济增长进入新常态的背景下，我省东部四市的经济逆势而上，保持了较强的活力。国民生产总值占全省的比重由2008年的24.1%上升到2014年的26.0%，持续了10%以上的增长速度。同期，处于核心区的天水市国民生产总值由226.6亿元增长到496.9亿元，按可比价格年均增长11.5%，高出国家《规划》目标。四市的人均GDP快速增加，由2008年的7074元增加到2014年的17435元，其中天水市由6626元增加到15043元，但由于基数低，2012年人均GDP为12687元，比《规划》目标22500元低43.6%；陇南市和平凉市也没有达到《规划》目标，只有庆阳市略高于《规划》目标（见附表4-4）。随着发展理念的转变，GDP虽不如像过去那么重要，但在欠发达地区，仍是最基本的经济发展指标。

在经济总量提高的同时，经济结构得到优化，非农产业的比重提高，各产业内部一些技术含量高的生产类型扩大。在天水市以机械制造、电子电器、医药食品几个主导产业通过扩建和技术改造，使生产能力扩大，产品不断升级。华天电子、星火机床、天水风动等企业的产品远销海外。陇南市的矿产资源开发利用和电子商务形成了一些规模。陇东两市的煤炭、石油、风电资源的开发取得进展，能源化工基地初具规模。四市的蔬菜、苹果、鲜桃、花椒、核桃、油橄榄等特色农产品的生产基地扩大，日光温室生产和规模化养殖等现代农业生产方式逐步兴起，农业综合生产能力提高。

四市的全社会固定资产投资快速增长，由2008年的615.05亿元增长到2014年的2730.79亿元。其中，天水市在6年间增长了2.75倍。四市的大口径财政收入占国民生产总值的比重有了明显提高，由2008年的13%增长到19.4%，其中，天水市由12.9%提高到20.2%，表现了经济运行效益的向好趋势。城镇居民人均可支配收入和农民人均纯收入增长较快，与全省平均水平的相对差距进一步缩小，6年来四市的这两个指标的平均增长分别达12.2 %和14.2 %，其中，天水市为12.7%和15.1%。参看附表4-1至附表4-5。

4.3.1.2 社会事业获得长足进步

随着经济的发展，城镇化进程明显加快。城镇空间有序扩张，各项公共服务设施得到完善，聚集人口和产业的能力增强作为增长点的功能进一步显现。为了适应重点开发的需要，天水市的秦州、麦积两城区相向发展，用地范围开始走出河谷，三阳川、甘谷、秦安与天水市区显示一体发展趋势。在更大的范围整合资源、实施城市的组团发展成为新要求。其他三市的城镇建设快速进展，武都、崆峒、西峰三区的建城区、各县城和一些建制镇通过规划建设，用地空间扩大，道路、水电暖的供给、通信网络、污水处理等基础设施建设不断完善，城镇体系的综合功能得到提升。2014年四市的城镇化水平达到32%，较2008年的25.4%提高7.4个百分点。其中天水市城镇化率由2008年的28.25%上升到2014年的35%，幅度最大。这是东部四市城镇化进程最为迅速的时期。

但与《规划》确定的2012年城镇化率达到50%的目标相差较大。因此，城镇化水平的滞后仍是东部四市发展中的薄弱环节。

人口自然增长率6年来保持在6‰～7‰的较低水平，人口素质稳步提高，人口增长对经济发展和资源环境的压力趋缓。由于城乡居民生活质量的改善、生育人口教育程度的提高、妇女在家庭中地位的上升、城市住房的短缺、孩子抚养成本的增加和农村向城镇的人口迁移等因素的综合作用，人口增长模式发生变化，约束人口增长的机制由政策强制逐步变为家庭的主动意愿。特别是大批农村劳动力外出打工，虽然户籍人口在6.5‰左右的净增长，但常住人口出现下降趋势。例如，天水市每年有40多万农村劳动力常年在外打工。根据第六次人口普查数据，常住人口326.3万人，比户籍人口少40万。城镇登记失业率保持在4%以下，大多数新的劳动人口实现了就业。这个指标满足《规划》目标的要求。随着国家全面放开二胎生育，人口增长会出现反弹增长，但幅度不会太大。主要是人们的生育观念发生了转变，孩子的抚养成本提高，对人口增长产生了约束。

教育、卫生医疗、文化体育、社会保障事业全面推进，基本公共服务水平大幅提升。随着中小学办学条件的改善，在全面普及九年义务教育的基础上，幼儿教育、特殊教育、职业技能培训等教育也发展起来，满足了社会需求，提高了人口受教育的水平。医疗卫生基础条件不断完善，特别是县和乡镇医疗设备得到更新升级，化验分析手段改进，诊断水平提高，一些常规疾病可就近得到治疗。2014年，四市每万人拥有的卫生技术人员和病床数分别达到235.5人和38张，较2008年都有了较大增加。城乡居民的最低生活保障、基本医疗保险、养老保险制度基本建立起来，参保人数逐步增多，保障水平提高，形成了全覆盖的社会保障体系。使低收入人口群体的基本生活得到保证。2014年，天水市共有城市最低生活保障对象3.81万户，9.55万人，累计发放低保补助资金3.03亿元；农村最低生活保障对象12.49万户，40.32万人，累计发放低保补助资金5.39亿元。其他三市的社会保障体系也进一步完善，覆盖面扩大。

4.3.1.3 生态环境得到明显改善

根据国家和省上主体功能区规划的空间布局，关中—天水经济区作为国家层面的重点开发区，主要范围是区域内区位条件好、资源环境承载能力高和开发潜力大的关中平原和天水的川道部分，其行政区范围内仍较大面积的限制和禁止开发的区域。6年来东部四市结合退耕还林、天然林保护和长江上游生态安全屏障建设，坚持不懈地进行水土保持和小流域综合治理，封山育林，加强对自然保护区、森林公园和生物多样性的保护，治理地质灾害，对渭河流域的生态环境进行整治。小陇山、子午岭、关山和陇南山地的森林植被得到有效保护恢复，活立木的蓄积量增加，森林生态系统的服务功能增强。目前，四市的森林覆盖率达到33.5%，成为甘肃森林资源最为集中的地方。其中，天水市达到35.9%。这为实现绿色发展奠定了良好基础。但与《规划》确定的42.0%的覆盖率相比，存在8.5%的差距。

城市和人口密集区的环境质量有了明显改善。《规划》实施以来，天水市进行了城区景观绿化，实施渭河北子堤生态公园项目，新增城市绿地45.8公顷，城区绿化覆盖率达到35.7%，与《规划》目标相差6.1个百分点。平凉市、庆阳市的城区绿化覆盖率分别为26.5%和16.5%,与《规划》目标相差较大。陇南市受河谷地形的强烈限制,城区绿化覆盖率仅为3%,但其周边的山地植被覆盖好。天水市区和县城都扩建或新建了污水处理厂,对生活污水和工业废水进行净化处理,部分区、县实现了达标排放。其中,天水市在秦州和麦积两区都建立起了污水处理厂,日处理污水分别达4.3万吨、6万吨,城市污水处理率达到80%。基本上达到了《规划》目标的要求。并且建立污泥处理工程,对生产过程中产生的大量污泥进行有效处置,避免了对地下水和土壤造成二次污染。市区、县城和一些建制镇加大了对垃圾的收集和无害化处理,改善了人居环境质量。辐射区的陇南、平凉、庆阳三市的污水处理设施还在扩建和改造中,城市污水处理率没有达到《规划》目标的要求。

"十二五"期间,东部四市开展了重点流域水污染防治工作,从饮用水源地的保护、工业污水和城镇生活污水的处理、固体废物污泥和垃圾的处理、河道整治、水环境保护几个方面做了大量工作,改善了境内主要河流水质。2014年的甘肃环境公报显示,白龙江、泾河、蒲河的水质同为优和良好,而渭河、马莲河为轻度污染。基本达到了《规划》目标的要求。

近年来,天水市的环境空气质量总体水平为良,平均污染指数为58,渭河水质达标率为100%。各地还广泛开展了"美丽乡村"建设,开展了一批示范项目,对农村环境进行综合整治。

4.3.1.4 民生得到切实改善

城乡居民收入的增加提高了社会购买力,四市的社会消费品零售总额由2008年的244.1亿元增加到2014年的613.3亿元,平均增长16.6%。天水市的平均增长达到14.3%。各种商品多样化,满足了社会多方面的需求。

随着公共服务领域投资的增加,上学难、看病难的问题得到缓解。中学多向县城集中,距离较远的学生实现住宿制。学校配套了食堂、开水房、学生宿舍、图书阅览室、医务室、卫生厕所、计算机室、远程电教室等。高中招生的规模扩大,师资队伍得到加强。不少县城教育质量已接近城市。

各县都扩建了县医院,新增了分析、化验、检测的设备,增加了病床数量。接诊能力和治疗水平提高。乡镇卫生院的资源也得到充实,医务条件改善。依托城镇居民(职工)基本医疗保险和新型农村合作医疗结算平台,使患者就近得到治疗,并减少了因病致贫的情况。

结合城镇建设、新农村建设和"5.12"地震灾后重建,使得城乡居民的衣食住行条件明显改善,生活质量提高,生活方式更加现代化。90%以上的农村都实现了水、电、路、手机信号、网络的连通,有些城郊的乡镇还通了有线电视。农村饮水安全得到基本保证,住房面积扩大、房屋由土木结构转变为砖木、砖混结构。电视、冰箱、电脑等家电普及。50%以上的农户拥有机动交通工具,一些家庭还拥有小轿车。

4.3.2 重大项目的进展

一大批重大项目的规划建设和固定资产投资快速增长,是《规划》实施以来东部四市最显著的特点。已建成和再建的项目为中长期的发展打下了良好的基础。下面从基础设施项目、产业发展和生态环境治理三个方面加以简述。

4.3.2.1 基础设施建设改善了发展条件

在《规划》的指导下，东部四市按照“连接陇东南、融入大关中、合作共发展”的理念，坚持基础设施建设作为《规划》实施的基础性、先导性工作加以推进，不断提升交通、能源、水利等基础设施对经济社会发展的支撑能力。

2008—2014年，公路、铁路、航空等交通基础设施的建设初步形成了立体交通体系，提高了东部四市的交通可达性，极大地改变了区位条件，扩大了人流、物流的流通能力。这是多年来该地区交通条件改善力度最大的时期。特别是纵横交通线的汇集强化了天水在陇东南地区交通枢纽的作用。

即将建成的兰渝线改写了陇南不通铁路的历史。天平铁路建设顺利进展将强化陇东和陇南的联系。宝兰客运专线的建设将大大缩短甘肃与东部地区的旅行时间。银川—西安铁路、庆阳—长庆桥、环县—褚家湾铁路已开工建设，宝中二线、西安—平凉复线、定西—平凉—庆阳、天水—陇南、兰州—天水—汉中城际、阳平关—陇南—九寨沟等铁路项目正在前期规划、设计中。这些项目的建设将使铁路由线到网，提升整个关天地区的运输能力。

青兰高速公路G22庆阳段的通车拓宽了陇东向东的出口，天水—十堰高速公路的开通打开了南下的坦途。天水—平凉(G8513)、银川—昆明甘肃段(G85)、国道212线陇南段、国道312线平凉段等高速公路的开工建设和一批省道、县道的升级改造，将形成四通八达的公路网，实现对主要城镇的覆盖。农村道路的硬化率提高，全部行政村实现通车，这将进一步提高交通的便利性，扩大与外部的联系。

庆阳机场的航线逐步增加，天水机场的迁建和陇南成州机场建设顺利进行，使东部地区空中运输的布点增多、运输能力增强，为满足对高效快捷出行的消费者的需求提供条件。

能源、通讯等设施日益配套完善。电网通过升级改造，供电量增大，稳定性提高。不仅保证了当地电力需求，还可向省外输送电力。其中，兰州东—天水—宝鸡750千伏输变电基础工程已全部完成。西气东输二线庆阳支线，中卫—贵阳天然气工程基本建成。网络宽带、手机信号和有线电视的覆盖率进一步增加，信息化促进了社会经济的发展。交通可达性较差的陇南地区利用“电子商务”扩大了当地产品的外销，涌现出一批农民网商。

水利建设取得新成就。引洮供水工程加大了对天水城区的供水量，减轻水资源不足对城市规模扩张的约束。东部四市对一批病险水库除险加固，提高庆阳巴家咀水库的调蓄能力。通过加强对水源地的保护和城镇供水工程建设，保证了工业生产和居民的生活用水。在农村实施安全饮水工程，解决了400多万农村人口饮水不安全问题。建成高标准农田200多万亩，新增有效灌溉面积30多万亩，发展节水灌溉面积63万亩，成为发展现代农业的重要保证。其中，天水市新增有效灌溉面积9.24万亩，发展节水灌溉面积18.49万亩。

4.3.2.2 工业园区的兴建和特色产业的开发增强了经济增长的后劲

将关天经济区建设成西部装备制造业的中心是《规划》的产业指向。东部四市依托已有的基础,发挥比较优势,扩建和新建产业园区、工业集中区、技术经济开发区、循环经济和物流园区近百个。通过重大项目的建设来带动产业发展成为东部四市做大做强产业体系的重要方面。2008—2014年期间东部四市在机械制造、电工电器、能源化工、采矿冶金、医药食品、建筑材料和特色农产品的开发方面取得了重大进展。

天水市的现代工业水平虽在关天经济区中不具优势,但在东部四市中是最强的。《规划》实施以来,天水星火数控机床工业园主园区建成投产,华天电子科技园二期项目进展顺利,兴建了华天电子科技产业园,长城电工电器产业园、星火数控机床产业园、社棠工业园、暖和湾工业区、廿里铺工业园、东柯河工业园和国家高技术农业园等项目。园区通过扩建厂房、更新设备和技术升级,扩大了生产规模,实施承接产业转移项目173项,部分生产线投入使用,形成了一批新的生产能力。首台多工位柔性剪切生产线、风力发电传动控制系统以及卷烟厂易地技改都具有较高的技术含量。一些产品远销海外,成为西部地区具有国际先进水平的装备制造业的分中心。

陇南市兴建和扩建了陇南(深圳)工业园区、西成开发区、武都吉石坝工业园区和西和石堡、康县王坝工业集中区,已基本形成了以铅锌、黄金、硅铁、建材、水电为支柱的工业体系;围绕新型建材和石材的开发,建成了大批新型建材和石材企业。依托当地资源的开发,培育矿产、冶金、能源的产业基地。

陇东的平凉、庆阳两市则以能源化工产业为主导兴建工业集中区,打造千亿元产业链,2014年生产和加工原油分别达到723和330万吨;天然气开发进展顺利,2014年产量达1亿方。建成灵台邵寨、崇信赤城和五举、宁县新庄、正宁核桃峪、环县刘园子和甜水堡等矿井,还有灵台唐家河、泾南、环县马福川等一批矿井正在建设中。一批火力发电项目建成和在建,庆阳的百万千瓦风电项目、平凉太阳能光伏产业园建设顺利推进,陇东能源生产基地初具规模。依托油气、煤炭、风能资源,化工、电力、材料等关联产业相继发展起来。

东部四市农业开发进入新阶段,形成了以果品、蔬菜、药材、畜牧为主的特色产业。渭河川道的设施蔬菜,静宁、秦安的优质果品,陇南的花椒、油橄榄、核桃、茶叶以及中药材种植和加工,张家川、清水和华亭的肉牛养殖,环县、宁县养羊专业大户,基地规模扩大,专业化水平提高。还建成一批现代农业项目,如镇远中盛肉鸡产业链、天水众兴菌业生产线,对农业发展起到示范作用。

东部四市文化旅游产业项目的建设力度是前所未有的。天水市以伏羲庙、卦台山和秦安大地湾为重点,建设全球华人寻根祭祖圣地,开发农业文明的历史;以麦积山石窟艺术为重点打造5A级旅游景区,提升历史文化名城的影响力。平凉以崆峒山、泾川大云寺为重点建设文化旅游产业园。庆阳开发华池南梁红色旅游和民俗文化资源,建设产业园区。陇南则利用自然景观和采花节、花椒节等打造文化旅游品牌。

4.3.2.3 生态建设和环境治理项目为绿色发展提供了条件

《规划》实施以来,东部四市续建和新建了一批生态环境治理项目。天水市加大了对渭河南北两山生态屏障建设,渭河流域百万亩防护林建设,创建国家园林城市。四市实施新一轮退耕还林还草工程、"两江一水"区域综合治理规划、长江上游生态安全屏障、水土流失综合治理、河道治理和堤防工程、城市绿化等项目。封山育林、人工造林的面积继续增加。各市还推进了一批生态文明示范试点工程,建设生态乡镇、生态村、"美丽乡村",推广示范沼气和太阳能等新能源的利用。整治农村生态环境。

各市还实施了一批污水和垃圾处理、节能、循环经济产业项目,扩大县城的集中供暖范围,新建了平凉、长庆桥热电联产项目。针对水泥厂、铅锌选矿厂、煤炭开采、发电、化工等污染企业污染物排放的情况,提出了节能减排的措施,制定了淘汰落后产能的治理时限和相关标准。

近些年来,森林植被得到明显恢复,涵养水资源的能力增强,生物多样性的退化得到遏制,青山绿水成为支撑未来发展的重要资产。

4.3.3 一些好的经验和做法

以上成效是在国家大力支持下,省委、省政府悉心指导下取得的,也是东部四市广大干部群众共同努力的结果。天水市首先感受到了关中地区快速发展的影响,学习关中的经验、积极融入关中的发展成为基本的共识。穷则思变,改变落后现状的愿望促使东部四市在实施《规划》过程中,集思广益、寻求主动、创造性地开展工作,并获得了一些好的经验和做法。

4.3.3.1 抓好政策机遇,积极争取支持

在《规划》出台后,作为核心区的天水市,根据《甘肃省人民政府贯彻落实〈关中—天水经济区发展规划〉的实施意见》,提出了《天水市关中—天水经济区发展规划实施方案》。该方案将基础设施、创新能力、城镇化水平、公共服务、生态环境建设和综合经济实力几个方面列为发展重点,把《规划》中提出的任务具体化,谋划项目、争取资金、吸引人才、寻求合作。市级领导及各部门会同各县、区多次向国家和省级的有关部门汇报情况,就落实《规划》中的任务进行了大量具体的工作。许多已建成或在建的项目就是在近几年立项的。作为西部欠发达地区,投资拉动仍是经济增长的主要驱动力,但吃财政饭难有余力扩大再生产。因此,依托国家和甘肃省的投资,吸引外部资金和民间投资成为克服资金短缺的基本途径。另外,根据国家对城市功能和产业发展方向的定位,天水市在打造装备制造业基地、构造区域核心城市的框架、创新发展模式等方面得到了国家和甘肃省的政策支持。

陇南、平凉和庆阳三市作为辐射区也在资源开发、产业配套、交通设施连通等方面开展合作,谋求共同发展。陇南市和天水市在"5.12"汶川地震后,结合国家对灾后重建的支持,平凉市和庆阳市结合实施国家《陕甘宁革命老区振兴规划》的机遇,争取优惠政策,办成了一批多年想办而未办成的事情。

4.3.3.2 发挥比较优势,培育特色产业

在经济全球化的背景下,西部欠发达地区要加快发展,就需要弥补自身在资本、技术等生产要素方面的不足,在某些领域寻求突破,增强竞争力。东部四市从当地实际出发,在发挥比较优势、培育特色产业方面进行了积极探索。

天水市现代工业基础较好,特别在机械制造、电工电器、电子信息几个方面具有较强实力,其产品在相关市场上占有一定份额,成为省内第二大以加工业为主导产业的工业城市。《规划》实施以来,天水市紧紧抓住这个机遇,通过产业园区的建设,进行技

术改造和产品升级，扩大产业集群，长城电器、星火机床、华天电子、海林轴承、燎原凿岩机等产业已成为在国内外市场上声誉较高的品牌；依托当地丰富的蔬菜、林果、药材资源，建立起了医药、食品工业；利用丰富的文化、旅游资源，加快了文化、旅游产业的发展。

陇南市非农产业基础薄弱，但具有较为丰富的能源、矿产和生物资源。近几年来，陇南市坚持实施工业强市战略，重点培育冶金、水电能源、医药化工、农产品加工和建筑建材等工业产业；铅锌年采选能力达到300万吨，黄金年产量20吨以上；铜、锑的采选和铁合金的生产开始起步，有色冶金产业形成了规模；核桃、花椒、油橄榄、中药材、茶叶等林特产品的生产和加工有了进一步的发展。

陇东是一个典型的农业生产区，平凉市有一些机械工业和煤炭采掘工业，而庆阳市的工业基础较弱。近些年来，随着油气、煤炭资源探明贮量的增加，陇东两市依托资源，全力推进国家级能源化工基地的建设。开展地质勘测，建设道路、供水、通电等基础设施，有序进行矿区的征地、移民安置工作，为石油、天然气、煤炭、风能资源的开发创造条件，一批项目已建成投产。2014年，庆阳市原油和加工量分别达到723万吨、330.4万吨，天然气产量达到1亿立方。平凉市探明煤炭地质贮量93.4亿吨，2014年原煤生产量达到2376.6万吨。两市还积极谋划油气、煤炭资源的深加工，开发系列化工产品，延长产业链。农业方面，优质苹果、高原夏菜、大规模的牛羊养殖成为农民增收的来源。

4.3.3.3 加强规划研究，践行科学发展

为落实《规划》提出的各项建设任务，国家相关部门、陕西和甘肃两省以及《规划》所覆盖的市、县相继提出了实施意见、工作方案、相关专项规划和论证报告，就具体工作进行了部署。国家工信部会同陕西省政府、甘肃省政府出台了《关中—天水经济区先进制造业基地发展规划》，以加快工业转型升级为目标，建造万亿级先进制造业基地，并指出了各地产业发展的指向。各地在深入调查研究、分析市场变化的基础上，将建设内容细化，融入当地“十二五”发展规划和年度计划之中。在大量分析、评估的基础上论证项目，委托科研和业务部门进行环境评价、工程设计、可行性分析和社会风险评估等，使规划任务和建设项目建立在扎实的前期工作和可靠的科学依据之上。在“十三五”规划的论证和编制过程中，各市在认真总结“十二五”时期的成果和经验的基础上，深入分析我国发展环境变化，适应“新常态”，按照“创新、协调、绿色、开放、共享”的五大发展理念，破解发展难题，厚植发展优势，进一步细化工作安排。

为了承接东部的产业转移，发挥区域次核心城市的功能，吸引人口和产业的集中，天水市开展了空间发展战略规划的研究。认为天水机场迁建后，秦州、麦积两城区应相向发展，要走出河谷，建设三阳川新区。并通过高速的交通网络把秦州、麦积、三阳川和甘谷县城、秦安县城连续为一个城市圈，组团发展，形成“五区一体”的城镇体系，实现城市空间的有序扩张。让研究成果成为新一轮城市总体规划的基础。

陇南市结合灾后重建规划，以较高的建设标准、超前的发展思路来安排基础设施和市政工程的建设。精心策划和反复筛选项目，支撑《规划》的实施。平凉、庆阳两市结合《陕甘宁革命老区振兴规划》，延伸编制了能源化工产业发展规划、绿色农产品加工示范区、公共服务均等化试点区、城镇发展、生态环境治理等方面的配套性规划，使

各项建设内容在时间和空间上更加有序。

4.3.3.4 创新运行机制，营造良好环境

转变观念，深化改革，积极探索机制的创新和一些有效的管理方式，促进发展方式的转变，成为《规划》实施以来东部四市的共识。天水市同步实行“走出去”和“引进来”策略，多次组团赴长三角、珠三角、环渤海、京津冀等地区招商引资，为引进的产业提供便利条件，国家高低压电器检测中心、上海延安药业等项目落地天水；华天集团等企业在西安、宝鸡等城市投资兴业。天水市提出了一些鼓励、支持和引导非公有制经济发展的政策；支持交通银行、甘肃银行等多家金融机构在天水扩大业务，为在天水形成区域性的金融中心创造条件。天水市还通过加强电子政务建设、政府绩效管理和监督机制等措施，提高政府效率，为推进《规划》的实施营造良好的软环境。

庆阳市积极探索金融创新，已设立3个村镇银行和206户投资类企业，开展小额贷款等金融服务。陇南市利用电子商务和新媒体营销方式来弥补交通不便、信息闭塞的短板，将电商作为主导产业来培育。通过设立电商发展财政专项资金，以贴息和以奖代补等方式支持电子商务发展，打造“消费品下乡、农村产品进城”的双向流通体系。平凉市有序推进土地流转，扩大规模化经营。目前已实现土地流转74.2万亩，提高了土地和劳动生产率。四市还在改革集体林权，培育新兴市场主体等方面把专业合作组织农业保险和金融支持相结合，助力小微企业和农户走向市场，减少风险。认真开展联村联户的扶贫活动，通过精准扶贫脱贫、整村推进、易地搬迁、产业开发等方式加快扶贫进程。

4.3.3.5 明确目标责任，加强督查落实

在实施《规划》过程中，四市都结合各自的实际情况，明确了各县区和部门的工作目标和具体任务，并提出了落实《规划》的重点建设项目。由主要领导负责，具体工作落实到人，层层抓落实。对《规划》实施的组织、产业开发的立项、协作机制的建立、创新能力的培育等方面开展评估考核，对工作进展不力、成效不显著的地方以及部门和个人进行问责。

4.4 《规划》实施中存在的问题

2008年—2014年是甘肃东部四市发展最快的时期，成效显著。这是在国家实施西部大开发战略的背景下，推进《关中—天水经济区发展规划》、“5.12”汶川地震灾后重建和《陕甘宁革命老区振兴规划》等多种政策叠加产生的综合效应。在发展基础差、制约因素多的西部欠发达地方，培育后发优势、实现赶超发展就需要超常规的政策、高强度的投入来驱动。但回顾和反思《规划》实施以来的进展，一些长期存在和制约发展的深层次矛盾还没有得到根本解决，发展不足、发展不优、发展不快的问题依然存在，需要在以后工作中加以完善和改进。

4.4.1 《规划》实施中存在的问题

4.4.1.1 宏观经济环境发生了较大变化，我国经济进入新常态

《规划》是在2008年国际金融危机发生之后开始实施的。当时，全球经济下滑，需求疲软，我国以出口导向型的经济受到很大影响，我国经济下行的压力较大。到2014年GDP的增长速度持续回落到7.5%。我国经济由10%的高速增长进入中高速增长的新常态。以投资拉动和过度资源消耗为特征的经济增长难以为继。国际国内由此开展了新一轮的产业升级和结构调整，东部地区的部分产业向中西部转移。虽然给西部欠发达地区带来了一些机遇，但也增大了市场竞争压力和发展环境的不确定性。关天经济区在不利的大环境下要逆势而上，就需要面对更多的挑战、克服更多的困难。从整个经济区来说，实现经济增长和城镇化的目标是可能的，但对缺乏工业实力，特别是传统产业仍占有较大比重的甘肃东部四市来说，实现《规划》目标的困难就更大一些。因为地方经济增长仍需要大量投资的拉动，这势必影响经济增长的质量和效益。

4.4.1.2 发展的基础较差

关天经济区虽是西部地区发展条件最好的地方，但从全国看来仍有不少劣势。主要是发展的基础较差，其辐射区多是山区，交通、能源等基础设施建设的成本高，历史欠账多，现有设施老化，分布范围窄，服务水平低。许多基础工程是此次《规划》才安排实施的，例如连接一些节点城市的铁路和高速公路等。生态环境上存在的问题较多，保护植被、治理水土流失和滑坡泥石流、疏浚河道、处理废水和垃圾等项任务重，分散了有限的建设资金。城镇供水供电、集中供热、污水处理、保障性住房等民生改善和社会、文化领域长期投入不足，夯实这些方面的基础也成为近些年关天经济区的必要工作。

随着陇东煤炭资源和陇南水电资源的开发，这里形成了大量的电力生产能力。到2020年，仅平凉市的火电装机容量就达1410万千瓦。由于缺乏电力的外送通道，大量电力富余，目前发电机组的负荷平均在60%左右。尽快规划和建设向东部电力需求较大省份的特高压输电工程项目，拓宽富裕电力的外送通道已十分紧迫。

4.4.1.3 水资源的支撑能力不足

该区域资源性缺水和工程性缺水问题并存，随着人口和产业的不断聚集，缺水的问题日益突出。《规划》中提出了实施跨流域调水的意见，“引汉济渭”“引红济石”等跨流域调水工程初步解决了西安、咸阳等地区的用水需求。“引洮供水”工程也将缓解天水市北部和静宁县的用水矛盾，但陇东能源化工基地的缺水问题依然存在。甘肃省委、省政府决定，开展白龙江引水工程论证工作，为平庆能源化工基地提供水资源保障。但引水线路全长469公里，投资量大，工程建设还需要协调地方和部门的利益关系，项目前期工作还没有完成。

4.4.1.4 人才、技术、资金短缺

《规划》实施以来，争取项目、筹集资金成为各地的重点工作。甘肃东部四市虽有巨大的发展潜力，但要把潜力转化为现实的生产力仍需要基础条件和发展环境的保

证。投资追求利润最大化的趋向限制了一些基础性、公益性项目的融资。天水市虽在发挥金融资源的效能方面做了一些工作,但远不能适应开发建设的需求。

目前东部四市各有一所高校,天水师范学院和陇南师范高等专科学校虽有理工方面的专业,但多数专业偏文科,以培养师资为目的。平凉医学高等专科学校则培养医务技术人员。陇东学院专业设置较全,但学科水平不高。这些学校培养的人才很难满足地方发展的需要。东部四市虽在人才的引进和使用方面做了很多工作,但限于政策机制和经济发展水平的制约,吸引高层次人才的效果有限。不但本地在国内著名高校的生源难以回流,而且大量素质较高的劳动力在外打工。近几年,仅天水市每年就有40多万农民工外出打工,而当地的一些企业和建设项目用工紧缺。

4.4.1.5　扶贫脱困的任务艰巨

东部四市与关中地区的发展存在较大差距,目前仍有较大的贫困面。特别是在子午岭、六盘山、西秦岭和陇南山地还有较多的贫困人口。各地通过产业开发、整村推进、对口帮扶、联村联户等多种方式缓解贫困、改善民生,动用了地方许多资源。虽然成效明显,但分散了有限的财力和物力,难以集中力量解决一些关乎长远性、基础性的重大项目。

4.4.1.6　地方融合资源的能力有限

东部四市地方财力薄弱,大多数建设项目依赖国家、省级的专项投资和多方面的融资,除了给一些重点项目提供一些配套资金外,没有余力进行开发建设。即便是同一类型的建设项目,也是部门各搞一套,分别计效,地方难以整合和统筹,形不成合力。例如,高标准农田建设、社会事业、旅游资源的开发等都存在着资源划块、利益分割的情况。许多建设项目要求省级和地方配套,但是东部四市财政困难,部门难以落实配套,使资金需求得不到保证。

4.4.2　体制机制方面的问题

4.4.2.1　市场化程度不高

在关天经济区,天水市的计划经济烙印更深一些。原有的现代工业基础主要是在"三线建设"时期奠定的,多是服务于军工的国有企业,与市场融合的过程较为困难。要打造全国的先进制造业基地,必须要具备较强的市场竞争力。东部四市地处内陆,与国内外主要市场的距离较长,较高的运输成本影响了其竞争力。天水市作为欠发达地区,要形成后发优势,就需要在消化、吸收、应用新技术和制度创新方面取得突破。东部四市的工业化起步晚,地方经济实力不强,吸引外部资本和技术进入的条件不优越。

4.4.2.2　能矿资源开发中的机制问题

陇东的油气、煤炭资源,陇南的金属矿产和生物资源是地方经济发展的重要依托,也是国家资源安全保证的重要基地。但在这些资源开发利用的过程中,资源只是以原料的形式销往发达地区进行精细加工,资源在当地的转化增值不够,资源产地的收益不大,资源优势未能转化为地方的经济优势。而资源开发产生的环境问题往往成为地方发展的不利因素。近些年来,国家虽提高了资源税在地方留成的比例,培育地方的深加工能力，并加大了环境问题的治理，但相关的利益关系还需要进一步调整，形成多予少取的政策机制。另外，陇东大规模地开发能矿资源，建设用地指标紧张。

4.4.2.3 一些项目前期工作门槛高、程序多、周期长

项目是《规划》实施的载体，多数项目虽有《规划》的安排，但在前期勘测、可行性研究、环境评价、咨询评估、资源筹措、项目建设的招投标等环节，门槛高、程序多、周期长，影响了项目报批。项目的审报往往要经过发改、国土、环保以及相关业务部门等多个部门，程序较多。一些项目的前期工作基础薄弱、资料积累少；一些项目的技术难度较大，前期工作费用高，延长了工作周期。

4.4.2.4 统筹协调机制不完善，区域间合作不力

《规划》实施以来，陕甘两省政府建立了联席会议制度并签署了战略合作协议和12个专项协议，经济区内的政府部门、企事业单位、民间组织等之间签署了多个战略合作协议和专项协议。其中有些协议已经落实，一些正在实施，例如天水与关中地区的旅游合作协议、天水市和宝鸡市的科技合作协议等。但仍有不少协议还未实施，特别是产业的分工与协作。客观上由于国家近年来批准的经济区比较多，仅西部地区就有广西北部湾、关中—天水、成渝三大经济区，以及陕甘宁革命老区等。较多的区域规划，国家层面尚未建立高层次的协调推进机制，优惠政策难以细化实化。加之行政区划分割，各省的实力和做法存在差异，合协机制没有约束力，交流、联动难以深入。经济区的一体化进程主要靠行政手段推动，市场的力量还没有充分发挥出来。

4.4.2.5 生态补偿机制仍没有建立起来

东部四市在国家主体功能区的划分中，有很大的土地面积属于禁止开发和限制开发的范围。陇东和天水渭河以北治理水土流失的重点区域，陇南山地是长江上游重要的生态屏障。子午岭、六盘山、西秦岭和陇南山地的植被在涵养水源、维护生物多样性和生态系统功能方面发挥着重要作用。长期以来这一地区在保持水土、退耕还林、治理地质灾害方面做了巨大努力，为黄河、长江中下游地区提供了大量的生态服务价值。国家虽对生态环境的建设给予了大力支持，但生态补偿的机制一直没有建立起来，为绿色发展提供可持续利益保证。

4.4.2.6 环境保护政策不配套

《规划》在环境保护一节中，未就产业转移的环境容量给出参考性的指标。工业基础薄弱的东部四市需要通过产业转移来做大经济总量。但在招商引资的过程中，面临的突出问题是资本和技术含量高、清洁环保的产业项目不多，而有落户意向的企业多是东部地区淘汰的落后产业。如果环保门槛设得太高，许多企业不能入驻，而门槛太低对当地的环境又会产生影响，这就使得东部四市在承接产业转移时处于两难的境地。另一个突出问题是环境容量的限制，东部四市原有的工业企业少，环境容量指标定得较低。近些年大规模地开发能源矿产资源、建设化工产业基础，现有的环境容量已经不适应现有产业开发的需要。平凉市和庆阳市由于受到环境容量指标限制，许多项目的开发审批受到影响。

4.4.2.7 部分政策不够配套

"构建创新型区域"和"改革开放"本是关天经济区形成后发优势的重要方面。如何在体制、技术、环境方面进行创新，缺乏可操作的政策措施。例如在吸引和留住人才方面就没有具体的优惠政策。有一些列入《规划》和省政府《实施意见》的重大项目尚未实施，比如：天水军民合用机场迁建项目、天水铁路枢纽工程、天水—武都铁路项目、中华始祖文化园等重大项目尚未启动实施，使得《规划》实施的进度低于预期。一些国家重点建设项目的用地计划虽得到落实，但对城市空间扩张的用地需求方面还没有得到解决。像天水这样的河谷型城市，受地形限制难以实现外延扩张，其急需要走出河谷，将邻近适宜建设新城区的地方变更为行政区，谋求组团发展。

4.5 与周边地区竞争力的简要比较

区域竞争力指一个区域为其自身发展对资源的吸引力和市场的争夺力。代表竞争力的指标有多个方面，这里主要从已有的基础、经济增长的活力和潜力几个方面简要分析东部四市的区域竞争力。

4.5.1 在省内区域发展中的竞争力有所增强

《规划》实施以来，在全国经济增速回落、进入"新常态"之际，甘肃经济保持了较快的增长。2008—2014年期间，东部四市的GDP占全省的比重是由24.1%增加到26.0%，比重有所上升。天水、平凉和陇南三市的人均GDP的增长速度稍快于全省平均值，相对比量略有增加。2008年，天水市人均GDP为6626元，为全省平均值的54.7%，差值为5484元。2014年，天水市人均GDP为15043元，为全省平均值的56.9%，差值为11384元。只有庆阳市的表现较为抢眼，人均GDP由2008年低于全省平均值变化为高于平均值。这表明，只有加快发展速度，才能缩小差距。

东部四市占全省总面积的17.5%，承载了全省39.4%的人口，地区生产总值占全省的26.02%，人口规模与经济实力不相符合。这主要是由从事农业的人口多、工业化进程滞后所致。从现有的增长活力来看，庆阳市依赖油气、煤炭资源的开发，竞争力处于省内前列。具有一定工业基础的天水、平凉两市次于河西五市和兰州、白银两个工业城市，竞争力较弱一些。陇南市受地理条件的限制，其竞争力和甘南、临夏两州及定西市一样保持在较低水平上。

随着这一地区交通条件进一步改善，陇东能源化工基地的建设，陇南矿产和水电资源的开发，天水装备制造业的振兴，工业化、城市化过程的协同推进，其区域竞争力会得到逐步增强，人口占全省五分之二的东部四市的增长潜力将会充分发挥出来。

4.5.2 与周边地区比较竞争力不强

在组成关天经济区的8个地级市中，天水市的常住人口占经济区总量的11.2%以上，而GDP的份额还不到5%。在2008—2014年期间，天水市GDP的比重由4.77%下降到4.08%，人均GDP在8个地级市中最低，只有西安市的25%。2008年其人均GDP比陕西省最低的商洛市少665元，到2014年扩大到9495元。纵向分析其取得了明显成效，但横向比较，天水市成为经济区中增长最乏力的城市。关中地区科技实力雄厚，产业密集，综合实力强，作为西部地区核心增长地带拥有较强的竞争力具有必然性。

比较经济区的辐射区，包括陕西省的汉中、安康、延安、榆林四市，甘肃省的陇南、平凉、庆阳三市，以及毗邻的宁夏回族自治区的固原市，四川省的广元市，这些市的经济总量和人均GDP的差异很大，大致分三个层次：陕北的延安、榆林依托丰富的油气和煤炭资源，建设能源化工的基地，迅速扩大了经济实力，2014年人均GDP达到6万元以上，遥遥领先其他地区。这是依托独特的资源禀赋取得国家大力支持开发的结果，其竞争力的形成具有超常规特性。陕南的汉中、安康和甘肃的庆阳处于中等水平，2014年人均GDP在2.6万～3.0万元。庆阳市也有能源资源的支撑，汉中、安康利用新型材料、装备制造业和特色生物资源加工等工业基地，稳步发展，具有一定竞争力。而处于低水平的甘肃的平凉、陇南和宁夏的固原市、四川省的广元市，其山区面积大，农业人口多，制约发展的困难多，特别是陇南和固原二市竞争力最弱（参看图4.5-1）。

概言之，《规划》实施以来，东部四市的发展虽有较大成效，但与周边地区比较，竞争力明显不足，不但没有改变发展滞后的局面，而且与相邻地区差距更大。

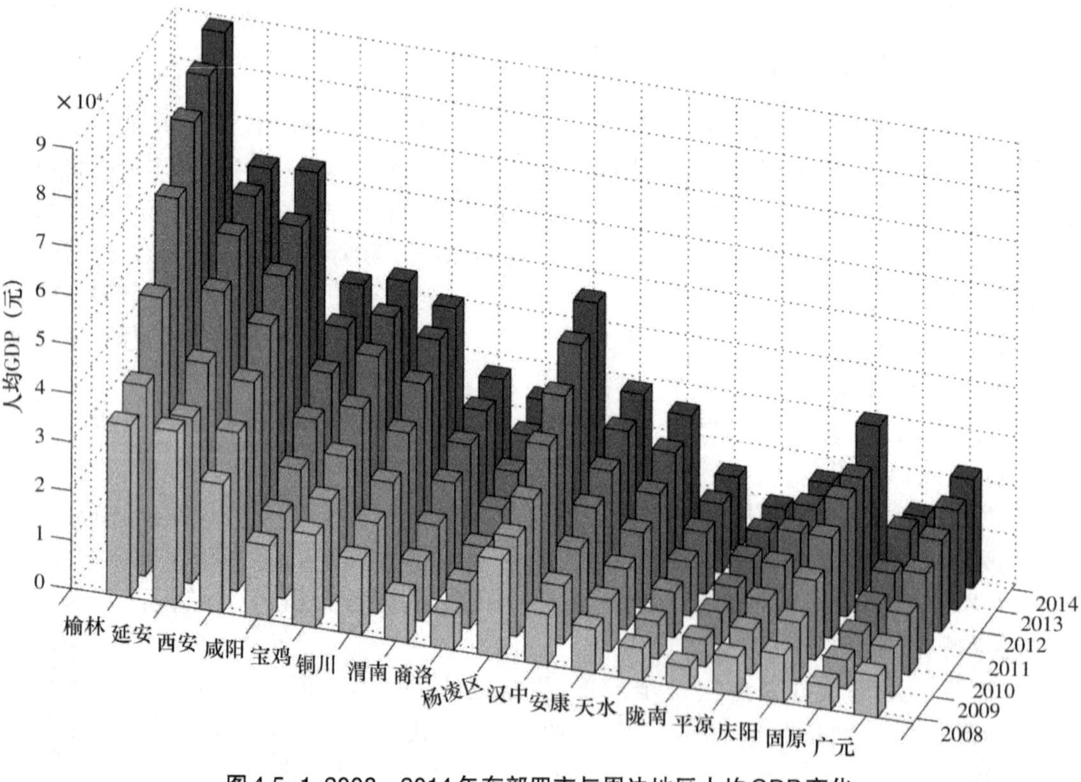

图4.5-1 2008—2014年东部四市与周边地区人均GDP变化

4.5.3 天水市与关中地区的比较

国家设立关天经济区是希望能形成优势互补、打破行政区划概念的一种更有活力的发展模式。由于“7+1”的区域合作是不对等的，天水市无论在经济体量、发展基础还是发展水平上都与关中地区存在着较大的差距。客观地分析差距对于开展合作、共谋发展是必要的。

4.5.3.1 发展基础的差异

有“八百里秦川”之称的关中地区，水热条件良好，土地平坦肥沃，长期以来就是我国经济、文化较为发达的地方。在近代工业化兴起后，关中地区的发展虽不如东部沿海地区，但在大西北是区位条件最好、距沿海地区最近的地方。相比之下，天水市位于关中的西部，位置偏远一些。并且渭河、耤河的川道狭窄，平坦土地的面积小，天水市的城区更是受制于河谷地形难以扩张，丘陵山地不利于生产活动的开展。

以西安市为中心的关中地区基础设施完善，铁路、公路密集，空港的吞吐量大，立体化的交通体系具备了强大的集散功能。不仅与国内各地联系紧密，也与世界上的许多国家有直飞航线。天水市虽是陇东南地区铁路、公路的枢纽，但许多交通干线是建成不久或在建中，其功能还没有发挥出来。

关中地区从东到西已经形成了城市群，不少城市的规模和综合实力也大于天水市，如咸阳、宝鸡等。特别是西安市的国际化大都市地位日益显现，人口众多，经济总量大，产业门类多。天水市周边没有大中城市，目前城区人口只有50多万，2014年人均GDP才达到西安市2008年的水平。主要产业是机械、电子、电工电器、医药食品、建材、物流等，产业相对简单，高端产业少。

西安市高校密集，科学研究、技术开发的力量雄厚，产、学、研体系完备。不仅具有一批研发前沿科技的人才队伍，也有大量从事技术培训、实用人才培养的机构。天水市的研发实力薄弱，高等教育以师范类为主，产业发展缺乏理工类的专业支持，技术人才基本上依赖外地输入。

4.5.3.2 《规划》实施中的差异

关中地区在《规划》实施以来发展很快。其中，不仅有发展基础好、开发潜力大的客观条件，还有陕西全省的大力支持和体制机制的创新。陕西省把关中地区作为全省发展的重点，全力以赴，尽其所能。关中地区在率先发展的基础上突出创新，为建设创新型国家进行有效探索。大力推动科技与文化、产业与金融、军工与地方、高校院所与企业四大融合，着力解决科技资源分离、分散、分隔的问题。在西安高新区实行“小政府、大服务”的管理体制，建立高效、温馨的新型政务服务环境，集中办理行政审批服务，提高办事效率。加大要素投入和科学管理。每年安排7亿元的专项政策资金，重点发展半导体、智能终端、移动互联网、节能环保、新能源汽车、生物医药、文化创意等战略性新兴产业。建设目前全国高新区中规模最大的科技企业信用服务平台，近年来累计向466家科技企业兑现科技信贷补贴资金2.27亿元，带动银行科技信贷资金164.63亿元。高度重视人才的培养、吸引、使用，大力营造尊重知识、尊重人才的良好环境，使高新区成为聚集各类人才创新、创业的乐园。集中面向社会为用人单位吸引或招聘人员。2014年，高层次人才优惠政策奖励就超过7500万元。

比较而言，天水市的发展基础和关中地区不在同一个层面上，开发建设所能支配的资源存在很大差异，在很多方面缺乏可比性。另一方面，天水市在实施《规划》的过程中虽然做出了很大努力，但与关中地区相比也有一些不足。

第一，天水市不是省会城市，天水市及其东部四市受到甘肃省的重视程度不如关中地区。甘肃省政府做出了贯彻落实《关中—天水经济区发展规划》的实施意见,在基础设施建设、特色优势产业的培育等方面给东部四市给予了大力支持,但其力度不如陕西省对关中地区的支持。

第二,关中地区在体制机制方面的创新主要在科技与产业的结合上。而天水市一方面缺乏科学研发、技术创新的基础条件。没有国家级的科研队伍,省级的也不多,地方科技力量更加缺乏。另一方面,也缺乏吸引高技术人才的平台。天水市虽在深化国有企业改组改造、农村综合改革、市场培育、招商引资、承接产业转移等方面进行了体制机制的改革探索,在经济技术开发区、高新技术农业园区和一些产业园区进行了机制创新的努力,但受地方财力等方面的条件限制,成效不如关中地区。

第三,关中地区通过外部引进和当地孵化等多种方式培育新的经济增长点。西安高新区每个工作日平均新设立13家科技企业,至少有4项科技成果实现转化。天水市可转化的科技成果十分有限,在承接产业转移的过程中面临环境保护的门槛问题。近些年,东部地区向西转移的产业多是耗能高、污染重和劳动密集型的企业。天水市作为一个历史文化名城和旅游城市,其环保门槛设置较高,对于此类高耗能、高污染的产业类型是不宜引进的;但从扩大产业规模、增加就业和推进城市化进程上来说,引进这类产业还是有必要的。

第四,扩大城市规模、创新城镇发展模式是推进城市化、工业化的必要条件。关中地区城市扩张的空间约束小,西咸新区的建设促进了西安、咸阳两市的一体化发展。天水市对扩大城市空间有紧迫的需求,提出了"五区一体、组团发展"城市空间发展战略。通过甘谷、秦安县改区和设立三阳川新区来构建天水城市圈,并对秦州、麦积的老城进行改造,走出一条城乡统筹、工业化和城镇化紧密融合的新路子。但这个战略实施的进展不够迅速,未能够有效地促进产业和人口的聚集。

第五,金融发展与区域经济增长是高度互动的。目前,12家全国性股份制银行有9家在西安设立了分支机构。2012年国家把关中地区列为首批促进科技和金融结合试点地区。国家实施"一带一路"战略后,陕西省发布了《西安区域性金融中心发展规划(2013—2020年)》,进一步加大了金融业对地区经济的支撑保障作用。天水作为次区域次核心城市,只有浦发银行、兴业银行等少数几个股份制银行分支机构进驻,使其融资能力有限,难以满足扩大资本市场、支持投资创业和开展对外经贸活动的需求。

4.6 对策和建议

"十三五"期间,东部四市要和全国、全省同步实现全面建成小康社会的宏伟目标,时间紧、任务重。既需要国家和省级的大力支持,更需要东部四市自身的加倍努力。

4.6.1 适度调整和完善《规划》

(1)调整经济社会发展目标。建议2020年天水市人均GDP达到3.5万元,人口城镇化水平达到45%,森林覆盖率达到40%。增加社会保障、贫困人口脱贫、基本公共服务方面的目标。

(2)进一步细化各项优惠政策,在现有普惠政策的基础上增加一些针对关天经济区的特殊政策，例如设立关天经济区专项投资或建设基金，能源、矿产资源开发的鼓励政策，生态补偿政策等。使政策措施更具指导性和操作性。

(3)加大对经济区内竞争力趋弱的城市(天水市)的支持力度。在加快一些进展缓慢项目的同时，安排一批新的重大项目，特别是产业发展方面的项目。

(4)积极参与"丝绸之路经济带"的建设，明确各城市的功能定位和联合向西开放的战略，通过分工合作积极参与国际市场的竞争，扩大经济区内的产品外输。

4.6.2 加强对《规划》实施的指导、协调

4.6.2.1 "十三五"期间省上要加强对东部四市发展的指导和协调

关中地区在《规划》实施以来发展很快，不仅有发展基础好、开发潜力大的良好条件，还有陕西省的全力支持。陕西省把关中地区作为全省发展的重点，全力以赴，尽其所能。而天水市不是省会城市，东部四市受到甘肃省的重视程度也不如关中地区。基于天水市在关天经济区处于被动地位，建议甘肃省在"十三五"期间要加强对天水市及东部四市发展的指导和协调，及时研究解决发展中存在的问题，多向国家有关部门汇报联系，争取更多支持。

4.6.2.2 加强东部四市的区域合作，培育东部四市的增长轴线

近些年来随着天平铁路、十天高速等交通基础设施的建设，陇东四市的联系通道拓宽，为各种生产要素的交流提供了便利条件，为深化区域的分工与协作创造了可能。由庆城、西峰、崆峒、天水、成县到武都，以线串点，逐步在陇东南形成一条新增长轴线，成为甘肃省继陇海线—兰新线后，黄河干流的又一条经济走廊，推动全省40%以上人口的现代化进程。基于四市在资源禀赋上的差异，以市场为导向，开展区域经济合作具有较大潜力。要按照优势互补、错位发展的原则，统筹规划存在重复、交叉的项目，培育有特色的产业集群。在天水市集中布局机械制造、电工电器、建材、生物医药等产业，陇东地区重点布局能源化工、新材料、农畜产品加工等产业，在陇南地区布局有色金属采掘、冶炼、水电、特色农林产品加工等产业。

4.6.2.3 积极推进已规划的重点项目

在关天经济区规划和老区振兴规划中，已经安排了一些项目。部分项目进展缓慢，例如天水至平凉高速公路、武都至兰州高速公路(212线)、平凉电厂三期煤电化项目、庆化600万吨炼油升级改造项目等。认真分析这些项目建设滞后的具体原因，明确责任主体，研究解决存在的问题。对由于不作为或工作不力影响了项目建设的单位和个人应予问责，以督促项目加快建设，尽快发挥经济效益。

4.6.2.4 促进能源矿产资源的深度开发，实现优势资源的转化

要坚持发挥比较优势，在有序开发陇东煤炭、油气资源、陇南金属矿产资源和天水非金属矿产资源以及生物资源的基础上，积极培育化工、发电、建材、机械、电子、医药、食品产业，延伸产业链，通过深加工实现增值。要围绕优势资源的转化招商引资，吸引有实力的企业来进行资源的精细加工和综合利用，形成资源循环利用的产业集群。

4.6.2.5　由省上协调解决跨地区重大项目的布局与实施

天水军民两用机场的迁建涉及地方与部队的关系，目前进展缓慢。应由省级部门出面协调关系，加快建设进度。

水资源不足对天水市和陇东地区的发展产生了制约，应在加快"引洮二期"供水工程建设的同时，推进"白龙江引水工程"前期工作，协调上下游地区的利益关系，力争这个跨流域调水工程尽早立项建设。

陇东能源外送的通道建设。一是天水至平凉铁路建成后，连接陇海线和兰渝线的天水—武都铁路项目成为陇东煤炭资源南下西南的瓶颈，需要加快建设。二是陇东的火电和光电、风电已经形成较大生产能力，需要建设700万伏～1000万伏的超高压电网，向用电量大的华东地区输送。

天水市拟将甘谷县、秦安县改县设区，并增设三阳川新区，和秦州区、麦积区一起形成"五区一体，组团发展"的城市格局，有利于拓展城市发展空间，但需要省政府向国家汇报解决行政区的变动问题。

协调地方与中石化、中海油等央企的关系，由地方参股合作开发煤炭、油气资源的加工转化。

4.6.2.6　推动建立区域合作协调机制

要开展多层次的区域经济合作，首先是强化关天经济区内部的合作，落实陕甘两省联席会议制度、战略框架协议区和专项协议，并促成省际联席会议制度。进一步拓宽区域合作领域，创新区域合作方式。完善经济区要素市场管理机制，破除行政壁垒和垄断，促进生产要素自由流动和优化配置。加强与关中地区基础设施的一体化建设、产业分工和融合、渭河流域的综合治理等，在融入大关中的过程中实现天水市的快速发展。关天经济区除了在旅游、农业、生态保护等已有领域合作外，还要进一步加强装备制造中的联合配套生产，承接零部件生产、成套设备的组件生产等。

陇东地区除了对接关天经济区的辐射带动之外，要积极加强与陕甘宁革命老区的协作和联合，学习借鉴陕北地区在能源化工产业基地建设方面的经验，加强在扶贫开发、旱作农业科技方面的合作。要把能矿产品的开发同深度加工、电力外送结合起来，培育有特色的产业体系。陇南地区不仅要积极参与关天经济区、东部四市的合作，还要向南开放、向南发展，同四川广元、绵阳和陕西汉中开展项目对接，加强与成渝经济区的联系。随着兰渝铁路的建成和兰州到海口高速公路的修建，有必要谋划兰州—成都—重庆经济带的建设，拓宽发展空间。

4.6.3　相关政策建议

4.6.3.1　通过财税、金融、投资政策，加大对东部四市资金支持力度

争取国家设立关中—天水经济区产业投资基金，用于重点产业园区、基础设施建设及重大项目前期工作的经费。争取银监会批复成立长安银行天水分行，积极创造条件在天水市形成区域性的金融中心。扩大对基础设施、生态环境治理、扶贫开发方面的支持力度，取消社会事业项目的地方配套资金，适当降低中央或省级投资项目需要

地方配套资金比例，提高易地扶贫搬迁、高标准农田建设的国家补助标准。

创新投融资机制，鼓励和引导社会投资，社会资本开放市政基础设施、能源、农业水利工程、生态环保等领域的经营，以特许经营、购买服务、股权合作等方式，发展混合所有制经济，增强公共产品的供给能力。

4.6.3.2 进一步加大对基础设施建设的支持，改善发展条件

尽快改善交通、能源、水利、市政和环境保护等基础设施薄弱的问题，是东部四市加快发展的需要。在继续增加投资的同时，要积极改进项目的前期工作，增加资金，极早安排基础性的勘测、调研等业务工作。项目的规划、评估、可行性研究、设计、招标等前期工作，应严格按照国家产业政策、法规、行业管理的技术要求，由具备相应资质的业务部门承担，提出科学、公正、客观的结论。另一方面，也要简化项目的审批程序，将结论明确、条件具备的项目尽快立项，开工建设。避免项目前期工作中作假寻租行为。

4.6.3.3 加快天水国际陆港的建设，搭建对外开放开发的平台

甘肃省提出建设兰州、天水、武威三个国际陆港，打造具有甘肃特色的“丝绸之路黄金经济走廊”。天水国际陆港的建设，将有利于外部资金、技术的进入，整合当地的优势资源，扩大外向型经济，有力促进东部四市增大国际贸易，深化与国际市场的联系。天水市区铁路、公路和机场的建设使得交通枢纽的功能得到强化，形成铁路、公路和航空的高效联运，降低贸易成本。应借鉴武威保税物流中心建设的经验，积极争取国家海关总署、商务部的支持，尽快开工建设和运营。要利用互联互通的机遇，扩大对外经贸往来。在建设丝绸之路经济带甘肃黄金段的过程中，要利用渝新欧等国际货运班列，组织具有相对优势的货物出口。天水的机械、电子产品以及东部四市的果品、蔬菜、药材都有扩大出口的潜力。结合“一带一路”相关国家大规模开展基础设施建设的需求，承包建设工程，组织劳务输出。与东中部省市的产业园区和企业合作，承接产业转移，兴办一些出口加工产业。

专栏4.6-1 国际陆港

设在内陆经济中心城市，铁路、公路交会处，便于货物装卸、暂存的车站，是依照有关国际运输法规、条约和惯例设立对外开放的国际商港。它为内陆地区经济发展提供方便快捷的国际港口服务。其功能是：

(1)促进物流资源整合和物流产业集聚；

(2)通过货运的“无缝衔接”，提高货运的效率。实现报关、报验、订舱、集疏运、储运、包装、分送等环节的一站式服务；

(3)地处内陆，减少了进出口货物的中转环节，加快了通关速度，促进内陆地区外向型经济的发展。

摘编自百度百科，见http://baike.baidu.com/link。

4.6.3.4　争取国家在资源利用方面的政策支持

争取国家同意陇东老区在石油天然气开发收益分配上与陕北享受同等政策,允许地方企业独立或与央企合作,共同勘探开发油气资源,将现有央企的所得税由“汇总缴纳”改为属地征收分成,计征标准由6%提高到10%。提高区内开采的油气资源就地加工和转化能力,由目前的不到50%提高到50%以上,以带动地方经济发展。争取在国家“十三五”能源发展规划中,将平凉、庆阳两市列入全国大型煤炭生产基地和煤电基地。

4.6.3.5　积极主动地融入关中地区的一体化发展

基于天水市在体量、发展基础和发展水平上与关中地区的不对等性,天水市要更加积极主动地向关中地区融合,借力发展。目前,交通、能源、通讯等基础设施基本上互联互通,在文化、旅游产业方面有了一些对接和合作。下一步要深化产业的分工与协作,发挥天水在机床、电子、电工、医药食品等方面的优势,进一步提升主导产品的竞争力的同时,参与关中地区在装备制造、航空航天、电子信息、新能源、新材料等产业的分工,承接零部件、配件的生产。要充分利用西安金融中心的功能,为企业和开发项目融资,解决资金短缺的问题。要与关中地区共同规划和实施渭河流域的综合治理,上游、中游统筹布局,防治水污染,保障流域的生态安全。要加强与关中地区在“一带一路”建设上的协调,共同组织出口货源,联合货运编组,带动当地优质产品的出口。

4.6.3.6　努力破解人才、技术短缺问题

为满足地方发展对技术人才的需求,建议调整东部四市高等教学资源的配置,组建天水理工大学或天水大学,主要设置机械制造、电工电器、冶金、地质矿产、建材、土木工程等工科专业。给陇东学院、天水理工大学等高校以优惠政策,支持他们吸引急需的高层次人才,提升教学、科研水平。要充分利用关中地区雄厚和科技力量,深化合作,开展关键技术、新工艺、新产品的研发,共享成果。企业应通过工薪、住房、职称等多方面的优惠吸引人才,创造人尽其才的创业环境。鼓励外出经商、务工人员回乡创业,在用地、工商注册、贷款等方面给予支持,协调解决创业中的问题。有条件的企业应建立研发中心,加大对新技术的应用和消化吸收,进行技术创新。

4.6.3.7　协同推进工业化与城镇化

努力扩大劳动力在非农产业部门的就业,促进人口向城镇集中,改变农村人口占大头的社会结构是东部四市促进发展的共同任务。一是加强各地城镇体系的规划,重视城镇用地的空间管制,立足当前,着眼长远,合理布局城镇的空间功能,综合配套基础设施和基本的公共服务,为人们提供良好的生活环境。二是扩大工业和服务业的规模,积极创造就业机会,有序促进农村人口的转移。国家放开城镇人口的户籍管理后,就业、收入和在城镇的生活成本成为影响人们在城镇定居的主要因素。三是努力解决低收入家庭和农村到城镇移民家庭的就业和社会保障问题,特别是通过廉租房、公租房、经济适用房以及棚户区改造等方式为这些家庭提供住房保证。四是根据东部四市城镇化过程滞后,城镇、基础设施、工业园区等建设用地比重较低的现状,适当增加建设用地指标,以满足快速城镇化过程的需要。

4.6.3.8 调整和改进生态环境方面的政策

鉴于东部四市在国家生态安全体系中的重大作用,建议加大对重点生态功能区的财政转移支付力度,试行生态补偿机制。支持陇南山地、小陇山、子午岭、六盘山地的新一轮退耕还林、天然林保护和自然保护区建设。坚持不懈地进行陇南“两江一水”地区的水土保持,筑牢长江上游地区的生态屏障。继续坚持陇东和陇西黄土丘陵水土流失的综合治理,对渭河、泾河等流域进行连片整治和生态修复。通过造林封育、环境美化等措施,不断增加生态村、生态乡的数量,推进生态示范区的建设。要根据经济总量的增长和能源矿产资源开发的需要调整环境容量指标,使其不成为影响新上项目的制约因素。另一方面,要大力推广应用节能减排技术,降低单位GDP能耗强度和排放量。

4.7 “十三五”期间东部四市发展思路的要点

4.7.1 发展环境和条件的简要评价

“十三五”时期我国面对的国内外发展环境发生了重大变化。全球经济虽保持了复苏态势,但基础不稳固,仍面临着较多的困难和风险。各国经济走势分化，正处于深刻的调整与变革中。国内经济也正在发生一些新的结构性变化,依靠外贸出口、投资拉动和大量消耗资源的增长模式难以为继,经济增长对国内消费、技术创新和结构调整的依赖增加。为应对挑战,保持经济中高速增长,迈向中高端水平,国家大力推进“一带一路”建设,构建全方位开放新格局。并提出了一系列稳增长、调结构的政策措施,政策效益初步显现,但经济依然面临着持续的下行压力。如何认识新常态、适应新常态、引领新常态,以发展方式的转变推动质量和效益的提升,成为新时期保持全国经济社会持续健康发展的基调。

在这样的大背景下,甘肃东部四市虽保持了较快的增长态势,但由于长期以来发展迟缓,工业化、城镇化的进程滞后,社会主体仍然是农业形态。经济增长还主要依靠要素投入,特别是投资的拉动。人才、技术、资金十分短缺,而自身所能依托的能源、矿产资源的市场价格起伏较大。在自身经济规模小、产业层次低的微观环境下,面对的宏观大环境是经济的全球化和工业化中期阶段的国内统一市场。也就是说,在自身还没有得到发展的情况下就进入了市场饱和、过度竞争的阶段,显然,未来的发展面对着一系列的困难和挑战。

目前,东部四市农业人口多、城镇规模小、基础设施差、产业层次低、贫困人口多仍是基本现状,无论是与关天经济区还是与陕、川、宁的周边地区比较,其竞争力不强,发展的差距还在扩大。在全省的区域经济格局中东部四市成为“短板”,要在2020年同全国和全省同步实现小康,发展的任务及其艰巨。

另一方面,也应看到东部四市加快发展的一些有利条件。

(1)具备了一定的发展基础。近十多年来,国家支持天水等东部四市进行大规模的基础设施建设。一批铁路、公路、支线机场的建设极大地改变了这一地区的区位条件,天水已形成了陇东南地区纵横四邻的交通枢纽,为人流、物流的四通八达提供了条件。城镇的规划、建设有序展开,电网、互联网、供水、供暖、污水处理等工程的建设有效改善了城乡居民的生活条件。农田基本建设和农业科技进步稳定地提高农业生产综合能力,农产品的市场供求平衡。教育、医疗、科技、文化等社会事业取得明显成效,社会保障体系基本建立起来,为城乡居民适宜社会转型的需求提供了保证。

天水市以机械、电工电器为主导的产业为装备制造业基地的建设奠定了基础,有利于东部四市的能源矿产资源的加工增值。陇东的能源产业、陇南的矿产开发,都为承接产业转移、壮大地方工业实力提供了条件。

(2)有国家政策的大力支持。西部大开发战略实施以来,国家不断地叠加各种支持政策,包括《关中—天水经济区发展规划》《汶川地震灾后重建规划》《陕甘宁革命老区振兴规划》,这些地区规划都有一些项目和资金安排。六盘山区、秦巴山区被列入《中国农村扶贫开发纲要(2011—2020年)》加以支持。国家建设丝绸之路经济带,将甘肃从内陆腹地转为向西开放的前沿,发挥甘肃综合经济文化优势和向西开放纵深保障支撑作用。我省积极落实国家的战略布局,以打造丝绸之路经济带甘肃黄金段为目标,开展对外经贸合作和文化交流。东部四市作为这条经济带上的组成部分,搭建内陆开发开放型经济的发展平台,支持省内企业走向国际市场,更深入地参与到全球贸易中来,将获得更多的发展机会。我省也在华夏文明传承创新区建设、红色旅游、联村联户的扶贫开发中把东部四市作为重点地区加以支持。

(3)有一些资源优势。东部四市具有的比较优势在于能源、矿产、生物、文化、旅游和人力资源方面的独特禀赋。平凉、庆阳两市的石油、天然气、煤炭的贮量富集,通过煤化工、煤电转化、石油化工等方式,配合风电、光电的开发,可形成电力外输的基地和千亿元产业链。陇南铅锌、硅铁、黄金的采选和冶炼,以及水电资源也有巨大的开发价值。目前,随着经济结构的深度调整,能矿产品价格走低,国家为化解产能过剩采取"去产能"措施,能矿产业生产的规模压缩,但作为经济增长的必要条件,长期来看能矿产业还有发展潜力。

东部四市的生物资源多样,其果品、蔬菜、药材、林特产品已形成了独特的产业基地,并有进一步深入开发利用的潜力。悠久的农业文明史留下了厚重的文化积累,加上多样的自然景观,为文化、旅游产业的发展提供了条件。这一地区劳动力资源丰富,青壮年人口都完成了九年义务教育,多数还受到了高中教育或职业培训,成为生产要素中最具价值的部分。

(4)有一些后发优势。通过学习和借鉴先期发展地区的知识和经验,选择更适合自身实际的发展模式。吸收和利用已经成熟的先进科学技术,减少成本支付,还可以吸收大量的外来资金,承接外地产业转移。陇南地区利用电子商务创新业态,减弱了地理环境相对封闭的制约,促进了物流产业的发展,通过参与丝绸之路经济带的分工,在向西开放的过程中寻求更大的市场空间。东部四市区位条件的改善,将加快生产要素的流动,提高经济增长的效益。

4.7.2 "十三五"发展思路

"十三五"规划是非常重要和特殊的一个五年规划。全国到2020年全面建成小康社会,现有的贫困人口全部脱贫。我国政府也承诺在2020年实现联合国千年发展的目标。未来五年发展的任务十分艰巨，对于欠发达的甘肃东部四市来说，全面脱贫的任务极其艰巨。各地应按照国家总体战略，研究提出符合当地实际的发展思路、任务和举措。

"十三五"期间东部四市的发展思路是：以党的十八大精神为指导，以全面建成小康社会为目标，贯彻"创新、协调、绿色、开放、共享"的发展理念，紧紧抓住机遇，夯实发展基础，优化发展环境，创新发展方式，构建特色产业体系，保持经济中高速增长。协同推进工业化、城镇化过程，统筹城乡发展，推进扶贫攻坚，着力改善民生，建设生态文明，全面建成小康社会。

其一是紧紧抓住国家支持的良好机遇，用好用活国家的各项优惠政策。在加快推进已有规划所确定的项目的同时，科学谋划一批事关全局、带动性强的新项目，认真做好各项前期工作，争取国家的支持，保持投资拉动经济增长的势头。要创新发展方式，培育发展动力。通过深化改革、扩大开放，转变发展理念，改进发展方式，提高发展动力。积极培育新的业态和商业模式，推动发展质量和效益提升。

其二是继续加大基础设施建设的力度，进一步改善交通、能源、水利、通讯等基础条件，打好长远发展的基础，促使欠发达区域更好更深地融入现代化的进程和全国统一市场中来。根据国家和全省的布局，优化交通运输网络、强化城际间交通联系。继青兰高速庆阳段、十天高速天水段的通车，拓宽甘肃向东、向南的出口后，加快建设临洮至武都、平凉至天水的高速公路，宝兰客运专线、平凉至西安、平凉至天水南延线（接武都）、定西至庆阳至黄陵等铁路项目，天水军民两用机场和陇南成州机场项目，改造庆阳机场，新建平凉机场。积极推进天水国际陆港、陇东电力外输、白龙江调水工程、覆盖城乡的高速宽带网等重大工程。

其三是发挥资源、区位的比较优势，构建机械制造、电子电器、能源化工、有色冶金、生物资源加工、文化旅游等特色产业体系，根据市场需求培育竞争优势。抓住产业发展这个关键环节，提升经济总量，积极争取有市场、有质量、有效益的增长速度。结合培育外向型的出口加工和贸易体系，继续保持高于全国平均水平的增速。天水市应进一步做大做强机械制造、电子电器等核心产业的实力，壮大能源、建材、食品医药等主要产业门类的规模。依托"一带一路"的建设，通过招商和协作，承接煤化工、精细化工、装备制造、汽车等产业的零部件生产以及服装和日用品等劳动密集型产业。利用周边地区的能源矿产资源，努力发挥加工业的优势，建成西部重要的装备制造业基地。积极培育生产性服务业等新业态，努力提升文化、旅游产业的品质。陇南地区要有序开发金属矿产、水电资源，培育药材、林特产品加工，做大电子商务等。平凉、庆阳两市以陇东国家级能源基地建设为契机，发展煤电、煤化工、石油加工、农产品深加工，培育关联产业，延伸产业链条，打造以石化、煤电化为核心的陇东产业群。

其四是协同推进工业化、城镇化过程，加快农业社会向工业社会的转型，改变东部四市城镇明显滞后的局面。有序开展城镇和工业园区的规划建设，拓展发展空间，逐步完善各项市政建设，提高公共服务能力，为产业和人口的集中创造条件。天水市要积极推进"五区一体，组团发展"的战略，将秦州区、麦积区、三阳川新区和甘谷县、秦安县统一规划，构建半小时城市圈，疏解城市功能，扩大城市发展的空间，增强城市的综合实力。辐射和带动武山、清水、张家川以及陇南市的成县、徽县、两当、西和、礼县的发展,发挥陇东南区域核心城市的作用,提升历史文化名城的影响力。由于武都区受河谷地形的强烈限制,陇南市的政治经济重心应逐步北移,扩大成县县城的规模。平凉市的崆峒区和庆阳市的西峰区受地形限制较小,但适于城市建设的用地都是基本农田,要兼顾城市扩张和基本农田保护两方面的需求,发展适度紧凑型的城市,节约利用土地。把旧城改造和新区建设有机结合起来,进行城市功能的分区和空间利用的优化。目前,崆峒区和西峰区尚不具备建设大、中城市的条件(参看专栏4.7-1),但作为陇东地区的政治经济文化中心,对周边的县城和建制镇具有辐射、带动作用。要逐步完善城镇体系,协调小城市、县城和建制镇的发展,促进人口和产业的有序聚集,加快东部地区的城镇化过程。

专栏4.7-1　城市规模等级

2014年11月20日,国务院印发《关于调整城市规模划分标准的通知》,对原有城市规模划分标准进行了调整,明确了新的城市规模划分标准。

小城市人口上限由20万提高到50万(不包括本数,下同),中等城市的上下限分别由20万、50万提高到50万、100万,大城市的上下限分别由50万、100万提高到100万、500万,特大城市下限由100万提高到500万。统计口径界定为城区常住人口。

摘编自百度百科,见http://baike.baidu.com/link。

其五是加大精准扶贫力度。东部四市农民收入低,贫困人口较多,贫困程度较深。以啃硬骨头的精神和攻坚拔寨的勇气,进行扶贫开发。通过建档立卡,摸清扶贫对象。针对不同的致贫因素,采取超常手段和精准对策解急需、拔穷根。结合乡村道路的硬化改造、饮水安全工程的建设、贫困户危房改造、农村电网升级改造、宽带网络建设等基础设施的建设,解决贫困人口在饮水、住房、行路、用电等方面的困难。对一些自然保护区、偏远山区和缺乏生存条件贫困村或贫困户,进行整体搬迁或插花安置,在集中安置区配套水、电、路等基础设施和学校、卫生室等公共服务设施。对因病致贫的家庭,提高新农合住院费用报销比例,降低大病保险起付线,并通过民政医疗救助给予补助。教育扶贫要在改善贫困乡村义务教育学校办学条件的同时,对贫困家庭的大学、专科和职业技术的学生给予助学金、助学贴息贷款或免除学费的优惠,地方和企业优先安排和招聘贫困家庭的大学毕业生。要通过产业开发、劳务输出、技术培训、扶贫专项贷款等多种方式为贫困家庭的劳动力提供就业机会,增加收入。对丧失劳动能力和有残疾的贫困人口要实现社会救助保障体系的全覆盖,将符合低保条件的贫困户全部纳入最低生活保障范围。要创新扶贫机制,在加大联村联户行动、整村推进、对口帮扶等措施的同时,引导和组织一些企业、民间团体、个人和国际福利组织等参与减贫活动。

其六是坚持不懈地保护生态环境。东部四市是甘肃省森林面积大、分布较为集中的地区,承担着国家生态安全屏障的重要功能。要按照国家和全省主体功能区规划的布局,保护好森林草地、水源湿地等生态资源,扩大自然植被覆盖率。继续实施退耕还林、水土流失综合治理、节能减排、污水处理等工程，建设生态文明。重点做好以下方面的工作：

推进生态安全屏障建设，保护和建设小陇山、子午岭、关山和白龙江流域森林植被，结合新一轮退耕还林还草工程，深化林权制度改革，扩大森林面积和林木蓄积量。实施好《甘肃省生态保护与建设规划(2014—2020年)》《甘肃省加快转型发展建设国家生态安全屏障综合试验区方案》《甘肃“两江一水”区域综合治理规划》，维护长江上游、渭河流域的生态安全。积极开展生态补偿机制、碳汇贸易的试验和探索，完善主体功能区格局下的生态保护政策。

要进一步加强环境污染的综合防治，扩建、改造和新建工业污水和城镇生活污水的处理和生活垃圾和污泥处理设施，提高城镇污水处理率、垃圾无害化处理率。推进城镇污水、垃圾处理的产业化、市场化进程，保证建成的环保设施正常运转。要加强饮用水源地的保护，在一级和二级水源保护区周边设置界限标志和隔离防护设施。加大河道整治和水环境保护的力度，控制污水排放，保持白龙江、泾河、蒲河的优良水质，尽快改变渭河、马莲河轻度污染的状况，实现东部四市主要河流水环境质量的明显改善。在所有的工业园区和产业聚集区建设循环经济体系，改进工艺技术，提高资源利用率，减少废弃物的产生。

结合“美丽乡村”建设，开展农村环境的综合整治，防治水源污染。收集和统一处理垃圾，建设清洁优美的村容村貌。加强地膜的回收和集中处理，改进化肥、农药的品种和使用方法，减少通过径流和淋溶作用对水体的影响，有效控制面源污染。在小城镇和农村地区积极推广太阳能的利用和大中型沼气的集中供气工程，在节能减排的同时改善居民的室内环境质量。

课题组成员：牛叔文　曲玮　贾艳琴　马力邦　强文莉　齐敬辉

附表 4-1　天水市主要经济指标

编号	项目	2008	2009	2010	2011	2012	2013	2014
1	总面积（平方公里）	14300	14300	14300	14300	14300	14300	14300
2	常住人口（万人）	342.59	343.07	326.25	326.25	326.25	326.25	330.31
3	地区生产总值（亿元）	226.57	260	300.2	357.6	413.9	456.3	496.89
4	第一产业增加值（亿元）	42.32	47.9	60.1	67.00	79.40	86.60	90.65
5	第二产业增加值（亿元）	83.41	101.1	113.3	142.20	162.60	174.50	193.02
6	工业增加值（亿元）	41.01	47.5	54.8	73.82	88.3	103.27	113.16
7	第三产业增加值（亿元）	100.86	111	126.8	148.40	171.90	195.00	213.22
8	人均GDP（元）	6626	7584	9202	10961	12687	13986	15043
9	规模以上工业增加值（亿元）	41.01	47.5	54.8	73.82	88.3	103.27	113.16
10	全社会固定资产投资（亿元）	143.2	202.89	245.6	322.03	416.51	442.88	537.76
11	社会消费品零售总额（亿元）	89.42	109.6	125.6	150.08	174.2	199.05	224.28
12	大口径财政收入（亿元）	29.19	35.83	47	60.17	72.53	86.55	100.18
13	城镇居民人均可支配收入（元）	9050	9932	11507	13051	15177	16892	18565
14	农村居民人均纯收入（元）	2148	2404	2825	3266	3864	4386	4982
15	人口自然增长率（‰）	6.93	6.95	6.85	6.87	6.87	6.89	6.91
16	城市化水平（%）	27.1	28.8	28.36	29.92	31.11	32.42	35
17	城镇登记失业率（%）	—	—	3.34	3.5	3.17	3.32	3.2

附表4-2 陇南市主要经济指标

编号	项目	2008	2009	2010	2011	2012	2013	2014
1	总面积（平方公里）	27900	27900	27900	27900	27900	27900	27900
2	常住人口（万人）	261.79	262.21	256.77	256.09	256.95	257.52	258.71
3	地区生产总值（亿元）	121.6	142.34	169.4	187.7	226	249.5	262.5
4	第一产业增加值（亿元）	35.59	38.32	44.5	50	57.36	61.63	66.23
5	第二产业增加值（亿元）	32.12	35.94	48.5	60.57	69.1	73.97	69.38
6	工业增加值（亿元）	25.85	23.14	33.6	43.56	49.36	51.71	43.91
7	第三产业增加值（亿元）	53.9	68.08	76.4	87.11	99.51	113.9	126.92
8	人均GDP（元）	4396	5428	6597	7330	8796	9689	10146
9	规模以上工业增加值（亿元）	20.33	17.14	25.27	31.2	35.3	40.16	40.1
10	全社会固定资产投资（亿元）	118.34	200.95	246.2	290.8	410.35	438.8	532.9
11	社会消费品零售总额（亿元）	30.1	35.1	41.2	48.86	57.4	64.58	72.27
12	大口径财政收入（亿元）	16.7	17.1	20.7	27.2	33.9	44.1	49.28
13	城镇居民人均可支配收入(元)	8969	9477	10623	12124	14077	15555	17001
14	农村居民人均纯收入（元）	1998	2284	2299	2621	3088	3536	4024
15	人口自然增长率（‰）	6.14	6.2	6.22	6.25	6.25	6.27	6.27
16	城市化水平（%）		20.78	19.7	21.4	23.37	24.69	26.65
17	城镇登记失业率（%）	3.89	—	3.56	3.56	3.6	2.25	5.56

附表4-3 平凉市主要经济指标

编号	项目	2008	2009	2010	2011	2012	2013	2014
1	总面积（平方公里）	11000	11000	11000	11000	11000	11000	11000
2	常住人口（万人）	219.58	220.15	206.8	207.67	208.19	208.67	209.23
3	地区生产总值（亿元）	170	195.66	231.89	276.19	325.36	341.92	350.53
4	第一产业增加值（亿元）	39	43.39	50.59	57	69.38	77.1	85.08
5	第二产业增加值（亿元）	73	88.75	108.79	133.4	153.91	146.58	134.3
6	工业增加值（亿元）	64.1	71.58	88.42	108.91	125.4	114.17	97.23
7	第三产业增加值（亿元）	58	63.52	72.51	85.79	102.07	118.23	131.15
8	人均GDP（元）	7752	8899	10504	13320	15648	16404	16776
9	规模以上工业增加值（亿元）	55.51	61.1	71.12	89.51	107.96	102.47	83.46
10	全社会固定资产投资（亿元）	130.5	194.62	266	315	417.95	442.84	537.56
11	社会消费品零售总额（亿元）	62.26	74.11	87.98	103.15	122.21	136.22	152.71
12	大口径财政收入（亿元）	20.13	22.18	30.78	36.36	44.13	44.44	46.28
13	城镇居民人均可支配收入(元)	9700	6641	11766	13355	15506	17351	19086
14	农村居民人均纯收入（元）	2414	2716	3136	3581	4215	4788	5395
15	人口自然增长率（‰）	6.15	6.75	5.89	5.92	5.98	6	6.19
16	城市化水平（%）	29.8	31.42	20.09	30.16	31.65	33.04	34.45
17	城镇登记失业率（%）	3.76		3.68	3.73	3.56	3.48	3.63

附表4-4　庆阳市主要经济指标

编号	项目	2008	2009	2010	2011	2012	2013	2014
1	总面积（平方公里）	27100	27100	27100	27100	27100	27100	27100
2	常住人口（万人）	252.16	252.68	221.12	221.48	221.84	222.27	222.35
3	地区生产总值（亿元）	248.5	303.22	357.61	454.08	530.29	606.07	668.93
4	第一产业增加值（亿元）	38.66	44.25	51.02	58	73.93	80.29	80.62
5	第二产业增加值（亿元）	150.47	180.47	214.86	287.95	329.5	377.94	424.14
6	工业增加值（亿元）	140.86	162.03	193.48	248.79	292.68	345.93	387.74
7	第三产业增加值（亿元）	59.2	77.5	91.73	108.13	126.87	147.84	164.17
8	人均GDP（元）	9872	11973	16173	20535	23904	23882	30090
9	规模以上工业增加值（亿元）	132.79	154.73	182.37	235.4	281.23	331.86	371.04
10	全社会固定资产投资（亿元）	223.01	353.53	488.02	627.74	889.91	1138.97	1122.57
11	社会消费品零售总额（亿元）	62.29	78.17	93.47	112.14	130.64	146.54	164
12	大口径财政收入（亿元）	33.54	44.69	58.79	105.67	129.96	154.25	149.25
13	城镇居民人均可支配收入(元)	9939	11130	12453	14388	16662	18761	20637
14	农村居民人均纯收入（元）	2385	2686	3154	3673	4262	4888	5499
15	人口自然增长率（‰）		7.45	7.34	7.12	7.14	7.16	7.16
16	城市化水平（%）	25.76	27.16	23.79	25.96	28.01	29.59	31.54
17	城镇登记失业率（%）	3.8	3.89	3.76	3.63	3.77	2.54	1.95

附表4-5　关中—天水经济区经济社会发展主要指标

指　标	2007年	2012年	2020年
人口(万人)	2842	2940	3100
地区生产总值(亿元)	3765	6600	16400
人均地区生产总值(元)	13200	22500	53000
R&D经费占GDP比重(%)	2.7	4.5	6.0
城镇登记失业率(%)	4.6	4.5	4.5
城镇化率(%)	43	50	60
森林覆盖率(%)	40.6	42.0	47.0
单位地区生产总值能耗下降(%)(与2005年相比)	8.1	21.0	25.0
单位工业增加值用水量(m^3/万元)	160	120	100
城镇污水处理率(%)	60	80	90
垃圾无害化处理率(%)	50	75	100
工业固体废物综合利用率(%)	42	75	90
城市绿化覆盖率(%)	39.6	42.0	45.0
主要河流水质	劣V类	V类	Ⅲ类

附表4-6　天水市经济社会发展主要预期指标

指　标	2008年	2012年	2020年
人口(万人)	357.21	365.23	377.72
自然增长(‰)	6.93	7.1	4
地区生产总值(亿元)	226.57	367	1051
平均增速(%)	11	13	15
人均地区生产总值(元)	6626	10050	27800
平均增速(%)	10.3	12	15
农民人均纯收入(元)	2148	3800	11500
平均增速(%)	19.1	15	15
城镇居民可支配收入(元)	9050	13000	30000
平均增速(%)	8.8	9	12
城镇化率(%)	28.25	35	45
森林覆盖率(%)	30	33	40

5 《陕甘宁革命老区振兴规划》实施评估报告

兰州大学资源环境学院课题组
（二〇一六年八月）

为了加快陕甘宁革命老区振兴，推动经济社会又好又快发展，国家发展改革委于2012年2月提出并实施了《陕甘宁革命老区振兴规划(2012—2020)》(发改西部〔2012〕781号，以下简称《规划》)。《规划》将我省的平凉、庆阳及会宁等两市一县纳入规划范围。受甘肃省发展改革委西部开发办公室的委托，根据《甘肃省人民政府关于贯彻落实陕甘宁革命老区振兴规划的实施意见》(以下简称《意见》)，对三年来《规划》的实施进展进行评估，以期更好地贯彻落实《规划》所提出的各项任务，推动区域经济社会的快速协调发展。

5.1 甘肃革命老区的概况

平凉市地跨六盘山两侧，主要地形为黄土丘陵、台塬。气候温和，水热条件较好。山地有一些森林分布，但面积不大。在六盘山以东的区域，除了华亭以外，在灵台、泾川等地也发现了大量的煤炭资源，为开发利用提供了条件。平凉市辖6县1区，土地面积11325平方公里。2014年共有常住人口209.3万人，城市化水平为34.45%。平凉市虽有一些电子、机械、采煤、发电工业，在地区经济中也占有较大的比重，但经济总量不大。多数地区从事农业生产，关山的肉牛养殖、静宁的苹果生产形成了较大规模。随着青兰高速六盘山隧洞的开通和天平高速公路的建设，平凉市的区位条件得到进一步改善。能源化工基地的建设将极大地提升经济综合实力。

庆阳市东倚子午岭，主要地形为黄土塬和沟壑残塬，塬区地势相对平坦。气候温和适宜，降水在500毫米左右，但地表水资源不丰富。子午岭地区有森林分布，塬区和沟壑地带土地殖垦率高。农业历史久远，历史上曾有陇东粮仓之称。庆阳市辖8县1区，土地面积27119平方公里。2014年总人口222.35万人。长期以来，庆阳市以农业生产为主，工业企业和从业人员少，城市化过程明显滞后。2014年人口的城市化水平为31.54%。近些年来，随着油气煤炭资源的开发利用，能源化工产业快速发展，2014年人均GDP达到3万元以上，成为东部四市人均经济水平最高的地方。

会宁县位于甘肃省中部，属白银市管辖。地形以黄土丘陵为主，气候干旱，植被稀少，水资源短缺。土地面积6439平方公里。2014年总人口53.67万人，城市化水平33.41%。长期以来会宁县以农业生产为主，现有一些以粮油加工、轻纺服装制造、电器制造和风电、光伏发电等工业，但产业规模不大，就业人员少。人均GDP和城乡居民收入低，贫困面较大。

5.2 《规划》战略定位和目标

《规划》是新中国成立以来，第一部专门针对革命老区的国家级区域发展规划，旨在加快革命老区经济社会振兴，推动老区人民脱贫致富，实现全面小康社会的宏伟目标。《规划》立足于区域革命老区现有发展基础和资源禀赋条件，按照科学发展和全面建设小康社会的要求，提出了建设“黄土高原生态文明示范区”“国家重要能源化工基地”“国家重点红色旅游区”“现代旱作农业示范区”“基本公共服务均等化试点区”等5个方面的战略定位。到2015年，初步建成有特色的产业体系，全面提高基本公共服务能力，人均生产总值、人均财政收入达到或超过西部地区平均水平；到2020年，国家陇东能源化工基地、民俗文化创意产业示范基地全面建成，人口城镇化水平达到50%，实现社会经济的初步转型，综合经济实力显著提升，人民生活水平不断提高，实现全面建设小康社会目标。

5.3 《规划》总体实施情况

自2012年《规划》实施以来，老区综合经济实力有了明显提高，基础设施建设取得较大突破，陇东能源化工基地建设初具规模，重大建设项目取得进展，区域基本公共服务能力得到显著提升，人民生活水平持续改善，城镇化进程明显加快，生态文明建设取得了一定成就。基本实现了《规划》提出的目标和省政府在《关于贯彻落实陕甘宁革命老区振兴规划的实施意见》中确定的要求。

5.3.1 综合经济实力进一步增强

《规划》实施3年来，老区两市一县资源开发的规模扩大，特色产业进一步壮大，转型跨越式发展的基础得到加强，能源化工基地初步形成。2011—2014年期间，两市一县的地区生产总值由719.47亿元增加至1025.88亿元（2010年不变价），增长了42.59%，年均增长率达到12.6%，占全省GDP比重由15.34%增至15.75%，略有提高。其中，平凉市主要经济指标在全省的排位有所下降，所占比例由5.5%降至5.13%，庆阳市有明显提升，由9.05%增至9.79%，会宁县略有提高。老区产业结构由16.6∶55.7∶27.7转变为14.3∶58.4∶27.3，第一、三产业比重有所下降，第二产业比重有所提高，这是地区工业化推进的标志。

老区固定资产投资总额快速增长，由2011年的1088亿元，增加至2014年的2408亿元，增长121.4%。有力推动了国家能源基地的建设，增强了工业发展的能力，工业增加值占全省比例由17.58%上升至21.88%,其中规模以上工业增加值增长49.76%。煤炭石油资源勘探与开采、煤电、煤化工、石油加工、石油化工、光伏发电等项目建设有序推进,能源化工基地建设初具规模。目前,煤炭资源年产能力达到2792万吨,原油年产能720万吨以上,形成年产60万吨甲醇生产规模,火电装机容量达到420万千瓦,原油年加工能力达到330万吨,石油化工产业项目正在加紧建设。陇东成为国家重要矿产的接续基地。

特色优势农业不断发展壮大,初步形成了以肉牛、肉绒羊、苹果、马铃薯、设施蔬菜、白瓜子、小杂粮为主的特色优势产业,塑造了"平凉红牛""平凉金果""庆阳黄花菜"等一系列农业品牌,形成了一批农产品加工基地。第三产业发展迅速,旅游业综合收入增长107%,以红色旅游资源开发为代表的产业链基本形成,带动了就业和地方经济的发展。地方财力有所提高,大口径财政收入增长45.74%,占全省比重由15.33%上升至16.1% 。

5.3.2 社会事业发展取得重大进步

《规划》实施3年来,随着经济增长和基础设施的建设,老区的城镇化进程明显加快。2014年末常住总人口485.25万人,与2011年相比变化不大,上升0.35个百分点,但城镇人口由135万人陡增至162万人,增长20%,由此造成城镇化率由28%增加至33.4%,城镇化进程显著加快。城乡之间基本公共服务水平的差距逐步缩小,可持续发展能力进一步增强。

城镇建成区面积扩张非常迅速,总面积由180平方千米猛增至236平方千米,增加31%,其中庆阳建成区总面积由78平方千米增至115平方千米,增加47.25%。城镇基础设施建设不断完善,道路状况有较大提升,城市供水普及率达到95%以上,集中供热普及率达到50%以上;污水和垃圾处理能力不断提高,城市生活污水处理率达到58%以上,垃圾无害化处理率达到75%以上。城镇的道路、城市管网、环保、绿化等项目建设虽取得了明显进展。但两市一县的人口城镇化水平没有达到省政府《实施意见》所确定的40%的水平。后一阶段推进城镇化水平的任务较为艰巨。

教育、医疗、卫生、文化体育、社会保障事业全面推进,基本公共服务能力大幅度提升。中小学办学条件逐渐改善,九年义务教育全面普及,教育资源的空间分配得到进一步优化,高考上线人口由5.05万人增加至5.61万人,增长10.8%。基础医疗卫生设施不断完善,目前老区拥有卫生技术人员20362人,增加24.34%。覆盖城乡居民的基本生活保障制度、基本养老保险制度、基本医疗保险制度基本建立起来,城镇就业人数不断提高,登记失业率控制在6%以下。

5.3.3 人民生活水平得到切实改善

城乡居民收入保持较快增长,截至2014年底,两市一县城镇居民可支配收入分别达到19084元、20629元和13180元(2010年不变价),分别增长42.91%、43.43%和41.74%,农民人均纯收入达到5396元、5499元和4501元,分别增长50.69%、49.68%和50.69%,增幅均高于整个老区GDP增幅(42.59%)。从全省来看,城镇居民可支配收入和农民人均纯收入与全省平均水平的差距不断缩小,目前庆阳城镇居民可支配收入已达到全省平均水平，平凉市和会宁县还存在一些差距。

扶贫方面，通过深入推进集中连片扶贫攻坚和双联行动，加强贫困地区基础设施和公共服务设施建设，贫困区群众生产生活条件得到明显改善，家庭收入明显增加。贫困人口由2011年173.71万人减至2014年87.74万人，减少85.97万人。城乡居民收入还没有实现明显高于全省平均水平、达到或超过西部地区平均水平的目标。主要是全省和整个西部地区都在快速发展，老区两市一县仍处于夯实基础的阶段，跨越式发展的后劲还没有表现出来。

5.3.4 生态文明建设成效显著

《规划》实施以来，生态环境得到有效治理，两市一县实施了梯田修筑、小流域综合治理、淤地坝除险加固、封山育林、退耕还林还草等一系列生态工程，区域生态环境状况有较大改观，植被覆盖水平大幅度提升。2014年，平、庆两市完成植树造林面积109万亩，森林覆盖率分别达到30.38%（平凉）和26.77%（庆阳）。平凉市城市绿地率达到27%，庆阳市的城区绿化覆盖率达到16.5%。平凉市全面完成了国家级生态示范区26项创建考核指标和工作任务，获得国家级命名的生态乡（镇）7个、省级生态乡镇4个、省级生态村147个。庆阳市已创建命名国家级生态乡镇5个、省级生态乡镇96个，国家级生态市创建的24项考核指标已有10项达到创建标准。通过工业园区循环经济的建设和一些产业的技术改造，节能减排和资源综合利用水平不断提高。

经过前一时期重点流域水污染防治工作，老区饮用水源地的保护、工业污水和城镇生活污水的处理、固体废物污泥和垃圾的处理和水环境污染治理都得了一些成效，改善了境内主要河流水质。2014年的甘肃环境公报显示，泾河、蒲河的水质同为优和良好，而马莲河为轻度污染。都达到了流域防治的目标要求。

5.4 重点项目建设情况

5.4.1 基础设施建设

5.4.1.1 铁路、公路、民航等三位一体的综合交通体系初步形成

通过交通设施的建设，拓宽了东出陕西、南下川渝的通道，明显改善了陇东的区位条件。这为煤炭资源的东输南下提供了条件，也有利于老区更深地融入全国统一市场。

铁路方面。《规划》中计划新建银川—西安、长庆桥—庆阳（西峰）、宝鸡—中卫复线、西安—平凉、庆阳—黄陵等铁路。目前，西安—平凉、天水—平凉铁路建成通车，宝鸡—中卫铁路复线项目仍处于前期工作阶段，银川—西安铁路项目可行性研究报告已经得到国家发改委的批复，客运方案已确定，设计单位正在研究货运方案。

公路方面。长期阻梗平凉西出的青兰高速六盘山隧洞的打通，及平凉—天水的高速公路开工建设提高了平凉市的通达能力。《规划》中计划新建雷家角—西峰高速项目建成通车，惠安堡—宝鸡高速平凉段、打扮梁—华池—庆城高速公路有望2016年开工

建设。静宁—庄浪、甜水堡—罗儿沟圈高速公路正在进行前期工作。经济区内国道G211、G309、G312，省道S202、S207、S218、S303、S318、S304等9条国省干线公路的改建也在实施中。截至2014年底，平凉市实施各类公路建设项目428条，共计3013公里，养路维护工程54条，共计1120公里；实施建制村通畅工程418项，共计2504.5公里；实施县、乡、道改造工程401.8公里。预计2015年底，静宁、华亭两县即可实现100%建制村通沥青(水泥)路，全市建制村通畅率达到90%；到2017年，全市可实现100%建制村通沥青(水泥)路。庆阳市境内的宁长、庆镇、新南二级公路建成通车，新增二级公路280公里，西合二级路基及桥梁工程已基本建成。

民航方面。《规划》中计划启动庆阳机场4D级改扩建项目及平凉4C级支线机场建设项目，截至2014年底，平凉机场仍处于前期工作阶段，庆阳机场新建航站楼主体工程已完工，庆阳至上海、银川航线顺利开通。

管网方面。《规划》中计划新建西气东输平凉、平凉分输站—庆阳支线管道工程，建设泾川—庆阳成品油管道，建成西峰—庆城—华池—环县、西峰—合水、西峰—宁县—正宁天然气支线管线；目前，兰郑长成品油管道庆阳石化支线工程建成使用，西气东输二线庆阳支线工程建成投用。

5.4.1.2　城镇基础设施建设不断完善，城镇化进程加快

到2014年底，平凉市城镇建成区面积达到91平方千米，城镇人口72.12万人，城镇化率达到34.47%，比2011年提高4.31个百分点；庆阳市城镇建成区面积达到115平方千米，城镇人口70.15万人，城镇化率达到31.55%，提高6.48个百分点；会宁县城镇建成区面积为平方千米，城镇人口19.85万人，城镇化率达到37%，比2011年增长6个百分点。

城市道路建设方面。平凉市实施了东大门改造、高速公路西出口引线、312国道改线、甘沟路改造提升、双桥路北拓、柳湖路东拓等工程，打通了城市断头路，构建城市框架，拓展了城市发展空间；庆阳市相继建成西峰区南北大街、九龙路、长庆路、东大街提质改造、新区董志塬大道、北京大道、董陈路等城市道路，共70多公里，市区旧城“五纵五横”及新区“八纵十六横”的道路网格局全面形成，目前全市城市道路总长度达到350公里。

城市管网建设方面。平凉市建成燃气经营企业15家，供气能力达到706.6万立方米，燃气普及率为59.37%；建成供水厂12处，城市供水普及率达到99.38%；全市集中供热面积1200万平方米，占全市供热面积的54.4%。庆阳市建成市区输水管线、二水厂一体化车间改造和镇原、宁县、华池、环县城区供水改扩建工程等15项城市供水项目，其中，环县、镇原、华池、庆城等县城的城区供水工程建成投用，城市供水普及率达到95%；开工建设镇原、合水、宁县、庆城、正宁和西峰区等13处城市集中供热工程，其中，庆城、环县、合水县城集中供热工程已建成投用，镇原、华池县正在建设，目前全市城市供热总面积达到1436.83万平方米，集中供热普及率达到52%。

污水和垃圾处理方面。平凉市建成城市生活污水处理厂7处，日处理生活污水能力10万立方米，全市城市生活污水处理率达到65%；建成城市生活垃圾填埋场7座，日处理城市生活垃圾999吨，全市城市生活垃圾无害化处理率达到97.39%。庆阳市相继

实施了西峰区污水处理扩容改造和中水回用工程，及庆城、华池、环县、合水、正宁、宁县等8处城市污水处理工程，全市污水日处理能力达到4.2万立方米，年处理污水量841万立方米，污水处理率达到58.5%；全市八县（区）城市生活垃圾处理工程全部建成，配套建成生活垃圾转运站16座，垃圾无害化处理率达到75%。

城市绿化建设方面。平凉市区相继实施了南北部面山绿化、崆峒山景区绿化、绿地公园及市区主要道路绿化等生态工程，建成滨河大道景观带、泾川县大云寺博物馆及各类生态公园8个；目前全市建成区绿地率达到27.17%，绿化覆盖率达到32.19%。庆阳市相继实施了市区东湖公园扩建、和谐广场、周祖广场、新区雨洪集蓄生态保塬、生态碳汇林、宁县四山绿化、环县东山公园等一批重大绿化项目，目前市区建成区绿化覆盖率达到33%，绿地率达到28.5%。

5.4.1.3　水利基础设施逐步完善，水资源保障能力不断提高

引、调水工程及水库建设方面。截至2014年底，平、庆两市共建成各类水利工程6049处，年供水总能力达到6.38亿立方米。其中，平凉市积极推进引洮供水二期工程（静宁受水区）和白龙江饮水工程平凉项目，实施了崆峒山等3座中型水库改扩建工程及庄浪花崖河等6座小型水库的前期工作，部分项目年内可开工建设。庆阳市共规划建设4处重点水库建设项目、11座小型水库、2处大中型引水工程、3处小型饮水工程，目前小盘河、莲花寺、五台山等3座水库可研报告得到批复，预计将于今年6月份开工建设，马莲河水利枢纽项目已列入《全国大中型水库总体安排意见（2013—2015）》和国家重点支持的172项重大水利项目工程名录，正宁四郎河、嘉峪川引水工程已开工建设，华池县葫芦河水源工程已建成投入使用，华能正宁电厂一期供水主体工程基本建成。

农村安全饮水方面。平凉市建成千人以上集中供水工程31处，解决44.75万人的饮水不安全问题，目前全市自来水通村率达到98%，自来水入户率达到93.3%；庆阳市共解决了55.04万人的饮水不安全问题，自来水普及率从54%提高到2014年的72%。

防洪减灾方面。平凉市治理河堤437.15公里，对15座小型水库进行了除险加固，治理重点小流域64条，实施淤地坝除险加固工程22座，建成7县（区）防洪预警平台，全市山洪灾害易发区防洪预警体系基本建立；庆阳市实施中小河流治理规划项目7处，完成江河主要支流治理项目的可研上报工作11项，启动了山洪灾害治理项目，并在庆城、镇原、华池及环县实施了抗旱应急水源项目。

节水灌溉方面。平凉市实施了崆峒泾河等4个中型灌区的续建配套与节水改造项目，推进静宁等5县（区）中央财政小型农田水利项目建设，新增有效灌溉面积1.7万亩，发展节水灌溉面积5.2万亩；庆阳市实施了环县道川灌区、镇原吴家沟灌区、正宁四郎河灌区、合水古城灌区等灌区续建配套与节水改造项目，编制了《2015—2017年小农水重点项目建设规划》，计划发展高效节水灌溉面积6.76万亩，新建“五小水利工程”3390处，目前部分项目设计和实施方案编制工作已经启动。

5.4.2 产业发展

5.4.2.1 陇东能源化工基地建设初具规模

煤炭资源的勘探与开采。平凉市先后完成了灵台邵寨、崇信赤城、赤城南、灵台南、灵台北、泾川高平等区块煤炭资源勘探工作，已探明全市煤炭地质储量93.41亿吨。依托中电建、华煤、酒钢等大型企业，先后实施了灵台邵寨180万吨、崇信赤城90万吨、崇信五举240万吨等矿井建设项目。目前全市已建成投产矿井30对，生产能力2702万吨，预计2020年全市煤炭产量将达到5422万吨。庆阳市煤炭预测储量2360亿吨，已探明215亿吨，已建成煤矿1座，年产能90万吨；在建煤矿4座，总产能1870万吨；即将开建煤矿1座，年产能500万吨；上报"路条"申请的1座，年产500万吨；正在推进前期工作的3座，年总产能1700万吨。

油气资源开发进展顺利。庆阳市石油资源总储量48亿吨，已探明9.8亿吨，天然气预测储量1.5万亿立方米，煤层气预测储量1.4万亿立方米，页岩气预测储量1.81万亿立方米。截至目前，在庆阳登记的原油开采公司有3家，中石油长庆油田发现5个超亿吨级大油田，累计生产原油6200多万吨，2014年生产原油722.97万吨，天然气1.14亿立方米；中石化华北分公司红河油田累计生产原油50万吨；陕西延长石油集团共打油水井20口，目前仍处于勘探开发阶段。

化工产业方面。煤化工方面，平凉市先后引进华煤集团60万吨甲醇和20万吨聚丙烯、华泓汇金180万吨甲醇和70万吨烯烃、陇能公司660万吨煤基新燃料、平凉天原煤转化循环经济等重大项目。目前，华煤集团60万吨甲醇项目已建成投产，预计2020年，全市煤化工产能将达到1100万吨；庆阳晋煤100万吨油煤共炼项目前期工作已全面展开。石油加工方面，庆阳石化公司2014年加工原油330.38万吨，目前正在实施600万吨炼油升级改造项目，同时谋划新增500万吨炼量，到2020年庆阳石化公司炼油规模达到1100万吨。石油化工方面，目前在建项目有2个，一是庆阳永欣石化公司年产9万吨干气芳构化项目；二是庆阳瑞华能源有限公司天然气综合利用项目。

电力开发方面。平凉市先后实施了华能、中水电等公司的发电机组项目建设，全市已建成火力发电企业5户，装机总容量420万千瓦；其中，华能平凉发电公司三期、中水电崇信、华亭发电公司二期发电项目已开展前期工作，预计2020年，全市火电装机容量将达到1410万千瓦。庆阳市华能正宁电厂一期工程已获得核准，大唐环县煤电一体化项目环县电厂一期工程已列入2014年甘肃省火电项目建设规划，西峰、长庆桥热电联产项目正在推进前期工作。

新能源发展开端良好。平凉市建成光伏产业园1个，拥有180兆瓦晶硅切片生产能力，建成2.8兆瓦太阳能光伏发电项目1个，现已并网发电；未来将实施庄浪、静宁、泾川等地区的150兆瓦风力发电及100兆瓦光伏发电项目。庆阳市已建成的风电项目装机总容量60万千瓦，预计2015年底，将30万千瓦风电项目建成投产；目前在建风电项目装机总容量235万千瓦，正积极筹建庆城、镇原等25万千瓦风电场项目。

能源输送通道建设。甘肃省与江西省政府就合作开发煤炭资源、加快电力外送通道建设达成协议，陇东至江西特高压直流输电线路有望纳入国家规划，庆阳至徐州特高压直流外送工程已经启动前期研究工作。良平330千伏输变电工程建成投运；环县330千伏输变电工程已基本完工。庆阳实施农村电网升级改造工程，新建35千伏输变电站7座，新建35千伏线路289公里，10千伏线路933公里。平凉市围绕保障西电东送枢纽电力外送和内部电网建设，先后投入15亿元进行电网建设和升级扩容。会宁县积极推进西沟塬风电、甘沟光伏发电、分布式光伏等新能源项目，引进一批新能源企业，发展战略新兴产业。

5.4.2.2　工业园区建设

目前，平凉市已初步形成了以平凉、华亭、静宁3个省级工业园为主体，泾川、崇信、灵台、庄浪4个集中区配套发展的"三园四区"的区域开发格局，其中，华亭工业园区被列为国家级循环经济试点园区，平凉工业园区煤化工产业基地被认定为省级新型工业化产业示范基地。工业区（集中区）总规划面积156.38平方千米，已建成面积48.14平方千米。累计引入园区企业357户，实施入园项目188项，完成项目建设总投资256亿元，从业人员1.62万人。2014年，全市工业园区（集中区）完成销售收入96.42亿元，工业增加值30.16亿元，上缴税金2.68亿元。庆阳市以"一区四园"建设为目标，积极创建庆阳国家级经济技术开发区，打造长庆桥、驿马、西川3个工业园和西峰民俗文化产业园。其中长庆桥工业园为煤炭石油化工产业园，驿马工业园为农产品食品加工产业园，西川工业园为装备制造产业园。会宁县建起了年产200万件服饰加工基地、热榨精炼高亚麻酸胡麻油及食用植物油产业化、无纺织无胶棉再生棉、5000吨食用植物油生产线、一体化净水设备生产线、管理软件系统开发等一批重点项目。

5.4.2.3　特色农业建设

陇东曾是陇上粮仓，农业长期以来是这一地区的主要产业。《规划》实施以来，平、庆两市积极开展粮油高产创建活动，推广全膜双垄沟播技术500万亩以上，推广脱毒种薯应用面积185万亩以上，粮食播种总面积达到1200万亩，总产量达到278万吨，油料作物播种总面积达到170万亩，总产量达到20万吨。

两市一县坚持走适度规模化养殖路子，把企业养殖、规模小区养殖和千家万户养殖相结合，大力发展肉牛、肉绒羊、生猪等规模化养殖，形成了平凉肉牛、庆阳肉绒羊等特色优势产业格局。截至2014年底，平、庆两市牛、羊、猪存栏总量达到412万头（只），出栏总数达到240万头（只），全年肉类总产量16万吨。会宁县畜禽饲养量达到430万个羊单位。

瓜果菜生产发展迅速。两市一县加大科技和资金投入，强化信息技术服务，瓜果菜种植规模和产量不断扩张，2014年，庆阳市瓜菜种植面积达到113万亩，设施瓜菜生产面积累计达到13万亩，瓜菜总产量达到163万吨。平凉市蔬菜种植面积达到89.06万亩，其中设施蔬菜面积7.4万亩，蔬菜总产量达到134.62万吨。

农业产业化经营成效显著。平凉市先后引进泾川福润禽业3000万只肉鸡宰杀生产线、泾川天纤棉业20万锭棉纱、静宁恒达废纸综合利用、庄浪鑫喜淀粉等项目。着力建设肉牛屠宰与革制品加工、纸制品包装、棉纺服装、中药材加工、马铃薯加工等特色基地。培育市级以上农业产业化龙头企业106户，农产品加工转换率达到44%，形成了"平凉金果""平凉红牛"等著名品牌。庆阳市实施了中盛3600万只肉鸡全产业链、300

万只肉羊产业化项目，西峰区鄢旗坳循环农业示范区项目、庆阳天富亿现代生态农业观光体验园项目建设，成效明显，培育市级以上农业产业化重点龙头企业累计达到92户，注册登记家庭农场48个。会宁县集中人力、物力和财力，大力发展特色产业，小杂粮产量稳定在35万亩，亚麻油、蔬菜、中药材、经济林果、瓜类等特色生产基地逐年扩大，紫花苜蓿留床160多万亩，产业基地规模不断扩大。

5.4.2.4 加工制造业

装备制造业方面。平凉市依托红峰机械、虹光电子、亨达机械、丰收机械等企业，大力发展矿用机械、石油配套机械等产业，先后实施红峰、虹光、亨达等公司主要产品的产业化改造及平煤机高端装备制造产业园等项目，目前全市疏水阀产能达到30万台(套)，电子器件产能达到10万台(件)，切纸机产能达到200台，矿用机械及配件加工产能达到1.5万台。庆阳市实施了双龙抽油机专利产品生产线、长荣机械燃气锅炉生产线技术改造、甘肃陇渤煤机修造公司煤矿机械制造、布谷鸟农用设备、农产品加工设备制造生产线扩建等项目。

新型建材产业方面。平凉市大力推广煤矸石、粉煤灰、城市建筑垃圾综合利用技术，引进安徽海螺集团公司，建成投产平凉海螺水泥2台4500吨干法熟料生产线、利用水泥窑处理城市生活垃圾以及一大批新型建材等项目，目前全市粉煤灰砖及空心砖产能达到5亿块，建筑陶瓷产能达到8650万平方米。

新材料及生物医药方面。平凉市引进上海鼎炘实业有限公司，成立甘肃康博斯特新材料公司，建成投产了平凉半导体碳纤维复合材料产业园一期项目，形成了160吨高温碳纤维隔热材料生产能力，填补了省内新型隔热材料生产空白；完成了甘肃益儿药业胶囊生产线扩建、鸿康医药中药材产业开发、宁县恒瑞康药业中药材提取深加工等项目建设。会宁县建立了中药饮片生产线。

5.4.2.5 文化旅游产业

平凉市以崆峒山、大云寺(王母宫)景区建设为重点，立足建设西部人文生态旅游基地，深度挖掘区域文化传承内涵，培育壮大一批国家A级以上旅游景区。先后实施崆峒山景区旅游服务扩容、崆峒古镇二期工程、崆峒文化旅游产业园、泾川大云寺佛教遗存保护和佛教文化产业园、崇信龙泉寺文化旅游产业园、皇甫谧中医针灸养生产业园、百里古密须遗址保护开发、静宁县界石铺红军长征纪念园基础设施、平凉金果博览园等项目。庆阳市以“红色革命文化”“周祖农耕文化”“特色民俗文化”“岐黄中医药文化”等四大文化品牌建设为重点，加快推进环县山城堡战役遗址、华池县政府(南梁政府)旧址、南梁红色旅游小镇等景点基础设施建设，先后实施了西峰区东湖公园改扩建工程、庆阳民俗文化产业园、庆阳传媒技术业务用房等项目建设。

会宁县依托红军会师的资源优势，积极发展红色旅游。通过加强基础设施和旅游项目建设，修缮多处革命遗址，打造经典景区，提升旅游行业管理，开发生产旅游产品。形成了独具特色的红色旅游产业。

5.4.2.6 现代服务业

庆阳市区10个专业市场正在建设，县乡农贸市场标准化改造加快推进，在合水县、正宁县、宁县、庆城县新建果品冷链物流恒温保鲜库，总库容达到4.7万吨，新建1个市级、8个县级粮库，总库容达到8.5万吨，宁县大型煤炭综合物流园、长庆桥陇禧物流园、陇东汽车城等物流园区建设顺利。

平凉市以铁路物流、公路物流、园区物流、煤化工物流建设为重点，大力推进商贸物流中心综合体建设，加快义乌商贸城、金果博览城等商贸物流设施和县乡农贸市场建设，积极培育冷链物流、仓储配送、农超对接和鲜活农产品流通体系，畅通农产品进城、工业品下乡渠道，目前已全面建成陇东农副产品批发交易中心、风尚吉伍商贸建材市场、工业园区综合物流园，城乡市场体系不断完善，现代服务业发展迅速。

会宁县在物流、劳务、电子商务、直供直销、连锁经营、金融信贷和保险等方面积极发展现代服务业，促进了扶贫开发和经济增长。

5.4.3 民生改善

5.4.3.1 扶贫开发

两市一县共有16个县（区）被列入六盘山特困片区范围，2011年，省上共核定贫困人口186.97万人，其中平凉市80.3万人，庆阳市93.41万人，会宁县13.26万人。《规划》实施以来，老区以改善生产、生活条件为主攻方向，努力改变生存和发展能力。平凉市建成小型水利工程30多处，新修村组道路420公里，庆阳市新建通村油路（水泥路）3275公里，通畅率达到68.2%，解决了29.8万人的饮水困难，农村安全饮水普及率达到72%。平凉市实施整村推进项目166个，完成“五改三建”8900户。庆阳市累计改造农村危房8.6万户，实施异地搬迁2.12万户，10.2万人。会宁县基础设施建设到村到户，实施易地扶贫搬迁465户，2767人，已建成集中安置点9个，农村标准化住宅372套。

两市一县把基本技能的培训作为减贫的重要抓手。平凉市开展贫困户“两后生”培训1.32万人，农业实用技术培训4.6万人次。庆阳市实施50万农民培训工程，完成农业实用技术、劳务技能培训27.3万人，培养农民大学生1082人，选派大学生村官581人。

老区还创新扶贫模式，利用金融、公共服务等手段开展扶贫。平凉市落实到户贷款贴息和扶贫龙头企业、合作社贷款贴息6872万元，建立贫困村互助资金社301个，庆阳落实双联惠农、妇女小额担保、金融扶贫等各类贷款36亿多元，全市建制村标准化学校、文化活动室、卫生室覆盖率分别达到72%、40.2%、78.9%，为90%的村建起了便民服务中心，新农合参保率达98.18%。

通过扶贫项目的扶持，老区的群众生产生活条件明显改善。平凉市农民人均纯收入由2011年的3581元，提高到2014年的5395元，年均增长13.8%，农村贫困人口由80.3万人减少至40.12万人，贫困面由41.54%下降到20.7%。庆阳市农民人均纯收入由2011年的3674.4元增至2014年的5499元，年均增长14.5%，全市累计减少贫困人口27.23万人。会宁县的农民人均纯收入由2011年2987元增至2014年4501元，累计减少贫困人口9.25万人。

5.4.3.2 提高基本公共服务能力

两市加快农村学前教育、中小学校及边远艰苦地区农村学校教师周转宿舍、农村初中校舍改造、中等职业教育等教育项目建设，教育基础设施更加完善。截至2014年底，平凉市拥有各级各类学校1410所，各类学校在校学生达到38.46万人，小学、初中阶段学生入学率都达到100%，全市高考上线率达到93.4%。庆阳市的适龄儿童入学率为99.83%，九年义务教育巩固率达92.45%，全市大专以上高考上线率达到83.19%。会宁县历来重视教育，九年义务教育普及率高，虽然条件艰苦，但却是全国闻名的高考状元县。

全面实施县级医院及疾控中心、乡镇卫生院、村卫生室、计生服务站、乡镇卫生院周转宿舍、全科医生临床培养基地等医疗体系建设项目，医疗卫生条件得到显著改善。2014年底，平凉市拥有卫生机构（包括村卫生室、诊所）2815个，卫生技术人员10552人，医院、卫生院拥有床位11516张；庆阳市拥有医疗卫生机构1840个，医疗床位8253张，卫生技术人员8773人。会宁县有卫生机构37个床位2195张，卫生技术人员1037人，健康教育覆盖率以村为单位达到100%。

社会保障方面。2014年，平凉市城镇就业人数25.46万人，城镇登记失业率3.63%；参加城镇居民医疗保险人数17.06万人，参加失业保险人数8.69万人，城乡居民社会养老保险参保续保人数119.36万人，参加新型农村合作医疗农民179.57万人，参合率为98.7%，全市共有5.36万城镇居民和21.64万农村居民享受政府最低生活保障。庆阳市参加城镇基本医疗保险人数28.24万人，参加失业保险人数8.26万人，新型农村合作医疗参合率98.18%，全市共有5.06万城镇居民和34.54万农民享受政府最低生活保障。会宁县城乡居民社会养老保险参保续保人数为27.86万人，新型农村合作医疗参合率98.61%，参加失业保险人数为1.2万人，城镇低保和农村低保人数分别为0.99万人、11.67万人，基本实现了最低生活保障的全覆盖。

5.4.4 生态建设和环境保护

5.4.4.1 生态建设

《规划》实施以来，平凉市通过修筑梯田、小流域综合治理、淤地坝除险加固等工程，完成水土流失治理面积139.2万亩，完成造林封育面积103.82万亩，目前全市森林覆盖率达到30.38%，建成区绿地率、绿化覆盖率分别达到27.93%和32.4%。庆阳市完成退牧还草工程草原围栏240万亩，完成人工造林23.85万亩，封山育林6.9万亩，实施新一轮退耕还林10万亩，完成新城南区雨洪集蓄保塬生态工程建设。会宁县紧紧围绕“生态立县、绿色发展”的战略，完成造林面积97.96万亩，小流域治理面积270平方公里，森林覆盖率12.63%。

生态城市创建方面。平凉市全面完成了国家级生态示范区26项创建考核指标和工作任务，获得国家级命名的生态乡镇7个，省级生态乡镇4个，省级生态村147个，108个乡、村被市政府命名为市级生态乡镇称号。庆阳市已创建命名国家级生态乡镇5个，省级生态乡镇96个、市级生态乡镇101个，市级生态村618个；实施了“再造一个子午岭”和“固沟保塬”两大重点生态工程，并开展以“美丽乡村”建设为主题的农村环境综合整治项目和“百村示范”创建工程。会宁县也建设了一批国家和地方的生态乡镇和生态村。

5.4.4.2 环境保护与治理

水污染防治方面，两市一县相继实施了县（区）污水处理厂建设和升级改造项目。目前，除镇原县正在建设外，其他各县区污水处理厂都已建成投用，部分县（区）还实施了污水再生利用（西峰）和雨污水处理厂脱氮除磷升级改造工程（崆峒），使得污水处理能力大幅度提高。目前平凉市污水处理能力达到10万立方米/天，城镇生活污水处理率达到30%。到2014年底，地表水污染得到有效控制，蒲河地表水水质达标率为100%，泾河平凉段为91.7%，马莲河为69.5%，汭河和葫芦河的水质也得到有效改善；除了静宁外，各县（区）城市饮用水源水质达标率为100%。

固体废弃物及大气污染防治方面。两市一县在各县区先后实施了一批生活垃圾填埋场及医疗废弃物集中处置项目的建设，通过垃圾分类、回收利用、无害化处理等措施，减少了固体废弃物对环境的危害。两市通过实施城区热电联产集中供热工程、火电机组进行除尘脱硫硝改造工程、工业园区循环化改造、企业清洁生产、依法关闭落后及"双高"企业、机动车尾气监测及黄绿标发放、规划环评与项目环评的绑定等措施，大气质量得到显著改善，主要空气指标均达到国家控制要求，全年空气质量优良天数在320天以上。

5.4.5 区域开放合作

两市一县积极推进产业在陕甘宁革命老区的双向转移，促进市内优势产业发展壮大，统筹区域发展重点，积极推进资源和生产要素在老区内的优化组合，开展全方位合作。目前，陕西星王、陕西纸业、陕西棉纺、陕西恒兴等区内知名企业落户平凉市，平凉市积极组织参加老区振兴研讨会、西安经济技术合作洽谈会、西部商品交易会等区域经济合作活动，加强沟通对接，实现了资金、技术、生产要素双向流动。

5.5 与周边地区比较

5.5.1 与省内其他地区比较

长期以来，陇东与陕西关中地区的经济联系更多，属于关中经济圈。由于区位较偏，并缺乏现代工业基础，在国家实施《关中—天水经济区发展规划》的过程中，作为辐射区的陇东未能跟上关中地区快速发展的步骤，特别是平凉市和会宁县。老区振兴规划比关天经济区规划晚4年出台，错失了一段发展的机遇。

从综合经济实力来看（附图5-1），全省14个市（州）可分为5个等级，庆阳市位于第二等级（GDP介于400亿～700亿元），平凉市位于第三等级（GDP介于300亿～400亿元），2014年庆阳市GDP达到668.9亿元，超过酒泉市，位于全省第2位，仅次于兰州市，平凉市位次由2010年的第6位下降至第8位。受全国经济下行压力影响，全省各地州的经济增速基本上均呈先升后降的过程（附图5-2），两市一县亦是如此，平凉市尤甚，2014年其GDP增速只有2.38%，位于全省后列，但庆阳市经济增速仍高于全省平均水平，保持在10%以上，显示出强劲的发展势头。就人均GDP（常住人口）而言，庆阳市地位有所上升，由全省第7位升至第5位，略高于全省平均值，平凉市位次无变化，稳居第9位，在全省平均水平以下（附图5-3）。财政方面，庆阳市大口径财政收入稳居全省第2位，平凉市位次由第6位下滑至第10位，且近两年出现增长缓慢甚至下滑现象，这与近年能源资源市场不景气有关。近五年来，庆平两市的全社会固定资产投资总额（TIFA）分别居全省第2位和第6位，社会消费品零售总额（TRSCG）分别居全省第3位和第5位，两市TIFA占GDP均值分别为1.60和1.28，远高于全省平均水平0.97，TRSCG占GDP均值分别为0.25和0.39，全省均值为0.34，说明两市的经济增长仍然主要由投资驱动，消费对经济增长贡献较小，但与省内其他市州相比，经济发展动力相对充足。民生方面，庆、平两市城镇居民人均可支配收入与全省平均水平（2014年为20804元）接近，居全省第5位和第7位，农民人均纯收入居全省第8位和第9位，低于全省平均水平（2014年为5736元）。按照十八大提出"2020年实现国内生产总值和城乡居民人均收入比2010年翻一番"的全面小康社会标准，即2020年全国城镇居民人均可支配收入达到38218元、农民人均纯收入达到11838元，平、庆两市全面建设小康社会任务仍很艰巨。

5.5.2　与省外周边地区比较

将《规划》区内的榆林、延安、咸阳、渭南、吴忠、灵武、中卫、固原8市与省内平凉、庆阳及会宁县所在的白银市进行对比。就经济总量而言（附图5-4），榆林居第1位，庆阳、白银、平凉分别居第5、第6和第8位，2014年庆、白、平三市GDP总和占榆林的50.5%，占11市经济总量的14.2%，其中庆阳经济地位有所提升，其占11市GDP比重由5.87%（2010年）上升至6.28%（2014年），白、平两市均呈下降态势，分别由5.11%和3.81%降至4.67%和3.29%。经济发展速度方面（附图5-5），11市GDP增长率在近两年均有所回落，五年平均增速庆阳、白银、平凉市分别居第3、第9和第10位，庆阳发展速度位居前列，白银和平凉则相对缓慢。人均GDP方面（附图5-6），前三位分别是灵武、榆林和延安，庆阳居第5位，与前三者差距悬殊，2014年灵武人均GDP是庆阳的2.8倍，白银和平凉分别居第6位和第10位，五年来三市相对地位无明显变化。财政方面，庆阳、白银、平凉大口径财政收入分别居第4、第6和第7位，其中庆阳发展迅速，位次有所上升，但总量仍然偏小，2014年其大口径财政收入只占榆林的22%。就经济发展动力而言，庆阳市全社会固定资产投资总额居第5位，与前4位的咸阳、榆林、渭南和延安的差距正逐步缩小，2014年其占11市固定资产投资总额的10%，平凉、白银分别居第7位和第9位，所占比重很小；社会消费水平方面，延安、庆阳、平凉、白银的社会消费品零售总额分别居第4、第5、第6和第7位，处于第二档次水平，与第一档次的咸阳、渭南和榆林市差距较大。人民生活水平方面，庆、白、平三市城镇居民人均可支配收入分别居第6、第7和第11位，其中庆阳位次提升较快，由第10位（2010年）上升至第6位（2014年），但其绝对值只占咸阳（第一位）的65.5%（2014年）；白、庆、平三市农民人均纯收入为11市最低，与固原市处于同一水平，扶贫攻坚任务艰巨。

5.6 《规划》实施中面临的问题和困难

5.6.1 《规划》实施期间宏观经济环境的变化

(1)受国际金融危机深层次影响,产能过剩使能矿等资源型产业的市场需求趋缓。全球金融危机后,世界经济深度调整,国际市场需求减缓,油价下跌,煤炭滞销,我国以出口为导向的经济出现了严重的产能过剩问题。陇东地区作为新开发的能源基地,遇到了不利的市场环境。《规划》提出的一些重大项目难以实施,例如庆化年产量600万吨炼油升级改造项目,电力外送通道建设项目,以及煤制气、煤化工等下游产业的开发推进缓慢。

(2)原有的发展基础薄弱,资金、技术和人才缺乏。目前老区振兴依托的仍是能源、劳动力和旅游等资源条件,而支撑开发的资金、技术和人才等要素十分短缺。《规划》对新建项目在能耗、物耗、水耗等方面要求较高,符合条件的项目多是资金和技术密集的,当地缺乏吸引的条件,而东部地区转移的项目多是低端产业,难以对接。另一方面,两市一县较低的环境容量也对一些新建项目产生了制约。

(3)随着国家生态文明建设的需要,产业开发与环境保护的问题突出。陇东地区原有的工业基础薄弱,需要承接东部地区产业转移来壮大自身。但在招商引资的过程中,有落户意向的单位多是东部地区淘汰的落后企业,而《规划》中明确指出"新建项目要实行与先进技术水平相适应的能耗、物耗、水耗等标准",这在一定程度上限制了引资规模。另一个问题是环境容量的限制,原有的工业企业少,环境容量指标定得较低。但近些年随着平凉市"千亿级煤电化冶产业集群"及庆阳市"石油石化"和"煤炭生产转化"两条千亿元产业链的实施,现有的环境容量已经远不适应产业开发的需要。

5.6.2 《规划》实施过程中存在的问题

(1)统筹协调机制不健全,区域合作不力。《规划》发布实施以来,原有的陕甘宁革命老区联席会议制度基本处于瘫痪状态,省、市二级都未设立专门办事机构和配备专职工作人员开展此项工作,各级政府往往各自为战,没有形成整体合力,争取政策和衔接项目的效果不佳。

(2)交通、农业生产、水利等基础设施建设滞后,发展受到很大限制。平、庆两市境内铁路里程短,火车站场等级低,运力不足,远不能满足客货运要求;庆阳机场改扩建仍在进行,平凉机场尚未开始建设;境内公路等级偏低,多断头路和回头路,线路不成网络,主干线与省级通道没有搭接,对外出口不畅;与银川、宝鸡等主要城市的高速公路尚未完全贯通,交通瓶颈制约状况仍未得到根本改变。

两市一县市农业生产基础设施建设落后,水、电、路配套不够齐全,机械化水平低,有机肥投入不足,土壤营养失衡,抵御自然灾害能力不强,目前平凉市有效灌溉面积仅占耕地面积的9.8%,庆阳市保灌面积只占总耕地面积的7%。

受自然条件限制,两市地表可利用水资源量有限,水资源供需矛盾突出,其中平凉市为资源型和工程型缺水,庆阳市属于水质型和工程型缺水。据预测,2020年平凉市水资源供应缺口为0.24亿立方米，2030年可达2.94亿立方米。农村饮水安全问题依然十分突出，目前平凉市仍有40.21万农村人口、庆阳市有65.3万农村人口存在饮水安全隐患。

(3)能源市场萎靡，资源开采力度减缓，煤炭石油产业链条过短，关联度不高，附加值低。受原煤价格下跌、销售不畅等市场因素影响，获得资源探矿权、采矿权的大型国有企业的开发意愿不积极，在建矿井进度缓慢，资源优势难以转化为经济优势。目前，平、庆两市的煤炭石油产业仍处于资源开采和初级加工阶段，煤电方面，只有平凉已建成420万千瓦的装机容量；煤炭化工方面，只有平凉华煤集团60万甲醇项目已建成投产；石油加工方面，2014年庆阳市原油产量723万吨，加工量只有330万吨，石油化工项目都处于建设之中。

(4)地方财力有限，融资困难，工程建设配套严重滞后。平、庆两市属于黄土高原沟壑区，生态环境脆弱，地形条件复杂，项目建设工程量大，投资成本高，而两市同时又是欠发达地区，经济整体水平不高，地方财政收入有限，民间资本不足，融资困难，地方政府无力负担工程建设所需的地方配套资金，导致重大工程项目建设进展缓慢。

5.7 对策和建议

"十三五"时期是我们实现第一个百年奋斗目标的关键阶段，也是实现《规划》目标的重要阶段。二市一县要按照党的十八届五中全会提出的"创新、协调、绿色、开放、共享"的发展理念，抓住国家实施"一带一路"战略的机遇，夯实发展基础，搭建向西开放的平台。进一步优化自身的发展环境，创新发展方式，构建特色产业体系，保持经济中高速增长。协同推进工业化、城镇化过程，统筹城乡发展，推进扶贫攻坚，着力改善民生，建设生态文明，全面建成小康社会，到2020年如期实现《规划》所确定的目标。

5.7.1 加强对《规划》实施的组织、协调和指导

5.7.1.1 加快建立《规划》实施的部省联合协调推进机制

建议设立由国家有关部委指导下的省际协调机制，定期召开协调会议，研究解决《规划》实施过程中出现的新情况、新问题，对跨陕甘宁革命老区实施的基础设施、生态环境等重大项目，成立由国家有关部委牵头的老区经济社会发展协调小组，研究解决项目争取及实施过程中的问题，并牵头组织老区有关市县，共同向国家汇报衔接，争取项目顺利实施。

5.7.1.2 进一步落实《规划》确定的各项支持政策

对《规划》提出的中央财政增加对老区一般性转移支付规模，提高专项转移支付规模，提高国家重点生态功能区转移支付力度，加大中央地质勘查金、国土资源调查评价金对革命老区的倾斜投入等各种政策措施。建议国家有关部委出台针对各项支持政策的具体实施办法，确保各项支持政策真正落实到实处，促使《规划》更多地转化成为区域发展的具体措施和现实生产力。

5.7.1.3 统筹安排项目布局,加快推进已规划重点项目建设

(1)交通方面。加快平凉—天水高速、青兰高速隆德段建设步伐,尽快打通银昆高速在甘肃境内及平凉—宝鸡高速在华亭县境内的断头路,争取银川—庆阳—西安、平凉—镇原—西峰—正宁—黄陵两条铁路,及甜水堡—正宁罗儿沟圈、华池打扮梁—平凉两条高速公路等重大项目尽快审批,开工建设。

(2)水利设施方面。积极推进马莲河水利枢纽项目、蒲河小盘河水库、葫芦河莲花寺水库、五台山水库等骨干水利工程的建设力度;加快农村饮水安全工程建设,全面解决两市剩余105.5万农村人口的饮水安全问题。

(3)陇东能源基地建设方面。统筹安排重大煤电油化项目布局问题,按照错位发展、优势互补的原则,支持煤电及煤化工产业合作项目向平凉倾斜,石油开采及石油炼化合作项目向庆阳倾斜,对于进入规划并已经落实投资主体的重大项目给予大力支持,争取早日开工建设。

5.7.1.4 建议由省上统筹协调,解决跨区域重大项目布局问题

针对陇东地区水资源短缺及能源外送通道不畅问题,建议省上加快"引洮二期"供水工程建设,同时积极协调陇南、天水、平凉、庆阳等四市关系,探索建立跨区域生态补偿机制,推进"白龙江调水工程"的前期工作,争取该工程早日开工建设。加快天平铁路建设步伐,积极谋划天武铁路建设问题,打通陇东煤炭资源南下通道。此外,要尽早促成陇东至江西或江苏特高压输电工程项目落到实处,并将其列入"十三五"国家电网建设规划和实施重点项目,解决"陇电东送"问题。

5.7.2 相关政策建议

5.7.2.1 争取国家在资源开发、外贸方面的政策支持

建议对陕甘宁老区在煤炭、石油、天然气资源勘探开发方面实施无差别支持政策。一是允许地方企业独立或与央企合作共同勘探开发石油天然气资源。二是将现有石油天然气勘探开发央企的所得税由"汇总缴纳"制改为属地征收分成,并实行分支机构属地注册登记制。三是将石油天然气资源税从价计征标准由6%提高到10%,并将资源税作为市县税种,全额留给革命老区;四是准许庆阳老区享受与陕北同等的石油开发收益分配政策。

鉴于平、庆两市的现代物流产业发展已经初具规模,建议国家给予该地区自由贸易区的政策,建立综合保税区,建设保税工厂,设立保税物流中心与保税仓库,完善海关监管、退税、检验、外汇收支、外贸统计等相关配套政策,打破行政区划界限,解决好"准入"和"放行"的问题,对服务出口实行零税率,扩大特色产品出口外销。

5.7.2.2 拓宽区域合作,积极与关中经济圈融合

要利用毗邻关中经济区地缘优势,加强老区与关中—天水经济区之间的协作,拓宽合作的空间。交通条件的改善也为深化这种关系提供了必要的条件。要充分利用西安市雄厚的科技力量和人才资源,采用人才引进、项目委托研究、合作研发新产品等

多种方式，解决当地资源开发、产业升级中的技术问题。开展深度的产业合作，共同开发资源，参与关中地区的产业分工，承接一些产业转移等，打造以石化煤电化为核心的陇东产业群。利用西安市金融中心的作用，为建设项目和企业融资，努力缓解资金短缺的问题。在旅游线路的联合运营、泾河水环境治理等方面也有加强合作的必要。

5.7.2.3　进一步优化国家投资方向和投资方式

陇东地区的城镇化进程相对滞后，但未来一个时期将进入城镇化高速推进的阶段。大量农村青壮年劳动力涌向城市，许多农村出现"空心化"现象，大量农村房屋、道路、农田处于空置状态，城市因人口的大量涌入，需要继续进行基础设施扩建，而现在国家的投资方向转向农村，进行大规模的新农村建设，城市建设出现资金短缺现象，这与我国目前人口流动的主流趋势相悖。建议国家根据人口流动趋势进行基础设施建设投资。此外，在调研中我们了解到，目前国家投资往往规模小而次数多，且每年对项目建设情况进行定期检查，而地方政府财力有限，迫于压力，往往只能在无法筹集到足够的配套资金的情况下进行小规模、分散建设，造成城市建设用地的巨大浪费。建议国家对于投资方式进行优化，在交通基础设施建设、大型水利工程建设、能源基地建设、生态环境保护与治理等重大项目建设方面，加大投资力度，提高国、省补助标准，降低地方配套比例，提供多方融资渠道，为项目的运行、维护提供足额的资金支持，以保证工程质量和项目的顺利实施。

5.7.2.4　调整和改进生态环境政策

鉴于两市一县在我国西北地区的生态屏障作用，应继续加大对其生态环境建设方面的扶持力度。进一步加强对"子午岭水源涵养林建设""固沟保塬、防沙治沙、退耕还林、苗林结合培育工程"等生态工程、小流域综合治理及梯田综合开发等方面的政策倾斜力度，支持两市一县的生态城市创建工作，积极探索并尽早建立适合革命老区的生态补偿机制，推动区域生态建设事业的快速发展。要积极探索生态补偿机制，对六盘山区、子午岭区的森林资源加强保护和培育，发挥其涵养水源、调节气候的生态服务功能。另一方面，考虑到两市建设陇东能源化工基地而本身环境容量相对不足的实际情况，建议国家根据经济总量的增长和能源矿产资源开发的需要适当调整环境容量，在重大项目主要污染物总量控制以及工业、生活、农村污染减排项目安排方面给予两市更多的支持。

5.7.2.5　积极搭建平台，参与"丝绸之路经济带"的建设

要发挥老区自身的比较优势，扩大对外开放，找准自己在"一带一路"建设中的位置，积极参与产业分工与合作。在做大做强能源、煤化工产业的过程中，向东输送富裕的电力，向南运输丰富的煤炭。在向西开放中输出绿色农产品、民俗文化工艺品等。要组织出口货源，利用已开通的渝新欧、西新欧等国际货运班列，将一些特色产品向西出口。另一方面，要利用国内外市场引进自身发展中短缺的技术、资金和人才。在谋划资源开发和建设项目时，借鉴国际经验、利用先进技术。对于后起的工业化地区来说，需要深化体制机制改革，提高市场化程度，在参与国际市场竞争的过程中壮大自己。

5.7.2.6　加大力度，有序推进新型城镇化建设

在实施《规划》的过程中，要尽快改变城镇化水平明显滞后的局面。一是要加强城镇建设的规划指导，根据资源环境的承载能力、发展潜力和产业配置的条件，规划和设计城镇体系。按照《甘肃省新型城镇化规划(2014—2020年)》的要求进行空间组团和布局，以平凉崆峒区和庆阳西峰区为核心，把县城和建制镇联结为一体，形成从庆阳经平凉、天水到陇南的一条增长轴线。既要扩大城镇规模，也要坚持节约用地，建设适度紧凑的城镇。不断完善基础设施和公共服务，为聚集人口创造良好条件。通过人口的再分布改变城乡社会结构，深化城乡融合发展。要进一步加强工业园区、技术经济开发区的建设，改善发展环境，吸引更多的产业转移、人口转移来创造就业机会。

5.7.2.7　优化发展环境，培育和引进人才

两市一县要根据《规划》提出保障措施，积极创造条件，在用好、用活现有国家政策支持的基础上，认真分析《规划》实施过程中遇到的新情况和新问题，探索实施一些新的激励机制。对各行业急需的人才给予工作条件、生活待遇方面的倾斜，对引进资金、技术和项目的人员给予奖励。

课题组成员：牛叔文　曲玮　贾艳琴　马力邦　强文莉　齐敬辉

附表5-1　平、庆两市调研参观考察的项目

项目类型	项目示范点
现代农业	安国—柳湖设施蔬菜、天富亿现代农业示范园、甘肃中盛农牧业有限公司
文化旅游产业	崆峒古镇、大云寺—王母宫、庆阳市民俗文化产业园、南梁红色旅游小镇
加工制造业	平凉海螺水泥有限责任公司、泾川天纤棉业有限责任公司、兰州正大公司15万吨饲料生产线
现代服务业	平凉风尚吉伍国际商贸建材市场
扶贫开发	曲子镇绒山羊养殖示范点、高寨村扶贫攻坚示范点
民生建设	泾川城西集中供热工程、泾川县第四中学等民生建设项目
生态环境治理	环县东山生态环境综合治理、上里塬小流域综合治理等生态治理

附表5-2　评价区主要社会经济指标变化情况

主要指标	平凉			庆阳			会宁县			综合		
	2011年	2014年	增长率(%)	2011年	2014年	增长率(%)	2011年	2014年	增长率(%)	2011年	2014年	增长率(%)
地区生产总值(亿元)	264.35	362.57	37.15	417.69	611.89	46.49	37.43	51.42	37.40	719.47	1025.88	42.59
第一产业增加值(亿元)	53.93	66.29	22.93	54.49	67.11	23.16	11.33	13.70	20.91	119.75	147.10	22.84
第二产业增加值(亿元)	128.7	180.55	40.29	260.41	399.82	53.53	11.93	18.77	57.32	401.04	599.14	49.40
第三产业增加值(亿元)	81.65	115.24	41.15	103.1	145.27	40.90	14.15	19.19	35.64	198.90	279.70	40.63
粮食播种面积(万亩)	498.13	519.69	4.33	655.6	696.65	6.26	215.78	210.00	−2.68	1369.51	1426.34	4.15
粮食总产量(万吨)	100.31	114.52	14.17	122.41	164.23	34.16	3.10	3.97	28.06	225.82	282.72	25.20
造林面积(万亩)	12.58	24.56	95.23	22.53	84.78	276.30	1.80	1.45	−19.44	36.91	110.79	200.16
肉类总产量(万吨)	7.71	8.54	10.77	5.96	7.03	17.95	3.60	3.95	9.72	17.27	19.52	13.03
工业增加值(亿元)	105.84	147.73	39.58	237.59	366.33	54.19	6.43	10.25	59.40	349.86	524.31	49.86
规模以上工业增加值(亿元)	83.21	114.29	37.35	224.5	346.09	54.16	2.64	4.41	66.93	310.35	464.79	49.76
固定资产投资总额(亿元)	324.23	718.75	121.68	742.77	1588.12	113.81	21.17	101.84	381.08	1088.17	2408.71	121.35
社会消费品零售总额(亿元)	104.71	159.03	51.87	112.16	171.23	52.67	15.31	22.75	48.60	232.18	353.01	52.04
旅游业综合收入(亿元)	25.35	56.98	124.76	9.52	15.93	67.33	6.00	11.50	91.63	40.87	84.41	106.53
大口径财政收入(亿元)	36.35	55.94	53.88	105.7	149.39	41.33	1.07	3.26	203.88	143.12	208.59	45.74
全年财政支出(亿元)	102.26	130.45	27.57	265.95	365.94	37.60	19.68	29.23	48.57	387.89	525.62	35.51
金融机构存款总额(亿元)	396.45	631.81	59.37	411.2	669.44	62.80	44.50	79.60	78.89	852.15	1380.85	62.04

续附表5-2

主要指标	平凉			庆阳			会宁县			综合		
	2011年	2014年	增长率(%)	2011年	2014年	增长率(%)	2011年	2014年	增长率(%)	2011年	2014年	增长率(%)
金融机构贷款余额(亿元)	282.98	449.86	58.97	176.64	447.66	153.43	23.13	47.41	104.98	482.75	944.93	95.74
全年保费收入(亿元)	7.47	11.34	51.96	8.4	10.75	27.98	0.57	0.97	71.22	16.44	23.06	40.30
高考上线人数(人)	23758	23956	0.83	18496	22110	19.54	8324	9990	20.01	50578.00	56056.00	10.83
各类卫生机构(个)	2700	2815	4.26	1901	1840	−3.21	—	—	—	—	—	—
卫生技术人员(人)	8481	10552	24.42	6991	8773	25.49	904	1037	14.71	16376.00	20362.00	24.34
城镇就业人数(万人)	31.05	25.46	−18	9.65	18.53	92.02	1.8	1.91	6.11	42.50	45.90	8.00
登记失业率(%)	3.73	3.63	−2.68	3.63	1.95	−1.68	3.63	3.8	0.17	—	—	—
城镇居民医疗保险人数(万人)	22.53	17.06	−24.28	27.68	28.24	2.02	1.86	2.04	9.68	52.07	47.34	−9.08
新型农村合作医疗人数(万人)	182.66	179.57	−1.69	161.4	149.43	−7.42	50	47.9	−4.20	394.06	376.90	−4.35
获得最低生活保障人数(万人)	27.24	27.01	−0.84	40.57	39.61	−2.37	12.61	12.66	0.40	80.42	79.28	−1.42
年末总人口(万人)	233.02	234	0.42	262.06	265	1.12	58.66	57.23	−2.44	553.74	556.23	0.45
年末常住人口(万人)	207.67	209.23	0.75	221.48	222.35	0.39	54.39	53.67	−1.32	483.54	485.25	0.35
城镇人口(万人)	62.63	72.12	15.15	55.53	70.15	26.33	16.91	19.85	17.39	135.07	162.12	20.03
城镇居民人均可支配收入(元)	13354	19084	42.91	14383	20629	43.43	9299	13180	41.74	—	—	—
农民人均纯收入(元)	3581	5396.14	50.69	3674.41	5499.99	49.68	2987	4501	50.69	—	—	—
城镇化率(%)	30.16	34.47	4.31	25.07	31.55	6.48	31	37	6.00	27.93	33.41	5.48
城镇建成区面积(km^2)	87	91	4.7	78.1	115	47.25	15	30	100.00	180.05	236.00	31.07

注:表中各产值均已化成2010年不变价。

附表5-3　评价区主要规划指标完成情况(2014年)

指标	规划期目标		实际完成情况(2014年)
	2015年	2020年	
城镇化率(%)	平凉(40.5)、庆阳(40)、会宁(40)	平凉(50)、庆阳(50)	平凉(34.47)、庆阳(31.55)、会宁(33.41)
建成区面积(km^2)	平凉(50)、庆阳(40)	平凉(90)、庆阳(60)	平凉(91)、庆阳(115)会宁(30)
累计煤炭探明储量(亿吨)	300	—	309
煤炭产能(万吨)	6500	13000	2792
原油产量(万吨)	1000	—	723
原油加工量(万吨)	—	1000	330
煤电装机总容量(万千瓦)	1000	—	420
风电装机总容量(万千瓦)	50	—	60
光伏发电装机总容量(兆瓦)	50	—	2.8
工业园区(个)	—	2个产值千亿元以上园区	建设之中
粮食产量(万吨)	200	—	319
优质苹果面积(万亩)	400	—	—
良种杏产量(万吨)	60	—	—
优质核桃面积(万亩)	30	—	—
森林覆盖率(%)	30	35	平凉(30.38)、庆阳(26.77)、会宁(12.63)
老区农民人均纯收入(元)	超过全省平均水平(5736)	—	平凉市(5395)、庆阳市(5499)、会宁(4500)
老区"普九"巩固率(%)	超过全省平均水平	—	完成

附表 5-4　评价区主要经济指标占全省比重变化情况

（单位：%）

指标	平凉市		庆阳市		会宁县		综合	
	2011年	2014年	2011年	2014年	2011年	2014年	2011年	2014年
常住人口（万人）	8.10	8.08	8.64	8.58	2.12	2.07	18.86	18.73
地区生产总值（亿元）	5.50	5.13	9.05	9.79	0.79	0.84	15.34	15.75
人均GDP（亿元）	68.04	63.48	104.89	113.86	37.45	40.26	81.34	84.10
第一产业增加值（亿元）	8.40	9.44	8.55	8.95	1.75	1.81	18.71	20.20
第二产业增加值（亿元）	5.28	4.59	11.41	14.50	0.52	0.58	17.21	19.68
第三产业增加值（亿元）	4.72	4.36	5.95	5.45	0.82	0.79	11.49	10.60
工业增加值（亿元）	5.26	4.30	12.01	17.13	0.31	0.45	17.58	21.88
规模以上工业增加值（亿元）	5.02	4.03	13.20	17.92	0.16	0.28	18.38	22.23
全社会固定资产投资（亿元）	7.54	6.93	15.02	14.47	0.34	0.85	22.89	22.24
社会消费品零售总额（亿元）	6.37	6.34	6.93	6.80	0.93	0.87	14.23	14.01
大口径财政收入（亿元）	3.89	3.75	11.32	12.09	0.11	0.26	15.33	16.10
城镇居民人均可支配收入（亿元）	89.10	91.74	95.99	99.20	62.05	66.11	—	—
农民人均纯收入（亿元）	91.61	94.06	93.96	95.87	76.41	78.47	—	—

附表5-5　甘肃省各地级市主要社会经济指标变化情况(2010—2014)(现价)

名称	兰州市					嘉峪关市					金昌市				
	2010年	2011年	2012年	2013年	2014年	2010年	2011年	2012年	2013年	2014年	2010年	2011年	2012年	2013年	2014年
总面积(10^4km^2)	1.31	1.31	1.31	1.31	1.31	0.29	0.29	0.29	0.29	0.29	0.89	0.89	0.89	0.89	0.89
常住人口(10^4人)	361.61	362.09	363.05	364.16	366.49	23.19	23.32	23.43	23.55	24.13	46.41	46.59	46.74	46.86	47.01
地区生产总值(10^8元)	1100	1360	1564	1776	1914	184	236	269	226	243	211	233	243	251	246
第一产业增加值(10^8元)	33.8	40.0	45.1	49.1	53.6	2.5	3.1	3.8	3.7	4.0	11.2	12.0	13.4	15.6	17.4
第二产业增加值(10^8元)	529.2	656.6	744.7	820.4	829.2	147.8	193.0	220.2	171.2	169.7	166.9	182.4	184.5	182.5	170.3
工业增加值(10^8亿元)	399.1	497.3	562.4	614.5	594.3	143.4	187.0	213.3	163.3	160.7	152.4	163.9	162.9	158.7	142.5
第三产业增加值(10^8元)	537.4	663.5	774.6	906.7	1030.7	33.7	39.5	45.1	51.2	69.4	32.4	38.4	45.5	54.0	58.0
人均GDP(元)	30430	37561	43091	48777	52212	79306	101003	114853	96093	100746	45359	49957	52073	53457	52253
规模以上工业增加值(10^8元)	372.7	465.0	538.2	575.1	565.0	142.7	185.3	168.9	161.2	147.8	150.1	160.3	159.3	156.0	139.9
全社会固定资产投资(10^8元)	660.7	950.6	1239.2	1316.9	1610.7	49.6	65.2	93.4	122.6	125.2	107.8	130.7	184.9	242.0	247.2
社会消费品零售总额(10^8元)	545.1	639.7	749.1	843.9	944.9	24.0	30.0	33.2	38.0	42.5	37.0	43.3	51.0	58.6	64.6
大口径财政收入(10^8元)	304.1	350.6	406.1	394.8	467.5	26.5	32.5	36.5	40.3	50.9	23.5	28.0	37.3	34.7	48.5
城镇居民可支配收入(元)	14062	15953	18443	20767	23030	16741	18931	22006	24295	26894	17679	20074	23295	26323	26260
农民人均纯收入(元)	4587	5252	6224.32	7114	8067	7865	9304	10999	12352	13809.4	5953	6709	7885	9147	9900

续附表 5-5

名称	白银市					天水市					武威市				
	2010年	2011年	2012年	2013年	2014年	2010年	2011年	2012年	2013年	2014年	2010年	2011年	2012年	2013年	2014年
总面积（10^4km^2）	2.12	2.12	2.12	2.12	2.12	1.43	1.43	1.43	1.43	1.43	3.30	3.30	3.30	3.30	3.30
常住人口（10^4人）	170.88	171.33	171.92	171.22	170.83	326.25	327.47	328.22	329.30	330.31	181.51	181.97	182.16	181.02	181.36
地区生产总值（10^8元）	311	376	434	463	498	300	358	414	456	497	229	273	341	381	406
第一产业增加值（10^8元）	37.6	42.0	48.6	53.8	57.1	60.1	67.0	79.4	86.6	90.7	60.5	67.0	81.7	89.2	94.7
第二产业增加值（10^8元）	171.1	215.8	248.6	253.6	251.1	113.3	142.2	162.6	174.5	193.0	91.5	115.5	150.4	166.2	172.9
工业增加值（10^8亿元）	144.1	184.9	212.6	212.9	204.7	54.8	73.8	88.3	103.3	113.2	60.5	81.0	109.1	119.4	119.7
第三产业增加值（10^8元）	102.4	118.0	136.6	155.9	189.4	126.8	148.4	171.9	195.0	213.2	76.8	90.3	108.4	125.8	138.4
人均GDP（元）	18210	21934	25231	27059	29127	9202	10920	12610	13857	15043	12604	14994	18692	21057	22385
规模以上工业增加值（10^8元）	128.3	164.5	192.6	195.1	161.1	54.8	73.8	88.3	103.3	113.2	51.0	60.5	88.9	98.2	97.1
全社会固定资产投资（10^8元）	189.1	221.4	320.9	352.0	428.4	245.6	322.0	416.5	442.9	537.8	189.2	303.5	500.0	684.8	836.2
社会消费品零售总额（10^8元）	86.0	101.9	120.4	135.8	152.4	125.6	150.1	174.2	199.1	224.3	75.4	88.4	104.3	117.5	131.7
大口径财政收入（10^8元）	33.8	45.5	55.9	50.3	52.7	47.0	60.2	72.5	86.6	100.2	13.0	20.2	26.6	31.7	36.7
城镇居民可支配收入（元）	14213	15960	18532	18280	20053	11507	13051	15177	16892	18565	11551	13261	15011	17368	19036
农民人均纯收入（元）	3386	3813	4497	5140.1	5777.4	2825	3266	3864	4386	4982	4551	5193	6127	6963	7834

续附表 5-5

名称	张掖市					平凉市					酒泉市				
	2010年	2011年	2012年	2013年	2014年	2010年	2011年	2012年	2013年	2014年	2010年	2011年	2012年	2013年	2014年
总面积(10^4km^2)	4.09	4.09	4.09	4.09	4.09	1.10	1.10	1.10	1.10	1.10	19.20	19.20	19.20	19.20	19.20
常住人口(10^4人)	119.95	120.46	120.76	121.05	121.33	206.80	207.67	208.19	208.67	209.23	109.59	110.07	110.44	110.83	111.19
地区生产总值(10^8元)	213	257	292	337	353	232	276	325	342	351	405	482	575	643	620
第一产业增加值(10^8元)	62.3	72.0	83.8	93.1	89.0	50.6	57.0	69.4	77.1	85.1	54.2	59.0	69.8	77.8	81.7
第二产业增加值(10^8元)	75.4	96.0	103.7	120.3	119.0	108.8	133.4	153.9	146.6	134.3	210.2	251.9	307.3	340.9	292.5
工业增加值(10^8亿元)	55.4	71.8	75.5	88.5	85.2	88.4	108.9	125.4	114.2	97.2	173.0	210.0	258.7	283.4	229.4
第三产业增加值(10^8元)	75.0	88.6	104.4	123.5	145.4	72.5	85.8	102.1	118.2	131.2	140.7	170.6	197.4	224.0	246.0
人均GDP(元)	17732	21302	24171	27828	29130	11213	13299	15628	16386	16753	36959	43745	52028	57990	55778
规模以上工业增加值(10^8元)	45.4	57.8	59.8	70.5	66.6	71.1	89.5	108.0	102.5	83.5	140.4	158.2	195.1	221.7	202.8
全社会固定资产投资(10^8元)	126.5	145.3	209.6	227.0	275.7	266.0	315.0	418.0	442.8	537.6	438.6	563.9	784.0	829.7	1003.7
社会消费品零售总额(10^8元)	67.7	80.3	94.5	106.1	118.4	88.0	103.2	122.2	136.2	152.7	87.6	105.2	124.4	140.1	156.8
大口径财政收入(10^8元)	19.3	25.0	30.1	40.1	48.1	30.8	36.4	44.1	44.4	46.3	50.5	60.0	72.2	85.4	93.6
城镇居民可支配收入(元)	10855	12400	14395	15877	17386	11766	13355	15506	17351	19086	15104	17265	20062	22389	24651
农民人均纯收入(元)	5575	6467	7504	8465	9489	3136	3581	4215	4788	5395	7234	8158	9645	10851	12142

续附表5-5

名称	庆阳市					定西市					陇南市				
	2010年	2011年	2012年	2013年	2014年	2010年	2011年	2012年	2013年	2014年	2010年	2011年	2012年	2013年	2014年
总面积(10^4km^2)	2.71	2.71	2.71	2.71	2.71	1.96	1.96	1.96	1.96	1.96	2.79	2.79	2.79	2.79	2.79
常住人口(10^4人)	221.12	221.48	221.84	222.27	222.35	269.86	270.51	276.92	277.07	277.22	256.77	256.09	256.95	257.52	258.71
地区生产总值(10^8元)	358	454	530	606	669	156	187	224	252	268	169	188	226	250	263
第一产业增加值(10^8元)	51.0	58.0	73.9	80.3	80.6	47.7	52.9	68.6	78.1	75.0	44.5	50.0	57.4	61.6	66.2
第二产业增加值(10^8元)	214.9	288.0	329.5	377.9	424.1	39.2	51.8	60.2	64.6	70.5	48.5	60.6	69.1	74.0	69.4
工业增加值(10^8亿元)	193.5	248.8	292.7	345.9	387.7	24.6	33.2	38.6	40.0	42.4	33.6	43.6	49.4	51.7	43.9
第三产业增加值(10^8元)	91.7	108.1	126.9	147.8	164.2	69.1	82.3	95.4	109.6	122.5	76.4	87.1	99.5	113.9	126.9
人均GDP(元)	16173	20502	23904	27267	30085	5782	6911	8093	9103	9665	6597	7329	8795	9689	10146
规模以上工业增加值(10^8元)	182.4	235.4	281.2	331.9	371.0	13.0	16.2	20.5	25.5	26.8	25.3	31.2	35.3	40.2	40.1
全社会固定资产投资(10^8元)	488.0	627.7	889.9	1139.0	1122.6	194.0	281.7	392.3	510.9	500.6	246.2	290.8	410.4	438.8	532.9
社会消费品零售总额(10^8元)	93.5	112.1	130.6	146.5	164.0	53.3	62.5	73.3	82.6	92.4	41.2	48.9	57.4	64.6	72.3
大口径财政收入(10^8元)	58.8	105.7	130.0	154.3	149.3	13.6	17.8	23.2	30.7	38.3	20.7	27.2	33.9	44.1	49.3
城镇居民可支配收入(元)	12453	14388	16662	18761	20637	10790	12290	14281	15723	17217	10623	12124	14077	15555	17001
农民人均纯收入(元)	3154	3673	4262	4888	5499	2702	3074	3612	4085	4600	2299	2621	3088	3536	4024

续附表 5-5

名称	临夏州					甘南州				
	2010年	2011年	2012年	2013年	2014年	2010年	2011年	2012年	2013年	2014年
总面积(10^4km^2)	0.82	0.82	0.82	0.82	0.82	4.02	4.02	4.02	4.02	4.02
常住人口(10^4人)	194.67	196.29	197.62	198.88	200.44	68.91	68.85	69.31	69.78	70.18
地区生产总值(10^8元)	106	129	152	167	186	68	81	97	109	115
第一产业增加值(10^8元)	24.1	27.0	32.1	32.7	35.2	15.9	19.0	21.8	24.3	25.9
第二产业增加值(10^8元)	31.6	39.9	46.4	45.0	49.6	16.0	20.5	26.0	28.6	28.3
工业增加值(10^8亿元)	21.7	27.9	32.5	29.2	31.6	14.5	18.5	23.5	25.8	25.1
第三产业增加值(10^8元)	50.8	61.8	73.4	89.6	101.2	35.8	41.9	49.0	56.0	60.7
人均GDP(元)	5465	6561	7686	8413	9282	9823	11814	13958	15605	16375
规模以上工业增加值(10^8元)	15.2	15.8	15.7	18.7	19.5	10.0	10.3	13.3	13.0	11.6
全社会固定资产投资(10^8元)	100.0	139.7	202.1	304.0	263.7	90.5	123.7	174.5	205.0	178.2
社会消费品零售总额(10^8元)	33.6	40.2	47.5	56.0	60.0	19.7	22.7	26.8	29.8	33.4
大口径财政收入(10^8元)	11.0	13.8	17.5	21.9	25.4	6.7	9.4	11.8	16.0	16.9
城镇居民可支配收入(元)	8105	9759	11428	13610	13778	10374	12063	13970	16200	16421
农民人均纯收入(元)	2374	2693	3167	3803	4127	2689	3106	3610	4260	4589

附表 5-6 《陕甘宁革命老区振兴规划》各地/县级市主要社会经济指标变化情况(2010—2014)(现价)

名称	咸阳市					渭南市					榆林市				
	2010年	2011年	2012年	2013年	2014年	2010年	2011年	2012年	2013年	2014年	2010年	2011年	2012年	2013年	2014年
总面积(10^4km^2)	1.03	1.03	1.03	1.03	1.03	1.31	1.31	1.31	1.31	1.31	4.36	4.36	4.36	4.36	4.36
常住人口(10^4人)	489.48	491.23	492.90	494.22	495.68	528.61	530.49	532.10	533.17	534.30	335.42	335.24	335.69	337.03	338.39
地区生产总值(10^8元)	1098.7	1359.1	1616.2	1860.4	2077.3	801.4	1029.0	1212.5	1349.0	1460.9	1756.7	2292.3	2769.2	2846.8	3005.7
第一产业增加值(10^8元)	203.3	252.5	283.1	315.4	321.7	128.9	160.5	180.0	202.4	207.2	92.2	111.9	125.9	139.7	145.0
第二产业增加值(10^8元)	573.3	738.1	913.3	1076.2	1219.9	394.6	545.2	669.3	743.2	794.5	1205.8	1629.7	2027.9	1985.6	2051.9
工业增加值(10^8亿元)	480.7	622.0	786.5	925.7	1035.0	339.7	476.6	592.2	656.8	695.0	1178.3	1598.0	1991.4	1943.6	2019.1
第三产业增加值(10^8元)	322.1	368.5	413.8	468.8	535.7	277.9	323.3	363.1	403.4	459.3	458.7	550.7	615.5	721.5	808.8
人均GDP(元)	22446	27667	32790	37643	41909	15161	19397	22786	25302	27343	52372	68376	82493	84466	88825
规模以上工业增加值(10^8元)	422.2	548.7	704.3	835.0	912.8	305.2	431.4	545.7	603.3	638.4	1151.0	1563.7	1952.0	1901.2	1974.1
全社会固定资产投资(10^8元)	1050.5	1263.1	1616.5	2054.5	2492.4	742.3	912.9	1172.2	1467.6	1765.6	1105.5	1378.7	1771.2	1827.9	1647.0
社会消费品零售总额(10^8元)	293.6	342.1	398.5	459.7	525.2	231.8	271.7	318.6	367.2	418.5	203.5	241.0	279.2	308.4	321.2
大口径财政收入(10^8元)	135.3	182.7	224.5	217.9	210.2	74.9	94.4	104.0	114.7	67.5	400.8	558.2	666.0	668.9	677.6
城镇居民可支配收入(元)	18914	22224	25758	28488	31530	15918	18768	21808	24164	26725	17545	20721	24140	26820	29665
农民人均纯收入(元)	5056	6401	7464	8538	9612	4372	5571	6602	7565	8534	5113	6520	7681	8687	9730

续附表5-6

名称	延安市					固原市					中卫市				
	2010年	2011年	2012年	2013年	2014年	2010年	2011年	2012年	2013年	2014年	2010年	2011年	2012年	2013年	2014年
总面积(10^4km^2)	3.70	3.70	3.70	3.70	3.70	1.05	1.05	1.05	1.05	1.05	1.74	1.74	1.74	1.74	1.74
常住人口(10^4人)	218.87	219.40	219.81	220.61	221.43	123.32	124.71	126.43	124.41	122.74	108.28	109.29	110.72	112.48	113.35
地区生产总值(10^8元)	885.4	1113.4	1271.0	1354.1	1386.1	104.0	129.3	154.0	183.0	200.1	169.2	213.5	250.4	286.8	296.9
第一产业增加值(10^8元)	71.2	86.7	97.1	107.4	113.7	26.3	33.8	38.0	44.7	46.5	32.6	38.1	41.5	46.3	47.6
第二产业增加值(10^8元)	635.5	815.5	934.9	978.1	968.9	26.0	34.1	44.0	48.0	55.7	68.9	95.0	111.0	128.2	137.1
工业增加值(10^8亿元)	614.5	789.5	904.6	944.2	930.8	11.0	19.7	22.9	26.7	29.9	49.0	69.8	78.7	91.5	93.3
第三产业增加值(10^8元)	178.7	211.2	239.1	268.6	303.5	48.5	61.3	72.0	90.2	98.0	10.1	80.4	97.9	112.3	112.2
人均GDP(元)	40454	50745	57824	61382	62597	8436	10368	12181	14706	16304	15630	19533	22617	25501	26190
规模以上工业增加值(10^8元)	602.5	774.5	887.8	925.6	911.3	6.8	11.3	11.3	13.7	16.6	41.8	56.5	66.0	90.5	89.8
全社会固定资产投资(10^8元)	724.5	815.2	1032.1	1321.0	1541.1	112.1	136.8	175.3	231.2	300.8	181.7	194.5	245.0	316.5	334.0
社会消费品零售总额(10^8元)	110.6	129.7	150.7	170.3	193.2	34.6	37.7	43.3	49.5	55.7	32.8	38.4	44.0	50.5	56.7
大口径财政收入(10^8元)	336.5	400.5	444.3	469.7	168.1	16.1	14.5	15.3	21.3	24.0	16.2	28.0	30.4	27.9	33.5
城镇居民人均可支配收入(元)	17880	21188	24748	27643	30588	12797	14879	16854	18789	19677	13980	15866	17876	19810	19931
农民人均纯收入(元)	5173	6565	7655	8681	9779	3243	4044	4691	5359	6395	4439	5178	5927	6577	7403

续附表5-6

名称	吴忠市					灵武市				
	2010年	2011年	2012年	2013年	2014年	2010年	2011年	2012年	2013年	2014年
总面积(10^4km^2)	2.04	2.04	2.04	2.04	2.04	0.40	0.40	0.40	0.40	0.40
常住人口(10^4人)	128.21	129.48	131.25	133.10	135.30	26.26	26.52	26.84	27.22	27.60
地区生产总值(10^8元)	217.0	268.3	312.1	351.9	383.4	156.9	223.7	251.1	288.2	323.7
第一产业增加值(10^8元)	37.9	43.0	47.3	52.0	53.9	6.9	8.2	8.8	9.7	9.8
第二产业增加值(10^8元)	110.3	144.8	171.3	190.6	218.7	128.0	189.4	214.1	247.1	282.3
工业增加值(10^8亿元)	82.4	107.9	111.8	131.3	160.2	114.3	174.1	196.6	231.1	265.7
第三产业增加值(10^8元)	68.8	80.5	93.5	106.5	110.8	22.0	26.0	28.2	30.0	31.6
人均GDP(元)	16925	20722	23776	26439	28339	59741	84319	93557	105871	117283
规模以上工业增加值(10^8元)	77.0	96.8	101.3	119.0	149.9	113.1	171.4	190.8	230.4	262.8
全社会固定资产投资(10^8元)	217.1	261.1	380.5	476.7	602.1	262.9	257.7	322.6	392.5	466.0
社会消费品零售总额(10^8元)	51.9	59.7	68.4	78.2	87.6	7.4	9.3	10.7	12.6	13.8
大口径财政收入(10^8元)	15.7	44.7	28.7	32.5	35.1	10.3	14.2	17.3	25.2	18.2
城镇居民人均可支配收入(元)	13849	15753	17845	19582	19853	15336	17522	19909	21974	24310
农民人均纯收入(元)	5041	5573	6370	7159	8442	6581	7570	8618	9652	10756

附表5-7　平、庆两市周边各地(县)级市GDP增长率(2010—2014年)　(单位:%)

城市＼年份	2010—2011年	2011—2012年	2012—2013年	2013—2014年
嘉峪关市	18.24	14.30	-16.01	7.28
庆阳市	17.22	16.83	14.15	10.22
兰州市	14.10	15.07	13.41	7.58
白银市	11.49	15.48	6.68	7.25
张掖市	11.38	13.80	15.27	4.77
临夏州	11.76	17.99	10.03	11.04
武威市	10.11	24.85	11.81	6.36
甘南州	10.94	18.98	12.42	5.39
定西市	10.62	19.93	12.40	6.09
酒泉市	9.75	19.38	11.72	-3.63
天水市	9.97	15.79	10.11	8.75
平凉市	9.96	17.85	4.96	2.38
陇南市	2.29	20.45	10.26	5.07
金昌市	2.07	4.61	2.80	-2.08
灵武市	27.33	10.88	14.30	13.06
榆林市	20.20	16.95	2.77	5.06
渭南市	18.27	14.07	11.23	7.76
咸阳市	13.95	15.12	15.08	11.10
延安市	15.83	10.52	6.51	1.85
吴忠市	10.44	14.86	12.32	9.68
中卫市	12.67	15.84	14.08	4.18
固原市	11.00	17.63	18.32	10.11

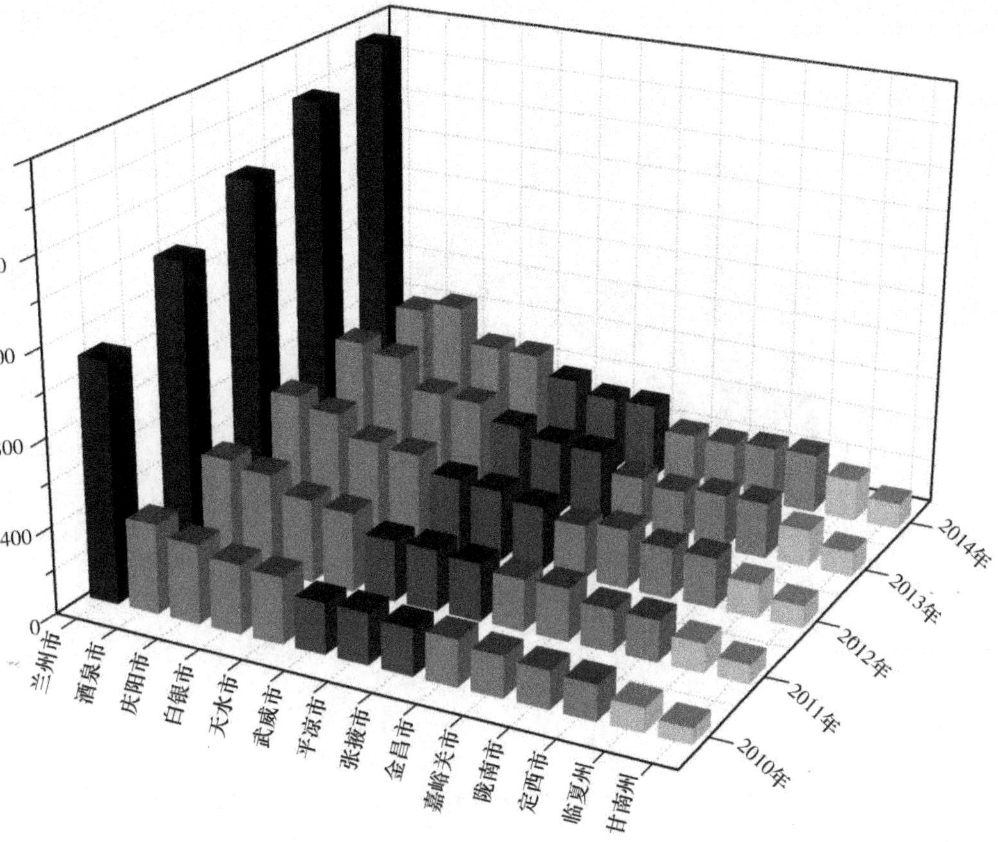

附图5-1　2010—2014年甘肃省各地(州)GDP变化情况

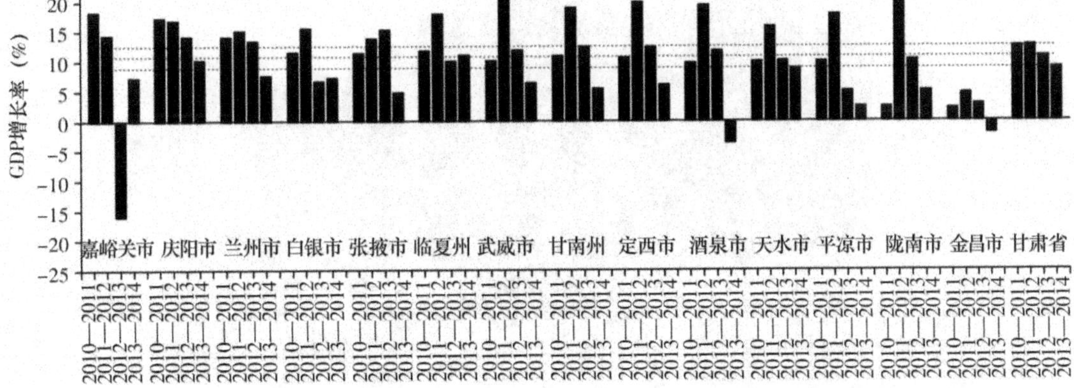

附图5-2　2010—2014年甘肃省各地(州)GDP增长速度

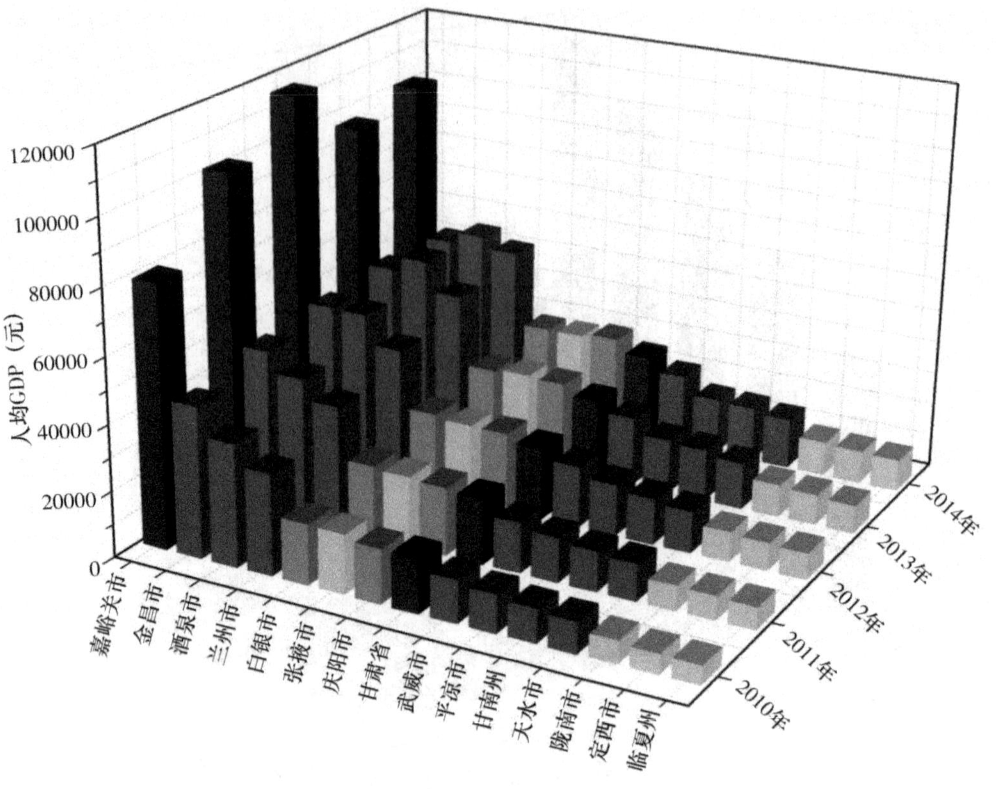

附图5-3 2010—2014年甘肃省各地（州）人均GDP变化情况

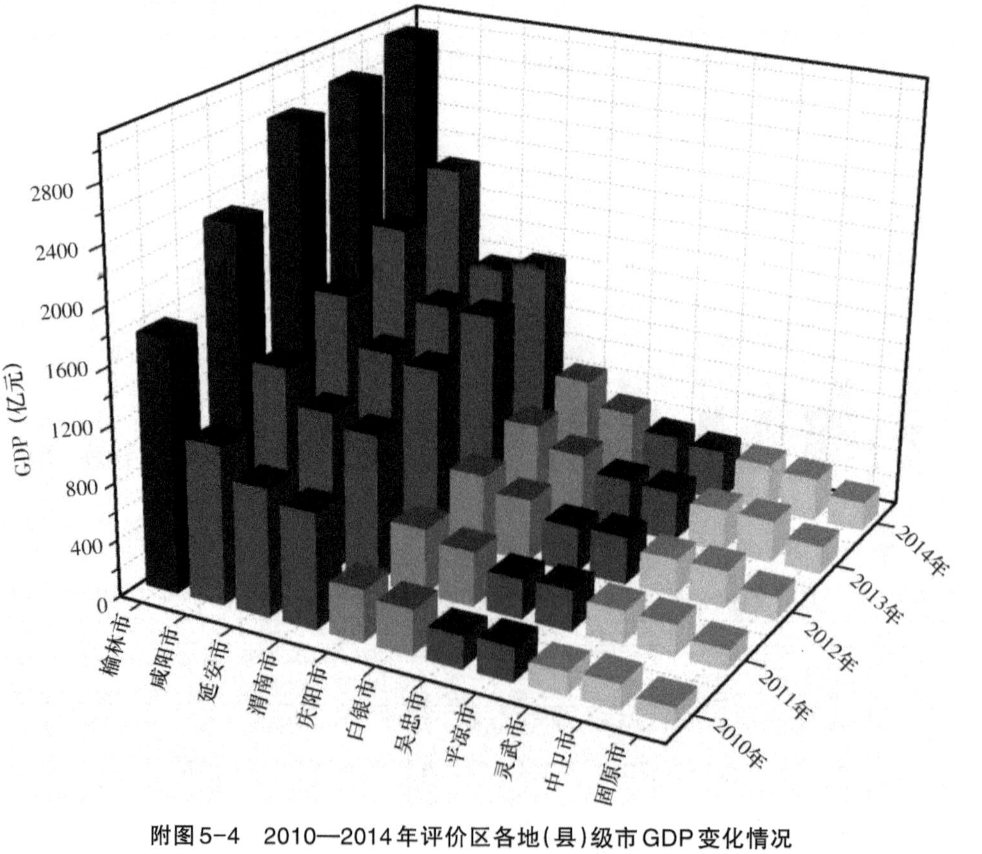

附图5-4 2010—2014年评价区各地（县）级市GDP变化情况

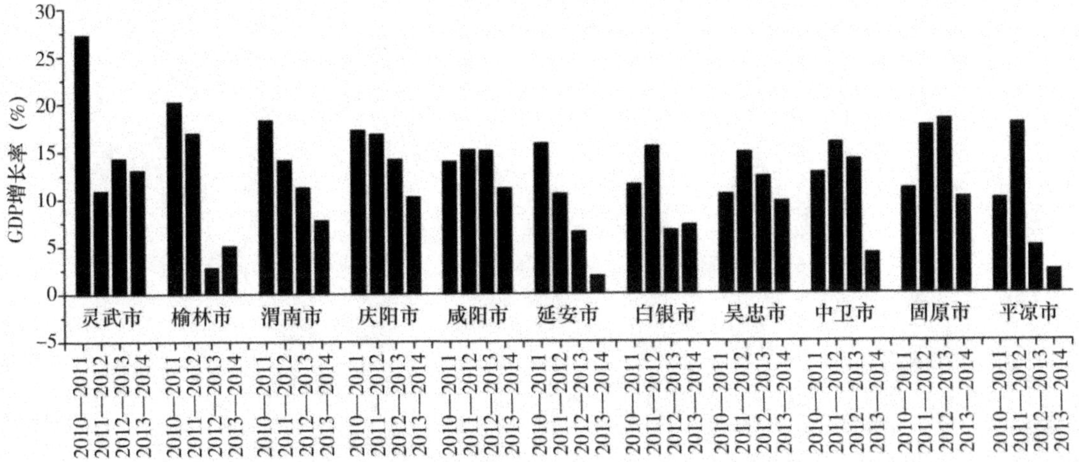

附图5-5 2010—2014年评价区各地(县)级市GDP增长速度

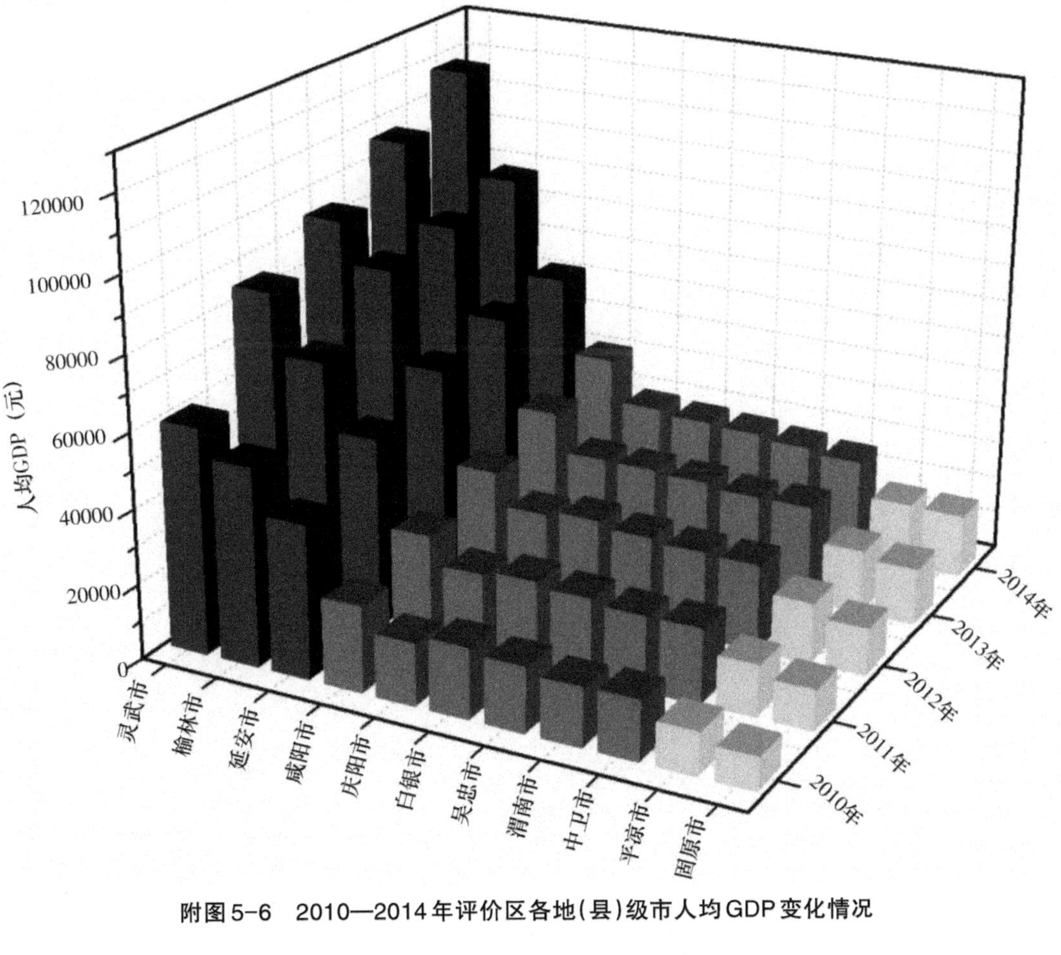

附图5-6 2010—2014年评价区各地(县)级市人均GDP变化情况